HANDBOOK OF
DEVELOPMENTAL
PSYCHOLOGY

新・発達心理学ハンドブック

編集 田島信元
岩立志津夫
長崎　勤

福村出版

刊行にあたって

旧版から新版へ

　本ハンドブックは，20余年前に刊行された東　洋・繁多進・田島信元編集企画『発達心理学ハンドブック』（福村出版，1992年）の新版として編集され，刊行されるものである。旧版は，1980年代の新潮流を受け，学際的，実践科学的アプローチを目指して1989年12月に発足した日本発達心理学会を記念して企画された。そのため，当時の学会の叡智を結集して発達心理学の諸知見を整理し，将来の展望を占う初の大型単行本タイプのハンドブックとして3年余をかけて編集され刊行されたもので，多くの専門家，大学院生，学生だけでなく，実践者にも愛用されてきたという実績をもち，その社会的貢献は予想以上のものであったと考えている。

　日本発達心理学会の設立から20余年を経た現在，発達心理学は大きな変化をともなって確実に進歩してきており，多くの新情報を追加する必要性を痛感し，このたび，本ハンドブックの新版を編集するに至った。

　新版の編集上，最も興味がそそられたのは，旧版における将来展望がどれほど実現されてきたか，という点であった。旧版刊行当時は，1970年代の認知科学の勃興に影響を受けるかたちで，ピアジェの後継者たちによる認知発達理論の新しい息吹が強く感じられていた時代であった。同時に，文化心理学の影響を受けるかたちで，ヴィゴツキー理論を中核とした高次精神機能の社会的構成理論が発達心理学においても広く流布されはじめ，認知発達理論および生物科学との統合を模索しながら，発達科学という新しい総合領域が提案されはじめた時代でもあった。さらに，新しい障害児教育思想を基盤とした発達臨床的アプローチの新しいうねりが巻き起こり，まさに新しい発達心理学を目指して大きく変動している側面がみられ，旧版の将来展望を特徴づけていた。

　その意味では，この20余年の間に，旧版における将来展望がどの程度現実のものになったか，また，その結果として，これからの20年を占うどのような新しい将来展望がみえてくるのか，などの諸知見を，新版にまとめる必要性があったのである。

本書の編集上の特徴

　本書の特徴は2つある。一つは，以上のような旧版の意義と新版への移行の必須性にもとづき，旧版の枠組みを基本的に継承することであった。具体的には，Ⅰ部からⅥ部（付録「発達関係のテスト一覧」を含む）に至る本書の部構成は変更せず，各部を構成する大方の章も可能な限り旧版を継承し，新進気鋭の若手執筆者とともに，できるだけ新・旧同一の執筆者による改稿というかたちで進められた。これら改稿章（執筆者変更含む）は本書の全75章中，49章ある。このことにより1960年前後から始まった発達心理学的発想への大転換の波の最中にあった1990年

代の日本発達心理学会設立当時の発達心理学理論，研究の立ち位置と状況をふまえた旧版を土台として，2010年代に至るこの20余年の間に達成されてきた新情報を加えることで，現在の立ち位置を確認することが可能となるのである。その意味では，新版の特徴を生かすうえでも，旧版も併用することは有効だと考えている。

　本書のもう一つの特徴は，第一の特徴を実行に移す計画を練ってみると，どうしても新設章で対応しなければならない領域や，章の構成自体を変更して対応しなければならない部（領域）が生じたことによる，新設章や章立て改変を試みたことである。これらの存在は，この20余年の間に大きく変化した領域を示しているのである。新設章や章立て改変は，本書の全75章中，26章ある。具体的には，Ⅰ部〜Ⅳ部で「発達の社会・文化的基礎（3章）」，「文化心理学（8章）」，「アタッチメント理論の新展開（11章）」，「言語発達研究と理論の歴史，そして展望（12章）」，「心の理解（心の理論）（34章）」，「セルフ・レギュレーション（48章）」，「ジェンダーの発達（49章）」，「児童虐待（52章）」の8章が新設された。また，Ⅴ部「発達の障害・臨床」では全14章が，Ⅵ部「発達研究における資料の収集と分析」では全4章が，旧版を土台としながらも，新設章（新設節）を含め，章立て（節立て）改変となった。改めて，この20余年の間に大きく発展，展開した領域であることがご理解いただけるはずである。

　以上のような新版の2つの編集上の特徴からみえてくるこの20余年の変化，および将来展望は，以下の4点に集約されると考えている。

(1) 1960年代におけるピアジェの認知発達理論・研究の土台が確立して以降も，認知科学の勃興に刺激を受けるかたちで，ピアジェの後継者たちによる，認知と文化，発達の生物性と文化性の関係性の統合的理解という発想の展開のあり方がみえてくる。

(2) 1980年代に世界的に流布され始めたヴィゴツキーの文化的発達理論，ヒトの生物性と文化性の統合的理解のもとに発達のあり方を吟味する文化心理学的発想の展開のあり方から，文化人類学，比較行動学等の隣接諸領域を含む「文化科学」とでもいうべき総合領域の勃興が予見される。

(3) ピアジェ，ヴィゴツキーの二大メタ理論の統合的理解，認知的側面と文化的側面，生物学的側面と社会・文化・歴史的側面，いわば生物科学と社会科学・心理科学の統合的理解のもとに展開する「発達科学」的発想のさらなる展開と発達研究法の精緻化・発展の方向性が示唆されている。

(4) 発達研究と障害・臨床・実践研究の連続化（spectrum），包摂化（inclusion），一体化（「実践科学」化）を目指す発想の展開が示唆されている。そこでは，「障害を治す」といった医療（治療）モデル・定型（典型；typical）発達観にもとづく障害児教育から，補償モデル，最恵モデルにもとづく発達臨床的アプローチの考え方が広がりをみせ，インクルーシブ教育システム構築のための特別支援教育といった実践的な制度的枠組みなども実施されはじめている。その結果，「障害とは何か」，「定型（典型）発達とは何か」という発達概念の再吟味，そして従来，「健常」発達と「障害」として分断されてきた発達研究を，定型（典型）発達

研究と障害・臨床・実践研究の統合体としていくことが求められている。

最終的に，発達研究は，「認知科学」，「文化心理学（文化科学）」そして生物科学と社会科学を統合した「発達科学」へと収斂していき，そのためには，学際的，総合的，実践的理解が不可欠になった時代が到来したといえよう。これまで，とかく細分化，分業化されてきたアカデミズムに対して，子ども，人の包摂性を「発達」というキーワードによって取り戻すことの必要性，そのためには，「変化・発達」という概念を，実践・教育科学のなかで再吟味していくことの必須性が強調されはじめている。こうした現代の立ち位置と，それにもとづく発達心理学，発達臨床心理学の貢献の再吟味，そして今後の展望を具体的に描いていく必要性を強く感じるしだいである。

読者への本書利用上の期待

本書は，まずは，研究者，大学院生の方々に対し，発達心理学における隣接諸領域や総合科学領域との交流を含めた1960年代以降の歴史的発展・変遷の理解を基盤に，発達心理学徒として現在の立ち位置と今後の展望を確認され，研究遂行上でお役立ていただくことを願っている。

編者らのこれまでの教育上の経験から，本書は，学部学生の方々の演習や卒業論文研究遂行にあたって参照する文献としては格好のものと考えている。また，講義等で得られた知見の文脈を確認し，理解した後，自ら新しい知見を加えるような主体的で役割貢献的な学習活動を進めるうえでもご活用をお願いしたいと考えている。

さらに，最も期待することは，実践者の方々が，本書にみられるような発達心理学理論・研究や，それにもとづく諸知見に対して，実践上の知見や叡智から批判的にご吟味いただきたいということである。この20余年間の変化として，実践的研究，あるいは「実践科学」とでもいうべき研究者と実践者の共同的研究・実践活動が進んできているということがあげられる。実践者が研究者の目をもつ，あるいは研究者が実践者の目をもつことの重要性を強く感じる。こうした方向性の一助に本書をご利用いただきたいという願いとともに，対象である子どもや保護者の積極的参加をとおして，真に解決すべき実践的な課題を提起していただくことを強く期待している。

本書を編集するにあたり，多くの方々から励ましや助言，ご協力をいただいた。旧版の編集企画を主導してくださった東 洋先生（東京大学名誉教授），繁多進先生（白百合女子大学名誉教授）からは新版の編集は若手に委ねるとのご意志のもと，背後からの熱きご支援をいただいた。また，できるだけ新・旧にわたって同一執筆者の改稿でいくという本書の編集方針があったため，かなりの執筆者の方々にはご無理をお願いせざるをえず，これら執筆者の方々のご協力がなければ本書の刊行は成り立たなかった。改稿章や新設章の執筆をご担当いただいた新しい方々を含め，編者として，ここに心よりの感謝を申しあげたい。

とりわけ，1970年代から日本の発達心理学を主導され，見守られてこられて，新版・旧版にわ

たって1章「発達研究・発達観・モデルの変遷」をご担当いただいた藤永保先生（お茶の水女子大学名誉教授）が，本書刊行の目前にご他界になられたことは，本書の刊行を楽しみにしておられただけに，誠に遺憾の念が募るしだいである。ここに藤永先生のご遺稿を含め，本書を墓前に捧げ，ご業績とご遺徳を偲びたいと考えている。

　また，本書の企画・刊行は，福村出版代表取締役　宮下基幸社長と，旧版の編集にも携わったフリーエディター（旧版時代は福村出版編集部）の安藤典明氏の情熱と忍耐，そして長期にわたる地道なご尽力がなければありえなかった。深く感謝したい。おふたりの熱心なおすすめによって本書が企画された2010年当時，日本発達心理学会で本書の旧版の後継版発刊を企画しており，そこに編者3人ともがかかわっていたために，『発達科学ハンドブック』（新曜社刊）として先行させなければならなくなってしまったという事情があった。幸い，『発達科学ハンドブック』がシリーズものとして企画・刊行されたため，本書刊行の意義は勝るとも劣らないということになり，遅ればせながらの刊行に辿りついたしだいである。

　このような事情のため，本書の刊行は相当の遅れをとってしまったが，上述したように，本書は旧版との併用のもと，1960代から現代までの発達心理学の動向と今後の展望を1冊のハンドブックでコンパクトに見渡せるものとして，その刊行の意義は大きく，編者として執筆者の方々や福村出版の方々，また，何よりも新版への熱きご期待をもってお待ちいただいていた旧版の読者の皆さまに，心からのお詫びを申しあげるとともに，ご寛容いただけますようお願い申しあげるしだいである。

　　　2016年4月5日

編　者
田　島　信　元
岩　立　志津夫
長　崎　　　勤

執筆者一覧

編集委員

田島　信元	白百合女子大学
岩立　志津夫	日本女子大学名誉教授
長崎　勤	実践女子大学

執筆者（執筆順）

藤永　保	元お茶の水女子大学名誉教授	子安　増生	甲南大学
矢野　喜夫	京都教育大学名誉教授	木下　孝司	神戸大学
石黒　広昭	立教大学	二宮　克美	愛知学院大学
大浜　幾久子	駒澤大学名誉教授	高橋　登	大阪教育大学
落合　正行	追手門学院大学	吉田　甫	前立命館大学
田島　充士	東京外国語大学	西野　泰広	国士舘大学
茂呂　雄二	筑波大学	内山　伊知郎	同志社大学
田島　信元	白百合女子大学	須田　治	首都大学東京名誉教授
木部　則雄	白百合女子大学	黒石　憲洋	星槎大学大学院
繁多　進	白百合女子大学名誉教授	榎本　博明	MP人間科学研究所
遠藤　利彦	東京大学	上村　佳世子	文京学院大学
岩立　志津夫	日本女子大学名誉教授	鈴木　乙史	聖心女子大学名誉教授
渡辺　弥生	法政大学	久保　ゆかり	東洋大学
川上　清文	聖心女子大学	中野　茂	札幌国際大学
高井　清子	日本女子大学名誉教授	庄司　一子	筑波大学
小山　高正	モラロジー研究所	中澤　潤	植草学園大学
林　美里	京都大学	大野　祥子	白百合女子大学非常勤講師
松沢　哲郎	京都大学	無藤　隆	白梅学園大学
安藤　寿康	慶應義塾大学	小野寺　敦子	目白大学
長谷川　眞理子	総合研究大学院大学	宮本　信也	白百合女子大学
皆川　泰代	慶應義塾大学	氏家　達夫	放送大学
柴山　真琴	大妻女子大学	宮下　孝広	白百合女子大学
鈴木　忠	白百合女子大学	家島　明彦	大阪大学
斎藤　晃	鶴見大学短期大学部	岡林　秀樹	明星大学
森下　正康	和歌山大学名誉教授	小嶋　秀夫	元名古屋大学名誉教授
戸田　まり	北海道教育大学	長崎　勤	実践女子大学
高木　秀明	横浜国立大学名誉教授	小池　敏英	東京学芸大学
藤﨑　眞知代	明治学院大学名誉教授	宮﨑　眞	明治学院大学
藺牟田　洋美	首都大学東京	佐竹　真次	山形県立保健医療大学
白井　述	新潟大学	伊藤　英夫	文京学院大学
山口　真美	中央大学	岡崎　慎治	筑波大学
小林　春美	東京電機大学	菅野　敦	東京学芸大学
仲　真紀子	立命館大学	藤野　博	東京学芸大学
小島　康次	札幌保健医療大学	澤　隆史	東京学芸大学

執筆者一覧

佐島　　毅　筑波大学	飯牟礼　悦子　大東文化大学
川間　健之介　筑波大学	室橋　弘人　金沢学院大学
濱口　佳和　筑波大学	楜澤　令子　横浜創英大学
森　　正樹　埼玉県立大学	難波　久美子　武庫川女子大学
市村　彰英　埼玉県立大学	河合　優年　武庫川女子大学
神尾　陽子　国立精神・神経医療研究センター	田島　啓子　日本女子体育大学名誉教授
高橋　秀俊　国立精神・神経医療研究センター	西澤　弘行　常磐大学
井口　英子　大阪精神医療センター	横井川　美佳　京都市児童療育センターなないろ
やまだ　ようこ　立命館大学	田中　真介　京都大学
杉本　英晴　駿河台大学	麻生　典子　神奈川大学
安藤　典明　フリーエディター	川島　大輔　中京大学
梶川　祥世　玉川大学	荘島　幸子　帝京平成大学
岩田　美保　千葉大学	高田　みほ　特定非営利活動法人パルシック
関根　和生　慶應義塾大学	板倉　達哉　文京学院大学
今野　　歩　北海道大学病院	

目　次

刊行にあたって（i）
執筆者一覧（vi）

Ⅰ部　発達の理論と展望

A　発達の基本的コンセプト

1章　発達研究・発達観・モデルの変遷　　　藤永　保　2
 1節　発達研究の始源　　　2
 2節　発達観の変遷と児童心理学の成立　　　7
 3節　児童心理学から発達心理学へ　　　12

2章　発達の生物学的基礎　　　矢野喜夫　20
 1節　発達心理学と生物学　　　20
 2節　進化論の影響　　　23
 3節　進歩主義的進化論からの脱却　　　26
 4節　動物行動学の影響　　　28

3章　発達の社会・文化的基礎　　　石黒広昭　31
 1節　発達の社会的基盤　　　31
 2節　発達の文脈　　　34
 3節　実践に埋め込まれた能力　　　37
 4節　文化的実践のなかでの発達　　　40
 5節　実践のなかの行為主体の動きをとらえるために　　　42

4章　ピアジェの発生的認識論とイネルデの発生的心理学　　　大浜幾久子　46
 1節　ベーベル・イネルデ　　　47
 2節　ジャン・ピアジェ　　　50
 3節　発生的認識論とピアジェの創造性（21世紀への遺産）　　　54

5章　ピアジェの理論以降の認知発達理論の展開　　　落合正行　57
 1節　ピアジェの理論　　　57
 2節　新ピアジェ派理論　　　58
 3節　新ピアジェ派理論以降の理論　　　62
 4節　各理論の評価　　　69

6章　ヴィゴツキー理論とその展開 …………………………… 田島　充士　73

- 1節　言葉・思考・発達 ……………………………………………………… 73
- 2節　発達の文化−歴史的側面とは ………………………………………… 74
- 3節　自律的な言語使用としての「遊び」………………………………… 75
- 4節　自律的な「人格」のドラマ（想像）としての発達 ………………… 76
- 5節　人格における想像の発達を促進する概念的思考 …………………… 78
- 6節　発達における情動の役割を考える …………………………………… 81
- 7節　学習者の創造性を促進する教育的支援とは ………………………… 84

7章　発達の社会・文化・歴史的アプローチ：ポストヴィゴツキー研究の現代的意義 …………………………… 茂呂　雄二　87

- 1節　ポストヴィゴツキー研究 ……………………………………………… 87
- 2節　方法論の拡張 …………………………………………………………… 91
- 3節　実　践　へ ……………………………………………………………… 93

8章　文化心理学 …………………………………………………… 田島　信元　97

- 1節　文化心理学とは何か …………………………………………………… 97
- 2節　文化心理学の諸領域 …………………………………………………… 100
- 3節　文化心理学の今後のあり方をめぐって：文化心理学の研究パラダイムとその変遷 … 106

9章　精神分析の発達理論 ………………………………………… 木部　則雄　111

- 1節　精神分析の歴史と発達心理学 ………………………………………… 111
- 2節　精神分析における発達理論の発展 …………………………………… 113

10章　愛着理論の基礎 ……………………………………………… 繁多　　進　129

- 1節　愛着理論が誕生するまでの背景 ……………………………………… 129
- 2節　愛着理論の骨格 ………………………………………………………… 131
- 3節　愛着理論にもとづく治療法 …………………………………………… 136

11章　アタッチメント理論の新展開：生涯発達の視座から ……… 遠藤　利彦　140

- 1節　生涯発達心理学の支柱としてのアタッチメント理論 ……………… 140
- 2節　無秩序・無方向型アタッチメント：その発生因と発達的帰結 …… 141
- 3節　それぞれの発達期における研究の展開 ……………………………… 143
- 4節　生涯にわたるアタッチメントの連続性と不連続性 ………………… 146
- 5節　アタッチメントの世代間伝達 ………………………………………… 148

12章　言語発達研究と理論の歴史，そして展望 …………………… 岩立　志津夫　155
- 1節　言語発達研究の古典的基礎理論からみえてくるもの ……………………… 155
- 2節　言語発達研究の歴史からみえてくるもの …………………………………… 156
- 3節　3つの問い，そして今後の展望 ……………………………………………… 158

13章　社会行動・学習理論 …………………………………………… 渡辺　弥生　164
- 1節　行動を説明するさまざまな理論 ……………………………………………… 164
- 2節　中核となる理論と研究方法 …………………………………………………… 168
- 3節　発達心理学への影響 …………………………………………………………… 171

B　発達理論と隣接科学

14章　近接科学からの示唆：胎児・入院児とのかかわりを中心に ………… 175
- 1節　胎児の発達に影響を及ぼす環境要因 ……………………… 川上　清文　175
- 2節　病院に入院している子どもたちにかかわる諸活動 ……… 高井　清子　179

15章　比較行動学からの示唆 ………………………………………… 小山　高正　184
- 1節　比較行動学とは ………………………………………………………………… 184
- 2節　環境の問題 ……………………………………………………………………… 187
- 3節　比較行動学の諸分野 …………………………………………………………… 188

16章　霊長類学からの示唆 ……………………………… 林　美里・松沢　哲郎　193
- 1節　霊長類学の視点 ………………………………………………………………… 193
- 2節　霊長類学と発達心理学 ………………………………………………………… 194
- 3節　霊長類学からみた発達 ………………………………………………………… 197
- 4節　野外研究とチンパンジー以外の大型類人猿の研究から …………………… 199

17章　行動遺伝学からの示唆 ………………………………………… 安藤　寿康　204
- 1節　行動遺伝学とは何か …………………………………………………………… 204
- 2節　行動遺伝学からみた発達 ……………………………………………………… 207
- 3節　遺伝子発現とエピジェネティクス …………………………………………… 209

18章　進化心理学からの示唆 …………………………………… 長谷川　眞理子　211
- 1節　現代進化生物学の基礎 ………………………………………………………… 211
- 2節　進化人類学とヒトの進化環境 ………………………………………………… 215

19章　脳科学からの示唆 …… 皆川　泰代　222

1節　神経活動とは …… 222
2節　脳の発達 …… 223
3節　発達障がいとその神経基盤：遺伝から行動まで …… 228
4節　脳科学の知見からの応用，示唆 …… 229

20章　文化人類学・文化社会学からの示唆 …… 柴山　真琴　232

1節　文化人類学研究と文化化研究 …… 232
2節　文化社会学と社会化研究 …… 235
3節　文化化・社会化研究と発達研究との接点と発達研究への示唆 …… 238

Ⅱ部　生涯発達の道筋

21章　生涯発達の視点 …… 鈴木　忠　242

1節　発達の可塑性 …… 242
2節　人間発達の可塑性を示す事例：FとG …… 244
3節　コホート効果と訓練研究 …… 246
4節　可塑性の加齢変化 …… 247
5節　発達の自己制御：SOC理論 …… 248

22章　胎児期 …… 川上　清文・高井　清子　251

1節　胎児発達の概略 …… 251
2節　胎児の睡眠と感覚の発達 …… 254
3節　胎児の行動の発達 …… 256
4節　胎児の学習 …… 257

23章　新生児・乳児期 …… 斎藤　晃　260

1節　原始反射の意義 …… 260
2節　新生児・乳児の認知発達：コンピテンスを中心として …… 261
3節　エモーショナル・コミュニケーション …… 263
4節　アタッチメント …… 264

24章　幼児期 …… 森下　正康　271

1節　対人関係の広がり …… 271

2節　自我と自己制御機能の発達 ………………………………………… 275
　　3節　幼児期の発達に関する理論 ………………………………………… 278

25章　児童期 ……………………………………………… 戸田　まり　283
　　1節　児童期とは ………………………………………………………… 283
　　2節　家庭から学校へ：低学年の特徴 …………………………………… 284
　　3節　9〜10歳の節目：中学年の様相 ………………………………… 286
　　4節　思春期のはじまり：高学年の姿 …………………………………… 287
　　5節　子どもを取り巻く社会の影響 ……………………………………… 289

26章　青年期 ……………………………………………… 高木　秀明　293
　　1節　親子関係の変化と友人関係の特徴 ………………………………… 293
　　2節　アイデンティティの確立 …………………………………………… 296
　　3節　知的機能の発達 …………………………………………………… 298
　　4節　青年の価値観，人生観 ……………………………………………… 300

27章　成人期 ……………………………………………… 藤﨑　眞知代　304
　　1節　成人前期：ライフ・コースの選択 ………………………………… 304
　　2節　成人後期（中年期）：人生の曲がり角 …………………………… 308

28章　高齢期 ……………………………………………… 藺牟田　洋美　314
　　1節　高齢期と生涯発達理論 ……………………………………………… 314
　　2節　心身機能からみた高齢期 …………………………………………… 315
　　3節　高齢期のサクセスフル・エイジング ……………………………… 317
　　4節　感情・知能・パーソナリティの加齢変化 ………………………… 319

Ⅲ部　発達の機序と諸相

A　認知・言語領域

29章　知覚 ………………………………………… 白井　述・山口　真美　326
　　1節　視力の発達 ………………………………………………………… 326
　　2節　運動視の発達 ……………………………………………………… 327
　　3節　形態の知覚 ………………………………………………………… 329
　　4節　奥行き知覚 ………………………………………………………… 329
　　5節　社会的な知覚：顔知覚の生得性 …………………………………… 332

6節　顔知覚の発達 ･･･ 333
　　　7節　視線と社会性の発達 ･･ 335

30章　言語発達 ･･小 林 春 美　339
　　　1節　音声の発達 ･･ 339
　　　2節　語彙の発達 ･･ 342
　　　3節　文法の発達 ･･ 346
　　　4節　おわりにかえて：意図と言語とのかかわり ････････････････････････････････ 348

31章　記　　憶 ･･仲　真 紀 子　352
　　　1節　記憶の神経学的基盤 ･･ 352
　　　2節　エピソード記憶の神経学的基盤 ･･ 354
　　　3節　出来事の記憶 ･･ 357
　　　4節　被暗示性と面接法 ･･ 359

32章　認知・思考 ･･小 島 康 次　364
　　　1節　認知の発達：潜在的認知と顕在的認知の関係 ････････････････････････････ 364
　　　2節　思考（推論と合理性）：潜在的合理性vs顕在的合理性 ････････････････ 368
　　　3節　まとめと今後の展望 ･･ 374

33章　知　　能 ･･子 安 増 生　377
　　　1節　知能のアセスメントと診断 ･･･ 378
　　　2節　知能の心理測定 ･･ 382
　　　3節　知能の認知理論 ･･ 384

34章　心の理解 ･･木 下 孝 司　387
　　　1節　「心の理論」研究の概観 ･･ 387
　　　2節　心の理解の発達 ･･ 388
　　　3節　心の理解の発達メカニズムと最近の研究動向 ････････････････････････････ 390
　　　4節　心の理解の発達研究の課題 ･･･ 393

35章　道徳性・向社会性 ･･二 宮 克 美　397
　　　1節　「道徳性」・「向社会性」発達研究の動向 ･･････････････････････････････････ 397
　　　2節　道徳性の発達 ･･ 398
　　　3節　向社会性の発達 ･･ 401
　　　4節　今後の展望 ･･ 403

36章　読み書き能力 ……………………………………………… 高橋　登　407
    1節　日本語の読み書き習得の特徴 …………………………………………… 407
    2節　幼児期の読み書き能力 …………………………………………………… 408
    3節　学童期の読み能力 ………………………………………………………… 412
    4節　書き言葉の習得 …………………………………………………………… 414

37章　数概念の発達 …………………………………………………… 吉田　甫　417
    1節　数システムの発達 ………………………………………………………… 417
    2節　数唱能力の発達：加法構造の理解 ……………………………………… 419
    3節　公的な介入による数概念の発達：乗法構造の理解 …………………… 421
    4節　学業不振 …………………………………………………………………… 424

B　パーソナリティ・行動領域

38章　身体・運動 ……………………………………………………… 西野　泰広　429
    1節　体格の発達 ………………………………………………………………… 429
    2節　体力の発達 ………………………………………………………………… 436

39章　情　　動 ………………………………………………………… 内山　伊知郎　442
    1節　適応と分化情動理論 ……………………………………………………… 442
    2節　機能的な情動発達観 ……………………………………………………… 445
    3節　幼児期以降の情動発達 …………………………………………………… 448

40章　情動調整 ………………………………………………………… 須田　治　453
    1節　生体の調節で生まれる情動 ……………………………………………… 453
    2節　感情を含めた心身モデルへの転回 ……………………………………… 457

41章　動機づけ ………………………………………………………… 黒石　憲洋　462
    1節　動機づけ概念 ……………………………………………………………… 462
    2節　内発的動機づけや外発的動機づけの変化 ……………………………… 463
    3節　動機づけと不適応 ………………………………………………………… 465
    4節　発達と行動の動機づけ …………………………………………………… 466
    5節　動機づけ研究の今後の課題 ……………………………………………… 469

42章　自　　己 ………………………………………………………… 榎本　博明　472
    1節　発達における自己の位置づけ …………………………………………… 472

2節　自己研究の歴史：自己のとらえ方 ……………………………………… 473
　　3節　自己の発達 …………………………………………………………………… 477
　　4節　自尊感情の発達 …………………………………………………………… 479

43章　気　　質 ………………………………………………………… 上村　佳世子　483

　　1節　気質研究の歴史 …………………………………………………………… 483
　　2節　発達初期の気質研究と測度 ……………………………………………… 484
　　3節　気質の個人差と環境との相互作用 ……………………………………… 487
　　4節　気質研究の意義と今後の展望 …………………………………………… 488

44章　パーソナリティ ………………………………………………… 鈴木　乙史　492

　　1節　パーソナリティとは ……………………………………………………… 492
　　2節　パーソナリティ研究の歴史と問題 ……………………………………… 493
　　3節　パーソナリティの安定性と変化 ………………………………………… 496
　　4節　パーソナリティの可塑性と生涯発達 …………………………………… 499

C　社会的領域

45章　社会的認知 ………………………………………………………… 久保　ゆかり　502

　　1節　社会的知覚から相互作用へ：乳児期 …………………………………… 502
　　2節　相互作用のなかでの実践的な把握：2歳前後（トドラー期）の他者理解 ……… 504
　　3節　他者の内的世界を表象する：幼児期の他者理解 ……………………… 505
　　4節　特性を考慮した他者理解・やりとりの歴史をもった他者理解：
　　　　　幼児期のもう一つの成長 ………………………………………………… 507
　　5節　入れ子構造になっている，他者の心的世界を表象する：児童期の他者理解 ……… 508
　　6節　社会的認知の発達研究の今後の課題 …………………………………… 510

46章　遊　　び ………………………………………………………… 中野　茂　513

　　1節　遊び研究の衰退 …………………………………………………………… 513
　　2節　遊びという幻想 …………………………………………………………… 513
　　3節　遊びの再考へ：遊びの情動理論に向けて ……………………………… 517

47章　社会的スキルと社会的学習理論 ………………………………… 庄司　一子　525

　　1節　子どもの社会性の問題と社会的スキルへの関心 ……………………… 525
　　2節　社会的スキルの概念と定義 ……………………………………………… 526
　　3節　社会的スキルの問題 ……………………………………………………… 528
　　4節　社会的学習理論と社会的認知理論 ……………………………………… 529

5節　社会的スキル・トレーニング……………………………………531
6節　社会的スキル・トレーニングの動向と社会的スキル教育………534

48章　セルフ・レギュレーション……………………………中澤　潤　538

1節　セルフ・レギュレーションの理論………………………………538
2節　セルフ・レギュレーションの発達………………………………539
3節　セルフ・レギュレーションの諸相………………………………540
4節　セルフ・レギュレーションの生理学的基盤……………………544
5節　セルフ・レギュレーション研究の課題…………………………545

49章　ジェンダーの発達………………………………………大野　祥子　548

1節　「ジェンダー」とは何か：概念定義と使われ方…………………548
2節　ジェンダー概念の誕生……………………………………………548
3節　ジェンダーの発達についての理論………………………………550
4節　行為としてのジェンダー…………………………………………553
5節　ジェンダーと適応…………………………………………………554

Ⅳ部　現代社会と発達

50章　生活における発達………………………………………無藤　隆　560

1節　なぜ生活か…………………………………………………………560
2節　生活のなかで発達することの理論的構造………………………561
3節　生活を構成するシステムとは……………………………………566
4節　生涯発達に沿った生活の場とエージェント……………………569

51章　家族と発達………………………………………………小野寺　敦子　571

1節　多様化する現代の家族……………………………………………571
2節　夫婦関係の生涯発達………………………………………………572
3節　母親と子ども………………………………………………………573
4節　父親と子ども………………………………………………………576
5節　きょうだい関係……………………………………………………578
6節　家族を支援する……………………………………………………579

52章　児童虐待（子ども虐待）………………………………宮本　信也　585

1節　子ども虐待とは……………………………………………………585

2節　わが国における子ども虐待の実態………………………………………588
3節　虐待死の現状………………………………………………………………589
4節　虐待が子どもの心身に与える影響………………………………………590

53章　仲間関係の発達……………………………………氏家　達夫　597

1節　仲間過程…………………………………………………………………597
2節　仲間過程の発達…………………………………………………………600
3節　仲間過程の病理…………………………………………………………603

54章　学校と発達……………………………………………宮下　孝広　608

1節　学校制度の確立と普及：子どもの日常生活の場としての学校………608
2節　発達の文化的方向づけとしての学校教育………………………………610
3節　文化のなかでの学校の意義：日本の学校の文化的特質………………613
4節　学級のもつ構造とそれに由来する問題…………………………………616
5節　学力問題とリテラシーの概念……………………………………………618

55章　メディアと発達………………………………………家島　明彦　621

1節　現代におけるメディアと発達をめぐる諸問題…………………………621
2節　メディアと発達に関する研究……………………………………………625
3節　メディアと発達を考える際の注意点……………………………………630

56章　成人・中高年の自己実現と社会生活………………岡林　秀樹　634

1節　成人期の危機をとらえる枠組み…………………………………………634
2節　社会規範とストレス状況の時代的変遷の分析に関する3つの視点：
　　　時点系列分析，コホート系列分析，クロス系列分析………………636
3節　現代日本における性役割分業意識の時代変化…………………………637
4節　現代日本における自殺率の時代変化……………………………………640
5節　現代における「中年期の危機」を乗り越えるために…………………643

57章　社会の変化と発達……………………………………小嶋　秀夫　646

1節　「社会の変化と発達」という問いの設定………………………………646
2節　産業革命と進歩の思想，そして近年の状況……………………………647
3節　社会に根ざし・根づいた研究とグローバライゼーション……………654
4節　社会の変化と人間発達をつなげるリンク………………………………655

V部　発達の障害・臨床

A　障害と臨床の基礎

58章　発達の障害・臨床をとらえる観点 …………………… 長崎　勤　660

 1節　発達の障害・臨床をとらえる観点1：包括的観点
  ——「WHO国際障害分類」による「生物・心理・社会モデル」 ………………… 660
 2節　発達の障害・臨床をとらえる観点2：時間性・順序性の観点
  ——「話す・聞く」のアセスメントと支援を例にして ………………………………… 663
 3節　発達の障害・臨床をとらえる観点3：障害から定型発達のスペクトラム ……… 665

59章　発達の障害・臨床と神経心理学 ……………………… 小池　敏英　668

 1節　読み障害 ……………………………………………………………………………… 669
 2節　書き障害 ……………………………………………………………………………… 672
 3節　発達の障害・臨床と脳科学の進展 ………………………………………………… 674

60章　発達の障害・臨床と社会1：教育を中心に …………… 宮﨑　眞　676

 1節　特別支援教育の制度 ………………………………………………………………… 676
 2節　特別支援教育における幼児・児童・生徒への
  臨床発達心理学的実践を支える仕組み ……………………………………………… 680
 3節　特別支援教育における幼児・児童・生徒を取り巻く
  環境への介入を支える仕組み ………………………………………………………… 682

61章　発達の障害・臨床と社会2：福祉を中心に …………… 佐竹　真次　686

 1節　発達に障害のある人への福祉的支援の目的 …………………………………… 686
 2節　乳幼児健診等の活用 ………………………………………………………………… 687
 3節　発達に障害のある人の地域支援にかかわる福祉等の機関 …………………… 687
 4節　発達に障害のある人の地域支援にかかわる福祉等の制度 …………………… 689
 5節　発達に障害のある人の地域支援への福祉等からのアプローチ ……………… 691
 6節　総合的な支援へ ……………………………………………………………………… 693

B　障害・臨床の理解と支援

62章　自閉症スペクトラム障害 ……………………………… 伊藤　英夫　695

 1節　自閉症スペクトラム障害の基礎概念 ……………………………………………… 695
 2節　自閉症スペクトラム障害の発達研究 ……………………………………………… 697
 3節　自閉症スペクトラム障害児への発達支援 ………………………………………… 701

63章　学習障害（LD），注意欠如・多動性障害（ADHD） ……………… 岡崎　慎治　705

　1節　学習障害（LD） ……………………………………………………………………… 705
　2節　注意欠如・多動性障害（ADHD） …………………………………………………… 711

64章　知的障害 …………………………………………………………… 菅野　敦　716

　1節　知的障害の定義 ……………………………………………………………………… 716
　2節　知的障害の原因と出現率 …………………………………………………………… 717
　3節　知的障害の分類 ……………………………………………………………………… 717
　4節　知的障害の特性 ……………………………………………………………………… 719
　5節　知的障害の心理と行動の特性 ……………………………………………………… 720

65章　言語障害 …………………………………………………………… 藤野　博　724

　1節　言語障害の概念とタイプ …………………………………………………………… 724
　2節　言語発達障害のアセスメント ……………………………………………………… 726
　3節　言語発達障害の支援 ………………………………………………………………… 728
　4節　生活環境のなかでのアセスメントや支援 ………………………………………… 731

66章　聴覚障害 …………………………………………………………… 澤　隆史　733

　1節　聴覚障害の基礎概念 ………………………………………………………………… 733
　2節　アセスメントの方法と留意点 ……………………………………………………… 735
　3節　聴覚障害児への発達支援 …………………………………………………………… 736
　4節　今後の課題 …………………………………………………………………………… 740

67章　視覚障害 …………………………………………………………… 佐島　毅　742

　1節　発達初期における視覚障害の影響 ………………………………………………… 742
　2節　視覚障害児における表象の独自性と発達の壁 …………………………………… 744
　3節　視覚障害児の行動と発達の特徴 …………………………………………………… 745
　4節　視覚障害児のパターン認識の発達と学習過程 …………………………………… 749

68章　運動障害 …………………………………………………………… 川間　健之介　752

　1節　運動障害のある子どもたちの発達心理学的な課題 ……………………………… 752
　2節　肢体不自由児の姿勢と認知発達 …………………………………………………… 753

69章　不登校 ……………………………………………………………… 濱口　佳和　760

　1節　不登校の実態 ………………………………………………………………………… 760

2節　不登校児童・生徒の類型化 ……………………………………………… 761
　　3節　不登校に導く要因に関する実証的研究 ………………………………… 763
　　4節　不登校の子どもへの心理臨床的支援法とその効果 …………………… 764
　　5節　不登校の予後・不登校状態改善要因の検討 …………………………… 767

70章　いじめ・非行 ……………………………………………………………… 770
　　1節　いじめ問題の背景と防止に向けた取り組み ……………… 森　　正樹　770
　　2節　非行の背景理解と防止に向けた取り組み ………………… 市村　彰英　774

71章　精神障害 ………………………………… 神尾　陽子・高橋　秀俊・井口　英子　779
　　1節　今日の社会と精神障害 …………………………………………………… 779
　　2節　発達的観点からみた精神障害 …………………………………………… 780
　　3節　成人期発症と考えられていた精神障害の児童・思春期発症 ………… 782
　　4節　発達的観点に立ったアセスメントと支援 ……………………………… 786
　　5節　今後の課題 ………………………………………………………………… 788

Ⅵ部　発達研究における資料の収集と分析

72章　発達研究の方法 ………………………………………………… やまだようこ　792
　　1節　何を問うか：認識論と方法論の選択 …………………………………… 792
　　2節　実験的研究法：因果的説明を問う ……………………………………… 793
　　3節　質的研究法：経験の意味を問う ………………………………………… 794
　　4節　生涯発達研究のモデルと方法論 ………………………………………… 799

73章　研究の倫理 ………………………………………………………………… 802
　　1節　研究における倫理問題 …………………………………… 杉本　英晴　802
　　2節　発表における倫理問題 …………………………………… 安藤　典明　806

74章　基本的な研究デザイン …………………………………………………… 813
　　1節　実験研究法 ………………………………………………… 梶川　祥世　813
　　2節　自然観察法 ………………………………………………… 岩田　美保　819
　　3節　実験観察法 ………………………………………………… 関根　和生　824
　　4節　テスト法 …………………………………………………… 今野　　歩　831
　　5節　面接法 ……………………………………………………… 飯牟礼悦子　835
　　6節　質問紙法 …………………………………………………… 室橋　弘人　839

7節　事例研究 …………………………………………… 棚澤　令子　845

75章　分析の手法 ………………………………………………………… 851
　　1節　マイクロアナリシス ……………………… 難波　久美子・河合　優年　851
　　2節　プロトコル分析 …………………………… 田島　信元・田島　啓子　858
　　3節　行動評定法 …………………………………………… 西澤　弘行　864
　　4節　生理的指標 ………………………………… 横井川　美佳・田中　真介　871
　　5節　チェックリスト法 ………………………………………… 麻生　典子　877
　　6節　質的研究1：KJ法 ………………………………………… 川島　大輔　881
　　7節　質的研究2：グラウンデッド・セオリー ………………… 荘島　幸子　885

【付録】発達関係のテスト ………………………… 高田　みほ・板倉　達哉　891

索　引
　　人名索引 …………………………………………………………………… 930
　　事項索引 …………………………………………………………………… 956

I 部
発達の理論と展望

　I 部は，発達心理学を理論からアプローチしてみる。実証科学である発達心理学は，その実証活動の対象となる仮説的知見を，どのように導いてきたのであろうか。近代科学の出自と発展，変容の歴史を繙いてみると，哲学的な人間観・自然観に端を発し，言語学，社会学，教育学などの人文・社会科学や，物理学，生物学，医学といった自然科学などに分化を重ねてきたなかで，発達心理学は，そうした隣接諸領域の発想や知見を共有しながらも，個体の心理的特質の解明に焦点化してきた学問領域といえよう。とりわけ，個体の特質の形成過程を問題とすることにより，生物学的な知見に基盤をおきつつ，形成過程の解明において社会，文化，歴史的諸要因や教育的営みなど，人間個体を取り巻く環境要因との関係に注目せざるをえないというのが現代発達心理学の出発点であった。まさに，個体の発達（個体発生）を，系統発生に源流をもつ生物学的基礎と，歴史的・文化的発生に源流をもつ社会・文化的基礎との統合的理解のあり方に苦しみ，かつ，活路を見出してきた領域なのである。

　I 部では，「A　発達の基本的コンセプト」，および「B　発達理論と隣接科学」という2つのパートに分けて，発達心理学が隣接領域に影響を受けながら今日まで辿ってきた道筋と到達点を解説することを心がけた（Aパート参照）。現代発達心理学の基盤を作ったピアジェ理論とヴィゴツキー理論，および精神分析理論や愛着理論，言語発達理論は，発達の生物学的基礎と社会・文化的基礎の相互作用的理解を示唆するとともに，行動理論，学習理論からの理解も基盤的な発想を提供するであろう。

　次に，今後の発達心理学が進むべき道筋を占うために，これまでも発想や知見を共有してきた隣接科学領域の発展に注目して解説し（Bパート参照），さらに視点を拡げた生物学的基礎と社会・文化的基礎との統合的理解のあり方を示唆する試みを行っている。ここでは，伝統的に共闘してきた比較行動学，霊長類学，文化人類学だけでなく，系統発生的知見を基盤にもつ行動遺伝学，進化心理学，脳科学などの発想や知見の解説をとおして，近年，盛んに主張されている総合領域的な「発達科学」的アプローチの推進の必要性を感じ取っていただきたい。

（田島信元）

―――― A　発達の基本的コンセプト ――――

1章　発達研究・発達観・モデルの変遷

藤永　保

1節　発達研究の始源

1．発達の語義

　日本の学術用語の大半は西欧語からの翻訳である。この事情はあまりにも日常化されていて，ふつう意識すらされていない。術語は厳密な定義により成り立っているという信念のもと，原語と訳語は一対一に対応しているという思い込みも強い。しかし，心理学などの場合，多くの基本術語は日常語の洗練によって成り立っていることを軽視してはならない。「発達」は本ハンドブックのキーコンセプトをなしているが，これについてはどうか，初めに検討してみよう。

　発達の原語は英・独・仏によりそれぞれ異なり一つではないが，アメリカ心理学が世界的主流をなす現状から"development"をとりあげる。この語はまた，開発，現像などとも訳されている。developmentにはそれらを包括する何かがあるはずだが，日本語の発達と現像に共通する語義は見出しにくい。もう少し敷衍すると，developmentの動詞形はdevelopだが，その逆は envelop，名詞形はenvelopeとなり，それぞれ封入するとか封筒を指すことはいうまでもない。

　これらを総合すると，developmentの原義が浮かび上がる。それは元来巻物を繙いて中身をみることを指し，すでに確定している内容を明らかにする過程または産物を意味する。「現像」とは，光学的には焼き付けずみの映像を薬品の作用を借りて顕現する作業を指す。ここには，封筒を開いて書面を人目にさらすのと等質の作用や過程が現れる。開発というのも，もともともっている価値や可能性を具現化する行為を指し，同様な意味のあることが知られる。英語の辞書には，developmentの意味の第一に，徐々に隠れた本質が開示されることをあげている例に出会う。これが最も元型的な語義であることが納得できよう（ここに述べるゆとりはないが，発達に対応する独・仏の原語も同様なニュアンスを含んでいる）。

　日本語の発達はもちろん日常語であり，中国語に由来する。発と達の対照性を利用する造語法による熟語であって，どこからか出発しどこかに到達するという即物的な意味以上のものは含んでいない。原語のdevelopmentとは概念的に異なり，一対一には対応しない。中国の心理学界で

は，発達心理学よりも発展心理学とか展開心理学などの訳語が好まれているが，このほうがむしろ原義に近いといえるだろう。

日常語としての原語と訳語とは必ずしも対応してはいないが，術語と日常語は別物なのだから，一体どこに問題があるのかと問われることだろう。それを考える糸口として，言語相対性という仮説をとりあげてみよう。

2. 言葉・認知・文化

言語相対性仮説は，ドイツの民俗・言語学者フンボルト（Humboldt, K. W. von）のいう特定言語とはそれを使用する民族の世界観を表示するという発想を受け継ぎ，アメリカ先住民の言語研究による裏づけを試みたサピア（Sapir, E.）とホワーフによって体系化された。サピア・ホワーフの仮説とよばれることもあるが，具体的主張は主にホワーフによりもたらされた。

ホワーフの示した典型事例は，よく引用されるイヌイット語やホピ語のそれである。前者では，降る雪，積もった雪，イグルーの材料になる凍った雪の3種はそれぞれ別々の名前でよばれ，雪一般を表す言葉はない，後者では，鳥の類を除き空を飛ぶものはトンボも飛行士もみな同じ言葉でよばれるなどなど（Whorf, 1956），当時の西欧語世界では想像も及ばぬ例があげられている。

ここから，ホワーフの説はしだいに誇張され，言語は認識のあり方を規定するという解釈が優勢になった。確かに，ホワーフもときに，もしホピ族が物理学をつくったとしたら現行の西欧物理学とはまったく違った体系になっていたろうなど極端な想定をしている。しかし，全体としてみれば，語彙レベルの挙証が多く，それもたとえばホピ語は西欧語とは異なる仕方で世界を「切り分ける」（dissect）と述べているにすぎない。今風にいえば，言語体系により事象のカテゴリー分け（とそのシステム）は大きく異なることの指摘であり，ただそれが西欧語の常識には反したために新奇な驚きを呼び起こしただけともいえるだろう。同じく日本語でも「水」と「湯」は厳密に区別されるが，waterでは両者は一括されている。ところが，多年英語を学んでいてもそれに気づく人はほとんどいないことに注意すれば足りる。

言語が認知を規定するという強い言語相対性の仮説はしだいに否定的方向に向かい，現在はより短くまた一次的な語彙で表現される事象ほどその文化のなかで意味や価値の高いものを指示するという弱い仮説が妥当とされている（Pinker, 2007/2009）。よく考えれば，3種の雪を言語的に区別したところで，触れば冷たく解けて水に変わるなどの特質はいずれも共通であり，異なる事物と認知されるいわれはない。いいかえれば，雪の認知にとって重要なのは感覚的反応または操作的情報であり言語のそれではない。だからこのような場合，強い言語相対性が成立しないことは半ば自明といえる。感覚的情報の拘束力が弱い場合，たとえば色の認知などに初めてその片鱗が現れるのも当然といえる。

しかし，それを裏返せばどうか。感覚的・操作的情報は頼りにならず言語情報が認知の主役を演じる場合，言語相対性は否定できるだろうか。「甘え」は，日本語特有の言葉とよくいわれる。「義理人情」は，"loyalty and friendship"などと訳されることもあるが，どうみてもしっくりこな

い。これらに対しては長々しい言語的説明に頼るほかないが，それらは自己の発想の偏りを気づかせてはくれるものの，なお靴の上から掻くもどかしさを抜けきることはできないだろう。結局は，それらの言葉を生み出す文化的土壌とそこでの体験を抜きにしては，本当の意味での理解は困難と思い知らされる。このような場合，言葉・認知・文化は三位一体の関係にあり，言葉のもつ意味——言葉と認知との関係を軽視してはならない。

「発達」も同断であり，術語だからといって上の原則を免れることはできない。科学革命の提唱者クーン（Kuhn, 1962/1971）は，科学者集団はそれを取り巻くふつう人の集団から多少とも影響を受けることを指摘している。どのような学術的パラダイムも，特定の社会・文化的規範（エスノパラダイム）と，まったく無縁ではない。心理学の場合，術語は日常語と不可分だから，その制約は自然科学よりははるかに大きいと考えるべきであろう。現行の発達心理学は西欧世界で生まれ育ち，そのエスノパラダイムを色濃く担って発展してきた。その特徴をより深く知るためには，発達心理学を方向づけたエスノパラダイムを知る必要が起こる。以下，それをみてみよう。

3. 小さな大人

バウアー（Bower, 1979/1982）は，ヴェラスケス（Velázquez, D.）が1659年に画いた当年8歳のオーストリアの王女マルガリータの肖像が，成人の理想体型とみなされる8頭身に描かれていることを指摘した。中世ヨーロッパの絵画では，マリアに抱かれたキリストは出生直後の姿ですら8頭身に描かれている。しかし，王家やキリストだからということではない。フランスの歴史家アリエス（Ariès, 1960/1980）は，ふつうの風俗画ですら子どもが大人びた体形に描かれる例をたくさんあげている。

このような考え方を，ふつうに「小さな大人」的児童観とよぶ。後にみるように，これは近年の成熟優位説，ひいてはさらにその根底にある生得説の素朴な形態とみることができるが，こうした発想の起源はきわめて古く長いことが注目される。アリエスは，いわゆる心性史学派に属し，さまざまな資料から一般人の抱くものの見方の歴史を探ろうと試みているが，そのフランスにおける児童観の歴史的考察はきわめて興味深い。

アリエスによると，ヨーロッパにおいて「児童」や「児童期」といった観念が確立されるのは，わずかに19世紀の終わりにすぎない。中世までは，大人と子どもとの間にほとんど区別はなく，服装・労働・遊びなどの種別，はては酒場に立ち入ることに至るまで両者の間に差はなかったという。当時子どもは物心つくとすぐに徒弟奉公に出されるのがふつうであり，その点からも，この時代には優雅に過ごす者と働く者という上流と労働者との階級区別のほうがはるかに大きかったことが推察される。これに対応して，発達期を表す用語も，乳児，青年（今日の用法と異なり，当時はラテン語の原義「成長する者」の意味そのままに用いられたという），老年の三区分しかなかった。

これに対し，たとえばルソー（Rousseau, 1762/1962-1964）は，18世紀の中葉にすでに，『エ

ミール』のなかで，乳児期・児童期・少年期・青年前期・青年期を分けるかなり整った発達期の区分を示している。しかし，この区分は現代のものとは実質上かなり異なり，その時代の社会化の過程を反映したものであることに留意しなければならないし，そのルソーですら，「児童期」という言葉（ラテン語"infant"＝乳児に由来）の通念を拡張して用いざるをえなかったとわざわざ断っている。アリエスのいうとおり，ルソーの区分はかえって一般には存在しなかったことの傍証となる。

このような基本情勢にいくぶんかの変化がみられはじめるのは，15世紀にいわゆる寄宿学校制度がつくられてからだという。年齢別に学級編成を行うほうがさまざまな点で便宜だったためである。このような長い長い歴史をへて（その過程では，おそらくイタール〔Itard, 1801/1978〕による「アヴェロンの野生児」研究などが一つの衝撃的契機をなしたと思われるが〔藤永，1973〕），ようやく19世紀末に児童期が「誕生」するに至る。

対照的に，山上憶良が『万葉集』のなかで周知の子宝思想を謳ったのは実に1200年よりも以前の話である。児童中心主義の伝統は，儒教的文化圏に属する日本ではその後も変わらずに存続してきた（山住・中江，1976）。こうした背景の差をみるだけでも，冒頭に述べたエスノパラダイムの大きな違いが示唆される。

4．理性論と能力心理学

developmentの原義にみるように，子どもとは約束された完成態にいたる仮の姿にすぎないのだから大人同様に描いても何のさしつかえもない，小さな大人的児童観は中世絵画に具象化されている。ここには根強い先決−生得説が潜み，起源はおそらくギリシャにまでさかのぼる。

ギリシャ時代，すでに神人同型思想は定着し，人間のみが神になぞらえて創られた特権的存在であり，心（霊魂）と理性（知性）をもつと信じられていた。すると，理性を欠いた動物は，どんな原理に従って行動するのだろうか。そのために考えだされた概念が「本能」である。本能とは，同じく神によってあらかじめ仕組まれた機械的原理にすぎず，外見はどのように精妙にみえようともつきつめていけば単純なからくりに帰着する。このような観念は，ヘラクレイトス（Herakleitos）らによって唱導されたといわれる（Beach, 1955）。西欧思想の一つの伝統をなす「理性対本能」という二分化説は，こうして成立した。

人間のみが生得的な理性をもつという観念は，ふつう理性論（合理主義）とよばれている。理性論は，中世にデカルト（Descartes, R.）その他によって人間理性のもつ生得的構造を探究する精密な思想体系に仕上げられていくのだが，その先駆体はきわめて古いものであり長い伝統をなすことが知られる。この伝統が，中世のユダヤ・キリスト教の神学的世界観によって相互に強化しあったことはいうまでもない。

神人同型説は，心理思想のうえでもう一つのみのがしえない影響を残した。理性論と同様，この影響もギリシャ時代には必ずしも整ったものとはいえず，紆余曲折を経たのち18世紀にテーテンス（Tetens, J. N.）によって定式化され，19世紀初頭には全ヨーロッパに広まった。いわゆる

能力心理学である。目や耳や口のような身体諸器官は人間にも動物にも共通したものであり，あえてその機能を問うまでもない。しかし，心が人間のみに与えられた特有の器官であるなら，それは一体どんな役割を果たすために創られ存在するのだろうか。これは，人間性を解くための一つの鍵となる。このように思弁的ではあっても，心の機能を検討し秩序づける試みを能力心理学とよぶ（今田，1962；Leahey, 1980/1986）。

　ギリシャ時代，すでにプラトン（Plato）は精神を認識・感情・欲望の三区画に区分したといわれる。能力心理学の起源も古くかつ長いものであるが，前述のようにテーテンスによる知・情・意の三分類が一つの定説として通用してきたことは周知のとおりである（夏目漱石の『草枕』には，そのパロディがみられる）。しかし，今日の心理学思想における影響は，必ずしも単純な三分説そのままではなくもう少し屈折したかたちになっている。筆者はこれについてすでに別書に述べたが（藤永，1991），主要な問題点は 2 つに集約されるだろう。

　第一は，三分説が現代心理学では知能対人格の二分説に置き変わっていることである。この 2 つは，相互に独立した別個の体系とみなされている。そこからまた，知能の発達と人格形成を，それぞれ別個の問題として処理する傾向が生まれてくる。

　第二に，三分説と二分説のいずれによるにしろ，ギリシャ以来のエスノパラダイムである理性優位の信念はゆらいでいない。情動は動物とも共通した低次の機能とみられているので，初期発達では相対的に重要な問題となるが，認知発達は後期にしだいに比重を増すと考えられてきたのはその一例である。認知心理学の隆盛なども，同じ傾向の現代的再現といえなくもない。

　総括して，認知機能の優位とその生得性というエスノパラダイムは，暗黙の公理となって今日の心理学にもなお根強い影響をとどめている。これについてはさらに後述する。

5. 純粋始源と一次元説

　創世記にいうバベルの塔は，すべてが神話ではなく塔そのものは実在が確かめられたといわれているが，神話としての意味はいぜん象徴的である。すなわち，神は天にも届く塔を建てようとする人間の傲慢を憤り，塔をこわしたのみならず，一つだった人間の言語をいくつかに分裂させ，意思の疎通と協力の可能性を奪ったと信じられてきた。ここには，人間の始源言語は唯一という郷愁にも似た観念が示されている。一神教的世界観のなかでは，唯一神がすべてを創造したという第一信念にともない，純粋かつ単一な始源という発想が生まれる。これは多神教的世界観におけるエスノパラダイムとはきわめて異なる点であり，事物の多様性を説明するための動的原理として進化や発達という観念を促しやすいことに注意する必要がある。

　ゲーテ（Goethe, J. W. von）は，植物の蕾の形状から花も葉も始源は一つという発想を早く唱えていた。これなどは，上の機制を示す好例であるが，さらに印象的なのは始源言語をめぐって繰り返し試みられた「禁じられた実験」である。歴史家ヘロドトス（Herodotos）の伝えるところでは，古代エジプトの教王プサメティクスは，エジプト先住民を決定するために 2 人の孤児を人里離れた山小屋で養い，その最初に発した語「ベコス」は先住民族のフリージア語と断定した

という。この話はいかにも伝説めいているが，その後も同種の実験は飽くことなく繰り返された。最も近年の例は，15世紀スコットランドのジェームズⅣ世によって行われたという（Fujinaga, Kasuga, Uchida, & Saiga, 1989）。今日の知見からすれば，まったく言語的・対人的環境を奪って育てるなら，それは必ず重篤なマターナル・ディプリベーションを導き，早期の死亡や発達遅滞に陥ると考えられる。実際，これらの実験は一つとして成功はしなかったようであるが，しかし，上のような知見をもたらす端緒となった最初の隔離実験（isolation experiment）だったとはいえるだろう。実験を行った専制君主たちは，いずれも始源語はヘブライ語だと信じて実証を試みたと伝えられているのだが，ここにもバベルの塔の神話が落とす影を認めることができる。

　しかし，これらのエピソードから，神話は危い思いつきによる実証と錯覚のみを与えたと考えるのは誤りだろう。たとえば，インド・ヨーロッパ比較言語学は西欧諸言語が同一の祖型から発達したという純粋始源説モデルに立って大きな成果を収めた。ここには，やはり純粋始原説と発生的方法のもたらす反面の成功をみないわけにはいかない。

　一方，近年の諸成果にみるように，日本語の起源についてインド・ヨーロッパ比較言語学の方法を適用しようとする試みはほとんど失敗に終わった。その大きな理由は，日本語形成の過程がインド・ヨーロッパ諸語族にみるような単一始源語からの分岐というモデルにあてはまらないためではなかろうか。このモデルのなかでは，かつて複合言語という考え方は否定されてきたのだが，近年はほとんどの日本語学者が少なくとも南方語と北方語との融合という過程を承認していることが興味をひく。安本は，これらをとらえて，日本語形成のモデルは，インド・ヨーロッパ語族生成過程を裏返して，多くの支流が一つの本流に融合するというそれが最も適切としている（安本，1985）。ここには，多元起源という対極的発想の一例をみることができよう。

2節　発達観の変遷と児童心理学の成立

1．理性論と経験論

　その後の発達観の変遷を論じ始めればきりもないが，見落としてはならない論点の一つは，理性論と経験論の厳しい対立である。上述したように，ヨーロッパ思想の根強い伝統の一つは，人間精神における理性の優位とその生得性という観念であり，ギリシャ以来連綿として引き続いてきた。この伝統は17世紀デカルトによって頂点に達するが，次の世紀にはロック（Locke, J.）を先達とするイギリス経験論という強烈な反逆者を迎えることになる。

　経験論は，「心は白紙」というスローガンによって知られている。これを文字どおりに解釈するなら，デカルト的理性論——本有観念のような生得的な認識を規定する枠組みや構造が存在し，これに助けられて不完全な感覚情報を洗練して正しい知識を獲得できる——とはまったく正反対の主張にみえる。しかし，即断してこの対立を精神の性能全般に及ぶと理解してはならない。

　経験論の中心は，認識論——知識の学にある。私見を恐れずにいえば，上の対立の主軸は知識

獲得の方法や過程にあり、それ以上のものではない。たとえば、ロックの『教育論』の冒頭には子どもの心は川の流れのように堤の築き方しだいでどのようにでも流れるとある。しかし、終わりに近づくにつれて性格は生まれつきで変えることはできないといった言説が多くなるのに気づく。その口ぶりからは、経験論者も今日の心理学が知能や性格とよぶ最も基礎的な精神構造に関しては、やはり生得説への偏りが大きかったように思われる。そう考えない限り、経験論の本拠のはずのイギリスからゴールトン（Galton, F.）の優生学が生まれ、一般知能Gの生得説を主張するイギリス学派が育つなどはありえないことではなかろうか（Gould, 1981/1989）。

さらにまた、上のような傾向は歴史的なものに終わると誤解してはならない。西欧発達心理思想に根強い生得説への偏向は、その後も長く引き続いている。イギリスよりもはるかに環境論や学習説が優勢なはずのフロンティアスピリットの国アメリカですら、1961年当時なおハント（Hunt, 1961）は、「知能に関する論議は人間の本性にかかわるものであるが……20世紀の初めから第二次大戦の終結までなお……伝統的な二つの信念に立脚する回答が決定的なものだとされてきた。その一つは『知能の固定観』、もう一つは『発達の先決観』の仮定とよぶことができよう」と述べている。筆者が上述してきた西欧正統思想のエスノパラダイムがいかに根強く、またいかに無自覚のまま潜在してきたかがよくうかがわれる。

この対立が、発達研究のうえでさまざま重要課題を派生したことも忘れてはならない。たとえば、経験論の第二世代のリーダーであったバークリー（Berkeley, G.）は、デカルト的な本有観念説に反証するために、当時は今よりもなお稀少例であった先天性白内障の開眼事例についての資料を集めたという。デカルト説によれば、幾何学的図形の本質を受容する認知的枠組みは本有観念のかたちで生得的に備わっているのだから、感覚情報を受容する通路さえ開ければ、ただちにそれとして認識できるはずである。しかし、結果は、いくつか不透明な点を残しながらも、総体としては経験説の側に有利なものであった（鳥居，1979）。

その後、20世紀になってゲシュタルト心理学は新しい見地からの生得的知覚学説を唱え、近年はまた神経心理学的論争が賑やかなことも周知のとおりである。ボーンステイン（Bornstein, 1988）によると、知覚発達の研究は、それ自体生得か習得か論争の試金石になるという。

2. 進化論

発達思想のうえでの大きな衝撃は、19世紀に至り、ダーウィン（Darwin, C. R.）の進化論によってもたらされた。純粋かつ単一の始源論だけでは種の変異のような世界の多様性を説明するのは難しいし、さりとて初めから多様性が存在したという仮定をとるなら天地創造説のようなきわめて静止的な世界像——最も極端な先決説の罠に陥ってしまう。このようなディレンマは、西欧思想の永い課題であったから、上のような極端な観念を補完すべき新しい発想の出現はいわば一つの必然であり、それはダーウィン説によって満たされた（八杉，1979）。

もっとも、レイノルズ（Reynolds, 1981）によれば、西欧思想の伝統のなかにはきわめて早くから一種の擬似進化論が存在したという。ある意味では、それは神人同型説の変形と拡張である。

18世紀に至ると，スウェーデンの大生物学者リンネ（Linné, C. von）はその『自然の階梯』によって近代的生物分類学を確立するのだが，そのなかではすでに霊長目が記載され，ヒトとサルとの類縁性が明確に認識されていた。さすがに，人間のみが自然界唯一の特権的存在をなすという同型説の正統はすでに崩れていたことがうかがえるが，これをもう少し拡張すれば新しい展望が開けてくる。その展望とは，生物種すべてに対して人間に対する類縁性の程度によって序列化を与えることである。カメとトリとを比べれば，トリはヒトと似た肋骨をもつがカメはもたない。したがって，トリのほうがより高次の——神に愛でられた存在であるとする。このような序列論に動的原理を付加すれば——ダーウィン自身は生物界の序列づけを好まなかったというが——近代的進化論に近づくことは見易い道理である。

したがって，進化論思想は受容者によって多様な意味を与えられることも避けがたかった。明治期，日本に移入された進化論は四民平等思想の基礎づけとしての役割を果たす。一方，イギリスでは，人種の進化——したがって人種間の知能較差を合理化する論拠として用いられた（Gould, 1981/1989 ; Eccles & Robinson, 1984/1989）。どのような思想も，その受容される社会的文脈にしたがって構造を変えることの一つの好例がここにみられよう。過去の思想といえども常にそうした存在であり，ときにまったく装いを変えて再登場することに注意しなければならない。

3. 児童心理学の成立

このような発達思想の変遷のもとに，19世紀末アメリカのホール（Hall, G. S.）によって児童心理学が創設されるに至る。児童心理学が新大陸というフロンティアにおいて成立したことは，象徴的な意味が大きい。それは，いろいろな点でヨーロッパ正統思想に対する革新であったからだ。少なくとも，次の2点は指摘することができよう。

第一は，児童心理学を成立させるいわばヨコイトとしての社会的背景である。すでに述べたように，ヨーロッパでは小さな大人としての児童観が根強く，子どもの特性，したがってその固有の権利もまたほとんど意識されていなかった。子どもはたんなる労働力として，大人により一方的に管理され統制される存在だった。ここからは，児童期の発見と児童の権利獲得の運動とが車の両輪のように平行して進んでいくのは必然の勢いだった。

スウェーデンの女性解放運動家のエレン・ケイ（Key, E.）が『児童の世紀』を著したのは，ちょうど1900年のことだった。この書は児童の自発性の奨めとして有名だが，題名そのものがより象徴的な意味をもつ。この当時まで，女性も児童もともにその固有の権利を承認されていなかった事情がよくうかがわれるからである。

したがって，20世紀になると児童の権利擁護の運動がヨーロッパ全土に広まる。イタリアの女性医学者第一号のモンテッソーリは当時ローマのスラム街で発達遅滞児教育に献身していたのだが，このありさまについて『幼児の秘密』（1936年）の序文に次のように述べている。「噴火山が爆発するときは，一つの噴火口が火を吹き出すと，あっちでもこっちでも噴火が始まります。それは，すべての大運動の発展するありさまに似ています。子どものほんとうの味方になろうとい

う運動がそれです。……それから三十年間，研究が続けられました。その結果わかったことは，一般に子どもは無理解な両親や社会に強いられて，正常な発育からそらされている者だということです」(Montessori, 1936/1968)。当時の情勢が端的に描かれている。

今日の私たちは，ホールが小学校児童に質問紙調査を行ったといった紹介を心理学史から読み取り，その程度の貢献にどんな意味があるのかをいぶかしく思う。しかし，それは当時の基本情勢への無知からくるものである。モンテッソーリがふれているように，児童の権利を擁護するためにはまずその実態を正確に知るプラグマティズムと実証主義が必要とされたからだ。

ホールの門下生からは，このような意味での「児童研究運動」(child study movement) を唱える人々が輩出し，運動はまたたくうちに世界各国に広まったといわれている。これはまた，「児童学」の創設につながっていった。児童心理学成立の一つの契機は，フロンティアの地アメリカにおいてヒューマニズム運動の一環としての児童中心主義が強調されたことに始まっている。

アメリカにおける児童研究は，20世紀に入りしだいに教育心理学という用語に置き換えられていったという。ドイツのモイマン (Meumann, E.) は，20世紀初頭に事実上最初の教育心理学の体系とされる『実験教育入門』を著したが，その標語も「児童から」であった。初期の児童心理学と教育心理学は，ともに児童中心主義という同じ潮流の分派であったことが知られる。

4. 進化論と児童心理学

ダーウィンは，自分の子どもの成長記録を著し，その点でも先駆者となった。19世紀の後半になるといわゆる成長記録家 (child biographer) が各国に輩出するようになるが，ここにも当時の人々が乳幼児の心性にあらためて関心を抱きはじめた兆候を読み取ることができる。

しかし，ダーウィンの関心はたんにその域にとどまるものではなかった。後に，ヘッケル (Haeckel, E. H.) が「反復発生説」(recapitulation theory) として定式化した原則——個体発生は系統発生を繰り返す——をダーウィンも信じていたので，子どもの発達の観察は進化論にとっても意義のある仕事だったのであろう。個体発生の過程の究明は，進化について何らかの示唆を与える可能性があったからである。

ホールが児童心理学の理論的・学問的支柱としたのは，反復発生の原理であった。上述のように，この原理を認めるなら，児童心理学——個体発生の研究は進化論と相互補完的な意味をもつことになるから，それは児童中心主義と並ぶもう一つの大きなタテイトとしての原理的意義を獲得する。ただし，ヘッケルの反復発生説が主として胎内状態に適用される——哺乳類の祖型は水棲動物であった——のに対して，ホールはこれを大胆に拡張し性的成熟に至る青年期まで通用するとした。人間は，この時期まで祖型動物のもつ本能や情動生活をハイスピードで繰り返すことになる。

このような観念にどれほど実証的根拠があるか問題は残るが，ともかく子どもの精神生活に一つの新しい視点を与えたことは確かである。また，性的成熟までの時期は主として生物学的な発達法則によって支配される一様普遍性をもつことになるから，その後の発達研究は初期発達に力

を注ぐこととなるのも必然の勢いであった。

　ホールは，青年期以降成人期に達してからの発達は，個々人を取り巻く社会的環境からの影響を学習し同化していく過程であるとする，アメリカ心理学本来の環境論と行動主義の立場に帰る。かくして，発達は青年期までとそれ以降——生物学的成熟と社会化の両過程に二分されることになった（Dixon & Lerner, 1988）。

5. 精神分析学・実験心理学・児童心理学

　ホールはクラーク大学の総長時代に，開学20周年の記念講演をフロイトに依頼し，その草稿が後の『精神分析入門』の原型になったことはよく知られている。このことは，初期の児童心理学の学問的性格と実験心理学との関連の両面を考えるうえでみのがしえない。

　精神分析は，周知のように，5～6歳までの幼児性欲期を最も重要な発達期——今日の用語でいえば，性格形成の臨界期と考え，しかも，あらかじめ定められた生物学的法則性により口唇期・肛門期・エディプス期の順に展開していくとする。各時期は，それぞれある特定の性感帯によってリビドーが充足されるという未成熟な情動生活の場をなしている（Freud, 1916-1918/1971）。そのうち最も重要な発達期とされたエディプス期を，フロイトは人類史上の劇的事件である原父殺しの個人における再現だとみなした。ホールにとっては，反復発生の例証とみえたことだろう。

　この観念は，ホールが性的成熟期までという相対的に長い期間を重視した一点を除くなら，ホール流の反復発生説そのままであり，その具象化と体系化であるといってよい。フロイトもまた，進化論に関心を抱いていたといわれるから，両者が共通項をもつのは当然であったが，ホールが精神分析学に魅惑されたのはさらに当然なことであった。

　フロイトがユング（Jung, C. G.）らとともにホールを訪れたのは，1909年のことである。この前年国際精神分析学会が初めて開かれるなど，ようやくその地位は認められはじめたとはいえ，ドイツ精神医学界での公認にはなお10年を要する。正統精神医学の立場からは，いまだにユダヤの密教のようにしかみられていなかった時代である。まして，心理学の世界では，人格や臨床などの諸分野は当時の正統派たる実験心理学からみれば，まったくの異端にすぎなかった（藤永，1991）。

　19世紀から20世紀初頭にかけての実験心理学とは，意識現象をその構成要素である感覚にまで徹底的に分析し，内観によってそれを取り出すというものだった。当然ながら，それは十分な内観能力や言語表現能力をもつ成人のみを対象にする心理学であった。アメリカでもヴント（Wundt, W.）の愛弟子ティチナー（Tichener, E. B.）の構成主義が優位を占めていた。その心理学では，子どもは当時のいわゆる「未開人」や「精神障害」と並んで十分な内観能力をもたないから実験心理学の対象にならない，とされていた。児童心理学は，正統派とはまったく異なる心理思想によって成立したことが知られる。

　こうした時代，さまざまなタブーに挑戦したホールの見識と気魄は尋常なものではない。そこ

には，旧大陸の正統とは一線を画する新大陸の文化的風土が後押ししたことも忘れてはならない。

3節　児童心理学から発達心理学へ

1. 有機体論の隆盛

　ホールとフロイトに共通する発達説は，有機体論（organicism）とよばれる（Dixon & Lerner, 1988）。有機体論は19世紀の生物発生学の理念に由来し，精神発達も生物学的成長と同様に目標指向的あるいは目的論的なものとする。発達的変化は量的よりは質的であり，一次元的また非可逆的である。質的変化を強調するため，有機体論はしばしば発達段階説をとる。発達とは，非連続な過程をなし，また生物学的法則に由来するので一様普遍性をもつ。環境との関係からは，能動性に富む生体が相対的に受動的な環境に働きかけ，それを構成していくとされる。

　この系譜に属する発達心理学者は，ホールをはじめ，ゲゼル（Gesell, A. L.），ウェルナー（Werner, H.），ピアジェ（Piaget, J.）など数多いし，精神分析学派も類縁に数えることができよう。しかし，この数多い人名のうちホールにつづく児童心理学の時代を築いた人はアメリカ人ゲゼルであったように思われる（現在ではゲゼル学派は急速に光を失い，代わってピアジェの名声が高い。しかし，ここでは発達心理学の変遷をたどることに主眼をおく）。

　ゲゼルの説は，1930年代には成熟（maturation）をほぼ一方的に発達の主因とする成熟説をとり，後に文化による同化の過程をも副次的に認める成熟優位説に移っていった。成熟とは，ゲゼルの定義では環境の影響を受けない純粋に内発的な神経生理学的成長過程をいい，その発展の水準が各種の行動型・能力・機能などの発現を規定する（藤永，1973，1982）。この理念にもとづき，周知の双生児相互統制法（co-twin control）によって階段登り，ボタンかけに始まり言語習得や数の暗誦に至るさまざまな実験研究がゲゼル学派により繰り返され，「成熟」は公理のごとくに承認された。しかし，今の時点でみればこれらの研究に方法論的欠陥や解釈の誤りは否めない。

2. 発達心理学へ

　しかし，1960年代に入ると，成熟説全盛時代にもかげりがみえてくる。この頃まで発達心理学（developmental psychology）という名称は少なく，また多くの心理学事（辞）典は児童心理学（child psychology）と発達心理学はしばしば混用されるとしており，事実上は児童心理学が発達心理学の代名詞となっていた。初期発達は，確かに現象的変化の最も目覚しい時期である。しかし，それだけが上の混用の理由ではなかろう。その背景には，ホール以来の有機体説の主張，すなわち青年期までの発達が生物学的・普遍的法則性によって規定され，その意味でまた最大の発達的探究に値する時期という発想が潜んでいた。成人期以降の社会化過程は行動主義的学習原理に規定され，発達研究の対象から外れるという，うらはらな主張も一役買っていたのだろう。

こうした主流的見解が1960年代に至りなぜ疑問符がつくようになったのだろうか。理論的には，たとえばピアジェ学説がアメリカ心理学界で脚光を浴びるにつれて，単純な成熟一元論が批判を浴び相互作用説へ移行していったということもあるだろう。ゲゼル的実験手法への疑いも，作用したであろう。しかし，おそらくもっと大きいのは，この時代がアメリカ公民権運動や世界各地の大学紛争などに代表されるいわゆる抗議の時代であり，人種較差の合理化に奉仕するような生得論や成熟説が批判の的になったという社会情勢にあろう。

　エンドラーほか（Endler, Boulter, & Osser, 1968）は，このような研究動向の変化を3つの軸に集約している。第一は方法論の変化であり，伝統的な自然観察（naturalistic observation）に対して，実験的分析と比較文化的方法が主役を占めようとしている。第二は，研究目標の変化にあり，発達標準の策定よりも発達の規定要因や条件の解明が目指されている。第三は主要問題の変化にあり，「遺伝か環境か」から，両者の相互作用のあり方を重視する方向へ動きつつある，という。

　これらの一連の変化は現在もなお引き続いているのだが，相互に関連が深い。ホール，ゲゼル以来の信念——初期発達は生物学的法則性に支配される内発的・普遍的・画一的過程をなすとする原則が疑われるからこそ，必然比較研究が要請され，また規定要因分析が望まれることにもなる。さらに，遺伝要因の重視から相互作用の重視へと移行していくのは見易い道理である。

　このような変遷を認めれば，また児童心理学が発達心理学の代名詞となることができないのは当然でもある。以降，児童心理学はむしろ発達心理学の一分野とみなされるようになるのはやむをえなかった。代わって，「発達心理学」が全面的に登場する。

　名称の変化は，研究動向や内容の進展を象徴している。その様相は本章以降の諸章に示されているが，変化の起因として根底にあるエスノパラダイムの変革が主役を演じている。だから，クーンのいう意味での科学革命といってもよいのだが，その変革はどこにまたどの程度に現れているのだろうか。以下，一つの例証を知能研究にとってみよう

3. 知能観と知能テスト

　知能はギリシャ以来の関心事であったが，史上初の科学的知能テストはゴールトンにより発案されたといわれる（Miller, 1962/1967）。ゴールトンはダーウィンの従兄弟であり，進化論に強い関心をもっていた。エリート家系の一員にふさわしく，遺伝学，統計学などに高い業績を残しただけでなく，実験心理学や社会学の分野でも成果をあげ，当代のエンサイクロペディストとよぶにふさわしい人物だった。彼は遺伝のもたらす強い効果を確信し，それが人種や個人間の優劣格差をつくると信じていたので優生学を提唱したのだろう。知能テストを構想した動機も，人間の至高の特性としての知能における人種・個人間格差を実証しようと意図したからではなかろうか。

　ゴールトンは，エンサイクロペディストにふさわしく，2つの理論に依拠するという演繹的方法をとって知能テストを構成した。第一は，当時最新の脳科学の成果だった。目や鼻などの感覚器官の役割は動物とも共通し直感的に理解できるが，脳という器官がどんな役割を果たすのかは

長い間の謎だった。19世紀中葉になると，ようやくその機能解明が進んだ。1861年，フランスの外科医ブローカ（Broca, P.）により失語症状と特定脳損傷部位との関連が裏づけられ，発語中枢（ブローカ中枢）が発見されたのが金字塔となった。脳の役割は，さまざまな精神機能の担い手にあると明確に意識されるに至った。そうであるなら，脳の最高の機能が知能として表現されるはずである。知能を測るには，まず脳の容量を知らねばならない。こうして，ゴールトンテストでは，頭囲や頭長など脳の大きさ示す解剖学的指標が知能測定の一翼を担う。

　もう一つの支柱を，ゴールトンは感覚主義に求めた。多くの経験論者は認識の源泉として経験以外にも反省のような内発的要因をも容認する。しかし，この時代になると経験論も先鋭化してついに感覚情報という外発要素以外何ものも認めないという極端な主張——感覚主義が優勢になってくる。この立場からは，適切な感覚の受容が高い認識に至る鍵を握り，ひいては知能の高低を左右する。ここから，感覚の鋭敏さのテストが二番目の指標となる。

　原理論としてなら優れた創造といえようが，結果論としてはゴールトンのテストは成功を収めなかった。今日の常識からは感覚は末梢的過程とされ，知能とのかかわりは薄いと考えられるだろう。先端的理論とみなされるものも多くは時代思潮のもたらすパラダイム転換の現れに終わり，その後の検討により影を潜めるほうがふつうかもしれない。感覚主義や脳の容積重視は，その典型だった。

　最初の科学的知能テスト完成の栄冠が，1905年のビネー・シモンテストに与えられた経過は周知のとおりである。ビネー（Binet, A.）は，ゴールトンとはむしろ正反対の経験的・帰納的方法を採ることで成功したといえば皮肉に聞こえるだろうか。彼が依拠したのは理論ではなく，一般的常識であった。人より早く何かを達成できるというのは，素朴に知能の証とされる。ビネーテストの原理といえばそれが原理であり，その本質は知能テストにはなく発達テストである。古いビネーテストを知る人は，算数や国語の基礎様の課題と紐とおしのような手先の技能課題が平然と同居していることにあるいは驚かされたかもしれない。しかし，年齢相応という便宜的基準以外はないのだから雑多な課題の羅列になるのは当然といえる。

4．IQ神話の確立

　その後の経緯も周知であるが，ビネーテストは遅進児選別に有効なことが知られまたたく間に世界に広まった。ただし，原型よりはアメリカのターマン（Terman, L. M.）による標準化が普及に与かって力があったという。シュテルン（Stern, W.）はIQという一元的指標へのアイディアをもたらし，テスト結果の解釈は簡易になった。　その後ターマンが知能と知能テスト研究に寄せた情熱には驚嘆というよりないが，特筆されるのはカリフォルニア英才児（初めは天才児）の追跡研究であろう。弟子たちが師の志を継ぎ，この研究は70年以上にもわたって続けられた。それは発達研究のみならず心理学全体にとっても，記念碑的業績といってよい。英才児たちは，成長しても知能水準のみならず身体的・知的・社会的達成度はいずれも高かった。ここから，IQこそはすべての成功の基礎というIQ神話がつくられるに至った。

以上の経緯は，発達研究にとってさまざま示唆に富む。なぜゴールトンは失敗し，ビネーは成功したのだろうか。筆者には，それは両者の依拠した原理にあると思われる。ゴールトンの場合，当時のパラダイム転換期の不安定な最新理論に依存したことがかえって視野の偏りと狭小を招き，失敗を導いた。一方，ビネーが依拠したのは西欧社会の一般常識という広くまた根深い素朴エスノパラダイムだった。クーンのいうように，実は科学者集団の抱くパラダイムもこうした基盤に立脚している。素朴エスノパラダイムは，実質上大多数のかつ多年の信念となっている。こうした暗黙の信念を巧妙に掘り起こしたために，ビネーテストの安定性と普遍性は初めから保証されていた。それが成功の秘密ではないだろうか。このテストがまたたく間に世界に普及した点は，多くの先進国文化でも広く通用するかなり普遍的パラダイムをなしていたとみることができる。

　問題は，しかし，次の段階にある。ビネーテストの本質は発達の速さを測るもの——発達テストである。知能指数は，その意味では発達指数とよばれるべきであった（発達指数は，現在初期の発達検査成績を数値化する場合に限り使われている）。「十で神童」のように，発達の速さが永続する保証はない。ターマンによる知能の恒常性の立証があったにせよ，高知能児という特例に限られ，それとて社会的には不成功に終わった事例も少なくなかった。ジェンセン（Jensen, 1969）が口火を切り，1970年代に激化したIQの人種格差論争は20世紀の終末まで引き続いた。果ては，高度経済成長下の日本の子どもはアメリカの子どもよりIQが高く，しかも差は開きつつあるなどという刺激的論議に発展し大きな反響をよんだ（この際，日本の心理学界ははた迷惑ぎみの無関心に終始したことも忘れてはならない）。

5. IQのエスノパラダイムと学力偏差値

　ゴールトンは，人種や個人の優劣格差を信じ，それは遺伝によりつくられる強固なものと考えていた。優生学はこの信念から導かれる。これらの経緯は，成功を収めた後のビネーテストにはゴールトンの亡霊が入れ替わり乗り移ったという印象を禁じえない。ターマンは，さらに知能はIQという指標により表示される一次元的性能をなすという科学的立証を付加しようと努力した。これらをまとめるなら，IQは知性を一次元性のものとして表示する，それは遺伝にもとづく強固な特性であり生涯を通じて変わらない，IQはすべての知的業績の基礎となる，IQの差異により個人や人種は一次元に序列化しうる，これにもとづく社会秩序は科学的裏づけをもつ……と原則化される。この背景には，さらに知性こそ人間の最高の特性であり文化普遍性をもつという理性論の伝統がある。いいかえれば，IQとは通常信じられている科学的の構成概念に尽きるものではなく，西欧正統派理念を具現するパラダイムの表出であり，社会的構成によるイデオロギーという反面をもっている。

　現代の比較文化的研究——文化心理学は知性の社会・文化的状況への依存性を強調し（たとえば，Cole, 1996/2002），知能の研究もパラダイム転換を求められている。鈴木（2008），ガードナー（Gardner, 1982/1991, 1999/2001），スタンバーグ（Sternberg, 1985）ら，当代の優れた知能理論家がこぞって生得説を捨てて発達論を採り，こうしてまた相互作用説と多元論に傾いていく

ことを忘れてはならない。知能概念は、この方向で再編成されることになろう。

しかし、こうした流れを省みるとき、中国をはじめ日本、韓国、香港、シンガポールなど儒教文化圏に属する諸国でいわゆる学力偏差値が万能に近い威力を振るうありさまは何と考えたらよいのだろうか。学力偏差値は、実はIQのシャム双生児である。さまざまな教科テスト成績を寄せ集め、数理統計的技法によって一つの指標にまとめあげる技法はビネーテストとIQ指標を原型としているといってよい。それはまだしも、偏差値が一次元的で絶対の序列化を許すものと信じられている——かのように扱われている現実はどう考えたらよいのだろうか。知能パラダイムにおいて捨て去られようとしている発想が学力観というかたちで再現するのはなぜか、口惜しい思いに打たれる。儒教文化では自己目的的努力が尊重されてきた。それは、IQにおける生得・普遍・一元性仮説とは反対なはずである。日本の教育界が、なぜこれほど偏差値にこだわるのか、PISAの学力調査結果に一喜一憂するまえに自身追求すべき課題として取り組む反省が必要であろう（この 4., 5. については文献をあげだせばきりもないので、大筋は、藤永, 1991, 2009; Flynn, 1980を参照してほしい）。

6. 新しい展開：より高い普遍性を目指して

1960年代以降、成熟説を脱却してからの発達研究の進展には、小型科学革命といってよい目覚しさがみられる。コーエン（Cohen, 2004/2008）は、「ここ20年間に心理学の世界で起きた最も重要な変化」として「意識」の復活と発達心理学の隆盛をあげている。現代の発達心理学は、たんなる心理学の一分野というよりはむしろ心理学の新しい時代を切り開く役割を負わされ奮闘しているというほうが適切かもしれない。

伝統的心理学はヴント以来の実験心理学が本流をなし、それに対して後に発展したパーソナリティ、社会心理学、発達心理学などはその一分野とされてきた。しかし、この位置づけそのものが誤りであり再検討を必要とする時期にきているのではなかろうか。藤永（1982）は、心理学の体系化には複数のあり方が可能であり、発達心理学は実験心理学やパーソナリティ研究と並ぶ体系化原理だとした。

正統実験心理学は、意識主義という別名をもつ。一口にいって、心の本体は意識とする伝統的観点に立ち、その形成や発現のメカニズムの追究を主題とする。パーソナリティ研究は、これに対して行動の動機解明を主課題とする。発達心理学は何を問題にするのだろうか。

簡単な例をあげてみよう。前夜たいへん遅く就寝したのに明け方早くなぜ目が覚めたかの問いに対して、実験心理学の立場からは、明るさの感覚を起こす電磁波刺激がこの日は晴天で早く閾値を超えたために明るさが知覚され、覚醒を導いたと説明されるであろう。これに対し、パーソナリティ研究（力動心理学）者は、当事者は最近自己の職場環境の雰囲気は暗いといううつ状態に陥り出口を求めて悩んでいたため、ことさら明るさの感覚を待望していたのだというかもしれない。これらに対し、発達心理学からは、当事者は母親に強い愛着をもちまた内向的気質のもち主として親のしつけをよく受け入れて育った。母は、明るくなればすぐ起床という習慣を根強く

しつけ，どんなに遅く寝てもこの習慣は崩れないためと説くことだろう。

なぜという設問に対して，三者三様の答え方がある。このことは，人間の行動に対しそれぞれ別次元の説明原理がありうることを示し，発達心理学のそれは，ある特性や行動の起源と発展の経緯を求めるところにあることがわかる。どの原理をとるかによって，それぞれ異なる体系が出現する。発達心理学は，実験心理学とは異なる体系化原理をもつと述べた所以である。

むろん，三者のうちどれかがとくに優れているわけではない。三者が織り合わされ，よりよき統合に至る途が理想である。しかし，今までは実験心理学が正統派本流でその原理が至上とされ，他はそれに従属するとみなされてきたことが問題なのだ。近年の発達心理学の発展は，従来の窮屈な制約からようやく抜け出し，自己の地位や役割を自覚しはじめたところに一つの鍵があろう。

発達心理学の内側でも，また，変革が起こりはじめている。ここでは，知能観の変遷に例をとって西欧正統派の狭いエスノパラダイムは，その後の理論的検討や社会文化的変遷によって限界を露呈し，より広い途を求めざるをえなかった歴史をたどってみた。知能のみならず，多くの心理学諸分野の発展または創発はヨーロッパのエスノパラダイムがアメリカという異質の文化に触発されて，いわば雑種強勢的に始まったという歴史がある。児童心理学がその一例であることは，すでに述べた。知能研究も同断といってよい。

しかし，心理学の現状は，アイゼンク（Eysenck, 2000/2008）も指摘するように，アメリカ的エスノパラダイムほぼ一色といういきすぎに陥っている。偏狭な一元論を克服した多元知能論は，確かに一つの発展といえる。しかし，アメリカ文化もヨーロッパ文化の後継者だから，依然その正統の影を背負っている。多元論ではあっても，知性こそ人間の最高特性という観念はなお根強い。ガードナーが，対人的知能のような従来は知性の領域とはみなされなかった特性にまで，知能の名を冠しているのはその表れといえなくもない。

これに対し，たとえば日本文化においては，論理数学的知能より対人的知能のほうが重要と考える人は相対的には多いのではなかろうか。それどころか，人間の特性として知性よりも情意性を真っ先にあげる人はおそらく絶対的にすら多いように思われる。こうした異質のパラダイムを統合しうるなら，発達研究はさらに広く深い普遍性に達することができるだろう。今後いっそうの展開を願って，筆を擱く。

◆ 引用文献

Ariès, P.（1980）.〈子供〉の誕生：アンシャン・レジーム期の子供と家族生活（杉山光信・杉山恵美子，訳）．みすず書房．（Ariès, P.（1960）. *L'enfant et la vie familiale sous l'Ancien Régime*. Paris : Plon.）

Beach, F. A.（1955）. The descent of instinct. *Psychological Review*, **62**, 401-410.

Bornstein, M. H.（1988）. Perceptual development across the life cycle. In M. H. Bornstain & M. E. Lamb（Eds.）, *Developmental psychology : An advanced textbook*（2nd ed., pp.151-204）. Hilladale, NJ : Lawrence Erlbaum Associates.

Bower, T. G. R.（1982）. ヒューマン・ディベロプメント（鯨岡 峻，訳）．ミネルヴァ書房．（Bower, T. G. R.（1979）. *Human development*. San Francisco : W. H. Freeman.）

Cohen, D.（2008）. 心理学者，心理学を語る（子安増生，監訳，三宅真季子，訳）．新曜社．（Cohen, D.（2004）. *Psychologists on psychology*. London : Hodder & Stoughton.）

Cole, M.（2002）.文化心理学：発達・認知・活動への文化-歴史的アプローチ（天野　清，訳）.新曜社.（Cole, M. (1996). *Cultural psychology : A once and future discipline.* Cambridge, MA : Harvard University Press.）

Dixon, R. A., & Lerner, R. M.(1988). A history of systems in developmental psychology. In M. H. Bornstein & M. E. Lamb (Eds.), *Developmental psychology : An advanced textbook* (2nd ed., pp.3-50). Hilladale, NJ : Lawrence Erlbaum Associates.

Eccles, J. C., & Robinson, D. N.（1989）.心は脳を超える：人間存在の不思議（大村　裕・山河　宏・雨宮一郎，訳）.紀伊國屋書店.（Eccles, J. C., & Robinson, D. N. (1984). *The wonder of being human : Our brain and our mind.* New York : The Free Press.）

Endler, N. S., Boulter, L. R., & Osser, H. (Eds.) (1968). *Contemporary issues in developmental psychology.* New York : Holt, Rinehart & Winston.

Eysenck, M. W.（2008）.アイゼンク教授の心理学ハンドブック（山内光哉，監修，白樫三四郎・利島　保・鈴木直人・山本　力・岡本祐子・道又　爾，監訳）.ナカニシヤ出版（Eysenck, M. W. (2000). *Psychology : A student's handbook.* New York : Psychology Press.）

Flynn, J. R. (1980). *Race IQ and Jensen.* London : Routledge & Kegan Paul.

Freud, S.（1971）.フロイト著作集：1　精神分析入門（懸田克躬・高橋義孝，訳）.人文書院.（Freud, S. (1916-1918). *Vorlesungen zur Einführung in die Psychoanalyse.*）

藤永　保.（1973）.発達の原理.藤永　保（編），児童心理学（pp.1-48）.有斐閣.

藤永　保.（1982）.発達の心理学.岩波書店.

藤永　保.（1991）.思想と人格.筑摩書房.

藤永　保.（2009）.才能とは何か：学力観の背景.日本教育大学院大学紀要, **3**, 1-16.

Fujinaga, T., Kasuga, T., Uchida, N., & Saiga, H. (1989). Long-term follow-up study of children developmentally retarded by early environmental deprivation. *Genetic Social and General Psychology Monograph*, **116**(1), 37-104.

Gardner, H.（1991）.芸術，精神，そして頭脳：創造性はどこから生まれるか（仲瀬律久・森島　慧，訳）.黎明書房.（Gardner, H. (1982). *Art, mind, and brain : A cognitive approach to creativity.* New York : Basic Books.）

Gardner, H.（2001）.MI：個性を生かす多重知能の理論（松村暢隆，訳）.新曜社.（Gardner, H. (1999). *Intelligence reframed : Multiple intelligences for the 21st century.* New York : Basic Books.）

Gould, S. J.（1989）.人間の測りまちがい：差別の科学史（鈴木善次・森脇靖子，訳）.河出書房新社.（Gould, S. J. (1981). *The mismeasure of man.* New York : W.W. Norton.）

Hunt, J. McV. (1961). *Intelligence and experience.* New York : Ronald.

今田　恵.（1962）.心理学史.岩波書店.

Itard, J. M. G.（1978）.新訳アヴェロンの野生児（中野善達・松田　清，訳）.福村出版.（Itard, J. M. G. (1801). *De l'éducation d'un homme sauvage ou des premieres dévelopments physiques et moraux du jeune sauvage de l'Aveyron.* Paris : Société des Observateurs de l'homme.）

Jensen, A. R. (1969). How much can we boost IQ and scholastic achievement? *Harvard Educational Review*, **39**, 1-23.

Kuhn, T. S.（1971）.科学革命の構造（中山　茂，訳）.みすず書房.（Kuhn, T. S. (1962). *The structure of scientific revolution.* Chicago : The University of Chicago Press.）

Leahey, T. H.（1986）.心理学史（宇津木保，訳）.誠信書房.（Leahey, T. H. (1980). *A history of psychology : Main currents in psychological thought.* New Jersey : Prentice-Hall.）

Miller, G. A.（1967）.心理学の認識（戸田壱子・新田倫義，訳）.白楊社.（Miller, G. A. (1962). *Psychology.* New York : Harper & Row.）

Montessori, M.（1968）.幼児の秘密（鼓　常良，訳）.国土社.（Montessori, M. (1936) *Il segreto dell' infanzia.*）

Pinker, S.（2009）.思考する言語「言葉の意味」から人間性に迫る（上・中・下）（幾島幸子・桜内篤子，訳）.NHK出版.（Pinker, S. (2007). *The stuff of thought : Language as a window into human nature.* New York : Viking.）

Reynolds, P. C. (1981). *On the evolution of human behavior : The argument from animals to man.* Berkeley : University of California Press.

Rousseau, J. -J.（1962-1964）.エミール（上・中・下）（今野一雄，訳）.岩波書店.（Rousseau, J. -J. (1762). *Émile, ou de l'éducation.*）

Sternberg, R. J. (1985). *Beyond IQ : A triarchic theory of human intelligence.* New York : Cambridge University Press.
鈴木　忠．(2008)．生涯発達のダイナミックス：知の多様性　生きかたの可塑性．東京大学出版会．
鳥居修晃．(1979)．視覚の世界．光生館．
Whorf, B. L. (1956). *Language, thought and reality.* Cambridge, MA : MIT Press.
山住正己・中江利恵（編注）．(1976)．子育ての書 1．平凡社．
八杉龍一．(1979)．進化論と発達の科学の成立．岩波講座子どもの発達と教育：2　子ども観と発達思想の展開（pp.248-266）．岩波書店．
安本美典．(1985)．日本語の起源を探る．PHP研究所．

2章　発達の生物学的基礎

矢野喜夫

1節　発達心理学と生物学

　発達心理学は，心理学のさまざまな分野のなかでも最も生物学に関連が深い。それはそもそも発達（development）の概念が，生物学の「発生」（development）と共通することからもいえる。生物における発生学（動物では，胎生学〔embryology〕）は，個体レベルでの個体発生（ontogenesis）を研究対象とする点で，発達心理学が生まれるまさしく母胎といってよい。

1. ダーウィンの進化論と発達心理学の誕生

　発達心理学がいつ生まれたかは明確でないが，ダーウィンの進化論以後だといってよいと思われる。ダーウィンの『（自然淘汰による）種の起原』（Darwin, 1859/1990）は，種から種への連続的な進化の事実を抗いようなく承認させ，進化の機構として，ラマルク（Lamarck, J. B.）の用不用の経験による獲得形質の遺伝に加えて，新たに生存競争（闘争）（struggle for existence）による自然淘汰（選択）（natural selection）を提唱した。それは，その続編である『飼育動物および栽培植物の変異』（Darwin, 1868）と『人間の由来（人類の起原）および性淘汰』（Darwin, 1871/1979），『人および動物の感情表現（表情）』（Darwin, 1872）とあわせて，進化の事実の実証とその説明理論，概念群，方法論，研究視点が生物学に大きなパラダイム転換をもたらし，その射程は生物学を超えて人類学，心理学，倫理学，社会学などに及び，影響は人文，社会科学全体に及んだ。

　ダーウィンによって種の進化の事実は科学的に確証されたといえるが，それが長い地質学的時間のなかでどのようにして生じたかを説明する理論としての自然淘汰説自体は，発表当初から賛否修正の論争をよび，現在に至るまでさまざまな説が提唱されてきた。ダーウィンの研究業績によって，進化の機構が解明されたのではなく，大きな問題提起がなされ，新しい言説領域が誕生したというべきである。そのなかで，系統発生（進化）との関連で個体発生（発生・発達）を問題対象とする発達心理学も生まれたのである。

a. ダーウィンの一元論

　ダーウィンが発達心理学の誕生に果たした役割には2つの面がある。一つは，進化の事実を示す証拠として数多くの例証をあげるなかで，ダーウィンは人と動物の隔たり，身体・生理と行動・心理の区分，人種・民族や文明・未開の差異などを超えて，すべてできるだけ一元的に類同

表2.1 進化と発達の比較次元（ダーウィンの一元論の射程）

		対象	身体（器官・形質）	心理（行動・機能）
進化 （系統発生）	種 （変種）	動物（霊長類，類人猿）	種の起原（1859），飼育動物および栽培植物の変異（1868）	人および動物の感情表現（1872）
		植物（花・つる植物・食虫植物）	種の起原（1859），ランの受精（1862），飼育動物および栽培植物の変異（1868）	食虫植物（1875），よじ登り植物の運動と習性（1975），植物における運動能力（1880）
	人類 （人種）	ヒト（人類・類人猿），未開人，原人	人間の由来（人類の起原）（1871）	人間の由来（人類の起原）（1871），人および動物の感情表現（1872）
発達 （個体発生）	個体 （個体差）	動物（霊長類，胚，幼体）	種の起原（1859）	人および動物の感情表現（1872）
	個人 （個人差）	ヒト（人類・類人猿），子ども（胎児，乳幼児）	人間の由来（人類の起原）（1871）	乳幼児の生活史的粗描（1877）

視・連続視しようとした。それは表2.1のように，社会的通念としてある動物と人間の，身体・生理と行動・心理の，人種・民族・文明・未開の距離を，できるだけ縮めようとする思考のモーメントをもっていた。それは，スペンサー（Spencer, H.）がラマルクの進化論を人間や社会に拡張した社会有機体論的進化論でいわれるような，単純から複雑へ，未分化から分化へ，未開から文明への進歩的進化の考えとは，本来違った考えであった。しかしスペンサーの社会有機体論的進化論は，ダーウィンの種変成の進化説と並行して，また相互に影響し合いながら流布したので，両者の考えは混同され，実際に混合していった。発達心理学もその両者の考えをともに源泉にして誕生し発展していった。そのことが，その後の発達心理学の発達の考えに，さまざまな混乱を生むことにもなった。

ダーウィンが強調した人と動物，心と身体，人種・人間の一元論（monism）によって，人間の子どもとおとなの連続性が想定され，動物の行動と並んで，子どもの，それもむしろ早期の乳幼児の形質や知覚・行動が，科学的比較研究の対象として脚光を浴びることになった。

それはまもなく，個人の発達が人類の進化と並行していて，発達は進化を縮約的に反復するという，いわゆるヘッケル（Haeckel, E. H.）の生物発生法則つまり反復説（recapitulation theory）に発展して，発達心理学にも大きな影響とさまざまな錯誤を生むことになる。しかしそれ以前に，子どもの発達研究の始まりの動機は，おとなとの斉一性・連続性であったことは，重要である。

b. 「発達」の誕生

ダーウィンは，本来前成説的な意味合いをもっていた「進化」（evolution）の用語をほとんど使わず，「変成」（transmutation）や「由来」（descent）を使ったといわれる（Gould, 1977/1987）。しかし「発達・発生」（develop, development）の語はダーウィンによって，「人間は下等な動物からどのようにして発達してきたか」「知能と道徳能力の発達について」（「人類の起原〔人間の由来〕」の章）といったように，現在使われているような意味でふつうに使用されている。ダーウィン以後「発達」は，種の進化の意味でも個体の発生・発達の意味でも，学術用語として使われるようになった。ダーウィン以後の第1世代に近いアメリカの心理学者ボールドウィンは，『子どもと人種における精神発達』（Baldwin, 1895）や『精神発達における社会的・倫理的解釈』

（Baldwin, 1897），『発達と進化』（Baldwin, 1902）のように，子どもの発達を明確に主題化した。ダーウィンの進化理論と研究業績に精通し傾倒したボールドウィン（Baldwin, 1902）は，「生物学全体は今日主として進化の理論であり，その侍女が個人発達の理論である」とまでいっている。

2. 子どもの観察研究

ダーウィンが発達心理学の誕生に果たした第二の役割は，彼自身が自子の観察記録にもとづいて「乳幼児の生活史的粗描」（Darwin, 1877）という，これも画期的な論文を書いていることである。これは，ダーウィンが『種の起原』をはじめとする進化論の主要著書を発表した後の晩年になって，フランスのテーヌ（Taine, H.）の「言語の獲得について」の Mind 誌掲載論文に啓発されて，37年も前の30歳すぎのときに行った第1子長男の乳幼児期の観察記録ノートをもとにして執筆し，同じ Mind 誌に寄稿した論文である。これは，表2.1のダーウィンの進化と発達の研究射程のなかではヒト，子どもの心理（行動・機能）の個体発生（発達）の研究であり，自子の発達を観察記録して研究する自然観察記録発達研究の，嚆矢とはいえないにしても，発火剤となる先駆的研究である。

この論文が，このタイプの発達研究の方法と領域を成立させ，その後，ボールドウィン（Baldwin, 1895, 1897）やドイツのプライヤー（Preyer, 1882, 1893）など，各国で次々と自子の自然観察記録の資料と研究が発表されていった。それらを模範にしてさらに，シュテルン（Stern, 1914）やピアジェ（Piaget, 1936/1978, 1937）らが自子の日誌的観察記録発達研究に引き継いでいくことになる。

ダーウィンの自子観察記録論文でとりあげられた内容は，新生児・乳児の反射・本能，視覚・聴覚反応と連合，四肢の運動・物の把握，乳幼児期の怒り・恐れ・喜び・情愛などの情動（これは『人および動物の感情表現』で既報），鏡像への反応，観念連合と称される理解語発達，好奇心，記憶，利己・利他の道徳感，恥じらい，泣きや発声・初期構音語などのコミュニケーション発達であり，その後の発達心理学研究に発展する項目の多くが先駆的にとりあげられており，この点でもダーウィンは発達心理学の祖だといえる。ただダーウィンは，おとなの心理・行動の芽生えや起源を乳幼児にみようとしていて，行動の継時的発達過程については，音声言語のコミュニケーション手段発達過程を除いては，明確に定式化してはいなくて，観察資料の質的・量的分析もしていない。さらに詳細な自子自然観察記録にもとづく各行動・機能の発達過程の本格的研究は，ダーウィンに傾倒した生理学者プライヤーの『子どものこころ』（Preyer, 1882）やシュテルン夫妻の『子どもの言語』（Stern & Stern, 1907）や『幼児期の心理学』（Stern, 1914），ピアジェの『知能の誕生』（Piaget, 1936/1978），『対象の構成』（Piaget, 1937）などを待つことになる。それは，ピアジェのように発達段階理論に定式化されもした。

2節　進化論の影響

1. ダーウィン進化理論の多義性と誤解

　ダーウィンの自然淘汰（選択）理論は，必然的に生じる変異（variation）をもった個体が個体間や種間，生息環境でたえず生存競争（闘争）をすることによって，飼育動物や栽培植物の人為淘汰に類するような自然による生存と繁殖の淘汰（選択）を受け，その累積が種を徐々に変成させ，長い時間の間に新しい種を生むという説である。それは，先行理論としてあったラマルクの，生体が特定の生息環境に適応するために特定器官の用不用を経験し，それによって獲得された形質が子孫に遺伝され，生体の器官が一定方向に変化するという，動物に限った目的論的進化理論に替わって，動物だけでなく植物にも人間にもあてはまる包括的な説明理論であった。しかしダーウィン自身，生存闘争による自然淘汰説だけでは進化の説明に不十分かもしれないと考え，変化した環境条件の直接的作用とよぶものと並んで，ラマルクの用不用・獲得形質遺伝もありうると認めている。また自然淘汰説は，同時期にほぼ並行して発表されたスペンサーの進歩主義的社会進化論とあわせて受容されて，宇宙・生物・人間・文明の有機体論的進歩理論と同一視され，産業革命と資本主義の自由競争・優勝劣敗を正当化する説とみなされることが多かった。ダーウィン自身，スペンサーの「最適者生存」（survival of the fittest）の用語を採用し，スペンサーの所説を引用したりしているので，スペンサーの進化論と区別せず同等視されたのには，ダーウィン自身も責任がある。

　そのことは，進化論が発達心理学を成立させたときに，発達観に誤解や偏りや混乱を与えた。それは，ダーウィン進化論の名のもとに，ダーウィン以前のラマルクの獲得形質遺伝と定向進化説，スペンサーの分化・統合・複雑化の有機体論的進歩主義，ヘッケルの個体・系統発生反復説などがいっしょにされて，さまざまなかたちで多くの発達心理学理論に取り入れられてきたという問題である（Morss, 1990）。その後遺伝学から，ヴァイスマン（Weismann, A.）の生殖質連続説によって，遺伝の生殖質は体細胞組織から独立していて，個体の一代での獲得形質は次世代には遺伝されないことが明らかにされた（新ダーウィン説）。ド・フリース（de Vries, H.）らが再発見したメンデル（Mendel, G. J.）の遺伝法則や，ド・フリース自身の突然変異（mutation）説によって，遺伝因子は表現型とは別に保存されて遺伝し，突然変異による遺伝的個体変異は偶発的・確率的なものとされた。その結果，進化の機構は偶発的変異と自然淘汰のみに純化された総合ダーウィン説となり，進化の方向性（定向進化）は完全に否定されてしまった（Morss, 1990）。

2. 進化・発達の方向性

　種の進化が一定方向に方向づけるものなしに可能であるかどうかは，現在でも活発な生物学の論争点である。しかし進化に比べてずっと時間尺度が短い発達心理学では，発達に何らかの方向

性や重層性があるかどうかの問題は，それを進歩向上とするか，たんなる発達段階とするかどうかは別としても，より切実な問題である。個人の獲得形質の遺伝や，系統発生（進化）と個体発生（発達）との直接的な結びつきは否定されるにしても，個人の発達途上での獲得・学習が果たす役割自体をどう位置づけるかは，現代に至るまで，発達心理学理論の重要なテーマである。

　ダーウィンの唯一の個人的弟子といわれるロマーネスは，ダーウィンを引き継いで人・動物一元論的な本能や精神進化についての比較心理学・動物心理学を確立した（Romanes, 1883, 1888）。ラマルクの進化の方向性（定向進化）に替わるものとして，彼は器官進化（organic evolution）の概念を導入し，生体内の，たとえば脳神経系などの器官進化の方向性を説明しようとした。さらにボールドウィンは，それを（生体内）器官淘汰（organic selection）といいかえて淘汰概念を徹底したが，これらは結局，ラマルクの進化の方向性（定向進化）を実質的に認めているともいえる（Morss, 1990）。

　ラマルクの定向進化（orthogenesis）の原理は，複雑化による前進的変化と，生息環境への特殊な適応変化が区別されていたといわれる（Gould, 1977/1987）。後者が，ダーウィンの生存闘争による自然淘汰が問題にした進化の場面であり，前者の複雑化による前進的変化・進歩は，下等な動物から高等な動物へ，さらに人間へという，アリストテレス（Aristotle）以来の人間を頂点とする生物の位階の高次化を指すと考えられる。ラマルクにはその両方の進化観が併存していたのである。

　スペンサーは動物・人間の心理・社会について有機体論を唱え，それらの社会進化論を主唱したが，その進化の考えは実際にはラマルク的だったといわれる（Morss, 1990）。それがラマルク的だといわれるのは，ラマルク進化論の二面のうち，前者の進歩的・位階上昇的進化論の面を指している。スペンサーは生物学的には発生学者フォン・ベーア（von Baer, K. E.）の特殊化（specification）発生説の影響を受けて分化・統合説を唱えたという（Morss, 1990）。そして発生・発達・進化をとおして，単純で同質的な一般的状態から複雑で異質的な特殊状態に分化し，それが統一的な有機体として統合されていく方向性を主張した。

　これはその後，シュテルンやウェルナーなどの発達の方向性原理になった。シュテルンは，拡散的・不明瞭な全体的体制から部分的・分節的体制への分化と，混沌とした不定形性から中心と下位部分との支配・従属関係のある中心（中枢）化を，発達の方向性原理とした（Stern, 1914）。スペンサーの有機体論を受け継いでいると考えられるウェルナーは『精神発達の比較心理学（比較発達心理学）』（Werner, 1948/1976）で，よく知られているように，複合的から分離的へ，未分節から分節化へ，不確定から確定的に，硬さから柔軟性へ，易動的から安定的への発達の方向性を説いた。発達心理学にとって，一般的な方向性原理が今後も有効で必要な概念であるかどうかは疑問であるが，たとえば言語や思考発達の領域などで，部分的には有効であり続けるように思われる。

3. 発生・発達反復説の功罪

　系統発生（進化）の履歴が個体発生に縮約して繰り返し再現されるというヘッケルによる発生

の反復説は，生物学においてはその当否について議論の多い説で，現在では否定されているが，仮説としては魅力的で，発達心理学には初期からずっと，何らかのかたちで影響を及ぼしてきた。

a. 反復説の過誤

発達心理学の第1世代といえるホール（Hall, G. S.）がこの説をとって，子どもの遊びや青年期の運動活動が，人間の先祖の原始人や古代人の活動の個体発生的反復であるとしたのは知られていて，それはボールドウィンなどからすぐに批判された（Morss, 1990）。生物学的にも確証されておらず，ましてや生物学的進化ではなく，進化に比べればずっと短い人類史上の，なおかつ行動・心理について，反復説があてはまるという科学的根拠はない。

シュテルンはかつて表2.2のように，哺乳する乳児期初期から，把握・模倣する乳児期後期，直立歩行し言語をもつ幼児期前期，遊びと童話の幼児期後期，文化を習得する児童期前期，何かに熱中する児童期後期，精神的に分化する青年期を，それぞれ下等哺乳類，サル類，初期原始人，未開自然人，文化的古代人，キリスト教文化時代人，啓蒙主義時代人に類比したという（Koffka, 1925/1943）。これもおもしろい類比ではあるが，科学的に議論できる水準のものとはいえない。

ダーウィンが植物・動物・サル・類人猿・人間・子ども・人種の差異をできるだけ縮めて，できるだけ類似性・共通性を見出して結びつけようとした比較研究法は，ダーウィン以後ロマーネスによって比較心理学・動物心理学として成立した。比較では必ず，類似した形質・行動・心理の異時的な並行現象がありうるので，その意味で，何らかのかたちでの反復事象がたえずありうることになる。それはもはや，系統発生が源で個体発生が結果とはいえず，比較対象を対等に通底する共通の発達現象かもしれないし，ある抽象的な概念が両者に共通にあてはまるということかもしれない。そのような発達の共通性が少しでも見出せる比較対象とされてきたのは，表2.1のような動物と人間，異人種間ないし未開人と文明人，子どもとおとなである。しかし，えてしてそれは，下等から高等への発達観によって，動物から人間へ，未開人から文明人へ，子どもからおとなへのそれぞれの発達の共通性とされることが多かった。

ウェルナー（Werner, 1948/1976）は比較発達心理学を標榜して，子どもの心性の児童心理学と未開人心性の民族心理学，精神障害者心性の精神病理学を比較研究することを提唱したが，これは，下等から高等への発達の安易な反復説に陥る危険性があることに気をつける必要がある。

b. 発達段階論

発達段階論の代表的なものはピアジェの知能・思考の発達段階論であるが，その説の元はカール・ビューラーの動物・人間を通じた活動様式の段階説（stage theory）である（Bühler, 1958/1966）。それは①「本能」，②「訓練（学習）」，③「知能」の3段階説である。本能と知能の対照はダーウィン以来の比較・動物心理学と乳幼児の行動発達の

表2.2 人間発達反復説の例（シュテルンがかつて提唱したとされる並行発達説〔Koffka, 1925/1943〕）

個体発生（発達）	特徴	系統発生（進化・歴史）
乳児期初期	哺乳	下等哺乳類
乳児期後期	把握・模倣	サル類
幼児期前期	直立歩行・言語	初期原始人
幼児期後期	遊び・童話（神話）	未開自然人
児童期前期	文化・文明	文化的古代人
児童期後期	熱狂	キリスト教文化時代人
青年期	啓蒙主義	啓蒙主義時代人

主題であり，学習はラマルクの獲得形質にかかわり，ダーウィン以後の動物心理学や動物行動学の主題になったものである。知能は言語とは別に，ケーラー（Köhler, W.）がチンパンジーで実験的に証明したように，目的のための手段として道具を使用する動作的知能として，1歳頃に発達することをビューラーは見出し，その段階を「チンパンジー期」と呼んだことが知られている。これはまさに知能の反復説であり，チンパンジーのおとなが達する知能水準に，人間は1歳で達することを意味する。

　これらの段階は動物の適応行動様式の段階であり，系統発生的にこの本能，学習，知能の順序で進化したと考えられるが，それぞれの系統の動物種は一つの段階を越えて別の段階に完全に移行するのではなく，主要な行動様式がどれであるかは言えても，他の行動様式もある程度有していると考えられ，行動に占める各段階の行動様式の比率が徐々に変化すると考えられる（Dethier & Stellar, 1961/1973）。たとえば昆虫類や脊椎動物の魚類や両生類・爬虫類では，本能が主要な行動様式で学習の比率は少ないが，鳥類では本能と学習が同じくらいの比率を占め，哺乳類は学習が主要な比率を占め，本能の比率はしだいに少なくなり，あらたに知能が少ないながらも現れる。霊長類で知能がしだいに増加し，人間では学習と知能がともに主要な行動様式になると考えられる。

　この系統発生・個体発生共通の適応行動様式を，ピアジェ（Piaget, 1936/1978）はビューラーから受け継ぎ，3人の自子の乳幼児期の実験的観察研究のなかで，乳児期の感覚運動的知能の発達段階に適用し，第2段階の学習を4段階に細分して，6段階の発達段階説に拡張した。その6段階は，①反射・本能の段階，②習慣・古典的条件づけ・慣化にあたる自己身体の第1次循環反応，③道具的・オペラント条件づけにあたる物を使う第2次循環反応，④手段－目的関係の問題解決学習にあたる手段－目的シェマの協応，⑤試行錯誤学習・手段探索にあたる第3次循環反応および能動的実験行動，⑥洞察・表象的知能にあたる新しい手段の発明である。

3 節　進歩主義的進化論からの脱却

1. 発達の遅延

　進歩主義的進化論を代表する説である反復説にはさまざまな批判がされてきたが，そのうちの代表的なものが，他の動物や霊長類と比較した人間の発達の遅延（遅滞）（retardation）と幼形成熟（neoteny）の現象である（Jolly, 1972/1982；Gould, 1977/1987）。遅延とは，人間が他の霊長類と比べて成長・発達速度が遅いということであり，幼形成熟は，そうして成長・発達しておとなになっても幼児的な形質を保持していることである。また，そのような方向に種が進化することを幼形進化（paedomorphosis）という。それは，新しい種である人間では，進化史的に古い形質を早々に通過して新しい形質に到達するという反復説とは逆の進化が，起こっていることを示している。

人間が属する霊長類では，原猿類，新世界ザル，旧世界ザル，類人猿，人間という新しい進化種であるほど個体の成長速度が遅くなり，おとなになるまでの年齢が高くなり，それにともなって生涯寿命の長さも長くなってい

表2.3　人間発達の遅延と幼形成熟の例（Gould, 1987/1977；Lorenz, 1954・1976；Jolly, 1972/1982などにもとづく）

	遅延（遅滞）（retardation）	幼形成熟（neoteny）
身体・形質	頭骨縫合骨化の長期間持続 幼児的依存期間が長い 成長期（未成熟期）が長い 性的成熟の遅延 寿命が長い	顔面垂直性（正顎性） 眼窩上隆起（眉稜）が少ない 体毛減少・欠如 大後頭孔の中央位置保持 脳重量が相対的に大きい
心理・行動	乳幼児の情動・認知的発達の遅延 社会的成熟の遅延	好奇心（新しいものへの興味） 遊び好き

ることがわかっている（表2.3）。それは同時に，乳幼児の認知的・社会的発達も，類人猿，人間となるほど年齢的に遅れることを意味し，人間ではさらに，おとなに向かう成長・発達をとりわけ遅らせている。このことは，他の霊長類に比べて比較的新しい種である人間が，成長・発達速度にブレーキをかけて，あえて緩慢にする方向に進化したことを意味する。

2．幼形成熟

　人間はおとなになっても類人猿としては，他の類人猿のおとなの形質に到達しないで，未熟なままでいる方向に進化したと考えられ，このことは反復説への大きな反証である。その証拠はいくつかあげられるが，一つは人間の頭骨などの身体的特徴が，他の類人猿のおとなより，むしろ子どもに類似していることである。人間の頭骨はおとなになっても，他の類人猿のように顎部（あご）や眼窩上隆起（眉陵）がさほど突出せず，顔面が垂直的であることは，類人猿では子どもに類似した形質であることが指摘されている（表2.3）。

　さらに動物行動学者ローレンツは，人間のおとなの行動特性も幼形成熟を示していることを指摘した。それは遊び好きと好奇心ということである。遊び好きであることも，新しいものへの興味である好奇心も，動物では本来子どもの特性であり，人間でも遊びと好奇心は子どもに特徴的である。しかし人間では，おとなになっても遊び好きであることと好奇心を完全には失わないのは，人間の行動面での幼形成熟の証左であるという。人間のこの2つの特性は，人間の文化や科学の源になった可能性があり，そのことは人間の進化の独特の方向を示唆している。

　ローレンツ（Lorenz, 1954・1976）は，人間が家畜化（domestication）した家畜やペットなどの飼育動物は，一般に身体的・行動的な幼形成熟を示すことから，人間は社会を形成して自ら自己家畜化（self-domestication）することによって，身体的・行動的な幼形成熟をするようになったと考えられるという。

4節　動物行動学の影響

　ダーウィン以後の進化論を基礎にして発展した発達心理学は，心理学のなかで一定の地歩を占め，動物心理学や比較心理学と並行しながらも，生物学・動物学から独立した独自の研究領域を形成した。その研究史のなかで，第二次世界大戦前から戦後にかけて，発達心理学および心理学全般に影響を与えた生物学・動物学の新しい動向は，ユクスキュル（Uexküll, J. von）の動物種固有の環境世界論ないし動物行動の生態学（ecology）と，それを引き継ぐかたちで登場したローレンツ，ティンバーゲン（Tinbergen, N.）を中心とする動物行動学（ethology）である。

1. 種固有の環境世界論の影響

　ドイツ・ハンブルグ大学のユクスキュルは，動物のそれぞれの種が固有の知覚・運動器官によって外的環境や他の種と接触し，自ら種固有の環境世界（環界〔Umwelt〕）を構成して，その世界内で生活していることを，樹上性のダニや昆虫，海洋生物などの例で説いた（Uexküll, 1970/1972）。環境世界は，食物や餌食など，その種の生存にとって価値や意味のあるものからなっていて，したがってその環境世界は種によってそれぞれ異なっている。これは，客観的な物理化学的環境とは別に，種の主体にとっての生態学的関連性によって構成された環境世界があることを強調する。それは，動物の認識や行動が，それぞれの種がもっているアプリオリ（先験性）によって規定されていることを示していて，それは大陸ヨーロッパの思想的伝統であるカント（Kant, I.）哲学的な主体性論・先験論・構成主義の考えにもとづいている。それはダーウィンなどが前提とした，客観的な環境の存在を出発点とするアングロサクソンの経験論の伝統とは異質な考えである。

　主体による認識・行動世界の構成という構成主義（constructivism）の考えは，ピアジェの『（幼児のおける）実在の構成』（Piaget, 1937）などの主題に明確にみられる。ピアジェは『知能の誕生』（Piaget, 1936/1978）によって，子どもの主体の側の認識・行動の体制となるアプリオリ自体の発達を明らかにしようとし，それによって構成される子どもの環境世界（実在・現実）の発達を説いたのである。

　またウェルナーのいう行為世界（world of action）や行為物（thing of action）としてとらえる世界という視点は，ウェルナーが引用するムヒョウ（Muchow, M.）の研究したハンブルグ港の波止場が，働くおとなと，そこを遊び場とする子どもとでは，異なって見えているという指摘に現れている。

2. 動物行動学の影響

　ローレンツとティンバーゲンが成立させた動物行動学も，カント的な意味での主体のアプリ

オリの問題を，ユクスキュルからさらに推し進めて，種の生得的な認識や反射的・本能的な行動パターンの研究に発展させたといえる。ローレンツのいう行動の「生得的解発機構」（innate releasing mechanism：IRM）や，ティンバーゲンが復活させた「本能行動」がその証左である。ローレンツは個体発生上の学習も，種の「生得的学習機能」（teaching mechanism）に条件づけられているという汎生得説を主張する。現代の認知発達心理学における生得性（innateness）や生物学的制約（biological constraint）への注目は，この生物主体のアプリオリの思潮のなかにあるといってよい。

　このような生得説は，経験や学習を過小視した生得説ではなく，それぞれの発達時期に応じて経験や学習を方向づけ制約し条件づける主体の側のアプリオリを見極めようとしている。その点でこれは，高度にソフィスティケートされ洗練された現代的な生得説であるので，まさに経験や学習を主題にしているともいえ，それを単純化して獲得か生得かといって安易に批判することはできない。

　現代の発達心理学はすでに，かつてボールドウィンが言ったような生物学や進化論の侍女ではなく，自立した研究・言説領域になっていて，逆に生物学や進化論に対して示唆や影響を与えてもいる。しかし，発達心理学が生物学や進化論に隣接していることは現代でも変わらず，たえず相互影響や相互浸透をしており，この隣接関係は永久に続くと思われる。

　現代では進化心理学や行動遺伝学などのような，進化論や遺伝学と心理学との新しい学際領域が成立して活発な研究活動が行われている。そのなかでダーウィンの業績の再解釈・再評価も行われつつある。そこで再び，種の適応（adaptation）と個体の適応（adjustment）や調節（accomodation），適応価（adaptive value），生存価（survival value），適応度（fitness），淘汰（選択）圧（selection pressure）などの生物学的・進化論的概念が心理学にも適用されつつある。それがどの程度発達心理学にも適用されうるかは未知数である。ただ言えることは，個人・個体を対象にする心理学や発達心理学を，適応一元論あるいは適応進化一元論で貫徹することは無理であり，それが進化や発達の事実でもないことは，研究史的に明らかだと思われる。

◆ 引用文献

Baldwin, J. M. (1895). *Mental development in the child and the race : Method and processes.* (Reprint of 3rd revised ed. New York : Augustus M. Kelley. 1968.)
Baldwin, J. M. (1897). *Social and ethical interpretations in mental development.* New York : MacMillan.
Baldwin, J. M. (1902). *Development and evolution.* New York : MacMillan.
Bühler, K. (1966). 幼児の精神発達（原田　茂，訳）．協同出版．(Bühler, K. (1958). *Abriss der geistigen Entwicklung des Kleinkendes.* Jena : Quelle & Meyer.)
Darwin, C. R. (1990). 種の起原（上・下）（八杉龍一，訳）．岩波書店．(Darwin, C. R. (1859). *On the origin of species.* London : John Murray.)
Darwin, C. R. (1868). *The variation of animals and plants under domestication.* London : John Murray.
Darwin, C. R. (1979). 人類の起原（池田次郎・伊谷純一郎，訳）．今西錦司（編），世界の名著：39　ダーウィン．中央公論社．(Darwin, C. R. (1871). *The descent of man, and selection in relation to sex.* London : John Mur-

ray.（Reprint of 2nd revised ed. Penguin Books. 2004.））

Darwin, C. R.（1872）. *The expression of the emotions in man and animals.*（4th ed. Oxford : Oxford University Press. 2009.）

Darwin, C. R.（1877）. A biographical sketch of an infant. *Mind,* **2**(7), 285-294.（Reprinted in Classics in psychology. Lippincott, 1971. e-book in Pitbook.com. 2001.）

Dethier, V. G., & Stellar, E.（1973）. 動物の行動（日高敏隆・小原嘉明，訳）．岩波書店．(Dethier, V. G., & Stellar, E.（1961）. *Animal behavior.* New Jersey : Prentice-Hall.）

Gould, S. J.（1987）. 個体発生と系統発生（仁木帝都・渡辺政隆，訳）．工作舎．(Gould, S. J.（1977）. *Ontogeny and phylogeny.* Cambridge MA : Harvard University Press.）

Jolly, A.（1982）. ヒトの行動の起源（矢野喜夫・菅原和孝，訳）．ミネルヴァ書房．(Jolly, A.（1972）. *The evolution of primate behavior.* New York : MacMillan.）

Koffka, K.（1943）. 発達心理学入門（平野直人・八田眞穂，訳）．前田書房．(Koffka, K.（1925）. *Die Grundlagen der psychischen Entwicklung.* Osterwieck : A. W. Zickfeld.）

Lorenz, K.（1954）. Psychologie und Stammgeschichte. In K. Lorenz, *Vom Weltbild des Verhaltensforschers.* Deutschen Taschenbuch.（Lorenz, K.（1976）. Psychology and phylogeny. In J. S. Bruner, A. Jolly, & K. Sylva（Eds.）, *Play : Its role in development and evolution.* Penguin Books.）

Morss, J. R.（1990）. *The biologising of childhood : Developmental psychology and the Darwinian Myth.* London : Lawrence Erlbaum Associates.

Piaget, J.（1978）. 知能の誕生（谷村　覚・浜田寿美男，訳）．ミネルヴァ書房．(Piaget, J.（1936）. *La naissance de l'intelligence chez l'enfant.* Paris : Delachaux & Niestlé.）（邦訳は 2nd ed. 1948 より）

Piaget, J.（1937）. *La construction du réel chez l'enfant.* Paris : Delachaux & Niestlé.

Preyer, W.（1882）. *Die Seele des Kindes : Beobachtungen über die geistige Entwicklung des Menschen in den ersten Lebensjahren.* Leipzig : Grieben.

Preyer, W.（1893）. *Die geistige Entwicklung in der ersten Kindheit.* Stuttgart : Union Deutsche Verlagsgesellschaft.（*Mental development in the child.* Appleton. 1895.）

Romanes, G. R.（1883）. *Mental evolution in animals.*（Reprinted in CLC. Cambridge : Cambridge University Press. 2011.）

Romanes, G. R.（1888）. *Mental evolution in man.*（Reprinted in CLC. Cambridge : Cambridge University Press. 2011.）

Stern, C., & Stern, W.（1907）. *Die Kindersprache.* Leipzig : Barth.

Stern, W.（1914）. *Psychologie der frühen Kindheit.* Leipzig : Quelle & Meyer.

Uexküll, J. von（1972）. 生物から見た世界（日高敏隆・野田保之，訳）．思索社．(Uexküll, J. von（1970）. *Streifzüge durch die Umwelten von Tieren und Menschen*（1934）. *Bedeutungslehre*（1940）. Frankfurt am Main : Fischer Verlag.）

Werner, H.（1976）. 比較発達心理学入門（鯨岡　峻・浜田寿美男，訳）．ミネルヴァ書房．(Werner, H.（1948）. *Comparative psychology of mental development.* New York : International Universities Press.）

3章　発達の社会・文化的基礎

石黒広昭

　人の発達が社会的基盤をもつことを否定する人はおそらくいないであろう。人は生まれると同時にすでに他者がつくり，維持している世界に投げ込まれる。では，その世界はいったいどのような世界なのか。行為主体はその世界にどのように参入していくのか。これらの問いに答えることが発達心理学においては大きな課題となる。

1節　発達の社会的基盤

1．生態学的環境を生きる

　ブロンフェンブレンナー（Bronfenbrenner, 1979/1996）は人間を文脈から切り離された真空に生きる存在としてではなく，生態学的環境，すなわち，特定の物理的かつ社会的な環境のなかに生きる存在としてとらえなければならないと主張した。彼の発想は，レヴィン（Lewin, K.）にはじまる生態学的心理学（ecological psychology）の系譜に位置づく。ブロンフェンブレンナーは「今ここで起こっていること」は複数の異なるレベルのシステムのなかに同時に位置づけられていることを指摘した。彼によれば人の生態学的環境はマイクロシステム（microsystem），メゾシステム（mesosystem），エクソシステム（exosystem），マクロシステム（macrosystem）といった，同じ中心点をもつ入れ子構造をなしているという（Bronfenbrenner, 1979/1996, 1993）。

　マイクロシステムはその一番内側にある生態学的環境であり，家族，学校，仲間集団，職場などの行動場面（behavioral setting）において，そのなかで発達する人によって経験される活動，社会的役割，対人的関係のパターンを指す。メゾシステムとは2つ以上の行動場面からなるマイクロシステムのシステムである。家，学校，職場間の関係などがそれにあたる。エクソシステムとは子どもの家庭と親の職場など，行為主体である子どもには直接関係しない行動場面との関係を含むシステムである。親のもつ社会的関係が子どもの発達にどんな影響を与えるのか問うときなど，このシステムが問題となる。形式上同じ学校という行動場面であってもその背後に異なる信念システムをもった地域間ではそれらは異なる社会的機能を果たす。信念システムや知識の中身，物質的な資源，慣習，生活スタイル，ライフコースなどに示されるような，マイクロシステム，メゾシステム，エクソシステムの隅々に通底したパターンのことをマクロシステムとよぶ。

それぞれの人の行動の背後に，このような重層化された生態学的環境を指摘することは，比較的短い時間のなかで直接影響関係をみてとれるような対人的やりとりだけでなく，その人の過去における他者との接触の歴史やその人を取り囲む他者の社会的関係性さえもが，その人の行動の資源（resources）となることに注意を喚起する。

　実験室であれ，学校であれ，家庭であれ，そこに生きる子どもの背後には複数の環境制約があることを忘れてはならない。ある状況でとられたデータがどのような環境制約のなかでえられたものであるのか確認することなしに，その結果をある子どもの行動傾向として一般化することはできない。ブロンフェンブレンナー（Bronfenbrenner, 1993）にとって，従来の多くの発達心理学研究は子どもの立場からみれば「短い時間に奇妙な大人が奇妙な状況で，子どもの奇妙な行動を研究する科学」であった。この「奇妙さ」はどこからくるのだろうか。それは実験室研究のように，子どもが実際に生きる自然な環境から切り離された場で得られたデータによるからだろうか。しかし，実験室を日常と比較して，そこに子どもの真実（reality）はないというのは間違っている。重要なことは子どもの行動をその環境制約と関係づけながら理解しようとしているかどうかである。実験室には実験室としての環境制約があり，家庭には家庭の環境制約がある。

2. 精神の社会的な発生

　生態学的環境は自分を取り囲む他者が行為主体である「自分」とともにつくりだす環境である。人は社会的であるといわれるが，それは人がこのような協働的な環境のなかで育つことをいう。誕生とともに乳児は身近な他者とのやりとりのなかに放り込まれる。その意味で，人は他者との交流を避けて生きることはできない。自らの生存を支える基本的な栄養摂取でさえも，自分を養育する他者の存在を抜きに語ることはできない。他者に依存することで生きながらえるという存在形式はまさに社会的生物としての人間の基本的なありようを指し示すものである。他者とは，自らが生まれる以前から存在する人工物を提供し，これから自分が経験する世界を意味づけてくれる人たちでもある。ミルクを満たした哺乳瓶に乳児が接触するとき，ミルクや哺乳瓶，そして自分を抱きながらそれを差し出す他者の存在が何を意味するのか，子どもは実践のなかでその意味を学ぶ。

　子どもが巻き込まれる実践が精神の社会性の礎である。精神（mind）が社会生活に起源をもつことをヴィゴツキーは主張した。彼は「人間の心理的本性は社会的諸関係の総体であり，内面に移され，人格の機能とかその構造の形式となった社会的諸関係の総体である」（Vygotsky, 1930-1931/1970, p.213）と述べている。この見解はフランスの精神医学者ピエール・ジャネ（Janet, P.）の主張する「文化的発達の一般発生法則」（general genetic law of cultural development）の見解を引き継いだものである。ヴィゴツキーによれば，それは次のように説明される。

　　「子どもの文化的発達におけるすべての機能は，二度，二つの局面に登場する。最初は，社会的局面であり，後に心理学的局面に，すなわち，最初は，精神間的カテゴリーとして人々のあいだに，後に精神内的カテゴリーとして子どもの内部に登場する。このことは『意図的』

注意にも，論理的記憶にも，概念形成にも，意志の発達にも，同じようにあてはまる。われわれは，この命題を完全な意味の法則とみなすことができる。しかし，いうまでもないことだが，この外から内への移行は，過程そのものを変え，その構造および機能を変化させる」(Vygotsky, 1930-1931/1970, p.212)。

ここでいう「社会的局面」「精神間カテゴリー」とは実際の社会的交渉を指し，「心理学的局面」「精神内カテゴリー」とは個人の精神機能を指す。前者から後者へと「すべての機能」が進むということは，精神機能が他者との社会的交渉から発生するということだ。有名な事例としてはピアジェ（Piaget, 1923/1970）が「自己中心的言語」（egocentric speech）とよんだ幼児のつぶやき現象がある。ピアジェはそれを他者との社会的交渉に関係しない発話という意味で「自己中心的」という修飾語をつけた。ピアジェによれば，自己中心性はその時期の子どもの心性を特徴づけるものであり，発話もその一つの現れということになる。したがって，この立場では，子どもは自分の外にある社会と接触することによって，自己中心性を克服し，社会化されなくてはいけない存在ということになる。

これに対して，ヴィゴツキー（Vygotsky, 1934/2001）はそのつぶやきは内言（inner speech）への過渡期にみられる言語形態だと反論した。ヴィゴツキーは実験によって子どもの発話時に他者の存在が希薄になると，その出現が抑えられることを示すことで，ピアジェのいう「自己中心的言語」は純粋な自分のための言葉などではなく，他者との社会的交渉のための言葉であると主張した。たとえば，自分が使う言葉を理解する相手がいないと考えられる状況など，他者とのコミュニケーションが成立しにくいと認識されるときには，自己中心的言語の出現率は下がる。要するに，子どもの自己中心的言語は，「その心理学的機能においては内言であり，その構造においては外言」（Vygotsky, 1934/2001）であり，それは年齢とともに消失するのではなく，言語的思考の媒体である内言へと向かうものである。人は内言によってこれから行うことを計画したり，現在進行中のことを反省したりする。大人にとって，思考の中心は内言に媒介された言語的思考であるが，その内言が外言と同じような構造的特徴をもちながら，外へ漏れ出たものが自己中心的言語なのである。この言語的思考を支える媒体である内言の発達過程を理論的に描くことで，ヴィゴツキーは，認識の起源は他者との社会的な交渉，すなわちコミュニケーションにあることを示したのである。

精神間から精神内への移行が発達を支えるということは，人は本質的に「他者の共同体に内在的に結びつく有機体」（Holquist, 1991/1994）であることを示す。バフチン（Bakhtin, 1928/1989）はこのことをさらに強調し，言語使用を学ぶことは認識の育成そのものであるという。ワーチら（Wertsch, 1979 ; Wertsch, NcNamee, McLane, & Budwig, 1980）は，2歳から4歳の子どもとその母親のペアにパズル課題を課した。完成状態のパズルを母子に示した後，ばらばらになったピースを2人で組み立てることが求められるのであるが，その際，母親は解決に向けて子どもに指示をすることが許されていた。この横断調査によると，幼い子どもでは，大人が指示を出すことが多く，いわば大人が考え，子どもがその大人の考えたプランに沿って行動していた。しかし，より年長の子どもは自分でプランをつぶやき，その指示に沿って行動するようになる。い

わば他者制御から自己制御への移行がそこにはみられたのである。後者の状態のとき，子どもは実際の他者である母親とではなく自分とコミュニケーションするかのようにして課題を遂行していた。つまり，以前であれば子どもが質問したことに対して大人が解答していた状態であったものが，子どもが質問した後，自分でその質問に解答するようになったのである。これは課題遂行時のつぶやき現象であり，目の前にいる他者を必要としない自己完結型の言語行為なので，ピアジェならば「自己中心的言語」とよぶものである。しかし，その構造をみてみると，明らかにこれは対話形式でなされており，他者は消去されてはいない。ワーチ（Wertsch, 1991/1995）はそこにはバフチン（Bakhtin, 1981）が「言葉の根源的対話性」（primordial dialogism of discourse）とよんだ状態が示されているという。ヴィゴツキーは「人格のあらゆる本性は，社会的なものである。精神過程に転化してもなお，それは擬似社会的である。人間は自分自身と差し向かいで，コミュニケーションの機能を保持する」（Vygotsky, 1930-1931/1970, p.213）という。社会的な交渉を基盤に成立した精神は，現象的に他者がみえない状態になったとしても社会的であり続けるのである。

2節 発達の文脈

1. 文脈から実践へ

1節では，人が生態学的環境のなかに生きること，精神機能は発生的に社会的起源をもつことを述べた。だが，このような説明は，子どもが既存の環境のなかで，既存の資源を使って，ある規定のタイプの発達を遂げることが予定されているかのような印象を与える。それは環境決定論，あるいは社会決定論的な発達観ではないかという疑念を生じさせる。しかし，子どもにとって，子どもを取り囲む環境や社会は個体の発達を決定することはない。あくまでも発達の資源を提供することしかできない。一人ひとりの子どもはその資源を利用することを学習しなければならないし，さらには子どももまた自ら資源を創り出す存在であることが強調されなくてはならない。

ヴィゴツキー（Vygotsky, 1930-1931/1970）は，人が刺激に応じる存在であることを認めながらも，自らもまた刺激を創り出す存在であることを強調した。つまり，人は環境をつくり変えることで自らを改変する存在である。自ら創り出した刺激――これをヴィゴツキー（Vygotsky, 1930-1931/1970）は手段刺激とよぶ――が行為を媒介する新しい手段となることで行為自体も新たな性格をもつようになる。つまり，行為主体と環境との関係が変わるのである。環境あるいは社会に対する生物の被決定性と刷新性は静的にとらえるならば相矛盾するようであるが，動的にとらえるならば，すなわち時間軸を考慮するならば，環境と生物との間には共発達関係があることが理解されよう。このような立場からすれば，先に示したブロンフェンブレンナーの文脈観も再考されなくてはならない。

コール（Cole, 1996/2002）はブロンフェンブレンナーの生態学的環境のアイディアを高く評価

しながらも，その同心円図式において，各システムがその内側にあるシステムの原因であることを暗示してしまうことを問題視する。コール（Cole, 1996/2002）は，生態学的環境を構成する各システムを行動の原因であるかのようにとらえる文脈観を「包囲する全体としての文脈」観とよんだ。たとえば，ある子どもがその父親とのやりとりのなかで示す振る舞いの意味を第三者が知るためには，父親の職業や信念，習慣などの理解が必要となる。しかし，だからといって，父親の職業が子どもの行動の原因であると単純にいうことはできない。一つの要因は他の要因と絡み合い，複雑に子どもが生きる文脈を創り出している。行動に対して，その文脈は事前に用意できるものではない。実際に行動を起こすときには，複数の要因が常に文脈を撚りあげ，文脈を変えていく。そのなかで，当事者の行動もまた新たな文脈を撚りあげる要因となる。このような文脈観を「共に織り込むものとしての文脈」とコール（Cole, 1996/2002）はよんだ。文脈間に直線的な時間的順序性はない。文脈の水準間には複雑な時間的相互依存関係があり，相互に形成し合うという。

　乳児も含め，人は文脈のなかに生きると同時に文脈を創り出す行為者性（agency）をもつことがこの文脈観では強調される。このような文脈特性を際立たせるうえで，コール（Cole, 1996/2002）は人間の行為者性を強調したマルクス（Marx, K.）由来の「活動」（activity）や「実践」（practice）という概念が適切であるという。テクスト（text）の背後に共にある（con）ものとしての文脈（context）の静的なイメージに対して，実践は常に変化する動的なイメージを与える。実践は先行する諸条件によって影響されると同時にその実践を生きる行為者によって創造され続ける。このような立場から，社会学者ブルデューは個人と社会とをつなぐキー概念としてハビトゥスという概念を提唱する。ハビトゥス（habitus）とは，元々人類学者マルセル・モース（Mauss, 1950/1973）が創った言葉で，身体に具現化された秩序を指すものであった。ブルデューはそこに社会的被制約性と刷新性を与え，「ハビトゥスとは，それぞれの存在条件をもった階級ごとに特有の条件に即した形でうみだされ，持続的で場に応じて置き換えることのできる，さまざまな心身の処し方（disposition）からなるシステムである」（Bourdieu・福井・山本, 1986）とした。轆轤を回す手や腰使いなど，あらゆる学習は身体を改造し，多様な課題に応じた身体を創り出す。ハビトゥスはいわば特定の実践が生み出す身体技法である。実践のなかで身体が創られる。だが，同時にその身体が実践のありようを規制する。

　行為主体の行動とその背後にあると仮定される文脈との関係をとらえることを強調するのではなく，行為主体が生き，改変し続ける実践をどうしたら丸ごととらえることができるのか。そもそも丸ごととらえるとはどのようなことを意味するのか。それは詳細をすべて記述することではない。重要なのはある特定の実践をしっかりととらえることのできる核をおさえることである。この核をヴィゴツキー（Vygotsky, 1934/2001）は分析単位とよんだ。彼は，水を知ろうとするとき，水分子を分解して水素と酸素を研究しても水の特質を理解することはできない，重要なのは2つの異なるものを含みながらも統合された全体を構成している水というものをとらえることであるとした。細かくすることによって見えなくなるものもある。逆に水の分子をとらえるには何も10リットルの水を調べる必要はなく，1ミリリットルの水でその特質は十分わかるのである。

心理学において実践に向かう研究はヴィゴツキーらを始源とする精神に対する社会文化歴史的アプローチを中心に進められてきた。それは大きく概括するならば、比較認知研究から実践研究へと向かうスクリブナー（Scribner, 1997），コールらの文化心理学の潮流，日常的認知研究（Lave & Rogoff, 1984）から実践研究に向かうレイヴらの実践参加論の潮流（Lave & Wenger, 1991/1993），記号論から談話実践研究に向かうワーチらの潮流，レオンチェフ（Leont'ev, 1981）からエンゲストローム（Engeström, 1987/1999）へと続く活動理論の潮流と分けることができる。

2. 道具に媒介される実践

上記のどのアプローチであれ，実践は道具に媒介されていることが強調されている。行為主体が実践において世界と対峙する時，道具は媒介（mediation）の役割を果たす。その意味で，行為主体である人間が世界に直接対峙することはまれである。狩人が獲物を仕留めるとき，素手で向かうこともできるだろうが，槍や銃を使うこともできる。そうした道具を使うことによって，狩りの性格は変わり，新たな活動が生まれる。ヴィゴツキー（Vygotsky, 1930-1931/1970）は道具を物理的環境に対して使われるハンマーや鉛筆などの技術的道具と，心理的操作に使われる言語を代表とする記号などの心理的道具に分けた。しかし，字を書くとき，筆記具と文字といった言語記号の2つが同時に使われるように，通常の行為において，この2種の道具は混在して使われている。さらに，文字はある文化的形態をもつ痕跡のパターンという意味では技術的道具であるが，文字が文字である限り，象徴性をもたないものはなく，心理的な記号としての側面ももつ。これらのことを考慮するならば，道具はその実践を離れたところで，「この道具は技術的道具なのか，あるいは心理的道具か」と問うことにはさほどの意味はない。重要なのは，多様な道具が行為主体の世界との対峙の仕方を変える，つまりその実践に制約を与えているという事実であり，また，同時に実践をとおして道具が変形され，より実践に「適応的」なものになっていくという事実である。熟練とは行為者の抽象的な能力を指すのではなく，行為者と道具とその対象といった三者関係の変化を指す。熟練するなかで，変わるのはしばしば行為者に内在すると仮定されるようなスキルなどではない。熟練をとおして，行為者の人格，道具，そして，そこで創り出される対象のすべてが相互にかかわりあいながら変わっていくのであり，それがスキルの変化として可視化されるのだ。

通常あらゆる道具は行為主体の対象との関係を変えるだけでなく，他者との関係をも変える。仮に乳児がおしゃぶりをくわえているような対物的であり，かつ一個体の行為として完結しているかのようにみえる行為であっても，そこに同席する他者はその事態を観察し，何らかの意味を創り出す他者として，子どもと物との関係を媒介する存在となりうる。このような社会的実践の事実こそが，子どもにとって，他者との協働性実現の契機を創り出すことを可能にするのである。対物的行為と対人的行為は，一つの行為として人間の発達を支える枠組みを構成している。

道具という呼称は誤解を招くおそれがあるかもしれない。人工物が道具とよばれるとき，それは常に良い意味で役立つということを意味するわけではない。繰り返しになるが，それは実践を

媒介し，実践に対して制約を与える人工物である。この制約はある視点からみれば支援とみえ，また別な視点からみれば枷とみえることだろう。重要なことは制約があることで，行為主体が実践に対してある固有のかかわり方をするということである。このかかわり方を時に応じて，「慣れ」，「習熟」，「熟達」などとよぶ。

3節　実践に埋め込まれた能力

1．能力の被媒介性

　実践と道具の緊張関係を考えるうえで，心理学における能力観の問い直しは良い例になる。とくに，リテラシーはそのことを考えるうえで重要なテーマである。リテラシーとは通常読み書き能力と訳されるが，情報リテラシーという言葉が普及したように，ほぼ能力と同義の言葉として流通している。ここでは「……リテラシー」という表現は「……」を中心とした実践に参加するときに必要とされるものとする。そもそも何も修飾語のないリテラシーという総称表現は，それが実践を離れて持ち出せるポータブルな能力（Resnick, 1987）であるかのような錯覚を起こさせるので問題である。リテラシーとは実践からそれだけをカートリッジのように外すことができる能力などではない。

　知能検査は通常普遍的な能力を測る中立的な道具として扱われる。実際にはそうでないとしても，そのような道具となることが目指されている。しかし，道具が実践と相互規定的関係にあるならば，実践にかかわりなく，いつでも同じ働きをする道具などあるはずもない。知能検査の非中立性を明らかにしたのは比較文化研究である（Rogoff, 2003）。学校教育が普及している地域の子どもたちに知能検査をしても，そこではすでに学校教育制度の影響が織り込まれているため，そのことに気づきにくい。しかし，学校制度が普及してないところで，知能検査を行ったときには，学校教育を受けていない人々の応答の仕方が学校教育を受けた人たちとずいぶんと異なることに気づかされる（Bruner, Oliver, & Greenfield 1966/1968・1969；Cole & Scribner, 1974/1982）。

　こうした研究の先駆的な研究として知られるのがルリア（Luria, 1930・1974/1976）らがソヴィエト連邦の時代に行った中央アジアにおける知能検査である。ちょうどその頃は学校制度が導入される過渡期であり，子どものなかに学校教育を受ける人が出始めた。しかし，年配の人々は学校教育を受けておらず，両者の違いを比較することができた。たとえば分類課題では，実験協力者の前に，ハンマー，のこぎり，丸太，鉈という4つの絵カードを呈示し，似たものに分けるように指示したところ，学校教育を受けた人は，「丸太が合わない」といい，その理由を他の3つは「鉄製」だからだという。この応答は，4つの物のうち，3つは「鉄製」で，後1つはそうではないという共通の基準によって分類されていることを示す。さらに実験者がそれらを「道具」とよんでよいかと尋ねるとそれを肯定した。分類基準を別のものにすることにも柔軟に対応できたのだ。これに対して学校教育を受けていない人は，「これらはみんな似ている。それらはみん

な必要だと思う。切り割るには鉈が必要だし」と答え，学校教育を受けた人たちのようなカテゴリー化にもとづいた分類をしなかった。

　以上の結果は，学校教育を受けない人は，「丸太を切るためにはのこぎりが必要である」といった機能的あるいは主題的といわれる，機能にもとづいた分類をするのに対して，学校教育を受けた人は分類学的カテゴリーを使って分類することを示しているとされる（Luria, 1930・1974/1976 ; Cole & Scribner, 1974/1982 ; Rogoff, 2003）。三段論法を使って，たとえば，「雪の降る極北では熊はすべて白い。ノーバヤ・ゼムリヤーは極北にあってそこにはいつも雪がある。そこの熊は何色をしているか？」（Luria, 1930・1974/1976, p.157）と尋ねると，学校教育を受けていない人は，「見たこともないものについてはしゃべらない」（Luria, 1930・1974/1976, p.157）などと，あたかも仮定にもとづく推論を拒否するような応答もみられた。

　このような比較研究をとおして，ある知能検査課題の成績がふるわないということは直接的に実験協力者の知性の低さを物語るものではないということがわかった。むしろ，実験者が期待するものと実験協力者が期待するものとのズレが成績の低さとして示されたのである。さらに，多くの場合，実験者の期待や知能検査という文化的道具を枠づけているのは学校制度にもとづいた実践であることも示唆された（Rogoff, 2003）。認識の発達にとって言語の果たす役割の重要性はよく指摘される（Olson, Torrance, & Hildyard, 1985）。とくに文字を使った言語使用，すなわち，書き言葉の使用は思考の発達を促すとみられてきた（Goody, 1977/1986）。しかし，書き言葉は通常学校で教えられており，書き言葉が単独で認識の発達に影響を与えているのかどうかはわからない。ところが，リベリアのヴァイ文字を使った書き言葉は，学校で教えられるものではなく，住民が地域でその言葉を使っている人から個別に指導を受けて身につける。スクリブナーとコール（Scribner & Cole, 1981）はこのようなヴァイ語の教授学習特性を利用して，西欧的制度の学校で英語を学んだ人，コーラン学校でアラビア語を学んだ人とともにヴァイ語を使用する人についてその認識の調査を行った。その結果，書き言葉は一つの一般的な汎用的な道具として認識一般を押し上げるのではなく，それぞれの書き言葉の実際の学ばれ方，使われ方に応じた認知的な変化がみられることがわかった。このことは，書き言葉そのものが認知発達に直接影響を与えるのではなく，その書き言葉を道具として用いる実践形態それぞれがそれに応じたそれぞれに固有の認知発達を促すことを示す。つまり，文字を使用することはいつでも同じように個人の汎用的認知能力を増幅させるのではなく，ある文字を使うことによって，人とそれを含む活動システム全体が再構成され，その活動が要求するタスクに慣れていくのである。したがって，書き言葉や学校制度がどのように発達に影響するのかは，それらが用いられる実践形態を確認しないことに何もいえないことになる。

2. 文化的実践に内在する非対称性と発達

　知能検査はその誕生のときから西欧的な学校制度と強い関係をもってきた（Binet & Simon, 1921/1982）。学校制度はそれ固有の文脈をつくりだす。たとえば，授業でのみこみがよいことは

頭が良いことを示すものとして理解され，テストは一人で早く解けることが望まれる。テストでは誤解を生みやすい表現で質問されてもテスト作成者の意図に沿って，適切に解答できなければいけない。他者と共同して仕事をなし遂げることは，個人の能力を高めるための手段としては奨励されるが，最終的には，独力で素早く問題を解決できるようになることが求められる。西欧の学校文化では，教師や他の子の顔色をうかがうのではなく，積極的に自分の意見を言うことも必要である。こうした態度は，白人中産階級の文化的実践に準拠した学校において期待される振る舞い方である。そのため，たとえば，同じアメリカであっても，もともとハワイに住む人々の子どもたちの振る舞いは学校では低く見積もられてしまうことになる（Gallimore & Au, 1979）。

　アメリカのヘッドスタート計画は，学校に入学する前に身につけておくことが期待される学校的習慣を家庭で身につけることができていない子どもたちに対して，就学前の段階でそれを習得させようとするプログラムである。学校制度が社会に優位な文化の影響を受けていることを考慮すると，それは，一般学習能力の向上に寄与するのではなく，優位な文化となっている西欧白人文化の受容を求めるプログラムでもある（Bruner, 1996/2004）。南米からアメリカに移民してきた子どもたちは，最初英語の習得に苦労するが，英語の力がついてくると，もともと使っていたコミュニティ言語であるスペイン語を自分にとっての主流言語として使い続けるか，それともホスト国であるアメリカにおいて高い交換価値をもつ英語をそれとして使うのか，その選択に悩むようになる（Vasquez, 2003）。自分を語る媒介言語を何語にするのかは，自分にとって意味のあるコミュニティの選択，家族との関係，さらには自分を語る言葉の選択の問題であり，まさに自分の生き方そのものを決めることである。このことは，人は学校教育に慣れれば，それが求めるような行動をそのままするようになるわけではないことを示唆している。慣れるということは実はその振る舞いを価値づけている文化的な枠組みを受け入れることでもあり，それを受け入れられないときには抵抗する（Wertsch, 1998/2002）のはあたりまえのことである。地域コミュニティで期待されるおしゃべりの仕方，語り方，人との接触の仕方，こうしたディスコースやナラティブのスタイルも実践に根ざした文化的道具であり，実践を媒介すると同時に実践に制約される人工物である。

　ある文化的道具の使われ方を基準にコミュニティや個人の行動を評価するとすれば，常にある序列ができる。だが，それは序列づけられたコミュニティや個人に内在する能力そのものを示しているわけではない。そこで示される結果は，その序列づけ尺度となる道具と被評価主体の関係のあり方を示す。その序列づけを可能とする文化的道具を基準にすることを「あたりまえ」とみなす文化的実践があるからこそそれはそのように使われているのである。能力だけを単体でみることはできない。だからこそ，それを可視化させている実践の仕掛けに気を配らなければならないのだ。

4節 文化的実践のなかでの発達

1. 特別に構造化された環境に参加する

　実際に人はどのように実践に参与するのか。リード（Reed, 1996/2000）は動物が住む環境とは「特別に構造化された社会環境」であるといい，その基本的な特徴は，①同一の基本的形態を維持しながらその表面の形を変える，②応答がある群棲環境であり，さらに，③乳児の発達とともに構造化されていく環境である，と述べている。こうした乳児にとって養育に携わる特別な人が，特別な場所にいて，ある規則的な（regular）行為によって組織化される特別なゲームを行う特別な環境のことを彼は促進行為場（field of promoted action）とよぶ。養育する側からみればそれは社会的な期待の場であり，物理的環境という側面からみればそれは社会的な期待をもつ他者が行為をアフォードする場である。子どもは通常は他者の支えのなかで，場が強いるタスクをそれとして認識する前に達成してしまう。つまり，何をしているのか，自分に自覚的な目標意識がなくても，自分より有能な他者と共同して取り組むことで，その目標をなし遂げる。この状態にいる子どもはヴィゴツキーの言葉でいえば，発達の最近接領域（zone of proximal development）のなかにいるということになろう。乳児は最近接領域のなかで，自分が今どんなタスクを達成しているのか，無自覚ながらも，それに従事し，やがて単独でそのタスクを達成するようになる。

　共同活動のなかで大人ははじめ子どもの行動に足場を掛け（scaffold），目標が達成できるようにする。そして，子どもの技能が向上するにつれて，徐々にその足場を外し，子どもに主導権を与えていくという（Bruner, 1983/1988）。このようなやりとりのなかで，子どもは言語獲得に必要な認知，社会的基礎を培う。どの程度足場を掛けるのか，主導権の手渡しがどのようになされるのか，こうしたことにはそれぞれの実践により違いがあるだろう。しかし，重要なことは，子どもの発達がともに実践を生きる他者に支えられているということである。そしてもちろんその子どももまたその実践をつくりだす行為主体の一人である。トマセロ（Tomasello, 1999/2006）は言語獲得を支えるのは，共同注意フレームを他者との間に構築し，伝達意図を理解し，役割交代をともなう模倣ができることだという。それゆえ，言語を獲得するためには，意図理解の技能を発達させなくてはならず，さらにそのためには，意図をもつ他者と共に作る実践に参与していなくてはならない。

2. 制度的実践に埋め込まれた教育

　乳児が玩具一つ使うことも多くの他者が介在する社会への参入である。子どもに与える玩具はすでに大人側の期待が凝縮されたものであり，その期待を子どもに提示，指導していることになる。たとえば，親はある特定の色の服を子どもに与えることで性に対する社会的な期待を示したり，テレビヒーローを象った人形を与えることで性役割や文化を子どもに教えたりする。この

期待は，大人の側にとっても通常無自覚的である。自らの振る舞いそれ自体について無自覚であるのと同様，子どもに対する働きかけの背後に自分が何を期待しているのか，通常それを自覚することはない。だが，この期待は常に一定ではなく，対象となる子どもの年齢や状況によって変わっていく。その意味で，子どもの能力や技能，さらにはコミュニティで当然視されている社会的な期待についての判断を大人の側はしていることになる。しかし，それ自体もまた自覚されることは少ない。

　生まれてから一生涯続ける最も不可避な生命維持行為である食事について考えてみよう。食べることは動物にとって生存のための生物学的行動である。しかし，食事は文化的実践でもある。文化的実践（Cole, 1996/2002）とは，子どもをその社会文化的環境に結びつける効果的な分析単位であり，繰り返し，習慣的行為として行われることが期待されている活動のことである。文化的実践としての食事はただ空腹を満たすためだけに行われることはなく，むしろ空腹を満たすうえで障壁となることさえある。手づかみで食べることができるようになった乳幼児はある月齢になるとぎこちない手つきでわざわざスプーンに食べ物を手で乗せてから，口に運ぼうとすることがある。その子にとってその時点で，食べることは，口に食べ物を入れることではなく，「これは何かわからないが，きっと良さそうだ」という「価値への予感」（石黒, 2000）にもとづいた行為なのである。

　あらゆる行為は多くの人工物に媒介されている。食事では，対象に対する行為を媒介する食器，食具などの道具，摂食行為を介助などによって共同的に実現する他者，そしてコミュニティや施設に固有のマナーや作法などの社会的表象にも媒介されている（石黒, 2003）。そもそも食べ物自体が他者によってつくられた人工物であり，その内容や形状もそれぞれの実践に根ざしたものとなっている。三層の媒介物には相互影響関係がある。たとえば，スプーンは食べ物をすくうことを助ける道具であるが，箸を使うことが望まれる時期にスプーンを使い続けることは，たんなる食具の好みの問題としてではなく，マナーや社会期待の面から幼さを象徴するものとして認識され，時には他者からの介入を受けることにもなる。その意味で，媒介物の使用は多様な対立を生み出す契機である。媒介された行為のありようは常に「文化」を指示する行為となる（Ishiguro, 2014）。

　人間の発達を支援する社会的に構造化された環境の特徴は，行為主体と他者との教授学習領域の特性をとらえようとして概念化されてきた。それらは，ヴィゴツキー（Vygotsky, 1978）の「発達の最近接領域」概念に端を発しているが，行為主体と他者の緊張関係を指し示すものとして，ヴァルシナー（Valsiner, 1997）の「自由運動領域」（zone of free movement），「促進行為領域」（zone of promoted action），さらにそれを引き継いだリード（Reed, 1996/2000）の「促進行為場」（field of promoted action），「自由行為場」（field of free action）などがある。特定の認知機能に対する社会的に構造化された環境を示すものとしては言語獲得支援システム（LASS）（Bruner, 1983/1988）が有名である。これらは行為主体に対する環境の普遍的な特性であるが，これに対して，そうした構造が機能する実践のコミュニティ間の差異を強調する研究もある。たとえば，就学前教育施設における保育者や教育者の振る舞いに現れる文化的期待の差異をとり

あげたものには，トービンら（Tobin, Wu, & Davidson, 1991 ; Tobin, Hsueh, & Karasawa, 2009）やハロウェイ（Holloway, 2000），ルイス（Lewis, 1995）などがある。これらは社会制度による子どもに対する社会的期待の違いを明らかにすることを試みたものである。

同一の社会制度のなかに生きる人であっても，自分の経験によって子どもに対する期待が変わることもある。ワーチ（Wertsch, 1985）らはブラジルにおいて，先に事例としてあげた大人と子どものパズル課題（Wertsch et al., 1980）を「母親－子ども」と「教師－子ども」といった2群で実施した。その結果，両群の間で，大人の子どもに対する接し方には違いがみられ，母親は教師よりも目標達成に近づくような直接的な教示や指導を行うことがわかった。このことを，ワーチらは，母親が教師よりも結果重視の指導を志向していたことを示す証拠としてとらえ，学校教育経験の少なさにその原因があると考えた。労働場面では生産性が問われ，失敗することは望ましいことではない。それに対して，学校は実社会に出る前の練習の場であり，失敗することも大事な学習過程として許容される。教師らは子どもたちが自分で考えることを重視し，できるだけ子どもが自ら課題に向かうような指導をした。つまり，過程重視の指導である。これに対して母親は，子どもが学習するかどうかより，課題とされたパズルの完成を重視していた。このように同一の課題を同一のコミュニティ内で行うとしても，個々人がその環境のなかで経験してきたことによって，その人の社会的期待は異なり，違ったかたちで行為を動機づける。

社会的な期待とその実現様式は時代によっても変わる。先にあげたルリアらの中央アジアにおける知能検査課題にみられたインフォーマントの課題理解のあり方は学校制度やそれと結びついた社会制度のあり方に大きく関係していた。トービンは，日米中についての最初の比較研究（Tobin et al., 1991）の後，ほんのわずかの間に生じた中国の変わりように驚き，10年後に再度比較研究（Tobin et al., 2009）をしている。わずかな時間であっても，社会制度の変化は行為主体を取り囲む環境を大きく変え，個体発達のありようもそれによって大きな影響を受けることが示唆された。

5節　実践のなかの行為主体の動きをとらえるために

発達を語ろうとするとき，行為主体の環境を無視することはできない。行為主体がどのような実践に参加しているのか確認することが必要である。実践に参加するなかで行為主体はさまざまな文化的道具を手に入れる。その道具セットがその人の世界に対する対峙の仕方を特徴づける。人は通常道具に媒介されて世界と接触する。

行為主体は生まれたその時から，ある特定のコミュニティにおいて，そこでふれることができる社会文化的資源を利用する可能性をもつ。その資源の使い方を自らのまわりにいる多くの他者から学び，世界との出会い方を豊かにしていく。発達には他者であふれた社会が必要である。しかし，その社会は常に動いており，行為主体にとって静的で固定された文脈を用意することはない。しかも，行為主体が生きる社会には通常複数の文化的実践が同時に存在し，それらは雑多な

重なりをなしている。このハイブリッドな実践に人が参加するとき，自らもまた世界と多様な接触をするハイブリッドな存在となる。

　このことは人が複数の異なる言葉を使うという事実を考えてみるとわかりやすい。バフチン（Bakhtin, 1981）は，私たちが使う言語は一つではなく，「社会・イデオロギー的言語，すなわち社会集団の言語，〈職業〉，〈ジャンル〉の言語，諸世代の言語等々にも分化している」という。彼によれば，私たちは言語的多様性（ラズノレーチェ）のなかに生きているのである。「おはよう」も「やあ」も，体育会に所属する下級生が上級生に向けて使う独特な抑揚をもつ「おはようっす」という言葉も，どれもが挨拶の言葉であり，その言葉をまねして発しようと思えば誰であれ，いつでも発することのできる言葉である。だが，実際には，そうした言葉はそれぞれを使うのに適した場所，すなわち実践のなかでしか使われない。その言葉を使うとき，発話者はその言葉に適したある特定の実践に参加しているといえる。したがって，言葉を獲得することはその言葉を使うのにふさわしい，ある特定の実践に参加することであり，発達とは「さまざまな社会的言語やことばのジャンルを通して腹話の過程を習熟すること」（Wertsch, 1991/1995, p.162）である。「ことばのジャンル」とはある特定の実践に対応し，発話のテーマ，発話の構成，発話のスタイルの相対的に安定した一定の発話タイプを指す（Bakhtin, 1952-1953/1988）。学校で教室談話を学ぶことは教師の声を腹話できるようになることであり，日常の言葉に学校の言葉を重ね合わせることである。

　ワーチ（Wertsch, 1991/1995）は「社会化の過程は，あることばのジャンルを別のものに取り替えること」ではなく，「ことばのジャンルを分化させたり，つけ加えたりすること」であるという。そうなると，人が獲得する言葉が一つではないように，人の社会化の過程も一つの終着点に向かうようなものではないことになる。多様なジャンルを獲得することで，人は世界への多様なかかわり方，多様な知覚を手に入れることができる。しかし，社会化の過程が特定の状況で，特定のことばのジャンルを用いた規則を習得すること（Wertsch, 1991/1995）であるならば，多様な実践に参加することは相対立する規則の習得に悩む人を生み出すことでもある。

　発達に対する社会文化的基盤は多様な実践の塊である。人は皆，生まれながらに複数の実践に参加することを余儀なくされる。その実践は時とともにその境界もその実践を特徴づける主要な道具も変えていく。行為主体の行為も実践を変える資源の一つである。行為主体の成立とその不断の更新の過程が個体発達であるとするならば，それは一方からみれば実践に染まる姿を示しながらも，他方からみればその実践から抜け出そうとしているとみえるはずだ。この一見相矛盾するかのような揺れ動きにこそ発達の豊かさが示されている。

◆ 引用文献

Bakhtin, M. M.（1989）．マルクス主義と言語哲学：言語学における社会学的方法の基本的問題（桑野　隆，訳）．未来社．（1928）．
Bakhtin, M. M.（1988）．ミハイル・バフチン著作集：8　ことば・対話・テキスト（新谷敬三郎・伊東一郎・佐々木寛，訳）．新時代社．（1952-1953）．

Bakhtin, M. M. (1981). *The dialogical imagination* (M. Holquist, Ed.). Austin : University of Texas Press.

Binet, A., & Simon, Th. (1982). 知能の発達と評価：知能検査の誕生（中野善達・大沢正子，訳）．福村出版．(Binet, A., & Simon, Th. (1921). *La mesure du développement de l'intelligence : Chez les jeunes enfants*. Société pour l'étude psychologique de l'enfant.)

Bourdieu, P.・福井憲彦・山本哲士．(1986)．アクト：1　象徴権力とプラチック：ブルデューの世界．日本エディタースクール出版部．

Bronfenbrenner, U. (1996). 人間発達の生態学：発達心理学への挑戦（磯貝芳郎・福富　護，訳）．川島書店．(Bronfenbrenner, U. (1979). *The ecology of human development : Experiments by nature and design*. Cambridge, MA : Harvard University Press.)

Bronfenbrenner, U. (1993). Ecological models of human development. In M. Gauvain & M. Cole, (Eds.), *Readings on the development of children* (2nd ed., pp.37-43). New York : Freeman.

Bruner, J. S. (1988). 乳幼児の話しことば：コミュニケーションの学習（寺田　晃・本郷一夫，訳）．新曜社．(Bruner, J. S. (1983). *Child's talk: Learning to use language*. Oxford : Oxford University Press.)

Bruner, J. S. (2004). 教育という文化（岡本夏木・池上貴美子・岡村佳子，訳）．岩波書店．(Bruner, J. S. (1996). *The culture of education*. Cambridge, MA : Harvard University Press.)

Bruner, J. S., Oliver, R. R., & Greenfield, P. M. (1968・1969)．認識能力の成長（上・下）（岡本夏木・奥野茂夫・村川紀子・清水美智子，訳）．明治図書．(Bruner, J. S., Oliver, R. R., & Greenfield, P. M. (1966). *Studies in cognitive growth*. New York : John Wiley & Sons.)

Cole, M. (2002). 文化心理学：発達・認知・活動への文化‐歴史的アプローチ（天野　清，訳）．新曜社．(Cole, M. (1996). *Cultural psychology : A once and future discipline*. Cambridge, MA : Harvard University Press.)

Cole, M., & Scribner, S. (1982). 文化と思考：認知心理学的考察（若井邦夫，訳）．サイエンス社．(Cole, M., & Scribner, S. (1974). *Culture and thought : A psychological introduction*. New York : John Wiley & Sons.)

Engeström, Y. (1999). 拡張による学習：活動理論からのアプローチ（山住勝広・松下佳代・百合草禎二・保坂裕子・庄井良信・手取義宏・高橋　登，訳）．新曜社．(Engeström, Y. (1987). *Learning by expanding : An activity-theoretical approach to developmental research*. Helsinki : Orienta-Konsultit Oy.)

Gallimore, R., & Au, K. H. (1979). The competence/incompetence paradox in the education of minority culture children. *The Quarterly Newsletter of The Laboratory of Comparatve Human Cognition*, I (3), 32-37.

Goody, J. (1986). 未開と文明（吉田禎吾，訳）．岩波書店．(Goody, J. (1977). *The domestication of the savage mind*. Cambridge, London, New York, Melbourne : Cambridge University Press.)

Holloway, S. (2000). *Contested childhood : Diversity and change in Japanese preschools*. New York : Routledge-Falmer.

Holquist, M. (1994). ダイアローグの思想：ミハイル・バフチンの可能性（伊藤　誓，訳）．法政大学出版局．(Holquist, M. (1991). *Dialogism : Bakhtin and his world*. London, New York : Routledge.)

石黒広昭．(2000)．「異文化」問題の中にある子どもの言語発達．月刊言語，29(7)，76-83．

石黒広昭．(2003)．乳児の食介助場面の相互行為的分析：社会的出来事としての食事．北海道大学大学院教育学研究科紀要，No. 91，25-46．

Ishigro, H. (2014). How a young child learns how to take part in mealtimes in a Japanese day-care center : A longitudinal case study. *European Journal of Psychology of Education*, DOI : 10.1007/s10212-014-0222-9.

Lave, J., & Rogoff, B. (Eds.). (1984). *Everyday cognition*. Cambridge, MA : Harvard University Press.

Lave, J., & Wenger, E. (1993). 状況に埋め込まれた学習（佐伯　胖，訳）．産業図書．(Lave, J., & Wenger, E. (1991). *Situated learning : Legitimate peripheral participation*. New York : Cambridge University Press.)

Leont'ev, A. N. (1981). The problem of activcity in psychology. In J.V. Wertsch (Ed.), *The concept of activity in Soviet psychology* (pp.37-71). Armonk, NY : M. E. Sharpe.

Lewis, C. (1995). *Educating hearts and minds : Reflections on Japanese preschool and elementary education*. New York : Cambridge University Press.

Luria, A. R. (1976). 認識の史的発達（森岡修一，訳）．明治図書．(1930・1974)．

Mauss, M. (1973). 社会学と人類学（I・II）（有地　亨・伊藤昌司・山口俊夫，訳）．弘文堂．(Mauss, M. (1950). *Sociologie et anthropologie*. Paris : Les Presses Universitaires de France.)

Olson, D. R., Torrance, N., & Hildyard, A. (1985). *Literacy, language, and learning : The nature and consequences of reading and writing*. New York : Cambridge University Press.

Piaget, J. (1970). 児童の自己中心性（改訳改版）（大伴 茂, 訳）. 同文書院.（Piaget, J. (1923). *Le langage et la Pense chez l'enfant*. Paris : Delachaux & Niestlé.）

Reed, E. S. (2000). アフォーダンスの心理学：生態心理学への道（細田直哉, 訳）. 新曜社.（Reed, E. S. (1996). *Encountering the world : Toward an ecological psychology*. New York : Oxford University Press.）

Resnick, L. (1987). Learning in school and out. *Educational Researcher*, **16**, 13-20.

Rogoff, B. (2003). *The cultural nature of human development*. New York : Oxford University Press.

Scribner, S. (1997). *Mind and social practice: Selected Writings of Sylvia Scribner*. New York : Cambridge University Press.

Scribner, S., & Cole, M. (1981). *The psychology of literacy*. Cambridge, MA : Cambridge University Press.

Tobin, J. J., Hsueh, Y., & Karasawa, M. (2009). *Preschool in three cultures revisited : China, Japan, and the United States*. Chicago : The University of Chicago Press.

Tobin, J. J., Wu, D. Y. H., & Davidson, D. H. (1991). *Preschool in three cultures : Japan, China and the United States*. New Haven, CT : Yale University Press.

Tomasello, M. (2006). 心とことばの起源をさぐる：文化と認知（大堀壽夫・中澤恒子・西村義樹・本多 啓, 訳）. 勁草書房.（Tomasello, M. (1999). *The cultural origins of human cognition*. Cambridge, MA : Harvard University Press.）

Valsiner, J. (1997). *Culture and the development of children's action : A theory of human development* (2nd ed.). New York : John Wiley & Sons.

Vasquez, O. A. (2003). *La Clase Magica : Imaging optimal possibilities in a bilingual community of learners*. Mahwah, NJ : Lawrence Erlbaum Associates.

Vygotsky, L. S. (1970). 精神発達の理論（柴田義松, 訳）. 明治図書.（1930-1931）.

Vygotsky, L. S. (2001). 新訳版 思考と言語（柴田義松, 訳）. 新読書社.（1934）.

Vygotsky, L. S. (1978). *Mind in society*. Cambridge, MA. : Harvard University Press.

Wertsch, J. V. (1979). From social interaction to higher psychological processes : A clarification and application of Vygotsky's theory. *Human Development*, **22**, 1-22.

Wertsch, J. V. (1985). *Vygotsky and the social formation of mind*. Cambridge, MA : Harvard University Press.

Wertsch, J. V. (1995). 心の声：媒介された行為への社会文化的アプローチ（田島信元・佐藤公治・茂呂雄二・上村佳世子, 訳）. 福村出版.（Wertsch, J. V. (1991). *Voices of the mind : A sociocultural approach to mediated action*. Cambridge, MA : Harvard University Press.）

Wertsch, J. V. (2002). 行為としての心（佐藤公治・田島信元・黒須俊夫・石橋由美・上村佳世子, 訳）. 北大路書房.（Wertsch, J. V. (1998). *Mind as action*. New York : Oxford University Press.）

Wertsch, J. V., NcNamee, G. D., McLane, J. B., & Budwig, N. A. (1980). The adult-child dyad as a problem-solving system. *Child Development*, **51**, 1215-1221.

4章 ピアジェの発生的認識論とイネルデの発生的心理学

大浜幾久子

　本章では,『発達心理学ハンドブック』旧版の3章「ピアジェの適応論的発達理論とウェルナーの有機体論」(鯨岡, 1992) という論題を踏襲しなかった。しかし, これは, 新しい世紀を迎え10年余を経た今, 20世紀の偉大な先達, ピアジェとウェルナーの発達理論を比較して論じることが, 無用になったと考えるからではない。ピアジェ (Piaget, J., 1896〜1980) は, フランス語圏スイス, ヌーシャテル出身, 他方, ウェルナー (Werner, H., 1890〜1964) は, オーストリアの首都ウィーン出身, その生年からいって, 明らかにヨーロッパの同時代人だった。そして, 少年期から進化論や発生論にきわだった関心をもっていた。「今世紀の2人の偉大な先達の発達理論は, いずれも個体と環境世界との深い生物学的, 適応論的つながりを理論の根底に据えているという点で共通項があるようにみえる。しかし, 論点を先取りしていえば, 両者の理論は共通性よりも異質性の方が際立つというのが筆者の『読み』である」(鯨岡, 1992, p.52) に始まる, 旧版「3章」も, 是非, 参照してほしい。

　本章では, ピアジェ最晩年にいたる研究遺産をたどり直し, 21世紀の認知発達心理学の構築への展望を得たいと思う。「ピアジェの発生的認識論とイネルデの発生的心理学」という論題は, そのための, 一つの試論である。ジャン・ピアジェが, 20世紀の発達心理学 (発生的心理学) に大きな足跡を残した一人であることに, 相違はない。けれども,「発生的認識論」という新しい学問分野を開拓した人という評価が, 最も妥当かつ, ピアジェ自身の本望であったろう。

　ピアジェの研究は, 84歳の死の直前まで, その多くが共同研究として進められた。したがって, ピアジェの研究にかかわった研究者も多数にのぼる。そのなかで, イネルデ (Inhelder, B., 1913〜1997) が最も重要な存在であったことに, おそらく異論はなかろう。イネルデは, 半世紀に近い歳月, ピアジェの傍らで研究を続け, 1974年には, 「ジャン・ピアジェ文庫」をジュネーヴ大学に創設し, ピアジェにかかわる研究資料の収集や保存だけでなく, 国際セミナーを開催するなど, ピアジェ理論の国際的な発展にも寄与したからである。

　イネルデの名は, このように, ピアジェと対にして語られてきている。しかし, イネルデ自身の研究がピアジェ理論の発展に, どのような貢献をしたのかを考察することも, 忘れてはならないだろう。なぜなら, このことをとおして, ピアジェ理論における心理学の位置づけを, 再検討できると考えるからである。

1節　ベーベル・イネルデ

1．サンガルからジュネーヴへ

　ピアジェに関しては，多くの科学史的ないし伝記的研究が積み重ねられてきている。イネルデには，『自伝による心理学』第 8 巻に，自伝的記述がある (Inhelder, 1989)。これを読むと，イネルデにとってピアジェが大きな存在であったことはいうまでもないが，ピアジェにとってイネルデが，いかに大切な存在であったかが伝わってくる，次のようなエピソードも記されている。

　1961 年の冬学期，ブルーナー (Bruner, J. S., 1915〜) に招かれたイネルデは，ハーヴァード大学の認知研究センターで過ごした。「ジュネーヴでは教師たち，さもなければ生徒たちに取り囲まれていたのが，初めて同僚のなかにいるように感じた」という。「保存課題」の解釈の違い等から，自らをあたかも「放蕩息子」のように感じていたブルーナーをはじめ，アメリカ東海岸のさまざまな同輩研究者たちとの交流をイネルデは大いに満喫した。4 カ月後，ハーヴァードを去るのは名残惜しかったが，ジュネーヴに戻るのは喜ばしいことだった。ところがジュネーヴ空港に出迎えたピアジェは，イネルデがアメリカから本当に帰ってくるのか，その顔を見るまで心配しどおしだったという。

　ドイツ語圏スイス出身のイネルデ（独語ではインヘルダー）が，ピアジェに出会うまでを，手短にみておこう。イネルデは，1913 年 4 月，サンガル（独語ではザンクトガレン）に生まれた。動物学者の父と文学に傾倒した母の，ひとり娘であった。自然科学を教えていた父親は，物静かで落ち着きのある，外国の友人たちによると「スイス人のプロトタイプ」だった。他方，世紀末ベルリンの感性とユーモアのセンスを身につけ，文才にも恵まれた母親には，元気で輝かんばかりの時期と，うつの時期が交互にくるのだった。ひとりっ子だったからか，ベーベルは，他所の子どもたちとのつきあいを好み，その友だちの選び方から，「国際っ子」とよばれていたという。

　大学入学資格取得に向けて勉強をしていたときに，実験心理学に初めてふれたが，それに惹かれることはなかった。貪るようにして読んだのは，フロイト (Freud, S.) だった。あるいはシュプランガー (Spranger, E.) などの青年心理学だった。10 代までを過ごしたドイツ語圏サンガルで身につけたことのなかで，イネルデが生涯をとおして追究し続けることになったものとして，自らあげているのは，第一に，生き物の観察，すなわち，動物だけでなく子どもたちを観察すること，第二に，物理学実験などをとおして学んだ，実験を工夫すること，第三に，登山をとおして知った，野性的な自然のなかで生活すること，さらに加えて，心を開いて他者とつきあうこと，であった。

2．ルソー研究所：ピアジェとの出会い

　1932 年の秋，イネルデは学生としてサンガルからジュネーヴに来た。1 年間の予定だった。

宗教改革のカルヴァンに遡る由緒ある大学のみならず，フランス文化と，国際連盟本部など国際的な文化とが綯い交ぜになった固有の文化風土も，ジュネーヴの魅力だった。さらに，何よりも，ジュネーヴには，ジャン-ジャック・ルソー研究所という通称をもつ教育科学研究所があった。後のジュネーヴ大学，心理教育科学部の前身である。当時のスイスで，心理学の完全なコースが整っていたのは，ジュネーヴ大学だけで，哲学あるいは生物学とあわせて履修するカリキュラムであった。ルソー研究所では，3人の秀でた教師に出会うことになった。創立者エドゥアール・クラパレード（Claparède, E.）とピエール・ボヴェ（Bovet, P.），そしてジャン・ピアジェである。ピアジェは，当時，ジュネーヴ大学理学部で「科学思想史」を担当し，ルソー研究所では「児童心理学」を講義していた。この年は，『子どもの道徳判断』（Piaget, 1932/1957）が出版された年でもあった。この著作は，1919年の秋，パリに始まった幼児・児童を対象としたピアジェの心理学研究の〈第1期〉——『子どもの言語と思考』（Piaget, 1923/1957），『子どもの判断と推論』（Piaget, 1924/1969），『子どもの世界表象』（Piaget, 1926/1955），『子どもの物理的因果性』（Piaget, 1927/1971）を，締めくくるものであった。道徳判断の発達研究の講義を聴いたイネルデは，カント（Kant, I.）やデュルケム（Durkheim, É.）の抽象的な理論が，観察データをいかに解明するか，また反対に，観察データが，いかに諸理論の比較を可能にするかを示していく，ピアジェの方法論に魅せられていった。

また，前年1931年に末子ローランが誕生したピアジェは，「子どもの知能の誕生」すなわち乳児期の研究を進め，原稿も書き始めていた。この原稿をリアルタイムで少しずつ読み進めたイネルデは，生物学的適応と心理学的適応との機能的連続性を示そうとする，ピアジェの理論構築の力に圧倒される思いも経験した。『子どもの知能の誕生』（Piaget, 1936/1978），『子どもの実在の構成』（Piaget, 1937），『子どもの象徴の構成』（Piaget, 1945）の3部作が，ピアジェの心理学研究の〈第2期〉の代表著作で，1,000ページを超える壮大な乳児研究の結実である。上述のローランと長女ジャクリーヌ（1925年生まれ），次女ルシアンヌ（1927年生まれ）の観察事例が500近く掲載されている。『知能の誕生』では，序論「生物学的問題」に続き，「感覚運動知能」の発達段階が観察事例とともに提示されていく。第1段階「反射の行使」，第2段階「最初の獲得性適応と第1次循環反応」，第3段階「第2次循環反応および『興味ある光景を持続させる手法』」，第4段階「第2次シェムの協応と新しい状況への適用」，第5段階「第3次循環反応と『能動的実験による新しい手段の発見』」，第6段階「心的結合による新しい手段の発明」。ピアジェは，「シェム（シェマ）」「同化と調節」「協応」等の概念を練り上げ，自らの「感覚運動知能」の発達理論を構築していったのだった。

他方，ピアジェの「科学思想史」の講義およびゼミでとりあげられたのは，ソクラテス（Sōkratēs）以前の思想に始まり，中世末の物理学者たち，そしてガリレイ（Galilei, Galileo），ニュートン（Newton, I.）にいたる流れのなかで，因果的説明がどのように発展したのか，というテーマだった。子どもにおける思考の発達と，時代による科学の発達の間に，ある種のアナロジーがみられることにも，イネルデは魅せられていった。

3.『量の発達心理学』

　1933年4月15日，20歳の誕生日に，イネルデはピアジェに小さな研究を試みるよういわれた。すなわち，子どもの目の前で，水の入ったコップに角砂糖を入れて見せ，水に溶けた砂糖はどうなるかを，尋ねてみることだった。対象は4歳児から12歳児であった。こうして，「量の保存」として広く知られることになる研究が始まったが，当初，イネルデは，その研究の意義が明確に見通せていたわけではなかった。イネルデの研究業績は，この「量の保存」に関する実験観察研究論文（Inhelder, 1936）以来，200点近い（Steenken, 1993）。ここでは『量の発達心理学』（Piaget & Inhelder, 1941/1965）をとりあげ，次節では『子どもの論理から青年の論理へ』（Inhelder & Piaget, 1955）を概観することにより，イネルデの発達心理学研究がピアジェの発生的認識論の構築にどのような貢献をしたのか，考察したい。

　『量の発達心理学』は，ピアジェとイネルデによる最初の共著であり，フランス語初版の題は『子どもにおける量の発達：保存と原子論』であった（2版以降，副題は削除）。上述のように，量の研究がイネルデの研究者としての出発点であり，その一部は1936年の論文にまとめられていた。『量の発達心理学』における討論の多くは，イネルデの「臨床法」による実験研究に依拠している。イネルデは，角砂糖を水に溶かすとどうなるかを子どもたちに尋ねるといった，身近で具体的な場面を用いて，量の保存という認識論における重要な問題に取り組み，物質量・重さ・体積の順に保存概念が発達することを明らかにしたのである。なお，厳密には，砂糖が水に溶けるとき体積が減る傾向があるが，日常的な観察に有意なほどの変化ではない。

　第1段階の子どもは，砂糖の味の他は，何も保存されないと考える。すなわち，物質量・重さ・体積の非保存，砂糖の完全な消失である。第2段階の子どもは，砂糖に属する何かが見えないかたちで残っていると考えるが，砂糖の重さや体積の保存ではない。第3段階は，重さの保存，体積の非保存の段階で，第4段階になって，体積の保存を確信するようになり，また粒子観も完成する。

　10歳11カ月児の記録（プロトコル）をみよう。「お砂糖は，溶けて見えなくなってしまいます。うんと小さな塊になるので見えなくなるんです。でも，小さな塊を落とさないよう全部うまく集めると，また元の大きな塊になります。――お砂糖を入れると，水はどうなるかしら？――ちょっと上がります。――じゃ，お砂糖が溶けたら？――水面は高くなったままです。お砂糖は，小さなかけらで見えなくなります。かけらは水の中で，ばらばらになっても，かたまっていても，同じ体積を占めます。――じゃ，重さは？――お砂糖を水の中に入れて，（溶ける前に，）すばやく計ると，たとえば200グラムになります。お砂糖が溶けても，水の中にあるわけだから，重さがあります。もし蒸発しなければ，200グラムのままです。お砂糖は，ずっと水の中にあるんです。――どうしてわかるの？――だって，ずっと同じ味がするからです。……」このプロトコルのなかの「全部とって集めると，また元の……」という表現に注目したい。なぜなら，思考における「逆」，すなわち逆操作が明確に表現されているからである。逆操作を言語で明確に表現したうえで保存を認めた子どもの事例を，初めて見出したのは，イネルデだった。

また，この研究は，子どもの言語と行動の両方を視野に入れた「臨床法」が用いられたことから，ピアジェの研究法の発展における，ターニングポイントになった研究との評価もできよう。
　ところで，『量の発達心理学』が出版された1941年，イネルデはジュネーヴにはいなかった。1938年，量の保存の研究が終わり，児童心理学のディプローム（修士号）を取得した時点で，博士論文にとりかかるべく，故郷サンガルに戻ったのだった。イネルデの関心は，理論と臨床の両面にわたっていた。理論面では，あらゆる行動を，正常であれ病理的であれ，既成のものとしてみるだけではなく，操作構造の仮説を用いて，発達のメカニズムの観点から研究すべきと考えた。他方，臨床面では，知的障害児の潜在能力を測定するのに，通常のテスト類の使用は妥当でないと感じたイネルデは，量の保存の研究で開発した心理発生のモデルと方法を活かし，サンガルの学校や施設で，知的障害児に試問をしていった。その結果，障害が重い子どもは，前操作の段階にとどまっていて，健常の年少児のように推論すること，他方，障害が軽い子どもは，物質量の保存の根底にあるような基本的な操作には達すること，そして，障害が最も軽微な者は，重さの保存は獲得するが，体積の保存には至らないことが明らかにされた。さらに，障害児には，異なった推論レベルの理由づけの間でゆれるという，健常児にはみられない傾向が示された。均衡化の過程をていねいに分析することによって，イネルデは，精神遅滞の特徴と考えられる一種の粘着性も見出した。この一連の研究は，博士論文「精神遅滞児おける推論の診断」（Inhelder, 1943）としてまとめられた。イネルデは，論文をまとめる以前に，サンガル州の教育大臣から，教育のための心理サービス部局の設置を依頼されたのだった。その仕事始めが，サンガルで特別支援教育を必要とする子ども探し出すことだった。まだ20代だったイネルデは，角砂糖などの「商売道具」をもって，学校から学校へと巡った。山と湖とに阻まれ，船でしか辿りつけないような生徒数5名の学校もあった。国境に戦火，という不安を皆が共有し，角砂糖も配給物資の時代であった。

2節　ジャン・ピアジェ

1. 臨床法あるいは批判法と論理学

　1940年に，ピアジェは，ジュネーヴ大学理学部の心理学実験室の主任となった。これから1955年までを，ピアジェの心理学研究の〈第3期〉ととらえられよう。ランベルシエ（Lambercier, M.）らと知覚と知能の関係を明らかにする研究を進め，ゲシュタルト理論を批判的に検討した。また，前言語期の感覚運動知能の研究も，続くこの時期の研究方法を変えることになった。
　「系列化」を例にしよう。かつて，ピアジェは，バート（Burt, C. L. B.）のテストにならい，言語による系列化課題を用いた（Piaget, 1921）。たとえば，「エディットはスザンヌより髪の色が淡い（ブロンド）です。エディットはリリィより髪の色が濃いです。いちばん髪の色が濃いのは誰ですか？　エディットですか，スザンヌですか，リリィですか？」という課題で，年少児の

誤答の理由を，ピアジェは記憶野や意識野の狭さで説明していた。他方，『子どもの数の発生』（Piaget & Szeminska, 1941/1962）では，子どもたちに，具体物を使った活動による系列化を求めた。長さが数ミリずつ異なる10本の棒を，机上で，下（手前）をそろえて上が階段状になるよう並べる，といった実験課題であり，「数」概念における論理的操作の発達を明らかにする，一連の研究に位置づけられたものであった。

このような課題を用いることにより，「数」（Piaget & Inhelder, 1941/1965），「物質量」（Piaget & Szeminska, 1941/1962）に始まり，「時間」（Piaget, 1946a），「運動と速さ」（Piaget, 1946b），「空間表象」（Piaget & Inhelder, 1948），「自生的幾何」（Piaget, Inhelder, & Szeminska, 1948），「偶然性」（Piaget & Inhelder, 1951）など，一連の研究が完成，出版された。この時期の実験課題の多くは，上述のようにイネルデとシェミンスカを主要な共同研究者として生まれたことも忘れてはならないだろう。単純で思いつきにすぎない印象を与えかねない課題が，認知発達の本質を明らかにする研究のための課題になりうるのである。「数の保存」「物質量の保存」「三つ山問題」等，半世紀を超えて，「ピアジェ課題」として，広く知られている「課題」のほとんどが，この時期のものである。

ところで，この時期大きく変わったのは，ピアジェ自身が語っているニュアンスとは異なり，実は，方法論ではなく，むしろ問題提起の仕方だったのではなかろうか。この時期のピアジェは，感覚運動知能の組織化を超えて，11～12歳前後までの「具体的操作」の論理を明らかにすることを目指していた。そして知能の操作構造を，「群性体」「群」等のモデルとして示すことで，ピアジェ理論は，機能の側面から発生的かつ構造の側面へと転換したのである。実験課題が変わったのは，研究目的の変化にともなうものであって，臨床法による質問のあり方の根本原理が変わることはなかった。〈第3期〉以降，実験材料の用い方そのものが，臨床法的ないし批判法的になったと考えられる。ピアジェ自身は，この時期，臨床法ではなく「批判法」というよび方を好んだ。

「液量の保存」の実験を例にしよう。同形同大のコップを2個用意し，実験者が片方のコップに水を注ぎ，もう一方のコップに同量の水を入れるよう，子どもに求める。同じだけ入っていると子どもが認めたところで，一方のコップの水を，細く背の高いコップに移し替え，「今度は同じだけ入っている？　それとも，片方のコップにたくさん入っている？」と尋ねる。子どもが答えたところで，「どうしてそう思うの？」，「どうしてわかるの？」と尋ねる。ピアジェの関心は，子どものイエス・ノーの答えではない。子どもはたとえば，「こっちのコップに水がたくさんある。だって，背が高くなったから」（非保存反応）と答えるだろう。ここで，批判的方法が実験において意味をもつことになる。すなわち，その子どもに対し「コップが細いから，こっちのほうが少ない，と言った子がいたけど，どう思う？」ときいてみる。あるいは，「足してないし取ってもないから水は同じままです（保存反応），と言った子を知っているけど，その子は正しいと思う？」ときいてみる。あるいはまた，言語による反論や示唆をせずに，より細長いコップに水を移し替え，相変わらず背の高さで量の判断をし続けるのか，それとも，細くなったことに注意が向くのかをみる場合もある。他方，最初の問いに正答（保存反応）した子どもに対しても，非保

存反応の子どもの例を示し，「どう思う？」ときいてみる。言語的示唆および反論は，大人の論理ではなく，年齢の近い子どもの推論の表現から引用されたものであることに注目しよう。批判的方法では，実験参加児の自分の答えへの確信度を測定するのではなく，発達の各段階の特徴を示す認知構造を明らかにするために，実験参加児たちの考えを系統的にとりあげていくのである。

この時期の研究方法論上の新しさとは，質問の仕方の改良にとどまらず，系統的な実験方法と厳密なアルゴリズムにもとづいた演繹的方法との収斂にあるといえよう。数・量などの研究と並行して，ピアジェは実験的研究で得られた結果を論理学的に形式化する方法を探究していた。その成果が『類，関係，数：記号論理学の群性体および思考の可逆性についての試論』（Piaget, 1942），『論理学概論：操作の記号論理学試論』（Piaget, 1949）である。これ以降，実験場面での批判的質問は，少なくともヒューリスティックなモデルから生み出されることになった。すなわち，事実に「非偶発的な」意味を付与できるのである。たとえば「群」に関連する構造を頭におくことなしに，「不変量」にかかわる実験課題を，あれほどたくさん考え出すことは，不可能だったろう。

そして，臨床的かつ演繹的という二側面をもつ研究方法の最もきれいな収斂は，『子どもの論理から青年の論理へ：形式的操作構造の構築に関する試論』（Inhelder & Piaget, 1955）にみられるといってよいだろう。それまでと異なり，イネルデが第一著者となっている。1943年に，イネルデは，ルソー研究所の研究主任のポストに就任していた。1950年代に入って，イネルデはそれまでよりも自律的に研究を進めるようになっていた。実験データの量も増え続け，もはや共著の全章を，共同で書き直す余裕は，ピアジェにもイネルデにもなくなっていた。

イネルデの仕事は，実験的方法を用いて，物理法則の帰納について，発生的に研究することだった。他方，ピアジェの仕事は，共著の副題にあるように，演繹的方法を用いて，思考過程を記号論理学的に表すことであった。たとえば，"ceteris paribus"（他のすべてが同じならば）とよばれる方法がどのように見出されるかを調べる研究があった。実験研究の一つでは，金属製の竿の曲がりやすさを決める要因（長さ・太さ・断面の形・金属の種類）を見出すことが，実験参加者に求められた。そして，一連の実験研究の結果が，新しい段階の発見につながった。イネルデの実験課題では，おおよそ15歳前後まで，形式的思考には到達しないのである。イネルデの実験的帰納に関する発生的研究の結果は，次の2点にまとめられる。第一に，青年期の思考は，実験的帰納法と体系的検証法の構成に特徴づけられること，第二に，青年期に固有のこうした特徴は，命題論理学および形式的思考にもとづく，新しい操作的構造化と結びついていることである。他方，ピアジェの形式的思考のメカニズムに関する演繹的研究の結果からは，形式的思考に固有の操作的全体構造を分析するには，命題論理学のアルゴリズムとともに，4変換群（INRC群）も用いなくてはならないことが示されている。なぜなら，形式的思考とは，言語による推論のみで成立するのではなく，それと同時に現れる，一連の操作的シェムの形成を引き起こすからであり，両者が同時に形成されることを説明するには，命題論理学の特定の操作のみならず，それを基礎づける全体構造を考えなくてはならないからである。

さらに，この時期，ピアジェは，ランベルシエらと知覚の研究を進め，知覚と知能との関係を

明らかにすることにより，ゲシュタルト理論を批判的に検討し，1942年以降，多数の論文を発表している。

2. 認識の諸カテゴリーの研究（1955年から1970年）

以上に概観したピアジェの「認知発達段階論」（感覚運動知能・前操作・具体的操作・形式的操作）は，臨床的かつ演繹的という2側面をもつ第3期までの諸研究から得られた，コンピテンスモデルとしてとらえなくてはならないだろう。したがって，ピアジェの心理学研究の〈第4期〉では，ピアジェの心理学研究そのものを，ピアジェの発生的認識論研究のなかに位置づけてみることが必要となった。心理学研究と並行し，科学哲学，科学史の研究と教授を続けたピアジェは，1950年に『発生的認識論序説』(Piaget, 1950/1975・1976・1980) を出版していた。第1巻『数学思想』，第2巻『物理学思想』，第3巻『生物学思想，心理学思想，および社会学思想』の全3巻，計1,000ページを超える重厚な「序説」(Introduction) である。さらに，科学としての認識論（エピステモロジー）には学際研究が不可欠なことから，ピアジェは，1955年，「発生的認識論研究国際センター」をジュネーヴ大学に発足させた。物理学者や数学者，論理学者など諸科学の研究者と，心理学者との共同研究により，理論的討論と実験的分析を並行して進めるためであった。

25年間に及んだセンターにおける研究は，2つの時期に分けられる。1955年度から1968年度までは，「数」「空間」「因果性」等，以前にもとりあげられた認識の諸カテゴリーが研究対象の中心であり，子どもたちに対する質問の方法にも大きな変化はなかった。他方，質問の内容は，学際的，かつ時として理論的立場も異なる，多様な研究者の存在によって，変わったのだった。研究成果は，『発生的認識論研究紀要 (Etudes d'Épistémologie Génétique : EEG)』（第1～20巻）(1957～1966年) にまとめられた。なお，1963・1964年度の「関数と同一性」の研究は，前操作段階の子どもの認知における肯定的かつ積極的な側面を明らかにする，新しい研究テーマであった。

3. ピアジェ晩年の研究と均衡化理論（1970年から1980年）

発生的認識論研究国際センターでの研究は，ピアジェが亡くなる直前まで続けられた。最後の10年，研究対象は，認識のカテゴリーから認識の一般機能へと転換した。すなわち，それまでの研究は，認識論上の古典的問題を科学として解明しようとするものだったが，ピアジェ晩年の研究は，認識の拡大のメカニズムを解明しようとする発生的認識論固有の問題への転換だった。また，構造分析からその発生過程の分析への転換でもあった。研究成果は，『EEG』として出版されたものと，それとは別に出版されたものがある。

「矛盾」(『EEG』第31・32巻) や「弁証法」(Piaget et al., 1980) は，あらゆる認識の発達過程に見出される一般的な特徴であり，「意識化」(Piaget, 1974a, 1974b)，「反省的抽象」(『EEG』

第34・35巻），「一般化」（『EEG』第36巻）等は，あらゆる認識の発達過程に作用している認知機能である。

なお，「モルフィスム（射）とカテゴリー（圏）」（Piaget, 1990）は一つのカテゴリー（範疇）であって，第4期の「関数と同一性」の研究の延長とみることができる。

「認知構造の均衡化：発達の中心的問題」（『EEG』第33巻）（Piaget, 1975）は，ピアジェの60年に及ぶ認知発達研究の集大成ともいえるものであった。ピアジェの認知発達の説明は次のようにまとめられる。発達初期の推論様式においては肯定が否定より優位なため，不均衡（n）は不可避であるが，調整機能によって補償され，均衡（n）を回復する。しかし，認知システムは，常に攪乱にさらされているので，ふたたび不均衡（n＋1）に陥る。そして補償によって再び均衡（n＋1）を回復する。認知発達はこのサイクルの繰り返しであるが，補償のたびに調整機能が認知システムに新しい構築を付け加えるので，均衡（n＋1）は均衡（n）に比べ補償能力の拡大という意味で改善されている。したがって，均衡（n）→均衡（n＋1）→均衡（n＋2）→……という過程は，認知発達に固有の「拡大均衡化」を示すのである。こうした部分的均衡化から不均衡へ，不均衡から拡大均衡化へという継起を説明する自らの理論的立場を，ピアジェはあらためて「構築説」とよんだのである。

3節　発生的認識論とピアジェの創造性　（21世紀への遺産）

フランス語において「創造性」（créativité）という語の初出は1946年である。ところで，プレイヤード版百科叢書『心理学』（Piaget et al. Éd., 1987）の監修者としてのピアジェの遺稿に，〈創造性〉が用いられていた。「成人の諸行動」の部への「序文」においてである。ピアジェは，成人の諸行動を一つの発達段階としてとらえることを仮に認めるとしても，それを「最終段階」としたり，「形式的思考の段階」とみなしたりすることは，容認できないと述べる。感覚運動的な道具しかもたない乳児が，生後18カ月間の「感覚運動知能の段階」に次々にみせてくれる「創造性」が，その後，「前操作から具体的操作，さらに形式的操作の段階」へと，論理操作の構造を次々に再構築することを経て成人となり，「形式的思考の段階」という最終段階に辿りつくと，消えてしまうのだとすれば，それは，それ以前の発達「段階」とは異質としかいえないからである。とりわけ，一方に，「創造性」を失った成人がおり，他方に，科学や芸術をはじめ，あらゆる分野に創造する成人がいるのだ，ということになれば，後者は，発達的な観点から正統と，みなされなくなってしまうからである。

ピアジェの認知発達理論における創造性は，それまでの発達理論における「生得か経験か」あるいは「発達か学習か」という対立を，均衡化理論によって乗り越え，構築説に立ったことに求められよう。ピアジェの発生的心理学は，乳児期研究以降，大きく発展したが，ピアジェ自身が乳児期の心理学研究に再び戻ることはなかった。しかし，発生的認識論の理論構築の途上におい

て，感覚運動知能段階における均衡化の過程が，それ以降の均衡化の過程と同一であるか否かについての討論を展開することになった（Piaget, 1975）。すなわち，ピアジェは，均衡化の初歩的形態をモデルで示し，後の段階における均衡化との間に基本的な差は認められなかったとしている。すなわち，たとえば「ものの永続性」の獲得も，認知構造の均衡化理論で説明されうるのだとする独創的な方法論をもつ発生的認識論（科学的エピステモロジー）を構築した。

　ピアジェの発生的認識論を，認知発達研究のパラダイムとしてとらえることにより，創造的な認知発達研究が，21世紀初頭，ジュネーヴからはるかに離れた土地においても，展開できるであろう。

◆ 引用文献

Inhelder, B.（1936）. Observations sur le principe de conservation dans la physique de l'enfant. *Cahier de Pédagogie Expérimentale et de Psychologie de L'enfant*, **9**, 1-16.

Inhelder, B.（1943）. *Le diagnostic du raisonnement chez les débiles mentaux*. Thèse, Université de Genève. Neuchâtel : Delachaux & Niestlé.

Inhelder, B.（1989）. Bärbel Inhelder [autobiographie]. In G. Lindzey（Ed.）, *A history of psychology in autobiography : Vol.8*（pp.208-243）. Stanford : Stanford University Press.

Inhelder, B., & Piaget, J.（1955）. *De la logique de l'enfant à la l'logique de l'adolescent*. Paris : Presses Universitaires de France.

鯨岡 峻．（1992）．ピアジェの適応論的発達理論とウェルナーの有機体論．東　洋・繁多　進・田島信元（編集企画），発達心理学ハンドブック（pp.52-68）．福村出版．

Piaget, J.（1921）. Une forme verbale de la comparaison chez l'enfant : Un de transition entre le jugement prédicatif et le jugement de relation. *Archives de psychologie*, **18**, 141-172.

Piaget, J.（1957）．児童の自己中心性．（大伴　茂，訳）．同文書院．（Piaget, J.（1923）. *Le langage et la pensée chez l'enfant*. Paris : Delachaux et Niestlé.）

Piaget, J.（1969）．判断と推理の発達心理学．（滝沢武久・岸田　秀，訳）．国土社．（Piaget, J.（1924）. *Le jugement et le raisonnement chez l'enfant*. Paris : Delachaux & Niestlé.）

Piaget, J.（1955）．児童の世界観（大伴　茂，訳）．同文書院．（Piaget, J.（1926）. *La représentation du monde chez l'enfant*. Paris : Alcan.）

Piaget, J.（1971）．子どもの因果関係の認識（岸田　秀，訳）．明治図書．（Piaget, J.（1927）. *La causalité physique chez l'enfant*. Paris : Alcan.）

Piaget, J.（1957）．児童道徳判断の発達（大伴　茂，訳）．同文書院．（Piaget, J.（1932）. *Le jugement moral chez l'enfant*. Paris : Alcan.）

Piaget, J.（1978）．知能の誕生（谷村　覚・浜田寿美男，訳）．ミネルヴァ書房．（Piaget, J.（1936）. *La naissance de l'intelligence chez l'enfant*. Paris : Delachaux & Niestlé.）（邦訳は 2nd ed. 1948 より）

Piaget, J.（1937）. *La construction du réel chez l'enfant*. Paris : Delachaux & Niestlé.

Piaget, J.（1942）. *Classes, relations et nombres: Essai sur les groupements de la logistique et sur la réversibilité de la pensée*. Paris : J.Vrin.

Piaget, J.（1945）. *La formation du symbole chez l'enfant*. Paris : Delachaux & Niestlé.

Piaget, J.（1946a）. *Le développement de la notion de temps chez l'enfant*. Paris : Presses Universitaires de France.

Piaget, J.（1946b）. *Les notions de mouvement et de vitesse chez l'enfant*. Paris : Presses Universitaires de France.

Piaget, J.（1949）. *Traité de logique : Essai de logistique opératoire*. Paris : A.Colin.

Piaget, J. 発生的認識論序説（全3巻）（田辺振太郎・島尾　元，訳）．第 1 巻：数学思想（1975），第 2 巻：物理学思想（1976），第 3 巻：生物学思想，心理学思想，および社会学思想（1980）．三省堂．（Piaget, J.（1950）. *Introduction a l'épistémologie génétique. Tome : 1. La pensée mathématique. Tome : 2. La pensée physique. Tome : 3. La pensée sociologique*. Paris : Presses Universitaires de France.）

Piaget, J. (1974a). *La prise de conscience*. Paris : Presses Universitaires de France.

Piaget, J. (1974b). *Réussir et comprendre*. Paris : Presses Universitaires de France.

Piaget, J. (1975). *L'équlibration des structures cognitives. Problème central du développement. EEG. Vol. XXXIII*. Paris : Presses Universitaires de France.

Piaget, J. et al. (avec 20 collab.) (1980). *Les formes élémentaires de la dialéctique*. Paris : Gallimard.

Piaget, J. (avec G. Henriques, E. Ascher et coll.) (1990). *Morphisme et catégories : Comparer et transformer*. Neuchâtel : Delachaux & Niestlé.

Piaget, J., & Inhelder, B. (1965). 量の発達心理学（滝沢武久・銀林　浩，訳）．国土社．（Piaget, J., & Inhelder, B. (1941). *Le développement des quantités chez l'enfant : Conservation et atomisme*. Paris : Delachaux & Niestlé.）

Piaget, J., & Inhelder, B. (1948). *La représentation de l'espace chez l'enfant*. Paris : Presses Universitaires de France.

Piaget, J., Inhelder, B., & Szeminska, A. (1948). *La géométrie spontanée de l'enfant*, Paris : Presses Universitaires de France.

Piaget, J., & Inhelder, B. (1951). *La genèse de l'l'idée de hazard chez l'enfant*. Paris : Presses Universitaires de France.

Piaget, J., & Szeminska, A. (1962). 数の発達心理学（遠山　啓・銀林　浩・滝沢武久，訳）．国土社．（Piaget, J., & Szeminska, A. (1941). *La genèse du nombre chez l'enfant*. Paris : Delachaux & Niestlé.）

Steenken, P. (1993). Bibliographie de Bärbel Inhelder. *Archives de psychologie*, **61**(238), XV–XXXVI.

5章 ピアジェの理論以降の認知発達理論の展開

落合正行

本稿では，ピアジェ理論とそれ以降の認知発達理論の展開を後付け，その評価をすることを目的とする。認知発達理論の系譜は，生得主義（nativism），経験主義（含行動主義〔behaviorism〕），ピアジェの理論（含構成主義〔constructivism〕，構造主義〔structuralism〕），社会歴史理論（socio-historical approach），情報処理理論（information-processing approaches），複合理論（interstitial theories）等があげられる（Strauss, 2000）。ここでは，ピアジェ理論をはじめとして，新ピアジェ派理論，理論説，枠組み理論，中核認知理論，合理的構成主義等の理論に焦点を当て，それぞれの理論の特徴を概観する。最終的には，それぞれの理論を検討，評価することで，認知発達理論において何が問題とされてきたのか，さらにその結果として何がわかったのかについて明らかにすることを目的とする。

1節 ピアジェの理論

ピアジェ（Piaget, 1947/1960）は，その経歴からいくつかの学問分野を基礎として独自の認識の発達理論を構築した。彼の生物学への関心は発達の基本的とらえ方（適応），認識の機能，発達のメカニズムの考え方に影響し，哲学・認識論への関心が認識の科学的接近として発生的認識論に至り，心理学への関心が認識論の実証の手立てとして心理学を用い，さらに論理学や数学への関心が思考の論理モデルの説明に至ることとなった。

ピアジェの理論は，時期による特徴を示すが，後期の理論的特徴をも含めると下記の特徴をあげることができる（落合，1980，1982，1983，1990）。すなわち，

(1) 認識の単位としてシェム，操作等を特定し，その発達に焦点を当てた，
(2) 認識の単位の発達は段階的とした（発達段階説），
(3) 認識の単位の発達は構成されるとした（構成主義），
(4) 認識の発達は，遺伝と環境の相互作用からなるとした（相互作用説），
(5) 認識の単位は，構造化されているとした（構造主義），
(6) その構造は，論理からなるとした（論理構造），
(7) 認識の機能（同化，調節）を明記した，
(8) 認識の機能の発達における役割（発達段階における普遍性）を明確にした，

(9) 認識の組織化機制（体制下，均衡化〔調整，補償作用，矛盾解決の相補性〕）を明示した．
(10) 経験を物理的経験と論理数学的経験に区別した．
(11) 経験からの抽象化を経験的抽象化と反省的抽象化に区別した．
(12) 対象の物理的側面（認識の形象的側面，物理的経験，経験的抽象化，観察可能なもの，対応等）と対象と主体とのかかわりとの区別（認識の操作的側面，論理数学的経験，反省的抽象化，協応，変換等）を行った．
(13) 行為（観察可能なもの，手続き，成功，可能性）と意識（協応，構造，理解，必然性）の区別をした．

等からなっていると考えられる．

ピアジェの理論の最大の特徴は，たんに発達現象の記述でもなく，また特定の技能の発達というある限られた狭い領域の発達現象の説明でもなく，認識活動を自ら絶えず行う有機体の自己発達する姿を体系的にとらえようとしたところに最大の特徴がある．

次に，新ピアジェ派理論についてみておこう．

2節 新ピアジェ派理論

ここでは，いくつかの代表的な新ピアジェ派の理論を紹介し，ピアジェ理論との関係，新ピアジェ派理論間の同一性と差異性について検討する．

新ピアジェ派理論とは，ピアジェの理論の特定の特徴を取り入れ，ピアジェ理論以外の他の理論も取り入れた複合理論といえる．

1．パスカル－レオンの理論

パスカル－レオン（Pascual-Leone, 1970, 1987）の理論の特徴は，弁証法的原理と情報処理過程の混合理論といえる．パスカル－レオンによると，ピアジェの前操作，具体的操作，形式的操作の段階は踏襲し，発達段階の移行には作動記憶のサイズ（心的注意能力〔M-power〕：情報処理の制御）が重要であると考える．発達の原理は，①質から量，量から質への転換（心的注意能力あるいは作動記憶の容量が質的構造的パターンを生み出す），②対立物（適切な遂行行動を引き起こす有機体の要因＝調整（ピアジェの知能，操作，均衡化過程）と適切でない反応を生み出す要因（知覚による妨害，場の効果））の相互浸透の原理，③否定の否定の原理（元の過程を否定する過程は元の方向で変化を引き起こした異なる過程により否定される）という弁証法の原理によると考える．

2. ケイスの理論

ケイス（Case, 1985, 1987, 1992）の理論は，ピアジェ理論の影響のもとで，成熟説，情報処理理論，社会歴史理論等からなる複合理論である。ケイスは，発達段階説を採用する。そして，発達段階を規定する要因は，中心概念構造（central conceptual structures）にもとづく実行制御構造（executive control structure）とする。段階間の発達のメカニズムは，短期記憶貯蔵空間（short term starage space：STSS＝ワーキングメモリ〔作動記憶；working memory：WM〕）のサイズに制約された実行制御構造の階層的統合による。そして，認知の単位は，スキーマにもとづく知識の構造である。

発達段階に関しては，生後1カ月から大人まで感覚運動的（sensorimotor），関係間的（inter-relational），次元的（dimensional），抽象的（ベクトル的操作〔vectorial operations〕）な4つの段階が設定されている。そして，各段階は表象する要素数と要素が体制化される仕方により，単一焦点（unifocal coordination），二焦点（bifocal coordination），精緻化された協応（elaborated coordination）という3つの下位段階からなり，段階や下位段階の構造は分化と協応の過程によって以前の段階や下位段階から出現するとする（図5.1）。

ケイスは各段階，下位段階での子どもの認知過程を比較的詳細に，経時的にモデル化しようとした。ケイスは，段階を設定するのに問題状況，問題解決の目的の設定，解決のための方略という3つの構成要素からなる実行制御構造を基礎とする。また，量，空間，社会的行動，物語，音

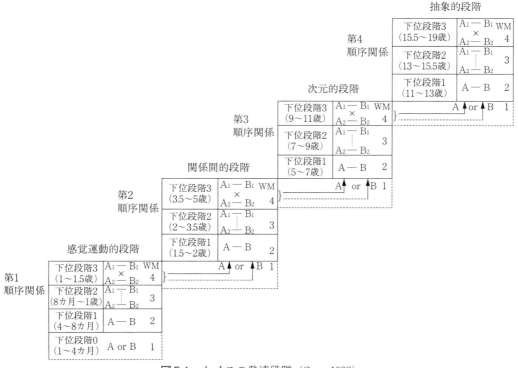

図5.1　ケイスの発達段階（Case, 1992）

楽，運動行動などの領域における意味ネットワークや関係でそれぞれの領域で体制化するのに役に立つ核となる過程や原理をもつ中心となる中心概念構造を想定し，この概念構造により実行制御が可能となるとする。

ケイスは，大きな段階の移行は，以前の段階の実行構造を階層的に統合することからなるとする。この階層的統合には，スキーマの探索（schematic search），評価（evaluation），標識のつけ変え（retagginng），形成（consolidation）という子どもの探索，問題解決，模倣，相互調整（教授〔instruction〕）という活動に含まれている4つの過程により既存構造を高次の構造へ再帰的に協応されるとする。そして，この階層的統合の能力は，子どもが維持する目標数は段階で異なるため子どものもつ短期記憶貯蔵空間（STSS）のサイズに制約されるという。利用できる容量は，大きな段階の間に繰り返して成長する。しかし，下位段階の移行は統合による。ここでは，STSSの容量の増大は操作的効率性（処理の自動化）によるという。そして，この操作の効率性の増大は神経の軸策化という成熟の要因や練習量にも依存しているという。ケイスは，ピアジェの理論に対して情報処理過程，領域固有の認知，中心となる概念構造など新たな概念を導入した。

3．フィッシャーの理論

フィッシャーの理論は，認知の単位をスキルとし，スキルの発達は課題に依存すると考え，4つの段階を経過するとする。段階間の移行のメカニズムは，5種類の変換によるとする。また，大きな枠組みとしてはヴィゴツキー（Vygotsky, L. S.）の理論にもとづき，それに情報処理理論，段階説等の複合理論といえる。

フィッシャーとファラー（Fischer & Farrar, 1987）によると，有機体がそれを学んだのとは異なる状況でスキルや能力をいかに用いるかという一般化は認知における最も基本的問題の一つである。一般化への認知発達のアプローチとして，ピアジェは一般化が領域一般的な全体構造が形成されればこれにもとづいて解決されるものはすべてできるようになるから段階的であるとする。一方，行動主義，情報処理的アプローチでは，一般化は連続的である。スキル理論では，段階状の発達や連続した変化がみられるのは条件しだいと考える。

人が示すスキルの水準は，自分自身の行為と行為を支える文脈の両方の変数によって決定される。したがって，スキルの発達はピアジェと違って相対的に課題に依存する。

フィッシャーらによると，スキルは生まれてから30歳までの間に，①反射段階，②感覚運動段階，③表象段階，④抽象段階の4つの段階（tiers）を通過する。各段階は，単一の構造（一度に一つのセット内の変数を制御できる），対応づけ（2つまたはそれ以上のセットがマッピングを形成するのに組み合わされる），システム（システムを形成する2つまたはそれ以上のマッピングを組み合わせたり分化させたりできる），システムのシステム（いくつかのシステムがシステムのシステムを形成するのに統合され，分化される）というスキルの複雑さの4つの継続的水準からなる。スキルは各水準で一連のステップを経過する。水準から水準への動きと同様に水準内の発達のステップは，次の水準のスキル形成のためのスキル間の協調（intercoordination），2

つのスキルの複合（compounding），スキルの併存のための2つのスキルの焦点化（focusing），類似課題への適用のためにスキルの構成要素の置き換え（substitution），分化（differentiation）という5つの異なる変換による。

スキルの獲得や発達を分析する理論は，一般化を説明したり予想したりする枠組みを提供する。この枠組みのなかで，人はスキルを特定の文脈で獲得し，他の文脈へとそれを徐々に拡張していく。構造のセット（段階，水準，変換）は相互にスキルを関係させる道具を提供し，一般化がどこで起こるかを予想させる。スキルの発達は，課題領域，最適水準，機能的水準などにより遂行行動の違いを説明し，予想する。

フィッシャーは，認知の発達の要因をヴィゴツキーの内面化と発達の最近接領域の考えに求め，人との相互作用，部外からの足場づくりとその内面化を発達のメカニズムと考える。

4. ハルフォードの理論

ハルフォードは，認知発達の基本的単位としてある構造の要素を他の構造の要素へと割り当てるルールである構造の対応づけとする。そして，構造の対応づけの複雑さにより発達段階を設定する。そして，この段階を規定するのが，情報処理能力とする。

ハルフォード（Halford, 1987, 1989, 1993）は，処理容量では個人が問題を理解する仕方を把握できないとする。その理解には，概念や課題を定義する関係のネットワークの理解が必要だとし，問題を解決する類推，言い換えると構造の対応づけ（structure mapping）が妥当な認知単位だとする。彼は，その発達として4つの大きな概念発達の水準を定義し（図5.2），それぞれに結びついた情報処理負荷を特定している。その際，①要素のマッピング（element mappings：単一カテゴリー——類似性と協約（convention）という2つの基準；一つの要素が一度に考慮される），②関係のマッピング（relational mappings：単一の2項関係にもとづく概念——2つの構造の要素間の関係の類似性による；2つの要素が各マッピングで考慮される），③システムのマッピング（system mappings：推移律と順序化，クラス包摂，多重分類，仮説検証など——要素と関係の両者の類似性から独立し，内的一貫性に依存する；2つの区別しうる関係が考慮される），④多重システムのマッピング（multiple-system mappings：2条件ルールをともなった仮説検証——3組の関係あるいは2項操作が2項関係の代わりにマップされる；4要素が考慮される）という4つの構造マッピングの水準を示している。

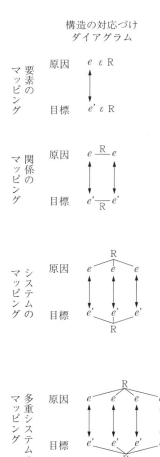

図5.2 ハルフォードのマッピングの発達（Halford, 1993）

ハルフォードによると，構造とは定義された関係と機能のセットをもった要素のセットと定義され，構造マッピングとは第一の構造の要素間の機能や関係が第二の構造に対応する機能や関係に割り当てられるというように，ある構造の要素を他の構造の要素へと割り当てることである。構造マッピングの抽象化が増大するとともに，情報処理負荷が増大する。子どもの構造のマッピングを行う能力は，必要な情報を処理する能力に依存する。構造マッピング能力は，年齢とともに増大する。構造マッピング能力の改善の一つの理由は，情報処理能力が年齢とともに増大することによる。また，他の理由は，特定の認知スキルの多くの経験が遂行行動をより効率的にし，情報処理負荷の要請を減少させることとなる。このように，構造のマッピング能力は，能力と処理行為の2つで改善される。ハルフォードは，構造マッピングは子どもが概念を理解する過程を示していることから，子どもが構成できる構造のマッピングのタイプを調べることで概念を獲得する能力を説明しようとする。そして，4つの構造マッピングの水準を定義し，高次のマッピングがより大きな情報処理負荷を課することを示している。方略も概念に制約を受けるが，構造マッピング能力も子どもが利用できる概念に制約を加える。そして，構造マッピングが方略を制約するという。

3節　新ピアジェ派理論以降の理論

新ピアジェ派以降，新たな潮流がみられる。その源流は，新ピアジェ派同様ピアジェ理論が出発点となっている。次に，主な理論をみておこう。

1. シーグラーの理論

シーグラー（Siegler, 1989）によると，認知発達メカニズムは子どもの情報処理能力を改善させるあらゆる心的過程で，具体的には神経メカニズム（シナプス数，シナプス結合，シナプス密度），連合競合，符号化（何をいくつ符号化するか），類推（目標領域は基礎領域の類似性，因果性，関係），そして方略選択（多重の方法で接近）という5つのタイプのメカニズムが想定されている。また，認知の単位として，方略を考えている。

シーグラー（Siegler, 1987）は，基本的に情報処理理論の立場で，それを発展させた。ピアジェ理論の批判からルール評価アプローチを提案した。方略選択や方略発見の研究（Siegler, 1987 ; Siegler & Jenkins, 1989 ; Siegler & Shrager, 1984）から，下記のこれまでにない認知発達の特徴を示した。

(1) 方略とは選択可能な目標へと向かうさまざまな手段（手続き）の系列と定義できる。
(2) 方略は知識の生成や獲得，概念，理論などを個別に扱うのではなく，問題解決場面での理解や学習といった知識や理論などを援用した比較的複雑な認知の働きの問題を明らかにするのに，他の認知単位よりは有効である。

(3) 方略の獲得は問題空間の構成，良くない例の収集，良くない例を回避する手続きの獲得（弱い方略形成），良い例の収集，下位目標生成手続きの構成，手段－目標方略の生成という過程を踏む。
(4) 人は多重の方法で課題に接近する。
(5) 方略選択のメカニズムとしての自己調整過程には，いつでも適切に方略を選択できる能力（検索方略とバックアップ方略の使い分け；正確さと早さ），変化する環境への適応（検索方略の増大とバックアップ方略の減少にともなう連合知識の増大），自己を正す能力（エラーや初めの好ましくない経験から回復する能力）がある。
(6) 多くの方略を用い分けるのは，常に変化している知識や状況の要請に方略を合わせることを可能にするという点で適応に大きな利点をもつ。
(7) 子どもが多様な方略を用いるということは，認知発達が年齢と方略とが一対一対応するような単純な進歩の道筋ではないことを示し，発達は新たなものの獲得と古いものの放棄だけではなく，両者の混合を含むものとみられる。
(8) 新しい方略はゆっくりと取り入れられる。
(9) 既存の方略の部分を新たな仕方で組み合わせる，既存の手続きに新たな部分を接ぎたす，既存の方略の異なった部分にどの目標が合うかの符号化，新たな方略のなかに含めるのに既存の方略の正しい部分を選択すること等，新たな方略は以前の方略の材料から構成される。
(10) 方略発見のメカニズムは，方略が合致させなければならない目標の階層を明記する目標の見取り図（goal sketch）である。
(11) 方略選択の基本的な考えは，それまで使われてきたいくつかの方略がその後も共在するのであり，必ずしもある方略が別の方略に完全に置き変わったり，吸収されたりするものではなく，認知発達の新たな姿を示すもので，認知発達の新たな説明の枠組みを提供するといえる。

2. ケアリーの理論説

　ケアリー（Carey, 1985/1994）は，存在論的知識は現実世界に関する理論＝科学理論において構築されるとする。ケアリーは幼児の知識は科学的知識の内容とはほど遠いが，推理による予測や因果性による説明という科学的知識と同じ機能をもつという点で，子どもの知識に理論の特徴を見出した。
　彼女は，理論によって知識は凝集されているというように理論で知識の発達を説明しようとした。そして，たとえば生命の概念は4歳児から10歳にかけて人間にもとづき，要求や信念による行動の説明である行動に関する理論＝素朴な心理的理論から生物学的理論へと概念的変化が起こると主張している。この変化は理論の変化にともない，①説明される現象の領域の変化（行動の領域から生物学的領域へ），②説明の変化（行動的，心理的説明＝意図，目的による説明から生物学的説明＝非意図的説明へ），③システムの中心概念の変化（生き物を人間，動物中心か

ら動物と植物を統合したものへの変化），という3種類の変化がみられるとする。概念の変化は，分化（生きていないという意味を死んでいるという意味と生命がないという意味に分化する；differentiation）と統合（動物と植物とを単一の生き物カテゴリーへと統合する；coalescence）という働きにより，熟達化するにつれて概念間の新たな関係が表象されるようになり，それにもとづいて新たな問題解決が可能となり，古い問題に対する解決法が変わるという変化のみでなく，新たに生まれたシステムの中心概念の変化をも含む大きな変化だという。彼女は，はじめから幼児は生物の素朴理論をもつのではなく，発達の途上で概念的変化を起こすことで，動物と植物を統合した生物学の理論が心理学の理論から10歳頃に派生するとした。ケアリーは概念発達の領域に理論を導入して，その発達を説明しようとした。ケアリーの理論の考えは，これ以降の認知発達理論に大きな影響を与えた。

　ケアリーによると，理論とはその領域における現象・法則，説明（因果性）メカニズム，法則やその現象の表象である概念によって特徴づけられるとされる。そして，なかでも説明は理論の中核だという。

3．枠組み（フレームワーク）理論

　乳幼児は，かなり早期にまとまった知識をもっていることが示されてきている。乳幼児期という発達初期に，重要な対象，事象に注意を向け，必要な情報を取得することは，大変困難なことだと考えられる。

　この問題は，多くの知識が獲得されてはじめて何が重要な知識かを判断できるのであるが，多くの知識を獲得する前にそのことが解決されているという問題を解くことである。これに対する一つの解答が，乳幼児の認知発達には特定の認知領域の概念や事実と関連するデータに注意を向けさせる領域固有の体制化する構造を仮定するという制約（constraint）の考えである（Gelman, 1990）。

　この問題に対するもう一つの解答として，乳幼児が具体的対象や事象の知識だけでなく枠組みを早期に獲得すると考える。特定の知識をもたなくても，枠組みに訴えることで経験を理解し，信念をもつことを保証する。枠組み理論は，領域を定義し，現象を特定の内容へと解析し，外界について解釈を可能にする知識のまとまりである枠組みを獲得し，これによって世界の基本的理解がなされるという考えである。

　ウェルマンとゲルマン（Wellman & Gelman, 1992, 1998）は，子どもが具体的な現象の個別の知識ではなく，いくつかの核となる領域の概念，すなわち世界の基本的な理解を保証する枠組みとなる理論を早期に獲得すると考えた。子どもは特定の知識が欠けている場合にでも，関連する枠組みに訴えることによって対象や事象を理解し，信念をもつことが期待できると考えた。枠組みとなる理論の基準は，①存在論的区別，②推論の原理，③固有の因果性，④知識の凝集性とされる。このように，乳幼児が獲得する知識の特徴として，①子どもが世界をいくつかの独立した意味のあるまとまり（領域）として理解していること，②物事を因果的に説明する，という理論

の特徴をもつといえる。

　ところで，どの知識も等しい重みをもっているのではなく，知識により重みの違いがある。なかでも，他の概念的理解を引き起こして，概念的理解を形成し，そして制約を加えるというように影響力のある知識がある。このような知識は，基礎となる知識（foudational knowledge）とよばれている（Wellman & Gelman, 1998）。幼児の認知を素朴理論ととらえる背景には，乳幼児期に獲得される知識（領域）が主としてこの基礎となる知識であり，このことが比較的少ない経験でかなりの認知的効果をもつような乳幼児の認知の有能さを支えることとなっていると考えられる。

　この枠組み理論の獲得の意味は，以下のようなものである。

(1) 特定の知識が欠けている場合にでも含まれている枠組みに訴えることによって理解したり信念をもつことが期待できる。

(2) 幼児の概念化は，正確に理解する前に本質を把握する感受性がある。たとえば，3, 4歳児が多くの対象が内部をもつことを知っており，またその内部は対象の同一性や機能に重要であることを知っているが，その中味が何かについては不正確であったりする。3歳児は大人と同様に人間の行為を行為者の信念や願望で説明するが，行為者の信念や望みの内容については明確でなかったり，間違っていたりする。たとえば，幼児は早期に生き物とそうでないものの区別ができるが，植物などはどちらにはいるかわからなかったりする。要するに，子どもたちはその領域の特定のことについての詳しい，正確な理解を示す前に大きな領域（枠組み）に訴え把握するという。

　そして，このような枠組みを早期に獲得することは，認知能力に制限のある乳幼児が効果的に知識を獲得し，世界について知る方法としては有力だと考えられる。

　主張されている枠組みとしては，物理的領域，生物学的領域，心の領域であり，それぞれ理論としては素朴物理学，素朴生物学，素朴心理学（心の理論）である（この証拠は，たとえば，落合，2002を参照）。

4. 中核認知理論

　ケアリーとスペルキ（Carey & Spelke, 1996）とケアリー（Carey, 2009）は，最初に認知的に与えられたものは後に発達する素朴理論や科学的理論の特徴のいくつかをもつ知識の生得的な中核となるシステムからなると主張する。この中核となる知識は，ものという物理的対象はその対象を構成している材質に適用され，行為者の知識は人や動物の行動に適用されるというようにそれぞれ異なる対象や現象に適用される。そして，各知識システムはそれが属する領域の実在物の対象を識別させ，その実在物についての推理を制約，支援するひとまとまりの基本的な原理によりまとまっているとする。

　そして，これらには，①対象物（無生物の対象物とその機械的相互作用），②行為者（行為者と目標志向行為），③数（順序，加減算など数の関係），④空間（空間配置における場所や地理的

関係)，⑤社会的相互作用（社会的パートナーと社会的グループメンバーの識別と推理）という5つの知識が含まれている。

　この初期に発達し，領域固有の，また課題固有のシステムによって，乳幼児は前もって可能な解決法を吟味することなく，現前の課題の解決を図ることができるというのである（Spelke & Kinzler, 2007 ; Kinzler & Spelke, 2007）。

　ところで，中核知識は物理的領域（対象物の相互関係と空間配置），心理学的領域，生物学的領域，数の領域であり，発達初期にみられる制約，モジュールの種類と共通性が高い。

　中核システムの特徴に関して，スペルキ（Spelke, 2000）は，以下の4つをあげている。

(1) 領域固有（domain-specific）：各々のシステムは，同種の行為者，操作可能な対象物，環境中の場所および数のような特別の種類の実在を表象するように機能する。

(2) 課題固有（task-specific）：各システムは，世界に関する特定の質問を処理するためにその表象を利用する。

(3) カプセル化されている（encapsulated）：入力系による情報だけを使用し，出力系へのみ情報を送る。

(4) システムは，明示的に保持された信念および目標に対して比較的自動的に処理され，他の要因に影響されない。

中核システムは，乳幼児期だけではなく子どもや大人の認知においても，

(1) 子どもや大人にも存在し続け，乳児と同じく領域固有，課題固有，カプセル化された表象を生じさせる，

(2) 新たな認知的なスキルの発達の構成要素として働く，

という2つの機能を果たしているという。

　次に，中核システムの仕組みに関してみてみよう。

　たとえば知覚構造のような知識の初期状態においては，非理論的構造であるが，これらの構造は言語の獲得と類推的推理の適用の結果，理論的となるというように，変化と改訂がなされると考えられる（Carey, 2009 ; Spelke & Kinzler, 2007）。次に，この考えを検討しよう。

　ベラージョンとケアリー（Baillargeon & Carey, 2012）は，物理的知識獲得に関して物理的推論システム（PR system）が生得的に備わっていると仮定する。このシステムは，対象物の移動や相互作用の結果の解釈や予測を行う目的をもち，これらの意味を理解するための骨格となる因果的枠組みを提供する抽象的な計算システムである。この物理的推論システムの特徴は，以下のとおりである。

(1) 意識的に気づいて使用されているものではない。

(2) このシステムによって日常慣れ親しんでいる単純な物理的出来事について推論し，学ぶことができる。

(3) このシステムは対象や出来事に対する反応の基礎にある複雑な認知的構成の一部にすぎない。したがって，対象や出来事に対する十分な反応をするには，対象追跡システム（object-tracking〔OT〕system：対象に注意を向けると対象にインデックスを割り当て，注意するよ

うに指示する機能を果たし，対象物を追跡する）と対象表象システム（object-representation〔OR〕system：各対象についての固有の特徴と相対的な特徴の両方の一時的ファイルを作る）の2つのシステムが必要である。

(4) 物理的推論システム（PR system）は，物理的表象に含まれている情報をシステムがもつ核となる概念や核となる原理をもつ因果的枠組みにより解釈され，推論される。

(5) 物理的推理システムは，生得的に備わり，抽象的システムであり，対象物などの移動や相互作用を理解する骨組みとなる因果的枠組みを提供する。物理的推理は対象が特定の役割を果たす因果的相互作用を示す明確な事象カテゴリーの同定を行う。

(6) 物理的推理システムは，祖先にとっても見慣れた単純な物理的出来事（衝突等）について推論し，学習することを可能にする。幼児が既知カテゴリーの出来事をみると，物理的推理（PR）システムがその出来事をカテゴリー化するために，また出来事のなかにある対象物に特定の役割を割り当てるために物理的表象に利用できる構造的情報を用いる。

ベラージョンとケアリー（Baillargeon & Carey, 2012）は，物理的事象について，物理的推理システムは事象固有の物理的表象を構築し，このいかなる情報も物理的推理システムの因果的枠組みに従い認知する。そして，これには核となる概念や原理が含まれている。物理的推理システムの中核となる概念と原理は，特定のあるいは詳細な機械的な説明ではなく，むしろ一般的な説明を提供するという。

ところで，中核的概念（core concepts）とは，事象の結果を説明する助けとなる観察できない要素を含んでいる（たとえば，力と内的エネルギー〔force "and" internal energy〕）。

一方，中核的原理（core principles）について，対象物の移動と相互作用についての期待を制約するする機能を果たす中核となる原理の一例は，維持，慣性，重力等である。

構造的情報（structural inforrnation）とは，時間空間的情報とカテゴリー的情報とからなる。すなわち，たとえばいくつの対象からなるか，対象の種類（人，人ではない等），因果関係の種類，相互関係のなかで対象が果たす役割など，事象の本質にかかわる情報である。

時間空間的情報は，対象がいかに整えられ，対象の配列が事象の展開とともにいかに変化するかを記述している。時間とともに，少なくとも2つの変化が構造的情報に起こる。一つは，時間空間的情報で時間とともにより正確に表象される。一方，対象の相互作用がより詳細に記述されるカテゴリー的情報（categorical information）とは，事象に対象のどのような種類が含まれているかを明確にするが，時間とともに，カテゴリーの記述はより一般的な存在論的，機能的カテゴリーとして物理的推理システムの構造的水準に含まれるようになる。たとえば対象が容器の上が開いている容器なのか，上が閉じたカバーなのか，両方があいたチューブなのかといった初歩的な機能を記述している。

経験から，乳児はどの変数が事象カテゴリーにおける解釈と予測に役立つかを学習している。

5. 合理的構成主義

　ゴプニックとウェルマン（Gopnik & Wellman, 2012）やシュ（Xu, 2011），シュとカシュニル（Xu & Kushnir, 2013）によると，合理的構成主義とは，乳幼児や子どもを理性的で建設的な学習者として理解する。この考えにもとづく研究者は，発達初期の学習は，合理的で，統計的で，推論にもとづいていると指摘している。そして，幼児がなぜ速く，よく学ぶかを説明するのに，領域一般的な統計的推論にもとづいた学習メカニズムを主張する。

　乳幼児は合理的判断が可能である証拠として，シュとグリフィス（Xu & Griffiths, 2011）とシュとカシュニル（Xu & Kushnir, 2013）は，

(1) 16ヵ月と18ヵ月の乳児がサンプルから母集団，母集団からサンプルを推定するとき確率関係に敏感であること，幼児は簡単な統計推理課題で確率を推定できる，

(2) 11ヵ月の乳児が，実験者がボールを見ながら赤いボールだけを選ぶ場合と，目隠しをしてボールを取り出す場合とでは，取り出されたボールの色の割合が異なることを理解しているというように，統計的計算とその時の制約条件とを考慮に入れて判断できる，

(3) 確率への感受性により，予測ができ，それに従い行為をすることができる，

(4) 学習者は，多重に選択できる仮説を評価するとき，入力データの統計特徴を利用し，乳児がすでにもっている信念，知識と環境から提供された証拠やバイアスを統合できる，

という証拠をあげている。

　実際，仮説の事前確率と証拠の強さ，証拠の生成過程を暗黙に評価し，これらの評価を仮説の事後確率を生成するために組み合わせるというのである。このようなことから，乳幼児が合理的に，統計的推論にもとづいて推理することができる学習者であるとされる。

　次に，構成主義についてみておこう。

　ゴプニックとウェルマン（Gopnik & Wellman, 2012）によると，構成主義が意味するところは，以下の具体例がよく示しているという。

(1) 乳児は仮説検証を行う：複数の仮説を同時に検討し新たな証拠の出現により仮説を改訂する。

(2) 乳児は特異なデータに気づく：たとえば，ランダムではないサンプリングは，通常の因果的変数ではなく，新たな因果的変数が求められていると考える強い手がかりとして働く。

(3) 統計的証拠は，新たな概念獲得過程に駆り立てる。

(4) 複数の水準で推理する能力である過剰仮説形成は，新たな帰納的推理の制約を獲得するための強力なメカニズムとなりうる。

(5) 乳児は，能動的学習者である。

　上記の特徴から，ピアジェと同様に乳幼児は主体内に仮説を構成し，それを検証し，改訂し，より妥当な仮説の構築を求めて学習し続けるという主体の姿を示している。

　そして，ゴプニックとウェルマン（Gopnik & Wellman, 2012）は，構成主義の再構築と称して，確率的因果モデルとベイズ学習の計算論的枠組みによる新たな理論説を提案している。

理論の変化のダイナミズムとして，以下の特徴があげられるという。
(1) 第一に，統計的情報，事象間の確率的随伴性にかかわる情報が，科学においても，子どもにおいても理論形成に重要な役割を果たす。
(2) 日常的な（非形式的）実験の重要性：人は，大人や子どもにかかわらず因果的構造を示す方法で，世界に働きかける。実験は，理論の変化をもたらす。自分が世界に介入することで，また他者がそうすることを観察することで，因果的構造を学習する。
(3) 理論の変化は，変数に依存する：理論変化過程で，単一の仮説を採択したり棄却したりするというよりも多重の仮説の確率を徐々に変化させる。さらに，この改訂の過程は，中間的な多くの段階を生じる。証拠により徐々に最初の仮説を改訂し，ゆっくりとよりもっともらしい仮説に置き換える。

ところで，確率学習は，多くのさまざまな種類の知識に適用できる。そして，適用できる知識の一つのタイプは，とくに因果的知識と関連する。世界の因果構造の表象（知識）は，言語，空間，数などの知識とは異なる。ゴプニックとウェルマン（Gopnik & Wellman, 2012）によると，確率論的モデル化は，科学哲学とコンピュータサイエンスの両方において因果的知識についてより明確で，実りのある考えに導いてきている。

理論説にとくに重要なのは，
(1) 世界がいかに働いているかについての仮説を表象する構造化されたモデルを記述する，
(2) これらのモデルと証拠のパターンの確率的関係を記述する，その結果，概念構造を表象し，学習を可能とする，
という2つの確率モデルの特徴である。

これらの理想的な合理的確率モデルのよい点は，この種の推理は証拠にもとづき仮説を変化させることである。また，新たなことを学ぶことができることである。

とくに，原因の構造を学ぶ方法は，
(1) 世界に計画的（意図的）に介入（実験）すること：実験は原因の構造に関する，より多くの証拠を提供できるだけではなく，それらが多くの可能な仮説を排除する助けとなり，最も関連している仮説を区別するのを助けることができる，
(2) 他の人々が実行する介入（実験）の結果を観察することで，仮説や推理を狭めることである，
があげられている。

いいかえると，能動的学習者のあり方が指摘されていると考えられる。

4節　各理論の評価

1. 新ピアジェ派の理論とピアジェ理論との関係

新ピアジェ派理論は，ピアジェの発達理論同様に発達段階を踏襲する。しかし，段階の内容

はピアジェの論理構造で表され，発達段階の移行が均衡化によるとは考えない。ケイス，フィッシャーのように段階内にいくつかの下位段階を設けるのも特徴といえる。段階を決める要因は，ピアジェの均衡状態と論理構造という考えに対して，新ピアジェ派理論では情報処理容量の制約という点で違いがある。これらはいずれも領域一般的要因であり，両者に共通であるが，新ピアジェ派理論（ケイス）では領域固有の認知も認める点で，ピアジェ理論とは異なる。

発達する認知内容は，これまで認知や認知発達の領域では，知識（宣言的知識，手続き的知識），複雑な知識表象（スキーマ，認知地図，メンタルモデル），概念，理論等さまざまな認知の単位が問題とされてきている。ピアジェはシェムと操作とするが，新ピアジェ派理論は実行制御構造（ケイス），スキル（フィッシャー），M-power（パスカルーレオン），マッピング（ハルフォード）等が提案されている。具体的には，発達するのは，初心者から熟達者へと作動記憶の制限，方略構成（Siegler & Shrager, 1984），処理の自動化（Case, 1985），符号化（Siegler, 1989），一般化（Klahr, 1984），類推構成（Gentner, 1983），メタ認知，知識，概念，ルール，理論等の過程があるが，新ピアジェ派理論では情報処理理論の処理容量の発達が重要と考える。

教育にかかわる貢献はピアジェの理論で予想される教育的効果に比べて，新ピアジェ派の理論は実際的で，貢献の可能性が高いとみられる。

乳児期の認知発達の説明は新ピアジェ派理論では十分説明できないが，新ピアジェ派理論は，実行制御構造（ケイス），スキル（フィッシャー），M-power（パスカルーレオン），マッピング（ハルフォード）等，認知の単位の提案を行った点では評価ができる。また，新ピアジェ派理論では情報処理理論とピアジェ理論の組み合わせというように，理論間の組み合わせによる理論の提案であり，これ以降の認知発達理論における一つの流れを示したといえる。実際，新ピアジェ派理論以降の理論説にみられる理論は，生得主義と構造主義の組み合わせ，生得的領域固有のモジュール，理論様の特徴をもつ認知，基本的にいくつかの理論の統合と考えられる。

理論説の理論の特徴は，基本的に共通性が高い。共通している特徴としては，領域，因果性，存在論的区別があげられる。一方，個々の理論による特徴もあげられる。

2. 理論説との関係

理論説は，存在論的知識に焦点を当てることから出現したといえる。現在の認知発達理論は基本的に理論説のなかでの変遷の歴史と考えられる。変遷の一つは，理論説の内容である。ケアリーの理論説も独自に変遷をたどっている。はじめは科学理論における理論の変化＝パラダイムの変化としての理解から，制約や核となる認知システムへと変遷し，基本的には生得的規制を発達初期には認める理論説である。このカテゴリーに入る理論説は，スペルキ，スーザン・ゲルマンの心理学的本質主義等である。

ケアリーの理論では，明確に理論という用語が使われ，理論の変化が領域，因果性，中心概念の変化に及ぶことが示されている。続いて出現した，枠組み（フレームワーク）理論との比較では，基本的に科学理論の変化による説明から因果性による推理の制約と妥当性の検証，さらに知

識の凝集性という基準による理論の精織化がみられている。

　核となる認知システム理論においては，これまでの理論説との共通性は領域，因果性，推論などがあげられるが，中核概念や中核原理などより精織化したモデル化がなされている。

　合理的構成主義との比較では，これまでとの共通性は因果性があげられるが，根本的に異なるのは，発達のメカニズムである。基本的に構成主義というのは，ある意味ピアジェの理論への回帰でもあるが，発達のメカニズムが統計的学習によるところである。問題は，領域を超えた領域一般的な発達のメカニズムによる説明可能とする考えであり，領域あるいは領域固有の認知の特徴に関して，いかに乗り越えたのかについては，今後の検討が必要である。合理的構成主義は，ピアジェ理論への回帰的現象もみられている。理論変遷における回帰性の問題は重要な問題だと考えられるとともに，回帰性が理論発展に果たす役割も大きいと考えられる。

　このような理論変遷過程で起こった問題をもとにして，より妥当な理論の進展への示唆を得られることができると考えられる。

◆ 引用文献

Baillargeon, R., & Carey, S. (2012). Core cognition and beyond : The acquisition of physical and numerical knowledge. In S. M. Pauen (Ed.), *Early childhood development and later outcome* (pp.33-65). New York : Cambridge University Press.

Carey, S. (1994). 子どもは小さな科学者か（小島康次・小林好和，訳）．ミネルヴァ書房．(Carey, S. (1985). *Conceptual change in childhood*. Cambridge, MA : The MIT Press.)

Carey, S. (2009). *The origin of concepts*. New York : Oxford University Press.

Carey, S., & Spelke, E. (1996). Science and core knowledge. *Philosophy of Science*, **63**, 515-533.

Case, R. (1985). *Intellectual development : Birth to adulthood*. Orland, FL : Academic Press.

Case, R. (1987). The structure and process of intellectual development. *International Journal of Psychology*, **22**, 571-607.

Case, R. (1992). *The mind's staircase : Exploring the conceptual underpinnings of children's thought and knowledge*. Hillsdale, NJ : Lawrence Erlbaum Associates.

Fischer, K. W., & Farrar, M. J. (1987). Generalizations about generalization : How a theory of skill development explains both generality and specificity. *International Journal of Psychology*, **22**, 643-677.

Gelman, R. (1990). First principles organize attention to and learning about relevant data : Number and the animate-inanimate distinction as examples. *Cognitive Science*, **14**, 79-106.

Gentner, D. (1983). Structure-mapping : A theoretical framework for analogy. *Cognitive Science*, **7** (2), 155-170.

Gopnik, A., & Wellman, H. M. (2012). Why the child's theory of mind really is a theory. *Mind and Language*, **7**, 145-171.

Halford, G. S. (1987). A structure-mapping approach to cognitive development. *International Journal of Psychology*, **22**, 609-642.

Halford, G. S. (1989). Reflections on 25 years of Piagetian cognitive developmental psychology, 1963-1988. *Human Development*, **32**, 325-357.

Halford, G. S. (1993). *Children's understanding : The development of mental models*. Hillsdale, NJ : Lawrence Erlbaum Associates.

Klahr, D. (1984). Transition processes in quantitative development. In R. Sternberg (Ed.), *Mechanisms of cognitive development* (pp.101-140). San Francisco : W. H. Freeman & Co.

Kinzler, K. D., & Spelke, E. S. (2007). Core systems in human cognition. *Progress in Brain Research*, **164**, 257-264.

落合正行．(1980)．Piage理論の諸問題．追手門学院大学文学部研究紀要，**14**，11-24．

落合正行. (1982). 晩年のPiaget理論Ⅰ:均衡化理論を中心に. 追手門学院文学部研究紀要, **16**, 1-19.
落合正行. (1983). ジュネーブ学派. 三宅邦夫・村井潤一・波多野誼余夫・高橋惠子 (編), 波多野・依田 児童心理学ハンドブック (pp.18-52). 金子書房.
落合正行. (1990). Piagetの理論. 発達の心理学と医学, **1**(1), 133-139.
Pascual-Leone, J. (1970). A mathematical model for the transition rule in Piaget's developmental stages. *Acta Psychologica,* **32**, 301-345.
Pascual-Leone, J. (1987). Organismic processes for Neo-Piagetian theories : A dialectical causal account of cognitive development. *International Journal of Psychology,* **22**, 531-570
Piaget, J. (1960). 知能の心理学 (波多野完治・滝沢武久, 訳). みすず書房. (Piaget, J. (1947). *La psychologie de l'intelligence.* Paris : Armand Colin.)
Siegler, R. S. (1987). Some general conclusions about children's strategy choice procedures. *International Journal of Psychology,* **22**, 729-749.
Siegler, R. S. (1989). Mechanisms of cognitive development. *Annual Review of Psychology,* **40**, 353-379.
Siegler, R. S., & Jenkins, E. (1989). *How children discover new strategies.* Hillsdale, NJ : Lawrence Erlbaum Associates.
Siegler, R. S., & Shrager, J. (1984). Strategy choices in addition and subtraction : How do children know what to do? In C. Sophian (Ed.), *The origins of cognitive skills* (pp.229-293). Hillsdale, NJ : Lawrence Erlbaum Associates.
Spelke, E. S. (2000). Core knowledge. *American Psychologist,* **55**, 1233-1243.
Spelke, E. S., & Kinzler, K. D. (2007). Core knowledge. *Developmental Science,* **10**, 89-96.
Strauss, S. (2000). Theories of cognitive development and their implications for curriculum development and teaching. In B. Moon, M. Ben-Peretz, & S. Brown (Eds.), *Routledge international companion to education* (pp.33-50). London : Routledge.
Wellman, H. M., & Gelman, S. A. (1992). Cognitive development : Foundational theories of core domains. *Annual Review of Psychology,* **43**, 337-375.
Wellman, H. M., & Gelman, S. A. (1998). Knowledge acquisition in foundational domains. In D. Kuhn & R.S. Siegler (Vol. Eds.), W. Damon (Series Ed.), *Handbook of child psychology : Vol.2. Cognition, perception, and language* (5th ed., pp.523-573). New York : John Wiley & Sons.
Xu, F. (2011). Rational constructivism, statistical inference, and core cognition. *Behavioral and Brain Sciences,* **34**, 151-152.
Xu, F., & Griffiths, T. L. (2011). Probabilistic models of cognitive development : Towards a rational constructivist approach to the study of learning and development. Cognition (Introduction to the special issue "Probabilistic models of cognitive development").
Xu, F., & Kushnir, T. (2013). Infants are rational constructivist learners. *Current Directions in Psychological Science,* **22**, 28-32.

6章　ヴィゴツキー理論とその展開

田島充士

　ヴィゴツキー（Vygotsky, L. S.）は主に1920～1930年代にかけて，旧ソ連（現在のロシア）で活躍した心理学者である。いうまでもなく現代の心理学にとって，最も影響力の大きな人物の一人であり，彼の理論の適用領域も，乳幼児発達・教科教育・障害児教育・臨床支援など広範囲にわたる。

　ヴィゴツキーは，人間が自らの行動を制御し，他者と社会生活を維持していくための，言葉を介した諸機能を「高次精神機能」とよび，その機能の獲得過程＝発達について論じた。この場合の言葉とは，人々の精神機能を媒介する文化－歴史的に意味が蓄積された人工物ととらえられるものであり，子どもは大人からその意味や使用法に関するルールを教わる。しかしヴィゴツキーによれば，子どもは発達において，たんに大人が示す言葉の文化－歴史的意味に一方的に従属するだけの存在ではない。むしろ彼らは，習得した言語を自らの視点から積極的に再解釈することで，独自の意識世界を構築し，その視点から，新たな文化－歴史的文脈を拓く可能性を保持し続けるのだととらえられる。

　本稿では，ヴィゴツキーが最も重視したテーマの一つである「言葉」を軸とした意識の成長に焦点を絞り，ベーシックな理論的エッセンスを紹介する。

1節　言葉・思考・発達

　ヴィゴツキー理論において，言葉には特別な位置づけが与えられている。乳児は当初，生まれもって得た能力に多くを負う非言語的な認識により，大人との交流を開始する。しかしこの子どもの働きかけに対して大人は，多くの場合，言葉をともない応答する。大人が話しかける言葉は，乳児にとって，当初は単なる音声であろう。しかし彼らは，しだいにその言葉が，大人が自分たちに指し示すものを表していることを学ぶ。そこで彼らはしだいに，この言葉を媒介として，大人との交渉・交流を行うことができるようになる。

　ヴィゴツキーは人間に特有の，自らの行動を制御するための言葉を介した諸機能を「高次精神機能」とよんだ（柴田，2006）。この機能は，子どもが大人と交流を行うなかで，大人が発する言葉を使用することで（「外言」），しだいに自らの自律的な思考活動に使用できる言語にしていく（「内言」）ことによって成立するととらえられる。

「私たちは……人間に特有の，人類の歴史的発達過程であらわれた，子どもの高次精神機能の発達過程は，きわめて独自な過程であることを知っています。……あらゆる高次精神機能は子どもの発達において二回あらわれます。最初は集団的活動・社会的活動として，すなわち，精神間機能として，二回目には個人的活動として，子どもの思考内部の方法として，精神内機能として現れます。……ことばは，はじめは子どもとまわりの人間とのあいだのコミュニケーションの手段として発生します。その後，内言に転化するようになってはじめて，それは子ども自身の思考の基本的方法となり，こどもの内的精神機能となります」（Vygotsky, 1935/2003, pp.21-22）。

以上のように言葉を重視することで，ヴィゴツキーの議論においては必然的に，文化的－歴史的視点が考慮に入れられることになる。なぜなら，子どもたちが接する言葉とは，彼らが生まれる以前から既存の社会集団のメンバーによって交わされ続け，その意味が歴史的に蓄積されてきた人工物であり文化的構築物だからである。

石黒（2010）は，ヴィゴツキー論の観点から「文化」について，「複数の人びとが何らかの人工物を介して協働しあう過程とその所産であるとし，通常それは世代間で改変されながら継承されるもの」（p.109）と解説している。人間は環境に適応するため，それを自ら人工的に改造することができる。その際に構築され，また使用されるのが「人工物＝道具」である。

個人の思考に働きかけ，また他者との複雑な共同活動をも可能とする「言葉」は，ヴィゴツキーがとくに重視した道具であり，彼はこれを，その他の道具を意味する「技術的道具」と区別して「心理的道具」ともよぶ（Vygotsky, 1982/1987, pp.51-58）。つまり，環境を改造するために人間によって発明され使用される心理的道具＝言葉はまた，人間自身の思考をコントロールし，そのあり方を大きく変化させるのである。このような特徴をふまえ，ヴィゴツキーの心理学理論は「文化－歴史的理論」ともよばれる（中村, 2014；柴田, 2006）。

そしてヴィゴツキーは，よちよち歩きがしだいにできるというような先天的成熟の側面が強い「自然的発達」および，大人からの道具提示による後天的学習の側面が強い「文化的発達」が融合した，第三の発達とよぶべき成長を分析のターゲットにしていた（神谷, 2007）。このようにヴィゴツキー理論の特徴は，人間の認識の発達過程において複雑に絡み合う社会的側面と生得的側面の関係性をとらえようとした点にあるといえる。

2節　発達の文化－歴史的側面とは

言葉の文化－歴史性を説明するため，0歳児と母親との間のやりとりを想定して作成したモデル事例を示す。

　子：びーびーびぇー（大泣き）
　母：うーん。おなかすいたのかな？「ゾウさん」かな？（ほ乳瓶を口に含ませる）
　子：（ミルクを勢いよく飲む）

母：やっぱりおなかすいてたんだね〜

　子どもは，何らかの理由で（もしそれが空腹であるならば，先天的な要素の強い生理的欲求により）泣いている。それに対し母親は，子どもが空腹であると推測して「おなかすいたのかな？」と声をかける。この言葉は，子どもの生理的欲求を言語化したものである。しかし同じ推測であっても，他の異言語圏ではまったく異なった表現となるだろう。その意味でこの言葉は，特定の言語が流布する特定の集団において歴史的に蓄積された，後天的な，文化的構築物といえる。

　さらにこの事例における「ゾウさん」とは，「ゾウ印ミルク」という商標名を示すが，この言葉もまた，この家庭のなかで「粉ミルク」を指示するものとして通用している点で，特定の社会においてその意味が歴史的に刻まれた文化的構築物といえる（父親がたまたま買ってきた粉ミルクのブランド名であり，その後，この家庭における粉ミルクの定番となった「歴史」も同時に反映されている）。

　子どもはこのように，ある側面においては，既存の社会においてすでに決定され，また歴史的に蓄積された人工物＝言葉によって自らの行為を命名される。その点だけからいえば，子どもは，出来合の道具を大人から与えられ，その道具によって自らの行為を意味づけるよう強いられる存在であるとみえなくもない（Litowitz, 1993 ; Wertsch & Stone, 1985）。

3節　自律的な言語使用としての「遊び」

　しかしもちろんヴィゴツキーは，道具にみられる既存の文化−歴史性に従順に従うだけの受動的な存在としてだけ，子どもをとらえていたわけではない。子どもは大人から提示された言葉を，自らの思考に媒介させることで独自の意識を構築し，逆に，世界への能動的な働きかけを行うことをも可能にするからである。

　たとえば，先ほどの事例の子どもでいえば，母親から話しかけられた言葉（「ゾウさん」など）を，自らの欲求を満たすために，母親に向かって積極的に使用するようになる状況が想定できる。子どもは，文化−歴史的に蓄積された言葉を，自分の意思を交渉するための思考に積極的に媒介させるということである。そしてこの子どもの能動性は「遊び」において，より顕著に示されるようになるといえる（神谷，2007；田島，2014）。

　子どもは大人とのやりとりにおいて，「お母さんのいうことを聞かねばならない」「他人のモノにさわってはいけない」などのルールを遵守するよう，要求される（Vygotsky, 1966/1989, p.14）。このルールは，子どもに提示される時点では，社会における望ましい行動が刻まれた，既存の文化−歴史的道具といえる。しかし一方で子どもたちは，これらのルールを受動的に受け入れるだけではなく，しだいに，それらの意味を彼らなりに独自に組み替えることができるようになる。そして主に3歳以降，この内的な組み替えの動きはとくに，子どもが直接成就しえない願望（「母親になる」「先生になる」「電車の運転手になる」など）を実現するための，表象行為として営まれる擬似社会的実践である「遊び」において顕現する（Vygotsky, 1966/1989, p.6）。

子どもは仲間との遊びをとおし，特定の場面における特定の大人との交渉で使用された言葉を，任意に組み替える表象的な操作能力を得る。そしてそれは，友だちの役，母親の役，父親の役などを担う他の子どもたちとのやりとりのなかで虚構的に自由に操作し，それぞれの視点から相互の言動を制御・解釈するという意味でのルールをともなう擬似社会的実践としてなされる（神谷，2007）。

「遊びにおける主役の子どもは，以前に見た諸関係を積極的に再創造し開示します。子どもたちは遊びのなかで，実際に自分の母親に従順であるように，その子（母親役の子）に従順です」（Vygotsky, 2001/2012, p.98）。

この遊びにみられる，子どもたちの虚構的に自由な言語使用は，後に，彼ら自身の自律的な言語認識として転化される。他者との共同活動において言語操作を可能とする子どもたちの認識は，「最近接発達の領域」とよばれる，当該の言語操作を独力で行えるようになる認識との発達的水準のへだたりを生み出すものとされるが（中村，2004），遊びは子どもたちにとって，この最近接発達の領域を創造する言語活動としてとらえられる（Vygotsky, 1966/1989, pp.30-31）。

4節　自律的な「人格」のドラマ（想像）としての発達

以上のように子どもたちは，他者との言葉を媒介した社会的関係を転化し，しだいに独自の意識世界を構築しはじめるようになる。それはまた，実際の行動に移る前に，その行動の意味を自分たちの意識世界において検証する「計画化機能」として結実する（Vygotsky, 1984/2002, pp.202-203）。ヴィゴツキーは，この種のいわば「経験の二重性」を可能とする個人の意識の内実を「人格」とよぶ（神谷，2007；中村，2014）。

「すべての高次精神機能は，社会的規律の心内化された関係であり，人格の社会的構造の基礎である。……精神過程に転化してもなお，それは偽似社会的である。人間は自分自身との差し向かいで，コミュニケーションの機能を保持する。マルクスの有名な命題を変えて私たちは，人間の心理学的本性は，社会的諸関係の総体であり，内面に移され，人格の機能とかその構造の形式となった社会的諸関係の総体であるということができよう」（Vygotsky, 1982/2005, p.183）。

この人格における社会性を説明するため，ヴィゴツキーは「ドラマ」とよぶ概念を使用する。ヴィゴツキー（Vygotsky, 2003/2012, pp.277-284）のいうドラマとは，転化された人間（役割）同士が相互に接触する，独自のルールにもとづいた内的社会の展開であり，実在他者との交流をとおして得られた情報を，新たに解釈し直す意識的行為として生じるものといえる。ヴィゴツキーの議論においては，発達の普遍的法則性を明らかにすることで用いられる，個性を捨象した狭義の「人格」および，個別具体的な個性的「人格」が存在するというが，ドラマはとくに後者の意味での人格の内面を示すものとされる（神谷，2010）。

たとえば，保育園の保育士が指導的に導入した言葉（「園庭に転がるドングリ」など）を，園

児たちが，彼らの周囲の社会関係を反映した虚構の物語に変えてしまう遊びは，彼らの人格における独自のドラマが，彼らの言語交流にしだいに反映されつつあることを示すものという（神谷，2014a）。子どもがドングリの子ども役になり，ドングリのお父さんとお母さんがいる森に帰る物語を，他の子どもたちと展開することにより，大人とのやりとりのなかで得た固定的な言葉の意味に対し，任意に組み替える多面的な解釈がなされるようになる。「ドングリ」という言葉が，保育士から教授された当初の具体的・物理的文脈を離れ，「雨に濡れてかわいそうな僕」「太って強いパパ」「細くてきれいなママ」など，子どもたち自身の個人的な経験を反映した独自のドラマが付与された表象的意味として再創造されるということである。

　乳児期・幼児期前期までの子どもは，ドアを開けたりはしごを登ったりなどの積極的な行動を行うが，その行動は周囲の物理的な新奇性の探索にとどまり，彼らに与えられた具体的環境を独自に意味づけ改造するような行動がみられることは稀だという。ヴィゴツキー（Vygotsky, 1966/1989, pp.16-18）はこのような子どもたちの認知の，現実場面への依存性の高さを「場面的束縛」とよぶ。

　しかしおよそ3歳児以降，遊びにおいて以上のドラマの事例のような創造的活動を展開することで，この環境の具体性からしだいに独立した表象操作を行えるようになる。これはすなわち，子どもたちが，特定の物理的環境に制約された具体的な事物や人々との交渉にとどまらず，自分自身の内的文脈を背景とする自律的な思考操作をも行えるようになることを意味する。

　「遊びのなかで子どもはモノを，意味を有するモノとして操作し，モノの代理をする語の意味を操作する。それゆえ，遊びのなかではモノから語が解放されるのである。……虚構場面の創造という事実は……場面的束縛からの子どもの解放の最初の帰結である」（Vygotsky, 1966/1989, pp.22-23）。

　この場面的束縛のような環境の具体性からの相対的な解放をもたらす遊びは，人格的機能がより自律的となる児童期・青年期に至ると，「想像」として機能することになる（Vygotsky, 1984/2004, pp.270-271）。なおここでいう想像とは，「空想（ファンタジー）」とも等価の概念として扱われている（Vygotsky, 1930/2002, p.11）。

　ここまでの論をまとめると発達とは，他者との外的交流を転化し，その交流場面を媒介した一面的な言葉の意味を人格において多面的に解釈し直し（場面的束縛から相対的に自由になり），再び他者へと返していくことを可能とする成長プロセスであると解釈できる。そして子どもたちの人格はよりいっそう，独自の歴史をともなう内的文脈となり，また内的な表象操作が精緻になるに従い，周囲の環境から相対的に自律した個性を強めていく（神谷，2014b）。その意味において子どもは，大人の言語実践にただ受動的に巻き込まれるだけではなく，自身の内的文脈の視点から，新たな文化－歴史的文脈を能動的に創造し，外的環境のあり方をも変更しうる存在なのだといえる。

5節　人格における想像の発達を促進する概念的思考

1. 生活的概念と科学的概念

　この人格の発達は学齢期以降，書き言葉を志向する学校教育により，よりいっそう，促進されることになる。
　学齢期に至るまでの子どもたちは，多くの場合，両親や友人などの会話空間・過去経験を共有した相手との直接的なコミュニケーションのなかで言葉を学び，使用する。このような相手に対して言葉は，主に具体的な対象を指示するものとして機能する。これはたとえば，話し手が「花」「水」などといいながら，同じ空間にいる聞き手に対象物を示すようなかたちで使用されるということである。
　このような場合，言葉は学習者の生活環境の具体的な状況をまとめるものとして，意味づけられる。たとえば「花」という言葉の意味は，子どもたち自身が，実際に目にしたことのある具体物（「サクラ」「チューリップ」など）により構成され得る。事物間の経験的共通性によって，それぞれの特徴をまとめあげられた（すなわち「一般化」された）言語群は「自然発生的概念」ないし「生活的概念」とも総称される（中村，1998）。
　一方，子どもたちがこの種の言語を，具体的環境から切り離された場面で使用することは困難という。彼らは身のまわりにあるものを指示する言葉を，「花とは……である」というように，具体的な事物から離れた，言葉そのものの抽象的・定義的な意味として解釈しているわけではないからである（田島，2010a, 2014）。ヴィゴツキーはこのような日常生活において使用される言語の特徴を「ガラスの理論」とよぶ。
　「子どもが話しているとき，私たちが透明なガラスに気づかないように，彼はことばそのものに気づきませんが，それほど，彼の語と行為の背後にあるような，語が表示する対象や考えに心を奪われているのです」（Vygotsky, 1935/2003, p.205）。
　しかし学齢期に至ると，子どもたちは理科や社会科などの教科教育において教授される「科学的概念」とよばれる言語群を学ぶことになる（なおここでいう「科学的」とは，いわゆる「理系科目」に限られるものではなく，広く「学術的」という意味で使用されていると考えられる）。この科学的概念の特徴は，生活的概念のように経験的事実の一般化から引き出された意味にとどまらず，一般化した意味をさらに分析し，総合する点にある（柴田，2006, 2010）。つまり具体的事象を一般化した言葉の意味を，他の一般化した意味によって定義づけるというような言語構造のなかで意味づけられる言語群ということである。そしてこの科学的概念は書き言葉と親和性が高いものとされる。
　会話空間・過去経験を共有しない読み手に向けた書き言葉の発信者は，会話空間・過去経験を共有した相手との話し言葉の場合とは異なり，的確に自分の意思を相手に伝えるためには，自分の発する言葉が背景とする文脈も含めて言語化しなければならない。「花」を知らず，具体的な

対象物をともにみることのできない相手に花に関する情報を伝えたい場合は，生活的概念の場合とは異なり，「花とは……である」というような，言葉そのものに対する抽象的な定義および解釈を，相手が理解できると思われる他の言葉により行うことが必須となる。つまり生活的概念の場合に前提となる透明な「ガラス」を打ち破る必要がある（田島，2010a）。

ヴィゴツキー（Vygotsky, 1934/2001, p.248）は，このような抽象的言語操作を，先述の生活的概念と対比させ，「一般化の一般化」ともよぶ。そして，この科学的概念の学習を通し「自覚性と随意性」が，子どもたちの意識において機能しはじめると論じる。自覚とは，言葉の意味を別の言葉によって定義したり，他の言葉との関係を論理的に構築したりすることを（柴田，2006），また随意とは，このような自覚をとおし，自らの意識を言葉によって自律的に制御できるようになることを意味する（中村，1998）。

ただし，科学的概念と生活的概念との差異は，絶対的なものとはいえない。科学的概念の代表例として，学校のなかで子どもたちが教わるような言葉である「アルキメデスの法則」「搾取」，また生活的概念の代表例として，子どもたちにとっての身近な言葉である「兄弟」などもあげられてはいる（Vygotsky, 1934/2001, p.314）。しかし同時に，同じ言葉であっても，ある場合には生活概念的に使用されたり，またある場合には科学的概念として機能したりするケースもあるのだと指摘されている。

「二つの概念が子どもに別々に存在しうること，生活のなかで形成された水の概念と理科で学んだ水の概念が存在しうるということ……水を生活のなかで知る形で知っているとともに，学校で科学的概念を認知する子どもは，その両者をただちに結びつけるわけではありません」（Vygotsky, 1935/2003, p.180）。

その意味では，生活世界の言葉を自覚的に解釈し直し，また学校で学ぶ抽象的な言葉を生活世界の具体的経験と自律的に関連づけられるようになる青年期以降の発達において，科学的概念と生活的概念のカテゴリーの差異は，学習者の意識における自覚性と随意性という機能に収斂されるのだといえるかもしれない。

なお生活的概念とは，科学的概念と対比するために仮に命名されたものであり（Vygotsky, 1934/2001, p.233），ヴィゴツキーのいう本来の「概念」の定義には合致しない。概念とは，「一般化の一般化」のように，個々の具体的な事物に類似した表象を言語的に抽出して得られる抽象的表象であり，科学的概念において典型的に具現化されているものである（柴田，2006）。一方，先述のとおり生活的概念は，事物間の経験的共通性によってまとめあげられたものであり，このような意味での概念化はともなわれないものである。生活的概念との関連でみられる後者の思考は「複合的思考」ともよばれ（中村，1998），自覚性・随意性にもとづく「概念的思考」とは区別して論じられる。

2. 異なる空間・時間に位置する知見を結びつける概念的想像

この自覚性・随意性の特徴は，それを身につけた学習者が，具体的な事象を一般化した知識に

ついて，さらに上位の抽象概念と関連づける意味操作を行うことで，個々別々の生活世界のなかで使用される，一見するとバラバラな知識を，相互参照し関連づける言語操作を可能とする点にあるといえる（Vygotsky, 1934/2001, p.248）。

　たとえば，味噌汁のなかの味噌の「動き」，暖かい部屋から寒い部屋へ流れ込む空気の「流れ」，台風が近づいたときの「風」などは，多くの子どもにとって，それぞれの生活世界において個別に見出すことのできる具体的事実にもとづく知識であろう。しかし彼が「対流」という上位概念を自覚的に随意に使用できるようになると，異なる時間・空間に位置するこれらの知見をまとめあげ，相互に比較を行うことができるようになる。たとえば，朝ご飯で飲む味噌汁のなかに発見した水の流れを，「対流」の概念を介して，部屋のなかの空気の流れと関連づける。そしてさらに，「対流」と「大気」という概念同士の相互検証へと発展し，まだ訪れたことがない東南アジアの国々に甚大な災害を与えた「台風」の発生構造との関係にまで考察を膨らませることができるかもしれない。

　「様々な具体的状況を新しいイメージに創造的に統合すること……ができるためには，具体的状況からの一定の自由が必要ですが……もっぱら概念的思考だけがこの自由を与えてくれるのです。……概念の形成によってはじめて，具体的状況から自由になり，具体的状況の諸要素を創造的に加工したり，変化させることができるようになるのです」（Vygotsky, 1984/2004, pp.280）。

　つまり自覚性・随意性をそなえた思考のメリットとは，個々の世界において孤立する，表面的には無関係にみえる具体的諸知識を学習者の視点から見直し，抽象的な意味のネットワークにまとめることで（「一般化の一般化」），時空間を異にする具体的知見間のダイナミックな相互検証を可能にする点にあるといえる。ヴィゴツキーは概念のこのような特徴を「体系」とよぶが，まさに生活的概念から科学的概念を分かつのは，この体系といえる（Vygotsky, 1934/2001, p.341）。そして，この種の概念的思考の自律的な操作も，子どもたち個々によって抱かれる想像の作用としてとらえられる（Vygotsky, 1984/2004, pp.280-285）。

　「想像力は人間の行動や発達においてきわめて重要な機能を獲得しており，それは人間の経験を拡大する手段となります。なぜならば，人間は自分が見ていないものを想像することができますし，自分の直接的な個人的経験にはないことも他人の話や記述によって思い描くことができます。また，自分自身の経験の狭い範囲や狭い境界内にとどまることなく，他人による歴史的あるいは社会的経験を想像力を使って自分のものとしながら限りなく歩んでいくことができるからです。……新聞を読んで，自分たちが直接の目撃者ではなかった何千ものできごとについて知ることができます」（Vygotsky, 1930/2002, p.25）。

　私たちが実際に見聞でき，具体的にふれあうことのできる環境の範囲は，狭く限定されている。普段の生活であれば，家庭・職場（学校）・住居地域＋αの世界が広がっている程度であろう。つまり具体事象の表象操作にとどまる限り，私たちの認知は大人になってもなお，環境の具体性に束縛されるという意味での，場面的束縛の影響を受け続けることになるのだといえる。

　しかし自覚性・随意性をともなう概念的な想像（ないし遊び）を行うことで，子どもは自分の

生きる狭い現実世界（特定の文化−歴史的環境）の経験を資源とし，時空間を異にする世界（異なる文化−歴史的環境）に住む人々がもち込む情報を自らの意識世界に取り込むことができるようになる（田島，2014）。つまり，生活文脈において得たさまざまな具体的情報，そして自分が実際に経験したことがない知識を体系的に整理し，複数の社会的実践を相互検証した独自の「ドラマ」としての意味に再編する，異文化間交流としての概念的操作を行うということである。これらの積み重ねにより子どもたちの意識世界は，しだいに，具体的環境における具体的経験に拘束されるという意味での場面的束縛から相対的に自由な人格になっていくのだと考えられる。

6 節　発達における情動の役割を考える

1. 概念的思考と情動との関係

　一方，ヴィゴツキーは発達を論じるうえで，ここまでみてきたような言語認知的側面だけではなく，情動的側面もとりあげ，分析している。このテーマに関するヴィゴツキーの論を最大限にまとめるならば，学習者らは思春期に至り，個々の人格において，情動的イメージ構成と概念的イメージ構成が緊密に絡み合う「心理システム」を構築するということになる。

　システムとは，複数の要素が関係し，全体としてまとまった機能を発揮している要素の集合体を意味するが（『広辞苑』），ヴィゴツキーは情動と概念的思考の緊密な相互作用により機能するシステムをとらえていたのだといえる（中村，2010）。そして神谷（2010）は，ヴィゴツキーのいう心理システムを，先述のドラマ・人格とほぼ同義のものとみている（ただし同時に神谷は，その定義には若干のゆれがあり，著書によっては，心理システムは人格の下位概念として，個々の心理機能との間のブランクを埋めるものとして位置づけられているとも指摘している）。

　ヴィゴツキー（Vygotsky, 1960/2000, pp.143-150）は，架空の事物を主観的に構築するような夢想的思考だけではなく，具体的な社会問題を客観的に解決しようとする現実的思考においてすら，情動性が大きくかかわるのだと指摘する。とくにその課題がその人にとって重大なものであればあるほど，彼らの人格において情動が，個々の客観的事実に対する認識と結びつき，彼らの総合的分析に強く影響を与えるというのである。

　中村（1983, 2010）はヴィゴツキーの議論をもとに学習を，①個別の知識を習得することができる水準，②個別の知識を体系化しまとめて説明を行うことができる水準，③学んだ知識にかかわる当事者の気持ちに感情移入した同化体験として物語ることができる水準に分類する。そして江戸時代の農民の生活を学ぶ歴史の授業を例にあげ，①は学習者が江戸時代の農民たちの地位を示す「士農工商」などの知識を暗唱できることを，②はそれを「五人組」「慶安の御触書」などの知識と結びつけ，ひととおり解説できることとする。一方，③は「百姓は生かさず殺さず」などの苛烈な農民支配を示す諸知識と結びつけ，厳しい年貢の取り立てにより自分たちの作った米を口にできない農民たちのくやしさ，最後は支配者層により殺されるとわかっていながら一揆に

走らざるをえなかった貧しい農民のリーダーたちの厳しい状況を，学習者の情感をともない読み解く水準とする。

個別情報の記憶にすぎない①は別として，②の水準の学習者はひととおり，概念的な言語操作はできている。しかし中村によれば，この水準においてはいまだ，それらの知識は学習者にとって外在的なものにとどまるのだという。これらの知識は，「教科書に書いてあるから」「テストで聞かれるから」などという，いわば外発的な動機づけにより操作されている状態であり，学習者自身の生活文脈とは切りはなされた無縁の世界の出来事としてとらえられているからである。

一方，③の水準では，江戸時代の農民たちに関する概念は，個々の学習者にとって無関連の情報ではなく，むしろ彼らの切実なる問題と積極的に接続される。たとえば，理由のない暴力（いじめなど）によって蹂躙された自分自身の悔しい思い。もしくは，有無をいわさず従属を要求する教師の権力に屈したときの怒り。このような学習者のかかえる情動を，歴史の当事者の立場に同化させて言葉をとらえる場合，もはやこれらは無縁の世界に関する知識ではなく，学習者自身の具体的な問題を考え，その解決のあり方を探るための生きたドラマの一部になるのだといえる。

つまり学習者が個別の知識に対し，客観的にも主観的にも接するということは，彼らが，教授された学習内容を受動的に受け入れるだけの状態を抜け出ていることを意味する。裏を返せば，そのような主観性に著しく欠けた学習はたんなる情報の丸暗記に，もしくは客観性に著しく欠けた学習は既存社会との接点を失った夢想にとどまり，いずれの場合も学習者の人格的自律性が十分に活かされた学びには至っていないともいえるだろう。

2.「語義」と「意味」のせめぎ合いとしての創造

ここまでの議論をまとめると，言葉の意味には大きく分けて 2 つの側面が存在することがわかる。1 つ目は，多くの他者との間で通用する「公的な」意味であり，2 つ目は，学習者個々人の意識世界の視点から解釈する「私的な」意味である。ヴィゴツキーは『思考と言語』において，前者を「語義（ズナチェーニエ）」，後者を「意味（スムィスル）」とよび，区別して論じる（Vygotsky, 1934/2001, pp.414-415）。

むろん，両者の間の区別はあくまでも相対的なものであり，あらゆる言葉には「語義」と「意味」の性質がともに含まれるといえる（神谷，2007；中村，2014）。しかし個々の学習者を視点としてみるならば，「語義」には学習者自身の人格的な文脈というよりも，その言葉を教示した他者の使用文脈により強く拘束されるという性質，また「意味」には，学習者独自の内的文脈に沿って論理的・情動的に解釈され，場合によっては，教示した他者の使用文脈から離脱するという性質の違いが認められるといえる。その意味では，先述した中村（1983, 2010）のまとめる学習の三水準とは，言葉の「語義」と「意味」との間のせめぎ合いのなかでみられる学びの様相の違いを説明するものだったとも解釈できる。

ヴィゴツキーは，既存の言葉（いわば「語義」）を取り入れながらも，それらを学習者一人ひとりの人格における迫真性の高いストーリーとして展開し，新たな解釈（いわば「意味」）をそ

の道具に追加していく創造的な想像活動として学習をとらえる（Vygotsky, 1930/2002, p.11）。

そして学習者がこの創造性を発揮するうえでもやはり，論理的側面だけではなく，情動的側面は重要な役割を果たすと思われる。なぜなら情動を介することで，論理的思考だけでは関連づけることができない，時空を超えた事物を相互に結びつけることが可能になると考えられるからである。

「私たちの感情は，現実の個々の要素を選び，気分によって内から規定される結合にその要素を組み合わせていくのです。……私たちに似たような情動的作用をもたらす印象やイメージは，たとえそれらのイメージに相似的にも近似的にも何ら関連性がないにもかかわらず，互いに結びつこうとする傾向があるというのです」（Vygotsky, 1930/2002, p.27）。

中村（2004）は，失恋の場に咲いていた白いマーガレットのイメージと，肉親の葬儀の場で降り注いでいた蟬時雨のイメージが，「悲しみ」という情動を介して連合するという事例を紹介している。さらにこの議論は，教科教育における学習者の想像にも適用可能だろう。たとえば，江戸時代の農民たちの暮らしを学んで「怒り」の情動を覚えた学習者は，農民らの窮状を，産業革命下の資本家に搾取される労働者，ナチスによる迫害を受けたユダヤ人，そして昨日いじめを受けた学校の友人などの状況にさえ結びつけ，比較検討を行うかもしれない。これらは，論理的な関連性が相互に高いとはいえない情報であるが，怒りの情動を介することで，学習者の人格において連合し，特有の「意味」となる可能性がある。

すでに論じたように，遊び（想像）とは，子どもたちが直接成就しえない願望により動機づけられたものである。深まる謎に対する好奇心。現実社会における容易に解決しえない諸問題への憤り。抑圧された人々に対する救済への祈り。こういった，いまだ直接的には成就しえない青年たちの情動は，習得した言葉を媒介として生きた人格的ドラマを主体的に動かす動機づけの一つなのかもしれない。

そして学習者らがこのような想像を行うということは，自らの生きる既存世界の具体性からよりいっそう，自由で自律的な思考を行うことでもある（Vygotsky, 1960/2000, p.149）。いわゆる場面的束縛から相対的に自由となり，また言葉の「語義」のみにとどまることなく，学習者独自の視点から解釈する「意味」としても展開することを可能にするということである。たとえば，先述の事例でいえば，この学習者は怒りの感情により連合した古今東西の諸情報を，自覚的・随意的にも相互検証することをとおし，強大な権力との妥当な関係を探るための，新たな概念と社会的実践の創出を可能にするかもしれない。

そして，このように拡張された「意味」は，既存の言葉の機能を拡張し，新たな公的「語義」として，多くの人々の間で使用されるようになるかもしれない。つまり情動をともなう概念的な想像により，新たな文化－歴史的道具が創出されるということである。神谷（2010）はこのような言葉のダイナミックな機能拡張をとらえ，「語の『語義』は発達する」というヴィゴツキーの命題を紹介している。

「空想は人間の創造活動の現れの一つであり，それは，まさに思春期に概念的思考と接近することにより，このような客観的局面で広範な発達をとげるのです。……客観的表現は鮮明な

情動的色調に彩られ，主観的空想もしばしば客観的創造の分野で観察されます」（Vygotsky, 1984/2004, p.284）。

　以上のように，それまでの心理学においては十分に関連づけられてこなかった概念的思考と情動との間の深いかかわりを見出している点に，ヴィゴツキーの発達論の重要な独自性が認められる（神谷，2007；中村，2014）。既存の文化－歴史的意味の習得をとおし，新たな文化－歴史的文脈を拓く可能性を保持し続けるという，発達における子どもたちの創造性とはこのような，情動によるイメージ構成と概念的思考によるイメージ構成が絡み合う人格の観点から説明が可能になる事象と思われる。

7節　学習者の創造性を促進する教育的支援とは

　しかし現代においてもなお，学習者の多くが教科書の記述を暗記することで満足してしまう傾向が広くみられると指摘されている（田島，2010a, 2010b, 2013）。これは，多くの学習者が学校で教授される言葉を自らのドラマとして語り直すことなく（「意味」にすることなく），「語義」の性質が強いままの習得状態にとどまる傾向といえる。田島は学習者らにみられるこのような傾向を「分かったつもり」とよんだ。この分かったつもりのような状況に対応し，学習者一人ひとりの発達を促進するためにはどのような教育的支援が効果的だろうか。

　このテーマについて，ここまでの議論をまとめて考えるならば，書き言葉の教育実践に対するヴィゴツキーの見解が参考になると思われる。ヴィゴツキーは，そもそも書き言葉とは，他者と具体的な交流場面を共有するなかで交わされる話し言葉と比較して，一人で時空間を異にする相手に自分の意思を伝えたり，また彼らが発したメッセージを読み解いたりしなければならないという点で，子どもたちにとって難易度の高い交流形態なのだと論ずる。そのうえ，多くの学校では，書くことの目的を明確に示さないまま，興味関心もない内容についてひたすら機械的に課題を学習者らに課すという傾向がみられるのだという。いうなればこれが，学校において学習者の分かったつもりが生み出される要因の一つになっているのだと考えられる[1]。

　「（旧時代の学校では）書くことがどんなに必要なことなのかについての例も示されませんでした。……このような教師たちは……大人の人造的な書物用語をまったく機械的に接木してつくられた，ブロンスキーが言うところの，学校方言を子どもに植えつけてしまいました」（Vygotsky, 1930/2002, pp.78-79）。

　裏を返すならば，このような「学校方言」を脱し，子どもたちの書き言葉の操作を自律性の高いものとしていくため，具体的な宛先人を読み手に想定した「手紙」などを書かせるという交流目的を設定し，そのなかでその能力を発揮するように支援を行うことが効果的ということになる。

　「手紙類（私信や事務用書信）は人間の最も普遍的な文学作品である。手紙を書こうとする動因は，遠くにいる人との交信であることは明らかである。……子どもがより広範囲の人々と結びつくほど，またその人々とより緊密に交わるほど手紙を書く動機が多くなる。実存しな

い人々にあてた手紙とか，まったく現実的な目的のない手紙などは，人為的で不自然である」（Vygotsky, 1930/2002, p.81）。

　具体的な読み手を想定し，自分が伝えたいメッセージを発する課題では，論じるテーマに関する予備知識を彼・彼女がどの程度もっているのか，そして自分が書いた文章に対しどのように反応するだろうかというように，相手が背景とする文脈を読み解くことが必要となる。そして，その文脈を知的・情動的観点から予測しながらストーリーを書き進めることが，より明確に動機づけられると考えられる。茂呂（1999）は，コミュニケーション相手が背景とする文脈の読み取りを「予測（プロレプシス）」とよび，教授−学習を，コミュニケーション参加者が相互に相手の文脈を予測し，さらに「調整（キャリブレーション）」していく過程として読み解く。このように，読み手の文脈を予測し，その視点との調整を行う想像活動を行うことで，学習者の言葉に対する内的検証はより活発となり，教師に教わったとおりの「語義」の水準にとどまらず，独自の内的文脈を反映させた「意味」にもしていく学びの展開が期待できるのだと思われる。

　中村（1983, 2010）は，学習者の創造性を高める学習支援のあり方として，さまざまな教育実践の取り組み事例を紹介している。そのいずれもが，ヴィゴツキーのいう「手紙」（拡張的に解釈するならば，特定の聴衆を意識させたプレゼンテーションや随筆・小説などのテキスト執筆もこれに含まれるだろう）を活かした実践と響き合う，学習概念にかかわる複数の具体的な当事者の立場に立って考えるというかたちで創造的想像を促進するような介入になっている。

　教師から教わる言葉を，自分自身の人生とはかかわりのない情報として，知識を無感動に記憶するだけではなく，学習者個々の人格の観点から，喜怒哀楽を込めたドラマの一部としても展開するよう促進すること。つまり，教師の示す言葉の既存の文化−歴史的意味を従属的に習得するだけではなく，学習者固有の人格的視点から，新たな文化−歴史的意味を組み直す創造的活動を促進すること。そして学習者のこのような活動が肯定的に評価されること。このような教育的環境を整備することが，ヴィゴツキーのいう発達を促進するうえでは重要であるように思われる。

◆ 注
1）　一方でヴィゴツキーは，日常生活の中で習得してきた具体的経験と接続できずに，教師のもたらす言葉を字面だけで模倣する状態を，発達のトリガーとなりうるものとして，その意義を肯定的に評価していることも事実である（Vygotsky, 1935/1975, p.114；Vygotsky, 1928/2014, pp.83-86）。

◆ 引用文献
石黒広昭．(2010)．実践としての文化：文化に対する社会歴史的アプローチ．石黒広昭・亀田達也（編），文化と実践：心の本質的社会性を問う（pp.107-158）．新曜社．
神谷栄司．(2007)．保育のためのヴィゴツキー理論：新しいアプローチの試み．三学出版．
神谷栄司．(2010)．未完のヴィゴツキー理論：甦る心理学のスピノザ．三学出版．
神谷栄司．(2014a)．保育実践の底に流れる理論．神谷栄司・前田美智代（編），保育の四季：「こころ」の成長（pp.55-72）．三学出版．
神谷栄司．(2014b)．幼児期における自我の意味について：ヴィゴツキー理論の哲学的基礎からの照明．京都橘大学研究紀要，**41**，85-102．

Litowitz, B. E. (1993). Deconstruction in the zone of proximal development. In E. A. Forman, N. Minick, & C. A. Stone (Eds.), *Contexts for learning : Sociocultural dynamics in children's development* (pp.184-196). Oxford : Oxford University Press.

茂呂雄二．(1999)．具体性のヴィゴツキー．金子書房．

中村和夫．(1983)．認識・感情・人格：精神発達におけるその統一的理解．三和書房．

中村和夫．(1998)．ヴィゴーツキーの発達論：文化－歴史的理論の形成と展開．東京大学出版会．

中村和夫．(2004)．ヴィゴーツキー心理学：「最近接発達の領域」と「内言」の概念を読み解く．新読書社．

中村和夫．(2010)．ヴィゴーツキーに学ぶ子どもの想像と人格の発達．福村出版．

中村和夫．(2014)．ヴィゴーツキー理論の神髄：なぜ文化－歴史的理論なのか．福村出版．

柴田義松．(2006)．ヴィゴツキー入門（寺子屋新書）．子どもの未来社．

柴田義松．(2010)．柴田義松教育著作集：4 教科教育論．学文社．

田島充士．(2010a)．「分かったつもり」をどのように捉えるか：ヴィゴツキーおよびヤクビンスキーのモノローグ論から．ヴィゴツキー学，別巻 1, 1-16．

田島充士．(2010b)．「分かったつもり」のしくみをさぐる：バフチンおよびヴィゴツキー理論の観点から．ナカニシヤ出版．

田島充士．(2013)．異質さと共創するための大学教育：ヴィゴツキーの言語論から越境の意義を考える．京都大学高等教育研究，**19**，73-86．

田島充士．(2014)．ヤクビンスキー・バフチン・ヴィゴツキーの論にみるモノローグ・ダイアローグ概念の展開：社会集団の斉一性と人格の独自性とをめぐって．ヴィゴツキー学，別巻 3, 1-20．

Vygotsky, L. S. (1975)．子どもの知的発達と教授（柴田義松・森岡修一，訳）．明治図書．(1935)．

Vygotsky, L. S. (1987)．心理学の危機：歴史的意味と方法論の研究（柴田義松・藤本 卓・森岡修一，訳）．明治図書．(1982)．

Vygotsky, L. S. (1989)．子どもの心理発達における遊びとその役割（神谷栄司，訳）．神谷栄司（編），ごっこ遊びの世界：虚構場面の創造と乳幼児の発達（pp.2-34）．法政出版．(1966)．

Vygotsky, L. S. (2000)．普及版 子どもの心はつくられる：ヴィゴツキーの心理学講義（菅田洋一郎，監訳，広瀬信雄，訳）．新読書社．(1960)．

Vygotsky, L. S. (2001)．新訳版 思考と言語（柴田義松，訳）．新読書社．(1934)．

Vygotsky, L. S. (2002)．新児童心理学講義（柴田義松・宮坂琇子・土井捷三・神谷栄司，訳）．新読書社．(1984)．

Vygotsky, L. S. (2002)．新訳版 子どもの想像力と創造（広瀬信雄，訳，福井研介，注）．新読書社．(1930)．

Vygotsky, L. S. (2003)．「発達の最近接領域」の理論：教授・学習過程における子どもの発達（土井捷三・神谷栄司，訳）．三学出版．(1935)．

Vygotsky, L. S. (2004)．思春期の心理学（柴田義松・森岡修一・中村和夫，訳）．新読書社．(1984)．

Vygotsky, L. S. (2005)．文化的－歴史的精神発達の理論（柴田義松，監訳）．学文社．(1982)．

Vygotsky, L. S. (2012)．三歳と七歳の危機（神谷栄司，訳）．「人格発達」の理論：子どもの具体心理学（土井捷三・神谷栄司，監訳）（pp.70-108）．三学出版．(2001)．

Vygotsky, L. S. (2012)．人間の具体心理学（神谷栄司，訳）．「人格発達」の理論：子どもの具体心理学（土井捷三・神谷栄司，監訳）（pp.262-284）．三学出版．(2003)．

Vygotsky, L. S. (2014)．学齢期の児童学（伊藤美和子・神谷栄司・土井捷三，訳）．ヴィゴツキー学，別巻 3, 51-86．(1928)．

Wertsch, J. V., & Stone, C. A. (1985). The concept of internalization in Vygotsky's account of the genesis of higher mental functions. In J. V. Wertsch (Ed.) *Culture, communication, and cognition : Vygotskian perspectives* (pp.162-179). New York : Cambridge University Press.

7章 発達の社会・文化・歴史的アプローチ：ポストヴィゴツキー研究の現代的意義

茂呂雄二

　心理学における社会・文化・歴史的アプローチは，レフ・ヴィゴツキー（Lev S. Vygotsky）の発達的学習論から発するアプローチの総称である。このアプローチは，多様な考えが緊張関係を結び，簡単にはおさめられない動きをつくりだしている。この動きは，ヴィゴツキーの発達的学習論の世界的流行を生み出し，それを発展させてきたし，今も活発に動いている。本稿では，ポストヴィゴツキー研究というべき，この動きのうちの主だったトレンドをレビューし，次いでヴィゴツキーのメタ心理学としての方法論を吟味し，最後にそれを現実の生活や社会に生かそうとする実践活動を検討する。ここでとりあげるトレンドが，きわめて選択的なものであり，実際に行われている数多くの貴重な議論の一部にすぎないことはいうまでもない。

1節　ポストヴィゴツキー研究

1. 文化生態学的な媒介過程論

　1980年代から本格化した，比較的創造的で自由なヴィゴツキー解釈は，それ以前の古典的テクスト訓読のヴィゴツキー解釈に対して，ポストヴィゴツキー研究とよぶことができる。後にロシア語全集では別物として刊行されることになる，2つのテキストを1冊の "Mind in society"（1978）として翻訳刊行したコールらの仕事のように，ヴィゴツキーの思想を創造的に拡張する仕事がさまざまに提案されるようになった。

　もともと，ヴィゴツキーのアプローチの一番の特徴は，心理的なプロセスが，心理的道具を利用することで，社会的文化的に媒介されることを強調していた。たとえば，スケジュール管理の手帳やアプリを利用する私たちの記憶は，脳機能単独では成立せず，記憶を外部から支援する製品や製品の流通と利用を可能にする社会的組織に媒介されている。

　コールらの初期の研究（Cole, Hood, & McDermott, 1978）は，ヴィゴツキー自身が展開しようとした心理学批判を，人間哲学とくに文化人類学的な視点を媒介にすることで，拡張したといえる。ヴィゴツキー（心理学の危機）は心理学の困難が主観主義と客観主義の分離にあると述べ，精神機能が社会文化的環境と切り離せない，ユニティであるとした。コールらは，この批判のポイントを文化人類学のあるエスノグラフィーを用いることでデータにもとづいて研究した。

コールらの問いは，実験的手法の生態学的妥当性の問題であった。心理学実験室で生起していることの社会文化的特殊性の問いであり，実験室と同じ過程が日常生活でも生起するのか，実験室はどのような文化歴史的に特殊なのかを問題にしたのである。研究対象の子どもを学校の内外にわたって追跡するという方法論で明らかにされたことは，個体の能力に焦点が当たる心理実験やテストそして心理測定状況は，日常生活には発見できないということであった。つまり，実験室は日常生活とはかけ離れた特殊な社会文化状況であり，日常生活を生態学的に妥当なかたちで再現できないのである。この背景にあるのは，主流心理学の二分法（内界と外界，心理的なものと社会的なもの，子どもと環境の分断）であり，二元論であるとして，コールらは，従来の認知理論を批判して，社会文化的支援としての非二元論的発達的学習を概念化し，従来のものに変わる新しい認知理論として提案した（Cole, 1996/2002）。

コールらの方法論は，人間の学習を支える社会的文化的な基盤の解明と，社会文化的基盤がつくりだす多様性の研究という研究アジェンダを生み出し，ポストヴィゴツキー研究に幅広い影響力を与えたといえる。コール自身もこの研究アジェンダにもとづいて，リベリアのヴァイ族のリテラシー（読み書き能力）について，エスノグラフィーを併用しながら，リテラシーが認知的能力にどのようなインパクトをもつのか明らかにしている（Scribner & Cole, 1981）。レイヴとウェンガー（Lave & Wenger, 1991）は，リベリアの仕立て屋等の伝統的学習環境とアメリカの精肉工場の学習を比較し，学習を可能にする社会組織と徒弟制に注目する，学びの共同体論を展開している。

2．対話性

ヴィゴツキーの社会文化的媒介の考え方を拡張するために，参照されることが多いのが，同時代人であるミハイル・バフチン（Bakhtin, M. M.）の対話性の議論である。

対話性は①社会性，②媒介性，③多数性の3次元に要約することができる（朴・茂呂, 2007）。①社会性とは，バフチンにとって，孤立し自己充足した意識とはフィクションにすぎず心理あるいは人格等の主観的現象は，そもそも社会的出来事であり，心理は他者との相互行為のなかで意味づけられ発達する，とのアイディアである。②媒介性とは，対話は，言語能力に限らず意識や人格を含めた，人を形成する機能を有し「いかなる人間の個人的な言語体験も，他者の個人的発話との不断の相互作用のなかで形成され発展していく」との言語観に表れる。③多数性とは，異種混交ともいいかえ可能であり，小説のような一人の作者によって生み出された言語作品にも，2つ以上の異なる価値観や視点が混在するという，バフチンの言語作品の独特の見方に由来する。

この対話性を受けて，ワーチ（Wertsch, 1991/1995）は，ヴィゴツキーに由来する自身の考え方を社会文化的アプローチとよんでいるが，ヴィゴツキーの限界を補完するためにバフチンのアイディアを導入している。ワーチは心理研究における基本的分析単位つまり心理過程のモレキュラーなレベルを，媒介された行為に求めている。たとえば文字や記号や各種のIT機器など手段が他の人々や対象とを媒介する，文化的な行為が分析にふさわしいとする。媒介された行為に着

目することで，心理過程は孤立した過程ではなく，媒介手段を介して，社会過程と連接する，対話的に拡張された過程として扱えるというわけである。このような基本アイディアはヴィゴツキーによって用意されたものの，具体的な社会制度における媒介行為を扱うには限界があり，その限界を補うために，社会的言語実践を言葉のジャンルあるいは社会的言語としてとりあげるバフチンのアイディアが有効だとしている。

　一方，エンゲストローム（Engeström, 1987/1999）は，レオンチェフ（Leont'ev, A. N.）の理論枠組みを第 1 世代とすると，自らの活動システムモデルを第 2 世代として，第 3 世代の確立が急務だとしている。実際の活動システムには，多数の参加者が混在する。第 2 世代のシステムモデルの困難は，複数の参加者のもつ，異なる指向性つまり多様な意味づけのプロセスを十分扱えないことである。そこで第 3 世代では，複数の活動システムの間の交通すなわち相互行為を問題化しようと試みている。複数の活動システムが，共有する対象を足がかりに互いに越境（バウンダリークロス）したり，互いに意味づけを翻訳しあったりする事態こそが，活動研究が焦点化すべき事態だとしている。この際に導入されるのが，バフチンの対話性のアイディアである。エンゲストローム（Engeström, 1987/1999）は，ヘテログロシアを「多声性」（multi-voicedness）とよび替えて自身の心理研究に導入し，人，物，社会制度，テクノロジーを組み入れた，社会システムのレベルでの学習論を展開している。この社会システムは「活動システム」とよばれ，参加者・媒介する人工物・ルール・コミュニティ・分業そして活動の対象と活動の結果を構成要素として成立する。学習は，従来のような個体の変化からはとらえらない，システム全体の集合的な変化だとされる。この変化はシステムの構成要素間のジレンマあるいは矛盾が引き金となって引き起こされると考えている。多声性は，活動システムの原理的な特徴である。活動システムは多種多様な視野・伝統・関心を内包するコミュニティとして現れる。それというのも，活動システムに含まれる分業が，参加者の異なるステータスを生み出し，参加者それぞれが異なる歴史的背景をもち込むし，媒介する人工物も多層的な価値視点を内在するからである。

3．社会－技術的アレンジメントへの着目

　上野ら（上野・土橋，2006；上野，2011；上野・ソーヤー・茂呂，2014）は，ラトゥール（Latour, B.）やカロン（Callon, M.）らのアクターネットワーク理論を導入することで，人間のエージェンシーについて新しい見方を提案している。

　上野によればエージェンシーとは，何かが足りないと感じる，何かが欲しいと感じる，何かができると思う，何かがしたいと思う，プランを立てたり，そのように感じ，考えるといった「主体的な判断，欲求，ニーズ」をもつ能力を指す。いいかえれば，私たちの情動面を含むサブジェクティビティを指している。つまりは，私たちの情動と認知のユニティを指している。

　上野がとりあげる人間の活動領域は，スマートフォンによるLINEの利用等の人工物（アーチファクト）のデザインやユーザビリティの問題である。従来，人工物とエージェンシーを異なった存在と考えるのが一般的な発想であり「人工物はそうしたユーザにとってのニーズや使いや

すさにあわせてデザインされなければならない」というデザインポリシーが採用されてきた。上野は，人工物は単体では存在しないことをとりあげ，この従来のポリシーを逆転させるそのために，人間の側のニーズ・認知能力が，人工物とは独立に存在するのではなく，こうしたもの自体が，人間とさまざまな人工物のアレンジメント（布置）から生じるという観点を先鋭化させる。

実は，このような方向性は，完全ではないが，ヴィゴツキーの議論のなかに萌芽的に表現されていたと認められる。ヴィゴツキーはよく知られた媒介過程の三角形モデルを提案しているが，このモデルは行為者と対象と道具が分断されているというよりも，互いに切り離せないユニティ（まとまり）をつくっていることを意味していた。

上野の議論は，これを明快に分節化してさらに，徹底を図っている。人間のエージェンシーが，事物のもつエージェンシーと分けられないとして，自主的にある欲求やニーズをもつ主体がテクノロジー，人工物を用いるというよりは，むしろ，主体は，特定の人々とモノからなる社会‒技術的アレンジメントによって，形成されたり，存在しているということになる，としている。

しかし，すでにできあがったものとして社会‒技術的アレンジメントをみると，エージェンシーは固定的なものとしてしか記述できないとして，人工物開発者やユーザは，固定的なエージェントではなく，また，開発者やユーザの境界も明確ではなく，むしろ，さまざまなエージェンシーが，社会‒技術的アレンジメントの形成にともなって絶えず再形成されるダイナミズムのなかにみることができるとしている。

4．セラピーとしてのヴィゴツキー

最後に注目したい拡張の視点は，セラピーとしてヴィゴツキーの社会文化的活動論アプローチを拡張する方向である。

ニューマンとホルツマンら（Newman & Holzman, 1993, 1996, 1997 ; Holzman, 2009/2014 ; Holzman & Mendez, 2003）は，ヴィゴツキーの情動と認知のユニティにもとづく，グループ（あるいはコミュニティ）の形成と発達的学習過程をソーシャルセラピーと名づけて，長く草の根の心理セラピー活動として実践している。

彼らは，マルクス（Marx, K.）とウィトゲンシュタイン（Wittgenstein, L.）を参照してヴィゴツキーをラディカルに解釈する。ヴィゴツキーが主張していた，発達と学習のユニティと情動と認知の不分離をもとに，マルクスの実践の概念とウィトゲンシュタインの言語ゲーム論と哲学の治療というモチーフで拡張している。

人々の学習は，従来なかった革命的に新しい実践のあり方を創造することである。ソーシャルセラピー実践は，人々がかかえる情動的痛みに対して，従来の診断＝治療モデルからはなれて，グループとして新しい意味づけを与え，新しい情動経験として再創造する実践である。つまり，ソーシャルセラピーは，人々の集合的実践でつくられる「情動の領域」つまり新しい情動性を創造する活動だといえる。

たとえば，子どものグループセラピーでは，注意欠如・多動症と診断された子どもをめぐって，

子どもたち，母親，セラピストがグループとして話し合いをする（http://www.socialtherapygroup.com/lacervablog.html）。この話し合いのなかで，診断ということの意味を共有し，診断名を与えられた子どもについて他の子どもたちがどのように思っているのかについても率直な感想が出されるなかで，診断をただ病気やマイナス面として受け取るのではない，いわばやり過ごし方が子どもたちから提案されている。つまりは，診断が心理の欠陥あるいは病理として，悲しみとして受けとめるのではない，新しい情動性の領域が創造されたのである。

通常，ソーシャルセラピーに相談にきた患者は，しばらくの間，2人グループで活動し，その後，より大人数のグループに移るという。グループは，通常，10人から25人で構成され，性別，年齢，民族背景，セクシャリティ，階層背景，経済的地位，職業，「抱える問題」などが異なる混成グループとして活動する。この混成状況が人々のアイデンティティを揺さぶるのに効果があるという。性別や民族背景等のカテゴリーや，診断名など，つまり「私はこれこれのタイプ」というようなアイデンティティが揺さぶられる。固定化した話し方としての，アイデンティティに変更の可能性が追加され，新しい情動性が創造可能となる。ニューヨークに30グループ近くあるというが，ほとんどのグループは継続しており，毎週90分間のセッションを行っている。もう何年も参加している人もいれば，数カ月の人もいる。去る人もいれば新たに参加する人もいる。セラピーの発達の最近接領域を構成する人々は，常に変化するという。

2節　方法論の拡張

ポストヴィゴツキー研究の一部をみたわけだが，これはいわゆるデータにもとづいた経験的研究であるというよりも，方法論の冒険である。ヴィゴツキーのいう方法論とは，研究の基本となる人間の見方であり，人間哲学である。私たちの心の思い描き方は，素朴であると同時に，流通している心理学の理論をあたりまえのように受け入れ，再生産している場合も多い。私たちの心の営みに関する，人間哲学が十分に整備されていないと，誤った前提にもとづいたまま，高度な統計的技法が一人歩きするという，転倒した図式が惰性的に持続することになる。

1．二元論の克服

ヴィゴツキーが問題にし，乗り越えようとしたのは心理学のそこここにみられる，二元論的であり単純な二分法である。生物学と文化，行動と意識，考えることと話すこと，学習と発達，個人と社会などの二分法である。先にとりあげたポストヴィゴツキー研究は，いずれもこの二元論的二分法をヴィゴツキーのアイディアの拡張によって乗り越えようとする試みだと評価できる。

たとえば心理学は，単純に個人（個体）と社会を分断して，社会過程の影響を一方的に受けるだけの個体というフィクションをつくりあげることが多い。実際には，人々のグループ，アンサンブル，コミュニティのあり方とともに，社会のあり方が変化するのであって，実際のダイナミ

ズムを理解するうえでは，個人と社会の二分法はむしろ阻害要因となる。

さて，ヴィゴツキーは弁証法的方法論を推奨して，心理学のこの種の二元論的概念化を拒否し，それに強く対抗する議論を展開した。この弁証法という言葉は，とらえどころがないという意味で厄介である。

ニューマンとホルツマン（Newman & Holzman, 1993）は，鮮やかな再概念化によって弁証法の意味を再活性化し，この概念の有用性を高めることに成功している。それは「道具と結果（tool and results）の弁証法」である。通常，道具は活動の対象に利用されるものとして，二分法的に，分断されてとらえられることが多い。これは結果のための道具利用（tool for result）とよぶことができる。

しかし，実は道具と，道具を用いた活動の結果は切り離すことができない。たとえば，幼児が母語話者になる過程をヴィゴツキーが記述しているが，ニューマンらは，これを世界に関する知識獲得のため媒介手段を所有する過程（すなわち手段としての道具の使用）とはみない。発達のための環境と発達そのものを同時に（つまり道具も結果もともに）創造していると理解する。幼児は，自分たちが誰であると同時に，誰でないか（どのような人になろうとしているか）に，ともに関係しあっている。幼児は，養育者とともに発達環境を創造する。その環境のおかげで，自分以上のことができ，自分でありながらも，自分以外の誰かになることが可能となる。やり方を知らなくても，幼児は話せるし，幼児への話しかけと周囲の語りの創造的模倣は，完全に受け入れられる。共同活動をとおして，幼児と養育者ときょうだいなどは，発達を先導する学習環境を創造し，この弁証法の実践をとおして，学習と発達の統一体を創造するのである。

二元論の問題についてのヴィゴツキーによる議論は，ある程度吟味されているし，拡張によって徹底されようとしている。しかしながら，その重要性にもかかわらず，認知と情動の二元論は注目されてこなかったのである。すでに紹介したコールらの研究も，認知的な側面に比べて情動の側面は十分には扱われていない。

2. 実践あるいはパフォーマンスへ

ニューマンとホルツマン（Newman & Holzman, 1997）は，心理学ならびに心理学が規範とした（自然）科学そして哲学一般に共有される，エピステモロジーを批判する。エピステモロジー（epistemology：認識論）とは，プラトン（Plato）に由来する二元論的なしかけである。パルメニデス派の永遠，永続と，ヘラクレイトス派の流転の，二元論的解決である。外的対象は不変（永遠，不動）だが，認識（knowing）する認識者は流動的とする分断である。認知する主体は成長し，不十分な認識から一方向的に変化する。これに対して外的対象は不変のままとどまるという，いわゆる自然科学に共有されるイメージである。これを研究の主体と対象を分離することのできない人間科学にそのまま適用することは誤りである。人間科学には，対象の意味づけも更新される弁証法を用意する必要がある。

この弁証法的観点とは，パフォーマンスの観点である。対象世界も私たちも変化するのである

から，パフォーマンスをとおして，新しい実践のあり方を，エピステモロジーなしに，先取り的に実践してしまうという観点である。ニューマンらは，パフォーマンスの観点も，ヴィゴツキーが用意したものであり，その実例としては幼児の言語学習場面に着目できるとしている。幼児は，周囲の言葉のなかから自分一人ではできなかった新しい言い回しを創造的に模倣することで，自分よりも有能な存在に成長変化するのである。

3. 心理学批判

ヴィゴツキーは，二元論的に文法を基礎にした心理学のあり方を強く批判した。ポストヴィゴツキー研究も，この心理学批判を受け継いでいる。

現代のポストヴィゴツキー研究は，異文化への対話的関係づくりをすることで，自文化にとって優勢な心理学的前提を問題にしてきた。それは，コールらの初期の研究から一貫していた。コールらは，心理学の個体重視のバイアスが学校教育にも蔓延しており，それが学校での学習の格差の源であることを批判していた。それはバフチンを媒介にした，ワーチやエンゲストロームの議論で，さらに徹底されるに至っている。

この心理学批判をさらに深化させることも必要である。それは，心理学実践は誰のものかという問いによって可能になると思う。つまり，日常生活者の心理実践こそが心理研究でもある，という実践の見方も意味があるだろう。そのとき，専門的心理研究者の役割は，従来の科学的心理学がつくりだした，カテゴリー間違いを正して，心理実践を治癒することとなるだろう。

3節 実践へ

1. 遊び

ポストヴィゴツキー研究をさらに進めるうえで，重要になるのは実践をどのように組織すればよいのかということになるだろう。実践の組織原理として，ポストヴィゴツキー研究から参照できそうなのは，まずは遊び（あるいはパフォーマンス）の観点である。遊びは子どもの発達の最近接領域を創造する。遊びでは，子どもは平均年齢，子どもの日常可能な行為を超える。遊びのなかでは，子どもは頭一つ背伸びしたかのように行為できるのである。

遊びは，参加者の可能性を拡大するとともに，情動と認知の新しいユニティを形成するうえでも重要である。私たちの凝り固まった，アイデンティティを揺さぶり，新しい情動経験を可能にするうえでも，遊び心に満ちた即興的シーンをつくりあげることには可能性があるだろう。

このことで見事な実践を提供しているのが，ニューマンとホルツマンのグループである。彼らのソーシャルセラピーは，発展して，さまざまなプロジェクトとして展開している（Holzman, 2009）。

その一つに，オールスタープロジェクト（All Stars Project）がある。このプロジェクトでは，タレントショー，若者による舞台づくり，大企業での研修事業等がある。

たとえば，タレントショーは，都市貧困層の若者に，舞台でプレイ（遊び＝演技）することをとおして社会経験とともに成功と賞賛の経験を与えようとするものである。貧困層の若者は社会的経験に乏しい。自分の地域の数ブロックから出たこともなく，地域も学校もアフリカ系アメリカ人ばかりである。白人に接するのは，警官か，学校の教員くらいしかいない。そういうダイバーシティに乏しい環境である。そのような若者が，1カ月の研修を受けた後，パフォーマー，舞台の裏方，そして会場整理係をこなして，自分たちでタレントショーをマネージするのである。この舞台経験は，生き方のモデルとなるようなプロの大人たちと協働するという社会文化的経験ともなる。

一方YO！（Youth Onstage！ 若者による舞台づくり）とよばれる学校外演劇プログラムでは，2005年ソーントン・ウィルダーの『わが町』（Our Town）を下敷きに，『われらが都市』（Our City）を制作した。出演者は8人の若い俳優で——14歳から21歳の都市貧困層の若い男女——，YO！の演出家やプロの俳優の助けを得て，彼らは劇をつくりあげた。出演者は，原作の戯曲を読むなどして，芝居と自分たちの生活の様子について話し合った。そして街中や地下鉄の駅に行き，演出家にいわれたように自分たちとは違う，年齢，性別，民族性や背格好の人々を観察し，後で互いに演じるために人物情報をもち帰ったのち，人物を即興で演じた。このようにしてつくられたシーンは，録音され文字起こしされ6週間のワークショップのなかで登場人物との関係も発達した。俳優と演出家はさまざまな人物とシーンをつなげて，文字起こしされたシーンを台本化したのち，舞台にかけた。このようにして，参加者がもっている固定化されたアイデンティティを揺さぶる経験をつくることができたという。

このような遊び＝演劇にもとづいた，実践の組織化原理は有望に思われる。とくに，ワークショップや即興が日本でも流行しつつあるが，そのような実践を組織するための人間哲学が弱いように思えるからである。

2. メディアがつくる新しい生態系

ソーシャルメディア等の新しい技術を利用した組織原理も，実践の掘り起こしには有効であろうし，現代的に意義深いといえる。

上野が属している研究グループによってつくられたAR（augmented reality：拡張現実）アプリと関連する社会－技術的アレンジメントの形成を紹介しよう（上野ほか，2014）。

このARアプリは，「横浜歴史フィールドミュージアム」（横浜歴史フィールドミュージアム，2013）と名づけられたもので，スマートフォンのカメラで現実の景色に重ね合わせて約150年前の同じ場所の開港当時の浮世絵，1900年以降の横浜を撮影した絵葉書，古い写真を見ることを可能にする。このようなフィールドミュージアム系のスマートフォン・アプリとコンテンツは，街を歩きながら今現在の風景を見ながら過去の風景やその記述を見ることをとおして，いわば，拡

張現実的に街を体験することを可能にするという。

　上野の実践的で介入的なフィールドワークは，オープンデータに関連したICTの開発事例を対象にしたものである。この開発事例は，2つの意味で新しい交換関係のうえに成立するものである。柄谷（2010）によれば，交換関係には，商品＝貨幣関係だけでなく，純粋な贈与に近いものも重層的に隠れているとする。この論に従えば，上野が記述する事例は，アプリとデータがオープンに利用可能な事例である。一方では，さまざまな技術がリミックス可能なオープンソース的な土壌のうえに成り立つものであり，加えて横浜の歴史的データ等が行政から利用可能な形で提供されることも必要である。このような環境のもとで，さまざまな関心をもったグループやパーティが，参加し連携し，再結合するなかで，新しいニーズや思いといった，新しいエージェンシーが醸成されるのである。このエージェンシーは，認知的プロセスとだけとらえることはできず，情動とよぶことができるプロセスである。

　上野らの考察は，人工物がつくりあげる情動と人々，そして事物のつながりを明らかにするものであり，テクノロジーを介した組織原理を提供するものである。

3. コミュニティビルディング

　レヴィン流のアクションリサーチとホルツマンらのソーシャルセラピーにもとづいて，台湾の各所で社会運動を組織している，実践的心理学者に台湾輔仁大学の夏林清がいる（夏，2011）。

　夏のグループは，セックスワーカーの組合組織化，台湾アボリジニーの子どもたちのアフタースクールの運営，台北市内でのコミュニティスクールの運営，原発建設再開反対運動等，現実の社会問題に実際にかかわりながら研究を進めている。

　たとえば，海岸部のアボリジニーコミュニティへの実践的介入では，まず放課後の子どもの学習支援者として，学生グループがコミュニティに参加を試みる。子どもの学習支援プロジェクトを展開しながら交流を深めて，アボリジニー住民のかかえる問題や，解決必要なニーズを掘り起こしている。たとえば，住民が空いた他人の土地で行う農作の問題にかかわる事例の場合には，農作をできるかぎり土地所有者の間でコンフリクトが起きないような手立てをうったり，あるいは農作による生産物をどのようにしたら流通できるかを住民とともに工夫し，流通経路をつくりだすなどをしているという。

　興味深いのは，夏グループの学生や研究者のかかわり方である。彼らは大学の実習を通じて，それぞれのコミュニティに参入し，長期にわたるフィールドワークと介入を続けながら，アクションリサーチを実施する。学生のなかには，NPOを立ち上げるなどして卒業後もプロジェクトを継続するものもいるし，一定程度プロジェクトを継続した後，大学院に再入学して学位取得を目指すものもいる。コミュニティのファシリテーターとしてプロジェクトを継続しつつ，NPOの主催者として生計を立てる。このようにコミュニティビルダーとして，実践＝リサーチを継続することは，心理学を学ぶもののライフコースとして有望に思える。とくに，いわゆるポスドク問題の解決に寄与する可能性ももつように思える。入り口だけは広がったにもかかわらず，出口が

あいかわらず狭いままであり，研究職としての就職問題をかかえている心理系大学院生に対して，新しいキャリアイメージを提供することも可能になるように思われる。

◆ 引用文献

Cole, M.（2002）. 文化心理学：発達・認知・活動への文化－歴史的アプローチ（天野　清，訳）. 新曜社.（Cole, M. (1996). *Cultural psychology : A once and future discipline.* Cambridge, MA : Harvard University Press.）

Cole, M., Hood, L., & McDermott, R. P. (1978). *Ecological niche picking : Ecological invalidity as an axiom of experimental cognitive psychology.* Unpublished manuscript, New York : The Rockefelle University.

Engeström, Y.（1999）. 拡張による学習：活動理論からのアプローチ（山住勝広・松下佳世・百合草禎二・保坂裕子・庄井良信・手取義宏・高橋　登，訳）. 新曜社.（Engeström, Y. (1987). *Learning by expanding : An activity-theoretical approach to developmental research.* Helsinki : Orienta-Konsultit Oy.）

夏　林清.（2011）. 斗室星空：「家」的社會田野. 導航基金會.

Holzman, L.（2014）. 遊ぶヴィゴツキー（茂呂雄二，訳）. 新曜社.（Holzman, L. (2009). *Vygotsky at work and play.* London : Routledge.）

Holzman, L., & Mendez, R. (Eds.). (2003). *Psychological investigations : A clinician's guide to social therapy.* New York : Brunner-Routledge.

柄谷行人.（2010）. 世界史の構造. 岩波書店.

Lave, J., & Wenger, E. (1991). *Situated learning : Legitimate peripheral participation.* New York : Cambridge University Press.

Newman, F., & Holzman, L. (1993). *Lev Vygotsky : Revolutionary scientist.* London : Routledge.

Newman, F., & Holzman, L. (1996). *Unscientific psychology : A cultural-performatory approach to understanding human life.* Westport, CT : Praeger.

Newman, F., & Holzman, L. (1997). *The end of knowing : A new developmental way of learning.* London : Routledge.

朴　東燮・茂呂雄二.（2007）. バフチンの対話性概念による社会心理研究の拡張. 実験社会心理学研究, **46**, 146-161.

Scribner, S., & Cole, M. (1981). *The psychology of literacy.* Cambridge, MA : Harvard University Press.

上野直樹.（2011）. 野火的活動におけるオブジェクト中心の社会性と交換形態. 発達心理学研究, **22**, 399-407.

上野直樹・土橋臣吾.（2006）. 科学技術実践のフィールドワーク：ハイブリッドのデザイン. せりか書房.

上野直樹・ソーヤーりえこ・茂呂雄二.（2014）. 社会－技術的アレンジメントの再構築としての人工物のデザイン. 認知科学, **21**, 173-186.

Wertsch, J. V.（1995）心の声：媒介された行為への社会文化的アプローチ（田島信元・佐藤公治・茂呂雄二・上村佳世子，訳）. 福村出版.（Werrsch. J.V. (1991). *Voices of the mind : A sociocultural approach to mediated action.* Cambridge, MA : Harvard Universiry Press.）

横浜歴史フィールドミュージアム.（2013）. http://ueno-lab.com/yhistory/〈2014年8月7日〉

8章　文化心理学

田島信元

　文化心理学は，近年注目を浴び始めた「認識・行動と文化の関係」に関する総合科学的な研究領域である。この領域の端緒は17世紀のイタリアの哲学者ヴィーコ（Vico, G.）に遡るといわれる（田島，2008）。しかし，近代のそれは心理学の創設期においてヴント（Wundt, 1916）により心理・行動科学的アプローチの支柱として位置づけられた「実験心理学」に対し，同時にその相補性が強調されて位置づけられた「民族心理学」を基点とするラインにある。

　しかし，その後は「実験心理学」偏重の歴史的推移に影響され，文化人類学など隣接の特定領域においてのみ論じられてきたのであるが，近年，実験心理学における文化要因の排除に対する反省のもと，さまざまな領域において「認識・行動の理解には文化的影響の理解が必須」という議論の高まりとともに注目を集めている領域である。その主眼点は，文化的要因は「認知・行動とは分離できない一体的存在」なのか，それとも「認知・行動に影響を与える存在」か（Rogoff, 1998）というところにある。本稿では，今後の発達心理学における文化要因の扱い方を占うべく，文化心理学の研究史の概括を試みたいと考える。

1節　文化心理学とは何か

1．文化心理学の意義

　現代の文化心理学の意義は，マルクス（Marx, K.）らの唯物論哲学の心理学的アプローチを目指したヴィゴツキーの理論や文化人類学の諸理論をもとに，1990年前後に新しい文化心理学としての課題を提起した心理学的文化人類学者シュウェーダーらを源流として，認知・発達心理学（コール，ワーチ，ブルーナー，トマセロら），社会心理学（マーカスら）および認知科学（ハッチンスら）などの各領域で，文化と行為や認知の形成（発達）との関係に対する新しいアプローチを提起しはじめたことにある。

　元来，行為や認識の形成を研究のターゲットとしてきた心理学の諸領域では，文化的な要因については，実験（室）的に統制して直接的には扱わず，無視するか，扱ったとしてもデータそのものは行為や認知のみで，それらの比較文化的データにもとづき差異に与える影響要因として解釈的に文化を扱うことが多かった。

しかし，新しい文化心理学の課題の中核は文化と行為・認知の形成とは不可分であり，文化的行為のなかに行為・認知の形成メカニズムを見定めるべきだとし，文化的行為そのものをターゲットにすることを求めているのである。そのため，問題とする範囲の拡大だけでなく，研究計画法の見直しをはじめ，資料収集の方法や分析単位の見直しが必要となってくる。基本的には比較文化研究法ではなく，下位文化内における認知・行為の形成過程を丹念に記述するという方法論をとるが，比較文化的アプローチを採用する場合でも比較するものはこれまでの認知や行為の単位ではなく，文化的行為という単位を設定していくことの必要性を強調する。

こうした発想の貢献としては，まず，第一に，各領域に独自の課題解決を要求することにつながってくる。それは認知・発達心理学領域においては（行為・認知の形成に対する）文化的要因と生物学的要因の関係の明確化など厳しいものが多いと思われるが，しかし，そうした問題の提起は，各領域の研究パラダイムの変換を含む大発展の起爆剤ともなる可能性をもつと考えられる。また，問題範囲の設定・分析単位の見直しという要求は，細分化の一途をたどってきた諸研究領域間の密接で相互的，刺激的な関係が要求されてくる。こうした研究領域間の関係構築は認知科学や発達科学において先行例があるが，文化心理学でも同様の発展が望まれており，総合科学として発展途上にある分野といってよいであろう。

2.「文化心理学」における「文化」概念

人間にとって文化とは何か。文化は紛れもなく人間が創り出してきた人工物である（Cole, 1996/2002）。その人工物によって人間の生活は変化してきたし，何よりも心理学がテーマとしてきた精神生活が変化し，新たな人工物，すなわち文化を創造し，蓄積し続けてきたことは誰しも認めるところであろう。その意味では，人間は，文化なしでは生きられなかったし，歴史的にも，また一人の人間の生涯発達（個体発生）も文化なしではその変化はありえないというのである。

こうした観点から，ロシアの発達心理学者ヴィゴツキー（Vygotsky, 1934/2001）は，人間の発達（個体発生過程）を「文化獲得・創造過程」であると定義したうえで，個体発生を基礎づける文化獲得・創造過程（微視発生過程）と個体発生の関係を明らかにすることが必須であること，またその際，歴史的に文化を蓄積してきた過程（歴史的発生），およびヒトが文化的存在となることで進化した事実を明らかにする系統発生の過程との関係を明らかにしていく必要があることを強調している。

しかしながら，人は一生の間，朝から晩まで文化のなかで生活をしているため，文化というものを意識することは大変難しいことでもある（Cole, 1996/2002）。その意味では，人間行動やその発達を扱う心理学領域では，文化をどう扱うかということについて必ずしも成功してこなかったといえよう。

一つは，文化を超えた普遍的な行動・発達原理の解明を志向してきた近代科学的心理学（「第一の心理学」〔Boring, 1957〕）では，文化を超えるという名目のもとに，文化と行為形成の関係の解明を無視する結果となった。これに対し，1950～1960年代に最盛期を迎えた比較文化心理学

では，文化を扱うことを志向はしたのであるが，「第一の心理学」の枠内で「文化が行為形成に及ぼす影響」(Rogoff, 1998)というかたちで明らかにしようとした。すなわち，行為形成という結果（従属）変数に対する原因（独立）変数として扱おうとしたのであるが，第一の心理学の研究者を十分に納得させられるような文化の変数化には失敗してきたのであった（田島，2008）。

以上のような心理学分野における文化に対する対処法に対し，シュウェーダー(Shweder, 1990)は，「文化の影響を基本的にはノイズとして扱い，文化差の基底にある普遍的で，抽象的な形式の理論の確立を目指す伝統的な心理学では，比較文化心理学においていくら方法論を洗練させようとしても成功するはずがない」と断定し，そのかわり，文化概念を中核に据えるまったく新しい「文化心理学」という学問分野，まさに「第二の心理学」を提案したのである。

シュウェーダーは，「第一の心理学」が前提とするように，人間の心理・精神を普遍的な情報処理装置になぞらえ，文化はその表現形式に影響を与える表面的な要因としてとらえられるものではなく，人がもつ生物学的な資質からみても，文化は人の心・精神とは切り離すことのできない共同構成（co-construction）的なものと明確に主張した。それゆえ，文化は精神発達において本質的な役割を果たすものとしてとらえるべきであるとするのである。そのため，人の精神発達は，人が文化的，歴史的文脈のなかで積極的に行う文化獲得活動をとおして獲得される，文脈に埋め込まれた，そのため文化内容に主導された，領域特殊的な意図的，意味的世界の構築過程としてとらえる必要があるとした。また，そのことを資料としてとらえることが可能な解釈的な方法論，さらに，「第一の心理学」が基盤とした主体と客体，人間と環境（文化）といった二項対立的なやり方で分離する分析法や，時間的にも独立変数（原因変数）から従属変数（結果変数）へと順序づける分析を拒否する文化人類学やエスノメソドロジー（社会学の一領域）など隣接の人文諸科学に由来する分析法の採用の重要性を強調したのである。

3.「文化心理学」の目的と方法論

シュウェーダーが念頭においた「第二の心理学」としての文化心理学は，しかし，心理学を2つの領域に分裂させることを目的としたものではなかった。すでに，ヴィゴツキー(Vygotsky, 1925-1927/1987)が分裂の危機に対して警告を発し，危機の克服の道筋を「文化-歴史的理論」として提案していたことにも由来する。ヴィゴツキーは基本的に人間の高次精神機能の発達を文化-歴史的文脈に埋め込まれた意味や資源を獲得する活動の過程としてとらえたうえで，その活動の成立にあたっては，主体が対象にかかわる際の社会的な支援活動，とりわけ大人の支援活動で使われるやりとりの道具としての記号・言語による「媒介」が必須であることを主張し，これを「文化的発達の一般的発生原理」として提起しているのである(Vygotsky, 1978)。

少なくとも，文化心理学はこの「文化-歴史的理論」の吟味を行うことから始まっているといってもよい(Cole, 1996/2002)。事実，シュウェーダーは文化心理学を提起するにあたって，「すべての人間はある社会文化的環境から意味と資源をとらえ，それを使用する過程をとおして，自己の主観性および精神生活を変えている。そうである限り，いかなる社会文化的環境も，人間

がそこから意味と資源をとらえ，利用するやり方と無関係に存在したり，主体性をもったりすることはない」と宣言し（Shweder, 1984, p.2），人間の精神（思考）の文脈特殊性と内容特殊性とともに，意味のある記号による媒介の重要性を強調しているのである。

また，認知発達心理学の観点から文化心理学を主張したブルーナー（Bruner, 1990/1999）は，やはり基本的にはヴィゴツキー理論を枕において，社会的，シンボル的に媒介された人々の日々の出会いのなかにこそ精神発達が立ち現れ，機能するとして，日常の活動のなかで人々が意味をつくりだしていく過程を「まとめあげる」規範的な会話の構造，あるいは出来事についての表象に注目し，分析することを提言している。

さらに，現代の文化心理学の発祥に関する詳細なレビューを行ったコール（Cole, 1996/2002）は文化心理学として共通する視点を，(i)文化はヒトが生きていく上での特有の媒体として機能すること，(ii)この媒体は人の行為の制約及び道具の両方として働き，行為の性質を決定すること，(iii)この媒体はヒトが発生して以来，種の生物学的構造とともに進化してきたこと，の3点をあげ，これらの概念を文化心理学の中核として，人の行為の意味と文脈を重視した，比較や発生的アプローチを中心に据えた方法論を採用することに特徴があるとしている。

これは，歴史的に文化心理学が明らかにすることを目指してきた「第二の心理学」としての目的と方法論の特質を示すものであり，「第一の心理学」に対抗する側面をもつとともに，「第一の心理学」との統合に向けた多くの試みが行われることを促していることも事実である。この点を2節で明らかにしてみたい。

2節　文化心理学の諸領域

現代の文化心理学に共通する視点を考えるうえでは，コール（Cole, 1996/2002）も指摘するように，ロシア文化−歴史学派，とくにその前提的発想を定式化したヴィゴツキー（Vygotsky, 1934/2001）の理論の影響が大きく（田島，1996, 2003），本節ではこの点を中核に，「第一の心理学」と「第二の心理学」の統合に向けた試みについて考えていくうえでも，文化心理学的アプローチの諸領域の要点について概括的に展望してみる。

1. 社会文化的アプローチ：文化的道具媒介論と特権化概念の寄与

ワーチ（Wertsch, 1991/1995）は，ヴィゴツキー（Vygotsky, 1934/2001）の理論，とりわけその発展形を示唆したバフチン（Bakhtin, 1988）の理論に従った発想により，「私たちは従来の社会科学とは違った道を歩むことになる」（Wertsch, 1991/1995, p.94）というほど大きな発想の転換を迫るアプローチを「社会文化的アプローチ」とよび，発達心理学との統合を示唆する点を以下のようにまとめている。

a. 発話の意味を形成する「多声性」

人は生誕直後から他者との言語を媒介としたかかわりをとおして意味を生成していく存在としてとらえられるが（田島，2003），社会文化的アプローチの視点では，「意味生産の源を個人内部にではなく，集団の生活，成員間のコミュニケーションに求める必要がある」と強調する（Wertsch, 1991/1995）。このことをワーチはバフチンの「多声性」（multivoicedness）という概念で説明する。バフチン（Bakhtin, 1981）によれば，個人の発話は対話にもとづく 2 つ（2 人）以上の声（発話を構成する単位で，意味やアクセントを担う最小単位）によって社会的に構成される，いわば個人の内部で自己と他者が対話する「腹話術」を演じているようなものであり，個人は相手や社会から声＝意味を「借用」（Holquist, 1981, p.164）したうえで，自己自身がもつ声＝意味と闘わせて発話（意味）を形成していく存在であるという。まさに，人は自立的であると同時に，他者や社会と切っても切れない存在として発達していくのである。その意味では，発達心理学的には言語・記号を媒介として形成される行為，すなわち人の行為を形成する発話（意味）が生み出されてくる対話過程の解明が最低限，必須ということになろう。

ここで重要なことは，発話（意味）の生成において，常に集団的で多声的な対話にもとづいた相互に活性化された状況で，自立した思考と新しいことばの創造を生み出すとは限らず，場合によっては，一方的に承認と受容を相手に要求する単声型の伝達モデル的な発話があり，これを「権威主義的なことば」として，前者の「内的説得力のあることば」と区別している（Bakhtin, 1986/1988）。この「権威的なことば」の事例として父親，大人，教師のことばや宗教，政治，道徳に関するテキストといった，家庭におけるしつけ・教育，学校や宗教集団など制度的なシステムに対する適応のダイナミズムなどがあげられている。そしてこのようなことばが出てくるのは，個人が他者の声や集団の声（これを「社会的言語」という）と対等な接触能力がないこと，つまり対話的に無能力状況にあるとして，そのような社会的状況，あるいは発達段階の解明の重要性を示唆するとともに，真に人間の思考を形成していく基本的な原理は多声性にもとづく「内的説得力のあることば」であることを強調する。しかし，このような無能力状況が出てくるのは，単声機能と対話機能との間の力の対立関係として理解できるわけで，その意味では，発話はまさに発達段階の進展，すなわち社会文化的文脈に依存して決まってくるのである。

b. 文化的道具（箱）

さらにワーチ（Wertsch, 1998/2002）は，対話過程の分析に必須である言語・記号的やりとり，すなわち対話を媒介する言語・記号について，それが多種多様な品目を含む「道具箱」（Wertsch, 1991/1995, p.124）と位置づけてみてみる必要があるとし，これを「文化的道具」とよんだ。多様性に特徴づけられる文化的道具は，対話活動が生起する文脈に応じて異なる道具を使ったり，同じ道具が異なるグループや異なる文脈では異なる使われ方をしている，ということを意味する。

このことは，人間のさまざまな認識の個人差を社会文化的・歴史的・制度的文脈差の観点から独特の説明をすることになる。従来の認知発達理論ではピアジェ（Piaget, J.）の単線型の発達コースを想定する絶対的・普遍的発達観に対して，前述のコール（Cole, 1996/2002）らの比較文化的，文化心理学的資料から複線型の発達コースを想定させる相対的発達観が台頭するという状

況がみられてきた（田島, 1992）。そこでは，たとえば，特定の発達段階にある子どものみがある能力を所有し，それ以下の段階の子ども（あるいは，大きく発達の遅れを示すとみなされた伝統社会の大人）はそうした能力をもち合わせない，という絶対的・普遍的発達観に対し，少なくとも別の文脈（たとえば，実験室ではなく，日常生活のなか）ではその能力を十分発揮できるということを証明することで異議を唱えた。

　これは決して年少の子ども（伝統社会の大人）も，（近代西欧の）年長の子どもや大人と変わらない能力を所有している，と主張しているのではない。むしろ年少児や伝統社会の大人は，彼らの生活形態，つまり異なる文化的道具に依存した独自の認識形態を示し，しかも年少児にみられるように，生活形態の変化にともなって（たとえば，幼稚園や学校に行くようになると）容易に年長児，大人のような認識形態に変化しうるということから，彼らがある精神的能力をもっているか，もっていないかという「所有メタファー」（Wertsch, 1998/2002, p.125）を否定することで，認識形態のあり方を社会的文脈に依存した，多様な道具箱からの媒介的道具の選択にもとづく行為の結果であると主張しているのである。

c．特権化

　ワーチ（Wertsch, 1991/1995）自身も文化的道具（箱）の媒介による発達（能力獲得）の説明が極端な相対論に陥らないために，道具箱アナロジーとともに「特権化」という概念を設定している。基本的には活動の媒介手段である道具はその効力に序列はないというのであるが，しかし現実には，たとえば「社会的言語（特定集団，ないし特定活動〔ジャンル〕に特有のことば遣い）」といったある一つの媒介手段が，ある特定の社会文化的文脈状況では他の手段よりも適切ないし効果的だとみられることが普通であり，このことを「特権化」とか「脱文脈化」とよぶのである。そのため話者はその発達過程において有力な特定の社会的言語の話者との対話をとおしてその社会的言語を習得することで適応を果たしていこうとする状況がみられるのである。

　ワーチはバフチンの理論にもとづいたこの「特権化」の概念を用いて，一方で，たとえば，学校教育制度などが発達に及ぼす影響について，社会的に意図された「脱文脈化された合理性の声」を利用して特権的な地位を占め，他の声を支配，封殺してきた近代社会の一般的傾向を分析する，といったより広範な社会・歴史・制度的な文脈の精神機能に与える影響過程を問題にしていこうとしている（Wertsch, 1998/2002）。

　しかしながら，ある「特権化」は永久に続くものではないことも確かであり，特権化の形成過程や崩壊過程，あるいは特権的な道具の配置およびその変容過程についての吟味が必要になってくる（Wertsch, 1998/2002）。とりわけ，発達する子どもたちがどのように，共同的，社会的行為のなかで特権的な道具に接し，自分のなかに取り込みながら，同時に，自分たちなりのものに改変していくのか，といったことを明らかにしていく必要があろう。

d．専有・習得としての学習

　そこでワーチ（Wertsch, 1991/1995）は，個人がいかに特権的な道具を取り込み，かつ克服していくかということを明らかにするために，学習過程を2つの側面から明らかにしようとした。一つの側面は，主体が媒介的道具をすらすらと使用するための「方法を知る」（knowing how ;

Ryle, 1949）ことであり，これを「（媒介手段の）習得」（mastery）とよんだ。もう一つは，当初，他者に属していたもの（媒介手段）を取り入れ，それをわがものとする過程としてバフチン（Bakhtin, 1981）によって概念化された「専有」（appropriation）という側面である。

　前者は，ある意味で，発達課題のように新しい環境に適応していくときに起こりがちな，個人にとっては受容的な消費者としての取り込みであるが，後者の専有という概念は，他者と自分を異なるものとしてとらえたうえで，他者のものを自分なりのものにする過程のことであり，たとえば言語といった典型的な文化的道具は，まさに他者のそれを自分なりのものとして取り込むものなのである。その意味では，自分が使う言語（文化的道具）は，まさに他者と自分との間（境界線上）に位置しているという。

　このように，学習における習得と専有という2つの形式は，相互に独立したものと考えられるが，それならば，発達的に子どもたちはどのように習得的学習と専有的学習を使い分けていくのであろうか。このことを明らかにすることが真に，各発達段階の特徴を把握していくことになるものと考えられる。

2. 状況的認知・行為論的アプローチ

　近年，認知発達の分野でも学校や職場，日常生活場面などの民族誌学的データから，それぞれの社会にのみ通用する言語媒介的な相互行為にもとづく認知発達の解明がなされはじめており，状況にもとづく認知発達を強調した「状況的認知」理論ないし「状況的行為」理論が形成されてきた（上野, 1999）。これは，ヴィゴツキーやバフチン，さらに生態学的知覚論を掲げるギブソン（Gibson, 1979/1985）や論理学者ウィトゲンシュタイン（Wittgenstein, L.）らの理論にも示唆を受けたものと考えられる。

　状況的認知理論の主要な主張点は，認知過程を「環境とのたえざる相互交渉のプロセス」，つまり主体の状況的な行為のなかに埋め込まれたプロセスととらえることである（上野, 1999）。

　そして，環境と主体の相互交渉は，資源（リソース）や媒体を利用する過程であるととらえるならば，学習とは資源の導入により，課題や状況を再構成することであり，学習や発達のあり方（所産）は資源の利用可能性に依存するといえるのである。ここで重要なことは，資源・媒体としての物理的道具や認知的道具の使用は，主体の能力を増幅させるのではなく，あくまでも主体と環境との関係性，すなわち状況的な行為を再構成する（Cole & Griffin, 1980）のであって，どんな道具を使うかによって行為の性質が変わってくるということである。たとえば，はじめ記憶の補助システムとして導入した認知的道具（たとえば手帳）により，それまでとは異なる新しい課題が生じることとなる（Norman, 1989）。つまり，記憶のエラーのタイプや思い違いの性質などが違ってきて，道具導入以前とは異なった認知能力が要求され，使われるようになってくるのである。

a. 状況的認知・行為論の発達観

　以上のような前提から，状況的認知理論の真髄ともいうべき主張が出てくる。それは，まず抽象的な知識・推論・解釈過程を主体の内部に仮定する人間中心主義的表象主義の概念を廃すこと

から始まる。つまりそうした表象主義的概念は，実際は環境が与える情報（アフォーダンス）に依存して主体がそれらを使用していく実体としての情報処理過程をあとから「説明」する一種の資源ととらえるのである。こうした主張から，従来の認知観は「プラン還元モデル」(Suchman, 1987) とよんで批判されることになる。つまり，刻々変化する認識行為の流れを，当初の行為のプランにもとづいてすべて事細かに指定することなど不可能であり，認識は対象の位置，変化，道具の性質などを資源（その意味では，プランも資源のうちの一つ）にして進行する状況のなかの行為であるというのである。

また，知識や，それにかかわる言語（言語媒体）に関する概念が，伝統的な認知心理学のそれとは大きく異なってくることに注意しなければならない。まず，知識ないしその表象を「主体の頭のなかに実在する外界の記号的，あるいはイメージ的コピー」ととらえる伝統的認知観，ことに言語に外界の対象の代表機能を付する模写論的・道具主義的言語観を明確に否定し，「言語の一次性」，すなわち言語経験そのもののありように目を向ける。要するに，言語は対象のラベルではなく，行為との関係で対象をどうとらえているかということを示しているというのである。

このように状況的認知を重要視する立場では，ヴィゴツキー理論の主要命題の一つである言語媒介による認知・思考の形成の問題も，言語を媒介として，それゆえ他者との関係を前提として，対象とある関係をもつ（相互作用を行う）こと，つまり，媒体によって状況的行為を変化させていくこととととらえるのであって，決して対象のコピーを頭のなかで操作することではないと考えるのである。

b. 認知科学的アプローチ

状況的認知・行為理論は，一方で人工知能といった個人内の情報処理メカニズムの伝統を大きな柱とする認知科学の領域に対し，認知は個人を超えた人と人の関係，人と文化的道具の関係からなる社会システムにこそ，その源流があるという発想をもたらした（有元, 2008）。ハッチンス（Hutchins, 1990/1992）は，船舶の運行に関して船舶の位置の特定と航路の決定という基本的かつ必須の複雑な測定を6人のクルー間（チーム）の分業体制と文化的道具である計算尺の使用という，個人を超えた「機能システム」(functional system) をとおして正確に行っているさまを詳細に記述した。そして，複雑な計算は決して個人の頭のなかで行われるのではなく，分業的組織と道具から構成された社会−文化的システムに分散されることでエラーを減らし，かつ，認知的負担を軽減するというかたちで行われていることを示し，認知の成立はチームワークの流れと道具使用という個人を超えた社会的システムのなかに埋め込まれているという，認知の社会的性質の本質性を強く主張した。

ハッチンスの研究以降，認知科学領域においても個人を超えた社会的広がりをもつ認知のありようを解明するエスノグラフィカルなフィールド研究が盛んに行われている。

3. 認知発達心理学的アプローチとその影響

伝統的な認知発達心理学の立場から文化心理学のあり方を提起したものとしてブルーナーの文

化的認知論の流れと，その影響を受け社会心理学の立場から文化的自己形成理論を展開したマーカスらについて概観し，主要分析概念である「語り」（narrative）が「自己」を介して「文化」を受容（解釈）し，かつ形成していくプロセスについて概観してみる。

a. ブルーナーの文化的認知論

ブルーナーほか（Bruner, Olver, & Greenfield, 1966/1968・1969）は，彼の思考・概念達成の発達にかかわる初期の諸研究をもとに比較文化，ないし文化内比較資料を集めた『認識能力の成長』という著書で，認知発達が文化要因に強く影響を受けることを示唆した。ピアジェの論理的思考の発達に範を得た表象能力の発達段階（動作的表象→映像的表象→言語的・象徴的表象）が，ピアジェの普遍的発達に反して，文化要因によって異なる発達の様相を示すことを実証し，学校などの制度的要因や，言語という文化を解釈する道具あるいは親をはじめとする文化成員とのコミュニケーション活動の道具の獲得など，文化要因の吟味の必要性を強く主張したのである。

その結果，当時認知と文化の関係を正面からとらえていたヴィゴツキー理論に影響を受けて発達初期の親子関係における「共同注視」の成立が言語発達を導くことを提唱したことは，後にトマセロ（Tomasello, 1999/2006）らによって「共同注視」にもとづく文化獲得理論へと発展したり，バロン‐コーエン（Baron-Cohen, S.）らによる「心の理論」の発達研究へと受け継がれていき，「文化的認知論」とよばれるような流れが起こったといわれている（岩田, 2008）。

このように，ブルーナー自身は「認知と文化」の問題を早期に提起してきたが，しかし文化そのものを正面から変数として扱っていたわけではなかった。彼の貢献は，あくまでも個人の内部における認知様式が，文化に影響を受ける側面があることを理論化したことにある。彼は人間の認知様式について，一方でピアジェが明らかにしようとした普遍的，論理的な認識モードを「パラディグマティックモード」とよんでその存在を認めるのであるが，それに対して，日常的な諸体験をストーリーとして時間的，因果的に意味づけていくような「物語化」にもとづき自己のアイデンティティ構築を果たす側面の存在にも注目し，「物語的（ナラティブ）モード」とよんで区別した。これら 2 つのモードは相互に還元されるものではないが，相互に補い合う性質をもつものと定義して，文化的影響の問題を文化的認知論として解決を図ろうとしたのである（Bruner, 1986/1998）。

文化的認知論では，人の認識活動の多くは，諸経験を解釈的な物語的認知に強く依存する側面があり，そのため諸経験が生起する文化的，社会的文脈に強く影響されるとする（Bruner, 1994）。とりわけ，物語的認知を通して「自己」を時間的，因果的な連続体として意味づけようとする自伝的な記憶（Nelson, 1992）に注目する。自伝的な物語が社会的相互行為のなかで語られることによって，文化的な自己が形成されるというのである。それは文化的共有の土台となる社会的相互行為そのものに存在する「物語形式」（ナラティブ・パターン）が果たす役割が大きいというのである。

b. マーカスらの文化的自己形成理論

以上のような，「語り」（narrative）が「自己」を介して「文化」を受容（解釈）し，かつ形成していくプロセスに関する文化的認知論の影響を受けて，社会心理学の領域でもマーカス・北山

(Marcus & Kitayama, 1991) が社会心理学的観点から文化的自己論の概念を展開した。

マーカスらは個人がもつ自己観を「相互依存的自己観」（集団主義的自己観）と「独立的自己観」（個人主義的自己観）との2つのジャンルに分けたうえで，それぞれの自己観が認知や行動に及ぼす影響について実証的に明らかにし，注目を浴びた。相互依存的自己観が家庭，学校，職場などの対人関係文脈に応じて重要な「自分」概念が成立しているのに対し，独立的自己観はそうした文脈横断的なものとは独立した「自分」概念が成立していると仮定した。そして，前者をアジア諸国，アフリカ，ラテンアメリカ，南欧に，後者を欧米人（とくに西洋民族的背景をもつ白人男性）に顕著であるとし，それまで比較文化心理学で行われてきた各国別（各文化別）の認知や行動の文化差の吟味に対し，自己観という観点から文化的影響のあり方について二分法による概念化を図ったのである。

マーカスらの研究は，これまでの心理学研究において吟味されてきた認知，感情，動機づけの概念が独立的自己観の影響下にある欧米の人々を対象に実証されてきたものとして再吟味を促し，その妥当性を欧米文化圏に限るべきだと主張した点において，改めて文化の影響の大きさを主張して大きな影響を与えた。

しかし，彼らの分析に対しては，文化的に影響を受ける認知・行動が二分法的な文化的自己観で説明がつくのか，仮にそれがそれぞれの社会の最頻モードとしても，そうしたモードにはまらない人々に対する差別的な扱いを招くことになるのではないか，といった批判も多く（高野，2008），やはり，文化的自己の形成過程の詳細な理論化が必要となると考えられる。

もちろん，マーカスらはブルーナーらの文化的自己形成理論に大きな影響を受けたものと考えられるが，ブルーナーの発想はあくまで，個人が文化ないし人間関係の枠組みに影響を受けるという「文化化」されていく認知過程を問題としているのであり，基本的には文化の受け入れという過程しか扱われていない。しかしながら，近年の文化心理学は，既述のように，個人と文化は発達的に切っても切り離せなせない関係になっていくと主張するものであり，同じ文化圏で生活する人々の個人差の生成を説明するという視点をもつヴィゴツキー，バフチンの発想とは根本的に異なっていると考えられよう（3節参照）。

3節 文化心理学の今後のあり方をめぐって：文化心理学の研究パラダイムとその変遷

先述したコール（Cole, 1996/2002）の文化心理学の定義づけに対し，ルカリエーロ（Lucariello, 1995）は認知発達心理学の立場から，心（認知）と文化（文脈）の関係を明らかにする領域としての比較文化的心理学から文化心理学に至るレビューを行っている。ルカリエーロは1960年代以降のいわゆる「文化心理学」研究の流れには認知（mind），文化（culture），人（person）という3大要素の関係のとり方について4つの研究パラダイムの流れがあると整理する。

第一は1960～1970年代半ばまで主流であった比較文化的アプローチを手法とする「認知と文

化」（mind and culture）研究で，セネガルのウオロフ族の色，形に関する特異な分類能力の吟味（Greenfield & Bruner, 1966）や，学校教育経験の有無による分類，推論能力の差異（Luria, 1979）などの研究のように，認知と文化を分けて考え，認知（従属変数）に影響を及ぼす文化（独立変数）の影響を吟味するものである。認知と文化の二分法のため，両者の相互作用研究のきっかけとはなったが，理解は進まなかったし，人（認知主体）の位置づけについての概念化が決定的に欠けているとする。

　第二のパラダイムは「文化に組み込まれた認知」（mind in culture）研究であり，社会文化的アプローチやヴィゴツキー理論から派生した活動理論を基盤とする「文化的実践理論」である。これは文化を実践的活動と定義することにより認知と文化を分けて考えることがなくなり，文化的実践活動を単位とした認知と文化の相互作用モデルを提供した。コールらの複数の文化的活動にかかわる認知能力の差異を吟味する比較文化認知研究（Scribner & Cole, 1981；Cole & Scribner, 1974/1982；Scribner, 1986；Cole, 1992），活動に埋め込まれた実践的算数能力の吟味（Saxe, 1981, 1991），ヴィゴツキーの「最近接発達領域」モデルをベースにしたワーチやロゴフらの社会的相互交渉過程の分析とモデル化（Wertsch, 1978；Rogoff, 1990），レイヴらの実践コミュニティへの参加形態の変化とアイデンティティの成立過程をモデル化した「正統的周辺参加」モデル（Lave & Wenger, 1991/1993）など，社会文化的アプローチや活動理論，状況的認知理論にもとづく文化心理学研究の源流的研究群である。

　ただ，ルカリエーロ自身は，論理科学的思考過程のみを扱い非合理的な思考が考慮されていないこと，そして何よりも，認知主体が世界を解釈するフレームなどを考慮すべき人要素がやはり欠けていることに不満を漏らしている。

　第三のパラダイムは「認知に組み込まれた文化」（culture in mind）研究で，認知に固有の文化的カテゴリーとしての登場人物，意図，手段，状況，行為の5要素からなる「語り（narrative）思考」モードを想定し，この「語り」を分析単位とすることで，文化に影響される人の心理的過程の成立・変容過程を解明していこうとする「文化的認知論」パラダイムである（Bruner, 1983）。このことで認知と文化が相互構成的なものととらえられ，文化的認知という新たな視点を導入したのであるが，やはり人要素が欠けており，「語り」が認知を組織する原理となっているため認知至上主義の感は免れないとする。

　第四のパラダイムは「人間に組み込まれた認知と文化」（mind and culture in person）研究で，いわば「文化は認知にあり，その文化と認知は人間にある」ということで，基本的には第三のパラダイムを基盤としたものである。現実世界や活動に対し認知主体が一定のスタンス（Geertz, 1973；Nelson, 1986）をとることによって，それらを解釈することで文化的カテゴリーが認知のなかに形成されていくものとするのである。分析単位としては解釈枠としてのフレーム（Glick, 1981）をとり，さまざまな場面でどのようなスタンスが生起し，どのような解釈枠，すなわち文化的カテゴリーが生起・変容しているかを吟味する研究が中心となる（Bruner & Lucariello, 1989；Lucariello, 1994）。ルカリエーロ自身が目指しているものは当然この第四のパラダイムであり，第二の文化的実践理論や，第三の「文化的認知論」による説明は，依然として認知と文化

を二分法的にみており，かつ，認知と文化に偏った見方をしていると断じている。

　以上のように，文化心理学の歴史は「文化的実践理論」と「文化的認知理論」の流れに大別されるが，しかしコールとエンゲストローム（Cole & Engeström, 1995）は，共通概念としての「認知と文化を分けることができない」という主張は前提としながらも，後者は社会文化的経験の指標化がなされていないことから，認知至上主義に陥ることの危険性を指摘している。そして「主体－対象－媒体」という人と文化の分離できない直接的なかかわりを示す最低の測定単位としては，文化的実践理論が基盤とする「道具に媒介された主体の行為」が優れていると主張している。

　最近では，ヴァルシナー（Valsiner, 2007/2013）が文化的実践理論の流れのなかで「〈心と社会〉の中の文化」（culture in minds and society）というパラダイムを立てて，記号が個人と社会の両者の発達に作用していく文化過程を包括体系的（systemic），質的，個性記述的な方法論で描写し，比較していくことの重要性を強調している。これはまさに，文化的実践理論と文化的認知理論の統合を目指したものであり，何よりも，これまでの「ローカル」な知識にとどまるのではなく，そこから一般化への道を探るという方法論の提起であり，「第一の心理学」と「第二の心理学」の統合に向けての意欲的な試みが行われはじめていることが示唆されているのである。

　文化心理学の諸理論は伝統的な諸理論に対するアンチテーゼという側面があることも事実であるが，しかし，人間理解の本質を探るにはどうすればよいか，といった問題意識が先行しているのも事実であろう。ヴントによる実験心理学を補完するものとしての民族心理学の提唱，それを二重性として批判し，心理学の危機をどう回避するかを考えたロシア社会－歴史学派も，いずれも上記の意識から出たものであった。その意味では，先に述べたように，一つの視点としての各理論それぞれは，文化心理学の諸領域においても，また，文化心理学と伝統的な心理学の間においても，真摯な対話をとおして総合化ないし統合化されることが文化心理学の目指すところといえよう。

◆ 引用文献

有元典文．(2008)．認知科学と文化心理学．田島信元（編），朝倉心理学講座：11　文化心理学（pp.1-17）．朝倉書店．
Bakhtin, M. M. (1981). *The dialogic imagination : Four essays by M. M. Bakhtin* (Ed. M. Holquist, Trans. C. Emerson & M. Holquist). Austin : University of Texas Press.
Bakhtin, M. M. (1988). ミハイル・バフチン著作集：8　ことば・対話・テキスト（新谷敬三郎・伊東一郎・佐々木寛，訳）．新時代社．
Boring, E. G. (1957). *A history of experimental psychology* (3rd ed.). New York : Appleton-Century-Crofts.
Bruner, J. S. (1983). *Child's talk : Learning to use language*. New York : Norton.
Bruner, J. S. (1998). 可能世界の心理（田中一彦，訳）．みすず書房．(Bruner, J. S. (1986). *Actual minds, possible worlds*. Cambridge, MA : Harvard University Press.)
Bruner, J. S. (1999). 意味の復権：フォークサイコロジーに向けて（岡本夏木・仲渡一美・吉村啓子，訳）．ミネルヴァ書房．(Bruner, J. S. (1990). *Acts of meaning*. Cambridge, MA : Harvard University Press.)
Bruner, J. S. (1994). The "remembering" self. In U. Neisser & D. A. Jopling (Eds.), *The conceptual self in context*

(pp.41-54). Cambridge : Cambridge University Press.
Bruner, J. S., & Lucariello, J. (1989). Monologue as narrative recreation of the world. In K. Nelson (Ed.), *Narratives from the crib* (pp.73-97). Cambridge, MA : Harverd University Press.
Bruner, J. S., Olver, R. R., & Greenfield, P. M. (1968・1969). 認識能力の成長（上・下）（岡本夏木・奥野茂夫・村川紀子・清水美智子，訳）．明治図書．（Bruner, J. S., Olver, R. R., & Greenfield, P. M. (1966). *Studies in cognitive growth*. New York : John Wiley & Sons.）
Cole, M. (1992). Context, modularity and the cultural constitution of development. In L. T. Winegar & J. Valsiner (Eds.), *Children's development within social context : Vol.2. Research and methodology* (pp.5-31). Hilsdale, NJ : Lawrence Erlbaum Associates.
Cole, M. (2002). 文化心理学：発達・認知・活動への文化‐歴史的アプローチ（天野　清，訳）．新曜社．（Cole, M. (1996). *Cultural psychology : A once and future discipline*. Cambridge, MA : Harvard University Press.）
Cole, M., & Engeström, Y. (1995). Commentary. *Human Development*, **38**, 19-24.
Cole, M., & Griffin, P. (1980). Cultural amplifiers reconsidered. In D. R. Olson (Ed.), *The social foundations of language and thought* (pp.343-364). New York : Norton.
Cole, M., & Scribner, S. (1982). 文化と思考：認知心理学的考察（若井邦夫，訳）．サイエンス社．（Cole, M., & Scribner, S. (1974). *Culture and thought : A psychological introduction*. New York : John Wiley & Sons.）
Glick, J. (1981). Functional and structural aspects of rationality. In I. Sigel, D. Brodzinsky, & R. Golinkoff (Eds.), *New direction in Piagetian theory and practice* (pp.219-228). Hillsdale, NJ : Lawrence Erlbaum Associates.
Greenfield, P. M., & Bruner, J. S. (1966). Culture and cognitive growth. *International Journal of Psychology*, **1**, 89-107.
Geertz, C. (1973). *The interpretation of cultures*. New York : Academic Press.
Gibson, J. J. (1985). 生態学的視覚論：ヒトの知覚世界を探る（古崎　敬・古崎愛子・辻敬一郎・村瀬　旻，訳）．サイエンス社．（Gibson, J. J. (1979). *The ecological approach to visual perception*. Boston : Houghton Mifflin.）
Holquist, M. (1981). The politics of representation. In S. Greenblatt (Ed.), *Allegory in representation : Sellected papers from the English Institute* (pp.163-183). Baltimore : John Hopkins University Press.
Hutchins, E. (1992). チーム航行のテクノロジー（宮田義郎，訳）．安西祐一郎ほか（編）認知科学ハンドブック（pp.21-35）．共立出版．（Hutchins, E. (1990). The technology of team navigation. In J. Galegher, R. E. Kraut, & C. Egido (Eds.), *Intellectual teamwork : Social and technical bases of cooperative work* (pp.191-120). Hillsdale, NJ : Lawrence Erlbaum Associates.
岩田純一（2008）．文化的認知論：ブルーナー派のアプローチ．田島信元（編），朝倉心理学講座：11　文化心理学（pp.114-130）．朝倉書店．
Lave, J., & Wenger, E. (1993). 状況に埋め込また学習：正統的周辺参加（佐伯　胖，訳）．（Lave, J., & Wenger, E. (1991). *Situated learning : Legitimate peripheral participation*. New York : Cambridge University Press.）
Lucariello, J. (1994). Situational irony : A concept of events gone away. *Journal of Experimental Psychology : General*, **123**, 129-145.
Lucariello, J. (1995). Mind, culture, person : Elements in a cultural psychology. *Human Development*, **38**, 2-18.
Luria, A. (1979). *The making of mind*. Cambridge, MA : Harvard University Press.
Markus, H. R., & Kitayama, S. (1991). Culture and the self : Implications for cognition, emotion and motivation. *Psychological Review*, **98**, 224-253.
Nelson, K. (Ed.). (1986). *Event knowlegde : Structure and function in development*. Hillsdale, NJ : Lawrence Erlbaum Associates.
Nelson, K. (1992). Emergence of autobiographical memory at age 4. *Human Development*, **35**, 172-177.
Norman, D. A. (1989). *Cognitive artifact*. Paper prepared for the workshop on cognitive theory and design in human-computer interaction. New York.
Rogoff, B. (1990). *Apprenticeship in thinking : Cognitive development in social context*. New York : Oxford University Press.
Rogoff, B. (1998). Cognition as a collaborative process. In D. Kuhn & R. S. Siegler (Vol. Eds.), W. Damon (Series Ed.), *Handbool of child psychology : Vol.2. Cognition, perception, and language* (5th ed., pp.679-744). New York : John Wiley & Sons.

Ryle, G. (1949). *The concept of mind*. New York : Barnes & Noble.
Saxe, G. B. (1981). Body parts as numerals : A developmental analysis of numeration among the Oksapmin in Papua New Guinea. *Child Development,* **52**, 306-316.
Saxe, G. (1991). *Culture and cognitive development : Studies in mathematical understanding*. Hillsdale, NJ : Lawrence Erlbaum Associates.
Scribner, S. (1986). Thinking in action : Some characteristics of practical thought. In R. Sternberg & R. Wagner (Eds.), *Practical intelligence* (pp.13-30). Cambridge, MA : Cambridge University Press.
Scribner, S., & Cole, M. (1981). *The psychology of literacy*. Cambridge, MA : Cambridge University Press.
Shweder, R. A. (1984). Preview : A colloquy of cultural theorists. In R. A. Shweder & R. A. LeVine (Eds.), *Cultural theory : Essays on mind, self, and emotion* (pp.1-24). New York : Cambridge University Press.
Shweder, R. A. (1990). Cultural psychology : What is it? In J. W. Stigler, R. A. Shweder, & G. Herdt (Eds.), *Cultural psychology : Essays on comparative human development* (pp.1-43). New York : Cambridge University Press.
Shweder, R. A. (1991). *Thinking through cultures : Expeditions in cultural psychology*. Cambridge, MA : Harvard University Press.
Suchman, L. (1987). *Plans and situated actions : The problem of human machine communication*. Cambrigde, MA : Cambrigde University Press.
田島信元.（1992）. 子どもの発達と学習. 教育と医学, **40**(8), 715-720.
田島信元.（1996）. ヴィゴツキー：認識の社会的構成論の展開. 別冊発達20, 222-239, ミネルヴァ書房.
田島信元.（2003）. 共同行為としての学習・発達：社会文化的アプローチの視座. 金子書房.
田島信元.（2008）. 文化心理学の起源と潮流. 田島信元（編），朝倉心理学講座：11　文化心理学（pp.1-17）. 朝倉書店.
高野陽太郎.（2008）.「集団主義」という錯覚：日本人論の思い違いとその由来. 新曜社.
Tomasello, M.（2006）. 心とことばの起源を探る（大堀壽夫・中澤恒子・西村義樹・本多　啓，訳）. 勁草書房.（Tomasello, M. (1999). *The cultural origins of human cognition*. Cambridge, MA : Harvard University Press.）
上野直樹.（1999）. 仕事での中の学習：状況論的アプローチ。東京大学出版会.
Valsiner, J.（2013）. 新しい文化心理学の構築：〈心と社会〉の中の文化（サトウタツヤ，監訳）. 新曜社.（Valsiner, J. (2007). *Culture in minds and societies : Foundations of Cultural Psychology* New Delhi : Sage.）
Vygotsky, L. S.（1970）. 精神発達の理論（柴田義松，訳）. 明治図書.（1960）.
Vygotsky, L. S. (1978). *Mind in society : The development of higher psychological processes* (Eds. M. Cole, V. John-Steiner, S. Scribner, & E. Souberman). Cambridge, MA : Harvard University Press.
Vygotsky, L. S.（1987）. 心理学の危機：歴史的意味と方法論の研究（柴田義松・藤本　卓・森岡修一，訳）. 明治図書.（1925-1927, 1982）.
Vygotsky, L. S.（2001）. 新訳版 思考と言語（柴田義松，訳）. 新読書社.（1934）.
Wertsch, J. V. (1978). Adult-child interaction and the roots of metacognition. *Quarterly Newsletter of the Institute for Comparative Human Development,* **2**, 15-18.
Wertsch, J. V.（1995）. 心の声：媒介された行為への社会文化的アプローチ（田島信元・佐藤公治・茂呂雄二・上村佳世子，訳）. 福村出版.（Wertsch, J. V. (1991). *Voices of the mind : A sociocultural approach to mediated action*. Cambridge, MA : Harvard University Press.）
Wertsch, J. V.（2002）. 行為としての心（佐藤公治・田島信元・黒須俊夫・石橋由美・上村佳世子，訳）. 北大路書房.（Wertsch, J. V. (1998). *Mind as action*. New York : Oxford University Press.）
Wundt, W. (1916). *Elements of folk psychology*. London : Allen and Unwin.

9章 精神分析の発達理論

木部則雄

1節 精神分析の歴史と発達心理学

　精神分析は19世紀末にフロイトによって創案された神経症を中心とした治療法である。当時，精神科疾患に対しては収容施設での隔離，サナトリウムでの静養やショック療法などが行われており，有効な治療法はなかった。そのため，自由連想法を技法とした精神分析は欧米を中心に盛んに行われた。フロイト，およびそのグループに属した研究者や臨床家らは豊富な臨床実践から心理的な問題に関して，個人，集団を問わず，多くの心理学的なアイディア，治療技法などを提示した。その結果，精神分析の理論は臨床心理学をはじめとした心理学領域の基盤となり，現代にも大きな影響を与え続けている。とくに，精神分析は発達心理学を形成する基礎理論の根幹の一つであり，その源でもある。本稿では，精神分析と発達心理学に関連する歴史的な概観を記し，道標とする。

　フロイトは自らの不安発作の原因を自己分析し，それが母親を愛し，そのために父親を殺したいという無意識の願望によるものだと気づいた。そして，これは人類に普遍的な願望であると考え，ギリシャ神話のエディプス王の物語に倣って，エディプス・コンプレックスと名づけた。このエディプス・コンプレックスこそが，神経症の成り立ちを理解するうえでの中核概念であり，これを徹底操作することが精神分析の治療技法の中心となった。フロイトはこのエディプス・コンプレックスの年齢的な起源がどこにあるのか，そしてこれが実際の子どもに存在するのかという観点から，子どもを対象とした精神分析に関心を抱いた。その後，フロイトは知人の子ども「ハンス」が恐怖症で外出困難になっていることに対して，精神分析のエディプス論に則って父親を指導し，間接的にではあるが，子どもの恐怖症を治癒させた（Freud, 1909/1969）。

　フロイトはエディプス・コンプレックスを中心に子どもの発達理論を打ち立て，各々の精神科疾患は子どもの発達段階への固着であると主張した。またフロイトはその発達理論を展開させ，どの時点に固着点があるのかによって精神疾患が規定され，性格特質までもが形成されると説明した（Freud, 1905/1969, 1917/1971）。そして，この後にブロス（Blos, 1971/1971）がエディプス・コンプレックスを思春期に適応させ，思春期論を展開した。

　一方，フロイトが関心を抱いた子どもの精神分析は，1920年代になりフロイトの娘であるアンナ・フロイトと，ブタペストに住むフロイトの愛弟子のフェレンツィから精神分析を受けたメラニー・クラインに受け継がれることとなった。フロイトの発達論はエディプス・コンプレックスを中心としたものであり，あくまでも父子関係中心の発達論であったが，アンナ・フロイトと

メラニー・クラインはともに，直接子どもを対象にして精神分析を行い，乳幼児期の母子関係へと人々の関心を導いた。しかし，双方の理論の隔たりは大きく，その意見の一致をみることはなかった。

アンナ・フロイトは子どもの臨床実践にもとづき，子どもの防衛の発達，発達ラインなどの理論化を行い，自我心理学の礎を築いた（Freud, 1971/1981）。しかし，アンナ・フロイトは，エディプス期が終了する10歳以後でなければ精神分析の適応はできないと考えた。それは，アンナ・フロイトが子どもは両親，とくに母親の影響が大きく，転移が生じることはなく，また，子どもの遊びに深い意味はないととらえ，転移解釈を中心とする自由連想を技法とした精神分析を行うことはできず，子どもと仲良く遊び，陽性転移を形成し，環境の整備を行うことが重要であると考えたためでもあった（Freud, 1936/1982, 1965/1981）。

これに対して，メラニー・クラインは幼い子どもであっても，子どもの遊びは自由連想法の言語に相当する無意識の表現であり，自由連想を適応することができること，また子どもにおいても十分に転移が生じること，遊びに表現された子どもの不安を解釈していけば症状が改善することをアンナ・フロイトとの論争で立証した。これに際して，クラインは，フロイトのエディプス・コンプレックスに先立つ早期エディプス状況，早期超自我という概念を理論化した（Klein, 1923/1983, 1927/1983, 1945/1983）。これはフロイトの見解と対峙することとなり，大きな論争となったために，クラインは1928年に大陸から追われるようにイギリスに移住した。イギリスに移住後のクラインは自説を展開し，ボウルビィ，ウィニコットなど当時のイギリスの代表的な児童精神科医，スーザン・アイザックス（Issacs, S.）などの教育者をはじめとして多くの理解を得られるようになった。そして，イギリスではウィーンと異なり，エディプス・コンプレックスという概念が中核に据えていた父子関係より，母子関係が精神分析の中心的な探求課題となっていった。

また，精神分析の世界におけるこうした父子関係から母子関係への関心のシフトは第一次世界大戦後の戦争孤児などの社会問題とも関連していた。同時に，この時代はヒトラー（Hitler, A.）の台頭により，ユダヤ人が中心となっている精神分析のメンバーが危機にさらされるようになった。この頃，スピッツ，マーガレット・マーラー，エリクソンなどのウィーンですでに著名であった児童精神科医，精神分析家はアメリカに移住した。こうした歴史の偶然によって，ウィーンにいたフロイトから直接的に影響を受けた分析家たちがアメリカで活躍することとなった。スピッツは乳幼児の研究に励み，乳幼児の発達研究の基礎を築き，現代の乳幼児精神医学に大きな貢献をした。マーラーはアメリカ亡命後，自閉症や小児精神病の研究に勤しみ，母子一体の激しい共生状態を示す共生精神病という概念を提示した。その後，当時は画期的であった8ミリビデオを使用した健康な母子関係の実証的研究を行った（Mahler, Pine, & Bergman, 1975/1981）。この結果は「分離個体化理論」として一世を風靡した。

さて，ここでいったん時代は遡るが，ヒトラーは1938年にウィーンを侵略し，フロイト一家にも危機が迫った。当初，フロイトはウィーンにとどまることを希望したが，アーネスト・ジョーンズ（Jones, E.）ら多くの人からの説得受け，一家ともにロンドンに亡命した。しかし，その翌

年,持病ともなっていた上顎癌によって,亡くなった。ロンドンには,当時フロイト一家だけでなく,すでにウィーンから亡命した分析家も多く移住していた。ここで歴史のいたずらでもあるが,アンナ・フロイトとクラインが鉢合わせすることになり,第二次世界大戦中の1941年からウィーン学派とロンドン学派の「大論争」が展開された。これはクライン派の精神分析理論が伝統的な精神分析を逸脱していないかどうかという裁判のような内容であった。このとき,クライン派は早期の乳幼児,母子関係への臨床研究の成果を十分に蓄積しており,こうした乳幼児の心的世界を臨床実践的観点から論じたため,ウィーン学派の分析家は納得せざるをえない状況となった。とくに,ボウルビィ,ウィニコットはクライン派の理論を支持し,この論争の結末に大きな役割を担った。また,この論争の演者として,スーザン・アイザックスは無意識的空想に関して論じた(Issacs, 1989)。アイザックスはロンドン大学に発達学科を創設し,イギリスでの発達心理学の礎を築いた人である。そしてこの大論争後は,英国精神分析協会内はフロイト派(自我心理学派),クライン派,中間派(独立派)の三派に分かれ,各学派は相互交流を行うことなく,それぞれの分析家を育成した。その後,ボウルビィはクラインと袂を分かち,アンナ・フロイトとの共同研究に乗り出し,愛着理論を確立した(Bowlby, 1969-1980/1976・1977・1981)。愛着理論は自我心理学の研究の中心となり,エインズワースほか(Ainsworth, Blehar, Waters, & Wall, 1978)のストレンジ・シチュエーションによって分類された子どもの愛着パターンやメアリー・メイン(Main, M.)の成人愛着面接(AAI)による大人の愛着パターンを用いた実証的研究,さらに両者を用いての愛着パターンの世代間伝達や縦断研究などの展開をみせている。また,ウィニコットは移行対象の概念の提出によって,クラインと別れ,独立派の重要な精神分析家となった。

　現代までの精神分析の発展には,アメリカではマーラーの乳幼児の発達研究から発展し,より早期の母子関係を科学的に解明しようという動向によって展開してきた乳幼児精神医学の領域も含まれる。この領域では,ロバート・エムデ,ダニエル・スターンなどによって乳児の心的世界が解明されつつある。さらに,青年期,成人の領域では,フォナギーが中心になって,発達心理学,脳科学の知見を含めた境界性パーソナリティ障害の治療として「メンタライゼーションに焦点づけられた精神療法」(mentalization-based treatment : MBT)を提唱している(Bateman & Fonagy, 2006/2008)。

2節　精神分析における発達理論の発展

1. フロイトの精神・性的発達論

　ジクムーント・フロイト(Sigmund Freud)は自由連想法による精神分析の臨床実践を精力的に行ううちに,神経症,精神病などは発達の早期への固着によって形成されると考えるに至った。そのために,フロイト以後の精神分析理論の中心は親子関係を重視した発達論となり,そこから

得られた知見は現在の発達心理学に大きな貢献をなしている。

　フロイトは精神分析の根幹となるエディプス・コンプレックスを幼児性欲という概念で包括し，性衝動（リビドー）の発達を重視した（Freud, 1905/1969）。子どもに性欲があるという学説は当時，多くの批判を浴びることになったが，これは子どもが性行為による快感を求めているというわけでなく，子どもがそれぞれの発達段階で快を感じる身体部位を規定したものであるととらえれば，十分に受け入れることはできるであろう。フロイトは，リビドーは乳幼児期から精神発達に大きな影響を与えるものであり，子どもの発達に応じて，リビドーの源泉となる身体部位が口，肛門，性器へという経路を辿ることを提示した。そして，リビドーの発達をそれぞれの身体部位にあてはめ，①口唇期，②肛門期，③男根器（エディプス期），④潜伏期，⑤性器期（性器体制）とした。これがフロイトの精神・性的発達論とよばれるものである。またその後，幼児性欲が口唇期から男根期までに至る経過で発達が固着すると，その固着点によってそれぞれ精神病，神経症など病態水準の異なる精神疾患が形成され，性格傾向なども規定されるという考察を展開した。そして，こうした発達の段階的モデルは，アンナ・フロイトの発達ライン，エリクソンの発達論などのオリジナルなアイディアへと発展することとなった。

　(1) 口唇期：乳幼児のリビドーの源泉は，口に含まれる口唇，口腔粘膜，舌であり，乳幼児は空腹になると母親の乳首に貪りつき，乳房に包まれる。ここには乳幼児が空腹を満たすだけでなく，母親という対象を取り込み，同化するという心理的な意味があり，これが将来の同一化の基盤となる。口唇期性格とは，依存心の強さや自立心の弱さ，口唇的な嗜好性（グルメ・喫煙・飲酒）が強いなど，口唇期でのテーマと関連したものである。

　(2) 肛門期：リビドーの発達の第2段階であり，肛門に含まれる肛門括約筋，直腸粘膜がリビドーの起源となる。肛門期の初めにおいては，大便の保持と排泄行為という肛門快感にもとづく感覚的なものが優勢であるが，しだいにそれは主に便を介した母親とのやりとりへと発展し，肛門期は心理的に複雑なプロセスになる。便は健康の証としての母親への贈り物になったり，時に母親を煩わす攻撃的な対象にもなる。保持と排泄という相反する行為は，能動性と受動性という相反する衝動となる。さらに，幼児は肛門括約筋のコントロールによって，排便を自律的に行うことができるようになるが，この時にトイレット・トレーニングというしつけを受けることになり，服従と反抗という対極的な衝動に苛まれる。こうした心性はアンビバレンスの基盤となる。肛門期性格とは，頑固，倹約，几帳面，きれい好きなどとされ，肛門期でのテーマの延長上にある。

　(3) 男根期：リビドー発達の第3段階であり，4, 5歳の幼児の心性である。この年齢は幼児がペニスに強い関心を抱き，ペニスの快感を知る時期であり，幼児の自慰行為も活発に認められる。フロイトによれば，この時期の幼児はペニスだけを認知し，ヴァギナの存在をまだ知らないとされた。男児はこのペニスの絶対的な力を信じ，母親への愛情，父親への敵意と罰せられる不安（去勢不安），父親との戦いの敗北と同一化（超自我）という一連の空想の流れとその複雑さを経験する。フロイトは，この心的プロセスをエディプス・コンプレックスと名づけた。フロイトは女児に関しても，同性の親への愛情と異性の親からの脅迫といった男児と同じような心的プ

ロセスを辿るとも考えたが，女児のエディプス・コンプレックスに関しては明確な答えを提示していない。ユング（Jung, 1913）は女児のエディプス・コンプレックスとしてエレクトラ・コンプレックスを提唱したが，フロイトの概念化においてはエディプス・コンプレックスは去勢不安から始まるために，ペニスのない女児の場合にはそれは必然的に複雑なものになり，解消の時期も明確にならないことを記している。しかしいずれにせよ，エディプス・コンプレックスの主題は家を守り育児に専念する母親，社会を表象する父親，子どもという三者関係で構成された古典的な家族関係にもとづいており，男児は父親，女児は母親に同一化することでエディプス・コンプレックスを克服し，男らしさ，女らしさを獲得していくと考えられている。したがって，このエディプス・コンプレックスをどのように幼児が体験したかということが，その幼児の将来の社会適応，つまり青年期，成人期に大きな影響を与える。フロイトがこの概念を提出して以降，エディプス・コンプレックスは社会学，哲学，芸術学など多くの領域で論じられ，未だにその価値は減じていない。たとえば，現代の若者のひきこもりなども，しばしばエディプス・コンプレックスを経験していないという観点から論じられている。男根期性格とは自己顕示欲の強さや，過剰にもみえる自信，権力志向，外向的な行動力の高さなどを特徴としている。

　幼児性欲はこの3段階のプロセスを経過することで終了し，小学校低学年になれば潜伏期に入る。日常の子どもの観察でも，幼稚園児ではしばしば卑猥な発言を楽しそうに連呼する子どももいる。小学校になるとこうした子どもたちは激減することなども，フロイトの主張する幼児性欲が小学校に入る時期になればいったん影を潜めることの裏打ちになるであろう。

（4）潜伏期：小学校低学年から小学校高学年までの時期であり，性的衝動が再び高まる思春期までの時期である。この時期の子ども（学童）は幼児性欲が減衰し，性的満足よりも社会的満足を求めることとなる。つまり，認知能力や身体能力の発達によって，興味を外界に移し，学習への関心なども飛躍的に高まる。これまでは一般的にこの時期に子どもの問題行動は目立つことがないといわれていたが，現代ではこの時期に学校での不適応行動をきたす学童が増え，こうした子どもたちは発達障害と総括されることが多い。しかし，フロイトの精神・性的発達の観点からすれば，これらの状況は適切なエディプスを経過していない子どもが増えているという現代社会の特徴を示しているとも考えることができるだろう。

（5）性器期：思春期に入ると，思春期の青年は大人と同じような性的機能を獲得し，これまでの幼児性欲と異なり，異性という対象との性器の交わりや，心理的には誰かとかかわって何かを生み出していくことを目的とする性器愛の段階に達する。この性器統裁の世界への到達によって，フロイトの精神・性的発達は完成される。

　フロイトはこの精神・性的発達論だけでなく，構造論，欲動二元論など人の心的発達に関して，精神分析実践から多くの知見を発表した。これらは後々の精神分析における発達論の基本となり，現代でもなおその価値は失われていない（Freud, 1920/1970, 1923/1970）。

2. エリクソンのライフサイクル理論

　エリクソン（Erik Homburger Erikson）はドイツで生まれ，ギムナジウム卒業後に画家を目指してヨーロッパを放浪した。放浪中の生活は，後のアイデンティティ，ライフサイクル理論の背景となった。そして，28歳のときにウィーンで精神分析にふれ，アンナ・フロイトの教育分析を受けた。1933年にはナチから逃れるためにアメリカに移住し，ボストンで最初の児童精神科家となり，長年にわたり活躍を続けた。

　エリクソンのライフサイクル論は臨床発達心理学の基礎を築いたものであり，『幼児期と社会』（Erikson, 1950/1977・1980）で詳細に論じられたものであるが，未だにその功績は発達心理学の必須な基礎理論となっている。エリクソンのライフサイクル理論における発達課題は人生の各時期における発達の特徴をたんに記述したものではなく，社会や文化から要請され，期待されている心理・社会的発達の目標である。エリクソンは乳児期から老年期までを8段階に分けて，それぞれ次のように発達段階を想定した。1段階：乳児期　基本的信頼 対 基本的不信，2段階：幼児前期　自律性 対 恥・疑惑，3段階：幼児後期　積極性 対 罪悪感，4段階：児童期　勤勉性 対 劣等感，5段階：青年期　同一性 対 同一性拡散，6段階：成年期　親密 対 孤独，7段階：壮年期　生殖性 対 停滞，8段階：老年期　自我統合 対 絶望である。それぞれの段階での最初の項目はグランドプランとよばれ，人は生まれながらにそれらを達成しうる一定の素因をもっていると考えられている。しかし，それぞれの素因には心理力動的な拮抗的，かつ否定的な力も働き，それらは必ずしも簡単に達成されるわけではないため，これらの項目が発達課題となる。また，この理論によれば，必ずしもこれらを達成すること，つまり成功することのみが賞賛されているわけではなく，これらの課題の不成功もそれなりに経験する必要があるとされている。つまり，最初の項目を達成することに成功しなければ，2つめの項目の示す状態となる。そして，両者が統合したものが正常な成長に寄与するとされている。たとえば，ライフサイクルの第1段階である乳児期の発達課題は基本的信頼 対 基本的不信であるが，基本的信頼とは，乳児が母親との安定した授乳，養育関係によって達成できる心理特性であり，健康なパーソナリティの中核となる。基本的信頼はボウルビィの安全基地，サリヴァン（Sullivan, H. S.）の安全感などの概念と同じく，安定した母子関係の産物である。これに対して，基本的不信は授乳，養育関係の不備によってなされる心理特性である。乳児期には，この2つの心性がせめぎあい，基本的信頼が優位であれば，自己，他者，世界を信頼することが可能となる。発達課題を一つ達成することによって，社会的承認を受けることができる。それは自信をもたらし，次の発達段階への移行を容易にする。

　また，前段階の発達課題は次段階の発達段階の基礎となり，連続性や親密性，世代性へとつながることになる。また，ライフサイクルの時期を決定するものは，文化と時代に大きな影響を受ける。そのために，ライフサイクル理論，心理社会的発達論とよばれる。ライフサイクル論はそれまでのフロイト等の子どもを中心とした発達論ではない。エリクソンは発達が生涯にわたるものであり，それぞれの段階に発達課題があるとし，生涯発達という視点を心理学に導入した。

エリクソンのもう一つの大きな功績はアイデンティティ理論であり，エリクソンは『青年ルター』（Erikson, 1958/1974），『ガンディーの真理』（Erikson, 1969/1973・1974）などを執筆した。これらの著作ではライフサイクル理論をもとに，青年期の研究を中心に歴史上の人物の事例研究を行い，それぞれの文化や時代背景から影響を受けるアイデンティティとそれぞれの文化や時代との関連を明らかにした。

3. アンナ・フロイトの発達ライン

　アンナ・フロイト（Anna Freud）はフロイトの末娘であり，1920年代に児童精神分析を確立した精神分析家の一人であり，児童分析の臨床実践から自我機能と防衛機制の理論を発展させ，自我心理学の基礎を築いた。また，保護者の養育機能を重視し，教育や福祉に精神分析の知見を紹介し，一般的な領域に精神分析の応用を試みた。アンナ・フロイトはフロイトの精神・性的発達論，リビドーの発達に関する考え方を発展させ，リビドーの発達と自我の発達を同時にアセスメントすることが必要であると考えた。そして，アンナ・フロイトは『児童期の正常と異常』（Freud, 1965/1981）のなかで，子どもの発達を環境との反応としてとらえることによって，発達の全体像，発達プロフィールを作成することができると提唱した。

　アンナ・フロイトの想定した発達ラインは新生児が母親に完全に依存する段階から，前エディプス期，エディプス期，思春期を経て，自立した青年となることを基本としている。これは父フロイトの精神・性的発達論をより詳細に分類したものであり，青年期までの発達ラインの本筋を，①母子の生物学的一体性，②欲求充足的な依存関係，③対象恒常性の達成，④対象全体のアンビバレンスにおけるサディズムの制御，⑤男女差のないエディプス・コンプレックス，⑥両親からグループへのリビドーの移行（指導者，理想像への同一化），⑦早期の原始的対象関係の再燃，⑧乳幼児的対象関係からの脱却への移行とした。さらに，この発達ラインの本筋に子どもの適応という視点から，身体的自立，他者とのかかわり，遊びから仕事という創造性などのラインを組み合わせ，それぞれの発達ラインの到達度や相互バランスをみることが子どものアセスメントにおいては重要であると考えた。アンナ・フロイトは発達を前進と退行の繰り返しであるととらえた。これはアメリカを中心とした児童精神科の領域では広く臨床に応用されている。

4. クライン派の発達論

　メラニー・クライン（Melanie Klein）はユダヤ人の両親の下，ウィーンで4人きょうだいの末子として生まれた。ウィーン大学医学部在学中の20歳のときに結婚し，大学は中退したが，28歳のときに夫の赴任先のブタペストで抑うつ状態となり，フェレンツィの精神分析を受けた（Ferenczi, 1955/2008）。その後フェレンツィの勧めによって，児童精神分析を開始した。これはアンナ・フロイトの知見と真っ向から異なるものであり，子どもの遊びを無意識的表現ととらえ，子どもの心的世界を解明し，言語表現の十分な大人だけ適応可能であった自由連想法の適応を

2, 3歳の子どもにまで拡大した（Klein, 1923/1983, 1927/1983, 1930/1983, 1946b/1985）。クラインは当時，ベルリンで精神分析を行っていたアブラハムと出会い（Abraham, 1927/1993），ベルリンで児童精神分析を発展させたが，アブラハムの死後，1927年にイギリスに移住した。そして，フロイト一家の亡命までに，イギリスの精神科医，心理療法家からの信頼を獲得した。また，クラインは子どもだけではなく，成人の精神病にも関心を抱くようになり，精神病世界の解明にも大きな貢献をなした（Klein, 1935/1983, 1940/1983, 1946a/1985）。

　クラインは子どもや統合失調症患者の精神分析をとおして，新生児は空腹という本能的な衝動にわけのわからない恐怖を抱き，これが泣き声という形式で外界に投影（投影同一化）されると考えた。こうして投影された恐怖は母親の乳房（対象）に出会うこと，つまり授乳されることによって緩和されるといった大枠のシェマを提案した。クラインは，乳児期早期には乳児は授乳によって自分に至福を与える乳房を「よい乳房」，授乳せず欲求不満を引き起こす乳房を「悪い乳房」と体験し，一つの乳房を別個のものとして認識し，「よい乳房」が「悪い乳房」に破壊されてしまわないようにスプリットさせておくと考え，このときの状態を「妄想分裂ポジション」（PSポジション）と名づけた（Klein, 1946a/1985）。また，よい乳房による体験が増えるに従い，乳児の空想世界では自分が悪い乳房を攻撃しても乳房は破壊されずに生き残ると感じられるようになり，よい乳房と悪い乳房が同一であるという認識が可能になるとクラインは考え，この状態を「抑うつポジション」（Dポジション）と名づけた（Klein, 1935/1983）。乳児は理想的で万能的な「よい乳房」を喪失し，現実的な乳房の存在を受け入れなければならず，そしてまた，自分が攻撃していた乳房が愛すべき乳房でもあったということに気づき，罪悪感や償いといったさまざまな感情をともなう状態となり，抑うつという用語が使用された。

　その後の人生において，人はこの「妄想分裂ポジション」と「抑うつポジション」を行きつ戻りつしながら，大枠では，「抑うつポジション」の方向へ漸次的に展開するとされている。ブリトンはPS⇒Dというプロセスが何度も繰り返され，「抑うつポジション」の方向に向かうものであると述べている（Britton, 1998/2002）。

　ウィルフレッド・ビオン（Wilfred Ruprecht Bion）は，クラインの「妄想分裂ポジション」，「抑うつポジション」の概念を洗練させ，これを「PS⇔D」という記号で表現した。ビオンはクラインの死後のクライン派の代表的な精神分析家であり，投影同一化の概念を洗練化し，早期母子関係理論を「思考作用」のなかでまとめた（Bion, 1962/2011）。ビオンによれば，乳児は空腹という，まだ名前もついていない恐怖を母親に投影する。この恐怖はうまく母親に取り入れられ，母親が「あら，お腹が空いているのね」と言いながら，優しく抱っこし授乳が始められることによって緩和される。このようなプロセスを経て，名前のない恐怖には空腹という名前がつけられ，乳児はこの緩和された恐怖を取り入れることが可能になる。ビオンは，この乳児の恐怖に気づき，適切に授乳する母親の機能を「夢想」と称した。一方，乳児には生まれながらにして，すでに乳房という前イメージがある。そして，乳児が空腹を感じ，乳房に出会うときに乳房というアイディアが誕生する。さらに，母子関係のやりとりが何度となく繰り返されることで，乳児には自分に授乳してくれる乳房という対象（イメージ）が確立してくる。これによって，空腹を感じる

ときでも，授乳してくれる乳房という対象を自ら考えることで授乳を待つことができるようになる。こうした乳児の待つことのできる機能の基盤には，欲求不満に耐える能力といった生得的な能力が想定されている。ビオンによれば，早期の母子関係は，母親の機能と乳児の能力により乳児の原初的不安を緩和することによって健全に成されるのである。しかし，こうした乳児の待つことのできる能力には，欲求不満に耐える能力といった生得的能力の基盤が必要であることが想定されている。また，そもそも母子の相互作用において乳児がよい乳房という対象を確立するにはよい乳房の体験が勝っていなければならず，そのためには母親の適切な夢想能力が必要とされる。このように考えれば，母子ともどもの能力によって乳児の原初的不安が緩和されることなくして乳幼児期の健全な早期の母子関係の形成はなされない。

　ここでクライン派の母子関係の障害について述べておくと，次にあげるような場合が想定される。①乳児側の要因：欲求不消に耐える能力が乏しく，不安が著しく高い乳児であれば，自分に処理できない大規模な不安を外界に投影することになり，いかに適切に母親が対応しても養育困難な状態が継続する。逆に，自閉症児のように投影が著しく低い乳児であれば，いかに母親に適切な機能があろうとも十分に乳児を包容することはできない。②母親側の要因：母親の産後うつ病等の疾病，虐待等の養育能力の欠如によって包容機能が低下している母親であれば，乳児の不安に恒常的に適切に対応することができない。③母子のやりとりの要因：母子それぞれの空想がコミュニケーションの不全を引き起こす場合がある。母子の相性の問題であったり，母親自身の養育体験の影響などであったりする。

　乳幼児観察は精神分析の早期母子関係への関心によって発展した児童精神分析家をはじめとする母子臨床に携わる専門家のための訓練の一つであり，クラインの直弟子であるビック（Bick, 1964）によって創案されたものである。訓練生は毎週，誕生してまもない乳児と母親のいる自宅を訪問し，通常は2歳になるまで1時間の観察後に記憶を頼りにその記録を起こす。その記録をもとに，小グループで乳幼児の発達，母子関係，その無意識的やりとりを議論する。これによって，訓練生は早期母子関係を学ぶことができる。この訓練は臨床家の基礎訓練として有用であり，今ではクライン派にとどまることなくイギリスを中心に広く行われている。

5. ウィニコットの母子関係理論

　ドナルド・ウッズ・ウィニコット（Donald Woods Winnicott）はイギリスの小児科医であり，パディントン・グリーン病院を中心に数万に上る子どもを診察したり，育児相談としてBBCのラジオ番組に出演したりして，その存在は一般の人たちにも周知されていた。ウィニコットは当初クラインの影響を受け，抑うつポジションの概念を洗練させた思いやり等の概念を展開した。しかしその後，ウィニコットは独自の見解である母子分離の中間段階としての移行空間，移行対象，遊ぶこと等の理論を発表し，クラインとは学問的に一線を画すこととなった。

　ウィニコットは早期の母子関係理論において，クライン派とは異なる見解を有している。それは「移行対象と移行現象」で，「自分でない」所有物に注目したことである（Winnicott,

1951/1979)。生後数カ月の乳児は自分の握りこぶしを口に入れたりするが，その後，毛布等の柔らかいものを口にもっていくようになる。この毛布等は「自分でない」所有物であり，これを移行対象と定義した。最初，赤ん坊は現実を受け入れる能力がないため，この毛布などをあたかも自分の一部であるかのごとく感じるが，成長すればそれを外的なもの，「自分でない」ものであると認識できるようになる。しかし，この自分と「自分でない」ものの双方の状態には中間的な領域（移行領域）が存在し，これを内的現実と外的現実の双方に関与する重要な中間領域とした。この移行対象－移行領域の概念を中心にして，ウィニコットは早期母子関係を「錯覚－脱錯覚」の過程であると考え，次のように説明した（Winnicott, 1965/1997, 1971/1979）。

母親は生後まもない乳児の欲求を完全に満たすように育児に没頭すること（母親の原初的没頭）で，自らの乳房が乳児の一部であるかのような錯覚を乳児に与える。母親は出産後，赤ん坊のことだけに専心するという，いわば「健全な精神病状態」にならなければならない。母親は育児に没頭することによって乳児の空腹を敏感に感じ取り，実際の授乳を行うことができる。乳児はこの現象の下，自分が欲すればいつでも乳房をつくりだせるという魔術的な主観的経験をすることになる。したがって，ほどよい環境下にいる乳児は空腹など本能的緊張から生起する欲求を何かが必ず満たしてくれると考えるようになる。つまり，乳児は自分の創造能力に対応する外的現実があるという空想を抱くのである。このとき，乳児の一次的創造性による主観的知覚と現実検討にもとづく客観的知覚との間にはある領域が存在する。つまり，母親の乳房は乳児の主観のなかでは自分の一部であるが，客観的には外的なものである。よって，ウィニコットはこの内的とも外的とも決められない領域を移行領域とよび，この乳児の主観的体験は錯覚であると述べた。前述したとおり，乳児の主観において，乳児は自分が空腹を感じ，それを欲する瞬間に乳房をつくりだすことができ，それ以外のときには乳房は知覚されない。乳児は自分の一部である乳房から乳を飲み，育児に没頭する母親は自分の一部である乳児に母乳を与えるという状態にあり，そこに母子の相互交流はない。つまり，錯覚に媒介された母子一体感が存在するのみで母子の分離は存在しないのである。しかし，このような万能的な錯覚に浸っていた乳児も現実検討能力が発達するに従って，自分の欲するときにいつでも乳房がつくりだせるわけでないことを知るようになる。空腹を感じると常に乳房が差し出されるわけではなく，母親の授乳のタイミングがずれることによって欲求不満を感じざるをえない状況も起きてくる。こうして錯覚は現実的な幻滅の体験を経て，脱錯覚の過程を踏み出すこととなる。このような乳児の健全な発達過程は通常，急速な喪失体験ではなく，漸次的に進展していく。

一方，ウィニコットは乳児の病的な発達過程として，乳房の喪失について2つの類型を記載している。その一つは乳児がまだ乳房との一体感という錯覚のなかにいる間に起きる早期の乳房の喪失である。このような場合，乳児にとって乳房の喪失は自分の身体の一部を喪失したかのように感じられる。ウィニコットはこうした早期の乳房の喪失が引き起こす状態を精神病的うつ病とし，重篤な精神疾患の一つと考えた。もう一つは錯覚の段階以後の乳房の喪失である。ウィニコットは，この場合は乳児の側に対象との分離感の兆しがあるために，乳房の喪失は反応性うつ病という形式で露わになると考えた。これはこの時代の背景にある戦争孤児や，経済的事情に

よって乳児院などに入所しているたくさんの乳幼児を診察したウィニコットの経験によって裏づけられたものであったが，スピッツの「依託うつ病」という概念に近いとも考えられるであろう。

ウィニコットの早期母子関係はクラインの「妄想分裂ポジション」とは異なる世界を提示している。ウィニコットの世界では母親との一体感に包まれ，ゆっくりと現実の分離を知っていく母子という穏やかな風景が広がっているようである。これに比して，クラインの妄想分裂ポジションの世界には，必死に生きようとする乳児の孤軍奮闘がみえるようである。

しかしながら，いずれにせよ双方に共通していることは，母子関係の障害が早期であればあるだけ事態は深刻になるということである。つまり，物言わぬ乳児であればあるだけそのケアが重要であり，時に大きなトラウマが生じる可能性が高い。わが国では一般的になっている「里帰り分娩」は母子のきずなを築くには最適であり，十分に評価できるものである。しかし，昨今，家族の崩壊とともに帰る実家のない母子も多くなっており，時にそうした家庭での虐待などが大きな社会問題になりつつある。

6．マーガレット・マーラー

マーラー（Margaret S. Mahler）はミュンヘンとウィーンで小児医学，精神分析を学び，アンナ・フロイトと学問的な交流をもった。その後，ナチから逃れてアメリカにわたり，自閉症の臨床研究を行い，カナー（Kanner, L.）の自閉症に対して「共生精神病」の概念を発表していた（Mahler, 1952）。これは現代的な視点からとらえると，自閉スペクトラムの先駆けとなる概念である。その後，マーラーは1959年からニューヨークで健常な母子を対象にした厖大なビデオフィルムによる実証的研究によって，新生児から3歳児までの発達理論を導いた。この理論は「分離個体化」理論とよばれるもので，自我心理学の代表的な発達理論となった。マーラーによれば，分離とは自他未分化な新生児から分離不安への対処を習得する幼児までの心的発達であり，個体化とは現実を認識する認知などの自我機能，運動，言語能力などを含めた神経的発達である。そして，これら双方が相まって幼児の健康な発達がなされるというのがマーラーの考え方である。また，マーラーの考え方においては，乳児は分娩という身体的誕生によって母親と身体的に分離した後も心理的にはまだ一体化した未分化な状態にあるが，その後，心理的に母子分離ができるようになることで，人は二度生まれるといわれるように二度目の誕生である「心理的誕生」を迎えるとされる。たとえば，幼稚園の年少で入園する幼児は当初は分離不安を示すこともあるが，1カ月もすれば幼稚園の集団生活に慣れ，幼稚園の先生の指示を理解し，他児にも関心を向け楽しく遊ぶことができるようになる。この過程は幼児の心理的誕生の過程を実証している。マーラーは実証的研究から以下のように発達理論を提示した（Mahler, 1952；Mahler et al., 1975/1981）。

(1) 未分化期（生後1～4カ月）

① 正常な自閉段階（1～2カ月）：フロイトは，新生児は刺激を遮断することによって胎生期の名残りとしての幻覚的全能感を維持すると述べている。正常な自閉段階とはこの理論に従って

仮定した時期であり，この時期は乳児には自己と外界の区別がなく，自分の心的世界にしか関心を向けることができない正常な自閉的な状態にあるとした。

② 正常な共生段階（3〜4カ月）：この時期の乳児は母親と自分は一心同体の存在であるとした。これは，「共生精神病」をモデルとして提示されたものである。この時期の母子には自己と母親の境界線は存在せず，乳児は身体精神的融合の感覚に覆われている。乳児にとって母親は欲求充足的な存在であり，乳児はそうした母親と自分を一体であると妄想的に認識し，共生的に融合しているように感じている。

(2) 分離個体化期（5〜36カ月）

① 分化段階（5〜8カ月）：乳児はこの時期に自己と母親が異なる存在であると認識しはじめ，自分の母親と他人を見比べる態度をとりはじめる。この入念なチェックは「税関検査」とよばれており，マーラーのビデオにはその様子が明瞭に示されている。乳児は未分化期での母親との融合状態を抜け出し，自分と母親の違いを認識し，最終的に母親以外の他人に「人見知り不安」を示しはじめる。

② 練習段階（9〜14カ月）：この時期の乳児は立位歩行といった身体運動能力と外界の認知能力が発達し，外界への好奇心が増し，意気高揚感をもとに母親から分離を始める。母親の不在時には後追いや分離不安を示すが，母親から分離して世界を謳歌するかのように自由に行動しはじめる。探索行動や他児への関心も認められるようになるが，母親と離れて不安や寂しさが強くなると再び母親に戻って情緒的エネルギー補給を行ってもらう。子どもの不安や寂しさの信号に対する母親の微笑みや優しい声かけ，抱擁などの情緒的応答性が重要になってくる。さらに，母親への愛着や関心の代理となる人形やおもちゃなどの「移行対象」が出現してくる。

③ 再接近段階（15〜24カ月）：歩行自由になったこの時期に，母親からの分離意識がさらに高まるが，完全に分離すると分離不安が強まるという両価的な感情に幼児は苛まれる。そのため，いったん飛び出したかと思うと，また情緒的エネルギー補給基地である母組にしがみつくという「再接近」行動が頻繁に認められる。母親に再接近して，しがみつき行動をとることで見捨てられることから自分を防衛する一方，今度はあまりの接近に母子境界がなくなり自己の存在が脅かされ，呑み込まれる不安を感じる。この段階で，適切な母子の距離がとられることが課題である。しかし，しがみつき行動が激しい場合，母親は途方に暮れ子育て困難となり，支援を必要とすることもある。この状態は再接近危機といわれるが，ほとんど一過性の情緒的葛藤であり，父親の育児参加などで改善する。しかし，この両価的な心性は成人の境界例などのパーソナリティ障害の中核となり，ここでの不安は「見捨てられ不安」「呑み込まれ不安」として知られている。

④ 個体化段階（24〜36カ月）：この時期には，母親からの分離が成立し，母親と短時間であれば分離していても情緒的に耐えられる個体化の能力が確立する。自律的な自我機能を獲得し，現実見当識も上がり，母親不在の分離不安への耐性ができてくる。

(3) 情緒的対象恒常性の確立期（36カ月以降）

3歳をすぎた幼児の心的世界では自己表象と対象表象が明瞭に分化して確立し，それぞれの表象は「よい」「悪い」の両面をもつ全体的な統合性のイメージを可能にするようになる。心の世

界に自分や母親・父親，他人の表象を想起できるようになり，対象の恒常性が内在化され，この結果，幼稚園などでも長時間一人で過ごすことができるようになる。

こうした見解は，当時，精神疾患は子どもの発達のある段階に退行し，固着してしまうことによって生じるという病因論が趨勢を占めていたために記述されたものである。現代では，乳幼児精神医学，発達心理学で盛んに研究されている結果，マーラーの想定した乳児像と比べれば，より主体性をもって環境にかかわる乳児像が立証されつつある。

マーラーの未分化期の正常な自閉段階という概念に関しては，あくまでそれまでの精神分析理論をあてはめたにすぎず，後述のスターン等に批判され自ら撤回したが，それでもなお練習段階以後の発達についての考え方は実証的なものであり，その知見の意義は現代においても有用なものである。

7. 乳幼児精神医学

a. スピッツ

ルネ・スピッツ（Rene A. Spitz）は第二次世界大戦前にアメリカに亡命した精神分析医であり，フロイトの最初の教育分析を受けた。スピッツは乳児期の研究に専心し，写真やビデオなどを駆使し，直接的な観察を行い，乳幼児からの情動発達，自我形成，母子関係の成立に関して理論化した（Spitz, 1956/1965）。これは現代の乳幼児精神医学の出発点となった。

戦争を挟んだ欧米での乳児院の臨床経験から，代表的な「アナクリティックうつ病」「ホスピタリズム」という概念を発表した。「ホスピタリズム」とは，スピッツが乳児院や児童養護施設で養育される子どもの死亡率が高く（Spitz, 1957/1968），知的，身体的，情緒的発達などすべての発達の領域で大きな問題をかかえる子どもが多いことから見出した概念であり，こうした子どもたちのかかえる問題を包括したものである。その原因は母親あるいは適切な養育環境の欠如，単調で刺激の乏しい施設生活にあると結論した。さらに，スピッツは乳幼児の死亡率の高さは乳児の依存対象の喪失に起因するうつ状態によるものととらえた。これを「アナクリティックうつ病」と命名し，乳児期の一定の養育者との関係性の重要性を説いた。

ちなみに，スピッツの当初の研究は健常児に関する研究であり，「3カ月微笑」「8カ月不安」「ノーアンドイエス」など，子どもの発達に関する必須のマイル・ストーンについても記述した（Spitz, 1957/1968）。

b. ロバート・エムデ

ロバート・エムデ（Robert N. Emde）はコロラド大学，デンバー大学の精神医学の元教授であり，世界乳幼児精神医学会（WAIPAD）を創設した。エムデは，家庭と研究室での縦断的観察による情緒的な発達に関する研究，情緒的なシグナルのプロセス，家族内での情緒的な発達に関する研究を行った。エムデは乳児に対する母親の情緒応答性を重視し，これによって，乳幼児の共感性，倫理感，分離不安に耐える能力などが促進され，これが先々の対人関係の基盤となると論じた。

エムデの中心理論は情緒応答性，情動的中核自己という乳児の対人関係性についてのものである。エムデは情動は生得的なものであるとし，その動因として活動性，自己制御，社会適合性，情動モニターをあげている。乳児の情緒状態は情動的自己という一貫性のある自己表象を形成する。しかし，乳児の情緒状態は刻々と変化する情緒によって，心の発達は個人の分化と統合，変化と恒常，自律と依存といったテーマのなかで高度に洗練化すると説明される（Emde & Sorce, 1983/1988）。

エムデが中心となって，母親や保護者の乳幼児に関する情緒応答性を調べるI-FEEL Pictureが作成された。この日本語版は母子研究における代表的な心理検査の一つとなっている。

c. ダニエル・スターン

ダニエル・スターン（Daniel N. Stern）はエムデと並んで，現代の乳幼児精神医学の代表的な研究者であり，従来の精神分析には必須の概念である欲動，対象といった用語を破棄し，乳幼児がどのように世界を主観的に体験しているのかを描くことを試みた。スターンは，この外的世界とかかわる特定の体験を整理するオーガナイザーとして自己感という概念を中心に論じた。スターンは精神分析の患者が語る乳児像を臨床乳児，直接的に観察された乳児を被観察乳児とよび，これを統合することで新たな乳児の世界に関する知見を展開した（Stern, 1985/1989・1991）。

スターンが提唱する自己感はそれ自体が自己発生的なものであり，4つの自己感から構成されている。それは(1)新生自己感，(2)中核自己感，(3)主観的自己感，(4)言語自己感であり，4つの自己感は，従来の発達論のように段階をふむものではなく，終生，変わりなく存在していることを論じている。4つの自己感については次のとおりである。

(1) 新生自己感：乳児は生後まもなく新生自己感とよばれるオーガナイザーで，自己と外界が区分されていない混沌とした世界を整理し，自己と世界の間に境界をつくりはじめる。このとき，乳児には視覚，聴覚，触覚，嗅覚，味覚といった五感からなる個々の知覚が別個に存在することなく，一つの知覚が他の知覚に変換されることで，世界の刺激を最大限吸収しようと試みている。これは無様式知覚とよばれるが，成人になっても基本的な知覚様式である。また，乳児は生気情動というカテゴリー化されていない情動によって活発に生理活動を行い，瞬間的に刻々と変化する世界を生き抜く。これは本能の表現でもあり，これによって母親からの積極的な世話を受けることが可能になる。

(2) 中核自己感：生後2,3カ月から6カ月の乳児は中核自己感によって，自己が唯一，一貫した存在であるという感覚，自己の身体と世界との境界の感覚を確立する。つまり，乳児は母親とは別個の存在であり，乳児は自己の発動性，一貫性，連続性，情動体験を認識するようになる。乳幼児観察の経験からすれば，生後2,3カ月になると乳児の表情がしっかりと人間らしく母親を見つめたりするようになり，大きな飛躍を観察することができるようになる。

(3) 主観的自己感：生後7カ月をすぎる頃より，乳児は行動の背後にある感情，意思，情動は心だけでなく，他者にも自分と同じような心が存在することに気づくようになる。これによって，乳児は他者との関係性のなかで生きることができるようになるのである。スターンによると，この時期に，乳児は母親との間で知覚されることをともに楽しむ。たとえば，一緒にあるものを見

たり，音楽を聴いたりするようになる。ここには母子間での情動の相互交流が存在し，これを情動調律という。こうした情緒の交流は，別個の存在でありながら共にあるといった人間にとって不可欠な情動を形成する。

(4) 言語自己感：生後2年目になり，言語が話せるようになると言語自己感が発達する。このときまで，乳児は現実の検討，自己・他者の意思や情緒を認識できるようになり，象徴化能力が形成され，時間軸も認識できるようになる。言語は自己の世界認識，他者との間主観性を大幅に拡大するが，言語以前の経験を歪めることにもなってしまう。時に言語巧みなアスペルガー症候群の人たちの情緒が未熟であるということも，スターンの見解をふまえると容易に理解できる。これらの自己感は不動のものではなく，一生にわたって共存，洗練，時には病理の起点として機能することを記している。

8. メンタライゼーション

ピーター・フォナギー（Peter Fonagy）はアンナ・フロイトの後継者として，ロンドンを中心にして臨床，研究活動を積極的に行い，自我心理学の旗手として大きな影響を及ぼしている。フォナギーは伝統的な精神分析と愛着理論などの発達心理学，脳科学の知見を相互的に組み合わせ，弁証法的な展開を目論んでいる。メンタライゼーションとは，自分自身や他者の気持ちのなかに起きていること，情緒や感情，意図，葛藤などにしっかり気づき概念化する心的機能のことである。これはバロン-コーエン（Baron-Cohen, S.）らの「心の理論」の概念を基本的なモデルとして，フォナギーが1990年代に提出した概念である。

フォナギーは当初，精神分析諸学派の理論，実証研究である愛着理論を総括することから始め，その後，その枠を超えて認知心理学，進化生物学，そして最先端の脳科学の知見までをも，メンタライゼーションの理論に組み込み，臨床理論として臨床実践に応用している。これは従来のアイディアの供給としての精神分析の役割を超えることになり，発達心理学，脳科学の知見を積極的に受け入れて臨床に汎化するという立場を担うことになった。また，この概念は精神分析と神経科学とのインターフェイス，自己概念という哲学的命題との会話さえも行い，精神分析との統合を可能にしている（Allen & Fonagy, 2006/2011 ; Bateman & Fonagy, 2006/2008）。そのために，メンタライゼーション理論は「知のマルティプル・インターフェイス」としての機能を担うに至ったのである。

フォナギーはこの理論をとくに境界性パーソナリティ障害の治療にあてはめ，境界性パーソナリティ障害の最新モデルを提示し，その総括的な治療の組織化，治療戦略，治療技法に関して実践的な報告も含めた治療論を展開している。フォナギーはメンタライゼーションを向上させるという治療目標が他の心理療法，認知療法，弁証法的行動療法などにも共通したテーマであり，他学派との相互交流を円滑にする共通概念になることを提唱している。

精神分析はフロイトの幼児性欲の発見以後，発達論を中心にその理論体系をかたちづくった。

精神分析の発達論はタイソンとタイソンの『精神分析的発達論の統合1・2』（Tyson & Tyson, 1990/2005・2008）にまとめられ，数多くの発達論が提唱され，それは発達心理学の領域で実証されている。さらに，精神分析，発達心理からの知見は，実際の母子治療，子育て支援といった臨床に応用されている。こうした臨床実践はラファエル－レフ編『母子臨床の精神力動』（Raphael-Leff, 2003/2011）に多くの論文が掲載されている。

◆ 引用文献

Abraham, K. (1993). アーブラハム論文集：抑うつ・強迫・去勢の精神分析（大野美都子，訳）．岩崎学術出版社．（Abraham, K. (1927). *Selected papers of Karl Abraham, M.D.* London : Hogarth Press and Institute of Psycho-Analysis.）

Ainsworth, M. D. S., Blehar, M. C., Waters, E., & Wall, S. (1978). *Patterns of attachment : A psychological study of the strange situation.* Hillsdale, NJ : Lawrence Erlbaum Associates.

Allen, J. G., & Fonagy, P. (2011). メンタライゼーション・ハンドブック（狩野力八郎，監修，池田暁史，訳）．岩崎学術出版社．（Allen, J. G., & Fonagy, P. (2006). *The handbook of mentalization-based treatment.* New York : Wiley）

Bateman, A. W., & Fonagy, P. (2008). メンタライゼーションと境界パーソナリティ障害（狩野力八郎・白波瀬丈一郎，監訳）．岩崎学術出版社．（Bateman, A. W., & Fonagy, P. (2006). *Mentalization-based treatment for borderline personality disorder.* London : Oxford University Press.）

Bick, E. (1964). Notes on infant observation in psycho-analytic training. *International Journal of Psychoanalysis*, **45**, 558-566. In *Collected paper of Martha Harris and Esther Bick* (1987 republished). The Clunie Press.

Bion, W. R. (2011). 思考作用についての理論（木部則雄，訳）．母子臨床の精神力動（木部則雄，監訳）．岩崎学術出版社．（Bion, W. R. (1962). A theory of thinking. In Second Thoughts. In *Parent-infant psychodynamics : Wild things, mirrors and ghosts.* London : Whurr Publishers Ltd.）

Blos, P. (1971). 青年期の精神医学（野沢栄二，訳）．誠信書房．（Blos, P. (1971). *On adolescence : A psychoanalytic interpretation.* New York : Free Press.）

Bowlby, J. (1976・1977・1981). 母子関係の理論（Ⅰ・Ⅱ・Ⅲ）（黒田実郎ほか，訳）．岩崎学術出版社．（Bowlby, J. (1969-1980). *Attachment and loss : Vol. 1, 2, 3.* London : The Hogarth Press.）

Britton, R. (2002). 信念と想像（松木邦裕・古賀靖彦，訳）．金剛出版．（Britton, R. (1998). *Belief and imagination.* London : Routledge & Kegan Paul.）

Emde, R. N., & Sorce, J. F. (1988). 乳幼児からの報酬：情緒応答性と母親参照機能（生田憲正，訳）．乳幼児精神医学（小此木啓吾，監訳）．岩崎学術出版社．（Emde, R. N., & Sorce, J. F. (1983). The rewards of infancy : Emotional availability and maternal referencing. In J. D. Cal (Ed.), *Frontiers of infant psychiatry : Vol. 1.* New York : Basic Books.）

Erikson, E. H. (1977・1980). 幼児期と社会（1・2）（仁科弥生，訳）．みすず書房．（Erikson, E. H. (1950). *Childhood and society.* New York : W. W. Norton.）

Erikson, E. H. (1974). 青年ルター（大沼 隆，訳）．教文館．（Erikson, E. H. (1958). *Young man Luther : A study in psychoanalysis and history.* New York : W. W. Norton.）

Erikson, E. H. (1973・1974). ガンディーの真理（上・下）（星野美賀子，訳）．みすず書房．（Erikson, E. H. (1969). *Ghandhi's truth.* New York : W. W. Norton.）

Ferenczi, S. (2008). 精神分析への最後の貢献（森 茂起・大塚紳一郎・長野真奈，訳）．岩崎学術出版社．（Ferenczi, S. (1955). *Final contributions to the problems and methods of psychoanalysis.* London : The Hogarth Press.）

Freud, A. (1982). アンナ・フロイト著作集：2 自我と防衛機制（黒丸正四郎・中野良平，訳）．岩崎学術出版社．（Freud, A. (1936). The ego and the mechanisms of defense. In *The writings of Anna Freud : Ⅱ.* New York : International Universities Press.）

Freud, A. (1981). アンナ・フロイト著作集：9 児童期の正常と異常（黒丸正四郎・中野良平，訳）．岩崎学術出版社．

（Freud, A. (1965). Normality and pathology in childhood : Assessments of development. In *The writings of Anna Freud : IX*. New York : International Universities Press.）

Freud, A. (1981). アンナ・フロイト著作集：1　児童分析入門：児童分析家と教師のための講義（岩村由美子・中沢たえこ，訳）．岩崎学術出版社．（Freud, A. (1971). Introduction to psychoanalysis : Lectures for child analysts and teachers. In *The writings of Anna Freud : I*. New York : International Universities Press.）

Freud, S. (1969). フロイト著作集：5　性欲三篇（懸田克躬・吉村博次，訳）．人文書院．（Freud, S. (1905). Three essays on the theory of sexuality. S. E., 7.）

Freud, S. (1969). フロイト著作集：5　ある五歳児の恐怖症分析（高橋義孝・野田　倬，訳）．人文書院．（Freud, S. (1909). Analysis of a phobia in a five-year old boy. S. E., 10.）

Freud, S. (1970). フロイト著作集：6　快感原則の彼岸（小此木啓吾，訳）．人文書院．（Freud, S. (1920). Beyond the pleasure principle. S. E., 18.）

Freud, S. (1971). フロイト著作集：1　精神分析入門（懸田克躬・高橋義孝，訳）．人文書院．（Freud, S. (1917). Introductory lectures on psycho-analysis. S. E., 15.）

Freud, S. (1970). フロイト著作集：6　自我とエス（小此木啓吾，訳）．人文書院．（Freud, S. (1923). The ego and the id. S. E., 18.）

Isaacs, S. (1989). 世界新教育運動選書：23　幼児の知的発達（楠　瑞希子，訳）．明治図書．

Jung, C. G. (1913). Versuch einer Darstellung der Psychoanalytischen Theorie. Jahrbuch fur psychoanalytische und psychopathologische Forschungen V.（The theory of psychoanalysis. In *Collected works : 4*. London : Routlege & Kegan Paul.）

Klein, M. (1983). メラニー・クライン著作集：1　子どもの心的発達．早期分析（堤　啓，訳）．誠信書房．（Klein, M. (1923). Early analysis. In *The writings of Melanie Klein : I*. London : The Hogarth Press.）

Klein, M. (1983). メラニー・クライン著作集：1　子どもの心的発達．児童分析に関するシンポジウム（遠矢尋樹，訳）．誠信書房．（Klein, M. (1927). Symposium on childanalysis. *International Journal of Psychoanalysis*, **7**. In *The writings of Melanie Klein : I*. London : The Hogarth Press.）

Klein, M. (1983). メラニー・クライン著作集：1　子どもの心的発達．自我発達における象徴形成の重要性（村田豊久・藤岡　宏，訳）．誠信書房．（Klein, M. (1930) The importance of symbol-formation in the development of the ego. In *The writings of Melanie Klein : I*. London : The Hogarth Press.）

Klein, M. (1983). メラニー・クライン著作集：3　愛，罪そして償い．躁うつ状態の心因論に関する寄与（安岡　誉，訳）．誠信書房．（Klein, M. (1935). A contribution to the psychogenesis of manic-depressive states. *International Journal of Psychoanalysis*, **16**. In, *The writings of Melanie Klein : III*. London : The Horgath Press.）

Klein, M. (1983). メラニー・クライン著作集：3　愛，罪そして償い．喪とその躁うつ状態との関係（森山研介，訳）．誠信書房．（Klein, M. (1940). Mourning and its relation to manic-depressive states. *International Journal of Psychoanalysis*, **21**. In *The writings of Melanie Klein : III*. London : The Horgath Press.）

Klein, M. (1983). メラニー・クライン著作集：3　愛，罪そして償い．早期不安に照らしてみたエディプス・コンプレックス（牛島定信，訳）．誠信書房．（Klein, M. (1945). The Oedipus complex in the light of early anxieties. *International Journal of Psychoanalysis*, **26**. In *The writings of Melanie Klein : III*. London : The Hogarth Press.）

Klein, M. (1985). メラニー・クライン著作集：4　妄想的．分裂的世界．分裂的機制についての覚書（狩野力八郎・渡辺明子・相田信夫，訳）．誠信書房．（Klein, M. (1946a). Note on some schizoid mechanism. *International Journal of Psychoanalysis*, **27**. In *The writings of Melanie Klein : III*. London : The Hogarth Press.）

Klein, M. (1985). メラニー・クライン著作集：4　妄想的．分裂的世界．精神分析的遊戯療法（渡辺久子，訳）．誠信書房．（Klein, M. (1946b). The psycho-analytic play technique : Its history and significance. *American Journal of Orthopsychiat*, **25**, 223-237. In *The writings of Melanie Klein : III*. London : The Hogarth Press.）

Mahler, M. (1952). *On child psychosis and schizophrenia : Autistic and symbiotic infantile psychosis*. The Psychoanalytic Study of the Child 7.

Mahler, M. S., Pine, F., & Bergman, A. (1981). 乳幼児の心理的誕生：母子共生と個体化（高橋雅士・織田正美・浜畑　紀，訳）．黎明書房．（Mahler, M. S., Pine, F., & Bergman, A. (1975). *The psychological birth of the human infant*. New York : Basic Books.）

Raphael-Leff, J. (2011). 母子臨床の精神力動（木部則雄，監訳）．岩崎学術出版社．（Raphael-Leff, J. (2003). *Parent-infant psychodynamics : Wild things, mirrors and ghosts*. London : Whurr Publishers Ltd.）

Spitz, R. A. (1965). 母－子関係の成り立ち：生後1年間における乳児の直接観察（古賀行義，訳）. 同文書院. (Spitz, R. A. (1956). *The first year of life*. New York : International. Universities Press.)

Spitz, R. A. (1968). ノー・アンド・イエス：母・子通じ合いの発生（古賀行義，訳）. 同文書院. (Spitz, R. A. (1957). *No and yes : On the being of human communication*. New York : International. Universities Press.)

Stern, D. N. (1989・1991). 乳児の対人世界（理論編・臨床編）. （小此木啓吾・丸田俊彦，監訳）. 岩崎学術出版社. (Stern, D. N. (1985). *The interpersonal world of the infant : A view from psychoanlysis and developmental psychology*. New York : Basic Books.)

Tyson, P., & Tyson, R. (2005・2008). 精神分析的発達論の統合（1・2）（馬場禮子，監訳，青木紀久代，訳／皆川邦直・山科　満，監訳，中　康・遠藤幸彦，訳）. 岩崎学術出版社. (Tyson, P., & Tyson, R. (1990). *Psychoanalytic theories of development : An integration*. New York : Yale University Press.)

Winnicott, D. W. (1979). 移行対象と現実（橋本雅雄，訳）. 遊ぶことと現実. 岩崎学術出版社. (Winnicott, D. W. (1951). Transitional object and transitional phenomena. *International Journal of Psychoanalysis*, **34**. In *Playing and reality*. London : Tavistock.)

Winnicott, D. W. (1997). 情緒発達の精神分析理論（牛島定信，訳）. 岩崎学術出版社. (Winnicott, D. W. (1965). *The maturational processes and the facilitating environment*. London : The Hogath Press.)

Winnicott, D. W. (1979). 遊ぶことと現実（橋本雅雄，訳）. 岩崎学術出版社. (Winnicott, D. W. (1971). *Playing and reality*. London : Tavistock.)

10章 愛着理論の基礎

繁多 進

1節 愛着理論が誕生するまでの背景

　ボウルビィの愛着理論はゆりかごから墓場までの生涯にわたって適用される理論であるが，その出発点は母子関係に関する考察を出発点にしている。今日では母子関係研究は発達心理学や臨床心理学の重要なテーマになっているが，このように母子関係が研究の対象としてとりあげられるようになった背景としてフロイトが創始した精神分析学とホスピタリズム研究という2つの流れをあげなければならない。この2つの流れはボウルビィの愛着理論の誕生に大きな影響を及ぼしているのである。

1．精神分析学の母子関係論

　精神分析学の創始者であるフロイトが母親と子どもの親密な結びつきについて認識しはじめたのは比較的晩年になってからといわれている。死後に出版された『精神分析学概説』（Freud, 1940/1958）では，子どもにとって母親は最初にして最強の愛情対象であり，母子関係はその後のすべての愛情関係の原型になるものであることを明白に述べている。フロイト以降，精神分析学はさまざまなかたちで発展していったが，アンナ・フロイトやエリクソン（Erikson, E. H.）などの自我心理学派，クライン（Klein, M.）を中心とし，フェアバーン（Fairbairn, W. R. D.），ウィニコット（Winicott, D. W.）などのイギリス学派，アメリカで発展したホーナイ（Horney, K.），フロム（Fromm, E.），サリヴァン（Sullivan, H. S.）などのネオフロイト派のいずれも早期の母子関係をきわめて重要なものととらえていた。

　このように精神分析各派は初期の母子関係を重視したが，ボウルビィが問題視したのは，なぜ子どもが母親を特別の対象として追い求めるようになるのかという母子の結びつきの起源に関する精神分析学者たちの考え方である。フロイト（Freud, 1940/1958）は最初に子どもの愛情対象になるのは母親の乳房であり，それが後に母親全体に向けられると考えている。この考え方は，生理的要求の充足を媒介として結びつきは成立するという二次的動因説の立場にたつものといえよう。アンナ・フロイトはより二次的動因説の立場を鮮明にしている。子どもの最初の愛は要求充足や生理的快をもたらす授乳そのものに向けられ，やがてその快をもたらすものが何であるかを理解し，子どもの愛はミルク，乳房へと移っていき，さらに，緊張を取り去ってくれる究極的な源が何であるかを知って，子どもは母親や養育者に愛を感じるようになると主張する（Freud,

1946)。

　そのほか，多くの精神分析学者が二次的動因説を主張する一方で，学習理論家も二次的動因説を支持している。ダラードとミラー（Dollard & Miller, 1950）は，空腹などのときに母親が存在すれば，すぐにその要求に応じるのであるから，乳児は母親の存在と緊張解消との間に正の相関を見出し，母親のそばにいることが動因解消に結びつくことを学習し，母親を追い求めるようになると主張する。

　ボウルビィは当初から二次的動因説を批判していたが（Bowlby, 1958），折しも，ローレンツ（Lorenz, K.）が発見した刻印づけ（imprinting）という現象について人間の乳児で検討したグレイ（Gray, 1958）の論文が発表されたことにより，刻印づけが心理学的観点から注目されるようになったこと，さらにハーロウら（Harlow & Zimmermann, 1959 ; Harlow, 1961）のアカゲザルを用いた一連の研究が発表されたことで，二次的動因説に対する疑問は大きく広がっていった。刻印づけは食物などを与えなくても愛着行動は生起することを示しているし，ハーロウの実験も，針金製模型からしか授乳されない子ザルたちも，授乳以外のときは布製模型にはるかに多くしがみつき，布製模型のみが子ザルたちの安全基地になれたという周知の実験で，いずれもミルクを与えてくれる母親を追い求めるという二次的動因説にとっては都合の悪いものである。このようにして，ボウルビィの愛着理論が提出される前夜は二次的動因説が急速に説得力を失いつつあるときであった。

2. ホスピタリズムからマターナル・ディプリベーションへ

　フロイトが精神分析の理論を世に問いはじめていた20世紀初頭，ちょうど時を同じくして欧米においてはホスピタリズムの問題が小児科医たちの関心を集めていた。母親から離れて乳児院などで過ごす乳児の死亡率がきわめて高いことに悩まされていたのである。その原因が人工哺乳による栄養的な問題や医学的管理にあると考えた小児科医たちはその改善に努めたが，それだけでは乳児の高死亡率を防ぐことはできなかった。

　施設児の死亡率が高いのは医学的管理や人工栄養の問題というより，父母による養育がなされていないからだと考えられるようになり，アメリカでは積極的に里親保護を推進することにより大幅に死亡率を低下させている。ヨーロッパでも，デュッセルドルフの孤児院で1903年には75％であった死亡率を，看護師や保育者はできるだけ子どもと接触し，愛撫するという看護原則を確立していったことにより，1907年以降は17％前後にまで減少せしめている（山下，1960）。このような看護原則が確立されるにつれ，死亡率の高さばかりでなく，体重増加不良，身長の伸びの悪さ，食欲不振，顔面蒼白といった身体発育不良の問題もしだいに解決の方向へと向かい，ホスピタリズムの問題は身体的ホスピタリズムから知的発達遅滞，情緒的・人格的障害，異常習癖といったきわめて心理学的問題に移行していったのである。

　折しも，第二次世界大戦後の世界的な孤児の増加もあって，世界保健機関（WHO）は家庭のない子どもについて精神衛生面から研究することを提案し，ボウルビィにこの研究を委託した。

ボウルビィがその報告書（Bowlby, 1951/1967）のなかで「乳幼児と母親との人間関係が親密かつ継続的で，しかも両者が満足と幸福感に満たされるような状態が乳幼児の性格発達や精神衛生の基礎である」と述べ，施設児にはこのような母子関係が存在しないところに問題発生の原因があるとして，施設児の障害をマターナル・ディプリベーション（maternal deprivation；母性的養育の喪失）という概念で説明したことにより，ホスピタリズムの問題はマターナル・ディプリベーションというより大きな概念のなかに包含されるようになったのである。

しかし，ホスピタリズムという用語が施設や病院で発生する症状についての記述用語であるのに対し，マターナル・ディプリベーションという概念は症状発生の原因論から出てきた説明概念でもあること，さらに，この概念は施設や病院に限定されず，あらゆる事態に波及されうることなどから，この概念の多義性，包括性，不明瞭性に対してその後議論が集中していくことになった。ヤーロウ（Yarrow, 1961）はマターナル・ディプリベーションが生じがちな事態として，施設養育，母子分離，マルティプル・マザーリング（multiple mothering；一人の子どもの世話の責任が多くの人に分散されている事態），養育不良の母親がいる家庭，の4つに分けて考察する必要性を指摘している。

このようにさまざまな事態で生じうる問題をマターナル・ディプリベーションという単一の概念で説明することができるのか，母性的養育の喪失によって子どもたちは何を失い，それがどのように作用して問題発生につながるのかを説明することが求められていたのである。

2節　愛着理論の骨格

二次的動因説を否定し，マターナル・ディプリベーション概念に対する批判に答えるために，ボウルビィは比較行動学，進化論，制御理論をも取り込んだ壮大な愛着理論を1969年に発表したのである。

1. 愛着（アタッチメント）と依存

ボウルビィが，赤ん坊が母親とほかの人とを区別し，母親という特定の人物に対して注意や関心を集中させていく心理機制をアタッチメント（attachment）とよんで以来，愛情をともなった心の結びつき（affectional bond）を指す用語として広く用いられるようになった。日本語訳として愛着という用語が定着している。ボウルビィの愛着理論は，ゆりかごから墓場までの個人の精神的健康は，情緒的支持や保護を提供する愛着対象との間にどのような関係をもつかということと密接にかかわっていると主張するものである。

ボウルビィが愛着とよんだ概念は，従来，依存（dependence）という概念ときわめて類似しているが，ボウルビィが依存という用語を避け，愛着という用語を使用した背景には，①依存という用語が二次的動因説を支持する精神分析学者や心理学者によって，子どもは生理的満足の源と

して母親に依存するという考えにもとづいて用いられてきたということ，②依存と愛着とは別のもので，依存は誕生時に最高でその後，成熟するにつれ減少していくのに対して，愛着は誕生時にはなく，その後に現れてくる，③人間関係において，依存的とよばれることはネガティブな意味を含んでいが，他の人物に愛着をもつということは望ましいことだとみなされる，といった理由がある（Bowlby, 1969/1976）。二次的動因説を否定し，愛着こそが生涯にわたってその個人の精神的健康に寄与すると主張したいボウルビィにとって，依存という用語はどうしても避けなければならないものだったのである。同時に，この愛着という概念の提出は，母性的養育を喪失することで，子どもたちは何を失い，それがどのように発達や精神的健康の問題に結びついていくのかという，いわゆるマターナル・ディプリベーション批判に対するボウルビィの回答でもあったのである。

2．生得的行動と相互作用

　それでは二次的動因説を否定するボウルビィは乳児が母親を追い求めるようになるのをどのように説明するのであろうか。ボウルビィの理論は，人間の乳児は成人との接近や接触を求める生物学的傾性をもって誕生するという前提から出発する。乳児の成人への接近・接触要求行動は学習によって獲得したものではなく，生得的なものだというのである。この接近・接触要求行動は，かつて進化の過程において，乳児が（現在の類人猿の乳児のように）母親との接触を維持するうえで用いていた行動パターンのなごりであり，そのなごりを現在の乳児は誕生時から示すのだという。それらのなごりには抱きつき反射とか把握反射といったものが含まれる。しかし，現在の人間の乳児の身体的接触を維持するための能力は霊長類のなかで最低である。それゆえに人間の新生児の場合は，信号機構がきわめて重要なものになってきている。

　泣き，微笑，バブリングといった信号は，成人を乳児に近づかせ，接近を維持させる機能をもっている。この乳児－成人の接近の維持というのは，とりもなおさず，乳児の生命の保護を確かなものにすることにつながる。略奪や遺棄からの保護を確実にするために，これらのタイプの行動が発生的な進化の過程で選ばれてきたのだという。つまり，略奪や遺棄を回避し，自らの生命の保護を確かなものにするために，成人への接近・接触を求める行動パターンが人間には生得的に備わっているのだというのである。このようなボウルビィの愛着理論に大きな影響を及ぼしているのは比較行動学である。なかでも，最も大きな示唆を受けたのはハインドからで，彼の著書『動物の行動』（Hinde, 1966）は理論構成のうえできわめて有益であったとボウルビィは自ら述べている（Bowlby, 1969/1976）。

　成人への接近・接触を求める乳児の行動が生得的なものであるとしても，母親という特定の対象に対して好みを示し，愛着を形成していく過程についてはどのように説明するのであろうか。ボウルビィはエインズワース（Ainsworth, 1964）が観察したウガンダの乳児たちがしだいに母親の顔への好みを深めていく過程を例にあげて，人間の乳児の弁別的な行動が発達していく過程は次の4つのメカニズムをとおして進行すると説明している。①ほかのさまざまなパターンよりも，

あるパターンを好んでみる内在的傾向。および動くものを好んで見る内在的傾向，②見慣れたものが見知らぬものから区別される学習過程，③見慣れたものに近づく内在的傾向（後には見知らぬものからしりごみする内在的傾向），④結果のフィードバック：これによってある行動系列は一定の結果をともなうとき増大し，ほかの結果をともなうとき減少する。

　ボウルビィは，食べ物が母親への視覚的定位を強化するという証拠は何もないという。実際にあるのは，乳児が母親を注視することが多いほど，母親は乳児に近づいて，話しかけたり，軽くたたいたり，抱きしめたりすることが多くなるという事実である。このような行動の結果は制御システムへフィードバックされるので，乳児の母親への視覚的定位や注視はしだいに増大する。このように，たがいに強化しながら母と子の相互作用は自然に多くなっていく。母親という特定の対象との間に数多くの相互作用を経験し，それをフィードバックしながら，母親とほかの人とを弁別し，母親への志向を強めていくというのである。このように，誰かに接近・接触し，誰かを愛着の対象にしようとするのは乳児に生得的に備わった生得的行動であるが，乳児が愛着の対象として選択するのは，生理的要求を充足させてくれる人ではなく，日頃から数多く相互作用をしてくれる人であるという。相互作用の量が愛着形成に重要な役割を果たし，相互作用の質は形成される愛着の安定性（security）にかかわる。安定した愛着を形成している子どもは，いつでも母親と直接的なコミュニケーションがとれる子どもであるとして，母と子の自由な認知的および情緒的コミュニケーションの役割がきわめて重要であることをボウルビィは強調している。

3．愛着の発達

　子どもは生得的に備わった愛着を媒介する行動システム（泣き，しがみつき，吸引，定位，微笑など）を用いて他者との相互作用を繰り返しながら，具体的にはどのようにして愛着を形成し，発達させていくのであろうか。ボウルビィは愛着の発達を次の4段階に分けて考察している。

　第1段階：人物弁別をともなわない定位と発信

　この段階の子どもは人に関心を示し，定位，つかむ，手を伸ばす，微笑などで反応をするが，誰に対しても同じように反応する。この段階は少なくとも生後8週までは続き，多くは生後12週まで続く。

　第2段階：ひとり（または数人）の弁別された人物に対する定位と発信

　生後12週以降，人に対する親密な反応はいっそう増大するが，その行動は母性的人物に対してより顕著に示される。ほかの人があやすより母親があやしたほうがより微笑むというように，母性的人物に対する弁別的な反応が明確になってくるが，その母性的人物の不在に対して悲しみを示すというようなことはない段階。この段階は生後6カ月頃まで続く。

　第3段階：発信ならびに手段による弁別された人物への接近の維持

　乳児の弁別力は確固としたものになり，また，移動も可能になってくるので，母親に対する反応とほかの人に対する反応との間に明らかな差異が示されるようになる。母親との分離に悲しみを示し，母親との再会を喜び，怖いことがあると母親のもとに飛び込み，母親がそばにいると

探索のための安全基地として使用するというような，誰の目にも明らかな分化した行動が現れる。この時期には最初の愛着人物（多くの場合母親）に続いて，父親，祖母といった二次的愛着対象もできてくる。人生において愛着行動が最も活発になされる時期である。この段階は少なくとも2歳，多くは3歳まで続く。

第4段階：目標修正的協調性の形成

第3段階の間に目標修正的行動は始まっている。つまり，子どもは苦悩を終わらせる条件や安全に感じる条件を発見し，これらの条件を達成することを設定目標（set goal）とした計画を立てることができる。これは乳児が満足を感じる愛着対象との接近の程度と関連した概念であるが，この設定目標をもつことによって子どもは自らの愛着行動を自らコントロールして目標修正的な行動をとることができるようになる。

たとえば，まだ自分に満足を与える条件が何であるかをよく理解していない生後6カ月の乳児は自分が不安や苦痛を感じれば泣き叫ぶ。その際，母親が接近しつつあるか，遠ざかりつつあるかということで泣きが変化するということはない。苦痛が取り除かれるまでなき続けるだけである。ところが，母親が見える範囲なら安全を感じるからその範囲内で行動したいという設定目標をもっている満1歳の子どもなら，母親が遠ざかっていって視野からはずれそうになると泣き叫ぶであろうが，近づいてきて視野に入ってくると泣きを弱めたり，やめたりするであろう。このように設定目標をもっている子どもは，自分の設定目標と現実の状況とのズレの程度に応じて行動を修正しながら，そのズレをうめていく作業をすることができるのである。子どもが設定目標をもつようになるのは生後8, 9カ月以降であるという。

第3段階の子どもが，母親を安全の基地として母親から離れていくこともできるようになるのはそのためであるが，しかし，どんなつもりで母親は自分に近づいたり離れたりするのかをはっきりとは理解できないし，母親の行動を自分の都合のよいように変えさせるために，どのような手段を用いることが最も効果的かということもまだよく理解していない。複雑な母親の行動を正確に理解し，それに合わせて自分の行動を調節していくというようなことは，第3段階の子どもたちにとっては至難のわざなのである。

しかしながら，事態はやがて変化する。子どもの認知能力の発達にともない，子どもは母親の行動を観察しながら，母親も何らかの設定目標をもって行動していることや，その目標を達成するためにどのような手段を用いようとしているかといったことをかなり洞察できるようになってくる。つまり，母親の感情や動機を洞察できるようになったということである。こうなると母親が見えるところにいなくてもあわてふためくことはなくなってくるものの，母子関係はより複雑なものになってくる。母親がしようとしていることが自分の目標にとって都合の悪いものであったら，その母親の計画そのものを変えさせるか，自分の目標を修正しなければならない。このように相手の目標を考慮に入れながら自分の目標との間の調整を図っていく経験をとおして協調性の基礎が形成されていくというのである。このような作業はかなりの知的能力を必要とするので，2歳以前にこの第4段階に入ることはないであろうし，多くは3歳頃からであろうという。

4. 愛着のパターンとパーソナリティ

　上記の発達段階は，愛着の発達が順調に進んだ場合のことである。ボウルビィ（Bowlby, 1988/1993）は，誕生時の乳児は潜在的に開かれたいくつもの発達の経路（健康的なものとそうでないものが含まれる）をもっていて，たまたま遭遇する環境との相互作用をとおしていずれかの経路を辿ることになるという。乳児が辿るのがどの経路かを決定するのは，その乳児が出会う環境，とくに両親（または親に代わる人物）のその子に対する扱い方や応答の仕方である。このようにして愛着にはいくつかのパターンが存在することになる（11章参照）。ボウルビィがマターナル・ディプリベーション批判に対する回答として，親密で継続的な母性的養育の喪失によって子どもが失うのは愛着の発達であると主張するとき，それは健康的で安定した愛着の発達を意味しているのである。

　ボウルビィ（Bowlby, 1979）は，愛着関係は乳児期に発達する愛着システムによって制御されているという。このシステムは愛着対象との身体的接触やその対象の有用性をモニターして，その対象に向けられた愛着行動を活性化し，制御する。子どもが安心を感じているときはその子どもの愛着対象は子どもの探索行動やその他の社会的行動を促進する安全の基地（secure base）として機能する。しかしながら，子どもが恐怖を感じているときは，愛着対象のところに逃げ込んで安心を得ようとする。乳幼児においてはとくにそうである。それゆえに，愛着対象に対する個人の愛着行動は怖れが知覚される条件下で最も明瞭になる。怖れが知覚される事態で愛着対象に保護を求めることをとおして，未成熟な子どもは生存の可能性を高めている。もちろん，愛着対象が身体的，心理的保護をうまく果たすことができるかどうかは，子どもと愛着対象との間の相互作用の質しだいである。このように，愛着対象の有効性は恐怖反応と密接に関連しており，有効性にかかわる2つの重要な要因がある。一つは，愛着対象が実際にそばにいるかどうかということである。実際にそばにいて，日常生活に潜在的に含まれている脅しの事態からどれほど守れるかという問題である。第二の重要な要因となるのは，愛着対象が実際にはいないにもかかわらず，愛着対象が有効であるという確信，つまり，望むときに接近しえて，応答してくれるということを個人が確信しているかどうかという問題である。子どもが幼いほど第一の要因が重要で，子どもが成長するにしたがって第二の要因が重要になってくる。

　ボウルビィ（Bowlby, 1969/1976, 1973/1977, 1980/1981）は，各個人は世界について，およびそのなかの自己についてのワーキングモデル（一般に「内的ワーキングモデル」という用語で広く用いられている）を構築すると仮定している。愛着のパターンがやがてその個人の属性となり，その個人のパーソナリティをかたちづくっていくということを説明するために必要な概念だという。乳児期をすぎると，愛着関係は主たる愛着対象との間で経験してきた相互作用をとおして子どもが形成するワーキングモデルによって支配されるようになる。つまり，ワーキングモデルとは先にあげた第二の要因をさしている。

　ある個人が構築する世界についてのワーキングモデルのなかで重要なのは愛着対象に関するワーキングモデルである。誰が愛着対象であり，その対象にどのようなことが期待できると考え

表10.1 安定愛着と障害愛着の内的ワーキングモデル（Levy & Orlans, 2000）

安定愛着（secure attachment）
　自　己：私は良い人間で，望まれており，価値があり，有能で愛される人間だ
　養育者：彼らは概して私の要求に応答的で，感受性も高く，世話をし，信頼できる
　人　生：世界は安全で，人生は生きる価値がある
障害愛着（disordered attachment）
　自　己：私は悪い人間で，望まれていず，価値がなく，希望もなく，愛されない人間だ
　養育者：彼らは私の要求に応答してくれず，感受性に乏しく，有害で，信頼できない
　人　生：世界は安全でなく，人生は生きる価値がない

ているかという問題である。同様にある個人が自己について構築するワーキングモデルにおいて重要な点は，自分自身が自分の愛着対象たちからどれほど受容されていると考えているかという問題である。このような世界と自己についてのワーキングモデルをとおして，各個人は自分の愛着対象たちに助けを求める場合，彼らは接近しやすい対象であるか，応答してくれる対象であるかを予測する。ふつうの家庭で愛情のある両親と一緒に成長してきた子どもは，慰めや保護を求め，それに応じられることを繰り返し経験しているので，愛着対象の有効性と自分が受容されていることを確信している。一方，自分の養育を担当している人物が自分を援助したり保護したりするような応答をしてくれる可能性がほとんどないといった環境で育った子どもは，両親から望まれていないと感じるだけでなく，自分は望まれるに値しない人間と信じるようになる。

　このように，子どもたちは養育者との初期の相互作用をとおして形成された愛着パターンにもとづいて，世界や自分自身やさまざまな関係や人生一般についてのワーキングモデルを発達させる。ワーキングモデルは子どもが出来事をいかに解釈し，いかに記憶の中に情報を蓄え，いかに社会的情報を知覚するかということに影響する。リーヴィーとオーランス（Levy & Orlans, 2000）はボウルビのこのような考えを上手にまとめている（表10.1）。

　愛着に問題のある子どもたちのワーキングモデルにはこのように否定的な自己評価ないしは自己侮辱が含まれている。この否定性の視点が他者に対して何事も悪意にとる傾向のような，社会的手がかりを誤って解釈する結果をもたらしていると指摘されている（Dodge, Bates, & Pettit, 1990）。そのような子どもたちは怖れや敵意がないときでさえそれを知覚して，攻撃的，威圧的な行動で反応するのがふつうである。このような中核的信念は家族や社会からの疎外感を助長し，いつでも他者をコントロールし，怒り，復讐，暴力，反社会的行動で自分を守りたいという欲求を助長することになる。

　このように，愛着とパーソナリティをつなぐワーキングモデルという概念を導入することによって，健全な愛着が健全なパーソナリティにつながる一方で，初期の愛着の発達の混乱がその後のさまざまな問題に結びつくことを見事に説明したのである。

3節　愛着理論にもとづく治療法

　ボウルビ（Bowlby, 1973/1977, 1988/1993）は愛着理論を適用した治療法についても言及して

いる。愛着理論を適用する治療者は，患者が自分自身や愛着対象についてのワーキングモデルを，治療的関係のなかで得た新たな理解や体験をとおして，再評価，再構成するために，探求しうるような状況を提供することだと述べ，そのために治療者がすべき5つの課題をあげている。第一の課題は，患者に安全の基地を提供することである。患者はそこを起点にして人生のさまざまな不幸で苦痛に満ちた側面を探求することができる。患者が自分の考えや感情を探求し，表現できるように安全の基地を提供する治療者の役割は，母親が子どもに外界を探索する基点となる安全の基地を与える役割と類似しているという。

　治療者の第二の課題は患者が探求することを助けることである。患者が自分自身や他者の感情や行動について何を期待しているか，うまくいかなくなってしまう状況を自分でつくってしまうときに，どのような無意識のバイアスをもっているのか，といったことについて考えることを励ますことによって患者を助ける役割である。第三の課題は，患者に深く考えるように励ますという特別の人間関係を患者と治療者間でつくりだすことである。患者はこの人間関係のなかに，愛着対象が自分に対してどのように感じたり振る舞ったりしがちであるかについての彼の認識や説明をもち込むだろう。その認識や説明は患者の自己や両親についての彼のワーキングモデルをとおしてのものなのである。第四の課題は，患者のそのような現在の認識や期待の仕方，そして感じ方や行動の仕方が，子ども時代や青年期に親との関係で起きた出来事や状況の所産であるのか，あるいは，親に繰り返し言われてきたことの所産であるかを考えるように励ますことである。これは患者にとって苦痛に満ちた，困難な過程であり，患者には想像することも考えることもできないと思われてきた親に対する考えや感情を，ありうることとして考えるように治療者が勧めることが必要となる。

　治療者の第五の課題は，自分自身や他者についてのワーキングモデルが自分の現在や将来に適切であるかどうかを患者が検討できるようにすることである。情緒障害を起こしている人の場合，彼の知覚や予測，すなわち，感情や行動に最も大きな影響を与えているワーキングモデルは，彼の乳幼児期に発達したモデルであり，かなり原始的レベルで構築されているが，当人自身には比較的，あるいは，完全に気づかれていないようなモデルであることが常である。一方，同時に彼のなかにこのモデルとは矛盾した第二のモデルが作用している。このモデルは遅く発達し，第一のモデルよりもはるかに複雑で，当人によってかなり意識されていて，有力なモデルと誤り考えられてしまうようなモデルである。情緒障害者を治療する仕事の多くは，患者に意識されていなくて実際には影響を及ぼしているモデルのあることを自覚させ，その明らかになったモデルを患者に検証させ，それらのモデルが今後も妥当かどうかを検討させることである。

　自分を支配していたワーキングモデルの本質を把握し，その起源を跡づけることができると，患者は古いモデルを過去の経験や繰り返し言われたことによる正当な所産であると考えることができるようになり，現在の生活により適した，代わりの新しいモデルを自由に用いることができるようになる。ワーキングモデルという幼いときに構築されるものでも，変化は生涯をとおして続くもので，効果的な治療を行う機会を与えてくれるのは，まさにこの変化の可能性なのであるという。

生まれてきた赤ん坊は母性的人物との親密で継続的な相互作用をとおして，その人物に健全な愛着を形成し，それは自己や世界についての肯定的なワーキングモデルを生み，それがしだいに内化して健全なパーソナリティをかたちづくり，精神的に健康な人生を送ることができる。その反対に，そのような相互作用が得られない場合は，愛着の発達は混乱し，否定的なワーキングモデルが健全なパーソナリティの発達を阻害し，情緒障害や反社会的行動などのさまざまな問題に結びつく，というボウルビィの考えは，彼がマターナル・ディプリベーションという概念を提出したときから描いていた構図であったといえよう。そのことをアタッチメント（愛着）という概念を導入し，体系的な愛着理論で説明したのである。

　ボウルビィのこの主張は，今日では脳科学の方向からも支持されてきている。ペリー（Perry, 1995）は乳幼児の脳の発達について，まず脳幹が発達し，ついで中脳，辺縁系，皮質と発達していく過程において，情緒的反応や親密さや愛着は養育者と子どもの中脳や辺縁系での相互作用のなかで生じるので，脳のこれらの領域は愛着が生じることで活性化される必要があると述べている。ショア（Shore, 1994）も初期の愛着関係の性質は脳の重要な部分の神経学的発達に多大な影響を及ぼし，感情の発達や制御と密接にかかわっていると述べている（Hughes, 1997）。さらにラドニアとマサナリ（Ladnier & Massanari, 2000）も，経験が形成される脳の回路の質や量，および組織化される方向性を決定すると述べ，人生の最初の3年間における養育者と子どもとの間の刺激的な相互作用の量と質は子どもの情緒発達，学習可能性，成人してからの諸機能のレベルを決定するうえで，最も大きな役割を演じると述べるなど，ボウルビィ理論への支持は多方向から広がっている。

◆引用文献

Ainsworth, M. D. S. (1964). Patterns of attachment behavior shown by the infant in interaction with his mother. *Merrill-Palmer Quarterly,* **10**, 51-58.
Bowlby, J. (1967). 乳幼児の精神衛生（黒田実郎，訳）．岩崎学術出版社．(Bowlby, J. (1951). *Maternal care and mental health.* Geneva : WHO.)
Bowlby, J. (1958). The nature of the child's tie to his mother. *International Journal of Psycho-Analysis,* **39**, 350-373.
Bowlby, J. (1976). 母子関係の理論：I　愛着行動（黒田実郎・大羽蓁・岡田洋子，訳）．岩崎学術出版社．(Bowlby, J. (1969). *Attachment and loss : Vol.1. Attachment.* London : The Hogarth Press.)
Bowlby, J. (1977). 母子関係の理論：II　分離不安（黒田実郎・岡田洋子・吉田恒子，訳）．岩崎学術出版社．(Bowlby, J. (1973). *Attachment and loss. Vol.2. Separation.* London : The Hogarth Press.)
Bowlby, J. (1979). *The making and breaking affectional bond.* London : Tavistock.
Bowlby, J. (1981). 母子関係の理論：III　愛情喪失（黒田実郎・吉田恒子・横浜恵三子，訳）．岩崎学術出版社．(Bowlby, J. (1980). *Attachment and loss : Vol.3. Loss.* London : The Hogarth Press.)
Bowlby, J. (1993). 母と子のアタッチメント：心の安全基地（二木武，監訳）．医歯薬出版．(Bowlby, J. (1988). *A secure base.* New York : Basic Books.)
Dodge, K. A., Bates, J. E., & Pettit, G. S. (1990). Mechanisms in the cycle of violence. *Science,* **250**, 1678-1683.
Dollard, J., & Miller, N. E. (1950). *Personality and psychotherapy : A synthesis of ethology and comparative psychology.* New York : McGraw-Hill.
Freud, A. (1946). The psychoanalytic study in infantile feeding disturbance. *Psychoanalytic Study of the Child,* **2**, 119-132.

Freud, S.（1958）. 精神分析学概説（古沢平作，訳）フロイト選集：15　日本教文社.（Freud, S.（1940）. *An outline of psychoanalysis.* London : Hogarth.）

Gray, P. H.（1958）. Theory and evidence of imprinting in human infant. *Journal of Psychology,* **46**, 155-166.

Harlow, H. F.（1961）. The development of affectional patterns in infant monkeys. In B. M. Foss（Ed.）, *Determinants of infant behavior : 1*（pp.75-97）. London : Methuen.

Harlow, H. F., & Zimmermann, R. R.（1959）. Affectional responses in infant monkeys. *Science,* **130**, 421.

Hinde, R. A.（1966）. *Animal behavior : A synthesis of ethology and comparative psychology.* New York : McGraw-Hill.

Hughes, D. N.（1997）. *Facilitating developmental attachment.* London : Jason Arondson.

Ladnier, R., & Massanari, A.（2000）. Treating ADHD as antecedent to viorence and antisocial patterns in children. In T. Lavy（Ed.）, *Handbook of attachment interventions*（pp.27-65）. New York : Academic Press.

Levy, T. M., & Orlans, M.（2000）. Attachment disorder as an antecedent to violence and antisocial patterns in children. In T. M. Levy（Ed.）, *Handbook of attachment interventions*（pp.1-26）. New York : Academic Press.

Perry, B.（1995）. *Maltreated children : Brain development and next generation.* New York : W.W. Norton.

Shore, A. N.（1994）. *Affect regulation and the origin of self.* Hillsdale, NJ : Lawrence Erlbaum Associates.

山下俊郎.（1960）. ホスピタリズムの研究について．東京都立大学人文学報，No.23, 3-13.

Yarrow, L. J.（1961）. Maternal deprivation : Toward an empirical and conceptual re-evaluation. *Psychological Bulletin,* **58**, 459-490.

11章 アタッチメント理論の新展開：生涯発達の視座から

遠藤利彦

　ボウルビィの臨床実践的な関心のなかからおこり，エインズワースによって実証心理学的な方向づけを得たアタッチメント理論は，現在，人の生涯にわたるパーソナリティ発達を統合的にとらえるグランド・セオリーの一つとして，実に多方向的に発展してきている。本稿が企図するところは，こうしたアタッチメント理論の現況を俯瞰し，今後の行方を占うことである。ここではとくに生涯発達の視座から現代アタッチメント理論の動静と展開を俯瞰してみることにしよう。

1節　生涯発達心理学の支柱としての アタッチメント理論

　ボウルビィ（Bowlby, 1988）は自身の考えを，人のゆりかごから墓場までのパーソナリティの生涯発達を理解するための総合理論であると言明していた。ボウルビィの初期の仕事が「母性的養育の剥奪」（maternal deprivation）という概念の提示から始まったこともあり，アタッチメント理論は，当初，もっぱら母子関係の理論という受け取られ方もしたわけであるが，彼の最も中核的な関心は，生涯をとおして人が誰か特定の他の人に身体的あるいは情緒的にくっつく（attach），あるいはくっつけるということの発達的・適応的意味と，また，その安心してくっつけるという関係性を喪失したときの人の心身全般にわたる脆弱性とに注がれていたといえるのである。現在，アタッチメント研究は，現実に乳児期（あるいは胎児期）から老年期までの全発達期にわたって，分厚く展開されるに至っている。また，数としては稀少であるが，米独などにおける長期縦断研究は，乳児期から成人期に至るまで，個人のアタッチメントの特質がいかに連続あるいは変化するのか，また幼少期の被養育経験が個人のその後の社会人格的発達や適応性をいかに左右するのかについて数々の重要な知見をもたらしてきており，それらは，たんにアタッチメントという領域を超えて，いわゆる生涯発達心理学に対しても大きな貢献をなしているといいうるのである。

2節 無秩序・無方向型アタッチメント：その発生因と発達的帰結

　エインズワースほか（Ainsworth, Bleher, Waters, & Wall, 1978）のストレンジ・シチュエーション法（Strange Situation Procedure：以後SSP）に礎をおく従来のアタッチメント研究においては，子ども期およびその後のアタッチメントを安定型（secure）であるBタイプと不安定型（insecure）であるAタイプ（回避型）とCタイプ（アンビバレント型）に振り分けることが一般的であったといえる。そして，かつてはその不安定型と個人の心理社会的不適応や精神病理との関連が問われ，たとえばAタイプと外在化問題行動との，またCタイプと内在化問題行動との密接な結びつきが疑われたようなこともあったようである（北川，2005）。しかし，最近のより一般的な認識によれば，AタイプもCタイプも不安定（insecure）とカテゴライズされるにせよ（すなわち子どもの側からすれば容易に安心感を得られないにせよ），Bタイプと同様，特定の養育環境に対する適応方略とみることができ，少なくとも養育者等との近接関係の確立・維持という究極のゴールからすれば，それぞれが（Aタイプはアタッチメントのシグナルを最小化するという意味で，Cタイプは逆にそれを最大化するという意味で）明確に「組織化されている」（organized），そして少なくとも自らがおかれた養育環境下では有効に機能している可能性が高いのだという（たとえば，Main, 1991）。むしろ，多くの研究者はここにきて，その関心を一気に，そうした組織化されたアタッチメントの対極にある「組織化されていない」（disorganized）アタッチメント，すなわちDタイプ：無秩序・無方向型に注ぎはじめているのである。臨床的視点から刮目すべきは，アタッチメントが安定している否か（secure/insecure）の軸というよりも，組織化されているか否か（organized/disorganized）の軸だというのである（Green & Goldwyn, 2002）。

　この無秩序・無方向型の特徴は，SSPのような状況においてまさに組織立っていない，すなわち近接と回避という本来ならば両立しない行動を同時的に（たとえば顔をそむけながら養育者に近づこうとする）あるいは継時的に（たとえば養育者にしがみついたかと思うとすぐに床に倒れ込んだりする）みせるところにある。また，不自然でぎこちない動きを示したり，タイミングのずれた場違いな行動や表情をみせたりする。さらに，突然すくんでしまったり，うつろな表情を浮かべつつじっと固まって動かなくなってしまったりするようなことがある。総じてどこへ行きたいのか，何をしたいのかが読みとりづらいのだという（Main & Solomon, 1990；Solomon & George, 1999, 2011）。

　このDタイプがとりわけ注目されるのは，むろん，このように行動そのものが実に不可解であるからでもあるが，それ以上に，このタイプに分類される子どもの多くが成育する養育環境の特異性にあるといえよう。このタイプの子どもの養育者像については，これまでに，抑うつ傾向が高かったり精神的に極度に不安定だったり，また日頃から子どもを虐待したりするなどの危険な

兆候が多く認められることが報告されてきている（Lyons-Ruth & Jacobvitz, 2008）。とくに被虐待児を対象にしたある研究では，そのうちの実に8割から9割がこのDタイプによって占められるという見方がある（たとえば，Cicchetti, Rogosch, & Toth, 2006）。これに関連していえば，養育者による極端なネグレクトとの関連が強く疑われる非器質性成長障害（failure to thrive）の子どもにおいて，このDタイプの比率がかなり高率になるという指摘もある（Ward, Lee, & Lipper, 2000）。

後述する世代間伝達の研究からは，こうした子どもの養育者が，やはり後でふれるアダルト・アタッチメント・インタビュー（Adult Attachment Interview：以下AAI）において，特定のトラウマ事象（主要な人物との死別や別離あるいは自らの被虐待経験など）に関して選択的にメタ認知が崩れ，矛盾・崩壊した内容の語りをする，いわゆる「未解決型」（unresolved）に分類される比率が有意に高いことが明らかになっている（van IJzendoorn, 1995）。メインとヘッセ（Main & Hesse, 1990）は，こうした養育者の自身の過去の喪失やトラウマ等に関する未解決の心的状態が，多くの場合，日常の子どもとの相互作用において「おびえ／おびえさせる」（frightened/frightening）振る舞いとして現れる可能性を提示している。彼女らによれば，このタイプの養育者は，日常生活場面において突発的に過去のトラウマティックな記憶などにとりつかれ，自らおびえまた混乱することがあるのだという。そして，そのおびえ混乱した様子，具体的には，うつろに立ちつくしたり，急に声の調子を変えたり，顔をゆがめたり，子どものシグナルに突然無反応になったりするなどの振る舞いが，結果的に子どもを強くおびえさせ，それが乳児の不可解なDタイプの行動パターンを生み出すというのである。本来，危機的状況で逃げ込むべき安全基地であるはずの養育者自身が，子どもに危機や恐怖を与える張本人でもあるという，ある意味，きわめてパラドクシカルな状況において，子どもは近接も回避もできず，そこでただすくみ，行動停止してしまうことになるらしい。

最近は，さらに進んで，Dタイプの特徴が，ここまで述べてきたようないわゆるハイリスク・サンプルの子どもだけでなく，ごく一般的なサンプルの子どもにも一定程度（約15％）認められる（van IJzendoorn, Schuengel, & Bakermans-Kranenburg, 1999）こと，また，子どものDタイプと養育者の未解決型との連関は相対的に強いものの，合致しないケースも少なからず存在すること（van IJzendoorn, 1995）などから，Dタイプの子どもおよびその養育者には，（潜在的には通底するところがあるものの）少なくとも表面的には異なった様相を呈する2種の亜型が存在するのではないかと考えられはじめている。すなわち，Dタイプの子どもには，一部AあるいはCタイプ的な行動特徴をみせるD不安定型と，通常，落ち着いているときにはBタイプ的行動（養育者への近接とそれにともなう泣きの停止）が優位となるD安定型とが，ほぼ同じくらいの割合で存在する可能性があるというのである（Lyons-Ruth, Melnick, Bronfman, Sherry, & Llanas, 2004）。そして前者の子どもが，相対的に自己中心的で敵対的・攻撃的な行動を子どもに直接向けることによって子どもをひどくおびえさせるような養育者（敵対・自己中心型）の下で成育していることが一般的であるのに対し，後者の子どもは多くの場合，どちらかというとおとなしく，そして時には子どもに優しく接しうるような養育者の下で成育している確率が高いとし

ている。ただし，後者の養育者はきわめて無力感（helplessness）が強く，少しのストレスでも動揺し，おびえ，情緒的にひきこもってしまう傾向が高いらしい（おびえ・無力型）（たとえば，Goldberg, Benoit, Blokland, & Madigan, 2003）。

　なお，こうした乳児期における無秩序・無方向型の特徴は，3歳くらいから，子どもの認知能力の高まりとともに徐々に，別種の行動パターン，すなわち統制型（controlling）へと変じはじめることが知られている（Howe, 2005）。いつ突発的に養育者の精神状態が崩れ，その結果として自らが虐待も含めた養育者の不適切な行為の犠牲になったり，安全な基地や避難所を失うことになったりせざるをえないのであれば，養育者との役割の逆転を図り，自身が環境を統制する（control）側に回ろうとするというのである。具体的には，養育者のことを過度に気遣いさまざまな世話をしようとしたり（世話型），あるいは養育者に対してひどく懲罰的・高圧的あるいは侮辱的に振る舞おうとしたり（懲罰型）するかたちで，子どもは，養育の主導権を極力，自らが掌握しようと試みるようになるらしい。

3節　それぞれの発達期における研究の展開

　生涯のそれぞれの発達期ごとの展開という点からみたときに近年，とくに目を惹くのは，青年期および成人期前期における急速なアタッチメント研究の増大および充実（たとえば，Mikulincer & Shaver, 2007；Rholes & Simpson, 2008）とこれまで相対的に実証研究の空白期としてあった児童期に関して徐々にではあるが興味深い知見が着実に蓄積されつつあるということだろう（たとえば，Kerns, 2008）。

　青年期および成人期前期に関していえば，未だ，SSPや後で詳述するAAIなどによるエインズワース以来の伝統的なタイポロジーとの理論的連関を訐る向きも根強くあるが，ヘイザンとシェーバー（Hazan & Shaver, 1987）によって，質問紙による自己報告型測定法が開発されたことの意義は甚大であり，以後，それおよびそれから発展した各種測定ツールの使用をとおして，社会的情報処理の詳細に踏み込むものをはじめ，実に多様なテーマが追究されるに至っている。

　また，必ずしも発達的な関心からというのではないが，主に青年期や成人期の調査協力者を中心に，アタッチメントの社会的情報処理にかかわる実験的アプローチが飛躍的に進展してきているということについても注目しておくべきであろう。ボウルビィ（Bowlby, 1973）はアタッチメント理論の基礎に，その当時，勃興しつつあった認知科学の知見を取り入れたということでも革新的であったわけであるが，とりわけクレイク（Craik, 1943）に由来する内的作業（ワーキング）モデル（internal working model）という概念は，現今のアタッチメント研究においても最も枢要な役割を担わされているものの一つといえる。しかし，ボウルビィ自身も含め，従来の研究は，内的作業モデルに個人差が生じ，そして，それが個人特有の対人的情報処理を生み出すことを仮定はしたものの，その処理過程の実態にまで詳細に踏み込むことをしてこなかった。内的作業モデルはもっぱら何ものかを説明するための理論枠としてのみあり，それ自体の構造や機能などが

実証的解明の対象となることはあまりなかったのである。その意味で，各種，アタッチメント・スタイルごとに，他者の表情や言動の知覚・認知あるいは脅威事態の解釈やそれに対する心理的構え，さらにはそれらを通じた情動制御全般やコーピングなどの特徴を精細に明らかにしようとする流れは，ボウルビィの考えおよび内的作業モデルという概念が，たんに古いワインを新しいボトルに注ぎ換えた（すなわち元来，精神分析において問題にされていたような内的対象などの発想を内的作業モデルという新しい術語に置き換えた）だけのものでは決してないことを強く再認識させてくれるものといえる。詳細は他（たとえば，Mikulincer & Shaver, 2007）に委ねるが，たとえば，全般的に，行動的な回避が認知・生理上の非活性化（deactivation）に，また行動的なアンビバレンスが認知・生理上の過活性化（hyperactivation）に結びついているというような知見は，ボウルビィ（Bowlby, 1973）のもともとの理論的仮定からしても首肯でき，これからの展開にさらなる期待が高まるところである。

児童期のアタッチメントに話を転じれば，ボウルビィ（Bowlby, 1973）は，アタッチメントが3歳以降にいわゆる目標修正的なパートナーシップの段階（養育者等がおかれた状況やその心的状態を理解し，それを考慮に入れたうえで，自らの行動のアタッチメント行動にかかわる目標や計画を柔軟に調整できるようになる）へと徐々に発達的移行を始めることを仮定していたわけであるが，元来，論者によっては，それが本格化するのは，養育者への生活上の依存性が大幅に減じ，自己意識・自己理解を含めた認知能力が飛躍的に増す児童期になるのではないかと考える向きもあった（たとえば，Waters, Kondo-Ikemura, Posada, & Richters, 1991）。また，エインズワース（Ainsworth, 1990）によれば，ボウルビィ自身も，児童期において，子どものアタッチメント上の目標が，養育者への近接性（proximity）そのものの実現から，養育者の情緒的な利用可能性（availability）の覚知へと大きく変じることを想定していたようである。子どもの表象能力あるいは内的作業モデルは，確かに乳幼児期に萌芽はするものの，児童期に至ってより高度に精緻化され，また組織化されると仮定される（Mayseless, 2005）ことからすれば，児童期はアタッチメントが物理的近接から表象的近接へと実質的に切り替わる一大転換期であるともいえ，その意味からすればこの発達期への注目はやや遅すぎた感があるといっても過言ではないのだろう。

ある意味，これは直感的に予測されるところと違わないが，実証的にみても（仲間や友人等との親密な対人関係が大きく拡張し，また状況に応じて異なる対象を安全基地として受け入れることができるようになるものの）児童期における主要な（primary）アタッチメント対象は，依然として養育者のままであることが圧倒的に多く，その養育者の情緒的な利用可能性の知覚に関しては児童期全体にわたって大差なく，基本的にそれは高く維持される傾向があるという（Kerns, 2008）。ただし，標準的な発達的変化としては，とくに児童期後期から青年期前期にかけて養育者に対して徐々に回避的な態度をとる傾向が強まり，少なくとも行動上の依存性は影を潜め，心理行動的独立性が高まりをみせることになるらしい（たとえば，Ammaniti, Speranza, & Fedele, 2005）。また，同時相関的な研究からは，児童期におけるアタッチメントの個人差が，乳幼児期と同様に養育者の敏感性や応答性，あるいはまた養育者自身のアタッチメント表象の質などと関

連するのみならず，養育者のオープンで円滑なコミュニケーションおよび子どもの活動に関する高い関心や知識など，より具体的な養育行動の諸側面とも関係するというような知見も得られているようである（Kerns, 2008）。さらに，児童期の子どものアタッチメントの質と，各種社会情緒的コンピテンス，学校適応や問題行動，対人的情報処理，自己概念，認知発達などとの関連性を問う研究もとみに増えつつあり，児童期に固有のアタッチメントの性質や機能についても徐々に解明が進んできているようである。

なお，中高年期については，それこそ，ボウルビィが当初からアタッチメントとともに重要な他者を喪失することの心理的影響について深く考究を行っていたということもあり，たとえば死別そのものあるいはそれにも関係した対人的ネットワークの縮小や社会的サポートのあり方と，心身の健康や適応性などとの関連性を探るなかで，比較的早くから，アタッチメント理論の適用がなされてきたのだといえる。しかしながら，中高年期におけるアタッチメント関係の実際やそれが及ぼす種々の影響などに，深くかつ詳細に踏み込むような実証研究は今に至ってもきわめて少ないことが指摘されており，その拡充が大きな課題とされている（たとえば，Magai, 2008）。

もっとも，アタッチメントの個人差とその年齢的な差異・変化を扱った横断的および縦断的な研究は少しずつではあるが蓄積されてきており，それによれば少なくとも欧米圏においては（一部にその逆のパターンを見出しているような研究もあるが）おおむね加齢とともに徐々に拒絶・回避型の比率が高まっていくという傾向があることが知られており，これが，親密な他者との死別等に接する機会が多くなるなかで社会的接触や活動から徐々に撤退していこうとする，ある種，普遍的な高齢者の心性を反映した結果なのか，それとも時代背景を大きく異にするコホート効果が複雑に絡んだ結果なのかなどについて，いくつか興味深い議論がなされているようである（Magai, 2008）。アタッチメントにかかわる社会化は，文化的慣習や価値あるいは生態学的環境などにより多少とも異なる可能性が想定され（Weisner, 2005），かつそうした相違は加齢とともに増大すると考えられる（Magai, 2008）ことからすれば，中高年期を取り巻く社会的状況が異なる，日本も含めた他の文化圏でも，こうした問題が追究されてしかるべきかもしれない。

また，中高年期は，介護の問題も含め，老親や病んだ配偶者などの世話をする側に回ったり，さらに加齢が進めば自らが老いあるいは病んで自分の子どもや配偶者などから世話をされる側に回ったりと，複雑にその役割の転換を余儀なくされる時期でもあるわけであるが，そこにおける心理社会的な適応には，狭く現時におけるストレスやサポートということのみならず，そうした親密な他者との過去から連綿と続くアタッチメントの歴史が深く関与しうるものと考えられる（たとえば，Cicirelli, 2000）。こうした意味においても，中高年期のアタッチメント研究の進展には大きな意義が潜んでいるのだといえる。

4節 生涯にわたるアタッチメントの連続性と不連続性

　1節で述べたように，アタッチメント理論は，パーソナリティの生涯発達理論として提唱されている。したがって，そこでは当然のことながら，ボウルビィが仮定したように，アタッチメントは乳幼児期のみならず他の発達期においても依然として重要な機能を担い続けるのか，また幼少期におけるアタッチメントの質は生涯発達過程において現にどれだけあるいはいかに連続する傾向があるのかということが実証的に問われることになる。

　実のところ，これについてはすでに相当数の研究が行われているのだが，それらは総じて，乳児期の個人差が，幼児期，児童期，思春期など，その後の各発達ステージにおけるアタッチメントおよび種々の社会情緒的行動の質やパーソナリティ特性を，ある程度，予測するという結果を得ているようである（数井・遠藤，2005, 2007）。もっとも，乳児期から成人期に至るまで，あるいはそれを超えて，同じ集団を一貫して追跡し続けている長期縦断研究ということになると，世界を見渡しても，その数は比較的少数にとどまることになる。しかし，こうした研究のいくつかは，乳児期におけるアタッチメント・タイプと成人期におけるそれとの一致について実に興味深い報告を行っているのである。

　おそらく，ここで，一つ問題になるのは，成人期におけるアタッチメントの個人差をいかに測定しうるのかということになろうが，こうした研究においては，アダルト・アタッチメント・インタビュー（AAI）という面接手法（たとえば，George, Kaplan, & Main, 1984, 1996）を用いて，成人期のアタッチメントの個人差を表現することが一般的となっている（Steele & Steele, 2008）。この開発者のメインらは，乳児のSSPでのアタッチメント分類とその養育者のアタッチメントをめぐる語りの特質との間に特異的な関連があることを見出し，その語りの特徴をより具体的にとらえうる面接方法としてAAIを案出したといわれている（Hesse, 1999, 2008）。この方法は，両親（やそれに代わる主要な養育者）との関係について子ども時代のことを想起し語ってもらうなかで，個人のアタッチメントシステムの活性化を促すよう工夫されており，「無意識を驚かす」（George et al., 1996）ことで，被面接者自身も通常，意識化しえないアタッチメントに関する情報処理過程の個人的特性を抽出するのだという（AAIの原理に関する詳細は遠藤，2007やLevy & Kelly, 2009などを参照されたい）。AAIでは，最終的に被面接者を，自律型（autonomous），アタッチメント軽視型（dismissing），とらわれ型（preoccupied），未解決型（unresolved）のいずれかの類型に振り分けることになる。ちなみに，これらは，順に乳児期のSSPにおける安定型，回避型，アンビバレント型，無秩序・無方向型に理論的に対応すると仮定されるものであり，アタッチメントの連続性は，基本的に，同一個人における乳児期のSSPの結果と成人期のAAIの結果とが，現にこうした理論的に仮定されるとおりの一致をみせるかどうかを問うというかたちで検討される。

　たとえば，ウォーターズほか（Waters, Merrick, Treboux, Crowell, & Albersheim, 2000）は，

60人の白人ミドルクラスのサンプルについて，乳児期のSSPにおけるアタッチメント・タイプとAAIによって測定した21歳時のアタッチメント・タイプとの間に，ABC 3 分類で64％，安定／不安定 2 分類で72％の理論どおりの一致が認められたことを報告している。つまり，乳児期にBタイプだった個人は養育者に関して防衛なく容易に整合一貫した語りをすることができたのに対し，Aタイプだった個人は養育者に対して表面的なこと以外はほとんど話そうとせず，またCタイプだった個人は話が冗長で一貫性がなく，過去のことを語りながらそれがまるで今のことであるかのように怒ったりする傾向があったのである。ハミルトン（Hamilton, 2000）も，家族ライフスタイルの研究プロジェクトに参加した30人の子どもを対象に同様の検討を行い，安定／不安定 2 分類で乳児期と成人期の間に77％の一致を認められたことを報告している。この研究で興味深いのは，研究協力者には，父母が安定したかたちで存在しているいわゆる伝統的家族と片親家庭などの非伝統的家族の出身者がいたのだが，後者において，たとえ低収入で家族成員の入れ替わりが相対的に多くあっても，基本的に前者とあまり変わらない連続性が認められたということである。

　しかし，こうした証左が得られている一方で，ドイツでデータを収集したグロスマンら（Grossmann, Grossmann, & Kindler, 2005；Grossmann, Grossmann, Winter, & Zimmermann, 2002）は，21, 22歳まで追跡可能だった38人について，6 歳時の分離不安テストに現れたアタッチメントの特徴が成人期のAAI分類を予測するも，乳児期のSSPはそれを有意に予測することはなかったと報告している。また，ハイリスクの貧困家庭で生まれ育った57人を対象にしたワインフィールドほか（Weinfield, Sroufe, & Egeland, 2000）の研究も，乳児期と成人期の間に有意な連続性を見出しておらず，虐待，家庭内不和，親の抑うつなど，ネガティブな事態にさらされる確率の高いこうしたサンプルでは，アタッチメントの質がその時々の環境に特質に起因して変動しやすくなるのではないかと推察している。

　このように20年以上にわたるアタッチメントの連続性については研究間に食い違いが認められるわけであるが，これについて私たちは現段階で，どのように理解しておくべきなのだろうか。ここで一つ参考にすべきは，フラリー（Fraley, 2002）による 5 つの縦断研究，総計218ケースに対するメタ分析の結果といえるかもしれない。それによれば，乳児期のSSPと16 ～ 21歳におけるAAIとの重みづけ相関は0.27（単純相関0.30）であり，総じて，そこには緩やかな連続性があると仮定してよいのではないかという。もっとも，先のワインフィールドほか（Weinfield et al., 2000）のように，発達過程において養育環境の変化を相対的に多く経験しやすいハイリスク・サンプルほど，こうした連続性は低くなる傾向があるといえるのかもしれない。

　また，考えてみれば，そもそも，比較的高い連続性が認められたウォーターズほか（Waters et al., 2000）のABC 3 分類の64％という一致率でさえも，実のところ，3 人に 1 人は成人になるまでに何らかのかたちでアタッチメントのタイプを変質させたことを物語っており，ボウルビィが仮定したほどに，内在化された関係性が個人のなかで不変のものとはいえないのかもしれない。とくに，AAIで自律・安定型に分類される個人のなかには，過去に不遇な親子関係の体験を有しながら，それを防衛なく冷静かつ整合的に語ることができ，なおかつ現在，日常生活において適応的な振る舞いをみせる，いわゆる「獲得安定型」（earned secure）の者が相当数おり，

こうした悪しき連続性の分断が何に起因して生じるのか，そのメカニズムの解明に現在多くの研究者の関心が注がれている（Goldberg, 2000 ; Roisman, Padron, Sroufe, & Egeland, 2002）。

　ただし，こうした変化の機会は，一般的に，生涯発達過程においてそう多くは生じないということ，とくに加齢が進めば進むほど相対的に訪れなくなるという可能性があるということにも着目すべきかもしれない。ボウルビィ（Bowlby, 1973）は，内的作業モデルが，乳幼児期，児童期といった未成熟な時期に漸次的に形成され，加齢とともにその構造的安定性・固定性を増していくと考えていたが，これは裏を返せば，早期段階の内的作業モデルにはまだ十分な可塑性が残されているということを意味する。発達早期においてはこうしたモデルが確固としていないぶん，子どもには，環境の変化に敏感に反応して相対的に大きく変化する可能性があるといえるだろう。また，これに加えて，年齢が低ければ低いほど，私たちの人間関係の中核は，親子関係や家族関係など，個人が自由に選択はできない「強制された関係性」によって占められる割合が高いと考えられる。つまり，良くも悪くも，親との別離や家族の崩壊あるいは養子縁組や施設入所などによる人間関係の変化の影響を，それらに自ら抗することができないぶん，より直に被りやすく，またその結果としてアタッチメントの質も変化しやすいといいうるのである。

　しかし，私たちの人間関係は，加齢とともに徐々に，友人との関係など，私たちが自ら自律的に「選択した関係性」によって占められることが多くなる。一見，このことはもっぱらポジティブな意味を有するようにも考えられるが，実のところ，個々人が，それぞれに固有の内的作業モデルにそった人間関係および社会的環境の選択・構築を行いやすくなることを意味している。つまり，人は，自分の成育過程からして，よりなじみやすく予測可能な対人世界をつくりあげ，そこに安住しがちになるということである（Bowlby, 1988）。そして，そうなれば，当然，自らに変化の機会を与えうる，異質な対人関係に遭遇する確率も低くなり，結果的に，良くも悪くも，私たちのアタッチメントの質やパーソナリティも，その連続性をますます，増大させていくことになるのだろう（遠藤，2001）。

5節　アタッチメントの世代間伝達

　4節ではアタッチメントの生涯にわたる連続性と変化について概観したが，こうした関心の延長線上に，アタッチメントの質が親から子へと世代を超えて繰り返されるのかどうか，すなわちアタッチメントの世代間伝達にかかわる問いがある。元来，幼児期における被養育経験やそこにおけるトラウマが，自らが子をなし親となったときに，その子どもとの関係において再演されるという発想は，精神分析の論者によって繰り返し問われてきた（たとえば，Chodorow, 1978）し，また，虐待やネグレクトの研究領域においても当初から，虐待された子どもが虐待する親になるという世代間伝達にかかわる見方が，かなり中核的な仮定として信奉されてきたといえる（たとえば，Buchanan, 1998 ; Kaufman & Zigler, 1987）。しかし，こうした研究領域では，相対的に実証的データが乏しく，また，なぜそうした世代間伝達が生じるのかということの解明が十分にな

されてこなかったことは否めない（遠藤，1993）。それに対して，アタッチメント研究は，これに関して，すでに相当数の実証的データを積み上げ，世代間伝達のメカニズムについてさまざまな示唆を提示するに至っている。

　ボウルビィ（Bowlby, 1988）は，被養育経験をもとにつくりあげた内的作業モデルが，個人が親になった際，自分の子どもとの関係にも適用され，現実の養育実践や敏感性を方向づけることをとおして，子どものなかに，親と同様のアタッチメントの基盤を準備させることになると仮定していた。実証研究の多くは，この仮定を部分的に確かめるべく，親のアタッチメントあるいは内的作業モデルの質をAAIによって測り，またその子どものアタッチメントの質をSSPによって測定したうえで，両者に理論的に想定されるとおりの関連性（AAI-SSPの一致として，自律型-安定型，アタッチメント軽視型-回避型，とらわれ型-アンビバレント型，未解決型-無秩序・無方向型）がいかに認められるかを検討している。その結果，たとえば，18サンプル，854組の親子を対象にしたヴァン・アイゼンドーン（van IJzendoorn, 1995）によるメタ分析では，安定／不安定2分類で74％，ABC 3分類で70％，ABCD 4分類でも63％の一致が確認されている。また，こうした研究のなかには祖母-母親-子どもという3世代におけるアタッチメント分類の一致を問うているものもあり，3分類で約2/3の一致が認められたことが報告されている（Benoit & Parker, 1994）。なお，世代間伝達に関する知見は，日本人サンプルにおいても得られており，それは，子どもに関してのSSPではなく，アタッチメントQセット法によって一次元性のアタッチメント安定性得点を算出したものであるが，自律型の親の子どもが，他のタイプの親の子ども，とりわけ未解決型の親の子どももよりも，はるかに安定性得点の値が高くなることを報告している（数井・遠藤・田中・坂上・菅沼, 2000）。また，バーレンズほか（Behrens, Hesse, & Main, 2007）も，札幌を舞台にした研究において，SSPそのものではないが，それに類する方法で6歳児のアタッチメント分類を試み，それと養育者のAAIによるアタッチメント分類に有意な連関が認められたことを報告している。

　このように親自身のアタッチメントの影響下で，相対的に，同様のアタッチメントの特質が子どもに伝達されやすいことが明らかにされているわけであるが，それはどのようなメカニズムを介して生じるのだろうか。その詳細については他の論考（遠藤，1993；数井・遠藤，2005, 2007）に譲るが，確かにボウルビィが想定したとおり，親のアタッチメントの質は，ある程度，親の敏感性（sensitivity）の高低に影響することを通じて，子どものアタッチメントに作用するということが現に確かめられているようである（Pederson, Gleason, Moran, & Bento, 1998；van IJzendoorn, 1995）。もっとも，そうした影響経路は，親子間のアタッチメントに認められる連関のごく一部を説明するものでしかないらしい。統計数理学的にみたときに，親のAAIの結果が敏感性の豊かさを規定する説明力にしても，また，親の敏感性の豊かさが子どものSSPの結果を予測する説明力にしても，それらの値はごく限られたものであり，また敏感性を介した影響経路が，親子間のアタッチメントの連関を説明する比率も概して低いものとなっている（Pedersen et al., 1998；van IJzendoorn, 1995）。したがって，そこには，当然のことながら，別種の影響プロセスの介在も想定されなければならないところとなる。

ここでまず考慮すべきことは，親子間における遺伝的連関が，アタッチメントの世代間伝達にかかわっているという可能性であろう。元来，これまでのアタッチメント研究においても，アタッチメントの個人差を規定する要因の一つとして，遺伝的基盤とのつながりが相対的に強いとされる子どもの気質（temperament）の関与が部分的に認められ，それと養育者のかかわり方や敏感性との交絡的影響がさまざまに考察されてきたという経緯がある（数井・遠藤，2005）ため，アタッチメントの世代間伝達に遺伝的影響のプロセスが介在するという可能性は十分に検討に値するものといえる。そして，これに，よりダイレクトに応えうるものとして，近年，進展の著しい行動遺伝学的な研究があり，すでに少数ながら，一卵性双生児および二卵性双生児における，きょうだい間でのアタッチメントの質の近似性に着目した研究が行われている。しかしながら，それらは，どちらかというと，遺伝的影響プロセスの介在を訝るものとなっているようである。その知見は総じて，全般的なアタッチメントの安定／不安定および個々の分類の個人差に関しては，遺伝的規定性がきわめて低く，むしろ環境的な要因，すなわち養育者の特性や個々の子どもが特異的に経験する家庭内外の要因などによって説明されるところが大きいということを示しているのである（Bokhorst, Bakermans-Kranenburg, Fearon, van IJzendoorn, Fonagy, & Schuengel, 2003 ; Fearon, van IJzendoorn, Fonagy, Bakermans-Kranenburg, Schuengel, & Bokhorst, 2006 ; O'Connor & Croft, 2001）。ボウルビィ（Bowlby, 1973）は，精神的な健康や病理は遺伝子を介してよりも家族のマイクロカルチャーをとおして伝達されると言明しているが，まさに，アタッチメントの質そのものに関して，こうした仮定の妥当性がある程度，確かめられたといえるのかもしれない。

　それでは，子どもを取り巻く養育環境のなかに，養育者の敏感性以外のいかなる要因がアタッチメントの世代間伝達を媒介しているといいうるのだろうか。キャシディほか（Cassidy, Woodhouse, Cooper, Hoffman, Powell, & Rodenberg, 2005）は，敏感性の低い養育者で不安定なアタッチメントを示す子どものペアと，敏感性の低い養育者ながら安定したアタッチメントを示す子どものペアを比較したうえで，後者の養育者は，確かに客観的な測定指標上の敏感性は低いものの，日常，何はともあれ最後の最後には子どものアタッチメント行動に応じる確率が高いことを見出し，要は，各子どもの主観的な次元で養育者が安全の感覚を確保しうるかどうかということではないかと示唆している。また，具体的に，敏感性に代わるさまざまな概念的提示も行われるようになってきている。たとえば，養育者の情動的特性（Dix, 1991）や，敏感性のみならず子どもの行動に対する非侵害性も加味した子どもにとっての養育者の「情緒的利用可能性」（emotional availability ; Biringen, 2000），また子どもを一人の独立した心ある人間とみなし，子どもの視点から物事をみる能力を指す「子どもの心を気遣う傾向」（mind-mindedness ; Meins, 1997）や，さらには養育者の「内省機能」（reflective function）およびそれにもとづく感情的コミュニケーションのパターン（Slade, 2005）などの関与が想定されている。

　そして，ここで，近年の瞠目すべき動向として付言しておかなくてはならないことは，アタッチメントをたんに子どものネガティブな情動の「制御」（regulation）という視点からのみならず，子どもの正負さまざまな情動の「調律」（attunement）や「映し出し」（mirroring）という視点か

ら把捉する必要性が，とみに声高に叫ばれるようになってきているということである（Fonagy, 2001/2008 ; Music, 2011）。すなわち，養育者が，子どもの潜在的心的状態に対して共感し，それを自らの顔の表情や声の調子あるいは子どもの内的状態に合致した言語をとおして，子どもに対してフィードバックすることの発達的重要性に関心が寄せられてきているのである。とくに，「子どもの心を気遣う傾向」や「内省機能」などはこのプロセスに深くかかわるものとされ，それが子どものアタッチメントの主観的側面を支える「心理化能力」（mentalization）の発達を豊かに拓く可能性が示唆されている（Music, 2011）。

　ちなみに，現在の世代間伝達研究の多くは養育者のAAIによるアタッチメントと子どものSSPによるアタッチメントの連関を問うというかたちで進行してきているが，近年，たとえ一卵性の双子であっても，同じ養育者がそれぞれの子どもと異種のアタッチメントを形成しうることなどから，養育者の全般的なアタッチメント表象ではなく，個々の子どもとの関係性に関する個別の表象をも問う必要性があると主張する論者が増えつつある（Sleed & Fonagy, 2010）。そして，現にそれを測定した複数の研究が，早期段階の（最も早いところでは妊娠中の）そうした表象が子どもの後のアタッチメント発達に対して高い予測力を有することを見出している（たとえば，Zeanah & Benoit, 1995）という点については大いに着目に値しよう。

　また，先に述べたような長期縦断研究は，研究始発時点において乳児だった個人が結婚し，子をなし，その子どもとの関係性を構築するに至るまで進行しつつある。現段階の世代間伝達研究は，親になる前後にAAI等で測定した養育者のアタッチメントの質が，その測定時点とそうは離れていない時点での子どものSSP等によるアタッチメントの質にいかに関連するものであるかを問うものでしかないが，今後の研究の進展は，乳児期にアタッチメントの質を測定された個人が，現にどのような親となり，またその子どもとの間にいかなる関係性を築くのかを，ダイレクトに示す可能性がある。そうなれば，アタッチメント形成にかかわる発達早期の被養育体験が真に世代を超えて繰り返されるのか，また，そうした世代間の連鎖を絶つものがあるとすれば，それは何なのかといったことが，より具体的かつ精細に明らかにされることになろう。

　以上，アタッチメント研究の現今の流れを，生涯発達の視座から概説してきた。今後，アタッチメント研究がどこに向かうのか，その行方を占うことは容易ではない。ただし，一つ確実にいえそうなことは，それが，今後，ますます高度に，周辺諸理論との架橋を進め，実証的知見をさらに多く蓄積しつつも，その一方で，エビデンス・ベースの臨床実践の方向性を確実に強めていくということであろう（数井・遠藤，2007）。近い将来，現実的に，アタッチメント理論が，被虐待児をはじめ，種々の難しい子どもの事例に対して，高い実効性を有するようになることを期待して，この論を結ぶことにしたい。

◆ 引用文献

Ainsworth, M. D. S. (1990). Epilogue : Some considerations regarding theory and assessment relevant to attachments beyond infancy. In M. T. Greenberg, D. Cicchetti, & E. M. Cummmings (Eds.), *Attachment in the preschool years* (pp.463-488). Chicago : The University of Chicago Press.

Ainsworth, M. D. S., Blehar, M. C., Waters, E., & Wall, S. (1978). *Patterns of attachment : A psychological study of the strange situation.* Hillsdale, NJ : Lawrence Erlbaum Associates.

Ammaniti, M., Speranza, A. M., & Fedele, S. (2005). Attachment in infancy and in eraly and late childhood : A longitudinal study. In K. A. Kerns & R. A. Richardson (Eds.), *Attachment in middle childhood* (pp.115-136). New York : Guilford Press.

Behrens, K. Y., Hesse, E., & Main, M. (2007). Mothers' attachment status as determined by the Adult Attachment Interview predicts their 6-year-olds' reunion responses : A study conducted in Japan. *Developmental Psychology*, **43**, 1553-1567.

Benoit, D., & Parker, K. C. H. (1994). Stability and transmission of attachment across three generations. *Child Development*, **65**, 1444-1456.

Biringen, Z. (2000). Emotional availability : Conceptualization and research findings. *American Journal of Orthopsychiatry*, **70**, 104-114.

Bokhorst, C. L., Bakermans-Kranenburg, M. J., Fearon, R. M. P., van IJzendoorn, M. H., Fonagy, P., & Schuengel, C. (2003) The importance of shared environment in mother-infant attachment security : A behavioral genetic study. *Child Development*, **74**, 1769-1782.

Bowlby, J. (1973). *Attachment and loss : Vol.2. Separation.* New York : Basic Books.

Bowlby, J. (1988). *A secure base : Parentchild attachment and healthy human development.* New York : Basic Books.

Buchanan, A. (1998). Intergenerational child maltreatment. In Y. Danieli (Ed.), *International handbook of multigenerational legacies of trauma* (pp.535-552). New York : Plenum Press.

Cassidy, J., Woodhouse, S. S., Cooper, G., Hoffman, K., Powell, B., & Rodenberg, M. (2005). Examination of the precursors of infant attachment security : Implications for early intervention and intervention research. In L. J. Berlin, Y. Ziv, L. Amaya-Jackson, & M. T. Greenberg (Eds.), *Enhancing early attachments : Theory, research, intervention, and policy* (pp.34-60). New York : Guilford Press.

Chodorow, N. (1978). *The reproduction of mothering : Psychoanalysis and the sociology of gender.* Carlifornia : University of Carnifornia Press.

Cicchetti, D., Rogosch, F. A., & Toth, S. L. (2006). Fostering secure attachment in infants in maltreating families through preventive intervention. *Developmnent and Psychopathology*, **18**, 623-649.

Cicirelli, V. G. (2000). An examination of the trajectory of the adult child's caregiving for an elderly parent. *Family Relations*, **49**, 169-175.

Craik, K. J. W. (1943). *The nature of explanation.* Cambridge : Cambridge University Press.

Dix, T. (1991). The affective organization of parenting : Adaptive and maladaptative processes. *Psychological Bulletin*, **110**, 3-25.

遠藤利彦.（1993）．内的作業モデルと愛着の世代間伝達．東京大学教育学部紀要, **32**, 203-220.

遠藤利彦.（2001）．関係性とパーソナリティ発達の理論：愛着理論の現在．中島義明（編），現代心理学理論事典（pp.488-521）．朝倉書店．

遠藤利彦.（2007）．アタッチメント理論の現在：特に臨床的問題との関わりにおいて．乳幼児医学・心理学研究, **16**, 13-26.

Fearon, R. M. P., van IJzendoorn, M. H., Fonagy, P., Bakermans-Kranenburg, M. J., Schuengel, C., & Bokhorst, C. L. (2006). In search of shared and nonshared environmental factors in security of attachment : A behavior-genetic study of the association between sensitivity and attachment security. *Developmental Psychology*, **42**, 1026-1040.

Fonagy, P. (2008). 愛着理論と精神分析（遠藤利彦・北山 修，監訳）．誠信書房．（Fonagy, P. (2001). *Attachment theory and psychoanalysis*. New York : Other Press.）

Fraley, R. C. (2002). Attachment stability from infancy to adulthood : Meta-analysis and dynamic modeling of developmental mechanisms. *Personality and Social Psychology Review*, **6**, 123-151.

George, C., Kaplan, N., & Main, M. (1984). *Adult Attachment Interview Protocol.* Unpublished manuscript, Department of Psychology, University of California, Berkley, CA.

George, C., Kaplan, N., & Main, M. (1996). *Adult Attachment Interview Protocol* (3rd ed.). Unpublished manuscript, Department of Psychology, University of California, Berkley, CA.

Goldberg, S. (2000). *Attachment and development*. London : Arnold.

Goldberg, S., Benoit, D., Blokland, K., & Madigan, S. (2003). Atypical maternal behavior, maternal representations, and infant disorganized attachment. *Development and Psychopathology*, **15**, 239-257.

Green, J., & Goldwyn, R. (2002). Annotation : Attachment disorganisation and psychopathology : New findings in attachment research and their potential implications for developmental psychopathology in childhood. *Journal of Child Psychology and Psychiatry*, **43**, 835-846.

Grossmann, K., Grossmann, K. E., & Kindler, H. (2005) Early care and the roots of attachment and partnership representations : The Bielefeld and Regensburg longitudinal studies. In K. E. Grossmann, K. Grossmann, & E. Waters (Eds.), *Attachment from infancy to adulthood : The major longitudinal studies* (pp.98-136). New York : Guilford Press.

Grossmann, K. E., Grossmann, K., Winter, M., & Zimmermann, P. (2002). Attachment relationships and appraisal of partnership : From early experience of sensitive support to later relationship representation. In L. Pulkkinen & A. Caspi (Eds.), *Paths to successful development : Personality in the life course* (pp.73-105). New York : Cambridge University Press.

Hamilton, C. E. (2000). Continuity and discontinuity of attachment from infancy through adolescence. *Child Development*, **71**, 690-694.

Hazan, C., & Shaver, P. R. (1987). Romantic love conccptualized and an attachment process. *Journal of Personality and Social Psychology*, **52**, 511-524.

Hesse, E. (1999). The Adult Attachment Interview : Historical and current perspectives. In J. Cassidy & P. R. Shaver (Eds.), *Handbook of attachment* (pp.395-433). New York : Guilford Press.

Hesse, E. (2008). The Adult Attachment Interview : Protocol, method of analysis, and empirical studies. In J. Cassidy & P. R. Shaver (Eds.), *Handbook of attachment : Theory, research, and clinical applications* (2nd ed., pp.552-598). New York : Guilford Press.

Howe, D. (2005). *Child abuse and neglect : Attachment, development and intervention*. New York : Palgrave.

Kaufman, J., & Zigler, E. (1987). Do abused children become abusive parents? *American Journal of Orthopsychiatry*, **57**, 186-192.

数井みゆき・遠藤利彦（編）．(2005)．アタッチメント：生涯にわたる絆．ミネルヴァ書房．

数井みゆき・遠藤利彦（編）．(2007)．アタッチメントと臨床領域．ミネルヴァ書房．

数井みゆき・遠藤利彦・田中亜希子・坂上裕子・菅沼真樹．(2000)．日本人母子における愛着の世代間伝達．教育心理学研究，**48**, 323-332.

Kerns, K. A. (2008). Attachment in middle childfood. In J. Cassidy & P. R. Shaver (Eds.), *Handbook of attachment : Theory, research, and clinical applications* (2nd ed., pp.366-382). New York : Guilford Press.

北川　恵 (2005)．アタッチメントと病理・障害．数井みゆき・遠藤利彦（編），アタッチメント：生涯にわたる絆 (pp.245-264)．ミネルヴァ書房．

Levy, K. N., & Kelly, K. M. (2009). Using interviews to assess adult attachment. In J. H. Obegi & E. Berant (Eds.), *Attachment theory and research in clinical work with adults* (pp.121-152). New York : Guilford Press.

Lyons-Ruth, K., & Jacobvitz, D. (2008). Attachment disorganization : Genetic factors, parenting contexts, and developmental transformation from infancy to adulthood. In J. Cassidy & P. R. Shaver (Eds.), *Handbook of attachment : Theory, research, and clinical applications* (2nd ed., pp.666-697). New York : Guilford Press.

Lyons-Ruth, K., Melnick, S., Bronfman, E., Sherry, S., & Llanas, L. (2004). Hostile-helpless relational models and disorganized attachment patterns between parents and their young children : Review of research and implications for clinical work. In L. Atkinson & S. Goldberg (Eds.), *Attachment issues in psychopathology and intervention* (pp.65-94). Mahwah, NJ : Lawrence Erlbaum Associates.

Magai, C. (2008). Attachment in middle and later life. In J. Cassidy & P. R. Shaver (Eds.), *Handbook of attachment : Theory, research, and clinical applications* (2nd ed., pp.532-551). New York : Guilford Press.

Main, M. (1991). Metacognitive knowledge, metacognitive monitoring, and singular (coherent) vs. multiple (incoherent) models of attachment : Findings and directions for future research. In C.M. Parkes, J. Stevenson-Hinde, & P. Marris (Eds.), *Attachment across the life cycle* (pp.127-159). New York : Routledge.

Main, M., & Hesse, E. (1990). Parents' unresolved traumatic experiences are related to infant disorganized attachment status : Is frightened and/or frightening parental behavior the linking mechanism? In M.T. Greenberg, D. Cicchetti, & E.M. Cummmings (Eds.), *Attachment in the preschool years* (pp.161-182). Chicago : The University of Chicago Press.

Main, M., & Solomon, J. (1990). Procedures for identifying infants as disorganized /disoriented during the Ainsworth Strange Situation. In M.T. Greenberg, D. Cicchetti, & E.M. Cummmings (Eds.), *Attachment in the preschool years* (pp.121-160). Chicago : The University of Chicago Press.

Mayseless, O. (2005). Ontogeny of attachment in middle childhood : Conceptualiation of normative change. In K. A. Kerns & R. A. Richardson (Eds), *Attachment in middle childhood* (pp.1-23). New York : Guilford Press.

Meins, E. (1997). *Security of attachment and the social development of cognition.* Hove, England : Psychology Press/Erlbaum.

Mikulincer, M., & Shaver, P. R. (2007). *Attachment in adulthood.* New York : Guilford Press.

Music, G. (2011). *Nurturing natures : Attachment and children's emotional, sociocultural and brain development.* New York : Psychology Press.

O'Connor, T. G. & Croft, C. M. (2001). A twin study of attachment in preschool children. *Child Development*, **72**, 1501-1511.

Pederson, D. R., Gleason, K. E., Moran, G., & Bento, S. (1998). Maternal attachment representations, maternal sensitivity, and the infant-mother attachment relationship. *Developmental Psychology*, **34**, 925-933.

Rholes, W. S., & Simpson, J. A. (Eds). (2008). *Adult attachment : Theory, research, and clinical implications.* New York : Guilford Press.

Roisman, G. I., Padron, E., Sroufe, L. A., & Egeland, B. (2002). Earned-secure attachment status in retrospect and prospect. *Child Development*, **73**, 1204-1219.

Slade, A. (2005). Parental reflective functioning : An introduction. *Attachment & Human Development*, **7**, 269-281.

Sleed, M., & Fonagy, P. (2010). Understanding disruptions in the parent-infant relationship : Do actions speak louder than words? In T. Baradon (Ed.), *Relational trauma in infancy : Psychoanalytic, attachment and neuropsychological contributions to parent-infant psychotherapy* (pp.136-162). New York : Routledge.

Solomon, J., & George, C. (Eds.). (1999). *Attachment disorganization.* New York : Guilford Press.

Solomon, J., & George, C. (Eds.). (2011). *Disorganized attachment and caregiving.* New York : Guilford Press.

Steele, H., & Steele, M. (Eds.). (2008). *Clinical applications of the Adult Attachment Interview.* New York : Guilford Press.

van IJzendoorn, M. H. (1995). Adult attachment representations, parental responsiveness and infant attachment : A meta-analysis on the predictive validity of the Adult Attachment Interview. *Psychological Bulletin*, **117**, 387-403.

van IJzendoorn, M. H., Schuengel, C., & Bakermans-Kranenburg, M. J. (1999). Disorganized attachment in early childhood : Meta-analysis of precursors, concomitants, and sequelae. *Development and Psychopathology*, **11**, 225-249.

Ward, M. J., Lee, S. S., & Lipper, E. G. (2000). Failure-to-thrive is associated with disorganized infant-mother attachment and unresolved maternal attachment. *Infant Mental Health Journal*, **21**, 428-442.

Waters, E., Kondo-Ikemura, K., Posada, G., & Richters, J. E. (1991). Learning to love : Mechanism and milestones. In M. Gunnar & L. A. Sroufe (Eds.), *Minnesota Symposium on Child Psychology : Vol. 23. Self process in early development* (pp.217-255). Hillsdale, NJ : Lawrence Erlbaum Associates.

Waters, E., Merrick, S. K., Treboux, D., Crowell, J., & Albersheim, L. (2000). Attachment security in infancy and adulthood : A twenty-year longitudinal study. *Child Development*, **71**, 684-689.

Weinfield, N., Sroufe, L. A., & Egeland, B. (2000). Attachment from infancy to early adulthood in a high risk sample : Continuity, discontinuity, and their correlates. *Child Development*, **71**, 695-702.

Weisner, T. S. (2005). Commentary : Attachment as a cultural and ecological problem with pluralistic cultural and ecological solutions. *Human Development*, **48**, 89-94.

Zeanah, C. H., & Benoit, D. (1995). Clinical applications of a parent perception interview in infant mental health. *Infant Psychiatry*, **4**, 539-554.

12章 言語発達研究と理論の歴史, そして展望

岩立志津夫

　ある領域の研究を理解するとき，若い研究者は最新の研究や理論を理解することが重要と考える傾向がある。筆者も若い頃には，過去の研究や理論は，価値がないと思っていた。しかし，発達研究が「発達の事実を明らかにし，その事実を説明するための理論を構築すること」と考えた場合，最新の研究や理論にばかり注目することには危険がともなう，と最近は思う。違ういい方をすれば，現在の最新の研究や理論は25年，50年後にはまったく違った評価がなされる可能性がある。研究者は常に過去や未来への視野をもちながら，最新の研究や理論を評価する必要がある。本稿ではこのような視点から，過去から現在に至る研究や理論を紹介しながら，今後の言語発達研究を展望したい。

1節　言語発達研究の古典的基礎理論からみえてくるもの

　言語とは何だろうか？　どうしてヒトは言語をもっているのだろうか？　この問題について真剣に考え，明確な答えを出したのは言語学者のチョムスキー（Chomsky, 1957/1963, 1965/1970）である。チョムスキーは「言語」「文法」「(生成)文法」を次のように定義した。

(1) 言語（language）とは有限の長さをもち，かつ有限な一連の要素から成り立つ文の（有限・無限両様の）集まりである。

(2) Lなる言語の言語分析における基本的目標は，Lの文をなす文法的連鎖をLの文をなさない非文法的連鎖より区別し，その文法的連鎖の構造を研究することである。Lの文法（grammar）は，かくしてLの文法的連鎖をすべて生み出し，一方非文法的なものは一つも生み出さないところの装置である。

(3) 生成文法（generative grammar）というのは，明示的な，そして，明確に定義された，何らかの方式に従って，文に構造的記述を付与する規則の体系にほかならない。

　これらの定義は，それに賛成するかどうかは別として，革命的ともいえる発想の転換を含み，言語発達を含めた言語研究の歴史のなかで今でも価値を失わない理論的前提といえるだろう。とくに，今の時点で評価するとき，研究の対象を「装置」と考えた点に注目したい。この考えに立てば，発達心理学研究，そして言語発達研究は，発達や言語発達にかかわる装置の研究を意

味する。似たような発想はピアジェ（Piaget, J.）の認知発達研究にもいえる。ただ，ピアジェは，チョムスキーのように，明確なかたちで認知を装置とはよばなかった。

　チョムスキーの初期理論に影響されて，ブラウンとフレイザー（Brown & Fraser, 1964）は幼児の文法を記述しようとした。そのとき使われた方法が「形式的分布分析」である。形式的分布分析では，特定の言語要素を他の言語要素との相対的位置関係から区別する。たとえば，AB・AC・ADの3つの発話があった場合，Aに対する位置関係（分布）から，B・C・Dが同じ語群に含まれると仮定する。

　ブラウンらはイブという子どもの発話データから，次のような幼児文法を提案した。

　　　Utterance → C_2 + C_4
　　　C_2 → baby, bird, carriage, etc.
　　　C_4 → all gone, broken, fall down, etc.

「→」は「書き換え規則」とよばれ，左のものを右のものに書き換えることを意味する。C_2から"bird"をとり（に書き換え），C_4から"all gone"をとれば（に書き換えれば），"bird all gone."という発話が出てくる（生成される）。「C_2 C_4」の語順は認められる（文法的となる）が，「C_4 C_2」の語順は認められない（非文法的となる）。似たような発想は，ブレインの「軸文法」（pivot grammar）にもみられる。ブレインは2語文期の子どもの連語を分析し，この時期の子どもは2つの語群の組み合わせで文をつくる，と考えた（Braine, 1963）。2つの語群とは，軸（pivots）とX語（X-words）である。たとえば，「XP_2」という規則があれば，X語「みかん」とP_2軸語「ちょーだい」によって「みかん　ちょーだい」という発話が出てくる。

　(1)，(2)，(3)の定義を発展させた理論として言語の学習可能性（language learnability）がある。この理論を，ウェクスラー（Wexler, 1982）は3つの項目で説明している。3つとは，①文法のクラス（a class of grammars），②文法のための情報（information about a grammar），③言語学習手順（a language learning procedure）である。

　①から，人間に学習可能な文法が集まって「文法のクラス（集合）」を構成していることがわかる。この集合には，現存する自然言語すべての文法と，現在は存在しないが人間が学習可能とされる言語の文法が含まれている。日本語の文法もこの文法集合の1要素である。学習可能な文法集合のなかの特定の文法を学習するには，②から，その文法に関する情報が必要になる。また，③から，その情報から特定の文法をつくりだす手順を備えた装置も必要である。一連の流れを簡単に説明すれば，子どもには言語獲得のためのプログラムが本来仕組まれていて，特定の刺激が与えられればそのプログラムが自動実行されて言語能力が発生するといえる。

2節　言語発達研究の歴史からみえてくるもの

　言語発達研究の歴史は古く，19世紀の中頃にドイツで始まった（Bar-Adon & Leopold, 1971）。先駆者は哲学者のティーデマン（Tiedeman, D.）で，彼は実子の誕生からの詳細な発達記録を残

した。その後，シュルツェ（Schultze, F.）やシュテルン夫妻（Stern, C. & Stern, W.），ビューラー（Bühler, K.），ギョーム（Guillaume, P.）など，優れた研究者が研究を公表した。この一連の研究は「事例研究にもとづく記述研究」とよばれている。ほとんどの研究で使われた方法は，身近な子ども，多くの場合自分の子どもの縦断的な追跡である。これらの記述研究のなかで，記念碑的なものはシュテルン夫妻の研究とビューラーの研究といえる。「事例研究にもとづく記述研究」は現在でも注目する価値をもつ。しかし，この記述研究は1960年前後に終わりを告げた。その終わりを宣言したのが言語学者チョムスキーの生成文法である。この文法の誕生によって，言語発達研究は質的な変化を遂げた。生成文法誕生を分岐点として，その前の記述研究を「生成文法以前の言語発達研究」とよぶこともできる。そして分岐点以降を「生成文法に影響された言語発達研究」とよぶことがある。

　生成文法に影響された言語発達研究の主な流れは，古典的言語発達研究（たとえば，「派生と複雑度」研究と「知覚の方略」研究，現在の生得論にもとづく言語発達研究，心理学的言語発達研究，情報処理理論的アプローチによる言語発達研究）である。その主なものを紹介する。

　「派生による複雑度の理論」（derivational theory of complexity）では，言語学者が想定した文法が生身の人間の言語行動でも存在するかが検討された。文法の「心理学的実在性」（psychological reality）の研究とよばれている。具体的には変形（transformation）とよばれる文法操作が研究された。たとえば，能動文と受動文の場合，受動文は能動文に余分な操作（「受動変形」とよばれる）を加えることになるため，複雑とされる。複雑な文は複雑さで低い文より記憶に負担がかかるため，記憶する際の負担が大きいと仮定された。初期の研究はこの仮定にそった結果が得られた。しかしその後，仮定に反する研究が発表されるようになった。

　派生の複雑度の理論がうまくいかなかったために，それに代わる新しい理論が模索された。その一つがベーヴァー（Bever, 1970）の「知覚の方略」（perceptual strategies）である。ベーヴァーは，言語を理解する過程を単純ないくつかの方略の組み合わせで説明しようとした。「意味方略」（文をそれを構成する各語の意味的関係から理解する。たとえば，「人」「食べる」「クッキー」の3語があった場合，それらがどんな語順でも「人がクッキーを食べる」と理解する）と「語順方略」（英語児の場合，「名詞　動詞　名詞」が与えられるとその語順から「動作主　行為　対象」と理解する。日本語児の場合，「名詞　名詞　動詞」が与えられるとその語順から「動作主　対象　行為」と理解する）である。この方略研究は，現在研究されることが少ないが，文法能力が減退した失語症者の言語理解で似たような現象が生じることが知られている。

　心理学的言語発達研究からは，マザリーズ研究，生物学的適切信号説とバイアス理論，そしてトマセロの研究を紹介する。

　子どもに対する親の言葉かけは，マザリーズ（motherese）あるいはCDS（child directed speech；子どもに向けられた入力）とよばれている。マザリーズには，①短文で文法構造が単純である，②よく使う語が限定され，繰り返しが多い，③声のトーンが高くなる，④誇張された発音，誇張された表現や動作をともなう，⑤話題は目の前のことに限定される，⑥質問や呼びかけが多いなどの特徴がある，ことが知られている（Snow & Ferguson, 1977）。マザリーズの研究の

多くは，親の語りかけと子どもの言語獲得には何らかの関係がある，という期待から進められた。しかし，その期待を裏づける証拠は十分集まらなかった。その失敗の原因はどこにあるのか？この問いに対して，ファーナード（Fernald, 1992）は，これまでの研究の失敗は親の語りかけの文法的特徴に拘泥しすぎた点にある，と考えた。そして親の語りかけの音律（prosody）に焦点をしぼって研究を進めた。親の語りかけがもつ音律的特徴のおかげで，子どもは言葉を理解できない段階でも親の感情（たとえば，受容的か否定的か）を理解することができる。また，話せる段階に入ると，音律は文章の内容や文章構造を理解する際の助けになる。たとえば，親は強調したい語を誇張したピッチで表現し，子どもの注意を喚起するし，文の構造を理解しやすくするために適当に休止を単語間に入れる。

BRS理論（biologically relevant signals theory；生物学的適切信号説）とは，親の語りかけの音律的特徴が進化の過程での自然淘汰によってもたらされた，と考える説である。ファーナードによれば，独特な音律は，前言語期・言語初期の乳幼児と効果的な会話をするために特殊化されたもので，このおかげで親は子どもの世話を支障なく進めることができる。そして，独特な音律は生物学的再生産に寄与することになる。

バイアス理論の事例としていちばんわかりやすいものは，ワーカーとマクリード（Werker & Mcleod, 1989）の研究である。18～30週齢児を対象にしたこの研究では，子どもの前にビデオ・モニターを置いて，2つの映像を左右並べて提示した。たとえば，大人へ話しかける場面を録画したものと子どもに話しかける場面を録画したもの（CDSの特徴をもっている）を同時に提示した。そして，赤ちゃんがどちらを見ているか調べた。その結果，話し手が女性の場合も男性の場合も，大人に向けられた話し方よりも子どもに向けられた話し方に乳児は視線を向けること，子どもに向けられた話し方の場合，男性よりも女性のほうが注目されることがわかった。

3節　3つの問い，そして今後の展望

1. 3つの問い

言語発達研究の理論と歴史をふまえて，岩立（2006）は言語発達研究の根幹を照らし出す，3つの問いを提出している。この問いとその検討を参考にして，今後の展望を試みたい。

問1　発達心理学者にとって，現在考えられる言語獲得理論は何か？　あるいは心理学者は何を解決しなければならないか？

問2　生得理論は有効か？

問3　使用に準拠した理論は有効か？

問1についてまず考えてみよう。言語発達を語るとき，その語り手が自分を発達心理学者と自覚しているかどうかで，語り手の研究姿勢に違いが出る。おそらく多くの発達心理学者は，実際の発達に興味をもち，そこに存在する発達の実際を知りたいと思い，そして知り得た発達の実

際を説明する理論を模索する。この流れがどこかで途絶すると，その人の発達心理学者としての自覚もなくなるだろう。似た議論として，ブレイン（Braine, 1994）は生得論についての評論のなかで，言語発達研究には2つの仕事があると述べている。第一の仕事は言語発達での認知的・言語的側面での生得的な基本（primitives）を発見することで，第二の仕事は個体発達を説明することである。生成文法の影響で第一の仕事が優先されるなかで，ブレインは第二の仕事の重要性を指摘した。

次に問2について考えてみよう。言語発達での生得理論の人気は発達心理学の視点からみると，時代とともに浮き沈みをしている（岩立, 2001, 2012）。浮き沈みは，4つの時期に分けられる。

第1期（1960年代）は生得論が心理学者に夢を最初に与えた時期である。この時期には生得的な文法が心理学的に実際に存在するかが検討され，子ども独自の生成文法が可能かどうかが検討された。すでに述べたように，心理学的実在性の検討は「派生と複雑度」の理論の検討に集約される。このアプローチは行き詰まり「知覚の方略」研究へ方向転回した。

第2期（1970年代〜1980年代）は心理学者が生得論から離れて独自の研究に向かった時期である。この時期の代表はスロービン（Slobin, D. I.）の比較言語的研究や母親語研究である。第2期の途中から，すでに述べた言語学習可能性の研究が進められ，その成果が第3期の生得論への高まりの準備をした。

第3期（1980年代後半〜1990年代）は言語学習可能性の研究と発達心理学の乳幼児研究の発展に呼応して再び心理学者が生得論にそった言語発達研究を模索した時期といえる。その成果が一連の語意（彙）研究とカミロフ－スミス（Kamiloff-Smith, 1992）の「表象の再記述モデル」（representational redescription model）である。カミロフ－スミスによれば，現在の言語獲得理論には対立する2つの立場がある。言語領域を独自の過程と考える「領域固有」（domain-specific）の立場と言語領域を他の領域と共通した過程と考える「領域一般」（domain-general）の立場である。この2つの立場に対してカミロフ－スミスは第三の立場を主張している。それが表象の再記述モデルである。このモデルでは，発達初期は領域固有だった知識が加齢にともなって領域を越えた領域一般の知識に書きなおされる，と仮定する。第3期は生得論にそって，言語学と心理学が融和の道を模索した時期といえる。

第3期の研究のなかで，言語発達とその関連領域の研究が蓄積され，その結果として第4期（1990年後半から現在）が始まった。この期の主なものは，言語発達の個人差・個人内差の研究（岩立, 1994；Tomasello, 1992），ヒトとその他の霊長類での心の理論研究の発展（Savage-Rumbaugh, 1990），言語発達の生物学的基礎の研究（Bates & Roe, 2001；DeKeyser & Larson-Hall, 2005；Neville & Bavelier, 1999），障害児の言語発達研究（Tager-Flusberg, 1999），バイリンガルやその生物学的基礎についての研究の進展（Birdsong, 2005；Johnson & Newport, 1989）など，である。第4期は生得論の確認とその限界を明らかにする時期といえる。

最後に問3について考えよう。言語獲得の「使用に準拠した理論」（usage-based theory）はトマセロ（Tomasello, 2003）が，それまでの3種類の研究を総合して主張している理論である。

第一は健常児の縦断的研究とその結果を裏づけるための一連の実験的研究である（Tomasello,

1992 ; Akhtar, 2001 ; Akhtar & Tomasello, 1997 ; Olguin & Tomasello, 1993)。たとえば，トマセロ（Tomasello, 1992）はトラビスの1歳4カ月から2歳0カ月までの動詞の発達を詳細に検討し，興味深い事実を発見した。それは，大人の文法ではひとくくりにされる動詞群が，離れ小島のようにおのおの独立して使用されている，点である。他動詞で具体的に説明すると，13の動詞（sweep, brush, paint など）で対象となる修飾語を動詞の後に置いて表現していた（たとえば，"Brush my teeth."）。ところが，3つの動詞（bite, cook, pick）では，対象となる修飾語の位置が一定しなかった（たとえば，"Cookie bite." "Bite apple."）。この結果に対してトマセロは2歳前後のある時期には各動詞は独自の項構造をもつと想定した。そしてこの結果を説明するために，一連の実験を実施した。たとえば，オルグインとトマセロ（Olguin & Tomasello, 1993）は人工的な動詞を複数作成し，それを一定の項構造で子どもたちに提示する実験を実施した。文例を示すと，cham という動詞の場合，動作者の項がある文型（動作者＋動詞）だけで提示した。すると，自発発話では「動作者＋動詞」の語順にそった表現が多く出た。それに対して，動作者の提示がない文型（動詞＋対象語）だけの場合には動作者を正しい語順で使うことが少なかった。すなわち，どのような言語環境でモデルが提示されるかに言語発達は依存した。

第二はヒトやその他の霊長類を対象にした社会文化的研究である。とくに，共同注視（joint attention）について研究され，トマセロの社会文化的主張の基礎になった（Tomasello, 1999）。

第三が言語獲得の使用に準拠した理論の提唱である（Tomasello, 2003）。この理論では，生得論者の主張する普遍文法（universal grammar）の不必要性を強く主張した。そして，言語発達を普遍文法ではなく，一つの仮定と一つの設定で説明をしようとする。仮定とは「子どもには強力な学習メカニズムが存在する」というもので，設定とは「子どもが最終的に到達する言語的な到達点（成人の文法）は，子どもに接近しやすい（child-friendly）ものである」というものである。

トマセロによれば，子どものもつ強力な学習メカニズムで主となるものは意図解読（intention-reading）と認知的・社会的学習スキル（cognitive and social learning skill）で，子どもには単純な連合学習を超えた強力な学習メカニズム（learning mechanisms）が素質として備わっている。また，子どもにとって接近しやすい到達点についての説明のなかで，トマセロは，使用準拠の言語学（usage-based linguistics）の研究成果（Langacker, 2000）を勘案すると，大人の言語能力は，生成文法派が主張する形式的なものとは違ったもっと子どもに親しみやすい言葉である，とした。

2. 今後の展望

最後に，言語発達研究の今後の展望について量的発達と質的発達という視点から考えてみたい。
a. 量的発達
発達の量的変化を最も典型的に示したのがスキャモン（Scammon, R. E.）の発達曲線である。スキャモンは20歳までの発達を複数の発達曲線（発達型）で説明しようとした。たとえば，一般

型は体重の発達変化のようにすべての年齢で平均的な発達をする。神経系型では脳の発達のように0～4歳に急激な発達をする。生殖型では目立った発達がなかったのが12歳頃になると急激な発達をする。リンパ型では副腎機能のように12歳前後にピークがあってその後低減する。スキャモンが想定する発達ななだらかな曲線を描いて，階段上の変化は想定していない（430ページ図38.2参照）。

b. 質的発達

発達がすべてスキャモンが考えたように曲線的な変化で説明できれば簡単なのだが，ヒトの発達には違った発達変化がある。質的変化である。たとえば，ピアジェの発達段階や保存，心の理論，愛着の形成と人見知り，アハー体験などは質的な発達で，これらの発達現象はある時点（多少の時間的幅はあるが）を境にして短時間に獲得される。この「短時間の獲得」はよく考えてみれば不思議な現象である。一般的に学習が徐々に進むのに対して，瞬時の獲得（発達）は階段状の変化をするからである。そしてこの階段状の変化は動物のなかでもヒトの発達に顕著だ。

c. 質的変化としての言語発達

動物のなかでもヒトに顕著な質的変化は，とくに言語発達で頻繁に生じる。言語発達には量的に変化する面もある。たとえば，語彙の増加である。語彙は最初なだらかに増加する。しかし語彙の増加も，語彙噴出（vocabulary spurt）のように質的な変化を予見するものが存在する。語彙噴出とはある時期になってそれまでとは違って語彙が急激に増える現象を指す。その時期には「これ何？」という問いが出ることが多い。

言語発達での質的側面を理解するために2つの例を示す。第一は，岩立の5名の子どもでの他動詞文の発話分析である（表12.1；岩立，1997）。表12.1は，一定の条件で選ばれた他動詞文での，ガ格（動作をする人を示す），ヲ格（動作の対象を示す），動詞の語順関係を示している。表12.1をみると，Y児・J児（3歳6月）・T児は「ガ＋ヲ＋動詞」の安定した語順を獲得しているらしい。いいかえれば，他動詞という文法概念をもっているといえる。A児も不安定ながら「ガ＋ヲ＋動詞」の語順ができかけているようだ。それに対して，F児は「ガ＋ヲ」の語順は獲得されていても，動詞を最後にもってくる点では不安定さが残っている。最後のJ児（2歳5月）で

表12.1 5人の子どもでの，ガ格・ヲ格・動詞での語順（岩立，1994を一部改変）

文型 \ 子ども 性 年齢	Y児 女 2歳5月	A児 女 2歳7月	F児 女 3歳7月	J児 男 2歳5月	J児 男 3歳6月	T児 男 3歳9月	計
ガ格＋ヲ格＋動詞	24	11	12	6	11	15	79
ヲ格＋ガ格＋動詞	2	1	2	4		1	10
ガ格＋動詞＋ヲ格	1	3	3				7
ヲ格＋動詞＋ガ格	2		1	1			4
動詞＋ガ格＋ヲ格							0
動詞＋ヲ格＋ガ格				1			1

注．J児（2歳5月）と J児（3歳6月）は，同じ子どもの2歳5カ月と3歳6カ月の時期での結果。

は，「ガ＋ヲ」の語順は不安定なので，他動詞という概念はなさそうだ。ただし動詞が最後にくる点はわかっている。「ガ＋ヲ＋動詞」の安定した語順は，他動詞概念の存在を暗示する。それに対して，「ガ＋ヲ」の語順が不安的だったり，動詞の位置が不安定な場合には，他動詞の一般的な概念が完成されていない段階にいると予想される。さらにもっと綿密に動詞獲得の様子を調べると興味深い言語発達の姿を知ることができる。たとえば，上に述べたJ児の2歳代の動詞獲得を調べたところ，J児は長期にわたって「たべる」という動詞を「〜が〜を動詞」の語順で使っていた。それに対して「かく」という動詞を「〜を〜が動詞」の語順で使っていた。どうしてこのような微細な使い分けができるのだろう。使い分けには，修飾要素の意味関係を理解し，それに合った語順関係を確定する質的な文法能力が必要になると考えられる。

　第二は横山（1990）の形容詞の誤用研究である。横山は2名の幼児の縦断的発話資料の分析から，2歳代に「丸いのお月さま」というような形容詞の誤用が頻発することを明らかにした。ところがおもしろいことに，誤用の詳細を検討すると，頻繁に誤用が生じる時期でも，誤用がすべての形容詞で起こるわけではなかった。「赤い」という形容詞は2歳0カ月では形容詞の正しい使い方ができたが，2歳1カ月になると「形容詞＋ノ＋名詞」の誤用がでてきた。ところが「あつい」の場合には2歳4カ月で正しいかたちで形容詞を使いはじめるがその後誤用は生じなかった。形容詞ごとに発達が違うのだ。このようなことが可能になるには，何らかの質的能力が必要になると考えられる。

d. 言語と進化的説明

　ヒトが言葉をもつようになったのは，生物としてのヒトには，言語に都合のよいバイアスをもった能力と，文法を可能にする質的能力が備わっているからではないか，これが本稿の結論である。しかしヒトがもつこれらの言語能力によってヒトがいつでも簡単に短期間で言語を獲得するわけではない。この言語獲得能力は，いろいろな条件によって発現をじゃまされる。じゃまの度合いは，発達の過程，獲得言語の種類，個人の発達能力など多様な要因で変化する（岩立，2007）。これらのじゃま要因のメカニズムの解明が今後の言語発達研究の重要な研究課題である。

◆ 引用文献

Akhtar, N. (2001). Acquisition basic word order : Evidence for data-driven learning of syntactic structure. In M. Tomasello & E. Bates (Eds.), *Language development : The essential readings* (pp.187-202). Malden, MA : Blackwell Publishing.

Akhtar, N., & Tomasello, M. (1997). Young children's productivity with word order and verb morphology. *Developmental Psychology, 33*, 952-965.

Bar-Adon, A., & Leopold, W. F. (Eds.). (1971). *Child language : A book of readings*. New Jersey : Prentice-Hall.

Bates, E., & Roe, K. (2001). Language development in children with unilateral brain injury. In C. A. Nelson & M. Luciana (Eds.), *Handbook of developmental cognitive neuroscience* (pp.281-307). Cambridge, MA : The MIT Press.

Bever, T. G. (1970). The cognitive basis for linguistic structures In J. R. Hayes (Ed.), *Cognition and the development of language* (pp.279-352). New York : John Wiley & Sons.

Birdsong, D. (2005). Interpreting age effects in second language acquisition. In I. F. Kroll. & A. M. B. De Groot (Eds.), *Handbook of bilingualism : Psycholinguistic approaches* (pp.109-127). New York : Oxford University

Press.
Braine, M. D. S. (1963). The ontogeny of English phrase structure : The first phase. *Language*, **39**, 1-13.
Braine, M. D. S. (1994). Is nativism sufficient? *Journal of Child Language*, **21**, 9-31.
Brown, R., & Fraser, C. (1964). The acquisition of syntax. In U. Bellugi & R. Brown (Eds.), *The acquisition of language. Monographs of the Society for Research in Child Development : Vol. 29* (pp.43-79). Chicago : The University of Chicago Press.
Chomsky, N. (1963). 文法の構造（勇 康雄, 訳）. 研究社. Chomsky, N. (1957). *Syntactic structures*. The Hague : Mouton.)
Chomsky, N. (1970). 文法理論の諸相（安井 稔, 訳）. 研究社.（Chomsky, N. (1965). *Aspects of the theory of syntax*. New York : Cambridge University Press.)
DeKeyser, R., & Larson-Hall, J. (2005). What does the critical period really mean. In J. F. Kroll & A. M. B. De Groot (Eds.), *Handbook of bilingualism : Psycholinguistic approaches* (pp.88-108). New York : Oxford University Press.
Fernald, A. (1992). Human maternal vocalizations to infants as biologically relevant signals : An evolutionary perspective. In J. H. Barkow, L. Cosmides, & J. Tooby (Eds.), *The adapted mind : Evolutionary psychology and the generation of culture* (pp.391-428). New York : Oxford University Press.
岩立志津夫. (1994). 幼児言語における語順の心理学的研究. 風間書房.
岩立志津夫. (1997). 文法の獲得〈1〉: 動詞を中心に. 佐々木正人・小林春美（編）, 子どもたちの言語獲得 (pp.111-130). 大修館書店.
岩立志津夫. (2001). 言語獲得の理論. 中島義明（編）, 現代心理学［理論］事典 (pp.449-467). 朝倉書店.
岩立志津夫. (2006). 生得論と使用に準拠した理論で十分か？: 社会的・生物的認知アプローチ. 心理学評論, **49**, 9-18.
岩立志津夫. (2007). 言語と人間. 無藤 隆・子安増生（編）, 発達心理学 I (pp.61-66). 東京大学出版会.
岩立志津夫. (2012). 言語獲得の理論の［適用事例］. 中島義明（編）, 現代心理学［事例］事典 (pp.293-306). 朝倉書店.
Johnson, J., & Newport, E. L. (1989). Critical period effects in second language learning : The influence of maturational state on the acquisition of English as a second language. *Cognitive Psychology*, **21**, 60-99.
Kamiloff-Smith, A. (1992). *Beyond modularity : A developmental perspective on cognitive science*. Cambridge, MA : The MIT Press.
Langacker, R. (2000). A dynamic usage-based model. In M. Barlow & S. Kemmerer (Eds.), *Usage-based model of language* (pp.1-63). Stanford : SLI Publishing.
Neville, H. J., & Bavelier, D. (1999). Specificity and plasticity in neurocognitive development in humans. In M. Cazzaniga (Ed.), *The new cognitive neurosciences* (2nd ed., pp.83-99). Cambridge, MA : The MIT Press.
Olguin, R., & Tomasello, M. (1993). Twenty-five-month-old children do not have a grammatical category of verb. *Cognitive Development*, **8**, 245-272.
Savage-Rumbaugh, S. (1990). Language as a cause-effect communication system. *Philosophical Psychology*, **3**, 55-76.
Snow, C. E., & Ferguson, C. A. (Eds.) (1977). *Talking to children*. New York : Cambridge University Press.
Tager-Flusberg, H. (1999). *Neurodevelopmental disorders*. Cambridge, MA : The MIT Press.
Tomasello, M. (1992). *First verbs : A case study in early grammatical development*. Cambridge, MA : Cambridge University Press.
Tomasello, M. (1999). *The cultural origins of human cognition*. Cambridge, MA : Harvard University Press.
Tomasello, M. (2003). *Constructing a language : A usage-based theory of language acquisition*. Cambridge, MA : Harvard University Press.
Werker. J. E., & Mcleod. P. J. (1989). Infant preference for both male and female infant-directed talk : A developmental study of attentional and affective responsiveness. *Canadian Journal of Psychology*, **43**, 230-246.
Wexler, K. (1982). A principle theory for language acquisition. In E. M. Wanner & L. R. Gleitman (Eds.), *Language acquisition : The state of the art* (pp.288-315). Cambridge, MA : Cambridge University Press.
横山正幸. (1990). 幼児における連体修飾発話における助詞「ノ」の誤用. 発達心理学研究, **1**, 2-9.

13章 社会行動・学習理論

渡辺弥生

1節　行動を説明するさまざまな理論

　社会行動とは，私たちの日常生活において他者とかかわる際の行動のすべてを指す言葉である。もう少し定義すると，他の個体の現在または将来に影響を与える行動として考えられる。分類すれば，利己的な行動，利他的な行動，協力する行動，報復行動などが含まれる。日々の生活のなかで，電話をかけたり，メールしたり，話しかけたり，文句を言ったり，ときには，抱き合ったり，なぐり合ったり。このような行動は，いったいどのようにして獲得されるのだろうか。また，さまざまな状況においてどのようにして選択されるのだろうか。

1. 行動主義の源流から

　人が経験のなかでさまざまな行動を学ぶことを学習ととらえ，その後，長い行動理論に関する研究が重ねられてきた。まず，科学としての心理学は，1879年のヴント（Wundt, W.）の実験心理学室の創設に遡って紹介されることが多い。彼の心理学は，対象が直接経験するうえでの意識を分析するというもので，「内観法」とよばれていた。この方法では，行動は対象化されていなかった。

　こうした時代の背景のなか，1902年には，パヴロフ（Pavlov, I. P.）が，イヌの実験から古典的条件づけ（レスポンデント条件づけ）による学習を明らかにし，刺激（S）の対提示によって刺激間に連合が起こり，行動（反応）が変容するといった学習のメカニズムが明らかになった。その後，このパヴロフの条件づけに刺激を受け，ワトソン（Watson, J. B.）は，外界からの刺激（S）によって行動（R）が決定されるという行動主義を唱えた。

　やがて，たんなる外界からの刺激によって決定されるのではなく，人という有機体（O）が媒介されて行動が選択されるのではないかと考えられるようになった。ワトソンの考えを含めて行動理論（behavior theory）としてくくられることもあるが，区別して新行動主義としてくくられている。この新行動主義の代表的な研究者にハル（Hull, C. L.）がいる。彼は，仮説演繹法を導入し，学習の理論を数式によって説明しようとした。また，トールマン（Toleman, E. C.）は，学習は目的にかかわる高度に客観的な過程であるとし，刺激と反応の直接的な結合ではなく，媒介変数としての内的過程が介在するとした。ゲシュタルト心理学の影響を受けていたと考えられる。同じ時期に，新行動主義にカテゴライズされる場合もあるが，独自の考えを提唱した研究者

として，オペラント条件づけで有名なスキナー（Skinner, B. F.）がいる。スキナーによって明らかにされたオペラント条件づけは，学習理論の一つとしてパヴロフの古典的条件づけとともに紹介されることが多いが，ソーンダイク（Thondike, E. L.）のネコの実験による試行錯誤学習の影響を受けて生み出された。すなわち，その行動が生じた直後の環境の変化に応じて，その後にその行動が生じる頻度が変化する行動をいう。古典的条件づけと異なり，個体が「自発する」行動を対象にしている。

とくに，スキナーの理論は，今なお21世紀に影響を与えている行動分析学に受け継がれている。外側から観察可能な行動に限らず，人間が行っているすべての行動を研究対象として，随伴性の枠組みから，オペラント条件づけと環境とのかかわりによって行動が形成・維持・抑制する過程が分析されている。ワトソン，ハル，トールマンらの新行動主義と異なり，認知などの内的過程を推測して媒介変数を積極的に取り入れる立場とは異なり，認知や感情をも随伴性の結果として考える点に特徴がある。徹底的行動主義とも称され，オペラント条件づけの枠組みのなかでは，認知的な活動は位置づけられておらず，認知的な操作を行動用語に翻訳し，その効果を外的事象の直接的な働きとして考え，行動と結びつけて考えている。

以上のような広義の行動主義が隆盛を極めるその時代に，従来の直接刺激を受けてという前提をくずし，自分が直接刺激を受けなくても，他者の行動を観察することによって社会行動を学習するという新しい考えを提唱した研究者が，バンデューラ（Bandura, A.）である。すなわち，モデリングによって，社会行動が獲得されると考え，社会的学習理論を提唱した。ここでは，人間は内的な力によって動機づけられるわけでもなく，かたや環境刺激によって説明されるわけでもなく，人の要因と環境要因の相互作用によって説明される。心理的機能として，象徴的，代理的，および自己調整過程などの視点から考えられた。

多くの研究者がいるが，この章では，社会的な行動について現在の理論構築や発達臨床にも大きな影響を与え，今この時点で現役の研究者であるバンデューラにフォーカスする。

2．社会的学習理論の構築と変遷

バンデューラは，1925年12月4日に，カナダの小さな村で生まれている。両親は十分な学校教育を受けていなかったが，2人とも学問に高い価値をおいていた。災害や家族の喪失など多くの困難に直面しながらも，両親は生きることを楽しむすべを知っており，家族が平穏に暮らしていけるよう懸命に働いてくれたと当時を振り返っている。バンデューラは，教師も教材も乏しかった当時の学校生活について，教育資源の乏しさは問題ではなく，むしろ学ぶ意欲を高めるうえで生産的な結果をもたらしたと回顧している。彼の高校時代，両親は村を出て幅広く経験するように彼を鼓舞したという。アルバイトで進学のお金を貯めたのち，バンクーバーのブリティッシュコロンビア大学に進学した。しかし，生活は厳しく午後は働くことに時間をとられたため，午前中に授業を詰め込み，かなりハードに勉強しなければならなかった。

ところで，バンデューラが心理学を目指したのは，ほんの偶然からであった。毎日，早朝か

ら大学に通ったものの，うまく時間のあう授業をみつけられないでいた。図書館で時間をつぶしていたある日のこと，誰かが忘れていったコースカタログをめくったのがきっかけで，「心理学」と邂逅したという。この偶然ともえいえる心理学との出会いこそが，彼の理論化に大きな影響を与えた。1982年の論文「偶然の出会いと人生の心理学」(The psychology of chance encounters and life paths ; Bandura, 1982) に，個人のもつ自発性が，さまざまな環境に身をゆだねた結果，ときに思いがけない出来事を生じさせることを論じている。その際，思いがけないものをコントロール不可なものとしてとらえるのではなく，むしろ，幸運の機会としてとらえること，これが，まさに後述する彼の理論の中核にある「相互決定主義」や「自己調整」の概念につながったと考えられる。

大学院時代は，心理学史に名前を連ねる多くの心理学者たちの影響を受けている。アカデミックアドバイザーに「心理学を学ぶによいところはどこですか」と尋ね，躊躇なく返ってきた答えから「アイオワ大学」に決める。この時代は，イェール大学のハルの新行動主義が隆盛をきわめていた。パヴロフ，ソーンダイク，スキナーといったS－Rの内的な要因を想定しない行動主義に対して，ハルやスペンス(Spence, K. W.)は，S－O－Rに示されるとおり，内的な媒介変数を導入し，仮説演繹的に物事を実証しようとしていた。また，フロイト(Freud, S.)の精神分析理論で述べられていた攻撃性や同一視について，学習の視点から説明しようとした。さらに，強化理論や試行錯誤学習に疑問を感じ，複雑な能力は代理的な経験で学ぶことが可能であることや，ミラー(Miller, N. E.)とダラード(Dollard, J.)の指摘した模倣の研究が人間のコンピテンスや知識を獲得する方法を明らかにするのではないかと刺激を強く受けたという。

1953年にスタンフォード大学にうつり，博士課程の院生であったウォルターズと協力して社会的学習と攻撃性の研究を始める。少年の反社会的行動を説明するために，観察学習のメカニズムや決定因を探る実験を重ね，人間の学習におけるモデリングの役割を強調した。1959年に『青年期の攻撃』(*Adolescent aggression* ; Bandura & Walters, 1959)，1973年に『攻撃性：社会的学習分析』(*Aggression : A social learning analysis* ; Bandura, 1973)をまとめている。規則などの学習の説明には，抽象的モデリングの役割を考え，ドリー・ロス(Ross, D.)やシェリア・ロス(Ross, S. A.)と一緒に，ボボ(Bobo)人形を用いた，今では世界的に有名となった研究を行うことになる。攻撃的なモデルを観察した子どもたちは，人形に対して攻撃的に行動することや，観察者に強化を与えなくても観察学習が起こることを明らかにしたのである。また，子どもたちが，実際に行動しなくても，さらには無報酬でも，代理的に新しい行動を学習することを明らかにした。この理論は，学習は直接強化の結果であるという当時の見方やミラーとダラードの模倣[1]，さらには条件づけの考えとは対立するものであった。この研究は1963年に『社会的学習とパーソナリティの発達』(*Social learning and personality development* ; Bandura, 1963)に要約された。

バンデューラのスタンフォード大学での研究は，人間の動機づけ，思考，行動における社会的なモデリングが中心に行われていた。モデリングは，単純な反応の模倣ではなく，見たり聞いたりした以上の，新しい行動を創造的に生み出すことや，モデリングの影響は行動結果を予測して動機づけを変えることもできると指摘した。さらには，人，場所，物に対する他者の情緒的な表

現をとおして，価値体系や情緒的な表現の習慣を生み出すとも考えたのである。1960年代に，バンデューラは，自己調整（self-regulatory）の能力の発達に関する研究プログラムを開始した。この研究は，人が自己調整および自省する生物であって，たんに環境の影響に反応するだけではないという視点を発展させた。クーパー（Kupers, C. T.）と，自己報酬づけの遂行基準の獲得について検討したり，ミシェル（Mischel, W.）と，モデルが小さくて即自的な報酬よりも後で大きな報酬を好むところを観察した子どもたちが，遅延の報酬を好むことを明らかにした。こうした子どもたちの自己動機づけや自己調整についてのパイオニア的な研究は，パーソナリティの特性理論に代わる検証可能な新しい実験的な研究パラダイムを生み出した。さらには，通信の革新的な進歩によって，モデリングの象徴的な様式はより広い社会的効果を生み出すという象徴的モデリングのメカニズムを論じるまでに発展した。1977年には，『社会的学習理論』（Social learning theory；Bandura, 1977/1979）を出版した。この本は，1980年代の心理学の方向性を変える本となった。

　これ以降，バンデューラの関心は広がり，観察学習，自己調整，攻撃性，心理治療的な変容などの理論的な問題を1970年代後半から1980年代前半にわたって研究し続けた。そして，自己に関与する思考が，感情や行動を媒介する様相について解明できるかどうかに焦点が当てられた。1980年代半ばまでに，バンデューラは，人間の機能についての社会認知理論を発展させた。この理論は，人の適応や変化において，認知，代理的，自己調整，自己内省的なプロセスにはたす中心的な役割について述べている。人間の機能は，人，行動，環境のダイナミックな相互作用の産物だとする。1986年の著書『思考と行動の社会的な基礎：社会的認知理論』（Social foundations of thought and action : A social cognitive theory；Bandura, 1986）においては，「社会的学習理論」から「社会的認知理論」という大きな展開をみせた。彼の理論のとりあげる対象が拡大し，社会的学習という言葉がそぐわなくなったのである。思考と行動において，「自分を統合する」，「プロアクティブ」，「自己内省的」，「自己調整的」な人間自身を主体として考えた。とくに，人間のシンボライジングする能力を強調し，その能力によって，環境を理解し，行動指針を構成し，問題を解決し，行動に先立つ思考過程をサポートし，反省によって知識を獲得し，時間と場所を超えるさまざまな人とのコミュニケーションを可能にするという考えを展開した。

　社会認知的理論の特徴は，自己を方向づけ，前もって予見させる（forethought）能力である。個人的な基準を設定し，自分の動機と行動を自分が想像するポジティブおよびネガティブな結果で調整し，効果を生むために自己反省（self-reflection）する能力としての自己効力感のシステムを，人間の動機づけ，至福，個人的になし遂げる偉業の基本にあるものとみなしている。1997年の本『自己効力感：統制を行うこと』（Self-efficacy : The exercises of control；Bandura, 1997）では，自己効力感の理論の基本的な考えを明らかにした。人間の主要な出来事は，「可塑性」と「学習可能性」であるとした。無限に近い行動の多様性と社会の変化のスピードの速さは，生物が許容する可能性の広さを物語ると示唆している。彼の理論は，基礎的な研究のみならず臨床領域にも応用され，自身に脅威として認知されることを統制可能と認知することが，ストレスにかかわるホルモンや神経伝達物質にどのように影響するかについて検討し，自己効力感の働きについて多くの事実を明らかにしている。このように，今日まで，そして今なお，彼の理論は世

界中の研究者に影響を与え，彼の理論を引用した論文は膨大な数にのぼる。

2節　中核となる理論と研究方法

1．相互作用的因果モデル

社会的学習理論が提唱されるまでは，主要な行動の決定因は個人の内部にあると考えられ，行動からその内面を推測しうるという考えにとどまっていた。しかし，バンデューラは，ある行動が起こる頻度と強度が状況によって著しく異なるという事実は，内面にある動機づけ要因だけによってはとうてい説明できないと批判した。その後，行動理論の台頭によって人間の反応性に及ぼす外的影響を検討する方向へと切り喚えられ，行動はそれを喚起する「刺激条件」と維持する「強化条件」とから分析されるようになった。ただし，こうした環境によって決定するという考えは，人間が環境によって左右されてしまうといったイメージが先行し反論をよぶこととなった。

こうした理論的な対立のなかで，行動，個人要因，環境要因について3つの考え方が提唱されてきた（図13.1）。一つは（A）の個人要因か環境要因が何らかの形で結びついて行動に影響を与えるという考え方であった。その後，個人要因と環境要因の相互作用によって行動が決定されると考えられるようになった（B）。しかし，この考えは，行動が常に結果として導き出されることを前提としており，行動することによって認知が変化し，その認知の変容によって環境が変化し，それがまた新しい行動を規定するといった方向性を説明していないという批判がなされ，（C）の相互決定的な関係を仮定することが生態学的に妥当であると提唱されるようになった。この（C）こそ，社会的学習理論の基本の考えである。

2．モデリングの理論

伝統的に，学習は反応を遂行しその結果を直接ほめられたり叱られるなどの強化が与えられて，成立しうると仮定されてきた。ところが，学習は他人の行動とその結果を観察することによって代理的に成立することを明らかにした。モデリングには，4つの過程があることが明らかにされている。注意過程は，観察者の情報処理能力によって観察経験からどれだけ多くの利益を獲得するかにかかわる過程である。モデルの示す行動を探索し，知覚する過程である。保持過程は，示範された事象を「イメージ」や「言語」によって貯蔵し，メンタルリハーサルによって促進される。運動再生過程は，行

(A) 一方向説　$B = f(P, E)$：個人（P）と環境（E）は独立要因，行動（B）が従属変数。
(B) 部分的二方向説　$B = f(P \leftrightarrow E)$：個人と環境の相互作用は認める。
(C) 三者間相互作用説。

図13.1　相互作用的因果モデルが導かれるまで

動的に実行にうつすことによって，反応の認知的統合を行う。行動リハーサルによって，のちの行動を再生しやすくする。動機づけ過程は，遂行として表出されるかどうかにかかわる過程である。人は学ぶことのすべてを実行するわけではない。すなわち，習得した行動を遂行するかどうかは別であり，動機づけによって左右される。この動機づけ過程には，外的強化，代理強化，自己強化が影響すると考えられた。

成人モデルによるボボ人形への攻撃

子ども（対象者）によるボボ人形への攻撃

図13.2 攻撃行動の観察学習（Bandura et al., 1961をもとに作成）

モデリングの機能を明らかにした有名な研究は，先にも述べたがバンデューラほか（Bandura, Ross, & Ross, 1961）がある。幼児72名を対象に，攻撃モデルを提示される条件と提示されない条件が設定された。対象児は，ボボ人形やおもちゃなどが置かれている実験室に連れて行かれる。攻撃条件では，モデルは，そこでボボ人形に攻撃的な行動や言葉を示した（図13.2）。この実験の結果，攻撃条件ではモデルが示した言動と類似した攻撃行動の生起率が統制条件よりも高いことが示された。こうしたモデルは，現実の人ではなく，テレビの登場人物などの行動を観察するだけで学習されることや，観察直後に自分が同じ行動を起こさなくても，さらには強化がなくても学習されるとし，模倣とは異なるという意味からモデリングという言葉が用いられた。モデリングは，高次の機能をもち，さまざまなモデルの刺激に含まれる共通要素を抽出し，そこから一般的なルールを導き出すといった抽象モデリングや，時間的に状況的に多くの経験から得た情報をもとに，最初のモデルとは異なるまったく新しい行動を生み出すといった創造モデリングについても言及している。

3. セルフ・コントロールの成立過程

人々は，環境刺激を調整し，認知的機能を働かせ，自分自身の行為に結果を与えることによって自分の行動を制御することができると考えた。すなわち，遂行水準を自ら設定し，それが達成できないときは自分に罰を与え，達成できたときには自ら報酬を得て満足することになり，自分の定めた基準に適合するよう自ら努力するようになると考えた。遂行行動はいくつかの評価次元によって変動し，判断過程においては，活動の価値づけや帰属の仕方に影響を受ける。そして，複雑な判断過程を経て，自己反応が惹起されると考えられた。したがって，肯定的な判断は，報酬的な自己反応を導き，満足感につながっていく。

また，こうしたモデルの自己反応を観察することによって，自己強化基準が獲得されることについても明らかにしている。バンデューラとクーパー（Bandura & Kupers, 1964）は，高い基準を設定するモデルを観察すると，子どもたちは，すぐれた遂行行為をなし遂げたときにのみ自分

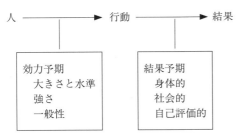

図13.3 効力予期と結果予期の関係

に報酬を与え、低い遂行行為でも十分だと考えるモデルを観察した子どもたちは、低い遂行行為でも自分を強化することを明らかにした。このように、たんなる行動だけではなく、自身に対してどのような強化をすればよいのかなどを制御するシステムが明らかにされた。

4. 自己効力感の理論

前述のセルフ・コントロールの考えは結果からの行動制御に焦点を当てているが、自己効力は、行動の先行要因の一つであり、予期学習における認知機能を重視する考えにのっとる。「人はたんに刺激に反応しているのではない。刺激を解釈しているのである。刺激が特定の行動の生じやすさに影響するのはその予期機能によってである」と記述している。こうした考えが生み出される背景には、アトキンソン（Atkinson, J. W.）の期待価値理論やロッター（Rotter, J. B.）の統制の位置（ローカス・オブ・コントロール：locus of control）の理論などがふまえられている。この予期は、2つの種類に区別することができると考えた（図13.3）。一つは「結果予期」であり、ある行動がどのような結果を生み出すかの予期であり、もう一つの「効力予期」は「自己効力感」とも呼ばれ、ある結果を生むために必要な行動をどの程度うまくできるかについての予期である。子どもたちは、他者によって示範された評価基準に照らして自己の遂行行為を判断し、それに応じて自分自身を強化するのである。こうした自己効力感についての研究は、臨床心理学や問題行動の改善などに応用（不安や恐怖刺激の消去、学業成績の改善など）されている。

この自己効力は3つの次元によって変化すると考えられている。すなわち、自己効力の大きさと水準、強さ、一般性である。大きさと水準は、具体的な行動目標を実際にいまどこまで達成できそうかということであり、強さは、どのくらいの可能性があると思うかの確信度である。そして、一般性はある対象の、ある状況での、ある行動に関する自己効力がどの程度まで広がりをもつかということになる。

こうした自己効力感は、自然発生的に生じるのではなく、4つの情報源をとおして、個人が自身でつくりあげていくものとして考えられている。4つとは、①遂行行動の達成（自分で実際に行ってみること）、②代理的経験（他人の行動を観察すること）、③言語的説得（自己強化や他者による説得）、④情動的喚起（生理的な反応の変化を体験すること）、である。こうした、自己効力感の考え方は、主観的な言語的反応などの認知面を考慮していなかった行動療法の考え方と、認知面の解釈に偏りがちであった考え方を統合し、今日隆盛を極める認知行動療法を導き出したと考えられている。

3節 発達心理学への影響

1. 独自の「認知」理論

ピアジェ（Piaget, 1947/1960）によれば，人々の認知的発達はこれまで生得的な動機づけのメカニズムによって説明されてきた。ピアジェによれば，人々の認知発達はすでに確立した認知構造と新しい経験との間の適度の食い違いによって，生得的に動機づけられている。その結果，生み出された不均衡は，内部構造が不一致な経験と調和するようになるまで，食い違いの源を探すように動機づけると考えられた。これに対して，バンデューラは，もし，ピアジェの考え方が正しければ，学習を弁別する現象を説明できない，と批判している。人は，あまりよく知らないことやうまくできない行動を積極的にとることはない。しかも，知りたいという内的動因だけに動機づけられるのだとしたら，自分のまわりの世界についてなんでもかんでも物知りになることになると予想されるが，現実にはそうではない。これらの点を考えるとピアジェの考え方はあてはまらないと指摘する。他方，精神分析理論で説明されてきた同一視などの無意識過程を意識的な過程としてとらえなおしたことや，攻撃行動をカタルシスとして考えられてきた側面を，自己制御過程の不活性化やモデリングの概念を提唱することによって新たな理論を展開したことによって，人の社会的行動や道徳的な行動の獲得について新たな理論を構築した。

2. 社会化理論への大きな貢献

社会的学習理論におけるこうしたモデリングや自己効力感，自己制御のプロセスについての考え方は，セルフ・コントロールや攻撃性，道徳性，向社会的行動など，幅広い領域での基礎的研究に大きな影響を与えている（Bandura, 1995/1997）。以下，その4領域における貢献について述べる。

(1) セルフ・コントロール：精神分析理論においては，幼児期が重要であるとし，親子関係の影響を指摘しているが実証的な研究はなされていない。しかし，社会的学習理論では，どのようなプロセスが自我の制御過程を獲得させるかについて具体的なモデルを提唱している。前述のように，自己制御過程を自己観察，判断過程，自己反応の3つに分けるとともに，行動の選択的注意，原因帰属，判断の選択（自尊心の満足，自責の念）など，各プロセスにおける「自己」の主体性を重視し，こうした自己制御過程が対人関係や環境の相互作用において獲得されると考えた。こうした，自己の役割は，ミシェルらの一連のセルフ・コントロールの発達研究につながるものであり，基礎的な発達だけでなく，問題行動を抑制するためにどうすればよいかなどの研究につながっている。幼児期の自己制御の発達的様相や，親子関係および友人関係におけるセルフ・コントロールなど，発達的研究に大きな影響を及ぼした。

(2) 攻撃性の研究：攻撃行動が欲求不満から生起するという理論やたんなる模倣から生起する

という理論を批判し，モデリングによって攻撃行動が生起されると提唱した。バンデューラのモデリングの説明は，一般的な社会的行動の情報処理モデルとは厳密にはいえないが，社会的行動の下での情報処理過程が働いていることをモデル化したという意味で後の攻撃性の研究を導くうえで重要な研究として考えられる。モデルの適切性について，多くの研究者によって検討されているほか，最近注目されている社会的情報処理理論にも強い影響を与えていると考えられる。

(3) 向社会的行動の研究：向社会的分野においても，大人の示す寛容さや援助の観察が子どもの向社会的行動に与える影響が検討されるようになった。向社会的行動の発達には，養育的な大人が向社会性を行動に示し，これを子どもが観察することが重要であるということが示唆されている。1970年代には，帰属理論などがモデリングに組み入れられ，自分が人に親切にするのは外発的ではなく，内発的に動機づけられると認知することが，向社会的行動を内在化するといった研究が行われるようになった。1980年代には，認知発達的な発達段階モデルとモデリングなどの状況要因との関係など，複数の理論を組み込むような複合的な研究がなされるようになった。

(4) 道徳性の研究：道徳性の発達については，ピアジェやコールバーグ（Kohlberg, L.）などの認知発達理論から説明される場合が多いが，社会的学習理論からは道徳的な行動がなぜとれないかという切り口から独自の理論が提唱されている。バンデューラは，この発達段階が既定の順序にしたがって進行するという考え方を批判し，道徳性も社会的強化の随伴性やモデルの観察という社会的な要因によって学習されると主張した。その後，認知発達理論の立場からの論争が続いたが，発達的変数がモデリングを媒介することは認めている。道徳性については，道徳的思考と感情を個人要因，社会的承認や非難，モデリングなどを環境要因，道徳的行動を行動要因として互いに相互作用をもっているという相互作用決定主義の立場がとられている。逸脱行動は，社会的制裁と自己制裁という2つの制裁によって調整されており，予期的に働くと考えられている。しかし，自己調整メカニズムは，自己満足感や自責感を抱くという感情的な自己反応が不活性になると考えられている。内的な制御のさまざまな段階で，「望ましくない行為」が自己評価の影響を受けないようになることを具体的に説明している。

3．発達臨床，教育臨床場面への応用

研究方法においても，さまざまな要因の影響のあり方を検討する目的のもとに，実証的な実験研究パラダイムが設定されたが，こうした研究方法が今日の臨床的な領域におけるエビデンスの獲得の仕方に大きく貢献している。社会的学習理論は，参加者が環境の影響にどのように反応するかを統制的な実験によって実証的に明らかにし，社会性や人格の発達の広い面で貢献しただけでなく，問題を緩和したり，除去するメカニズムを明らかにしてきた。また，行動変容をベースにした多くの心理教育プログラムの構築にも貢献している。

1950年代から今日まで，学習理論にもとづいて行われる臨床的な介入は行動療法とよばれ，ウォルピ（Wolpe, J.），アイゼンク（Eysenck, H. J.），スキナーによって導き出されてきた。ウォルピは条件づけを利用して，不安や恐怖と相容れない反応を不安が生起している場面で引き出す

ことによって不安を低減するなどの逆制止療法を，アイゼンクは行動の学習の欠如や不適切な学習が不適応行動の原因と考え神経症と行動療法の関係について明らかにした。また，スキナーは，オペラント条件づけにもとづいた治療を考え出すなど多くの方法が知られている。

バンデューラはこうした従来の行動療法に認知的な視点を加えたうえ，人はたんに刺激に反応しているのではなく，刺激を解釈しているととらえ，その刺激が特定の行動と強く結びついてしまうのは，それを予期する機能によってであるという考えを広く知らしめた。そして，モデリングやセルフ・エフィカシーなどの概念が，認知行動療法の発展に多大に貢献してきたのである。同様に，エリス（Ellis, A.）は，論理療法を展開しイラショナル・ビリーフを，また，ベック（Beck, A. T.）は認知療法のなかでスキーマという認知変数を仮定し，認知行動療法に大きな影響を及ぼしている。すなわち，考え方，価値観，イメージなどの認知的な問題を治療のターゲットとし，これまでエビデンスが明らかにされている行動的技法と認知的技法を効果的に組み合わせて問題の改善を図ろうとする治療的アプローチが認知行動療法である。抑うつ，恐怖症などの治療に幅広く用いられている。

さらに，1990年代以降，問題をもったクライエントを対象にするだけではなく，いじめなどの予防教育においても認知行動療法の考え方が用いられ，さまざまなプログラムが開発されている。病院だけではなく，学校などでは，ソーシャルスキル・トレーニングやストレスマネジメントなどが実施され，ソーシャルスキルやコーピングスキルが学習できるようにモデリングやオペラント条件づけなどが組み入れられている。

今後，生物学的要因や発達的な観点をどのように組み込めばよいのか，実験的に検討できないような複雑な個人と状況の相互作用をどのように検証してくべきなのかといった課題についてさらに詳細に検討していくことが必要であろう。近年は，認知や行動だけではなく，感情という側面すべてを一つの俎上においた研究が重ねられるようになってきているが，こうした研究の流れにおいて礎になった研究であることはまちがいない。いまだ，発達的な研究においては，発達障害への支援に関してモデリングが有効に使えるのかどうかや，認知発達的な考え方との統合など，未解決なことが少なくない。また，自己効力感の喚起方法やアセスメントの仕方，さらには，社会変化にともなうさまざまな情報様式の媒体の変化が人間に及ぼす影響など，バンデューラの理論をもとにした検討がさらに期待されるところである。

◆ 注

1) ミラーとダラードの実験では，模倣者はモデルと一緒に反応を実行し，モデルの行動を手がかりとして，モデルと同一の反応をしたときに報酬を受ける設定であった。その際，モデルと一致した反応を学習したと考えた。バンデューラは，この考えは，たんにモデルと同じ行動をしたことが強化を受けて学習できたという伝統的な強化理論によって説明できるものであり，モデルを見るだけで学習する現象を説明できていないことや，モデルが何を考えて反応したのかといったことが説明されていないと批判した。

◆ 引用文献

Bandura, A. (1963). *Social learning and personality development.* New York : Holt, Rinehart, & Winston.
Bandura, A. (1973). *Aggression : A social learning analysis.* Englewood Cliffs, NJ : Prentice-Hall.
Bandura, A. (1979). 社会的学習理論：人間理解と教育の基礎（原野広太郎，監訳）．金子書房．（Bandura, A. (1977). *Social learning theory.* New York : Prentice-Hall.）
Bandura, A. (1982). Psychology of chance encounters and life paths. *American Psychologist, 37*, 747-755.
Bandura, A. (1986). *Social foundations of thought and action : A social cognitive theory.* Englewood Cliffs, NJ: Prentice-Hall.
Bandura, A. (1997). 激動社会の中の自己効力（本明　寛・野口京子，監訳）．金子書房．（Bandura, A. (Ed.). (1995). *Self-efficacy in changing societies.* New York : Cambridge University Press.）
Bandura, A. (1997). *Sslf-efficacy : The exercises of control.* New York : Freeman.
Bandura, A., & Kupers, C. T. (1964). Transmission of patterns of self-reinforcement. through modeling. *Journal of Abnormal and Social Psychology, 69*, 1-9.
Bandura, A., Ross, D., & Ross, S. A. (1961). Transmission of aggression through imitation of aggressive models. *Journal of Abnormal and Social Psychology, 63*, 575-582.
Bandura, A., & Walters, R. H. (1959). *Adolescent aggression : A study of the influence of child-training practices and family interrelationships.* New York : Ronald Press.
Piaget, J. (1960). 知能の心理学（波多野完治・滝沢武久，訳）．みすず書房．（Piaget, J. (1947). *La psychologie l'intelligence.* Paris : A. Colin.）

―― B　発達理論と隣接科学 ――

14章　近接科学からの示唆：胎児・入院児とのかかわりを中心に

　発達心理学が近接科学から学ぶべきことは多分野にわたり，しかもそれぞれの分野も広く深い。したがって，本稿でそれらをすべて概観することはできない。本稿は，22章の胎児期で扱っていない胎児と環境との関係と，病院に入院している子どもたちにかかわる諸活動，という2点に絞り，発達心理学が受けうる示唆を考察する。

1節　胎児の発達に影響を及ぼす環境要因

川上清文

　マーティンとドンブロウスキー（Martin & Dombrowski, 2008）は，汚染された水が胎児に及ぼす影響についてまとめながら，胎児を守る最前線は，心理学・精神医学・新生児学・小児科学などの臨床家だとしている。発達心理学のみならず，多くの近接科学の連携が必要だということであろう。マーティンとドンブロウスキーの『胎内汚染』（*Prenatal exposures*）[1]という著書は，まず胎児の脳がどのように形成されるのか押さえたうえで（22章参照），出生時の体重の影響・母親の受けるストレスを含めた病気の影響・母親の喫煙などの影響・空気などの環境汚染の影響などを，科学的に公平な視点に立ち，そのメカニズムまでも分析した好著である。この著書の要点を中心にしながら，胎児と環境の関係を以下考えていくことにしたい[2]。

1．低出生体重の影響

　妊娠32週より小さい場合，肺の発達がまだ不十分なために，低酸素になる可能性がある。低酸素は，どの時点で起こったかにより影響が異なるが，中枢神経系の発達に関与する。とくに短期記憶を司る海馬の発達にかかわると考えられる。
　低出生体重とも関連する妊婦の推薦される妊娠にともなう体重増加について，アメリカのデー

タだが，平均的な体重（BMI〔体重kgを身長mの2乗で割った値〕が19.8～26.0）の妊婦の場合，約11kgから16kgとされている（Lu & Lu, 2008）。

2. 母親の病気の影響

妊娠中の母親がインフルエンザに罹ると胎児にどのような影響が出るか，莫大な量の研究が積み重ねられてきた。その結果はさまざまで，現時点で決定的なことはいえない。

風疹や麻疹も同様である。インフルエンザも含めて，母親の病気が胎児に及ぼす影響を分析するとき，問題になるのは，ウイルスなどの影響と母親の発熱などを分離しにくい点である。水疱瘡は，胎児の脳にダメージを与える可能性があり，妊娠初期と誕生時に罹患すると問題が大きい。ヘルペス・ウイルスも胎児の脳の発達に影響する。生の肉を食べることなどで体内に入る寄生虫は，水頭症や失明などをもたらす。梅毒は，流産や骨の形成不全などを引き起こす。

母親の慢性疾患も胎児に影響を及ぼす。表14.1は，アメリカ政府のデータで，1992年と2002年におけるケース数と1,000件の出産における割合を示している。貧血と糖尿病，過緊張がとくに増えていることがわかる。

母親の糖尿病は，胎児死，胎児の心臓や神経管の形成不全，胎児の過熟などをもたらす傾向がある。母親の肥満は，分娩時間の延長につながる。また母親の心臓病は，低出生体重の可能性を増す。

3. 母親の栄養摂取と精神的ストレス

母親の栄養摂取に関して，貧血による鉄分不足は，出生後の子どもの認知能力に影響すると考えられている。過剰なビタミンAの摂取は小頭症などの可能性を増大させる。ビタミンBの不足は，中枢神経系の発達に影響する。

母親の産後のうつを集中的に研究しているフィールド（Field, 2007）は，産前のうつも出産時のトラブルと結びつく可能性を示している。また，母親の妊娠中のうつは，泣き止まず，過剰に泣く乳児につながるというデータもある。さらに産前のストレスは，低出生体重をもたらすという研究がある。ただし，すべての研究がそれを支持しているわけではない。母親の精神状態が胎児に強く影響を与えるのは，妊娠初期と考えられる。妊婦の精神状態が胎児に影響する理由としては，精神的に問題のある母親はタバコやアルコールなどに頼る傾向があり（これらについては後述），複数の

表14.1 死産ではないお産1,000件における母親の医学的リスク（1992年と2002年，アメリカ政府のデータ：Martin & Dombrowski, 2008より作成）

リスク要因	1992年 ケース	1992年 率	2002年 ケース	2002年 率
貧血	71,978	18.6	102,788	26.4
心臓病	15,551	3.9	20,308	5.1
糖尿病	102,285	26.6	131,027	33.9
出産に伴う過緊張	112,467	29.3	150,854	39.3
肺の病気	16,596	4.2	49,263	12.5
腎臓病	8,936	2.3	12,185	3.1

要因が絡んでいること，ストレスが胎盤の血流と関連すること，コルチゾルなどのホルモンが胎児に影響を与えること，などのためと考えられる。ただし妊婦のストレス研究の多くは，母親自身の回答によるデータで信頼性も十分とはいいがたい。

4. 母親の喫煙とアルコール摂取

母親の喫煙が低出生体重と，それにともなう心理的・行動的問題に関連することは広く認められている。喫煙は，若く，教育水準が低く，経済的に貧しい母親ほど多くみられる。受動喫煙も喫煙と同じくらい危険である。

母親のアルコール摂取の結果は，胎児性アルコール症候群（fetal alcohol syndrome）を引き起こす。この症候群の子どもたちは，顔貌からも明白で，心身の発達不全をもたらす（胎児性アルコール症候群の子どもの脳の写真などは，Cole & Cole, 1989を参照）。妊娠のどの時期に，どのくらいアルコールを飲んだか，研究結果はさまざまで，妊娠の可能性がある場合はアルコールを控える，というのが最善の方法である。アルコールは胎盤を通過し，脳の発達にダメージを与える。

5. 不法な薬物の影響

マリファナは，胎盤を通りぬけ，また母乳からも検出される。マリファナは，胎児の中枢神経系の発達を妨害する。

筆者らの友人だったベンデルスキーはルイスとともにコカインの影響について探究し続けた（Lewis & Bendersky, 1995）。彼女は志半ばで亡くなったが，現在でもまだコカインの影響については明確にされていない。

アヘンの影響を受けた新生児にはアヘン中断時の特徴が現れる。表14.2にそれらがまとめられている。アヘンは中枢神経系の発達に影響を及ぼすだけでなく，低出生体重にもつながる。

6. 環境汚染

アメリカ環境保護機関によれば，私たちはすでに87,000もの化学物質を使用しているが，毎日10の新しい化学物質も生み出している。同機関の試算では，現在21,000もの農薬が使われており，アメリカ全土の14%が除草薬で汚染されている。これらの物質が，私たちや胎児に影響を及ぼさないはずはあるまい。ほとんどの化学物質は胎盤を通り，中枢神経系の発達に影響を及ぼす（胎盤のメカニズムについては，森，2002を参照）。

表14.2 新生児にみられるアヘン中断時の特徴（Martin & Dombrowski, 2008より作成）

中枢神経系	自律神経
神経過敏な動き	熱
高音の泣き	汗
ひきつけ	過呼吸
	皮膚のできもの
胃腸	
下痢	
嘔吐	
授乳拒否	

空気や水の汚染も深刻である。空気の汚染は，低出生体重とつながる可能性が指摘されている。水に溶け込んだ農薬は，脳の発達に影響を与える。ごみ処理施設の周辺では，出産時の問題が増加する。

水俣病は，メチル水銀が胎児に及ぼした影響を世界に示した（原田，1989）。原田は，臍帯中の水銀を分析して，胎児性水俣病との関連を探究した。鉛が胎児に害をもたらすこともよく知られている。

家庭で使われている化学物質の胎児の中枢神経系への影響も，今後の大きな研究課題である。また，放射能の被曝による問題も，同様であろう（原田，1989）。

ここまで述べてきたことから，近接科学との連携はいうに及ばず，生理学・化学などの分野が発達心理学と深くかかわることが明らかであろう。胎児を守ることは，人類全体の課題なのである。森（2002）が紹介している，ある研究者の言葉を引用してしめくくる。

「宇宙の研究に注がれてきたのと同じくらいの巨額の資金を，これからは体内の小さな宇宙の研究に注ぐことが必要です。そして，もっときれいな子宮環境を未来の世代のために確保できるようにしなければなりません。新しい世紀をインナースペース（内なる宇宙）時代にしようではありませんか」(p.185)。

◆ 注

1) exposuresをどういう日本語にするか悩んだ。「曝露」という訳もあるようだが（森，2002），「被曝」のほうがふさわしいだろう。ただし，「被曝」は放射能に使われることがほとんどである。日本語学の山口佳紀氏にもご相談し，ここでは「汚染」としておく。
2) 本稿での引用は，とくにことわらない限りマーティンらの著書ということである。また本稿で述べた知見は医学的なものが多く，日進月歩の分野だけに古くなる可能性がある。

◆ 引用文献

Cole, M., & Cole, S. R. (1989). *The development of children*. New York : W. H. Freeman & Company.
Field, T. (2007). *The amazing infant*. Malden : Blackwell.
原田正純. (1989). 水俣が映す世界. 日本評論社.
Lewis, M., & Bendersky, M. (1995). *Mothers, babies, and cocaine : The role of toxins in development*. Hillsdale, NJ : Lawrence Erlbaum Associates.
Lu, M. C., & Lu, J. S. (2008). Prenatal care. In M. M. Haith, & J. B. Benson (Eds.), *Encyclopedia of infant and early childhood development : Vol.2* (pp.591-604). Oxford : Academic Press.
Martin, R. P., & Dombrowski, S. C. (2008). *Prenatal exposures : Psychological and educational consequences for children*. New York : Springer.
森 千里. (2002). 胎児の複合汚染. 中央公論新社.

2節 病院に入院している子どもたちにかかわる諸活動

高井清子

　通常の場合，私たちが目にする子どもは日常生活のできる，いわゆる「健康な」子どもたちである。なぜなら，「健康でない」子どもたちは治療のために病院等に入院しているか，あるいは自宅等で療養しているからである。それでは，「入院児」という言葉からどのような子どもたちを思い浮かべられるだろうか。青白い顔をして病院のベッドに横たわっている子，あるいは交通事故にでも遭ったのか頭や身体に包帯を巻かれて車椅子に座っている子，または点滴の薬瓶につながれて身動きもできない子だろうか。そしてそのような子どもたちにこそ，手厚い精神的なサポートが必要である，などと考えたことがあるだろうか。入院するような重病の子どもたちにとっては，病気を治すことが先決であり，医師や看護師の言うことをよく聞いて，ベッドのなかでじっと安静にしていることが大切であると考えている人がほとんどではないかと思われる。医学の目覚ましい進歩は，死に至るようなさまざまな難病から子どもたちの命を救えるようにはなってきたものの，反面過酷な長期間の治療が必要とされ，身体は元気になったものの，治療の過程で心に深い傷を負う可能性も出てくるようになってきた。そしてまたそのことは，当該の子どもだけでなく家族の精神的負担を招く事態になってきている。

　本節では，入院児とその家族のQOL（quality of life）を高めることを目的に，主に欧米で発展してきたサポート体制を紹介し（本稿では主として北アメリカでの資格について述べる），その理念や活動から学びうること，また日本におけるサポート体制の現状をとおし，今後発達心理学がなしうる方向性について考えていきたい。

1. 北アメリカにおける取り組み

　1920年代，北アメリカにおいて入院児のための遊びのプログラムが始まった。その後1950年代になると病院に入院している子どもとその家族のQOLを高めることを目的に，チャイルド・ライフ・プログラムとよばれるものが次々と設けられるようになってきた。この動きの背景には，発達心理学だけではなく，その近接領域からの研究・観察データによって得られた知見が影響していると考えられる。1950年代はたとえば，動物行動学の分野ではローレンツ（Lorenz, K.）が鳥の習性から刷り込み（imprinting）現象を見出し，心理学ではハーロウ（Harlow, H. F.）が針金製と布製の代理母実験によってアカゲザルの愛着行動を示し，そして精神分析学からはスピッツ（Spitz, R. A.）やボウルビィ（Bowlby, J.）が，施設児の観察をとおして母子のきずなの重要性を明らかにしていった時代であった。

　これらはいずれも発達初期における「母性剥奪の弊害」の議論に多大な影響を与え，入院児に

かかわる人々の背中を押す理論となったのである。彼らがまず初めに取り組んだことは親の面会時間の制限の撤廃で，これは上記の研究からの示唆によるところが大であろう。

1970年代になるとアメリカやカナダの小児科学会からの通達もあり，子どもは病気であろうとなかろうとひとりの尊厳ある存在といったチャイルド・ライフの理念に則った教育プログラムが設けられ，2015年現在両国の約35の大学・大学院にチャイルド・ライフ専攻科が設置されている。そこでは，心理学関連科目（発達心理学など），医学関連科目（小児科学など），家族関連科目（家族援助論など）などのチャイルド・ライフに関する科目や480時間以上に及ぶ病院等での実習が課せられ，課程を修了した者には，チャイルド・ライフ・スペシャリスト（child life specialist：CLS）という資格が与えられる。

現在北アメリカにおいては，子ども病院，小児病棟などの多くにCLSが配置されている。そのなかでもニュージャージー州は，早くから小児のICUにはCLSをおくことを法律で定めており，筆者が2002年度に訪問しCLSの仕事を見学したニュージャージー医科歯科大学の小児病棟には，7名の各々専門分野の異なるCLSが在籍していた。

a. ソフト面での取り組み

CLSは医師，看護師などの医療スタッフと協働して，子どもおよび家族の病気に対する不安やストレスをできる限り軽減し，退院後の生活においても子どもたちがスムーズに発達し続けていけることを目的に，主に「遊び環境の設定」「プリパレーション（事前説明）」「家族に対するサポート」「ディストラクション（入院中に受けたマイナス経験をプラスの方向にむける）」のような仕事を担う。

b. ハード面での取り組み

北アメリカの子ども病院でまず驚かされることは，建物自体が子どもだけでなく家族にとっても居心地の良い空間になっているということである。ニュージャージー医科歯科大学（現ラトガースロバートウッドジョンソンメディカルスクール）の小児病棟のエントランスには，子どもたちが遊んでいる姿が石膏のようなものでリアルに表現され，ロビーにも音の出る大型の玩具が置かれ遊園地に足を踏み入れたかのような錯覚に陥った。

そして何よりも，病室も含めていわゆる病院独特の臭いがまったくしないことが印象的であった。入院児が手術室に向かうときにも，好みのミニカーに乗って行くといった配慮もされており，家族の待合室もリラックスできる設えになっていた。入院中の子どもに対しては，玩具や本などが充実したプレイルームが用意され，ボランティアが常駐している。

アメリカの子ども病院に関しては，病院環境を視察した報告（金田，1999）を参照されたい。

2. 日本における取り組み

a. チャイルド・ライフ・スペシャリストに関して

日本人でCLSの有資格者（北アメリカにおいて取得）は，2015年3月現在30名ほど（イギリスでもhospital play specialist〔HPS〕という同様の国家資格があり，数名が取得している）であ

る。しかしながら，いずれも国内における資格ではないので，彼らの有能性を認識した一部の病院に配属されているにすぎない。また留学をして資格を取得するということにはさまざまな制約があり，1997年に日本人初のCLSが誕生して現在までにHPSを含めて40名ほどである。

上記をふまえ，CLS，HPSの有志が中心となり，順天堂大学に「こども療育支援協会」が設立され，2011年度から「こども療養支援士」という名称の「療養生活を送る子どもの心理社会的支援を行なうことに特化した専門家の養成制度を日本の文化・社会に沿った考え方と方法に従い教育・養成する」（田中，2011）制度を立ち上げた。

HPSに関しては，2007年度より静岡県立短期大学部において，イギリスHPS教育財団との連携により養成が始められている（静岡県立大学短期大学部，2011a，2011b）。

日本におけるCLSに関しては，日本初のCLS誕生の経緯については藤井（2000），情報・活動内容については日本チャイルド・ライフ研究会（2008）に詳しく述べられている。

b. 保育士に関して

日本の場合，入院児たちと生活面でかかわる専門家として保育士を導入することは，一部の病院で細々とではあるが行われてきていた。日本医療保育学会の調査によると，1997年に病棟に保育士を導入していた病院等はわずか126カ所にすぎなかったのが，2004年には約300カ所に増えた。この理由としては，医療保険制度において入院環境整備に関連して，保育士配置による加算制度が導入されたことがあげられる。学会では，いわゆる医療保育士の専門資格を確立していくため，学会認定の「医療保育専門士」としての資格認定制度を樹立し，2015年3月現在137名が資格を認定されている。

原田（2007）は，「医療保育専門士」制度の発足を受け，保育士資格のみで対応してきた病院に勤務する保育士の半世紀にわたる実績を文献によりまとめ，欧米の類似の資格と比べ，入院児の遊びの保障・情緒面の安定を核にし，家族への精神的支援を心がけているなどの共通点は見出したものの，専門的心理学的アプローチなどは行われてこなかったことを明らかにし，医療保育に対応できるカリキュラムの導入，あるいは専攻科などの養成コースの必要性を提案している。

c. ボランティアに関して

もう一つ日本の病院においてふれておかなければならないのはボランティアの存在である。アメリカなどでは，ボランティアは学校のカリキュラムのなかに組み込まれているところもあり，組織もしっかりとしていて，1. のb. でふれたように病院でも活躍している。しかしながらわが国では，ボランティアという言葉自体はあっても，それが一般の人々の間に認識されるようになってきたのは，1995年の阪神・淡路大震災以降といってもよいであろう。

歴史の浅いボランティア活動ではあるが，その必要性を感じた人々によって以下をはじめとして全国に広がっている。1974年に学習指導から始まった東京の日本赤十字医療センター（日本病院ボランティア協会，2001），遊びをとおして入院児の心のケアを図ることを目的に発足した国立国際医療センター（斉藤・坂上，1995），元入院児の母親が中心となって立ち上げた京大病院（にこにこトマト，2000），CLSが立ち上げた名古屋第一赤十字病院（藤井，2000）等々である。

病院側は患者のプライバシーを守る義務もあり，また感染症の心配などもあって外部者の介入

を排除しがちである。保育士やCLS（HPS）など病院側の意志で導入されるものでないところに，難しさがあるのであろう。入院児に対してだけでなく，きょうだいも含めた家族へのボランティアによる手厚いサポート・配慮は坂上（2008）に詳しい。

グループを維持・継続していくことは至難の業で，医療関係者との折衝，親・子どもとの関係，ボランティアなどをコーディネートする代表者の力量が問われるのがわが国の現状であるが，ボランティアへのニーズは大きい（福井・塩飽・遠藤，2002）。

d. 日本における今後の課題

わが国にも，最近欧米の子ども病院にひけをとらないコンセプトでつくられた病院が生まれている。国立成育医療センター，宮城県立こども病院，あいち小児保健医療総合センター等である。前二者には，はじめから保育士，CLSだけでなく，ボランティア制度も組み込まれている。

少しずつ入院児に目が向けはじめられてきたとはいえ，今後の課題は山積みである。入院児にかかわるソフト面（人的環境）に関しては，医師，看護師，保育士，CLS（HPS），臨床心理士，ケースワーカーなどの病院側のスタッフ，外部からのボランティアなど多種に及んでいる。入院児・家族のために全体を包括する視点は必要ないのであろうか。

アメリカでは，20世紀後半に制定された家族中心医療に影響を与えたと考えられる2つの法律（The Amendments to the Education of the Handicapped ActとThe Children's Justice Act）の制定によって，児童施設や医療機関などが，それぞれの子どもや家族に合った支援を提供しはじめ（佐々木・世古口・山本，2008），たとえば処置・検査時に家族が付き添うことによって，子どもと家族の不安が軽減した（Wolfram & Turner, 1996），子ども，家族だけでなく，医療従事者の満足度も上がった（Hemmelgarn, Glisson, & Dukes, 2001）という報告もある。また親が立ち合うか否かの比較に関しての研究方法も，質問紙によるもの（Kain, Mayes, Wang, Caramico, Krivutza, & Hofstadter, 2000）だけでなく，ビデオによる行動分析や心音を使ったもの（Gonzalez, Routh, Saab, Armstrong, Shifman, Guerra, & Fawcett, 1989）などさまざまである。筆者がアメリカで見学した入院前の事前説明では，当該児だけでなく両親，きょうだいも参加していた。きょうだいにも家族の一人として支える力になってもらうことは大切なことであろう（Murray, 2002）。

これに対してわが国では，医療機関という狭い場所でやっと一部の人々にこの問題が認識されはじめているにすぎない。これを社会全体の問題としていくためには，入院児・家族（親・きょうだい）のおかれている状況（古溝，2006；伊藤，2009；藤村，2001）を広く知らせていくことが大切であろう。また川上・高井‐川上（2003）の行った新生児（定型発達児）に対するストレス研究から見出された知見は，意図したわけではないが小児の医療現場にも応用されており，今後ますます，直接，間接的な研究面での地道な成果も期待される。

そしてアメリカのように，病気であろうとなかろうと子どもは一人ひとりかけがえのない命をもっており，家族を含めて彼らの心身を大切に育んでいかれるような法的な保障も必要ではないかと考える。

◆ 引用文献

藤井あけみ. (2000). チャイルド・ライフの世界:こどもが主役の医療を求めて. 新教出版社.

藤村真弓. (2001). 長期入院児の同胞に対する実践的サポート:1年間にわたるサポート記録の分析から. 沖縄県立看護大学紀要, 2, 117-122.

福井里佳・塩飽 仁・遠藤芳子. (2002). 入院児, 家族を対象とした病院ボランティア活動に対するニーズと看護者の役割. 日本小児看護学会誌, 11, 15-22.

古溝陽子. (2006). 入院している子どもに付き添う家族に関する文献検討. 福島県立医科大学看護学部紀要, 8, 39-49.

Gonzalez, J. C., Routh, D. K., Saab, P. G., Armstrong, F. D., Shifman, L., Guerra, E., & Fawcett, N. (1989). Effects of parent presence on children's reactions to injections : Behavioral, physiological, and subjective aspects. *Journal of Pediatric Psychology*, 14, 449-462.

原田真澄. (2007). 医療保育専門士の資格制定に伴う養成校の課題. 中国学園紀要, 6, 97-103.

Hemmelgarn, A. L., Glisson, C., & Dukes, D. (2001). Emergency room culture and the emotional support component of family-centered care. *Children's Health Care*, 30, 93-110.

伊藤良子. (2009). 入院児に付き添う家族の入院環境に対する満足度:質問紙による調査から. 日本小児看護学会誌, 18, 24-30.

Kain, Z. N., Mayes, L. C., Wang, S. M., Caramico, L. A., Krivutza, D. M., & Hofstadter, M. B. (2000). Parental presence and a sedative premedicant for children undergoing surgery : A hierarchical study. *Anesthesiology*, 92, 939-946.

金田泰男 (編). (1999). 特集 遊びが子どもを癒す:米国の病院環境ルポ. *School Amenity*, 14(2), 19-67.

川上清文・高井-川上清子. (2003). 乳児期のストレス緩和仮説. 川島書店.

Murray, J. S. (2002). A qualitative exploration of psychosocial support for sibling of children with cancer. *Journal of Pediatric Nursing*, 17, 327-337.

日本病院ボランティア協会. (2001). 病院ボランティア:やさしさのこころとかたち. 中央法規出版.

日本チャイルド・ライフ研究会. (2008). チャイルド・ライフ, No.1.

にこにこトマト (神田美子代表). (2000). きょうは何しよ, 何して遊ぼ?:京大病院小児科ボランティアグループ「にこにこトマト」5年の歩み. 京大病院「にこにこトマト」事務局.

斉藤淑子・坂上和子. (1995). 病院で子どもが輝いた日. あけび書房.

坂上和子. (2008). 病気になってもいっぱい遊びたい. あけび書房.

佐々木美和・世古口さやか・山本悠子. (2008). こども・家族中心医療をめざして:チャイルド・ライフの視点から. チャイルド・ライフ, No.1, 7-15.

静岡県立大学短期大学部. (2011a). 体系的なHPS養成教育プログラムの開発. 平成22年度成果報告書. 文部科学省 大学教育・学生支援推進事業【テーマA】大学教育推進プログラム.

静岡県立大学短期大学部. (2011b). ホスピタル・プレイ・スペシャリスト事例集, 第1号. 文部科学省 大学教育・学生支援推進事業【テーマA】大学教育推進プログラム.

田中恭子. (2011). シンポジウム 医療の中の子どもの権利:小児医療の現場から. チャイルド・ライフ, No.4, 15-17.

Wolfram R. W., & Turner E. D. (1996). Effect of parental presence during children's venipuncture. *Academic Emergency Medicine*, 3, 58-64.

15章 比較行動学からの示唆

小山高正

1節 比較行動学とは

1. 歴史的背景

　エソロジー（ethology）は「行動の生物学」を意味している（アイブル-アイベスフェルトの著書の副題）。アイブル-アイベスフェルトは，その著書のなかで，行動の進化を探求するには，行動は化石として残らないので，現存動物の行動を比較すると述べている。比較行動学（行動の比較研究）の名はそれを表している。エソロジーという言葉について，ジョフロア・サンチレール（Geoffroy Saint-Hilaire, E.）はecologyと同じ意味で使ったようであるが，今日的意味でエソロジーを使ったのはハインロート（Heinroth, O.）といえる。エソロジーの語源であるエトス（ethos）は，動物の習性，すみか，生息地を意味するといわれ（糸魚川，1992），日本でもはじめは習性学などと訳されたようである。日本の心理学界にはじめてエソロジーを紹介した前田嘉明は，当時，ローレンツ（Lorenz, K.）とフォン・ホルスト（von Holst, E.）が所長を務めていたMax-Planck-Institut fürVerhaltensphysiologieを訪問し，後に『動物心理学年報』のなかでマックスプランク比較行動生理学研究所として紹介している（前田，1955）。そのあたりが，比較行動学という訳語の由来と考えられる。

　エソロジーは動物学の一つの分野なので，アリストテレス（Aristotle）に遡るともいえるであろうが，基本的にはダーウィン（Darwin, C. R.）以降の博物学の流れをみればよいだろう。イギリスでは，スポールディング（Spalding, D.）とモーガン（Morgan, C. L.），アメリカではホイットマン（Whitman, C. O.），ラシュレイ（Lashley, K. S.），そして後述するホイーラー（Wheeler, W. M.）とクレイグ（Craig, W.）である（Zupanc, 2010）。

　近代エソロジーを世に知らしめたのは，1973年にノーベル医学生理学賞を授与されたフォン・フリッシュ（von Frisch, K.），ローレンツ，ティンバーゲン（Tinbergen, N.）の3科学者の功績であろうが，学問として確立したのはその前の世代であるホイーラー，クレイグ，そしてハインロートたちであるといえる。ホイーラーは英語文献（"*Science*"）ではじめてethologyという言葉を用い，フェロモン研究への道筋をつけた。クレイグは，欲求行動（appetitive behavior）と最終行動（consummatory act）の区別をつけて，衝動（drive）の概念の先鞭をつけた（Zupanc, 2010）。ハインロートはトリの行動を研究し，まさにローレンツが師と仰ぐ人物で，刻印づけ（imprinting）の発見も彼に負うところが大きい。もう一人，ローレンツらに大きな影響を与えた

人物として，フォン・ユクスキュルがいるが，彼については環境の問題のところで扱うので，ここでは述べない。

ローレンツらの研究は，種特有の行動パターン（species-specific behavior pattern）を記述し，比較することで行動の進化を探求することを中心に進められた。生得的解発機構（innate releasing mechanism），鍵刺激（key stimulus），模型（model）を用いた室内ならびに野外実験による検証，転位行動（displacement activity），儀式化（ritualization）等々，画期的な概念と革新的実験方法が提案された。しかし，1960年代後半から1970年代にかけて，ハミルトン（Hamilton, W. D.）の包括適応度（inclusive fitness）の概念，メイナード-スミス（Meynard-Smith, J.）のゲーム戦略（strategy）の考え方，さらにトリヴァース（Trivers, R. L.）の雌雄間，親子間，きょうだい間に存在する葛藤（conflict）の問題などが提起されて以降，比較行動学の基本的アプローチが急速に変わっていった。心理学に大きなインパクトを与えた書物は，1980年に訳出されたドーキンズ（Dawkins, 1976/1980）の『生物＝生存機械論』（翻訳本は1992年に『利己的な遺伝子』に改題）と1983年に訳されたウィルソン（Wilson, 1975/1983）の『社会生物学』であろう。ドーキンズは著書のなかで，前記三者の理論と実際について数式を使わずに示してくれたし，動物の模倣行動にミーム（meme）という新しい概念を提案し，動物からヒトまで「文化行動」を共通して理解する基盤をつくった。ウィルソンのものは，進化生物学や集団生物学の一分野として，前記三者の理論を動物の社会行動に広く展開し，ヒトの行動についても理解を深めて，進化心理学の先鞭をつけた。

2．4つの目的

比較行動学のアプローチの特徴をとらえるうえで，また，心理学のアプローチとの違いをみるうえでもティンバーゲンが提唱している行動研究の4つの目的をみておくのがよいだろう。

(1) 行動の機能を明らかにする

比較行動学では，まず動物が何のためにその行動をするのかを探求する。究極的には，子孫を残すうえでどれほどその個体を有利にするのか，すなわち個体の適応度を高めるのかの観点から，行動の機能を説明しようとするものである。

(2) 行動のメカニズムを明らかにする

動物の行動がどのような原因によって発生するのかについて，外的な刺激，内的な衝動，さらに刺激に対する反応の体内メカニズムなどから説明をする。

(3) 行動の個体発達を明らかにする

比較行動学では，プログラムされた行動が，成熟する過程で環境との情報のやりとりをしながら発現してくると考える。行動の学習についても，脳神経系の発達によって可能になる。そこで，ある行動が個体発達のどの時点で発現し，適応過程のなかで変容していくのかを明らかにしようとしている。

(4) 行動の系統発達を明らかにする

最も比較行動学らしい目的であるが，ある行動がどのようにして進化してきたのかを系統的に説明しようとする。先述したように，行動は化石として残らないので，現存動物の行動を比較することによって，行動の系統発達を明らかにしようとしている。

上記の4つの目的を示す例をあげてみよう。ヒトの微笑の機能を探るうえで，まず顔面筋の動きを調べ，それがマカクザルの泣きっ面（fear grimace）と相同関係（homology）にあることがわかると，恐れの表情にその起源があることが判明する（van Hooff, 1967）。ヒトの微笑みが友好の証であると同時に，相手への慰撫行為であることもうかがい知れる。新生児期に見られる社会的微笑にもその機能の片鱗があることを知ることもできよう。

近年Sage社から出版された比較行動学にかかわる諸論文を掲載した"*Animal Behaviour*"は4巻からなるが，それらはティンバーゲンが提唱した比較行動学の4つの目的を踏襲したことによっている（Bolhuis & Giraldeau, 2010）。

3. 比較行動学と心理学

心理学が探究する中心的課題はヒトの心理であると思われるが，そのなかにおいて比較心理学者は動物とヒトの知的能力をその成績で比較するパラダイムを採用してきた。一方，比較行動学は，4つの目的のところですでに説明したように，進化的説明に依拠する傾向がある。ソープにいわせれば，「心理学は動物を小さなヒトであるかのごとく扱う傾向にあり，アプローチにおいて主観的であったが，比較の視点を入れるなどして客観性を増す努力をしてきた。一方，比較行動学は，動物が適応する環境の特徴をできるだけ正確に知る必要性を強調し，客観性を保ってきた」（Thorpe, 1979）。

比較行動学と心理学の出会いは，「本能か学習か」論争（nature versus nurture controversy）が有名である。とくにクオ（Kuo, Z. Y.）によるニワトリの卵内における雛の行動観察は，学習説に軍配を上げたが，ローレンツ（Lorenz, 1965/1976）は，本能と学習は互いを排除しなければ成立しないものではなく，学習にも成熟過程と環境との相互作用によりプログラムされていたものが生起するという考え方が必要であるとした。欧州でよくみかけるズアオアトリの雄は，仲間から学ばなければ囀ることができないが，学習する歌は固定しているし，練習の時期も決まっている（Thorpe, 1961）。このように，ある種の行動は発達的に固定されている，すなわち生得的（innate）特徴を有するが，同じ行動でも生得性が強い種と弱い種が存在することも事実である（Dawkins, 1986/1989）。

学習行動を扱う心理学でも，味覚と嫌悪刺激の連合に関するガルシアとケリング（Garcia & Koelling, 1966）による準備性と非準備性（prepared and unprepared association）の提案以降，環境への適応を考慮する心理学研究が台頭するようになり，野外での実験も取り入れられるようになった。その意味で，比較行動学と心理学の距離はいっそう近くなり，区別の意味もなくなりつつある（Hinde, 1982/1989）。

しかしながら，比較行動学と心理学の環境のとらえ方には違いがあると思われるので，次に環

境の問題をみていきたい。

2節　環境の問題

1. 心理学における環境

　心理学で環境をどうとらえるかについて，古くはゲシュタルト心理学のレヴィンの場の理論があげられよう。人間の行動は，環境と人間特性を従属変数とした関数によって定義できるとしている。すなわち，B = f (P・E)（Bは行動，fは関数，Pは人間の特性変数，Eは環境変数を表す）として表すことができる（Lewin, 1951/1956）。これが行動科学としての心理学の原点となっている。行動の目標となる対象は，誘因価（valence）を有するものとして扱い，人に行動の動機づけをする。

　生態学的視覚論を提唱したギブソン（Gibson, 1979/1985）は，人間や動物の行動をみるにあたって，環境が人間や動物に働きかけをするという観点からアフォーダンス（affordance）を提唱した。たとえば，ソファーはヒトには座ることをアフォードしているが，イヌには寝そべることをアフォードしている。チンパンジーの野外放飼場を囲む幅4mの水路は，泳ぐことができないチンパンジーにとっては檻の鉄格子と同じ機能をもつものとしてアフォードするが，泳ぐことができるヒトには身近に観察することを可能にする分厚いアクリル板か涼風を運ぶ水面をアフォードすることになる。

2. ユクスキュルの環境論

　初期の比較行動学者に大きな影響を与えたユクスキュルの環境論は，動物の主体性を前面に出した点で上記心理学の環境論とは視点が異なる。行動の対象（客体）は，ある一定の受容器と実行器を有した動物（主体）にとって，知覚標識（Merkmal）と作用標識（Wirkmal）の担い手にすぎず，主体は意味づけした客体を含めた環世界（Umwelt）を形成して，そこに棲む。ダニは，イヌに酪酸と衝撃と温度という3つの知覚標識と，手を離す，つかまる，吸血という3つの作用標識を付与し，ひじょうに単純な世界を形成する。単純な世界は，ダニが生きることを確実にしている。上記の主体の客体に対する関係は，機能環（Funktionskreis）として描くことができる。

　ユクスキュルの環境論は，比較行動学だけでなく現象学的存在論や一般システム論にも大きな影響を与えた（前野，2012）。1934年に出版された『動物とヒトの環世界への散歩』（Uexküll & Kriszat, 1934/1973；訳書名『生物から見た世界』）が日本で翻訳されたのは1973年であるが，近年あらたに『動物の環境と内的世界』（Uexküll, 1921/2012）が訳出され，注目度が増している。訳者でもある前野（2012）によれば，徹底的に個体性にこだわるユクスキュルの考えは，ダー

ウィンの系統樹の考えとは一線を画すものがあり，行動の系統進化を目指す比較行動学に影響を与えたところに多少の矛盾とおもしろみがひそんでいるといえよう。

3. 内面性の問題

ユクスキュルの環境論は徹底的に主体性に依拠した環境のとらえ方である。それゆえ，動物には心（意識）があるのかという心理学の今日的問題にかかわり，後述の認知行動学（cognitive ethology）の目指す方向性とも大いに関係するので，ここで内面性の問題として若干扱っておきたい。

糸魚川（1972）は，動物の環境と安全性を扱う論文のなかで，「人間の行動機構を説明する場合，われわれはさまざまな動機概念の一つとして内面性を仲介にするが，それと同一とはいえなくとも心理的実在としての内面性を動物行動の説明原理に導入することはできないだろうか」としてヘディガー（Hediger, H.）の行動圏の考え方を紹介している。ヘディガーは，動物の情動的内面活動は刺激によって一義的に規定されるのではなく，それ自体が主導的な展開の機制をもつと考え，例として，種としてもっている逃走距離（flight distance），防衛距離（defense distance），臨界距離（critical distance）の存在を示している。

アメリカの機能主義心理学は，意識の内容ではなく機能を明らかにしようとしたが，行動主義の時代になり，心とか意識とかの用語を排して，行動の法則を求めるようになった（岡野，1981）。しかし，1970年代になると動物学者のグリフィン（Griffin, 1979/1985, 1992/1995）が動物の心や意識について提案しはじめ，心理学においてもプレマック（Premack, D.）が心の理論（theory of mind）を発表して，心の時代が復活し，内面性が正面から議論されるようになった。そのことについては認知行動学のところでもう一度扱う。

3節 比較行動学の諸分野

1. 社会生物学と行動生態学

比較行動学研究の第一の目的である行動の機能について考えるうえで，ハミルトンの血縁淘汰（kin selection）や包括適応度の考え方，メイナード-スミスが示した進化的に安定した戦略（evolutionarily stable strategy），トリヴァースの雄と雌の投資量と子育てへの貢献などの考え方から，動物の社会行動をみようとしたのが社会生物学（sociobiology）であり，行動生態学（behavioral ecology）である。動物の社会進化を扱うという意味では，社会生物学と行動生態学は同義と考えてよいだろう（伊藤，1993）。

巨大な卵は栄養の塊であり，運動性を有するためにほとんど染色体だけの精子と比べて，雌と雄の投資量には大きな差がある。哺乳動物の場合は，胎盤をとおして体内の子どもに栄養を送

りつづけ，出産後はミルクを与えることから，さらに投資量の差は広がる。しかしながら，子どもと親の間で同じ遺伝子を共有する確率（血縁度）は，雌も雄も同じ2分の1で変わりがない。そこで，雌は投資量の差を縮めるために雄に子育てへの参加を仕向ける戦略をもち続ける。ところが，雄にとって子どもが自分の子どもであることの確信性がないので，なるべく多くの雌と交尾をすることで補償しようとする戦略をもつことになる。この葛藤を解決するために，雌は一夫一妻制を敷いて，雄を子育てに参加させる。食料が乏しい環境では，一夫一妻制が進化的に安定した戦略となる。このように，社会生物学や行動生態学では，行動の機能について遺伝子が関与する個体の戦略に還元して説明しようとする。

2. 人間行動学

　人間行動学（human ethology）は，比較行動学の視点と方法を用いて，人間の行動を文化事象も含めて探求しようとするものである（糸魚川・日高，1989）。アイブル-アイベスフェルトは，前出のエソロジーの概説書（Eibl-Eibesfeldt, 1975/1979）のなかで，"The ethology of man"という章を設けている。1984年に『人間行動の生物学：ヒューマン・エソロジーの概説』を出版し，翻訳もされている（Eibl-Eibesfeldt, 1984/2001）。一方，イギリスではオックスフォード大学に移ったティンバーゲンの影響を受けた者たちを中心として，子どもを対象にして行動研究をする集団があった。ブラトン・ジョウンズは，子どもの行動研究を出版し，これも日本で翻訳された（Blurton Jones, 1972/1989）。

　比較行動学が社会生物学や行動生態学の影響を強く受けながら変わっていくなかで，人間行動学も社会生物学や進化心理学のなかに取り込まれていく方向にある。クロウフォードとクレブス（Crawford & Krebs, 1998）によってまとめられた『進化心理学ハンドブック』では，道徳性の進化の問題も扱われている。さらに，バーンとホワイトゥンによる『マキャベリ的知能』は，霊長類学的見地からではあるが，心の理論をはじめ，人間の社会行動を考える上でひじょうに重要な知見を提供している（Byrne & Whiten, 1998/2004 ; Whiten & Byrne, 1997/2004）。

　人間行動学は，組織的にもしっかりしていて国際人間行動学会（International Society for Human Ethology）が会報 "*Human Ethology Bulletin*" を季刊で発行している。

3. 神経行動学

　ティンバーゲンの第二の目的である行動のメカニズムの研究は，ローレンツとともにマックスプランク比較行動生理学研究所の所長をしていたフォン・ホルストの行動生理学研究に負うところが多かったが，脳神経研究の急速な進歩によって，神経行動学（neuroethology, behavioral neurobiology）はアメリカにも広がっていった。アメリカでは，デンキウオの電気信号受容器研究で有名なバロック（Bullock, T. H.）がその先陣を切ったが，その後1970年代から1980年代になってそれまでにない大きな進展がみられた。主な研究としては，ユルグ-ピーター・エワー

ト（Ewert, J.-P.）によるヒキガエルの餌認知の神経メカニズム，ウォルター・ハイリゲンバーグ（Heiligenberg, W.）によるデンキウオの回避妨害反応，マーク・コニシ（Konishi, M.）によるメンフクロウの餌探索行動，イブ・マーダー（Marder, E.）によるエビの口腔胃神経節の運動調節作用，フランツ・フーバー（Huber, F.）によるコオロギの音声伝達メカニズムなどがあげられる（Zupanc, 2010）。

神経行動学会の今後については，他の分野と同様，社会生物学や行動生態学の影響を受けながらも，ますます神経生理学（neurophysiology）や感覚生理学（sensory physiology）の方法を取り入れ，計算神経科学（computational neuroscience），神経内分泌学（neuroendocrinology），分子遺伝学（molecular genetics）などとも共振しながら，進んでいくことが予想されよう（Zupanc, 2010）。さらに，fMRIやNIRSのような脳活動を非侵襲的に直接みることができる手法が進歩してきたことから，ヒトや動物の大きな行動についても神経科学的なアプローチが期待できるだろう。

4．認知行動学

比較行動学は，周到な観察による分析とさまざまな実験方法の改善によって，擬人的な記述描写を排するように努めてきた。アメリカでは，行動主義の伝統から，動物の心（意識）の問題は意識的に避けられてきた感がある。それが，1980年代になってアメリカの動物行動学会で動物の認知に関する議論がなされるようになった。ブラックボックスや刺激と反応を超えて，動物の経験，コミュニケーション，推論，計画などを問題にしてきたグリフィンは，自らの研究を認知行動学（cognitive ethology）と位置づけていた。

1987年の動物認知に関するシンポジウムを開催したキャロライン・リストウがまとめた本をみれば，認知行動学が扱う分野がわかってくる。動物に心を認めるかについて理論的・哲学的議論が必要であるし，霊長類の騙しの研究，トリのコミュニケーション研究と採餌研究，ヒトの心の理論研究などがあげられる。そのなかで，グリフィンは，動物の意識的思考こそ，脳の合理的・経済的作用を示しているので，動物の心的経験を研究することは大きな利益をもたらすと主張している。また，哲学者のベネット（Bennett, J.）は，感覚入力，信念，要求，行動出力に，より低次な現象から説明をする原理を設けてアプローチすることを提案している（Ristau, 1991）。

イギリスでも，マリアン・ドーキンズが動物の意識について議論をしている（Dawkins, 1993/1995）。「意識のない動物と意識のある動物に，ある行動をこなす巧みさについて何も差がないならば，意識は自然選択によって進化してこなかったはずだ」（p.24）としているが，動物の意識，思考を認めることによって，さまざまな動物行動研究に変化をもたらすはずだといっている。「動物の意識の研究は，わずか20年前と比べてもずいぶん受け入れられるようになっており，今では動物の心に起こっていることが少しはわかるようになり，将来さらに多くのことが学ばれるのも間違いない」（p.243）という彼女の言葉がこの分野の将来を示しているといってよいだろう。

15章　比較行動学からの示唆

　比較行動学（エソロジー）はさまざまな分野と影響を及ぼし合いながら発展してきたが，イギリスの動物行動学者ハインドは，発達心理学との関係こそが特別のものであったことを強調している（Hinde, 1982/1989）。この関係の新たな発展を期待したい。

◆ 引用文献

Blurton Jones, N. (Ed.). (1989). 乳幼児のヒューマン・エソロジー：発達心理学への新しいアプローチ（岡野恒也，監訳）．ブレーン出版．(Blurton Jones, N. (Ed.). (1972). *Ethological studies of child behaviour*. Cambridge : Cambridge University Press.)

Bolhuis, J. J., & Giraldeau, L. (Eds.). (2010). *Animal behaviour* (Vols. 1-4) (Sage Library in Cognitive and Experimental Psychology). Los Angels : Sage.

Byrne, R., & Whiten, A. (Eds.). (2004). マキャベリ的知性と心の理論の進化論：ヒトはなぜ賢くなったか（藤田和生・山下博志・友永雅己，監訳）．ナカニシヤ出版．(Byrne, R., & Whiten, A. (Eds.). (1988). *Machiavellian intelligence : Social expertise and the evolution of intellect in monkeys, apes, and humans*. Oxford : Oxford University Press.)

Crawford, C., & Krebs, D. L. (Eds.). (1998). *Handbook of evolutionary psychology : Idea, issues, and applications*. Mahwah, NJ : Lawrence Erlbaum Associates.

Dawkins, M. S. (1989). 動物行動学・再考（山下恵子・新妻昭夫，訳）．平凡社．(Dawkins, M. S. (1986). *Unravelling animal behaviour*. New York : Longman Group Limited.)

Dawkins, M. S. (1995). 動物たちの心の世界（長野　敬・篠田真理子・野村尚子・松本京子，訳）．青土社．(Dawkins, M. S. (1993). *Through our eyes only?* Stuttgart : W. H. Freema/Spektrum Akademischer Verlag.)

Dawkins, R. (1980). 生物＝生存機械論：利己主義と利他主義の生物学（日高敏隆・岸　由二・羽田節子，訳）．紀伊國屋書店．(Dawkins, R. (1976). *The selfish gene*. Oxford : Oxford University Press.)

Eibl-Eibesfeldt, I. (1979). 比較行動学（伊谷純一郎・美濃口坦，訳）．みすず書房．(Eibl-Eibesfeldt, I. (1975). *Ethology : The biology of behavior* (2nd ed.). New York : Holt, Rinehart & Winston.)

Eibl-Eibesfeldt, I. (2001). ヒューマン・エソロジー：人間行動の生物学（日高敏隆，監修，桃木暁子・今福道夫・柴坂寿子・中路正恒・福井康雄・早瀬克明・大川けい子・今泉みね子・吉川康夫・斉藤了文・中嶋康裕，訳）．ミネルヴァ書房．(Eibl-Eibesfeldt, I. (1984). *Die Biologie des Menschlichen Verhaltens : Grundriß der Humanethologie*. München : Piper Verlag.)

Garcia, J., & Koelling, R. (1966). Relation of cue to consequence in avoidance learning. *Psychonomic Science*, **4**, 23-124.

Gibson, J. J. (1985). 生態学的視覚論：人の知覚世界を探る（古崎　敬・古崎愛子・辻敬一郎・村瀬　旻，訳）．サイエンス社．(Gibson, J. J. (1979). *The ecological approach to visual perception*. Hilsdale, NJ : Lawrence Erlbaum. Associates.)

Griffin, D. R. (1989). 動物はなにを考えているか（渡辺政隆，訳）．どうぶつ社．(Griffin, D. R. (1984). *Animal thinking*. Cambridge, MA : Harvard University Press.)

Griffin, D. R. (1995). 動物の心（長野　敬・宮本陽子，訳）．青土社．(Griffin, D. R. (1992). *Animal minds : Beyond cognition to consciousness*. Chicago : The University of Chicago Press.)

Hinde, R. (1989). エソロジー：動物行動学の本質と関連領域（木村武二，監修，大川けい子・嶋田正和・堂前雅史・廣野喜幸・長谷川寿一・和合治久，訳）．紀伊國屋書店．(Hinde, R. (1982). *Ethology : Its nature and relations with other sciences*. Glasgow : Collins Educational.)

糸魚川直祐. (1972). 動物行動と環境：内面性の問題．大阪大学教養部研究集録（人文・社会科学），第20輯，3-18.

糸魚川直祐. (1992). 比較行動学からの示唆．東　洋・繁多　進・田島信元（編集企画），発達心理学ハンドブック（pp.263-275）．福村出版．

糸魚川直祐・日高敏隆（編）. (1989). 応用心理学講座：11　ヒューマン・エソロジー．福村出版．

伊藤嘉昭. (1993). 改訂版　動物の社会：社会生物学・行動生態学入門．東海大学出版会．

Lewin, K. (1956). 社会科学における場の理論（猪股佐登留，訳）．誠信書房．(Lewin, K. (1951). *Field theory in*

social science : Selected theoretical papaers. New York : Harper & Brothers.）
Lorenz, K.（1976）．行動は進化するか（日高敏隆・羽田節子，訳）．講談社．（Lorenz, K.（1965）．*Evolution and modification of behavior.* Chicago : The University of Chicago Press.）
前田嘉明．（1955）．Max Planck 比較行動生理学研究所に Lorenz 教授を訪ねて：本能行動の諸問題．動物心理学年報，第 5 輯，85-95.
前野佳彦．（2012）．解説「カント二世」の生物環境論：ヤーコプ・フォン・ユクスキュルの今日的意義．Uexküll, J. von 動物の環境と内的世界（前野佳彦，訳，pp.431-491）．みすず書房．
岡野恒也．（1981）．比較心理学とエソロジー．サイコロジー，No.18, 12-19.
Ristau, C. A.（1991）．*Cognitive ethology : The minds of other animals.* Hillsdale, NJ : Lawrence Erlbaum Associates.
Thorpe, W. H.（1961）．*Bird song.* Cambridge, MA : Cambridge University Press.
Thorpe, W. H.（1979）．*The origin and rise of ethology : The science of the natural behaviour of animals.* London : Heineman Educational Books.
Uexküll, J. von（2012）．動物の環境と内的世界（前野佳彦，訳）．みすず書房．（Uexküll, J. von（1921）．*Umwelt und Innenwelt der Tier.* Verlag von Julius Berlin : Springer.）
Uexküll, J. von, & Kriszat, G.（1973）．生物から見た世界．（日高敏隆・羽田節子，訳）．思索社．（Uexküll, J. von, & Kriszat, G.（1934）．*Streifzüge durch die Umwelten on Tieren und Menschen.* Frankfurt am Mein : S. Fischer Verlag. Uexküll, J. von（1940）．*Bedeutungslehre.* Frankfurt am Mein : S. Fischer Verlag.）
van Hooff, J. A. R. A. M.（1967）．The facial displays of the catarrhine monkeys and apes. In D. Morris（Ed.），*Primate ethology*（pp.7-68）．London : Weidenfield and Nicolson.
Whiten, A., & Byrne, R.（Eds.）．（2004）．マキャベリ的知性と心の理論の進化論Ⅱ：新たなる展開（友永雅己・小田 亮・平田 聡・藤田和生，監訳）．ナカニシヤ出版．（Whiten, A., & Byrne, R.（1997）．*Machiavellian intelligence II : Extensions and evaluations.* Cambridge, MA: Cambridge University Press.）
Wilson, E. O.（1983）．社会生物学（1～5）（伊藤嘉昭，監修）．思索社．（Wilson, E. O.（1975）．*Sociobiology : The new synthesis.* Cambridge, MA : The President and Fellows of Harvard College.）
Zupanc, G. K. H.（2010）．*Behavioral neurobiology : An integrative approach*（2nd ed.）．Oxford : Oxford University Press.

16章 霊長類学からの示唆

林　美里・松沢哲郎

1節 霊長類学の視点

1. 霊長類学とは

　動物園のサル山の前で足を止め，彼らの行動にしばし見入った経験のある人も多いだろう。彼らのしぐさが，どことなくヒトに似ているように感じられた人もいるかもしれない。日本人は，テレビや動物園だけでなく，実際に野山でニホンザルを目にする機会がある。昔話や絵本にもニホンザルが登場し，幼い子どもでもサルを知っている。サルの仲間の多くは，世界中の低緯度から中緯度の比較的温暖な地域に生息している。青森県の下北半島にすむニホンザルは，例外的に寒い冬の気候でも生き抜く，北限のサルとして知られる。一方で，日本以外のいわゆる先進諸国には，野生のサルがすんでいない。欧米の童話を思い浮かべても，サルは登場しない。

　霊長類学とは，ヒトを含むサルの仲間を研究対象とした学問の総称である。同じ分類群に属する霊長類を研究することで，ヒトの進化的な起源を明らかにすることを目的としている。ニホンザルが暮らす国であることから，日本人は早くからヒト以外の霊長類に興味をもち，霊長類学の分野で先進的な研究をリードしてきた。現在，地球上には約350種の霊長類がすんでいる。ヒトは霊長類の一種であり，チンパンジーは遺伝的に最もヒトに近い生物だ。チンパンジー，ボノボ，ゴリラ，オランウータンという大型類人猿4種は，ヒト科に分類される。ヒト以外の霊長類を知ることで，霊長類全体の多様性のなかにヒトという存在を相対的に位置づけることができる。

2. 霊長類学のはじまり

　欧米では，ヒトだけが特別な存在で，ヒト以外の動物とはかけ離れた存在だと長く信じられてきた。19世紀にダーウィン（Darwin, C. R.）が「進化」という考えを提唱しても，人々の素朴な概念を変えることは容易ではなかった。霊長類は南方からきた珍しい動物として，動物園などに展示された。アフリカの森で母親を殺されたチンパンジーの孤児たちもヨーロッパに運ばれた。ペットとして飼育されたり，服をきせて人間のまねをさせて見世物にされたりすることもあった。

　1910年代に，ケーラー（Köhler, 1957）がチンパンジーを主な対象とした一連の認知実験を行った。障害物があっても回り道をして目標に到達したり，手の届かない場所にある食べ物を手に入れるために道具を使ったりすることが，チンパンジーにも可能であることを示した。同じよ

うな時期に，ラディギナ-コーツ（Ladygina-Kohts, 2002）もチンパンジーの子どもを対象に研究を行い，のちに自分の子どもの発達と比較した。ヤーキーズ（Yerkes, R. M.）はアメリカに霊長類研究所を設立して，チンパンジーを対象に知能・学習・知覚など幅広い研究を行い比較心理学の基礎を築いた。ボウルビィ（Bowlby, J.）の愛着理論にも影響を与えたハーロウ（Harlow, H. F.）は，アカゲザルを対象に実験的研究を行い，愛情的欲求が第一次的な欲求であり母性剥奪がのちの行動に悪影響を及ぼすことや，赤ちゃんが代理母親に求める性質などを調べた。

　日本では，今西錦司らが1948年にニホンザルの研究を開始した。12月3日に宮崎県の幸島でニホンザルを観察したのが日本の霊長類学の端緒だった。餌付けを行うことで個体識別をして，ニホンザルの行動や社会全体の仕組みなどを明らかにしていった。砂上にまいたイモを洗って食べる行動が1953年に1個体からはじまり，しだいに群れのなかに広まっていった。ヒト以外にも「文化」的行動があるという画期的な発見だった。10年間にわたって国内でニホンザル研究を行ったあと，1958年に今西と伊谷純一郎はアフリカを訪れた。アフリカにすむ大型類人猿が研究のターゲットだった。1960年，伊谷はタンザニアのゴンベでチンパンジー調査を開始した直後のジェーン・グドール（Goodall, J.）のもとを初めて訪問した。チンパンジー，ボノボ，ゴリラという大型類人猿の調査地がアフリカ各国にできた。飼育下では飼育スペースや個体数の制限があるためになかなか再現することのできない，彼らの本来の暮らしや社会が次々に明らかにされた。

　京都大学霊長類研究所は1967年6月に，人間を含む霊長類に関する総合的研究を行うことを目的として全国からの共同利用研究所として発足した。レイコという名のチンパンジーが二足歩行などの実験に参加した。1978年からはアイ・プロジェクトとよばれる一連の比較認知科学研究がスタートした。アイという名の女の子のチンパンジーを主な対象として，チンパンジーから見た世界がどのようなものなのか，心理学的な手法を応用して研究が進んでいった（松沢, 1994）。研究所に来た頃はおよそ1歳と幼かったアイも，成長して子どもを産み，あと数年で老齢期にさしかかる。チンパンジーの寿命は約50年といわれている。一個体のチンパンジーが誕生してから成長し，老化するという生涯発達の過程全体について，今ようやくわかりつつある段階だ。これから紹介するように，チンパンジーの認知発達について，30年を超える比較研究の成果が蓄積されつつある。今後は，さらに老齢期を含む生涯発達が明らかになっていくだろう。飼育下に暮らすチンパンジーだけでなく，野生のチンパンジーや，チンパンジー以外の大型類人猿を対象とした研究も進んでいる（松沢, 2011）。

2節　霊長類学と発達心理学

1. 人間とは何か

　人間のもつ特徴を明らかにするために，さまざまなアプローチから研究が行われている。発達心理学も霊長類学も，その意味では共通の目標に向かう学問分野だといえる。発達心理学は，個

体としてのヒトが誕生してからの発達の道筋を調べる。霊長類学は，ヒトという存在の進化的な基盤を調べる。どちらも，ヒトの大人の特徴や来歴を知るために，ヒトの子どもあるいはヒト以外の霊長類を対象として，発達と進化という視点から類似点と相違点を探っている。最近では，2つの視点を融合し，ヒト以外の霊長類を対象に認知発達の道筋を調べてヒトと比較するという，比較認知発達という分野の研究も行われている。

発達心理学や霊長類学が，ヒトの大人を対象とした研究と比べて大きく異なる点として，方法論の違いがある。ヒトの大人では，言語教示により行動を統制し，複雑なルールや難しい内容の課題をコンピュータ上で行ってもらったり，長時間にわたって脳活動などの測定装置で計測をしたりすることができる。一方，乳幼児やヒト以外の霊長類を対象とする場合，このような方法を用いるのは難しい。行動を仔細に観察したり，非言語的に認知発達をはかる場面や課題を考案したりする工夫が必要不可欠だ。乳幼児の発達研究で使われる手法をヒト以外の霊長類に応用することもできるが，検査用具を頑強で壊されにくいものにするなどの改良も必要となる。

また，ヒトの大人を最終到達点として想定し，その能力がどのような過程でいつごろ獲得されるのか，という一元的な考え方にとらわれすぎないことも重要だろう。たとえば，生後6カ月までのヒト乳児は，ヒトの顔もカニクイザルの顔も同様に見分けることができる。しかし，生後9カ月以降になると，知覚の刈り込み（perceptual narrowing）が生じて，サルの顔への感受性が低くなってしまう（Pascalis, de Haan, & Nelson, 2002）。生後すぐには備わっていた能力が，成長にともなって失われてしまうこともあるという好例だといえる。また，最近の比較認知科学の知見から，チンパンジーのほうが，ヒトよりも優れた能力を発揮する場面があることもわかった。まず，コンピュータのモニター上に現れるアラビア数字を，小さいものから昇順に押していく課題をおぼえてもらった。この数字系列課題を使って，チンパンジーとヒトの記憶能力を調べた。画面上で一番小さい数字に触れると，それ以外の数字がすべて四角でかくされてしまう。かくされる前の数字の順番通りに四角に触れていけば正解となる。チンパンジーの子どもは，短時間で画面上の数字を記憶して，答えることができた。ヒトは，時間をかけて画面を見てから答えはじめる。そこで，時間制限をかけて，数字が自動的にかくされるまでの時間を短く設定した。チンパンジーの子どもは，短い提示時間でも正確に記憶していた。ヒトやチンパンジーの大人では，提示時間が短くなると，正答率が下がってしまう。チンパンジーの子どもの時期に特有の，瞬間的な記憶能力があることが明らかになった（Inoue & Matsuzawa, 2007）。

2. 霊長類学の視点で発達をとらえる

日本の霊長類学では，古くから直接観察が主な研究手法として使われてきた。双眼鏡を首にかけ，フィールドノートをとりながら，野山のなかでサルやチンパンジーを追いかけ，彼らの生活を記録していく。個体識別にもとづいて長期にわたって行動を記録することで，行動時間配分や食物・場所の利用だけでなく，群れ内の親子関係や社会関係についても明らかにできる。野外でデータを集めるため，飼育下のように統制のとれる条件下ではなく，季節変動や外部要因などの

影響も受ける。それでも，彼らが進化してきた舞台である自然環境のなかで行動を観察することは，生態学的妥当性にもとづく霊長類の本性の理解に必要不可欠だ。また，変化にとんだ外部環境と社会関係に，柔軟に対応する彼らの知性を知ることもできる。

　霊長類は多様な環境に適応して生活しているため，それぞれの種の生活パターンには驚くほどバリエーションがある。当然，種によって発達の到達点や時間スケールも異なってくる（竹下，1999）。霊長類は，果物を主食とする種が多いものの，昆虫や葉に特化した霊長類種もある。童謡でおなじみのアイアイは，針金のように細長い中指を使って木のなかにひそむ幼虫をほじくりだして食べる。コロブス類のサルは葉を食べることに適した，牛のようにくびれた胃をもつ。このように特定の食物を効率的に得るために体の形を変化させる種がある一方で，チンパンジーなどの大型類人猿では食物のレパートリーを増やすことに知性が貢献している。ゴリラは，表面のとげに守られてそのままでは食べられない植物を，両手と口を協応させて器用に操作して，なかのやわらかい髄の部分だけを食べる。チンパンジーは，道具となる細い枝を穴に差し込んで巣のなかのシロアリをつって食べたり，植物の側葉をとって道具に加工して池に浮かぶ水藻をすくって食べたりする。果物が少ない時期にはそれを補うように，1組の石をハンマーと台として用いて，硬いナッツの殻を叩き割って栄養豊富ななかの核を食べる行動が多くなる地域もある。子どもは，これらの複雑な行動について，大人の行動を観察するなかから時間をかけて学習していく。

　ヒトの発達心理学でも，自然な日常場面を対象とした観察研究は数多く行われている。ピアジェ（Piaget, J.）が行った研究のように，長期にわたる日常の行動観察から得られた重要な知見もある。ヒトの場合にはプライバシーの問題などもあって，自分の子ども以外では観察できる場面や時間が限定されることもある。また，現代の日本で研究をすれば，子どもの発達の背景となる環境は，ある程度均一であることが想定できるため，生活環境全般を把握することについてはそれほど関心が向けられない。ヒト以外の霊長類や，世界各地のヒトの子育てや発達を外群として考えることで，はじめて現代日本の特徴がみえてくるともいえるだろう。空調がきいた部屋で，粉ミルクをもらい，電動などの工夫がされた玩具で遊び，幼児向けのテレビを見るというのは，ある意味で特殊ともいえる環境なのかもしれない。今も世界には，電気がない村で，身のまわりにある物をなんでも玩具にして遊び，兄姉たちに面倒をみてもらう子どもがいる。母親に自力でしがみついて樹上を移動し，枝を組み合わせたベッドの上で母親と一緒に眠り，広い森のなかで自ら食物を探して生活するための術を長い時間をかけて学ぶチンパンジーの子どももいる。子育てや発達を，多様な視点からとらえることで，あらたな気づきをえることができるだろう。

　哺乳類では母親と子どもの間に母乳を介したつながりやきずながあるのは生物としての大前提といえる。霊長類では，操作性の高い手をもつことで，多くの種で子どもが母親にしがみつき，母親が子どもを抱く能力をもっている。ヒトでは，その他の霊長類に比べて新生児の体が大きいこともあり，子どもは自力で母親にしがみつくことはできない。そのぶん，仰向けの姿勢で寝ている赤ちゃんに周囲の者が声や表情などでかかわり，しがみつくことから解放された両手に玩具をもたせて操作能力の発達を促す。母乳の代替として利用できる粉ミルクもできた今では，発達の生物学的な基盤そのものがヒトで大きく変容してきているのかもしれない。

3 節　霊長類学からみた発達

1. 乳児を対象とした発達心理学の手法を霊長類学に応用する

　ヒトの乳児期に相当するような認知発達の段階については，ヒト以外の霊長類のなかでもチンパンジーを主たる対象として数多くの研究が行われてきた。ヒトでも発話前の時期にあたるため，研究の手法がほぼそのまま適用できるという利点もある（板倉, 2007）。初期反射や姿勢反応の検査を通じて，ヒトとヒト以外の霊長類を同じ尺度で比較することができる（竹下, 1999）。

　2000年に京都大学霊長類研究所に誕生した3個体のチンパンジーの子どもを対象として，新生児期からチンパンジーの発達を研究するという比較認知発達プロジェクトがはじまった（友永・田中・松沢, 2003 ; Matsuzawa, Tomonaga, & Tanaka, 2006）。チンパンジーの母親に育てられているチンパンジーの子どもの発達をヒトと比較可能なかたちで調べる一連の研究がスタートした。赤外線カメラを用いて夜間も観察を行うことで，チンパンジーの睡眠時にもヒトと同様に新生児微笑がみられることがわかった（Mizuno, Takeshtia, & Matsuzawa, 2006）。チンパンジーの母子と検査者が同室して行う参与観察の手法で，チンパンジーにも新生児模倣（Myowa-Yamakoshi, Tomonaga, Tanaka, & Matsuzawa, 2004）がみられることも明らかになった。陰影情報などによる奥行きの知覚の発達にもヒトとチンパンジーの乳児の類似性が確認された（Imura & Tomonaga, 2003）。

　対象操作の発達から，チンパンジーとヒトの発達を直接比較する方法もある。霊長類は全般に樹上生活をしているために，物をつかんで操作することのできる手をもっている。ヒトの乳児も発話以前から玩具を手にして操作しはじめる。手をはじめとした身体部位を使って行う物遊びの様子を観察し，その操作レパートリーの多様さや複雑性を調べることで，幅広い種の霊長類の知性や種ごとの操作特性の指標とすることが可能だ（Torigoe, 1985）。物をどのように扱うかを調べるため，飼育下でも野生でも研究ができることも大きな特徴の一つだ。観察だけでなく，対面場面などで課題として実施することで，ヒト乳幼児で行われる発達検査の課題項目を適用して，非言語性の比較尺度として用いることもできる。たとえば，K式発達検査の動作性の課題などをチンパンジーに応用することが可能だ（図16.1, Hayashi & Matsuzawa, 2003 ; Takeshita, 2001）。タッチパネルモニターなどを介することで，より厳密な条件統制をした直接比較研究もさかんに行われてき

図16.1　母親とともに課題に参加する1歳9カ月のチンパンジーの子ども

た。最近では，アイトラッカーなどのようにヒト乳児研究で使われるようになった機器を用いた直接比較研究も可能になってきている（Myowa-Yamakoshi, Scola, & Hirata, 2012）。

2. 幼児期の認知発達におけるチンパンジーとヒトの類似性

　対象操作の発達を調べることで，長期的な認知発達についてチンパンジーとヒトを比較することができる。なかでも，知性の指標ともされる道具使用の前駆的行動として，物を他の物に向けて操作する定位操作を指標として比較を行った。その結果，チンパンジーがヒトと比肩しうる1歳前の早い時期から，定位操作を行うことがわかった（Hayashi & Matsuzawa, 2003）。定位操作の能力を基盤として，チンパンジーが1歳後半から道具使用をはじめることも明らかになった（Hirata & Celli, 2003）。また，チンパンジーで発達が早い定位操作は，穴に物を入れるパターンの操作であることがわかった。この入れるという操作パターンを含む道具使用は，野生チンパンジーの多くの調査地から多様なかたちで観察されており，チンパンジーを特徴づける操作ということができるだろう。

　定位操作のなかで，積み木を積むという操作は，ヒトでは1歳頃からみられるようになるが，チンパンジーでは出現の時期が遅かった。母親が積み木を積む手本をみせるという自然な学習場面のなかで，2歳7カ月のチンパンジー1個体が積み木を積むようになった。他の2個体では，3歳1カ月からヒトが積極的に教えることで，積み木を積むようになった。積み木の形を変えて，物理的な特性の理解を調べた結果，チンパンジーが2～3歳のヒト幼児と同様，効率的に積み木を積む方略を学習できることが示された（Hayashi & Takeshita, 2009a）。積み木の形を考慮して積むのに適切な向きを選択的に用いることが必要になる場合には，ヒト幼児でもうまく積むことができない時期があり，両種の類似性が確認された。また，ヒトの発達検査でも使われる入れ子のカップを使った課題（Greenfield, Nelson, & Saltzman, 1972）で，カップの操作に含まれる文法的な規則を明らかにした研究もある。行為の文法を詳細に記述する方法を考案して（Hayashi, 2007），チンパンジーとヒトの比較を行うと，一定のルールに従って試行錯誤的にカップの組み合わせをつくり変えながら目標の入れ子構造に近づけていくという時期が，両種に共通してみられることがわかった（Hayashi & Takeshita, 2009b）。

3. チンパンジーとヒトの認知発達にみられる違い

　比較認知発達プロジェクトを継続するなかで，チンパンジーとヒトの違いがどこにあるのかもみえてきた。母子関係を含む社会的側面で両種の違いが際立つようだ（平田，2013）。課題場面でみると，他者の行動を模倣することがチンパンジーには難しいようだ（Myowa-Yamakoshi & Matsuzawa, 1999）。新生児模倣が生後数カ月で消失したあと，ヒトでは再び他者の動作や表情などを模倣するようになる。しかし，チンパンジーでは大人になっても，初めてみた動作などをすぐに模倣することが難しい（明和，2006）。他者がつくった手本と同じ色の順番になるように積

み木を積むという課題でも，ヒトの子どもでは形積み木の課題と同様に 2〜3 歳に獲得されるにもかかわらず，チンパンジーでは手本どおりに色積み木を積む課題のルールの学習が困難だった（Hayashi, Sekine, Tanaka, & Takeshita, 2009）。

　ヒト幼児では，なぐりがきからはじまり，しだいに「何か」を表象する絵を描くようになる。一方，チンパンジーでは客観的にみて明らかに表象的な絵を描いた例はない。顔のパーツの一部が欠けた線画をみせると，ヒト幼児では「ない」部分を補う行動が 2 歳半頃からみられるようになる。チンパンジーは細かく輪郭線をなぞるなど「ある」部分にかさねて描く行動はみられるが，「ない」部分を補うことはなかった（齋藤，2010）。「ない」ものを補って表象を描くことがヒトに特有の行動であることがわかってきた（齋藤，2014）。

　一連の研究すべてに共通して，チンパンジーの母親が子どもに積極的に何かを教えるということはなかった。母親が行うことを，子どもが観察し，長い時間をかけて母親のもつ技術を習得していくことが確認された。コンピュータを用いた課題場面でみてみると，母親たちの世代では，研究者が一から行動を形成して，モニターの前に座って課題を行う行動を教えていた。しかし，2000 年に生まれた子どもたちの場合には，母親の様子をみて学ぶため，研究者が促さなくても，自然に子どもたちはモニターの前に座ってタッチパネルに触れるようになった。だが，課題の正誤や母親のもつ知識の詳細については，観察学習で習得することは難しいようだ。課題に参加するなかから，子どもたちが個別に学習していくことが必要だった。

　他にもヒトの母子との比較で興味深いのは，食べ物を介したかかわりだ。ヒトの母子では，母親が子どもに食べ物を与えるという行動が日常的にみられ（Hrdy, 1999），それを特別に思うこともない。ところが，チンパンジーの母親が子どもに食べ物を分け与えることはほとんどない。子どもが積極的に母親に働きかけることで，小さなかけらを分けてもらうことに成功することはある。まれに，母親から子どもにあげることもあるが，たいていは種の部分など母親にとって価値がない部分を選んで与えているようだ（Ueno & Matsuzawa, 2004）。日々の生活の根幹をなすような「食」についても，ヒトとチンパンジーで母子のかかわりに大きな違いがみられる。

4 節　野外研究とチンパンジー以外の大型類人猿の研究から

1.　野生チンパンジーの研究

　京都大学霊長類研究所に暮らす 3 組の母子を対象とした比較認知発達プロジェクトから，さまざまな研究成果を得ることができた。いつでも確実にチンパンジーを観察したり，実験場面を設定して認知機能をつぶさに調べたり，ヒトと同じように対面課題を実施して直接比較をしたりすることが可能だ。しかし，彼らが本来暮らしている森のなかで，野生チンパンジーの行動とその発達をみることも重要だ。飼育下での実験だけではみえてこないチンパンジーの行動と社会全体

を野外研究から明らかにすることができる。西アフリカのギニア共和国ボッソウ村の周辺には12個体の野生チンパンジーが暮らしている。ボッソウのチンパンジーは，一組の石をハンマーと台として使って堅いナッツの殻を割って中身を食べる道具使用を行う。他にも，アリ釣りや水藻すくい，葉っぱを使った水のみ，ヤシの杵つきなど，いろいろな道具使用をすることが知られている（Matsuzawa, Humle, & Sugiyama, 2011）。

とくにナッツ割りと葉を使った水飲みという道具使用については，ボッソウの山中に野外実験場とよばれる観察場所をつくって，発達過程を含む多様な側面から長期にわたって調べてきた。チンパンジーの通り道に小さな広場を設け，アブラヤシのナッツと石を置いておく。広場のすみにある大木には小さな穴をあけて水をためておく。乾期で果物が少ない時期には，毎日のようにチンパンジーが訪れて，草壁の後ろに待機している研究者の前で，道具使用を披露してくれる。観察を継続することで，ナッツ割りの際に一貫した利き手があるものの，集団レベルでは左右どちらかへの偏りはみられないことがわかった。道具使用の発達過程を調べると，葉を使った水飲みでは，まず他者がつくった道具を再利用する行動が2歳頃からはじまり，4歳頃になると自分で葉をとってきて道具をつくって使うことができるようになる。ナッツ割りでは，はじめて自分の力でナッツを割れるようになるのは，早くて3歳半だ。その後，大人のように効率的に割れるようになるまでには，さらに数年以上の長い時間がかかる。

これらの学習の基礎には，母子の間の強いきずながある。母親の行動に子どもが自発的に興味をもって，長い時間をかけてその行動を習得していく。子どもが小さいうちは，母親が割ったナッツの中身を子どもが奪って食べることで，ナッツの味を覚える。母親のそばで石やナッツを自分で操作してみるなかから，2歳半頃になるとナッツ割りに必要な基本的動作はみられはじめる。それらを適切な順序で組み合わせて実際にナッツを割ることができるまでにはさらに1年以上の時間が必要だ（Inoue-Nakamura & Matsuzawa, 1997）。この間，母親が子どもに寛容で，十分に観察の機会を与えることで，子どもの学習が支えられている。

野外研究からは，チンパンジーの社会のなかで育まれる子どもの発達について重要な示唆を得ることができる（図16.2）。チンパンジーの子どもには，母親や他の群れのメンバーがいて，母子関係・きょうだい関係・仲間関係など複数の社会関係が存在する。さらに，生態環境や季節の影響もある。1歳頃までは母親と密着してすごし，広い森のなかで採食しながら生活していく術を学びはじめる。成長するにしたがって兄姉や同年代の仲間と遊ぶ時間が増えてくる。4～5歳まで授乳が続くことも多く，5歳くらいで弟妹が生まれて母親からの自立が促される。男の子の場合には，父

図16.2　大人の男性たちに毛づくろいされる母親とチンパンジーの新生児

親を含む大人の男性たちのグループに加わって，男性としての振る舞いを身につけはじめる。女の子の場合には，性成熟をむかえる8歳以降になると近隣の群れに移籍していくのが一般的だ。他者との社会的な関係性のなかで，周囲の環境を効率的に利用して生きる力が，長い時間をかけて発達していく。

　野生チンパンジーは，ヒトのように明確な閉経後の時期がなく，およそ50年といわれる寿命の終わりまで子育てを続けることが多い。逆にいえば，ヒトでは，父親や祖父母が母親の子育てに協力することで，短い出産間隔で複数の子どもを同時に育てることが可能になっているといえる。ところが最近，ボッソウでのチンパンジー観察から興味深い事例が明らかになってきた。若い母親が出自の群れではじめての子育てをしているときに，祖母にあたる個体が孫の面倒をみることが2例観察された。母親のかわりに祖母が孫の保護や運搬を担い，祖母が世話をしている間に母親がせっせとナッツ割りをしたり採食したりする姿も観察された。さらに2例目のケースでは，祖母に4歳の第一子の世話を任せて，比較的短い出産間隔で第二子を産んで，母親はその子の世話に専念していた。祖母が自身の子育てをしていないときに限定されるようだが，いくつかの条件がそろえばチンパンジーでも祖母が孫の世話をすることがわかってきた。

2. チンパンジー以外の大型類人猿の研究から

　チンパンジーとヒトの発達過程を比較するだけで得られる知見も多いが，チンパンジー以外の大型類人猿に広く目を向けるとより多くの発見がある。大型類人猿4種は，霊長類のなかでもヒト科に分類され，尻尾がなくて体や脳のサイズが大きく，高い知性をもつことが共通した特徴だ。オランウータンは唯一アジアに暮らす大型類人猿だ。チンパンジー，ボノボ，ゴリラの3種はアフリカに暮らしている。野生での生息地は違っても，飼育下で認知発達や知性を調べると，種によってそれほど大きな差はみられない。積み木を渡すと，どの種もある程度の年齢になれば積むことができる。認知課題の成績もほとんどの場合で種差はなく，大型類人猿をひとくくりにして結果を出している研究も多い。ただし，ひじょうに近縁なチンパンジーとボノボの間でも，得意とする認知課題の種類が異なるという指摘もある（Herrmann, Hare, Call, & Tomasello, 2010）。また道具使用については，とくに野生下で比較すると，チンパンジーが最も多様な道具を使い，近縁種のボノボではほとんど道具を使わないという種差もみられる（Gruber, Clay, & Züberbuhler, 2010）。物理的（道具的）知性や社会的知性の基盤となる認知発達の全体像について，チンパンジー以外の大型類人猿についても今後詳しく調べていくことで，ヒトの特徴の進化的基盤について解明が進むことが期待される。

　ヒトに近い分類群であるにもかかわらず，大型類人猿それぞれの種では，家族や社会の仕組みが大きく異なる。オランウータンは単独ですごす傾向が強く，大きな群れをつくって暮らすことはない。ゴリラは1個体の大人の男性を中心に，複数の女性やその子どもが集まって家族のような群れで暮らしていることが多い。チンパンジーとボノボは，複数の男性と複数の女性が集まって大きな群れで暮らしている。どちらも，女性が近隣の群れに移ることで近親交配をさけるなど

図16.3 母親のもつ物に興味を示してのぞきこむオランウータンの子ども

共通する点も多い。しかし，大きく違う部分もある。チンパンジーは男性優位の社会で，順位をめぐって群れ内の男性が争ったり，隣の群れとなわばりをめぐる争いが起こったりすることもある。一方，ボノボは女性が優位で，社会的緊張を和らげるために性的行動を使い，隣の群れとも平和に共存する。5年を超えるような比較的長い養育期間を通じて，母子の強いつながりがあるということは，すべての大型類人猿に共通している（図16.3）。しかし，その母子を取り巻く社会的環境が大きく異なっていて，それぞれの種に特徴的な行動や認知の発達に影響していると考えられる。知性の進化とその基盤となった環境・社会の要因を総合してとらえることで，ヒトの進化の霊長類的基盤を明らかにしていくことができる。

◆ 引用文献

Greenfield, P. M., Nelson, K., & Saltzman, E. (1972). The development of rulebound strategies for manipulating seriated cups : A parallel between action and grammar. *Cognitive Psychology*, **3**, 291-310.

Gruber, T., Clay, Z., & Zuberbuhler, K. (2010). A comparison of bonobo and chimpanzee tool use : Evidence for a female bias in the *Pan* lineage. *Animal Behaviour*, **80**, 1023-1033.

Hayashi, M. (2007). A new notation system of object manipulation in the nesting-cup task for chimpanzees and humans. *Cortex*, **43**, 308-318.

Hayashi, M., & Matsuzawa, T. (2003). Cognitive development in object manipulation by infant chimpanzees. *Animal Cognition*, **6**, 225-233.

Hayashi, M., Sekine, S., Tanaka, M., & Takeshita, H. (2009). Copying a model stack of colored blocks by chimpanzees and humans. *Interaction Studies*, **10**, 130-149.

Hayashi, M., & Takeshita, H. (2009a). Stacking of irregularly shaped blocks in chimpanzees (*Pan troglodytes*) and young humans (*Homo sapiens*). *Animal Cognition*, **12**, S49-S58.

Hayashi, M., & Takeshita, H. (2009b). Comparative study on the development of manipulative skills in chimpanzees and humans. In L. T. Pelligrino (Ed.), *Handbook of motor skills : Development, impairment and therapy* (pp.223-236). New York : Nova Science Publishers.

Herrmann, E., Hare, B., Call, J., & Tomasello, M. (2010). Difference in the cognitive skills of bonobos and chimpanzees. *PLoS ONE*, **5**(8), e12438.

平田　聡．(2013)．仲間とかかわる心の進化：チンパンジーの社会的知性．岩波書店．

Hirata, S., & Celli, M. L. (2003). Role of mothers in the acquisition of tool-use behaviours by captive infant chimpanzees. *Animal Cognition*, **6**, 235-244.

Hrdy, S. B. (1999). *Mother nature : A history of mothers, infants, and natural selection*. New York : Pantheon Books.

Imura, T., & Tomonaga, M. (2003). Perception of depth from shading in infant chimpanzees (*Pan troglodytes*). *Animal Cognition*, **6**, 253-258.

Inoue, S., & Matsuzawa, T. (2007). Working memory of numerals in chimpanzees. *Current Biology*, **17**, R1004-R1005.

Inoue-Nakamura, N., & Matsuzawa, T. (1997). Development of stone tool use by wild chimpanzees (*Pan troglodytes*). *Journal of Comparative Psychology*, **111**, 159-173.

板倉昭二. (2007). 心を発見する心の発達. 京都大学学術出版会.

Köhler, W. (1957). *The mentality of apes* (Translated from the second revised edition by E. Winter). Harmondsworth, Middlesex: Penguin Books.

Ladygina-Kohts, N. N. (2002). *Infant chimpanzee and human child. A classic 1935 comparative study of ape emotions and intelligence* (F. B. M. de Waal (Ed.)). New York: Oxford University Press.

松沢哲郎. (1994). チンパンジーから見た世界. 東京大学出版会.

松沢哲郎. (2011). 想像するちから：チンパンジーが教えてくれた人間の心. 岩波書店.

Matsuzawa, T., Humle, T., & Sugiyama, Y. (Eds.). (2011). *The chimpanzees of Bossou and Nimba*. Tokyo: Springer.

Matsuzawa, T., Tomonaga, M., & Tanaka, M. (Eds.). (2006). *Cognitive development in chimpanzees*. Tokyo: Springer.

Mizuno, Y., Takeshita, H., & Matsuzawa, T. (2006). Behavior of infant chimpanzees during the night in the first 4 months of life: Smiling and suckling in relation to behavioral state. *Infancy*, **9**, 221-240.

明和政子. (2006). 心が芽ばえるとき：コミュニケーションの誕生と進化. NTT出版.

Myowa-Yamakoshi, M., & Matsuzawa, T. (1999). Factors influencing imitation of manipulatory actions in chimpanzees (*Pan troglodytes*). *Journal of Comparative Psychology*, **113**, 128-136.

Myowa-Yamakoshi, M., Scola, C., & Hirata, S. (2012). Humans and chimpanzees attend differently to goal directed actions. *Nature Communications*, **3**, 693.

Myowa-Yamakoshi, M., Tomonaga, M., Tanaka, M., & Matsuzawa, T. (2004). Imitation in neonatal chimpanzees (*Pan troglodytes*). *Developmental Science*, **7**, 437-442.

Pascalis, O., de Haan, M., & Nelson, C. A. (2002). Is face processing species-specific during the first year of life? *Science*, **296**, 1321-1323.

齋藤亜矢. (2010). 描画行動の発達と表象描画の起源：ヒトとチンパンジーの比較. 心理学評論, **53**, 367-382.

齋藤亜矢. (2014). ヒトはなぜ絵を描くのか：芸術認知科学への招待. 岩波書店.

竹下秀子. (1999). 心とことばの初期発達：霊長類の比較行動発達学. 東京大学出版会.

Takeshita, H. (2001). Development of combinatory manipulation in chimpanzee infants (*Pan troglodytes*). *Animal Cognition*, **4**, 335-345.

友永雅己・田中正之・松沢哲郎. (2003). チンパンジーの認知と行動の発達. 京都大学学術出版会.

Torigoe, T. (1985). Comparison of object manipulation among 74 species of non-human primates. *Primates*, **26**, 182-194.

Ueno, A., & Matsuzawa, T. (2004). Food transfer between chimpanzee mothers and their infants. *Primates*, **45**, 231-239.

17章 行動遺伝学からの示唆

安藤寿康

1節 行動遺伝学とは何か

1. 分散の学としての行動遺伝学

「発達」という現象は,一般に身体の大きさの増大や運動的・精神的有能性の伸長のように,量的,質的な特徴の変化傾向として理解される。発達心理学の課題としてまず問題とされるのは,そのような全体的な変化傾向,とくに集団の平均値や最頻値の変化の特徴を描き,その原因をさぐることである。しかし人はそのあらゆる側面に個人差があり,平均値とともに標準偏差や分散という統計量で表現される特徴についても,やはり発達的変化を考えることができる。

このようなばらつき,すなわち個人差の原因は何なのだろうか。ここでまず考えられるのは,育てられた環境の差異(たとえば,栄養や運動量やしつけ方,外的刺激やストレッサーの差異)であろう。しかしもう一方で遺伝条件の差異がある。

ヒトは一人ひとりの顔立ちがみな異なるのと同じように,一人ひとり異なる遺伝的条件をもって存在している。この遺伝的条件とは,基本的にはヒトをつくりあげる21,000ほどの遺伝子(gene)がもつ遺伝子多型(gene polymorphism),すなわち同じ遺伝子座にある異なる種類の遺伝子(たとえば,ABO式の血液型にかかわる遺伝子座のなかにおける異なる種類A,B,Oのように)の組み合わせによる。各遺伝子座は父親由来と母親由来の一対の対立遺伝子(allele)がつくりあげる遺伝(子)型(genotype;血液型の場合[AA]{AO}など)をなし,その情報が発現して表現型(phenotype;血液型の場合「A型」など)となる。21世紀に入り遺伝子の物質的基礎であるDNA(デオキシリボ核酸)の全塩基配列の解析も可能になり,塩基(アデニンA,チミンT,シトシンC,グアニンG)のわずか一つの違いに由来するような多型(一塩基多型SNPs)が明らかになるようになった。個人間の塩基配列の差はわずか0.1%であるが,それはヒトゲノム30億の塩基のなかでは300万に相当し,一つ違っても異なる機能をもつタンパク質を発現する可能性がある。この違いが,遺伝条件の差異である。

行動遺伝学の主要な関心は,ある集団における行動的な形質の表現型の分散が,このような遺伝による分散と環境による分散から,それぞれどの程度説明することができるかにある。

2. 双生児法とは何か

　体重のような身体的・物理的な量的形質をそのまま行動的・心理的形質にあてはめ，その表現型の分散を遺伝分散と環境分散に分離することを可能にするのが行動遺伝学であり，その主要な古典的方法論が双生児法である。行動遺伝学では量的遺伝学の一般的なモデルに従い，表現型値（P）を遺伝型値（G）と環境の値（E）の和からなるという一般線形モデルを立てる。つまり，

　　　$P = G + E$　　　(1)

　　　　（P, G, Eはいずれも平均値を0に基準化している）

がその基本的なモデルである。ここで遺伝型値とは，関心対象となる形質にかかわる多遺伝子（ポリジーン）の効果の総体であり，関与する遺伝子の効果の相加的効果（a）と非相加的効果（d）に分けられる。また環境の効果は，家族間の差をつくり同家族の成員には共通で家族の類似をもたらす共有環境（c）と，家族内の差すなわち同家族の成員一人ひとりに固有で家族の非類似をもたらす非共有環境（e）に分けられる。つまり式（1）は，

　　　$P = (a + d) + (c + e)$　　　(2)

となる。ここで非共有環境には誤差も含まれる。

　図17.1は式（2）をパス図のかたちで表し，それをさらに双生児法のモデルとなる一卵性双生児（左図）と二卵性双生児（右図）のきょうだいの類似性の関係にあてはめたものである。図中のA1, A2はきょうだいそれぞれにかかわる相加的遺伝要因であり，一卵性双生児は遺伝的に等しいのでその間の相関は1.0に対して二卵性双生児は遺伝子の半分を共有するだけなので0.5となる。またD1, D2は非相加的遺伝要因のなかでもとくに一遺伝子座内の対立遺伝子間の交互作

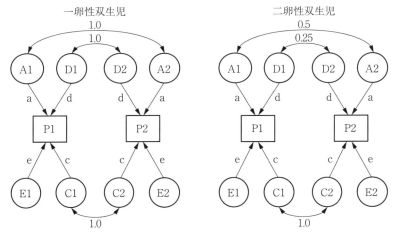

A1, A2：相加的遺伝要因，D1, D2：非相加的遺伝要因，C1, C2：共有環境要因，E1, E2：非共有環境要因
P1, P2：ある形質についての双生児のきょうだいの表現型
a：相加的遺伝要因からのパス係数，d：非相加的遺伝要因からのパス係数，c：共有環境要因からのパス係数，e：非共有環境要因からのパス係数

図17.1　双生児法による遺伝と環境の影響のパス図

用（優性）の要因を表し，一卵性では同じく1.0だが，二卵性で対立遺伝子が一致する確率0.25となる。C1, C2は共有環境要因であり，「共有」という定義からその相関は一卵性でも二卵性でも1.0となり，さらにその効果量cも両卵性で等しい（一卵性のほうが二卵性よりも類似した環境に育つということはない）という「等環境仮説」（たとえば，Kendler, Neale, Kessler, Heath, & Eaves, 1993；Scarr & Carter-Saltzman, 1979；Borkenau, Riemann, Angleitner, & Spinath, 2002；Kendler & Gardner, 1998などで検証されてきている）にしたがう。E1, E2は非共有環境要因であり，「非共有」という定義からその相関はゼロとなる。このパス図で示される共分散構造を構造方程式モデリングにあてはめ，a, d, c, eを推定する（詳細は豊田，1998；Jang, 2005/2007；安藤，2012などを参照）。ここでa^2, d^2, c^2, e^2が相加的遺伝，非相加的遺伝，共有環境，非共有環境の各分散であり，表現型の全分散Vpは，

$$Vp = a^2 + d^2 + c^2 + e^2 = Va + Vd + Vc + Ve \quad (3)$$

となる（ちなみにaとd, cとeは互いに独立であるから，その間に共分散はないが，遺伝要因と環境要因の間には相関を仮定できるので，より正確には（1）式から導き出される分散に関する式は$Vp = V_G + V_E + 2COV_{GE}$となる）。

3. 行動遺伝学の三原則

さまざまな行動的・心理的形質を上記のモデルで分析すると，パーソナリティや社会性，精神疾患や発達障害など，その多くは遺伝要因と非共有環境要因だけで説明され，共有環境もかかわるのは子どもの頃の認知能力や学力，物質依存など，数少ない（安藤，2011）。タークハイマーはこれを行動遺伝学の三原則として以下のように要約した（Turkheimer, 2000）。

第1原則：人間のすべての特性は遺伝の影響を受ける（遺伝の普遍性）。
第2原則：同じ家族で育ったことの影響は，遺伝の影響よりも小さい（共有環境の希少性）。
第3原則：複雑な人間の行動特性にみられる分散のうち，相当な部分が遺伝でも家庭環境でも説明できない（非共有環境の優位性）。

第1原則「遺伝の普遍性」は，人間の行動がそのあらゆる側面でその人の遺伝子の表現とみなすことができることを意味する。第2原則「共有環境の希少性」は，おそらく共通の環境が異なる人に共有の行動を誘発するのは，そこで共有される特定の知識や社会的ルール，媒介する物理的ツールが顕著に存在する場合に限ること（たとえば，学力や物質依存に共有環境がみられるのは，学力に関与する家庭内の社会的ルールや物質依存を誘発する煙草や麻薬の物理的存在があるから）を示唆し，それは同時にパーソナリティや発達障害など行動の多くの側面が特定の知識や社会的ルールの学習によって形成されるものではないことを示唆する。そして第3原則「非共有環境の優位性」は，人間の行動がそのあらゆる側面で一人ひとりに固有に立ち現れる環境や状況への適応でもあることを意味する。

2節 行動遺伝学からみた発達

1. 遺伝に対する誤解

行動の個人差とその発達的変化に及ぼす遺伝要因のかかわりについては，数々の先入観と誤解がある。

遺伝的な影響を，親のもつ形質をそのまま受け継ぐこと（たとえば，親が頭がよければ子どもも頭がいいなど）と考えるのは最も典型的な誤解である。なぜなら行動を規定するのは数多くのポリジーンであるから，それぞれが減数分裂によって子どもに伝達される際にランダムに組み合わせが変わり，同じ親からも多様な遺伝的変異が生まれるからである。

また遺伝の影響があることは学習や教育の効果がないと考えるのも誤解である。遺伝的影響は，学習適性や学習方略の個人差を介して学習や教育の成果に反映される。そのために学業成績や社会的・政治的態度のような後天的に獲得される文化的形質の個人差にも遺伝の影響がみられるのである。

2. 発達的変化に及ぼす遺伝の影響

発達に及ぼす遺伝の影響に関してよくみられる誤解は，図17.2の左図ように，遺伝の影響が発達の初期値にのみ関与し，その後は表現型としての行動形質が多様な環境と相互作用をするなかで，時間とともに環境の影響が大きくなるという考え方であろう（たとえば，Baltes, Reese, & Lipsitt, 1980）。

ところが双生児の縦断データを用いて行動遺伝学的な分析を行うと，実際には図17.2右図のように，遺伝要因の影響自体が時間を経ても持続するだけでなく，しばしば時間とともに新しい遺伝要因が発現し，表現型の安定性と変化の両側面に遺伝要因が関与するというモデルが一般的であることがわかる。これに対して環境要因は，とくに非共有環境が発達の時点ごとに固有な影響力を与えて，その変化に寄与する場合が多い。とくに認知能力では，児童期から成人期にかけて次々と新しい遺伝要因の発現がみられ（たとえば，図17.3），結果として図17.4のように遺伝の割合が増大するという安定した

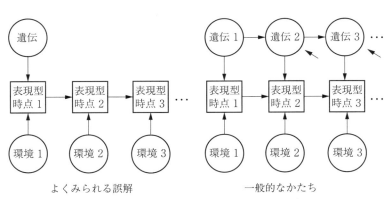

図17.2 発達に及ぼす遺伝と環境の関係

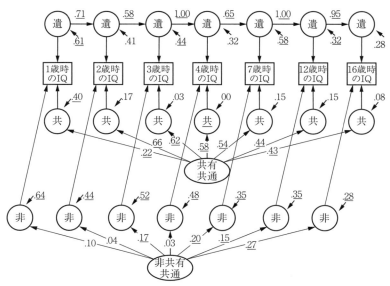

注．アンダーラインのひかれた数値は5％水準で統計的に有意だった寄与率．
図17.3　認知能力の時間的変化の遺伝・環境構造（Brant et al., 2009）

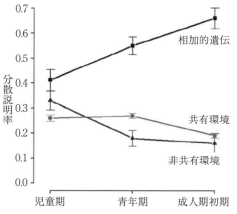

図17.4　児童期から成人期初期にかけての認知能力に及ぼす遺伝の影響の増大（Haworth et al., 2010）

知見が得られている（Haworth, Wright, Luciano, Martin, de Geus, van Beijsterveldt, Bartels, Posthuma, Boomsma, Davis, Kovas, Corley, DeFries, Hewitt, Olson, Rhea, Wadsworth, Iacono, McGue, Thompson, Hart, Petrill, Lubinski, & Plomin, 2010）。それに対して幼児期から児童期にはかなり大きかった共有環境の影響が，発達とともに徐々に減少し，成人になると行動遺伝学の三原則にみられるようなパターンとなる。また学業成績の発達曲線を，潜在成長曲線モデルに行動遺伝学のモデルを適用して分析した研究でも，学習開始時点の学力を表す切片だけでなく，学習量の変化を表す傾きの項にも遺伝要因が関与していることが示されている（Johnson, McGue, & Iacono, 2006）。

一般に学習能力の基盤と考えられる認知能力において，環境にさらされる時間が長くなるほど，環境の差異よりも遺伝の差異のほうが際立ってくるというパラドクシカルな現象や，学習の成果である学業成績の発達的変化にも遺伝の影響がみられるという現象は，発達と学習における遺伝と環境の関係を理解するヒントとなるだろう。リドレー（Ridley, 2003/2004）がこれをいみじくも「環境を介しての遺伝」（nature via nurture）と表現したように，ヒトの発達とは，たんに環境に受動的にさらされて変化する過程なのではなく，その変化が一人ひとりの遺伝的条件を環境に適応させながら能動的に発現する過程として理解できる可能性を，行動遺伝学のデータは示唆しているといえる。

一方で発達的変化に及ぼす環境要因の重要性もまた行動遺伝学の手法によって明らかにすることができる。たとえば80を超える高齢者について，全体としてみれば遺伝の影響は中程度にあるが，とくに認知症にはなっていないものの知的能力が低いほう（下位40％）の人に限ってみると，そのなかでの知能の差には遺伝の影響がまったくみられないという報告がある（Petrill,

Johansson, Pedersen, Berg, Plomin, Ahern, & McClearn, 2001)。これは高齢者の認知症の始まるきっかけやその重篤度に，遺伝よりも環境の違いが大きく影響していることを示唆する結果である。

3節　遺伝子発現とエピジェネティクス

　DNAが担う遺伝情報は，それ自体が時間とともにさまざまな形質を発現し続けるダイナミズムをもっている。ただ一つの受精卵から出発した一個体が，細胞分裂を繰り返すなかで，感覚器や骨格や内臓や神経系をかたちづくる細胞群，血液やホルモンや神経伝達物質をつくる細胞群などと，異なる組織や内分泌物を形成する過程では，その形成時期に応じて必要なDNA情報だけをRNAに転写させてタンパク質合成を行い形質発現させるメカニズムがある。なかでもエピジェネティクスとよばれるDNAへの後生的な化学的修飾による遺伝情報の発現の変化（塩基配列の変化によるのではなく，DNAの特定の部位にメチル基がついたり，染色体を巻き取っているヒストンがアセチル化されたりするなどによって，RNAへの転写が調節される現象）が，そのメカニズムの重要な機能を担っているものと考えられ，注目を集めている。

　実際のところ，エピジェネティクスがヒトの行動の発達過程と具体的にどのようにかかわっているかを明らかにする知見はまだ得られていない。しかしたとえばラットの子どもが生後1週間に母親からなめたり毛づくろいされたりといった養育を高いレベルで受けると，それが低いレベルの親に育てられた場合と比較して，海馬でのグルココルチコイド受容体遺伝子のプロモーター（DNAの転写開始にかかわる遺伝子の上流部分）に起こるメチル化が低下し，その結果，成体になったときの視床下部における副腎皮質刺激ホルモン放出因子（CRF）の放出濃度が高まって，ストレスへの反応が高まることが示されている（Weaver, Cervoni, Champagne, D'Alessio, Sharma, Seckl, Dymov, Szyf, & Meaney, 2004）。しかもこの幼少時からの安定したエピジェネティックな変化も，成体時における脳へのメチオニンの注入によって逆転することも示された（Weaver, Champagne, Brown, Dymov, Sharma, Meaney, & Szyf, 2005）。こうした知見は，発達過程における環境からの影響が行動に与える変化と安定性のメカニズムを説明するのにかかわる可能性を示唆するものとして期待される。

　エピジェネティクスによる遺伝情報発現の変化は，遺伝子を等しくする一卵性双生児の間でも，年齢が高いほど多いことが知られており，ヒトにおいてもそれが環境の差異による遺伝的適応の差異と関連する可能性が考えられる。一方，DNAのメチル化が起こる程度自体が，二卵性双生児よりも一卵性双生児ほど類似しているという報告（Coolen, Statham, Qu, Campbell, Henders, Montgomery, Martin, & Clark, 2011）もあり，遺伝子の非遺伝的変化それ自体も，ある程度遺伝的な条件によって左右される可能性がある。

　このように心理的・行動的な形質の発達に関しては，その変化と安定性の両側面に遺伝要因が環境を介在して影響を及ぼしている様子が，さまざまな方法論と知見をとおして明らかにできる時代になってきた。それは発達という現象がますます複雑な要因間の相互作用からなっていると

いう事実に直面することでもある。長期にわたる学際的・領域架橋的な研究体制の確立が切に期待される。

◆引用文献

安藤寿康．(2011)．遺伝マインド：遺伝子が織り成す行動と文化．有斐閣．
安藤寿康．(2012)．双生児研究の可能性．日本児童研究所（監修），児童心理学の進歩：Vol.51（2012年版，pp.207-232）．金子書房．
Baltes, P. B., Reese, H. W., & Lipsitt, L. P. (1980). Life-span development psychology. *Annual Review of Psychology*, 31, 65-110.
Borkenau, P., Riemann, R., Angleitner, A., & Spinath, F. M. (2002). Similarity of childhood experiences and personality resemblance in monozygotic and dizygotic twins : A test of the equal environments assumption. *Personality and Individual Differences*, 33, 261-269.
Brant, A. M., Haberstick, B. C., Corley, R. P., Wadsworth, S. J., DeFries, J. C., & Hewitt, J. K. (2009) The developmental etiology of high IQ. *Behavior Genetics*, 39, 393-405.
Coolen, M. W., Statham, A. L., Qu, W., Campbell, M. J., Henders, A. K., Montgomery, G. W., Martin, N. G., & Clark, S. J. (2011). Impact of the genome on the epigenome is manifested in DNA methylation patterns of imprinted regions in monozygotic and dizygotic twins. *PLoS One*, 6(10).
Haworth, C. M. A., Wright, M. J., Luciano, M., Martin, N. G., de Geus, E. J. C., van Beijsterveldt, C. E. M., Bartels, M., Posthuma, D., Boomsma, D. I., Davis, O. S. P., Kovas, Y., Corley, R. P., DeFries, J. C., Hewitt, J. K., Olson, R. K., Rhea, S-a., Wadsworth, S. J., Iacono, W. G., McGue, M., Thompson, L. A., Hart, S. A., Petrill, S. A., Lubinski, R. K., & Plomin, R. (2010). The heritability of general cognitive ability increases linearly from childhood to young adulthood. *Molecular Psychiatry*, 15, 1112-1120.
Jang, K. L. (2007). 精神疾患の行動遺伝学：何が遺伝するのか（安藤寿康・大野 裕・佐々木掌子・敷島千鶴・中嶋良子，訳）．有斐閣．(Jang, K. L. (2005). *The behavioral genetics of psychopathology : A clinical guide*, Hillsdale, NJ : Lawrence Erlbaum Associats.)
Johnson, W., McGue, M., & Iacono, W. G. (2006) Genetic and environmental influences on academic achievement trajectories during adolescence. *Developmental Psychology*, 42, 514-532.
Kendler, K. S., & Gardner, C. O. (1998). Twin studies of adult psychiatric and substance dependent disorders : Are they biased by differences in the environmental experiences of monozygotic and dizygotic twins in childhood and adolescence? *Psychological Medicine*, 28, 625-633.
Kendler, K. S., Neale, M. C., Kessler, R. C., Heath, A. C., & Eaves, L. J. (1993). A test of the equal-environment assumption in twin studies of psychiatric illness. *Behavior Genetics*, 23, 21-27.
Petrill, S. A., Johansson, B., Pedersen, N., Berg, S., Plomin, R., Ahern, F., & McClearn, G. E. (2001). Low cognitive functioning in nondemented 80+-year-old twins is not heritable. *Intelligence*, 29, 75-83.
Ridley, M. (2004)．やわらかな遺伝子（中村桂子・斉藤隆央，訳）．紀伊國屋書店．(Ridley, M. (2003) *Nature via nurture : Genes, experience, and what makes us human*. New York : Harper.)
Scarr, S., & Carter-Saltzman, L. (1979). Twin method : Defense of a critical assumption. *Behavior Genetics*, 9, 527-542.
豊田秀樹．(1998)．共分散構造分析（事例編）．北大路書房．
Turkheimer, E. (2000). Three laws of behavior genetics and what they mean. *Current Directions in Psychological Science*, 9, 160-164.
Weaver, I. C. G., Cervoni, N., Champagne, F. A., D'Alessio, A. C., Sharma, S., Seckl, J. R., Dymov, S., Szyf, M., & Meaney, M. J. (2004). Epigenetic programming by maternal behavior. *Nature Neuroscience*, 7, 847-854.
Weaver, I. C., Champagne, F. A., Brown, S. E., Dymov, S., Sharma, S., Meaney, M, J., & Szyf, M. (2005). Reversal of maternal programming of stress responses in adult offspring through methyl supplementation : Altering epigenetic marking later in life. *The Journal of Neuroscience*, 25, 11045-11054.

18章　進化心理学からの示唆

長谷川眞理子

　心理学は，ヒトの心の働きを科学的に解明しようとする学問である。19世紀にジェームズ（James, W.）などにより創設されて以来おおいに発展し，発展とともに，社会心理学，発達心理学，教育心理学など，さまざまな個別の分野に細分化されていった。ダーウィンが進化の理論を提出したとき，心理学はまだ形成されていなかった。ダーウィンは，ヒトと動物の感情表現の研究を行い，これらにおけるヒトと動物の連続性とヒトの特殊性を明らかにしようとしたが（Darwin, 1872），これですぐに進化心理学が始まったわけではない。心理学も，進化生物学も，人類進化学も，比較的新しい学問である。これらの学問がそれぞれ，ヒトの心理について，進化の基礎について，人類の進化史について，それなりの知識を積み上げるには時間がかかり，この3分野がそれぞれ発展したのち，統合されて進化心理学が提唱されるようになったのは，1990年代以降である。

　進化心理学の大前提は，心は脳という臓器が生み出すものであり，脳は，体の他の部分と同様に進化によって形成されたという考えである。ヒトの脳の働きのいくつかは，進化によって適応的につくられてきたメカニズムであると予測されるので，進化心理学は，それが何であるかを明らかにしようとする。このようなアプローチでヒトの心理学を研究するためには，進化生物学の基礎を理解し，さらに，ヒトという動物が進化してきた道筋とその舞台について知らねばならない。これらの知識を背景として，さらに，心を生み出す臓器である脳の構造と機能の理解のうえに，ヒトの心理はどのようにつくられているかの仮説を構築して研究を行う。現在では多くの教科書も出版されている（Barkow, Cosmides, & Tooby, 1992；Betzig, 1997；長谷川・長谷川，2000；Barrett, Dunbar, & Lycett, 2002；Workman & Reader, 2014；Gaulin & McBurney, 2004など）。

1節　現代進化生物学の基礎

1. 遺伝子の複製の「誤り」と進化

　生物とは，自分と同じものを複製する存在である。進化とは，生物が世代を経て複製する間に変化していくことを指す。地球に生命が発生したのはおよそ38億年前であり，最初の生命はご

く単純な複製体であった。それが進化の結果，共通祖先からの分岐によって，現在みられるようなさまざまな種が出現した。38億年の生命史のなかでは多くの種が絶滅したが，それらも含めてすべての生物種は，共通祖先によってつながっている。その関係を示すのが，進化系統樹である。図18.1には，私たちヒトに近縁な霊長類の進化系統樹を示した。

　現在，このような系統樹は，遺伝子または全ゲノムの比較によって描かれる。系統関係が近い種同士は，遠い種とよりも，共通祖先を最近まで同じくしているので，いろいろな形質が似ていることが多い。しかし，種ごとに，その種に固有の進化も起こっているので，常に系統が近いもの同士がよく似ているとは限らない。遺伝子の詳細な比較をすることにより，種間の近縁関係とともに，どの種ではどの遺伝子に固有の変化が起こったのかを調べることもできる。

　では，なぜ遺伝子に変化が起こり，生物は世代を経て変化するのだろうか？　その答えは，生物のもつ遺伝子の複製機構にある。生物の体は細胞からなっており，細胞のなかには，生物体をつくり，さまざまな機能を働かせるもとになる遺伝子がある。生物個体が複製されるときには，遺伝子が複製される。その複製された遺伝子をもとに，次の世代の個体がつくられていく。遺伝子は，DNAの長い鎖のなかに埋め込まれているが，世代交代のときには，その全体が複製される。

　複製が正確である限り，親と子は同じ形質をもち，進化は起こらないだろう。しかし，複製にはときに誤りが生じる。誤りは，DNAの塩基配列の一部が変化する突然変異，新たな配列の挿入，すでにある配列の一部の欠失，遺伝子の重複などによって生じる。また，遺伝子がおさめられている染色体の一部が，他の染色体の一部と組み替えられたり，2つの染色体がつながったりなどして，染色体の大幅な再編成が起こることもある。これらの誤りは，正確な複製を正常な状態とすればエラーであるが，実は，生命現象にとって本質的に重要な意味をもっている。すなわち，これらのエラーが，生物が多様化する源泉を供給しているのであり，進化を起こす原動力と

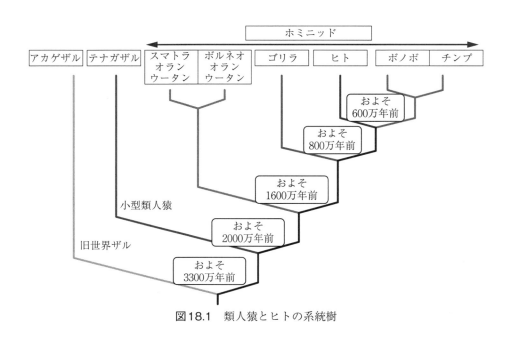

図18.1　類人猿とヒトの系統樹

2. 遺伝的浮動と中立進化

　こうして，突然変異などの遺伝子に生じた変化が，進化を起こす材料を提供する。しかし，変異が起こること，すなわち進化ではない。世代を越えてそれらの変異はどのような運命を辿るのだろうか？

　運命の一つは，偶然による変動である。DNAの配列に生じた変異が，それをもつ個体の生存や繁殖に何の影響も与えないものであった場合，それを中立な変異とよぶ。中立な変異が，世代を経て集団中に増えていくのか，減っていくのかは，偶然の確率的過程に依存し，それを遺伝的浮動とよぶ。遺伝的浮動の結果，そのような中立な変異の一つを，集団中のすべての個体がもつようになることがある。そのとき，それを，変異が集団中に固定されたと表現する。

　たとえば，血液中にあって酸素を運ぶ役目を果たしている，ヘモグロビンというタンパク質をつくる遺伝子を考えてみよう。この遺伝子の配列のなかには，酸素を取り込む重要な役割を果たしている部位のタンパク質を決めている配列と，それ以外の，さして重要でない構造のタンパク質を決めている配列とがある。さして重要でない構造の部分の配列に起こった突然変異のほとんどは中立である。そこで，その部分には，いろいろな突然変異が起こって蓄積していく。それが，親から子へと伝えられる。異なる種間では交雑が起こりにくいので，それぞれの種では，異なる中立の変異が蓄積されることになる。

　ヘモグロビンの遺伝子に起こったこのような中立の変異が，種のレベルで固定されていく確率は，どの種においてもだいたい同じである。そこで，複数の種間で中立な変異がいくつ異なるかをもとにして，それらの種同士が共通祖先から分岐してからの年数を推定することができる。これが，分子時計の原理である。図18.1は，そのような計算にもとづいて描かれている。

　中立な変異は，DNAの配列のなかで，表現型に現れない部分に常に生じている。それらは，中立のままでいることもあるが，何らかの変異が重なると，個体の適応度に影響を与えるようになる場合もある。そうなると，次に述べる適応進化の素材を提供することになる。

3. 自然淘汰と適応進化

　以上では，変異がそれをもつ個体の生存や繁殖に何の影響も与えない場合を考えてきた。それでは，影響がある場合はどうだろう？　あるタイプの遺伝子が複製される確率は，その遺伝子をもつ個体の生存と繁殖の確率に依存する。あるタイプの遺伝子をもつ個体の生存と繁殖の確率を，適応度とよぶ。他のタイプの遺伝子のそれと比較したときの，相対的適応度が低い場合は考えやすい。その変異をもつ個体は，他のタイプの個体に比べて生存と繁殖上不利なのであるから，その変異が次世代に複製される確率は低くなる。それが続けば，そのような変異は，早晩，集団中から取り除かれてしまうだろう。それを，負の自然淘汰という。

突然変異は淘汰のプロセスとは独立に生じてくるので，たとえ負の影響がある変異でも，完全になくなることはない。しかし，現れるごとに集団中から取り除かれるので，決して広まっていくことはない。

ある形質が複数の遺伝子の関与によって決まっているときには，集団中のその形質の計測値はしばしば正規分布する。その平均値であることが最も適応度が高い場合，それより小さすぎる場合にも大きすぎる場合にも，負の淘汰が働く。そのような場合，負の淘汰は集団の平均的な形質を変化させず，同じ状態を保つように働くので，これを安定化淘汰とよぶ。

それでは，生存と繁殖に有利な変異が生じたときには，どうなるだろう？　それは有利であるのだから，そのような変異をもつ個体は，他の変異をもつ個体よりも多くの子を残すだろう。すると，その変異は集団中に広まっていく。その過程を正の自然淘汰とよぶ。ある形質について，現在の平均値よりも大きかったり小さかったりするほうが有利になると，世代を経るごとに，集団の平均値が移動していく。これを，方向性淘汰とよぶ。

正の淘汰が何世代も続けば，やがて，その集団は全体として，その生息環境においてよりよく生存し，繁殖できるようになる。それを，適応とよぶ。つまり，自然淘汰は適応進化をもたらすのである。

たとえば，鳥の翼をみてみよう。鳥の羽毛と翼は，恐竜の時代に飛行以外の別の機能を果たすものとして進化した。しかし，いったん，鳥が空を飛ぶという生活を始めると，効率よく空を飛べるかどうかということが，生存と繁殖にとって重要な要素となる。そして，そこに遺伝的変異があれば，鳥の各種において，最適な翼の形が自然淘汰によって広まっていくだろう。どのような翼の形が最適であるかは，その鳥の種の生息環境によっていくらか異なる。そこで，アホウドリのように海洋を長時間飛行する鳥と，スズメのような鳴禽類とでは，翼の形が異なる。しかし，いずれも適応的につくられているのは，自然淘汰の過程を経てきたからである。

ここまでは，適応的な性質が一つに決まり，その性質が集団全体に広まっていく状態を考えていたが，そうはならない場合もある。異なるいくつかの形質がそれぞれ同じような適応度をもっている場合には，それらが集団中に共存し，その形質について多型がみられることになる。

また，ある形質の適応度が，他の形質がどれほど集団中に存在するかによって変化することもある。単純で有名なモデルは，「タカ・ハト」ゲームである。「タカ」は，相手に必ず闘いをしかけて資源を取ろうとする戦略で，「タカ」同士が闘って勝つ確率は半分とする。「ハト」は，闘いはせずに儀式的な誇示行動によって資源を得ようとする戦略で，「ハト」同士の出会いの場合も，資源を得る確率は半分とする。「タカ」は，「ハト」に対しては必ず勝つ。「タカ」は勝てば資源を得るが，負ければ傷を負うので大きなコストがかかる。「ハト」は傷を負うコストはないが，誇示行動に時間を使うコストがかかる。どちらの戦略が有利なのだろう？

全員が「ハト」であった場合には，「タカ」として振る舞えば必ず資源が取れるので，「タカ」戦略は侵入可能であり集団中に増えていく。しかし，「タカ」ばかりになると，負けて傷を負うコストが非常に大きくなり，「ハト」として振る舞うほうが有利になる。そうすると，「ハト」戦略が増えていく。その結末は，「タカ」戦略の平均適応度と「ハト」戦略の平均適応度が等しく

なるような,「タカ」と「ハト」の頻度で平衡に達するということだ。このような淘汰を頻度依存淘汰とよぶ。

4. 性淘汰

適応度の成分は生存と繁殖であり,それぞれに対してさまざまな淘汰がかかる。とくに繁殖をめぐる競争には,配偶相手の獲得をめぐる同性間競争と,どのような配偶相手を選ぶかの配偶者選択との,2つの異なる側面があり,これらにかかる淘汰を性淘汰とよぶ。性淘汰でどのような形質が有利となるかは,雄と雌とではしばしば異なる。それは,同性間競争の度合いや配偶者選択の様相が雄と雌で異なるからだ。

雄とは,小さな精子を大量に生産する性であり,雌とは,大きな卵を少数だけ生産する性である。受精のためには精子も卵も一つずつでよいので,精子は大量に余っていることになる。したがって,雄は多くの雌と配偶することによって適応度を上げることができる。そうなると,雄同士の競争はひじょうに強くなる。一方,雌は,自分が生産することのできる卵と育てることのできる子どもの数によって適応度が決まり,配偶相手の雄を多く獲得しても適応度は上がらないことが多い。そこで,雌にとっては,どのような雄と配偶するかの配偶者選択が,適応度上,ひじょうに重要な課題となる。

また,一方の性にとって有利となる形質が,他方の性には不利となり,雌雄で葛藤が生じることもある。たとえば,一夫多妻のハーレムをつくる哺乳類では,新たにハーレムを乗っ取った雄による子殺しがしばしば進化する。一夫多妻の配偶システムでは,配偶から除外されている雄が多数存在する。そのような雄は,現在ハーレムをもっている雄に闘争をしかけ,その雄を追い出して雌たちを乗っ取るが,彼女らが前の雄の子どもに授乳していると発情しない。そこで,その子どもたちを殺して雌を再発情させることは,雄にとって有利な戦略である。しかし,自分の子どもを殺されることは,雌にとっては適応度の減少にほかならない。性淘汰の結果,このような雌雄の対立が生じることは,しばしばある。

進化に関する一般的な解説は,『進化:生命のたどる道』(Zimmer, 2010/2012) などを参照されたい。

2節 進化人類学とヒトの進化環境

1. ヒトの特徴と人類進化史

それでは,このような現代進化学の基礎知識のうえで,ヒトの進化について考えてみたい。ヒトという動物(ホモ・サピエンス)は,哺乳類のなかの霊長目に属する。現生の生物でヒトに最も近縁な生物はチンパンジーであり,DNAの塩基配列だけからみれば,ヒトとチンパンジーは

およそ98％が同じである。

　ヒトは、哺乳類としての適応も、霊長目としての適応も受け継いでいる。哺乳類としての適応は、体毛があること、眼窩が骨に囲まれていること、雌（女性）が子どもを妊娠、出産、授乳する仕組みをもつことである。霊長目としての適応は、両眼視ができること、色覚が発達していること、手指の把握力が強く、なおかつ器用であること、体重に比べて脳が大きいこと、高度な社会生活を送ること、などがあげられる。つまり、これらは、他のサル類とも共通する適応的形質である。

　では、他の霊長類にはみられず、ヒトだけにみられる形質は何だろうか？　それには、下記のようなものがあげられる。

(1) 常習的に直立二足歩行すること。これは、人類を定義する形質でもある。
(2) それに関連して、足が歩行のみに特殊化し、足指による把握力を失っていること。
(3) 体毛が極端にうすく、そのかわりに汗腺が発達していること。
(4) 脳がひじょうに大きく、同体重の類人猿から予測される脳重の3倍に達していること。
(5) 成長速度が遅く、長い子ども期および思春期があること。
(6) 寿命が長く、とくに女性の繁殖終了後の寿命が長いこと。
(7) 女性の発情期が存在せず、排卵状態が顕著でないこと。
(8) タンパク質、脂肪、デンプンを多量に摂取し、それを分解すること。
(9) 言語をもち、累積的、発展的な文化をもつこと。

　ここにあげた諸形質はみな、その形質が発現するためにはかなり複雑なシステムが成り立つ必要があり、適応進化の結果として出現したものだと考えられる。すなわち、適応とは関係のない中立進化の産物だとは考えにくい。このうちのいくつかは、遺伝子レベルでの進化も解明されてきている（Pollard, 2009）。

　常習的に直立二足歩行する人類の仲間と考えられる最古の化石は、アフリカのチャドで発見されたサヘラントロプス・チャデンシスである。その化石、および、それに続く何百万年かに存在した、アルディピテクス類、アウストラロピテクス類などの化石は、まだ脳容量が小さく、現生のチンパンジーとあまり変わりがなかった。さらに、彼らは森林とサバンナの両方を利用していたらしく、足指の把握力を残していた。腕が相対的に長いことも、樹上生活を捨てきっていないことの現れである。

　およそ250万年前に、脳容量がそれよりも大きく、体のプロポーションが現代の私たちとほとんど変わらない種類が出現した。それらはホモ属の化石で、私たち、ホモ・サピエンスと同じ属の生物である。彼らは、足指の把握力を失っており、腕が相対的に短く、脚部が相対的に長く、地上を直立二足歩行して移動する生活に特化した。アフリカのサバンナを長距離にわたって歩いたり走ったりする生活になり、体温調節のために、体毛の喪失と汗腺の発達が起こったと考えられる。

　ホモ属にはいくつかの種が分類されているが、180万年ほど前に、ホモ・エレクトスが初めてアフリカを出て旧大陸に拡散した。しかし、彼らはやがて絶滅し、およそ20万年前に、アフリ

カに残っていた集団のなかからホモ・サピエンスが出現した。そして，その後，サピエンスが全世界に拡散して現在に至る。人類進化の概要については，先にあげた『進化：生命のたどる道』（Zimmer, 2010/2012）のほかに，『ヒトの進化』（斎藤・諏訪・颯田・山森・長谷川・岡ノ谷, 2006）などを参照されたい。

2. ヒトが進化した環境

　進化心理学は，このような人類進化の過程で，ヒトはどのような環境に暮らし，どのような問題解決に直面してきたのかを知ろうとする。それが，ヒトの脳に固有な適応が起こる舞台であったからだ。これは，「ヒトの適応進化環境」（environment for evolutionary adaptedness：以下EEA）とよばれる。EEAという言葉を最初に提唱したのは，発達心理学者のボウルビィ（Bowlby, 1966）であった。EEAがどんなものであったのかは，進化心理学の仮定の根幹にかかわるので，いろいろな議論がなされてきた（Gaulin & McBurney, 2004）。およそ180万年前から始まり1万2,000年前に終わった更新世にホモ属の進化は起こっているので，EEAは更新世の環境であったにちがいない。しかし，ある特定の現実の具体的な環境というよりは，そこがアフリカであれアジアであれ，「ヒトの進化史を通じて強く働いてきた重要な淘汰圧の集合」という概念的なものととらえたほうがよいだろう（Lancaster & Kaplan, 2009）。

　ホモ属は，氷期と間氷期が目まぐるしく入れ替わる，ひじょうに環境変動の激しい更新世に進化し，しかも，アフリカを出て未踏の世界に拡散した。食性は，果実を中心とする植物食から，狩猟によって肉を食べることや，根茎を掘り出してそこに含まれるデンプンを食べることに変化した。このような進化を遂げるには，高い学習能力や行動の可塑性，推論の力が必要であったろう。そのときにひじょうに重要であったと考えられるのが，社会生活による共同作業である。

　霊長類はそもそも複雑な社会生活を送っており，霊長類の脳が体重と比べて相対的に大きくなった理由は，互いに個体識別し，個体間の関係を記憶し，状況に応じて社会行動を調整するといった，社会生活に対する適応だと考えられている。これは，社会脳仮説とよばれている（Dunbar, 1995；Shultz & Dunbar, 2010）。ヒトはその延長上にあるのだが，森林での果実食をやめて，サバンナで狩猟採集生活をするには，よりいっそう緊密な社会関係を結んで共同作業をすることが必須であったと考えられる。したがって，ヒトには，そのような社会生活にかかわる利益とコストに対応する，さまざまな心理的，認知的特性が進化していると考えられる。

　ヒトの脳は，類人猿であればその体重から推定される大きさの，およそ3倍にも達する。そのような大きな脳をもつ個体を産み育てるには，時間的にもエネルギー的にもたいへんなコストがかかる。ヒトは，類人猿のように母親が単独で子育てをすることは不可能であり，父親その他の親族，それ以外の非血縁者も含めた多くの他者が子育てにかかわる共同繁殖である。そのような共同繁殖に関する心理的，認知的特性も進化しているにちがいない（Hrdy, 2011）。

　これら以外にも，ヒトの進化史から，EEAについてはさまざまな仮説を立てることができる。では，現代のヒトが暮らしている環境はどうだろうか？　更新世が終わり，気候が暖かくなって

きた1万2,000年ほど前，ヒトは農耕と牧畜を始めた。それはヒトを定住生活に導き，食料の蓄積を可能にした。その後，そこから文明が興り，都市が発生する。やがて，国家のような大規模な組織が生まれ，産業革命が起こり，科学技術文明が始まる。

過去1万2,000年の間に，ヒトの社会には，このような急激な変化が生じた。1万年といえば，1世代を25年として400世代である。これは，進化史の時間スケールでは瞬時にすぎないので，ヒトの脳の働きのような複雑な適応産物は，このような短期間の変化に追いつくように進化してはいないはずだ。そこで，現代に特有のさまざまな環境に，ヒトは生物学的に適応していない面があると予測される。ヒトは，更新世の激動の変化のなかを生き延びたが，その可塑性をもってしても，たとえば，何万，何百万という不特定多数の他者を相手にしたITコミュニケーションや，塩も砂糖も脂肪もありあまるほどにある，現代先進国の食生活に対して，リアルタイムで生物学的に適応しているとは考えられない。

EEAを考え，そこでの適応を考えると同時に，現代環境のどんな要素がヒトの進化史における真の新奇性であるか，それに対してヒトはどれほどのストレスを感じるかについても仮説を立てようとするのが，進化心理学の特徴である。

また，ヒトの心理的形質を進化史での適応と考えると，脳にはモジュール性があると考えられる。モジュール（module）とは，ある特定の問題解決に特化した脳機能の集合である。つまり，ヒトの脳は，さまざまな異なる問題解決に対して，それぞれ異なるモジュールを進化させてきたのであり，一つの汎用機能で全部の問題解決を行うようにはなっていないと考えられる。視覚，聴覚などの異なる感覚が，異なるモジュールで処理されていることはよく知られているが，問題解決のような認知機能についても，配偶者選択，利他行動，子の世話などの異なるコンテキストでは，それぞれ異なるモジュールが進化してきたに違いない。もちろん，いろいろなモジュールを連結し，統合する機能も存在し，その統合には言語が重要な役割を果たしていると推測されるが，進化心理学では，モジュール性があることを前提に考える（Barkow et al., 1992）。

3. ニッチ構築と文化のもつ意味

生物は，環境からの影響によって淘汰を受けるばかりではない。環境に対する応答の一つとして，自ら環境を改変することもある。ビーバーがダムをつくってそのなかに巣をつくるのは，その1例である。そうやって自ら改変した環境に住むようになったビーバーは，それを自分の環境として暮らすようになる。これを，ニッチ構築とよぶ。ニッチとは，それぞれの生物種が自然界のなかで選び取っている環境を指すが，ある特定の環境を選び取るばかりでなく，それ自体を自らつくりだしているので，ニッチ構築とよぶ（Odling-Smee, Laland, & Feldman, 2003/2007）。すると今度は，その自らつくりだした環境が，ビーバーに対して淘汰をかける圧力となる。つまり，ダムづくりに優れた個体が淘汰上有利となるのである。

ヒトは学習能力が高く，因果関係の推論にすぐれ，言語をもつ。環境からの圧力に対しては，これらの能力を駆使してさまざまな文化を生み出すことによって対処している。そうすると，「言

語を話し，文化に対応すること」は，ヒトのニッチ構築であると考えられる。そうであれば，ヒトは，自らつくりだした文化によるニッチに，よりよく適応するような淘汰を受けるようになるだろう。すなわち，ヒトにおいて，文化によるニッチ構築はひじょうに重要な役割を果たしていると考えられる。

　文化はヒトが生み出すものであり，それは，遺伝ではなく，学習によって伝えられる。しかし，文化もヒトの脳によって生み出されるものである限り，文化の性質の一部は，ヒトの遺伝的な傾向によって規定されているだろう。また，文化がヒトの集団によって共有され，そのなかでヒトの個人の生活が成り立つ限りにおいて，ヒトは，自分が生まれてきた文化に対して適応することが必須となる。そこで，生物学的な遺伝による継承と，文化的な継承とは複雑にからみあうことになる。それを解析する枠組みは，遺伝子・文化の共進化，または二重遺伝理論（Boyd & Richerson, 1985）とよばれる。

　たとえば，およそ1万年前に，アフリカなどの地域で牧畜が始まった。そのとき，生の家畜の乳を主要な食料源として利用する文化が始まった。哺乳類は一般に，乳児は乳糖を分解するが，離乳したあとではその能力を失う。つまり，離乳後は乳を栄養源として利用できなくなるのである。それは，遺伝的に決まっている。

　ところが，そこには遺伝的変異が存在し，まれに，離乳後も乳糖を分解する能力を維持する個体がある。文化として牧畜を始め，乳を栄養源として利用するようになった集団では，その変異は，適応度上ひじょうに有利となった。そして，現在，そのような文化をもつ集団では，乳糖分解酵素を離乳後も維持する変異は，集団全体の90％以上を占めている。これは，牧畜生活というニッチ構築が起こり，それに対する遺伝進化が起こったという，遺伝子・文化の共進化の，単純明快な例である。しかも，アフリカとヨーロッパで同じような牧畜生活が発明されたことにより，2つの地域でこの適応が独立に進化したことが明らかにされた（Tishkoff, Reed, Ranciaro, Voight, Babbitt, Silverman, Powell, Mortensen, Hirbo, Osman, Ibrahim, Omar, Lema, Nyambo, Gohri, Bumpstead, Pritchard, Wray, & Deloukas, 2007）。

　このようなことが，ヒトの心理的形質に関しても，ヒトがつくりだすさまざまな文化環境のなかで生じているにちがいない。たとえば，ドーパミン受容体第4番（DRD4）遺伝子の変異は，新奇性追求傾向に影響を与えることが知られており，その遺伝子頻度は，ヒトの集団によって異なる。このことは，新奇性追求傾向が有利に働くか，そうでないかが集団のもつ文化によって異なり，それがニッチ構築となって遺伝子に淘汰が働いた可能性を示唆する（Chen, Burton, Greenberger, & Dmitrieva, 1999）。

4. ヒトの生活史戦略と進化

　進化生物学でいう生活史戦略とは，生物が生まれてから死ぬまでの間に，時間とエネルギーがどのように配分されているかのパターンを指す。それを決める重要な要因となっているパラメータに，体重と脳重がある。一般に，体重の重い動物は成長速度が遅く，死亡率が低く，寿命が

長く，1回に産む子どもの数が少ない。これをK型とよぶ。逆に，小さな動物は成長速度が早く，死亡率が高く，寿命が短く，1回に産む子どもの数が多い。こちらをr型とよぶ。これは，その動物が住む環境の特性と関連しており，飽和して安定した環境に住む動物はK型，空きが多く変動の大きい環境に住む動物はr型の生活史戦略を示すことが多い（Pianka, 1970 ; Sibly & Brown, 2007）。

脳重は体重と関連しており，体の大きな動物ほど脳も大きくなるが，社会生活を送る種類では，体重に対してとくに脳が相対的に大きくなる（Shultz & Dunbar, 2010）。霊長類では，体重に対する相対的な脳重が他のどの哺乳類よりも大きく，寿命や成長速度などの生活史のパラメータは，体重よりもむしろ脳重とよく相関している。ヒトは，体重に対して最も大きな脳をもつ動物であり，ヒトの成長速度はひじょうに遅く，寿命も長い。

ヒトの生活史段階は，赤ん坊期（授乳期），子ども期（離乳から第一大臼歯の萌出まで），少年期（それ以後，性成熟の開始まで），思春期（性成熟の開始から完成まで），成人期（繁殖可能期），老年期（繁殖終了後）に分けられる。このなかで，子ども期，思春期，老年期は，他の哺乳類にはほとんど存在しない。成人前の段階がひじょうに長いことは，他の霊長類と比べても顕著であり，ヒトの特徴である。

それぞれの生活史段階には，その段階に固有の機能や要求があるはずである。たとえば，思春期に急激に身長が伸びる「思春期のスパート」は，他の霊長類にはみられない，ヒトに固有の現象である。これは，ヒトの脳があまりに大きくなったため，脳の成長と体の成長を同時に行っていくことができなくなり，先に脳を成長させておいて，その間は体の成長を抑えている結果だと考えられる。脳が十分に大きく育ったところで，一気に体の成長を追いつかせているのである（Bogin, 1999）。

進化生物学の生活史戦略の理論をもとにすれば，ヒトの発達に関しても，新たな仮説を構築できるはずである。進化心理学は，「発達心理学」「学習心理学」「社会心理学」などといった，対象別の心理学のもう一つの分野ではない。むしろ，どんな分野の心理学を研究する場合においても，ヒトの心理はヒトの進化史の産物であるという大前提のもとに仮説を構築して研究するアプローチであるといってよいだろう。それによって，進化を考慮しない場合とは別の新たな発見が期待されるはずである（Konner, 2010）。

◆ 引用文献

Barkow, J. H., Cosmides, L., &Tooby, J. (Eds.). (1992). *The adapted mind : Evolutionary psychology and the generation of culture*. Oxford : Oxford University Press.
Barrett, L., Dunbar, R., & Lycett, J. (2002). *Human evolutionary psychology*. New York : Palgrave.
Betzig, L. (Ed.) (1997). *Human nature : A critical reader*. Oxford : Oxford University Press.
Bogin, B. (1999). *Patterns of human growth* (2nd ed). Cambridge, MA : Cambridge University Press.
Bowlby, J. (1969). *Attachment and loss : Vol. 1. Attachment*. New York : Basic Books.
Boyd, R., & Richerson, P. J. (1985). *Culture and the evolutionary process*. Chicago : The University of Chicago Press.

Chen, C., Burton, M., Greenberger, E., & Dmitrieva, J. (1999) Population migration and the variation of dopamine D4 receptor (DRD4) allele frequencies around the globe. *Evolution and Human Behavior*, **20**, 309-324.

Darwin, C. R. (1872). *Expression of emotions in animals and man.* London : John Murray.

Dunbar, R. (1995). Neocortex size and group size in primates : A test of the hypothesis. *Journal of Human Evolution*, **28**, 287-296.

Gaulin, S. J. C., & McBurney, D. H. (2004). *Evolutionary psychology* (2nd ed.). New Jersey : Prentice-Hall.

長谷川寿一・長谷川眞理子. (2000). 進化と人間行動. 東京大学出版会.

Hrdy, S. B. (2011). *Mothers and others : The evolutionary origins of mutual understanding.* Cambridge, MA : The Belknap Press of Harvard University Press.

Konner, M. (2010). *The evolution of childhood : Relationships, emotion, mind.* Cambridge, MA : The Belknap Press of Harvard University Press.

Lancaster, J. B., & Kaplan, H. S. (2009). The endocrinology of the human adaptive complex. In P. T. Ellison & G. Gray (Eds.), *Endocrinology of social relationships* (pp.95-119). Cambridge, MA : Harvard University Press.

Odling-Smee, F. J., Laland, K. N., & Feldman, M. W. (2007). ニッチ構築：忘れられていた進化過程（佐倉　統・山下篤子・徳永幸彦，訳）. 共立出版. (Odling-Smee, F. J., Laland, K. N., & Feldman, M. W. (2003). *Niche construction: The neglected process in evolution.* Princeton : Princeton University Press.)

Pianka, E. R. (1970). On "r" and "K" selection. *American Naturalist*, **104**, 453-464.

Pollard, K. S. (2009). What makes us human? *Scientific American*, **300**, 44-49.

斎藤成也・諏訪　元・颯田葉子・山森哲雄・長谷川眞理子・岡ノ谷一夫. (2006). シリーズ進化：5　ヒトの進化. 岩波書店.

Shultz, S., & Dunbar, R. I. M. (2010) Encephalization is not a universal macroevolutionary phenomenon in mammals but is associated with sociality. *Proceedings of the National Academy of Sciences*, **107**, 21582-21586.

Sibly, R. M., & Brown, J. H. (2007) Effects of body size and lifestyle on evolution of mammal life histories. *Proceedings of the National Academy of Sciences*, **104**, 17707-17712.

Tishkoff, S. A., Reed, F. A., Ranciaro, A., Voight, B. F., Babbitt, C., Silverman, J. S., Powell, K., Mortensen, H. M., Hirbo, J., Osman, M., Ibrahim, M., Omar, S. A., Lema, G., Nyambo, T. B., Gohri, J., Bumpstead, S., Pritchard, J. K., Wray, G. A., & Deloukas, P. (2007). Convergent adaptation of human lactase persistence in Africa and Europe. *Nature Genetics*, **39**, 31-40.

Workman, L. & Reader, W. (2014). *Evolutionary psychology* (3rd ed.). Cambridge : Cambridge University Press.

Zimmer, C. (2012). 進化：生命のたどる道（長谷川眞理子・入江尚子，訳）. 岩波書店. (Zimmer, C. (2010). *The tangled bank : An introduction to evolution.* Colorado : Roberts and Company Publishers.)

19章 脳科学からの示唆

皆川泰代

　脳科学あるいは神経科学はどのレベルの脳活動を検討するかによって，いくつかの領域に分けられる。心理学に一番近い分野は，人間の認知や知覚に関与する脳活動，神経回路を，脳機能イメージング法などを用いて明らかにする認知神経科学である。発達認知神経科学についての方法論や最近の知見については別途詳述しているので（皆川, 2013a），本稿ではもう少し生理学に近い分子，細胞，システムレベルの神経科学[1]（以降は分子，細胞神経科学とする）の発達学的知見についても紹介し，これらのことが発達認知神経科学や発達心理学にどのように関連づけられ，臨床，教育といった現場にどのような示唆があるのかについて述べる。このために冒頭ではまず，神経細胞やシナプスといった神経科学の基礎について概説し，その知識のもとに発達脳の重要キーワードである脳の可塑性，臨界期について分子，細胞神経科学そして認知神経科学の知見を述べ，これら異なるレベルの神経科学の関係をまとめる。最終的に，これらの脳科学的知見は発達障がいや獲得，学習をどのように説明し，応用可能性があるのかについて述べる。分子，細胞の神経科学は専門性が高く，幅広い分野であるが，ここではできるだけ平易な表現で一部の研究概要を説明するにとどめ，この領域を知るためのとりかかりとしたい。

1節　神経活動とは

　脳活動は140億ともいわれる神経細胞（ニューロン）の個々あるいは特定の集団の電気活動である。神経細胞はお互いに結合しあい，複雑なネットワーク（回路）を形成し情報処理を行うばかりか，人間の心をも生み出す。神経細胞は大きく3つの部位から構成され，細胞体，多くの分岐をもつ樹状突起，軸索からなる（図19.1）。神経細胞は軸索を伸ばしながら成長し，シナプスとよばれる結合部位によって細胞同士がつながる。脳が活動するとき，電位信号は樹状突起から細胞体，軸索へと伝わり，シナプスを経て次の神経細胞へと伝えられていく。シナプスは実際には結合しておらず，神経伝達物質を放出することで信号を化学的に伝達する。より具体的には軸索末端部から神経伝達物質が放出され，シナプス間隙を経て樹状突起のスパイン（図19.1）にある神経伝達物質種に特異的な受容体で受け取られる。シナプス伝達は一般的にはプラスの信号を伝えるというイメージがあるが，そのような興奮性神経細胞によるプラスの電位変化を起こすばかりではない。神経細胞には興奮性と抑制性の2種の神経細胞があり，抑制性神経細胞は発火

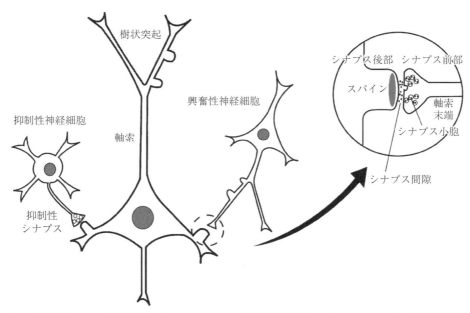

注．神経細胞には，情報伝達を強める方向に働く興奮性神経細胞と弱める方向に働く抑制性神経細胞の2種類があり，抑制性神経細胞は神経回路中の情報伝達に何らかの調節を加えているものと考えられている．大脳のなかでは興奮性神経細胞が80％，抑制性神経細胞が20％の割合で存在する．

図19.1 神経細胞とその部位（森・真鍋・渡辺・岡野・宮川，2000，4章1の図を改変）

することによってたとえばGABAとよばれる抑制性の神経伝達物質を放出し，シナプス結合を介して相手先の神経細胞の電位変化をマイナスへ押し下げる，つまり活動を抑制させる。これら興奮性，抑制性の神経細胞は複雑に結合しあい，とくに抑制性神経細胞は興奮性神経細胞の活動の強さを調整するために重要な役割を果たしている．

2節 脳の発達

1．臨界期・可塑性とシナプスの刈り込み

　脳の発達とは神経細胞あるいはシナプスの発達である。この発達には神経細胞の成熟化（たとえば髄鞘化[2]）という質的発達も含まれるが，とくに脳機能の発達という場合には個々の細胞ばかりでなく神経細胞同士の結合による回路の構築が重要になる。広く知られているとおりヒトの一生のなかで神経細胞やシナプスの数が最も多いのは乳児期であり，発達とともに環境に応じてシナプスが刈り込まれ，必要に応じた神経回路が形成される．すなわち，環境による入力に応じてあるシナプスは増強され，入力のない不必要なシナプスは逆に脱落する，このシナプスの刈り込みによる神経回路の構築過程が脳の発達である．実際には脳の部位そして乳児期の時期によってもそれらの増減が異なる。たとえば聴覚野は出生後比較的早い時期（3カ月あたり）にシナプ

ス数が最大になり，その後3歳時までに刈り込まれるのに対し，前頭前野はピークを迎えるのが遅く，さらには思春期まで完全に刈り込みが終了しない。また前頭前野はもともとの神経細胞，シナプスの数が多く，したがって刈り込まれる量もどの領野よりも多い。このことは，前頭前野がヒトの高次機能を担っていることに関係しており，より柔軟な神経回路を発達とともに形成していける神経基盤であると考えられる。

　発達期の特定の時期「臨界期」に脳の機能が変化しやすい，すなわち脳の可塑性が高いという生物学的基盤もこの入力の有無に応じたシナプス競合にある。この臨界期にはシナプス競合が起こりやすく，神経回路も環境，経験に応じて変化しやすい。ウィーゼルとヒューベルによる有名な仔ネコの片目遮蔽実験では（Wiesel & Hubel, 1963），臨界期に遮蔽した側の眼に対して視覚野は反応しなくなることが明らかになった。これも視覚刺激という入力が臨界期に欠落することで，シナプスおよび回路が脱落したと考えられる。ネコの場合この現象は生後3，4週で顕著にみられるが15週目以降では生起しないので，この場合の臨界期は生後3，4週といえるが，実際に変化が起こりえる時期は比較的長く，臨界期を閉じるタイミングもゆっくりで急ではない。ヒトの両眼視機能の場合，1歳すぎあたりをピークとして8歳くらいまで臨界期が続く。臨界期を終えた成人では，この柔軟な変化すなわち可塑的変化が起こりにくくなる。臨界期の時期は対象となる知覚，認知機能や機能処理される脳部位によってかなりの差異がみられ，たとえば同じ視覚機能でも運動視の臨界期は両眼立体視よりも早く閉じる。前述したシナプス数の脳部位別の発達変化の違いを考慮しても，低次の感覚知覚処理（聴覚，視覚）よりも前頭葉で処理される高次機能のほうが臨界期は後ろにずれることが推察される。このことは外国語の学習でも音韻の聞き取りの臨界期は単語学習や文法学習よりも早く閉じるという経験的な概念とも一致する。機能によって臨界期の有無も異なるようで，色の認知は生後経験が必要であるが，顔の認知については生後経験がほとんど必要ではない（ただし，胎内での自身の顔の触覚経験が影響しているとも考えられる）。また臨界期があってそれを終えたとしても弱い可塑性が残されていることが多く，臨界期をすぎた成熟脳において大脳皮質に可塑性が存在することも報告されている（Sawtell Frenkel, Philpot, Nakazawa, Tonegawa, & Bear, 2003）。

2. 臨界期と可塑性の分子・細胞神経科学

　分子はある機能や性質をもつ最小単位の物質である。可塑性に関与する分子としては，神経伝達物質（グルタミン酸，GABA），神経栄養因子（BDNF，NGF），細胞内情報伝達系など多くの分子が同定されている。たとえば神経栄養因子のBDNF（brain dependent nutritious factor）はシナプス伝達効率を増強する作用があることが知られている。これらの分子が神経細胞同士のつながりを変化させたり，細胞の一部を発達させたりするなど神経細胞の機能を調整する。ただし一つの分子がある機能のすべてを説明することはほとんどなく，複数の因子がさまざまなレベルで相互作用しつつ，神経細胞や局所回路を制御する。現在の発達神経科学では，複数の分子がどのような相互作用で，シナプスを変え，神経回路を再編成させるかといった可塑性の機序につい

ては，まだ多くのことが明らかにされていない。現在は個々の研究が，特定の因子の神経発達へ与える影響について少しずつエビデンスを積み重ねているところである。したがってここでも可塑性に関与する一部の分子，細胞や回路の変化についての研究を紹介するが，これによりこのレベルでの発達神経科学がどのようなアプローチで何を明らかにしようとしているかという点についての例示としたい。ここでは上述した臨界期での可塑性，とくに研究が進んでいる視覚野の可塑性について，細胞レベルあるいは局所神経回路レベルでの神経科学研究について紹介する。この視覚野研究での「臨界期」は特定脳部位の可塑性が最も高まっている時期としてとらえていただきたい。

　1節において神経細胞には興奮性，抑制性の2種類の神経細胞があることを述べたが，近年この抑制性神経細胞は従来考えられていたより重要な機能を果たすことが明らかになっている。とくに可塑性に関連しては，ある特定の抑制性結合（約20種ある抑制性受容体のうち$GABA_A$）が臨界期を引き起こす引き金になっていることが示されている（Hensch & Stryker, 2004）。この研究では臨界期前のマウスに人工的に$GABA_A$による抑制性の伝達を引き起こす薬剤（ベンゾジアゼピン）を投入することで，片目遮蔽をしたマウスに可塑的な変化を起こした。すなわち遮蔽しなかった眼からの入力に対応する視覚野の神経細胞の反応が増加した。この研究ではさらに仔ネコとマウスについて同様の方法で抑制性伝達を操作し，臨界期の時期を変化させ脳構造の形態的変化を観察した。その結果，臨界期を移動させた場合，大脳皮質の基本機能の構造単位であるコラム構造（似た構造をもつ神経細胞の集合体）にその縮小や間隔の変化など形態的変化がみられた。これらのことから臨界期において抑制性神経細胞が脳機能や脳形態の可塑的変化に重要であることが示された。

　臨界期を左右する抑制性伝達のメカニズムをさらに明らかにするために引き続く研究では，プラスミノーゲンアクチベーター（tPA）というタンパク質分解酵素が着目された。tPAはたとえていうならばがっちり固まった神経細胞ネットワークを柔らかくほぐすような機能をもっていると考えられる。このtPAを欠損させたノックアウトマウスでは視覚野の機能的な可塑性が起こらないことがすでに報告されているが，tPAによってシナプスの形態的な変化が生じるかという点について検討した俣賀らの研究（Mataga, Mizuguchi, & Hensch, 2004）では以下のような成果が得られている。通常，視覚処理は網膜から刺激が入り，外側膝状体を中継して一次視覚野に投射されるが（図19.2），臨界期の野生型マウスでは片目遮蔽をした場合，遮蔽眼からの入力が減少し外側膝状体からの投射を受ける視覚野神経細胞において使われないシナプスの刈り込みが行われる，換言すると視覚野細胞で神経伝達物質を受容するスパインが減少する。図19.3ではこのようなスパインの減少という可塑的変化が見事にとらえられている。遮蔽をしていない場合（図上）にはスパインの密度が高いのに対し，4日間の片目遮蔽により減少していることがわかる。tPAノックアウトマウスでは臨界期であっても，片眼遮蔽によるこのような可塑性はみられないが，tPAを人工的に脳内に投与した場合には図19.3でみられたようなスパインの減少という形態的変化が観察され，形態変化におけるtPAの重要性が示された。その他の研究結果ともあわせ，まず抑制性の神経伝達が可塑性のキューとなり，その結果tPAが活性化しスパインの増減という

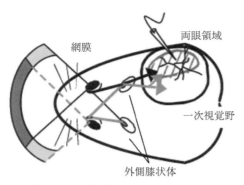

注．網膜から外側膝状体を経由して一次視覚野に信号が伝わる．斜線部は両眼性の細胞がある領域で臨界期に左右の目からの入力量の違いに対して応答性を変える．この領域の神経細胞に電極を刺して細胞内記録を行っているところを模式的に示している．

図19.2 マウスの目から大脳の一次視覚野までの投射（Yazaki-Sugiyama et al., 2009, Fig. 1a）

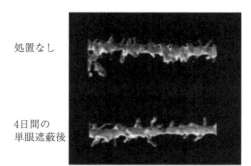

注．遮蔽をしていないときのスパイン数に比べて遮蔽4日後のスパインはシナプスの刈り込みによって減少している．

図19.3 単眼遮蔽後における樹状突起のスパインの減少（Mataga et al., 2004, Fig. 2A）

可塑的変化が起こると考えられている．最近になって可塑性に重要な抑制性神経細胞は数十種類の抑制性神経細胞のなかでも Fast Spiking 細胞（主に PV 陽性細胞）とよばれる高頻度で神経発火を行う細胞であることが同定されている（Yazaki-Sugiyama, Kang, Câteau, Fukai, & Hensch, 2009）．この抑制性神経細胞が興奮性神経細胞への入力をダイナミックに制御し，可塑性が起こってはいけない時期にブレーキをかけつつ，視覚機能をコントロールしていると推察される．

この興奮性，抑制性の神経細胞のバランスが崩れ，臨界期が定型発達とは異なる時期にきたケースが発達障がいの非典型的脳発達の一因ではないかと考えられている．自閉症スペクトラム障がい（以下，自閉症とする）では PV 細胞に異常が報告されていることも発達障がいと抑制性神経細胞そして臨界期異常の関連性を支持するといえる．この点については3節にて再度ふれる．

3．認知神経科学と可塑性

上述のような分子，細胞の働きによって可塑的に形成された神経回路は認知神経科学レベルでは，マクロな脳の構造，神経回路特徴，機能に関連した脳活動部位の違いとして現れる．したがって可塑性の強い発達脳においては数カ月で大脳半球の機能的優位性が変化したり，脳領野同士のコネクティビティ（connectivity：結合）の変化が観察されたりする．これらを観察する手法はさまざまであり，fMRI（functional magnetic resonance imaging）をはじめ，脳部位や大脳半球をつなぐ神経線維を可視化する DTI（diffusion tensor imaging），脳波計などがあげられるが（詳細は，皆川，2013a），ここでは主として乳幼児の脳機能研究に適している NIRS（near-infrared spectroscopy）に着目する．NIRS を用いた乳児脳機能の発達研究をいくつか紹介し発達脳の脳機能活動のダイナミックな変化を例示する．

まずは古くから見解が分かれている大脳半球優位性の発達過程について，比較的研究が進んで

いる音声言語獲得の成果から述べる。成人の言語処理は左半球優位であり，ブローカ野とよばれる左半球の下前頭回，ウェルニッケ野という左の上側頭回は左半球の言語処理のネットワークを形成する。その一方で言語の抑揚変化や音楽の聴覚処理は右半球優位であることが知られている。この機能側性化の発達についてレンネバーグは小児の脳損傷研究から，生後初期には両半球が言語を操作する「同等潜在能力」を提唱した（Lenneberg, 1967）。確かに左半球を損傷した場合には小児では右半球がその機能を代償する場合があり，右半球に潜在能力があるとはいえるが，生後初期に両半球が同等な能力があるとはこれまでの脳科学的知見からはいえなくなってきている。脳機能イメージングの手法の進展により，最近は胎児期からの脳機能や形態を観察することが可能になってきており，胎児期や生後初期においてもすでに左右半球の形態的な異なり，そして脳機能の違いについての報告が相次いでいる。たとえば31週の胎児において言語聴取にも深く関係する側頭平面部やシルビウス溝が左でより大きいこと（Chi, Dooling, & Grilles, 1977），内耳神経細胞の髄鞘化は左半球で発達が先行すること（Ray, Roy, Wadhwa & Roy, 2005）が明らかにされている。ただし，以上に述べたような左半球成熟の優位性の報告ばかりではなく，右半球の代謝活動がより強い（Chiron, Jambaque, Nabbout, Lounes, Syrota, & Dulac, 1997），溝の構造がより早くに複雑化するなど右優位の報告も多く脳の成熟の左右優位差は簡単には結論づけられない状況である。

　さて，このような左右異なる構造をもつ脳の生下後の機能発達をみてみよう。新生児のNIRS研究から新生児の左側頭部は母語音声に対して強く反応すること（Peña, Maki, Kovacic, Dehaene-Lambertz, Koizumi, Bouquet, & Mehler, 2003），特定の人工文法構造をもった音の系列に対してもブローカ野に近い部位で脳活動がみられる（Gervain, Macagno, Cogoi, Peña, & Mehler, 2008）など，言語処理における左半球の優位性が報告されている。しかし，これらのことは乳児が成人と同様な回路で言語を処理することを示しているわけではない，なぜならば非母語に対しても同様な脳の活動がみられたり，人工文法でも左優位な脳活動はある限られた文法パターンでしか得られず，ほとんどのパターンでは得られないのである。新生児で得られる音声言語の左半球優位性は乳児の音響，音声レベルの処理のみを反映すると考えられ，呈示する刺激の音響特性で左右差が変化するものと考えられる。言語を処理する神経回路は，言語の入力（経験）とともに構築されるというのが現在の主流の考え方であろう。この説明を裏づける研究の一つが，音声言語に含まれる言語の母音対立と抑揚対立に対する機能側性化をみた研究である（Arimitsu, Uchida-Ota, Yagihashi, Kojima, Watanabe, Hokuto, Ikeda, Takahashi, & Minagawa-Kawai, 2011）。新生児において抑揚対立に対する右側頭部の優位性がみられたが，母音対立については成人でみられる左側頭部の優位性はみられなかった。月齢別にその後の発達経過を横断的にみてみると，この母音対立に対する左優位性は1歳前にみられることが明らかになっている。抑揚対立に対する右半球優位性はゆっくりしたスペクトル変化の低次の音響特性処理と考えられるので，新生児はそのような音響処理に対応した機能側性化は生下後にできあがっていると考えられるが，母音については言語によってそのレパートリーが異なり，言語種に特化した神経回路を構築する必要があるので言語経験とともに左半球の優位性がみられるものと考えられる。この発達にともなう

左半球への側性化は，他の母音種や語彙アクセントなどでもみられている（詳細はレビュー論文，Minagawa-Kawai, Cristià, & Dupoux, 2011 を参照）。

過去10年の間に成人のfMRI研究において脳部位の結合（connectivity）の研究が盛んになり，その手法が乳児NIRS研究にも用いられてきた。この手法を使い新生児，3カ月児，6カ月児の安静時（resting state）における脳結合の強さや密度について月齢別の違いが報告されている（Homae, Watanabe, Otobe, Nakano, Go, Konishi, & Taga, 2010）。ここでは3カ月以降に左右半球などをつなぐ長い結合（long range connectivity）がみられることが示されている。安静時の神経ネットワークばかりでなく，認知活動の際の結合も少しずつ検討されはじめており，たとえば3カ月児に音声言語を数十秒呈示する前と後の無音区間での脳活動は異なっており，呈示後にはまるで音声言語を聞いて言語を学習している途中の活動ともとれる密度の高い結合をもつネットワークが左半球に観察される（Homae, Watanabe, Nakano, & Taga, 2011）。この活動は神経細胞レベルで考えると，まだシナプスの刈り込みが十分に行われていない脳のなかで，言語の入力により，それに関与する神経回路が活性化しているものと推測される。この繰り返しの入力によって神経同士のつながりは強くなり，余分なものは除去され，より効率的な回路が形成される，すなわち言語の回路ができあがっていくと考えられる。この他の脳の可塑的発達変化については皆川（2013b）を参照されたい。

3 節　発達障がいとその神経基盤：遺伝から行動まで

表19.1にこれまでに示した数々のレベルの神経科学と，それぞれのレベルで報告されている発達障がいの要因となる非典型的特性を示す。レベル別の特徴はそれぞれ関連しているケースもあるが，関連していない場合もある。ここに例示したのは主に自閉症についての特徴であるが，学習障がいやアスペルガー症候群などその他の発達障がいでも多かれ少なかれ特徴が重なるため，発達障がいと示した。まずは表中には示していないが根本的な生物学的基盤を決定する遺伝子，この遺伝子がヒトのもつ特定の分子特徴を定義し，さらにそれら分子は神経細胞の働きを制御する。2節で述べたとおり，発達障がいではある遺伝子特徴を欠損しているために，PV細胞という抑制細胞の働きがおかしくなり，抑制細胞と興奮細胞のバランスがくずれて臨界期の時期が通常よりもずれるという特徴が考えられる。そしてその結果，コラム特徴が定型と異なったり，大脳の灰白質，白質の大きさが異なったりなどの脳の構造（形態）異常が起こる。自閉症児は大脳，小脳ともに脳があるいは頭が大きいという特徴が示されているが（McAlonan, Cheung, Cheung, Suckling, Lam, Tai, Yip, Murphy, & Chua, 2005），それもこの細胞などの形態異常の結果とも考えられる。さらには刈り込むべき時期に刈り込まれなかったシナプスは非典型的な神経回路を形成する，ある部分は過剰なシナプスが残ったり（感覚過敏の要因とも推定される），特定の認知活動を行うのに特化した典型的回路が形成されなかったりする。この神経特徴を認知神経科学の

表19.1 さまざまなレベルでの神経科学とその検討項目および発達障がいの例

レベル	分子・細胞神経科学			認知神経科学		
	分子	細胞	局所神経回路	マクロな神経回路, 脳の形態	機能的脳活動	行動
項目内容	神経伝達物質 神経栄養因子 内分泌系	神経細胞 グリア細胞 シナプス 他	シナプスを介した神経細胞の局所的回路	・領野同士のつながり, 神経線維によるつながり ・脳部位（左右半球, 領野）の大きさ	・各脳部位の活動 ・機能的コネクティビティ ・神経活動の潜時	・知覚, 認知活動 ・正答率, 反応時間
発達障がいの例	・遺伝的要因からある分子欠損のために抑制細胞（PV細胞）に異常→抑制細胞と興奮性細胞のバランス異常→臨界期のずれ ・余剰なシナプス, 神経細胞の肥大			・脳構造・神経回路の非典型性（白質・灰白質のバランス, 脳部位, 脳全体の大きさ） ・一部神経線維の欠損, 形態異常	・認知活動時の長い神経結合の欠落 ・社会的刺激に対する非典型的な脳活動（前頭前野, 扁桃体, 紡錘状回など）	・社会性の欠落 ・こだわり ・感覚過敏 ・優れた視覚記憶 ・多動

注．発達障がいの例は一部を示しているのみであり，まだ多くの特徴があげられる．

機能的イメージング手法（fMRIやNIRS）で観察すると，たとえば心の理論課題において一般的にみられる前頭前野内側部が活動するネットワークがみられない，表情の情動判断のときに下前頭回，扁桃体などの活動がみられないといった，定型発達児とは異なる脳活動が観察される．さらに最終的な結果として，このような神経特徴，神経回路特徴をもった脳では，心の理論がない，情動判断ができない，注意が持続しないなどの行動特徴が現れる．ここで示した抑制細胞に由来する臨界期・可塑性の問題がすべての発達障がいの原因とはいえないし，より多様な分子や細胞の関与が考えられるが，たとえば発達障がいにおける脳領野同士を結合させる神経線維などの形態異常も臨界期異常に由来するのであれば，より本質的な原因になるともいえよう．最後に一つ補足しておくと，これらの説明で分子，細胞の性質を決める遺伝子がすべてを決定しているようにもとれるが，元来もつ遺伝的要因のみが発達障がいを決定するわけではなく，環境要因はその後の遺伝子発現を左右するので，環境，経験的な要因も重要である．

4節 脳科学の知見からの応用，示唆

3節において，神経科学のさまざまなレベルをとおして，自閉症的行動が現れる要因を考察した．別の観点から表19.1をみると，発達障がいの治療，介入法としてさまざまなレベルが考えられるということにもなる．たとえば発達障がい児で不足しているといわれているある種の神経伝達物質（たとえば注意欠如・多動症のドーパミン）を補う投薬療法などは，分子神経科学からの知見である．一般的に行われている行動療法や認知療法は，脳科学的には適切な行動を促進させる神経回路をつくる療法，あるいは誤配線された神経回路を適切に配線し直す手法といえよう．ここでは臨界期の神経回路の形成を中心に述べたが，このことは可塑的変化を起こしやすい発達

初期に障がいに対処することの重要性も示すといえる。乳児期の認知神経科学がより進展することによって早期に発達障がいをスクリーニングする手法も開発されるだろう。臨界期中の早期診断，早期療育によってより効果的な療育効果が得られると思われる。

　発達障がいばかりでなく，一般的な育児へも脳科学からの示唆があるが，一方で解釈にも注意が必要である。たとえば，生後1年の間に母語の音韻処理の回路が形成される，という認知脳科学的知見から生後1年内に外国語の教育が重要と安易な早期教育を考えるかもしれない。しかし，シナプスの刈り込みや抑制細胞の臨界期での重要性を考慮すると，多すぎる刺激，本来の社会的活動の文脈からは逸脱したような偏った刺激は脳を混乱させるともいえるのである。たとえばバイリンガル環境の子どもは二言語の入力を，それを母語とする養育者から，自然な社会的文脈で社会的相互作用を行いながら受けるので，般化性の高い学習がなされる。しかしそれをフラッシュカードやCDの繰り返しで不自然に与えても，入力刺激が偏っているので本来構築されるべき言語回路はなかなか構築されない。ここでは紹介しきれなかったが，発達脳の学習において，情動や母子関係などの社会的要因がいかに重要かということも示されている。これまでの経験則あるいは発達心理学の知見どおり，育児や教育にあたっては偏りのない全人的な教育への配慮が必要不可欠である。現在の脳科学はこれらの経験則を教育者，育児者へ説得性を与える客観的な科学的証拠として活用されうるが，逆にいうと，経験則以上の新しい教育的知見は，とくに定型発達児に対しては，さほど提供していない。今後，より教育，育児への汎用性を高めるためにも脳科学は基礎研究を積み重ね，脳と心のメカニズムそしてその発達過程を詳細に明らかにする必要がある。

◆ 注

1)　システム神経科学は認知神経科学とも重複する部分があるため以降は分子，細胞神経科学と記す。
2)　髄鞘とは，神経細胞の軸索をおおう被膜。絶縁性であるため神経伝達を高速化する。ミエリンともよぶ。発達の初期には髄鞘化されておらず非効率的な神経伝導が行われる。

◆ 引用文献

Arimitsu, T., Uchida-Ota, M., Yagihashi, T., Kojima, S., Watanabe, S., Hokuto, I., Ikeda, K., Takahashi, T., & Minagawa-Kawai, Y. (2011). Functional hemispheric specialization in processing phonemic and prosodic auditory changes in neonates. *Frontiers in Psychology*, **2**, 202.

Chi, J. G., Dooloing, E. C., & Grilles, F. H. (1977). Left–right asymmetries of the temporal speech areas of the human fetus. *Archives of Neurology*, **34**, 346–348.

Chiron, C., Jambaque, I., Nabbout, R., Lounes, R., Syrota, A., & Dulac, O. (1997). The right brain hemisphere is dominant in human infants. *Brain*, **120**, 1057-1065.

Gervain, J., Macagno, F., Cogoi, S., Peña, M., & Mehler, J. (2008). The neonate brain detects speech structure. *Proceedings of the National Academy of Sciences of the United States of America*, **105**, 14222-14227.

Hensch, T. K., & Stryker, M. P. (2004). Columnar architecture sculpted by GABA circuits in developing cat visual cortex. *Science*, **303**, 1678-1681.

Homae, F., Watanabe, H., Nakano, T., & Taga, G. (2011). Large-scale brain networks underlying language acquisition in early infancy. *Fronties in Psychology*, **2**, 93.

Homae, F., Watanabe, H., Otobe, T., Nakano, T., Go, T., Konishi, Y., & Taga, G. (2010). Development of global cortical networks in early infancy. *The Journal of Neuroscience*, **30**, 4877-4882.

Lenneberg, E. H. (1967). *Biological foundations of language*. New York : John Willey & Sons.

Mataga, N., Mizuguchi, Y., & Hensch, T. K. (2004). Experience-dependent pruning of dendritic spines in visual cortex by tissue plasminogen activator. *Neuron*, **44**, 1031-1041.

McAlonan, G. M., Cheung, V., Cheung, C., Suckling, J., Lam, G. Y., Tai, K. S., Yip, L., Murphy, D. G., & Chua, S. E. (2005). Mapping the brain in autism. A voxel-based MRI study of volumetric differences and intercorrelations in autism. *Brain*. **128**, 268-276.

皆川泰代. (2013a). 脳科学の考え方. 田島信元・南 徹弘（責任編集），日本発達心理学会（編），発達科学ハンドブック：1 発達心理学と隣接領域の理論・方法論（pp.350-359). 新曜社.

皆川泰代. (2013b). 乳児の脳機能発達. 酒谷 薫（監修），NIRSの基礎と臨床（pp.187-192). 新興医学出版社.

Minagawa-Kawai, Y., Cristià, A., & Dupoux, E. (2011). Cerebral lateralization and early speech acquisition : A developmental scenario. *Journal of Developmental Cognitive Neuroscience*, **1**, 217-232.

森 寿・真鍋俊也・渡辺雅彦・岡野栄之・宮川 剛（編）. (2000). 脳神経科学イラストレイテッド. 羊土社.

Peña, M., Maki, A., Kovacic, D., Dehaene-Lambertz, G., Koizumi, H., Bouquet, F., & Mehler, J. (2003). Sounds and silence : An optical topography study of language recognition at birth. *Proceedings of the National Academy of Sciences of the United States of America*, **100**, 11702-11705.

Ray, B., Roy, T. S., Wadhwa, S., & Roy, K. K. (2005). Development of the human fetal cochlear nerve : A morphometric study. *Hearing Research*, **202**, 74-86.

Sawtell, N. B., Frenkel, M. Y., Philpot, B. D., Nakazawa, K., Tonegawa, S., & Bear, M. F. (2003). NMDA receptor-dependent ocular dominance plasticity in adult visual cortex. *Neuron*, **38**, 977-985.

Wiesel, T. N., & Hubel, D. H. (1963). Single-cell responses in striate cortex of kittens deprived of vision in one eye. *Journal of Neurophysiology*, **26**, 1003-1017.

Yazaki-Sugiyama, Y., Kang, S., Câteau, H., Fukai, T., & Hensch, T. K. (2009). Bidirectional plasticity in fast-spiking GABA circuits by visual experience. *Nature*, **462**, 218-221.

20章　文化人類学・文化社会学からの示唆

柴山真琴

　発達心理学において，1980年代以降，人間発達はその人が生まれ育つ社会の歴史的・社会文化的文脈から切り離せないという認識が広まってきた。本稿では，発達の社会文化的制約を「人間発達を枠づけ拘束する社会的・文化的諸力」ととらえ，文化人類学や文化社会学では，文化・社会のなかでの人間発達（文化化・社会化）をどのように探求してきたのかを素描することをとおして，発達研究への示唆を得ることを目的とする。具体的には，まず文化人類学における文化化研究の特徴を検討し，次に文化社会学における社会化研究の特徴を検討する。これらの検討をふまえて，文化化・社会化研究と発達研究との接点を探り，今後の発達研究への示唆をまとめる。

1節　文化人類学研究と文化化研究

1.「文化化」と「文化」の定義

　文化人類学では，子どもが自文化を身につけて文化的存在になっていく過程は「文化化」(enculturation) とよばれ，「仲間との相互作用を通じて，個人が生を受けた社会の仕組みと価値観に従って，人間が人間らしさを獲得する生涯にわたって続く人間形成の過程」（江淵, 2000, p.85）と定義される。文化化には多くの学習が含まれるが，とくに言語は最も重要な学習内容であると同時に，文化化の手段でもあると考えられている（Bock, 1974/1977, p.65）。

　また，文化人類学研究で使われる「文化」概念は，次の4つに整理されている（吉田, 1994）。第一は，文化人類学の父タイラー（Tylor, E. B.）の古典的定義にみるように，文化を「特定の社会の人々によって習得され，共有され，伝達される行動様式ないし生活様式の体系」としてとらえる立場である。後述するマリノフスキーは，文化を「道具・消費財・種々の社会集団の憲章・観念や技術・信念・慣習からなる統合的全体」（Malinowski, 1944/1958, p.42）ととらえており，この立場に位置づけられる。第二は，文化を「自然環境・社会環境に対する適応の体系」としてとらえる立場で，技術・経済・生産に関係する社会組織の諸要素が文化の中心的領域となる。第三は，文化を「観念体系」としてとらえる立場で，文化は知覚・信仰・評価・行為に関する一連の規準としてとらえられる。「規則」「範疇」「行動準則」「認知地図」「イメージ」などの概念はその代表例で，いずれも文化を人間行動のレベルではなく，認知や知識のレベルでとらえている

点に特徴がある（江淵，2000，pp.65-66）。第四は，文化を「象徴と意味の体系」としてとらえる立場で，人々の相互作用過程は「言語能力を媒介にして行われる象徴（言語や記号など）交換の過程」（江淵，2000，p.63）とみなされる。文化を「人々が自ら紡ぎ出した意味の網の目」ととらえたギアーツの定義（Geertz, 1973）は，この立場の代表例である。

2. 文化人類学における文化化研究の特徴

文化化研究は，1920年代にトロブリアンド島民に関するフィールドワークを行ったマリノフスキーに始まる。彼は，この調査経験をとおして，文化の諸側面の相互連関を把握する「機能主義」と，対象とする社会集団の内部者の視点（emic view）から文化の理解を試みるための方法である「フィールドワーク（参与観察）」を人類学の手法として確立した。

文化化研究の目的は，パーソナリティの形成過程――パーソナリティを構成する認知・行動・感情の各側面に文化がどのような影響を与えるか――を，異文化でのフィールドワークにもとづいて明らかにすることにある（江淵，2000，p.85）。1930年代以降，文化化研究は，文化人類学の一領域である「文化とパーソナリティ」学派（後に心理人類学と改称）によって担われてきたが，この学派の諸研究で重視されたのが，育児様式やしつけの型にみられる文化的特質の解明であった。文化を一つの統合されたシステムととらえ，関連する各部分の統合された形態を「様式・型」とよび，それが個人の「行動型」として維持されると考えられた（江淵，2000，p.65）。とくに乳幼児期から子ども期にかけての初期文化化が当該社会の文化の基礎を内面化するうえで重要とされ，子どものパーソナリティ・タイプの源泉としての親の養育行動の観察と記述に焦点を当てた研究がなされた。乳幼児期の養育者の育児慣行やしつけが子どものパーソナリティをかたちづくるという発想は，フロイト（Freud, S.）の精神分析学の影響を反映するものである。これらの研究では，「子どもの外にある文化＝子どもが取り込む文化」という前提に立って，子どもは文化化の過程で自文化の写し（replica）を獲得すると考え，とくに集団メンバーの行動を特徴づけているパーソナリティの共通性や類似性に注目する傾向があった。こうした前提は「斉一性の複写」（replication of uniformity）モデルとよばれ，1960年代までになされた研究の理論モデルになっていた（箕浦，1984a）。

ホワイティング夫妻を研究代表とする「6つの文化研究」（Whiting & Whiting, 1975/1978）は，この時代になされた代表的な研究である。アメリカの複数の大学の人類学者からなる共同研究チームは，子どもの社会行動の発達に及ぼす学習環境の影響を調べるために，6つの異なった社会（東アフリカ・インド・日本〔沖縄〕・メキシコ・フィリピン・アメリカ）でフィールドワークを行った。この調査では，共通の理論的枠組みと調査方法が採用されたが，理論的枠組みとされたのが「心理－文化モデル」（図20.1参照）である。子どもの発達の道筋に影響する社会文化的環境を「環境」「歴史」「生活維持体系」「子どもの学習環境」という4つの次元でとらえ，とくに文化的諸制度と「個人」を媒介する「学習環境」が子どもの社会行動の発達に大きな影響を与えると想定された。図中の→は因果の方向を示しており，子どもの発達は子どもを取り巻く社

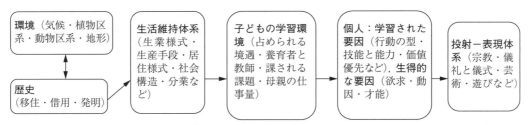

図20.1 ホワイティング夫妻の「心理−文化モデル」（Whiting & Whiting, 1975/1978, p.xiを改変）

会文化的状況の連鎖の産物とみなされた。

また，行動観察の方法については，観察者が子ども（3歳から11歳までの16人ないし24人の男児・女児）の相互作用過程を5分間観察（1人につき最低15回観察）して記録する一方で，2言語を話す助手が子どもの言語的相互作用をすべて筆記した。行動動機という視点からデータをコーディングした結果，12種類のカテゴリー（援助希求・援助提供・注意喚起・支持提供・接触・社交的行為・社交的暴力〔悪ふざけ〕・支配志向・責任ある提案・暴行・象徴的攻撃〔侮辱〕・叱責）が全対象児にみられ，これらのカテゴリーから抽出した2つの軸（〈「養育的−責任的」対「依存的−支配的」〉と〈「社交的−親密的」対「権威的−攻撃的」〉）からなる4類型のいずれかに対象児たちの結果を位置づけることができた。つまり各文化の子どもたちの社会行動は，ある点においては独自性があるが別の点においては類似しており，まったく同じでもなくまったく違ってもいないと結論づけた。ホワイティング夫妻の理論モデルには，養育者の信念体系の影響や各システム間の相互影響関係が欠落しているという弱点があるが，子どもの行動を社会全体の脈絡から切り離さずに，子どもが参加する活動や状況を組織的・直接的に観察して記録するというフィールド調査の方法は，比較文化研究法の改善に大いに貢献した。

その後，「斉一性の複写」モデルでは個人差を説明できないとの批判が出され，ウォラスによって「多様性の組織体」（organization of diversity）モデルが提案された（Wallace, 1970）。このモデルでは，①「子どもの外にある文化≠子どもが取り込む文化」という前提に立ち，個人は自分のやり方で文化規範を利用し内在化していく，②文化の内在化の度合いが違っても，制度や儀礼への参加に際して，場に応じた行動に関する知識と了解をもっていれば共同活動は成立する，③文化の共有とは制度への参加の知識と能力をもっていることである，と考えられた（江淵，2000, p.92）。

「多様性の組織体」モデルに立脚した研究例として，箕浦（1984b）の研究がある。箕浦は「文化化＝文化化エージェントと子どもとの相互作用過程」ととらえ，子どもが文化固有の対人関係の規則を体得する過程に注目した。さまざまな年齢で日米間を移動した日本の子ども（アメリカでは現地校に通学）への面接調査で得たデータを，パーソナリティの3側面（認知・行動・情動）の関係に着目して分析した結果，9歳から14, 15歳の時期をアメリカ的な人間関係にどっぷりと浸かって過ごした子どもは，認知・行動・情動のすべてのレベルで，アメリカ的な対人関係の規則を取り込んでいることがわかった。つまりアメリカという同じ文化的環境で生活しても，移行時の子どもの年齢と滞在期間，アメリカ人同輩との交友関係の濃淡などによって，対人関係規則

の取り込み方に個人差がみられることを明らかにした。箕浦の貢献は，文化化過程における子どもの発達要因と能動性に注目し，個々人が意味体系としての文化を内在化する過程を解明した点にあった。

2節 文化社会学と社会化研究

1.「社会化」と「文化」の定義

社会学では，「個人がさまざまな他者との相互的なやりとりを通して社会的アイデンティティや役割を形成し，社会的な存在となる過程」（栗原，1994，p.391）を「社会化」（socialization）とよぶ。ただし，社会が個人の社会化過程に影響を及ぼす過程だけでなく，個人が社会を生み出す過程にも目を向けることから，社会化過程は社会と個人の双方向的な過程とみなされている。子どもは生涯において複数の社会集団に参加するが，とくに家族は一次的集団として子どもの社会化過程で大きな役割を果たすと考えられている。

また，社会学では文化を，①意味・象徴性をもち，②パターン化した行為をともなうものととらえ，文化の社会的機能に目を向ける。とくに文化を，①社会制度・社会構造との構造的・機能的関連において考察すること（差異化・構造化・再生産の問題），②世代を超えて伝達・継承され，生成・変容するものとして考察すること（社会変動・制度化の問題），③個人・集合体の意味とアイデンティティを左右するものとして考察すること（統合・意味付与・秩序の問題），が重視される（藤田，1993）。

2. 文化社会学における社会化研究の特徴：家族研究を中心に

一般に連字符社会学とよばれる社会学の下位領域は，「教育社会学」（教育現象を社会学的に研究する），「家族社会学」（家族にかかわる現象を社会学的に研究する）というように，〈研究対象＋社会学〉という組み合わせで命名されている。この規則に従えば，文化社会学は，「文化を社会学的に研究する分野」となるはずであるが，実際には「文化を通して社会を研究する学問」（南田・辻，2008，p.310）と定義されている。より詳細にいえば，「具体的な社会生活のあらゆるところに文化的な側面があることを引き受け，個別の対象にまとわりつく行為の意味や価値の側面，社会意識を研究対象」（南田・辻，2008，p.4）とする研究領域とされている。

文化社会学研究における理論的枠組みは，初期の「構造主義」を経て，今日では構造主義の応用理論である「構築主義」と「言説分析」が主流をなしている（岡本，2008）。以下では，一次的集団である家族（親子関係）がどのように検討されてきたのかを整理する。

a. 構築主義からのアプローチ

「構築主義」は，ラベリング論・知識社会学・エスノメソドロジーを源流にして1970年代にア

メリカで誕生した理論であるが，社会的現実はそれについて人々が語ることによって構築されるという考えを指す（岡本，2008）。構築主義の立場からの代表的な家族研究として，グブリアムとホルスタイン（Gubrium & Holstein, 1990/1997）の研究がある。彼らは，日常場面で得た実例，医療・福祉現場でのフィールド調査で得た資料，家族に関する既存の社会的相互作用研究をデータとして，「発言者」「関連するテーマ」「発言がなされた場所」という視点から整理した。その結果，①「家族・家・世帯・家庭・私事（プライバシー）」という概念セットが家族言説の中心に位置していること，②人々は自分が直面する事情や場・目的に応じて，各要素の結びつけ方やその意味づけを変えながら家族言説という共通理解のパターンをつくっていることがわかった。会社経営者は自社が「家族的な企業」であると強調し，女性政治家は選挙演説で「自分の家族よりも政治活動を優先する」と主張するというように。つまり家族とは固定された実体ではなく，個別の文脈での人々の相互行為によって創出される現象であり，とくに自他の行為や人間関係を解釈し，新たな行為を生成・統制するために人々は家族イメージを構築していると結論づけた。構築主義は，多様な文化現象に単一の原理を探す構造主義とは違って，複数の原理による解明をとおして文化現象をより立体的に把握することができる半面，データ化された相互作用過程以外の現象との関連（社会・経済制度や価値観などの影響）や現象の原因の探求に分析が及びにくいという弱点がある（岡本，2008）。

b. 言説分析からのアプローチ

社会現象の特質の分析とその因果論的な説明を同時に行う理論として登場したのが，「言説分析」である（岡本，2008）。言説は他の言説との相互作用過程のなかで成立・変容・消滅すると考えることから，①言説の成立を他の言説とのかかわりで追跡すること，②その際，社会の変化も考慮に入れること，の2点を基本とする（岡本，2008, p.97）。研究手法としては，網羅的に集めたテクストの相互関係を確認して言説空間を再現する。言説分析を応用した家族研究としては，フランスにおいて国家が家族に介入する過程を解明したドンズロ（Donzelot, 1977/1991）の研究や日本の親子関係の親密さに切り込んだ中西（2008）の研究などがあるが，ここでは後者の研究を紹介する。

中西（2008）は，親子関係のなかでもとくに親密な関係とされる母娘関係に焦点を当て，互いに機能的に自立し情緒的な交流が中心となる世代を中心に，情報誌や漫画に描かれた母娘関係で生じる葛藤状況を検討した。葛藤が生じる母娘の組み合わせの代表的なものが，①仕事を続け結婚の目途が立たない娘と専業主婦の母親，②キャリアウーマンの母親と専業主婦希望の娘で，女性の生き方をめぐる母娘間の価値観のギャップが母娘関係に影響を与えていることが浮かび上がった。そこで，母娘間の親密性に影響を及ぼす要因を把握するために，東京近郊に住む20代の女性217名を対象に質問紙調査を行った。母親との親密さを，①共時行動頻度（会話・買い物・外食・旅行・趣味の頻度）と②情緒的親密さ（「心配事をきく」「気持ちや考えを理解する」など全5項目）の2つの側面から測定した。あわせて，自分が理想とするライフコース（「非婚就業・DINKS」「一貫就労型」「再就職型」「専業主婦型」）と母親のライフコース（後三者）の類似・相違と環境要因（本人と親の経済的状況・親との同別居・母親の有職／無職など）も調査し

た。分析の結果，①母娘の共時行動頻度には親子双方の経済状況（とくに娘から母親への経済的依存状況）が影響を及ぼしていること，②ライフコース志向における母娘間の類似・相違が情緒的親密さを大きく規定していること，がわかった。つまりきわめて私的で個別的な事象にみえる母娘関係の親密さが，経済的状況や女性のライフコースの多様化といったマクロな社会状況の影響を受けていることが明らかにされた。言説分析は，実際にその現象が生じている現場に立ち入らないために家族の日常実践や家族による違いがとらえきれないという限界があるが，現代家族において，母娘関係が家族制度（母・娘という役割関係）によってではなく情緒的な結びつきを支えに形成されている現象の原因を説明しうる。

c．生成的構造主義の視座

　文化社会学を広義にとらえると，社会構造の再生産過程を文化的要因から説明したブルデュー（Bourdieu, 1979/1990）の研究も含めることができる。ブルデューは，構造主義に行為者（実践感覚や戦略の概念）を取り込んだ社会理論を構想した点で，「生成的構造主義」とよばれている（竹内，2009）。

　ブルデューは，子どもの社会化過程における社会集団間の差異を文化の視点から分析する鍵概念として，「文化資本」「ハビトゥス」を提案した。「文化資本」とは，文化にかかわる有形・無形の所有物の総体を指し，①身体化された文化資本（個人に蓄積された知識・教養・技能・趣味・感性など），②客体化された文化資本（書物・絵画・道具など所有可能な文化財），③制度化された文化資本（学歴・資格など），の3つに分類される（Bourdieu, 1979/1990）。これらの文化資本は，①学校教育などにも媒介されるが，基本的には家庭の日常実践のなかで親から子どもに継承され，②蓄積可能性と他の資本への変換可能性によって利益を生む資力となる（竹内，2009）。たとえば，家庭で古典音楽や古典文学などの正統文化を享受する機会がある上流階級の子どもの場合，家庭での経験が学業達成に有利に働き，大学進学によって高い学歴と社会的地位を入手しやすくなる（反対に，家庭で大衆文化にふれて育つ労働者階級の子どもは，学校で初めて正統文化を学ぶために不利になる）。とくに重要なのは，文化資本を身体化する過程で，各階級に特有の実践感覚である「ハビトゥス」（habitus）が形成されることである。この「ハビトゥス」は，社会階級・家庭や学校教育などの社会構造に規定されながら形成される心的構造であると同時に，多様な状況下で戦略的かつ臨機応変に日々の日常実践（慣習行動）を生み出す性向の体系でもあるという特徴をもつ（Bourdieu, 1979/1990）。

　家庭の日常実践のなかで親から伝達される文化資本と子どもが交渉する過程（受容・抵抗・修正も含めて）や，子どもが「ハビトゥス」を形成していく過程を具体的に解明する余地が残されているが，ブルデューの視座は，家族集団における文化的実践は二重の構造によって構成される過程であること（社会構造による実践の規定と個人の心的構造による実践の創出・変容），個人的なものと思われる性向も社会的な傾向であることに気づかせてくれる。

3節 文化化・社会化研究と発達研究との接点と発達研究への示唆

　以上，文化人類学（とくに心理人類学）における文化化研究と文化社会学における社会化研究（とくに家族研究）の大きな流れを押さえつつ，理論的枠組みや分析方法に注目して代表的な研究をみてきた。最後に文化化・社会化研究と発達研究との接点を浮かび上がらせ，発達研究への示唆を探る。

1. 文化化・社会化研究と発達研究との接点

　2つの領域の研究動向の素描をとおして気づくのは，①共通した研究関心をもちながらもアプローチに違いがあることと，②アプローチの違いを超えて共通の指向がみられることである。前者については，文化・社会のなかでの人間生活や人間発達過程の解明を共通の研究関心としつつも，文化人類学では社会生活を統合的なものととらえて共時的に考察する傾向があるのに対して，文化社会学では社会を変動するものととらえて文化と社会構造との関連を考察する傾向がある（藤田，1993）。また，文化人類学では，文化を「生活様式」「適応の体系」「観念体系」「象徴体系」という複数の次元から広くとらえ，人々の日常的営為を具体的に記述・理解しようとするのに対して，社会学では後二者に焦点を当てて文化の社会的機能を解明しようとする。家族言説の構築過程への注目や母娘関係にかかわる言説分析は，この傾向を如実に示している。

　その一方で，アプローチの違いを超えて背後に共通にみられるのは，文化・社会が家族の実践や個人の成長を規制するという単方向の視座（文化・社会→個人）から，文化化・社会化過程を文化・社会と個人との相互作用的な過程とみる視座（文化・社会↔個人）への変化である。この変化の背後には，人間（子ども）を能動的で積極的な社会的行為者とみなし，当事者の主体的な実践過程や解釈過程を解明することの重要性と必要性への気づきがあったと推察される。

　文化・社会と個人の文化化・社会化過程の相互構成性と個人の能動的な意味構築への注目は，発達研究における動向と重なる。ヴィゴツキー（Vygotsky, L. S.）の理論的伝統を継承しつつ，文化人類学由来のフィールドワークを取り入れることで，社会的実践を中核にすえた人間発達研究を提唱したコールやロゴフの仕事（たとえば，Cole, 1996/2002；Rogoff, 2003/2006），さらには人間発達の過程を「文化の意味体系のなかに自分を方向づける過程」ととらえ，フィールドワークによって子どもの意味創出過程を解明したガスキンスらの仕事（たとえば，Gaskins, Miller, & Corsaro, 1992）に，同様の指向をみることができる。

2. 発達研究への示唆

本稿で扱うことができたのは文化化・社会化研究の一部であるが，発達研究への示唆として，次の3点を引き出すことができる。

a. 文化的状態の具体的な現れとそれを支える社会的実践

発達過程にかかわる文化・社会をどのような理論的枠組みでとらえるかによって，焦点化される文化の側面も必要になるデータも違ってくるが（柴山，2010），子どもの発達の道筋は親の養育観・価値観だけでなく，その具現物である住まい方・暮らしぶり，習慣化された行動や相互作用のパターンによっても方向づけられると考えると，文化的状態における人間生活の実際を具体的に観察・記述する必要がある。文化が存続するためには具体的な基盤（社会集団での実践）が不可欠になるとすれば，子どもの発達の文脈となる社会集団の実践を記録するうえで，文化人類学的な生活誌の方法（フィールドワーク）が有効である。文化に関心をもつのであれば，生きた文化の諸相を記録してはじめて，文化に潜在する微妙な意味論や価値観を描き出し，象徴的な言動が意味するものを解釈することが可能になる（Willis, 1977/1996, p.020）と思われる。

b. 個人の特徴に還元されない集合的な傾向

従来の発達研究では，家族集団内の文化的・社会的諸力は，とかく親子間の相互作用に現れる親の養育行動や価値観に限定してとらえる傾向があったように思われる。文化社会学研究から示唆されることは，親は特定の時代を生き，特定の社会集団の価値観（集合表象）や慣行になじんだ行為者であることである。たとえば，幼少時から子どもに絵本を読み聞かせ就学後に読書を奨励するのは，親が日常生活に必要な言葉から離れて文化を享受する傾向をもつ社会階層に属しているからにほかならない（藤田，1993）。親の行動特徴を個人的次元だけに還元せずに，近代家族の価値観や特定の社会階層が共有する集合的な意味や慣習との交渉過程も視野に入れつつ，それらが親子の相互作用過程で意識的・無意識的に利用される様相を具体的に解明する必要があるだろう。

c. 個人的・共同的な解釈とその発達的意味

今後の課題というほうが適切かもしれないが，個人の解釈の構築過程における「個人的なもの」と「共同的なもの」の境界をどこに引くかという問題である。実際の相互作用過程において，相互浸透的・相互構成的に解釈が構築される事態においては，「私の解釈」「あなたの解釈」「私とあなたの解釈」を明確に分けることは難しい。これは発達研究でも同様で，「脱・個体主義パラダイム」の立場から発達研究をする場合（たとえば「共同行為論」に依拠して子どもの理解過程を検討する場合）など，同じ問題に突き当たるかもしれない。

とまれ，たとえ困難な事態であってもできるだけ前向きな解釈をして，それを明日につなげていこうとするのが人間発達であるとすれば，個人が単独ないし共同で構築した解釈がその後の実践にどう活かされたのかを理解してはじめて発達的な意味を知ることができる。文化化・社会化研究では扱いにくい発達的意味の探求こそ，発達研究ならではの課題だと思われる。

◆ 引用文献

Bock, P. (1977). 現代文化人類学入門 (1) (江淵一公, 訳). 講談社. (Bock, P. (1974). *Modern cultural anthropology : An introduction.* New York : Alfre A. Knopf.)

Bourdieu, P. (1990). ディスタンクシオンⅠ:社会的判断力批判 (石井洋二郎, 訳). 藤原書店. (Bourdieu, P. (1979). *La distindtion : Critique sociale du jugement.* Paris : Minuit.)

Cole, M. (2002). 文化心理学:発達・認知・活動への文化-歴史的アプローチ (天野 清, 訳). 新曜社. (Cole, M. (1996). *Cultural psychology : A once and future discipline.* Cambridge, MA : Harvard University Press.)

Donzelot, J. (1991). 家族に介入する社会:近代家族と国家の管理装置 (宇波 彰, 訳). 新曜社. (Donzelot, J. (1977). *La police des familles.* Paris : Minuit.)

江淵一公. (2000). 文化人類学:伝統と現代. 放送大学教育振興会.

藤田英典. (1993). 「文化」と「社会」. 宮島 喬・藤田英典 (編著), 文化と社会 (pp.20-29). 放送大学教育振興会.

Gaskins, S., Miller, P., & Corsaro, W. A. (1992). Theoretical and methodological perspective in the interpretive study of children. *New Direction for Child Development*, **58**, 5-23.

Geertz, C. (1973). *The interpretation of cultures.* New York : Basic Books.

Gubrium, J. F., & Holstein, J. A. (1997). 家族とは何か:その言説と現実 (中河伸俊・湯川純幸・鮎川 潤, 訳). 新曜社. (Gubrium, J. F., & Holstein, J. A. (1990). *What is family?* Mountain View, CA : Mayfield Publishing.)

栗原 彬. (1994). 社会化. 見田宗介・栗原 彬・田中義久 (編), 社会学事典 (縮刷版, pp.390-391). 弘文堂.

Malinowski, B. (1958). 文化の科学的理論 (姫岡 勤・上子武次, 訳). 岩波書店. (Malinowski, B. (1944). *A scientific of culture and other essays.* Chapel Hill : University of North Carolina Press.)

南田勝也・辻 泉. (2008). 文化社会学の視座. 南田勝也・辻 泉 (編著), 文化社会学の視座:のめりこむメディア文化とそこにある日常の文化 (pp.1-11). ミネルヴァ書房.

箕浦康子. (1984a). 文化とパーソナリティ論 (心理人類学). 綾部恒雄 (編著), 文化人類学15の理論 (pp.95-114). 中央公論社.

箕浦康子. (1984b). 子供の異文化体験:人格形成過程の心理人類学的研究. 思索社.

中西泰子. (2008). 現代の親子関係とはいかなるものか:仲良し母娘とその社会的背景. 南田勝也・辻 泉 (編著), 文化社会学の視座:のめりこむメディア文化とそこにある日常の文化 (pp.194-215). ミネルヴァ書房.

岡本朝也. (2008). 文化の変遷への視座:構築主義と言説分析. 南田勝也・辻 泉 (編著), 文化社会学の視座:のめりこむメディア文化とそこにある日常の文化 (pp.83-104). ミネルヴァ書房.

Rogoff, B. (2006). 文化的営みとしての発達:個人, 世代, コミュニティ (當眞千賀子, 訳). 新曜社. (Rogoff, B. (2003). *The cultural nature of human development.* New York : Oxford University Press.)

柴山真琴. (2010). 文化と発達. 日本児童研究所 (編), 児童心理学の進歩:Vol.49 (2010年版, pp.1-26). 金子書房.

竹内 洋. (2009). 文化資本. 井上 俊・伊藤公雄 (編著), 文化の社会学 (pp.249-258). 世界思想社.

Wallace, A. F. C. (1970). *Culture and personality* (2nd ed.). New York : Random House.

Whiting, B. B., & Whiting, J. W. M. (1978). 六つの文化の子供たち:心理-文化的分析 (綾部恒雄, 監修, 名和敏子, 訳). 誠信書房. (Whiting, B. B., & Whiting, J. W. M. (1975). *Children of six cultures : A psycho-cultural analysis.* Cambridge, MA : Harvard University Press.)

Willis, P. E. (1996). ハマータウンの野郎ども:学校への反抗・労働への順応 (熊沢 誠・山田 潤, 訳). 筑摩書房. (Willis, P. E. (1977). *Learning to labour : How working class kids get working class.* New York : Columbia University Press.)

吉田禎吾. (1994). 文化. 石川栄吉・梅棹忠夫・大林太良・蒲生正男・佐々木高明・祖父江孝雄 (編), 文化人類学事典 (縮刷版, pp.666-667). 弘文堂.

Ⅱ部
生涯発達の道筋

「Ⅱ部　生涯発達の道筋」では，「Ⅰ部　発達の理論と展望」を受けて，胎児期から，新生児・乳児期，幼児期，児童期，青年期，成人期，高齢期に至る生涯発達の道筋を辿る。

まず，総論として，生涯発達をとらえる視点が述べられる。そこでは，生涯発達には従来考えられてきたよりも社会・文化的条件（環境）が大きな効果を示しているという事実が提示される。遺伝や，ある時期の環境により生涯発達が「決定される」のではなく，環境への応答性の程度によって規定される，「発達の可塑性」の大きさと重要性を示している。生涯発達の道筋で重要なのは，発達の年齢ではなく，どのような道程を辿り，どのような対人的，社会・文化的な環境と応答しながら，旅を続けていくかという，旅の姿，旅のメカニズムである。

このような前提に立って，各時期の特性が述べられる。それぞれの旅の道筋が，生物学的な要件と，社会・文化的な要件との応答的でダイナミックな相互作用によって進行することが示されている。

発達を，固有名をもつある一人の，あるいはある特定の家族やクラスといった人や人々の道程として考えると，それぞれの道程で，旅を困難にする生物学的な要件や社会・文化的要件によるさまざまな「課題」が立ち現れるであろう。その「課題」の実態と，それへの対処についての各論的な記述は，引き続く本書の「Ⅳ部　現代社会と発達」や「Ⅴ部　発達の障害・臨床」に譲ることにしても，各時期が生物学的な要件や社会・文化的な要件による応答的ダイナミクスを内包していることをふまえながら，その道筋を俯瞰していただきたい。

生涯発達の道筋を通して俯瞰することで，遡って各時期の発達の意義と意味が再確認されるものと思われる。

（長崎　勤）

21章 生涯発達の視点

鈴木　忠

1節　発達の可塑性

　生涯発達の視点をとることは，たんに発達研究の対象範囲を広げることではない。生涯発達心理学は，進化生物学や脳科学，遺伝学などに由来する可塑性（plasticity）という概念を発達研究に導入することで，発達観の革新をもたらした（Baltes, 1987 ; Baltes, Lindenberger, & Staudinger, 1998）。

　発達は生得的要因や初期経験のみによって決まるわけではない。人間に限らず生物は一般に，発達過程のどの時点においても環境に応答しており，それによってライフコースはいつの時点でも変化しうる。それが発達的可塑性である。

　生涯にわたる発達がどのような段階をふむかという大枠のグラウンドプランは遺伝的に決まっている。しかしグラウンドプランには同時に，そのときの具体的な環境条件に応答することで発達を進めることも組み込まれている。遺伝と環境との相互作用を通じて，生物は発達そのものによって環境に適応しているのである。発達を遺伝と環境の相互作用による適応過程としてみることは，発達を特定の時期に限定するのでなく，ある程度長いスパンでみることを要請する。それが生涯発達という視点をとることの意義である。

1. ウォディントンの水路づけモデル

　発達的可塑性を遺伝学者のウォディントンが示した水路づけ（canalization）モデル（後成的風景モデルともよばれる；Waddington, 1957）で説明しよう（図21.1を参照）。それは遺伝子が発達のグラウンドプランをもつと同時に，外界に応答することを主要な機能とすることにもとづいている。このモデルが可塑性に関して表していることは2つある。

　一つは，発達が常に単線的に進むわけではなく，環境条件に左右されながら途中で異なる形質や行動パターンを獲得する可能性を，水路の分岐によって示している点である。もう一つは，

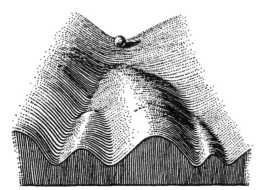

図21.1　ウォディントンの水路づけモデル
　　　（Waddington, 1957）

次の発達段階への移行が環境条件に左右されるために，一つの段階にどのくらいの期間とどまるかが環境と独立には決まらない点である。

　昆虫を例にして示そう。昆虫は卵－幼虫－さなぎ－成虫という発達段階をもつ（変態）。これは多くの昆虫が種としてもつ発達のグラウンドプランである。可塑性の一つ目の側面として，発達が決まった単線経路をたどるわけではなく，環境条件によって性質や形態の異なる個体へと分岐する（表現型多型；polyphenism）。たとえばカブトムシの雄は，幼虫時代に餌が不足するなどして十分な大きさに成長できそうにないと，成長をとめ，角をもたない雌のような見かけの小型雄になる。通常の雄よりも繁殖時期を前後にずらしたり活動範囲を広げたりして，角をもつ雄とかち合わないようにして雌を獲得する（Nijhout, 2003）。

　可塑性のもう一つの側面は，次の段階へ移行するタイミングが環境条件によるために，発達全体の長さがいわば伸び縮みすることである。昆虫のなかには，冬が近づくと日照時間や温度変化を手がかりとして発達を停止し休眠に入るものがいる。日照時間が十分に長い春や夏に卵からかえった場合は休眠をすることなく成虫になるが，秋になって日が短くなり始めてからさなぎになった場合は，そのまま休眠に入って冬越しをする。一生の長さは越冬をしない場合に比べて大幅に長い。

　段階間移行のタイミングの変化と形質上の変異が相伴って起こることも多い。たとえばオランウータンの雄は，群れを支配する優位な雄がいる間は，発達が抑制され攻撃性が低い状態で何年も過ごす。かつては別種のオランウータンと誤解されたほど大きさや見かけが異なる。しかしいったん優位雄がいなくなると成長を始め，独特の頰垂れをはやし身体が大きくなり攻撃性が高まる。雌をめぐって他の雄と戦うようになる（Hrdy, 1999/2005）。一度標準的な経路からはずれてしまっても，迂回路を経て戻ることもありうるのである。なお遺伝的要素が環境に応答することで発達が進行するという考えは，応答規準（reaction norm）ともいわれる。バルテスが生涯発達心理学について述べた理論的論文（Baltes, 1987）で言及されている。

　遺伝と環境の相互作用として発達的可塑性が実現している事実からすると，たんなる時間経過によって発達的変化が生じると考えること（年齢を独立変数にすること）は，必ずしも発達の中心的なプロセスをとらえていない。ただ，環境に大きな変化がない限り，発達は時間経過にともなって状態が変化するようにみえるので，かつては時間的経過そのものが発達的変化を生じさせると考えられた（成熟説）。現在においても，子どもは何歳でどのようなことができるようになるといった標準的発達を仮定したうえで研究がされることがある。エリクソンが「平均的に期待される環境」というフレーズを用いて述べたように（Erikson & Erikson, 1997/2001），発達的経路を大きく変えるほどの環境変化はなかなか起こらないのも事実である。ウォディントンの水路づけモデルは，個体発達が些細な環境変化で大きく変わらない緩衝機能をもつことも表していた。しかし，まさに水路づけモデルがねらったように，環境変化をも考慮して発達をトータルに「説明」しようとすれば，発達の可塑性を問題にしないわけにいかない。年齢や月齢を物指しにした「記述」に終始しては，発達があたかも時間経過自体によって自然に進行するかのような誤解を与える。進化生物学や遺伝学の基本的前提や知見に照らしても，発達段階間の移行は環境への応

答によるのであり，移行の年齢や月齢が環境条件から独立に決まることはないのである。

2. 発達段階説における可塑性

ピアジェやエリクソンといった発達段階説をとる理論家は，環境への応答性という意味での可塑性を前提にしていた。両者とも，ある段階から次の段階へ移行する年齢や月齢を重視していないことを確認しておこう。

ピアジェは自らの3人の子どもの詳しい観察記録にもとづいて認知発達の理論をつくったことはよく知られている。主著の一つである『知能の誕生』（Piaget, 1948/1978）をみると，感覚運動的知能の発達を特徴づける反応の開始時期（月齢）にあまり関心が払われていないことがうかがえる。応答規準を他の著書で言及していることからもうかがえるように，ピアジェが関心をもち理論化したのは発達段階間の移行を進めるメカニズムであり，ある段階に達する標準的な月齢や年齢は重視しなかった。それらが子どものおかれた文化的環境や日常経験によって異なることは，応答規準を前提にした発達段階論では織り込みずみなのである。

エリクソンは生涯にわたる8段階の漸成図式で知られているが，どの段階に何歳で到達するかといったことは，著書のなかでほとんど言及されていない。漸成図式は彼の最初の著作『幼児期と社会』（Erikson, 1963/1977・1980）で述べられたが，同じ著書のなかでアメリカ先住民族に対して行ったフィールド調査の結果が詳しく報告されている。それまで未開発の社会とみなされていた文化においても独自の世界観や人間観があり，それに根ざした子育ての仕方が存在することをエリクソンは明らかにした。たとえばアメリカ太平洋岸に住むユーロク族は，乳児に強制的な早期離乳をし少しでも早く這うよう促す。エリクソンの漸成図式は，欧米と異なる文化においては，個々の発達段階に至る年齢や移行のタイミングが異なることを理解したうえでのものなのである。

グラウンドプランとしての大枠の発達の仕方は決まっているが，それが環境のなかでどのように発現するかは，その個人が環境条件に応答し，自らの発達を制御することによるのである（鈴木, 2008）。

2節　人間発達の可塑性を示す事例：FとG

人間の発達的可塑性を示す典型例として，藤永保らが報告した「FとG」の事例（藤永・斎賀・春日・内田, 1997）を示す。養育放棄による重度の発達遅滞の状態で救出されたきょうだいが，周囲のサポートを得ながら学校教育を修了して社会に巣立つことができたことは，発達がグラウンドプランによりつつ，大きな回復力（可塑性）をもつことを示している。

F（姉）とG（弟）はそれぞれ6歳と5歳のときに救出され，乳児院に引き取られた。2人は身体がとても小さく，つかまり立ちができる程度であり，言葉はほとんど話せない状態であった。

心身ともに満1歳程度の発達水準と判定された。補償教育に携わった藤永らは当初，劣悪な環境下で初期発達の段階を過ごしたことで，きょうだいは取り返しのつかないダメージを被ったのではないかと懸念した。しかしその後の10年余りの経過をみると，身体発達や運動能力，認知機能において，一部に遅れは残ったものの大きな回復を示した。

そのプロセスをみると，さまざまな発達領域が一様に回復したわけではなく，うまくいった領域を足場にして遅れた部分をカバーし，次の発達の方向をつくっていったことがうかがえる。まず乳児院で保育士との間に安定した愛着関係をもてたことで，心身の急速な発達が可能になった。積極的に言葉を覚えコミュニケーション能力が進歩して，日常生活が支障なくできるようになり，2人とも2年遅れで小学校の普通学級に入学した。学校生活への適応はかなりよく，推論能力は中学生時に平均的レベルに達した。それらを足場として，なかなか伸びなかった抽象的な言語理解・使用の力もつき始め，学校の勉強についていくことができた。姉のFは公立の職業高校を受験して合格し，学校の成績が芳しくなかった弟のGは，陸上競技で皆に認められたことが自信となり，勉学に意欲的に取り組むようになった。発達は初期状態によって完全に規定されるわけではなく，発達途上の環境に応答することを通じて大きく変化しうるのである。

2人の発達の可塑性を具体的なデータでみておく。図21.2.1と2.2は救出時から18歳までの身長の変化を全国平均とともに示したものである。縦軸は1年間の伸びである。白丸・点線が男児と女児の全国平均の変化，黒丸・実線がきょうだいである。2人とも救出されて通常の養育環境におかれた時点からの発達曲線が，全国平均とよく似たカーブを描いている。全国平均では生後の最初の1～2年が伸びが最も大きく徐々に小さくなる。そして思春期に再び伸び，10代後半に伸びが止まる。FもGも5～6歳を開始時点として，そのような変化を縮約したかたちで再現していることがわかる。

もう一つ興味深い事実として歯の発達をあげておく。救出されてまもない頃に2人の顎の部分のレントゲン写真をとったところ，乳歯の下に見えるはずの永久歯の歯芽が見えなかった。藤永らは，乳歯が抜けたら総入れ歯にするほかはないと覚悟したという。ところが救出されて6年後

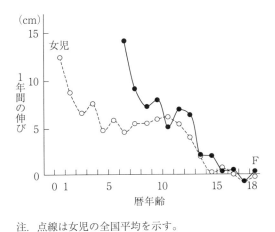

注．点線は女児の全国平均を示す。
図21.2.1 Fの身長発達の速度曲線（藤永ほか，1997）

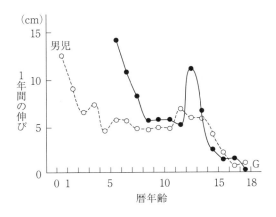

注．点線は男児の全国平均を示す。
図21.2.2 Gの身長発達の速度曲線（藤永ほか，1997）

の12歳前後になって乳歯が抜け始め永久歯がはえてきた。身長の場合と同じく、通常の環境におかれた時点で発達が本格的にスタートし、以後は通常の発達のプロセスをふんで成長したことがわかる。発達は環境条件に応じていわば伸び縮みするのである。

3節　コホート効果と訓練研究

　旧来の心理学の枠組みでは、発達は遺伝的要素に、学習は環境的要素にもとづくとして両者は独立に働くと仮定された。発達は基本的に、時間的経過にともなって遺伝的要素が展開することとされたのである。したがってFとGの事例のように、5歳をすぎた時点で1歳程度の発育しかしていなければ、発達はすでに大きく損なわれてしまっており、回復は困難だと判断されることになる。それに対して生涯発達心理学は、遺伝と環境とはワンセットであり、互いに一方の作用を前提にし合うと仮定する。環境刺激が著しく乏しければ環境からの学習をしばらく休止することもありうる。発達とは環境への応答として進むのであり、いいかえれば発達は常に学習をともなうのである。

　社会文化的条件（環境）が従来考えられていたよりもずっと大きな効果を発達にもたらすことを示す代表的な知見がコホート効果である。それはまた、旧来の発達・加齢研究が依拠した横断的方法の限界を明らかにした。すなわち横断データにおける年齢差のかなりの部分がコホート差によって説明されることを示したのである。シャイエによるシアトル縦断研究（Seattle Longitudinal Study；Schaie, 2005）から、知能検査の推論能力のデータをみてみよう。

　図21.3の実線は、1963年に実施された横断調査の結果である。25歳と60歳を比べると14.1点の差がある。かなり大きな差であり（10点が1SDに相当する）、従来はこのようなデータにもとづいて、推論能力が加齢によって大きく低下するとされた。それでは25歳の人たち（1938年生まれのコホート）が実際に60歳になったとき、得点はどのくらいになるのだろうか。図中の太い破線が、そのコホートの25歳から60歳までの縦断的変化である。25歳から60歳までの低下は4.4点である。つまり横断データで得られた14点の差異のうち、実際の加齢による低下分は4点程度である。一方、図中の細い破線は1963年の横断調査で60歳だった1903年生まれのコホートの53歳から81歳までの縦断的変化である。両コホートを60歳の時点で比べるとちょうど10点程度の差がある。つまり横断データの25歳と60歳の差のうちのかなりの部分はコホートの差であることがわかる。

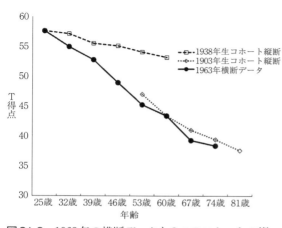

図21.3　1963年の横断データと2つのコホートの縦断データ（Schaie, 2005, Table4.2より作成）

横断データで25歳の知能の得点が60歳より高い理由は,「若いから」というだけでなく「後の時代に生まれたから」という理由を無視できないのである。後に生まれることがなぜ有利かといえば,知能得点を押し上げることに貢献するような知的環境が20世紀後半に大きく進歩したためだと考えられる。学校教育の内容が充実し就学年数が増したことに加えて,日常生活においても種々の機械操作に習熟する機会が増え(銀行のATMや駅の券売機など),多様な認知スキルを用いるようになったことで,成人期全体を通じて知能が高くなったと考えられる(Neisser, 1997)。なお後のコホートほど知能得点が上昇することは,欧米諸国で集積された,主に青年期の知能検査得点の経年変化を分析した結果によっても確認されている(Flynn, 1984, 1987 ; Neisser, 1998)。

コホート効果においても,加齢とともに知的能力が低下すること自体は遺伝的なグラウンドプランで規定された変化である。しかし,それがどのような水準で起こるかは,そのコホートが成長し歳をとっていった時代や文化的条件による。シアトル縦断研究では60～70歳代においても経年変化にともなう知能の上昇がみられたことから,知的能力の可塑性は中高年においても存在すると考えられる。それを実験的に検証すべく,高齢者を対象とした訓練研究がバルテスやシャイエらによって1980年代から1990年代に活発に行われた。訓練によって知能得点が上昇し,その効果は長期にわたって持続することが示された(鈴木,2008)。

4節 可塑性の加齢変化

一連の訓練研究によって,人の発達に生涯にわたって可塑性をもつことが明らかになった。それでは,可塑性の大きさは加齢とともにどのように変化するのだろうか。同じ訓練を若者と高齢者に課したとしたら,伸び幅はどちらが大きいだろうか。

可塑性の年齢差に関して確かな知見を得たければ,能力の限界までポテンシャルを引き出す必要がある。そのためには,課題に合った方略を実験協力者に教え,かつ十分に長い期間にわたって訓練をしてその方略に熟達化させる必要がある。そのような研究方法は限界テスト(testing-the-limits)とよばれる。

記憶能力を訓練のターゲットとし,20歳代と60～80歳代の協力者それぞれに特定の記憶方略(場所法)を熟達化させた研究(Kliegl, Smith, & Baltes, 1989)の結果を図21.4に示した。訓練は10セッション,関連するテストをあわせると20セッションからなる。訓練によって両群の成績がともに大きく伸びているが,伸び幅は若者のほうが大きく,両群の差が拡大している。事前テストでは若者より高い記憶力を示す高齢者がかなりいたが,訓練後では両群の重なりがほとんどなくなっていることに注目されたい。限界テストによって年齢差が個人差を凌駕し,年齢差があら

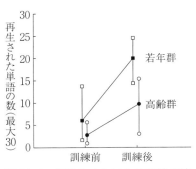

図21.4 限界テストによる訓練の結果 (Kliegl et al., 1989)

わになったのである。この訓練実験はその後1年4カ月にわたって継続されたが老若の差は変わらなかった（Baltes & Kliegl, 1992）。人間の能力は生涯にわたって可塑性をもつ一方で，可塑性こそが加齢による変化を被ることが示唆されたのである。

5節　発達の自己制御：SOC理論

1. 補償

　特定の認知技能に熟達化した「能力の限界」で比較すると，若者より中高年はパフォーマンスで劣ることが明らかになった。しかし現実の職業で考えると，年配の人たち——すなわちベテランが熟達化による達成において若手に劣るとは必ずしもいえないだろう。それはどう説明したらよいか。研究で用いられる知能検査の問題や記憶課題は比較的単純であるのに対して，現実の職業で必要とされる知識や技能はずっと複雑である。つまり職業上のスキルは，要素に分解して調べると加齢による低下を被るが，その不利を補う何かしらのスキルを獲得していると考えられる。

　タイピストを対象にして，加齢と熟達化の関係を調べた研究（Salthouse, 1984）が「補償」（compensation）のプロセスに光をあてた。20歳から72歳までのさまざまな年齢のタイピストに，ふつうの文章を与えてタイプをしてもらい，キーを打つ速度（キーからキーへ移行する間の平均時間）を調べると，年齢差はまったくみられなかった。次にタイプライティングという行為を要素に分解したスキルとして，画面上に出る1文字に対応するキーをたたく反応時間を測定したところ，年齢が高い協力者ほど反応時間が長かった。単純なキー押しでははっきりした年齢差があるのにもかかわらず，ずっと複雑なテキストのタイプライティングでは年齢差がみられなかったことは，ベテランのタイピストは要素的な感覚運動の衰えを別の技能で補っていることを示している。その認知技能は，キーを打ちながらテキストの先の文字を読む範囲が大きくなることである。ベテランのタイピストは先の文字まで読んでいる分，時間的余裕をもち，加齢による「瞬発力」の低下を補っていると考えられる。加齢による機能低下を別の能力や技能で補う「補償」は，生涯発達研究の重要なテーマである。チェスのベテランプレイヤーが試合で若手に伍していくためにどのような補償技能を用いているのかを調べた研究（Charness, 1991）などが知られている。

2. リソースの配分の調整：SOC

　加齢にともなって可塑性が小さくなることは，内的リソースが減ることといってもよいだろう。それを補うために，老眼鏡や杖のような補助器具に頼ったり他者から介助を得たりという補償を私たちは行っているが，そのことは，私たちが内的リソースの配分の仕方を調節していることを示しているだろう。私たちは手持ちのリソースをさまざまに組み合わせて，職業や生活にかかわる日常的な行為も行っている。加齢によるリソースの配分の変化に焦点を合わせた実験的研究が

ある (Li, Lindenberger, Freund, & Baltes, 2001)。

　若者と高齢者に限界テストによって記憶技能を熟達化させ再生の成績を得た後，低い平均台の上をできるだけ速く歩いてもらって速度のデータを得た。次に2つを同時にしてもらった。協力者は2つの課題にリソースを配分する必要に迫られる。個別の課題のパフォーマンスと比べてそれぞれがどのくらい低下するかをみることで，老若がリソースの配分をどう調節したかがわかる。結果は，台上の歩行については両群の低下の割合が変わらなかったのに対して，記憶の成績の低下は，高齢群のほうがずっと大きかった。つまり高齢者は日常生活とかかわりが深く，身体の安全に結びつく歩行のほうにリソースを多く配分したと推察される。加齢にともない，リソースを必要なところに選択的に配分し，自分にとって重要な能力や活動を最適化していると一般化できるだろう。

　バルテスらは，リソースの使い方に関して選択（selection）・最適化（optimization）・補償という3つの一般的方略があるとするSOC理論を提案し，若者に比べて中高年がその方略を日常的により多く用いていることを示した（Freund & Baltes, 1998）。また成人期の感情発達にSOC理論を適用した研究（Carstensen, Isaacowits, & Charles, 1999）によれば，高齢者は社会的ネットワークを選択的に縮小することで気心の知れた親しい人たちと交わるようにし，感情をうまく制御して充実した感情状態を保っていることが明らかとなった。

　発達の可塑性は，生涯にわたって学習可能性があるということだけでなく，自分の発達や加齢を自分自身で制御することをも意味している。それも喪失や失敗を経験してからばかりでなく，それらを予期して生活スタイルや考え方を変化させることで，加齢によって減少していくリソースの配分を調節し，「じょうずに」歳をとること（サクセスフル・エイジング：successful aging）を実現している。それこそが人間の発達的可塑性の表れであり，生涯発達の視点をとることでみえてくることなのである。

◆ 引用文献

Baltes, P. B. (1987). Theoretical propositions of life-span developmental psychology : On the dynamics between growth and decline. *Developmental Psychology*, **23**, 611-626.

Baltes, P. B., & Kliegl, R. (1992). Further testing of the limits of cognitive plasticity : Negative age differences in a mnemonic skill are robust. *Developmental Psychology*, **28**, 121-125.

Baltes, P. B., Lindenberger, U., & Staudinger, U. M. (1998). Life-span theory in developmental psychology. In R. M. Lerner (Vol. Ed.), W. Damon (Series Ed.), *Handbook of child psychology : Vol.1. Theoretical models of human development* (5th ed., pp.1029-1143). New York : John Wiley & Sons.

Carstensen, L. L., Isaacowits, D. M., & Charles, S. T. (1999). Taking time seriously : A theory of socioemotional selectivity. *American Psychologist*, **54**, 165-181.

Charness, N. (1991). Expertise in chess : The balance between knowledge and search. In K. A. Ericsson & J. Smith (Eds.), *Toward a general theory of expertise : Prospects and limits* (pp.39-63). New York : Cambridge University Press.

Erikson, E. H. (1977・1980). 幼児期と社会（1・2）（仁科弥生，訳）. みすず書房.（Erikson, E. H. (1963). *Childhood and society* (2nd ed.). New York : W. W. Norton.）

Erikson, E. H., & Erikson, J. M. (2001). ライフサイクル, その完結 (増補版) (村瀬孝雄・近藤邦夫, 訳). みすず書房. (Erikson, E. H., & Erikson, J. M. (1997). *The life cycle completed : A review* (Expanded edition). New York : W. W. Norton.)

Flynn, J. R. (1984). The mean IQ of Americans : Massive gains 1932 to 1978. *Psychological Bulletin*, 95, 29-51.

Flynn, J. R. (1987). Massive gains in 14 nations : What IQ tests really measure. *Psychological Bulletin*, 101, 171-191.

Freund, A. M., & Baltes, P. B. (1998). Selection, optimization, and compensation as strategies of life-management : Correlations with subjective indicators of successful aging. *Psychology and Aging*, 13, 531-543.

藤永　保・斎賀久敬・春日　喬・内田伸子. (1997). 人間発達と初期環境 (改訂版；初版1987). 有斐閣.

Hrdy, S. B. (2005). マザー・ネイチャー:「母親」はいかにヒトを進化させたか (塩原通緒, 訳). 早川書房. (Hrdy, S. B. (1999). *Mother nature : A history of mothers, infants, and selection.* New York : Pantheon Books.)

Kliegl, R., Smith, J., & Baltes, P. B. (1989). Testing-the-limits and the study of adult age differences in cognitive plasticity of a mnemonic skill. *Developmental Psychology*, 25, 247-256.

Li, K. Z. H., Lindenberger, U., Freund, A. M., & Baltes, P. B. (2001). Walking with memorizing : A SOC study of age-related differences in compensatory behavior under dual-task conditions. *Psychological Sciences*, 12, 230-237.

Neisser, U. (1997). Rising scores on intelligence tests. *American Scientist*, 85, 440-447.

Neisser, U. (Ed.). (1998). *The rising curve : Long-term gains in IQ and related measures.* Washington, DC : American Psychological Association.

Nijhout, H. F. (2003). Development and evolution of adaptive polyphenisms. *Evolution and Development*, 5, 9-18.

Piaget, J. (1978). 知能の誕生 (谷村　覚・浜田寿美男, 訳). ミネルヴァ書房. (Piaget, J. (1948). *La naissance de l'intelligence chez l'enfant* (2nd ed.). Paris : Delachaux & Niestlé.)

Salthouse, T. A. (1984). Effects of age and skill in typing. *Journal of Experimental Psychology : General*, 113, 345-371.

Schaie, K. W. (2005). *Developmental influences on adult intelligence : The Seattle Longitudinal Study.* New York : Oxford University Press.

鈴木　忠. (2008). 生涯発達のダイナミクス:知の多様性　生きかたの可塑性. 東京大学出版会.

Waddington, C. H. (1957). *The strategy of the genes : A discussion of some aspects of theoretical biology.* London : Allen & Unwin.

22章 胎児期

川上清文・高井清子

　「胎児期は，長い人生の第一歩であるが，これまでは医学・生理学などの対象ではあっても，心理学の対象とはあまり考えられてこなかったのではないだろうか。興味深いことに心理学の書物で胎児期を扱っているものがあっても，執筆者のほとんどは医学研究者である。しかし，本章で述べることから明らかなように，胎児は心理学の対象となりうるのであり，われわれにとってさらに多くの知見が必要なのである」。

　これは，本ハンドブック旧版に私たちが書いた章の冒頭部分である（川上・高井，1992）。20年経過しても，ほとんど状況は変化していない。ただし，次の部分は進歩が認められる。

　「周知のごとく，ここ30年ほど，乳児期は心理学の大きなトピックスの1つとなり，（中略）われわれは乳児に関して多くのことを知りつつある。そして乳児期よりさらに前のことを知りたいというのは当然の流れであろうし，超音波断層法などの技術の進歩も相まって，胎児期に関しても種々の点が明らかになってきた。胎児も，乳児と同様に，われわれの予想をはるかにこえた能力をもっているのである」（川上・高井，1992）。

　超音波断層法は，3次元・4次元映像となり，胎児の表情の変化などまで把握できるようになった（Piontelli, 2010）。旧版の章と本稿の大きな違いは，その情報といってよい。また，旧版では3節以下に「母親の生活と胎児の発達」について述べた。これについては，本ハンドブック14章に詳述する。

1節　胎児発達の概略

受精から出生までは，次の3つの時期に分けられることが多い。
(1) 胚期（the germinal period）：受精から，受精卵の子宮への着床までの約2週間
(2) 胎芽期（the embryonic period）：胚期の終わりから，受精後8週の終わりくらいまで
(3) 胎児期（the fetal period）：胎芽期の終わりから，出生まで

　本稿では，便宜上，これら3つの時期をまとめて胎児期とよび，胎芽なども胎児とよぶ。胎芽期に，ほとんどの器官の原形が形成されることが，図22.1に示されている。そのため，母親の生活を含め外界の影響を受けやすい（14章参照）。3週の終わり頃には，心臓が鼓動を始める（Hepper, 2007）。胎芽期の終わりからは，大きさの変化がめざましく5gくらいであった重さが

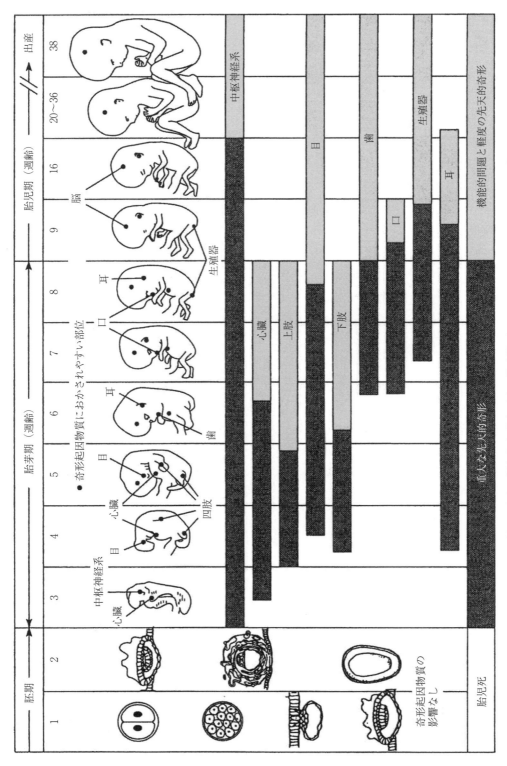

図22.1 胎児の発達の様相と各器官形成の敏感期（川上，2002；Bee，2000をもとに作図）

3,000gにもなるのである。

図22.2は，3.5週目と11週目の胎児の脳の構造を示している。脳は受精後18日で発達を始めるが，発達の速度はきわめて遅く，出生後も発達を続ける（Hepper, 2007）。9週目の胎児では脳の重さは体重の25%だが，出生時には10%になり，成人ではわずか2%となる（Hepper, 2007）。脳の発達は2つの水準

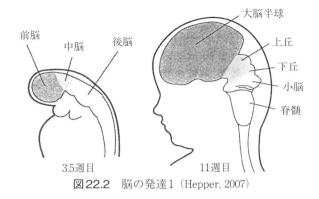

図22.2 脳の発達1（Hepper, 2007）

で考えられる。神経管（the neural tube）がどのように発達して，脳の主な構造（後脳・中脳・前脳）をつくるかというマクロなものと，脳のなかで細胞がどのような複雑な機関をつくるかというミクロな水準である（Hepper, 2007）。

マクロな水準では，4週の終わりには，神経管の一端が後脳・中脳・前脳となる。5週の間に前脳は終脳と間脳に分化する。終脳が新皮質となる。後脳と脳幹がまず発達し，中脳が続き，大脳皮質が後を追う。生きるのに必要なものから発達するのである（Hepper, 2007）。

ミクロな水準では，私たちがもつことになるすべてのニューロンは（胎児期の）第2三半期にはつくられている（図22.3）。上記のように胎芽期以降，胎児はすさまじい勢いで成長するが，たとえば10週から26週には細胞が毎分250,000もつくられる。なお，大人の脳細胞数は1,000億といわれている。過剰につくられた細胞は，次々に死んでいく。これも発達なのである（Hepper, 2007）。

脳細胞の発達は3つの段階で成り立っている。第1段階，細胞は神経管のなかで形成されるが，第2三半期の終わりにはほぼ終わっている。第2段階，細胞は，その最終地点へ移動する。

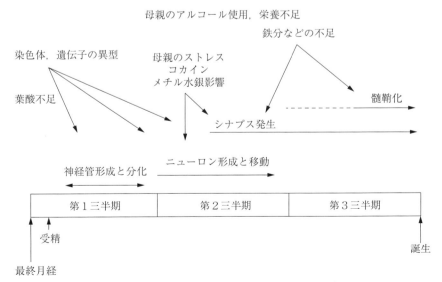

図22.3 脳の発達2（deRegnier & Desai, 2010）

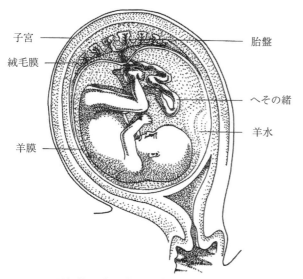

図22.4 胎児期の生理学的環境（川上・高井，1992；Cole & Cole, 1989をもとに作図）

第3段階は，髄鞘化とシナプス発生である。髄鞘化とは神経細胞を絶縁化することで，これによりニューロン間の連絡が50から100倍早くなる。シナプス発生とは神経細胞が他の器官と連絡しあうことである（Hepper, 2007；Martin & Dombrowski, 2008）。髄鞘化は，出生直前まで表面的な部分に限られている（deRegnier & Desai, 2010）。コヤナギとナカノ（Koyanagi & Nakano, 1994）も，目の動きなどの分析から胎児の中枢神経系が完成するのは，出生直前としている（4節も参照）。

胎児期の様子を示したのが，図22.4である。これが，胎児にとっての生理学的環境ということになる。これらの生理学的環境は，胎児の成長を守る働きがある。たとえば胎盤は，母親と胎児の血液の直接的コンタクトを防ぎながらも（母親と胎児は血がつながっていないのである），栄養物・老廃物・酸素・ホルモン・抗体などを交換する，フィルターの役割を果たしている。ただし，このフィルターも完全なものではなく，ウイルス・ニコチンなどは通してしまう（14章参照）。また，羊水は胎児にとって，母親が動いたときのクッションの役割を果たし，胎児自身が動いたり，位置を変えることも容易にしている。さらに羊水は，胎児が体温を調節するのも助けているのである。

2節 胎児の睡眠と感覚の発達

1．胎児の睡眠

少し古くなったが，胎児の睡眠や感覚の発達について1冊の著書（Lecanuet, Fifer, Krasnegor, & Smotherman, 1995）がまとめられており，筆者らが知る限り，その後もこれ以上のレビューはない。

ニジガウス（Nijhuis, 1995）は，胎児の覚醒水準を図22.5のような4段階に分けている。ヘッパー（Hepper, 2007）の解説によると，以下のようになる。

- 状態1F：静かな眠り　妊娠（胎齢プラス2週）36週で全状態の15％，38週で32％，出生時で38％と増える[1]
- 状態2F：活動的な眠り　胎児期ではこの状態が多い
- 状態3F：静かな覚醒　この状態は極めて少ない

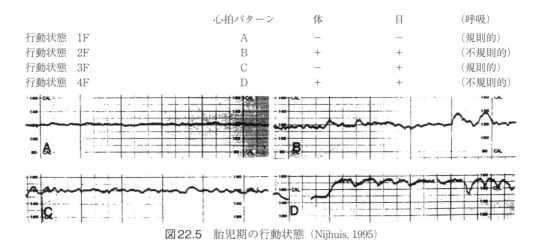

図22.5 胎児期の行動状態 (Nijhuis, 1995)

・状態 4F：活動的な覚醒　妊娠36から38週で6から7%がこの状態で，生まれる頃に少し増える

2. 胎児の感覚

a. 聴　覚

　胎児の聴覚は，胎動や心拍の変化を指標に研究されている。22から24週には音に対する胎動がみられる（Hepper, 2007）。妊娠30週くらいになると聴覚能力は，相当発達していると考えられる（Kisilevsky, Muir, & Low, 1992 ; Kisilevsky, Pang, & Hains, 2000）。胎児の音に対する反応は，音の強さや周波数により変化する。最初，低周波の音に反応するが，しだいに高周波にも反応する（Hepper, 2007）。

　胎内は，とても騒々しい。母親の話し声・心臓の鼓動・血流音・消化器官の音などが聞こえているはずである。外部の音は，母親の皮膚・他の組織・羊水などにより減衰される。たとえば2,000 Hzの音などは，40 dBも減衰されてしまう（Hepper, 2007）。

　筆者らは，妊娠37から39週の胎児に，ホワイトノイズや和太鼓音を母親のお腹の外から105 dBという相当大きな音で呈示し，臍帯血流と中大脳血流の変化を調べた（Kawakami, Takai-Kawakami, Masuda, Suzuki, Shimizu, & Yanaihara, 2001）。臍帯血流では，音の呈示効果があり，とくに和太鼓の効果が認められた。和太鼓の音が低周波中心であることが影響していると考察された。

b. 嗅　覚

　胎児を対象とする代わりに低出生体重で生まれた新生児を対象として，ペパーミントに対する反応が調べられた（Schaal, Orgeur, & Rognon, 1995）。その結果，妊娠30週以前は反応が少ないが，それ以降反応が出てくることがわかった（図22.6）。

　またシャールのグループは，新生児が母親の羊水の匂いを覚えていること，しかし生後4日目になると羊水よりも母乳の匂いのほうが注意を引くことを示した（Marlier, Schaal, & Soussig-

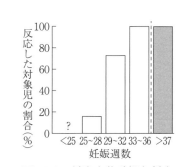

図22.6 低出生体重児と新生児のペパーミントに対する反応（Schaal et al., 1995）

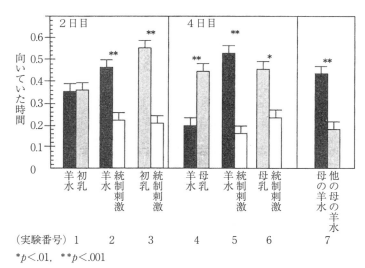

*$p<.01$, **$p<.001$

図22.7 2つの刺激を呈示された時の顔を向ける時間の比較（Marlier et al., 1998）

nan, 1998；図22.7）。生後数日の間に学習が行われることがわかる。また，彼らは，母親が妊娠中にアニスという香草を食べた場合，新生児がアニスの匂いを好むことも明らかにした（Schaal, Marlier, & Soussignan, 2000）。母親の生活がこのようなところにまで影響を及ぼすのである。

c．痛覚その他

痛覚がいつ頃から機能するかは，議論がある点である。低出生体重児を対象にしたデータでは，妊娠24週くらいから反応がみられ，26週くらいには神経系が形成される（Hepper, 2007）。

触覚は最初に獲得される感覚で，8週くらいから発達する（Hepper, 2007）。唇や頬に触れると動く。

3節　胎児の行動の発達

冒頭に述べたように，近年の超音波断層法の3次元（3D）・4次元（4D）への進歩は，私たちに新たな知見をもたらしつつある。ここではピオンテリ（Piontelli, 2010）の著書の概略をまとめる（ただし，ピオンテリは妊娠齢でまとめているが，ここでは在胎齢にする。また週数などは，今後も変わりうるので，あまりこだわらない）。

6週から7週くらいから胎児の動きが出てくる。8週くらいは頭などが動きの中心であり，12週くらいには頭を十分に動かせるが，16週くらいになると腕の動きが中心になる。

7週くらいから「しゃっくり」を始めるが，10週くらいが最盛期である。もっと早いと主張する研究者もいるが，13週くらいから欠伸が出てくる。蛇や魚も欠伸をするが，欠伸の伝染は共感能力を示すものとして注目されている（de Waal, 2009/2010）。しかし，欠伸には皮質は関与していない（Piontelli, 2010）。

呼吸様運動は8週くらいから始まり，週齢とともに増加していく。嚥下運動も9週くらいから始まる。指しゃぶりは8週くらいからと考えられる。

4Dがもたらした変革は，胎児の表情を研究できるようになったことであるといえよう。しかし，乳児の表情評定（Baby FACS；Oster, 2005）さえむずかしいのに，胎児のそれが容易なはずはない。ピオンテリ（Piontelli, 2010）は，23週から「怒り」「嫌悪」「恐れ」「幸福」「悲しみ」「驚き」の基本的情動が同定できるとしている。微笑に関しては，それらしきものが13週くらいから，23週には完全な微笑が出てくると述べている（川上〔2009〕は，厳密な評定により，23週1日に微笑を同定している。図22.8は胎児の微笑の例[2]）。嫌悪を示すような舌出しが，16週から観察されている。情動の表出には，前節で述べた中枢神経系の発達が不可欠であることは言をまたない。ピオンテリ（Piontelli, 2010）も感覚と知覚を分け，いつから知覚が始まるのかはわからないとしている。

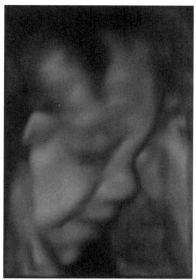

図22.8 30週2日の胎児の微笑（川上，2009；『人間環境学研究』の許可による）

4節 胎児の学習

経験の発達への影響を考えるとき，「経験に依存しない」（experience-independent），「経験が影響する可能性がある」（experience-expectant），「経験に依存する」（experience-dependent）という区分が考えられる（deRegnier & Desai, 2010）。胎児期では，「経験に依存しない」要因が発達を左右している。生後の，たとえば視覚・聴覚の経験が感覚の組織化に重要な影響をもたらすことは明らかだが，胎児期の感覚経験が脳の長期発達に重要だとするデータはない（deRegnier & Desai, 2010）。もちろん，母親の栄養摂取などが胎児に大きな影響をもたらすが，ここではふれない（14章参照）。

記憶に関係する海馬は，胎内でも発達する。しかし，誕生時の海馬はまだまだ未発達である（deRegnier & Desai, 2010）。胎児や新生児を対象にした多くの研究が，母親の声に対する反応が他者の声に対するのと異なることを示しているので，再認記憶があることは確かであろう（deRegnier & Desai, 2010）。有名なデキャスパーほか（DeCasper, Lecanuet, Busnel, Granier-Deferre, & Maugeais, 1994）の実験もある。胎児期後半に母親が4週間，詩の音読を続けると，4週間後胎児の心拍は，聞いた詩の呈示とともに減少した。これを胎教ということはできないであろう。学習というより慣れというべきではないだろうか。

2節2.のb.で示したように，胎児は母親の食べたものの匂いに影響される。胎児は羊水のなかで生活している。母親の食べたものの匂いは，羊水にまで運ばれる。妊娠中母親がニン

ジンジュースを飲んだ場合と，飲まなかった場合，出生後のニンジンに対する反応が異なる（deRegnier & Desai, 2010）。匂いも記憶されているのである。

◆ 注

1) 筆者ら自身，本ハンドブック旧版で妊娠週数と在胎週数について説明したにもかかわらず，その後混乱して使用した場合がある。母親の最終月経から換算した妊娠週数（the gestational age）から 2 週引いた週数を在胎週数（the conceptional age）とする。本稿では，とくに断らない場合は，在胎週数を用いる。
2) 本稿脱稿後，以下の 2 点が出版された。Kawakami & Yanaihara (2012)，川上・高井・川上 (2012)。

◆ 引用文献

Bee, H. (2000). *The developing child* (9th ed.). Boston : Allyn & Bacon.
Cole, M., & Cole, S. R. (1989). *The develoment of children.* New York : Scientic American Books.
DeCasper, A. J., Lecanuet, J.-P., Busnel, M.-C., Granier-Deferre, C., & Maugeais, R. (1994). Fetal reactions to recurrent maternal speech. *Infant Behavior & Development,* **17**, 159-164.
deRegnier, R.-A., & Desai, S. (2010). Fetal development. In J. G. Bremner & T. D. Wachs (Eds.), *The Wiley-Blackwell handbook of infant development : Vol.2* (2nd ed., pp.9-32). Malden, MA : John Wiley & Sons.
de Waal, F. (2010). 共感の時代へ（柴田裕之，訳）．紀伊國屋書店．(de Waal, F. (2009). *The age of empathy : Nature's lessons for kinder society.* New York : Harmony Books.)
Hepper, P. (2007). Prenatal development. In A. Slater & M. Lewis (Eds.), *Introduction to infant development* (2nd ed., pp.41-62). Oxford : Oxford University Press.
川上文人．(2009)．自発的微笑の系統発生と個体発生．人間環境学研究，**7**，67-74．
Kawakami, F., & Yanaihara, T. (2012). Smiles in the fetal period. *Infant Behavior & Development,* **35**, 466-471.
川上清文．(2002)．胎児期から新生児期にみられる情動と関係の発達と障害．須田　治・別府　哲（編），シリーズ臨床発達心理学：4　社会・情動発達とその支援（pp.72-81）．ミネルヴァ書房．
川上清文・高井清子．(1992)．胎児期．東　洋・繁多　進・田島信元（編集企画），発達心理学ハンドブック（pp.416-429）．福村出版．
川上清文・高井清子・川上文人．(2012)．ヒトはなぜほほえむのか：進化と発達にさぐる微笑の起源．新曜社．
Kawakami, K., Takai-Kawakami, K., Masuda, N., Suzuki, M., Shimizu, Y., & Yanaihara, T. (2001). Measuring human fetal responses to sounds by umbilical and middle-cerebral artery velocity waveforms : A preliminary study. *Annual Report (2000-2001),* No.24, Research and clinical center for child development, Hokkaido University, 25-33.
Kisilevsky, B. S., Muir, D. W., & Low, J. A. (1992). Maturation of human fetal responses to vibroacoustic stimulation. *Child Development,* **63**, 1497-1508.
Kisilevsky, B. S., Pang, I., & Hains, S. M. J. (2000). Maturation of human fetal responses to airborne sound in low- and high-risk fetuses. *Early Human Development,* **46**, 117-127.
Koyanagi, T., & Nakano, H. (1994). The development of fetal central nervous system. In M. I. Levene, R. J. Lilford, M. J. Bennett, & J. Punt. (Eds.), *Fetal and neonatal neurology and neurosurgery* (2nd ed., pp.31-44). Edinburgh : Churchill Livingstone.
Lecanuet, J.-P., Fifer, W. P., Krasnegor, N. A., & Smotherman, W. P. (Eds.). (1995). *Fetal development : A psychobiological perspective.* Hillsdale, NJ : Lawrence Erlbaum Associates.
Marlier, L., Schaal, B., & Soussignan, R. (1998). Neonatal responsiveness to the odor of amniotic and lacteal fluids : A test of perinatal chemosensory continuity. *Child Development,* **69**, 611-623.
Martin, R. P., & Dombrowski, S. C. (2008). *Prenatal exposures : Psychological and educational cosequences for children.* New York : Springer.
Nijhuis, J. G. (1995). Physiological and clinical consequences in relation to the development of fetal behavior and fetal behavioral states. In J.-P. Lecanuet., W. P. Fifer, N. A. Krasnegor, & W. P. Smotherman (Eds.), *Fetal*

development : A psychobiological perspective (pp.67-82). Hillsdale, NJ : Lawrence Erlbaum Associates.

Oster, H. (2005). The repertoire of infant facial expresions : An ontogenetic perspective. In J. Nadel & D. Muir (Eds.), *Emotional development : Recent research advances* (pp.262-292). Oxford : Oxford University Press.

Piontelli, A. (2010). *Development of normal fetal movement : The first 25 weeks of gestation.* Italis : Springer-Verlag.

Schaal, B., Marlier, L., & Soussignan, R. (2000). Human foetuses learn odours from their pregnant mother's diet. *Chemical Senses*, **25**, 729-737.

Schaal, B., Orgeur, P., & Rognon, C. (1995). Odor sensing in the human fetus : Anatomical, functional, and chemoecological bases. In J.-P. Lecanuet., W. P. Fifer, N. A. Krasnegor, & W. P. Smotherman (Eds.), *Fetal development : A psychobiological perspective* (pp.205-237). Hillsdale, NJ : Lawrence Erlbaum Associates.

23章 新生児・乳児期

斎藤　晃

　本稿では生後1カ月までを新生児期，生後18カ月までを乳児期とする。また，新生児・乳児に対する環境の代表者という意味で母親を使用する。

　ロック（Locke, 1689/1968）の白紙論（tabula rasa）に代表されるように従来，新生児は無力な存在と考えられていた。が，ホワイト（White, 1959）のコンピテンス論に代表されるように1960年前後から乳児観が大きく変化し，乳児研究が続出した。コンピテンスは環境と効果的に相互交渉する能力と定義され，出生時にはなく，経験によって形成される。コンピテンスは環境との相互交渉を前提とする性質をもち，認知的側面と動機的側面とに分類される。認知的側面は自分の行動と環境の応答・変化との因果関係に気づく随伴性探知能力であり，学習のための基礎的な能力である。動機的側面は自分の行動に対して環境の応答・変化があった，すなわち環境に影響を与えることができたというイフェクタンス動機であり，効力感が含まれる。このコンピテンスの具体例を2節以降に示す。

1節　原始反射の意義

　新生児が示す行動には自動運動と原始反射とがある。自動運動は内的刺激によって生じ，その典型例として，不規則睡眠中に生じる自発的微笑がある。

　原始反射は外的刺激によって誘発されるので誘発行動であるが，本稿では慣例に従って原始反射を使用する。原始反射は浅睡眠，まどろみ，不活発な覚醒状態において生じやすい（表23.1）。原始反射は左右対称的に生じ，出生直後から生後1カ月前後までに多く出現し，生後2，3カ月以降，急激に減衰することを特徴とする。したがって，みられるべき反射がみられない，神経成熟とともに消失すべき時期になっても消失しない反射がある，反射に常に左右差がみられる，一度消失した反射が再び出現した場合，神経学的異常が考えられる（前川, 1985）。この場合，哺乳力，首の座り等の身体的発達，物や人に対する関心のもち方を考慮して発達を総合的に判断することが求められる。

表23.1　原始反射の誘発法と反応（Prechtl, 1977/1979より抜粋して作成）

項　目	ステイト[1]	誘　発　法	反　応
四方反射	3-5	口角，上下唇に触れる	刺激されたほうへ頭を回転させ指を吸おうとする
吸啜反射	3, 4	人さし指を口の中3〜4cmに入れる	リズミカルに吸う
手掌把握反射	3, 4	指で手掌を圧迫する	指全体で検査者の指をつかむ
足底把握反射	4	親指で母趾球を圧迫する	足の指全体が屈曲する
バビンスキー反射	1-5	足底の外側を爪先から踵へ引っかく	親指が反り，他の指は開く
引き起こし反射	4	手首をつかみ，座位になるまで引く	腕の伸展に対して肘を曲げて抵抗し，頭を上げる
モロー反射	3, 4	抱きながら，頭を急に数cm下げる	腕を外転し，ついで内転する
非対称性緊張性頸反射	2, 3	顔を右へ回転し，顎が右肩を超えたところで止める，左側も同様	顎の向いている側の腕と脚を伸ばす

[1] ステイトの定義。1：規則睡眠（深睡眠），2：不規則睡眠（浅睡眠），3：不活発な覚醒，4：活発な覚醒，5：啼泣。

2節　新生児・乳児の認知発達：コンピテンスを中心として

1. 認知能力の基礎

　新生児の五感はかなり発達しており，とりわけ視覚領域の研究が多数なされてきた。代表例として，ファンツ（Fantz, 1963）は生後48時間以内の新生児が単純よりも複雑な図形を，複雑ならば無生物よりも人の顔に近い図形を注視する傾向があることを報告した。また，乳児は生後1カ月で顔の輪郭を注視し，生後2カ月で顔の内側を注視するようになり（Maurer & Salapatek, 1976），生後4カ月で顔の輪郭を隠しても他の女性と母親の顔を識別できると報告された（Bushnell, 1982）。

　また，ワトソン（Watson, 1972）は，2カ月児は頭の動きに連動してモビールが動くと微笑をみせることを報告した。微笑は効力感の表れと考えられ，随伴性探知に連動する効力感が遅くとも生後2カ月で始まることが例証された。

2. ピアジェの発達段階

　子どもが環境に適応していくプロセスをピアジェ（Piaget, 1948/1978）はシェマ（図式），同化，調節，均衡化という概念で説明した。シェマとはそれまでの経験によって形成された活動様式，もしくは活動の枠組みを意味し，環境との相互作用の際に使用されるものである。同化とはすでに形成されているシェマによって新しい事象を理解しようとすることである。そして調節とは新しい事象に適応するために，すでに形成されたシェマを変容させることである。子どもが新

表23.2 感覚運動期の発達（Piaget, 1948/1978を参考に作成）

〈第1段階〉反射（誕生〜1カ月）　吸啜反射などの原始反射を中心とするが，環境との相互作用の過程で同化と調節の萌芽がみられる。たとえば，ミルクの流出程度に応じて吸啜の強さやタイミングを調整し，しだいに円滑な吸啜ができるようになる。

〈第2段階〉第一次循環反応（1カ月〜4カ月）　主に乳児自身の身体に関して活動が反復される。たとえば偶然触れた指を吸う機会があっても，指はすぐに口から離れてしまうが，しだいに指吸いを反復して行うようになる。

〈第3段階〉第二次循環反応（4カ月〜8カ月）　この時期になると自分自身の身体ばかりでなく，環境に存在する対象に関しての循環反応が生じる。たとえば，自分の手を動かしたときに偶然近くの人形に触れ，その人形が動いたとする。乳児はこの随伴関係に興味をもち，人形に触れることを繰り返すようになる。ピアジェはこれを「興味ある光景を持続させる」と表現する。これは意図性の萌芽である。

〈第4段階〉第二次シェマの協応（8カ月〜12カ月）　第3段階では一つの目的（人形を動かす）のためにその対象に働きかけた（手で人形に触る）。第4段階では一つの目的を達成するために別の行動を始める。たとえばピアジェの息子ローランはマッチ箱をつかもうとしたが，ピアジェの手に遮られた。別の日，ローランはピアジェの手を叩いて障害物（手）を押しのけて，マッチ箱を獲得できたという。ローランは叩くシェマとつかむシェマを協応させてマッチ箱を獲得するという目的を達成したのである。すなわち目標と手段が分化し，第3段階と比較してさらに明確な形で意図性が出現してきたのである。

〈第5段階〉第三次循環反応（12カ月〜18カ月）　試行錯誤的な実験を行うようになる。たとえばピアジェの娘ジャクリーヌはソファー上にあるコルク栓を絵本や玩具を使用して取ろうとしたが失敗し，最終的に棒を使用して床に落とした。彼女は試行錯誤を行ったわけで，第3段階のようにたんに機械的な反復ではなく，より適応的な行動を行い，将来の問題解決行動の片鱗を示したのである。

〈第6段階〉心的結合による新しい手段の発明（18カ月〜24カ月）　試行錯誤的な活動をせずとも問題解決をできるようになる。たとえばピアジェの娘ルシアンヌはマッチ箱のなかの懐中時計の鎖を取る手段として箱をひっくり返すことと箱の隙間に指を入れるシェマをもっていた。しかし彼女は箱をひっくり返さず，注意深く隙間をみて自分の口を開閉した後に中箱を引き出して懐中時計の鎖を取り出すことに成功した。口の開閉は表象機能が働いていることを意味し，これはまさに洞察の始まりである。

規な対象（たとえば軟らかい粘土）を強くつかんで粘土が変形した場合，既存のシェマを使用して同化が行われたことを意味する。その後，粘土の形をこわさないように，そっとつかもうとしている場合を既存のシェマを変化させて調節しているという。最終的に粘土を変形させずにつかむことができたならば調節に成功したといい，これを均衡化した状態という。

　ピアジェは子どもの精神発達を感覚運動期（0〜2歳），前操作期（2〜7歳），具体的操作期（7〜11歳），形式的操作期（11〜16歳）の4段階に分けた。本稿では感覚運動期を表23.2に要約した。第二次循環反応の「興味ある光景を持続させる」はコンピテンスの発揮例である。たとえば生後5, 6カ月になると乳児は日常生活において玩具を落として啼泣し，母親に拾わせることを始める。これは，「泣く－母親の応答」という因果関係に気づいた乳児が母親という環境を意図的にコントロールする行動である。その後，1歳頃に試行錯誤が出現し，2歳頃に洞察の萌芽が出現する。

3節 エモーショナル・コミュニケーション

1. うそ泣き

　環境と効果的に相互交渉するコンピテンスの例としてエモーショナル・コミュニケーションの出現がある。これが成立するためには，乳児が相手のエモーションの意味を読み取り，応答して相互交渉が成立することが必要である（Saarni, Campos, Camras, & Witherington, 2006）。コミュニケーションの形態は乳児の認知発達にともなって変化する。

　生後直後の浅睡眠・まどろみのときに生じる自発的微笑，そして生後1, 2カ月以降の覚醒時に生じる不特定の人間に対する社会的微笑はともに非選択的である。乳児期前半に乳児が意図的（選択的）に行うエモーショナル・コミュニケーションの例としてうそ泣きがあげられる。

　ウルフ（Wolff, 1969）は苦痛を含まず，他者からの注目を求める泣きをうそ泣き（fake crying）とし，生後3週でうそ泣きした乳児を報告している。これは養育者の関心を引く行動（attention seeking behavior）であり，意図性の表れである。このうそ泣きは，生後2, 3カ月前後になると多くの乳児に出現し，離れた場所からの母親の声がけや母親の接近する足音で停止することもある。これは，自分の発声・泣きと母親の敏感な応答との間に存在する因果関係に気づき，省エネの泣きで母親を乳児に接近させることを学習したわけで，コンピテンスの発揮例である。

2. 共同注意

　乳児は生後数カ月間，主に母親との関係で生活を営み，この二者の関係を二項関係とよぶ。生後6カ月前後になると，母親が指差したり，見たりする対象を乳児も注視するようになる。これは，母親と乳児が視線を共有し，母親−玩具−乳児という三者の関係が成立するので三項関係と岡本（1982）はよんだ。相手と視線の共有がみられるこの三項関係のことを広義な意味で共同注意（joint attention）とよぶ。スケイフとブルーナー（Scaife & Bruner, 1975）の視線追従研究以来，共同注意の研究が多く行われた。たとえば，6カ月児はその視野内に限定されるも，母親の視線方向を見るが，対象の位置を完全に見るには至らない。12カ月児はその視野内に限定されるも，母親が見る対象を見る。18カ月になると，視野内に何もないときに限定されるが，乳児の後方にある母親が見る対象を振り返って見ることが可能となる（Butterworth & Jarrett, 1995）。

　トマセロ（Tomasello, 1995/1999）は共同注意を厳密に定義し，二者が互いに相手に意図性の存在を理解し，かつ相手も自分と共通の対象に対して注意を向けること，として生後9〜18カ月に生起するとした。乳児と母親がある対象を同時に注視しただけでは共同注意とはよばず，乳児が自発的に対象と母親とを交互に凝視する交互凝視（乳児が注視している対象を母親も意図的に注視していることを乳児が確認すること）が生起することが前提であるという。

3. 社会的参照

生後8～10カ月になると、曖昧な状況において乳児は母親の表情を参照して、その後の行動を開始するようになる。これを社会的参照（social referencing）という。社会的参照のコミュニケーションモードは感情を生起させる感情的参照（affective referencing）と何をなすべきかを示唆する道具的参照（instrumental referencing）とに分類される（Feinman, Roberts, Hsieh, Sawyer, & Swanson, 1992）。

研究例としては玩具に対する反応を検討する実験（Walden & Ogan, 1988）と視覚的断崖を渡る実験とに大別される。後者の例として、ソースほか（Sorce, Emde, Campos, & Klinnert, 1985）は12カ月児が深さ約30cmの視覚的断崖を渡る実験を行った。母親が幸福の表情をしたときには約74％の乳児が横断したが、母親が恐怖の表情をしたときに横断した乳児は皆無だった。また、母親刺激として微笑、音声、そして微笑・音声の3種類を使用した結果、微笑・音声の場合が、視覚的断崖の横断時間が最も短かった（Vaish & Striano, 2004）。微笑は感情的参照、音声は道具的参照であり、両者の同時生起が乳児の行動に対して最も大きな影響力をもつことが示された。ただし社会的参照に関して、乳児は対象・状況に恐怖を感じるので、情報を得るのではなく、慰めを得ようとして親の表情を見るのだという指摘（Baldwin & Moses, 1996）を銘記しておくべきである。

4節 アタッチメント

1. アタッチメントの特徴

12カ月前後になると乳児はある特定の人間、多くは母親を強く求めようとする。乳児が示す特定の人間との関係性をボウルビィ（Bowlby, 1969/1976）はアタッチメント（愛着）とよんだ。その後、エインズワースほか（Ainsworth, Blehar, Waters, & Wall, 1978）が母子分離再会実験のストレンジ・シチュエーション法（Strange Situation Procedure：SSP）を考案し、乳児のアタッチメント行動をABCの3群に分類した。3群は母子再会場面における母親に対する乳児の接近、接触維持、抵抗、回避の行動を7段階評定にて評定し、図23.1のプロセスで分類される。接近・接触維持が高得点で、抵抗・回避得点が低得点だと安全性（security）が高い、

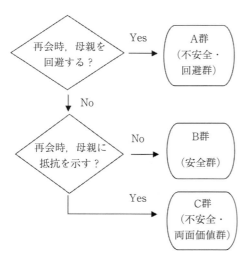

図23.1 アタッチメントABC分類のプロセス（Ainsworth et al., 1978；Attachment Workshop〔University of Minnesota〕から作図）

表23.3 SSPにおける1歳児の行動と家庭内における母親行動（Ainsworth et al., 1978を要約）

アタッチメントパターン	母子再会時における1歳児の行動	家庭内における母の行動
B群（安全群）	母親に肯定的	一貫して敏感で受容的
C群（不安全・両面価値群）	母親に怒りの両面価値的行動を示す	敏感性，受容性に一貫性なし
A群（不安全・回避群）	母親との接触を回避する	一貫して拒否的，身体接触を避ける

と表現される。各群の特徴からB群（normal group）を安全（secure）群，C群（ambivalent group）・A群（avoidant group）を不安全（insecure）群ともよぶ。C群・A群児と比較してB群児は母親を安全基地として使用して環境の探索を行い，その後も適応的な発達を示し（Sroufe, 1979/1981），コンピテントであるという（Waters & Sroufe, 1983）。母親を安全基地として使用できるということは，母親を含めた環境を信頼できる，という安全感（feeling of security）を形成したからだと考えられている。なお，B群児の母親は家庭内において生後1年間，一貫して乳児に対して敏感，受容的であったという（表23.3）。

2. 非構成的／非志向的群の特徴

SSPにおける母親との再会場面において，母親に対して両手を差し出し，引っ込めるという矛盾した行動を示したり，固着したり，とアタッチメント行動が崩壊した事例が報告され，この特徴はABC分類の基準に合わず，メインとソロモン（Main & Solomon, 1990）は非構成的／非志向的（disorganized/disoriented：D）とよび，9段階評定尺度を作成した。乳児を怯えさせる養育行動，親自身の未解決の心理的状態，虐待がD群児の行動形成に影響を与える，とされている。たとえば，低収入家庭の乳児で，かつ虐待された乳児は82％が，虐待されなかった乳児は18％がD群に分類された（Carlson, Cicchetti, Barnett, & Braunwald, 1989）。4，5歳になったD群児は同年齢の子どもに対して敵意ある，攻撃的行動を示し（Jacobitz & Hazen, 1999），6歳における母子再会場面では母親に対して支配的で懲罰的行動（静かにしなさい！　と言ったでしょ）や，支配的で過度に明るい行動もしくは養護な行動（マミー，私と砂場で遊びたい？　と親のように誘う）がみられた（Main & Cassidy, 1988）。しかしながら，2,000余名対象のメタ分析によれば北アメリカの平均的・非臨床的群におけるD群出現率は15％（B，C，A群はそれぞれ62％，9％，15％）であり（van IJzendoorn, Schuengel, & Bakermans-Kranenburg, 1999），D群の解釈には注意を要する。

3. アタッチメントの形成要因

遺伝子の影響を受けた乳児の気質よりも母親を代表とする環境に大きな影響を受けてアタッチメントが形成される，というのがアメリカ主流派の考えである（Sroufe, 1985）。アタッチメント対象，自己，世界等のアタッチメントに関する表象は内的作業モデル（internal working model：

IWM）とよばれる（Bowlby, 1969/1976, 1973/1977 ; Bretherton, 1985）。母親のIWMが具現化した敏感性が乳児のアタッチメント形成に影響を与えると考えられ，これをアタッチメントの世代間伝達（intergeneration transmission）という。しかし，母親の敏感性のみで乳児のアタッチメント形成を説明できない場合があり，ヴァン・アイゼンドーン（van IJzendoorn, 1995）はこの現象を伝達ギャップ（transmission gap）とよび，原因として敏感性以外の要因，たとえば環境要因や遺伝要因を想定した。

a．新生児期気質とアタッチメント形成との関連性

新生児期に行われる新生児行動評価尺度（Neonatal Behavioral Assessment Scale : NBAS）は気質を行動レベルで測定する代表的測度である。この易刺激性（泣きやすさ）が高く，母親の社会的支援が低いと，再会場面での抵抗・回避得点が高く，母子両者の相互交渉の影響が指摘された（Crockenberg, 1981）。また，NBASの方位反応（赤ボールや検査者を見る）が高いとB群になりやすく，易刺激性が高いとA群になりやすいが，方位反応が良好で母親が敏感であっても必ずしも全員がB群になるわけではないと報告された（Grossmann, Grossmann, Spangler, Suess, & Unzner, 1985）。しかし，NBASとアタッチメント・パターンとの間に関連性なしとも報告され（Carlson, 1998），結果は一致していない。

b．DNA多型とアタッチメント形成との関連性

近年の分子生物学の急速な進歩により，神経伝達物質であるドーパミン，セロトニンのDNA多型とアタッチメント・パターンとの関連性に関する報告が急増した。成人研究によれば，ドーパミンは注意・情動・動機等と，セロトニンはうつ病・神経症等と関連するといわれている。DNA多型とはDNA配列の特定部分において配列の反復が生じることで，母集団の1％以上の頻度で出現し，かつ疾病発生に関係しない場合をいう。この反復数には個体差，人種差がある。DNA解析技術の未発達という制約上，以下に要約するほとんどの研究ではSSP終了後，数年以上経過してDNAを解析していることに留意されたい。

（1）ドーパミンD4受容体遺伝子（DRD4）多型とアタッチメントとの関連性

DRD4多型とアタッチメントとの関連性を最初に報告したラカトスほか（Lakatos, Toth, Nemoda, Ney, Sasvari-Szekely, & Gervai, 2000 ; Lakatos, Nemoda, Toth, Ronai, Ney, Sasvari-Szekely, & Gervai, 2002）によれば，DRD4第3エクソンにおける48塩基の反復が7回以外の場合と比較して，反復7回の場合のほうがD群が有意に多い。しかし，彼らの研究を追試した結果，反復7回とアタッチメントとの関連性は見出されなかった（Bakermans-Kranenburg & van IJzendoorn, 2004）。その後，48塩基の反復7回以外の場合と比較して，反復7回の場合で母親に未解決な喪失感，もしくはトラウマがあるとD群児が有意に多いと報告され（van IJzendoorn & Bakermans-Kranenburg, 2006），母親要因の重要性が指摘された。これらの結果に対して，SSPにおける母親の行動が混乱している（disrupted）場合は，48塩基の反復7回以外の場合と比較して反復7回の場合のほうがD群出現率が低いので，反復7回は母親の養育に対する乳児の反応を緩和させ，結果として保護的に働くと解釈された（Gervai, Novak, Lakatos, Toth, Danis, Ronai, Nemoda, Sasvari-Szekely, Bureau, Bronfman, & Lyons-Ruth, 2007）。この結果は48塩基の

反復7回はリスク因子だという仮説に一石を投じるものであり，今後の検証が必要である。なお，これら複数の研究によれば，DRD4多型とアタッチメントABC分類とは関連しない。

(2) セロトニン輸送体関連領域遺伝子（5-HTTLPR）多型とアタッチメントとの関連性

セロトニン輸送体のプロモーター領域に存在する5-HTTLPR多型は20から23塩基の反復14回がs型，反復16回がl型とよばれ，対立遺伝子の組み合わせでs/s型，s/l型，l/l型に分類され，s/s型とs/l型がリスク因子だと考えられている。なお，最初期，一まとまりの塩基配列数は44塩基と報告されたが，現在では43塩基に訂正され，43塩基の挿入・欠失（insertion/deletion）と表現されている。

5-HTTLPRがs/s型かs/l型の場合，母親の応答性の低さと乳児の安全性の低さとの間に関連があり，l/l型では母親の応答性と乳児の安全性に関連性はなく，D群は全員s/s型かs/l型のいずれかであった（Barry, Kochanska, & Philibert, 2008）。

(3) 複数DNA多型とアタッチメントとの関連性

DRD4多型，-521 C/TのSNP，5-HTTLPR多型のいずれもアタッチメントの安全性と関連なかったが，5-HTTLPRがs/s型で母親の敏感性が低い場合，D群が最も多かったので，母親の敏感性が低い場合，l/l型はアタッチメント形成において保護的に働くと解釈された（Spangler, Johann, Ronai, & Zimmermann, 2009）。

アメリカのマイノリティの場合（Cicchetti, Rogosch, & Toth, 2011），虐待経験の有無に関係なく，5-HTTLPRとDRD4の両者，あるいはいずれかのリスク因子は1歳時点でのABCD分類に有意差を示さなかった。一方，虐待経験のない群では1歳時点のアタッチメント分類と5-HTTLPR・DRRD4との間に有意差なかったが，2歳時点のアタッチメント安全群は5-HTTLPRがl/l型で，DRD4・48塩基の反復回数が7回以外であり，これらの遺伝子型が不安全性やD群の形成に対して保護的な働きをすることを示唆した。そして被虐待群では5-HTTLPR，DRD4の遺伝子型の違いによる有意差がなかったので，虐待経験が遺伝子の影響を凌駕することを示唆した。

アメリカ・オランダそれぞれ500名余のDRD4, DRD2, COMT, 5-HTTLPR, OXTR，母親の敏感性とアタッチメントとの関連性を検討した結果，両国群に共通するのはCOMT Val158Met多型がヘテロ接合型だとD得点が高い，という一点のみであった（Luijk, Roisman, Haltigan, Tiemeier, Booth-LaForce, van IJzendoorn, & Bakermans-Kranenburg, 2011）。COMTはドーパミンを分解する酵素の一種である。その後この研究を再検討した結果，人種によって結果が異なること，そして統計的検定力の問題が指摘された（Roisman, Booth-LaForce, Belsky, Burt, & Groh, 2013）。

(4) 今後の課題

乳児は環境刺激の影響を受けやすいが，この乳児と環境との関連性を検討するモデルとして素因ストレス（diathesis stress）／遺伝的被傷性（genetic vulnerability）と差動敏感性（differential susceptibility）が提案されている（Bakermans-Kranenburg & van IJzendoorn, 2007；Belsky, Bakermans-Kranenburg, & van IJzendoorn, 2007）。前者は否定的環境のみに影響を受けやすく否定的結果に通じ，後者は肯定的・否定的環境のどちらにも影響を受けやすく肯定的・否定

的結果に通じる，という考えである。現在のところ，前者を支持する研究（Barry et al., 2008 ; Jaekel, Pluess, Belsky, & Wolke, 2015）と，後者を支持する研究（Bakermans-Kranenburg & van IJzendoorn, 2007 ; Cassidy, Woodhouse, Sherman, Stupica, & Lejuez, 2011）が報告されている。今後の検証研究が待たれる。

　DNA塩基配列の変化をともなわない遺伝子機能発現の制御システムをエピジェネティクスといい，ヒストン修飾とDNAメチル化が知られている。メチル化とは塩基配列中のシトシンの5位の炭素にメチル基が付加することで，遺伝子機能の発現を制御し，その代表例が発がん抑制機能である。たとえば，成人のアタッチメント未解決・トラウマ度合は5-HTTLPRがs/s型・低メチル化で高く，s/s型・高メチル化で低い（van IJzendoorn, Caspers, Bakermans-Kranenburg, Beach, & Philibert, 2010）。これは，アタッチメントの形成要因・予後を追究する際にDNA多型・エピジェネティクスの解析結果が有効な指標となることを示唆している。ただし，これらの研究におけるDNAは口腔内粘膜や血液から抽出されている。したがって，DNA解析結果の特徴はある行動特徴との関連性を示唆する指標であり，因果関係を示すわけではないので生物学的指標（biomarker）とよばれることに留意すべきである。また，エピジェネティクスは環境の影響を受けるので，DNAとアタッチメントに関する研究は今後，後ろ向き研究（retrospective study）ではなく，新生児期にDNA分析を行ったうえでの前向き研究（prospective study）が期待される。

◆ 引用文献

Ainsworth, M. D. S., Blehar, M. C., Waters, E., & Wall, S.（1978）. *Patterns of attachment : A psychological study of the strange situation.* Hillsdale, NJ : Lawrence Erlbaum Associates.

Bakermans-Kranenburg, M. J., & van IJzendoorn, M. H.（2004）. No association of the dopamine D4 receptor （DRD4）and −521 C/T promoter polymorphisms with infant attachment disorganization. *Attachment & Human Development*, **6**, 211-218.

Bakermans-Kranenburg, M. J., & van IJzendoorn, M. H.（2007）. Research review : Genetic vulnerability or differential susceptibility in child development : The case of attachment. *Journal of Child Psychology and Psychiatry* **48**, 1160-1173.

Baldwin, D. A., & Moses, L. J.（1996）. The ontogeny of social information gathering. *Child Development*, **67**, 1915-1939.

Barry, R. A., Kochanska, G., & Philibert, R. A.（2008）. G × E interaction in the organization of attachment : Mothers' responsiveness as a moderator of children's genotypes. *Journal of Child Psychology and Psychiatry*, **49**, 1313-1320.

Belsky, J., Bakermans-Kranenburg, M. J., & van IJzendoorn, M. H.（2007）. For better and for worse : Differential susceptibility to environmental influences. *Current Directions in Psychological Science*, **16**, 300-304.

Bowlby, J.（1976）. 母子関係の理論：I　愛着行動（黒田実郎・大羽　蓁・岡田洋子，訳）．岩崎学術出版社．（Bowlby, J.（1969）. *Attachment and loss : Vol.1. Attachment.* London : Hogarth Press.）

Bowlby, J.（1977）. 母子関係の理論：II　分離不安（黒田実郎・岡田洋子・吉田恒子，訳）．岩崎学術出版社．（Bowlby, J.（1973）. *Attachment and loss : Vol. 2. Separation : Anxiety and anger.* London : Hogarth Press.）

Bretherton, I.（1985）. Attachment theory : Retrospect and prospect. In I. Bretherton & E. Waters（Eds.）, *Growing Points of Attachment Theory and Research. Monographs of the Society for Research in Child Development*, **50**（1-2, Serial No. 209）, 3-35.

Bushnell, I. W. R.（1982）. Discrimination of faces by young infants. *Journal of Experimental Child Psychology*, **33**, 298-308.

Butterworth, G., & Jarrett, N. (1995). What minds have in common is space : Spatial mechanisms serving joint visual attention in infancy. *British Journal of Developmental Psychology*, **9**, 55-72.

Cassidy, J., Woodhouse, S. S., Sherman, L. J., Stupica, B., & Lejuez, C. W. (2011). Enhancing infant attachment security : An examination of treatment efficacy and differrential suscptibility. *Development and Psychopathology*, **23**, 131-148.

Carlson, E.A. (1998). A prospective longitudinal study of attachment disorganization/disorientation. *Child Development*, **69**, 1107-1128.

Carlson, V., Cicchetti, D., Barnett, D., & Braunwald, K. (1989). Disorganized/disoriented attachment relationships in maltreated infants. *Developmental Psychology*, **25**, 525-531.

Cicchetti, D., Rogosch, F. A., & Toth, S. L. (2011). The effects of child maltreatment and polymorphisms of the serotonin transporter and dopamine D4 receptor genes on infant attachment and intervention efficacy. *Development and Psychopathology*, **23**, 357-372.

Crockenberg, S. (1981). Infant irritability, mother responsiveness, and social support influences on the security of infant-mother attachment. *Child Development*, **52**, 857-865.

Fantz, R. L. (1963). Pattern vision in newborn infants. *Science*, **140**, 296-297.

Feinman, S., Roberts, D., Hsieh, K., Sawyer, D., & Swanson, D. (1992). A critical review of social referencing in infancy. In S. Feinman (Ed.), *Social referencing and the social construction of reality in infancy* (pp.15-54). New York : Plenum Press.

Gervai, J., Novak, A., Lakatos, K., Toth, I., Danis, I., Ronai, Z., Nemoda, Z., Sasvari-Szekely, M., Bureau, J.F., Bronfman, E., & Lyons-Ruth, K. (2007). Infant genotype may moderate sensitivity to maternal affective communications : Attachment disorganization, quality of care, and the DRD4 polymorphism. *Social Neuroscience*, **2**, 307-319.

Grossmann, K., Grossmann, K. E., Spangler, G., Suess, G., & Unzner, L. (1985). Maternalsensitivity and newborns' orientation responses as related to quality of attachmentin northern Germany. In I. Bretherton & E.Waters (Eds.), *Growing points in attachmenttheory and research. Monographs of the Society for Research in Child Development*, **50**, 233-256.

Jacobitz, D., & Hazen, N. (1999). Developmental pathways from infant disorganization to childhood peer relationships In J. Solomon & C. George (Eds.), *Attachment disorganization* (pp.127-159). New York : Guilford Press.

Jaekel, J., Pluess, M., Belsky, J., & Wolke, D. (2015). Effects maternal sensitivity on low birth weight children's academic achievement : A test of differential susceptibility versus diathesis stress. *Journal of Child Psychology and Psychiatry*, **56**, 693-701.

Lakatos, K., Nemoda, Z., Toth, I., Ronai, Z., Ney, K., Sasvari-Szekely, M., & Gervai, J. (2002). Further evidence for the role of the dopamine D4 receptor (DRD4) gene in attachment disorganization : Interaction of the exon III 48-bp repeat and the −521 C/T promoter polymorphisms. *Molecular Psychiatry*, **7**, 27-31.

Lakatos, K., Toth, I., Nemoda, Z., Ney, K., Sasvari-Szekely, M., & Gervai, J. (2000). Dopamine D4 receptor (DRD4) gene polymorphism is associated with attachment disorganization in infants. *Molecular Psychiatry*, **5**, 633-637.

Locke, J. (1968). 世界の名著：27　人間知性論（大槻春彦，訳編）．中央公論社．(Locke, J. (1689). *An essay concerning human understanding*.)

Luijk, M., Roisman, G. I., Haltigan, J., Tiemeier, H., Booth-LaForce, C., van IJzendoorn, M. H., & Bakermans-Kranenburg, M. J. (2011). Dopaminergic, serotonergic, and oxytonergic candidate genes associated with infant attachment security and disorganization? In search of main and interaction effects. *Journal of Child Psychology and Psychiatry*, **52**, 1295-1307.

前川喜平．(1985)．新生児の神経学的診察法と行動評価．周産期医学, **15**(11), 42-48.

Main, M., & Cassidy, J. (1988). Categories of response to reunion with the parent at age six : Predictable from infant attachment classifications and stable over a 1-month period. *Developmental Psychology*, **24**, 415-426.

Main, M., & Solomon, J. (1990). Procedures for identifying infants as disorganized/disoriented during the Ainsworth Strange Situation. In M. T. Greenberg, D. Cicchetti, & E. M. Cummings (Eds.), *Attachment in the preschool years* (pp.121-160). Chicago : The University of Chicago Press.

Maurer, D., & Salapatek, P. (1976). Developmental changes in the scanning of faces by young infants. *Child Development*, **47**, 523-527.

岡本夏木. (1982). 子どもとことば. 岩波書店.

Piaget, J. (1978). 知能の誕生（谷村　覚・浜田寿美男，訳）. ミネルヴァ書房.（Piaget, J. (1948). *La naissanece de l'intelligence chez l'enfant* (2nd ed.). Paris : Delachaux & Niestlé.）

Prechtl, H. F. R. (1979). 新生児の神経発達（内藤壽七郎，監修）. 日本小児医事出版社.（Prechtl, H. F. R. (1977). *The neurological examination of the full term newborn infant* (2nd ed.). London : Spastics International Medical Publications.

Roisman, G. I., Booth-LaForce, C., Belsky, J., Burt, K. B., & Groh, A. M. (2013). Molecular-genetic correlates of infant attachment : A cautionary tale. *Attachment & Human Development*, **15**, 384-406.

Saarni, C., Campos, J. J., Camras, L.A., & Witherington, D. (2006). Emotional development : Action, communication, and understanding. In N. Eisenberg (Vol. Ed.), W. Damon & R. M. Lerner (Editors-in-Chief), *Handbook of child psychology : Vol.3. Social, emotional, and personality development* (6th ed., pp.226-299). New York : John Wiley & Sons.

Scaife, M., & Bruner, J.S. (1975). The capacity for joint visual attention in the infant. *Nature*, **253**, 265-266.

Sorce, J. F., Emde, R. N., Campos, J. J., & Klinnert, M. D. (1985). Maternal emotional signaling : Its effect on the visual cliffbehavior of one-year-olds. *Developmental Psychology*, **21**, 195-200.

Spangler, G., Johann, M., Ronai, Z., & Zimmermann, P. (2009). Genetic and environmental influence on attachment disorganization. *Journal of Child Psychology and Psychiatry*, **50**, 952-961.

Sroufe, L. A. (1981). 発達の連続性について：養育行動，愛着，発達課題をめぐって. 現代児童心理学：1　子どもの本性と児童問題（永野重史，監訳）(pp.74-97). 金子書房.（Sroufe, L. A. (1979). The coherence of individual development : Early care, attachment, and subsequent developmental issues. *American Psychologist*, **34**, 834-841.）

Sroufe, L. A. (1985). Attachment classification from the perspective of infant-caregiver relationships and infant temperament. *Child Development*, **56**, 1-14.

Tomasello, M. (1999). 社会的認知としての共同注意. ジョイント・アテンション（大神英裕，監訳）(pp.93-117). ナカニシヤ出版.（Tomasello, M. (1995). Joint attention as social cognition. In C. Moore & P. Dunham (Eds.), *Joint attention : Its origins and role in development* (pp.103-130). Hillsdale, NJ : Lawrence Erlbaum Associates.）

Vaish, A., & Striano, T. (2004). Is visual reference necessary? Contributions of facial versus vocal cues in 12-month-olds' social referencing behavior. *Developmental Science*, **7**, 261-269.

van IJzendoorn, M. H. (1995). Adult attachment representations, parental responsiveness, and infant attachment : A meta-analysis on the predictive validity of the Adult Attachment Interview. *Psychological Bulletin*, **117**, 387-403.

van IJzendoorn, M. H., & Bakermans-Kranenburg, M. J. (2006). DRD4 7-repeat polymorphism moderates the association between maternal unresolved loss or trauma and infant disorganization. *Attachment & Human Development*, **8**, 291-307.

van IJzendoorn, M. H., Caspers, K., Bakermans-Kranenburg, M. J., Beach, S. R. H., & Philibert, R. (2010). Methylation matters : Interaction between methylation density and 5HTT genotype predicts unresolved loss or trauma. *Biological Psychiatry*, **68**, 405-407.

van IJzendoorn, M. H., Schuengel, C., & Bakermans-Kranenburg, M. J. (1999). Disorganized attachment in early childhood : Meta-analysis of precursors, concomitants, and sequelae. *Development and Psychopathology*, **11**, 225-249.

Walden, T. A., & Ogan, T. A. (1988). The development of social referencing. *Child Ddevelopment*, **59**, 1230-1240.

Waters, E., & Sroufe, L. A. (1983). Social competence as a developmental construct. *Developmental Review*, **3**, 79-97.

Watson, J. S. (1972). Smiling, cooing, and "the game". *Merrill-Palmer Quarterly*, **18**, 323-339.

White, R. W. (1959). Motivation reconsidered : The concept of competence. *Psychological Review*, **66**, 297-333.

Wolff, P. H. (1969). The natural history of crying and other vocalizations in early infancy. In B. M. Foss (Ed.), *Determinants of infant behaviour : Vol. IV* (pp. 81-109). London : Methuen.

24章 幼児期

森下正康

幼児期の発達上の大きな特徴として次の3点があげられる。
(1) まず対人関係の広がりである。親子・きょうだいをはじめとする家族関係が広がり，幼稚園・保育園の先生や仲間との関係が新しく展開する。
(2) 自己や自我の機能が発達する。「反抗」「強情」と映る子どもの行動の根底に，大切な自我が育ってきている。そこには，自分の欲求や行動を抑制し自分の意志を主張する自己制御機能（self regulation）の発達がみられる。
(3) このような幼児期の発達を支えるメカニズムについて，代表的なものとしてアタッチメント（attachment）理論とモデリング（modeling）理論があげられる。

幼児期の特徴として，他に運動機能や認知機能の著しい発達がみられる。歩行機能や手の操作機能が発達し，行動範囲が広がり，経験内容も広く複雑になっていく。外界との相互作用は，子どもの発達を支える基盤となっている。また，認知機能の発達とともに言語機能が発達し，人々とのコミュニケーションや思考，行動の調節機能が育っていく。これらの機能は，人間関係や自我の機能の発達とも関連している。心の理論の発達に関する研究は他の章で扱われる。

1節 対人関係の広がり

1. 幼児期の親子関係

乳幼児は愛着（アタッチメント）の対象を心の安全基地として探索行動を行い，それを基礎として運動機能，認知・言語機能，情緒や自我を発達させていく（森下, 1988）。とくに，初期の母子関係や人間関係のなかで，人に対する基本的信頼感や自己に関する基本的な概念が形成されるといわれている（Bowlby, 1973/1976；数井・遠藤・田中・坂上・菅沼, 2000；数井・遠藤, 2005）。乳幼児期の母子関係が安定したものであれば，母親への信頼，他者への信頼，そして自己への信頼が形成されるという（久保田, 1995）。

1〜2歳の子どもは，母親との愛着関係がある程度安定している場合，母親を安全基地として母親の近くで離れて探索行動を行う。母親から離れてどこかへ行ってしまう子どももいる。それとは対照的に，母親から離れることが不安でいつも母親にくっついている子どももいる。これら

はアタッチメントの安定型（Bタイプ），回避型（Aタイプ），不安定型（Cタイプ）に対応する。

2～3歳の子どもは，一般に自己主張が激しく親にとって困ることや危険なことを行う。そこで，親は子どもを叱ったり禁止したりする，それに対して子どもは反抗する，それでよけい親は怒り，子どもは泣きわめくというような悪循環が生じてしまう。このようなことが毎日のように続くと，親も子どもも疲れ果ててしまう，このような状況がこの時期には起こりがちである。

桜谷（1986）によると，とくに育児不安の高い母親は，隣近所の人たちとの接触が少なく，夫の協力も少なかった。そして，子どもも親も自宅に閉じこもりがちで，テレビを見る時間が多く，子どもは母親に密着しているという特徴が顕著であった。また，大日向（1988）によると，子どもに対して愛着要求が強いが夫に対してはそれが弱い母親は，子どもに対して濃密な愛着関係を成立させるという。その反対の場合は，子どもに対して母親の愛情がきわめて薄い。このように，家庭における人間関係は，夫と妻との関係が子どもとの関係に影響し，同時に子どもとの関係が夫や妻との関係に影響する循環的で相互規定的な関係である（森下・岸畑，2011）。

日頃の親子のかかわりのなかで，絵本の読み聞かせを行っている親子のほうが，親子間のコミュニケーションの増加が顕著にみられたとされている（川井・高橋・古橋，2008）。

養育態度とともに親の情動表出の特徴は，子どもの情動表出の特徴に大きな影響を与えている。3～6歳の幼稚園児の母親を対象に調査した田中（2009）の研究では，自己中心的で不快感を与える情動表現スタイル得点の高い母親の子どもは，自己コントロール得点が低く，否定的情動の生じやすさ得点が高かった。ここでは母親自身の情動表現スタイルが子どものモデリングの対象となっている可能性がある。

2. きょうだい関係の展開

a. きょうだい関係の成立

幼児期のきょうだい関係に関する組織的な研究は少ない。きょうだい関係の成立について，小嶋ほか（小嶋・山田・村上・河合，1982）は，年下の子どもが母親ときょうだい（兄・姉）との関係をどのように認知しているかを調べた。母親が上の子どもを膝の上に抱いた場合，箱や人形を抱いた場合，上の子どもとボール遊びや電話ごっこをした場合に，下の子どもがどうするかを観察した。その結果，11カ月児は全体に母親のしていることを見ているだけの子どもが多かった。19カ月児は，母親が人形を抱いた場合や上の子どもとボール遊びや電話ごっこをしている場合に，人形やボール，電話を要求したり泣いたりすることが多かった。23カ月児は再び見る反応が多くなり，きょうだいが母親の膝の上に抱かれている場合は，おもちゃを母親の座っているソファーの横に置いて帰ってきたり，母親におもちゃを見せて話しかけたりという間接的な表現をすることが多かった。この結果は，1歳代後半に「母親ときょうだいとの関係」の認知に大きな変化が生じ，それに対応して子どもの行動に変化が生じたことを示唆している。

また，小嶋ほか（1982）は，就学前の第1子が第2子の誕生によってどのような影響を受けるかを研究した。その結果によると，年長児たちほど気分の動揺や生活習慣の乱れ，退行現象な

どの特徴が増加した。また，第2子が11カ月になったとき，母のそばときょうだいのそばで過ごす時間は同じぐらいとなり，第1子は年少群でも下の子の世話をよくしていた。

b. 幼児期のきょうだい関係

下の子どもの年齢の違いが，上の子どものきょうだい関係や母親との関係に影響を与える（臼井，1990）。下の子どもが9カ月をすぎる頃から移動能力が急に増し，上の子どもの生活空間に進入することが多くなる。そうすると両者の間に対立が起こり，上の子に対する母親の叱責や注意が多くなる。また，下の子どもが歩きはじめるか言葉を話すようになると，両親の注意や関心が下の子どもに向かいがちで，そのことも上の子どもの嫉妬や不安の原因となる。そこで，上の子どもが親の気を引こうとしたり，親に反抗したり，下の子どもをいじめたりすることが目立つようになる。ちょうどその頃，上の子どもが3歳頃になっていることが多くて，「反抗期」現象も重なって，親子関係が悪化してくることが多い。

幼児期のきょうだい関係は，母親の評定に関して因子分析を行った結果，次の4つの因子によって特徴づけられることがわかった（森下・小嶋・河合，1988）。第1因子は，母親の承認を求めてきょうだいが競争する「競い合い」の因子。第2因子は，上の子どもが下の子どもの世話をする「ナーチュランス（養護性）」の因子。第3因子は，きょうだいの「仲の良さ」因子。第4因子は，ものの取り合いや取っ組み合いなどの「ケンカ」の因子であった。このような4つの因子（次元）は，幼児期のきょうだい関係の特徴を理解する枠組みを与えてくれる。

幼児のきょうだい関係の特徴と仲間関係の特徴との関連について，森下（1989）によれば，男児についてきょうだいに対する思いやりが高い者ほど近所の友だちに対しても思いやりが高かった。しかし，女児ではそのような関連はなかった。また，きょうだい関係の特徴と園での友だち関係の特徴の間には関連がなかった。柴田（2010）によると，きょうだい間の対立関係は仲間関係における攻撃行動と関連がなく，また，保護・依存関係や共存関係は仲間関係における向社会的行動とも関連がなかった。幼児期のきょうだい関係と仲間関係との関連についてはさまざまな理論があるものの，十分なデータがなく今後の研究課題である（小嶋・森下，2004）。

3. 仲間関係の展開

a. 仲間関係の成立

幼児の仲間関係は，いつどのようにして成立するのであろうか。1～5歳児を対象とした研究において，同性同年齢の子ども4人を一つのグループとして，保母が一人参加して自由に遊ばせたところ，仲間のそばで同じ行動をする・話しかけるというような仲間への接触は，年齢とともに増加するのに対して，保育士との接触は減少していくことがわかった（高橋・小山・田中・浅見・岡野・南，1983）。また，保育園において，乳幼児と保育士の関係を観察した研究によると，24カ月以前の子どもは保育士が間に入らないと仲間関係は成立しにくかった。また，24～27カ月で仲間に対して積極的にかかわる反応が増加し，保育士に対する反応を上回った（横浜，1981）。4歳児を対象にした研究でも，「一緒にいて欲しい人」として先生よりも友だちのほうが多く選

ばれたという（高橋, 1978）。このような結果は, 2歳前後を境にして大人よりも仲間とのかかわりのほうが重要性を増すことを示している。

b. 仲間関係の展開

年齢とともに仲間関係はどのように展開していくのであろうか。松井ほか（松井・無藤・門山, 2001）は, 自由場面での仲間との相互作用について, 3歳児から4歳児の2年間ビデオを用いて自然観察を行った。3歳児は4歳児と比較して仲間の行動の模倣が多く, また何もせず一緒にそばにいるという状態が多いが, しだいにそれは減少し相手の活動への参加や暗黙的な方略（必要なものを相手に与えるなど）の使用が増加した。しかし, 4歳後半になると仲間を自分の活動へ誘い入れたり自分に注意を引きつけたりすることが増加し, 幼稚園で慣例の「いれて」という明示的な仲間入り方略使用も増加した。松井ほか（2001）も同じような結果を報告している。

礪波ほか（礪波・三好・麻生, 2002）は, 年中児と年長児を同性2人組でロケット模型のなかに入れ, ロケットからおりるか乗り続けるかをめぐる発話と行動を分析した。その結果, 両者の意見が一致しても必ずしも共同意志になるとは限らないこと, 約60％の子どもが1回以上意見を変容することが明らかとなった。3回以上意見を変えるペアも16％おり, 直前になって意見を変え他者を裏切るような変容が全意見変容の24％を占めていた。このような結果から, 幼児の意志は変わりやすく, 他者とのやりとりのなかでゆらぎながら生成されていくことがわかった。

4, 5, 6歳児の鬼ごっこ遊びの特徴についての研究（田中, 2005）によると, 4歳児はオニ役割からコ役割, 相互の役割交代が困難なことが多く, 5～6歳児ではそれが可能になるとわかった。加齢にともないオニは複数のコを追いかけ, コは他の仲間と距離をおいて逃げるようになることが示唆された。また, 藤田（2007）の研究では, 10分間の魚釣りゲームの結果, 年中児より年長児のほうが, 明確な規準で交代していた。このような結果から, 年長児は年中児よりもゲームのなかで他者の行為を考慮していること, とくに女児でその傾向が強いことがわかった。

c. 幼児期の仲間関係

仲間関係のなかではどのような性差や個人差がみられるであろうか。畠山・山崎（2002）は, 幼稚園年長児の自然発生的な攻撃行動を1年間にわたって観察した。その結果, 直接的－道具的攻撃と直接的－脅し攻撃は男児のほうが女児より多く, 仲間を使っての関係性攻撃は女児のほうが男児より多く観察された。孤立児が関係性攻撃の被害を最も多く受けていた。

伊藤（2006）によると, 5歳児について, 向社会性についての自己評価が低い者ほど, 仲間との相互作用で何もしていない・傍観者的な行動が多く, 向社会性の自己評価が高い者ほど連合遊びの頻度が多い傾向が示された。また向社会性の自己評価の高い子どものほうが, 友だちの困窮場面に遭遇する回数が多く, かつ困窮場面を改善することが多いこと, また仲間との連合遊びのなかで困窮場面に遭遇する回数が多いことが示された。

心の理論の発達に仲間関係がどのような影響を与えるかについて, 松永・郷式（2008）は, 3～5歳の幼児を対象にして研究している。アンとサリーの例のような誤信念課題では, きょうだいがいる子どもや, きょうだいはいないが異年齢保育を受けている子どものほうが, きょうだいがいなくて同年齢保育を受けている子どもよりも成績が良かった。この結果から, きょうだいで

なくても異年齢の子どもとの接触は，心の理論の獲得に影響を与えるのではないかと指摘している。また，年少，年中，年長児を対象とした森野（2005）の研究によると，月齢や言語能力が同じであれば，心の理論が発達している者ほど感情理解も発達している傾向があった。年長児は，心の理論が発達している者ほど社会的スキルが高く人気もあるという傾向が確認された。このように，心の理論の発達は仲間との相互作用と関連があり，その関連の仕方が年齢によって異なる可能性のあることが示唆されている。

2節　自我と自己制御機能の発達

1. 自我と自己意識の発達

a. 自我と自己

　自我の働きのなかで，行動の主体としての自我（ego）と，意識の対象としての自己（self）とは一応区別されている。しかし，研究者によって用語の使い方は異なっており，また実際問題として，たとえば目標に向かって努力する自我の働きは主体としての働きと客体としての働きが機能しており，両者を明確に区別するのは難しい状況もある。

　自己がどのように発達するかについて，乳幼児期に関する研究はきわめて少ない。オルポート（Allport, 1937/1982）は，この自己がパーソナリティの中核をなすものと考えている。彼によれば，幼児期は自己同一性の感覚に始まり，自尊心（自我）の芽生え，そして自己の拡大へ向かう。児童期は，よりいっそうの自己の拡大とともに理性的な対処者としての自己，そして自己像が発達する時期だとしている。

　エリクソン（Erikson, 1950）は，自我の発達について8段階説を提示している。生後1年の間に人間に対する基本的信頼感が形成されるという。この点はアタッチメント理論と共通している。幼児期の前半は自立性 対 恥・疑惑，後半は自主性 対 罪悪感，そして学童期（児童期）は勤勉性 対 劣等感が形成される時期だとしている。このように幼児期は，基本的信頼感の形成を基盤に自己が形成されていくと考えられている。

b. 幼児期の自己

　2～3歳頃の子どもの特徴に「反抗期」現象がある。この頃，親が何を言っても拒否し，自己を主張し強情で，悪いことをしても決して謝らないというような行動が目立ってくる。そのような行動の萌芽はすでに1歳半頃にみられ，それまでは「今まで泣いていた子どもが，もう笑っている」というように，まわりの状況の変化につれて子どもの感情もころころと変化するという印象が強い。しかし，やがてちょっとのことでは泣きやまなくなり，機嫌も直らなくなる。

　このような行動の背景には，子どもの自我の発達がある。この頃の自我の機能として，反抗・強情・主張というような側面と，我慢する・待てる・耐える，そして自主的に課題に取り組んで最後までやり通すという特徴がみられる。このように自我というのは，自主的に自己を方向づけ，

目標に到達する方法や手段を決定し，それを実行していくという機能をもっている。

　自我の発生メカニズムについて，園原・黒丸（1966）は次のように見事に説明している。2歳頃から身体・運動能力，認知機能が発達し，経験が豊かになり，子どもの世界が広がってくる。そして，行動の結果をある程度予想できるようになり，自分の目標に対してはっきりした意図と期待をもち行動するようになる。そこには自分一人でもできるという自信と誇りがある。このように，一人の独立した存在として行動する中心に自我が芽生えて意図が明確になると，自己主張が強まる。それに対して親が禁止したり干渉したりすると，子どもは抵抗し，親子の間に葛藤が生じる。そのような葛藤のなかで，子どもは自分という者の意識を強めていく。そこで，他からの力や壁に出会うとそれを乗り越えようとするが，その努力が反抗とか強情といわれるような姿・行動として表れてくるのである。

　4歳近くになると，子どもは自己主張を調整し自己抑制を行い，親や他の人の主張とも少しずつ協調できるようになる。これは，親・きょうだい・仲間との相互交渉過程での体験をとおして獲得していくと考えられる。また，子どもは自分に対するまわりの人々の期待や願いを内面化して，自分自身を客観視し外からの力によらず自ら感情や行動をコントロールできるようになる。そこには客体としての自己意識の発達がみられる。

　小嶋（1986, 1987）の江戸時代の日記の研究によれば，次の子どもが生まれる近くまで母乳を飲み続け乳をなめていた子どもが，3歳頃になると，まわりの人たちの働きかけもあって，それはあまり格好のいいものではないという自覚が生まれてくる。そして，母親が赤ちゃんに授乳しているのを見てうらやましく思うのだが，「ねんねが飲むのだからきたない」と自分に言い聞かせて断念した，というエピソードが紹介されている。ここに，まさに自己を対象として認識し始めると同時に，自己制御機能が働いているといえるだろう。

2. 自己制御の発達

a. 自己抑制と自己主張

　自分の欲求や行動を抑制したり自分の意志を主張したりする自己制御機能（self regulation）は，すでに幼児期から発達し，生涯にわたって重要な働きをする。すでに述べたように，自己制御機能には2つの側面があって，一つは状況に応じて自分の欲求や行動を制止する自己抑制の働きであり，もう一つは自分の意志や欲求を明確にもち表現する自己主張の働きである（柏木，1988）。

　自己制御機能の発達について最も重要な点は，外からの命令や禁止によって行動を制御する段階から，自分の意志によって行動を制御する段階への移行である。つまり，行動の他律から自律への発達である。とくに日本の文化において，大人が外から子どもの行動を操るのではなく，子どもの行動が望ましい方向へ形成されるように，子ども自身の自我に働きかけ，目標の方向へ導くということが重視されてきている（小嶋，1989；東，1994）。

b. 自己制御の発達

　自己抑制はいつ頃から始まるのだろうか。臼井・三宅（1989）の研究では，3種類の魅力的な

おもちゃが置かれている部屋で，子どもがしばらくの間，決められた課題をするように求められた。母親はそのおもちゃで遊ばせないようにして，課題に従事させるように教示された。23人についての追跡研究の結果，23カ月時と37カ月時の比較によると，おもちゃに触れるまでの時間とその回数に有意差がみられ，10分間で触れなかった子どもは6人（24％）から14人（52％）人に増え，触れた回数も6.72回から1.85に減った。このように，2～3歳にかけて誘惑・抵抗場面において自己抑制的な行動が目立って発達した。個人差に注目すると，自己抑制的な行動は2つの時点でかなり安定性を示していた。

　柏木（1988）の横断的研究によると，幼児期の自己抑制は年齢が進むにつれてほぼ直線的に強まり，女児のほうが男児より強かった。他方，自己主張は，3～4歳にかけて急激に上昇しているが4歳半以降はある一定の水準を保ったという。森下（2002）によると，幼稚園における幼児の変化の特徴は，横断的データと縦断的データでは異なっていた。横断的データでは，自己抑制は男女ともに年中から年長にかけて発達するが，縦断的データでは年少，年中時に発達し，年長時には発達がみられなかった。自己主張についても，横断的なデータは3歳以降変化しないことを示していたが，縦断的なデータでは，3歳以降も発達していることがわかった。縦断的データによって，一人ひとりの発達の姿をみていくことの重要性が示唆された。

c. 幼児期の自己制御

　幼児の自己主張と自己抑制の働きの，個人差に注目してみよう。水野・本城（1998）は，乳児期の気質，幼児の3歳7カ月時の気質・子どもの葛藤体験・母親のしつけ方略，そして4歳1カ月時の自己制御機能を測定し，それらの関連について分析した。その結果，初めての人や事態に対して積極的で応答性のある気質をもつ子どものほうが，そうでない子どもより友だちに対する自己主張が発達していた。また，自己抑制は順応性があり機嫌のよい気質をもつ子どものほうが発達していた。両方が発達している子どもは気質的に扱いやすい子どもであり，母親の特徴として説明的しつけ方略が多かった。実験的観察の結果も上記と同じであった。

　また，伊藤ほか（伊藤・丸山（山本）・山崎，1999）の5歳児を対象とした研究では，自己主張も自己抑制も両方高い幼児は，自発的向社会的行動が多かった。それに対して，自己主張ばかり高い幼児は仲間から援助を依頼される回数が少ないことが明らかとなった。同じように，森下（2000）の結果でも，自己主張も自己抑制も両方高い幼児が最も思いやりが豊かであり，自己主張が高く自己抑制の低い子どもは最も攻撃性が高いという特徴を示していた。幼児期において自己抑制と自己主張が両方バランス良く育つことが重要だと考えられる。

　大内ほか（大内・長尾・櫻井，2008）は，幼児について自己制御機能の4つの側面（自己主張・自己抑制・注意の移行〔頭の切り替え〕・注意の焦点化〔集中力〕）に関する新しい尺度を作成している。幼児の保護者と保育園の担任保育者に評定を求め，次のような結果を得た。望ましい社会的スキル（主張スキル，協調スキル，自己統制スキル）の獲得には，自己制御機能の4つの側面すべてが高い必要があること，そのすべてが低い子どもは内在化した問題行動（引っ込み思案）の出現の可能性があること，外在化した問題行動（不注意・多動，攻撃）の出現には自己主張の高さと自己抑制および注意の制御の低さが関係していることが明らかとなった。

3節　幼児期の発達に関する理論

1. アタッチメント理論

a. アタッチメント

　ごく初期の母子間の相互作用を重視したのが，ボウルビィ（Bowlby, 1973/1976）であった。彼によれば，哺乳類の赤ちゃんは生得的に母親（養育者）に対する愛着行動（attachment behavior）を獲得しており，人間の子どもも生まれてまもなく母親に対して追視したり抱きついたり後追いしたりという愛着行動を示す。そのような母子のかかわりのなかで，情動的な交流が生じて，子どもにとって母親が心の安全基地としての機能をもつようになる。このような安全基地に支えられ子どもは積極的に探索行動を行い，認知機能や自我が発達する。

　アタッチメント（愛着）の発達において，母親のかかわりの特徴と乳幼児の愛着のタイプの特徴には対応関係がある。このようなタイプの違いは母子関係の特徴の違いを示すだけでなく，課題への取り組み方や仲間関係の特徴の違いを示す（森下，1991）。

b. 内的ワーキングモデル

　このような乳幼児期の愛着関係が，人間の生涯にわたる発達に影響するというのは，そこに内的ワーキングモデル（internal working model）が作用するからだというのである（Bowlby, 1973/1976）。内的ワーキングモデルというのは，その人の行動の背景で機能している基本的なものの考え方，枠組み，信念，イメージ，概念に当たるもので，代表的なものとして，母親，人間や世界，自己についてのモデル（母親観，人間観・世界観，自己観など）を指している。これは幼児期における母子関係を通じて形成され，生涯にわたってその人の行動に影響するといわれている（数井・遠藤，2005；久保田，1995）。

　ボウルビィは，子どもの発達にとって母子関係の影響を重視しているが，母子関係だけが重要ではなく，母親に代わる養育者や父親との関係も重要だという指摘もある。また，子どもの発達にとって乳幼児期だけでなく，生涯にわたるまわりの人たちとの関係，とりわけ母親や父親やきょうだい，夫や友人のサポートが重要だということが明らかとなっている（森下，2004）。

2. モデリング理論

a. モデリング理論

　子どもはまわりの人たちの行動やものの考え方を観察して学んでいく。この点に注目したのがバンデューラ（Bandura, 1986）であり，モデリング（modeling）とよばれている。従来，新しい行動の獲得（学習）は，実際の行動に対する強化（報酬や罰）によって生じると考えられ，報酬が与えられる行動は強化され，罰が与えられる行動は消去されるという。しかし，学習は行動しなくても，また強化がなくても，ただ見る（観察）だけで成立するという点がモデリングの

特徴であり，観察学習ともいわれる。また，モデリングによって多くの社会的行動（対人行動）が学習され，その多くは人間関係のなかで学習されるという二重の意味で，社会的学習（social learning）ともよばれている。親やきょうだいや先生がモデルとなるだけでなくて，映画やテレビ番組，本や漫画の主人公など何でもモデルとなりうるという（Bandura & Waters, 1963）。幼児期にはこのモデリングが生じやすい。

幼稚園児を対象として寄付場面において，モデリング実験を行った結果，モデルの種類に関係なく，モデルを見せられた子どもたちは，モデルを見なかった子どもたちに比べて多くの寄付を行った（森下・高島，1989）。しかも，半分以上のカードを友だちへ寄付する子どもが多く，子どもはモデルと同じ枚数ではなくて，半分以上を寄付するという原理を学習していた可能性がある。

b．モデリングのプロセス

モデリングはどのようなプロセスで生じているのであろうか。この点について，バンデューラの図式をもとに修正した図式が図24.1である（森下，1996）。

まず，「注意過程」においてまわりの人たちの行動の観察から始まる。どのようなモデルのどのような特徴に注目するかは，モデルの特徴とそれを見る子どもの特性と，それに両者の関係の特徴から影響を受ける。一般に目立つ人，地位が高い人，有能な人，尊敬する人，好きな人が注目されやすい。また，子どもとモデルの関係がモデルへの注意に対する動機づけに影響し，モデル行動の内容にも影響する可能性がある。子どもの認知発達の水準や，興味・関心などのパーソナリティ特徴は注意過程にも影響する。

続いて「保持過程」では，観察されたモデル行動は，イメージや言葉などのシンボルを媒体として保持される。新しい行動の場合，リハーサルや行動の遂行に対するフィードバックを繰り返すことによってそのような行動が形成される。しかし，注意されたものがすべて保持されるとは限らない。そこにも発達の水準や動機づけが影響する。とくに自己概念に一致した行動は保持されやすく，一致しない行動は保持されにくいとされる。

「行動の選択」という過程には，過去にその行動が示された状況や背景の認知，そしてとくにその行動がもたらした結果の認知が影響する。それらの認知内容は現在の状況の認知とその行動がもたらす結果の予期のなかに再統合され，行動選択に影響する。また，行動選択には自己概念が影響し，たとえば「男」「女」というような自己概念に一致した行動や自己評価を高める行動は選択されやすく，自己概念に一致しない行動や自己評価を低下させるような行動は一般に選択されにくいと予想される。さらに，共感性や攻撃性のような特徴は行動の選択に大きく影響する。このようなプロセスが比較的無

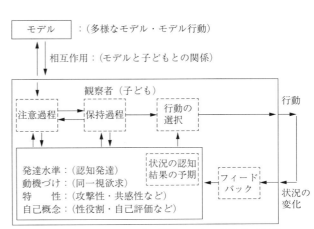

図24.1 モデリングの理論モデル（森下，1996）

意識に行われる場合もある。

　最後の「フィードバック」過程では，その行動がうまく遂行できたかどうか，その行動がもたらした影響や効果についてのフィードバックがある。そのなかで他者がどのように反応するかが重要な手がかりとなるだろう。最終的には，モデリング行動の結果は，子どもの自己評価反応や自己概念にまで影響する。

　このようなフィードバックは，再び注意過程・保持過程・次の行動の選択に影響する。フィードバックが何度か繰り返されて，新しい行動パターンや新しい行動基準が形成され，個人に特有の行動傾向が形成される。それがパーソナリティとか性格とよばれるものになると考えられる。

c. 幼児のモデリングと人間関係

　向社会的行動のモデリングに影響する重要な要因の一つに，共感性があげられる。従来，共感性は援助行動を高める媒介変数として重視されてきた（Hoffman, 1963）。しかし，幼児についてそのことは必ずしも実証されていない（櫻井，1986；首藤，1985）。従来の結果の違いには，共感性の内容や測定方法のちがいも関連している可能性がある（森下，1990）。

　すでに述べたように，モデルとモデルを観察する子どもとの関係は，モデリングに影響する重要な要因である。子どものまわりには多くのモデルやさまざまなモデル行動があるなかで，すべてにモデリングが生じるのではなく，現実には，モデリングは選択的に生じていると考えられる。

　それでは，家庭のなかで，どのようなモデリングが生じているのだろうか。森下・庵田（2005）は，3, 4, 5歳児の両親と幼稚園の担任の先生を調査対象とし，親子関係の特徴と子どもの特徴との関連を検討した。その結果，受容的な父子関係のなかでは父親の向社会性が豊かなほど，女児の向社会性も豊かであった。それとは対照的に，拒否的な母子関係のなかで母親の向社会性が低いほど，男女児ともに向社会性が低かった。また，男女児ともに拒否的な父子関係のなかで自分の父親の攻撃性の程度と類似し，全体に高い攻撃性を示していた。ここでは拒否的な関係のなかで，父親の攻撃性へのモデリングが生じている可能性がある。父親と母親の養育態度を組み合わせて両親の態度パターンの分析を行ったところ，一般に向社会性について，男児は母親をモデリングの対象とし，女児は父親をモデリングの対象としていることが示唆された（森下，2006）。

　幼児の向社会的行動と攻撃行動について，幼稚園の担任の先生をモデルとしたモデリング実験を行った（森下，1985）。その結果，男児では先生を拒否的だと認知している群は，受容的だと認知している群や統制群（VTRを見なかった群）に比べて，攻撃行動のモデリングが有意に多かった。それに対して女子では，先生を受容的だと認知している群のほうが他の群より向社会的行動のモデリングが有意に多く生じた。このように，実験的な研究においても，モデリングはモデルとの関係を媒介にしながら選択的に生じることが示唆された。

　さまざまなモデル行動のなかで，モデルが親・きょうだい・祖父母・先生などの重要な人である場合，子どもはモデルと良い関係にあるときは，モデルの示す向社会的行動のような良い行動へのモデリングが生じ，その反対に，モデルと悪い関係にあるときは，モデルの示す攻撃行動などの悪い行動へのモデリングが生じやすいのではないかと予想される。このように，モデリングを通じて，温かく大切にされる人間関係のなかで優しさが育ち，冷たく厳しい人間関係のなかで

残酷さが育つのではないかと考えられる。

　このようにみてくると，子どもにとってモデル行動の内容やモデルの特徴はモデリングに重要な要因ではあるが，それ以前に，幼児期にとってとくにモデルと子どもとの関係がよりいっそう重要な要因となることが示唆される。

◆ 引用文献

Allport, G. W. (1982). パーソナリティ：心理学的解釈（詫摩武俊・青木孝悦・近藤由紀子・堀　正，訳）. 新曜社.（Allport, G. W. (1937). *Personality : A psychological interpretation.* New York : Holt, Rinehart, & Winston.）

東　洋. (1994). 日本人のしつけと教育：発達の日米比較にもとづいて. 東京大学出版会.

Bandura, A. (1986). *Social foundations of thought and action : A social cognitive theory.* New York : Prentice-Hall.

Bandura, A., & Waters, R. H. (1963). *Social learning and personality development.* New York : Holt, Rinehart and Winston.

Bowlby, J. (1976). 母子関係の理論：Ⅰ　愛着行動（黒田実郎・大羽　蓁・岡田洋子，訳）. 岩崎学術出版社.（Bowlby, J. (1973). *Attachment and loss : Vol.1. Attachment.* London : Hogarth Press.）

Erikson, E. H. (1950). *Childhood and society.* New York : W. W. Norton.

藤田　文. (2007). 魚釣りゲーム場面における幼児の交互交代行動：交互交代の規準と主導者に着目して. 発達心理学研究, **18**, 227-235.

畠山美穂・山崎　晃. (2002). 自由遊び場面における幼児の攻撃行動の観察研究：攻撃のタイプと性・仲間グループ内地位との関連. 発達心理学研究, **13**, 252-260.

Hoffman, M. L. (1963). Parent discipline and the child consideration for others. *Child Development,* **34**, 573-588.

伊藤順子. (2006). 幼児の向社会性についての認知と向社会的行動との関連：遊び場面の観察を通して. 発達心理学研究, **17**, 241-251.

伊藤順子・丸山（山本）愛子・山崎　晃. (1999). 幼児の自己制御認知タイプと向社会的行動との関連. 教育心理学研究, **47**, 160-169.

柏木惠子. (1988). 幼児期における「自己」の発達. 東京大学出版会.

川内篤栄・高橋道子・古橋エツ子. (2008). 絵本の読み聞かせと親子のコミュニケーション. 花園大学社会福祉学部研究紀要, **16**, 83-96.

数井みゆき・遠藤利彦（編著）. (2005). アタッチメント：生涯にわたる絆. ミネルヴァ書房.

数井みゆき・遠藤利彦・田中亜希子・坂上裕子・菅沼真樹. (2000). 日本人母子における愛着の世代間伝達. 教育心理学研究, **48**, 323-332.

小嶋秀夫. (1986). 桑名・柏崎日記に現れた児童発達と家族生活（1）. 名古屋大学教育学部紀要（教育心理学科）, **33**, 1-24.

小嶋秀夫. (1987). 桑名・柏崎日記に現れた児童発達と家族生活（2）. 名古屋大学教育学部紀要（教育心理学科）, **34**, 189-217.

小嶋秀夫. (1989). 子育ての伝統を訪ねて. 新曜社.

小嶋秀夫・森下正康. (2004). 児童心理学への招待：学童期に発達と生活（改訂版）. サイエンス社.

小嶋秀夫・山田洋子・村上京子・河合優年. (1982). 乳幼児の「きょうだい－母関係」に関する認知と行動（1）－（3）. 日本教育心理学会第24回総会発表論文集, 188-289.

久保田まり. (1995). アタッチメントの研究：内的ワーキング・モデルの形成と発達. 川島書店.

松井愛奈・無藤　隆・門山　睦. (2001). 幼児の仲間との相互作用のきっかけ：幼稚園における自由遊び場面の検討. 発達心理学研究, **12**, 195-205.

松永恵美・郷式　徹. (2008). 幼児の「心の理論」の発達に対するきょうだいおよび異年齢保育の影響. 発達心理学研究, **19**, 316-327.

水野里恵・本城秀次. (1998). 幼児の自己抑制機能：乳児期と幼児期の気質との関連. 発達心理学研究, **9**, 131-141.

森野美央．(2005)．幼児期における心の理論発達の個人差，感情理解発達の個人差，及び仲間との相互作用の関連．発達心理学研究，**16**，36-45．
森下正康．(1985)．幼児の攻撃行動・愛他行動のモデリング：教師モデルに関する受容的－拒否的態度の認知の影響．心理学研究，**56**，138-145．
森下正康．(1988)．乳幼児の発達と家族関係．日本児童研究所（編），児童心理学の進歩：Vol.27（1988年版，pp.183-211）．金子書房．
森下正康．(1989)．幼児のきょうだい関係・仲間関係と親の養育態度．日本心理学会第53回大会発表論文集，70．
森下正康．(1990)．幼児の共感性が援助行動のモデリングにおよぼす効果．教育心理学研究，**38**，174-181．
森下正康．(1991)．母子関係．松田 惺（編），新・児童心理学講座：12 家族関係と子ども（pp.31-72）．金子書房．
森下正康．(1996)．子どもの社会的行動の形成に関する研究：同一視理論とモデリング理論からのアプローチ．風間書房．
森下正康．(2000)．幼児期の自己制御機能の発達（2）：親子関係と幼稚園での子どもの特徴．和歌山大学教育学部教育実践研究指導センター紀要，**10**，117-128．
森下正康．(2002)．幼児期の自己制御機能の発達（4）：園と家庭における縦断的研究．和歌山大学教育学部紀要（教育科学），**52**，1-12．
森下正康．(2004)．母親の養育態度におよぼす内的ワーキングモデルとソーシャルサポートの影響．和歌山大学教育学部教育実践研究指導センター紀要，**14**，123-131．
森下正康．(2006)．幼児期の親子関係と向社会的行動・攻撃性のモデリング（2）：父母の態度パターンによる分析．和歌山大学教育学部紀要（教育科学），**56**，33-41．
森下正康・庵田奈甫．(2005)．幼児期の親子関係と向社会的行動・攻撃行動のモデリング．和歌山大学教育学部教育実践総合センター紀要，**15**，47-56．
森下正康・岸畑あゆみ．(2011)．両親間の絆や不和が女子大学生の自尊感情と無力感におよぼす影響．京都女子大学発達教育学部紀要，**7**，77-86．
森下正康・小嶋秀夫・河合優年．(1988)．きょうだい関係の展開（1）．日本教育心理学会第30回総会発表論文集，298-299．
森下正康・高島朋子．(1989)．幼児の向社会的行動のモデリングにおよぼすモデルと養育態度の効果．和歌山大学教育学部紀要（教育科学），**38**，17-27．
大日向雅美．(1988)．母性の研究．川島書店．
大内晶子・長尾仁美・櫻井茂男．(2008)．幼児の自己制御機能尺度の検討：社会的スキル・問題行動との関係を中心に．教育心理学研究，**56**，414-425．
櫻井茂男．(1986)．児童における共感と向社会的行動の関連．教育心理学研究，**34**，342-346．
桜谷真理子．(1986)．乳幼児の生活構造分析（2）：乳幼児の生活と母親の育児意識との関連．日本教育心理学会第28回総会発表論文集，36-37．
柴田利男．(2010)．きょうだいとのコミュニケーションが幼児の社会的認知の発達に及ぼす影響．北星学園大学社会学部北西論集，**47**，1-10．
首藤敏元．(1985)．児童の共感と愛着行動：情緒的共感の測定に関する探索的研究．教育心理学研究，**33**，226-231．
園原太郎・黒丸正四郎．(1966)．三才児．日本放送出版協会．
高橋惠子．(1978)．幼児の愛着の測定．日本心理学会第42回大会発表論文集，940-941．
高橋たまき・小山高正・田中みどり・浅見千鶴子・岡野恒也・南 徹弘．(1983)．遊びにおける対人行動と対物行動の発達（その1～3）．日本心理学会第47回大会発表論文集，535-537．
田中あかり．(2009)．母親の情動表現スタイルが幼児の気質に及ぼす影響．発達心理学研究，**20**，362-372．
田中浩司．(2005)．幼児の鬼ごっこ場面における仲間意識の発達．発達心理学研究，**16**，185-192．
礪波朋子・三好 史・麻生 武．(2002)．幼児同士の共同意思決定場面における対話の構造．発達心理学研究，**13**，158-167．
臼井 博．(1990)．乳幼児の家族関係．無藤 隆・高橋惠子・田島信元（編），発達心理学入門Ⅰ：乳児・幼児・児童（pp.61-81）．東京大学出版会．
臼井 博・三宅和夫．(1989)．誘惑・抵抗場面における幼児の自己制御行動の発達：2歳から3歳へかけての変化と安定性についての継断的分析．日本教育心理学会第31回総会発表論文集，142．
横浜惠三子．(1981)．幼児におけるPeer-Relationの発達研究．教育心理学研究，**29**，175-179．

25章 児童期

戸田まり

1節 児童期とは

1. 児童期とは

　児童期とは子ども時代といいかえることもできるが，どのくらいの年齢を「子ども」「児童」と考えるかは社会や文化，法律などによって異なる。学校教育法では，小学校や特別支援学校の小学部に在籍する者が「児童」とされる。一方，児童福祉法や子どもの権利条約では，0歳から18歳未満までの者が「児童」である。また道路交通法のように6歳から13歳未満を「児童」と規定している場合もあり，ここでは中学1年で誕生日を迎えていない者までが「児童」となる。このように「児童」とされる範囲は領域によりさまざまに異なるが，本稿では学校教育法での使用に準じ，6歳から12歳までの初等教育を受けている時期を「児童期」として考えていく。

　乳幼児期が家族とのきずなを形成し，言語を獲得してその後の人生の基盤をつくる時期であるなら，児童期はその基盤をもとに，より高いレベルで生きていく力を形成する時期である。子どもはそれまでに培われた認知能力や社会性を土台として，新しい知識や技能を身につけていく。多くの社会において就学年齢は5〜7歳に設定されている。また子どもが担う責任が変化し，成人の仕事の世界に入門する時期でもある（Rogoff, 2003/2006）。これは人間の子どもが，このくらいの年齢から学校教育を含む組織的な訓練に応えられることを表している。

　児童期の終わりは二次性徴と考えてよいだろう。身体の質的な変化が始まる前の，子どもとしての最後の時期が児童期といえる。本稿では小学校時代をおおむね児童期として述べるが，実際の小学校高学年では身体的にも心理的にも児童期を脱しつつある者がかなり存在する。

2. 児童期の全般的な特徴

a. 身体と運動能力の発達

　小学校に入学した6歳児の平均身長は男女ともに115〜116cm，体重は20kg程度である（文部科学省，2014b）。20世紀後半には，より最近に生まれた子どもたちのほうがその前の世代よりも身体が大きく発育も早いなどの発達加速現象がみられたが，この傾向は21世紀に入る頃から顕著ではなくなってきている（日野林，2007）。6年生にあたる11歳では男子の平均身長は145.1cm，女子では146.8cmとなり，6年間で約30cmの成長がみられる（文部科学省，2014b）。児童期は

思春期と異なり，大きな質的変化があったりどこかの時点で特異的な身体的成長のスパートがあるというよりは，徐々に成長しつづけるのが一般的である。

運動能力は，筋力や持久力といった運動するための身体的エネルギーを産出する運動体力と，運動をうまく行うために身体をコントロールする運動コントロール能力とに分けられるが，児童期に急激に発達するのは後者である（杉原，2011）。知覚と運動を協応させ，走ったり，投げたり，跳んだりする力，あるいはボールなどの器具をうまく扱う運動コントロール能力は中枢神経系の働きであり，幼児期から児童期にかけて大きく成長する。このため，この時期の適切な運動経験は重要である。

b. 学校への移行

就学によって子どもの生活はひじょうに大きな変化をとげる。日本では9割以上の6歳児が幼稚園や保育所に就園しているので，小学校が初めての集団生活というわけではない。しかし学校には保育の場とは大きく異なる特徴がいくつかある。就学した児童はこうした変化に対応していかなくてはならない。

顕著な差異としてあげられるのは，一日，あるいは週や月，学期単位でのタイムスケジュールの明確化である。保育の場では，スケジュールがあっても子どもに強く意識させることはなく，保育者が枠をつくっていく。しかし学校では本人がスケジュールを自覚して物事を進めるよう促される。教師による公式な評価の導入も大きな差異である。また同質集団での活動によって引き起こされる相互の比較や競争意識の高まりなどもあげられよう（臼井，2007）。通知表や教師からのコメントなどで成績がフィードバックされ，それを同輩のなかで比較することにより，児童は否応なく自分自身に対する評価に目が向く。これ以外にも自分の責任で行わなければならないことは増加し，さまざまな活動での特有のルールを覚えていかなくてはならない。授業での振る舞い方，給食や掃除の手順，学級会での発言の仕方に至るまで，一つひとつのルールは難しいものではないが，数が多く，明示されないものも含めてすべてが学校の風土をかたちづくっている。教師は地道に指導を繰り返しながら，児童がこうしたルールを獲得できるよう促していく。

2 節　家庭から学校へ：低学年の特徴

1. 言語と認知能力の発達

学校での教育は主として言葉を使って行われる。4～5歳の幼児でもかなり自由に言葉をあやつることができるが，その内容は身近な相手に対する身近な事柄が多く，文脈を共有しない不特定多数を想定して話すことは少ない。このような文脈に依拠した話し言葉を「一次的ことば」（岡本，1985），あるいは生活言語能力（BICS : basic interpersonal communication skills ; Cummins & Swain, 1986）という。対面コミュニケーションであれば，相手と自分が同じように理解している事物について話すことが多く，すべて言葉で伝えなくともジェスチャーや表情，「あれ」「そ

れ」などの指示語が使用できる。共有経験が多いほど言葉を尽くさなくとも相手に伝わる内容は多い。私たちは成人であっても，日常生活のなかではこのような言葉を使い，不自由なく暮らしている。

一方，学校教育で使用されるのは主に，同じ体験をもたない人々に向けて言葉だけで自らの体験や考えを伝える「二次的ことば」，あるいは学習言語能力（CALP : cognitive academic language proficiency）である。低学年は，二次的ことばが導入され，その理解と使用を徐々に学んでいく時期といえる。またこのような，文脈を共有しない他者に言語だけを使って伝える言葉が発達することで論理的思考が深まり，思考自体も大きく発達すると考えられる。

ピアジェ（Piaget, J.）の発達理論によれば，児童期はおおむね具体的操作期の始まりから終わりまでをカバーする。前操作期で心のなかに内的な表象を形成することができるようになり，具体的操作期ではそれを操作できるようになるが，対象は具体的な物事に限られ，たとえば「愛」「平和」「情報」などといった抽象概念について論理的に考えるには次の形式的操作期を待たなければならない。低学年はこの具体的操作期の始まりにあたり，分類や順序立て，対応づけなどを行いながら論理的に物事を考える練習を積み重ねていく時期といえる。このような認知の発達は，学校教育と大きく関連する。

2. 社会性のはぐくみ

就学した子どもは，幼児期よりもずっと長い時間を学校という同輩集団のなかで過ごすようになる。このため，友人はいても圧倒的に家庭が優勢であった幼児期に比べ，必然的に仲間の重みが増す。しかし低学年の友人関係は，席が近い，家が近所など，物理的近接によるものが多い。一緒に遊んだり活動したりする時間が長いことが仲の良さを導くのである。

低学年の子どもに「友だちとはどんな人か」と尋ねると，「一緒に遊ぶ」「ものをくれる」など，共行動や自分にとっての利益をあげることが多い。低学年では席替えのたびに「仲良し」「親友」が入れ替わることもよくみられる。この時期の児童にとって，友人とはともに時間を過ごし，一緒に遊んだり活動したりする対象とみなすことができる（Rubin, Coplan, Chen, Bowker, & McDonald, 2011）。

自分自身をどのようにとらえるかという自己意識は，幼児期の間は第三者からも客観的にわかる内容，たとえば「自分には兄がいる」「水泳が得意である」「ピアノを弾くことができる」などの外的属性が多い（Damon & Hart, 1988）。しかし徐々に自己の内面的，性格的な側面にも言及されるようになり，とくに就学後は協調性に関する内容も多くみられる。また学業などにかかわって能力や，「まじめ」などの勤勉性の面から自分をとらえることも多くなるが（佐久間（保崎）・遠藤・無藤，2000），このような同輩との社会的比較にもとづく自己概念は低学年の間はそれほど目立たず，中学年以降でより顕著になっていく。

3節　9〜10歳の節目：中学年の様相

1. メタ認知と記憶の発達

　中学年になると，具体物を分類したり対応づけして論理的に物事を考えていくといった具体的操作が洗練されていく（藤村，2011）。また，この時期からメタ認知の発達も顕著になる。メタ認知とは，考えたり学習したりといった自分自身の認知活動についての認知を指す。たとえば算数の問題を考えるとき，問題そのものを解くことではなく，自分が問題をどこまで理解しているか，わからない部分はどこかなどについて知り，見通しを立てるような働きを意味している。メタ認知はさらに2つの側面に分けることができる。課題，方略などについてのメタ認知的知識と，自分の状況を俯瞰したり，見通しを立てたり方略を選ぶメタ認知的活動である（三宮，2008）。幼児期に比べ，中学年の児童はメタ認知的知識においても，メタ認知的活動においても大きく向上することが示されている（藤村，2008）。メタ認知自体はこの時期以降もさらに発達し，たとえば記憶するときのリハーサルの仕方が能動的かつ精緻になったり，自分自身の能力についてより正確な知識をもつに至ったりするが，こうしたことが，自分で判断しながら学習を効果的に進める自己調整学習の基礎となる。逆にいえば，メタ認知が働かない場合，自己調整学習を進めるのは難しいといえる。

2. 仲間関係の深まり

　3〜4年生頃から，子どもたちが数名，時には十数名の仲良し集団を形成する姿がみられるようになる。これをギャンググループとよぶ。主に同性，同年齢で構成され，男児に特徴的といわれる。

　この時期の子どもたちは低学年の頃とは異なり，近くにいるから仲良くなるというよりは，同じ遊びや行動を共有することで仲間意識を高め，そのなかで人間関係に必要なルールを学んでいく。また徐々に，近くにいていつも一緒に遊べるということだけではなく，考え方やルールを共有できる相手が友人であると考えるようになる（Rubin et al., 2011）。この後，高学年，そして中学校に進むにつれ，子どもにとっての「友だち」は興味や関心を共有でき，お互いを理解し合える相手へと変わっていく。

　友人関係を形成，維持するうえで，相手の立場に立ち，気持ちを推測できることは重要である。「物事は他者からみた場合どうみえるか」について理解することを視点取得（perspective taking）という。セルマン（Selman, 1976）は社会的視点取得の発達を段階で分けて示している。自他の視点が分化しておらず，自分と他人の考えが同じだとみなしてしまう段階は主として就学前にあたる。この後，自分と他人で視点が違うことはわかるが，それはたんにもっている情報が違うからであり，情報が共有されればみな自分と同じように考えるだろうと理解する段階に移行

するが，おおむね低学年がここに該当する。中学年ではその次の，他者の考えや気持ちを推測できるが，自分と他者の異なる考えや気持ちを同時には理解できない段階が多く，高学年では第三者の視点も想定できる段階に至るとされる。日本の子どももほぼこの段階に即して発達することが示されている（荒木，1988）。これらの年齢は目安だが，中学年では，人と自分の考えや状況が違うことはわかるが，まだ違う立場に立って考えることはできない子どもと，できる子どもとが混在していることになる。また，高い次元の社会的視点取得は，共感性や向社会的行動の高さなどと関連することがわかっている（Selman & Dray, 2006）。

3. 9（10）歳の「壁」

「9（10）歳の壁」という言葉は，もともと特別支援教育，とくに聴覚障害教育において，小学3～4年頃から障害のある子どもとない子どもの学力差が大きく広がってしまうことを指して「9歳の峠」とよんだことに端を発している（渡辺，2011）。また聴覚などに障害がなくとも，この時期には学力の面で学年相当の内容についてこられない子どもが増えることが知られている（天野・黒須，1992）。

なぜこの時期に学力差が広がりはじめるのかについてであるが，聴覚障害教育の立場からは，耳から入る語彙の少ない（あるいはまったくない）聴覚障害児にとって学習言語の熟達が難しく，そのことが論理的な思考を育て，学力を伸ばす障壁になっているのではないかと指摘されている（脇中，2009）。9～10歳頃は具体的操作期が完成し，次の形式的操作の萌芽が芽生える時期であり，具体的事象であれば頭のなかでさまざまな論理操作が可能になってくる。並行してメタ認知が発達し，自らの考えを客観視することもできるようになる。学校での学習内容自体も，小学校3～4年頃から抽象性を増すことが指摘されている（藤村，2011）。しかし障害があろうとなかろうと発達には個人差があり，すべての子どもが一律に具体的操作に習熟するわけではない。学校での学習内容がより抽象性を増す時期に，文脈から独立した学習言語の習得が立ち後れれば，必然的に学力はおいつかず学年相当の学習内容が習得できないことになるだろう。同様に，自分の考えと他者の考えを区別したり，他者の感情を推測するようなメタ認知的な能力が発達するのもこの時期であり，そうした力を発揮しながら友人関係をつくりあげていくのが中学年の姿である。このように考えると，9～10歳は「壁」というよりも，子どもの発達にとって知的にも社会的にも大きく質的な転換をしはじめる時期であるといえよう。

4節　思春期のはじまり：高学年の姿

1. 身体の変化

小学校高学年は思春期の入り口であり，二次性徴の始まる子どもが増える。6年生女子の約6

割は初潮を迎えており（日野林，2007），思春期スパートの時期が男子に先行するため，高学年では平均して女子のほうが体が大きく発達が早い。質的な変化である性的成熟の受けとめ方は男子と女子で異なる。日本の中学生を対象とした研究では，男子は早熟なほうが身体満足度が高く，抑うつも低いのに対し，女子では早熟であることが身体への不満足や抑うつと結びついていた（上長，2007）。女子の場合，二次性徴や身体の変化の受けとめ方が複雑であり，周囲はそうした傾向を念頭において対応する必要がある。

2. 形式的操作への移行

高学年は具体的操作期から形式的操作期への移行の時期とみることができる。形式的操作期には仮説演繹的な思考が可能となり，たとえば「ゾウはイヌより小さい。イヌはネズミより小さい。一番小さいのはどの動物か？」といった問題に「ゾウ」と正答できるようになる。この問題は現実の世界とはあべこべであるため，具体的操作期の子どもにとっては困難だが，純粋に論理だけで考えれば正答できる。形式的操作期に入ればこのような操作も可能になるが，高学年は，こうした操作ができる児童と，まだできない児童が入りまじる時期である。

このような思考を支えるのはワーキングメモリ（working memory）である。ワーキングメモリとは，情報を一時的に保ちながら操作する場であるという構成概念で，思考するときの脳の作業場にたとえることができる。この大きさは4歳から14，15歳まで直線的に発達する（Gathercole & Alloway, 2008/2009）。ワーキングメモリ自体の大きさが変化するのではなく，成長とともに心的処理がより効率的になるためであると考えられている。また，ものを覚える際の方略も発達する。私たちはものを記憶しようとするときリハーサルを行うが，自発的にリハーサルを行うことも児童期をとおして徐々に増え，速度自体が増加するのである（堀田，2009）。

3. 友人関係と自尊感情

中学年の後半から高学年，そして中学生にかけて，学級のなかでも気の合う親しい友人が少数で仲良くし，固まる様子がみられる。このような集団をチャムグループという。チャムとはサリヴァンによって示された同性同年齢の親友を意味し，小学校高学年前後の前青年期においてこうした親しい仲間関係を形成することが，その後の成熟した対人関係の布石になると考えられている（Sullivan, 1953/1976）。中学年に特徴的なギャンググループと異なり，チャム関係では性格や好みなどの内面的な類似性が重視され，時には仲良しの間の類似性を強調したいがために他者に対して排他的になることもある。しかしこれは，身体の変化が始まり不安定になる時期に心理的安定を得ることや，自分にとってのモデルなどの意義があるとされる（須藤，2008）。

このような友人関係の存在は自尊感情を支える源泉ともなる。自尊感情や自己評価は一般に高学年になるほど低下するが，これは，幼児的な全能感を脱し，社会的比較にもとづいた客観的で現実的な自己評価ができるようになることと関係する。ただし外国のデータでは思春期以降，自

己評価が望ましい方向に上昇することが示されているのに対し（Cole, Maxwell, Martin, Peeke, Seroczynski, Tram, Hoffman, Ruiz, Jacquez, & Maschman, 2001），日本の子どもの場合は小学校から高校に至るまで自尊感情が下がりつづけて上昇しない傾向があり，社会環境要因の影響などが指摘されている（古荘, 2009）。

5節　子どもを取り巻く社会の影響

1. メディアと子ども

パソコンや携帯電話の普及など，情報環境の変化は子どもたちの生活にも大きな影響を及ぼしている。内閣府の2013（平成25）年の調査によれば，携帯電話やスマートフォンを持っている小学生（満10歳以上の者）は全国で36.6％であった（内閣府, 2014）。小学生の所持率は年々上昇する傾向にある。また，携帯電話ではなくスマートフォンを持つ者も増加している。有害サイト等を閲覧できなくする各種フィルタリングは，小学生の携帯電話使用者では約半数，スマートフォン使用者では22.2％であった。ただし「わからない」の回答がいずれも5割近くあるため，実際にはもう少し高い可能性がある。一方，パーソナルコンピューター（PC）については学校の授業で導入されることもあり，8割程度の児童が利用している。家庭で家族と共用のPCを使う児童は60.1％，自分専用のPCを持つ者は2.8％である。PCでメールを使う者は小学生では2.4％であり，サイトの閲覧が多い。PCの利用に際してルールを決めている家庭は小学生で約6割である。

テレビゲームはすでに子どもたちの生活の一部となっているが，小学6年生が平日，ゲームで遊ぶ時間は1日に1時間以内が45.5％である（文部科学省, 2014c）。ただし3時間以上ゲームで遊ぶと答えた者も16.9％存在する。今後，従来のゲーム専用機だけでなくスマートフォンやタブレット型端末でのゲーム時間が大きく増加することも予想され，大人はICT技術の進展を把握して子どもがゲームにのめり込まない環境を用意する責務を負っているといえる。

なお，読書は2000年以降，小学生でやや増加の傾向にある（第60回学校読書調査, 2014）。これは学校での「朝読書」が全国的に広がったことによる影響も考えられる。朝読書とは学校で始業前の朝の10分程度を読書にあてる運動で，文部科学省が2001（平成13）年に「21世紀教育新生プラン」（文部科学省, 2001）のなかで読書を一つの柱として設定し奨励したことから，その手立てとして広まったものと思われる。学校や社会での教育的働きかけが，全般として児童の行動を変化させたと考えられ，このような社会の動きが子どもたちに与える影響を今後も注視する必要がある。

2. メンタルヘルスの問題

近年，児童期のうつ病は一般に認識されているよりも多いことが明らかになり，関心をもたれるようになった。精神科領域でも子どものうつ病についてはさまざまな考え方があったこと，子どもの場合，成人のうつ病のような明白な抑うつ症状がみえにくいなどの事情が，こうした疾患を見逃してきた一因と考えられる。海外の研究では，12歳未満でのうつ病の有病率は0.5〜2.5%程度となっており，青年期以降と異なり女性に多いといった性差は認められない（傳田，2004）。日本で精神科医が面接と診察を行った疫学調査では，小学4年生から6年生の約1%に大うつ病性障害が認められた（傳田，2008）。中学1年になると成人同様の約4%となり，これに比べれば児童期はまだ少ない。しかし100人に一人程度はうつ病の子どもが存在するということであり，教師をはじめ児童を取り巻く大人の状況の認識と迅速な対応が求められている。なお，質問紙を利用して本人が自己評価した場合，うつ傾向のある子どもは医師の面接調査の場合よりもかなり高くなり，傳田（2004）では小学生で7.8%にのぼった。これらの子どもたちすべてが医学的にみてうつ病であるとは限らないが，12〜13人に一人はうつの可能性があるほど気分的に沈んでいることは見逃せない。

うつ病の原因はさまざまな説があるが，大きなストレスも一つの要因である。学校で多くの時間を過ごす児童にとって，交友関係のなかでいじめを受けることはひじょうに大きなストレスといえる。いじめや暴力は中学校で激増するが，2013（平成25）年度の例をあげると小学校の時点でも約半数の学校でいじめがみられ，年間では小学校全体で10万件を超える（文部科学省，2014a）。いじめの被害者になることは，どういう事情であれメンタルヘルスへの多大な影響が懸念され，うつの要因ともなりうる。たとえば小学校高学年でのいじめられ経験が，高校や大学の時点での適応にも悪い影響を及ぼすことが示されており（坂西，1995；三島，2008），周囲の大人の早い対応が望まれる。

3. 貧困と子ども

従来，日本では貧困に対する意識が低く，「一億総中流化」などの言葉が示すように国民の間での格差はさほど注目されない傾向があった。しかし近年，この格差が広がっており，貧困のなかで成長する子どもが少なくないことが指摘されている。ユニセフの推計では日本の相対的貧困率が約15%で，ことにひとり親世帯では6割近くが貧困のなかで育つという現実が指摘されている（阿部，2014）。貧困は学力にも社会性にも深刻な影響が懸念される。とくに社会経済的背景の低さと低学力との関連は古くから指摘されており，近年のPISA調査のデータからも，日本を含めすべての参加国で例外なく確かめられている（国立教育政策研究所，2010）。

貧困が子どもの学力に影響を及ぼす経路としては，就学に必要な物品がスムーズに購入できないことや，学力のつまずきをカバーするための学校以外の教育機会の欠乏などがあげられる。また，生活が厳しいため親がゆとりをもって子どもと向き合えず，子どもの学業の監督や，学校と

協力する力を欠いているといった問題，手狭な家庭内に落ち着いて学習する場所がなかったり，図書館や公園などの社会資源が整っていない地域に住んでいるといった環境要因も考えられる（阿部，2008）。これらは学力とともに社会性にも影響を及ぼす。たとえば親が劣悪な待遇の職業に就いていたり所得が低いことで学業や勤労に対して悲観的になり，その価値観が子どもに継承されることもある。また低所得ゆえの自尊感情の低下や生活ストレスが起因となり，人間関係トラブルを招きやすい可能性もある。事実，児童虐待として児童相談所が関与した事例を調べると，72％の世帯に経済問題が存在することが報告されている（松本，2013）。

　以上のように社会経済的な不利は，多くの要因を複合的にマイナス方向に結びつけ，学力を超えて子どもの社会性にも望ましくない影響を及ぼすといえる。個々人の本来もっている能力，あるいは環境が整えば発揮できる能力が発揮されないまま，発達が抑えられることのないよう，子どもの育ちをサポートする社会が望まれる。

◆ 引用文献

阿部　彩．(2008)．子どもの貧困：日本の不公平を考える．岩波書店．
阿部　彩．(2014)．子どもの貧困Ⅱ：解決策を考える．岩波書店．
天野　清・黒須俊夫．(1992)．小学生の国語・算数の学力．秋山書店．
荒木紀幸．(1988)．役割取得検査マニュアル．トーヨーフィジカル．
坂西友秀．(1995)．いじめが被害者に及ぼす長期的な影響および被害者の自己認知と他の被害者認知の差．社会心理学研究，11，105-115．
Cole, D. A., Maxwell, S. E., Martin, J. M., Peeke, L. G., Seroczynski, A. D., Tram, J. M., Hoffman, K. B., Ruiz, M. D., Jacquez, F., & Maschman, T. (2001). The development of multiple domains of child and adolescent self-concept : A cohort sequential longitudinal design. *Child Development*, **72**, 1723-1746.
Cummins, J., & Swain, M. (1986). *Bilingualism in education : Aspects of theory, research and practice*. London : Longman.
第60回学校読書調査．(2014)．データフラッシュ．毎日新聞社広告局．〈http://macs.mainichi.co.jp/space/web/065/data.html〉(2015年4月3日)
Damon, W., & Hart, D. (1988). *Self-understanding in childhood and adolescence*. New York : Cambridge University Press.
傳田健三．(2004)．子どものうつ病：見逃されてきた重大な疾患．金剛出版．
傳田健三．(2008)．小・中学生にうつ病はどれくらい存在するのか？　児童心理，**62**(9)，12-22．
藤村宣之．(2008)．知識の獲得・利用とメタ認知．三宮真智子（編著），メタ認知：学習力を支える高次認知機能（pp.39-54）．北大路書房．
藤村宣之．(2011)．児童期．無藤　隆・子安増生（編），発達心理学Ⅰ（pp.299-338）．東京大学出版会．
古荘純一．(2009)．日本の子どもの自尊感情はなぜ低いのか．光文社．
Gathercole, S. E., & Alloway, T. P. (2009). ワーキングメモリと学習指導：教師のための実践ガイド（湯澤正通・湯澤美紀，訳）．北大路書房．(Gathercole, S. E., & Alloway, T. P. (2008). *Working memory and language*. London : Sage Publications.)
日野林俊彦．(2007)．青年と発達加速．南　徹弘（編），発達心理学（pp.175-188）．朝倉書店．
堀田千絵．(2009)．子どもの知覚・記憶の理解．多鹿秀継・南　憲治（編），児童心理学の最前線：子どもの育ちを科学する（pp.50-63）．あいり出版．
上長　然．(2007)．思春期の身体発育と抑うつ傾向との関連．教育心理学研究，**55**，21-33．
国立教育政策研究所（編）．(2010)．生きるための知識と技能：OECD生徒の学力到達度調査（PISA）2009年調査国際結果報告書．明石書店．
松本伊智朗（編著）．(2013)．子ども虐待と家族：「重なり合う不利」と社会的支援．明石書店．

三島浩路．（2008）．小学校高学年で親しい友人から受けた「いじめ」の長期的な影響：高校生を対象にした調査結果から．実験社会心理学研究，**47**，91-104．

文部科学省．（2001）．21世紀教育新生プラン．〈http://www.mext.go.jp/a_menu/shougai/21plan/main_b2.htm〉（2012年3月26日）

文部科学省．（2014a）．平成25年度「児童生徒の問題行動等性と指導上の諸問題に関する調査」について．〈http://www.mext.go.jp/b_menu/houdou/26/10/__icsFiles/afieldfile/2014/10/16/1351936_01_1.pdf〉（2015年4月3日）

文部科学省．（2014b）．平成26年度学校保健統計調査．〈http://www.e-stat.go.jp/SG1/estat/NewList.do?tid=000001011648〉（2015年4月3日）

文部科学省．（2014c）．平成26年度全国学力・学習状況調査　報告書．〈https://www.nier.go.jp/14chousakekkahoukoku/index.html〉（2015年4月3日）

内閣府．（2014）．平成25年度青少年のインターネット利用環境実態調査．〈http://www8.cao.go.jp/youth/youth-harm/chousa/h25/net-jittai/html/index.html〉（2015年4月3日）

岡本夏木．（1985）．ことばと発達．岩波書店．

Rogoff, B.（2006）．文化的営みとしての発達：個人，世代，コミュニティ（當眞千賀子，訳）．新曜社．（Rogoff, B.（2003）．*The cultural nature of human development*. New York : Oxford University Press.）

Rubin, K. H., Coplan, R., Chen, X., Bowker, J., & McDonald, K. L.（2011）．Peer relationips in childhood. In M. Lamb & M. H. Bornstein（Eds.）, *Social and personality development : An advanced textbook*（pp.309-360）. New York : Psychology Press.

佐久間（保崎）路子・遠藤利彦・無藤　隆．（2000）．幼児期・児童期における自己理解の発達：内容的側面と評価的側面に着目して．発達心理学研究，**11**，176-187．

三宮真智子．（2008）．メタ認知研究の背景と意義．三宮真智子（編著），メタ認知：学習力を支える高次認知機能（pp.1-16）．北大路書房．

Selman, R. L.（1976）．The development of social-cognitive understanding : A guide to educational and clinical practice. In T. Lickona（Ed.）, *Man and morality*（pp.299-317）. New York : Holt, Rinehart & Winston.

Selman, R. L., & Dray, A.（2006）．Risk and prevention : Building bridges between research and practice. In K. A. Renininger & I. E. Siegel（Vol. Eds.）, W. Damon & R. M. Lerner（Editors-in-Chief）, *Handbook of child psychology : Vol.4. Child psychology in practice*（6th ed. pp.378-419）. New York : Johm Wiley & Sons.

須藤春佳．（2008）．前青年期の親しい友人関係"chumship"の心理学的意義について：発達的・臨床的観点からの検討．京都大学大学院教育学研究科紀要，**54**，626-638．

杉原　隆．（2011）．運動発達とスポーツ．無藤　隆・子安増生（編），発達心理学Ⅰ（pp.339-345）．東京大学出版会．

Sullivan, H. S.（1976）．現代精神医学の概念（中井久夫・山口　隆，訳）．みすず書房．（Sullivan, H. S.（1953）．*Conceptions of modern psychiatry*. New York : W.W. Norton.）

臼井　博．（2007）．学びつづける心：小学校6年間の発達．内田伸子・氏家達夫（編著），発達心理学特論（pp.181-194）．放送大学教育振興会．

脇中起余子．（2009）．聴覚障害教育　これまでとこれから：コミュニケーション論争・9歳の壁・障害認識を中心に．北大路書房．

渡辺弥生．（2011）．子どもの「10歳の壁」とは何か？：乗りこえるための発達心理学．光文社．

26章 青年期

高木秀明

　青年期は子どもから大人に成長していくための移行期である。この時期に青年は一人前の社会人になるための基礎を形成しなければならない。青年期には身体的，心理的，社会的な諸側面でいろいろな発達がみられる。身体的な面では，第二の発育のスパートと二次性徴が現れ，生殖能力の発達の開始としての初経や精通現象がみられる。心理的な面では，抽象的・論理的思考やメタ認知，意味記憶の発達，自我や自己意識の発達，情緒的側面の変化がみられる。社会的な面では，親子関係や友人関係などの人間関係の変化と社会的な立場や役割の変化がみられる。現代の平均的な日本の女子では10〜12歳頃，男子では12〜14歳頃に青年期が始まる。

　身体的発達は17〜19歳頃に停止するが，その後も青年期はつづく。青年期が終わるのは，心理的にいっそう発達し，職場で責任ある仕事をきちんとこなしたり，結婚して家庭を築いたりして，大人としての自覚をもつようになる頃である。これは人によって違いが大きく，22，23歳頃で青年期の終わる人もいれば，30歳代になってもまだ青年期の終わらない人もいる。

　このように10〜20年間の長期に及ぶ青年期は，人間の成長・発達にとって大きな意味をもつだけでなく，それ自身が貴重な期間として人生のなかの重要な部分を占める。

1節　親子関係の変化と友人関係の特徴

1. 親子関係の変化

　青年期は「第二の誕生」の時期といわれる。これはルソー（Rousseau, 1762/1962-1964）の「わたしたちは，いわば，二回この世に生まれる。一回目は存在するために，二回目は生きるために。はじめは人間に生まれ，つぎには男性か女性に生まれる。（中略）これがわたしのいう第二の誕生である」（中巻，pp.5-7）という言葉に由来している。これは，青年期が児童期のたんなる延長線上にあるのでなく，人生の新しい局面に踏み込む時期であることを意味している。

　児童期の生活は親や教師などとの比較的安定した関係のうえに成り立っており，児童の行動や態度は親や教師のしつけと教育によって大きな影響を受ける。それに対して，青年期になると心身両面での発達が加速され，自我の目覚めや性の目覚めによって自己の内面への関心が増大し，自分の行動や態度を自己の意志により決定しようとする。このように，青年期になると，自ら主

体的に自己を形成し、成長させようとするようになり、それまで依存してきた親から心理的に独立しようとする心理的離乳（psychological weaning）の現象が現れてくる。西平（2000）は、この心理的離乳は青年前期・中期・後期に応じて異なった様相を帯びるとして、次のように第一次心理的離乳、第二次心理的離乳、第三次心理的離乳をあげている。

第一次心理的離乳とは、それまで依存してきた親に対して拒否的、反抗的態度を示すようになることである。青年期に入り自主性が発達しはじめると、自分なりの考えや判断によって行動しようとするようになる。しかし、まだ社会経験が不足し、思考能力が未熟なため、親に認められたり、親を説得したりすることのできる意見や判断、行動を示すことができない。そのためそれは親に受け入れられないが、青年はその事態に納得できず、反抗し、批判的になったり、行動化したりする。いわゆる第二反抗期である。

第二次心理的離乳が始まると、親への反抗が自分自身のいらだちやコンプレックスの行動化であり、甘えにすぎなかったと気づくようになり、徐々に心理的離乳の質が変化していく。第一次心理的離乳では、多くの行動が自分自身の葛藤や悩みの投影であり、否定・破壊・離反の側から親子関係をとらえていたのに対して、第二次心理的離乳では、自分と親とを対象化し、親への同情や共感、自分への反省をもつことができるようになり、冷静に考え、不満や反発を言葉で表現することができるようになる。すなわち肯定・建設・相互性の側から親子関係をとらえるようになるのである。

第三次心理的離乳は、どの青年にもみられるものではなく、限られた青年にのみ現れるものである。尊敬すべき立派な親をもち、その長所や優れた点を認めながらも、親の価値観や生き方を批判し、自分自身の生き方や人生をつくって親を乗り越え、成長していく姿が第三次心理的離乳である。西平（2000）は、第三次心理的離乳における親との葛藤を、学問的研究や芸術的創造における「創造の病」と比べて、小型の創造の病であると述べている。高村光太郎の父・光雲からの独立などが、代表的な第三次心理的離乳の例としてあげられている。

2. 友人関係の特徴

青年期に入ると、友人との交際は重要な意味をもつようになる。自我に目覚めた青年は、自己の内にある世界を発見し、それまで依存していた人から独立して自分の足で人生を歩もうとする。しかし、青年はまだ未熟なため自分の足でうまく歩くことが難しく、挫折しやすい。そのようなとき、青年の心を支えてくれる存在が必要となる。その支えとしては大人よりも友人のほうが望ましい。大人に依存してしまうと、青年の独立へと向かう気持ちが弱くなってしまうからである。それに対して、友人との関係は対等であるので、一方的に依存したり、反抗したりという関係にはならない。むしろ互いに自分自身の悩みや弱さを打ち明けることによって、共感し合い、心の絆を結ぶことができる。青年は、心の通じ合う友人を求め、その友人の存在によって心が支えられる。

また、青年は、友人との交際を通して、行動力や判断力を養っていく。自分ではどうしてよい

かわからない事態に遭遇したとき，友人の行動をモデルとしたり，友人に相談して判断を求めたりして，自分の行動や判断の拠り所とする。あるいは，自分の行動や判断を友人のそれと比べ，より適切な方向へ修正する。自分が友人にどうみられているかによって，友人を自己の能力や性格を映す鏡とし，自己理解を深めることもできる。

　さらに，友人との交際には，共に競い合いながら成長していくライバルとしての関係も含まれる。自分と友人を比較したときに，自分の得意な面，自分のほうが優れている点については友人をリードし，指導する。逆に，友人のほうが優れている点については友人にリードされ，指導を受ける。そして，相互の人格，個性を認め合い，切磋琢磨していく。友人との建設的な競争をとおして，自ら積極的に自己形成をはかる傾向が養われ，自信もついてくる。

　では，現実の友人関係においては，どのようなつきあい方が行われているのであろうか。落合・佐藤（1996）の中学・高校・大学生を対象にした研究では，「本音を出さない自己防衛的なつきあい方」「誰とでも仲良くしていたいというつきあい方」「自分に自信をもって交友する自立したつきあい方」「自己開示し積極的に相互理解しようとするつきあい方」「みんなと同じようにしようとするつきあい方」「みんなから好かれることを願っているつきあい方」という6つのつきあい方が抽出され，長沼・落合（1998）の中学・高校・大学生を対象にした研究では，「嫌われないように気をつかっているつきあい方」「ありのままの自分を出しているつきあい方」「自分と合わない人ともつきあうつきあい方」「悩みの相談をするつきあい方」「相手を信じているつきあい方」「自己理解が深まるつきあい方」「好かれていたいと願っているつきあい方」「相手を独占しようとするつきあい方」「傷ついても本音でつきあおうとするつきあい方」「常に決まった仲間と行動するつきあい方」「励ましあうつきあい方」「相手に頼ろうとしないつきあい方」「深いつながりをもつ友人はつくらないつきあい方」「相手に尽すつきあい方」「共通体験で結びついているつきあい方」「目的に応じて相手を変えるつきあい方」という16のつきあい方が抽出されている。

　藤井（2009）は，現代青年の友人関係の特徴に関する研究や言説を次のように整理している。1980年代半ばから青年期の友人関係の変化を指摘する言説が現れるようになり，ナルシシズム的で自己中心的な「やさしさ」にもとづいて，互いに傷つかないように深入りしないという友人関係の希薄化が指摘されるようになった。その背景には「まじめであること」の価値の低下や，主体的存在として他者と連帯するなかでアイデンティティを実感するということができなくなってきた時代の変化が存在する。このようななかで，場の空気が読めてノリがよく，友人に受けて笑いを誘うような言動をとることが価値あることになってきた。しかし，そのような関係においても，自分の深い内面をみせることはせず，一定の心理的距離を保つあり方が選ばれる。この「群れ志向」と「触れ合い恐怖」という二面性の間で揺れているのが現代青年の特徴であるが（岡田〔2010〕が1999年に実施した調査によると，「触れ合い恐怖」心性をもつ関係回避群は中学生で多く，群れ志向群は大学生で多かった），そこに自信のなさからくる自意識過剰の影響が働き，自分が他人にどうみられているかが気になってしまう。教室や学食で一人で昼食をとれないのも，電車のなかで携帯を操作するのも，「一緒に食事をとる友人のいない孤独な人」「メールを打つ

友人のいない孤独な人」と思われるのが苦痛だからである。さらに，どの場面でも一貫する自分というものをもたなくなってきた現代青年は，場面や関係に応じて，それにふさわしい自分を演出したり友人を選択したりするようになってきており，「多元的な自己」と「選択的な友人関係」という特徴もみられるようになっている。

2節　アイデンティティの確立

1. アイデンティティの確立とは

　エリクソン（Erikson, 1959/1973）は人間の心理・社会的発達段階を8段階に区分し，青年期における発達課題として「アイデンティティ（identity）の確立」をあげている。アイデンティティには同一性，主体性，自己定義，存在証明などいろいろな訳があるが，それは「……としての自分」ということとも関係する。個々の人間は「日本人としての自分」「男性としての自分」「兄としての自分」など数多くの自分をもっている。自我の発達水準の低い児童期までは，これらの自分の間にはまとまりがない。青年期になると，心身ともに急速に成長し，自我に目覚め，社会的な役割も変化する。その一方で，一人前の社会人としての責任や義務はまだ猶予されている。エリクソンはこの時期を心理・社会的モラトリアム（psychosocial moratorium）とよんでいる。本来は，このモラトリアムのなかで一人前になるための禁欲的な努力や修業を積むことが期待されるが，大学紛争が沈静化し，大学の大衆化がいっそう進みはじめた1970年代前半（昭和40年代後半）から，そのような努力を放棄し，欲求の満足や感情の発散を求め，実社会に対する関心を失って，私的世界に閉じこもる青年が増えていった（小此木〔1978〕はこのような青年を「モラトリアム人間」とよんだ）。また，平成の時代に入ってからの不況の継続と就職難のなかで，現実社会に受け入れられやすいように過剰適応し，忙しい毎日を送り，試行錯誤するゆとりを失ってしまった青年もみられるようになり，モラトリアムの消失や完全形骸化ということが指摘されている（宮下，2008）。

　いずれにしろ，青年は種々の役割実験をとおして自分を正しく理解し，自分のなかに存在する数多くの側面を自我によって秩序づけ，統合しなければならない。これが「アイデンティティの確立」であるが，それは，自己の一貫性と連続性に対する自覚と，そのような自己が社会から承認されているという確信とによって裏づけられている。アイデンティティを確立することにより，青年は自分なりの考え方や価値観，生き方，人生観，人生目標をもち，自己の主体性，自立性，独自性を確立することができる。

2. アイデンティティ・ステイタス

　アイデンティティ達成の程度について，マーシア（Marcia, 1966）は，職業，政治，宗教の3

表26.1 マーシアのアイデンティティ・ステイタス (Marcia, 1980)

	アイデンティティ達成	早期完了	アイデンティティ拡散	モラトリアム
危　機	あ　り	な　し	あり または なし	最中
傾　倒	あ　り	あ　り	な　し	あるが，漠然としている

つの領域における危機（crisis）の有無と傾倒（commitment）の有無によって，4つのアイデンティティ・ステイタス（identity status）に分類する方法を開発している。危機とは「その人にとって意味のあるいくつかの可能性について迷い，決定しようと苦闘した（している）時期」であり，傾倒とは「自分自身の信念を明確に表現したり，それにもとづいて行動したりすること」である。これらの2つの基準によって，表26.1のように4つのアイデンティティ・ステイタスが決定される。

アイデンティティ達成ステイタスの者は，過去に危機を経験し，現在はその危機を克服して選択した対象に傾倒している。早期完了ステイタスの者は，過去に危機を経験していないが，親や社会の承認する対象を受け入れ，現在その対象に傾倒している。アイデンティティ拡散ステイタスの者は，過去の危機の有無にかかわらず，現在，傾倒していない。モラトリアム・ステイタスの者は，現在，危機の最中であり，傾倒は漠然としてはっきりしていない。これらの4つのステイタスのなかでは，アイデンティティ達成ステイタスが最も望ましく，アイデンティティ拡散ステイタスは最も問題が多い。

3. アイデンティティの危機とアイデンティティ拡散症候群

アイデンティティが確立されると，自己の存在に意義が与えられ，自己の進むべき方向を明らかにする適切な価値観や人生目標が形成される。しかし，アイデンティティの確立に失敗し，アイデンティティが拡散してしまうと，青年は葛藤や不安に陥ってしまう。

小沢・高木（1988）はアイデンティティ危機（アイデンティティ拡散ステイタス，モラトリアム・ステイタス）の者にみられる葛藤の焦点を抽出し，次の6つに分類している。
(1) 自分の本当にやりたいものの明確化についての葛藤
(2) 親の期待と自分の希望との対立についての葛藤
(3) 自分のやりたいものの社会のなかでの実現の見通しについての葛藤
(4) 恋愛についての葛藤
(5) 自分の性格についての葛藤
(6) 自らの性の受容についての葛藤（女性のみ）

また，エリクソンのアイデンティティ拡散症候群について，小此木（1974）は次の6つをあげている。
(1) アイデンティティ意識の過剰：自意識過剰になり，自分を見失ってしまう。
(2) 選択の回避と麻痺：自己全能感や無限の自己を幻想し，自己を有限にする一切の選択や決

断ができなくなる。
(3) 対人的距離の失調：他人との間に適切な距離がとれず，相手に甘えすぎたり，孤立し，引きこもってしまったりする。
(4) 時間的展望の拡散：時間への信頼を失い，そのために，好機の到来を待ったり，将来を展望したりできなくなる。
(5) 勤勉さの拡散：仕事や勉強が手につかなくなったり，逆に，一つの仕事に自己破壊的に没入したりしてしまう。
(6) 否定的アイデンティティの選択：暴走族や非行集団に入るなどして，社会から否定される役割や仕事，価値観を受け入れる。

3節　知的機能の発達

1. 認知能力の発達

　青年期には認知能力や思考能力がめざましく発達する。ステインバーグ（Steinberg, 1999）はその内容を次の5つにまとめている。
(1) 現実に存在するものだけに縛られるのではなく，可能性について考える力が発達する。
(2) 抽象的なものについて考える力が発達する。
(3) 思考過程そのものについて考える力が発達する。
(4) 思考が一つの事柄に制限されるのではなく，多次元的思考が発達する。
(5) 物事を相対的に考える力が発達する。
　その結果として，科学的・論理的思考や仮説にもとづく思考が可能になり，他者の立場に立ってものを見たり，考えたりする力も発達する。かけ言葉，ことわざ，隠喩，類推，皮肉についての理解力も発達する。社会的問題や思想的問題についての思考力も発達し，人間関係，政治，哲学，宗教，道徳への関心が増大し，友情，信仰，民主主義，公正，誠実などの抽象的概念や人生の意味について考えるようになる。また，内省能力，自己意識，合理性も発達し，自己省察が可能になる。しかし，まだ未熟なため，それが青年期的な自己中心性と結びつき，自分は常にまわりから注目されていると感じたり，自分は特別であると思ったりしてしまうこともある。

2. 形式的操作の発達

　ピアジェは，青年期の知的機能の特徴として形式的操作（formal operation）の発達をあげている（Inhelder & Piaget, 1958）。児童の思考は具体的なものや現実的な事柄について行われるが，青年期に入って形式的操作が可能になると，抽象的なものや現実を超えた可能性について，論理的に正しい思考や推論を行うことができるようになる。また，仮説を立て，その仮説にもとづい

て推論していく仮説演繹的思考や，その仮説を検証するために多数の変数や条件を考慮しながら実験を重ね，実験結果に合致する仮説を採用するという実験的帰納ができるようになる。さらには自分自身の思考について思考することもできるようになるが，フラヴェル（Flavell, 1977）はこれをメタ認知（metacognition）とよんでいる。これは認知活動それ自体についての，また認知活動を効果的に行うための方法についての知識や認識である。このメタ認知の発達により，青年の内省能力は高まる。

形式的操作は11，12歳頃に出現するが，はじめのうちはその能力はまだ十分でなく，厳密さに欠けたり，非効率的であったりする。また，親しみのない事柄に対しては形式的操作を適用できないこともある。14，15歳頃になると形式的操作の能力はかなり発達し，体系的，包括的に行うことができるようになり，親しみのない事柄に対しても形式的操作を行うことが可能になる。

形式的操作の発達は青年の人格や行動に影響を及ぼす。形式的操作の能力が発達しはじめると，自分自身を意識するようになり，内省的になる。そして，自分自身について深く考えるようになると，自己概念（self-concept）やアイデンティティが発達する。青年期の後半になると，社会に対する関心が強くなり，現実と理想の食い違いに気づくために，社会に対して反抗的になる。また，高い理想や水準を自分自身に課し，自己の偽善性や能力不足に悩むこともある。一方，仲間や社会に同調するために，自らの主張や独創性を殺してしまったり，理想を捨ててしまったりすることもある。

3．情報処理能力の発達

青年期における知的機能の発達を情報処理能力の発達という視点でみることもできる。青年期における情報処理能力の発達は，注意（attention），作業記憶（working memory：ワーキングメモリ），処理速度（processing speed），体制化（organization），メタ認知の5つの面でみられる（Steinberg, 1999）。

注意には選択的注意と配分的注意がある。選択的注意とは，多くの情報のなかで特定のある情報のみを選択して注意を向け，他の情報は無視することである。配分的注意とは，同時に複数の情報に注意を配分してそれらを受けとめることである。青年期にはこの2つの注意がともに発達する。作業記憶とは，認知機能の遂行中にそのために利用する情報を数秒〜数十秒間保持しておく記憶である。青年期にはこの作業記憶が発達するが，永続的な長期記憶の能力も発達する。

処理速度の発達（短時間化）は青年期の開始の時点で最も大きく，青年期の間に処理速度はさらに速くなっていくが，その時間短縮の加速度は落ちていく。

体制化とは，情報を覚えやすく関連づけたり，整理したりする方略である。下線を引いたり，マーカーを使ったり，メモをとったり，余白に書き込んだりすることにより記憶しやすくなる。青年期に入ると，課題に応じて情報をうまく体制化する方法を工夫するようになる。

メタ認知の発達は，青年期の最も重要な発達の一つである。青年は「思考についての思考を思考する」ことができるようになる。メタ認知により，自分の勉強を監視，評価し，やさしいもの

はとばしたり速く進めたりし，難しいものは繰り返したりゆっくり進めたりして，勉強の進め方を調節することができる。

4. 知能の発達

　ウェクスラー（Wechsler, 1944）は10種類の下位検査からなる知能検査を用いて，児童，青年，成人の知能の発達を横断的に調べている。それによると，知能検査総得点は13歳頃まで急速に増加し，それ以降は増加がゆるやかになり，22歳頃にピークに達し，22歳をすぎると徐々に得点が減少していく。このように青年期は知能が急速に発達し，ピークに達する時期とされる。

　しかし，20歳から70歳までの同一の対象群に対して，7年の間隔をおいて二度知能検査を行い，知能の縦断的発達を理論的に求めた，シャイエとストローザー（Schaie & Strother, 1968）の横断系列的研究（cross-sequential study）によると，言葉の理解や運動－認知の柔軟性は60歳頃まで発達をつづけている。このことから，横断的研究において青年期以降に知能の低下がみられたのは，早く生まれたコホート（cohort）のほうが知能発達にとって不利な社会・文化的環境下で育ったためであろうと考えられる。シャイエとストローザーの研究によると，単語の流暢性や精神運動の速さのようにスピードの関係する側面は青年期以降に減退する。したがって，知能は青年期に急速に発達するが，ピークに達する時期は知能の側面によって異なるといわなければならない。

　また，青年期の知能発達の特徴に個人差の拡大ということがある。知能の優れた者ほど知能は青年期において顕著に発達し，知能の劣った者は知能の発達が低いレベルで停滞してしまう。

4節　青年の価値観，人生観

　個人の価値観は，その人の判断や行為の準拠枠（frame of reference）となるものであるが，その人の社会化の過程で形成されてくるものである。したがって，その形成には，その人の属する社会や時代の価値体系による影響が大きい。また，価値観には事物や事象に対して意味を与えるという働きがあるので，自我や思考力の発達する青年期にならないと価値観の形成は満足に行われない。ここでは現代の各国の青年の価値観と，それに関連する人生観についてみてみよう。

　18～24歳の青年を対象にして1993年に実施された，総務庁青少年対策本部（1994）の調査結果から，各国の青年が個人と社会の関係をどのようにとらえているかを示したものが図26.1である。これをみると，日本の青年には自分自身の生活を社会よりも優先させる者が多く，60.0％となっている。それに対して，自分自身の生活の充実だけでなく，社会のためにも役立ちたいとする者は36.6％である。日本の中学・高校生を対象にして2012年に実施された，NHK放送文化研究所（2013）の望ましい生き方に関する調査では，「社会のことを考える前に，まず自分の生活を大切にする」という中学生は68.8％，高校生は73.2％であり，「自分の生活のことよりも，まず

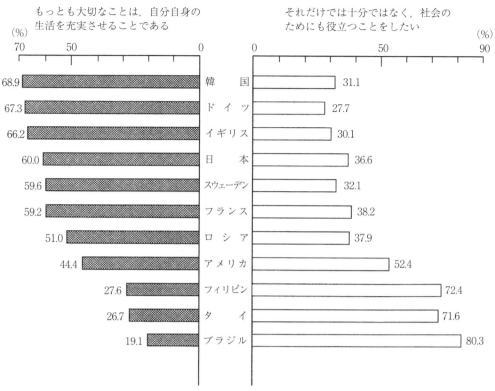

図26.1 個人と社会の関係（総務庁青少年対策本部，1994）

社会のことを考える」という中学生は24.6％，高校生は22.1％であった。他の国の青年と比べると，日本の青年には個人生活優先型の者が多いことがわかる。これは，ドイツ，イギリス，フランスといった西欧先進国でも同様である。しかし，同じ先進国でもアメリカの青年には，社会のためにも役立ちたいとする者のほうが多い。この社会のためにも役立ちたいとする者が多いのは，ブラジル，タイ，フィリピンである。

次に，同じ調査から人生観の結果を示したのが図26.2である。日本の青年は，「自分の好きなように暮らす」が56.3％と過半数を占め，次に「経済的に豊かになる」が28.3％であり，「社会的な地位を得る」や「社会のために尽くす」は5％前後と少ない。この日本の青年の人生観と比較的に似た人生観をもっているのは，韓国の青年である。また，日本の15～24歳の青年を対象にして2000年に実施された，内閣府政策統括官（総合企画調整担当）（2001）の調査では，「その日，その日を楽しく生きたい」という者が15～17歳で27.3％，18～21歳で23.3％，22～24歳で18.3％であり，「自分の趣味を大切にしていきたい」という者が15～17歳で21.4％，18～21歳で21.1％，22～24歳で19.2％であり，「身近な人との愛情を大事にしていきたい」という者が15～17歳で24.8％，18～21歳で26.3％，22～24歳で30.7％であり，「経済的に豊かになりたい」という者は15～17歳で17.6％，18～21歳で18.4％，22～24歳で20.1％であり，「良い業績をあげて，地位や高い評価を得たい」という者や「社会や他の人々のためにつくしたい」という者は2.5～6.9％と少なかった。さらに，NHK放送文化研究所（2013）の生活目標に関する調査では，「その日そ

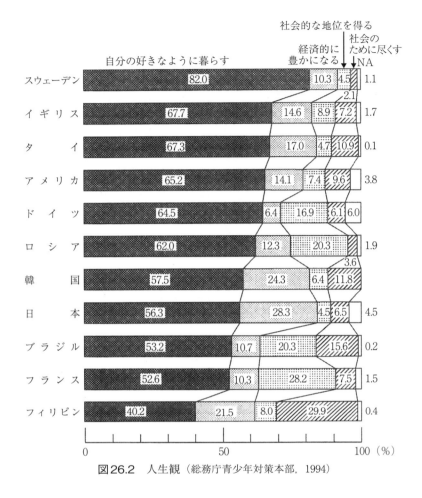

図26.2 人生観（総務庁青少年対策本部, 1994）

の日を，自由に楽しく過ごす」という中学生は41.1％，高校生は37.5％であり，「身近な人たちと，なごやかな毎日を送る」という中学生は34.6％，高校生は41.1％であり，「しっかりと計画を立てて，豊かな生活を築く」という中学生は15.3％，高校生は17.4％であり，「みんなと力を合わせて，世の中をよくする」という中学生や高校生は3.8〜7.7％と少なかった。

　以上のように，日本の青年には個人生活優先型や個人生活重視型の価値観や人生観をもつ者が多くなっている。このような考え方や生き方をする際には，自分の感情や欲求のままに行動するのではなく，社会と自分との関係，社会のなかでの自分の立場を認識し，自分中心に陥らないようにすることが必要である。このことに関しては，「身近な人との愛情を大事にしていきたい」という者が24.8〜30.7％おり，「身近な人たちと，なごやかな毎日を送る」という中学生や高校生が34.6〜41.1％いることから，友人や家族といった身近な人たちとのかかわりやきずなが鍵になると考えられる。

◆ 引用文献

Erikson, E. H. (1973). 自我同一性：アイデンティティとライフ・サイクル（小此木啓吾，訳編）．誠信書房．(Erikson, E. H. (1959). *Identity and the life cycle*. New York : International Universities Press.)

Flavell, J. H. (1977). *Cognitive development*. Englewood Cliffs, NJ : Prentice-Hall.

藤井恭子．(2009)．友人関係の発達．宮下一博（監修），松島公望・橋本広信（編），ようこそ！　青年心理学：若者たちは何処から来て何処へ行くのか（pp.54-64）．ナカニシヤ出版．

Inhelder, B., & Piaget, J. (1958). *The growth of logical thinking from childhood to adolescence*. New York : Basic Books.

Marcia, J. E. (1966). Development and validation of ego-identity status. *Journal of Personality and Social Psychology*, **3**, 551-558.

Marcia, J. E. (1980). Identity in adolescence. In J. Adelson (Ed.), *Handbook of adolescent psychology* (pp.159-187). New York : John Wiley & Sons.

宮下一博．(2008)．モラトリアムの完全形骸化．宮下一博・杉村和美（著），大学生の自己分析：いまだ見えぬアイデンティティに突然気づくために（pp.24-26）．ナカニシヤ出版．

長沼恭子・落合良行．(1998)．同性の友達とのつきあい方からみた青年期の友人関係．青年心理学研究，**10**，35-47.

内閣府政策統括官（総合企画調整担当）．(2001)．日本の青少年の生活と意識（第2回調査）青少年の生活と意識に関する基本調査報告書．財務省印刷局．

NHK放送文化研究所．(2013)．NHK中学生・高校生の生活と意識調査2012：失われた20年が生んだ"幸せ"な十代．NHK出版．

西平直喜．(2000)．心理的離乳．西平直喜・吉川成司（編著），自分さがしの青年心理学（pp.14-17）．北大路書房．

落合良行・佐藤有耕．(1996)．青年期における友達とのつきあい方の発達的変化．教育心理学研究，**44**，55-65.

岡田努．(2010)．青年期の友人関係と自己：現代青年の友人認知と自己の発達．世界思想社．

小此木啓吾．(1974)．解説：モラトリアムとアイデンティティ拡散．小此木啓吾（編），現代のエスプリ：No.78 アイデンティティ（pp.199-202）．至文堂．

小此木啓吾．(1978)．モラトリアム人間の時代．中央公論社．

小沢一仁・高木秀明．(1988)．追跡面接による青年期の同一性達成過程における葛藤の焦点．横浜国立大学保健管理センター年報，**8**，30-44.

Rousseau, J.-J. (1962-1964). エミール（上・中・下）（今野一雄，訳）．岩波書店．(Rousseau, J.-J. (1762). *Émile, ou de l'éducation*.)

Schaie, K. W., & Strother, C. R. (1968). A cross-sequential study of age changes in cognitive behavior. *Psychological Bulletin*, **70**, 671-680.

総務庁青少年対策本部．(1994)．世界の青年との比較からみた日本の青年：第5回世界青年意識調査報告書．大蔵省印刷局．

Steinberg, L. (1999). *Adolescence* (5th ed.). Boston : McGraw-Hill College.

Wechsler, D. (1944). *The measurement of adult intelligence* (3rd ed.). Baltimore : Williams & Wilkins.

27章 成人期

藤﨑眞知代

　青年期の終了から老年期の始まりまでが成人期である。人の生涯発達の視点からは，社会的経済的自立のためのキャリア選択から職場適応，配偶者の選択から家族の形成，親となる選択から親としての発達など，人生を生きていくための重要な選択が多い時期である。また，子育て後の人生の生きがいを探索し確かなものとしていく個としての人生の営みを遂げていく時期でもある。

　しかし，1990年代以降は，青年にとっての大人のモデルが失われ，大学卒業後の進路選択は必ずしもエリクソン（Erikson, 1959/1973）のいうアイデンティティの確立を示す指標ではなくなっている。また，アイデンティティの意味そのものが問い直され，成人期においてもアイデンティティのゆらぎと確立が繰り返されていくと考えられるようになっている（岡本，1994）。さらに，平均寿命の伸長にともない60歳定年が見直されてきており，成人期から老年期への移行においても社会情勢が色濃く影響を及ぼしてきている。

　このような時代による変容はあるにしても，一般に成人期は20歳代後半以降に始まり，それ以降30代後半までを成人前期，40代〜60代に入るまでを成人後期（中年期）とに区分される。人の生涯発達に関する研究領域として成人期に焦点を当てた研究は老年期研究に比べて少ないながらも，少子高齢社会において，社会経済を担う役割と同時に家庭内での「親としての発達」や，公私ともに「中年期の危機」をどのように乗り越えて老年期の生活の質につなげていくかなど，成人期の発達課題を問い直す重要性は増していると思われる。

1節　成人前期：ライフ・コースの選択

1. 職業的キャリアの発達

　職業に就くことは経済的自立の第一歩であり，成人前期における大きな出来事の一つである。職業的キャリアは一つひとつの仕事に取り組んだ結果として得られる体験の積み重ねと，人生のうちのいくつかの節目における選択によって構成される。また，節目における選択が人生を大きく左右することを私たちは体験的に了解している。したがって，職業的キャリアとは，①個々の職業や経験を指すものではなく，その連なりであり（系列性），②その連なりは一生涯にわたり（生涯性），過去・現在・未来の時間軸上で意味づけられおり（因果と意味性），また，③その

意味合いは個人により異なり独自であると同時に，職業的キャリアは誰しもが有する（独自性と普遍性），といった特徴をもつ（金井，2003）。このような視点からスーパー（Super, 1980 ; 1990）はキャリア発達を役割と時間の両側面からとらえ，役割はライフスペース，時間はライフスパンという次元で表し，両側面を統合して図27.1に示すような「ライフキャリアレインボー」として模式化している。「子ども」「学生」「家庭人」など人生の各時期での役割とその取り組み方だけでなく，さまざまな個人的・状況的要因によって決定されることを全体として示している。

　そして，現実に職業選択に直面する際には，状況要因としてその時代の経済事情などの影響を受けることになり，近年では正規職員としての就職は厳しい状況にあることが指摘されている（文部科学省，2011；文部科学省・厚生労働省，2012）。加えて，大学を卒業後就職した人のうち，約3割が最初に就いた職を3年以内に離職している現実もある（小林，2007）。正規職員であることは，社会保障，身分保障，経済的安定性などさまざまな利点があるだけでなく，前述のように仕事をとおして人生の目標をもち，自分の個性や能力を発揮し，自己定義を行っていくという心理的な意味も大きい。それには，職場の人間関係が良好で，自分の目標とも合致していることも大切である。それは雇用者にとっても課題であり，メンタリング（mentoring）といった取り組みが行われている。すなわち，メンタリングとは，指導者（メンター〔mentor〕）と指導される者（プロテジェ〔protégé〕）との間で，有形無形の仕事上の技術や態度が伝達されることであり，2つの機能をもっている。一つは指導される者への知識・スキルの伝達といったキャリア発達を促す機能であり，もう一つは個人のアイデンティティや社会・仕事における役割意識を向上させる心理・社会的機能である。指導者は自分が培ってきたスキルや価値を伝達する点でメンター自身の自覚を高める意味ももち，ブラザー・シスター制度などの名称で，入社3～4年目の先輩を公式メンターとして新入社員とチームを組むことなどが試みられている。

　一方，転職・離職の多くは本人の意思によるが，失業は将来への不安や自尊心の低下，抑うつ気分につながることから，経済的不況や正規雇用が難しい状況下のこうしたリスクを軽減する心

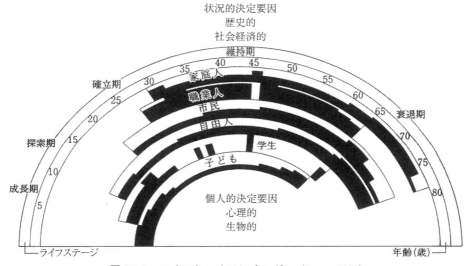

図27.1　ライフキャリアレインボー（Super, 1990）

2. 家族生活へのプロセス

a. 配偶者の選択から親となる選択

　非婚時代といわれる。女性の社会進出やさまざまな家事サービスが購入できるようになったことで，結婚への「引き要因」が薄れてきている。また，就職しても実家に住む便利さは「パラサイト・シングル」といわれるように結婚への「押し要因」も弱められている。男女の人口比のアンバランスによるだけでなく，既成の結婚観にとらわれずに事実婚などの自由な生き方が選択される一方で，非正規職の低年収ゆえに結婚できないものもいる。こうした傾向から，結婚は男女ともに私事とみなされるようになってきている。

　配偶者の選択方法として日本では伝統的に見合い結婚という形態が存在してきた。最近では若い男女が出会う機会が少なく，人とのコミュニケーショ能力が低いことから，見合いは出会いの一つの契機となっている。しかし，昔と比べ今日では結婚相手に諸々の条件を求めることが，特に晩婚の場合に顕著である。「婚活」といわれるほどに民間企業による市場原理にさらされてはいるが，それでも最終的には恋愛結婚と認識しているものが多い。さらに，親となるプロセスも多様化している。できちゃった結婚が6組に1組あり，結婚期間が妊娠期間より短い出生の嫡出第1子出生に占める割合は，母親の年齢が15〜19歳では約8割，20〜24歳では約6割を占めている（厚生労働省，2012）。その一方で，妊娠から出産のプロセスで苦労する人々も少なくない。近年の先端生殖医療や遺伝子診断技術の進歩にともない，きょうだいの病気治療の目的で遺伝子が適合する子どもを選別しての妊娠・出産や，高齢出産に対しては出生前診断により障害の有無を確認することが可能な時代となった。親となる可能性が開かれると同時に，生命倫理が問われる問題を含んでいる。

　さらに，養子縁組等による非血縁家族を選択して親となる場合もある。しかし，日本では血縁を重視する傾向が強いため全体に占める割合は低い。出自を知る権利からは，子どもと産みの親，そして育ての親との三者の関係を継続的に考慮しながら丁寧に真実の告知について考えていく必要があろう。このほか未婚の母を選択しひとり親となる場合も増えてきており，生活のためにシングルマザーの正職員への支援を目的としたNPOの活動なども展開されている。少子化社会においては，それぞれの生き方に必要な支援が身近な多様な機関から受けられるように，地域で育てる環境を整えていくことが優先されよう。

b. 親としての発達

　妊娠，出産，子育てという一連のプロセスは，次世代を残す哺乳動物の繁殖の営みであるが，親となっていくことの難しさは進化論的には人間特有といえる。子どもの出生から就学前の育児期の親世代は働き盛りでもあり，父親が子どもとふれあう時間は諸外国に比べて著しく短い（牧野・渡辺・舩橋・中野，2010）。それゆえ，核家族において母親は育児を一手に担うことになり，孤独な育児に漠然とした不安やイライラ感を募らせて育児不安や育児負担感が高いことが指摘

されている（牧野・中西，1985；加藤・石井クンツ・牧野・土谷，2002）。そうしたなかで，身近な存在である父親の理解や家事・育児への参加は育児不安・育児ストレスを低下させるという（荒牧・無藤，2008；青木，2009）。経年変化をみても，母親が父親の支援を実感する精神的サポートの程度が徐々に増していく様相がみられる（ベネッセ教育研究開発センター，2008）。さらに，育児に積極的にかかわろうとする父親は「イクメン」とよばれる。このような父親の姿があたりまえとなっていくことが，両親それぞれが親として発達していく基盤といえる。子ども時代に父親との関係が疎遠であったり，母親に家事・育児を任せっきりであった父親を，反面教師と思っている男性は少なくないであろう。しかし，実際に自分が父親となったときに，父親と同じ問題を抱えてしまうこともしばしばみられる。こうした無意識の背景を考慮しつつ，真の意味での両親による共同子育て（Cowan, Powell, & Cowan, 1998）ができるように当事者として可能性を探るだけでなく，老年世代をはじめさまざまな異世代の協力を引き出していく循環の可能性を積極的に探ることが，社会全体としての育児力を高めていくことになる。それはまた，子どもの就学により，子育て専心型から子どもを包むシステムを再調整し，親や子以外のあり方を家族それぞれが模索し家族の個性化という課題を取り組んでいることにつながっていくといえよう。

3. 子育て期の家族・夫婦生活の現状と課題

　独身の若い成人初期は家からの巣立ちの時期である。原家族からの自己分化に引き続き，結婚による両家族を結合する新婚期・家族の成立期では夫婦システムの形成，実家の親とのつきあい，子どもをもつかの決心などが課題となる。そこにはジェンダーの厚い壁がある。未婚女性の理想のライフコースは結婚しても働きつづけたいという「両立型」が「再就職型」と並ぶほどに増え，それに対応するかのように未婚男性の期待も「専業主婦型」が急激に減少し，「両立型」が増えている（国立社会保障・人口問題研究所，2007）。不安定な雇用で少ない収入を補完する役割を妻に期待しているとみられるが，家事や育児といった家庭役割を夫自身も担うという自覚は弱く，女性が二重役割を負わざるをえない。こうした現状は夫婦生活の満足度に端的に表れている。日本では，結婚当初から夫と妻の結婚満足度に大きなギャップがあり，満足度は結婚当初をピークに低下の一途をたどり，中年期まで下がりつづけ，老年期になると再び上昇するというU字型をとる（稲葉，2004）。また，子どもの誕生とともに，日本では夫婦という横の関係よりも縦の親子関係が重視され，それぞれ父親と母親の役割を第一にとるようになる。しかも，日本の雇用形態と根強い性役割分業から，第1子前に有職であった女性の7割は退職して子育て専業となる（厚生労働省，2001）。その結果，子どもが幼いうちは，周囲との隔絶により母親は孤立感や焦燥感や育児ストレスを強めることになる。こうした現状からすれば子どもの虐待や放任は，母親の未熟さのみが責められる問題ではないことがわかるであろう。

　また，恋人や配偶者など親しい関係の相手からふるわれる暴力をドメスティック・バイオレンス（domestic violence：DV）とよび，1990年代に日本においてもDVという言葉が使われるようになった。そして，2001年にDV防止法が成立し，2004年には暴力の定義や保護命令の範囲を広

げる改正がなされたことにより，相談件数が急増している。配偶者からの被害経験は3人に一人，繰り返し経験している人は10人に一人となっており，子どもの虐待と同様にDVは誰にでも起こりうる身近な問題なのである（内閣府男女共同参画局，2012）。

「親をする」ことによる親の発達とは，親が子どもから学ぶことでもあるが，それは個々の親のみならず夫婦関係にも及んでいく。不登校の子どもをもつことによって，それまでの夫婦のあり方や働き方を見直し，修正していった事例も少なくない。それは，子どもが親を鍛え育てているともいえよう。「親になる」「親をする」「親である」ことはそれぞれ異なり，それは子どもが巣立った後の夫婦関係にも影響を及ぼしていく。家族に気持ちを向け，エネルギーを十分かけながらも，個としての自分を見失わないように心がけていくかどうかが，成人後期から老年期の生活の質を大きく左右することになる。

2節　成人後期（中年期）：人生の曲がり角

成人前期が職業や家庭生活，親になることの決定とその発展に向けられるのに対して，成人後期は自己の人生や目標を再検討して，自己を受容し，統合することが主な課題である。50～60歳代は，かつては生涯発達のなかで最も成熟かつ安定した時期とされてきた。しかし，欧米諸国だけでなく日本においても，1980年代から続いた高度成長期の終焉にともなう経済や社会の変化，その延長での家族関係の変化や少子高齢社会の進行，また平均寿命の伸長による定年年齢の引き上げは，老年期への移行にも新たな状況をもたらしている。

1. 中年期の職業生活

成人後期，すなわち中年期の職業生活は，地位の確立とその維持に特徴づけられる。それがどのように具体化されるかは，企業社会の特質と密接にかかわりがある。日本においてはこれまで，個人が企業に対して主体的な帰属意識と自尊心をもち，企業の成功が自己の将来の保障につながるという考えのもとに職場に融合することが求められてきた。文化的自己観の視点からは相互協調的自己観の特徴として同僚までが自己領域と重なるように図示されるのも，こうした帰属意識の表れとみることができる（Markus & Kitayama, 1991）（図27.2参照）。その結果，仕事に過度に傾倒する企業人を生み出し，家庭を顧みることができない父親（夫）や父親不在，男性の家庭からの疎外といった問題を引き起こしてきており，単身赴任はまさに日本独特の赴任形態である。また，長時間労働から派生した過労死は正規雇用で

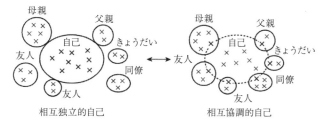

図27.2　自己に対する2つの考え方（Markus & Kitayama, 1991）

中高年の男性が多くを占めるだけでなく、うつ病の発症から過労自殺も招いている。働くことで死に至る現状は、職業的キャリアがライフキャリアを侵食しているとみなせよう。こうした状況を反映して職業的キャリアとは何か、何のために働くのかについて、一人ひとりが問い直すだけでなく、企業の側でも働き方の見直しがなされるようになってきている。たとえば、「ノー残業デイ」を設け、一日の就業時間内に仕事を処理することをそれぞれが工夫をするようにした結果、会社の営業成績が伸びるだけでなく、家族とのコミュニケーションや生きがいとしての趣味の時間を生み出すことにもなるのである。そして、そうしたリフレッシュがさらに仕事のアイディアや効率化につながっていった事例も少なくない。また、働き方に関する施策の一つとして注目されるワーク・ライフ・バランスとは、「老若男女誰でも、仕事、家庭生活、地域生活、個人の自己啓発など、様々な活動について、自らが希望するバランスで展開できる状態」である（内閣府, 2007）。それを実現するための施策として、出産休暇や育児休暇から介護休暇を設けるだけでなく、それらを男性もとりやすくしていくためには、個人レベルではなく、社会システムとしてのさらなる方策や意識の変革が必要であろう。

2. 家族・夫婦生活の変化

　思春期・青年期の子どものいる中年期には子離れ・親離れが進み、子どもの巣立ちとそれに続く時期は家族の回帰期であり、夫婦システムの再構成、成人した子どもとの関係、祖父母世代の老化・死への対処などが課題となる。

　老親の扶養・介護は、子どもの養育に親が投資した資源が子どもから還流されるヒト独自の営みである。それには2つのタイプがあり、一つは「子どもの養育は親がする」ことで親子関係を完結させる欧米諸国に一般的な完結型である。もう一つは、「子どもの養育は親と祖父母が担い、老親や祖父母の扶養は子どもや孫が担う」という資源が親から子ども、子どもから親へと家族間で循環する循環型である（陳, 2010）。今日の日本においては、家族による老親の扶養・介護が困難になりつつあり、循環型から完結型に移行する傾向を示している。

　また、夫婦生活の危機としてコミュニケーションの頻度が低いほど結婚満足度は低下し、とくに妻にその傾向が顕著である（伊藤・相良・池田, 2007）。夫婦での実際のコミュニケーション態度についてみると、「共感」「依存・接近」といった肯定的態度を妻は夫に向けるのに対して、仕事に忙殺される夫の多くは「無視・回避」「威圧」といった否定的態度を妻に向けているという（平山・柏木, 2001）。子育て期に結婚満足度の低い妻では夫婦間の親密性を放棄し、「役割としての関係」と「個人としての関係」を切り離すことによって結婚生活を継続している傾向もみられるが、中年期になると妻たちは夫との関係の継続に逡巡するものが少なからずみられるようになる（磯田, 2000；池田・伊藤・相良, 2005）。離婚に至らなくとも離婚を考えた、あるいは離婚を考えている割合は、配偶者のいる中高年の女性の25％に上り、男性の9％を大きく上回っている（伊藤・相良, 2010）。離婚の申し立てが圧倒的に妻の側からが多いのは、資産の多くが男性名義になっているほかに、結婚生活への期待、結婚のもつ意味が男女で異なり、そのギャッ

プが許容度を超えたとき，一つの解決策として離婚が選択されるとみられる。それゆえ，夫婦関係の再統合へ向かうことができるかがこの時期での重要な課題といえよう。

3. 中年期のアイデンティティの危機

とくに40代を中心とする時期においては，それまでに築いてきた仕事などのキャリアが一段落し，子育ても終了間際になって子どもの自立が近いため，自身の仕事と家族の形態を見直す時期でもある。また，心身の変化や環境的変化がメンタルヘルスを脅かし，いわゆる中年期危機を引き起こすリスク要因にもなる。それらは身体的衰え，老化，寿命の限界の自覚といった生物学的変化，夫婦関係の見直しや老親の介護・看取りといった家族における変化，さらに仕事上の達成・限界といった職業における変化である（岡本，2002）。こうした心身の変化や環境変化は，個々人の存在をゆり動かす危機的状況を生む可能性がある。すなわち，身体感覚の変化を認識する危機に始まり，自分の半生を問い直したり，再吟味したりして，将来への新たな方向づけや軌道修正を行い，再びアイデンティティを再体制化していくことができるかが問われている。このようなアイデンティティの再体制化のプロセスは図27.3に示されるように青年期から成人期，老年期に至る広い年齢範囲において繰り返されていくのである（岡本，1994）。

成人期の発達課題である社会的仕事と親としての発達を遂げることと並行して，とくに個としての自己実現に向けた「生きがい」の模索は，長寿化にともない老年期における「生活の質」を高め豊かにしていくうえで重要さを増している。どんなに厳しい経済状況でも，ちょっとした気分転換や自分の老後の姿をイメージするなど，自分自身に向き合い自分の内からの声に耳を傾けることも必要であろう。

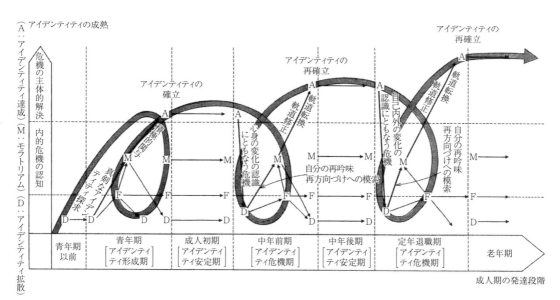

図27.3　アイデンティティのラセン式発達モデル（岡本，1994）

しかし，その一方で仕事人間は仕事に生きがいを追求してきた結果，定年退職前後に将来への不安感から心身症に陥ったり，子どもに自己のすべてを投じた母親が子どもの自立を受け入れられずに「空の巣症候群」に陥ったりする例もみられる。生きがいが残された自己の人生の意義と深みを再認識しうるものとなるかどうかは，成人後期の半ばまでに過去，および現在の生活を修正するための危機を意識化し，生きがいが自己の人生にもつ意味を問うことが不可欠といえよう。

4. 人生の幸せのあり方を問う：人間関係のネットワークのなかで

成人後期ともなると，パーソナリティに柔軟性を欠き，自己の信念や生活様式にこだわりをもって，他者の考えや生活への共感性に乏しくなる傾向もみられる。文化的自己観の生涯発達からは青年期に日本文化に優勢な相互協調的自己観の側面が内面化された後に，成人期から老年期にかけて相互独立的自己観の側面が強められていくという（高田，2012）。そして，それまでの職業上の地位や業績に対する自信，子育てを達成したという自負が，新たなものや人を受け入れることを難しくしていく可能性もある。

幸せをどのように考えるかは文化によっても異なるという（大石，2009；内田・荻原，2012）。すなわち，欧米人の勝ち得たものの大きさに比例するという最大幸福像に対して，日本人はよいこともあれば悪いことも隣り合わせであるというバランス志向的幸福像を抱いている。一般に主観的な幸福感の指標として，①経済社会状況，②心身の健康，③関係性の3つの柱と持続可能性があげられる（内閣府経済社会総合研究所，2011）。それらのなかでも関係性の柱に相当する人とのつながりを求める欲求は生涯を通じた基本的な欲求である。人それぞれの多様性に対する寛容さ，そして愛を与え受けることができる力は，精神的に充実した健康なパーソナリティの一つでもある。人に支えられながら，同時に人を支えつつ暮らしていることをカーンとアントヌッチは愛情のネットワーク・モデルとして示している（Kahn & Antonucci, 1980）（図27.4参照）。

老年期において，配偶者の死からの立ち直りが早い人は，親戚，親しい友人など多くの人との関係を維持しているか，あるいは地域活動に参加しているなど社会的ネットワークが密であることが示されている（高橋，2010）。そのためには成人期の早い段階から，人とのネットワークを家族の外に広げていくことが大切であろう。自分自身の幸せのあり方を内省し，人間関係のネットワークを振り返り，それまでに築いた人間関係から親密な相互的な核となる人間関係を自覚し，よりその関係性を深めながら，新しいことを勇気をもって始めようとする姿勢が，迫りくる老年期を豊かで充実した日々としていく

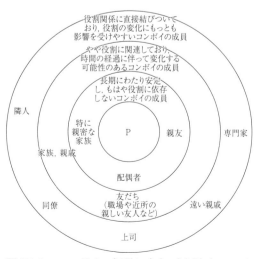

図27.4　コンボイの仮説にもとづく例（Kahn & Antonucci, 1980；高橋，2010による）

ことにつながるといえよう.

◆ 引用文献

青木聡子. (2009). 幼児をもつ共働き夫婦の育児における協同とそれにかかわる要因：育児の計画における連携・調整と育児行動の分担に着目して. 発達心理学研究, **20**, 382-392.

荒牧美佐子・無藤 隆. (2008). 育児への負担感・不安感・肯定感とその関連要因の違い：未就学児を持つ母親を対象に. 発達心理学研究, **19**, 87-97.

ベネッセ教育研究開発センター. (2008). 乳幼児の父親についての調査（速報版）. ベネッセコーポレーション.

陳 省仁. (2010). 祖父母によるアロマザリング. 根ヶ山光一・柏木惠子（編著）, ヒトの子育ての進化と文化 (pp. 231-245). 有斐閣.

Cowan, P. A., Powell, D., & Cowan, C. P. (1998). Parenting interventions: A family system perspective. In I. Siegal & K. Renniger, (Vol. Eds.), W. Damon (Series Ed.), *Handbook of child psychology: Vol.4. Child psychology in practice* (5th ed., pp.3-72). New York: John Wiley & Sons.

Erikson, E. H. (1973). 自我同一性：アイデンティティとライフ・サイクル（小此木啓吾, 訳編）. 誠信書房. (Erikson, E. H. (1959). *Identity and the life cycle*. New York: International Universities Press.)

平山順子・柏木惠子. (2001). 中年期夫婦のコミュニケーション態度：夫と妻は異なるのか？ 発達心理学研究, **12**, 216-227.

池田政子・伊藤裕子・相良順子. (2005). 夫婦関係満足度にみるジェンダー差の分析：関係は，なぜ維持されるか. 家族心理学研究, **12**, 216-227.

稲葉昭英. (2004). 夫婦関係の発達的変化. 渡辺秀樹・稲葉昭英・嶋﨑尚子（編）, 現代家族の構造と変容 (pp. 261-275). 東京大学出版会.

磯田朋子. (2000). 私事化・個別化の中での夫婦関係. 善積京子（編）, シリーズ家族はいま…：1 結婚とパートナー関係：問い直される夫婦 (pp.147-167). ミネルヴァ書房.

伊藤裕子・相良順子. (2010). 中年期から高齢期における夫婦の役割意識：個別化の視点から. 文京学院大学人間学部研究紀要, **12**, 163-176.

伊藤裕子・相良順子・池田政子. (2007). 夫婦のコミュニケーションが関係満足度に及ぼす影響：自己開示を中心に. 文京学院大学人間学部研究紀要, **9**, 1-15.

Kahn, R. L., & Antonucci, T. C. (1980). Convoys over the life course: Attachment, roles, and social support. In P. B. Baltes & O. G. Brim (Eds.), *Life span development and behavior: Vol.3* (pp.253-286). Waltham: Academic Press.（高橋, 2010, p.50より）

金井篤子. (2003). キャリア発達の視点から. 後藤宗理・大野木裕明（編）, 現代のエスプリ：No.427 フリーター：その心理社会的意味 (pp.56-68). 至文堂.

加藤邦子・石井クンツ昌子・牧野カツコ・土谷みち子. (2002). 父親の育児かかわり及び母親の育児不安が3歳児の社会性に及ぼす影響：社会的背景の異なる2つのコホート比較から. 発達心理学研究, **13**, 30-41.

小林孝雄. (2007). 大卒男性の職業生活の定着過程：質的研究法による仮説生成. 人間科学研究（文教大学人間科学部）, **29**, 35-50.

国立社会保障・人口問題研究所. (2007). わが国独身層の結婚観と家族観：第13回出生動向本調査. 厚生統計協会.

厚生労働省. (2001). 第1回21世紀出生児縦断研究調査.

厚生労働省. (2012). 人口動態調査特殊報告.

牧野カツコ・中西幸男. (1985). 乳幼児をもつ母親の育児不安：父親の生活および意識との関連. 家庭教育研究所紀要, **6**, 11-24.

牧野カツコ・渡辺秀樹・舩橋惠子・中野洋恵（編著）. (2010). 国際比較にみる世界の家族と子育て. ミネルヴァ書房.

Markus, H. R., & Kitayama, S. (1991). Culture and self: Implication for cognition, emotion, and motivation. *Psychological Review*, **98**, 224-253.

文部科学省. (2011). 平成23年3月高等学校卒業予定者の就職内定状況に関する調査について（報道発表資料2011年12月14日）.

文部科学省・厚生労働省. (2012). 平成23年度大学等卒業者の就職状況調査報（報道発表資料2012年5月15日）.

内閣府．（2007）．少子化と男女共同参画に関する社会環境の国内分析報告書．男女共同参画会議少子化と男女共同参画に関する専門調査会．
内閣府男女共同参画局．（2012）．男女間における暴力に関する調査報告書（概要版）．
内閣府経済社会総合研究所．（2011）．幸福度に関する研究会報告：幸福度指標試案—概要．内閣府．
大石繁宏．（2009）．幸せを科学する：心理学からわかったこと．新曜社．
岡本祐子．（1994）．成人期における自我同一性の発達過程とその要因に関する研究．風間書房．
岡本祐子（編著）．（2002）．アイデンティティ：生涯発達論の射程．ミネルヴァ書房．
Super, D. E. (1980). A life-span, life-space approach to career development. *Journal of Vocational Behavior*, **16**, 282-298.
Super, D. E. (1990). A life-span, life-space approach to career development. In D. Brown, L. Brooks, & Associates (Eds.), *Career choice and development* (2nd ed., pp.121-178). San Francisco : Jossey-Bass.
高橋惠子．（2010）．人間関係の心理学：愛情のネットワークの生涯発達．東京大学出版会．
高田利武．（2012）．日本文化での人格形成：相互独立性・相互協調性の発達的検討．ナカニシヤ出版．
内田由紀子・荻原祐二．（2012）．文化的幸福観：文化心理学的知見と将来への展望．心理学評論，**55**，26-42．

28章 高齢期

藺牟田洋美

1節 高齢期と生涯発達理論

1. 今日の高齢社会

　わが国の高齢化率は2014年10月現在26％を超えた（内閣府，2015）。高齢者とは65歳以上の人を指す。1945年の平均寿命は50歳であった。しかし，戦後のインフラ整備，栄養状態の改善などによる死亡率の低下も手伝い，平均寿命が急速に伸びた。2013年現在，男性は80.21歳，女性は86.61歳で，100歳以上の百寿者は2015年秋には6万人を超えた。

　マスターズで世界記録を更新する高齢者や80歳でエベレスト登山に成功した三浦雄一郎氏のような高齢者，高齢期においても活躍する医師，文化人，芸術家などに注目が集まっている。バード（Bird, 1983/1985）によるエイジレスな人（年をとらない人）である。

　一方，高齢期は喪失の時期である。職業生活からの引退をきっかけに，健康を損なう，社会的地位を失う，経済基盤や社会的関係も減じる可能性が高い。高齢者人口の急増と個人の暮らしの多様化で，それにともなうさまざまな問題も出現した。単身者と要介護高齢者の急増，生活保護の増加，孤独死，自殺，犯罪の増加，消費者被害および虐待などたびたびメディアでとりあげられている。要介護度別認定者数は，2000年から2012年までの12年間で218万人から533万人の2.4倍となった（内閣府，2014）。20年前に比べ，2012年の高齢者による犯罪が5.2倍になり（法務省，2014），生活困窮による窃盗や親族以外との音信が少ない人に多いことが明らかになっている。また，「孤立死（孤独死）」を身近な問題として考える人の割合は，高齢者世帯で4割にのぼっていた（内閣府，2014）。高齢者人口に占める単身高齢者の増加は顕著であり，1980年から2010年の間に8.5％から16.1％と急増し，1980年には高齢者の69％が子どもと同居していたが2012年には42.3％へと低下した（内閣府，2014）。

　このような現状に鑑みると，たいていの人にとって高齢期は人生において希望がもちづらい時期と映るのではないだろうか。とりわけ，高齢期への理解を困難にしている理由の一つが，高齢世代は一つの集団として論じることができないほど，個人差があまりに顕著だということに尽きる。そのため，高齢者のうち，65歳以上74歳以下を前期高齢者，75歳以上84歳以下を後期高齢者，85歳以上を超高齢者，100歳以上を百寿者と区分して説明されることも多い。

　しかし，高齢者の実に8割は自立した生活をしている。他の世代に依存しているわけではなく，相互扶助があれば，高齢世代は自立した集団であることをまず理解してほしい。

2. 生涯発達理論

　発達は受精から始まり，死で終わるプロセスとして全生涯を視野に入れた心理学が生涯発達心理学である。発達は人生のあらゆる時期で起こり，その変化パターンは多岐にわたるが，変化のパターンや特徴はどの時期の発達を考えるうえでも重要となる。バルテス（Baltes, 1984），シャイエとラボウヴィ-ヴィーフ（Schaie & Labouvie-Vief, 1974）などの生涯発達的視点からの知能の加齢研究では知能は成人期から中年期にかけて発達し続け，さらに高齢期おいても結晶性知能が若い世代と同じ水準を維持しているという知見を得た。パーソナリティの生涯発達研究はマックレーと コスタやヘルソンほか（McCrae & Costa, 2003 ; Helson, Jones, & Kwan, 2002）においても，性格は生涯にわたって多様に変化し，その変化も人生の各時期により異なることを見出している。高齢期を視野に入れた発達理論として，ビューラー（Bühler, 1968）が心理社会曲線の生涯発達モデルから人生の各時期の目標と発達課題を提唱し，精神分析学的立場からエリクソン（Erikson, 1950）の心理・社会的発達理論，人生の各時期に果たすべき課題を達成しながら成長・発達するとしたハヴィガースト（Havighurst, 1953）の発達課題理論が著名である。

2節　心身機能からみた高齢期

1. 生物学的加齢と健康

　生物学的加齢とは，時間経過にともない生体の生理的機能や働きが変化することであり，純粋に時間経過によって生じる生理的な変化は正常加齢とよばれ，正常加齢と疾病あるいは正常加齢と環境との交互作用によって生じる変化を病的加齢とよぶ。

　わが国の高齢期の健康状態の推移について，新野（2014）は国の統計情報などを活用して死亡率，有訴者率（自覚症状のある者の割合）などの疫学的指標，うつ状態といった複数の指標から検討した。その結果，65歳以上の死亡率は，いずれの年齢層においても1990年以降減少，すなわち良好となっている。一方，高齢者の有訴者率は横ばい，通院者率はやや増加，健康上の理由で日常生活に影響があると回答した者は横ばいであり，全体として高齢者が健康になっているとはいいきれない状況とまとめている。国立長寿医療研究センター「老化に関する長期縦断疫学研究（NILS-LSA）」での調査結果から，精神的健康状態の一つの指標である日本語版GDS（Geriatric Depression Scale）で測定したうつ状態の発生率は14％から26％と報告している。ちなみに，高齢期に多く出現する精神疾患として，とりわけうつ病と認知症が知られている。うつ病は高齢者の自殺の一因であり，高齢者の自殺は既遂が多いため，効果的な対策が急がれる。うつ病の成因には加齢にともなう脳の変化，心理・環境要因，薬物の副作用，身体疾患がある。なかでも，注意が必要なのは，退職や配偶者や友人との死別，自身の入院や施設入居などのライフイベントがきっかけとなり，大きな環境変化を体験するたびに，気が滅入ったり，やる気がでな

いうつ状態に陥る高齢者は少なくないという事実である。

　認知症は，成人以降に知的機能が著しく低下し，日常生活に支障をきたす状態を指す。朝田（2013）の報告では，2010年現在，認知症の全国の有病率は15％，約439万人と推計されている。その症状は中核症状と周辺症状に大別される。中核症状は記憶障害，失語・失行・失認の認知障害，実行機能障害という必ず出現する症状のことである。周辺症状は，うつなどの気分障害と攻撃性や徘徊などの行動障害を示す総称であるBPSD（behavioral and psychological symptoms of dementia）とほぼ同義である。

　概して，高齢者の疾病の特徴として，個人差が大きい，複数の疾病や障害を有する，急変・重篤化しやすい，症候の非典型などがあげられる。自覚症状の多い疾病は，筋骨格系の痛み，頻尿，せきや痰，視聴覚の障害，もの忘れ（記憶障害），不眠などがある（渡辺，2007）。

2. 感覚器における加齢変化

　高齢期における感覚・知覚の問題は，たんに情報の理解や意思疎通の問題といった側面にとどまらず，社会生活全般の質にも影響する問題である（権藤，2007）。具体的には，字が読みにくくなったり，段差に気づかず転倒する危険が高くなる。また，聞こえが悪いために，意思の疎通がうまくできなかったり，電話での会話が困難になったり，警笛やエンジン音が聞こえず事故に巻き込まれやすくなる。外気温への感度も低下するために，猛暑のなか，エアコンや扇風機も使用しない室内や屋外での農作業のさなか，熱中症となり命を落とす危険性もある。

　視覚の加齢は40歳代から始まり，聴覚はそれほど早くはないが，高齢者では視覚よりも聴覚で問題をかかえる人が多い。聴覚障害は，コミュニケーションの不良による人間関係の悪化や社会的孤立，閉じこもり，危険からの回避の遅れなどの原因となる（渡辺，2007）。視聴覚の障害がもたらす直接的な行動，社会的行動へ与える影響を明らかにした研究（Crews & Campbell, 2004）では，視覚（24.4％），聴覚（9.4％），視聴覚の両方に問題がある人（8.2％），問題がない人（58.0％）の間で活動レベルを比較した。その結果，歩行，外出，ベッドや椅子の利用，薬の扱い，食事の用意といった直接的な行動に対し，聴覚，視覚，視聴覚の順で困難と回答した人が多い結果を報告した。さらに社会的行動の面では，視聴覚に問題をもつ人ほど，友人への訪問が減じていることが判明した。

3. 健康度自己評価とエイジング・パラドクス

　私たちは自身が健康であるかを考える場合，疾病がない状態＝健康であるということで判断する場合が多い。しかし，高齢者の場合，必ずしも当てはまらない。病気はあるが，同年代の人に比べたら元気だとか，これだけ長生きできたから自分は健康だろうと判断するのである。これを健康度自己評価，あるいは主観的健康感（観）という。健康度自己評価とは客観的で信頼性の高い医学的判断にもとづく健康感，すなわち病気の裏返しとしての間接的指標ではなく，高齢者本

人自身の健康観にもとづいた評価のことである。高齢者の総合的健康指標ともいわれ，精神的・社会的健康の反映であり，死亡の予測要因としても知られている（芳賀・上野・永井・須山・安村・柴田・松崎・古谷野，1988）。

「あなたは，ふだんご自分で健康だと思いますか」の質問に対し，「1. 非常に健康だと思う　2. まあ健康なほうだと思う　3. あまり健康ではないと思う　4. 健康ではないと思う」のいずれかで回答する。高齢になるほど，ひじょうに健康だと思う，健康なほうだの回答が多くなる。医学データにもとづく客観的指標では，高齢になるにつれ，疾病や障害を有する人が多くなるが，それに反し，自己評価による健康度は良好になる人が増える。両者は必ずしも一致しないのである。

ところで，あなたはエイジング・パラドクスという言葉をご存じだろうか。一般的に，加齢とともに生活満足度は低下すると考えられていたが，高齢期には認知機能や身体機能が低下しても幸福感は安定しているという現象，これをエイジング・パラドクスという。高齢期における客観的な健康と主観的な健康についての関係性にもあてはまるのではないだろうか。

3節　高齢期のサクセスフル・エイジング

1. サクセスフル・エイジングとは

高齢者が高齢期に起こる生理的・精神的・社会的な変化に適応して幸せで心理的に安定した生活を送ることができることを老年学ではサクセスフル・エイジング（successful aging）という。サクセスフル・エイジングは，客観的に評価できる個々人の身体能力や環境という要素と，主観的な各自の評価としての幸福感や精神的満足の2つの評価から構成されるが，前提は高齢者が，その生理的な老いとどのような折り合いをつけて生活すれば社会的に適応し，サクセスフル・エイジングを迎えることができるのかということになる。

2. 高齢期における社会的適応に関する理論

1960年代に，退職後の高齢者の生き方について活動理論と離脱理論という理論の間で論争が起きた。両理論とも，高齢期には生理的老化が訪れるという前提に立つ。活動理論は，高齢期の生活でも中年期と同じ活動水準や活動様式を維持することが精神的な満足を高め，また，社会的な役割を喪失しても代わりの役割がみつかり適応することができる（Havighurst & Albrecht, 1953）と考える。しかし，離脱理論は，その老化とバランスをとるためには社会的な活動から引退したほうが精神的な満足を維持できると考える（Cumming & Henry, 1961）。

しかし，生物学的な加齢への対処はどのようにするのかという課題が残った。そこで，高齢者の社会的適応を生物学的加齢との関連でとらえる考えとして，バルテス（Baltes, 1984）の

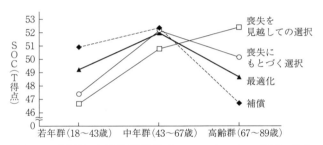

図28.1 SOCにおける発達差（Freund & Baltes, 2002；鈴木, 2008より）

SOC (selective optimization with compensation) 理論とカールステンセン（Carstensen, 1992）の社会情緒的選択理論が登場した。SOC理論は，人は自分の生理的機能の低下に気がついたとき，その低下による日常生活への影響を補償するために，それまでとは異なる目標を立てたり，絞り込んだりして，喪失を見越した「選択」をしたり，喪失にもとづいて「選択」をし，選択した領域に資源を配分して，機能の維持や向上をはかる方略「最適化」をとりながら，自分の発達や加齢を制御しながら適応していくことができるとしている。

ここで，SOCに関する興味深い研究（Freund & Baltes, 2002）を紹介する。高齢の人ほどSOCに関連した行動をとりやすいのかを検証したものである。18歳から89歳までの人を対象に，SOCの発達を質問紙により測定した。年齢を3群に分けて検討したところ，図28.1に示すように「喪失を見越しての選択」のみが一貫して年齢とともに上昇するのに対し，他の3つは中年期が最も得点が高いことが明らかになった。本結果は理論の一部を支持している。もちろん，海外のデータのため，この結果を直接日本の高齢者にあてはめることはできないが，SOCによって自らの加齢のあり方をコントロールするというよりは，時間やエネルギーを振り向ける対象を積極的に選択する方略を選択し続けると解釈できる。

一方，社会情緒的選択理論では，人が社会的な関係をもつ動機には，情緒的な交流と知識の獲得の2つの側面があり，自分の将来が開けているという認識のなかでは知識の獲得に，限界があると認識されると情動に関連した動機づけが起きるとされている。したがって，高齢期は生理的な老化に気づくことで，情動志向になる。それは，人生の残りの時間を見通して，これからの人生で何ができるか，何をしたいか，何をしなければならないかといった，人生についての現実認識の深まりにとともなう熟慮−目標の主体的なシフトによっておこるのである（鈴木, 2008）。

以上の考え方は，生理的老化を否定的にとらえないという点で類似しているが，高齢期の生理的老化は個人差が大きいため，一人で生活することが困難になる高齢者についての適応理論が新たに提案された。超高齢者に関するトルンステム（Tornstam, 1997）の老年的超越理論である。身体の老化による社会関係の縮小が起きても，一般的な社会的価値を捨て孤立した生活を好み，自己概念として存在そのものをありのままに受容し，宇宙的な意識をもつような状態の価値観や行動特性を身につけることで，精神的に満足した幸せな状態にいることができるという考え方である。

4節 感情・知能・パーソナリティの加齢変化

1. 感情の加齢変化

　一般に，高齢者は若者よりも不安や悲しみ，怒り，寂しさなどネガティブな感情が起こりやすいといわれてきた。生涯発達的視点から高齢期を含めた情動の発達モデルは2つの考え方に大別される（Malatesta, Izard, Culver, & Nicolich, 1987）。一つは，1960年代初期に唱えられた情動低下モデルであり，人生の後期では情動は徐々に抑制され，鈍麻し，それにともないネガティブな感情や表出が優位になるというものである。もう一つは，情動機能はほとんど加齢の影響を受けないとするものであり，高齢になっても主観的幸福感は保持されるという結果や加齢とともにネガティブな感情へ移行するとはいえないとするものである。たとえば，高齢者は若い世代よりも否定的な情動が少なく，逆に肯定的な情動が増えていくことが立証されている（Mroczek & Kolarz, 1998）。近年の研究の蓄積により，高齢者では感情を安定した状態に保つという目標を意識的にもち，自分の感情に注意を向けることで，むしろポジティブな状態が保たれること（Kennedy, Mather, & Carstensen, 2004）や加齢につれて，少なくなった認知的資源を積極的に感情制御に振り向け，ポジティブな情報を意識的に選択し，感情状態を安定させようとすることが明らかになった（Mather & Knight, 2005）。

　さて，私たちの感情生活の基礎は，家族をはじめとする周囲の人間とのつながり，すなわちソーシャルネットワークである（鈴木，2008）。加齢につれ，ソーシャルネットワークは一般に縮小する。社会的交流の質に焦点を当てた縦断調査によれば，30歳代くらいからつきあいの幅が平均して小さくなることが判明している（Carstensen, 1992）。それは学生時代の友人と疎遠になったり，仕事でのつきあいを減らしたりするからであり，親や子ども，親友といった人間関係の核になる人たちとのつきあいは減らないし，親密さや感情的なきずなはむしろ強まることが明らかになったのである。その背景には自分の人生の「残り時間」が有限だと思うようになるためだと考えられている（Carstensen, Isaacowits, & Charles, 1994）。

　さらに，高齢期の健康と感情の関係について，興味深い知見がある。ポジティブな情動が強い高齢者は2年後の日常生活動作能力の障害発生率は低く，歩行速度は保持され，死亡のリスクが低いのである（Ostir, Markides, Black, & Goodwin, 2000）。ポジティブな情動は危機的な生理的老化から高齢者を守る役割を果たしている。さらには，自分の属する集団のなかで，自分がどれだけ大切な存在であるかという自己有用感があること（Okamoto & Tanaka, 2004 ; Gruenewald, Karlanmangla, Greendale, Singer, & Seeman, 2007）や，ある行動をとる前にどれくらい自信をもってできるかという予測である自己効力感が高いこと（Imuta, Yasumura, Abe, & Fukao, 2001）はその後の日常生活動作能力の低下や死亡率の低下につながることが明らかになっている。

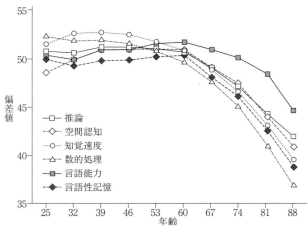

図28.2 知能の加齢変化（Schaie, 1980；西田, 2014より）

2. 知能の加齢変化

ウェクスラーは「知能とは，目的的に行動し，合理的に思考し，効率的に環境を処理する個人の総体的能力である」（Wechsler, 1944）と定義したが，研究者の数だけ定義があるともいわれる。

さて，知能の加齢変化に関する研究成果は，低下しやすい能力と維持されやすい能力を明らかにしたことである。過去の学習や経験によって蓄積された一般的な知識，言葉の知識や運用力などを含む能力を指す結晶性知能は高齢に至るまでかなり安定している。一方，頭の回転の速さや思考の柔軟さに相当する流動性知能は20歳代前半にピークを迎えた後，低下の一途をたどるとされ，検証が重ねられてきた。その結果，図28.2のように中高年期の流動性知能は40歳代でピークを迎えた後，60歳代後半頃から低下していくが，80歳の時点で20代の8割程度の能力は維持されていた。コホート効果や測定時期の効果も考慮すると知能の低下はかなり小さいことが推定され（Schaie, 1980），現在もこの考えが広く受け入れられている。

また，高齢期における知能の役割は，現代においてより重要となっている可能性がある。その理由は現代の高齢者は食事の準備，薬の使用と健康行動，金銭管理などでより自立が求められるからである。事実，それらを測定する「日常生活問題テスト」と知能との間に中程度の相関を認めている（Burton, Strauss, Hultsh, & Hunter, 2006）。

また，高齢期の知能は，生産的な活動を行ったり，他者に助言したりする能力と関連し，自己効力感や生活の質にも影響するなど，サクセスフル・エイジングの要素としての重要性を示唆される（Baltes & Lang, 1997）。さらには，若い頃の知能が成人期以降の健康や死亡を左右する決定的な要因であることも報告されている（Calvin, Deary, Fenton, Roberts, Der, Leckenby, & Batty, 2011）。ただし，西田（2014）は，高齢期における知能の個人差の大きさを指摘し，その個人差をもたらす経験的要素は，知能のエイジングそのものを構成する一部であり，誤差やノイズとして無視することはできないことを説いている。

3. パーソナリティの加齢変化

成人期以降，パーソナリティは変化するのか，安定するのかについての論争がある。とくに，Big-Five，すなわち神経症傾向，外向性，開放性，調和性，誠実性の5つのパーソナリティ特性について検討したいくつかの研究から共通の知見を見出した（増井, 2008）。神経症傾向は高齢

期前半までは低下するが，高齢期後半においては上昇傾向を示す。外向性は一致をみない。開放性は加齢にともない低下し，調和性は加齢にともない上昇する。誠実性は中年期以降高齢期前半においては上昇するが，後半では減少するというものである。以上から，5つの特性は高齢期においても年齢にともない変化，もしくは発達していくが，個人のパーソナリティを大きく変化させるほど，大きいものではないとした。

一方，ヘルソンほか（Helson et al., 2002）は40年以上の追跡調査から，パーソナリティは成人期以降にも変化し，その変化は多彩であり，人生の各時期により変化は異なるし，また，男女でのパーソナリティ変化も異なり，変化には各時期で経験する社会環境の変化やライフイベントが影響することを主張している。下仲ほか（下仲・中里・権藤・髙山，2001）は地域住民を対象として，5つの人格特性における年齢差を検討し，神経症傾向，外向性，開放性は青年群が高く，調和性，誠実性は高齢群ほど高くなることを見出した。高齢になるにつれて多くの刺激は求めず，行動は控えめになり，温かく穏やかで情緒は安定していく反面，意思や責任感は強いといった肯定的な方向への変化，社会的にも人格的にも成熟していくことが反映されているといえよう。また，高齢期の適応と自我機能の一つである性役割の関係では，男女ともに両性性が最も適応が良いことが明らかにされている（下仲・中里・本間，1991）。

ところで，健康とパーソナリティの関連については国内外で多くの検証がなされている。誠実性に関連する194編の研究によるメタ分析では，誠実性が低い人ほど「運動不足」「過度の飲酒」「喫煙」「ドラッグの使用」など健康悪化のリスクの高い行動をとりやすいことを報告した（Bogg & Roberts, 2004）。外向性が低い者，誠実性の低い者は6年後に身体的自立が低下しやすいことを明らかにした（Krueger, Wilson, Shah, Tang, & Bennett, 2006）。岩佐ほか（岩佐・増井・権藤・河合・稲垣，2010）は地域在住高齢者の高次生活機能の低下と性格について5年間の追跡の結果，外向性，開放性，誠実性との関連を見出した。総合的健康指標の一つである外出頻度と外向性と誠実性の間にも正の関連を認めた（藺牟田・増井・稲垣・権藤，2011）。さらに，長寿に関係するパーソナリティ因子として誠実性が寄与することが見出された（Friedman, Turker, Tomlinson-Keasey, Schwartz, Wingard, & Criqui, 1995）。健康行動と誠実性とのつながりについて，誠実性の高い人は自分を律することが可能で，慎重かつ一生懸命に目的に向かい努力するため，規則正しい生活習慣や健康管理が可能であり，結果として長寿につながるためと解釈されている。

高齢期は心身の健康，経済的基盤，社会的つながり，生きる目的という4つの喪失を体験するとされる。しかしながら，生涯発達的視点に立った最近の高齢者研究の知見を集約すると，高齢者は与えられた環境に甘んじているのではなく，むしろ主体的に環境にかかわり，自分が利用可能な資源，すなわち体力，感情，パーソナリティ，環境などを効果的に使う力をもっていることが明らかになりつつある。こういう発見こそが高齢期の研究の醍醐味ともいえる。また，生涯発達のイメージは時代や文化によってかなり影響を受けること，とりわけ高齢期はその影響が大きい。しかし，時代や文化に身を委ねながらも高齢者一人ひとりがあるがままの生き方を肯定でき

るための知見の蓄積がさらに待たれる。

◆引用文献

朝田　隆（2013）．厚生労働科学研究費補助金認知症対策総合研究事業　都市部における認知症有病率と認知症の生活機能障害への対応．平成23年度～平成24年度総合研究報告書，p.2.

Baltes, M. M., & Lang, F. R. (1997). Everyday functioning and successful aging : The impact of resources. *Psychology and Aging*, **12**, 433-443.

Baltes, P. B. (1984). New perspective on the development of intelligence in adulthood : Toward a dual process conception and a model of selective optimization with compensation. In P. B. Baltes & O. G. Brim, Jr. (Eds.), *Life-span development and behavior : Vol.6* (pp.33-67). New York : Academic Press.

Bird, C. (1985). エイジレス人間の時代（西岡　公・朽木ゆり子，訳）．ABC出版．(Bird, C. (1983). *The good year-youth life in the twenty first century*. New York : E. P. Dutton.)

Bogg, T., & Roberts, B. W. (2004). Conscientiousness and health-related behaviors : A meta-analysis of the leading behavioral contributors to mortality. *Psychological Bulletic*, **130**, 887-919.

Bühler, C. (1968). The course of human life as a psychological problem. *Human Development*, **11**, 184-200.

Burton, C. L., Strauss, E., Hultsch D. F., & Hunter, M. A. (2006). Cognitive functioning and everyday problem solving in older adults. *The Clinical Neuropsychologist*, **20**, 432-452.

Calvin, C. M., Deary, I. J., Fenton, C., Roberts, B. A., Der, G., Leckenby, N., & Batty, G. D. (2011). Intelligence in youth and all-cause-mortality : Systematic review with meta-amalysis. *International Journal of Epidemiology*, **40**, 626-644.

Carstensen, L. L. (1992). Social and emotional patterns in adulthood : Support for socioemotional selectivity theory. *Psychology and Aging*, **7**, 331-338.

Carstensen, L. L., Isaacowits, D. M., & Charles, S. T. (1994). Taking time seriously : A theory of socioemotional selectivity. *American Psychologist*, **54**, 165-181.

Crews, J. E., & Campbell, V. A. (2004). Vision impairment and hearing loss among community-dwelling older Americans : Implications for health and functioning. *American Journal of Public Health*, **94**, 823-829.

Cumming, E., & Henry, W. H. (1961). *Growing old : The process of disengagement*. New York : Basic Books.

Erikson, E. H. (1950). *Childhood and society*. New York : W. W. Norton.

Freund, A. M., & Baltes, P. B. (2002). Life-management strategies of selection, optimization, and compensation : Measurement by self-report and construct validity. *Journal of Personality and Social Psychology*, **82**, 624-662.

Friedman, H. S., Turker, J. S., Tomlinson-Keasey, C., Schwartz, J. E., Wingard, D. L., & Criqui, M. H. (1995). Does childhood personality predict longevity ? *Journal of Personality and Social Psychology*, **65**, 176-185.

権藤恭之．(2007)．感覚・知覚のエイジング．谷口幸一・佐藤眞一（編著），エイジング心理学（pp.69-86）．北大路書房．

Gruenewald, T. L., Karlamangla, A. S., Greendale, G. S., Singer, B. H., & Seeman, T. E. (2007). Feeling of usefulness to others, disability, and mortality in older adults : The MacArthur Study of successful aging. *Journal of Gerontology Series B : Psychological Sciences and Social Sciences*, **62**, 28-37.

芳賀　博・上野満雄・永井晴美・須山靖男・安村誠司・柴田　博・松崎俊久・古谷野亘．(1988)．健康度自己評価に関する追跡研究．老年社会科学，**10**，163-174.

Havighurst, R. J. (1953). *Human development and education*. New York : Longmans.

Havighurst, R. J., & Albrecht, R. (1953). *Older people*. New York : Longmans.

Helson, R., Jones, C., & Kwan, V. S. (2002). Personality change over 40 years of adulthood : Hierarchical linear modeling analyses of two longitudinal samples. *Journal of Personality and Social Psychology*, **83**, 752-766.

法務省．(2014)．平成25年版犯罪白書．

藺牟田洋美・増井幸恵・稲垣宏樹・権藤恭之．(2011)．地域高齢者のパーソナリティと外出頻度との関連．日本発達心理学会第22回大会論文集，243.

Imuta, H., Yasumura, S., Abe, H., & Fukao, A. (2001). The prevalence and psycho-social characteristics of frail elderly in Japan : A community-based study. *Aging Clinical and Experimental Research*, **13**, 443-453.

岩佐 一・増井幸恵・権藤恭之・河合千恵子・稲垣宏樹．(2010)．地域高齢者における性格特性と高次生活機能低下の関連．老年社会科学，**31**，449-457．

Kennedy, Q., Mather, M., & Carstensen, L. L. (2004). The role of motivation in the age-related positivity effect in autobiographical memory. *Psychological Science*, **15**, 208-214.

Krueger, K. R., Wilson, R. S., Shah, R. C., Tang, Y., & Bennett, D. A. (2006). Personality and incident disability in older persons. *Age and Aging*, **35**, 428-433.

Malatesta, C. Z., Izard, C. E., Culver, C., & Nicolich, M. (1987). Emotion communication skills in young, middle-aged, and older women. *Psychology and Aging*, **2**, 193-203.

Mather, M., & Knight, M. (2005). Goal-directed memory : The role of cognitive control in older adults' emotional memory. *Psychology and Aging*, **20**, 293-311.

増井幸恵．(2008)．性格．権藤恭之（編著），朝倉心理学講座：15 高齢者心理学（pp.134-150）．朝倉書店．

McCrae, R. R., & Coata, P. T., Jr. (2003). *Personality in adulthood : A five-factor theory perspective* (2nd ed.). New York : Guilford Press.

Mroczek, D. K., & Kolarz, C. M. (1998). The effect of age on positive and negative affect : A developmental perspective on happiness. *Journal of Personality and Social Psychology*, **75**, 1333-1349.

内閣府．(2014)．平成26年版高齢社会白書．日経印刷．

内閣府．(2015)．平成27年版高齢社会白書．日経印刷．

新野直明．(2014)．日本の高齢者の健康状態の推移．老年社会科学，**36**，52-54．

西田裕紀子．(2014)．知能のエイジングに関する研究の動向．老年社会科学，**36**，60-69．

Okamoto, K., & Tanaka, Y. (2004). Subjective usefulness and 6-year mortality risks among elderly persons in Japan. *Journal of Gerontology : Psychological Sciences*, **59B**, 246-249.

Ostir, G. V., Markides, K. S., Black, S. A., & Goodwin, J. S. (2000). Emotional well-being predicts subsequent functional independence and survival. *Journal of the American Geriatric Society*, **48**, 473-478.

Schaie, K. W. (1980). Intelligence and problem solving. In J. E. Birren & R. Sloane (Eds.), *Handbook of mental health and aging* (pp.262-284). New York : Prentice-Hall.

Schaie, K. W., & Labouvie-Vief, G. (1974). Generational versus ontogenic components of change in adult cognitive behavior. A fourteen-year cross-sequential study. *Developmental Psychology*, **10**, 305-320.

下仲順子・中里克治・本間 昭．(1991)．長寿にかかわる人格特徴とその適応との関係：東京都在住100歳老人を中心として．発達心理学研究，**1**，136-147．

下仲順子・中里克治・権藤恭之・髙山 緑．(2001)．日本版NEO-PI-Rによる人格特性の研究 (1)：青年期から老年期における人格の年齢差および性差の検討．日本心理学会第65回大会発表論文集，928．

鈴木 忠．(2008)．生涯発達のダイナミクス：知の多様性 生きかたの可塑性．東京大学出版会．

Tornstam, L. (1997). Gerotanscendence : The contemplative dimension of aging. *Journal of Aging Studies*, **11**, 143-154.

渡辺修一郎．(2007)．老化の概念と学説．3．高齢者の疾病：主として身体的．柴田 博・長田久雄・杉澤秀博（編著），老年学要論：老いを理解する（pp.87-97）．建帛社．

Wechsler, D. (1944). *The measurement of adult intelligence* (3rd ed.). Baltimore : Williams & Wilkins.

Ⅲ部
発達の機序と諸相

　発達心理学は，心理学の全対象を「年齢（発達）という視点からみる」心理学である。したがって，知覚や学習の基礎領域から社会や臨床などの応用領域まで，多様な内容が含まれる。そのため，初学者はその膨大な領域の存在に圧倒されて，どんな流れで勉強を進めたらいいか，どの領域の研究をしたらいいか，混乱してしまう。しかし，発達心理学の「発達という視点」のすばらしさとおもしろさに気づくと，自分の進む道がみえてきて，雑然として混沌とした世界に一種の秩序があることがわかってくる。Ⅲ部の内容は，そのような発達心理学の秩序の理解に至るための有益な知識を読者に与えることになるだろう。そして，そのような知識をもった読者は，発達心理学の深い理解に到達して，発達心理学のおもしろさに魅了されるだろう。

　このⅢ部では，「Ⅰ部　発達の理論と展望」と「Ⅱ部　生涯発達の道筋」での，発達心理学の基礎理解をふまえて，発達心理学をより深く掘り下げる。個々の章は一応独立しているので，読者は自分の関心にそって必要な章に目をとおすことができる。ただし，編者は，Ⅲ部の内容を選定する作業のなかでは，全体を3つの大枠（領域）に分け，章を準備した。第一の領域は「認知・言語」である。これには，29章の「知覚」から37章の「数概念の発達」までが含まれる。第二の領域は「パーソナリティ・行動」である。これには38章の「身体・運動」から44章の「パーソナリティ」が含まれる。第三の領域は「社会」である。これには45章の「社会的認知」から49章の「ジェンダーの発達」が含まれる。

　前述したように各章を独立したものとして熟読・吟味することも可能だが，学部学生や研究をはじめたばかりの大学院生で，研究領域を絞ろうとしている，また関心のある研究領域をもう少し広い視野から鳥瞰したいと希望するならば，3つの領域から読む章を複数選択する，というような読書の流れも考えられる。　　　　　（岩立志津夫）

―― A 認知・言語領域 ――

29章 知 覚

白井　述・山口真美

　私たちは，外界からの物理的刺激を眼や耳などの感覚器によって受容し，それらの感覚器由来の情報にもとづいて環境，あるいは自分自身の状態を認識することができる。こうした心的機能は「知覚」とよばれ，私たちのさまざまな心的機能の基盤となっている。

　現在，知覚発達研究は，ヒト以外のさまざまな動物を含む幅広い研究対象や，個体発生における幅広い年齢層の知覚機能について多様なトピックスを扱っており，その方法論も多岐にわたる。したがって本稿では，私たちヒトにおける知覚発達の諸側面のうち，乳児期の視知覚の発達に焦点を絞って解説する。とくに，視覚の基本的な特性と関連すると思われる知覚機能や，一般的関心の高いと思われる知覚機能についてとりあげ，その初期発達過程を概観する。

1節　視力の発達

　私たちの視覚はさまざまな下位機能が並列的，統合的に働くことによって成り立っている。したがって視覚一般の発達を妥当な方法で定量的に評価することはひじょうに難しい。しかしながら，わかりやすく，かつ日常的な指標を強いてあげるならば「視力」がその第一候補となるだろう。視力とは視覚における空間解像度のことを指す。端的に述べれば，私たちがどれくらい細かい視覚パターンを見分けることができるか，ということについての指標である。日本では一般的に，視覚的に検出できる最小の幅を視角（′〔分〕）に直し，その逆数を取ったものが視力（小数視力）として定義される。たとえば視力1.0では視角にして1′の，視力0.5であれば視角にして2′の幅の視対象を検出することが可能であるということになる。

　成人の視力測定では，被測定者にさまざまな細かさの視覚パターンの系列を呈示し，その視覚特徴を回答させることによって視力を測定する。乳児の視力を測定する際には言語的な教示を用いることはできないため，成人とは異なる測定方法を利用する必要がある。よく用いられるのが，「選好注視法」とよばれる，複数の視覚刺激に対する乳児の注視行動を分析する手法である

(Fantz, 1963)。選好注視法はさまざまな視知覚の評価に用いられる手法であるが，視力の測定においては，白黒の縞のパターンと，それらの縞の平均輝度と等しい均質な灰色のパターンを乳児に呈示し，縞パターンへの乳児の視力を測定する。一般的に，乳児は均質なパターンより複雑なパターンを視覚的に選好する（Fantz & Yeh, 1979)。したがって，もし乳児が縞パターンを解像できるならば，均質なパターンよりも縞パターンに対して高い視覚選好を生じると考えられる。一方，縞の幅が乳児の視力では解像できないほど細かいものであるならば，均質なパターンの輝度と縞パターンの平均輝度には差がないので，両者に対する視覚選好は統計的には同程度となるだろう。こうした方法によって調べられた視力を縞視力といい，縞の細かさを表すサイクル毎° (cycle/degree) という単位で示されることが多い。サイクル毎°とは，視角 $1°$（$1° = 60'$）あたりにいくつの白黒縞のペアが収まるかを表した単位である。たとえば 1 サイクル毎°の縞であれば，視角 $1°$ あたりに白黒の縞がそれぞれ 1 本ずつ収まる程度の細かさであり（各縞の幅は $0.5° = 30'$)，2 サイクル毎°の縞であれば，視角 $1°$ あたり，白と黒の縞が 2 本ずつ収まる（各縞の幅は $0.25° = 15'$)。1 サイクル毎°の縞視力を通常私たちが慣れ親しんでいる小数視力に換算するとおよそ 0.03 となる。多くの乳児期から成人期にかけての縞視力の発達についての報告から，一般的には出生直後に 0.02 ほどの視力が，生後 6 カ月前後には 0.1～0.2 程度まで急激に発達し，その後，生後 5, 6 歳頃までに，ゆっくりと成人の水準（1.0 以上）に到達するとされる（Atkinson, 2000/2005 ; Dobson & Teller, 1978)。

2 節　運動視の発達

運動視は「物体，あるいは観察者自身の動きを視覚的に認識する機能」であり，視覚をもつ動物において運動視の機能をもたないものは存在しない（Nakayama, 1985）とされるほど，基本的な視機能であるといえる。

乳児期における運動視の証拠の一つとして「視運動性眼振」（optokinetic nystagmus：OKN）の存在があげられる。列車の窓から外を流れる景色を見ているヒトの眼をよく観察すると，景色の流れにそった滑らかな眼球運動が生じ，続いて反対方向の急激な眼球運動が生じる，というパターンを繰り返しているのがわかる。このような眼球運動は OKN とよばれ，視野上の比較的広い領域で一方向に，かつ循環的に動く視覚刺激を観察する際に生じ，新生児にも観察される（Krementizer, Vaughan, Kurtzberg, & Dowling, 1979 ; Tauber & Koffler, 1966)。たとえば，乳児に水平方向に運動する白黒の縦縞刺激を呈示すると，縞の運動方向に応じた OKN が生じる。

このように出生直後から運動視の証拠が報告される一方で，近年の選好注視法や脳波の測定を導入した実験結果からは多少異なる結論が導き出されている。たとえば，ワッタン-ベルは，選好注視法を利用した実験では任意の方向へ動く運動パターンの方向弁別の証拠は生後 8 週頃まで観察されないこと（Wattam-Bell, 1996)，さらにほぼ同様の視覚刺激に対する有意な視覚誘発電位はおよそ 10 週齢まで生じないこと（Wattam-Bell, 1991）を報告している。

新生児でも運動視の機能をもつ可能性が示唆される一方で，生後数カ月間たってはじめて有意な運動感度が観察されるという報告も存在する。こうした矛盾はどう解釈されるべきであろうか。有力な説として，運動視に関連する複数の脳部位の発達差を想定する仮説がある（たとえば，Atkinson, 2000/2005；Braddick, Atkinson, & Wattam-Bell, 2003）。一般的にヒトを含む霊長類の運動視は，大脳皮質背側系の複数の皮質領域（V5/MT, MSTなど）の機能と関連すると考えられているが（たとえば，Duffy & Wurtz, 1991；Saito, Yukie, Tanaka, Hikosaka, Fukada, & Iwai, 1986），それらの視覚経路は生後数カ月をかけて機能的に成熟するとされる（Banton & Bertenthal, 1997）。このような皮質背側系の発達過程は，選好注視法や脳波によって示された運動視の発達とおおむね同期している。では，出生直後から観察されるOKNは，どのような神経基盤によるものなのだろうか。一つの可能性として，出生直後に観察されるそうした反応は皮質背側系の機能ではなく，系統発生的により古いとされる神経系，すなわち皮質下の神経組織の機能を反映していることが考えられる。アトキンソンらは，発達初期だけに観察される「OKNの異方性」とよばれる現象とその消失過程に注目し，運動視の発達と，皮質下と皮質の運動視メカニズムそれぞれの機能的成熟との関連についてのモデルを提唱している（Atkinson, 2000/2005）。OKNの異方性とは，単眼視条件下で頭側部から鼻側部へと向かう運動パターンが呈示されたときのみOKNが生じる現象で，発達初期にのみ観察される。たとえば，生まれたばかりの乳児に単眼で右向きまたは左向きの一方向の運動パターンを呈示すると，左眼での観察条件下では右方向への，右眼での観察条件下では左方向への運動パターンに対してだけOKNが生じる。このようなOKNの異方性は，生後2カ月頃までに消失する。動物の視覚脳の解剖学的知見にもとづいた説明によれば，OKNの異方性は，発達初期に皮質下の視覚メカニズムのみが機能していることによって生じるものであり，皮質の視覚メカニズムの機能的成熟にともなって消失するという。つまり，出生直後には皮質下の視覚メカニズム（外側膝状体を経由せず視索核〔nucleus of the optic tract：NOT〕へ到達する経路）のみによってOKNが駆動されるが，この皮質下のメカニズムは鼻側へのOKNだけに寄与する構造になっている。それが生後数カ月の間に皮質の視覚メカニズム（外側膝状体，初期視覚皮質を経由してNOTへ到達する経路）が機能的になると頭側方向へのOKNの機能が補完され，異方性が解消されるのである（図29.1）。アトキンソンらのモデルは，運動視の初期発達過程には少なくとも2つの段階があることを示唆する。すなわち出生直後には皮質下の視覚メカニズムが乳児の運動視に寄与しているが，その数カ月後には，皮

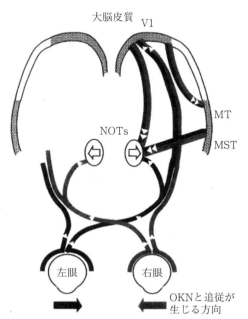

図29.1 アトキンソンによるOKN非対称性の生起と消失に関する生理学的モデルの図（Atkinson, 2000/2005）

質の視覚メカニズムが機能的に成熟し，運動視の機能が飛躍的に発達するものと考えられる。

3節　形態の知覚

　私たちの視界に入る物体は，多くの場合，輪郭をともなった明瞭な形をもつ。そうした形を検出し，弁別する能力は，乳児期にはどのように発達するのであろうか。形態の最も基本的な要素は線分である。たとえば私たちがある形を見るとき，輪郭線を局所的にとらえるならば，その局所成分は特定の方位をもった線分となる。線分の方位を視覚的に弁別する能力は，発達のかなり初期からみられる。ブラディックほか（Braddick, Wattam-Bell, & Atkinson, 1986）は乳児が線分の方位を弁別可能かを，さまざまな線分刺激を観察中の乳児の視覚誘発電位を測定することによって検討した。実験では，45°または135°に定位された白黒の縞パターンが，一定の時間周期で入れ替わる視覚刺激が呈示された。もし乳児（の視覚皮質）が縞パターンの方位の変化を検出できるならば，測定された視覚誘発電位中に，方位の変化の時間周波数に対応した正弦波成分が有意に検出されるはずである。結果は，方位変化に対する有意な脳活動は，平均して生後6週頃にはじめて観察されることを示すものであった。このように，初期視覚皮質の機能による局所的な線分の方位検出の能力は発達の初期段階から機能的であり，また，生後8〜10週にかけて発現する運動視の機能（本章前節を参照のこと）と比べて若干早く発達する。

　このように形態知覚の基礎は，線分の方位の検出というかたちで発達のひじょうに早い段階から観察される。しかしながら，環境中の物体の形を知覚するためには，そうした方位検出の機能だけでは不十分である。局所的な線分情報を視野上のより広い範囲にわたって大域的に統合することによってはじめて，対象の全体的な形を知覚することができる。選好注視法を用いた複数の研究（Atkinson & Braddick, 1992；Rieth & Sireteanu, 1994）から，およそ生後4カ月になってはじめて，視野上の広い範囲にわたる形態情報を統合し大域的なパターンとして知覚できることが示されている。実験では，同一の方位に定位された線分群によって構成された背景刺激の左右どちらかに，背景刺激の線分群とは方位が90°異なる線分のパッチを配置したものが用いられた。もし乳児が，各線分の方位を検出したうえで，同じ方位に定位された線分を大域的な一つのまとまりとして知覚できるのならば，線分の方位によって定義されたパッチに対する視覚選好が生じるはずである。実験の結果，大体生後3，4カ月の間で線分の方位によるパッチを検出できるようになること，すなわち大域的な形態知覚が可能となることが明らかとなった。

4節　奥行き知覚

　私たちの生活環境は3次元の空間であり，そのような環境内で適応的に振る舞うためには，環境や物体の3次元的構造を適切に知覚する必要がある。奥行き知覚の発達実験として最も有名

な例としては，ギブソンとウォーク（Gibson & Walk, 1960）による「視覚的断崖」を用いた実験があげられよう。視覚的断崖は天板部分がガラス板になったテーブルのような装置で，天板の半分は不透明な面，もう半分は透明な面で下が透けて見えるようになっていた。このような装置の中央部に生後6カ月から14カ月の乳児を載せ，透明な面と不透明な面のどちらを渡るかを観察したところ，ほとんどすべての乳児が不透明な面のほうを渡った。こうした結果は，乳児が奥行きを知覚することが可能であるがゆえに，下が透けて見える透明な面を回避したものと解釈される。しかしながらここで問題となるのは，一体乳児がどのような視覚手がかりを用いて奥行きを知覚していたのかという点であろう。私たちの奥行き知覚は多様な視覚情報にもとづいた複雑な知覚過程である。視覚的断崖から見た景色にはさまざまな視覚情報が含まれるので，実際に乳児がどのような視覚処理にもとづいて奥行きを知覚していたのかを知ることが難しいのである。

　現在に至るまで，乳児がどのような視覚手がかりを用いて奥行きを知覚し，またそうした知覚はどのように発達するのかが詳細に検討されてきた。たとえば両眼視条件下では，左右眼の位置が異なることによって左右眼の網膜像にずれ（両眼視差）が生じる。両眼視差は，奥行き知覚の強力な視覚手がかりの一つである。両眼視差による奥行き知覚の発達は主に選好注視法による実験によって検討されてきた。実験では赤と緑のフィルターや，偏光特性の違うフィルターをそれぞれ左右眼向けに組み合わせた立体メガネを用い，乳児に両眼視差がある刺激と両眼視差がない刺激を対呈示する。乳児が両眼立体視が可能であれば，両眼視差のついた，立体的な縞パターンを選好すると考えられる。このような実験の結果，生後4カ月でおよそ半数の乳児が両眼視差をもつ刺激を有意に選好することが明らかになった（Birch, Gwiazda, & Held, 1982）。

　私たちの奥行き知覚には両眼視差以外の視覚情報も重要な役割を果たす。単眼視条件下でも利用可能な奥行き手がかりは多数存在し，その分類方法も多岐にわたるが，そのうちとくに運動情報をともなわないものを絵画的（奥行き）手がかりとよび，代表的なものに，線遠近，陰影，投射影，肌理の勾配，相対的大きさ，線結合などがある。絵画的手がかりによる奥行き知覚の発達は，主に選好リーチング法による検討がなされてきた。この手法は，乳児が自分からより近くに見える物体に選好的に手を伸ばすことを利用したものである。陰影による奥行き知覚の発達を検討した実験（Granrud, Yonas, & Opland, 1985）を例にあげると，まず，半球状の「膨らみ」と，それと同じ直径をもつ「へこみ」が左右に並んでいる様子を写した白黒写真が視覚刺激として乳児に呈示される。このような刺激を両眼で観察すれば，それが奥行きをもたない2次元的な写真であることが容易に知覚される。しかし，同じ写真を単眼で観察すると「膨らみ」部分や「へこみ」部分の陰影の様子から，それぞれの3次元的構造が知覚される。したがって，もし乳児が陰影手がかりによる奥行き知覚が可能であれば，単眼視条件下で刺激を観察すれば，奥にくぼんで見える「へこみ」よりも，手前に飛び出して見える「膨らみ」に対して選好的なリーチングを生じると予測できる。また両眼視条件下では，刺激は平面的に知覚されるので「膨らみ」にも「へこみ」にも同程度の頻度でリーチングが生じるであろう。実験の結果，7カ月児は，単眼視条件下でのみ「へこみ」よりも「膨らみ」に対して有意に高い頻度のリーチングを生じたが，5カ月児は両眼，単眼視条件のいずれにおいても有意な選好リーチングを生じなかった。同様の

結果が，さまざまな絵画的手がかり刺激に対する選好リーチングを検討した研究でも報告されていることから（対象同士の重なり：Granrud & Yonas, 1984；相対的大きさ：Yonas, Granrud, & Pettersen, 1985；肌理の勾配：Arterberry, Yonas, & Bensen, 1989；投射影：Yonas & Granrud, 2006），絵画的手がかりによる奥行き知覚は，生後7カ月頃発達すると考えられる。

その一方で，より早い発達段階で，絵画的手がかりによる奥行き知覚が発達する可能性も報告されている。バットら（Bhatt & Waters, 1998；Bertin & Bhatt, 2006）は，陰影とY字結合の視覚手がかりの組み合わせによって，複数の立方体が奥行き方向に揃って定位されて見える図と，複数の立方体のうち一つだけ異なった奥行き方向に定位されて見える図の弁別を調べた。こうした図は，それぞれ異なった奥行き知覚を生じるので成人にとっては容易に弁別できる。もし乳児が，成人と同じように立体的に知覚するならば，2つの図を容易に弁別できるはずである。実験の結果，生後3カ月児が2つの図を弁別できることが示されたのである。

絵画的手がかりによる奥行き知覚の発達に矛盾した傾向が報告される理由として，絵画的手がかりの知覚処理にいくつかの階層的な段階があり，そうした処理段階に発達差がある可能性があげられる（Imura, Yamaguchi, Kanazawa, Shirai, Otsuka, Tomonaga, & Yagi, 2008；Granrud, Yonas, & Kavšek, 2010）。絵画的手がかりによる奥行き知覚には，（少なくとも）2つの処理段階を想定する必要がある。一つは絵画的手がかりに相当する特定の視覚情報を視野上の輝度配列から抽出，検出する段階，次に，そうして検出された絵画的手がかりから3次元の表象を構築する段階である。絵画的手がかりの知覚に低次，高次の処理段階の存在を想定することは，いくつかの神経科学的知見と整合性がある。たとえば陰影の知覚は，初期視覚野，第2次視覚野，などの比較的低次の視覚皮質（Humphrey, Goodale, Bowen, Gati, Vilis, Rutt, & Menon, 1997；Lee, Yang, Romero, & Mumford, 2002）から，middle temporal（MT）area, intraparietal area（Kourtzi, Bulthoff, Erb, & Grodd, 2002；Taira, Nose, Inoue, & Tsutsui, 2001）などの比較的高次の視覚野まで，多様な脳部位の活動と関連している。こうした知見は，視覚皮質における絵画的手がかり処理の階層性を示すものであるだろう。おそらく発達のより初期（生後3，4カ月頃）に観察される絵画的手がかりへの感度は相対的に低次な処理段階の発達を反映し，発達のより後期（生後6，7カ月頃）に観察される絵画的手がかりへの感度は，より高次の処理段階の発達を反映すると考えられる。近年，異なる種類の絵画的手がかりによってそれぞれ同一の3次元的形状が示された場合に，6，7カ月児はそれが同一か否か知覚できるのに対し，4，5カ月児ではそうした知覚の証拠が得られなかったことが報告されている（Tsuruhara, Sawada, Kanazawa, Yamaguchi, & Yonas, 2009；Tsuruhara, Sawada, Kanazawa, Yamaguchi, Corrow, & Yonas, 2010）。こうした知見は，生後7カ月前後になってはじめて，絵画的手がかりによる奥行き知覚の高次段階の処理が機能すること，すなわち絵画的手がかりによる3次元的形態の表象の構築が可能になることを示すものであるだろう。

5節　社会的な知覚：顔知覚の生得性

　社会的に重要な刺激である顔は，生まれたばかりの乳児でもわかるという。顔を見る経験をもたない新生児でも，顔のほうを見る定位反応を示す。一方で乳児の視力発達は遅く，新生児の段階では0.02程度，生後6カ月になっても0.1程度しかない。視力の状態限界から考えると，生まれてすぐに顔を見抜き注目することは，奇跡にも思える。

　新生児を対象とした実験は，主に2つに分けられる。一つは「新生児模倣」であり，メルツォフとムーア（Meltzoff & Moore, 1997）によって行われた研究が有名である。新生児の目の前で舌を出したり唇を突き出すような動作を繰り返し何度も見せ，その後しばらく乳児の行動を観察し，先に呈示した動作と同じような顔の動きが観察されることを示した実験である。生まれたばかりの新生児が，相手の顔の動きに注目して模倣可能であることを示したこのデータは驚くべきものであったが，多くの批判を受けている。その有力な反証の一つにあげられるのが，真似をしたとされた新生児の舌出しが，興奮を示す反応と同じであること，つまり新生児は模倣したのではなく，動いたものを見せ続けられたことによって興奮しただけという。いずれにせよ，同じ動きをしつこく示してその後長いこと新生児の動作を観察することによって示された「模倣」は，その実験条件が特異なこともあり，一般的な模倣とは異なるものといえよう。

　一つ目の実験は実証性が不十分であるとして，もう一つの一連の実験では，顔模式図形を使用し，処理様式が詳細に検討されている。顔模式図形への注目は，ファンツ（Fantz, 1963）によって発見されている。乳児が特定の図形を一貫して好むことを利用した「選好注視法」の実験手法を編み出すなかで，乳児一般が好む図形の選出が行われ，そのなかに顔模式図形も含まれていたのである。このファンツの実験を発端に，新生児を対象とした顔模式図形への好みを調べる研究が続けられ，とくに顔の基本的構成への選好が調べられた。顔認識の重要な情報源は，目鼻口といった個別要素ではなく，目鼻口の配置である。新生児でも成人と同様に顔の基本的な配置に敏感かどうかが，ゴーロンほか（Goren, Sarty, & Wu, 1975）によって調べられている。

　実験では，新生児の顔の中心から周辺へとそれぞれの刺激図形を動かして呈示し，どの刺激に追従反応が生じるかが検討されている。実験の結果，新生児でも図29.2の（1）のような目鼻口が正しい配置にある顔図形に追従反応が有意に観察されたものの，顔図形の配置を崩した（2）や単なるブランクの（3）の図には反応を示さないことがわかった。このことから，皮質が未成熟の新生児でも顔知覚能力があり反射で対応し，さらに成人と同様，顔の基本的配置が重要であることが判明したのである。

　さらに近年になってシミオンほか（Simion, Valenza, Macchi, Turati, & Umiltà, 2002）により，新生児が見る顔のゲシュタルト特性を解明する実験が行われている。その結果，目鼻口の具体的な形がなくて，目鼻口の位置に四角形が並んでいても選好することが発見され，顔の配置のように上部にたくさんの部品が並ぶ「トップヘビィ」（top-heavy）の法則に選好が示されることを示している。

29章 知覚　　333

新生児が顔を好むという主張の一方で，顔図形のもつ複雑さが影響していると主張する立場もある。乳児が複雑な図形を好む傾向は強く，顔は目の白黒が縞のように並び，コントラストがはっきりと見え，この白黒コントラストに選好しているとする立場がある。

クライナー（Kleiner, 1987）は，顔らしさと複雑さの2つの要因を操作し，顔図形の複雑さ（縞の見た目の強さ）を維持したまま顔らしさを削った図と，顔らしさを維持したまま図形の複雑さ（縞の見た目の強さ）を削った図を用意し，乳児の選好を調べている（図29.3参照）。

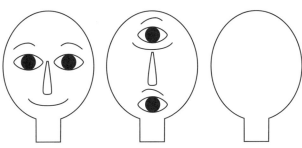

(1) 目鼻口が正しい位置にある図形　(2) 目鼻口をまったく崩してバラバラにした図　(3) 何も描かれていない図

図29.2 ゴーロンらの実験に使われた顔模式図形（山口, 2003）

（1）の図では，白黒の濃淡の複雑さ（縞の見た目の強さ）を変えずにモザイクをかけることによって，顔らしさが減らされ，（2）の図では顔らしさを維持したまま，白黒のトーンを薄くす

(1) 顔の図の複雑さ（縞の見た目の強さ）を保ったまま顔らしさを削った図　(2) 顔らしさを保ったまま図の複雑さ（縞の見た目の強さ）を削った図

図29.3 クライナーの実験に使われた顔図形（山口, 2006）

ることで白黒の濃淡の複雑さ（縞の見た目の強さ）が減らされている。もし乳児が（2）の図を好むなら，顔の配置を好んでいることになり，逆に（1）を好むなら，たんに図の複雑さを好んでいることになる。実験の結果，顔と複雑さは同じ程度に選好を引き出すことがわかっている。

6節　顔知覚の発達

大脳皮質が未成熟な新生児でも顔の検出ができるとして，それぞれの顔の区別はいつ頃から，できるようになるのだろうか。顔認知の最も重要な機能の一つに，既知顔を認識することがある。乳児にとっての最初の既知顔である母親顔は，いつからわかるようになるのだろう。

ブッシュネルほか（Bushnell, Sai, & Mullin, 1989）の実験では，生後4日の乳児の前に母親と未知の女性を並べて立たせると，母親を選好することを発見している。視覚の未発達な新生児にとって，嗅覚や聴覚は重要な情報源であることから，視覚以外の情報は伝わらないよう統制されている。にもかかわらず，未完成な視覚で母親顔を認識できることが示されたのである。とはいえこの時期の乳児の認識能力には限界があり，母親顔の認識には顔の内部的な特徴よりも髪型を重視していることが示唆される。ブッシュネルほか（Bushnell et al., 1982）の実験では，髪型を

隠すと，母親顔への注視は減る。髪型がなくても母親顔を選好するのは生後4カ月くらいであることが，パスカリスほか（Pascalis, de Shonen, Moton, Deruelle, & Fare-Grenet, 1995）の実験から確認されている。成人における既知顔認識が顔の内部特徴をベースにしていることから，成人と同様の顔処理は生後4カ月以降になることが，これらの研究から示されるのである。

顔認識の特殊性は，顔は他の物体と比べて脳の特定の領域で処理されることにある。上側頭溝（STS）や紡錘状回（fusiform gyrus）がそれに当たり，この部位に損傷を受けると，顔だけがわからなくなる「相貌失認」になることが知られている。

顔固有の脳領域はいつ頃から成人と同様のレベルまで発達をとげるようになるのか，近赤外分光法（NIRS）を用いて脳内の血中ヘモグロビンの変化からその活動を推定する実験が，大塚らによって行われている（Otsuka, Nakato, Kanazawa, Yamaguchi, Watanabe, & Kakigi, 2007）。対象はひとみしりが始まる頃の生後5〜8カ月であった。ひとみしりは，それまで明らかでなかった未知と既知の人物の違いが明らかになる発達過程であり，顔認識においては重要な時期とも考えられる。実際この頃に，顔の「全体処理」が完成されるという。新生児の段階で目鼻口の配置から顔を検出できたのに対し，この時期は個々の顔における目鼻口の配置をもとに顔同士の区別をする。成人のようにたくさんの顔を記憶し区別するためには，目鼻口の個別の情報ではなく，目鼻口の配置関係を利用した「全体処理」が必要とされるのである。

未知の男性と女性の顔を学習させることによって，「全体処理」が獲得されているか否かが，コーヘンとキャシオン（Cohen & Cashon, 2001）によって調べられている。学習された顔の男女間で口や目を入れ替えた顔を合成する。これらの合成顔を，学習した顔と別の顔とみなすかを調べるのである。口や目を入れ替えて作った合成顔は，学習した顔とは異なる顔になる。ただし（顔としてはありえない見方だが）目鼻口の部分だけを見た場合，その口や目は学習した顔にも入れ替えた顔にも存在している。つまりこの課題では，乳児が目鼻口だけで顔を見ているのか，あるいは顔をきちんと「全体処理」しているのかを，新しい組み合わせの合成顔と学習した顔の違いに気づくかどうかで，調べることができる。実験の結果，生後8カ月で新しい組み合わせの合成顔の違いに気づき，全体処理に移行することがわかったのである。さらに仲渡ほか（Nakato, Otsuka, Konuma, Kanazawa, Yamaguchi, & Tomonaga, 2009）は，目という部分だけを見たときと，輪郭を含めて目を見たときとで，視線の方向が異なって見える錯視図形を利用して，顔の全体処理を調べる実験を行っている。実験の結果，生後8カ月児は，輪郭と目を含めた方向で視線を判断し，倒立するとその効果がなくなるという，成人と同じ処理様式を示したのである。

仲渡らの実験に示されるように，「全体処理」は倒立すると阻害される。「倒立効果」とよばれ，顔を逆さにすると，顔処理が難しくなるという。顔認知の基本的な処理段階を示す倒立効果の乳児における脳内機構を示したのが，先の大塚ほか（Otsuka et al., 2007）の実験である。倒立した顔と正立した顔を観察している乳児の，脳内の血中ヘモグロビンの変化が近赤外分光法（NIRS）によって調べられた。実験では，顔反応領域に近い左右両側頭の活動を計測し，視覚的には顔と同じ物体である野菜と比べ，顔を見たときに顔領域の活動が高まるか，とくに正立の顔で活動が高くなるかが調べられた。もちろん顔領域は顔特有に反応するため，同じ物体でも意味の異なる

野菜には反応しない。さらに顔学習が進んで全体処理ができているのであれば，倒立ではなくて正立の顔で反応が高まるはずである。実験の結果，生後5～8カ月の乳児で顔領域にあたる右側頭の活動が顔を見たときに高まり，しかも倒立と比べて正立の顔でこの傾向が強いことがわかった。ちなみに顔領域の活動は成人でも右半球側が強い。これらのことから，ひとみしりの始まる頃に，乳児の顔処理は成人と同じレベルの高度な処理に移行する可能性が示されるのである。

顔知覚では，配置全体が重要であるという一方で，目の特異性が指摘されている。視線は顔検出ととも新生児期から敏感で，さらに乳児においては視線の合う顔を記憶しやすいという結果の報告が複数みられている（Farroni, Massaccesi, Menon, & Johnson, 2007；Hood, Macrae, Cole-Davies, & Dias, 2003；Macrae, Hood, Milne, Rowe, & Mason, 2002；Yamashita, Kanazawa, & Yamaguchi, 2012）。

7節 視線と社会性の発達

　顔とともに重要な視覚情報に，視線がある。新生児でも顔を見るとともに，視線に敏感であることや，新生児や成人で視線が合うと顔を学習しやすくなることが知られている（Farroni et al., 2007；Hood et al., 2003）。フェローニらの実験によれば，生後4カ月児は，視線が合わない顔と比べ，視線が合った顔，すなわち自分を見ている場合，未知の女性顔の記憶がよくなるという。

　目の領域だけ見やすくすると成人でも顔認知が高まるなど，視線は注意を喚起し顔処理を高める効果がある（山口・金沢, 2010）。一方で，視線の知覚は発達的な観点からすると，社会性の発達にも強く結びついていると考えられている。それが証拠に，バロン－コーエン（Baron-Cohen, 1995/1997）によれば，「他者の心を読むこと」には4つの段階があり，最初の2つの独立したモジュールとしては「意図の検出」（internationality detector：ID）とともに「視線の検出」（eye-direction detector：EDD）があるという。これらがそれぞれ独立に働くことにより，他者との関係が成立し，さらに後の発達段階でこれらをともに使うことにより，他者の心への存在への気づきであるところの心の知識へと発達するという。

　視線知覚の発達も，顔認知発達と同じように，段階的に進む。新生児の段階では，視線の方向ではなく，目が存在しているか否かの検出から始まる。生後2日の新生児を対象とした実験では，閉じた目と開いた目では，開いた目の顔に乳児が注目することが示された（Batki, Baron-Cohen, Wheelwright, Connellan, & Ahluwalia, 2000）。一方，視線方向の検出は生後3～4カ月頃に発達するようだ。この頃になると視線の方向を区別できるようになるとされる（Farroni, Johnson, Brockbank, & Simion, 2000；Vecera & Johnson, 1995）。

　視線はたんなる知覚から，視線を使って他者とやりとりするということで，社会性の発達と結びつく。顔知覚の発達にも同様な発達段階があり，「社会的参照」（social referencing）とよばれる現象がある（山口, 2003；山口・金沢, 2010）。社会的参照とは，生後10カ月程度になると，身近な母親などの表情から状況を察知し，自分の次にとるべき行動を判断するというものである。

視覚的断崖のような明らかに危機的な場面であっても,母親の表情に沿って断崖を渡る行動をとる (Sorce, Emde, Campos, & Klinnert, 1985)。他者の顔を利用して,状況を判断するのである。次の発達段階でみられるのが,「共同注意」(joint attention) や「視線追従」(gaze following) であろう。視線追従とは視線そのものに注目するのではなく,相手の視線の先にある空間上の対象や点に注目することであり,6 カ月頃に発達するといわれる (Butterworth & Jarrett, 1991) が,ただしこの頃はまだ柔軟性にかけるところがある。それが 9 カ月から 12 カ月にかけ,より積極的なやりとりのある追従へと進化していくといわれる (Rochat, 2001/2004 ; Emery, 2000)。こうした発達には親子相互のアイコンタクトがベースとなるであろうことは想像に難くなく,そして指差しから言語獲得へすすんでいく。

知覚は発達的に初期に発現するものであるが,その後のさまざまな発達(運動発達や言語発達)とからむ,重要な機能である。こうした機能をもとに,後々の発達能力を予測しようという試みもあり(山口・金沢, 2010),今後の研究成果が期待される分野の一つである。

◆ 引用文献

Arterberry, M., Yonas, A., & Bensen, A. S. (1989). Self-produced locomotion and the development of responsiveness to linear perspective and texture gradients. *Developmental Psychology, 25*, 976-982.

Atkinson, J. (2005). 視覚脳が生まれる:乳児の視覚と脳科学(金沢 創・山口真美,監訳).北大路書房.(Atkinson, J. (2000). *The developing visual brain*. Oxford : Oxford University Press.)

Atkinson, J., & Braddick, O. J. (1992). Visual segmentation of oriented textures by infants. *Behavioural Brain Research, 49*, 123-131.

Banton, T., & Bertenthal, B. I. (1997). Multiple developmental pathways for motion processing. *Optometry and Vision Science, 74*, 751-760.

Baron-Cohen, S. (1997). 自閉症とマインド・ブラインドネス(長野 敬・長畑正道・今野義孝,訳).青土社.(Baron-Cohen, S. (1995). *Mindblindness : An essay on autism and theory of mind*. Cambridge, MA : The MIT Press.)

Batki, A., Baron-Cohen, S., Wheelwright, S., Connellan, J., & Ahluwalia, J. (2000) Is there an innate module? Evidence from human neonates. *Infant Behavior and Development, 23*, 223-229.

Bertin, E., & Bhatt, R. S. (2006). Three-month-olds' sensitivity to orientation cues in the three-dimensional depth plane. *Journal of Experimental Child Psychology, 93*, 45-62.

Bhatt, R. S., & Waters, S. E. (1998). Perception of three-dimensional cues in early infancy. *Journal of Experimental Child Psychology, 70*, 207-224.

Birch, E. E., Gwiazda, J., & Held, R. (1982). Stereoacuity development for crossed and uncrossed disparities in human infants. *Vision Research, 22*, 507-513.

Braddick, O., Atkinson, J., & Wattam-Bell, J. (2003). Normal and anomalous development of visual motion processing : Motion coherence and 'dorsal-stream vulnerability'. *Neuropsychologia, 41*, 1769-1784.

Braddick, O. J., Wattam-Bell, J., & Atkinson, J. (1986). Orientation-specific cortical responses develop in early infancy. *Nature, 320*, 617-619.

Bushnell, I. W. R., Sai, F., & Mullin, J. T. (1989). Neonatal recognition of the mother's face. *British Journal of Developmental Psychology, 7*, 3-15.

Butterworth, G., & Jarrett, N. (1991). What minds have in common is space : Spacial mechanismsserving joint visual attention in infancy. *British Journal of Developmental Psychology, 9*, 55-72.

Cohen, L. B., & Cashon, C. H. (2001). Do 7-month-old infants process independent features or facial configurations? *Infant and Child Development, 10*, 83-92.

Dobson, V., & Teller, D. Y. (1978). Visual acuity in human infants : A review and comparison of behavioral and

electrophysiological studies. *Vision Research,* **18**, 1469-1483.
Duffy, C. J., & Wurtz, R. H. (1991). Sensitivity of MST neurons to optic flow stimuli. I. A continuum of response selectivity to large-field stimuli. *Journal of Neurophysiology,* **65**, 1329-1345.
Emery, N. J. (2000). The eyes have it : The neuroethology, function and evolution of social gaze. *Neuroscience and Biobehavioral Reviews,* **24**, 581-604.
Fantz, R. L. (1963). Pattern vision in newborn infants. *Science,* **140**, 296-297.
Fantz, R. L., & Yeh, J. (1979). Configurational selectivities : Critical for development of visual perception and attention. *Canadian Journal of Psychology/Revue Canadienne de Psychologie,* **33**, 277-287.
Farroni, T., Johnson, M. H., Brockbank, M., & Simion, F. (2000). Infants' use of gaze direction to cue attention : The importance of perceived motion. *Visual Cognition,* **7**, 705-718.
Farroni, T., Massaccesi, S., Menon, E., & Johnson, M. H. (2007). Direct gaze modulates face recognition in young infants. *Cognition,* **102**, 396-404.
Gibson, E. J., & Walk, R. D. (1960). The "visual cliff". *Scientific American,* **202**, 64-71.
Goren, C. C., Sarty, M., & Wu, P. Y. K. (1975). Visual following and pattern discrimination of face-like stimuli by newborn infants'. *Pediatrics,* **56**, 544-549.
Granrud, C. E., & Yonas, A. (1984). Infants' perception of pictorially specified interposition. *Journal of Experimental Child Psychology,* **37**, 500-511.
Granrud, C. E., Yonas, A., & Kavšek, M. (2010). Infants' sensitivity to pictorial depth cues in looking studies : A meta-analysis. *Perception,* **39** (Supplement), 74.
Granrud, C. E., Yonas, A., & Opland, E. A. (1985). Infants' sensitivity to the depth cue of shading. *Perception and Psychophysics,* **37**, 415-419.
Hood, B. M., Macrae, C. N., Cole-Davies, V., & Dias, M. (2003). Eye remember you! The effects of gaze direction on face recognition in children and adults. *Developmental Science,* **6**, 69-73.
Humphrey, G. K., Goodale, M. A., Bowen, C. V., Gati, J. S., Vilis, T., Rutt, B. K., & Menon, R. S. (1997). Differences in perceived shape from shading correlate with activity in early visual areas. *Current Biology,* **7**, 144-147.
Imura, T., Yamaguchi, M. K., Kanazawa, S., Shirai, N., Otsuka, Y., Tomonaga, M., & Yagi, A. (2008). Infants' sensitivity to shading and line junctions. *Vision Research,* **48**, 1420-1426.
Kleiner, K. A. (1987). Amplitude and phase spectra as indices of infants' pattern preferences. *Infants Behavior and Development,* **10**, 40-50.
Kourtzi, Z., Bulthoff, H. H., Erb, M., & Grodd, W. (2002). Objectselective responses in the human motion area MT/MST. *Nature Neuroscience,* **5**, 17-18.
Krementizer, J. P., Vaughan, H. G., Jr., Kurtzberg, D., & Dowling, K. (1979). Smooth-pursuit eye movements in the newborn infant. *Child Development,* **50**, 442-448.
Lee, T. S., Yang, C. F., Romero, R. D., & Mumford, D. (2002). Neural activity in early visual cortex refracts behavioral experience and higher-order perceptual saliency. *Nature Neuroscience,* **5**, 589-597.
Macrae, C. N., Hood, B. M., Milne, A. B., Rowe, A., & Mason, M. F. (2002). Are you looking at me? Eye gaze and person perception. *Psychological Science,* **13**, 460-464.
Meltzoff, A. N., & Moore, M. K. (1977). Imitation of facial and manual gestures by human neonates. *Science,* **198**, 75-78.
Nakato, E., Otsuka, Y., Konuma, H., Kanazawa, S., Yamaguchi, M. K., & Tomonaga, M. (2009). Perception of illusory shift of eye gaze direction by infants. *Infant Behavior and Development,* **32**, 422-428.
Nakayama, K. (1985). Biological image motion processing : A review. *Vision Research,* **25**, 625-660.
Otsuka, Y., Nakato, E., Kanazawa, S., Yamaguchi, M. K., Watanabe, S., & Kakigi, R. (2007). Neural activation to upright and inverted faces in infants measured by near infrared spectroscopy. *NeuroImage,* **34**, 399-406.
Pascalis, O., de Shonen, S., Moton, J., Deruelle, C., & Fare-Grenet, M. (1995). Mother's face recognition by neonates : A replication and extension. *Infant Behavior and Development,* **18**, 79-85.
Rieth, C., & Sireteanu, R. (1994). Texture segmentation and 'pop-out' in infants and children : The effect of test field size. *Spatial Vision,* **8**, 173-191.
Rochat, P. (2004). 乳児の世界（板倉昭二・開 一夫，訳）．ミネルヴァ書房．(Rochat, P. (2001). *The infant's world*. Cambridge, MA : Harvard University Press.)

Saito, H., Yukie, M., Tanaka, K., Hikosaka, K., Fukada, Y., & Iwai, E. (1986). Integration of direction signals of image motion in the superior temporal sulcus of the macaque monkey. *Journal of Neuroscience*, **6**, 145-157.

Simion, F., Valenza, E., Macchi, V., Turati, C., & Umiltà, C. (2002). Newborns' preference for up-down asymmetrical configurations. *Developmental Science*, **5**, 427-434.

Sorce, H. F., Emde, R. N., Campos, J. J., & Klinnert, M. D. (1985). Maternal emotiona signaling : Its effect on the visual cliff behavior of 1-year-olds. *Developmental Psychology*, **21**, 195-200.

Taira, M., Nose, I., Inoue, K., & Tsutsui, K. (2001). Cortical areas related to attention to 3D surface structures based on shading : An fMRI study. *NeuroImage*, **14**, 959-966.

Tauber, E. S., & Koffler, S. (1966). Optomotor response in human infants to apparent motion : Evidence of innateness. *Science*, **152**, 382-383.

Tsuruhara, A., Sawada, T., Kanazawa, S., Yamaguchi, M. K., Corrow, S., & Yonas, A. (2010). The development of the ability of infants to utilize static cues to create and access representations of object shape. *Journal of Vision*, **10**(12) : 2, 1-11.

Tsuruhara, A., Sawada, T., Kanazawa, S., Yamaguchi, M. K., & Yonas, A. (2009). Infant's ability to form a common representation of an object's shape from different pictorial depth cues : A transfer-across-cues study. *Infant Behavior and Development*, **32**, 468-475.

Vecera, S. P., & Johnson, M. H. (1995). Gaze detection and the cortical processing of faces : Evidence from infants and adults. *Visual Cognition*, **2**, 59-87.

Wattam-Bell, J. (1991). Development of motion-specific cortical responses in infancy. *Vision Research*, **31**, 287-297.

Wattam-Bell, J. (1996). Visual motion processing in one-month-old infants : Preferential looking experiments. *Vision Research*, **36**, 1679-1685.

山口真美.(2003).赤ちゃんは顔をよむ:視覚と心の発達学.紀伊國屋書店.

山口真美.(2006).赤ちゃんは世界をどう見ているのか.平凡社.

山口真美・金沢 創.(2010).赤ちゃんの視覚と心の発達.東京大学出版会.

Yamashita, W., Kanzawa, S., & Yamaguchi, M. K. (2012). The effect of gaze direction on three-dimensional face recognition in infants. *Vision Research*, **68**, 14-18.

Yonas, A., & Granrud, C. E. (2006). Infants' perception of depth from cast shadows. *Perception and Psychophysics*, **68**, 154-160.

Yonas, A., Granrud, C. E., & Pettersen, L. (1985). Infants' sensitivity to relative size information for distance. *Developmental Psychology*, **21**, 161-167.

30章 言語発達

小林春美

　子どもは生後1年頃までに言語音声をかなり上手に聞き取れるようになり，言語がない状態からある状態に移行し，その後わずか数年のうちに日常会話に必要な語彙や文法を獲得する。その後も細かい文法の獲得や語彙数の増加，さらに社会的場面に合わせた言語使用の発達があるものの，乳幼児期という短い期間に言語の基本の大半を獲得できてしまう事実には驚かされる。本稿では音声，語彙，文法の発達について，その様相と最近の主な研究の論点を述べる。

1節　音声の発達

　人間は他者の発した音声ストリームを聴覚によって受け取る。音声ストリームは連続した音の流れであるため，人はそこから言語的に意味のある音や複数の音が連続した，言語的に意味のある音の集まりを析出しなければならない。言語的に意味のある音の折出は音韻知覚の問題とされる。音韻とは当該の自然言語の単語のなかで意味をもつ最小単位の音であり，「パン」と「バン」の例のように，ある1音だけを変えた場合に，当該言語において意味の違いをつくりだす音のことである。このように意味の違いが出るかを確かめることができる語の対を「ミニマルペア」とよぶ。音声発達では音韻をどのように正しく知覚し，また自ら音韻を発することができるようになるかが探求されている。言語的に意味のある音の集まりはセグメント問題とよばれる。セグメント問題は単語音声を超えた，句，節，文，文の集まり（談話）のレベルでの認識を必要とする問題となるため，統語（文法）の理解にも関係するとされる。

1. 音韻を特定する特徴

　日本語には/a/ /i/ /u/ /e/ /o/といった母音と，/p/ /b/ /k/ /g/などの子音がある。母音では肺からの呼気の流れは遮られることなく口腔内を通り口から発せられる。/a/ /i/などの音の違いは口のかたちの違いでつくられる。一方子音は肺からの呼気が全面的にあるいは部分的に遮られることにより発せられる。子音では，その空気の流れの遮断が唇，舌，歯など，どの構音器官で起きたか（place of articulation），完全な構音器官の閉鎖がどのように起きたか（manner of articulation），声帯は振動したか（voicing）の3つの特徴の組み合わせで異なる音が発せられる。たとえば、閉鎖音である/b/では、唇で流れが遮断され、その遮断は瞬間的に完全に起き、その際に声帯は振動しており有声音が発せられる。同じ閉鎖音でも/p/ではplace of articulationとmanner of articulationは同一でvoicingだけが無声となる。こうした特徴の組み合わせによりあらゆる自然言語の音韻は記述することができ、その数は国際音声記号（International Phonetic Alphabet）の分類では100近くにのぼる（梶川, 2008）。

2. 音韻知覚の発達

　測定できる最も若い乳児でも先述した音韻特徴を区別する能力があることが知られている（Jusczyk, 1998）。エイマスほか（Eimas, Siqueland, Jusczyk, & Vigorito, 1971）によれば、生後1カ月から4カ月までの乳児は/p/と/b/を聞き分けることができ、しかも聞き分けを興味深いことにカテゴリカルに行っていた。/pa/と/ba/の区別は声帯の振動のタイミングすなわちVOT（voice onset time）が25ミリ秒より少ないと/b/と知覚される一方、25ミリ秒よりも多いと/pa/と知覚される。-20ミリ秒から+80ミリ秒までさまざまな合成音の対をつくり吸啜法を利用して調べたところ、大人の英語話者により境界を跨いだ音の対、すなわち/p/と/b/の違いが知覚されるべき刺激が提示されたときだけ、乳児は吸啜の上昇を示した。その他のVOTの対では区別をせず、カテゴリカル知覚を示したのである。しかもシラブルの最初にあったときでも最後にあったときでも、これらの音において新生児や乳児はカテゴリカルな知覚を示した。/bag/と/gab/では、最初の/b/と最後の/b/は同じ/b/でもかなり異なり、シラブルの最初では明確な破裂音が発せられるが、シラブルの最後では音が無声化（unaspirated）することを考えると、大変興味深いといえる。

　日本語でも母音は「アー」と発している状態で徐々に口を両横に広げて「エー」と発するまでの間に、典型的な「ア」の音から典型的な「エ」の音までさまざまな連続して変化する音を発することができる。このような母音でもカテゴリカル知覚が起こり、また典型性の効果が生じる。どの母音か明確に知覚できる典型的な母音を使って訓練をされた乳児は曖昧で非典型的な母音を使って訓練された乳児よりも、母音の般化をより広範囲の音について起こすという（Kuhl, 1991）。一方、乳児は異なる人によって発せされても、同じ音が発せられたと考える能力も発達させる。生後6カ月までに異なる人によって発せられた同じカテゴリーの音を「同じ」と知覚する一方、同じ一人の人によって発せられたよく似ているが別のカテゴリーの音を、「異なる」と判定することができるようになる（Grieser & Kuhl, 1989）。

　生後1年の間に音韻コントラストすなわち音韻の違いへの感受性は変化することがわかっている。6～8カ月児は子音コントラストを母語のものも非母語のものも区別できたが、11～12カ月児と成人は母語のものだけが区別できるようになっていたという報告がある（Werker & Tees, 1983, 1984）。日本では林（1999）が英語の子音コントラスト/r/と/l/を、英語児と日本語児で比較し、6カ月児では差がなかったが、11カ月児では英語児に比べ日本児は有意に低下していたこ

とを示した。

3. セグメンテーションの発達

連続的な音声の流れであるスピーチ・ストリームを正しく単語，句，節に区切ることは，語や文を取り出すうえで必須である。何を手がかりとし，どのようにそれを行っているかについて，研究が進められている。

a. 単語の知覚

ジュセックとアスリン（Jusczyk & Aslin, 1995）は，ターゲットとする"cup"という語がしばしば登場する文を聞いた後，7カ月半児にターゲットの語と，この文に含まれていなかった語を聞かせた。その結果，乳児はターゲット語のほうを好んで聞くことがわかった。しかし生後6カ月の乳児ではそうした好みは現れなかった。7カ月半では乳児は何らかの方法で単語を切り出すことができるといえる。ブレンタとシスキンド（Brenta & Siskind, 2001）は，9カ月から15カ月までの子ども8人の母親が発した発話のうち単語1語だけが孤立化した発話は9%であったと報告した。大多数の語は孤立してではなく文のなかで発せられるため，孤立化した状態で学んだ語を手がかりとし，スピーチ・ストリームをさらに区切っていくという可能性は重要といえよう。

b. 遷移確率

スピーチ・ストリームのなかで，ある単語やあるシラブルは他の単語やシラブルと共起する確率や遷移確率（transitional probabilities）が高いことが知られている。遷移確率とは，他の言語単位が発せられた後で当該の言語単位が発せられる確率であり，あるシラブルが発せられた直後にある特定のシラブルが発せられる確率は，1単語のなか（単語内）では高いが，単語と他の単語の間（単語間）では低くなる。乳児はbadaku, padotiのような「単語」よりもkupado, dotigoのような「非単語」や「部分的な単語」をより長く聴き，「単語」を区別するという統計的学習の証拠がある。カークハムほか（Kirkham, Slemmer, & Johnson, 2002）は2, 5, 8カ月児が遷移確率の変化がある視覚刺激を区別できたことを示した。

c. ストレス・パターン

英語の発話ではシラブルが一つだけか，最初にストレスのある単語が多く，とりわけ内容語ではその傾向が強い（Cutler & Carter, 1987）。ジュセックほか（Jusczyk, Houston, & Newsome, 1999）は英語を学習している乳児は2つのシラブルからなる単語を少なくとも生後7カ月半になると単語として知覚することができることを示したが，それは英語の典型的なストレス・パターンのときだけ可能であった。すなわちDOCtor, CANdle,のような強－弱のパターンのときは知覚可能であったが，guiTARのような弱－強の場合は知覚できなかった。しかし10カ月半になると弱－強のパターンでも単語の切り出しができるようになった。

他の言語はストレス・パターンが英語ほどははっきりしていない場合も多いため，どの言語でもストレス・パターンが利用できる手がかりとはなっていないとみられる。たとえばフランス語ではストレスは文などの最後か最後から2番目のシラブルにつき，単語というレベルでつくわ

けではない。日本語はモーラ言語でありどの音にも強勢は平均的につく。よってこうした言語では乳児はストレス・パターン以外の手がかりも使っていると考えられる（Ambridge & Lieven, 2011）。

d. 意図のやりとり

コミュニケーションの機能を重視する立場から考えると，言語は何らかの意味を伝えるために発せられるということを乳児が理解することによっても，単語の切り出しが促される可能性がある。自分の名前やmommy，daddyなどの単語は早期に切り出され，こうしたいくつかの語がアンカーとなって意図のやりとりのなかで他の語の切り出しを促進する可能性がある（Bortfeld, Morgan, Golinkoff, & Rathbun, 2015）。生後2年目の語彙獲得が急速に進むようになる時期は，ちょうど他者の意図を理解する能力が促進される時期と重なることも，このことを示唆するといえる（Tomasello, 2003）。

2節　語彙の発達

子どもは語彙をどのように獲得するかを初学者に尋ねると，たいてい「親がしゃべっているのをまねて言葉を学ぶ」と答えることが多い。語彙獲得は一見このように単純なことに感じられるが，実は想像以上に複雑である。連続的な音声ストリームからある音のかたまりが正しく切り出されたと仮定してもなお，子どもは多くの解くべき問題に直面している。環境にはさまざまな事物が存在しており，また人は静止しているだけではなくさまざまに動いている。そのため，どの事物や事象について大人が話しているのか，正しく特定する必要がある。さらに一つの対象（たとえば1匹のウサギ）に特定できたとしても，その対象全体について述べているのか，何らかの部分たとえば長い耳のことやふさふさした白い毛のことや，その対象の動き（「跳ねている」など）について述べているかも特定しなければならない。さらにはどのように他の事物（動物）に適用していくかという般化の問題がある。このように語彙獲得が難しいにもかかわらず，その過程は一般に速いと感じられる。そこで語彙獲得はなぜ可能となっているかが探求されている。

1. 初期の語彙獲得と名詞・動詞をめぐる議論

はじめての言葉（「初語」〔first word〕）は，普通の子どもであれば，早くて10カ月から1歳で，遅くても1歳を数カ月すぎた頃までには出現する。最初の50語を調べてみると，「靴」「犬」のような事物名称が語彙のなかで最も多く，平均40%を占める。初語の出現以前の，言語理解を示す行動をしはじめた頃から，30語から50語ぐらいまでの語を産出するようになる頃までを，語彙獲得の初期段階という。これはだいたい生後10カ月から1歳半ぐらいまでにあたる。その後語彙獲得は急激に速くなっていくとされ，1歳半ぐらいに子どもは「語彙の爆発的増加」（word explosion）期に入るといわれている。自発的に産出できる言葉が50語くらいを超えると，語彙

は急激に増加するようになる。この1歳半から小学校に入学する前ぐらいまでに，8,000語から1万以上の語を学ぶ。

　語彙の爆発的増加期に最も増えるのは「リンゴ」「コップ」のような「一般的な事物名称」（common object nouns）である。生後8カ月から2歳6カ月までの約1,800人の子どもの母親に対し，語彙チェックリストを使って大規模な調査をしたベイツほか（Bates, Marchman, Thal, Fenson, Dale, Reznick, Reilly, & Hartung, 1994）のデータも，このことを裏づけている。産出語数50語から100語では産出語全体のうち，一般的な事物名称の割合が最も急激に増加し，200語まではさらに増加しつづける。200語をすぎる頃から一般的な事物名称の割合は減少へと転じるが，依然として産出語数600以上でも40％を超える割合を占める。

　こうしたことから，名詞は他の品詞よりも獲得しやすいとされ，動詞の獲得の難しさが指摘されている。この理由として，ゲントナーとボロディスキー（Gentner & Boroditsky, 2001）は「自然分割仮説」（Natural Partition Hypothesis）を提案した。これは世界のあらゆる事象に関する概念は，人間の認知能力により自然に分割されており，語彙と対応しているとする考えである。固有名詞や名詞は一般的な認知能力に依存し理解しやすいため，早く獲得されると仮定される。文法的な語たとえば英語の前置詞や日本語の助詞は，自然言語の特定の能力に依存し，理解しにくいため，獲得が遅くなると考える。動詞がマップしている人や事物の動きは一般的認知能力で知覚できるが，動きのどの部分を動詞にマップするかは明示的ではなく言語間でも相違がある。そこで認知能力依存と言語能力依存の2つの極の中間あたりに動詞は位置することになり，名詞より難しい。

　言語間でも名詞と動詞の獲得のしやすさに違いがあると指摘され，文法的問題やインプットの問題があげられている（Tardif, 1996；Tardif, Shatz, & Naigles, 1997；Choi & Gopnik, 1995）。英語などでは動詞が文のなかほどで発話されるのに対し，日本語などでは動詞が文の最後で発話されるため，日本語などの聞き手が動詞を知覚・記憶しやすいこと，またそうした動詞のインプットが親の発話において多い可能性が指摘されている。実験的研究では，今井らの研究がある（今井・針生，2007；Imai, Li, Haryu, Okada, Hirsh-Pasek, Golinkoff, & Shigematsu, 2008）。今井らの実験によれば，名詞の理解が容易である一方，動詞を真に理解し正しく使用できるようになる年齢は，日本語児と英語児では5歳であり，中国語児にいたってはなんと8歳であるという。実験的研究の動詞獲得場面では動詞を般化するために何に注目すべきかに関する厳密な情報判定能力が求められており，日常での動詞獲得場面より難しくなっていると考えられる。

2．制約・仮説アプローチ

　主要な2つのアプローチとして制約・仮説アプローチと社会語用論的アプローチがあげられる。前者は子どもが脳に備えている言葉と概念を結びつける一種のルールを重視する説，後者は子どもが他者と相互作用をするなかで言葉と概念の結びつきを学ぶことを重視する説である。

　語の爆発的増加期には，子どもは素早く正しい仮説に到達するための何らかの特別な原理を

使っているのではないか，との発想から，マークマン（Markman, 1989）は，語彙獲得の初期でも使え，かつ仮説の数を強力に制限できる，3つの「制約」である「事物全体制約」（whole object constraint），「カテゴリー制約」（taxonomic constraint），「相互排他性」（mutual exclusivity）を提案した。「事物全体制約」は，ある事物が示され，言葉が与えられたら，その言葉はその事物の「全体」に関するラベルである，という仮定である。「カテゴリー制約」により，言葉は，その事物が属するカテゴリーの名称であるという仮説を立てることができる。「相互排他性」とは，それぞれのカテゴリーの外延は相互に排他的であって重なることはない，という制約であり，「一つのカテゴリーにはただ一つの名称がある」とも解される。マークマンらは実験により事物全体の名称（たとえば「魚」）を知っている場合は，事物の部分（たとえば「背びれ」）を提示されたときに部分の名称を学びやすいことを示した（Markman & Wachtel, 1988）。これは，事物全体制約と相互排他性の2つを利用することにより可能となっているという。

　ところで制約，原理，またはバイアスは，成人の語彙体系のなかではどれ一つとして「正しくない」。たとえばあらゆる事物において，上位カテゴリー（「家具」），基本カテゴリー（「イス」），下位カテゴリー（「食卓イス」）のように一つの事物が2つ以上の名称をもつことが可能であるが，これは「一つの種類の事物には一つの名称だけがある」という相互排他性に違反する。子どもはもし語彙獲得の初期に本当にそれを使うのなら，いつかはそれを廃棄しなければならない。針生（1991）は，3歳から5歳にかけて文脈への感受性が強まり，相互排他性を廃棄できるようになる過程を示した。小林（Kobayashi, 1997）は事物に対しそれを使用する動作の情報が発話と同時に提示されると，形バイアスや存在論的カテゴリーではなく動作情報にもとづく推論を行うことを示した。こうした研究は，とりもなおさず話し手が何を意図して発話を行っているかに関する推測の重要性を示すともいえ，次にとりあげる社会語用論的アプローチの妥当性に関連する。

3. 社会語用論的アプローチ

　社会語用論的アプローチで重視されるのは，共同注意の成立と，他者意図の理解である。トマセロ（Tomasello, 1999）は，制約を検討する実験パラダイムに組み込まれ，また欧米の中流家庭でよく行われているとされる事物名称に関する指示定義（ostensive definition）の提示（「これは○○です」）に，異を唱えた。事物名称は，欧米の中流家庭においてさえ，必ずしもこうした明示的指示すなわち直接子どもに明示的に教える場面ではない，入り組んだ文脈のなかで発せられるとした。

　トマセロは明示的指示定義ではなく，さまざまの大人の行動を統制している大人の「意図」を読み取ることこそが，言葉の意味（語意）獲得のために重要であると考えている。この点をトマセロに先駆けて明確に実験的証拠を示したのが，ボールドウィンによる「不一致ラベルづけ」（discrepant labeling）の研究であった（Baldwin, 1991, 1993）。不一致ラベルづけとは，子どもが何かを注視しているときに，注視している対象の名称ではなく，たまたままったく別の事物の名称を大人が発することを指す。子どもが何に注意しているかフォローするのにひじょうに熱心な

欧米の中流階級の養育者の場合でも，不一致ラベルづけはラベルづけ全体のおよそ30％から50％もの高率で起こるという（Collis, 1977；Harris, Jones, & Grant, 1983）。ボールドウィンの研究は，語意の獲得において，18カ月以上の子どもは他者の視線や身体の向きなどの非言語的手がかりを使い，巧みに指示意図の推定を行えることを示した。

さらには目の前の事物に対し直接ラベルづけが行われることは必須ではない。トマセロとバートン（Tomasello & Barton, 1994）の実験では，ラベルづけをしたときの視線ではなく，一連の出来事のなかで，実験者が何を「*toma*」（トーマ）として探していたのか，という意図の推測が，子どもを正しい語意の獲得に導いていた。このように指示意図は視線方向，会話の流れ，指さしなどジェスチャーや，指さしと他の手がかりの統合的使用からも重層的に推測されると考えるべきだろう。小林ら（Kobayashi, 1998, 2007；Kobayashi & Yasuda, 2012）は，部分名称の獲得をとおしてこうした知見の実証的研究を行っている。たとえば小林（Kobayashi, 1998）は，2歳児はたんに指さしをしただけでは，ボルト全体に「ナット」を誤って結びつけたが，わずか3秒間回して見せただけで正しくナットの部分と「ナット」を結びつけた。モールほか（Moll, Koring, Carpenter, & Tomasello, 2006）も部分名称課題を用い，子どもによる意図推測の重要性を示している。

社会語用論的アプローチは，名詞と動詞の指示対象の切り出しについても重要な知見を提出している。わずか2歳児を参加者として日常場面に近い実験で検討し，動詞の切り出しが容易に行われたことを示す研究に，トマセロとアクター（Tomasello & Akhtar, 1995）がある。子どもは大人の意図を読み取ることにより，事物を使った遊びのときは体の動きを動詞に正しく結びつけた一方，事物を提示する動きのときはその体の動きそのものではなく，事物に注目し事物と新奇語を正しく結びつけた。実験場面とは異なり日常生活では言葉は意図の推測やそのやりとりのなかに埋め込まれて発せられるため，早期から正しい指示対象の切り出しが可能となり，動詞の獲得が可能になっていると考えられる。

4．統合的アプローチ

こうした社会語用論的アプローチも重要な部分として組み込んだのが「創発連立モデル」（ECM：emergentist coalition model）である（Hollich, Hirsh-Pasek, & Golinkoff, 2000；Golinkoff & Hirsh-Pasek, 2008）。創発連立モデルでは，語の学習における制約理論のような生得的なアプローチ，社会語用論的アプローチのいずれも，発達のある時期での学習のスナップショットを与えているにすぎないとする（小椋，2006）。子どもは，注意の手がかり，社会的な手がかり，言語的な手がかりなど多様な手がかりを使う。どのような手がかりが使えるか，複数の手がかりをどのように競合・選択また統合させて使えるかは，子どものある時点で到達している認知能力による。創発連立モデルでは，統計的学習（環境からの知覚的入力情報を統計的に処理し構造を見出す学習）の能力は認知発達が初期段階の語彙獲得に益をもたらす一方，社会語用論的能力は認知発達が他者の意図理解ができる程度に発達した段階の語彙獲得に益をもたらす。さらに文法能力

も備えるようになると文法知識自体を使って語彙獲得をする，と予測する。それぞれのアプローチや，個人差研究における実際の言語獲得データとの整合性が高いため，妥当性が高く有望なモデルといえる。今後のさらなる研究の進展が望まれる。

3節　文法の発達

　人間の言語は音声を利用した音声言語であるため，時系列的に並んだ単語音声の連なりにより情報を伝達する（文字言語は後世の発明であるため，言語の起源や本来的性質を考えるときには通常考慮しない）。そこで人間の言語では単語の並びの順番や，単語の音形の一部を変化させあるいは音を付与することにより，単語1個の発話だけでは伝えられないような多様な意味を「文」により伝えるよう進化してきた。文における単語の並びの順番が語順（word order），単語に文法的な意味を付加するものが形態変化（inflections）である。文法とはこの語順と形態変化に関するルールの集まりである。前者に関する理論を統語論（syntax），後者を形態論（morphology）とよぶ。

1. 単語の結合と統語ルールの出現

　一語発話は1歳前後，二語発話は1歳半頃から始まる。一語発話から，文法の存在が確認される二語発話に至る過程では，それぞれ独立した一語が時間的に近接して発話されるようになり，一つのイントネーション・パターンで発話され，二語発話の文として認識されるようになる。日本語児では文型の発達について小椋（1999）が，前言語段階，一語発話段階，前統語段階，統語段階の4段階を示し，さらに統語段階を詳しく6段階に分けて示した。統語段階では，位置的一貫性や意味的一貫性があるか，統語ルールが明確に認められるかにより区別される。中川ほか（中川・小山・須賀，2005）はJ.COSS（日本語理解テスト）を年少から小学校6年生を対象児として作成し，文理解の発達を示した。

　日本語では，単語間の文法関係を規定する助詞の獲得は重要な問題である。綿巻（1999）は一女児の助詞発達を調べ，終助詞「ね」「と」が最も早く20～21カ月に出現したこと，次に接続助詞「て」，格助詞「の」「で」「が」などや，係・副助詞「は」「も」「って」などが22～25カ月頃出現したことを報告している。引用・取り立て助詞「と」「って」の出現は早いが，松井・三浦（Matsui & Miura, 2008）によれば同じ機能を果たす英語の伝聞を示す表現hear that...のような複文構造よりも早く出現しており，「って」の助詞の音形の短さにより日本語児は複文構造を早く出現させることができるとしている。文法機能は言語によって異なる文法ルールによって実現されるため，このような違いが生じる。

2. 生成的アプローチ

いかに文法発達が可能となるかを説明する2つの重要なアプローチとして，生成アプローチ（generatie approach）と構築アプローチ（constructive approach）がある。前者はチョムスキー（Chomsky, 1957）が提出した生成文法理論に代表される。

生成文法理論は，人間は生得的に文を産出するためのルール（普遍文法；universal grammar：UG）を脳に備えており，文法発達は外界から聞く大人の文を聞くことにより，ルールが発動し文が生成され，産出されると考える。チョムスキーによれば，文は心のなかでツリー（樹状）構造をもち，名詞句（NP），動詞句（VP）といった，「句」（phrase）のまとまりからなっている。それぞれの語は，名詞句，動詞句のなかで他の語との関係が規定されている。ある語が名詞であると判明すればどのような他の語とともにどのような順序で使用されるかのルールが使えるようになり，文の生成を行うことができるとする。名詞句と動詞句の順序には2つの主なものがあり，動詞句の構造がVP + NP（go to the park）となっている英語のようなSVO型とNP + VP（「公園へ行く」）となっている日本語のようなSOV型がある。子どもは最初に聞いた大人の言語入力から，どちらのタイプの言語を獲得しているかを知り，語順パラメータの設定を行うとしている。

しかしこのUGのルールは名詞句，動詞句などのような抽象的な統語カテゴリーから成り立っているため，これを使うためには，子どもはそもそもある語を聞いたときにそれが名詞（あるいは名詞句）であるか動詞（あるいは動詞句）であるかという統語カテゴリーがわからなければならない。そこで子どもは言語入力から意味的な情報を読み取り，それを統語カテゴリーにリンクさせるという「意味的ブートストラッピング」仮説が提出された（Pinker, 1984；Pinker, Lebeaux, & Frost, 1987）。この仮説によれば，子どもが外界を観察し，PERSON/THING，ACTION/CHANGE OF STATEという情報を，ある対象物やその動きに対して受け取る。PERSON/THINGは名詞にリンクさせ，ACTION/CHANGE OF STATEは動詞にリンクさせるという。

3. 構築的アプローチ

構築的（constructive）アプローチでも，NOUN, VERB, AUXILIARYなどの文法カテゴリーの用語を使用するが，こうした抽象的カテゴリーやそれらに関するルールを子どもが生得的にもっているとする生成文法理論の考え方は，明確に否定する。こうした文法カテゴリーは，多くの語が文のなかで出現するときのパターンにより分類した際のラベルにすぎないと考える。シュレシンガー（Schlesinger, 1988）は，子どもはAGENT, ACTION, PATIENTという意味的カテゴリーをまずつくり，それをSUBJECT, VERB, OBJECTという文法カテゴリーに発達させると述べた。

トマセロ（Tomasello, 2003）はさらに機能の概念を取り入れ（functionally based distributional analysis），いくつかの決まったパターンの複数の文中で出現する語が，同様の機能をもつと子どもが推測することにより，結果的にその語が属するVERBなどの文法カテゴリーが出現する，と

している。たとえばI can kick you.とI can see you.という文に出会った子どもはI can X you.という形式の構文を獲得するが，ここでXという項が発達しつつあるVERBの項となる。ここでは「真に動作を示すのではないseeという語を，文法カテゴリーVERBに割り当てるにはどうするか」という，ピンカーが悩んだ問題は存在しない。動作を示すkickも，動作とはいいにくいseeも，同様の機能を示し文型の同じ位置（スロット）で出現する点で同じカテゴリー，すなわち抽象的な文法カテゴリーであるVERBに属すると判定されることになる。

さらにトマセロ（Tomasello, 2008）によれば，各構文はそれを発した人の意図を推測することにより，ある特定の意図を伝えられるような文として，いわば文型と意味はセットとして獲得されると述べている。たとえば「花子が太郎をおもちゃでたたいたら，おもちゃが壊れた」という同一の事象について「花子が太郎をたたいた」「太郎が花子にたたかれた」「花子がおもちゃでたたいた」「おもちゃがこわれた」などいくつもの文をつくることができるが，「誰がたたいたか」あるいは「誰がたたかれたか」「何でたたいたか」「何がこわれたか」など，話し手が強調したいことが異なることに対応した，それぞれ異なる文型を子どもは学ぶとする。当然NOUNもVERBも異なる文型の異なる位置で出現するが，そうした異なる文をまたいで結果的にNOUNやVERBの文法カテゴリーもその用法とともに獲得されることになる。トマセロはこの文法発達の理論を「用例ベース（あるいは使用基盤）アプローチ」（usage-based grammar）とよぶ。

4. 文法発達メカニズムの実証的研究

トマセロ（Tomasello, 1992, 1999）は娘トラヴィスの1歳0カ月から2歳0カ月までの自発的な動詞使用を観察した。その結果，語順についてはそれぞれの動詞が「島」のように独自のパターンの発達をしており，VERBという文法カテゴリーを一般的に適用しているわけではなかったと報告し，動詞島仮説（Verb Island Hypothesis）を提出している。たとえばdrawはPERSON drawという構文で出現していたが，同時期に獲得されたcutは，PERSON cutという構文は出現せず，かならずTHING cutという構文でのみ出現していた。同様に，kickでは＿kick＿というようにPERSON kick PATIENTというパターンが出現していたが，文法的には同じ性質をもつthrowではthrow＿というようにPERSON throwしか出現していなかった。トマセロとは独立に岩立（1994）は一児の2歳1カ月から2歳8カ月までの他動詞使用を観察した。その結果，「食べる」と「描く」は文法的には同じ項構造をもつ動詞にもかかわらず，観察された文型には違いがあったことを報告している。

4節　おわりにかえて：意図と言語とのかかわり

言語は人間のコミュニケーションの基本的ツールの一つである。音声・語彙・文法のいずれにおいても，人間のコミュニケーション意図を反映する特徴が多くみられる。人の「伝えたい・理

解したい」という基本的動機を色濃く帯びる点で，社会的相互作用を重視するアプローチは，数あるアプローチのなかでも中心的な位置を占めるべきものといえる。言語発達の全体像は重層的で複雑な時系列的変化であるため，多様なアプローチにおける成果にも常に目を配りつつ，この基本的な動機に立ち返り検討することが重要であるといえよう。

◆ 引用文献

Ambridge, B., & Lieven, E. (2011). *Child language acquisition : Contrasting theoretical approaches*. Cambridge : Cambridge University Press.

Baldwin, D. A. (1991). Infants' contribution to the achievement of joint reference. *Child Development*, 62, 875-890.

Baldwin, D. A. (1993). Infants' ability to consult the speaker for clues to word reference. *Journal of Child Language*, 20, 395-418.

Bates, E., Marchman, V., Thal, D., Fenson, L., Dale, P., Reznick, S., Reilly, J., & Hartung, J. (1994). Developmental and stylistic variation in the composition of early vocabulary. *Journal of Child Language*, 21, 85-124.

Bortfeld, H., Morgan, J. L., Golinkoff, R. M., & Rathbun, K. (2015). Mommy and me : Familiar names help launch babies into speech-stream segmentation. *Psychological Science*, 16(4), 298-301.

Brenta, M. R., & Siskind, J. M. (2001). The role of exposure to isolated words in early vocabulary development. *Cognition*, 81, B33-B44.

Choi, S., & Gopnik, A. (1995). Early acquisition of verbs in Korean : A cross-linguistic study. *Journal of Child Language*, 22, 497-529.

Chomsky, N. (1957). *Syntactic structures*. The Hague/Paris : Mouton.

Collis, G. (1977). Visual co-orientation and maternal speech. In H. R. Schaffer (Ed.), *Studies in mother-infant interaction* (pp.355-375). London : Academic Press.

Cutler, A., & Carter, D. M. (1987). The predominance of strong initial syllables in the English vocabulary. *Computer Speech and Language*, 2, 133-142.

Eimas, P. D., Siqueland, E. R., Jusczyk, P., & Vigorito, J. (1971). Speech perception in infants. *Science*, 171, 303-306.

Gentner, D., & Boroditsky, L. (2001). Individuation, relational relativity and early word learning. In M. Bowerman & S. Levinson (Eds.), *Language acquisition and conceptual development* (pp.215-256). Cambridge, England : Cambridge University Press.

Golinkoff, R. M., & Hirsh-Pasek, K. (2008). How toddlers begin to learn verbs. *Trends in Cognitive Science*, 12, 397-403.

Grieser, D., & Kuhl, P. K. (1989). Categorization of speech by infants : Support for speech-sound prototypes. *Developmental Psychology*, 25, 577-588.

Harris, M., Jones, D., & Grant, J. (1983). The nonverbal context of mothers' speech to infants. *First Language*, 4, 21-30.

針生悦子．(1991)．幼児における事物名解釈方略の発達的検討：相互排他性と文脈の利用をめぐって．教育心理学研究，39, 11-20.

林 安紀子．(1999)．声の知覚の発達．桐谷 滋（編），ことばの獲得（pp. 37-70）．ミネルヴァ書房．

Hollich, G. J., Hirsh-Pasek, K., & Golinkoff, R. M. (with Hennon, E., Chung, H. L., Rocroi, C., Brand, R. J., & Brown, E.). (2000). Breaking the language barrier : An emergentist coalition model for the origins of word learning. *Monographs of the Society for Research in Child Development,* 65 (3, Serial No. 262).

今井むつみ・針生悦子．(2007)．レキシコンの構築：子どもはどのように語と概念を学んでいくのか．岩波書店．

Imai, M., Li, L., Haryu, E., Okada, H., Hirsh-Pasek, K., Golinkoff, R., & Shigematsu, J. (2008). Novel noun and verb learning in Chinese-, English-, and Japanese-speaking children. *Child Development*, 79, 979-1000.

岩立志津夫．(1994)．幼児言語における語順の心理学的研究．風間書房．

Jusczyk, P. W. (1998). Using the headturn preference procedure to study language acquisition. In C. Rovee-

Collier, L. P. Lipsitt, & H. Hayne (Eds.), *Advances in infancy research : Vol. 12* (pp.188-204). Stamford, CT : Ablex.

Jusczyk, P. W., & Aslin, R. N. (1995). Infants' detection of the sound patterns of words in fluent speech. *Cognitive Psychology*, **29**, 1-23.

Jusczyk, P. W., Houston, D. M., & Newsome, M. (1999). The beginnings of word segmentation in English-learning infants. *Cognitive Psychology*, **39**, 159-207.

梶川祥世. (2008). 音声の獲得. 小林春美・佐々木正人（編），新・子どもたちの言語獲得 (pp.47-70). 大修館書店.

Kirkham, N. Z., Slemmer, J. A., & Johnson, S. P. (2002). Visual statistical learning in infancy : Evidence of a domain general learning mechanism. *Cognition*, **83**, B35-B42.

Kobayashi, H. (1998). How 2-year-old children learn novel part names of unfamiliar objects. *Cognition*, **68**, B41-B51.

Kobayashi, H. (2007). The effect of touching object parts on learning novel object part names among young children and adults. *Studies in Language Sciences*, **6**, 61-76.

Kobayashi, H., & Yasuda, T. (2012). Meanings of touching object parts in pointing. In T. C. Scott-Phillips, M. Tamariz, E. A. Cartmill, & J. R. Hurford (Eds.), *The evolution of language*. Proceedings of the 9th International Conference on the Evolution of Language, World Scientific, Singapore, 181-188.

Kuhl, P. K. (1991). Human adults and human infants show a "perceptual magnet effect" for the prototypes of speech categories, monkeys do not. *Perception and Psychophysics*, **50**, 93-107.

Markman, E. M. (1989). *Categorization and naming in children : Problems of induction*. Cambridge : The MIT Press.

Markman, E. M., & Wachtel, G. F. (1988). Children's use of mutual exclusivity to constrain the meanings of words. *Cognitive Psychology*, **20**, 121-157.

Matsui, T., & Miura, Y. (2008). Young children's assessment of linguistically encoded reliability of speaker knowledge. *Studies in Language Sciences*, **7**, 139-152.

Moll, H., Koring, C., Carpenter, M., & Tomasello, M. (2006). Infants determine others' focus of attention by pragmatics and exclusion. *Journal of Cognition and Development*, **7**, 411-430.

中川佳子・小山高正・須賀哲夫. (2005). J.COSS第三版を通してみた幼児期から児童期における日本語文法理解の発達. 発達心理学研究, **16**, 145-155.

小椋たみ子. (1999). 語彙獲得の初期発達. 桐谷 滋（編），ことばの獲得 (pp.144-194). ミネルヴァ書房.

小椋たみ子. (2006). 言語獲得における認知的基盤. 心理学評論, **49**, 25-41.

Pinker, S. (1984). *Language learnability and language development*. Cambridge, MA : Harvard University Press.

Pinker, S., Lebeaux, S., & Frost, L.A. (1987). Productivity and constraints in the acquisition of the passive. *Cognition*, **26**, 195-267.

Schlesinger, I. M. (1988). "The Origin of Relational Categories," Categories and strategies in language acquisition theory. In Y. Levi & D. S. Martin (Eds.), *Brain* (pp.121-178). Hillsdale, NJ : Lawrence Erlbaum Associates.

Tardif, T. (1996). Nouns are not always learned before verbs : Evidence from Mandarin speakers' early vocabularies. *Developmental Psychology*, **32**, 492-504.

Tardif, T., Shatz, M., & Naigles, L. (1997). Caregiver speech and children's use of nouns versus verbs : A comparison of English, Italian, and Mandarin. *Journal of Child Language*, **24**, 535-565.

Tomasello, M. (1992). *First verbs : A case study of early grammatical development*. Cambridge : Cambridge University Press.

Tomasello, M. (1999). *The cultural origins of human cognition*. Cambridge, MA : Harvard University Press.

Tomasello, M. (2003). *Constructing a language : A usage-based theory of language acquisition*. Cambridge, MA : Harvard University Press.

Tomasello, M. (2008). *Origins of human communication*. Cambridge, MA : The MIT Press.

Tomasello, M., & Akhtar, N. (1995). Two-year-olds use pragmatic cues to differentiate reference to objects and actions. *Cognitive Development*, **10**, 201-224.

Tomasello, M., & Barton, M. (1994). Learning words in nonostensive contexts. *Journal of Developmental Psychology*, **30**, 639-650.

綿巻 徹. (1999). ダウン症児の言語発達における共通性と個人差. 風間書房.

Werker, J. F., & Tees, R. C. (1983). Developmental changes across childhood in the perception of non-native speech sounds. *Canadian Journal of Psychology/Revue Canadienne de Psychologie*, **37**, 278-286.

Werker, J. F., & Tees, R. C. (1984). Cross-language speech perception : Evidence for perceptual reorganization during the first year of life. *Infant Behavavior and Development*, **7**, 49-63.

31章 記憶

仲 真紀子

　1992年版（旧版）の『発達心理学ハンドブック』の32章「記憶」（佐々木，1992）には，1980年代以降，記憶研究の流れに2つの大きな変化があったことが記されている。第一は，文脈や課題の支えがあれば幼児でも有能に振る舞えるという知見が蓄積し，伝統的な「欠如仮説」，すなわち子どもは方略や知識が欠けているために記憶力が低いとする説に疑問が付されるようになった，ということである。第二は，環境に対する働きかけや他者とのコミュニケーションが記憶の発生を促すという研究成果から，記憶を個人の内部にある過程としてのみとらえるのではない，社会構成的な「記憶発生メカニズム」の理論化が進んだ，ということである。

　その後の20数年の記憶研究の流れを網羅的にとらえることはとうていできないが，いくつかの大きな特徴をとらえることはできる。第一は，脳研究の進展により行動学的な記憶研究と神経学的基盤とが対応づけられるようになってきたことである。第二は，記憶タイプのなかでも時間，空間的な文脈のなかに位置づけられる出来事や体験の記憶（ワーキングメモリ，エピソード記憶，そして自伝的記憶）について，生涯発達的な視点をも含む多くの研究が行われるようになったことである。本稿では，まず記憶のタイプとその発達にかかわる神経学的基盤についてまとめた後，ワーキングメモリの発達に関する最近の知見について述べる。そして，1992年版との連続性も考慮しながら，エピソード記憶，自伝的記憶に関する研究の展開をみていくことにしたい。

1節　記憶の神経学的基盤

1. 記憶の区分

　記憶は一般に，「短期記憶（一次記憶）」と「長期記憶」に分けられる。短期記憶はリハーサルすることにより維持される意識的な記憶であり，長期記憶は活性化されない限り無意識的だとされてきた。これに対しタルヴィング（Tulving, 1983/1985）は，異なる種類の長期記憶は異なる種類の意識とかかわっている，という説を提案した。すなわち，脳の損傷にかかわる知見や実験室的な基礎研究から，記憶を「手続き的記憶」（procedural memory：物事が行われる手続きについての知識），「意味記憶」（semantic memory：世界に関する表象的な知識），「エピソード記憶」（体験を思い出すことを可能にする記憶）に分け，手続き的記憶はアノエティック（anoetic

またはnon-knowing：今ここで知覚し行動できる事柄に限られた意識），意味記憶はノエティック（noeticまたはknowing：眼前にない事物や事柄についても，その存在や関係性に対する気づきのある意識），エピソード記憶はオートノエティック（autonoeticまたはself-knowing：過去から未来という時間のなかでの自己やその存在に対する気づきのある，自己参照的な意識）に対応するとしている。

スクワイア（Squire, 1986）もヒトや動物を対象とした研究や，記憶の病理学的な研究にもとづき，記憶を顕在的な（意識できる）「宣言的記憶」と，潜在的な（意識できない）「手続き的記憶」に分けている。宣言的記憶は命題やイメージにより検索することができる記憶であり，そこにはエピソード記憶や意味記憶が含まれる。手続き的記憶は活動によってのみ示される記憶であり，古典的条件づけ，馴化，鋭敏化，プライミングなどが含まれる。海馬，内側皮質を含む側頭葉内側部の損傷は，新しい記憶の獲得や古い記憶の検索を困難にするが，そのような損傷をもつ患者でも，手続き的記憶は維持されることが多い。この区別は記憶の発達においても重要な意味をもち，多鹿（1999）は，顕在的な記憶は発達とともに向上するが，潜在的な記憶は一定だとした。

加えて，1990年代には，自己にかかわる体験の記憶という意味で，「自伝的記憶」（autobiographical memory）という語も多く用いられるようになった。自伝的記憶は，自己にかかわる体験の記憶である。豊かな知覚・感覚的情報や情動，時間的・空間的文脈情報をもち，自己知識ともかかわる言語的に表せる記憶である（Conway & Pleydell-Pearce, 2000 ; Rubin, 2006）。これもオートノエティックな記憶である。

2. 記憶の発生

ネルソン，C. A.（Nelson, 1995）は，動物研究，病理学的な研究，イメージング研究などの成果に加えて発達的な知見，すなわち，脳の各部位が成熟に要する時間や，特定の脳部位の損傷に敏感な課題への子どもの反応（子どもがその部位に損傷をもつ人と類似の反応をする等）などもふまえ，記憶を分類した。そして「海馬・側頭葉内側部とかかわる記憶」「前頭前皮質とかかわる記憶」「線条体（基底核）とかかわる記憶」「小脳とかかわる記憶」を区別し，これらは生後1～2年の間に発生するとした。

「海馬・側頭葉内側部とかかわる記憶」は顕在的な記憶に当たるとされ，遅延非見本合わせ課題などにより測定される。この課題では見本刺激を提示し，取り去り，一定時間後に見本刺激と新奇刺激を提示し，そこで新奇刺激が選択されたならば成功だとされる。見本刺激を記憶し，再認ではなく新奇刺激を選択することが必要であり，サルでは4カ月，人では4歳程度にならないと成功しない。この他，通様相再認課題（積み木を手で触らせた後，積み木と他の事物の絵を見せて新奇な事物を見るかどうかを調べる）で測定される記憶や，事象系列の記憶（人形の服をぬがせ，風呂に入れ，洗い，拭いて服を着せる等）がこの部位の記憶とかかわるとされる。

「前頭前皮質とかかわる記憶」はいわゆるワーキングメモリに当たるとされ，遅延反応課題や，

A-not-B課題(事物を場所Aに隠し,幼児が取ることができたならば,目の前で事物を場所Bに移動し,幼児がBを取ることができるかどうかを調べる)によって測定される。

「線条体(基底核)とかかわる記憶」と「小脳とかかわる記憶」は潜在的な記憶であり,前者は手続き的記憶,後者は条件づけに当たるとされる。前者の例としては光のパターンの記憶があげられる。幼児に次々と光るライトのパターンを示すと3.5カ月の幼児でも次に光るべきライトを予測するようになる(パターンが妨害されると反応時間が長くなる)。基底核は出生時にすでに分化しており,ミエリン化が最初に生じる部位でもあり,手続き的記憶の発生は早いとされる。また,「小脳とかかわる記憶」としては,母親の声と吸綴行動(サッキング)の連合や,ロヴェー-コリヤーらによるモビールとキッキング(足で蹴る運動)の条件づけなどがあげられる。ロヴェー-コリヤーらのパラダイムでは,キッキングのベースラインを測定した後,幼児が足を動かすとモビールが動くようにしてキッキングを条件づける(幼児は足を動かすとモビールが動くことを学習する)。そして,一定の遅延後にモビールを再提示し,キッキングが生じるかどうかを調べる。一連の研究により,2カ月児でも1週間,3カ月児では1～2週間,6カ月児では2～3週間程度,記憶が維持されることが示されている(Rovee-Collier & Gerhardstein, 1997等)。

ネルソンはこれらの記憶を区別したうえで,線条体や小脳に依存する記憶,および海馬に依存する一部の記憶(前顕在的記憶)は生後数カ月で発生するが,前頭前回路に依拠するワーキングメモリの発生は6～12カ月頃であること,海馬・側頭葉を含む顕在的記憶の発生・発達にはより長い時間がかかり,成熟には10年単位の期間がかかることを示唆している。

2節 エピソード記憶の神経学的基盤

1. 連合成分と方略成分

ここ20数年の記憶研究は,顕在的記憶,とくにエピソード記憶の発生について,多くの知見をもたらした。エピソード記憶は時空間的な文脈とかかわる記憶であり,想起においては「思い出せた」という感覚,あるいは「心的に過去(あるいは未来)に時間をさかのぼり,その出来事を再体験する」という感覚をともなう(Tulving, 1983/1985;近年ではShing, Werkle-Bergner, Brehmer, Müller, Li, & Lindenberger, 2010;Arnold, McDermott, & Szpunar, 2011等)。

シングほか(Shing et al., 2010)はエピソード記憶の生涯発達的な変化を,次のようにまとめている。①努力が少なくてすむ自動的な記憶は,努力を要する記憶よりも先に発生し,努力を要する記憶は自動的な記憶よりも早く衰える。②項目と文脈とを結びつけるソースモニタリング能力は幼児期では低く,青年期から成人期でピークとなり,高齢期では再び低くなる。③親近性(familiarity)にもとづく検索は早期に発達し,回想(recollection)にもとづく検索は児童期から青年期にかけて発達する。また,高齢になると詳細情報の回想が困難になる。④記憶表象は上位の一般的な記憶表象と下位の個別具体的な表象からなる階層構造をもつ。児童では個別具体的な

表象がつくられやすく，高齢者では個別具体的な表象へのアクセスが困難になる。

　このような特徴をふまえ，シングらは，記憶の発達的変化を，情報を連合・連結させる認知的プロセス（連合成分）と方略的なコントロール（方略成分）の発達により説明しようとした。ここでの連合成分とは，記銘や検索の過程において複数の項目を結びつけたり，出来事と文脈を連合させたりする，比較的自動的な活動である。また，方略成分とは，記銘においては注意を向けるべき情報を特定したり，検索においては記憶方略を使用したり検索された記憶の評価を行ったりする，統制的な活動である。

　さらにシングらは，連合成分は海馬を含む側頭葉内側部，方略成分は前頭前皮質とかかわるとしている。側頭葉内側部は学童期くらいまでに成熟し，その後は維持されるが高齢期では衰えるとされる。一方，前頭前皮質の発達は青年期までかかり，20代半ばで頂点に達するが，その後は低下し，高齢になると構造的にも神経化学的にも変化が生じるという。これらのことから，シングらは，エピソード記憶は児童期に成熟し高齢で衰える連合成分と，青年期まで発達しその後衰える方略成分によって支えられているという二成分仮説を提唱した。

　この仮説を検証するために，シングほか（Shing, Werkle-Bergner, Li, & Lindenberger, 2008）は児童群（10～12歳），少年群（13～15歳），青年群（20～25歳），高齢者群（70～75歳）の4つの年齢群の参加者を対象に，単語対のリストの学習を求めた。連合成分にかかわる変数として「単語間の関連性」を，方略成分にかかわる変数として「方略の教示」を操作したところ，これらの変数は年齢群に応じて異なる影響をもたらすことが確認された。青年群は全体として児童群，高齢者群よりも成績が高いが，とくに関連性の強い単語対が与えられた条件では，自発的に方略を編み出し，さらに高い成績を示した。一方，児童群，少年群は自発的に方略を使うことはできないが，方略を教示され，また練習をするとそれを効果的に用いることができた。これに対し高齢者群では教示の効果は低く，練習による改善効果も小さかった。

　ブレマーほか（Brehmer, Li, Straube, Stoll, von Oertzen, Müller, & Lindenberger, 2008）も，同様の結果を示している。児童群（10～11歳），少年群（12～13歳），青年群（21～26歳），高齢者群（66～79歳）の4つの年齢群の参加者に記憶方略（場所法）を教示し，練習をしてもらい，場所名と事物名からなる単語対（バス停－本等）を学習してもらう課題を行った。その結果，児童群，少年群は方略を習得し，高い成績を示すことができたが，高齢者群には環境的な助け（方略の再教示）が必要であった。このような結果は，方略を用いないときには差がなくとも，支援によって方略を獲得し積極的に用いることのできる児童と，引き続き支援が必要な高齢者との違いを浮かび上がらせている。

2. ワーキングメモリ

　ワーキングメモリ（working memory：WM）は，情報を後に使用するために維持しながら，特定の課題を行うことを可能にする機能である。たとえば，列に含まれるドットの数を数えながらその数を記憶していく，といった課題により測定される。

バロウィレットほか（Barrouillet, Gavens, Vergauwe, Gaillard, & Camos, 2009）はWMの発達にかかわる説を，①処理と貯蔵は一定容量のなかで行われるが，年齢とともに処理の効率が上がると，その分貯蔵に多くの容量を割り当てることができるようになり，情報がよりよく保持できるようになる（ケイスらの説；Case, Kurland, & Goldberg〔1982〕），②処理と貯蔵は区別され，子どもは処理と貯蔵との間で注意を切り替える。処理に注意を向けている最中は貯蔵中の情報は減衰するが，処理速度が上がり，処理を早く終えることができるようになれば，貯蔵時間が短くてすむため，情報はよりよく思い出せることになる（タウゼとヒッチの説；Towse & Hitch〔1995〕），③処理と貯蔵を支える注意の容量は一定だが，年齢とともに処理と貯蔵の間の注意の切り替えがより効率的に，より頻繁に（潜在的なマイクロレベルで）行えるようになる。その結果，貯蔵されている情報に繰り返し注意を払うことができ，情報はよりよく保持されるようになる（time-based resource-sharing：TBRS）。

　そしてTBRSの検証を目指し，6，7歳児を対象に，動物の絵を見せた後，彩色したスマイリーの色名を言ってもらい，その後動物を思い出してもらうという実験を行った（Camos & Barrouillet, 2011）。スマイリーが1つで提示時間が短い条件（1.3秒），スマイリーが2つで提示時間が短い条件（1.3秒×2），スマイリーが2つで提示時間が長い条件（2.6秒×2）を比較したところ，6歳児では提示時間（動物の絵を保持していなければならない時間）の影響だけがみられたが，7歳児では，スマイリーが2つで提示時間が短い条件でのみ成績が低かった。6歳児は課題の要請，すなわちスマイリーの提示時間の長さに応じて記憶の減衰がみられたが（上記の②を支持），7歳児では注意の切り替えが困難な状況でのみ成績が下がったといえる（上記の③を支持）。この結果は，子どもは年齢とともに貯蔵と保持にかかわる方略を積極的に使えるようになることを示唆しており，方略成分が充実することで記憶が向上するというシングらの説を支持している。

　サンダーほか（Sander, Werkle-Bergner, & Lindenberger, 2011）も，シングらの二成分仮説にもとづき，児童群（9～12歳），青年群（20～26歳），高齢者群（69～76歳）の3つの年齢群を対象にWMの発達的変化を調べている。まず，色のついた四角の列を提示し，その1秒後に比較列を提示し，最初の列と後の列との異同判断を求める。列の提示時間を短くしたり，無視すべきディストラクタ（誤った選択肢）を設けることにより課題の負荷を高めたところ，全体的な成績は青年＞児童＞高齢者であり，どの年齢群でも列の提示時間が長い条件で成績は高かった。ただし，青年群ではディストラクタがあっても提示時間が長ければ成績は下がらないが，児童群と高齢者群の成績は落ちることが示された。サンダーらは，児童では連合成分は成熟しているが方略成分が未成熟であるために成績が低く，高齢者では両成分ともに低下しているために成績はさらに低い，と解釈している。

3節　出来事の記憶

1. エピソード記憶を支える会話

　前述のように，ネルソン，C. A.（Nelson, 1995）は，およそ4歳で，顕在的記憶の指標とされる遅延非見本合わせ課題に成功するようになることを示唆した。ネルソン，K.（Nelson, 2000）も，3歳で断片的なエピソードの報告，4〜5歳では個人的なナラティブが可能になるとしている。上原（2006）も4歳が臨界期だと推定している。だが，幼児におけるエピソード記憶の記銘や再生は，環境依存的であることも事実である。佐々木（1992）も述べているように，幼児のエピソード記憶のあり方は，親が幼児から過去の出来事をどのように聞き出すかという会話のスタイル（レミニシングスタイル）とかかわっている。

　ハーリィとリース（Harley & Reese, 1999）は，その名も「自伝的記憶の起源」という論文で，幼児自身の自己への気づきと母親のレミニシングスタイルが，幼児の後のエピソード記憶の報告とかかわっていることを示した。まず，幼児が19カ月の時点でミラーテストを行い，自己への気づきを有しているかどうかを調べる（この課題では，幼児に気づかれないように鼻にマークをつけておき，後に鏡を見せたときの幼児の行動を調べる。幼児が自分の鼻に触れれば，自己への気づきがあるとされる）。また，幼児が19カ月，25カ月，32カ月の時点で母子の会話を調べた。幼児による自己への気づき（19カ月の時点でミラーテストに通過したかどうか）と母親のレミニシングスタイル（19カ月の時点において，母親が「誰が？」「それから何をした？」などの質問を用い，子どもの会話を精緻化した度合のHigh/Low）で分割した4群について，子どもによる出来事の記憶の精緻化（新しい情報をどの程度提供したか）を比較したところ，すべてのタイムポイントで，自己への気づきがあった子どもほど，また母親のレミニシングスタイルが高かった子どもほど，精緻化の度合いが高かった。この他多くの研究が，養育者によるレミニシングスタイルと子どもの報告に関連性があることを示している（Peterson & McCabe, 1996；Reese, Haden, & Fivush, 1993；Fivush & Fromhoff, 1988等）。近年では，青年期においても，友人との会話が自伝的記憶の語り（ナラティブ）に影響を及ぼすことが示されている（Pasupathi & Hoyt, 2009）。これらの知見は，人と人との間で行われる活動が個人の認知的枠組みとして内化されるという，社会構成的な見方を支持している。

　ところで，母親によるレミニシングスタイルは，WH質問等を用いて子どもの発話を拡張する度合いによって測られることが多い。しかし，それ以外にもレミニシングスタイルを特徴づける要因はあるかもしれない。このような問題意識により，フィヴァッシュとヴァスデヴァ（Fivush & Vasudeva, 2002）は4歳児とその母親にゲームなどの活動を求め，そこでの言語的な感情表出（感情語を用いる度合い），非言語的な感情表出（子どもに目を向けたり笑ったりする行動で示される「暖かさ」），および愛着の度合い（母親の評定による）とレミニシングスタイルとの関連性を調べた。その結果，高い愛着を報告した母親は，精緻化の度合いが高いレミニシン

グを示したが，言語的，非言語的な感情表出とレミニシングスタイルには相関はなかった。また，クリーヴランドとリース（Cleveland & Reese, 2005）は，縦断研究に参加している母子を対象に，母親のレミニシングスタイルと，レミニシングスタイルと直交する変数としての「自律性を支援する態度」が子どもの報告に及ぼす影響を調べた。レミニシングスタイルにおける精緻化の度合いはWH質問の数により測定し，「自律性を支援する態度」は子どもの話を拡張すること，子どもの話を途中で変更したり否定したりしないこと等により測定した。レミニシングスタイルのHigh/Lowと自律性支援のHigh/Lowで分割した4群において，子どもによる精緻化の度合い（新しい情報をどの程度提供したか）を比較したところ，40ヵ月の時点ではHigh-High群の子どもにおいて記憶の精緻化の度合いが高かった。しかし，65ヵ月の時点で子どもの報告に影響があったのは，レミニシングスタイルのみであった。他にも影響を及ぼしうる変数はあるものの，質問の形式は一貫して重要だといえるだろう。

2. 介入研究

　母親のレミニシングスタイルと子どものエピソード記憶に関連があるのならば，養育者の会話スタイルに介入することで，子どものエピソード記憶の量や質を向上させることができるのではないか。ここ10年においてはそういった研究も行われるようになった。ピーターソンほか（Peterson, Jesso, & McCabe, 1999）は3歳児をもつ低所得層の母親20人を訓練群と統制群に分け，前者に対して1年にわたるレミニシングスタイルの訓練を行った。訓練で用いられた教示は，①過去の出来事について頻繁に話す，②個々の出来事の報告に多くの時間をとる，③WH質問を多用し，YN質問は控える。文脈や状況，とくにwhere, whenを尋ねる，④子どもの発話に耳を傾け，精緻化を励ます，⑤あいづちやエコーイングを行い，子どもが1文以上話すよう励ます，⑥子どもの話をフォローし，子どもの話したいことを話させる，であった。彼らは2ヵ月ごとの訪問や電話連絡により，母親にこれらの方略を使用するよう促した。この介入の事前事後，および1年後のフォローアップ（幼児は5歳になっている）で母親と子どもの発話を調べたところ，（必ずしも有意ではないが）事後のナラティブ数やフォローアップ時の場所・時間記述に増加がみられた。

　ボーランドほか（Boland, Haden, & Ornstein, 2003）は会話を行うタイミングを問題にしている。彼らは就学前の幼児をもつ母親39人の半数を訓練群，残りを統制群とし，出来事の最中の会話が子どもによる出来事の報告に及ぼす影響を調べた。まず，パンフレットやDVDにより，母親に①WH質問を行うこと，②出来事と子どもが知っていることとを連合させること，③子どもが話していることをフォローすること，④子どもの言語的，非言語的な行動をポジティブに評価すること，などを教示する。その後，親子でキャンプごっこをしてもらい，そこでの母親の発話や1日後と3週間後の幼児の報告を分析した。その結果，訓練群の母親は統制群の母親よりも①③④を多く用いること，訓練群の子どもはより精緻化された報告を行うことが示された。

　マクギガンとサルモン（McGuigan & Salmon, 2004）はさらに歩を進め，会話が効果をもた

らすタイミング（出来事の前か，最中か，後か）を調べている。3〜4歳児，5〜6歳児に動物園ごっこをしてもらい，空（カラ）の会話群，事前会話群，最中会話群，事後会話群の4群を比較した。空の会話群では，出来事の最中，特定の情報が含まれない会話（「こうしてちょうだい」等）を行った。残りの3群では，動物園ごっこの2〜3日前（事前会話群），最中（最中会話群），または2〜3日後（事後会話群）に，精緻化された会話（「赤いリボンをキリンのしっぽにつけて」等）を行った。その結果，空の会話群に比べ，他の3群，とくに事後会話群での子どもの記憶はより正確であった。マクギガンとサルモン（McGuigan & Salmon, 2006）は同様の課題を用いて，最中の会話が出来事の言語報告のみならず，非言語的な報告の正確さにも効果を及ぼすことを示している。

4節 被暗示性と面接法

1. 被暗示性の源泉

フィヴァッシュとヴァスデヴァ（Fivush & Vasudeva, 2002）は，過去の出来事を思い出して語ることは社会的な活動であり，情緒的なきずなを維持することだとした。クリーヴランドとリース（Cleveland & Reese, 2005）も，感情を分かち合う会話では正確さよりも豊かさが重要だとしている。しかし同じエピソード記憶であっても，それが裁判や処遇において用いられるとなれば，正確な報告が重要となる。1980年代，欧米では幼児や児童の証言に端を発する冤罪事件が多発した。たとえば，1983年にアメリカで起きたマクマーチン事件では，幼児の訴えにより幼稚園職員が性虐待のかどで起訴された。この事件では幼児に対する誘導的な面接に問題があったとされ，被告人は無罪となった（Butler, Fukurai, Dimitrius, & Krooth, 2001/2004）。1986年にイギリスで起きたクリーブランド事件では，125人もの子どもが家族から性虐待を受けたとされ保護されたが，調査法や面接法に問題があったとされ，すべての子どもが家に戻るか，ケース棄却とされた（British Medical Journal, 1988）。日本でも，子どもの供述に問題があったとされる事件として，1974年に起きた甲山事件をあげることができる。こういった事件が契機となり，子どもの被暗示性に対する関心が高まってきた（Ceci & Bruck, 1995 ; Naka, 2006）。

シャクターほか（Schacter, Kagan, & Leichtman, 1995）は，子どもにおける被暗示性や記憶の変容は前頭前野が未成熟であることによるのではないか，と議論している。一般に，前頭前野における損傷は，順序や頻度の記憶，手がかりを用いた記憶検索，記憶成績に関するモニタリングなどを低下させる。これらは幼児における①情報源の健忘，②虚再認（高い確信度をともなうこともある），③作話（蓋然性の低い内容を詳細に話す）などの傾向性と類似しているとし，シャクターらは被暗示性にも脳科学的な基盤があることを示唆した。

これに加え，社会・対人的要因，すなわち面接者の態度や質問のタイプ，質問に含まれる誤情報，質問の繰り返し，誘導や圧力などが重要であることも，多くの研究により指摘されてき

た（Ceci & Bruck, 1995；仲，2012；仲・上宮，2005 等）。たとえばブラックほか（Bruck, Ceci, & Hembrooke, 2002）は，3〜6 歳児を対象に 5 回にわたり誘導的な面接を行い，実際には起きていないポジティブな出来事（公園で逃げたサルを捕まえるのを手伝った）やネガティブな出来事（幼稚園に泥棒が入り食べ物を盗んだ）が，実際にあったかのように語られるようになることを示した。日本でも 森ほか（Mori, Sugimura, & Minami, 1996）が，4, 5 歳児を対象とし，誤情報効果（質問に含まれる誤情報が後の記憶を不正確にする効果）が生じることを確認している。また，菊野（1995）は小学校 2 年生と 5 年生を対象とし，質問に含まれる誤情報がソースモニタリングを不正確にすることを示した。上原（Uehara, 2000）は幼児を対象に，運動会での体験について面接を行い，質問に含まれる架空の事柄（モンスターがいた）が 1 週間後の面接では「あったこと」として報告されることを見出した。山本ほか（山本・脇中・斎藤・高岡・高木，2003）は甲山事件をふまえ，幼稚園に遊びに来た幼児の行方について，10 週間にわたり園児に面接するという実験を行った。そのなかで，実際には大人と出て行った幼児が，一人で出て行ったかのように報告されることを示している。

2. 正確さを求める

　レミニシングスタイルは報告の精緻化を促し，記憶の正確さにも影響を及ぼす。となれば，精緻な報告（ナラティブ）を求めた場合，被暗示性は低くなると予想できるのだろうか。クルコフスキーとクレムフス（Kulkofsky & Klemfuss, 2008）は 2 つの可能性をあげている。特定の出来事について精緻化を求めることは，リハーサルを促し，記憶痕跡を強め，その結果被暗示性を低減させるかもしれない（正の効果）。しかし，自伝的記憶をめぐる一般的な会話は共同想起であり，互いに記憶を補ったり，相手のコメントを「そうだったかもしれない」と受け入れたりすることはよく起きる。そのため，精緻なナラティブは，むしろ被暗示性を高める要因にもなるだろう（負の効果）。

　このことを検討するために，彼らは 33〜66 カ月児を対象に，実際に体験した出来事（クッキーづくり）（研究 1）と一般的な自伝的記憶（研究 2）について，ナラティブの質と被暗示性との関連性を調べた。ナラティブの質は報告に含まれる命題数や一貫性の度合いにより測定し，被暗示性は，研究 1, 2 とも，クッキーづくりに関する誘導的な面接（実際にはなかったことを示し，「友だちもそう言っている」などという）において幼児が誤情報を受け入れる度合い（アセント）や，答えを変える度合い（シフト）により測定した。その結果，研究 1 ではナラティブの質が高いほど，暗示項目へのアセントは低かったが，実験 2 では，ナラティブの質が高いほどシフトが多かった。マクギガンらも示しているように，体験した出来事についてのナラティブは記憶の質を高め，暗示への抵抗を高めるのだろう。これに対し自伝的記憶のナラティブには，互いの見方を統合し，記憶を再構成することなども含まれる。精緻な自伝的ナラティブをつくる活動には，「友だちもそう言っている」などの誘導を受け入れるのと共通した要素が含まれているのかもしれない。

こういった研究の流れと並行して，1990年代頃より，子どもから証拠的価値の高い供述を得ることを目指す司法面接（forensic interview）の開発や評価がさかんに行われるようになった。1992年に英国で公刊された「子どもへの司法面接：ビデオ録画面接のためのガイドライン」（英国内務省・保健省，1992/2007）やその後継版である「最良の証拠を得るために」（Achieving Best Evidence），1990年半ばからアメリカやイスラエルで用いられているNICHD（The National Institute of Child Health and Human Development）プロトコル（Lamb, Orbach, Hershkowitz, Esplin, & Horowitz, 2007）等，司法面接の種類は多いが，その多くが①グラウンドルール（「本当のことを話す」などの面接における約束事の教示），②ラポール（話しやすい関係性を築く），③エピソード記憶の練習（出来事を思い出して話す練習をする），④自由報告（「何があったか話してください」「そして」「それから」などの誘いかけにより，子どものナラティブを引き出す），⑤質問（不足している情報を，できるだけオープン質問を用いて話してもらう），⑥クロージング（子どもに感謝し，終了する）などの要素をもつ。日本でも児童相談所や検察庁を中心に研修が行われるようになり，評価研究も行われるようになった（仲，2011；Naka, 2014）。出来事の記憶は，実験室においても現実社会においても，きわめて重要な研究課題だといえるだろう。

◆ 引用文献

Arnold, K. M., McDermott, K. B., & Szpunar, K. K. (2011). Individual differences in time perspective predict autonoetic experience. *Consciousness and Cognition*, **20**, 712-719.

Barrouillet, P., Gavens, N., Vergauwe, E., Gaillard, V., & Camos, V. (2009). Working memory span development : A time-based resource-sharing model account. *Developmental Psychology*, **45**, 477-490.

Boland, A. M., Haden, C. A., & Ornstein, P. A. (2003). Boosting children's memory by training mothers in the use of an elaborative conversational style as an event unfolds. *Journal of Cognition and Development*, **4**, 39-65.

Brehmer, Y., Li, S.-C., Straube, B., Stoll, G., von Oertzen, T., Müller, V., & Lindenberger, U. (2008). Comparing memory skill maintenance across the life span : Preservation in adults, increase in children. *Psychology and Aging*, **23**, 227-238.

British Medical Journal . (1988). Summary of the Cleaveland inquiry. *British Medical Journal*, **297**, 190-191.

Bruck, M., Ceci, S. J., & Hembrooke, H. (2002). The nature of children's true and false narratives. *Developmental Review*, **22**, 520-554.

Butler, E. W., Fukurai, H., Dimitrius, J.-E., & Krooth, R. (2004). マクマーチン裁判の深層：全米史上最長の子ども性的虐待事件裁判（黒沢 香・庭山英雄，編訳）．北大路書房．(Butler, E. W., Fukurai, H., Dimitrius, J.-E., & Krooth, R. (2001). *Anatomy of McMartin child molestation case*. Lanham MD : University Press of America.)

Camos, V., & Barrouillet, P. (2011). Developmental change in working memory strategies : From passive maintenance to active refreshing. *Developmental Psychology*, **47**, 898-904.

Case, R., Kurland, M., & Goldberg, J. (1982). Operational efficiency and the growth of short-term memory. *Journal of Experimental Child Psychology*, **33**, 386-404.

Ceci, S. J., & Bruck, M. (1995). *Jeopardy in the courtroom : The scientific analysis of children's testimony*. Washington, DC : American Psychological Association.

Cleveland, E. S., & Reese, E. (2005). Maternal structure and autonomy support in conversations about the past : Contributions to children's autobiographical memory. *Developmental Psychology*, **41**, 376-388.

Conway, M. A., & Pleydell-Pearce, C. W. (2000). The construction of autobiographical memories in the self-memory system. *Psychological Review*, **107**, 261-288.

Fivush, R., & Fromhoff, F. A. (1988). Style and structure in mother-child conversations about the past. *Discourse*

Processes, **11**, 337-355.

Fivush, R., & Vasudeva, A. (2002). Remembering to relate : Socioemotional correlates of mother-child reminiscing. *Journal of Cognition and Development*, **3**, 73-90.

Harley, K., & Reese, E. (1999). Origins of autobiographical memory. *Developmental Psychology*, **35**, 1338-1348.

英国内務省・保健省（編）．(2007)．子どもへの司法面接：ビデオ録画面接のためのガイドライン（仲真紀子・田中周子，訳）．誠信書房．(Home Office. (1992). *Memorandum of good practice on video recorded interviews with child witnesses for criminal proceedings*. London : Stationery Office.)

菊野春雄．(1993)．子どもの視覚記憶に及ぼす言語的質問の効果．教育心理学研究，**41**，99-105.

Kulkofsky, S., & Klemfuss, J. Z. (2008). What the stories children tell can tell about their memory : Narrative skill and young children's suggestibility. *Developmental Psychology*, **44**, 1442-1456.

Lamb, M. E., Orbach, Y., Hershkowitz, I., Esplin, P. W., & Horowitz, D. (2007). A structured forensic interview protocol improves the quality and informativeness of investigative interviews with children : A review of research using the NICHD Investigative Interview Protocol. *Child Abuse & Neglect*, **31**, 1201-1231.

McGuigan, F., & Salmon, K. (2004). The time to talk : The influence of the timing of adult-child talk on children's event memory. *Child Development*, **75**, 669-686.

McGuigan, F., & Salmon, K. (2006). The influence of talking on showing and telling : Adult-child talk and children's verbal and nonverbal event recall. *Applied Cognitive Psychology*, **20**, 365-381.

Mori, T., Sugimura, T., & Minami, M. (1996). Effects of prior knowledge and response bias upon recognition memory for a story : Implications for children's eyewitness testimony. *Japanese Psychological Research*, **38**, 39-46.

Naka, M. (2006). Memory talk and testimony in children. In M. Nakayama, R. Mazuka, & Y. Shirai (Eds.), *Handbook of East Asian psycholinguistics* (pp.123-129). Cambridge, UK : Cambridge University Press.

仲真紀子．(2011)．NICHDガイドラインにもとづく司法面接研修の効果．子どもの虐待とネグレクト，**13**，316-325.

仲真紀子．(2012)．面接のあり方が目撃した出来事に関する児童の報告と記憶に及ぼす効果．心理学研究，**83**，303-313.

Naka, M. (2014). A training program for investigative interviewing of children. In R. Bull (Ed.), *Investigative interviewing* (pp.103-122). New York : Springer.

仲真紀子・上宮愛（2005）．子どもの証言能力と証言を支える要因．心理学評論，**48**，343-361.

Nelson, C. A. (1995). The ontogeny of human memory : A cognitive neuroscience perspective. *Developmental Psychology*, **31**, 723-738.

Nelson, K. (2000). Memory and belief in development. In D. L. Schacter & E. Scarry (Eds.), *Memory, brain, and belief* (pp.259-289). Cambridge, MA : Harvard University Press.

Pasupathi, M., & Hoyt, T. (2009). The development of narrative identity in late adolescence and emergent adulthood : The continued importance of listeners. *Developmental Psychology*, **45**, 558-574.

Peterson, C., & McCabe, A. (1996). Parental scaffolding of context in children's narratives. In C. E. Johnson & J. H. V. Gilbert (Eds.), *Children's language : Vol. 9* (pp.183-196). Hillsdale, NJ : Lawrence Erlbaum Associates.

Peterson, C., Jesso, B., & McCabe, A. (1999). Encouraging narratives in preschoolers : An intervention study. *Journal of Child Language*, **26**, 49-67.

Reese, E., Haden, C. A., & Fivush, R. (1993). Mother-child conversations about the past : Relationships of style and memory over time. *Cognitive Development* **8**, 403-430.

Rovee-Collier, C., & Gerhardstein, P. (1997). The development of infant memory. In N. Cowan (Ed.), *The development of memory in childhood* (pp.5-39). Hove East Sussex : Psychology Press.

Rubin, D. C. (2006). A basic-systems approach to autobiographical memory. *Current Directions in Psychological Science*, **14**, 79-83.

Sander, M. C., Werkle-Bergner, M., & Lindenberger, U. (2011). Binding and strategic selection in working memory : A lifespan dissociation. *Psychology and Aging*, **26**, 612-624.

佐々木正人．(1992)．記憶．東洋・繁多進・田島信元（編集企画），発達心理学ハンドブック（pp.564-582）．福村出版．

Schacter, D. L., Kagan, J., & Leichtman, M. D. (1995). True and false memories in children and adults : A cogni-

tive neuroscience perspective. *Psychology, Public Policy, and Law*, **1**, 411-428.
Shing, Y. L., Werkle-Bergner, M., Brehmer, Y., Müller, V., Li, S.-C., & Lindenberger, U. (2010). Episodic memory across the lifespan : The contributions of associative and strategic components. *Neuroscience and Biobehavioral Reviews*, **34**, 1080-1091.
Shing, Y. L., Werkle-Bergner, M., Li, S.-C., & Lindenberger, U. (2008). Associative and strategic components of episodic memory : A life-span dissociation. *Journal of Experimental Psychology : General*, **137**, 495-513.
Squire, L. R. (1986). Mechanisms of memory. *Science* (New Series), **232**, 1612-1619.
多鹿秀継．(1999)．子どもの潜在記憶の発達．心理学評論，**42**，172-184.
Towse, J. N., & Hitch, G. J. (1995). Is there a relationship between task demand and storage space in tests of working memory capacity? *Quarterly Journal of Experimental Psychology : Human Experimental Psychology*, **48A**, 108-124.
Tulving, E. (1985). タルヴィングの記憶理論（太田信夫，訳）．教育出版．(Tulving, E. (1983). *Elements of episodic memory*. New York : Oxford University Press.)
Uehara, I. (2000). Differences in episodic memory between four- and five-year-olds : False information versus real experiences. *Psychological Reports*, **86**, 745-755.
上原　泉．(2006)．乳幼児の記憶能力の発達：4歳前後のエピソード記憶と他の認知能力の発達の視点から．心理学評論，**49**，272-286.
山本登志哉・脇中　洋・斎藤憲一郎・高岡昌子・高木光太郎．(2003)．生み出された物語：目撃証言・記憶の変容・冤罪に心理学はどこまで迫れるか．北大路書房．

32章 認知・思考

小島康次

　これまで認知・思考の基礎となる知識の形成にまつわる心理学諸説を貫く大きな枠組みとしてとらえられてきた領域一般性vs領域固有性という論争の視座は、認知発達心理学の成立過程において学界を二分したピアジェとチョムスキー（Chomsky, N.）による大論争を背景としていたと考えられる（Piattelli-Palmarini, 1979/1986）。しかし，パーカーとマッキニー（Parker & McKinney, 1999）は，霊長類においてさえもともともっている多くの技能を組み合わせて，その状況に適合した使用の仕方を編み出すことができるとし，それらは領域一般的な操作でも，領域固有のモジュールでも説明は難しいという。後述するように認知能力は単一のメカニズムで獲得されるものではなく，さまざまなレベルにおける相互作用によって柔軟に発達するものでありモジュールとして形成された能力が，文脈に応じて柔軟に使用できるようになることによって領域一般のメカニズムが付け加わったものと考えられる。

　ピアジェ流の領域一般の認知能力とチョムスキー流の領域固有の認知能力はどちらか片方のみで成り立つのではなく，両方とも進化によって成立した重要な能力なのである。領域固有のメカニズムは環境の変化が比較的小さく，長期間にわたって同じ問題に直面するような場合に進化しやすいであろう（Tooby & Cosmides, 1992）。他方，領域一般のメカニズムは環境が不安定で，世代ごとに直面する問題の性質が変化するような状況で進化しやすいといえる（MacDonald & Geary, 2000）。

　本稿は領域固有性と領域一般性の論争を超えて，それらがどのように影響を及ぼし合うか（共進化）という（新成熟論の）視点から，1節では主として認知の発達について，2節では思考（推論と合理性）についての議論を試みる。

1節　認知の発達：潜在的認知と顕在的認知の関係

　ヒトの認知は，さまざまな処理を含み，進化的に古いものもあれば，比較的新しく，ヒトに特有のものもある。本節では，進化発達心理学（新成熟論）に関連する認知の側面として，潜在的認知と顕在的認知の違いに焦点を当てて論じる。潜在的認知と顕在的認知は，領域固有の認知と領域一般の認知の対比として論じられてきたテーマと軌を一にするものであるが，ここでの用語法（潜在的認知vs顕在的認知）は過去の論争の枠組みをいったん取り外して，それらを個別の

要因間のダイナミックな相互作用として扱う方向性を含意している。

1.「表象書き換え」による潜在的認知から顕在的認知への発達

　ピアジェ理論の影響を強く受けた認知発達心理学では高次の認知課題に焦点が当てられ，意識的な過程をともなう「顕在的認知」が対象とされるのに対して，とくに意識しなくても決まった反応ができるように自然淘汰によって形成された無意識的な認知過程，すなわち「潜在的認知」を重視するのが進化心理学の立場である。動物やヒトの乳児の認知や記憶は潜在的であるとするのが一般的であるのに対して，乳児期以降の認知発達研究は，顕在的認知を扱うものがほとんどであった。これら2つの認知システムの違いを論じる研究は数多くあるが，両者がどのように関係しているかについての研究はほとんどない。

　カミロフ-スミス（Karmiloff-Smith, 1992/1997）は潜在的認知から顕在的認知への転換を説明する表象の書き換え理論（Representation Redescription：RRモデル）というユニークな仮説を提案した。

　このモデルによれば，発達は再帰的な3つの相からなるとされる。第1の相では，外的データによって駆動される発達初期の領域固有な表象が生み出され，この表象によって行動の完全習得が実現される。その後，第2の相では，内的に駆動される内的表象が外的データよりも優勢となり，一時的に外的データを無視する状況が生じる。このことは時に，行動上の正しい振る舞いを無視することで，低年齢のときよりも成績の低下をもたらすことから，U字形の発達曲線が描かれることがある（図32.1）。最終的に第3の相では，内的データと外的データがうまく結びつき，両方のバランスが保たれる。

　RRモデルは，これらの相の転換を4つの内的表象のフォーマットの変化としてとらえる。第Ｉレベルは潜在的表象であり，3つの顕在的表象（E_1, E_2, E_3）がそれに続くとされる。第Ｉレベルの表象は，いわばカプセル化されていて，特定の目的にしか使用できず融通がきかない代わりに，迅速にしかも効果的に働く。これを次のE_1レベルに書き換えるには，手続き的に埋め込まれた情報の細部を削ぎ落とし，縮減した記述に直す必要がある。

　たとえば，「ツル」を見る人の知覚システムへ送られた視覚像を考えてみよう。その像を，「首が長く，クチバシが長い鳥」（言葉あるいはイメージに関するE_2／E_3）に書き換える場合，知覚像の細部を削ぎ落とすことで，認知システムに現実のツルと大型機械であるクレーンとのアナロジー的な理解が可能になる。実際には鳥のツルと大型機械のクレーンとは大変違っていて，表象の書き

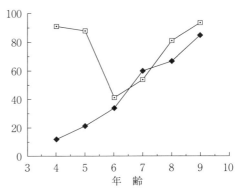

図32.1　行動レベルの変化（□）と表象レベルの変化（◆）（Karmiloff-Smith, 1992/1997）

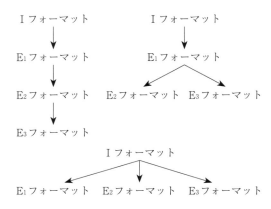

図32.2 第ⅠレベルからE₃レベルに至る書き換えのパターン（Karmilof-Smith, 1992/1997）

換えなしにはそれらのアナロジーを構成するのは不可能である。

第Ⅰレベルの潜在的表象は，まず操作可能で顕在的な表象を部分的に含むE₁フォーマットへ書き換えられ，それからさらに柔軟で完全に顕在的なE₂／E₃フォーマットへと書き換えられる。厳密には，意識化はできるが言語化できないE₂と，言語的にアクセス可能なE₃を区別すべき領域（空間認知や筋運動等はE₂）があると考えられる（図32.2）。

2. 潜在的表象と顕在的表象のダイナミックな関係：「心の理論」を例として

クレメンツとパーナー（Clements & Perner, 1994）は，心の理論として知られる実験事態において，それまでの発達理論（Perner, 1991/2006）が主張していた4歳になって初めて可能になるとされた心の理論の発達について，潜在的認知を検知する方法を用いることでRRモデルの潜在的レベルの表象段階に関する結果を得た。

心の理論研究で用いられる標準的な誤信念課題では，2人の子どもの前でおやつを隠す場面の後，そのうちの一人（マキシ）が部屋を離れたスキにおやつが別の場所に移される場面が続く。そこで，マキシが戻ってきたとき，マキシはおやつがどこに隠されていると思うか，という課題である。4歳児のほとんどが，マキシは最初に隠された場所（移動されておやつのない場所）を探すと正しく答えるのに対して，4歳未満児の多くはマキシが移動した後の新しい隠し場所を探すと誤答するというものである。これは，通常，マキシが自分と異なる知識（誤信念）もつことを理解しないためだと解釈される。

クレメンツとパーナー（Clements & Perner, 1994）は同様の課題で，潜在的理解を評価する手段（視線の検出）を用いた。課題は，ネズミのサムがチーズをある場所に置き，寝ている間に，ケイティという別のネズミがそのチーズを別の場所に動かしたという設定で，標準的な誤信念課題と同じ構成になっている。この場合も，年少児の答えは標準誤信念課題におけるものと同じく誤信念理解の欠如を示す結果となった。しかし，クレメンツとパーナーは，さらに子どもが最初に置かれた場所と移動後に置かれた場所のどちらに視線を向けたかを調べた。図32.3のように，潜在的課題に失敗したのは，最年少の子ども（2歳10カ月以下）だけであった。それより上の子どもは，言語反応（E₂

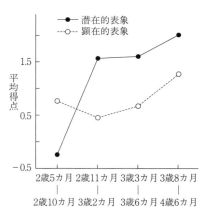

図32.3 誤信念課題の潜在的表象（第Ⅰレベル）と顕在的表象（E₂／E₃レベル）の年齢別平均得点（Bjorklund & Pellegrini, 2002/2008）

／E₃レベル）では間違った回答をしていても，ほとんどが正しい場所に視線を向けていた（第Ⅰレベルの表象）。この結果から，誤信念の顕在的理解に先立ち，3歳までに潜在的な知識が発達していることが示唆されたのである。

3. 新成熟論による認知発達モデル：「生得vs経験」論争を超えて

a. 潜在的認知は生得的か？

新生得主義・進化心理学はあらゆる知識領域で領域固有のメカニズムを見出してきた。子どもは生後4～5年の間に言語を獲得するが，この第一言語は，その後第二言語（外国語）を学習するのに比べて格段に容易であることが知られている。同様に，心の理論や社会的推論についても本質的にモジュールであるという仮説が提唱されている（Baron-Cohen, 1995/1997；Cummins, 1998）。領域固有論からすると，私たちの学習のメカニズムは「制約」を含むことによって効率よく機能するものであると考えられる（Gelman & Williams, 1998；Carey, 1985/1994, 1991）。制約とは，学習を制限する意味ではあるが，阻害するものという意味ではなく，促進する機能をもつものである。子どもが早くより効率よく学習するために，特定の情報を決まったやり方で処理するように制限を加え方向づける機能をもつものと考えるのである。

新生得主義は「生得的表象型制約」説をとる。表象型制約とは，あるタイプの知識が生得的となるように脳内に組み込まれている表象を指し，遺伝的に規定された状態の制約のことである。したがってそれらは，予め決定されたニューロンあるいはノードの結合の仕方によって強く制約されていると考えられる（Pinker, 1997/2003；Spelke & Newport, 1998；Wynn, 1992）。

しかし，生得的知識といえども必ずしも経験と無関係ではないと考える穏健な立場の理論家も増えてきている（Gopnik & Meltzoff, 1997；Wellman & Gelman, 1998）。それに対応する，「生得的アーキテクチャ型制約」は，中程度の遺伝的規定性をもち，脳の構成が誕生時にさまざまに組織化されていることを指す。たとえば，ゴプニクとメルツォフ（Gopnik & Meltzoff, 1997）は，「初期状態」生得説を提唱し，子どもは特定の表象を操作する法則セットを備えて生まれてくるという仮説を提起した。これは，処理すべき領域や処理方法は，領域固有のメカニズムによって制約を受けるが，その内容と適用方法は経験によって変化するとされる。

条件づけに対する批判的研究としてつとに知られたガルシア効果を考えてみよう。ラットに新奇な餌を与え，数時間後に放射線を照射し，吐き気を催させたところ，その後，ラットは吐き気を催す直前に食べた餌を避けるようになった。しかし，食物以外の刺激（光や音）に対しては，吐き気と関連づけようとしても，ラットがその刺激を避けるように条件づけるのは容易でなかった。吐き気と餌とを関連づけた場合は，食餌から吐き気までの時間が相当長くても条件づけが生じたのである（新奇な餌の場合にその傾向が強かった）。環境のなかには数多くの毒物が存在し，避けることを学習しなければならない状況は多様である。予め存在する害毒を生得的に特定するのは不可能であろう。しかし，少なくとも吐き気を催す毒物は，食物という領域に固有であることは，素早く学習するように予め制約しておくことが可能なのである。

b. なぜ，新「成熟論」なのか

　本稿の立場を進化発達心理学，あるいは発達システム論という呼称を用いる一方で，「新成熟論」というよび名を頻繁に使用している理由について簡単にふれておく。

　「成熟」と聞いて，条件反射的に「成熟優位説」（ゲゼル〔Gesell, A. L.〕）を連想する人はもはやほとんどいないであろう。しかし，30〜40年前であればかなり多くの心理学関係者が上記のような反応を示したのではないだろうか。成熟優位説は1940年代のアメリカにおいて，いわばアメリカ版の大規模な「ゆとり教育」を行うきっかけとなった理論である。結果，日本でそうだったように，規模が大きかった分，はるかに大がかりな学力低下を招いたこと，それがブルーナーによる徹底した教育改革の引き金になったこと等，成熟のイメージは決してよろしくない。成熟に対する反対語はいうまでもなく「経験」であろう。そして，これもいうまでもなく，成熟とは逆に，無条件に価値があり，学習はもちろんのこと，多くの穏健な生得論者においてすらその意義が認められている奇特な概念だといってよいだろう。経験は多いほどよいし，発達上もできるものならば早ければ早いにこしたことはない，と。

　ゲゼルの成熟優位説においては，経験の効果は当該の知識や技能に対応する神経成熟をまってはじめて可能になるというものだった。早すぎる経験は何の効果ももたらさない，あるいはせいぜい，無駄な努力をさせることになるという，消極的なマイナス性が問題だった。しかし，成熟を無視した経験の問題はもっと深刻なものだったのである。新生児専門の小児科医アルス（Als, 1995）は，ヒトの未熟児が通常，病院で受ける刺激（早期の経験）によって，脳（とくに前頭皮質）の発達が乱され，それによって会話障害，目と手の協応運動における障害，高い衝動性，注意の欠如，知的障害等がひき起こされる可能性を指摘する。しかし，こうした障害の一方で，数学など他の領域の発達が異常に促進され，高い能力を示すことも指摘された。アルスはこうした現象について，種に特異的な範囲を超えた刺激は，脳や行動の発達に思いがけない効果（必ずしも一般に期待されない）をもたらすと警告する。

　アカゲザルの人工母（クロスマザー vs ワイヤーマザー）の実験で一世を風靡したハーロウ（Harlow, 1959）も，生後155日以内に物体識別訓練を始めた子ザルは，訓練期間が長かったにもかかわらず，生後190日以降まで訓練しなかった子ザルよりも，後の学習成績が低かったことを報告している。新成熟論は，進化と発達のダイナミックな関係性において，経験を無条件に賛美するのではなく，成熟要因のもつ意味（異時性＝発達のタイミング）を改めて強調するのである。

2節　思考（推論と合理性）：潜在的合理性vs顕在的合理性

　推理は直面する課題に対し，蓄積された知識を適用することによって，一般的な信念から特定の帰結を導き出す過程である。また，推理は新しい仮説を考案し検証することにより，特殊から一般が推論される場合にも有効である。正しい推理のルールは，これまで規範システム（論理

学と確率論）として定式化されてきた。しかし，規範的ルールのみで人間の推論を説明することはできない。なぜなら，推論における合理性は，それが論理的なものであれ直観的なものであれ，意思決定とその行為の実行によって個々人の目標にいかに到達するかという根本的な問いに答えるためのものだからである。

このような観点から，本節では，①合理性に関する見かけ上のパラドックスについて，それがどのような人間の認知システムから帰結されるかを論じ，②推理をささえる異なる2つのメカニズムがあり，上記のパラドックスが見かけ上のものにすぎないことを論じ，③さらにそうしたパラドックスを含む推理の過程を意思決定としてみる立場を検討する。

1. 合理性をめぐるパラドックス

ヒトは他の動物にはみられない高度な認知能力を獲得した種である。とりわけ推理に関する能力は最も遺伝的に近縁種である類人猿の追随を許さない圧倒的な能力であるといっても大袈裟ではないだろう。そうした抽象的思考能力が生み出した規範システムの最たるものが論理学であろう。論理学はアリストテレス（Aristotle）以来，長期間にわたってヒトの知的能力のいわばエッセンスのようなもので，理想的な思考能力を有する人間が曇りのない思索をすれば，必ずそのような筋道をとるはずのルールの体系だとされてきた。しかし，心理学者が実験室で得た多くの実験結果は，伝統的な論理学が正しいとする規範的ルールに違反するものだった。そのなかには一定の傾向を示す違反例が数多くあり，それらの背後には論理と合致しない何らかの意味における判断の偏り（バイアス）があると考えられる。たとえば，エヴァンスほか（Evans, Barston, & Pollard, 1983）は次のような三段論法の例によってそれを示した。

(1)　「習慣性のあるものは，どれも安くない。

あるタバコは安い。

ゆえに，ある習慣性があるものは，タバコではない。」

(2)　「タバコはどれも安くない。

ある習慣性があるものは安い。

ゆえに，あるタバコは習慣性がない。」

これら(1), (2)の論理構造はまったく同じであり，違いは「タバコ」と「安いもの」とが入れ替わっている点だけである。どちらの帰結も前提から正しく導き出されたものとはいえない。なぜなら，「タバコ」の集合と「習慣性があるもの」の集合との包含関係について，これらの前提は何もいっていないからである。(1)の場合，「タバコ」の集合が「習慣性があるもの」の集合を含んでいる可能性を排除していないし，(2)の場合，「習慣性があるもの」の集合が「タバコ」の集合を含んでいる可能性を排除していない。確かに，(1)で「安いタバコ」ならば「習慣性がない」ので，「ある習慣性があるものは安いタバコではない」とはいえるが，帰結のように任意の「あるタバコ」に対しては必ずしも正しくない。(2)についても同様である。

ところが，こうした判断を求められた実験参加者の多くが，「結論は前提から論理的に導かれ

る」という誤った答えをすることが知られている。しかも，(1)と(2)はまったく同じ論理構造をもっているにもかかわらず，(1)での誤答は71％に上ったのに対し，(2)ではわずか10％にすぎなかった（Evans et al., 1983）。この違いは何に由来するものだろうか。

論理構造と無関係な命題の内容が論理的判断に影響を与えることになる，こうした事態は，「信念バイアス」として知られてきた。(1)の帰結「ある習慣性があるものは，タバコではない」は，一般的に認められる事実である（習慣性を引き起こす薬物はタバコに含まれるニコチン以外にも数多く存在する）のに対して，(2)の帰結「あるタバコは習慣性がない」は常識に反する（喫煙者が健康のために禁煙するには困難がともなう）命題だからだと考えられる。

2. 合理性の２つの定義：潜在的合理性vs顕在的合理性

エヴァンスとオーヴァー（Evans & Over, 1996/2000）は合理性を2つの異なるタイプに分けて定義することを提案している。潜在的思考（合理性Ⅰ）：目標に到達するためにおおむね信頼できる思考，推理，意思決定，あるいは行為。顕在的思考（合理性Ⅱ）：規範理論による論理的な理由があるときの思考，推理，意思決定，あるいは行為。これらの相違点は前者の「おおむね信頼できる」と後者の「理由がある」という記述に焦点化できる。合理性Ⅱは，規範理論，すなわち論理学と決定理論に含まれるルールに合致するかどうかが基準であるのに対して，合理性Ⅰは，目標に到達することがどの程度可能かということが基準になっている。

前節で述べたように，これら2つの合理性を説明するために2つの異なる認知システムの存在を仮定することが可能である。合理性Ⅰを支えているのは潜在的システムとよばれるもので，並列的に作用し，出力の最終結果しか意識に上らない。対する合理性Ⅱに対応する顕在的システムは，継時的な言語的推理を用いて意識的に行われるとされる。このことを理論化したのが「二重過程理論」とよばれる一つの解決の方向である。実験室でみられるエラーや認知的錯誤をもってヒトは非合理的であるとするのは早計であろう。ヒトが合理性Ⅰによって個人的な目標を達成するということは，生物学的制約を受けた学習にもとづく潜在的認知システムの働きによるところが大きい。

ギガレンツァー（Gigerenzer, 2007/2010）はラットのT字路実験で，左右の餌場に異なる確率で餌にありつける強化スケジュールを設定した研究を紹介している。空腹状態のラットはT字迷路を左に行けば80％の割合で餌にありつけるのに対して，右に行けば20％しか餌を得られない。1回分の餌は少量なのでラットは何度もT字路走行を繰り返すのだが，予想に反して常に左折して効率のよい餌獲得の走行をせず，時々，右折する行動がみられるという。論理法則に従えばラットは必ず左折し80％の確率で餌を獲得するはずである。ときには左右に曲がる率が餌にありつける80％と20％に対応する場合もあることから，こうした行動傾向は確率対応とよばれ，論理的予想を裏切るものとされてきた。

この行動による餌獲得の期待値は，左折が $0.8 \times 0.8 = 0.64$ で，右折が $0.2 \times 0.2 = 0.04$ だから，トータル0.68にしかならず，常に左折を選択した場合の0.8より大きく下回ることになる

(Gallistel, 1990)。このラットの一見不合理な行動はラットの能力の低さを示すものなのだろうか。必ずしもそうとはいえない。自然の採餌条件において，ラットは他のラットや動物たちと餌を奪い合う状況がふつうであろう。そこに居合わせたラットたちがそろっていちばん良い餌場に向かえば，それぞれの分け前は少な

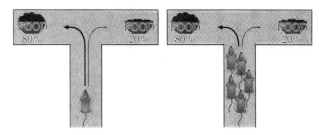

図32.4 左の図は，実験室でラットが単独で走行する事態を表し，右の図は，自然場面で集団で餌場に向かって走行するラットの群れを表す模式図（Gigerenzer, 2007/2010）

くなり，場合によっては食いっぱぐれる個体も出てくるかもしれない。時々，右折して少量でも競争相手の少ない餌場に向かうことは決して無駄でも，非合理的でもない（図32.4）。

実験場面という不自然な状況下にたった1匹で置かれたラットは合理性Ⅱをもちあわせず，いつもの合理性Ⅰで対処した結果，合理性Ⅱを前提とする実験者の頭を悩ませることになった。しかし，これは合理性Ⅱをもたないラットだけのことだろうか。合理性Ⅱをもつはずのヒトであっても常にそれを発揮できるとは限らないし，それが最良の判断になるわけでもない。

3. 潜在的思考システムと顕在的思考システム

前項で紹介したラットにみられるように，合理性Ⅰを支える潜在的システムは顕在的システム（合理性Ⅱ）に先立って進化した比較的頑健で不変的なシステムであると考えられる（Berry & Dienes, 1993）。ヒトにおいてそれはどのように働くのだろうか。

ブルーナー（Bruner, 1986/1998）は，人間の認識に同様の区別を導入し，論理モードvsナラティブ・モードと名づけた。初期の認知心理学・認知科学がとった基本的な認識論は論理モードあるいはパラディグマティックであり，形式的な数学的規則にもとづく概念化やカテゴリー化によって記述や説明に関する合理的な体系を構築する方略をとった。具体的には，連言（and）と選言（or），あるいは上位概念と下位概念，厳密含意のような手続きを用いて，特定の文脈から一般的な命題を抽出し，証明可能な指示的意味を確実にすることで経験的真理を吟味する方法であり，合理性Ⅱに該当する方略だったといえよう。

「リンダ問題」としてトヴェルスキーとカーネマン（Tversky & Karneman, 1982）により提起されてつとに知られた例をあげる。

(3) 「リンダは31歳で独身。率直で聡明。大学では哲学を専攻し，人種差別問題や社会問題に関心をもち，反核運動に参加していました。では，次のうち，リンダが当てはまる可能性（probable）が高いのはどちらでしょう。

　A：銀行の窓口にいる受付係の女性。

　B：銀行の窓口で受付係をしながら，女性解放（フェミニズム）運動もしている女性。」

この質問に対して，80％の人がBを選択したという。これは代表性ヒューリスティクスによる

推論の誤りの例として知られているもので，パラディグマティックの観点からすると誤った判断だということになる。なぜなら，Bは連言命題でAの部分集合だから，確率のみからみればAの答えのほうがリンダに該当する可能性が高いはずだからである。

しかし，「リンダ問題」で8割を超す「誤答」は，必ずしも回答者の論理性の欠如を表すものではなく，この問題に含まれる日常言語性を無視したために起こった出題者側の思い込みなのだとも考えられる。「リンダ問題」で「銀行員」というのは，「銀行員とフェミニスト」を含むカテゴリーであり，「動物」が「ウサギ」を含む上位カテゴリーであるのと同じものとみられる。しかし，物語性を含む日常会話においては，"or"は2つのカテゴリーを対比する使用法が暗黙のうちに含意されている場合が多い。「銀行員」か（or）「銀行員とフェミニスト」か，という比較は，カテゴリーの包含関係ではなく，「フェミニストでない銀行員」と「フェミニストである銀行員」の対比を表すとする見方である。それは「ウサギ」と「動物」をorで比較した場合，「ウサギ」と「ウサギ以外の動物」との対比を表す場合が多いのと同様である。これはまさに，ピアジェ（Piaget, 1947/1960）が幼児で見出したことでもある。

　実験者：「3羽のウサギと2羽のアヒルがいます。ウサギと動物はどちらが多いでしょう？」
　子ども：「ウサギです。だって，アヒルは2羽しかいないもの」

　実験者が意図した「動物」とはウサギを含む上位概念としての動物だった（論理モード）が，幼児にとって，「動物」とは，ウサギ以外の動物，すなわち，ここでは「アヒル」を指すと解釈された（ナラティブ・モード）のである。確かに，同じ課題を8歳児に対して質問すれば，大多数の子どもがクラス包含関係に則った正しい（実験者の意図した）答えを出す。合理性Ⅱ（論理モード）は，長期間にわたる学校教育によって培われる能力なのだと考えられる。

　しかし，賢明な読み手はこのような解釈に対して次のような疑問を抱くかもしれない。幼児の例についてはまったく同意できるが，「リンダ問題」には納得できない。そもそも大人は長期にわたる教育を経て，すでに合理性Ⅱを身につけているはずではないか。百歩譲って，大人は学校教育の成果（合理性Ⅱ）をじょじょに忘れ，現実生活に合うように思考方法を退化させ，8歳児にも劣るようになったとしよう。そして，日常言語的使用法で「リンダ問題」の問題文を「フェミニストでない銀行員」と「フェミニストで銀行員」の比較ととらえたとしよう。しかし，それでも「フェミニストでない（ありふれた）銀行員」のほうが「フェミニストで銀行員」よりもはるかに多いと判断されるのではないだろうか。なぜ「フェミニストで銀行員」の可能性のほうが選ばれるのかは依然として謎のままである。

4. 関連性と合理性

　ギガレンツァー（Gigerenzer, 2007/2010）は前項の「リンダ問題」を別な角度からとりあげた。彼はこの問題をコンテンツ・ブラインドとよび，思考の内容と目標を無視したものだと批判する。リンダ問題に含まれる不確実性の発生源は"probable"だと当たりをつけて辞書の意味をチェックしてみたところ，「起こりそうなこと」（数学的確率）という実験者の意図に沿った意味のほかに

「もっともらしいこと」あるいは「信じてもよさそうなこと」などが並んでいたという。ヒトが日常言語の意味を理解するうえで用いている経験則にはより内容に即した語用論的理解の基準が知られている。代表的なものはグライス（Grice, 1975, 1989）の「会話の公準」（「会話の協調原理」）とよばれているもので，会話の参加者が守るように期待されている原則として，量・質・関係・様式の4つがあげられている。なかでも，関係の公準とは，話し手は関係のあることを述べよ，という原則であるが，これはスペルバーとウイルソン（Sperber & Wilson, 1986/1993）によって「関連性の原理」としてより広範囲の認知過程全般に適用されるようになったものである。

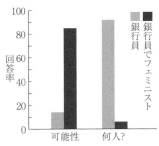

図32.5 「リンダ問題」でリンダは「銀行員」と答えた人のパーセンテージ（Gigerenzer, 2007/2010）

　この原則に従うならば，リンダ問題の問題文でリンダを紹介する文章は，実験者が期待する回答に関連している可能性が高いはずだと考えられる。紹介文中の"probable"を数学的確率と解すると，リンダの特徴と銀行員やフェミニストであることとは無関係になるが，「もっともらしいこと」と解すれば，大いに関連する意味が生じることとなる。ヘルトヴィッヒとギガレンツァー（Hertwig & Gigerenzer, 1999）は，この点を明らかにするために次のような実験を行った。「英語を母国語とせず，probableの意味を知らない人のために，リンダ問題をわかりやすくいいかえてください」という教示に対して，ほとんどの実験参加者が「あり得る」「考えられる」「もっともらしい」のような数学的でない意味の用語を使って問題文を書き換えたという。

　この仮説をさらに検証するために，彼らは問題文にprobableという言葉を用いる代わりに，より明瞭な「多いか？」という数量を求める表現にしてみた。

(4)「先ほどのリンダの紹介文に当てはまる人が100人います。そのうち，現在は次のどちらに当てはまる人が多いでしょうか？
　　A：銀行の窓口にいる受付係の女性。
　　B：銀行の窓口で受付係をしながら，女性解放（フェミニズム）運動もしている女性。」

　トヴェルスキーとカーネマン（Tversky & Karnenman, 1983）が指摘したように，全体集合が部分集合より小さくなることはないという合理性Ⅱの論理を理解しそこなっているとすれば，この場合も多くの実験参加者がBを選択するはずである。ヘルトヴィッヒとギガレンツァー（Hertwig & Gigerenzer, 1999）が予測したようにprobableの意味をリンダの紹介文と関連するように合理性Ⅰによって解釈していたとすれば，ここでは数学的確率の解釈は除外されているので，論理的錯誤は消失するはずである。結果は正にヘルトヴィッヒとギガレンツァー（Hertwig & Gigerenzer, 1999）の予測どおりとなった（図32.5）。

3節　まとめと今後の展望

　ヒトの認知とその発達は複雑な現象であり，ヒトの「心」は一つではなく，また，どのような状況でも同じように働くものでもない。6,500万年の時間のなかで自然淘汰の過程を経て，ヒトの脳は特定の情報処理に専門化されてきた。情報処理プログラムの多くは，環境への適応を通じて，繰り返し直面した問題に対処するために形成された領域固有のメカニズムであると考えられる。

　認知発達と思考の研究によって，ヒトの心は多面的であり，さまざまな認知能力が，それぞれ違った発達的機能をもつことがわかってきた。多くの認知は潜在的で意識できないものであり，発達の早期に完成されるのに対して，顕在的な認知は長期にわたる発達期間を必要とする。いずれにしてもヒトの認知は柔軟性が高く，自然淘汰によって形成されたものも特定の文化的文脈から生じたものも，最初から完全なかたちで現れるのではなく，（成熟要因を含む）発達の段階を経て個体の最終的なかたちを現すようになる。

　顕在的思考（合理性Ⅱ）にもとづく論理主義的な観点からなされてきたヒトの非合理性に関する証拠の数々は，主として潜在的で，無意識的な思考（合理性Ⅰ）を無視したための誤解であることが知られるようになった。ヒトの推理能力においても，認知能力同様，長い進化の過程を通じて，多くの場合に有効な方法を学んできているはずである。誤りとされてきたことの大部分は，合理性Ⅰがうまく機能しないように設定された実験室場面や実験材料によることが示唆された。

　ヒトの合理性Ⅰを特徴づける肯定性バイアスは，合理性Ⅱの失敗ではなく意識化以前の前注意過程に関連的に選択されることが明らかになってきた。人間の情報処理には，作動記憶容量の限界，現実世界を探索する時間の限界，等々，行動と意思決定を適切に行うために避けることのできない領域一般的制約がある。合理性Ⅱは，いわゆる理性とよびならわされてきた過程で，感情や情動の発動を抑制するところからヒト独自の発展を遂げた特異な能力だといってよいであろう。しかし，人間の合理性は大部分，感情や情動と密接に結びついた合理性Ⅰによって潜在的に遂行されている（Damasio, 1994/2000, 2003/2005）。現在，合理性Ⅰが感情・情動とどのように関連しているかは重要なテーマであり，このことに関する認知神経科学の成果には瞠目すべきものがある（Ramachandran, 2003/2005, 2011/2013 ; Gazzaniga, 2008/2010）。興味深いことに脳神経科学の進展によって合理性Ⅱをささえる脳の構成もじょじょに明らかになりつつあり，書字（文字の使用）に関する脳神経学的知見がわかってきたことも新しい動向である（Wolf, 2007/2008）。形式論理学（合理性Ⅱの始まり）はオルソン（Olson, 1994）が指摘したように，アリストテレスの時代に完成されたことは偶然ではないだろう。それ以前にすでにみられた高度な哲学的思考と比べても飛躍的に精緻になった論理能力は，書字と強く結びついた能力であり，それは脳神経科学的構成をも大きく変化させたと考えられるのである。シュメールの楔形文字，エジプトのヒエログリフに始まる書字の歴史はわずか数千年にしかすぎないが，それを抽象的論理と結びつけたギリシャ文明が現代文明の濫觴となったことの意義は大きい。ヒトが奇跡的に創出した文字の呪力（大澤, 2014）によって，脳の機能的再編成と記号世界構築の共進化は現在進行形で起きてい

る正にヒトの発達の最前線だといえよう。

◆ 引用文献

Als, H. (1995). The preterm infant : A model for the study of fetal brain expectation. In J.-P. Lecanuet, W. P. Fifer, N. A. Krasnegor, & W. P. Smotherman (Eds.), *Fetal development : A psychological perspective* (pp.439-471). Hillsdale, NJ : Lawrence Erlbaum Associates.

Baron-Cohen, S. (1997). 自閉症とマインド・ブラインドネス（長野　敬・長畑正道・今野義孝，訳）．青土社．(Baron-Cohen, S. (1995) *Mindblindness : An essay on autism and theory of mind*. Cambridge, MA : The MIT Press.)

Berry, D. C., & Dienes, Z. (1993). *Implicit learning*. Hove, UK : Lawrence Erlbaum Associates.

Bjorklund, D. F., & Pellegrini, A. D. (2008). 進化発達心理学：ヒトの本性の起源（無藤　隆，監訳，松井愛奈・松井由佳，訳）．新曜社．(Bjorklund, D. F., & Pellegrini, A. D. (2002) *The origins of human nature : Evolutionary developmental psychology*. Washington, DC : American Psychological Association Publication.)

Bruner, J. S. (1998). 可能世界の心理（田中一彦，訳）．みすず書房．(Bruner, J. S. (1986). *Actual minds, possible worlds*. Cambridge, MA : Harvard University Press.)

Carey, S. (1994). 子どもは小さな科学者か：ピアジェ理論再考（小島康次・小林好和，訳）．ミネルヴァ書房．(Carey, S. (1985) *Conceptual change in childhood*. Cambridge, MA : The MIT Press.)

Carey, S. (1991). Knowledge acquisition : Enrichment or conceptual change? In S. Carey & R. Gelman (Eds.), *The epigenesist of mind : Essays in biology and cognition* (pp.257-291). Hillsdale, NJ : Lawrence Erlbaum Associates.

Clements, W. A., & Perner, J. (1994). Implicit understanding of belief. *Cognitive Development*, **9**, 377-395.

Cummins, D. D. (1998). Social norms and other minds : The evolutionary roots of higher cognition. In D. D. Cummins & C. Allen (Eds.), *The evolution of mind* (pp.28-50). New York : Oxford University Press.

Damasio, A. R. (2000). 生存する脳：心と脳と身体の神秘（田中三彦，訳）．講談社．(Damasio, A. R. (1994) *Descartes' error : Emotion, reason, and the human brain*. New York : Putnam.)

Damasio, A. R. (2005). 感じる脳：情動と感情の脳科学，よみがえるスピノザ（田中三彦，訳）．ダイヤモンド社．(Damasio, A. R. (2003). *Looking for Spinoza : Joy, sorrow, and the feeling brain*. New York : Harcourt.)

Evans, J. St. B. T., Barston, J. L., & Pollard, P. (1983). On the conflict between logic and belief in syllogistic reasoning. *Memory & Cognition*, **11**, 295-306.

Evans, J. St. B. T., & Over, D. E. (2000). 合理性と推理：人間は合理的な思考が可能か（山　祐嗣，訳）．ナカニシヤ出版．(Evans, J. St. B. T., & Over, D. E. (1996). *Rationality and reasoning*. East Sussex, UK : Psychology Press.)

Gallistel, C. R. (1990). *The organization of learning*. Cambridge, MA : The MIT Press.

Gazzaniga, M. S. (2010). 人間らしさとはなにか？：人間のユニークさを明かす科学の最前線（柴田裕之，訳）．インターシフト．(Gazzaniga, M. S. (2008). *Human : The science behind what makes us unique*. New York : Harper Perennial.)

Gelman, R., & Williams, E. M. (1998). Enabling constraints for cognitive development and learning : Domain specificity and epigenesis. In D. Kuhn & R. S. Siegler (Vol. Eds.), W. Demon (Series Ed.), *Handbook of child psychology : Vol. 2. Cognition, perception, and language* (5th, pp.573-630). New York : John Wiley & Sons.

Gigerenzer, G. (2010). なぜ直感のほうが上手くいくのか？：「無意識の知性」が決めている（小松淳子，訳）．インターシフト．(Gigerenzer, G. (2007). *Gut feeling : The intelligence of the unconscious*. USA : Viking Penguine.)

Gopnik, A., & Meltzoff, A. N. (1997). *Words, thoughts and theories*. Cambridge MA : The MIT Press.

Grice, P. (1975). Logic and conversation. In D. Davidson & G. Harman (Eds.), *The logic of grammar* (pp.64-75). Encino, CA : Dickenson.

Grice, P. (1989). *Studies in the way of words*. Cambridge, MA : Harvard University Press.

Harlow, H. F. (1959). The development of learning in the Rhesus monkey. *American Scientist*, December, 459-479.

Hertwig, R., & Gigerenzer, G. (1999). The "conjunction fallacy" revisited : How intelligent inferences look like reasoning errors. *Journal of Behavioral Decision Making* **12**, 275-305.

Karmiloff-Smith, A. (1997). 人間発達の認知科学：精神のモジュール性を超えて（小島康次・小林好和，監訳）．ミネルヴァ書房．(Karmiloff-Smith, A. (1992). *Beyond modularity : A developmental perspective on cognitive science.* Cambridge, MA : The MIT Press.)

MacDonald, K., & Geary, D. C. (2000). *The evolution of general intelligence : Domain general cognitive mechanisms and human adaptation.* Paper presented at meeting of Human Evolution and Behavior Society, Amherst, MA.

Olson, D. R. (1994). *The world on paper : The conceptual and cognitive implications of writing and reading.* Cambridge, MA : Cambridge University Press.

大澤真幸．(2014)．〈世界史〉の哲学 東洋篇．講談社．

Parker, S. T., & McKinney, M. L. (1999). *Origins of intelligence : The evolution of cognitive development in monkeys, apes, and humans.* Baltimore : Johns Hopkins University Press.

Perner, P. (2006). 発達する〈心の理論〉：4歳：人の心を理解するターニングポイント（小島康次・佐藤　淳・松田真幸，訳）ブレーン出版．(Perner, J. (1991). *Understanding the representational mind.* Cambridge MA : The MIT Press.)

Piaget, J. (1960). 知能の心理学（波多野完治・滝沢武久，訳）．みすず書房．(Piaget, J. (1947). *La psychologie de l'intelligence.* Paris : A. Colin.)

Piattelli-Palmarini, M. (1986). ことばの理論　学習の理論（藤野邦夫，訳）．思索社．(Piattelli-Palmarini, M. (1979). *Theories du langage theories de l'apprentissage.* Paris : Seuil.)

Pinker, S. (2003). 心の仕組み：人間関係にどう関わるか（上・中・下）（椋田直子，訳）．日本放送出版協会．(Pinker, S. (1997). *How the mind works.* New York : Norton.)

Ramachandran, V. S. (2005). 脳の中の幽霊，ふたたび（山下篤子，訳）．角川書店．(Ramachandran, V. S. (2003). *The emerging mind.* Profie Books.)

Ramachandran, V. S. (2013). 脳の中の天使（山下篤子，訳）．角川書店．(Ramachandran, V.S. (2011). *The telltale brain : A neuroscientist's quest for what makes us human.* Norton & Company.)

Sperber, D., & Wilson, D. (1993). 関連性理論：伝達と認知（内田聖二・宋　南先・中達俊明・田中圭子，訳）．研究社出版．(Sperber, D., & Wilson, D. (1986). *Relevance : Communication and cognition.* Cambridge, MA : Harvard University Press.)

Spelke, E. S., & Newport, E. L. (1998). Nativism, empiricism, and the development of knowledge. In R. Learner (Vol. Ed.), W. Damon (Series Ed.), *Handbook of child psychology : Vol.1. Theories of theoretical models of human development* (5th ed., pp.275-340). New York : John Wiley & Sons.

Tooby, J., & Cosmides, L. (1992). The psychological foundations of culture. In J. H. Barkow, L. Cosmides, & J. Tooby (Eds.), *The adapted mind : Evolutionary psychology and the generation of culture* (pp.19-139). New York : Oxford University Press.

Tversky, A., & Karneman, D. (1982). Judgments of and by representativeness. In D. Kahneman, P. Slovic, & A. Tversky (Eds.), *Judgment under uncertainty : Heuristics and biases* (pp.84-98). Cambridge, UK : Cambridge University Press.

Tversky, A., & Karneman, D. (1983). Extensional vs. intuitive reasoning : The conjunction fallacy in probability judgment. *Psychological Review*, **90**, 293-315.

Wellman, H. M., & Gelman, S. A. (1998). Knowledge acquisition in foundational domains. In D. Kuhn & R. S. Siegler (Vol. Eds.), W. Damon (Series Ed.), *Handbook of child psychology : Vol.2. Cognitive, language, and perceptual development* (5th ed., pp.523-573). New York : John Wiley & Sons.

Wolf, M. (2008). プルーストとイカ：読書は脳をどのように変えるか？（小松淳子，訳）．インターシフト．(Wolf, M. (2007). *Proust and the squid : The story and science of the reading brain.* New York : Harper Collins.)

Wynn, K. (1992). Addition and subtraction by human infants. *Nature*, **358**, 749-750.

33章 知　　能

子安増生

　本章では，発達の理解に必要な知能に関する基礎知識と最近の知能研究の動向について論ずる。知能研究は，かつては発達研究の最も重要な柱の一つであったが，最近のわが国の発達研究では，このテーマはややもすれば軽視されがちである。しかし，知能研究が今なお重要な研究領域であることは，たとえばスタンバーグとカウフマン編の『ケンブリッジ知能ハンドブック』(Sternberg & Kaufman, 2011) の内容の充実ぶりをみればわかるであろう。執筆者は8か国の82名，984ページの浩瀚なこのハンドブックに日本人オーサーが一人もいないのは大変寂しいことである。発達研究を学ぶものは，知能研究の歴史と基本概念，ならびに現在の世界の知能研究のトレンドをぜひ知っておきたい。なお，筆者は，京都大学教育学部の教官（当時）が開発した京大NX式知能検査シリーズの「新訂京大NX5-8知能検査」の改訂作業にかかわり（子安, 1979)，その後は直接知能検査にかかわる研究を行ってはいないが，京大知能検査研究会のメンバーとして，知能研究にはずっと関心を寄せてきた。

　さて，これまでの知能研究を大別すると，次の3つに分けることができる。

(1) 知能のアセスメントと診断：主として個別式知能検査によって，個人の知能の発達・障害の程度の査定（assessment）を行い，知的障害や認知症などの診断（diagnosis）に役立つ情報を提供し，必要な発達支援や治療の方針決定に資することをいう。

(2) 知能の心理測定（psychometrics）：主として集団式知能検査により大量のデータを収集し，その下位検査を因子分析（factor analysis）の統計的手法によって分類し，知能の因子構造を分析するものをいう。知能検査の課題の側から知能を考えるアプローチである。

(3) 知能の認知過程：実験的手法も用いながら，知能を情報処理過程ととらえる認知心理学のアプローチから，知能の認知過程（cognitive processes）を分析するものをいう。芸術的知能，社会的知能，情動知能など，知能検査として測定されない知能をも含める立場である。

　以下，それぞれについて節を分けてみていこう。

〔追記〕本章は2012年5月に脱稿したものであり，それ以後の最新の文献等は含まれないが，基本的な内容に変更を加える必要はないと校正時に判断した。ただし，市販の知能検査は，この間にもこれ以後も随時改訂されるものなので，出版社（WAISについては日本文化科学社，K-ABCについては丸善出版など）のホームページの情報を直接確認していただきたい。

# 1節　知能のアセスメントと診断

1. 人類最初の知能検査

知能（intelligence）という言葉を最初に使い始めたのは，イギリスの哲学者ハーバート・スペンサー（Spencer, H.）であるが，スペンサーの時代には知能を測る具体的な測定方法・用具はなく，「人類最初の知能検査」は1905年にフランスの心理学者アルフレッド・ビネーと協力者のテオドール・シモンによって開発された。このいわゆるビネー式検査（Binet Test）の特徴は，次のようにまとめることができる（Binet & Simon, 1917/1977）。

第一に，ビネーらは実際的・日常的な適応ということを重視して子どもたちの知能を測定しようとした。すなわち，記憶・計算・推理といった高次の精神機能だけでなく，「自分の姓名を言うこと」「自分の性（男，女）を言うこと」「貨幣の名称を言うこと」「棒に紐を結ぶこと」といった日常的な課題が検査項目に含められた。

第二に，このようにしてできる限りたくさんの検査項目を収集し，一人の検査者が一度に一人の子どもを検査する個別検査法によって予備調査を行い，たとえばその年齢の8割程度が正解できるという意味で年齢相応の検査項目群をまとめていった。

第三に，ビネーらは個別検査法の利点を最大限に生かし，すべての子どもに同一の問題を与えるのではなく，子どもの解答の正誤に応じて問題の与え方を変える柔軟なテスト法を導入した。これは，短い時間のなかで子どもについて最大の情報を得るために最も有効な方法であり，適応型検査（adaptive testing）の先駆ともなっている。

第四に，テスト結果を一言で表現するために，精神年齢（mental age：MA）という指標を考案した。子どもの実際の年齢を生活年齢（chronological age：CA）とよぶのに対し，精神年齢は合格した検査項目数の合計から計算され，「何歳何カ月」の形式で表現される。これによって，子どもの知能の進み具合や遅れ具合が示されるようになった。

ビネー式検査の実施・得点化の手順をイメージ図として表現したものが図33.1である。この図において，白丸は正答，黒丸は誤答を示している（上段）。たとえばある5歳児を検査する際，5歳0カ月相当の項目からスタートしたが，誤答だったので，いったん年齢をさげて5問連続正答まで実施し（「スタート」の左側），その後再び年齢をあげて5問連続誤答になるまで実施した（「スタート」の右側）。すべての正答項目数を数えると，精神年齢6歳0カ月に相当する（下段）。

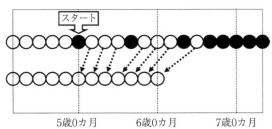

上段：5歳0カ月相当の問題からスタートしたが，誤答だったので，年齢をさげて5問連続正答まで実施し，その後，年齢をあげて5問連続誤答になるまで実施したという例。
下段：正答数だけを数えると，精神年齢6歳0カ月に相当。

図33.1　ビネー式検査の実施・得点化のイメージ図

2. IQの誕生

　ビネー式検査では，子どもの実際の年齢である「生活年齢」に対する「精神年齢」の進み具合，遅れ具合が問題とされた。とくに，精神年齢の著しい遅れは，その子どもが学校教育を受けるうえでさまざまな配慮を要するものと考えられた。

　その後，ドイツの心理学者ヴィルヘルム・シュテルン（Stern, W.）は，次の式で示される知能指数（intelligence quotient：IQ）の概念を提唱した。

　　　　知能指数 ＝ 精神年齢／生活年齢×100（IQ ＝ MA/CA×100）

　知能指数が差（精神年齢－生活年齢）ではなく比（精神年齢／生活年齢）で表されることの意味は，次のように理解することができる。たとえば，Aさんは「生活年齢10歳，精神年齢9歳」，Bさんは「生活年齢5歳，精神年齢4歳」とすると，どちらも差（精神年齢－生活年齢）は1歳の遅れである。しかし，どちらの遅れが発達的に重篤かというと，一般的に低年齢での遅れはその後さらに拡大していく傾向にあるので，Bさんの遅れがより大きな問題と考えられる。これを比（精神年齢／生活年齢）を用いて表すと，2人の違いが次のように明確になる。

　　　　Aさん：知能指数 ＝ 9/10×100 ＝ 90
　　　　Bさん：知能指数 ＝ 4/5×100 ＝ 80

　アメリカのスタンフォード大学に勤務する心理学者ルイス・ターマン（Terman, L. M.）は，ビネー式検査をアメリカに導入し，「スタンフォード＝ビネー知能検査」を作成したが（1916年），このIQという指標をはじめて取り入れた検査である。

3. IQと偏差IQ

　さて，世間ではたとえば「IQ200の天才」などといったいい方がよく行われるが，この表現は心理学的に妥当といえるであろうか。上記のIQの定義では，生活年齢5歳の子どもが10歳の精神年齢を示すのであれば，確かにIQ200の天才であり，素直に神童だといってもよいかもしれない。では，50歳で100歳の精神年齢であれば，IQ200の天才と素直に喜べるだろうか。問題は，ビネー式検査はもともと学校知能（academic intelligence）を測る目的でつくられたので，測定対象の年齢はせいぜい18歳くらいまでを想定しているのである。

　さらにもう一つ問題がある。実は，「精神年齢÷生活年齢×100」が知能指数の唯一の定義ではなく，現在ではこの定義でIQを測定する検査のほうがむしろ少ないのである。すなわち，知能検査を測定する集団のIQの平均を100，標準偏差を15になるように統計学的に変換した偏差IQ（deviation IQ）が現在の主流である。この指標では，「平均±3 標準偏差」にほとんどのデータが含まれるので，IQが145を超えることはめったになく，IQが200というのはまずありえない。同じIQといっても，「精神年齢÷生活年齢×100」か，偏差IQなのか，十分注意しなければならない。

4. 知能の臨床的診断

アメリカの心理学者デイヴィド・ウェクスラー（Wechsler, D.）は，知能検査を動作性検査（performance test）と言語性検査（verbal test）に区分し，臨床的診断に使えるウェクスラー式検査を開発した。ウェクスラー式検査は，対象者の年齢に応じて，成人用（Wechsler Adult Intelligence Scal：WAIS），児童用（Wechsler Intelligence Scale for Children：WISC），就学前児用（Wechsler Preschool and Primary Scale of Intelligence：WPPSI）に分かれている。たとえば，WAIS-Ⅲ成人知能検査日本語版には，次のような下位検査が含まれている（番号は検査に使われているもの）。

〈動作性検査〉　〈言語性検査〉
1. 絵画完成　　2. 単語
3. 符号　　　　4. 類似
5. 積木模様　　6. 算数
7. 行列推理　　8. 数唱
10. 絵画配列　　9. 知識
12. 記号探し　　11. 理解
14. 組合せ　　　13. 語音整列

ウェクスラー式検査では，知能指数は全検査IQ（full scale IQ：FIQ），動作性IQ（performance IQ：PIQ），言語性IQ（verbal IQ：VIQ）の3種が算出されるが，いずれも偏差IQである。また，ウェクスラー検査では，知能の発達状態を下位検査の成績の折れ線グラフであるプロフィール（profile）で示し，個人内の情報処理能力の差という観点から総合的に評価する。ウェクスラー式検査は，知的障害などの発達的障害だけでなく，交通事故や脳血管障害など脳の損傷に起因する高次脳機能障害（higher-order brain dysfunction）のアセスメントにも用いられる。

ウェクスラー式検査と並んで利用されている検査にアメリカのカウフマン夫妻（Alan S. Kaufman & Nadeen Laurie Kaufman）が開発した「K-ABC」（Kaufman Assessment Battery for Children）がある。K-ABCは，子どもの知的活動を総合的に評価し，教育・指導に直結することを目的とするもので名称に「知能検査」とうたっていないが，認知過程を継次処理と同時処理から評価し，その子どもが得意な学習スタイルを評価するものである。わが国では，「日本版K-ABC」が1993年に出版され，2013年に改訂版「KABC-Ⅱ」が出版された。日本K-ABCアセスメント学会も存在する。

5. 知能検査と発達検査

知能検査とよく似たものに発達検査（developmental test）がある。発達検査では，知能検査と同じように多くの検査項目が用意され，なかには知能指数と同様の手続きによって個人の発達指数（developmental quotient：DQ）が算出されるものもある。それでは，知能検査と発達検査

はどこがどう異なるのであろうか。

　知能検査はもともと学校知能を測る目的でつくられたので，測定対象の年齢の上限は18歳くらいまでを想定していると先に述べた。他方，測定対象年齢の下限は，言語応答がぎりぎり可能になりはじめる2～3歳であり，それ以前には，たとえば親や保護者などの日常観察をもとに子どもの発達の程度を判断することになり，そのようなものを本人の知能とよぶことはできない。また，学校知能の測定では，正解のある問題に答えさせることが一般的であるが，発達検査では身体運動能力，基本的生活習慣，社会性などの発達も重要な柱となる。

　わが国で開発され用いられてきた代表的発達検査には，以下のようなものがある。

　九州大学医学部教授であった遠城寺宗徳によって1958年に開発された「遠城寺式乳幼児分析的発達検査法」（適用年齢：0歳から4歳7カ月）は，運動（移動運動，手の運動），社会性（基本的習慣，対人関係），言語（発語，言語理解）の各機能を分析的に評価し，個人の発達のプロフィールを示すものである。

　お茶の水女子大学教授であった津守眞が開発した「乳幼児精神発達診断法（現在の名称は「津守・稲毛式乳幼児精神発達診断検査」）」（適用年齢：0歳から7歳）は，質問紙法により，母親または主たる養育者に子どもの発達状況をたずね，その結果を整理することによって子どもの精神発達の診断を行うものである。

　「新版K式発達検査」（適用年齢：0カ月から成人まで）は，京都市児童院（現・京都市児童福祉センター）がビネー式検査と発達診断検査を統合した「K式発達検査」を1951年に開発し，半世紀の間使用された後，「新版K式発達検査2001」（Kyoto Scale of Psychological Development 2001）を2002年に発表した。その際に，適用年齢を13～14歳から成人にまで拡張している。

6．認知症のアセスメントと診断

　知能検査が測定の対象とする知的障害（intellectual disability）は，主として，知的機能の制約が発達期に生じるものをいう。なお，1998年制定の「精神薄弱の用語の整理のための関係法律の一部を改正する法律」により，「精神遅滞」（mental retardation）に代えて「知的障害」が用いられるようになったものである。知的障害とは対照的に，認知症（dementia）は，いったんは正常に発達した知能が後天的な脳の器質的障害により極度に低下するものをいう。

　認知症の原因は，脳血管障害，アルツハイマー症，レビー小体病，クロイツフェルト・ヤコブ病など多様であり，その診断は心理検査と画像診断を含め，多角的に行われる。認知症が疑われる患者に対して最初に行われる検査は，短時間で簡単に実施できる「スクリーニング検査」である。その一つは，聖マリアンナ医科大教授・学長を歴任した長谷川和夫が1974年に開発した「長谷川式簡易知能評価スケール」である。長谷川式は，患者自身の年齢，今日の年月日，記憶力・計算力・語彙力にかかわる簡単な質問など9つの日常的質問を行うものである。また，ほぼ同じ時期，アメリカのフォルスタイン夫妻（Marshal Folstein & Susan Folstein）は，11の質問，30点満点，10分で実施できるミニ・メンタル・ステート検査（Mini Mental State Examination：

MMSE）を1975年に開発した。これは，長谷川式の質問に文章理解，文章構成，図形模写等の課題が加わった構成である。この2つは，いずれも，ビネー式検査の延長線上にあるものと考えてよい。

スクリーニング検査で認知症の疑いが強くなった場合には，ウェクスラー成人知能検査など本格的な知能検査を実施して障害の程度を詳しく調べ，脳の病変や萎縮を調べるために画像診断検査が行われる。画像診断検査としては，脳の形態の変化をみるCT（コンピュータ断層撮影），MRI（磁気共鳴画像），脳の血流の異常をみるSPECT（単一光子放射断層撮影），脳の代謝異常をみるPET（ポジトロン断層法）などが適宜用いられる。

2節　知能の心理測定

1．g因子説対多因子説

知能検査による大量のデータを用い，その下位検査を因子分析の統計的手法によって分類し，知能の因子構造を分析する心理測定法のアプローチは，イギリスの心理学者チャールズ・スピアマン（Spearman, C. E.）に始まる（Mackintosh, 2011）。スピアマンは，知能を「一般因子g」と「特殊因子s」に分ける知能の2因子説を提唱した（図33.2a）。この一般因子gのことを「スピアマンのg」ともよぶが，知能指数（IQ）はスピアマンのgと同一視されている。ただし，スピアマンが1904年にg因子説を提唱したとき，ビネーの知能尺度（1905年）はまだ開発されておらず，スピアマンの最初の因子分析は「古典，フランス語，英語，数学，音の高低，音楽」のデータに対して行われたものであり，むしろ「学力」の因子分析というほうがふさわしい。

その後，アメリカの心理学者ルイス・サーストン（Thurstone, L. L.）は，知能を構成する因子が言語理解（V），語の流暢性（W），数（N），空間（S），記憶（M），知覚速度（P），推理（I）の7因子からなるとする知能の多因子説を1938年に唱えた（図33.2b.）。ちなみに，サーストンは，偏差IQ（deviation IQ）の指標を考案したことでも知られている。スピアマンのg因子説が実は「学力」の因子分析にもとづいていたのに対し，サーストンの多因子説は確立された知能検査の下位検査のデータを因子分析で検討したものという違いがあった。

次項で詳しくみるように，g因子説と多因子説は，心理測定研究としては，「Gf-Gcモデル」を経て，「キャッテル－ホーン－キャロル理論」（Cattell-Horn-Carroll theory：C-H-C theory）へと融合的に発展していったととらえることができる（Willis, Dumont, & Kaufman, 2011）。

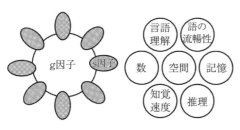

a．スピアマンのg因子説　b．サーストンの多因子説
図33.2　2つの知能理論のモデル図

2. Gf-GcモデルからC-H-C理論へ

イギリス出身でアメリカで活躍した心理学者レイモンド・キャッテル（Cattell, R. B.）は，情報処理能力の正確さと速さにかかわる流動性知能（fluid intelligence：Gf）と，教育・社会・文化等の影響を受け経験とともに蓄積・熟成される結晶性知能（crystallized intelligence：Gc）の2つに知能を大別するGf-Gcモデルを提唱し，弟子のジョン・ホーン（Horn, J. L.）とともにこのモデルを実証的に検証していった。流動性知能は，短期記憶（ワーキングメモリ）の能力に依存し，未知の問題の解決に役立ち，発達期に成長し，20歳前後でピークを迎える。他方，結晶性知能は長期記憶の能力に依存し，知識の獲得と技能の習熟によって成長し続け，老年期を迎えてもなお発達可能なものである。Gf-Gcモデルは，たとえばドイツの心理学者パウル・バルテス（Baltes, P. B.）の老年期の叡智（wisdom）を活かすサクセスフル・エイジング論など，高齢期に焦点を当てた生涯発達心理学の理論的基礎を提供するものとなった。

アメリカの心理学者ジョン・キャロルは，過去から50年以上にわたって蓄積された約1,500の知能研究から461のデータセットを厳選して再分析を行い，その結果にもとづいて三層理論（three stratum theory）を提唱した（Carroll, 1993）。すなわち，知能の因子構造は，階層Ⅰの「狭」知能，階層Ⅱの「広」知能，階層Ⅲの「一般」知能からなるとする理論である。階層Ⅱには，流動性知能（Gf）と結晶性知能（Gc）のほか，一般記憶・学習（Gy），視知覚（Gv），聴知覚（Gu），検索能力（Gr），認知速度（Gs），処理速度（Gt）の8因子が抽出された。キャロルが再分析に用いたデータセットは，他の研究者がさらに分析できるようにアーカイブ化され，Webで公開されている（http://www.iapsych.com/wmfhcaarchive/wmfhcaindex.html）。

その後，キャッテルとホーンの流動性知能／結晶性知能因子は，キャロルの三層理論に組み込まれ，キャッテル-ホーン-キャロル理論（C-H-C理論）として統合された。このC-H-C理論は，その後も改良を重ねられていった（McGrew, 2009）。図33.3は，C-H-C理論の構成を概念図にしたものである。T_1からT_nの記号は知能検査の下位検査を示しており，これのみが実際のデータとして得られるものである。それが，階層Ⅰの複数の知能（PMA_1からPMA_n），階層Ⅱの複数の知能（G_1からG_n），階層Ⅲの一般知能（g）という上位の知能に集約されていく。この統合的なC-H-C理論において，唯一大きな見解の相違がみられたのは，キャロルが一般知能（g因子）をC-H-C理論に含めることを提案したのに対し，ホーンらはその考え方に賛成しなかったという点である。

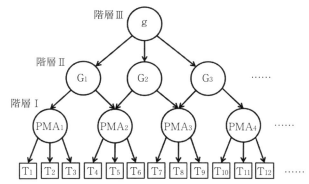

gは「一般」知能，Gは「広」知能，PMAは「狭」知能，Tは下位検査；丸は潜在因子，四角は実測データを表す。

図33.3 C-H-C理論の概念図

3節　知能の認知理論

1. 知能の鼎立理論

　これまでにとりあげた知能のアセスメントと診断アプローチと知能の心理測定的アプローチは，基本的に被検査者に課題（検査項目）を与えて，その正誤を記録し，正答数の相関分析を行うという点で共通している。これに対して，情報処理論の立場から新しい知能理論を構築しようとする研究動向が1970年代から現れるようになった。アメリカの心理学者ロバート・スタンバーグは，この情報処理論的知能理論の旗手として登場し，40年近くにわたって活躍してきた。スタンバーグは，まず1977年に最初の著書『知能，情報処理，およびアナロジー推理』（Sternberg, 1977）を出版し，アナロジー推理課題（例：「医師::患者＝弁護士::＿＿＿＿」）における反応時間の個人差を分析し，問題解決に必要な情報処理の基本単位（コンポーネント）を抽出する実験的手法を提唱した。

　スタンバーグはその後，1985年の著書『知能を超えて』（Sternberg, 1985）において知能の鼎立理論（a triarchic theory of intelligence）を提唱した。鼎立というのは，知能理論の柱として，①コンポーネント理論，②経験理論，③文脈理論の3つの下位理論があるという意味である。すなわち，①コンポーネント理論（componential subtheory）は，人間の知的行動の背後にある構造と機構を明らかにするものであり，流動性知能の理論と結晶性知能の理論の2つに分かれる。②経験理論（experiential subtheory）は，新しい課題や未知の状況に直面したときに示される能力に関する理論と，ある課題や状況での情報処理を自動化する能力に関する理論の2つに分かれる。③文脈理論（contextual subtheory）は，知的行動が社会－文化的文脈によってどのように規定されるかを明らかにするもので，その内容は実用的知能の理論と社会的知能の理論の2つに分かれる。

　知能の鼎立理論の3つの下位理論は，その後スタンバーグの著書『成功知能』（Sternberg, 1996）などにおいて，①分析・比較・対照・評価・説明・判断・批判などを行う分析的知能（analytical intelligence），②創造・想像・デザイン・考案・仮定などを行う創造的知能（creative intelligence），③利用・活用・実行・採用・脈絡化・想定などを行う実用的知能（practical intelligence）の3つに置き換えられ，成功のためにはこの3つの能力を適切に活用することの重要性を指摘している。成功知能（successful intelligence）の正反対の状態は，スタンバーグの著書『利口な人の愚行の理由』（Sternberg, 2003）に描かれている。たとえば，当時話題になったビル・クリントン大統領のスキャンダル，あるいはエンロン，ワールドコム，監査法人アーサー・アンダーセンなどのアメリカの一流企業の破綻は，非現実的楽観主義，自己中心主義，全知・全能感，難攻不落感などの歪んだ自己認知が成功知能の発揮を阻害したことによると指摘している。

　このようにスタンバーグは，情報処理過程の実験的研究からスタートしたが，心理測定的アプ

ローチも取り入れつつ，知能の鼎立理論を日常生活の広範な問題を取り扱う包括的な理論に発展させた。

2. 多重知能理論

「知能は単一のもの」であるとするg因子説に理論的に対抗するのは，知能のモジュール説（modularity theory）である。アメリカの心理学者ハワード・ガードナーは，脳損傷患者の神経心理学的研究から知能のモジュール性を主張し，1983年の著書『フレイムズ・オヴ・マインド』で多重知能理論（theory of multiple intelligences）を提唱した（Gardner, 1983）。具体的な知能モジュールとして，当初ガードナーは，①言語的知能，②論理－数学的知能，③空間的知能，④音楽的知能，⑤身体－運動的知能，⑥個人内知能，⑦対人的知能の7つの知能をあげたが，現在では8～9に拡張されている（Gardner, 1993, 1999/2001）。

筆者は，最初に提案された7つの知能のみを採用し，図33.4のように多重知能理論のエッセンスを簡潔にまとめた（子安，1999）。言語的知能，論理－数学的知能，空間的知能の3つは，伝統的に知能検査によってIQとして測定されてきたものであり，技術的知能（technical intelligence）ともよばれている。音楽的知能，身体－運動的知能，および空間的知能は，音楽・舞踊・スポーツ，絵画・造形などにかかわる芸術的知能（artistic intelligence）に属する。この略号をAQとする。また，自己の感情や思考を理解する個人内知能と，他者の感情や思考を理解する対人的知能は，あわせて人格的知能（personal intelligence）とよばれる。人格的知能の内容は，アメリカのジャーナリストのダニエル・ゴールマンの著書『EQ：こころの知能指数』（Goleman, 1995/1996）で一躍有名になった情動知能（emotional intelligence）との密接な関連から，略号をEQとする。なお，ゴールマン自身は「EQ」という言葉を最初の著書では使っておらず，雑誌『タイム』が広めたものである。

以上のように，多重知能理論は，知能検査で測定される「技術的知能」だけでなく，芸術やスポーツなどの活動を支える「芸術的知能」と，自己および他者を理解するための「人格的知能」の三者が重要であるとするものである。多重知能理論の出現によって，知能の理論はようやくパーソナリティの理論に包括的に組み込むことのできるものに成長したといえよう。

多重知能理論は，実際の教育場面での応用性が高く，この理論にもとづく教育実践が行われている。また，アメリカ・マサチューセッツ州にあ

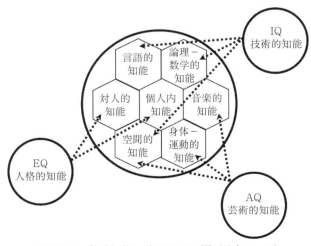

図33.4 多重知能理論のモデル図（子安，1999）

る多重知能研究所（Multiple Intelligence Institute）が教師のトレーニングをサポートしている（http://www.miinstitute.info/index.php）。

◆ 引用文献

Binet, A., & Simon, Th.（1977）．ビネ知能検査法の原典（大井清吉・山本良典・津田敬子，訳）．日本文化科学社．（Binet, A., & Simon, Th.（1917）. *La mesure du développement de l'intelligence chez les jeunes enfants.* Paris : L'Harmattan.）

Carroll, J. B.（1993）. *Human cognitive abilities : A survey of factor-analytic studies.* New York : Cambridge University Press.

Gardner, H.（1983）. *Frames of mind : The theory of multiple intelligences.* New York : Basic Books.

Gardner, H.（1993）. *Multiple intelligences : The theory in practice.* New York : Basic Books.

Gardner, H.（2001）．個性を生かす多重知能の理論（松村暢隆，訳）．新曜社．（Gardner, H.（1999）. *Intelligence reframed : Multiple intelligences for the 21st Century.* New York : Basic Books.）

Goleman, D.（1996）．EQ：こころの知能指数（土屋京子，訳）．講談社．（Goleman, D.（1995）. *Emotional intelligence : What it can matter more than IQ.* New York : Bantam Books.）

子安増生．（1979）．新訂京大NX5-8 知能検査の項目分析．愛知教育大学研究報告〔教育科学〕，第28輯，109-122.

子安増生．（1999）．幼児期の他者理解の発達：心のモジュール説による心理学的検討．京都大学学術出版会．

Mackintosh, N. J.（2011）. History of theories and measurement of intellignce. In R. J. Sternberg & S. B. Kaufman（Eds.）, *The Cambridge handbook of intelligence*（pp. 3-19）. Cambridge, UK : Cambridge University Press.

McGrew, K. S.（2009）. CHC theory and the human cognitive abilities project : Standing on the shoulders of the giants of psychometric intelligence research. *Intelligence,* **37**, 1-10.

Sternberg, R. J.（1977）. *Intelligence, information processing, and analogical reasoning : The componential analysis of human abilities.* Hillsdale, NJ : Lawrence Erlbaum Associates.

Sternberg, R. J.（1985）. *Beyond IQ : A triarchic theory of human intelligence.* New York : Cambridge University Press.

Sternberg, R. J.（1996）. *Successful intelligence.* New York : Simon & Schuster.

Sternberg, R. J.（2003）. *Why smart people can be so stupid.* New Haven, CT : Yale University Press.

Sternberg, R. J., & Kaufman, S. B.（Eds.）.（2011）. *The Cambridge handbook of intelligence.* Cambridge, UK : Cambridge University Press.

Willis, J. O., Dumont, R., & Kaufman, A. S.（2011）. Factor-analytic models of intelligence. In R. J. Sternberg & S. B. Kaufman（Eds.）, *The Cambridge handbook of intelligence*（pp. 39-57）. New York : Cambridge University Press.

34 章　心の理解

木下孝司

1 節　「心の理論」研究の概観

1.「心の理論」とは

　人はいかにして互いの心の状態を読み取って理解を深めるのか。この自他理解をめぐる問いは，ピアジェ（Piaget, J.）以来，発達心理学の重要なトピックの一つとなっている。霊長類研究から提起された「心の理論」（theory of mind）は，発達心理学のみならず，自閉症などの発達障害研究，哲学，人工知能やロボット工学など広範な学問領域にまたがって関心が向けられてきた。

　プレマックとウッドラフ（Premack & Woodruff, 1978）は，チンパンジーなどの霊長類が仲間にえさをとられまいとしてあざむくなどの行動に着目して，それが他の個体の心的状態を推測しているかのようにみえることから，「心の理論」という概念で説明することを提唱した。彼らは，ある個体が自己および他者の目的・意図・知識・思考・信念・疑念・推測・ふり・好みを理解できる場合，その個体は「心の理論」をもつ，と定義した。「理論」という用語をあえて用いているのは2つの理由からである。一つは，心的状態は自己の心であっても直接観察できるものではなく，仮説的に想定する必要があるためである。二つ目に，そのように心的状態について仮説的な枠組みをもつことで，それぞれの個体の行動を予測することが可能になるからである。

　「心の理論」という用語は，他者理解を指すものとして使用されることが多いが，心的状態に関する理解を「理論」とよぶことに反対する論者もいたり（Leudar & Costall, 2009），従来の「心の理論」研究が扱っている心の働きは認識状態に限定されている傾向があることから，あえて「心の理解」と一般的な表記をしたり，「メンタライジング」（mentalizing）や「マインドリーディング」（mindreading）という用語を用いたりすることが増えている。本稿では，こうした事情を受けて，「心の理解」という総称を用い，プレマックらの定義に合致し，あわせて自他の心の認知的な働きに関する理解に限定したものとして「心の理論」という用語を用いる。

2. 誤信念課題による「心の理論」研究

　発達心理学において「心の理論」研究がさかんになされるようになったのは，ウィマーとパーナー（Wimmer & Perner, 1983）による誤信念課題によるところが大きい。この課題は，「マクシという男の子がチョコレートを台所の〈緑〉の戸棚にしまって外出する。その間に，お母さん

がケーキをつくるためにそのチョコレートを少しだけ使い，〈緑〉の戸棚ではなく，〈青〉の戸棚に片付けてしまう。外出から戻ってきたマクシは，チョコレートはどこにあると思っているか？」と質問して，他者の誤信念（思い違い）を推測させるものとなっている。他の誤信念課題としては，「スマーティ課題」（Perner, Leekam, & Wimmer, 1987）とよばれているものもある。この課題では，スマーティというお菓子の容器を子どもに見せ，「スマーティ」が入っていることを予測させてから，実際には鉛筆が入っていることを示す。その後に，対象児自身が最初に何が入っていると思ったのかという過去の自己信念と，箱の中身を見ていない他者の信念の内容を質問する。

　1980年代後半，誤信念課題を用いた研究は数多くなされ，3〜4歳では他者の誤信念を推測できずに，実際の状況を回答する。それが，4歳以降になると，他者の誤信念を理解できるようになっていく。また，スマーティ課題において，3歳児はスマーティの箱に鉛筆が入っていると思っていたという回答をする者が多く，自分自身の心的状態に正確にアクセスできていないことが示されている。このことは，自己の心的状態も直接に把握できるものではなく，一つの現実を，自己と他者，過去の自己と現在の自己がそれぞれ異なったものとして表象していることを理解する必要があることを示している。パーナー（Perner, 1991/2006）は，現実世界を多様に表象しうる働きを理解する能力をメタ表象能力とよび，「心の理論」の発達に不可欠なものとし，その後の「心の理論」研究に大きな影響を与えてきた。

　また，誤信念課題にもとづく「心の理論」研究に拍車をかけたのが，バロン‐コーエンほか（Baron-Cohen, Leslie, & Frith, 1985）による自閉症研究である。彼らは，精神年齢や言語年齢をそろえた定型発達児やダウン症児に比べて，自閉症児の誤信念課題の成績が著しく悪いことを明らかにして，自閉症における「心の理論」欠損仮説（Baron-Cohen, 1995/1997）が提唱されることになった。ただし，自閉症は知的能力や対人関係の障害において幅広い状態像を示すものであり，「心の理論」の欠損という観点だけでは説明できないことは，今日広く認められている（Happé, 1994 ; Hobson, 1993/2000 ; Klin, Jones, Schultz, & Volkmar, 2003 ; Ozonoff, Pennington, & Rogers, 1991）。

2節　心の理解の発達

　「心の理論」研究に触発されて，あるいはそれとは独自に，1980年代以降，心の理解の発達に関する研究が集積され，子どもがいかに自他理解を図っているのかが明らかにされてきた。ここでは主だった発達的変化についてみておこう。

1. 乳児期における心の理解の開始

　乳児は生後 2〜3 カ月には，養育者（他者）と目を合わせ，両者の身体の動きは同期して共振

しあい，情動的な一体感の感じられる状態にある。トレヴァーセンは「心の理論」研究とはまったく異なった視点から，乳児が身体と情動をとおして，他者の主観性を感受している事実に注目し，発達初期における相互同期的で一体的な関係が成立することを第一次相互主観性とよんでいる（Trevarthen, 1979）。

生後9カ月頃になると，対人関係のありようは一変する。それまで，乳児の対人関係は自分と他者という二項間でのやりとりにとどまっていたのが，物を介した相互作用や，ある対象に向けた注意を共有する共同注意が可能になる。トレヴァーセンに従えば，こうした変化は，自分の主観性（注意や関心）とは異なる他者の主観性を感知しつつ，両者の共有が可能となる第二次相互主観性の成立ということになる。「心の理論」研究では，この時期に成立する共同注意は，「心の理論」の前駆体とみなされている（Baron-Cohen, 1995/1997）。ただし，早期に，ある種の原初的な心の理論が認められるかどうかについては議論が分かれており（木下，2014），乳児期のコミュニケーション成立における養育者の役割も加味した検討が必要となっている（木下，2008a）。

2. 1～3歳における意図や欲求の理解

トマセロ（Tomasello, 1999/2006）によれば，共同注意を成立させる社会認知的基盤には，他者を自分と同様に「意図をもった主体」として認識することがあるという。生後18カ月頃には，自他の意図を区別して，他者の意図（ないしは欲求）を推測することが可能になっていく（Meltzoff, 1995）。また，2歳前半には，欲求を表す言葉（want, likeなど）を日常場面で使いはじめ，その後に信念や思考を表す言葉（think, knowなど）を使用するようになっていく。ただ，当初は「わからない」（I don't know）のように慣用的な使用であり，認知過程を表す意味は3歳頃から認められるようになる（Shatz, Wellman, & Silber, 1983）。

3. 幼児期後半におけるメタ表象能力と心の理解の広がり

誤信念課題を用いた研究の結果にもとづいたメタ分析によれば（郷式，2000；Wellman, Cross, & Watson, 2001），課題タイプによる差違は一定ありつつも，4～5歳以降に他者の誤信念や自分の過去の信念を理解することは安定した結果といえる。こうした結果が，幼児期後半にメタ表象能力が獲得されるとする根拠となっている。

メタ表象能力の発達によって，誤信念理解以外にも心の理解に関連する能力が獲得されていく。一つには，現実と見た目を区別する能力であり，たとえば見た目は岩に見えるスポンジを「岩のように見えるけど，本当はスポンジだ」といったように，その特性を明確に識別することができるようになる（Flavell, 1986）。二つ目に，うそをついたり，他者を意図的にあざむくことも，誤信念課題通過後に可能になっていくものとしてとりあげられることが多い（木下，2011）。

4. 児童期における二次的信念の理解の始まり

児童期になると，より複雑な心の理解が可能になっていく。「メアリーは〜だと思っていると，ジョンは思い込んでいる」という二次的信念の理解は，9〜10歳頃に可能になるとされている（Perner & Wimmer, 1985）。こうしたレベルでの心の理解によって，自分の思っていることを他者がどのように考えているかを振り返ることが可能になり，再帰的な自己理解が深まっていく。相互に背後の意図を読み合うことで，児童期の自他関係はより複雑なものになっていく。

児童期以降は対人関係の大きな変化が起こる時期であるが，児童期や青年期以降における心の理解に関する研究は蓄積がきわめて少ないのが現状である。

3節　心の理解の発達メカニズムと最近の研究動向

心の理解の発達をどのように説明するのかについて，いくつかの異なる理論的立場があり，「心の理論」研究の登場以来，議論は続いているが，いまだ十分なコンセンサスは得られていない。また，そうした理論的対立を背景にしながら，新たな研究データの集積も進んでいる。本節では，心の理解の発達に関する代表的理論を概説して，最近の研究を簡単に整理しておく。

1. 心の理解の発達はいかに説明されるのか

心の理解の発達に関する理論的説明を，ここでは大きく5つに分けて紹介する。その際，表34.1にあるように，自他の心的状態の観察可能性，基盤となる発達メカニズムの特徴，心の理解を「理論」としてとらえられるのかといった点に着目して，整理を試みた。

(1) 理論説

子どもは，社会的経験をデータベースとして，心的状態を理解するための理論を自ら構成

表34.1　心の理解の発達に関する理論的対立状況（子安・木下，1997を加筆修正して作成）

	理論説	モジュール説	シミュレーション説	相互主観性説	社会的構成説
心的状態の観察可能性	自己および他者の心ともに観察不可能		自己の心のみ観察可能	自己の心は観察可能，他者の心も観察可能な側面あり	心や心の理解といったこと自体が社会−文化的に構成されたもの
心の理解の発達メカニズム	社会的経験をベースにした理論形成	生得的な「心の理論」モジュールの解発	自己経験からのシミュレーションによる他者の心の理解	情動や身体をとおした結びつきを基盤とした相互主観的な関係による	文化に潜在する，心を理解するための枠組みの共同構成と習得
心の理解は「心の理論」とみなせるか	yes	yes	yes	no	yes/no（社会−文化的な実践・慣習のセットとしての素朴心理学）

し，それを適宜修正しながら心の理解を行っている（Astington, 1993/1995；Perner, 1991/2006；Wellman, 1990）。

(2) モジュール説

人は，進化のなかで洗練されてきた「心の理論」モジュールを生得的に備えており，それが成熟ないしは外的刺激によって作動することで心の理解は行われる（Baron-Cohen, 1995/1997；Leslie, 1993）。

(3) シミュレーション説

自分の心的状態は直接経験することが可能であり，そうした自己経験から他者の心的状態をシミュレーションすることで，他者の心は理解される（Harris, 1992）。

(4) 相互主観性説

心の理解は，「心の理論」のような認知的な基盤がまずあるのではなく，発達初期からの情動や身体を通した相互主観的なやりとりをとおしてなされるものである（Hobson, 1993/2000）。

(5) 社会的構成説

他者との相互交渉を通して，文化に潜在する，心を理解するための枠組みを共同で構成し習得していくことによって，心の理解は進展する（Bruner & Feldman, 1993）。

理論説とモジュール説は，自他ともに心的状態は観察できず，仮説的に構成される概念であるとする点で共通し，心の理解を厳密な意味で「心の理論」とする。その点で，シミュレーション説とは鋭く対立して，論争が行われてきた（Carruthers & Smith, 1996）。他方，相互主観性説は，子どもは早期から他者の表情や身体運動を直接知覚して相互交渉が成立するという事実から出発する。また，社会的構成説においては，そもそも私たちが「心」といったものを想定して，その理解を問題にすること自体が社会－文化的に構築された営みであるととらえ，「心の理論」という総称を用いるとしても，社会や文化に埋め込まれた素朴心理学としての意味あいが強い。

これらの理論的区分は相互排他的なものではなく，観点のとり方に応じて共通性や対立点の浮上の仕方が異なってみえる。一つに，今日の発達理論において，極端な生得論や環境決定論が唱えられることはないが，足場のおき方は研究者によって異なり，心の理解の領域においても，生得性を強調するモジュール説と経験にもとづいた文化習得に重きをおく社会的構成説は両極に位置づけることができる。二つに，心の理解を，個人内の認知システムの問題として扱う立場（理論説，モジュール説，シミュレーション説）と，他者ないしは共同体との関係性を単位にして考える立場（相互主観性説，社会的構成説）とに分けることも可能である。

2. 心の理解の発生基盤に関する研究動向

2000年代以降，心の理解に関する研究は新たな動向をみせる。その一つの流れは心の理解の発生基盤を明らかにしようとする試みといえよう（千住，2012も参照）。

a.「有能な乳児」を示す研究

心の理解の発生起源を遡る試みは，コミュニケーション文脈においてなされ，共同注意との関

連が検討されてきた。この間，より直接的に乳児の心の理解能力を検討する研究が増えている。とくに注目されているのが，期待違反事象パラダイムを用いたオオニシとベラージョン（Onishi & Baillargeon, 2005）である。この研究では，15カ月児を対象に，刺激人物が2つの箱の一方に対象物が入るのを目撃し，その後，その人が不在時に対象物が移動するという場面を観察させる。つまり，刺激人物は誤信念をもつことになるが，その後の場面で，この人物が誤信念とはくいちがう行為をする（実際に対象物のある箱をあける）ところを見せられると，そうでない場合よりも注視時間が長くなったという。オオニシらは，乳児が他者の誤信念を理解して，その人物の行動を予期しているためであるとしている。また，サウスゲイトほか（Southgate, Senju, & Scibra, 2007）は，オオニシらと類似の状況を2歳児に見せると，子どもは刺激人物の誤信念にもとづいた行動を予期して，その人物があけようとする箱にあらかじめ視線を向けることを明らかにしている。

ベラージョンほか（Baillargeon, Scott, & He, 2010）は，これらの研究をレビューして，乳児は信念を表象する能力を備えており，通常の誤信念課題の通過が幼児期まで遅れるのは反応選択に認知的負荷がかかるためだとしている。ただし，期待違反事象パラダイムにしろ，馴化－脱馴化法にしろ，注視時間に着目した方法であり，知覚的に刺激を区別できているということと概念的に理解できることの相違と関連性はさらに理論的に検討する必要がある（詳細は，加藤，2011を参照）。

b.「社会脳」のイメージング研究

進化のプロセスで，他の個体と社会的に解決すべき課題が入り組んできたことがヒトの知性を高度化させたとする社会的知性仮説（Byrne & Whiten, 1988/2004）は，霊長類研究のみならず，対人的な情報処理や社会的問題解決を司る「社会脳」（Brothers, 1990）への関心を高めていくことになった。扁桃体，前頭葉眼窩部，上側頭回という，情動的コミュニケーションや他者の視線探知などにかかわる領域に加えて，1990年代の脳機能イメージング研究の普及とともに，「ミラーニューロン」（mirror neuron）や，心の理解に直接関与している脳部位が発見されていくことになる（苧阪，2014も参照）。

自己がある動作を行う場合だけではなく，その動作を他者が行うのを観察しても活動するミラーニューロンはマカクザルにおいて発見され，ヒトについてもそうした働きをするニューロンネットワークが認められている（Rizzolatti & Sinigaglia, 2006/2009）。ミラーニューロンは，自他理解の生物学的基盤を明らかにする手がかりを提供するものとして，その研究成果がおおいに期待される。とくに，心の理解メカニズムとしてはシミュレーションに合致する機能を担っているが，ミラーニューロンが作動するのはあくまでも行為レベルでのことであり，感情や信念のシミュレーションについてはまた別の脳機能が関与しており（福島，2011），ミラーニューロンがどのようなレベルと経路で心の理解に活用されるのかは慎重な検討が必要であろう。

「心の理論」課題やある種の視点取得課題を実施時に，陽電子断層撮影法（PET）や機能的核磁気共鳴画像法（fMRI）などを用いて神経活動を測定する研究も蓄積され，前頭葉内側部や側頭－頭頂接続部が重要な役割を果たしていることがわかってきている（Frith, 2007）。また，こ

れらの部位は自分の過去の記憶を想起したり，自分の未来を想像したりする際にも活動しており，他者の心を理解することと共通した神経学的基盤があることが示唆されている（Buckner & Carroll, 2007）。

3. 心の理解の個人差に関する研究動向

もう一つの動向として，心の理解の個人差をもたらす要因を探る研究をあげることができる（内藤，2007）。この問題を明らかにするために数多くの相関研究がなされており，さらに3つのタイプに分けることができる。

一つは，子どもを取り巻く社会－文化的要因との関連を調べたもので，心的状態に関する養育者の発話（Dunn, Brown, Slomkowski, Tesla, & Youngblade, 1991）や「子どもの心を気遣う傾向（mind-mindedness）」（Meins, Fernyhough, Wainwright, Gupta, Fradley, & Tuckey, 2002），きょうだいの数（Perner, Ruffman, & Leekam, 1994）などが「心の理論」課題と一定の相関があることが示されている。社会－文化的要因という点では，日本の子どもは誤信念課題の通過が欧米の子どもよりも遅く，対人理解の枠組みそのものの文化差が指摘されている（Naito & Koyama, 2006）。二つ目のタイプの相関研究は，言語やその他の認知能力との関連をみたものである。「心の理論」課題と言語能力の関連は広く指摘されており，視点転換をはかる対話能力（Lohmann & Tomasello, 2003）などが注目されている。また，認知能力ではとくに実行機能との関連が議論されている（Carlson & Moses, 2001 ; Perner & Lang, 1999）。三つ目は，さまざまな社会的スキルや実際の社会的行動との関連である。これらの研究では一般的に，「心の理論」課題得点が良い子どもほど社会的スキルや仲間からの人気があるという結果が得られているが，他方で，心の理解を反社会的目的に活用する場合があることが指摘されており（Sutton, 2003），心を理解する能力と実際の社会的行動の関係は複雑なものといえる。

4 節　心の理解の発達研究の課題

心の理解の発生基盤に関する研究から，モジュール説，なかでも心を理解するためのメカニズムが生得的に備わっているとする立場が優勢にみえるかもしれない。しかしながら一方で，個人差研究において確認できたように，社会－文化的環境の影響は心の理解の発達に大きく及んでいる。生得論と環境決定論という発達研究の基本問題が，心の理解に関する領域で再燃しているわけだが，その発達メカニズムに迫るために次の点は検討すべき課題となろう。

一つは，心の理解の仕方ないしは様式は複数存在するのではないかという論点である。3節1.で述べた心の理解の発達に関する説明は，実は，日頃私たちが行っている自他理解の様式の違いを切り出したものといえる。すなわち，自己経験をとおしたシミュレーション，自己経験とは無関係な「理論的」な推論，情動や身体をとおした相互主観的かかわり合い（共感）と，タイプの

異なった理解の仕方を私たちはしている。麻生（1980）は，子どもの他者理解の発達を論じるにはそれに先だって，暗黙の前提になっている私たち自身の他者理解を分析する必要があると指摘し，「情動反応としての理解」「振る舞いとしての理解」「感情移入としての理解」「概念的理解」に分けている。この麻生の先見性の高い指摘から30数年経過した現在，福島（2011）のように脳研究にもとづいて他者理解の様式の多様性を指摘する仮説が提起されはじめている。

そして，二つ目に，そうした多様な自他理解の様式を時間軸上に並べて，それぞれの相互連関を発達的にとらえていくことは，心の理解の発達メカニズムを考えるうえで重要になる。この検討において，心の理解システムを（乳児や動物にもみられ，自動的かつ効率的に処理する）低次のものと高次のものに分けた，アパリー（Apperly, 2010）のモデルは参考になり，乳児期と幼児期の心の理解の様式の質的違いと共通性，さらには児童期や青年期以降の心の理解のありようを考えていく手がかりとなるだろう。そのうえで，高次な心の理解システムを生得的に所与のものとするのではなく，低次のものからボトムアップ的に考えてみる必要がある。たとえば，これまでの心の理解研究では，乳幼児期においてすでに自己が確立していることを前提にした議論がなされていた。それに対して，木下（2008b）はコミュニケーションをとおして自己が形成され，自他の心の理解が発達的に変化するプロセスについて検討し，一つの発達モデルを提起している。

このように，自他理解の多様な様式の相互連関的な発達をとらえ直すことが今後の重要課題となっている。自他理解の様式は，低次なものが高次なものに置き換わっていくというものではなく，複数の理解様式を同時にもちうる重層的な発達モデルが考えられる。自他理解様式の多様性という論点に立ってみると，これまで「心の理論」課題の通過の早い遅いだけから考えられてきた心の理解の個人差に対して，自己経験を当てはめるシミュレーション傾向が高い，概念的理解が優勢など，いわばスタイルの違いという意味での個人差（あるいは状況差）をも射程に入れられるのではなかろうか。そのことで，心の理解の発達研究が社会性の発達にとどまらず，パーソナリティの発達や発達臨床などの他領域との接点を増すことを期待したい。

◆ 引用文献

Apperly, I. A. (2010). *Mindreaders : The cognitive basis of "theory of mind"*. London : Psychology Press.
麻生　武．(1980)．子供の他者理解：新しい視点から．心理学評論, **23**, 135-162.
Astington, J. W. (1995)．子供はどのように心を発見するか：〈心の理論〉の発達心理学（松村暢隆，訳）．新曜社．
　　(Astington, J. W. (1993). *The child's discovery of the mind*. Cambrdge, MA : Harvard University Press.)
Baillargeon, R., Scott, R. M., & He, Z. (2010). False-belief understanding in infants. *Trends in Cognitive Sciences*, **14**, 110-118.
Baron-Cohen, S. (1997)．自閉症とマインド・ブラインドネス（長野　敬・長畑正道・今野義孝，訳）．青土社．
　　(Baron-Cohen, S. (1995). *Mindblindness : An essay on autism and theory of mind*. Cambridge, MA : The MIT Press.)
Baron-Cohen, S., Leslie, A. M., & Frith, U. (1985). Does the autistic child have a "theory of mind"? *Cognition*, **21**, 37-46.
Brothers, L. (1990). The social brain : A project for integrating primate behavior and neurophysiology in a new domain. *Concepts in Neuroscience*, **1**, 27-51.
Bruner, J., & Feldman, C. (1993). Theories of mind and the problem of autism. In S. Baron-Cohen, H. Tager-

Flusberg, & D. J. Cohen (Eds.), *Understanding other mind : Perspectives from autism* (pp.267-291). Oxford : Oxford University Press.
Buckner, R. L., & Carroll, D. C. (2007). Self-projection and the brain. *Trends in Cognitive Sciences*, **11**, 49-57.
Byrne, R., & Whiten, A. (Eds.). (2004). マキャベリ的知性と心の理論の進化論：ヒトはなぜ賢くなったか（藤田和生・山下博志・友永雅己，監訳）．ナカニシヤ出版．(Byrne, R., & Whiten, A. (Eds.). (1988). *Machiavellian intelligence : Social expertise and the evolution of intellect in monkeys, apes and humans*. Oxford : Oxford University Press.)
Carlson, S. M., & Moses, L. J. (2001). Individual differences in inhibitory control and children's theory of mind. *Child Development*, **72**, 1032-1053.
Carruthers, P., & Smith, P. K. (Eds.). (1996). *Theories of theories of mind*. Cambridge : Cambridge University Press.
Dunn, J., Brown, J., Slomkowski, C., Tesla, C., & Youngblade, L. (1991). Young children's understanding of other people's feeling and beliefs : Individual differences and their antecedents. *Child Development*, **62**, 1352-1366.
Flavell, J. H. (1986). The development of children's knowledge about the appearance-reality distinction. *American Psychologist*, **41**, 418-425.
Frith, C. D. (2007). The social brain? *Philosophical Transactions ot the Royal Society of London, Series B, Biological Sciences*, **362**, 671-678.
福島宏器．(2011)．ミラーとメンタライジング：社会脳の見取り図．子安増生・大平英樹（編），ミラーニューロンと〈心の理論〉（pp.153-193）．新曜社．
郷式　徹．(2000)．数量化Ⅰ類による自己信念変化課題の記憶質問正答率のメタ分析．心理学評論，**43**，456-475．
Happé, F. (1994). *Autism : An introduction to psychological theory*. London : UCL Press.
Harris, P. L. (1992). From simulation to folk psychology : The case for development. *Mind & Language*, **7**, 120-144.
Hobson, R. P. (2000)．自閉症と心の発達：「心の理論」を越えて（木下孝司，監訳）．学苑社．(Hobson, R. P. (1993). *Autism and the development of mind*. Hove : Lawrence Erlbaum Associates.)
加藤義信．(2011)．"有能な乳児"という神話：「小さなおとな」発見型研究から「謎としての子ども」研究へ．木下孝司・加用文男・加藤義信（編），子どもの心的世界のゆらぎと発達：表象発達の不思議（pp.1-33）．ミネルヴァ書房．
木下孝司．(2008a)．共同注意と心の理論．乳幼児医学・心理学研究，**17**，39-47．
木下孝司．(2008b)．乳幼児期における自己と「心の理解」の発達．ナカニシヤ出版．
木下孝司．(2011)．からかい／うそ．無藤　隆・子安増生（編），発達心理学Ⅰ（pp.276-282）．東京大学出版会．
木下孝司．(2014)．共同注意．日本児童研究所（監修），児童心理学の進歩：Vol.53（2014年度版，pp.1-24）．金子書房．
Klin, A., Jones, W., Schultz, R., & Volkmar, F. (2003). The enactive mind, or from actions to cognition : Lessons from autism. *Philosophical Transactions ot the Royal Society of London, Series B, Biological Sciences*, **358**, 345-360.
子安増生・木下孝司．(1997)．〈心の理論〉研究の展望．心理学研究，**68**，51-67．
Leslie, A. M. (1993). ToMM, ToBy, and agency : Core architecture and domain specificity. In L. A. Hirschfeld & S. A. Gelman (Eds.), *Mapping the mind : Domain specificity in cognition and culture* (pp.119-148). New York : Cambridge University Press.
Leudar, I., & Costall, A. (Eds.). (2009). *Against theory of mind*. Basingstoke : Palgrave McMillan.
Lohmann, H., & Tomasello, M. (2003). The role of language in the development of false belief understanding : A training study. *Child Development*, **74**, 1130-1144.
Meins, E., Fernyhough, C., Wainwright, R., Gupta, M. D., Fradley, E., & Tuckey, M. (2002). Maternal mind-mindedness and attachment security as predictors of theory of mind understanding. *Child Development*, **73**, 1715-1726.
Meltzoff, A. N. (1995). Understanding the intentions of others : Re-enactment of intended acts by 18-month-old children. *Developmental Psychology*, **31**, 838-850.
内藤美加．(2007)．心の理論研究の現状と今後の展望．日本児童研究所（編），児童心理学の進歩：Vol.46（2007年度版，pp.1-37）．金子書房．

Naito, M., & Koyama, K. (2006). The development of false belief understanding in Japanese children : Delay and difference? *International Journal of Behavioral Development*, **30**, 290-304.

Onishi, K. H., & Baillargeon, R. (2005). Do 15-month-old infants understand false beliefs? *Science*, **308**, 255-258.

苧阪直行（編）．(2014)．自己を知る脳・他者を理解する脳：神経認知心理学からみた心の理論の新展開．新曜社．

Ozonoff, S., Pennigton, B. F., & Rogers, S. J. (1991). Executive function deficits in high-functioning autistic individuals : Relationship to theory of mind. *Journal of Child Psychology and Psychiatry*, **32**, 1081-1105.

Perner, J. (2006)．発達する〈心の理論〉：4歳：人の心を理解するターニングポイント（小島康次・佐藤 淳・松田真幸，訳）．ブレーン出版．(Perner, J. (1991). *Understanding the representational mind*. Cambridge, MA : The MIT Press.)

Perner, J., & Lang, B. (1999). Development of theory of mind and executive control. *Trends in Cognitive Sciences*, **3**, 337-344.

Perner, J., Leekam, S. R., & Wimmer, H. (1987). Three-year-olds' difficulty with false belief : The case for a conceptual dificit. *British Journal of Developmental Psychology*, **5**, 125-137.

Perner, J., Ruffman, T., & Leekam, S. R. (1994). Theory of mind is contagious : You catch it from your sibs. *Child Development*, **65**, 1228-1238.

Perner, J., & Wimmer, H. (1985). "John thinks that Mary thiks that... " : Attribution of second-order beliefs by 5- to 10-year-old children. *Journal of Experimental Child Psychology*, **39**, 437-471.

Premack, D., & Woodruff, G. (1978). Does the chimpanzee have a theory of mind? *Behavioral and Brain Sciences*, **4**, 515-526.

Rizzolatti, G., & Sinigaglia, C. (2009)．ミラーニューロン（柴田裕之，訳）．紀伊國屋書店．(Rizzolatti, G., & Sinigaglia, C. (2006). *So quel che fai. Il cervello che agisce e i neuroni specchio*. Milano : Raffaello Cortina Editore.)

千住　淳．(2012)．社会脳の発達．東京大学出版会．

Shatz, M., Wellman, H. M., & Silber, S. (1983). The acquisition of mental verbs : A systematic of the first reference to mental state. *Cognition*, **14**, 301-321.

Southgate, V., Senju, A., & Scibra, G. (2007). Action anticipation through attribution of false belief by 2-year-olds. *Psychological Science*, **18**, 587-592.

Sutton, J. (2003). ToM goes to school : Social cognition and social values in bullying. In B. Repacholi & V. Slaughter (Eds.), *Individual differences in theory of mind : Implications for typical and atypical develoment* (pp.99-120). New York : Psychology Press.

Tomasello, M. (2006)．心とことばの起源を探る：文化と認知（大堀壽夫・中澤恒子・西村義樹・本多　啓，訳）．勁草書房．(Tomasello, M. (1999). *The cultural origins of human cogntion*. Cambridge, MA : Harvard University Press.)

Trevarthen, C. (1979). Communication and cooperation in infancy : A description of primary intersubjectivity. In M. Bullowa (Ed.), *Before speech : The beginning of human communication* (pp.321-347). London : Cambridge University Press.

Wellman, H. M. (1990). *The child's theory of mind*. Cambridge, MA : The MIT Press.

Wellman, H. M., Cross, D., & Watson, J. (2001). Meta-analysis of theory-of-mind development : The truth about false belief. *Child Development*, **72**, 655-684.

Wimmer, H., & Perner, J. (1983). Beliefs about beliefs : Representation and constraining funciton of wrong beliefs in young children's understanding of deception. *Cognition*, **13**, 103-128.

35章 道徳性・向社会性

二宮克美

1節 「道徳性」・「向社会性」発達研究の動向

　本書の旧版『発達心理学ハンドブック』(1992年) 刊行から20年以上が経過した。その20数年の間にもこの領域の研究が着実に進展し，それを概観・展望する著作が出版されている。

　「道徳性」発達に関するハンドブックとして，1991年にカーティンズとゲヴァーツの編集で全3巻40章からなる "Handbook of moral behavior and development" (Kurtines & Gewirtz, 1991) が出版された。15年後の2006年に，キーレンとスメタナによって "Handbook of moral development" (Killen & Smetana, 2006) が編集され，さらにその8年後の2014年に第2版が出版されている (Killen & Smetana, 2014)。この3つの主要なハンドブックをみると，コールバーグの発達段階説以後チュリエルの提唱する社会的領域理論が大きな流れを形成し，近年では比較行動論や進化論，神経生物学などの領域からのアプローチがあることが読み取れる。また，社会心理学からのアプローチで大きな進展があり，ハイト (Haidt, 2001) の道徳的直観モデルが一つの話題となっている。

　"Handbook of child psychology and developmental science" 第7版では，チュリエル (Turiel, 2015) が「道徳性の発達」を，アイゼンバーグほか (Eisenberg, Spinrad, & Knafo-Noam, 2015) が「向社会性の発達」を，それぞれ第6版に引き続き書いている。なお，第7版では，新たにキーレンとスメタナ (Killen & Smetana, 2015) が「道徳性の起源と発達」を書いている。

　"Handbook of adolescent psychology" の第3版で，アイゼンバーグほかが「青年期における道徳的認知と向社会的反応」(Eisenberg, Morris, McDaniel, & Spinrad, 2009) を執筆している。また，"Handbook of life-span development" では，チュリエルが生涯発達という視点から「道徳性の発達」(Turiel, 2010) を執筆している。2014年，スミスとラットランド編の "Childhood social development" 全5巻中の第4巻が Development of morality and prosocial behavior and emotion (Smith & Rutland, 2014) と題する巻で，「道徳性・向社会性発達研究」の最新の動向を知るのに役に立つ。

　わが国では『発達心理学研究』第25巻第4号 (2014年) で，「道徳性・向社会性の発達」の特集号が組まれている。

2節　道徳性の発達

1. 道徳性のとらえ方

　道徳性（morality）の本質は，究極的には行為の質である。それが認知に裏づけられていようが，感情に動機づけられていようが，行為の質が問われるのである。しかし，どんな行為が道徳的であるかを決めるのは容易なことではない。

　従来，道徳性は認知・行動・感情の3つに分けてとらえられてきた。認知については，主として認知発達理論の研究者が，道徳的知識や判断を重視する立場から研究してきた。とくにコールバーグ（Kohlberg, 1969/1987）は，正義（justice）の枠組みは発達とともに質的に変化するものとして3水準6段階の発達段階説を提唱した（表35.1）。その後，ギリガン（Gilligan, 1982/1986）は，女性は人間関係，気くばり，共感などを主要原理とする「配慮と責任の道徳性」を発達させ，コールバーグの男性による「正義の道徳性」とは異なる発達段階を提起した（表35.2）。

　ケイガン（Kagan, 2005）は，幼児の道徳性の発達について6つの発達段階を提唱した（表35.3）。

　行動については，バンデューラ（Bandura, 1977/1979）などの社会的学習理論の研究者が，観察学習（モデリング）の役割を重視した。感情についてはフロイト（Freud, S.）が精神分析理論から，道徳性を超自我という概念を用いて説明した。

　こうした理論的な枠組みからの概観は，本ハンドブックの姉妹編である『新・青年心理学ハンドブック』の山岸（2014）による「道徳性の発達」の章に詳しい。

表35.1　道徳性の発達段階（Kohlberg, 1969/1987）

水　準	段　階
Ⅰ. 前慣習的（preconventional）水準	1. 服従と罰への志向
	2. 道具的功利的相対的志向
Ⅱ. 慣習的（conventional）水準	3. 対人的一致，良い子への志向
	4. 社会システム・社会の秩序維持への志向
Ⅲ. 後慣習的（postconventional）あるいは原理的（principled）水準	5. 社会契約的遵法的志向
	6. 普遍的な倫理的原理への志向

表35.2　「配慮と責任の道徳性」の発達段階（Gilligan, 1982/1986）

レベル	段　階
レベルⅠ	個人的生存への志向
移行期Ⅰ	利己主義から責任性へ
レベルⅡ	自己犠牲としての善良さ
移行期Ⅱ	善良さから真実へ
レベルⅢ	非暴力の道徳性

表35.3　幼児の道徳性の発達段階（Kagan, 2005）

段階1：	罰せられる行為を抑制できる
段階2：	禁止された行動を表象できる
段階3：	疑惑，共感，恥，罪悪感という情動をもつ
段階4：	良い・悪いといった意味の概念を獲得する
段階5：	社会的カテゴリー（性別，宗教，民族意識，社会階級，国籍など）の道徳的義務を受け入れる
段階6：	公正（fairness）と理想（ideal）の概念を理解する

2. 社会的ルールの獲得過程

社会生活を適応的に送っていくためには，さまざまな社会的ルール（規範）を守る必要がある。子どもはいろいろな社会的場面で多様な社会的ルールに出会い，それを理解し，それに従って行動することを学んでいく。個人が社会の適切なメンバーになるには必要な過程である。

こうした社会生活上知っておかなければいけないルールとして，子どもに伝えられる形態には，大きく次の2通りが考えられる。一つは，「ああしなさい，こうしたほうが良い」といった型（do）で伝えられる要請（request）である。もう一つは，「ああしてはいけない，こうしてはダメ」といった型（don't）で伝えられる禁止（prohibition）である。グラリンスキーとコップ（Gralinski & Kopp, 1993）は，1歳1カ月から2歳半までの子どもをもつ母親に，この2つの型で伝えるルールを自由に記述してもらい分析した。その結果，次の8つのカテゴリーを見出した。①子どもの安全，②他人の所有物の保護，③他人への尊敬，④食べ物や食事時の決まりごと，⑤待つこと，⑥マナー，⑦自分の世話，⑧家での決まりごと。

こうしたルールが主として伝えられる時期は，子どもの年齢と関連していた。一般的に，年齢の早い時期に，子ども自身の安全や他人の所有物の保護についての禁止や要請が行われる。それに対し，家での決まりごとや自分の世話については2歳以降に優勢になってくる。しつけを子どもがその社会のメンバーとして身につけなくてはいけないルールを獲得していく過程と考えたとき，まず子どもの生存を保障する方向でしつけがなされ，その次に家族や社会の基準を受け入れていく方向でしつけがなされるといえる。

また，どのようにして幼児が行為の基準（standards of conduct）を内面化していくのかについて，「良心」という古くて新しい概念からの検討がコチャンスカたちの一連の研究でとりあげられている（たとえば，Aksan & Kochanska, 2005；Kochanska, 2002；Kochanska, Aksan, Knaack, & Rhine, 2004；Kochanska, Forman, Aksan, & Dunbar, 2005）。母親と子どもの相互の応答性や肯定的感情の共有が，良心の発達に寄与していることが明らかにされている。こうした良心の発達に関する研究の展望は，トンプソン（Thompson, 2014）に詳しい。

3. 社会的領域理論

チュリエル（Turiel, 1983）によれば，社会的慣習（social convention）とは「ある社会の人々が慣習について共有している知識であり，その社会のなかで個々人が社会的相互作用をうまく営むことができるような行動の統一的様式である」。挨拶の仕方や行儀作法，エチケットは，その場面でお互いが何を期待しているかを知る機会を提供し，それによって社会的相互作用が円滑に営まれることを可能にしている。社会的慣習の概念は，肯定と否定を繰り返しながら7つの段階を経て発達していくというモデルを提示している（表35.4）。

道徳はこうした慣習や，個人的なルールとは，いくつかの点で区別される（表35.5）。日本では，首藤・二宮（2003）がこの社会的領域理論の妥当性を検証し，子どもの道徳的自律の発達を明ら

表35.4　慣習の概念についての発達段階（Turiel, 1983）

段階	慣習に対する考え方	年齢
1	社会的な行動上の一様性を描写したものとしての慣習の肯定	6～7歳
2	社会的な行動上の一様性を描写したものとしての慣習の否定	8～9歳
3	規則体系（社会システムの初期の具体的概念）としての慣習の肯定	10～11歳
4	規則体系の一部としての慣習の否定	12～13歳
5	社会システムによって媒介されたものとしての慣習の肯定	14～16歳
6	社会的規範としての慣習の否定	17～18歳
7	社会的相互作用を調整するものとしての慣習の肯定	18～25歳

表35.5　社会的領域の定義と基準（首藤・二宮, 2003）

	領域		
	道徳	慣習	心理（個人／自己管理）
知識の基盤	正義（公正）や福祉や権利といった価値概念	社会システム（社会の成り立ち，機能など）に関する概念	個人の自由や意志に関する概念および自己概念
社会的文脈	行為に内在する情報（行為が他者の身体，福祉，権利に与える直接的な影響）	社会的関係を調整するための，恣意的ながらも意見の一致による行動上の取り決め	行為が行為者自身に与える影響
基準	規則の有無とは無関係 権威とは独立 一般性あり 自由裁量なし	規則の有無に随伴 権威に依存 一般性なし 自由裁量なし	規則の有無とは無関係 権威とは独立 一般性なし 自由裁量あり
典型的な場面例	盗み，殺人，詐欺，緊急場面での援助，いじめなど	挨拶，呼称，生活習慣，宗教儀式，テーブルマナー，校則など	趣味，遊びの選択，友だちの選択など

かにしている。

　最近では，スメタナ（Smetana, 2011）がこの理論をもとにして親子関係の問題を検討している。また，言論の自由（たとえば，Helwig, 1998；長谷川，2004），攻撃行動の善悪判断（越中，2007），法と道徳性の問題（Helwig & Jasiobedzka, 2001），社会的排斥（Killen & Rutland, 2011）などがこの領域理論との関連から検討されている。

4. 道徳的直観モデル

　ハイト（Haidt, 2001）は，道徳性の中心は理性ではなく情動であり，道徳的直観（moral intuition）が重要であるという。誘発状況→直観→判断→推論というモデルを提案し，直観が先で戦略的推論はその後という考えである。またハイトを中心とした研究グループは，道徳領域を危害（harm），公正（fairness），内集団（ingroup），権威（authority），純潔（purity）の5つの基盤に分けている（Graham, Nosek, Haidt, Iyer, Koleva, & Ditto, 2011）。その後ハイト（Haidt, 2012/2014）は，道徳的基盤に関して，①配慮／危害（care/harm），②公正さ／だまし（fairness/cheating），③自由／抑圧（liberty/oppression），④忠誠／裏切（loyalty/betrayal），⑤権威／打倒（authority/subversion），⑥神聖／堕落（sancity/degradation）という6つのモジュールがあると論じている。仲間や大人との相互作用をとおして，子どもたちの道徳的基盤は

その文化に特有な価値に調整される（Haidt & Bjorklund, 2008）。

なお，こうした道徳的直観主義について，社会心理学の研究などから見直しや検討がある（たとえば，寺井，2009；唐沢，2013；高橋，2013など）。

3節　向社会性の発達

1. 向社会性の発達

私たちが他者とかかわりあう行動のなかで，相手にとってプラスになる行動全般が向社会的行動（prosocial behavior）である。アイゼンバーグ（Eisenberg, 1986）によれば，こうした向社会的行動には次の4つの特徴がある。①他人あるいは他の人々についての援助行動であること，②外的な報酬を期待しないこと，③何らかの損失がともなうこと，④自発的になされること。アイゼンバーグほか（Eisenberg, Spinrad, & Knafo-Noam, 2015）は，向社会的行動が生ずるまでのモデルを提起している（図35.1）。個人的目標の階層に関連する向社会性の判断は，自分の快楽に結びつく考え方から，相手の立場に立った共感的な理由を経て，強く内面化された価値にもとづく判断へと6つのレベルを経て発達していく（表35.6）。

カーロほか（Carlo, Mestre, Samper, Tur, & Armenta, 2010）は，母親の温かさと厳格な統制が，同情と向社会性の判断を介し向社会的行動に与える影響を縦断的研究結果から示している。

伊藤（2004）は，向社会性についての認知を価値観と効力感からとらえ，向社会的行動の出現過程に与える影響を検討した。わが国の2005年までの20年間の研究動向は二宮（2005）に，共

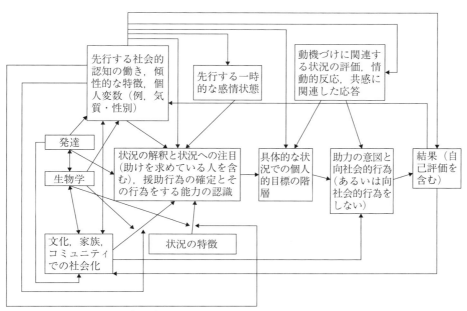

図35.1　向社会的行動の発見的モデル（Eisenberg et al., 2015）

表35.6　向社会的道徳判断の発達段階（Eisenberg, 1986）

レベル	段階
I	快楽主義的・自己焦点的指向
II	要求に目を向けた指向
III	承認および対人的指向，紋切り型の指向
IVa	自己反省的な共感指向
IVb	移行段階
V	価値や規範，信念などが強く内面化された段階

感と向社会的行動に関する最新の研究動向は首藤（2011）に詳しい。

2．利他性

バトソン（Batson, 2011/2012）による実験社会心理学からの「利他性」（altruism）研究の成果がまとめられ，共感的配慮が利他的動機づけとなり援助行動を生起させるという「共感－利他性仮説」が検証されている（図35.2）。

わが国では比較行動学者である小田（2011）が，利他行動を進化生物学的視点から考察している。また，小田ほか（小田・大・丹羽・五百部・清成・武田・平石, 2013）は，対象者を家族，友人・知人，他人に分けた利他行動尺度を作成している。

髙木・竹村（2014）編集による日本心理学会監修の心理学叢書『思いやりはどこから来るの？：利他性の心理と行動』は心理学者だけではなく，工学・理学・医学・経営などの視点から論じられている。なかでも，精神医学者の村井（2014）は，「腹内側前頭前皮質の働きは，他者の苦しみへの共感性，思いやりの心を生み出し，そのことを通じて，私たちの利他的行動を引き起こす。逆に，腹内側前頭前皮質が損傷されると，思いやりの心が失われ，利他行動が損なわれる」といった仮説を紹介している。そして，「思いやりの心や利他性，といった私たちの価値観の根幹に関わる部分が，特定の脳領域の働きによって制御されていることが分かる」と述べている。

3．罪悪感などの発達

ホフマン（Hoffman, 2000/2001）は，①無為についての傍観者，②違背，③関係，④責任，⑤発達的，⑥生存，⑦相対的に有利な立場，⑧道徳的違反といったさまざまな罪悪感を定義してい

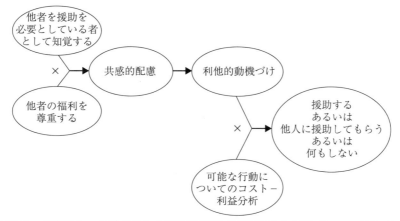

図35.2　共感によって誘発された利他的動機づけ理論の全体図（Batson, 2011/2012）

表35.7　罪悪感の発達（Hoffman, 2000/2001）

段階1：他者の痛みの原因が自分によるものであるという認識はないが，自己の行為と他者の苦しみが時空的に接近しているために，初歩的な罪悪感が生じる。
段階2：自分とは異なった身体的存在である他者の痛みの原因が自分にあるという認識により，共感的苦痛反応が罪悪感を引き起こす。
段階3：自分とは異なる内的状態を持つ他者の痛みの原因が自分にあるという認識により，罪悪感が生じる。
段階4：状況を超え，アイデンティティを持った他者の痛みの原因が自分によるものであるという認識により，罪悪感が生じる。
段階5：他者が置かれている状態よりも自己が恵まれた状態にあると自覚したときに罪悪感が生じる。

る。共感にもとづく罪悪感は，他人に身体的損傷を与えたり，痛みを引き起こしたりしたことへの罪悪感から，他人の感情を傷つけたことについての罪悪感へと発達する。さらには，その場の状況を超えて他人に危害を与えたことについての罪悪感へと発達していくという5段階を提起した（表35.7）。こうした罪悪感が，向社会的行動の動機として働くと述べている。

石川（2010a）は罪悪感に関する研究を展望し，問題行動の抑止力となる罪悪感を涵養する重要性を論じている。そして石川（2010b）は，児童の罪悪感と学校適応感との関連を検討し，学校教育のなかで子どもに適切な罪悪感を喚起することが，問題行動において傍観する子どもを減少させることにつながると示唆している。

この他に，向社会的ならびに反社会的行動に対する道徳的情動の帰属の関係を検討した論文（Malti & Krettenauer, 2013），道徳的あるいは慣習的違反後の罪悪感や恥と向社会的行動の関連を検討した研究（高井，2004），道徳的違反に対する怒り感情（義憤・私憤）の研究（上原・中川・国佐・岩淵・田村・森，2013），感謝心や負債感に注目した研究（McCullough, Emmons & Tsang, 2002 ; Naito & Sakata, 2010）などもあり，罪悪感のみならずさまざまな感情と向社会性や道徳性との関連の検討がなされている。

4節　今後の展望

20数年前に，『発達心理学ハンドブック』で二宮は，次のように述べている。「道徳性ということばの意味や基準の論議に最終的な結論はなく，多様な意味合いがそのなかに含まれていてよい。特に，道徳性を生涯発達という視点からながめた場合，その見方は重要である。しかし，道徳性の発達に関する心理学的研究をみる限り，幼児・児童期から青年・成人期にかけての研究は数多く見られるものの，成人期以降の道徳性の発達を正面からとりあげた研究は全くといっていいほどない。（中略）道徳性を生涯発達の視点から再考する必要があるということだけを指摘し（以下略）」（二宮，1992，p.840）ている。残念ながら，20数年を経た今回でも，同じことを指摘せざるをえない。チュリエル（Turiel, 2010）は，「成人期の道徳性」（morality in adulthood）は一筋縄では語れないと述べ，「正義を理解している大人が，ある状況下では，正義を他の考慮すべき事柄の下位におくことがある」と述べている。

今後の展望として，3つの視点を指摘しておく。

まず第一に，道徳性や向社会性の発達と「心の理論」との関連（たとえば，Lagattuta, Nucci, & Bosacki, 2010）の検討が必要となろう。わが国の研究では，林（Hayashi, 2007）の研究がある。

第二に，"Handbook of moral development（2nd ed.）"（2014）で，神経生物学や進化論，比較行動学などの他の研究領域から，道徳性や向社会性を扱う研究がとりあげられている。わが国の代表的なものとして，金井（2013）による脳科学からのアプローチ，小田（2011）の進化生物学からの利他性の問い直しなどがある。

最後に第三として，品格教育（character education）という枠組みで，道徳性や向社会性の教育に関する研究が取り組まれている（Lickona, 1992/1997；Narvaez, 2006；Nucci, Narvaez, & Krettenauer, 2014）。わが国の代表的な研究として，青木（2011）や井邑ほか（井邑・青木・高橋・野中・山田，2013）の品格とwell-beingとの関連を検討した研究があげられる。

こうした新たな研究の動向も加わって，この領域の研究がさらに進展することを期待したい。

◆ 引用文献

Aksan, N., & Kochanska, G. (2005). Conscience in childhood : Old questions, new answers. *Developmental Psychology*, **41**, 506-516.

青木多寿子（編）．（2011）．もう一つの教育：よい行為の習慣をつくる品格教育の提案．ナカニシヤ出版．

Bandura, A. (1979). 社会的学習理論：人間理解と教育の基礎（原野広太郎，監訳）．金子書房．(Bandura, A. (1977). *Social learning theory*. New York : Prentice-Hall.)

Batson, C. D. (2012). 利他性の人間学：実験社会心理学からの回答（菊池章夫・二宮克美，訳）．新曜社．(Batson, C. D. (2011). *Altruism in human*. Oxford : Oxford University Press.)

Carlo, G., Mestre, M. V., Samper, P., Tur, A., & Armenta, B. E. (2010). The longitudinal relations among dimensions of parenting styles, sympathy, prosocial moral reasoning, and prosocial behaviors. *International Journal of Behavioral Development*, **35**, 116-124.

Eisenberg, N. (1986). *Altruistic emotion, cognition, and behavior*. Hillsdale, NJ : Lawrence Erlbaum Associates.

Eisenberg, N., Spinrad, T. L., & Knafo-Noam, A. (2015). Prosocial development. In M. E. Lamb（Vol. Ed.), R. M. Lerner（Editor-in-Chief), *Handbook of child psychology and developmental science : Vol.3. Socioemotional processes*（7th ed., pp.610-656). New York : John Wiley & Sons.

Eisenberg, N., Morris, A. S., McDaniel, B., & Spinrad, T. L. (2009). Moral cognitions and prosocial responding in adolescence. In R. M. Lerner & L. Steinberg（Eds.), *Handbook of adolescent psychology : Vol.1. Individual bases of adolescent development*（3rd ed., pp.229-265). New York : John Wiley & Sons.

越中康治．（2007）．攻撃行動に対する幼児の善悪判断に及ぼす社会的文脈の影響：社会的領域理論の観点から．教育心理学研究，**55**, 219-230.

Gilligan, C. (1986). もうひとつの声：男女の道徳観のちがいと女性のアイデンティティ（岩男寿美子，監訳）．川島書店．(Gilligan, C. (1982). *In a different voice : Psychological theory and womens' development*. Cambridge, MA : Harvard University Press.)

Graham, J., Nosek, B. A., Haidt, J., Iyer, R., Koleva, S., & Ditto, P. H. (2011). Mapping the moral domain. *Journal of Personality and Social Psychology*, **101**, 366-385.

Gralinski, J. H., & Kopp, C. B. (1993). Everyday rules for behavior : Mothers' requests to young children. *Developmental Psychology*, **29**, 573-584.

Haidt, J. (2001). The emotional dog and its rational tail : A social intuitionist approach to moral judgment. *Psychological Review*, **108**, 814-834.

Haidt, J. (2014). 社会はなぜ左と右にわかれるのか：対立を超えるための道徳心理学（高橋　洋，訳）．紀伊國屋店．(Haidt, J. (2012). *The righteous mind : Why good people are divided by politics and religion*. New

York : Pantheon.)
Haidt, J., & Bjorklund, F. (2008). Social intuitionists answer six questions about moral psychology. In W. Sinnott-Armstrong (Ed.), *Moral psychology : Vol.2. The cognitive science of morality : Intuition and diversity* (pp.181-217). Cambridge, MA : The MIT Press.
長谷川真里．(2004)．言論の自由に関する社会的判断の発達．風間書房．
Hayashi, H. (2007). Children's moral judgments of commission and omission based on their understanding of second-order mental states. *Japanese Psychological Research*, **49**, 261-274.
Helwig, C. C. (1998). Children's conceptions of fair government and freedom of speech. *Child Development*, **69**, 518-531.
Helwig, C. C., & Jasiobedzka, U. (2001). The relation between law and morality : Children's reasoning about socially beneficial and unjust laws. *Child Development*, **72**, 1382-1393.
Hoffman, M. L. (2001)．共感と道徳性の発達心理学：思いやりと正義とのかかわりで（菊池章夫・二宮克美，訳）．川島書店．(Hoffman, M. L. (2000). *Empathy and moral development : Implications for caring and justice*. Cambridge : Cambridge University Press.)
井邑智哉・青木多寿子・高橋智子・野中陽一郎・山田剛史．(2013)．児童生徒の品格とWell-beingの関連：よい行為の習慣からの検討．心理学研究，**84**，247-255．
石川隆行．(2010a)．罪悪感の発達．心理学評論，**53**，77-88．
石川隆行．(2010b)．児童の罪悪感と学校適応感の関連．発達心理学研究，**21**，200-208．
伊藤順子．(2004)．向社会性についての認知はいかに行動に影響を与えるか：価値観・効力感の観点から．発達心理学研究，**15**，162-171．
Kagan, J. (2005). Human morality and temperament. In G. Carlo & C. P. Edwards (Eds.), *Moral motivation through the life span, the Nebraska Symposium on Motivation : Vol.51* (pp.1-32). Lincoln : University of Nebraska Press.
金井良太．(2013)．脳に刻まれたモラルの起源：人はなぜ善を求めるのか．岩波書店．
唐沢 穣．(2013)．社会心理学における道徳判断研究の現状．社会と倫理，**28**，85-99．
Killen, M., & Rutland, A. (2011). *Children and social exclusion : Morality, prejudice, and group identity*. New York : Wiley/Blackwell Publisher.
Killen, M., & Smetana, J. G. (Eds.). (2006). *Handbook of moral development*. Mahwah, NJ : Lawrence Erlbaum Associates.
Killen, M., & Smetana, J. G. (Eds.). (2014). *Handbook of moral development* (2nd ed.). New York: Psychology Press.
Killen, M., & Smetana, J. G. (2015). Origins and development of morality. In M. E. Lamb (Vol. Ed.), R. M. Lerner (Editor-in-Chief), *Handbook of child psychology and developmental science : Vol.3. Socioemotional processes* (7th ed., pp.701-749). New York : John Wiley & Sons.
Kochanska, G. (2002). Committed compliance, moral self, and internalization : A mediated model. *Developmental Psychology*, **38**, 339-351.
Kochanska, G., Aksan, N., Knaack, A., & Rhine, H. M. (2004). Maternal parenting and children's conscience : Early security as a moderator. *Child Development*, **75**, 1229-1242.
Kochanska, G., Forman, D. R., Aksan, N., & Dunbar, S. B. (2005). Pathways to conscience : Early mother-child mutually responsive orientation and children's moral emotion, conduct, and cognition. *Journal of Child Psychology and Psychiatry*, **46**, 19-34.
Kohlberg, L. (1987)．道徳性の形成：認知発達的アプローチ（永野重史，監訳）．新曜社．(Kohlberg, L. (1969). Stage and sequence : The cognitive-developmental approach to socialization. In D. A. Goslin (Ed.), *Handbook of socialization theory and research*. Chicago : Rand McNally.
Kurtines, W. M., & Gewirtz, J. L. (Eds.). (1991). *Handbook of moral behavior and development : Vol.1. Theory, Vol.2. Research, Vol.3. Application*. Hillsdale, NJ : Lawrence Erlbaum Associates.
Lagattuta, K. H., Nucci, L. P., & Bosacki, S. (2010). Bridging theory of mind and the personal domain : Children's reasoning about resistance to parental control. *Child Development*, **81**, 616-635.
Lickona, T. (1997)．リコーナ博士のこころの教育論：〈尊重〉と〈責任〉を育む学校環境の創造（三浦 正，訳）．慶應義塾大学出版会．(Lickona, T. (1992). *Educating for character : How our schools can teach respect and*

responsibility. New York : Bantam Book.)
Malti, T., & Krettenauer, T. (2013). The relation of moral emotion attributions to prosocial and antisocial behavior : A meta-analysis. *Child Development,* **84**, 397-412.
McCullough, M. E., Emmons, R. A., & Tsang, J. (2002). The grateful disposition : A conceptual and empirical topography. *Journal of Personality and Social Psychology,* **82**, 112-127.
村井俊哉. (2014). 脳神経科学から見た思いやり. 髙木 修・竹村和久（編），日本心理学会（監修），思いやりはどこから来るの？：利他性の心理と行動 (pp.157-172). 誠信書房.
Naito, T., & Sakata, Y. (2010). Gratitude, indebtedness, and regret on receiving a friend's favor in Japan. *Psychologia,* **53**, 179-194.
Narvaez, D. (2006). Integrative ethical education. In M. Killen & J. Smetana (Eds.), *Handbook of moral development* (pp.703-732). Mahwah, NJ : Lawrence Erlbaum Associates.
二宮克美. (1992). 道徳性. 東 洋・繁多 進・田島信元（編集企画），発達心理学ハンドブック (pp.840-855). 福村出版.
二宮克美. (2005). 日本における向社会的行動研究の現状：この20年間の歩みと課題. 東海心理学研究, **1**, 45-54.
Nucci, L., Narvaez, D., & Krettenauer, T. (Eds.). (2014). *Handbook of moral and character education* (2nd ed.). New York : Routledge.
小田 亮. (2011). 利他学. 新潮社.
小田 亮・大めぐみ・丹羽雄輝・五百部裕・清成透子・武田美亜・平石 界. (2013). 対象別利他尺度の作成と妥当性・信頼性の検討. 心理学研究, **84**, 28-36.
首藤敏元. (2011). 共感と向社会的行動. 日本児童研究所（編），児童心理学の進歩：Vol.50（2011年版, pp.101-125）. 金子書房.
首藤敏元・二宮克美. (2003). 子どもの道徳的自律の発達. 風間書房.
Smetana, J. G. (2011). *Adolescents, families, and social development : How teens construct their world*. West Sussex, UK : Wiley-Blackwell.
Smith, P., & Rutland, A. (Eds.). (2014). *Childhood social development : Vol.4. Development of morality, prosocial behavior and emotion*. London : Sage Publication.
髙木 修・竹村和久（編），日本心理学会（監修）. (2014). 思いやりはどこから来るの？：利他性の心理と行動. 誠信書房.
高橋征仁. (2013). 〈理由なき反抗〉の理由：青年期の道徳的相対主義とテストステロン. 社会と倫理, **28**, 101-117.
高井弘弥. (2004). 道徳的違反と慣習的違反における罪悪感と恥の理解の分化過程. 発達心理学研究, **15**, 2-12.
寺井朋子. (2009). Haidtの社会的直観者モデルについての一考察：モデルが道徳性研究に与える影響とこれからの道徳性研究の方向性. モラロジー研究, **63**, 109-124.
Thompson, R. A. (2014). Conscience development in early childhood. In M. Killen & J. G. Smetana (Eds.), *Handbook of moral development* (2nd ed., pp.73-92). New York : Psychology Press.
Turiel, E. (1983). *The development of social knowledge : Morality and convention*. Cambridge : Cambridge University Press.
Turiel, E. (2010). The development of morality : Reasoning, emotions, and resistance. In W.F. Overton (Vol.Ed.), R.M. Lerner (Editor-in-Chief), *Handbook of life-span development : Cognition, biology, and methods : Vol.1* (pp.554-583). New York : John Wiley & Sons.
Turiel, E. (2015). Moral development. In W. F. Overton & C. M. Molenaar (Vol. Eds.), R. M. Lerner (Editor-in-Chief), *Handbook of child psychology and developmental science : Vol.1. Theory and method* (7th ed., pp. 484-522). New York : John Wiley & Sons.
上原俊介・中川知宏・国佐勇輔・岩淵絵里・田村 達・森 丈弓. (2013). 道徳的違反に対する怒り感情：義憤を規定する状況要因の検討. 社会心理学研究, **28**, 158-168.
山岸明子. (2014). 道徳性の発達. 後藤宗理・二宮克美・髙木秀明・大野 久・白井利明・平石賢二・佐藤有耕・若松養亮（編），新・青年心理学ハンドブック (pp.185-195). 福村出版.

36章 読み書き能力

高橋 登

　本稿では，現代日本の子どもたちの読み書き能力の発達過程について概説する。最初に子どもの読み書きをめぐる状況，日本語の特徴を整理し，それをふまえて幼児期から学童期の読み書き能力の発達過程を説明する。本稿を通じ，読み書き能力の獲得過程やそのつまずきには個別の言語や表記体系を超えた一般性があるだけでなく，それぞれの言語・表記体系の特徴の影響を強く受けたものであることが理解できるだろう。

1節　日本語の読み書き習得の特徴

　日本で生まれ育つ子どもたちの読み書きの習得過程については，いくつかの特徴を指摘することができる。第一に，単一の言語環境のもとで言語を獲得し，その言語の表記体系を習得するという点である。多言語が併用されている国や地域も数多く存在し，文字をもたない言語も多数あることを考えると，それは決してあたりまえのことではない。第二に，日本は高い識字率を達成した社会であるという点である。そうした社会では，文字は子どもにとってきわめて自然な文化的環境である。親が本や新聞を読み，家計簿をつけるのをみることを通じて，家庭のなかで文字の存在に気づくことになる。第三の特徴は，日本では均質な教育制度が普及しているという点である。平仮名は就学前に読めるようになることが多いが，もう一つの主要な表記システムである漢字に関しては学校教育の役割がひじょうに大きい。小学校6年間を通じて配当学年の漢字の読みの正答率は高いものの（総合初等教育研究所, 2005），配当の学年よりも上の漢字を読める子どもは少ない（高橋・中村, 2009）。漢字の学習に関しては学校教育を通じてきわめて均質なかたちで進むのである。家庭で母語を獲得し，文字の存在に気づき，就学前段階で平仮名の読みを習得する。そのうえで，均質な学校教育を通じて漢字の学習を進めていくというのが現代日本の子どもたちの読み書き習得の過程である。

　日本の子どもが最初に読みを習得する平仮名は，多くが1文字に対して一つの音節が対応している。しかも日本語の音節は母音（vowel：V）のみ，あるいは子音（consonant：C）＋母音から成り立っており，単純な構造である。日本語の音節は140程度しかないので，文字と音節が対応していることが理解できさえすれば，平仮名の読みを習得するのはそれほど難しいことではない。これに対し，英語などの言語ではCVCが音節の基本であり，さらにCCVCのように子音が複数

連続するような音節も珍しくない。そのため英語の読みの習得のためには，音節よりも小さい音の単位である音素を聞き分け，それに文字を対応させることを学ぶ必要がある。しかも英語のアルファベットでは，文字は複数種類の音と対応しており（たとえば，cは［s］や［k］など複数の発音がある），この点でも文字と音との対応関係を学ぶのは容易ではない。このように言語によって読みの習得の難易度には違いがあり，平仮名の場合は英語などに比べれば習得がひじょうに容易である。

　識字率の高い社会であれば子どもたちは家庭のなかで自然に文字の存在に気づき，一定の理解に達する。また，読みの習得には音声言語の音韻的な側面に対する理解が必要である。このような点は表記体系による違いはなく共通性があるが，その一方で言語や表記システムに固有の特徴をもちつつ個別言語の読み書きの習得は進んでいく。

2節　幼児期の読み書き能力

　平仮名（清音・濁音・半濁音・撥音〔ん〕）71文字については，年齢ごとの読字数が繰り返し調べられてきた（島村・三神，1994）。図36.1は1988年の調査なので，現在では全体にもう少し早くなっていると思われるが，基本的な傾向は変わらない。図からいくつかの特徴を読み取ることができる。第一に，年長児になれば70％近くの子どもがほぼすべての文字を読むことができているという点である。平均を求めると，年少，年中，年長児それぞれ18.6, 49.7, 65.9文字となる。基本的な平仮名に関しては，公教育が始まる前の就学前段階で多くの子どもたちが読めるようになっているのである。第二の特徴として，いずれの年齢でも中間段階がきわめて少ない，すなわち読めるか読めないかに2分される点があげられる。子どもたちは時間をかけて一文字ずつ読めるようになるというよりは，短時間のうちに一挙に読めるようになっていると考えられる。それでは子どもたちはなぜこのように早い時期に，しかも急速に平仮名の読みを習得するのだろうか。幼児期の読み能力の発達過程について詳しくみていくことにしよう。

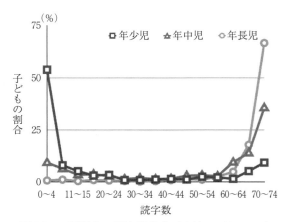

図36.1　平仮名の読字数分布（島村・三神，1994）

1. 萌芽的読み書き

　読み書きができないにもかかわらず，子どもたちは遊びのなかで手紙を書き，絵本を読む。実際には「文字のようなもの」を書き，ページを丸暗記しているだけのことが多い。こうした読み書きの習得前の段階で，子どもたちが遊びのなかで展開する，文字に接近した活動は萌芽的読み書き活動（emergent literacyあるいはpreliteracy）

とよばれる。子どもたちは文字という文化的な道具を生活のなかで発見し，遊びの諸活動を通じて自らのものとして行く（McLane & McNamee, 1990 ; Teale & Sulzby, 1986）。

　実際に文字が読めるようになる前の段階でも，子どもたちは文字について一定の知識をもっていることが知られている。前読み書き段階とでもいえるこの時期の子どもたちの文字理解の特徴は，次の3つにまとめることができる。第一に，子どもたちにとっての文字は絵などとは異なる独自の形式的な特徴を備えたシンボルであるという点である。英語やスペイン語，ヘブライ語などアルファベットを用いる言語圏の子どもたちに，何かを文字表現によって書かせたり（「イチゴ」の絵ではなく，「イチゴ」と字で書くように求める），カードに書かれたものを文字表現として適切なものとそうでないものとに分類させる，といった実験が行われてきた。その結果，まだ読み書きができない子どもであっても，文字表現を絵とは区別し，複数の種類の要素が直線状に配置されるものを文字表現として適切であると判断し，1文字だけでは文字表現としては不適切であると判断するなど，文字表記の形式的な特徴についての知識をもっていることが示されてきた（Brenneman, Massey, Machado, & Gelman, 1996 ; Ferreiro & Teberosky, 1982 ; Levin & Bus, 2003）。ただし，日本語児を対象とした研究では若干の違いがみられ，1文字であっても，また直線状に配置されていなくても文字表現として不適切であると判断することはない（小森・高橋，2003 ; 齋藤，1997）。したがって前読み書き段階の子どもたちがもつこうした表記知識は，子どもたちが暮らす周囲の環境のなかから，それぞれの表記の特徴を抽出した結果であると考えることができるだろう。

　前読み書き段階の子どもの文字表記の理解の第二の特徴は，子どもたちにとっての文字表現は決してたんなる大人の模倣ではなく，固有の指示対象をもつという点である（Levin & Bus, 2003 ; 高橋，1995）。ただし，大人の文字表記とは異なり，指示対象との結びつきは弱い。たとえば，文字が読める者にとっては「いぬ」は常に「イヌ」と読み，「犬」のカテゴリーを指し示しているが，文字の読めない子どもに「いぬ」の文字カードを見せ，読み方を教えた後でそのカードをネコの絵カードの下に置いて読ませると，「ネコ」と読んでしまうような誤りが頻繁に生じることが知られている。時と場合によって同じ文字であっても読み方が，したがって指示対象が変わってしまうのである。指示対象との結びつきの弱さは英語ばかりでなくヘブライ語や中国語，日本語などさまざまな言語，文字表記で確かめられている（Apperly, Williams, & Williams, 2004 ; Bialystok, 1992, 2000 ; Takahashi, 2012）。ただし，読み書きを習得していない子どもたちであっても，年齢の上昇とともに文字表記と指示対象の関係は安定するようになる（「ネコ」の絵カードの下においても「いぬ」の文字カードを「ネコ」ではなく「イヌ」と読むようになる）。また，日本語の場合は比較的早く平仮名が読めるようになるので，文字が読めるようになった子どもは低年齢であっても「いぬ」の文字カードを「ネコ」と読んでしまうことは少なくなる。それでも，文字が読めるようになってもなおこうした誤りをする子どもは一定数存在しており，その意味で，同一の文字シンボルが状況によって異なる指示対象と結びつくという幼児の文字理解は，それなりに強固なものである（Takahashi, 2012）。

　前読み書き期の子どもの文字理解の第三の特徴は，一つの文字が一つの音に対応していないと

いう点である（Bialystok, 1995）。たとえば「ねこ」の文字カードを「ネコ」と読むことを教えるのは比較的容易であるが，「ね」の文字に「ネ」という音が，「こ」に「コ」という音が対応していることを理解させるのは容易ではない。「ねこ」という文字のまとまりに対して「ネコ」という音のまとまりを対応させてしまう。ヴィゴツキー（Vygotsky, 1978）は絵のようなシンボルは指示対象との間に映像的な類似性があることから，シンボルと指示対象の間に直接的な結びつきがあるシンボルであるとして一次シンボルとよび，文字表記は音との対応を介して指示対象と結びつくことから二次シンボルとよんでいるが，前読み書き段階の子どもたちにとっての文字表記は，一次シンボルでも二次シンボルでもない，その中間に位置するものであるということができるだろう。

2．読みの習得と音韻意識

それでは上記第三の特徴を乗り越え，文字と音韻の関係が理解できるようになるためにはどのような能力が必要とされるのだろうか。読みの習得には，音声言語について音韻意識（phonological awareness）とよばれる一種のメタ言語的な理解が必要であることが1970年代以降の研究で明らかになっている（Adams, 1990；天野，1986など）。音韻意識とは，言葉（話し言葉）が指示対象を表すこと，たとえば「イヌ」という音声言語の単語が「犬」というカテゴリーを表していることを理解するだけでなく，「イヌ」という音のほう（シンボルそのもの）にも注意を向け，それを操作する能力を指している。具体的にいうと，「イヌ」という単語を聞き，その最後の音が「ヌ」である，逆さまからいうと「ヌイ」になる，などのことがわかることを指す。こうした能力は幼児期の後半に急速に発達する。音韻意識が発達することにより，言葉のそれぞれの単位となる音に注意を向けることができるようになり，その結果，文字と音を対応させることが可能になるのである。

子どもたちが楽しむ言葉遊び，たとえば手遊び歌やしりとり，なぞなぞにはこうした意味で音韻意識と結びついたものが多い。しりとりについていえば，ゲームに参加するためには語の語尾音を適切に取り出すこと，特定の音から始まる単語を想起することなど，音韻意識が介在していることがわかる。したがって遊びに十全に参加するためには一定の音韻意識が必要なのである。ただし，しりとりのような言葉遊びの場合，周囲の年長者（親や年長のきょうだい）がヒントを与えるなどのような足場かけとなるヒントを与えることも多い。そうしたことから，その遊びに単独で十全に参加する能力を備えていない子どもであっても周辺的なかたちでそこに参加し，結果的に音韻意識を高めていくことができ，それが読みの習得につながっていると考えられる（高橋，1997）。

子どもたちは幼児期後半に急速に発達させる音韻意識を支えとして平仮名の読みを習得する。ただし，読みの習得に必要とされる音韻意識の単位は言語・表記体系によって異なる。日本語では音節レベルの音韻意識をもてば良いのであって，「ネコ」を「n・e・k・o」のように音素にまで区分することは必要とされない。実際，こうした音素レベルの音韻の操作を必要とする音韻意識

課題を日米の小学生を対象に行った結果によれば，日本の子どもたちの成績はアメリカの子どもたちよりも低いことが知られている（Mann, 1986）。逆に英語圏では音節レベルの音韻意識をもつだけでは読みの習得には十分でなく，音素レベル，あるいはそこまで微細なものではなくとも，音節をさらに下位の音の要素（オンセットとライム，CVCの初めのCがオンセット，VCがライム）にまで区分することができることが求められている。

3. 読み習得のつまずき

　平仮名であれば，文字が読めるようになることとその組み合わせで単語や文を読むことができるようになることはほぼ同じであるが，英語の場合はアルファベットの文字の名称を知ることとそれを組み合わせた単語が読めることは別問題であり，英語での読みとは単語が読めることを指している。こうした読みの習得に著しい困難をきたす子どもたちがいることが知られている。一般的には発達性読み障害（developmental dyslexia），あるいは読み困難児（poor reader）とよぶが，日本語と比べ，英語圏のほうが問題は深刻である（高橋，2005；Wydell & Butterworth, 1999）。その理由としてあげられるのは，第一に，音節レベルの音韻意識があれば平仮名の読みの習得が可能な日本語に比べ，英語は音節よりも細かな単位の音韻の処理が必要であること，つまり，より高いレベルの音韻処理の能力が求められることである。第二に，英語は表記と音韻の関係が複雑であり，その関係を理解することが簡単ではなく，しかもそれがわからなければそもそも読むこと自体ができないという深刻な事態に直結するという点があげられる。日本語では平仮名の場合，「ゆっくりとしか読めない」「読み間違いが多い」ということはあっても，読むこと自体ができないようなことはきわめてまれである。同じアルファベットを用いる言語であっても表記と音との関係が規則的なドイツ語の場合，読み困難児であっても単語が読めないということは少なく，ひじょうにゆっくりとしか読めない，というかたちで問題が顕在化するのと同様である（Paulesu, Domonet, Fazio, McCrory, Chanoine, Brunswick, Cappa, Cossu, Habib, Frith, & Frith, 2001）。

　さて，一定の音韻意識をもつことを通じて子どもたちは平仮名の読みが可能となる。平仮名は1文字1音節のものが多く，いったんこの関係に気づくとあとはそれを具体的な文字・音節に当てはめるだけなので，読みの習得は急速に進む。それが図36.1のような分布になる理由である。ただし，特殊音節が正しく読める子どもの割合は年長児でも，促音72.9％，長音55.4％，拗音65.7％であり，清濁音に比べ習得は遅れる（島村・三神，1994）。それは，特殊音節は文字表記と音との関係が清濁音のように単純ではないことが原因である。促音と長音について考えてみると，「きって」「どうろ」の下線部はそれぞれ1音節であり，音韻意識が芽生えて間もない子どもたちがタッピングなどによって音の単位に分解するときには「きっ・て」「どう・ろ」と音節単位で分解することが多い。けれども大人の場合はそれぞれ「き・っ・て」「ど・う・ろ」と分解するのが一般的である。これは，大人は音の時間的長さの単位であるモーラで区切っているためであり，「き・っ・て」「ど・う・ろ」の「っ」「う」の部分もひとまとまりの長さをもった部分とし

て認識されているのである。1音節＝1モーラ＝1文字の関係がある清濁音とは異なり，促音・長音は1音節が2モーラから成り立っており，子どもたちは音節をさらに小さな単位に区切ったうえで，モーラに対応した固有の表記法を学習する必要がある。また，拗音の場合は「きゃべつ」のように1音節を2文字で，しかも小さな「ゃ」を付加するというように，清濁音などとは異なる表記法を学習する必要がある。このように特殊音節はその名のとおり例外的な表記法をもった音節である。平仮名の読みの習得につまずく子どもは多くはないが，つまずく場合には，この特殊音節の習得でつまずくことが多い。

3節　学童期の読み能力

1. 読みの習熟

前節でみてきたように，多くの子どもたちが平仮名を読める状況の下で小学校に入学する。けれども小学校ではそれを前提とせず，1学期の半分以上の時間をかけて基本的な平仮名の読み書きを学んでいく。その後，特殊音節の読み書きを学び，2学期になれば漢字やカタカナの学習が始まる。ただし，文字が読めるようになってもすぐにスムーズに読めるようになるわけではない。図36.2は平仮名の読みを習得した時期別に，平仮名単語の読みのスピード（反応時間）を測ったものである（高橋，2001）。1年生の冬の段階では，すべての子どもたちが平仮名を読めるようになっているにもかかわらず，読みの習得時期によって読むスピードに大きな違いがあることがわかる。しかも，1年生の時期には読むスピードと読み能力との間には密接な関係があることもわかっている。つまり，素早く読める子どものほうがゆっくりとしか読めない子どもよりも読解の能力は高いのである。この理由は容易に想像がつくだろう。ゆっくりとしか読めないということは，文字を読むこと自体に処理資源を投入しなければならないことになり，文章全体の処理はおろそかにならざるをえないのである。

特殊音節の読み書きに関してはどの子どもたちも最初からスムーズにできるわけではないが，2年生の1学期頃には多くの子どもたちがそれなりにスムーズに読み書きできるようになる。日本では，この時期をすぎてもそうならない子どもたちが読み書きにつまずく子どもとして顕在化することになる（海津・田沼・平木・伊藤・Vaughn, 2008）。

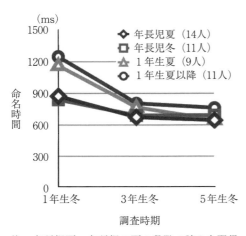

注．年長児夏：年長児の夏の段階で読みを習得していた者，年長児冬：年長児冬の調査で読みを習得していた者，1年生夏：1年生夏の調査で読みを習得していた者，1年生夏以降：1年生夏の調査以降に読みを習得した者。

図36.2　読みの習得時期ごとの命名時間（高橋，2001）

2. 読み能力と語彙

　図36.2に示されるように，読みの習得時期による読みスピードの違いは3年生になればなくなる。また，読みスピードと読解力の関係は学年の上昇とともに弱くなる（高橋，2001）。学年とともに読解力との関係が薄れる読みスピードと異なり，一貫して読みの成績と強い関連をもちつづけるのは語彙である。語彙が豊富なほど読解力が高いというのは一貫した結果である。また，縦断的な研究の結果によれば，読みの能力が高い子どもは次の時期の語彙力は高いという結果も得られている。さらに，読書量（時間）が長い子どもほど語彙は豊富である（高橋・中村，2009）。

　子どもたちは1歳前後から言葉を話しはじめるが，急速に増え出すのは2歳をすぎた頃である。この時期は語彙の爆発期とよばれ，一日9語から20語程度の新しい語を覚えているといわれる。子どもには周囲の大人の発話の意図を読み（大人の発話が何を指しているのかをかなりの正確さで読み取り），何を指示するのかを推論する強力な機構が備わっていると考えられ，これが急激な語彙獲得を可能にする。ただし，小学生でも幼児に劣らず多くの語彙を獲得している（Anglin, 1993）。幼児期とは異なり，学童期の語彙獲得を支えているのは読書である。

　通常の読書活動では，文中に知らない新規な語彙が多少含まれていても，文章の意味を理解するうえで大きな困難をきたすことはない。前後の文脈からその意味を推測することができるからである。小学生を対象とした研究によれば，文中に3％程度知らない単語がでてきても，そのうちの15％程度の単語は前後の文脈からその意味を知ることが可能である（Swanborn & de Glopper, 1999）。別の推計によると，一日に20分程度の読書をしていれば読書を通じて年間100万ほどの語に接していることになるという。このなかに知らない言葉が3％程度含まれ，さらにそのうち15％を文脈からその意味を理解できているとすれば，年間で4,500語，一日平均で10以上の新規な語を読書を通じて獲得していると考えられる（Nagy, 1997）。こうして語彙と読み能力のリンクがつながる。学童期の子どもたちは読書を通じて語彙を獲得し，そうして獲得した語彙が読解力を支えるというサイクルになっているのである。

3. 読書活動への導き

　では子どもを読書活動へと導くものは何なのだろうか。再度幼児期に立ち返り，子どもと絵本とのかかわりについて考えてみたい。絵本の読みきかせは乳児期からみられる親子の共同的な遊びの活動であり，自立的な読書活動への足場かけの場となっている。絵本は一定の経済的な状況にある社会では，乳幼児期の子どもたちにとってきわめて強力な文化的環境である。大阪市が地域や公私立幼稚園・保育所の人数バランスを勘案した上で1，3，5歳児をもつ養育者を対象とした大規模な生活実態調査を行っている（大阪市子ども青少年局，2008）。家庭にどのくらい絵本があるか尋ねたところ，ないという回答は0.2％，10冊未満が15.0％，20冊までが29.9％，30冊までが19.3％，31冊以上が35.2％と，まずは豊富な絵本環境のもとで子どもたちは生活していることがわかる。もちろん子どもの年齢が上がれば持っている絵本の数も増える。一方，養育者が子ど

もに読み聞かせをする頻度はばらついており，毎日読み聞かせをしているという回答が27.5%ある一方で，あまりしない・しないという答えも29.4%ある。さらに，子どもが小さいうちは毎日することが多いが，年齢が高くなるとその割合は減少する（毎日すると答えた割合は，1，3，5歳それぞれ平均で40.9%，29.9%，18.5%，あまりしない・しないという答えはそれぞれ20.3%，23.5%，39.1%）。全体的にいえば，子どもの年齢が上がれば家庭にある絵本の数は増えるものの，読み聞かせの頻度は少なくなる。ただしその一方で，本の数と読み聞かせ頻度の間には関係があり，どの年齢でも，毎日読み聞かせをする家庭には多くの絵本があり，読み聞かせをしない家庭は少ない，という関係がある。

次に子どもと絵本とのかかわりについてであるが，家のなかで子どもがよくする遊びについて，複数の選択肢のなかから，あてはまるものすべてを選んでもらうと，絵本を見る（46.1%），お絵かき（39.1%），テレビを見る（36.2%），子ども向けビデオ・DVDを見る（33.0%）という順になる。子どもの年齢によって順位は異なり，ここでも年齢が上がると絵本の割合は下がっていくが（それぞれの年齢で，66.4%，44.9%，36.2%），それでも絵本は家のなかでの遊びの上位を占め続ける（それぞれ1位，1位，3位）。読み聞かせの頻度との関係についてみると，毎日読み聞かせをしている家庭では68.4%が「絵本を見る」を選んでいるが，ほとんどしない・しない家庭では26.3%しか選ばれない。同様の傾向はすべての年齢でみられることから，どの年齢でも，子どもたちはひとりで自発的に絵本を読んでいるというわけではなく，養育者の役割がひじょうに大きいということがわかる。こうした就学前の絵本とのかかわりが，就学後の自立的読書の基盤をなしていると考えることができるだろう。

4節　書き言葉の習得

文章として書かれた言葉は，一般に話し言葉よりも多様な語彙が用いられ，文章としても整っている。読む相手との間で時間的にも空間的にも距離があることから，文章を整える時間的余裕があるためであると考えられる。話し言葉，あるいは言語的なコミュニケーションの能力が，相手との関係その他，多様な状況のもとで適切な表現手段を選び，それを相手との間の刻々の変化に応じて調整する，社会的な関係のなかでの総合的な言語運用の能力であるのに対し，書き言葉はそれとはずいぶん異なる認知的な活動なのである。

学童期を通じて子どもたちは書くことにも習熟していくが，書くことそのものの負担は大きい。高橋・杉岡（1993）は，小学校の2，4，6年生に短いビデオアニメを見せ，それを口頭で再生する場合と文章で再生する場合を比較しているが，4年生までは口頭のほうが再生量は多く，話す場合と書く場合で差がなくなるのは6年生になってからである。また，学童期になってから学習する漢字についてみると，各学年で学習する漢字の，次年度1学期における読みの正答率はいずれの学年も80%台を維持しているが，書くほうは3年生以上になると60%台に下がってしまう（総合初等教育研究所，2005）。文字を書くことそのものが子どもたちにとっては負担の大きな課

題である。

　また，書く場合は相手が目の前におらず，会話のように相手との間でその場での調整がないので，会話の場合とは異なる特徴がみられることになる。内田（1989）は口頭による物語作りと書いた場合を比較し，文章体（書き言葉）の特徴を以下のように整理している。①動詞の連用形が少なく一文が短い，②敬体または常体の文末表現が文章を通して使われる，③「ね」という終助詞は使われない，④終助詞や接続助詞の多用がみられなくなる，⑤主語の省略が少なく完全文が増える，⑥後置現象が少ない。「ね」のような終助詞は，目の前にいる聞き手に対して，話し手が確認をしたり念押しをするために用いられるものなので，文章になれば通常は用いられなくなる。また，その場で産出される発話がリアルタイムでの相手との調整過程を含むのに比べ，書くまでに時間をかけることができ，また書いた後での修正も可能な書き言葉の場合は，文章としての完成度も高い。こうしたことが，会話とは異なった特徴をもつ「書き言葉」を生み出すことになる。このようにして習得された「書き言葉」もまた学童期以降の重要な言語的コミュニケーションの手段となるだけでなく，話し言葉にも影響し，使用される語彙，文法などの点で話し言葉を豊富なものにしていく（岡本，1982；Ravid & Tolchinsky, 2002）。

◆ 引用文献

Adams, M. J. (1990). *Beginning to read : Thinking and learning about print*. Cambridge, MA : The MIT Press.
天野　清．(1986)．子どものかな文字の習得過程．秋山書店．
Anglin, J. M. (1993). Vocabulary development : A morphological analysis. *Monographs of the Society for Research in Child Development*, **58**(10).
Apperly, I. A., Williams, E., & Williams, J. (2004). Three- to four-year-olds' recognition that symbols have a stable meaning : Pictures are understood before written words. *Child Development*, **75**, 1510-1522.
Bialystok, E. (1992). Symbolic representation of letters and numbers. *Cognitive Development*, **7**, 301-316.
Bialystok, E. (1995). Making concepts of print symbolic : Understanding how writing represents language. *First Language*, **15**, 317-338.
Bialystok, E. (2000). Symbolic representation across domains in preschool children. *Journal of Experimental Child Psychology*, **76**, 173-189.
Brenneman, K., Massey, C., Machado, S., & Gelman, R. (1996). Young children's plans differ for writing and drawing. *Cognitive Development*, **11**, 397-419.
Ferreiro, E., & Teberosky, A. (1982). *Literacy before schooling*. Exeter, NH : Heinemann Educational Books.
海津亜希子・田沼実畝・平木こゆみ・伊藤由美・Vaughn, S. (2008)．通常の学級における多層指導モデル（MIM）の効果：小学1年生に対する特殊音節表記の読み書きの指導を通じて．教育心理学研究，**56**，534-547.
小森伸子・高橋　登．(2003)．文字知識の発達：文字配置ルールの違いからの検討．読書科学，**47**，12-22.
Levin, I., & Bus, A. G. (2003). How is emergent writing based on drawing? Analyses of children's products and their sorting by children and mothers. *Developmental Psychology*, **39**, 891-905.
Mann, V. A. (1986). Phonological awareness : The role of reading experience. *Cognition*, **24**, 65-92.
McLane, G. D., & McNamee, J. B. (1990). *Early literacy*. Cambridge, MA : Harvard University Press.
Nagy, W. (1997). On the role of context in first- and second-language vocabualry learning. In N. Schmitt & M. McCarthy (Eds.), *Vocabulary : Description, acquisition and pedagogy* (pp.64-83). New York : Cambridge University Press.
岡本夏木．(1982)．子どもとことば．岩波書店．
大阪市こども青少年局．(2008)．就学前児童健全育成プログラム策定にかかる中間報告書（平成19年度）．
Paulesu, E., Demonet, J. F., Fazio, F., McCrory, E., Chanoine, V., Brunswick, N., Cappa, S. F., Cossu, G., Habib, M.,

Frith, C. D., & Frith, U. (2001). Dyslexia : Cultural diversity and biological unity. *Science*, **291**, 2165-2167.
Ravid, D., & Tolchinsky, L. (2002). Developing linguistic literacy : A comprehensive model. *Journal of Child Language*, **29**, 417-447.
齋藤瑞恵. (1997). 幼児における日本語表記体系の理解：読字数との関連. 発達心理学研究, **8**, 218-232.
島村直己・三神廣子. (1994). 幼児のひらがなの習得：国立国語研究所の1967年の調査との比較を通して. 教育心理学研究, **42**, 70-76.
総合初等教育研究所. (2005). 教育漢字の読み・書きの習得に関する調査と研究. 総合初等教育研究所.
Swanborn, M. S. L., & de Glopper, K. (1999). Incidental word learning while reading : A meta-analysis. *Review of Educational Research*, **69**, 261-285.
高橋 登. (1997). 幼児のことば遊びの発達："しりとり"を可能にする条件の分析. 発達心理学研究, **8**, 42-52.
高橋 登. (2001). 学童期における読解能力の発達過程：1-5年生の縦断的な分析. 教育心理学研究, **49**, 1-10.
高橋 登. (2005). 読み障害とは何なのか：言語による違いとその原因. 特殊教育学研究, **43**, 233-240.
Takahashi, N. (2012). Japanese children's understanding of notational systems. *Journal of Experimental Child Psychology*, **113**, 457-468.
高橋 登・中村知靖. (2009). 適応型言語能力検査（ATLAN）の作成とその評価. 教育心理学研究, **57**, 201-211.
高橋 登・杉岡津岐子. (1993). 書くことと語ること：表現手段の違いが物語の再生に与える影響について. 読書科学, **37**, 148-153.
高橋敏之. (1995). 文字の習得と幼児文字の変容. 保育学研究, **33**, 156-165.
Teale, W. H., & Sulzby, E. (1986). *Emergent literacy : Writing and reading*. Norwood : Ablex.
内田伸子. (1989). 物語ることから文字作文へ：読み書き能力の発達と文字作文の成立過程. 読書科学, **33**, 10-24.
Vygotsky, L. S. (1978). *Mind in society*. Cambridge, MA : Harvard University Press.
Wydell, T. N., & Butterworth, B. L. (1999). A case study of an English-Japanese bilingual with monolingual dyslexia. *Cognition*, **70**, 273-305.

37章 数概念の発達

吉田 甫

お皿の上にみかんが8個あれば,人はその個数がすぐにわかる。ここで大事なことは,この状況ではみかんがあるだけで,数そのものは存在しないということだ。人は,みかんそれぞれについて「1」という数を抽象化し,合わせて8だということを理解するのである。この意味で,数の理解には,抽象的な能力を前提としている。こうした抽象性のために,数の概念を理解するのには長い期間が必要となる。本稿では,乳児から児童期までの数概念の発達を紹介する。

1節 数システムの発達

1.「3」までの数の弁別:乳児期

まず発語ができない乳児の数概念からみていこう。乳児期の子どもで研究されている数とは,数の弁別である。彼らには,言葉のやりとりで数の理解を検討することはできない。方法としては,馴化の手続きがとられた。子どもの関心を引きそうなもの,たとえば1個のおもちゃの絵を前方のスクリーンに提示する。これが眼前に現れると,乳児は関心を示してそれを凝視する(定位反応)。この凝視時間を指標とするが,同じ個数のおもちゃを何回も提示すると,乳児は慣れてきて,凝視時間が低下し,漸近値に達する。こうなったら,異なる数のおもちゃ,たとえば2個のおもちゃを提示するのである。それまでと同じ個数であれば,乳児の関心は低下したままだが,新しい個数になると,再び定位反応が生じて凝視時間が長くなることが多い。こうなれば,乳児は,1個と2個とを弁別していると考えられる。

最近の研究から,脳内には数の表象に関する2つのコアシステムが存在すると指摘されている(Feigenson, Dehaene, & Spelke, 2004)。第一は,数のおよその大きさを判別するコアシステム1である。乳児を対象に先述の馴化実験を行うと,6カ月の乳児は,8と16とを異なる刺激とみなしていた。さらに16と32についても,同様の結果が得られた。しかし,8と12の間,あるいは16と24間の弁別を行うことには失敗した。数をおおまかにとらえるこの能力を支えているのが,コアシステム1というわけだ。このコアシステム1は,視覚刺激だけでなく聴覚的な刺激でも観察されており,乳児のみならず,大人も含めて人が獲得している安定した能力だとみなされている。

コアシステム 2 は，こうした近似的な数の表象の弁別ではなく，正確な数の弁別にかかわるコアシステムである（Xu & Spelke, 2000）。コアシステム 2 は，コアとはいっても，正確さの範囲は発達する。この代表的な初期の実験では，乳児は 3 までの数を正確に弁別できることを確認している（Strauss & Curtis, 1981）。しかし，彼らは，3 と 4 の弁別はかなり不安定であり，4 以上の数を弁別することはできなかった。こうして，乳児といえども 3 までの数は弁別できることが示された。それでは，彼らは数えることでその弁別が可能となったのだろうか。幼児期の子どもでさえも，ものの個数を数える場合には，ターゲットを指さすことで数えることになる。しかし，この実験に参加した乳児では，そうした場面はまったく観察されていない。こうして乳児が 3 までの数を弁別できるのは，個数を数えるという計数によるものではなさそうだ。これについては，ある数までの弁別は，人間が生まれながらにしてもっている能力であるという仮説が提案されている（Klahr, 1984）。

数えることなく数の大きさがわかるということについては，別の証拠がある。それは，見てすぐわかる数（subtizing）とよばれているものである。これは，所与の数の集合を提示し，その個数を判断するまでの時間を測定した研究から示されている。その研究では，幼児でも 1 から 3 までの判断時間は，1 秒強であり，個数による差はみられない。しかし，4 個以上を提示されると，1 個増えるごとにほぼ 1 秒ずつ判断時間が長くなっている（Chi & Klahr, 1975）。このデータからも示唆されるように，3 までの数を判断するのに計数という過程は介在していないのである。

2. 基数としての「5」への発達：幼児期

数にかかわる体験を重ねるにつれて，子どもは数の表象を発達させるようになる。数は，基本的には 10 進法性から構成されており，私たちの文化もこれに従っているので，子どもも発達の初期からそうした 10 進法性を表象しているだろうか？ 数の表象については，歴史的な視点からも考察されており（Cajori, 1974；吉田, 1991），文化的な発達と人の発達との関係も，興味あるところであるが，本稿ではこの関係に深入りするゆとりはないので，表象の発達のみに限定する。

コアシステム 2 からも明らかなように，乳児期では 3 までの数の弁別はかなり正確であり，脳内にその基盤があるといえるだろう。それ以後については，さまざまな研究者が検討しているが，その典型例として，問題を提示して回答までの反応時間などを指標とすると，幼児も数の 10 進法性を反映した知識を獲得しているという指摘がなされている（Ashcraft, 1982）。

しかし，10 進法性の表象を獲得する前に，基数としての「5」までの発達があるようだ。吉田・栗山（Yoshida & Kuriyama, 1986）は，さまざまな課題によってこのことを実証している。たとえば，簡単なたし算をする際の指の動きを観察すると，主に 4 種類の方略が観察された。そのうちの一つは，指を 1 本ずつ立てる初歩的な方略である。別の方略は，5 を手がかりに表現しており，たとえば 7 に対しては，まず片手の指を一気に 5 本立て，次にもう一つの手の指を 1 本ずつ立てる方略である。5 以上の数を 5 と残りの数に分解しているともいえる。また，誤りにも

基数としての5が反映されていることが示された。たとえば，問題が〈7＋3〉としよう。子どもは，左手で5を一気に表現し，残りの2を右手の指で1本ずつ立てていった。ところが，たす数である3を表現しようとすると，すでに立てている右手の2本の指をいったん閉じて，改めて3本指を立て直したのである。彼らは，5をこえる問題では，一貫してこの方略に従っていた。

手の指が5本という外的な制約のために，これらの方略からただちに基数としての5の表象を仮定することには，無理があるかもしれない。しかし，指という外的装置に依存しない状況でも，内的な基数としての5の存在が確認されている。そうした課題とは，幼児にある数から別の数までの数唱を行わせる課題，たとえば，「3」から「8」までを数唱させるといった課題である（栗山・吉田，1988）。停止すべき数において興味ある結果が得られた。つまり，停止すべき数が5のときには，上昇方向でも下降方向でも参加した全員が正しく数唱を停止した。しかし，その数が5以外のときには，多くの幼児が指定された数で停止できずに数えつづけたのである。

これらの結果から，5は基数として表象されているということが示唆される。つまり，たし算で数を表現する際にも，また数唱においても，5が基数として機能しているとすれば，5を間違えたり忘れたりするといった誤りは生じないだろう。しかし，基数以外であれば，内的な表象として明確に機能していないので，誤りを引き起こすという解釈である（Yoshida & Kuriyama, 1986）。こうして，5から文化としての数の10進法性へと発達することが想定される。

2節　数唱能力の発達：加法構造の理解

子どもは，日常生活のなかでさまざまな経験をし，そのなかで数の能力も獲得されていく。子どものまわりにいる人々が，意図的に彼らに数を教えているわけではなく，ある意味で，自生的な発達である。たとえば，国道を車で走っているときトンネルをいくつ通ったか，これまでに読んだ絵本は何冊になるかなど，日常生活のなかには無数といえるほどの体験がある。こうした状況では，出来事を抽象化し，数として表現することが迫られる。そうであれば，そうした経験の多い子どもは，計数の能力も早く発達させるだろうか？　この疑問には，現在のところ答えられるだけの資料はない。しかし，数唱や計数といった能力がどのように発達するかについてはかなり研究されてきている。ここでいう数唱とは数を唱えていく行為であり，計数とはものを数えるという行為である。

数唱の発達の過程を明らかにしたのは，フュソン（Fuson, 1988）であろう。彼女によれば，数唱の能力は，主に4つの段階を経て発達する。また，この数唱の発達とたし算・ひき算のスキルとは密接に関連していることが指摘されているので（吉田，1991），数唱の発達とたし算の獲得との関連をも同時に考察する。

第1段階は，数詞が機械的に記憶されており，部分に分割できない段階である。ここでは，記憶している数の系列を唱えるだけの段階であり，認識のツールとしてはまったく利用できない。

数は，思考の対象ではなく，数の大小などもまったく理解されていない。

次の第2段階になると，1から上昇方向へ数を唱えることが可能となる。しかし，数の系列は全体として位置づけられており，この系列を途中で分割することはできない。このため，この段階の子どもは，「7の次の数は？」という質問に答えることは無理で，この要求には自分が知っている数まで数唱していく。この要求に応えるためには，数の系列を任意のところで分割し，それぞれの数間の関係の理解が前提となるが，それはまだ獲得されていない。もっとも，「7の次は何？」という質問に答えられる幼児のうち，かなり時間をおいた後で答えることができる幼児は，この段階に属するといえる。彼らの方略としては，数詞を口のなかでぶつぶつと唱えた後で，つまり，1から数唱し，7・8になったところで，作業記憶から8を取り出して答えるというもので，8を7より1多い数という関係の把握から答えているわけではない。とはいえ，この段階になると，1対1対応などの基本的な計数のスキルを獲得する。

この段階の子どもが，数を繰り返し使っているうちに，やがて指定された数で数唱を停止できるようになる。これにより，モノの個数の計数が可能となる。というのは，まったく当然のことだが，モノの個数がわかるためには，最後のモノまで数えたところで数唱を停止しなければならない。このことは，最後に数えた数がその集合数という計数の5つの原理の一つであると指摘されているとおりである（Gelman & Gallistel, 1978）。

さて，このように数唱が発達してくると，たし算が可能となる。日本の子どもでは，3歳ぐらいでこの方略を獲得するとみなされている（吉田，1991）。その方略は，たし算として最も基本的なものであり，たとえば，左のお皿に2つのケーキ，右のお皿に4つのケーキがあるとして，「ケーキは合わせていくつ？」と幼児に聞いたとする。それぞれのお皿に乗っているケーキを数え，それをたし合わせるというのが，この段階でのたし算方略である。この方略をcount-allとよんでおく。このようにみれば，基礎的なたし算ができるということは，数唱能力の発達の結果であることがわかるだろう。

次の第3段階になると，上昇方向の数唱がかなり精緻になってくる。この段階では，「1」から数えはじめてある数「a」で数唱を停止できるだけでなく，「a」からさらに数唱を続けて別の数「b」で数唱を停止できるようになる。たとえば，「1から9まで数えてごらん」という要求にも，また「7から12まで数えてみて」という要求にも応えられる。つまり，この段階になると，上昇方向の数系列をかなり自由に操作できるようになる。

この段階になると，たし算の方略にも変化が生じる。それまでのすべての要素を数えるcount-allから，短い時間でたし算を遂行できまた誤りも少ない方略への変化である。これは，count-onとよばれ（吉田，1991），以下の3つの下位過程からできている，①2つの数の大小を判断する，②大きい数を頭にセットする，③最後に小さい数を数えたす。たとえば問題が〈6＋3〉としよう。子どもは，6が大きいと瞬時に判断し，これを頭にセットする。子どもであれば，6と口に出して言うことがほとんどである。最後に，7・8・9と指を折りながら数えたして答えを出すのである。2つの方略を比較してみれば，count-allでは9回数えることが必要だが，count-onではたった3回ですむ。こうして，答えを出すまでに時間は短いし，回数も少ないので誤りもあまりない。

幼児は，こうした認知的な節約を誰かから教えられるわけではなく，自ら考案するのである。このcount-onは，平均的には6歳ぐらいで獲得されている（吉田，1991）。

最後の段階になると，上昇方向だけでなく，下降方向への数唱も可能となる。さらに，数えた数の個数を作業記憶にとどめられるようになる。こうなれば，数唱の能力はほぼ完成ということになるが，年齢的には8～9歳ぐらいで達成できる。たんに数を唱えるだけと思われるかもしれないが，その完成には10年近くも必要とするのである。

3節 公的な介入による数概念の発達：乗法構造の理解

前節でみたように，子どもは日常生活でのさまざまな体験を背景にして学校にやってくる。そうした体験が，幼児期の子どもの数概念の発達を促している主な要因の一つであることは，疑う余地はない。こうした数概念とはどのような構造となっているのだろうか。小学校までに教えられる概念は，加法構造と乗法構造という2つに分類されている（Kieren, 1988）。子どもが日常生活の体験から学習する概念の多くは，加法構造であり，それらは基本的には，1対1対応が成立する状況であり，1つ加えると集合数は1増えるといった構造をもつ。これに対し，分数や割合などは，そうした1対1の関係ではなく，1つ加えるとたくさん増える構造をもっており，これらが乗法構造とよばれている。たとえば，テーブルが1つ増えると，脚の数は4ずつ増えていくといった関係である。乗法構造の下に分類される概念は，多岐にわたっており，しかもそれらを学習することは，いずれも大変難しい。本節では，子どもにとっては理解することがきわめて困難な分数と割合に対する子どもの理解の発達をみていく。ここでのキーワードとなるのは，子どもが日常体験から獲得したインフォーマルな知識である。

1. 分 数

新しい概念を学ぶ際に子どもはそれについては何も知らない，とよくいわれる。これは，新しい概念の公的な知識という点から考えれば，まったくそのとおりである。分子や分母といった概念を，学習する前の子どもが知っていることはありえない。このように公式的な知識という点から，子どもが概念を学習する前にもつ知識を検討することはまずできないが，分数にかかわる別の視点からであれば可能である。それは，分数とは，全体の部分への分割という視点である（Kieren, 1988）。このように分数をとらえると，学習する前の子どもが分数に対してどのようなインフォーマルな知識を獲得しているかを検討できる。ここでは，分数の大小と分数の種類に関するインフォーマルな知識を紹介しよう。なお以下に示す研究は，2001年までに行われたものであり，したがってこの年代での指導要領では分数を初めて学習するのは3年生であり，その他の概念の順序は，2002年からではなくそれ以前の指導要領を基礎にしている。

分数の大小について，吉田・澤野（Yoshida & Sawano, 2002）は，分数を学習する前の3年生に以下の問題を与えて検討している。「1本のチョコレートを3人で等しく分けるときと5人で分けるとき，1人分はどちらが多いでしょう」。この質問は，分母・分子といった用語こそないものの，1/3と1/5の大小を判断させる課題とみなすことができる。その結果，正しく大きさを判断できた子どもは，86％にも達していた。こうして，分数の記号を知らない子どもでも，その大小をかなり正確に判断できており，分数の大きさについてのインフォーマルな知識は十分に豊かであることが示された。

次に分数の種類，真分数，仮分数，帯分数といった分数を考えてみよう。数学的には真分数が基本なので，カリキュラムではこれが3年で導入され，残りが4年で教えられるという構造となっている。澤野・吉田（1997）は，分数を学習する前の3年生に全体を部分に分割する2つの課題，「ピザ問題」と「色紙問題」を与えてインフォーマルな知識の問題を検討した。ピザ問題は，3つの四角を提示して，「3枚のピザを4人に等しく分けます。1人分を描きましょう」という描画課題であり，色紙問題では，5つの四角を提示して，「5枚の色紙を3人で等しく分けます。1人分を描きましょう」という課題であった。

適切に描かれた図を分析すると，主に2種類の方略が引き出された。第一は，それぞれの四角（つまり全体）を人数で分割する方略であり，これを「単位方略」とよぶ。第二は，それぞれの全体を各人に割り振り，残りを単位方略で分割する方略であり，これを「大単位方略」とよぶ。ピザ問題は単位方略で，色紙問題は大単位方略で描かれることが多かった。この結果は，図37.1に示されている。しかし，実際にはその反対，つまり，ピザ問題を大単位方略で，色紙問題を単位方略で描いている場合もあり，これも図37.1に示されている。

さて，このように描かれた図は，分数とはまったく無縁のものと思う読者がいるかもしれない。しかし気をつけてみると，これらの図は，真分数，仮分数，帯分数そのものということができるのだ。つまり，図37.1のaは1/4を3つ集めたものであり，これはまさに真分数そのものである。bは，整数の1と1/3を2つ集めたものであり，これは帯分数に対応していることがわかるだろう。さらに，dは，1/3を5つ集めたもので，仮分数そのものである。

正解率を求めてみると，ピザ問題では66％，色紙問題では40％であった。しかし問題となるの

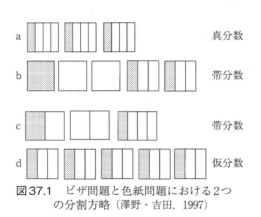

図37.1 ピザ問題と色紙問題における2つの分割方略（澤野・吉田, 1997）

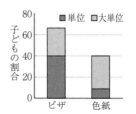

図37.2 ピザ問題と色紙問題への反応率（澤野・吉田, 1997）

は，そこで用いられた方略であり，その内訳が図37.2に示されている。ピザ問題がすべて単位方略で，また色紙問題が大単位方略で描かれているわけでない。この図からは，子どもは問題に応じて分割方略を柔軟に使い分けていることがわかる。

教科書では，数学的な論理から，真分数を3年で教え，仮分数や帯分数を4年で教えるという構造になっている。しかし，分数を学習していない子どもでさえも，じつは，分数の種類に相応する知識をインフォーマルに獲得していることが，明らかになった。

2. 割 合

割合のインフォーマルな知識とは，基本的にはある量が基にする量のなかで占める度合いを指す（吉田，2003）。割合を学習する前の子どもであれば，公的な知識である「比べる量」や「基にする量」などといった概念を理解しているはずはない。しかし分数の概念と同じように，インフォーマルな知識であれば検討可能となる。割合のインフォーマルな知識については，意味・大きさ・計算という3つの要素が仮定される（吉田，2003）。意味とは，全体に占める所与の量の度合いであり，これについては「康夫君はシャツを買おうと思っています。Aデパートではこのシャツを30％引きで，同じものをBデパートでは20％引きで売っています。どちらが安いでしょう」といった問題で判断できる。量については，図37.3のように黒い部分のおよその大きさを判断するという課題を用いた。

割合を学習していない4年生と5年生，およびすでに学習を終えた6年生にこれらの課題を与えたところ，図37.3にみられるように驚くべき結果が得られた（吉田・河野，2003）。割合のインフォーマルな知識である意味と量的表象については，学習を終えた6年生と未学習の5年生との間にまったく差がなかったのである。つまり，インフォーマルな知識は学習前にもかなり豊かであることがわかる。そうであれば，割合の学習は，子どもには大変やさしいことが考えられる，つまりこれらのインフォーマルな知識を割合の公的な用語に置き換えればよいということになるのだが，実際には割合は子どもにとってはきわめて理解することが困難である。

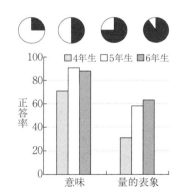

図37.3 割合のインフォーマルな知識に関する学年ごとの正答率（吉田・河野，2003）

割合は，〈割合＝比べる量÷基にする量〉という公式で計算される。もちろん未学習の子どもであれば，それを知る由もない。公式にかかわるインフォーマルな知識を検討するためには，この公式の説明が少し必要である。上の式は第1用法とよばれ，比べる量を求める式（比べる量＝割合×基にする量）は第2用法であり，第3用法は基に

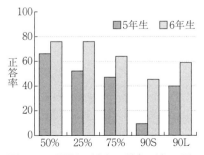

図37.4 問題に対する学年ごとの正答率（吉田・河野，2003）

する量を求める式を指す。このなかで、第2用法については、日常生活で頻繁に用いる「半分」ということからも、インフォーマルに獲得可能ではないかと考えられる。このため、割合を未学習の5年生と学習が終わっている6年生に以下の4つの問題を以下の順序で与えた。「50%問題：40個のおはじきの内の50%は、いくつでしょう」、問題の形式は同じだが、%のみが異なる「25%問題」、「75%問題」、「90%問題」の4問である。

　未学習の5年生は、計算にもとづくことで初めて解決できるこうした問題に手も足も出なかったのだろうか？　彼らが示した結果（図37.4）は、驚くべきものだった。50%、25%は、計算に依存しなくても、半分という視点からインフォーマルには解決可能だろう。75%も、前2つの問題への回答を考慮すれば、答えを出すことができるだろう。

　しかし、90%問題では、その方略はまったく使えない。90%問題に対しては、36という正答（90S）に加え、35という答えがかなり多かったので、これを準正答（90L）として図に示した。36という正答を得た5年生は、9%にも達した。計算をしないで、どのようにして子どもが正しい答えを引き出したか、読者はおわかりだろうか。子どもは、困難な事態に直面しても何とか打開しようという努力をすることが、この例からもわかる。ここでは、50%問題がヒントとなるのだが、彼らは10%または5%というランドマークを設定し、そこから正しい答えを引き出したのだ。それでは、答えが1つ少ない35という答えを子どもはどのようにして得たのか？　主な方略の一つは、75%問題の答えが30であり、90%はその中間に近いということで、100%との差である10の半分を出して35を求めるというものだった。未学習の5年生の40%が、こうした方略で正答にかなり近い答えを引き出したのである。

　このように子どもにとって学習することが難しい分数や割合の概念でさえも、インフォーマルにはかなり豊かな知識を日常生活のなかで獲得していることがわかる。これは、何も乗法構造の概念に限らず、2節でみたように加法構造についても然りである。数概念に対する子どものこうした発達の姿を知ることは、現行の学校教育にかなりの修正を迫ることになるが、こうした研究をもとにしたカリキュラム改革のあり方などについては本稿の範囲を超えることになる。

4節　学業不振

　学業不振については、子どもの知的能力によるという見解（天野・黒須, 1992）などが支配的な見方であろう。この節では、学業不振を伝統的な見解である子どもの能力や性格といった個人的資質から考えるのではなく、違った観点からとらえ直す。それは、誤り方略と学習の認知的バリアという2つである。

1. 誤り方略

　概念を理解することは、内容を理解することだけにとどまらない。概念にともなうさまざまな

計算手続きを確実に遂行することも，不可欠である。一般に，計算の結果として正しい答えを求めることができれば，それは計算過程の背景にあるさまざまな概念をも正しくとらえているとみなされる。この命題は，常に真であろうか？ これを裏づけるデータをみたことはないが，著者の感覚としては，この命題，80％ぐらいは真であるが，10％ほどは怪しい。それはともかく，誤った手続きをとれば，当然ながら答えは間違いである。それでは，なぜ子どもは間違うのだろうか。これに対して一般的には，不注意やうっかりミス，あるいはデタラメに答えたなどというものだろう。誤りが，不注意やデタラメであれば，それらを研究する価値はまったくない。これまでの研究からは，そうした誤りの多くは，子どもがもつ一貫した知識によるものであることが証明されている（吉田，1991）。子どもの誤りを分類してみれば，不注意やデタラメによるものが10〜15％，一貫した知識を反映したものが70〜80％である。このように誤りの多くが，一貫した知識の反映であるならば，誤りを解析することは，子どもの知識を覗く重要な手がかりになるはずである。

こうした誤りは，3つの内容に分類できる。第一は，正しい手続きの一部を削除または追加したものである。第二は，他の領域からの知識を借用したもの，第三は，子どもが独自に考案したものである。子どもの誤り方略をみながら，これらの分類を考えてみる。まず誰でもすぐにわかるひき算の領域からみてみよう（図37.5）。S1は，どちらかといえば，第三の分類に入る。しかしS3は，第一の分類に属する。つまり，1桁の6から8を引けないので，400から100を借りてきてこれを90と10に分解し，90を10の位，10を1の位におろすのが正しい手順だ。しかし，ここで10の位が9ではなく，10に変更されている。つまり，余分な手続きが追加されている。同様のことがS4の誤りにみられる。S4方略を理解できる人は，Aの問題でなぜ答えが2647になるかを理解できるはずだ。

次は，大人でさえも簡単には理解することができない子どもの誤り方略（図37.6）をみてみよう。これらは，小学5年と6年生による答えである。①から⑤まで，左右に2つの問題と答えがある。この左右の問題は，じつは同一の方略で解決されている。読者には，これら5種類の誤った方略が何であるかを探索してほしい。かなり時間がかかることは，請け合いである。ヒントとして，①から③までは，正しい手続きへの追加・削除による方略である。④は，子どもが考案した方略であり，⑤は他の領域からの借用による方略である。面倒がらずに，ぜひ子どもの頭の中身を推定してほしい。

さて，一見してすぐに内容がわかるような誤り方略は，小学校でも低学年だけであり，中

S1	S2	S3	S4	A
426	426	406	426	5126
−158	−158	−158	−158	−1479
332	368	258	168	2647

図37.5　ひき算における誤り方略

① $2\frac{5}{6} - \frac{10}{12} = \frac{12}{12}$　　　$1\frac{3}{8} + \frac{5}{6} = \frac{37}{24}$

② $2\frac{5}{6} - \frac{10}{12} = \frac{17}{12}$　　　$1\frac{3}{8} - \frac{2}{6} = \frac{12}{24}$

③ $7\frac{1}{6} + 8\frac{3}{4} = \frac{184}{12}$　　　$2\frac{5}{6} - \frac{5}{12} = \frac{24}{24}$

④ $2\frac{5}{6} - \frac{11}{12} = 2\frac{1}{12}$　　　$3\frac{7}{12} + 2\frac{5}{12} = 5\frac{2}{12}$

⑤ $2\frac{3}{11} - \frac{9}{11} = 1\frac{4}{11}$　　　$3\frac{3}{4} + \frac{1}{3} = 4\frac{3}{12}$

図37.6　分数の計算における誤り方略

表37.1 能力別による誤り方略の所持率と平均数（吉田，1983）

能力群	子どもの%	方略数
5 ($n = 3/108$人)	2.8	0.02
4 ($n = 20/126$)	16.0	0.19
3 ($n = 45/89$)	50.9	0.68
2 ($n = 42/52$)	80.6	1.32
1 ($n = 34/39$)	87.0	1.94

学年や高学年になると，大人でも「誤った方略を発見しなさい」という教示のもとでさえも，それらを発見することは困難である。ということは，日々子どもに接している教師がこうした誤りの背景を理解することは，不可能に近い。しかし，この誤り方略は学業不振の背後にある子どもの知識を解明する重要な手がかりでもあり，わからないではすまない。

吉田（1983）は，子どもの個人差と誤り方略との関連を検討している。子どもの計算能力を5段階に分類し，それぞれの段階における誤り方略の所持率と誤り方略の数とを調べた。その結果が，表37.1である。表から明らかなように，能力が下がるほど，誤り方略をもっている子どもの割合は増えている。また各段階での子どもが平均して何個の方略をもっているかをみても，最も低い段階の1では1.94個とかなり多くの種類の方略をもっている。ちなみに，段階1で何と7種類もの誤り方略をもっていた子どもがいた。この子どもの解答を彼の方略から採点すると，80点となり，誤ってはいるが一貫したかたちで問題を解決していることがわかった。こうして，たんに知的能力といった全体的な能力ではなく，具体的な能力に目を向けることで，子どもの学業不振の原因を探ることが可能であろう。

2. 認知的バリア

ここでいう認知的バリアとは，新しい概念を学習するなかで子どもにとって理解することが困難な内容を指す。バリアの中身がわかることで，さまざまな対応を考えることができる。たとえていえば，障害物競走で前方にあるのがネットであれば身を低くしなければならないし，ハードルがおいてあればジャンプする構えをとらなければならないのと同じである。

それらを紹介する前に，数学の論理からはどのような説明がなされているかをみてみよう。数学教育の視点からは，分数の困難さをもたらす要因として，意味の複雑性と表記の複雑性が指摘されている（石田，1986）。前者は，割合としての分数と商としての分数（分子÷分母）という2つであり，後者は，1つの値を表現する際にいくつもの表記ができる（たとえば，9/4は2と1/4である）という複雑さである。

これに対し，子どもの論理という視点から，吉田（2003）は，分数は2つのルール，つまり分数のルールと整数のルールという2つの知識で解決できる側面があり，それが分数の困難さをもたらす要因の一つであると指摘している。以下，この指摘を念頭におきながら，新たに見出された2種類の認知的バリア，つまり等全体と等分割をみていこう。

等全体は，計数の5つの原理（Gelman & Gallistel, 1978）で指摘された抽象性と類似している。抽象性の原理とは，1つのモノは，1であるということを抽象化できることを指す。この原理は，3歳前後の子どもが，獲得するものである。分数では，それがかたちを変えて等全体という原理になったと考えればよい。

この等全体とは，さまざまな分数は，いずれも全体としての大きさ，これは1といえるが，その全体はすべての分数で等しいという原理である（吉田，2003）。この原理は，分数では至極当然のことであるので，その重要性が認識されているとはいえないし，ま

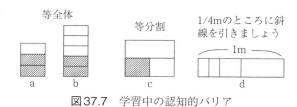

図37.7　学習中の認知的バリア

た学習指導要領では何も言及されていない。しかし，その原理が破られた状況をみると，その重要性がみえてくるのである。たとえば，2/3の大きさの作図を求めると，図37.7のaのような図を描く子どもがいる。これ1つだけみれば，何の問題もない。しかし，2/5の作図をさらに求め，描かれた図37.7のbをみると，この原理が機能していないことがわかる。

　次は，等分割である。分数は，全体を部分に等しく分割したものという定義は，すでに紹介したとおりである。この等分割も，分数では当然の前提である。この等分割も，等全体と同じく，学習指導要領では指導目標とはなっておらず，このため授業でしっかりと教えられることはない。等分割も，それが守られていない状況をみることで，重要さが浮かび上がる。図37.7のcが，その典型であり，子どもはこの図で1/3を表現したつもりである。等分割は，指導要領での学習目標に入っておらず，教師は等しく分割することは当然として授業では軽くふれるだけである。等分割をきちっと理解した子どもであれば，図37.7のdの質問にも正しく答えることができるはずだ。

　このようにみると，学業不振をまったく異なる視点からとらえることが可能である。学びが困難な子どもの背景が知的能力などの一般的な要因というよりは，誤り方略から示唆されるように，子どもがもつ誤った知識を同定することの重要さが浮かび上がる。さらに，子どもを理解困難に陥れる内容を明確にすることで，それをきちっと指導することで，学業不振という事態を回避することも可能であろう。

◆引用文献

天野　清・黒須俊夫．(1992)．小学生の国語・算数の学力．秋山書店．

Ashcraft, M. H. (1982). The development of mental arithmetic : A chronometric approach. *Developmental Review*, **2**, 213-236.

Cajori, F. (1974). *Number : The language of science*. London : Geroge Allen & Unwin.

Chi, M. T. H., & Klahr, D. (1975). Span and rate of apprehension in children and adults. *Journal of Experimental Child Psychology*, **19**, 434-439.

Feigenson, L., Dehaene, S., & Spelke, E. S. (2004). Core systems of number. *TRTENDS in Cognitive Sciences*, **8**, 307-314.

Fuson, K. C. (1988). *Children's counting and concepts of number*. New York : Springer-Verlag.

Gelman, R., & Gallistel, C. R. (1978). *The child's understanding of number*. Cambridge, MA : Harvard University Press.

石田忠夫．(1986)．分数・少数の意味理解はなぜ難しいか．算数教育，**27**，21-27．

Kieren, T. E. (1988). Personal knowledge of rational numbers : Its intuitive and formal development. In J. Hiebert & B. Meylen (Eds.), *Number concepts and operation in the middle grades* (pp.263-298). Hillsdale, NJ :

Lawrence Erlbaum Associates.

Klahr, D. (1984). Transition processes in quantitative development. In R. J. Sternberg (Ed.), *Mechanisms of cognitive development* (pp.174-196). New York : Freeman.

栗山和広・吉田　甫．(1988)．幼児の数表象の構造：数唱分析からの検討．心理学研究, **59**, 287-294.

澤野幸司・吉田　甫．(1997)．分数の学習前に子どもがもつインフォーマルな知識．科学教育研究, **21**, 199-206.

Strauss, M. S., & Curtis, L. E. (1981). Infant perception of numerosity. *Child Development*, **52**, 1146-1152.

Xu, F., & Spelke, E. S. (2000). Large number discrimination in 6-month old infants. *Cognition*, **74**, B1-B11.

吉田　甫．(1983)．問題解決における誤った知識構造：分数の計算における例．宮崎大学教育学部紀要, **53**, 41-51.

吉田　甫．(1991)．子どもは数をどのように理解しているか．新曜社．

吉田　甫．(2003)．学力低下をどう克服するか：子どもの目線から考える．新曜社．

吉田　甫・河野康男．(2003)．インフォーマルな知識をベースにした教授介入：割合概念の場合．科学教育研究, **27**, 111-119.

Yoshida, H., & Kuriyama, K. (1986). The numbers 1 to 5 in the development of children's number concepts. *Journal of Experimental Child Psychology*, **41**, 251-266.

Yoshida, H., & Sawano, K. (2002). Overcoming cognitive obstacles in learning fractions : Equal-partitioning and equal-whole. *Japanese Psychological Research*, **44**, 183-195.

―――― B パーソナリティ・行動領域 ――――

38章 身体・運動

西野泰広

1節 体格の発達

1. 発達曲線が意味するもの

　身体発達は，保健体育，小児科学，発達心理学などのさまざまな分野で扱われているが，そのいずれも身体的な変化を扱ってはいても，各々の分野で見方や表現方法に多少の違いが認めれらる。たとえば，身体の形態的変化に対して発育や成長が，機能的変化に対して発達が用いられることが多いのもその一例であるが，ここではすべて発達と表記することにする。

　一般的に，身体発達の経過を量的に表現するものに発達曲線がある。発達曲線のうち，横軸に暦年齢，縦軸に計測値をとったものが，distance curve（現量値曲線）で，これを一般的に発達曲線とよんでいる。これ以外にも，発達の増加量に着目したvelocity curve（速度曲線）や，acceleration curve（加速度曲線）がよく用いられている。前者は現量値曲線を一次微分したものであるのに対し，後者は二次微分して求めることができる。

　図38.1は，ポルトマン（Portmann, 1951/1961）の体重の発達曲線である。これをみると，類人猿と人間の発達の経過には共通点と相違点の二面があることがわかる。まず共通点としては，加齢とともに一様に発達するのではなく，発達の初期と末期にみられる緩やかな変化を示す誘導期と定常期，その中間に位置し急激な変化を示す発育期の三相があることがわかる。一方，相違点としては，類人猿の曲線が細胞分裂の法則 $y=2^x$ に近似しているのに対し，人間の曲線は二重S型（double sigmoid type）を示すことがわかる。

　そこで，どうして人間の場合にこうした経過をたどるのか，その原因を考えてみると，発達を促進するホルモンの働きと密接に関連していることが考えられる。第一発育期に相当する乳幼児期には，脳下垂体前葉から分泌される成長ホルモンや甲状腺から分泌される甲

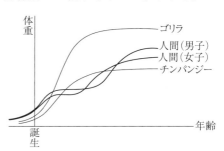

図38.1　体重の発達曲線の模式図
（Portmann, 1951/1961を改変）

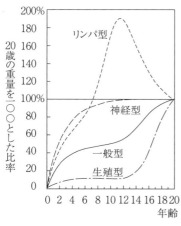

図38.2　発育曲線のタイプ
（Scammon, 1930）

状腺ホルモンといったタンパク系のホルモンが働く。それに対し，第二発育期に相当する思春期には，副腎皮質から分泌される男性ホルモン（男女），睾丸から分泌される男性ホルモン（男），卵巣から分泌される女性ホルモン（女）といったステロイド系ホルモンが働くからである。

しかし，図38.2の臓器や器官による発達の仕方が異なることを示すスキャモン（Scammon, 1930）の発達曲線をみると，こうした説明が適用されるのも一般型のみである。そして，神経系の発達が早くから急速に進むのに対して，生殖系の発達が思春期以降と遅く，児童期にリンパ系の急速な発達がみられることを考えると，どうしても他の生物とは異なる人間の独自性を考えなければ説明がつかない。

2. 体格の発達

a. 体格の発達の諸相

わが国で信頼のおける身体計測が始められて，すでに百余年の歳月が流れ，乳幼児については「乳幼児身体発育調査報告書」が厚生労働省から，児童・青年期については「学校保健統計調査報告書」が文部科学省から刊行されている。いずれの報告書も大量のデータにもとづく暦年齢の平均値が示され，発達曲線（現量値曲線）による体格の発達の理解が可能となっている。ことに，前者においては1976年からパーセンタイル値が用いられ，個人の位置を知ることが可能となっている。また『日本子ども資料年鑑』（KTC中央出版）には，文部科学省と厚生労働省の毎年のデータがまとめられている。

そこで，学校保健統計調査報告書にもとづく身長と体重の平均値をみると，①どの年齢の平均値も時代とともに向上しており，発達加速現象が認められる。②10歳（9〜12歳）頃にかけて女子が男子を凌駕している。また，平成2年度の報告書を読むと，③年間の増加率に着目すると，身長については男子は12〜13歳間が7.4cm，女子は10〜11歳間が6.8cmで最も大きく，逆に男女いずれも16〜17歳間で男子0.9cm，女子0.3cmで最も小さいことがわかる。同様に，体重については男子は11〜12歳と12〜13歳間が5.5kg，女子は11〜12歳間が5.0kgで最も大きく，逆に男女とも16〜17歳間が男子1.3kg，女子0.2kgで最も小さいことがわかる。さらに，よくいわれていることであるが，④一般的に体重は誕生後1年で3倍となるが，身長は誕生後4年で2倍，次の9年で3倍になる。

以上のことは，あくまで平均値にもとづく発達曲線，換言すれば基準値という見方から見出された特徴であり，それなりに各年齢の発達のようすを知ることができる。しかし，反面，発達のゴールやコースの多様性といった個性を見落とす危険性もある。個性ということを重視するならば，体格の発達の研究においても，横断データにもとづく基準値にこだわるよりも，今少し縦断

データにもとづくプロセスの分析にこだわってもよいように思う。

b. 体型・体格の発達

体格の発達を論ずる際に、身長とか体重というように個々バラバラに考えることも必要なことであるが、ここでは総合的にとらえてみようと思う。体格は決して相似的に発達するわけではない。同じスキャモンの一般型に属する身長や体重といえども、伸長期や充実期というようにさかんに発達する時期がずれている。カーン（Kahn, 1943）は、体形（form）つまりプロポーションの変化について、新生児は成人になると頭は2倍、体幹は3倍、上肢は4倍、下肢は5倍に達すると述べている。また、古くから欧米では胎齢2カ月で2頭身、胎齢5カ月で3頭身、出生時で4頭身、生後2歳で5頭身、6歳で6頭身、12歳で7頭身、成人で8頭身になるといわれている。

さらに、身長と体重がわかっていれば身体充実の程度も知ることができる。その一つに、(体重) ÷ (身長)^3 × 10^7 により算出されるローレル指数がある。ローレル指数の経年的変化をみると、12歳くらいまでは急減し、その後上昇カーブを描く。こうしたことは、たとえば体重といっても各年齢により意味が異なることを示唆している。乳幼児期の体重の増加は主として中枢神経系や内臓器官の発達に依存しているのに対し、思春期は筋肉や骨格の発達に依存し、成人期以降になると筋肉や皮下脂肪の発達に依存するといった身体組成の違いが認められる。

一方、体型（somatotype）は、年齢によりあまり変化しないといわれており、よく知られているものに、体格と性格を論じたクレッチマー（Kretschmer, 1955/1960）の細長型、肥満型、闘士型の3分類がある。また、シェルドン（Sheldon, 1940）は、外胚葉型、内胚葉型、中胚葉型の3要素からなる正三角形を用い、各辺を7段階評定する分類法を提唱している。

たとえば、太田・太田（2002）は、ヒース・カーター法（Heath, 1963；Heath & Carter, 1966）から日本人の体型を分析している。それによれば、内胚葉型は、消化器の形成が優位なため体脂肪組織の発育がよく、丸みと柔らかさをもつ肥満型となる。中胚葉型は、骨格や筋力の形成が優位なため、全身的に堅固な体つきや胸腔が大きい闘士型となる。外胚葉型は、体表皮、感覚器官や神経系の形成が優位なため筋肉の発達が劣勢で脂肪が少なく相対的に痩身の細長型となる。

太田らによれば、男性は20歳をすぎると内胚葉や中胚葉がしだいに優位となり、相対的に外胚葉が小さくなる。30代からは肥満体型となるが、50代半ばになると逆に内胚葉や中胚葉が小さくなり、外胚葉が大きくなって痩身となる。一方女性は、10代半ばまでの内胚葉の増加が顕著である。中胚葉は20代すぎから大きくなり、外胚葉は小さくなり、30代後半から肥満体型となる。また、1970年代の高度経済成長の時代を迎えると栄養摂取に変化がみられ、脂質の割合が増え、炭水化物の割合が減少して、それを反映するかのように1980年代以降になると細長型が増加すると述べている。

そこで、文部科学省の調査（文部科学省スポーツ・青少年局, 2013）から痩身と肥満の割合をみると、痩身については小学生男子では、都市部で少なく、郡部で多いが、逆に女子は都市部で多く、郡部で少ないと対照的である。中学生になると男女とも、都市部では多く、郡部では少なくなる。つまり、年齢差と性差がきいている。

一方，肥満については，小学生は男女とも都市部で少なく，郡部で多い。中学生になるとやはり男女とも，都市部で少なく郡部で多くなっている。つまり地域差がきいている。

これらのことから，体型や体格の発達は一様ではなく，単線型発達モデルで考えるのではなく複線型発達モデルでとらえるほうが適合度も高いことを物語っている。こう考えると身体発達研究もおもしろくなる。ある調査によれば，時代とともに日本人の顔が小顔化しているという。年々軟らかい食物が好まれることと下あごの発達が関係している。私たちは小顔化することを強化されている社会に生きている。こうしたデータが体型や体格の発達の複線型発達モデルを生むと考えられる。

3. 単線型発達モデルから複線型発達モデルへ

西野・雨森（2015）は，表38.1に示すような大学（体育系）での受講生を対象にしたアンケート調査を行っている。これによれば，出生時の身長と体重，現在（大学1～3年時）の身長と体重を聞き，図38.3に示すように，それぞれP群：$\bar{x}-1/2SD$，N群$\bar{x}$，G群$\bar{x}+1/2SD$から3群に分け分析している。そうすると，表38.2，表38.3に示すような9つのパターンに分類される。

まず，いつ頃$\bar{x}$を超えたかを聞いたところ，図38.4，図38.5に示すように，児童期が圧倒的に多く，大雑把にいえば幼児期から児童期，児童期から青年期，$\bar{x}$を超えたことがない（変化なし）の3パターンがあることが確認できた。これは発達のスピードにかかわる問題である。そこで，表38.2，表38.3から出生時の大小がその後の発達（現在の大小）とどうかかわるかを分析したところ，出生時に大きく現在も大きな子どもが（28.2％，28.2％：前者は身長を後者は体重を示す），出生時に小さく現在も小さな子どもが（23.4％，25.3％）いることがわかった。これは発達の様子（コース）を示すもので，小さく生まれても大きく育つ子ど

表38.1　アンケート調査の内訳

大学×性別（人数）

	A大	B体育大	全体
男性	99	127	226
女性	41	6	47
全体	140	133	273

出産状況×性別（頻度：人）

	正常分娩	難産	全体
男性	202	22	224
女性	44	2	46
全体	246	24	270

Missing = 3

表38.2　3タイプごとにみた身長の平均値を超えた時期の頻度（人）

P群（発達が遅滞）		N群（変化なし）		G群（発達が良好）	
パターン	頻度	パターン	頻度	パターン	頻度
② G→N	12	⑨ P→P	22	⑦ P→G	15
③ G→P	7	⑤ N→N	70	⑧ P→N	28
⑥ N→P	42	① G→G	21	④ N→G	56
小計	61	小計	113	小計	99

（N = 273名）

表38.3　3タイプごとにみた体重の平均値を超えた時期の頻度（人）

P群（発達が遅滞）		N群（変化なし）		G群（発達が良好）	
パターン	頻度	パターン	頻度	パターン	頻度
② G→N	39	⑨ P→P	37	⑦ P→G	10
③ G→P	10	⑤ N→N	59	⑧ P→N	34
⑥ N→P	32	① G→G	34	④ N→G	18
小計	81	小計	130	小計	62

（N = 273名）

もが (36.3%, 22.7%), 逆に大きく生まれても小さく育った子どもが (22.3%, 29.7%), 生まれたとき大きかろうが小さかろうが, その後の発達に変化が認めら

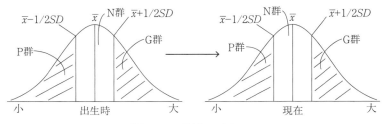

図38.3 発達のパターン

れない子どもが (41.4%, 47.6%) おり, いろいろな発達コースをたどることを示している。必ずしも生まれたときの状態が, その後の発達を引きずっているわけではない。出生時の状態について考慮すると, 難産で生まれた子どもの数が少数ではっきりしたことがいえないが (図38.5), 3パターンのいずれにも一定の割合でいることを考えると興味深い。そこで, 次に母子相互交渉の視点をふまえ, 身体発達といかにかかわっているのか分析した。

まず, 母親のしつけ (MCスケールの1因子：外的統制型, 2因子：自己教育力の高さ, 3因子：敏感な対処か鈍感な対処) と子どもの気質 (SRCスケールの1因子：自己抑制性, 2因子：自己主張性, 3因子：気むずかしさ) の得点を比較してみた。これらのスケールについては西野 (2003) を参照されたい。身長についてMCスケールでG群とP群を比較すると, いずれの群も自分の母親のしつけを内的統制的で, 自己教育力があり, 敏感に対処するといったしつけ上手と認知しており, 第3因子についてのみG, N, Pの3群間に10％水準で有意傾向が認められた。また, SRCスケールについては, 2因子の自己主張性のみG＞N＞Pの順で1％水準で有意差が認められた。体重については, すべて有意差は認められなかった。

以上, 母子相互交渉のあり方が身体発達と有意に関連すると予想されたが, 母親自身の回答でなく, 学生自身に自分の母親をよく評価するバイアスがかかっていることが考えられる。そのためか, 今回エビデンスを示すことはかなわなかった。

次に, ①食事の量, ②身体を動かすこと, ③日常のスポーツの時間から生活の質 (quality of life : QOL) との関連をみた。表38.4に示すように①食事の量についてと②身体を動かすことについては, χ^2検定の結果有意差は認められなかった。③1週間のスポーツの時間については身長も体重もt検定の結果有意差は認められなかった。

生活の質についても, 単一でG・P群に差が現れなかった。つまり, この原因については, ①体育系の学生の回答であり, G・P群間の差そのものがないこと, 逆に体育系学生であることを考え

表38.4 QOLの頻度と時間

	①食事の量				②身体を動かすことの好き嫌い				③1週間のスポーツ時間	
	多い		普通・少ない		好き		普通・嫌い		1週間の時間	
G群	27	(19)	19	(11)	41	(27)	5	(3)	12.5	(12.6)
N群	41	(51)	14	(16)	48	(60)	7	(8)	12.9	(14.1)
P群	28	(26)	14	(17)	32	(34)	7	(8)	17.9	(15.2)
	χ^2検定に差なし				χ^2検定に差なし				t検定に差なし	

( ) なし：身長, ( )：体重

434　Ⅲ部　発達の機序と諸相

	0歳	1歳	3歳	4歳	5歳	6歳	7歳	8歳	9歳	10歳	11歳	12歳	13歳	14歳	15歳	16歳	17歳	18歳	19歳	なし	計
男性	0	1	2	4	4	3	26	15	24	16	24	14	4	20	11	7	2	1	2	35	215
女性	1	0	3	1	3	1	7	2	2	4	4	2	1	4	1	0	2	0	0	2	40
計	1	1	5	5	7	4	33	17	26	20	28	16	5	24	12	7	4	1	2	37	255

Missing = 18

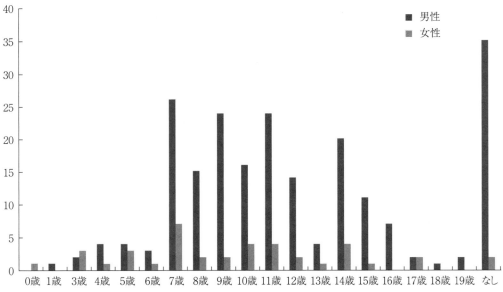

図38.4　性別ごとにみた平均値を超えた時期の頻度（人）

出産時×GP（身長）
　　　正常分娩　難産
G群　　171　　16
P群　　　75　　　8

出産時×GP（体重）
　　　正常分娩　難産
G群　　142　　12
P群　　104　　12

	0歳	1歳	3歳	4歳	5歳	6歳	7歳	8歳	9歳	10歳	11歳	12歳	13歳	14歳	15歳	16歳	17歳	18歳	19歳	なし
正常分娩	1	1	5	5	6	4	31	15	24	18	25	14	5	20	12	7	4	1	2	32
難産	0	0	0	0	1	0	2	2	2	2	2	2	0	4	0	0	0	0	0	4

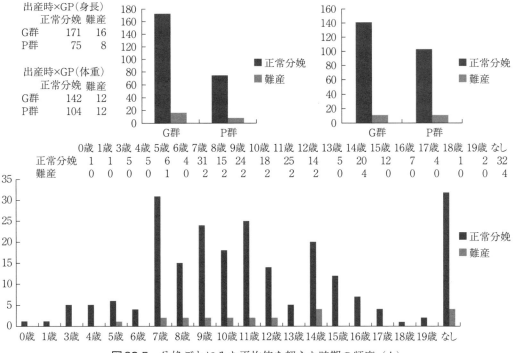

図38.5　分娩ごとにみた平均値を超えた時期の頻度（人）

ると，P群はG・N群に比べ，より頑張っていることも考えられる。いずれにせよ一般学生が対象者に入れば，結果は違ったものになろう。つまり差が出現するものと思われる。身体発達と生活の質が単一的に直接的に関連するのではなく，いろいろな要因の複合的影響としてとらえるべきものと考えられる。今後，性差，地域差，子どもの気質，母子相互交渉，生活の質など複合的要因を視野に入れた詳細な分析が待たれる。

たとえば，先にも述べたように乳幼児期の身長や体重の発達の根底にはタンパク系のホルモンの影響が大きい。睡眠のノンレム期の初期にこうしたホルモンがより多く分泌される。眠りのコントロールという子どもの気質も大いに関係することは否めないが，子育て上手な母親は，子どもへの対処が敏感で上手であることからうまく寝かしつけることができ，その結果ホルモンの分泌がより活性化することも考えられる。また，運動量についても，文部科学省の調査によれば（図38.6），中学生の1週間の総運動時間を420分未満と以上の2群に分け分析した結果，男女とも運動時間の長い生徒のほうが体力合計点が高いことがわかった。また，幼児についても，「園で体を活発に動かす遊びをよくする」と16％上昇し，さらに「遊びは戸外のほうが多い・どちらとも同じくらい」の条件を付加すると20％上昇し，「家庭でも体を活発に動かす遊びを非常によくする」を加えると，さらに25％上昇することがわかった。つまり，園でも家庭でも身体をよく動かす子どもほど運動能力が高いことがわかった。まさに，生活の質が問題となる。

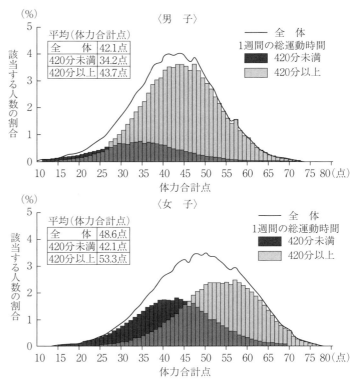

図38.6　中学生の1週間の総運動時間と体力合計点との関連（平成24年度）（文部科学省スポーツ・青少年局，2013）

児童期から青年期にかけてはステロイド系のホルモンが身体発達の根底に潜んでいる。これなどは，周囲から自分がどうみられているのか，それを気にしている自分や自己認知が明らかに関連する。体格が良いや運動の優れた子どもである（なりたい）という自己認知はこれらのホルモンの分泌を活性化することが考えられる。

2節　体力の発達

1. 運動能力の構造と発達

　従来から運動能力に関する研究は数多くあるが，その大部分が，①体格および身体機能（身長，体重など），②基礎運動要素（柔軟性，敏捷性など），③基礎運動技能（走，跳など），④スポーツ技能（ラグビーの技能，水泳の技能など）といった階層的な運動能力モデルにもとづいている。松浦（1969）は，男子大学生343名に31項目のテストを実施し，階層的因子モデルを抽出している。それは，まず一次因子である基礎運動因子が，5つの二次因子（①投運動に密接に関連した体格因子，②身体協調能力因子，③速い筋運動における筋持久力因子，④静的筋力因子，⑤柔軟・持久力因子）に分化し，つづいて二次因子が10の三次因子（二次の①は体力因子に，二次の②は走運動のパワー因子と跳運動の身体協調能力因子と平衡能力因子に，二次の③は筋持久力因子と敏捷能力因子に，二次の④は四肢，胴，背の静的筋力因子と握力因子に，二次の⑤は柔軟能力因子と持久力因子に）に分化するというものである。

　このような因子分析を用いた運動能力に関する研究のなかで，最近の特徴として因子構造の経年的変化をみようとする研究が増えてきた。たとえば，市村と海野（Ichimura & Kaino, 1975）は小学校3年と高校1年の男子の50項目の測定値をもとにした因子構造の比較を行っている。図38.7をみると，両者の間で因子や貢献度が違っており，高1の因子構造に比べ小3の因子構造が未分化なことがわかる。

　また，運動能力の発達を知るためには，標準化された運動能力テストを用いるのが便利である。

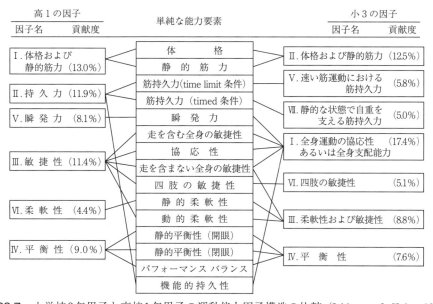

図38.7　小学校3年男子と高校1年男子の運動能力因子構造の比較（Ichimura & Kaino, 1975）

運動能力テストは数多く開発されているが，なかでも文部科学省が毎年実施しているスポーツテストは最もポピュラーで信頼がおける。その結果も「体力・運動能力調査報告書」として毎年報告されている。このスポーツテストは，運動能力テストと体力診断テストから構成されている。小学校5・6年生を対象とした運動能力テストは，50m走，走り幅跳び，ソフトボール投げ，斜め懸垂腕屈伸，ジグザグドリブル，連続さか上がりの6種目である。中学生以上のテストは，①50m走，②走り幅跳び，③ハンドボール投げ，④懸垂腕屈伸（男），斜め懸垂腕屈伸（女），⑤a：持久走か急歩（男：1500m，女：1000m），b：200m平泳ぎかクロール，c：スキー平地滑走（1000m）かスケート滑走（男：1500m，女：1000m）（a～cのうち1種目）の5種目である。

さらに，文部科学省のテストに近いものとして，松田（1970）は，小学3・4年生にも小学生用スポー

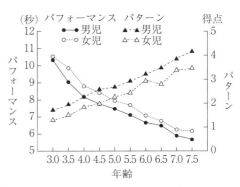

図38.8 パフォーマンステストとパターンテストの結果（走運動：25m走）（金・松浦，1988）

表38.5 パターンテストの評価基準（走運動）（金・松浦，1988）

パターン	得点	カテゴリー	
パターン1	1	1) 両腕のスウィング動作がみられない。 2) 脚のスウィングは短くて制限されている。 3) 脚の動作は堅くて（すらすら動かない）。釣り合っていない。 4) ストライドの長さは短く，足が地面に接する時間が長い。	
パターン2	2	1) 消極的な両腕のスウィング動作がみられる。 2) 跳ぶ動作がみられない。 3) 足の接地面が広い。 4) 踏み切り動作（take off）で，腰や膝，足首の伸展があまりみられない。	
パターン3	3	1) ストライドや腕のスウィングのスピードが増大する。 2) 回復期後半の大腿の引き揚げにつながる十分な足のけりあげがみられる。 3) かかとから接地する。 4) 十分ではないが，空中局面（flight phace）がみられる。	
パターン4	4	1) 十分な腕のスウィング動作がみられる。 2) 踏み切り動作で，支持する脚を伸ばす。 3) 大腿の引き揚げがみられる。 4) 脚を前方へ引き上げる時（forward swing），かかとがしりに接近するようになる。	
パターン5	5	1) 腕は脚と反対に斜め垂直のスウィングをし，ほぼ適当な角度で曲っている。 2) 回復期に大腿が地面と水平になるまで引き揚げる。 3) 支持する脚を十分伸ばす。 4) リズミカルな空中局面（flight phace）での動作がみられる。 5) ストライドが長くなり，スピードも出るようになる。	

ツテストは実施可能であるとし，標準化している。東京教育大学体育心理学研究室（現：筑波大学）が作成した幼児用運動能力テストは，25m走，立ち幅跳び，ソフトボール投げ，体支持持続時間，連続とび越しの5種目で，4歳から実施可能で標準化されている。なお松田（1972）は，このテストは小学1・2年生にも実施可能だとし，標準化を行っている。こうした状況のなかで，文部科学省は1983年より小学1～4年生を対象としたテストを実施している。このテストは，走る（50m），跳ぶ（立ち幅跳び），投げる（ソフトボール投げ），跳びくぐる（跳び越しくぐり），持って走る（持ち運び走）の5種目で構成されている。

ここでは運動能力の発達として，幼児の走（25m走），跳（立ち幅跳び），投（テニスボール投げ）の質的・量的発達を扱った金・松浦（1988）の研究を紹介する。表38.5は走運動の質的発達を診断する基準である。図38.8は走運動の質を測るパターンテストと量を測るパフォーマンステストの結果である。金らによれば，走運動については，質量ほぼ同じように直線的に発達しており，常に男児が女児を凌駕しているという。また，7歳半の男児の33.3％が質的に成熟したパターンを示すのに対して，女児は11.3％と低いことがわかった。跳運動については，質量ともほぼ直線的に発達しているが，男女とも5歳を境に逆転する。つまり，5歳前までは跳び方が下手なためによく跳べなかったのが，5歳をすぎると跳び方が上手になるためによく跳べるようになることを示唆している。また，7歳半で成熟したパターンを示す男児は35.2％であるのに対し，女児は12.9％と低い。投運動については，性差が顕著で，しかも年齢とともに大きくなる。また，7歳半で成熟したパターンを示す男児は28.8％であるのに対して，女児は0％で，女児は年齢が進んでも投げ方が上達しないことを示している。また，身体・運動発達の詳細については，高石ほか（高石・樋口・小島，1981）や小林ほか（小林・脇田・八木，1990）を参照されたい。

2．体力の構造と発達

体力についても多くの研究がなされているが，ポピュラーなものに図38.9がある。これによれば，体力には，行動体力と防衛体力の2つがあることがわかる。それゆえ，日本体育学会測定評価分科会（1977）では，「体力とは人が日常生活や不測の事態に余裕をもって対応するために，たえず保持すべき作業力および抵抗力である」と定義している。ここでは，行動体力についてふれようと思う。

行動体力（以下体力と略す）を知ろうとすれば，文部科学省が実施しているスポーツテストの体力診断テストが最もポピュラーで信頼がおけるものといえよう。このテストは，

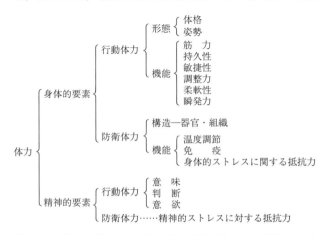

図38.9　体力の構成要因（日本体育学会測定評価分科会，1977）

敏捷性（反復横とび），瞬発力（垂直横とび），筋力（背筋力，握力），持久力（踏み台昇降運動），柔軟性（伏臥上体そらし，立体体前屈）の7種目で構成されている。

表38.6 遺伝子タイプチェックシート（陰山，2014）

		最も当てはまる	やや当てはまる	どちらでもない	あまり当てはまらない	まったく当てはまらない
1	動作がすばやい	5	4	3	2	1
2	新しいことを覚えるのが早いが，忘れるのも早い	5	4	3	2	1
3	好奇心が強くなにごとにも興味をしめすが，長続きしない	5	4	3	2	1
4	体型はやせている。あるいはもともとやせ型である	5	4	3	2	1
5	便秘しがちである	5	4	3	2	1
6	なにかを決めるときに，くよくよしがちですぐに決められない	5	4	3	2	1
7	冷え性で手足が冷たい。寒さを感じやすい。	5	4	3	2	1
8	関節がぽきぽきとなることが多い	5	4	3	2	1
9	とくに冬は，肌がかさつきやすい	5	4	3	2	1
10	新しい環境にすぐとけこめる	5	4	3	2	1
11	自分を主張するほう	5	4	3	2	1
12	気は短いほうでイライラしやすく怒りっぽい	5	4	3	2	1
13	話し方や行動にむだがない	5	4	3	2	1
14	胸やけや口内炎がよくおこる	5	4	3	2	1
15	大便が毎日2回以上あり，便はやわらかいことが多い	5	4	3	2	1
16	リーダーシップがとれるほう	5	4	3	2	1
17	日焼けしやすい	5	4	3	2	1
18	完璧主義者で，人にも厳しい。話し方がきつい	5	4	3	2	1
19	皮膚にほくろやそばかすが多い	5	4	3	2	1
20	目が充血しやすい	5	4	3	2	1
21	太りやすい体質	5	4	3	2	1
22	どこでもよく眠れる	5	4	3	2	1
23	肌がやわらかくなめらかで，色白である	5	4	3	2	1
24	激しい運動や労働によく耐えることができる	5	4	3	2	1
25	歩行や食べ方がゆっくりしている	5	4	3	2	1
26	覚えるのは遅いが，いったんのみ込むと忘れにくい	5	4	3	2	1
27	引っ込み思案で，恥ずかしがり屋	5	4	3	2	1
28	湿気が多くて寒い気候が苦手で，すぐに鼻水が出る	5	4	3	2	1
29	食べることが好きで，食事にお金を使う	5	4	3	2	1
30	心がおだやかで，穏和なほう	5	4	3	2	1

そこで，青少年の結果にふれると，総合点でみる限り男子は18歳までは急上昇し，18～19歳をピークに下降をつづける。女子も男子と似通った傾向を示しているが，男子ほど急上昇しないことと，とくに思春期にスローダウンしている点が違う。また，各

表38.7 遺伝子タイプチェック診断表（陰山，2014）

点数	特徴
1～10	やせ型，好奇心が強く，機敏で活発，新しいことや変化に富むことを好むが，気まぐれで飽きっぽい。スタミナはなく疲れやすい，タンパク質を代謝しやすい。神経質。リラックスと過不足のない運動が必要。
11～20	中肉中背。情動的でチャレンジ精神が強く，好奇心旺盛。一方で完璧主義者になりがちで，怒りっぽく見栄っぱりな面もある。集中力があって，洞察力も鋭く，行動にむだがなく知的に行動する。体温が高く，寒さに強いが暑さに弱い。汗をかきやすい体質。基礎代謝が低く，脂肪を蓄えやすい。
21～30	太りやすい。もの静かで落ち着いていて，忍耐強い。体格がよく，体力や持久力に優れている。動作はゆったりしていて，のろまな印象。基礎代謝が低く，糖質の代謝も苦手。

種目についていうと，男女とも17～19歳頃にピークを迎えているが，筋力は比較的遅く20歳代の前半から中頃にピークを迎え，逆に持久力は比較的早く13歳頃ピークに達する。そして，柔軟性を除き，男子が女子を凌駕している。

次に，壮年（30～60歳）の結果にふれると，総合点でみる限り，男女とも加齢にともない直線的に下降しているが，とくに47～48歳以降の下降傾向が大きい。そして，男性の下降傾向は女性に比べて大きい。また，各種目についてみると，持久力の下降傾向は緩やかであるのに対し，瞬発力の下降傾向は急であることがわかる。

さらに，この報告書では，体力にせよ運動能力にせよいずれも共通して認められることとして，日常よく運動をしている者はそうでない者に比べよい成績を示していることをあげている。また，青少年の体力と運動能力はいずれも，1964年の調査開始以来，年次推移をみると全体的には向上基調にあるものの，最近の5年間の傾向としては種目間に程度の差こそあれ低下傾向が認められる。逆に，壮年については，1967年の調査開始以来向上傾向にある。ただし，男女とも30歳代と50歳代の女性は，わずかながら低下傾向にあると指摘している。

文部科学省は1964年から全国的にスポーツテストを実施し，その結果を毎年「体力・運動能力調査報告書」にまとめている。こうした指摘は，主に平均値から体力が低下したとか向上したと

		負荷 小 ←　　筋繊維タイプ（負荷軸）　　→ 負荷 大		
		タイプI（ローパワー） ACTN3 速筋量：少	タイプIIa（ミドルパワー） ACTN3 速筋量：中	タイプIIb（ハイパワー） ACTN3 速筋量：多
時間 短 ↑ 血管収縮能（時間軸） ↓ 時間 長	拡張型（持久力・長時間）	ローパワー持久系 低強度で長時間動くことが可能。 適性スポーツ 長距離ラン，スイム，バイク	ミドルパワー持久系 中強度で長時間動くことが可能。 適性スポーツ バスケットボール	ハイパワー スピード持久系 高強度で長時間動くことが可能。 適性スポーツ サッカー
	中間型（解糖型・中時間）	ローパワー乳酸系 低強度で中時間動くことが可能。 適性スポーツ 卓球	ミドルパワー乳酸系 中強度で中時間動くことが可能。 適性スポーツ 中距離ラン，スイム，バイク，テニス，柔道	ハイパワー乳酸系 高強度で中時間動くことが可能。 適性スポーツ ゴルフ，バレーボール，ハンドボール，空手，剣道
	収縮型（瞬発型・短時間）	ローパワー収縮系 低強度で短時間動くことが可能。 適性スポーツ 野球（投手），ハードルなど	ミドルパワー収縮系 中強度で短時間動くことが可能。 適性スポーツ 野球（捕手），ボディービル，体操，レスリングなど	ハイパワー収縮系 高強度で短時間動くことが可能。 適性スポーツ 短距離ラン，スイム，バイク，野球（投手），投擲，幅跳び，高跳び，アメフト，相撲

図38.10 適性スポーツの9マトリックス（陰山，2014）

いった単線型発達モデルにもとづいた分析が行われているが，正木（1979）はこのような分析を批判する立場から自らの研究にもとづき『子どもの体力』を発表している。これなどは複線型発達モデルに立脚した体力研究の必要性を物語るものと考えられる。

　また，近年注目を集めているトレーニング法として遺伝子検査を用いることがある。遺伝子検査は，唾液から比較的簡単に測定することができる。陰山（2014）は表38.6，表38.7に示す30項目からなる遺伝子タイプチェックリストを発表し，遺伝子検査との相関は0.8と述べている。運動能力と遺伝子については，瞬発力と持久力，またエネルギー代謝力，そして筋力などの運動やスポーツの適性について評価できる。その結果，図38.10に示すような9パターンのタイプに診断することができる。これは，教育場面での能力と個性についてのATI現象に着目するのと同様な考え方で，タイプ別に発達のスピードやコースの違いを関連づけて解明しようとする試みの一つとも考えられる。

◆引用文献◆

Heath, B. H.（1963）. Need for modification of somatotype methodology. *American Journal of Physical Anthropology,* **21**, 227-233.

Heath, B. H., & Carter, J. E. L.（1966）. A comparsion of somatotype methods. *American Journal of Physical Anthropology,* **24**, 87-99.

Ichimura, S., & Kaino, T.（1975）. A comparative study on the factor structure of motor ability of Japanese children and adolescents. 東京教育大学体育学部紀要, **14**, 47-57.

陰山康成.（2014）. 遺伝子でわかるあなただけの処方箋. パブラボ.

Kahn, F.（1943）. *Man in structure and function : Vol.1.* New York : Alfed A.Knopf.

金　善應・松浦義行.（1988）. 幼児及び児童における基礎運動技能の量的変化と質的変化に関する研究：走，跳，投運動を中心に. 体育学研究, **33**, 27-38.

小林寛道・脇田裕久・八木規夫.（1990）. 幼児の発達運動学. ミネルヴァ書房.

Kretschmer, E.（1960）. 体格と性格（相場　均, 訳）. 文光堂.（Kretschmer, E.（1955）. *Körperbau und Charakter. 21/22.* Berlin : Springer.）

正木健雄.（1979）. 子どもの体力. 大月書店.

松田岩男.（1970）. 小学校3・4年生の運動能力・体力診断テスト. 体育の学習別冊. 光文書院.

松田岩男.（1972）. 小学校1・2年生の運動能力テストとその判定基準. 体育の学習別冊. 光文書院.

松浦義行.（1969）. 運動能力の因子構造. 不昧堂出版.

文部科学省スポーツ・青少年局.（2013）. 平成24年度全国体力・運動能力，運動習慣等調査結果.

日本子ども家庭総合研究所（編）.（2014）. 日本子ども資料年鑑. KTC中央出版.

日本体育学会測定評価分科会（編）.（1977）. 体力の診断と評価. 大修館書店.

西野泰広（編）.（2003）. こころの科学. 東洋経済新報社.

西野泰広・雨森雅哉.（2015）. 複線型発達モデルからみた身体・運動発達の諸相. 国士舘大学教育学論叢, **32**, 6-34.

太田裕造・太田賀月恵.（2002）. データによる日本人の体格体型. 大学教育出版.

Portmann, A.（1961）. 人間はどこまで動物か（高木正孝，訳）. 岩波書店.（Portmann, A.（1951）. *Biologischen Fragmente zu einer Lehre von Menschen.* Basel : Benno Schwabe.）

Scammon, R. E.（1930）. The measurement of the body in childhood. In J. A. Harris, C. M. Jackson, D. G. Paterson, & R. E. Scammon（Eds.）, *The measurment of man.* Minneapolis : University of Minesota Press.

Sheldon, W. H.（1940）. *The varieties of human physique : An introduction to constitutional psychology.* New York : Harper & Brothers.

高石昌弘・樋口　満・小島武次.（1981）. からだの発達. 大修館書店.

39章 情動

内山伊知郎

1節 適応と分化情動理論

1. 進化と適応

　本ハンドブックの旧版の本章では，進化論や文化人類学などの知見をもとに，情動を社会への適応に必要なものであるという視点からとらえ，表情を含む情動表出と社会的相互作用を中心に論考している（荘厳，1992）。従来，感情は生物的に規定されているという考え方が優勢である。これは，ダーウィンの進化論が強く影響を与えていたからである。最近では，生物学的な要因だけではなく環境とのかかわりの重要性も指摘されている。本稿では，進化論の視点とあわせて，発達における機能的な側面を重視して情動の発達を紹介する。

2. 分離情動説と情動の次元説

　イザード（Izard, 1977, 1991/1996 ; Izard & Malatesta, 1987）は「分化情動理論」（differential emotions theory）を提案しているが，この理論は広く知られている。イザードとアッカーマン（Izard & Ackerman, 2000）は分化情動理論をダーウィン（Darwin, 1872/1965）の進化理論の流れで位置づけて説明している。情動現象を分離情動（基本的情動）によって説明しようとするのは，歴史的な議論である。ダーウィン（Darwin, 1872/1965）はヒトと動物の表情表出の類似性について指摘し，その進化的な連続性を唱えている。10余の分離情動をあげ，それらは機能的システムから発生したと述べている。分離情動を特徴づける表出は進化において適応に効果的な行動パターンである。

　ダーウィンは表情による情動表出に2つの適応的機能を指摘している。すなわち，社会的コミュニケーション機能と情動の調節機能である。前者の場合，たとえば，母親が子どもの行動を承認する場合の笑顔，または不承認の場合のしかめ面が子どもに正しい行動を始めさせるとしている。後者の場合，情動の表出を抑制することが情動の経験を調整し，情動の自由な表出は情動経験を増幅させると述べている。イザードとアッカーマン（Izard & Ackerman, 2000）はダーウィンが明らかに分離情動の考えについて述べていると指摘する。

　ダーウィンに対して，スペンサー（Spencer, 1890）は感情を次元として概念化している。ヴント（Wundt, 1897）はスペンサー（Spencer, 1890）の考えを発展させ，すべての感情は3次元，

快－不快（pleasantness-unpleasantness），弛緩－緊張（relaxation-tension），沈静－興奮（calm-excitement）により説明することができるとしている。情動を幅広い次元から説明しようという考えは，情動への次元的アプローチとして優勢であった。

分離情動，すなわち文化を超えた基本的情動により説明する理論が，学界において次元説と同等の地位を得る以前に，トムキンス（Tomkins, 1962, 1963）は8個の分離情動による情動理論を提案した。これが新たに生物進化的枠組みを発展させることとなった（たとえば，Ekman, 1972；Izard, 1971）。

次元説と分離情動説については理論的な論争が歴史的になされている。現在では，情動研究者の多くが分離情動説と次元感情説を相反するもの（Watson & Tellegen, 1985参照）というよりも補完的なものと考えている。分離情動説を主張する研究者さえ，次元説から派生した方法論を用いることがある。これは，分離情動よりも快－不快，ポジティブ－ネガティブ情動という広い概念のほうが，信頼性の高い測度を得やすいからである（Izard, Libero, Putnam, & Haynes, 1993）。

3. 分化情動理論の枠組み

分化情動理論においては，情動は観察可能な表出を導くかどうかにかかわらず意識的経験を導く，特定の神経処理過程である。そして，情動は神経－表出－経験の3つのレベルまたは側面をもっており，3つの要素が作動している統合的システムのことであるとする。

イザードとアッカーマン（Izard & Ackerman, 2000）は，分化情動理論が仮定する感情システム，行動，そしてパーソナリティ発達の関連を理解するための理論的枠組みを紹介している。

(1) 情動システムはヒトの行動のための主要な動機づけシステムを構成する（Izard, 1971；Tomkins, 1962）。動機づけは行動の目標と関連する。知覚，思考，そして行動を動機づけるための重要な要因として情動をあげている（Frijda, 1986；Lazarus, 1991）。

(2) 各個別の分離情動は，対処や創造的な活動のための知覚，認知，そして行動を組織化し，またパーソナリティや行動の発達に寄与するのに特異的な機能を果たしている（Ackerman, Abe, & Izard, 1998；Izard, 1977；Martin, Horder, & Jones, 1992）。個別の分離情動が，選択的注意を増加させ，そしてワーキングメモリの作動を導くことを示しているが，特定の情動と行動の複雑な関連を理解するにはまだ課題がある。

(3) 個にとって重要な状況では，相互に関連する情動パターンが活性化される（Izard, 1972；Izard & Youngstrom, 1996）。情動－行動関係の複雑性は，部分的に，情動システム内の分離情動が相互に作用する性質から生じている。分離情動と認知の相互作用と同様に，活性化した情動パターンの相互作用は情動間の調整過程を含んでいる。この調整過程は，ある情動の神経系そして動機づけの過程が他の情動を増幅させたり，低下させたりする働きをすることにより生じる。認知と運動システムは効果的に感情調整に寄与するが，覚醒を適応レベルに調整するには両者が必要な場合もある。情動間の相互作用過程は，分離情動の最適な調整に重要である。

しかしながら，分化情動理論では，2つ以上の分離情動のパターンとして生じたとしても，そ

れぞれの情動がその特異的な動機づけの性質をもちつづけるとも考える。この考え方は，分離情動の相互作用から一般的な次元説が説明できる可能性を示唆している。

（4）情動‐行動の関連は誕生後から発達し，徐々に安定していく（Izard, 1977 ; Plutchik, 1980）。ある情動の特定の反応レパートリーは年齢とともに変化するが，機能的には同様である。たとえば，乳児期において悲しみ情動により生じる泣きは，より年長の子どもにおいては悲しみの表情だけが表出されるかもしれない。しかし，どちらの行動も周囲の配慮やサポートを喚起する点では同じである。

（5）特定の行動を動機づけ，組織化し，維持する情動の能力は，パーソナリティの発達に寄与している。一貫して高水準の喜びやポジティブ感情が生じることは社会的かかわりや外向性の特性を導く（Abe & Izard, 1999）。

（6）情動の活性化閾値や特定の情動が経験される頻度と強度の個人差は，あるパーソナリティ特性の決定因となる。

（7）各分離情動は本質的に適応的機能をもつが（Izard, 1989 ; Lazarus & Smith, 1988 ; Leventhal, 1980 ; Pultchik, 1980），時に情動は，不適応な行動に寄与することがある。このような場合は，通常，情動間，情動‐認知の関連，情動‐認知‐行動パターンにおいて問題が生じている。たとえば，もし恐れ情動の動機づけ要因が，不適応な情動‐認知構造を形成するような不適切な認知を導くと，情動の活性化は不適応な行動を生じさせるかもしれない。

これらの枠組みは，生物的で進化論的な適応による情動の様相を示している。この枠組みでは，感情の生得的な生理機構を仮定するので，表出から情動を測定する可能性を示唆することとなる。

4．分離情動と表情表出

分離情動とは基本的な情動であり，神経系や脳内メカニズムに表出の基盤があり，文化を超えてどの国の人々にも共通の様式で表出される。エクマンやイザードは，基本的な情動の種類を特定するため，表情表出の認知を国際比較して検討を進めた。しかし，そこで想定される基本的な情動の数には研究者の間に相違があり，統一した見解には至っていない。現在，喜び，驚き，悲しみ，怒り，嫌悪，恐怖などの情動は基本的とされるのが一般的である。

アッカーマンほか（Ackerman et al., 1998）は乳児期において出現する基本的情動（例：喜び，悲しみ，恐れ，怒り）を独立的（independent）な情動とよんでいる。なぜなら情動の出現に表象などの認知過程をとくに必要としないためである。他方，幼児中期において生じる情動（例：恥や罪悪感）は依存的（dependent）な感情であるとする。なぜなら成熟や社会的経験の影響を受け自己過程や表彰機能と密接にかかわっているためである（Lewis, 1992）。したがって，基本的情動という視点から，分離情動の同定には，まだ議論が必要とされる。

この理論にもとづくと，表情，すなわち顔面筋の動きから情動を特定することが可能となる。イザードは乳児の顔面筋の動きを体系的に記号化し，表情を分析するシステムであるMAX

(Maximally Discriminative Facial Movement Coding System ; Izard, 1983) を開発した。これは，顔面を額，目，および口の3領域に分け，筋肉の動きと対応するコードを付すものである。さらに3つの領域のコードの組み合わせにより情動と対応させるシステムであるAFFEX (A System for Identifying Affect Expressions by Holistic Judgments ; Izard, Dougherty, & Hembree, 1983) によって，分離情動を同定する。言語的な指標がない乳児には，有効な情動の指標となる。

イザードはこの表情コーディングシステムを作成するために，乳児が予防接種などの医療行為を受ける際に注射を施された場面，母親が子どもを慰める場面など特定の情動が生じると明らかに想定できる場面での表情を素材とした。そして，分析の信頼性を高めるために，コーダーは訓練用セグメントを使用してトレーニングを受け，一定の精度を確保した時点でシステムの使用が可能となる。表皮を通した筋肉の動きを評定するため，慎重さが求められるのである。

エクマンも同様に表情分析システムを開発している。筋肉の動きに対して付与されるコードは異なるが，成人用の表情分析システムであるFACS (Facial Action Coding System ; Ekman & Friesen, 1978) やそれを発展させた乳児用FACSなどがある。

しかし，カムラス (Camras, 1992) は自分の子どもが食事をする際の表情をAFFEXで分析したところ，そのシステムでは想定されない表情を生起させることを見出している。たとえば酸っぱいものを食べたときにMAXによるコーディングによると悲しい表情が出現した報告もあり，必ずしも表情表出が対応しない場合もあり，検討課題は残されている。カムラスの考え方はフォーゲルほか (Forgel, Nwokah, Dedo, Messinger, Dickson, Matusov, & Holt, 1992) とともにダイナミック・システム理論として，分化情動理論と対峙されている (Oatley & Jenkins, 1996)。この理論では，情動の生得的な中枢神経機構は考えず，さまざまな構成成分が相互作用して組織化されると考える。

2節 機能的な情動発達観

1. 機能的情動

この30年間で情動発達の概念化は，構造主義的から機能的に変化した (Witherington & Crichton, 2007)。構造主義的な概念化では，情動行動を内的な情動状態の反映，あるいは中枢神経系の内的プログラムとみなしてきた。

他方，機能的な発達観では有機体と環境の関係を確立し，維持し，変更するのが情動行動であるとみなしている。このような意味で情動は環境への適応機能をもつと考える (Barrett & Campos, 1987 ; Saarni, Campos, Camras, & Witherington, 2006)。バレットとキャンポス (Barrett & Campos, 1987) は，表情が乳児期の重要な情動表出となることを認めながらも，特異的な神経生理学的な機構は存在しないとしている。機能的情動観と類似した考え方であるダイナミック・

システム・アプローチは，構造主義的な情動観と異なるという点で共通しているが，機能的情動観が環境とのかかわりを重視するのに対し，ダイナミック・システム・アプローチは文脈における行動の成分を重視する点が異なっているとされている（Witherington & Crichton, 2007）。

機能的情動観においては，重要な他者や環境との関係を確立し，変化させるために重要な要因として第一に目標関連性をあげている（Saarni, Mumme, & Campos, 1998）。情動を機能的にとらえるラザラス（Lazarus, 1991）は，目標関連性が情動の規定因となるとしている。つまり，環境と目標が一致する場合には肯定的な情動が喚起され，目標と不一致の場合には否定的な情動が喚起される。また，同時に自我関与が関連するとしている。つまり，たとえば自己の達成目標が妨害されたときに怒りを感じ，目標に向かって障壁を克服した場合に幸福を感じ，また目標達成をあきらめる場合に悲しみを感じる。さらに，目標の質によって感情が異なり，脅威を避けることは恐れと関連し，償いを求めれば罪悪感となり，逸脱行為をしたことを他者から詮索されるのを避けようとすれば恥となる。このように，嫌悪，恐怖，怒り，悲しみ，恥，罪悪感，プライドなどの情動は目標との関係でとらえることのできる基本的な情動であるとした。

第二に，他者からの「社会的な信号」（social signal）の役割をあげた。これは，個人を環境と関連させる働きをする（Klinnert, Campos, Sorce, Emde, & Svejda, 1983）。乳児期には自分で自らのおかれた状況が危険であることを判断できないことが多く，そのような状況では母親からの情報を利用することになる。

ここで機能的な情動観を支持する研究の一つとして，キャンポスらによるビジュアル・クリフ（視覚的断崖）の研究とムービング・ルームの研究を紹介する。

2. ビジュアル・クリフによる検討

ビジュアル・クリフ（visual cliff；視覚的断崖）は1mほどの段差がある床からなる装置である。浅い側にいる乳児が，深い側である断崖の向こうにいる母親のところに渡っていくかどうかを調べることができる。断崖の上には強化ガラスがはってあり，乳児が崖に転落することはないので安全性は保証されている。

ギブソンとウオーク（Gibson & Walk, 1960）が乳児の深さによる恐れを調べるためにビジュアル・クリフを使用した研究を行っている。はいはいによる自己移動ができる6カ月から14カ月児を浅い側においたところ，深い側を超えて母親の元まで這ったのは27名中わずか3名であった。その結果から，深さに対する恐れが生得的であると考えている。しかし，この研究では，すべて自己移動開始後の乳児が対象であったので，自己移動ができない時期の深さに対する恐れを確かめていない。

そこで，キャンポスは恐れを感じると心拍数が増加することを指標として，自己移動開始前の乳児の深さに対する恐れを調べている（Campos, Langer, & Krowitz, 1970；Schwartz, Campos, & Baisel, 1973）。乳児を断崖である深い側のガラスの上に降ろしながら心拍数を測定したところ，自己移動開始後の乳児では心拍数が上昇したが，開始前の乳児では上昇しなかった。したがって，

深さに対する恐れは生得的ではなく，自己移動経験することによって生じる環境とのかかわりによると結論している。

さらに，キャンポスらは移動経験が深さに対する恐れに及ぼす影響を調べるため，はいはいによる自己移動開始前の乳児に歩行器を使用した自己移動経験を付与する研究を実施した。これは機能的にはいはいに類似した一種の自己移動経験である。はいはい開始前後の乳児による研究を実施した。対象となった乳児の平均月齢は7.5カ月であった。歩行器を40時間使用させた乳児は歩行器を使用しなかった乳児に比べ，はいはい開始前でも後でも，深い側において心拍数が上昇した（Campos, Kermoian, Witherington, Chen, & Dong, 1997）。

一連のビジュアル・クリフの研究から，自ら移動ができるようになると環境とのかかわりが主体的になり，生態学的に深さに対する恐れという新たな心理機能が出現したと考えられる。これは機能的な発達観である。さらに，断崖横断研究では，自己移動開始後の乳児のほとんどが深い側を回避する一方で，わずかながらも深い側を回避しない乳児がいる。これらの乳児はこれまで研究では誤差として扱われてきた。しかし，上野ほか（Ueno, Uchiyama, Campos, Audun, & Anderson, 2012）は，深い側を回避しなかった乳児も高さを恐れており，その警戒・恐れの表出行動が渡らなかった乳児と質的に異なるだけであることを明らかにした。つまり，同じように深さを恐れていても，深い側を回避することで危険から逃れようとする乳児もいれば，深い側を警戒しながらも慎重に探索し母親に接近しようとする乳児もいるというように，その対処行動には個人差がみられる。これは環境とのかかわりのとり方によるものであり，機能的な働きといえよう。

サーニほか（Sarrni et al., 1998）の指摘する第二の点は，社会的参照とよばれる。これは基本的な評価プロセスであり，第二次間主観性の情動的側面の基礎となる。曖昧な状況で，他者の表情，音声，身振りなどの社会的信号から自分のおかれた状況を判断することである。ここでもビジュアル・クリフを使用した研究が有名である。深い側の側にいる母親が崖向こうの乳児に示す表情を統制して，感情的な表情情報を送る（Sorce, Emde, Campos, & Klinnert, 1985）。ビジュアル・クリフの深さを調整して浅くすることにより，乳児にとって怖いというより曖昧な状況となる30cmの深さで研究を行った。母親は表情コーディングシステムを参照して恐怖，怒り，喜びなどの表情を表出したところ，12カ月児は，母親が恐怖の表情をしたとき，深い側の向こうに魅力的なおもちゃが置いてあっても，17人中，誰一人として深い側を横切ったものはいなかった。しかし，喜びの表情では，19人中，14人が横切った。したがって，母親の表情が崖の手前での行動の判断材料となる。

このように，12カ月児は，曖昧な状況におかれたときに，身近にいる母親など重要な人物から状況判断のための情報を得ることができる。ここでは，母親の情動表出を見て自分のおかれた深い側の状況を判断している。つまり，環境の状況によって自らの情動が決定することになる。

3. ムービング・ルームとPMDによる検討

　ムービング・ルームとは1.2m四方の水玉模様の小部屋が前後に35cmほど動く装置である。正面を向いて座る乳児に，側壁が前後に動くことにより乳児の周辺視野に視覚的流れを生み出す。この視覚的流れは成人の場合，自己受容感覚（visual proprioception）を引き起こし，側壁ではなく自らが動いていると錯覚させ，倒れないように姿勢補償を生じさせる。たとえば，側壁が後方に動くと自らが前方に動いたときと同じ視覚的流れが生じるので，前に倒れると感じ後方への姿勢補償が生じ，その結果，後方へ倒れることになる。

　ヒギンズほか（Higgins, Campos, & Kermoian, 1996）は，7カ月，8カ月，9カ月児を比較し，月齢とともに側壁の動きに対する姿勢補償が発達することを見出している。さらに，8カ月児において，自己移動経験であるはいはいを開始する前後の乳児を比較したところ，はいはい開始後の乳児に姿勢補償が高まる結果となった。これは，自ら移動する経験が，環境に対する新しい機能として姿勢を制御することを身につけさせていると解釈できる。さらに，内山ほか（Uchiyama, Anderson, Campos, Witherington, Frankel, Lejeune, & Barbu-Roth, 2008）は，自己移動開始後では姿勢補償にともなう情動表出が出現することを見出している。また，レバーを引くと動く，電気自動車（PMD）を使用した研究を行っている。はいはいによる自己移動開始前の7カ月児にPMD（乳児用電動車）を操作する経験をもたせることにより自己移動経験を付与し，ムービング・ルーム内での姿勢補償と表情表出を比較検討したところ，はいはいと同様の効果が確認されている。このように，自己移動を開始することにより，情動表出が豊かになることは，母親の報告による研究でも指摘されていたが，実験研究でも確認されたことになる。

　ビジュアル・クリフの研究と同様に，自ら移動し環境とのかかわり方が変わることにより，乳児は新しい機能を獲得していくようになることを示した研究といえる。

3節　幼児期以降の情動発達

1. 幼児期の情動発達

　幼児期に特徴的な情動は恥や罪悪感などの「自己意識情動」（self conscious emotion）である。これらは，前述したように研究者によって分離情動に加えるかどうかの判断が異なっている。イザード（Izard, 1977）は，恥や罪悪感を分離情動に加えているが，エクマンとフリーセン（Ekman & Friesen, 1978）は含めていない。また，情動の心理進化説を唱えたプルチック（Plutchik, 1980）も分離情動には加えず，それらの混合した情動であるとしている。分離情動に加えない立場では，これらが自己のあり方によって規定される側面を重視し，文化を超えて共通するという分離情動の必要条件が満たせないと判断されるからであると考えられる。

　幼児期以降になると，認知や言語能力が発達し，他者とのかかわり方が進歩する。したがっ

て，この時期の情動発達では環境要因が優勢になる。たとえば，幼児期のコミュニケーションでは，①自分自身の感情状態に気づくこと，②他者の感情状態に気づくこと，③感情概念や語彙使用の巧みさ，④他者の感情的苦痛に対する同情的な反応，⑤社会状況で感情表出を道具的に使うこと（たとえば，トラブルに巻き込まれることを避けるために自分自身の感情を偽って表すなど）などの視点から発達をとらえることができる（Saarni et al., 1998）。すなわち，この時期に重要となる社会性の発達と情動発達は密接に関連している。

サーニ（Saarni, 1999/2005）は，「情動コンピテンス」（emotional competence）の要素は，情動が引き出される社会的相互作用のなかにおける自己効力感に必要なスキルであるとしている。サーニらは感情コンピテンスの8つのスキルをあげているが，主に情動発達の領域における実証的調査にもとづいている。西洋社会での暗黙の了解を反映しており，西洋文化のバイアスを反映しているため，西洋文化でない社会においてこれらのスキルを一般化しようとしたときには注意しなければならない。

2. 青年期の情動発達

青年期は変化の顕著な時期である。青年期の発達的事象は成人期へのステップアップと考えられ，ホルモンレベル，認知能力，そして社会的経験のすべてが幼児期から成人への移行期である。認知発達，ホルモン変化，ライフイベントは青年期の情緒発達に顕著に影響する3つの要因であると考えられる。青年期は成人期の始まりであり，多くの文化的そして宗教的儀式によって大人としての責任と義務をもつようになる（Rosenblum & Lewis, 2003）。

ここで，3つの要因について説明する。まず，認知的評価は情動の産出に欠かせない。したがって認知的スキルの発達につれて情動も発達する（Lewis, 1999）。青年初期である11歳頃に，情報処理能力が複雑さや精密さを向上させるように形式的操作期に入ることが原因している（Piaget & Inhelder, 1969）。また，青年期は顕著に生物学的変化が生じる時期である。青年期初期における感情の不安定さはこの時期に生じるホルモンの一貫性のない変動性が関連しているかもしれない（Buchanan, Eccles, & Becker, 1992）。ホルモンは気分の変動性だけではなく，ポジティブとネガティブ情動の経験にも影響を与え，とくにネガティブ感情の増加と関連している（たとえば，Brooks-Gunn, Graber, & Paikoff, 1994）。さらに，青年期は人生でのさまざまな体験が生じる時期であり，これらのライフイベントが青年期の情動発達に影響していると考えられる。

青年期に発達する情動的スキルや能力は成人期まで持続し，成人の感情機能の基礎的要素として働く。これは，入り混じったまたは矛盾する情動を含んでいる。大人の生活においてはしばしばアンビバレントな感情に満たされる。青年期の認知スキルが，2つの矛盾する感情を同時に存在させることを可能にする。ハーターとブディン（Harter & Buddin, 1987）は5段階の発達段階の最後において（レベル4；12歳頃）子どもは同時に生じる矛盾する情動を理解することを指摘している。

また，青年は幼児期に不要な情動を表出しないことを習得するが，徐々に内的な情動状態と異

なる情動を偽って表出することができるようになる。対人関係を調整するように情動表出がコントロールできるようになる（Saarni, 1999/2005）。青年のように複雑な情動を感じるようになると，情動表出を偽装することは重要になるのであろう。サーニ（Saarni, 1999/2005）は表出する行動がポジティブな社会的フィードバックを引き起こし，他の困難な状況における情動コントロールを維持するのを強化する可能性を示唆している。情動表出が調整され，社会に適応するようになるための過渡期が青年期であるといえよう。

◆引用文献

Abe, J. A., & Izard, C. E. (1999). A longitudinal study of emotion expression and personality relations in early development. *Journal of Personality and Social Psychology*, **77**, 566-577.

Ackerman, B. P., Abe, J. A., & Izard, C. E. (1998). Differential emotions theory and emotional development : Mindful of modularity. In M. F. Mascolo & S. Griffin (Eds.), *What develops in emotional development?* (pp.85-106). New York : Plenum Press.

Barrett, K. C., & Campos, J. J. (1987). Perspectives on emotional development Ⅱ : A functionalist approach to emotions. In J. D. Osofsky (Ed.), *Handbook of infant development* (2nd ed., pp.555-578). New York : John Wiley & Sons.

Buchanan, C. M., Eccles, J. S., & Becker, J. B. (1992). Are adolescents the victims of raging hormones : Evidence for activational effects of hormones on moods and behavior at adolescence. *Psychological Bulletin*, **111**, 62-107.

Brooks-Gunn, J., Graber, J. A., & Paikoff, R. L. (1994). Studying linlks between hormones and negative effect : Models and measures. *Journal of Research on Adolescence*, **4**, 469-486.

Campos, J. J., Kermoian, R., Witherington, D., Chen, H., & Dong, Q. (1997). Activity, attention, and developmental transitions in infancy. In P. J. Lang, R. F. Simons, & M. Balaban (Eds.), *Attention and orienting* (pp.393-415). New Jersey : Lawrence Erlbaum Associates.

Campos, J. J., Langer, A., & Krowitz, A. (1970). Cardiac responses on the visual cliff in prelocomotor human infants. *Science*, **170**, 196-197.

Camras, L. A. (1992). Expressive development and basic emotions. *Cognition and Emotion*, **6**, 269-283.

Darwin, C. R. (1965). *The expression of the emotions in man and animals*. Chicago : The University of Chicago Press. (Original version 1872)

Ekman, P. (1972). Universals and cultural differences in facial expressions of emotion. In J. R. Cole (Ed.), *Nebraska symposium on motivation : Vol. 19* (pp.207-283). Lincoln : University of Nebraska Press.

Ekman, P., & Friesen, W. V. (1978). *Facial action coding system : A technique for the measurement of facial movement*. Palo Alto : Consulting Psychologists Press.

Fogel, A., Nwokah, E., Dedo, J. Y., Messinger, D., Dickson, K. L., Matusov, E., & Holt, S. A. (1992). Social process theory of emotion : A dynamic systems approach. *Social Development*, **2**, 122-142.

Frijda, N. H. (1986). *The emotions*. Cambridge, England : Cambridge University Press.

Gibson, E. J., & Walk, R. D. (1960). The "visual cliff". *Scientific American*, **202**, 64-71.

Harter, S., & Buddin, B. J. (1987). Children's understanding of the simultaneity of two emotions : A five-stage developmental acquisition sequence. *Developmental Psychology*, **23**, 388-399.

Higgins, C. I., Campos, J. J., & Kermoian, R. (1996). Effect of self-produced locomotion on infant postural compensation to optic flow. *Developmental Psychology*, **32**, 836-841.

Izard, C. E. (1971). *The face of emotion*. New York : Appleton-Century-Crofts.

Izard, C. E. (1972). *Patterns of emotions : A new analysis of anxiety and depression*. New York : Academic Press.

Izard, C. E. (1977). *Human emotions*. New York : Plenum.

Izard, C. E. (1983). *The maximally discriminative facial movement coding system (MAX)*. Newark, DE : University of Delaware, Instructional Resources Center.

Izard, C. E. (1989). The structure and functions of emotions : Implications for cognition, motivation, and personality. In I. S. Cohen (Ed.), *The G. Stanley Hall Lecture series : Vol.9* (pp.35-73). Washington, DC : American Psychological Association.

Izard, C. E. (1996). 感情心理学（荘厳舜哉，監訳）．ナカニシヤ出版．(Izard, C. E. (1991). *The psychology of emotions.* New York : Plenum.)

Izard, C. E., & Ackerman, B. P. (2000). Motivational, organizational, and regulatory functions of discrete emotions. In M. Lewis & J. Haviland-Jones (Eds.), *Handbook of emotions* (2nd ed., pp.253-322). New York : Guilford Press.

Izard, C. E., Dougherty, L. M., & Hembree, E. A. (1983). *A system for identifying affect expressions by holistic judgments (AFFEX).* Newark, DE : University of Delaware, Instructional Rosources Center.

Izard, C. E., Libero, D. Z., Putnam, P., & Haynes, O. M. (1993). Stability of emotion experience and their relation to traits of personality. *Journal of Personality and Social Psychology,* **23**, 105-113.

Izard, C. E., & Malatesta, C. (1987). Perspectives on emotional development I : Differential emotions theory of early emotional development. In J. D. Osofsky (Ed.), *Handbook of infant development* (2nd ed., pp.494-554). New York : John Wiley & Sons.

Izard, C. E., & Youngstrom, E. A. (1996). The activation and relation of fear and anxiety. In D. A. Hope (Ed.), *Nebraska symposium on motivation : Vol.43. Perspectives in anxiety, panic, and fear* (pp.2-59). Lincoln : University of Nebraska Press.

Klinnert, M. D., Campos, J. J., Sorce, J. F., Emde, R. N., & Svejda, M. (1983). Emotions as behavior regulators : Social referencing in infancy. In R. Plutchik & H. Kellerman (Eds.), *Emotion : Theory, research and experience : Vol.2* (pp.57-86). New York : Academic Press.

Lazarus, R. S. (1991). *Emotion and adaptation.* New York : Oxford University Press.

Lazarus, R. S., & Smith, C. A. (1988). Knowledge and appraisal in the emotion-cognition relationship. *Cognition and Emotion,* **2**, 281-300.

Leventhal, H. (1980). Toward a comprehensive theory of emotion. In L. Berkowitz (Ed.), *Advances in experimental social psychology : Vol.13* (pp.141-165). New York : Academic Press.

Lewis, M. (1992). *Shame : The exposed self.* New York : Free Press.

Lewis, M. (1999). The role of self in cognition and emotion. In T. Dalgleish & M. Power (Eds.), *The handbook of cognition and emotion* (pp. 125-142). Chichester, England : John Wiley & Sons.

Martin, M., Horder, P., & Jones, G. V. (1992). Integral bias in naming of phobia- related words. *Cognition and Emotion,* **6**, 479-486.

Oatley, K., & Jenkins, J. M. (1996). *Understanding emotins.* Oxford, UK : Backwell Publishers.

Piaget, J., & Inhelder, B. (1969). *The growth of logical thinking from childhood to adolescence.* New York : Orion.

Plutchik, R. (1980). *Emotions : A psychoevolutionary synthesis.* New York : Harper & Row.

Rosenblum, G. D., & Lewis, M. (2003). Emotional development in adolescence. In G. R. Adams & M. D. Berzonsky (Eds.), *Blackwell handbook of adolescence. Blackwell handbooks of developmental psychology* (pp. 269-289). Malden, MA : Blackwell Publishing.

Saarni, C. (2005). 感情コンピテンスの発達（佐藤　香，監訳）．ナカニシヤ出版．(Saarni, C. (1999). *The development of emotional competence.* New York : Guilford.)

Saarni, C., Campos, J. J., Camras, L. A., & Witherington, D. C. (2006). Emotional development : Action, communication, and understanding. In N. Eisenberg (Vol. Ed.), W. Damon & R. M. Lerner (Editors-in-chief), *Handbook of child psychology : Vol.3. Social, emotional, and personal development* (6th ed., pp. 226-299). New York : John Wiley & Sons.

Saarni, C., Mumme, D. L., & Campos, J. J. (1998). Emotional development : Action, communication, and understanding. In N. Eisenberg (Vol. Ed.), W. Damon (Series Ed.), *Handbook of child psychology : Vol.3. Social, emotional, and personality development* (5th ed., pp.237-309). New York : John Wiley & Sons.

Schwartz, A. N., Campos, J. J., & Baisel, E. J. (1973). The visual cliff : Cardiac and behavioral responses on the deep and shallow sides at five and nine months of age. *Journal of Experimental Child Psychology,* **15**, 86-99.

荘厳舜哉．(1992)．情動．東　洋・繁多　進・田島信元（編集企画），発達心理学ハンドブック（pp.660-678）．福

村出版.
Sorce, J. F., Emde, R. N., Campos, J. J., & Klinnert, M. D. (1985). Maternal emotional signaling : Its effect on the visual cliff behavior of 1-year-olds. *Developmental Psychology*, **21**, 195-200.
Spencer, H. (1890). *The principles of psychology : Vol.1.* New York : Appleton.
Tomkins, S. S. (1962). *Affect, imagery and consciousness : Vol.1. The positive affects.* New York : Springer-Verlag.
Tomkins, S. S. (1963). *Affect, imagery and consciousness : Vol.2. The positive affects.* New York : Springer-Verlag.
Uchiyama, I., Anderson, D. I., Campos, J. J., Witherington, D. C., Frankel, C. B., Lejeune, L., & Barbu-Roth, M. (2008). Locomotor experience affects self and emotion. *Developmental Psychology*, **44**, 1225-1231.
Ueno, M., Uchiyama, I., Campos, J. J., Audun, D., & Anderson, D. I. (2012). The organization of wariness of heights in experienced crawlers. *Infancy*, **17**, 376-392.
Watson, D., & Tellegen, A. (1985). Toward a consensual structure of mood. *Psychological Bulletin*, **98**, 219-235.
Witherington, D. C., & Crichton, J. A. (2007). Frameworks for understanding emotions and their development : Functionalist and dynamic systems approaches. *Emotion*, **7**, 628-637.
Wundt, W. (1897). *Outlines of psychology* (C. H. Judd, Trans.). New York : C. E. Stechert.

40章 情動調整

須田 治

　情動（emotion）には，身体の生体調節にかかわって生じ，変化させる機能がある。その強さ（喚起度）が心身を変化させ，（興味から恐れに変わるように）その質も変化させる。情動の調整（regulation）とは，情動（感情）の状態にもとづき，個体の生存に適合するように心身を関係のなかで変化させることである。それは結果として，人とのやりとり（たとえば養育者など他者）で起こる関係性の調節を生じ，自分固有の過程で起こる内的調整をもたらす。

　ヒトは発達初期においては，情動の行動表出により，人とのやりとりを変化させる。身体への保護をえたり，養育者とのきずなを創ったり，知識を培ったりなどとともに自己の基礎を創り出す。感情が出てきたのちには，主体感を創り，自－他分化をはじめ，多様な関係を展開しはじめる。情動，感情の調整は，認知のように「行動決定」するような〈評価・計算・企画〉をなすわけではないが，感情によって身体の状態に応じて「適合感をもった自分」を育み，〈行動決定なす認知〉を支え，それを包んで自分固有の歴史性を織りなすものといえる。

　話は飛ぶが，およそ2万3,000年前のシベリヤのマリタ遺跡には，墓穴に3～4歳と10～14カ月の子どもの骨とともにマンモスの骨で作った白鳥の人形を埋めて，死んだ子が黄泉の国から戻ってほしいと祈ったと推測されている。感情は，自－他のかかわりに意味を生み出し，生のなかで適合感を描くものということが読み取れる例である。

　最近になって個体の適応に働く情動と感情の調整の働きが，発達的に，脳，身体にかかわって解明されつつある。そうした研究の現在を以下に述べていくことにしよう。

　【定義】　情動には，情動行動（emotional behavior；表情，声の音色，反応傾向とよばれる表出），情動状態（emotional state；自律神経系，内分泌系変化にもとづく生理的変化から生まれた状態），および情動的体験（emotional experience；心的表象としての感情　feeling）が考えられており，一つの情動に，3つすべてそろって起こることも一部だけ起こることもある。

1節　生体の調節で生まれる情動

1.「調整」にまつわる2つの伝統

　あるとき，「これも調整としてとらえた情動なのか？」という違和感を感じたことがあった。

そこには調整とは,「衝動的な欲求にしたがって振る舞わなくすることだ」ととらえる考えがあったのである。そのような記述が,アメリカの単行書のなかにはたまに見られる。抑制の意味で,調整という言葉を使っているのである。しかし調整とは,むしろ情動の強さや,質(トーン)を変化させることにより,よりよい具合に身体のあり方を調節する働きだとする適応モデルであると見るべきである。それでも実際には2つの異なる子どものとらえ方が表されているわけで,教育する側(社会)の「影響圧」に重心をおくものと,子どもの背景に成熟する「内発圧」(気質,身体的に用意されたレディネス)に重心をおくものとがある。

a. 社会的規範の内面化のモデル

子どもというのは,放っておくと「悪さ」しかしないはずだから,社会化させるためには規律をきちんと教え込み,わがままな情動は鋳型に入れて正さなければならない。こう考えるのが一方の発想である。背景には,情動とは攪乱因子であるから抑える必要があるとする見方(人間観・社会観)がある。昔からの抑制を追い求める社会化論が,発達から「できあがるべき成果のモデル」を述べているともいえる。

このモデルでは,認知は,行動決定の監視と社会・文化のルールを記憶するという意味での調整子(regulator)とされている。環境の要因の代わりに,自らが「監視(monitoring)する主体」になるというモデルともいえるし,規範の内面化のモデルでもあるともいえる。

実際の研究では,欲求の抑制がよくとりあげられる(たとえば,Kopp, 1982)。そして「自己調整」とは,幼児期に認知が自分をコントロールできると述べ,情動的衝動を,もっぱら監視し抑制することで社会性が生まれるととらえられている。

b. 情動の機能化のモデル

しかし知性化すれば「悪さ」をしないわけではない。逆ではないだろうか? ダーウィン(Darwin, C. R.)やその後のエソロジスト(行動生物学者)の発想にしたがえば,内発因子としての情動が,個体生存に機能をもたらすととらえられる。つまり「情動から適応が生み出されるという発達のモデル」である。乳児期の初期にさえ,情動が関係を生み出しうるとみるのはその例である。このモデルでは,認知はトリガー(引き金)として働くが,その変化はもっぱら情動そのものの内発圧によって生じるとみられている。

さらに最近の研究では,年齢の進んだヒトの感情の発生がとらえられている。感情が心的イメージ(表象)として生じるようになると,主体は当事者感を得て,適合感を得るわけだが,それが適応にかかわるという見方がなされる。

つまり少し成熟した心身をもった感情的な存在としてのヒトに関心を寄せるのである。そして,データ根拠(エビデンス)にもとづく説明が進められることになる。この流れのなかから発達臨床にもつながる説明のモデルが出始めている。適応困難に関心を向け,調整不全(dysregulation)ととらえるような情動の機能をつぶさに探究する。たとえば喚起調整ができないような子どもの問題を,(規律を教える必要ととらえるのではなく)その子どもの発達的な限界,つまり身体の生物的制約に帰して環境の状況を検討する接近法が生まれ始めている(Denham, Lydick, Mitchell-Copeland, & Sawyer, 1996)。この説明をさらに深めることにしよう。

2. 情動の調整をとらえた原図

a. 発達初期の変化のあらまし

情動は身体反応であるが，しかし内的機能にとどまらず，コミュニケーションの用具としても機能するものでもある。

生まれたばかりの1，2カ月のあいだ，乳児はまだ持続して覚醒して起きていることができない。フォーゲル（Fogel, 1982）によると，誕生した新生児は，（自律神経系の，あるいは皮質電位の興奮が大きく変化し）激しい喚起（覚醒）の変化のなかにさらされているが，生後2，3カ月すぎると「最適喚起状態」（optimal arousal state）をやや長い時間生み出すことができるようになるという。これにより意識的に周囲の世界とやりとりを始めることが推測されている。つまり最初の情動調整は，喚起（覚醒；arousal）という興奮の度合いをほどよく保つことによって，意識を立ち上げることに向けて進むことになる。これが喚起調整（arousal regulation）である。それは生体調節の一つであり，しかし赤ん坊はこの「個のシステム」が不完全であるがゆえに，しだいに周囲とのやりとりを巻き込み，対人的なやりとりを発達させることになる。たとえば赤ん坊の泣き（crying）には，やがて月齢がすぎ養育が進んでいくと，母親などの身体接触（touch）や，表情や声のトーンによるやりとり，マザリング，あやし遊び，なだめ行動などの養育行動が促進される。

そうして喚起調整の発達が進むと，穏やかな状態が生まれるはずであるが，しかし発達障害の子どもの一部にはずっと永い年齢まで高い喚起（調整の困難）を表すようなケースが見出されるともいえる。

以上にもとづき子どもの他者とのやりとりの発達に関心を向けることにしよう。乳児はさまざまな人とのあいだで情動を機能化させることによって，個体として生存に必要な，異なる人との関係での対応性を発達させる。それが3，4歳のときの集団保育，幼稚園などへの参入における適応につながる。たくましい適合性を幅広くもっていれば，適応は容易になる。アスペルガー症候群の場合には，5歳くらいで集団参入の困難が起こってくる。

この間の情動のやりとりについては，エソロジー（ethology；行動生物学）の研究であるとか，発達心理学の研究として，生得的な情動行動とその後の発達をとりあげてきた。基本的情動（basic emotions）といわれる喜び，悲しみ，怒り，恐れ，好奇，驚き，嫌悪などから始まり，やがてどのように相互的な調整へと発達するのかが明らかにされてきた。

かくして母子のあいだには，互いに調整しあい，快の状態を生み出すような情動の交流が進んでいく。そのやりとりは「相互調整」（mutual regulation）ないし「共調整」（co-regulation）とよばれ，乳児期の母子のやりとりの相互性が多くの失敗のうちに生まれるようすが明らかにされている（たとえば，Gianino & Tronick, 1988）。つまり，情動は「関係のシステム」として，幼い生命の適応を援助していくために機能化していくことになる。しかしこの仕組みは親子の関係の相互的な側面をとらえるのには有効だが，じつは関係は相互性だけで成り立っているわけではない。相補的な質（たとえば，養護する－養護される，包み込む－包み込まれる）が関係に備

わっていくともいえる。それは感情という体験が発達し、よほど成熟しないと意識的に気づかれないものといえる。

b. 喚起の調整

喚起調整の発達については、手堅く実証がなされている（たとえば、Wolff, 1987）。もとより喚起調整には平衡回復機能があることも想定されている（たとえば、Hebb, 1972 ; Damasio, 1994/2000, 1999/2003）。さらにはまた他者の援助は、覚醒した子どもをなだめて緩和させることなども、重要な現象と指摘できる。喚起度の調整は、自由度の小さい乳児を対象としているため、観察しやすいこともあり研究成果も認められる。また自閉症スペクトラム障害のケースには、喚起調整において上がりすぎている場合があって、発達支援で対応しているということがしばしばみられる。たとえば脱感作療法においては緊張の緩和を目指されているのも、喚起への関心があるといえそうである。

いずれにしても1980年代ぐらいまでの発達心理学的研究は（たとえば、Campos & Barrett, 1984）、ヒトの他者とのあいだの適応を情動からとらえることで精一杯であった。人々が情動的やりとりの働きを、「調整」ととらえたのは、「個人内の仕組み」と「関係性の仕組み」が調整によって結合できたからである。実際ヒトは「個人内の調整」に欠けたものを「関係性の調整」で補うよう情動を発達させ、その関係性のなかから新たな「個人固有の調整」を生み出す。さらにその後また関係性を求めるというように、生命はこの2つ仕組みのあいだを行き来する。自然に育つ家族の関係性と個の自立とは、生涯にわたるヒトの発達の根源的過程といえるだろう。

c. 質の異なる情動のやりとりの調整

さて情動には、喚起度という（興奮あるいは抑制からくる）強さの側面だけでなく、さまざまなトーン（調子）という質の情動の他者とのやりとりにも発達変化がある（Frijda, 1986）。喜びと悲しみに違いがあるように、その質のさまざまなやりとりのあいだにも調整が見出される。もとより本質は快の状態を回復する身体調整であっても、実際のトーンあるいは質にかかわる調整と調整の不全とは、生きているヒトそれぞれに多様な経過をたどる。攻撃し、和解し、不快を表し、悲しみ、嫌悪といった情動に至ることもある。それらは一時的な（ときには生存戦略としての）情動状態としてあるといえるが、ヒトは生物的機構としては、その調整点（regulation point）あるいは平衡状態（atractor point）は身体的な最適性を指向するのではないだろうか。

とはいえ、その人と人とのやりとりの調整には、いくつかの説明が思い浮かぶ。

(1) 一つの説明は、運動のなかから平衡状態が生じ、それが快になるというモデルである。たとえば運動のパターンの模倣であるとか（Meltzoff & Moore, 1977）、ともになす行動のタイミングの同期などは対人行動の発達の基礎であるかもしれない。親子などでのやりとりは、ゆらぎのある運動変化を経て、共調整（co-regulation）するとされ、この変化は、自己組織化理論（self-organization）という理論でとらえられている（Fogel, 1993）。つまり、互いになす動きから予めのプランのない平衡パターンを生み出すという。

(2) 一方、先に述べたトロニックたち（Gianino & Tronick, 1988）は、やりとりの調整は、感情という心的変化を含め把握しようとする。すなわち養育者と子どもとは、ストレスの多い経

験のなかから快楽的な状態（hedonic outcome）を生み出すのだが，互いに参入し調整をなし（jointly regulated），つまり「相互的調整」を生み出すとみるのである。

もしそうであるなら，その仕組みは大人の場合にも見出せると考えられる。大人が自分の感情状態（feeling state）を自己が感じとったのち，自分がネガティブな感情状態（怒り，恐れや，悲しみの感情）のときには，何らかの行動をとり状態を変化させようとし，ポジティブな感情状態のときにはそれを維持しようとするというのである（Salovey & Rodin, 1985）。

いずれにしても，ヒトは有機体として生存に安全で，快の状態をもとめて，あらゆる行動を働かせ，調整しているといえる。最近ではそれがじつは脳の仕組みとして述べられるようになってきた。快の状態を回復することこそが，人と人とあいだのやりとりがなす調整であるとする説明は，この後に「感情」の発達の話として深めることにする。

2節　感情を含めた心身モデルへの転回

1. 感情をもった主体の誕生

ここまで情動の直接的なやりとりの調整をとらえてきた。しかし生後2歳をすぎると，ヒトは心に感情を抱くようになる。そうした発達について最近の脳科学の研究が，心身のシステムから適応の仕組みをとらえるための見通しを示した。それについて述べることにする。

a. 感情の働き：情動論のコペルニクス的転回

進化は，ヒトに「心という主体」をもたらしたが，それはどうとらえられるようになったのだろうか？　1990年代の脳神経科学は成果を重ね，内的・外的な全体体系としての「感情をもった身体的存在」をとりあげてヒトという種への理解を深めていった。そして「感情フィードバックでえた身体感を拠り所として，主体は自律的に振る舞うことができるようになる」という説明が実証知見をともなって示されたのである。

簡単にいうなら，かつての心理学は客観的に観察しうる行動のみを対象としてとらえ，心の体験である感情は，推測されるにすぎなかった。ところが脳神経科学が解明をすすめた脳損傷の磁気画像分析などで，心の感情について，新たな理解を切り開いていったのである（Damasio, 1994/2000；LeDoux, 1996）。

この情動の領域では，脳科学者ダマシオが次のような理解を進めるようにしている。

そもそもヒトの発達は，生体調節を起源としてもつ身体上の情動だけでなく，やがて心にイメージされた感情を感じるというようにもなっていくととらえる。ダマシオ（Damasio, 1994/2000, 2003/2005）は，まず「一次的情動」（primary emotion）という原始的情動が身体において働くととらえ，それは脳における扁桃体と大脳辺縁系を中心に生み出されたものととらえた。やがて心が生まれる。前頭前野と扁桃体などとのあいだに神経連絡網が発達することによって，（認知と情動のあいだに機能的連携のサーキットが生まれ）これが心的体験をともなう変化，

「感情」を生み出すことになる。これが「二次的情動」(secondary emotion) とよばれる。

そうなると大脳皮質でなされるメンタル・イメージが，あたかも情動刺激として働き，扁桃体と辺縁系の情動回路を使って情動を生み出すことになる。またその変化を身体的な状態の変化，内臓感覚や平衡感覚の変化を，体性感知領域というところに身体変化としてマッピングする。それを「感情」として感じるようになるという。具体的にいえば乳児期初期においては，ぐずったり微笑んだりというように情動状態という身体的な行動変化を，養育者とのあいだに表出する。ここにやりとりを機能化させていく発達があるが，それが「一次的情動」である。一方，会いたい人を想いうかべて，胸に痛みを感じるなどという感情化が「二次的情動」である。

b. 感情がはたす生存への働き

いったいこのように「二次的情動」の発達，とりわけ感情のイメージ化によって，どのような生存を助ける新たな機能が生まれたのであろうか？

ヒトが進化によって心の感情を獲得したのは，脳がさまざまな身体機能を最適に調整するためだとダマシオはいう（Damasio, 1999/2003）。

なぜなら感情とは〈いま・ここ〉の身体の状態を映し出すものとして機能するものだからである。すなわち感情は，身体に起こっている状態を，体性感知領域（帯状皮質，体性感覚皮質，とくに島，S2，脳幹被蓋の核）へのニューラル・マッピングを起こしていくが，この状態が知らされることによって，主体は快の状態回復に向かって身体を調整するように，必要に応じて行動を発現させると考えられる（Bechara, 2004）。すなわち感情が，さまざまなネガティブな状態を解き放ち，快の状態（喜び）に向けて平衡回復していく仕組みによって，脳は身体的に適切な状態を回復していくことをなしているととらえられるのである（Damasio, 1999/2003）。

かくして感情についてダマシオの説明を取り入れることの心理学的意味は2つある。①一つは感情をえている存在の当事者感覚が明らかになることである。主体としての自己が，ある状況で適合感を感じることになるが，それは利害計算してなされる行動決定とは異なる側面であるということが明らかになってきた。②もう一つはそうやって感情的な状態，トーン（調子）を主体が得ることによって，（必要に応じた行動化をなして）快適な状態に調整ゴールに変化させるということが明らかにされたことである。つまり自己とは，感情を介して身体を最適な状態に調整する仕組みであるということができる。情動調整の働きは，初期は生存の確保であったものであるが，やがては快適な身体をもった感情生活を生成するものに向かっていったといえる。

こうして感情は，身体状態の〈いま・ここ〉を伝えるニューラル・パターンを介して，身体の調整の状態を主体は知らせてくれる。そこから適合感とか違和感のようなものが生まれるのでこれはきわめて個人的な，固有の，特殊な自己内の体験だといえる。

ところがそのような感情が，他者と自己を分化する根拠を与え，自己固有の生に自分を傾倒させるという働きをもたらし，同時に他者に共感し，あるいは共同世界のリアリティをもたせることになる。感情への自分固有のかかわり，自律性がそのまま関係性の現実を推測する力を与えると考えられる。そういうことが個人の脳の発達で起こるのである。

しかしアスペルガー症候群などの場合，その自－他の分化が崩れ，共感しあう世界の現実に

よって傷つき，自己の固有性が崩壊し，他者性を自分の感情から読めないし，調整できなくなっている。かくして研究ではこのような困難についても最も手堅い検証に向かうことから始められることになる。

2. 調整不全からみえてくる情動の働き

人とのやりとりに調整不全感が生まれるということは，自閉症スペクトラム障害の人々によく見出せる。ここでは，その調整不全から，関係性の混乱をとらえようと思う（須田，2016）。それを介して情動の「調整」とは何かについて，心理学や神経科学の世界で見出されはじめた説明を明らかにすることにする（たとえば，Garber & Dodge, 1991）。

a. アスペルガー症候群の調整の問題

アスペルガー症候群とは，自閉症スペクトラム障害の一つであり，言語と認知の発達の著しい遅れは認められないが，人々とのやりとりに困難があるといわれている。その一つの仮説として，情動に何らかの発達の問題があるという可能性がある。さて問題となる事実を，ビデオなどで録画した行動のデータを微視的分析（micro-analysis）で検討することもできる。そして情動の過程を分析すると，その刻々の変化における調整の不全とは何かが，可視化されて具体的にとらえることができる（須田，2008）。簡単にまとめると次のようになる。

（1）アスペルガー症候群という発達障害の行動の微視的分析を行うと，ケースによっては覚醒水準ともいわれる喚起（arousal）の水準が持続して高いという特徴が見出される。低減できなかったり，健常児よりも著しかったりすることが見出される。緊張を続け，情動の喚起が高まりすぎ，やりとりが続けられなくなると，パニックになることもこの特徴にかかわっている。

（2）もう一つ見出されるのは，情動的やりとりにおける応答の弱さである。視線のコンタクトや対人的微笑が乏しく，他者とのあいだで情動の応答的な表出，柔軟な間や身体運動の同期が乏しいことも見出される。いずれも健康な子どもがほかの人物とが応答しあっている情動的やりとりとは異なり，反応の流れと応答が相手に対して応答的でなく，円滑な調整もないことが見出されることがある（須田，2009）。

（3）このような発達障害では，感情のレベルでの調整の問題も現れている。まずその子どもがなす実際の他者とのやりとりと，心にもっている感情をともなうメンタル・イメージが，うまく合っていないということがうかがえる。

（4）そのことで特徴的なことは，他者と体験した出来事を幸福な感情でとらえることが難しいという特徴も見出せる。ときに不適合感が強くほとんど打ちひしがれてかかわりを拒絶することさえある。

推測されることは，こうである。健常者の発達の場合，内的な感情世界と，外在する現実世界とは透き通って認識される。喚起度が高い自分も自然な流れのなかで気づくし，心に感じとられる感情と実際の他者とのやりとりのずれは透き通って認識されるのではないだろうか。しかしそういうことについて，アスペルガー症候群の本人は自分がイメージするやりとりと，他者の情動

とがずれることによって関係の過程が進まないようなのである。

つまり健康な情動の機能は，他者とのあいだで，ちょうど合うようにインターラクトすることである。間を空けたりして，自分の身体に快適感を求めようとする。しかしその「調整」がある範囲の発達障害では機能していないのかもしれない。いずれにせよ自閉症スペクトラム障害の障害機序はまだわかっていないにしても，健常とはかなり違う調整であることは明らかである。

b. 感情の調整ゴール

自閉症スペクトラム障害の人々には，どういう障害特性があり，どういう内実で診断されるかはある程度わかっている。だが人と人がどのように情動のやりとりを操縦して，調整をどのように生み出しているのかはまだ解明されてはいない。

そんななかでアスペルガー症候群の人々は，関係性につまずくことがしばしばである。そこからこの調整の意味を教えてくれているのかもしれない。そしてこの障害の一部の当事者は，関係性につまずくことをノートにとどめ，そして親しい人に尋ねいわば通訳を求める。しかしそれに疲れた人々は，調整を求めようとしなくなる。外傷体験を繰り返して抑うつ感のなかで，停滞して何年もとどまるケースもある。そのようなケースは健康な調整点ではなく，抑うつ感情という調整点（atractor point；平衡点）にいることで何とか自分を保っている。

一方，健常な人々は，経過的にストレスに遭いそのまま適応障害などや身体疾患に移行しなければ，「快の状態」を回復するために，いろいろ手を打つことができるのである。

適応をガイドするような生体上の調整のゴールをもっているからこそ，ある程度子どもに付託して自らの問題解決を待つことができる。またそれゆえに，ヒトという種は進化のなかで群れとして共同して暮らし，生き延びてきたのかもしれない。もし人と人が質の調整を無原則に働かせているならば，歴史のなかで世界に倫理性や所有欲は生まれなかっただろうし，対立をバランスよく処理しようとしたり，神を発見してくることもなかったかもしれない。いずれにしても情動の質（情動価）を調整するということには，人類の進化だけでなく文化の背景となるものが潜んでいるとみることができよう。

そうしたことを考えると，アスペルガー症候群に対して，信頼感にかかわるといわれるホルモンであるオキシトシンというペプチドホルモンの投与をして，彼らの他者との関係の回復に有効であるという報告がなされていることは，オキシトシンがもたらす調整点が存在することを示唆する。実際，彼らを不信感，不適合感からの改善を示したのである（Hollander, Bartz, Chaplin, Philips, Summer, Soorya, Anagnostou, & Wasserman, 2007）。

このように情動，感情の働きの現在の理解では，平衡回復するような身体調整が想定されてきた。たとえば感情が感じられることによって，身体上の最適を調整するように行動を生み出すというのはその一部である。しかしそれは原則であって，その調整点とはそのまま快の状態を目指しているとは限らない。私たちは，周辺条件との相互作用から予想外の状態として多様な状態として停滞している現実があるといえ，それは今後解明されるべきものと考えられる。

◆ 引用文献

Bechara, A. (2004). A neural view of the regulation of cognitive functuins by emotion. In P. Philippot & R. S. Feldman (Eds.), *The regulation of emotion* (pp.3-32.) Mahwah, NJ: Lawrence Earlbaum Associates.

Campos, J. J., & Barrett, K. C. (1984). Toward a new understanding of emotions and their development. In C. E. Izard, J. Kagan, & R. B. Zajonc (Eds.), *Emotions cognition and behavior* (pp.229-263). Cambridge: Cambridge University Press.

Damasio, A. R. (2000). 生存する脳（田中三彦, 訳). 講談社. (Damasio, A. R. (1994). *Descartes'error: Emotion, reason, and human brain*. New York: Harcourt.)

Damasio, A. R. (2003). 無意識の脳 自己意識の脳（田中三彦, 訳). 講談社. (Damasio, A. R. (1999). *The feeling of what happens: Body and emotion in the making of consciousness*. New York: Harcourt.)

Damasio, A. R. (2005). 感じる脳：情動と感情の脳科学, よみがえるスピノザ.（田中三彦, 訳). ダイヤモンド社. (Damasio, A. R. (2003). *Looking for Spinoza*. New York: Harcourt.)

Denham, S. A., Lydick, S., Mitchell-Copeland, J., & Sawyer, K. (1996). Socioemotional assessment for atypical infants and preschoolers. In M. Lewis & M. W. Sullivan (Eds.), *Emotional development in atypical children* (pp.227-271). Mahwah, NJ: Lawrence Erlbaum Associates.

Fogel, A. (1982). Affect dynamics in early infancy: Affective torelance. In T. Field & A. Fogel (Eds.), *Emotion and early interaction* (pp.25-56). Hillsdale, NJ: Lawrence Erlbaum Associates.

Fogel, A. (1993). *Development through relationships: Origins of communication, self and culture*. Chicago: The University of Chicago Press.

Frijda, N. H. (1986). *The emotions*. Cambridge, England: Cambridge University Press.

Garber, J., & Dodge, A. (1991). *The development of emotion regulation and dysregulation*. Cambridge: Cambridge University Press.

Gianino, A., & Tronick, E. Z. (1988). The mutual regulation model: The infant's self and interactive regulation and coping and defensive capacities. In Field, T. M., McCabe, P. M., & Schneiderman, N. (Eds.), *Stress and coping across development* (pp.47-68). Hillsdale, NJ: Lawrence Eralbaum Associates.

Hebb, D. O. (1972). *A textbook of psychology* (3rd ed.). Phyladelphia: W. B. Saunders.

Hollander, E., Bartz, J., Chaplin, W., Philips, A., Summer, J., Soorya, L., Anagnostou, E., & Wasserman, S. (2007). Oxcitocin increases retention of social cognition in Autism. *Neuropsychologia* **61**, 498-503.

Kopp, C. B. (1982). Antecedents of self-regulation: A developmental perspective. *Developmental Psychology*, **18**, 199-214.

LeDoux, J. (1996). *The emotional brain: The mysterious underpinnings of emotional life*. New York: Brockman.

Meltzoff, A. N., & Moore, M. K. (1977). Imitation of facial and manual gestures by human neonates. *Science*, **198**, 75-78.

Salovey, P., & Rodin, J. (1985). Cognitions about the self: Connecting feeling states and social behavior. In P. Shaver (Ed.), *Self, situations, and social behavior* (pp.143-166). Beverly Hills: Sage Publications.

須田 治. (2008). 情動的側面のアセスメント：個人に特有な発達をとらえる. 本郷一夫（編), 子どもの理解と支援のための発達アセスメント（pp.47-67). 有斐閣.

須田 治. (2009). アスペルガー障害の感情発達と人との関係への支援. 須田 治（編), シリーズ子どもへの発達支援のエッセンス：2 情動的な人間関係の問題への対応（pp.76-105). 金子書房.

須田 治. (2016). 感情への自然主義的アプローチ：自閉症スペクトラムへの発達支援. 金子書房.

Wolff, P. H. (1987). *The development of behavioral states and the expression of emotions in early infancy*. Chicago: The University of Chicago Press.

41章 動機づけ

黒石憲洋

1節 動機づけ概念

　動機づけ (motivation) という概念は，ヤング (Young, 1936) による古典的定義に従えば，「活動を喚起し，その活動を維持し，その活動パターンを統制していく過程」であるとされる。この定義には，動機づけが単なる行動を生起させる心理状態を意味するだけでなく，目標を達成するためにどのように行動を制御していくかというプロセスであることが含意されている。

1. 動機の概念

　人間の行う行動にはさまざまな理由が考えられるが，この主体側にある行動の源泉は動機 (motive) あるいは欲求 (need) とよばれる。マレー (Murray, 1964) は投影法にもとづく主題統覚検査 (Thematic Apperception Test：TAT) を用いて動機の分析を行い，30の欲求リストを明らかにした。

　動機を分類する古典的な試みとしては，身体的あるいは生理的機構により支配され先天的に備わっている生理的動機（一次的動機）と，個体が経験を通じた学習により後天的に獲得する社会的動機（二次的動機）に分ける考え方がある。前者には食餌や排泄，睡眠の欲求といったような個体の生命維持にかかわる恒常性維持を図るホメオスタシス性動機と，種の保存にかかわる性動機が含まれる。後者には獲得，保持，優越，承認，顕示，支配，攻撃，服従といったさまざまな動機がありえるが，学習により獲得されるものであるため経験の差異による個人差も大きいことが想定される。

　一方，バトラー (Butler, 1953) やハーロウ (Harlow, 1950) が示したような「活動性」「探索」「好奇心」にかかわるような動機は，生得的ではあるが，ホメオスタシス性は仮定されていない。こうした研究を受けて，ホワイト (White, 1959) は，コンピテンス (conpetence) の概念を提唱した。コンピテンスはエフェクタンス (effectance) ともよばれ，「環境と効果的に相互作用できる能力」であるとされる。こうした動機にもとづく行動をマレー (Murray, 1964) は，内発的動機づけ (intrinsic motivation) と名づけた。マレーによれば，内発的動機づけは「その行動自体から得られる快や満足のために行動が遂行される」場合である。それに対して，外発的動機づけは「報酬を得るために行動が遂行される」場合であるとされる。いいかえれば，外発的動機にもとづく行動は「目的を達成するための手段としての行動」（道具的行動）であるのに対し，内

発的動機にもとづく行動は「行動することそれ自体が目的になっている行動」（自己目的的行動）であるといえる。

さまざまな動機のうち，どのような動機が重要で人間にとって基本的なものであるかについては，必ずしも一致した見解は得られていない。たとえば，マクレランド（McClelland, 1987）はマレーのリストのうち，達成動機・親和動機・勢力動機の3つを主要な社会的動機とした。一方，人間性心理学者のマズロー（Maslow, 1971）は，人間の基本的欲求として①生理的欲求，②安全の欲求，③所属と愛の欲求，④自尊心の欲求，⑤自己実現の欲求を仮定した。さらにこれらの欲求が階層性をもっており，より下位の欲求が満たされて上位の欲求が出現するとした。このようにどこまでを基本的欲求とみなすかやそれらの構造については理論化の観点にともなって違いがみられるものの，多くのモデルにおいて基本的欲求としてコンピテンス動機（White, 1959；Harter, 1987）や所属動機（Baumeister & Leary, 1995）に類する動機をあげるという点では共通性がみられる。

2. 目標の概念

目標（goal）とは，動機づけられた行動が到達を目指す状態であり，獲得すべき価値である。動機と目標は一対一に対応しているわけではない。動機づけのプロセスにおいては，動機が同じであったとしても目標が同じであるとは限らず，逆に目標が同じであっても異なる動機が潜在している場合もある。また，目標自体も抽象度の高い自己像レベルのものから具体的な筋肉運動レベルのものまで異なるレベルの目標が階層構造をなしており，より上位の目標が下位の目標に影響を与えながら複数の階層のフィードバック・ループが同時に作用していると考えられる（Powers, 1973；Carver & Scheier, 1998）。したがって，実際に行動制御を行うプロセスは複雑である。動機づけ理論は動機，目標，行動など，ある特定の視点から理論化されることが多いためシンプルに思われやすいが，実際の動機づけと行動の関連は単純ではないということには留意が必要である。

動機づけという概念は，行動の生起や維持を説明するための仮説構成概念であり，概念化の観点や適用する行動領域によりさまざまな理論が存在している。本稿では，一貫した理論の説明ではなく，場面や状況に応じて有効と思われる各論について紹介する。

2節　内発的動機づけや外発的動機づけの変化

内発的動機づけや外発的動機づけの変化を説明する有力な理論にデシらの認知的評価理論および自己決定理論がある。

1. 内発的動機づけの「アンダーマイニング効果」

認知的評価理論（Deci, 1975）は，もともと自発的に行われていた行動であっても，外部からの報酬が与えられることでかえって自発的な行動従事がなされなくなってしまうという，内発的動機づけの「アンダーマイニング効果」（undermining effect ; Lepper, Greene, & Nisbett, 1973）を扱うものであった。この理論では，行為者にとって与えられた報酬が，①認知された原因の所在を内部から外部へと変化させる，②有能さと自己決定の感覚を低下させる，③他者が自分の行動を統制しようとしている，という情報をもたらす場合に内発的動機づけが低減することを明らかにした。したがって，これらの情報が顕著となる課題随伴報酬を与えた場合に内発的動機づけが低下する。また，同様の情報をもたらすような制限時間，強制された目標，監視者の存在などといった要因によっても内発的動機づけの低減効果がもたらされる。このように，個人が自発的に課題に従事している場合には，他人にやらされているのではなく自分自身で決めてやっているという感覚を大事にしなければ，課題に対する内発的興味は失われてしまう。

2. 外発的動機づけにおける行動の調整

一方，自己決定理論（Ryan & Deci, 2000）は，①非動機づけ（amotivation），②外発的動機づけ（extrinsic motivation），③内発的動機づけ（intrinsic motivation）という3つの行動システムを区別し，これらのうち外発的動機づけに焦点を当てた。非動機づけとは非意図的な行動や行動と目的が一致しない行動であり，内発的動機づけは内発的興味（課題の面白さ）のみにより行われる行動を指すが，それ以外の結果に対する関心や意図性のある行動はすべて外発的動機づけによる行動である。外発的動機づけは行動の自己決定性にそって構造や価値が内在化されている程度によって4つの段階に分類される（図41.1参照）。

まず，最も統制された行動を外的調整とよぶ。これは課題を達成したときに与えられる報酬や達成しなかったときの罰によって生じる行動である。2つ目の取り入れ的調整では，行動－結果の関連性が内在化され，他者からの評価や叱責される罪悪感や不安感の回避のために行動の調整が行われる。ただし，この段階では行動は依然として外的構造に依存している。3つ目の同一化的調整では，価値が内在化されはじめ，本人も行動に意味を見出しながら行動する。ここでは心理的な圧力や葛藤が減少し，罪悪感や不安は背景へと退いている。最後に最も自己決定的な行動は統合的調整とよばれる。行為と自己理解が一致し，個人的な価値観や自由意志によって行われる行動である。完全に自己決定された行動は，内発的に動機

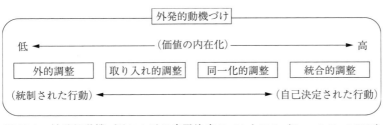

図41.1　外発的動機づけにおける自己決定スペクトラム（Ryan & Deci, 2000）

づけられた行動と同じような特徴をもつとされる。

　発達的にみれば，子どもが褒められたからお手伝いをするといった状況（外的調整）から，しだいにいたずらをしたら叱られるといった構造を理解し，事前に行動を調整できるようになる（取り入れ的調整）。次に，勉強することは重要なことだと認めて嫌々ながらも自発的に取り組めるようになり（同一化的調整），さらに社会的に価値がおかれている人助けのような行動に自分でも意味を見出して喜んで行うようになる（統合的調整）といった過程が考えられる。もちろんこのような価値の内在化は一方向的に進むわけではなく，ときにより外的な調整に戻ったりしながら漸次的に進む。このように，外発的動機づけにもとづく行動はこの自己決定の連続体上のいずれかの位置としてとらえることができるとされる。

3. 基本的欲求充足支援と自己決定の促進

　このような内在化の過程はどのように促進されるのか。自己決定理論（Ryan & Deci, 2000）は，人間の基本的欲求として自律性，コンピテンス，関係性の欲求を仮定する。自律性の欲求とは，行為を自分自身に由来するものとして経験したいという欲求である。コンピテンスの欲求は，望ましい結果を導く道具性を理解し，その道具性を効果的に発揮したいという欲求である。関係性の欲求は，他者との相互的な関心をもち，他者とかかわりたいという欲求である。これらの欲求が満たされるような場合に自己決定的な行動調整が促進される。

　自律性の欲求を充足するため（自律性支援）には，自分自身が行為の主体であると感じることができるような環境を提供すればよい。具体的には，特定の行動の仕方を強要せず，本人に選択肢を提供することで，自己決定感をもたせるようにする。コンピテンスの欲求を充足するため（構造）には，行動－結果の随伴性が理解できるように，明確なフィードバックや結果を判断する基準を与えればよい。それにより，結果についての期待をもたせ，有能感や統制感をもたせるようにすることができる。関係性の欲求を充足するため（関与）には，子どもにとって重要な他者（養育者や教師など）が十分な関心を示すことが重要となる。関係に対して時間やエネルギーを投入するといったことがそれにあたる。内在化されるべき価値をもっている他者との関係性が保たれていることによって，価値の内在化が促進されると考えられる。このように，自律性支援や適度な構造，関与をもつ他者の存在によって，外的調整から統合的調整へと向かう発達を促進させることができる。

3節　動機づけと不適応

　セリグマンとメイヤー（Seligman & Maier, 1967）はイヌを対象として学習に関する実験を行った。この実験では，負の強化刺激を用いて回避行動を学習させたうえで，回避不能な状況を経験させ，再度回避可能な学習状況に戻すという場面を設定した。その結果，回避不能な状況を

経験したイヌは回避可能な状況に戻っても回避行動を学習しないという結果が得られた。セリグマンはこの結果を単なる失敗経験の積み重ねによるものではなく，非随伴的経験のもたらすさらなる学習の不在によるものとして，学習性無力感と名づけて理論化した。

ただし，非随伴性を経験したすべての個人が同様に学習性無力感状態に陥るわけではない。このような個人差を説明するため，学習性無力感の改訂理論が提唱された（Abramson, Seligman, & Teasdale, 1978）。この理論では個人が出来事の原因について説明する際の習慣的な傾向の個人差を帰属スタイルとよび，①内在性（内的－外的），②安定性（安定－不安定），③全般性（全般－特殊）の3つの次元を指摘した。とくに負の出来事の原因についての内的（「自分のせいだと思う」），安定的（「次の機会にも影響すると思う」），全般的（「他のことでも影響すると思う」）な帰属を行いやすい傾向（帰属スタイル）が学習性無力感の形成に影響するとした。

学習性無力感状態では，①動機づけの低下：自発的な行動が減少し無気力状態を示す，②認知的歪み：新たな随伴性の認知・学習が困難になる，③感情障害：不安や抑うつ気分など感情の落ち込みを示す，といった（反応性の）抑うつ状態を呈することになる。

では，このような状態を回避・克服するにはどうすればよいのか。学習性無力感状態では認知の歪みが生じているため，コントロール可能な状況であっても正の出来事を自分の行動の結果ととらえることができず，新たな随伴性の学習が困難である。したがって，単純に成功体験を繰り返すといった方法では成果が得られないため，まず認知的枠組みを変える必要がある。まず，負の出来事の原因についての外的（「自分以外のせいだと思う」），不安定的（「今回だけで次の機会には影響しないと思う」），特殊的（「このことだけで他のことには影響しないと思う」）な帰属をすることが重要となる。逆に，正の出来事の原因についての外的，不安定的，特殊的な帰属は抑うつに対する脆弱性を高めることから，内的，安定的，全般的な帰属への改善も求められる（Seligman, Abramson, Semmel, & von Baeyer, 1979）。

4節 発達と行動の動機づけ

活動への動機づけは生涯を通じて重要な機能であるが，さまざまな活動の意味は発達のなかで変化していく。ここでは，発達の過程で重要になると思われる活動についてとりあげ，動機づけのあり方を考えてみたい。

1. 乳幼児の探索行動への動機づけ

乳幼児においては，探索行動は新たな環境との相互作用の可能性を高め，子どもの活動範囲を広げる重要な行動である。探索行動は新奇な事象に対して生じるが，新奇な事象は子どもにとって同時に不安や恐怖を引き起こす対象でもある。したがって，探索行動の生起は，探索行動システムのみではなく，他の行動システムとかかわる問題である。とくに愛着行動システム（Bowlby,

1969, 1973）は養育者からの保護を引き出すものであり，密接なかかわりをもつ。子どもが愛着対象を安全基地として利用し安全感を得ていれば，安心感をもって探索行動をとることができるし，探索行動において不安や恐怖を感じれば愛着対象を安全港として利用し安全感を確認することができる（Ainsworth, Blehar, Waters, & Wall, 1978）。乳幼児においては，探索行動は愛着の裏打ちをともなって発揮されるのである。

2. 児童・生徒の学習行動への動機づけ

ドウェックとレゲット（Dweck & Leggett, 1988）は，達成動機づけには質的に異なる内容が含まれていることを指摘し，遂行目標と学習目標という2つの目標があることを明らかにした。遂行目標（performance goal）とはよい成績をとって他者から評価されたいという関心であり，学習目標（learning goal）とは自己の能力そのものを高めようという関心である。これらの目標は暗黙の知能観とよばれる能力に対する態度を反映しており，前者は能力をもって生まれたものであり変化しないととらえており（実体的知能観），後者は努力により伸ばすことができるものと考えている（漸増的知能観）。いずれの目標も学習への動機づけはもっているが，失敗した後の反応に差異が生じる。学習目標をもつ子どもは，失敗を努力不足に帰属して努力を維持するという適応的な熟達志向型の行動パターンを示すとされる。一方，遂行目標をもつ子どもは，とくにその時点での能力に自信がない場合には失敗の原因を自分の能力の低さに帰属して防衛的に努力することを放棄するという不適応的な無気力型の行動パターンを示す（表41.1参照）。

ドウェックらの理論を含めいくつかの目標理論には共通する部分があり，それらは相対的遂行にもとづく遂行目標（performance goal）と課題の達成にもとづく熟達目標（mastery goal）としてまとめて理解されている（Ames & Archer, 1988；村山，2003）。実証研究では，熟達目標は一貫して肯定的な影響があるのに対して，遂行目標の結果は一貫しておらず予測されたような否定的な影響ばかりではなかった。エリオット（Elliot, 1999）はこのような結果の不整合を説明するため，評価目標に動機づけにおける接近−回避という考え方を再導入した。他者からのよい評価の獲得に焦点化する遂行接近目標と，悪い評価を回避することに焦点化する遂行回避目標を区別した結果，前者は学習行動や学業成績に肯定的な影響があるのに対して，後者が否定的影響をもつことを明らかにした。

一方，ウェンツェル（Wentzel, 1996）は学習行動に影響を与える目標を明らかにするという視点から，学習における異なるタイプの目標を指摘している。学校や教室場面において子どもがもつ目標は，学業と直接結びつくとはかぎらない。たとえば，教師や友人と協力したり共有したり助け合ったりする向社会的目標や，規則や人との約

表41.1　達成目標による行動パターンの違い（Dweck & Leggett, 1988）

暗黙の知能観	目標	現在の能力への自信	行動パターン
実体的知能観	遂行目標	高い	熟達志向型
		低い	無気力型
漸増的知能観	学習目標	高い	熟達志向型
		低い	熟達志向型

束を守るといった社会的責任目標といった目標をもつ場合もある。しかし，このような社会的目標も学習行動への従事や学業成績と関連することが示されている。

　学業への動機づけを促進しようとする場合，相対的な成績や競争に注目させることもできるが，とくに遂行回避目標を強調しすぎることは，カンニングやセルフ・ハンディキャッピングといった問題行動を増加させ，失敗に際して努力することをあきらめてしまうような態度を醸成しかねない。学校場面であれば学校全体の方針や教師の指導のあり方としての目標構造が生徒のもつ達成目標に影響を与える（三木・山内，2005）。生徒がもつ学業以外のさまざまな社会的目標もうまく利用しつつ，課題自体のもつ価値や意味に目を向けさせていくことが重要である。

3．成人の仕事への動機づけ

　ハーズバーグ（Herzberg, 1966）は，実際の職場に勤務する労働者を対象として調査を行い，職場における満足や不満をもたらす要因の分析を行った。職場における不満足を促進する要因としては，会社の経営方針や労働条件，上司や同僚との人間関係，給与などといった条件がよくないことがあげられた。しかし，これらの環境を整備したからといって，必ずしも積極的な勤務態度に結びつくわけではなく，これらの要因は不満を抑止するという意味で衛生要因とよばれる。一方，達成や承認，仕事自体の特徴，責任ある仕事，成長などといった要因は動機づけ要因とよばれ，これらがなくても不満感は高まらないが，これらを満たすような仕事は満足感をもたらし，個人をよりすぐれた遂行や努力へと動機づける。仕事に対する積極的な取り組みをもたらすには生存や関係性の欲求が満たされるだけでは不十分で，仕事における創造性の発揮や充実感，やりがいといった成長欲求の充足が必要である（ERG理論；Alderfer, 1972参照）。

4．高齢者のコントロール感と動機づけ

　高齢期は身体運動や認知能力など，さまざまな側面において下降的な発達的変化が生じる時期である。また，高齢者は，病気やけが，配偶者との死別といったコントロール不可能な事態に遭遇する確率も高く，問題に対して直接的に環境に働きかけて解決するといった対処が困難なことが多い。従来，コントロール感の低下は動機づけの低下や不適応につながると考えられてきたが，このような状況では状況に合わせて自己の認知や行動を変化させる二次的なコントロール（Rothbaum, Weisz, & Snyder, 1982；Heckhausen & Schulz, 1995）が有効となる。たとえば，健康な生活を目標とする高齢者が厳しい食事制限や激しい運動などにより健康や筋力を保つことにこだわるのではなく，ある程度の体力の低下は年相応だとして受け入れたり，生活習慣を変えることで病気とうまくつきあっていくと考えたりすることで，コントロールの感覚を維持することができる（竹村・仲，2013）。

　また，高齢者の対人関係を扱う社会情動的選択性理論（socioemotional selectivity theory）は，高齢者における対人関係の広さおよび深さについての選択性を指摘している（Carstensen, 1992）。

高齢者は時間が限られたものであると認知するため,新たな知識を得たり新しい関係を広く築こうとするよりも,既存の限られた対象との関係を深めることでそこから満足を得ることを求めるとされる。このように,高齢者においては,その発達的特徴に応じて直接的なコントロールをある程度放棄することで動機づけを維持するような適応のあり方が示唆される。

5節 動機づけ研究の今後の課題

1. 動機づけにおける文化差

人間の行動に文化差が指摘されている以上,目的の達成のために行動を制御するプロセスである動機づけについても文化差が存在することは容易に想像できる。文化論では,日本人は能力や成果よりも努力に価値をおき,結果に至るまでの過程を重視する傾向があることが指摘されている(天沼,1987)。これに対応するように,目標理論では東アジア文化圏における努力の強調とそれにともなう漸増的知能観や学習目標の優勢を指摘している(Dweck, 1986)。

発達的な視点から動機づけの文化差を示した研究もある。たとえば,アングロ系とアジア系のアメリカ人児童を対象に行われた内発的動機づけの研究では,いくつかの選択肢のある課題の決定者が操作された。どの課題を行うかを自己決定する場合と実験者により決定される場合,母親によって決定される場合で比較を行ったところ,アングロ系の児童では自己決定した場合に自由遊びでの課題従事時間が長かったのに対して,アジア系の児童では母親によって決定された場合に課題従事時間が長かった(Iyengar & Lepper, 1999)。

このような動機づけの文化差は,子育てにおける発達期待と自己制御機能の関連の文化差の影響を受けているように思われる。相対的に,日本の母親は子どもに対して「従順」「行儀」「感情の抑制」などが身につくことを期待しており,アメリカの母親は「言語による自己主張」や「社会的技能」を発達期待としてもっているとされ,これが子どもの自己制御の特徴をもたらしている(東・柏木・ヘス,1981)という知見とも相応しているように思われる。

ただし,子育てや子どもが成長する環境における文化差が,どのようにして動機づけのプロセスに影響を及ぼしているのかについての詳細を明らかにすることは今後の課題である。

2. 非意図的な動機づけ

従来,動機づけは意識的な意図されたプロセスであると考えられてきた。しかし,近年の研究で,必ずしも意識下ではなく意図を介在しない動機づけのプロセスが明らかになってきた。たとえば,プライミングによる動機づけの活性化(Bargh & Chartrand, 2000)や習慣による行動(Aarts & Dijksterhuis, 2000)は動機づけ研究に新たな知見をもたらすものである。知識や概念,習慣的な行動がどのように獲得され,またそれらの活性化にどのようなプロセスがかかわってい

るかを明らかにすることで,動機づけの発達に関する重要な示唆が得られることが期待される。

◆ 引用文献

Aarts, H., & Dijksterhuis, A. (2000). Habits as knowledge structures : Automaticity in goal directed behavior. *Journal of Personality and Social Psychology*, **78**, 53-63.

Abramson, L. Y., Seligman, M. E. P., & Teasdale, J. D. (1978). Learned helplessness in human : Critique and reformulation. *Journal of Abnormal Psychology*, **87**, 49-74.

Ainsworth, M. D. S., Blehar, M. C., Waters, E., & Wall, S. (1978). *Patterns of attachment : A psychological study of the strange situation*. Hillsdale, NJ : Lawrence Erlbaum Associates.

Alderfer, C. P. (1972). *Existence, relatedness, and growth : Human needs in organizational settings*. New York : Free Press.

天沼 香.(1987).「頑張り」の構造:日本人の行動原理.吉川弘文館.

Ames, C., & Archer, J. (1988). Achievement goals in the classroom : Students' learning strategies and motivation process. *Journal of Educational Psychology*, **80**, 260-267.

東 洋・柏木惠子・ヘス,R. D.(1981).母親の態度・行動と子どもの知的発達:日米比較研究.東京大学出版会.

Bargh, J. A., & Chartrand, T. L., (2000). Studying the mind in the middle : A practical guide to priming and automaticity research. In H. T. Reis & C. M. Judd (Eds.), *Handbook of research methods in social and personality psychology* (pp.253-285). New York : Cambridge University Press.

Baumeister, R. F., & Leary, M. R. (1995). The need to belong : Desire for interpersonal attachments as a fundamental human motivation. *Psychological Bulletin*, **117**, 497-529.

Bowlby, J. (1969). *Attachment and loss : Vol. 1. Attachment*. New York : Basic Books.

Bowlby, J. (1973). *Attachment and loss : Vol. 2. Separation*. New York : Basic Books.

Butler, R. A. (1953). Discrimination learning by rhesus monkeys to visual exploration motivation. *Journal of Comparative and Physiological Psychology*, **46**, 95-98.

Carstensen, L. L. (1992). Social and emotional patterns in adulthood : Support for socioemotional selectivity theory. *Psychology and Aging*, **7**, 331-338.

Carver, C. S., & Scheier, M. F. (1998). *On the self-regulation of behavior*. New York : Cambridge University Press.

Deci, E. L. (1975). *Intrinsic motivation*. New York : Plenum Press.

Dweck, C. S. (1986). Motivational processes affecting learning. *American Psychologist*, **41**, 1040-1048.

Dweck, C. S., & Leggett, E. L. (1988). A social-cognitive approach to motivation and personality. *Psychological Review*, **95**, 256-273.

Elliot, A. J. (1999). Approach and avoidance motivation and achievement goals. *Educational Psychologist*, **34**, 149-169.

Harlow, H. F. (1950). Learning motivated by a manipulation drive. *Journal of Experimental Psychology*, **40**, 228-234.

Harter, S. (1987). Effectance motivation reconsidered toward a developmental model. *Human Development*, **21**, 34-64.

Heckhausen, J., & Schulz, R. (1995). A life-span theory of control. *Psychological Review*, **102**, 284-304.

Herzberg, F. (1966). *Work and the nature of man*. Oxford, England : World.

Iyengar, S. S., & Lepper, M. R. (1999). Rethinking the value of choice : A cultural perspective on intrinsic motivation. *Journal of Personality and Social Psychology*, **76**, 349-366.

Lepper, M. R., Greene, D., & Nisbett, R. E. (1973). Undermining children's intrinsic interest with extrinsic rewards : A test of the overjustification hypothesis. *Journal of Personality and Social Psychology*, **28**, 129-137.

Maslow, A. H. (1971). *The farther reaches of human nature*. New York : Viking Press.

McClelland, D. C. (1987). *Human motivation*. Cambridge : Cambridge University Press.

三木かおり・山内弘継.(2005).教室の目標構造の知覚,個人の達成目標志向,学習方略の関連性.心理学研究,**76**,260-268.

村山　航．(2003)．達成目標理論の変遷と展望：「緩い統合」という視座からのアプローチ．心理学評論, **46**, 564-583.

Murray, E. J. (1964). *Motivation and emotion*. Englewood Clifts, NJ : Prentice-Hall.

Powers, W. T. (1973). *Behavior : The control of perception*. Chicago : Aldine Publishing. Co.

Rothbaum, F., Weisz, J. R., & Snyder, S. S. (1982). Changing the world and changing the self : A two process model of perceived control. *Journal of Personality and Social Psychology*, **42**, 5-37.

Ryan, R. M., & Deci, E. L. (2000). Self-determination theory and the facilitation of intrinsic motivation, social development, and well-being. *American Psychologist*, **55**, 68-78.

Seligman, M. E. P., Abramson, L. Y., Semmel, A., & von Baeyer, C. (1979). Depressive attributional style. *Journal of Abnormal Psychology*, **88**, 242-247.

Seligman, M. E. P., & Maier, S. F. (1967). Failure to escape traumatic shock. *Journal of Experimental Psychology*, **74**, 1-9.

竹村明子・仲真紀子．(2013)．身体や健康の衰退に調和するための高齢者の対処：二次的コントロール理論を基に．発達心理学研究, **24**, 160-170.

Wentzel, K. R. (1996). Social goals and social relationships as motivators of social adjustment. In J. Juvonen & K. R. Wentzel (Eds.), *Social motivation : Understanding children's school adjustment* (pp.226-247). New York : Cambridge University Press.

White, R. W. (1959). Motivation reconsidered : The concept of competence. *Psychological Review*, **66**, 297-333.

Young, P. T. (1936). *Motivation of behavior*. New York : John Wiley & Sons.

42章 自己

榎本博明

1節 発達における自己の位置づけ

1. 自己意識の芽生え

　自己意識は，いつ頃からどのようなかたちで芽生えてくるのだろうか。まずはじめに生じると考えられるのが，身体的自己の感覚である。新生児は，自己も非自己もない，すべてが融合した自他未分化な世界に生きている。生後3カ月頃から，自己刺激的運動がみられるようになる。クラヴィッツとボーエム（Kravitz & Boehm, 1971）によれば，乳児が自己刺激的運動を盛んに行うのは，生後6カ月から1年くらいまでの間である。これは，自己の身体領域を確認する行為とみなすことができる。自己の身体領域が確定することで，自己が外界と明確に区別しうる境界をもつ独立した存在であることを理解するようになる。それにより，自分の身体に対する意識や他者に対する意識が生じ，さらに能動的に行動し他者とかかわっていく行為者としての自己に対する意識が生じてくる。ただし，自己意識の芽生えの段階では，行為者としての意識にもとづく主体的自己の感覚や，自分が直接感じ取っている内受容的自己の感覚はあっても，自分が他者の目にどのように映っているかという意味での可視的自己や社会的自己表象はまだ存在しない。

2. 自己の鏡像理解と他者の視点の獲得

　可視的自己を理解しているかどうかを確認するのに用いられるのが鏡像実験である。ギャラップ（Gallup, 1977）の鏡像実験にヒントを得て，人間の乳幼児に鏡像実験を行ったルイスとブルックス-ガン（Lewis & Brooks-Gunn, 1979）は，生後1歳半〜2歳の間に過半数が自己の鏡像を理解するようになることを見出した。金川（1984）も，乳幼児に「これ，だれ？」と鏡映像が誰であるかを問う課題を用いて，自己の鏡映像は2歳未満でほぼ全員に理解されていることを見出している。このように2歳くらいになると自己の鏡映像を実在視することがなくなり，内臓感覚，筋肉運動感覚，平衡感覚などをとおして直接感じ取ることができる内受容的自己と，鏡映像というかたちで他者の視点を取ることで知ることができる可視的自己（鏡映自己）という，自己存在の二重構造が確立される。このとき同時に，その可視的自己が他者の目に映る自己の姿であることも理解される。これは，社会性を帯びた自己の獲得でもある。

2節　自己研究の歴史：自己のとらえ方

1. 自己の二重性をとらえる：主体としての自己と客体としての自己

　主体と客体が分離できないところに自己意識の複雑さがある。このような自己の二重性に最初に明確なかたちで言及した心理学者は，ジェームズ（James, W.）であるとされている。19世紀末に著した『心理学原理』において，自己の二重性を指摘し，自己を「知る主体としての自己（I）」と「知られる客体としての自己（me）」の2側面に分けた。それ以来，心理学の領域では，自己をこの2側面に分けるのが当然のように受け入れられているが，すでにサービン（Sarbin, 1952）も指摘したように，主体としての自己と客体としての自己は，それほどすっきりと分けられるものではない。たとえば，客体としての自己の体系である自己概念には，たんに知られる客体であるにとどまらず，知る主体としての自己の動きに影響を与えるという側面がある（榎本，1998）。

2. 社会関係から自己をとらえる

a. 鏡映自己と自己感情

　クーリー（Cooley, 1902）は，自己というものはすべて社会的自己であり，それは他者の目に映ったものであるという意味において，「反映自己」もしくは「鏡映自己」（reflected or looking-glass self）とよぶことができるという。クーリーによれば，他者の目に映る自分の姿についての想像，および他者の目に映る自分の姿に対してその他者がどう評価しているかについての想像が自己である。つまり，他者からこう見られていると本人が想像する自己像が自己であるというのである。そのような自己像によって引き起こされる感情が自己感情である。クーリーは，自己感情の能動性に注目し，それは個人に独自な行動を生じさせ，また個人に統一性を与える重要な機能と結びついているという。そして，Iというのは主に自己感情あるいはその表出を意味するとしている。つまり，私たちの経験において，Iはまず第一に感情として知られることになる。

b. meとI

　クーリー同様に自己の社会性を重視するミード（Mead, 1934/1973）によれば，自己は生理学的な生物体そのものではなく，社会的過程で生じるものである。自己の核心として感情体験を重視したジェームズやクーリーに対して，ミードは自己の核心は情緒的現象であるよりも認知的現象であるとし，思考過程を重視する。ミードによれば，私たちは自己を具体的な他者の観点から，あるいは属する社会集団全体という一般化された観点から，間接的に経験する。自分に対して他者のとる態度を採用したときにのみ，私たちは自分にとっての対象となるのである。ミードは，自己はIとmeからなるとする。私たちが社会的存在として生きていくには，自分の属する社会集団の他者たちの態度を採用することが必要である。そこでミードは，meとは他者の態度の組

織化されたセットであるという。一方で，私たちは自分の属する社会に影響を与える存在でもあり，社会に対して独自な反応を返すことができる。ミードは，他者の態度を想定し，その想定された他者の態度に対して応答するのが I であるという。このような I を直接知ることはできない。I が動作を起こした後になって me として知ることができるのみである。したがって，I は歴史的人物というかたちをとって私たちの経験の対象として現れてくることになる。

3. 直接感じる自己と概念化される自己

a. オルポートのプロプリウム

オルポート（Allport, 1943）は，自己の問題に迫るためにプロプリウムという概念を導入した。プロプリウムの語でオルポートが表そうとしたのは，とくに自分自身のものという感じである。ジェームズも自分のものという感じに着目し，それを物質的自己，社会的自己，精神的自己からなる客体としての自己とした。だがオルポートは，そのようなとらえ方には精神力動的な面が欠けているとし，一般に自己の働きとされている能動的な心理機能に迫ろうとしている。プロプリウムの機能として，オルポートは，身体感覚（bodili sense），自己同一性（self-identity），自己高揚（ego-enhancement），自己拡大（ego-extension），理性的作用（rational agent），自己像（self-image），独自性追求（propriate striving），認識主体（the knower）の 8 つをあげている。

b. ナイサーの 5 つの自己

ナイサー（Neisser, 1988, 1993）は，自己についての情報の形態に焦点を当てた認知的分析を行い，私たちは自分自身についての 5 つの異なった種類の情報に接することができるが，それらは 5 種類の自己の存在を示唆しているという。それは，生態的自己（ecological self），対人的自己（interpersonal self），拡張的自己（extended self）／想起的自己（remembered self），私的自己（private self），概念的自己（conceptual self）の 5 つである。

生態的自己とは，目の前の物理的環境との関連において直接知覚される自己であり，「私はこの場所にいて，この特定の活動をしている」といった自己知にともなう自己のことである。対人的自己とは，他者とのかかわりをもっている最中に直接知覚される自己であり，「私はここでこの特定の対人的交換を行っている」という自己知にともなう自己のことである。拡張的自己あるいは想起的自己とは，記憶と予期に基礎をおいた自己であり，「私はこうした特定の経験をもつ人物，ある特定の行動をとった人物，あるいは馴染みのルーティンを規則的に行っている人物である」といった自己知にともなう自己のことである。私的自己とは，自分の意識経験が自分だけのものであることにもとづく自己であり，「私はこの痛みを実感することのできる唯一の人物である」といった自己知にともなう自己のことである。概念的自己とは，自分自身についての信念や仮説が体系化されたものとしての自己であり，自分の社会的役割や他者との差異の次元（性格的特徴，能力的特徴など）によって構成される自己についての理論，いわば自己概念のことである。

c. 直接感知される自己と対象化され概念化される自己

鏡像の理解や自分の名前や写真の理解も 2 歳くらいに可能になることから，客体としての自己

は2歳くらいまでに獲得されることがわかる。だが、客体としての自己をもたない2歳以前の子どもも、自分自身が今ここで動いている行為者であるということに気づいているのではないか。自分がしたいことをする、動きたいように動く。自分というものを概念化して理解するよりもはるかに以前から、誰もが現実世界のなかでいきいきとした行為者であったはずであり、誰もがどの瞬間においても、ここに主体として息づいている自分をどこかで感じ取っていたはずである。

ジェームズ（James, 1892/1992・1993）やヤスパース（Jaspers, 1913/1955）も指摘するように、考える主体とは何かといった問い方をすると心理学の守備範囲を超え出てしまう。しかし、たとえば自分自身に起こった過去の経験には温かさや親しみを感じ、他人に起こった過去の経験にはそのようなものを感じないものであり、そうした温かさや親しみを感じたり感じなかったりする主体の存在は自明のものとして仮定されているはずである。だからこそ、私たちは日常的に何のためらいもなく「私は……」という言い方をするのであろう。

このような主体としての自己に関して、それが何であるかは問わないにしても、それがどのように機能するのかを心理学の範囲内で探求することは十分可能なのではないだろうか。実際、そうした主体としての自己の機能的側面については、すでに多くの研究の蓄積がある。

このような主体としての自己の存在、あるいはその諸機能は、次のような諸側面において間接的ながら日常的に感知されている（榎本, 1998）。世界を構成する原点としての自己の体験、能動的行為者としての自己の体験、世界を意味づける解釈者としての自己の体験、対人的交渉の当事者としての自己の体験、衝動性の源泉としての自己の体験、感情性の発露としての自己の体験、内密性をもつものとしての自己の体験、同一性をもつものとしての自己の体験の8つの側面である。

私たちが自己というときに思い浮かべるのは、そのような自己感覚だけではない。現在の瞬間を超える自己として持続性をもった自己表象としての自己、過去の歴史を背負い将来に向けての志向までも含む個性的存在としての自己、これまでのあらゆる自己経験から抽出され概念化された自己がある。その代表的なものが想起される自己である。ナイサーの拡張的自己、グリーン（Grene, 1993）の歴史的自己、ガーゲンとガーゲン（Gergen & Gergen, 1988）や榎本（1999）の自己物語、マクアダムス（McAdams, 1988）ややまだ（2000）のライフストーリーなどは、想起される自己を指すものといえる。想起される自己が明確に概念化され体系化されたものが自己概念である。

4. 物語としての自己

a. 語りを素材に自己をとらえる

私たちは客観的な世界を生きるのでなく、主観的な意味の世界、解釈された意味の世界を生きている。ゆえに、自己をとらえるには、個人が自分の生きている世界をどのように意味づけるか、またどのような意味を追求するかといった意味の次元を扱うことが必要となる。このような自然科学をモデルとして人間を情報処理システムのようにとらえることにより切り捨てられてきた心

の意味生成過程を扱うには，個人が自分の世界をどのように解釈するかを問題にすることが不可欠であり，そのような解釈のプロセスは，本人が自らの経験をどのように語るかをとおしてとらえることになる。ここに，計算可能性を支えとする疑似自然科学的な心理学とは別に，人間の意味生成の過程を探求すべく「語り」という行為を対象とする解釈学的な心理学の必要性が浮上する。

意図，信念，舞台に先立ち，それらと独立な行動などというものは存在しないとするマッキンタイア（MacIntyre, 1984/1993）は，特定の行為を理解するには2つの文脈を考慮する必要があるという。第一に，行為者の意図を，その人の歴史においてそれらの意図がもつ役割に言及することで因果的・時間的な順序で位置づけることである。第二に，それらの意図を，属する諸舞台の歴史においてそれらがもつ役割に言及することにより位置づけることである。このように，ある種の物語的歴史をもとにすることで，人間の行為を性格づけることができる。

こうした議論からも明らかなように，私たちは物語性を抜きに個々の行動やその集積としての人生を理解することはできないし，物語は因果的・時間的な流れをもつ歴史性を帯びている。榎本（1999, 2008a）は，そのような視点により特性論の限界と物語論の有用性を指摘し，自己物語の心理学を提唱している。マクアダムス（McAdams, 2006）は，特性論的な心理学は伝記的，社会的，歴史的な文脈において人間を全体として理解するための包括的な枠組みを提供することができなかったとして，ナラティブの次元を取り入れてパーソナリティを3層構造でとらえるモデルを提唱している。ナラティブ研究を推進するジョッセルソン（Josselson, 2006）は，解釈学的な立場によるナラティブ心理学は，人間はストーリーを生み出すのに似た自伝的過程をとおして自分の人生を創造するという前提に立っているとする。さらに，人々の人生経験は，過度に単純化された測定尺度や人工的な実験条件をもとに中心傾向や統計的に有意な集団差を追求する試みのなかで失われてしまったとして，ナラティブ・アプローチへの期待を表明している。

b. 自己物語，ライフストーリー

マクアダムス（McAdams, 1993）は，ライフストーリーとは個人の人生に統一性と目的を提供する個人的神話であるとし，個人的神話とは自分自身や自分の人生のさまざまな断片を，意味のあるもっともらしい統一体へとまとめあげるために構築する特別なストーリーのことであるとしている。榎本（2008b）は，自己物語とは，自分の行動や自分の身に降りかかった出来事に首尾一貫した意味づけをし，諸経験の間に因果の連鎖をつくることで，現在の自己の成り立ちを説明する，自分を主人公とした物語であると定義している。さらに，自己物語とは自己がどのような人物であるかを指し示す自己定義的な物語であるとする。サンダーソンとマックゥ（Sanderson & McKeough, 2005）は，自己物語が担う主要な目的は，自己定義的なものであり，自己物語は，本人と聞き手に対して，語り手の多様な現実についての部分的な理解と，その人物の自己の多様性についての理解を提供するとしている。ヘイニネン（Hanninen, 2004）は，内的ナラティブ（自分自身に対して語るストーリー），語られたナラティブ（他者に対して語るストーリー），生きられたナラティブ（実生活で演じられるストーリー）の3つを区別しつつ，それらを関連づけるナラティブの循環モデルを提起している。

5. 自己概念

a. 自己概念とは

想起される自己として，私たちは時間軸上のさまざまな時点における自己像を思い浮かべることができる。それらの自己像は，パーソナリティ的特徴，能力的特徴，外見的特徴，価値観や信念，趣味や習慣，評判，心理状態，身体の健康状態などとして構造化されている。このように自己に関する知覚の体制化されたものを自己概念という。シャベルソンほか（Shavelson, Hubner, & Santon, 1976）は，最も包括的な定義をすれば，自己概念とは自分自身についての知覚であるとしつつ，自己概念のさらなる定義は組織的，多面的，階層的，安定的，発達的，評価的，そして弁別的でなければならないとしている。

b. 自己概念の多次元性

シャベルソンらの指摘以来，自己概念の多次元性や多面性について，さまざまな研究が行われ，現在では自己概念を多次元的かつ多面的にとらえるべきということについては，多くの研究者の承認するところとなっている。

自己概念の最も基本的な次元としては，記述的次元と評価的次元をあげることができる。自分自身の様相をそのまま記述するのが記述的次元，その記述に対して何らかの評価を加えるのが評価的次元である。その他に，感情次元，重要視次元，可能次元などがある（榎本，1998）。

c. 自己概念の多面性と階層性

自己概念を多面的かつ階層的にとらえたのがシャベルソンほか（Shavelson et al., 1976）の多面的階層モデルである。そのシャベルソン・モデルは，学業的自己概念，社会的自己概念，情動的自己概念，身体的自己概念の4つの側面から自己概念をとらえるものである。学業的自己概念以外の3つを非学業的自己概念としてくくり，これらすべての側面を総合したものが最上位に位置する包括的自己概念である。4つの側面別自己概念の下位にも下位側面別自己概念をおき，自己概念全体を階層構造でとらえるモデルとなっている。発達段階によって生活場面が異なるため，発達段階に応じた自己概念尺度が開発されている。

3節 自己の発達

1. 自己概念の発達的推移

a. 発達初期の自己概念

ケイガン（Kagan, 1981）は，子どもの自己叙述的な発言が生後24カ月頃に増加し，とくに行動的叙述や身体的・物質的叙述が多くなることを見出している。ケラーほか（Keller, Ford, & Meacham, 1978）は，3〜5歳の子どもの自己叙述としては行動のカテゴリーに分類される反応が圧倒的に多いことを見出している。唐澤・柏木（1985）は，4〜6歳の幼児を対象として，4

歳児では自己についての行動的記述のほうが身体的記述よりも圧倒的に多いが，年長になるほど身体的記述が増え，6歳児では身体的記述のほうがはるかに多くなるとの報告をしている。このように，幼児期の自己概念としては，行動的自己概念と身体的自己概念が中心となっている。

b. 児童期の自己概念

ブロートン（Broughton, 1978）は，「自分とは何か？」といった問いに対する自由記述の回答をもとに自己概念の発達を検討している。それによれば，幼児期から児童前期には身体的外見をもとに自分を他者と区別することが多く，身体的自己概念が中心である。ところが，8歳くらいになると思考内容やイメージといった精神的内容をもとに自分は他者と取り替えのきかない独自なものであるとの認識をもつようになる。すなわち，児童中期くらいからは内面的自己概念がかたちをとりはじめ，心理的な側面から自己をとらえるようになる。

c. 青年期の自己概念

青年期になると心理的特徴による自己叙述がさらに顕著になっていく。モンテメイヤーとエイセン（Montemayor & Eisen, 1977）は，9～18歳を対象に20答法を実施し，年齢とともに居住地，持ち物，身体的特徴などの客観的・外面的特徴による自己叙述が減少し，職業的役割，実存的な個性化の意識，思想・信念，自己決定の感覚，個としての統一性の感覚，対人関係のとり方，心理的特徴など主として主観的・内面的な特徴による自己叙述が増加することを見出している。岩熊・槇田（1991）は，小学生，中学生および高校生に20答法を実施し，身体的特徴や所属集団など社会・生物的なものが自己叙述の中心を占めている段階から，より内面的で抽象的な性格や欲求，自己評価的なものが社会・生物的なものとともに自己叙述の中核に食い込んでくる段階へという発達の方向を確認している。さらに，どの領域の内容も年齢とともに増加することから，自己概念が年齢とともに分化し，多様化することが示された。また，バーンシュタイン（Bernstein, 1980）は，10歳，15歳，20歳を対象に，さまざまな状況における自分の行動の仕方を答えさせる実験を行い，年齢とともに自己概念の抽象度と統合度が増し，個々バラバラな行動を羅列するだけで統合的にとらえられない段階から，一見して相矛盾するように思われる行動の間にも内的な一貫性を見出し，それをうまく説明することができる段階へと発達していくことを見出している。

d. 成人期の自己概念

成人期半ばは人生の問い直しの時期とされ，中年期の危機などといわれるように，生活構造の再構築が大きな課題となると考えられている。若本・無藤（2004）は，中年期の多次元的自己概念の発達を検討し，中年後期は自己評価も自尊感情も高いことを見出している。同時に，従来指摘されてきた中年後期の心理的安定や高い適応とは，中年後期は自己の諸側面への関心が低いことと，身のほどを知り，手の届くものでよしとするという過程によるものであろうとしている。

e. 高齢期の自己概念

高齢期はさまざまな衰えや喪失を経験する時期であるが，多くの研究結果の示すところによれば，高齢期の自己概念はむしろ肯定的なものとなっている。宮本ほか（宮本・中田・堀野, 1994）は，高齢者の自己概念のほうが，大学生の自己概念よりも肯定的であることを報告してい

る。下仲（1997）も，高齢期の人々のほうが，過去の自己や現在の自己に対して肯定的であることを見出している。

2. 自己物語の変容

サンダーソンとマックゥ（Sanderson & McKeough, 2005）は，マクアダムス（McAdams, 1993）の面接法を用いて，行動面において問題のある16～21歳の男女のライフストーリーを抽出している。そこでは，重要なライフイベントについての青年の認知の仕方，青年がこれらのライフイベントの原因や経過に関して自分自身や他人の演じる役割をどのように解釈するか，これらの枠組みが社会とのかかわりにおいてどのように個人を助けたり邪魔したりするか，などの検討を行っている。榎本（2008b）は，一連のテーマのリストにしたがって自己を語ってもらうことにより個人の自己の発達的変容をとらえようという方法を自己物語法として定式化し，ライフイベントが自分にとってもつ意味の解釈と再解釈といった観点から，青年，成人，および高齢者の自己物語の発達的変容の検討を行っている。その結果，中年期の人々において自己物語の再構築の作業が非常に活性化されていること，また青年よりも高齢者のほうがネガティブなライフイベントにも肯定的な意味づけを行っていることを見出している。テイラー（Taylor, 2005）は，アイデンティティ・ワークは生涯を通じて持続するが，若い人物ほど自己物語のなかで自分自身を構築し，繰り返される語りをとおして自己のストーリーを確立する機会が少ないとしている。

4節 自尊感情の発達

1. 自己評価と自尊感情

2004～2007年の4年間に開催された日本心理学会，日本発達心理学会，日本教育心理学会，日本パーソナリティ心理学会において発表された自己にかかわる研究のうち，最も多いのが自尊感情（self-esteem）に関するものであった（梶原，2008）。

誰でも自分自身に関する多くの認知や信念をもつが，そのすべてが感情的な性質をともなうわけではない。日常的なある課題に関して，自分はとてもうまくこなせるとか全然だめだとか確信したとしても，それにともない必ずしも自尊感情が変動するわけではない（Leary, Tambor, Terdal, & Downs, 1995）。自己概念の個々の記述的側面に対する具体的な評価が自己評価（self-evaluation）であり，多くの自己評価的経験の積み重ねをとおして形成された自己評価的な感情複合体が自尊感情である（榎本，1998）。

自尊感情は自己評価をともなうが，自己評価の高さや低さが必ずしも感情を引き起こすわけではない。ある側面についての自己評価は自尊感情を大きく動揺させるが，別の側面についての自己評価は自尊感情にほとんど影響しない。ハーター（Harter, 1986）は，自尊感情をローゼンバー

グ（Rosenberg, 1979）のように総合的に評定するのではなく，自己の側面ごとに評価を行って算出する方法の有効性を提唱している。とくに，現実自己の有能性や適応性についての評定とそうした成功のもつ重要度についての評定とのずれが自尊感情と関係していることを見出し，自尊感情は各自己の側面別測定値（有能性・適応性）とそれぞれの側面の重要度評定との関数であるとする。そしてハーター（Harter, 1993）は，小学生から青年を対象とした調査により，自己の側面別評価のプロフィールがほとんど同じであっても，重要度評定の違いが自尊感情の違いをもたらすことを見出している。遠藤（1992）は，現実自己と理想自己の差異得点と自尊感情の関係を検討し，本人にとって重要な側面では差異得点と自尊感情との間に強い相関関係があるのに対して，本人にとってあまり重要でない側面においてはほとんど相関がないことを見出している。

2. 自尊感情の発達

鏡映自己の概念を提起したクーリー（Cooley, 1902）は，私たちに誇りや恥の感情を抱かせるのは，他者の目に自分の姿がどのように映っているかについての想像であり，その姿を他者がどのように評価しているかについての想像であるとしている。実証研究においても，レアリーほか（Leary et al., 1995）は大学生を対象とした実験を行い，他者から受け入れられているという感覚が自尊感情を促進することを支持する結果を得ている。自尊感情は，重要な他者による評価によって形成されると考えられるが，自尊感情の発達の強力な規定要因は両親との関係であろう。両親に対する愛着のスタイルと自尊感情の関係については，安定愛着群の自尊感情が高く，不安定愛着群のうちアンビバレント群の自尊感情がとくに低いことで多くの研究結果は一致している。ロバーツほか（Roberts, Gotlib, & Kassel, 1996）は，愛着を親密さ，依存／信頼，不安の 3 つの下位尺度で測定し，それぞれの尺度上の安定愛着得点が高い人ほど自尊感情も高いことを見出している。友だち関係も自尊感情の形成に大いに影響すると考えられるが，青年を対象とした研究によれば，両親に対する愛着関係のほうが友だちに対する愛着関係よりも自尊感情と強く関係していることが一貫して示されている（Armsden & Greenberg, 1987；Paterson, Pryor, & Field, 1995）。

自尊感情の発達的変化については，一貫した見解は得られていない。自尊感情が年齢とともに上昇するという結果は主として縦断的研究によって得られたものであり，青年前期に自尊感情が低下するという結果は主として横断的研究によって得られたものである。いずれにしても，10 代半ば以降は自尊感情が上昇していくということに関しては，多くの研究結果の一致するところとなっている。リチャードソンとベンバウ（Richardson & Benbow, 1990）は，否定的経験は年齢が増すにつれてより肯定的にみられるようになるとしているが，これは自己物語の発達的変容に関して指摘したことと重なるものである。

◆ 引用文献

Allport, G. W. (1943). The ego in contemporary psychology. *Psychological Review*, **50**, 451-478.
Armsden, G. C., & Greenberg, M. T. (1987). The inventory of parent and peer attachment : Individual differences and their relationship to psychological well-being in adolescence. *Journal of Youth and Adolescence*, **16**, 427-451.
Bernstein, R. M. (1980). The development of the self-system during adolescence. *Journal of Genetic Psychology*, **136**, 231-245.
Broughton, J. (1978). Development of concepts of self, mind, reality, and knowledge. *New Directions for Child Development*, **1**, 75-100.
Cooley, C. H. (1902). *Human nature and the social order*. New York : Charles Scribner's Sons.
遠藤由美. (1992). 自己認知と自己評価の関係：重みづけをした理想自己と現実自己の差異スコアからの検討. 教育心理学研究, **40**, 157-163.
榎本博明. (1998).「自己」の心理学. サイエンス社.
榎本博明. (1999).〈私〉の心理学的探求：物語としての自己の視点から. 有斐閣.
榎本博明. (2008a). 語りを素材に自己をとらえる. 榎本博明・岡田　努（編）, 自己心理学：1　自己心理学研究の歴史と方法（pp.104-128）. 金子書房.
榎本博明. (2008b). 自己物語から自己の発達をとらえる. 榎本博明（編）, 自己心理学：2　生涯発達心理学へのアプローチ（pp.62-81）. 金子書房.
Gallup, G. G., Jr. (1977). Self-recognition in primates : A comparative approach to the bidirectional properties of consciousness. *American Psychologist*, **32**, 329-338.
Gergen, J. J., & Gergen, M. M. (1988). Narrative and the self as relationship. *Advances in Experimental Social Psychology*, **21**, 17-56.
Grene, M. (1993). The primacy of the ecological self. In U. Neisser (Ed.), *The perceived self : Ecological and interpersonal sources of self-knowledge* (pp.112-117). New York : Cambridge University Press.
Hanninen, V. (2004). A model of narrative circulation. *Narrative Inquiry*, **14**, 69-85.
Harter, S. (1986). Processes underlying the construction, maintenance, and enhancement of the self-concept in children. In J. Suls & A. G. Greenwald (Eds.), *Psychological perspectives on the self : Vol.3* (pp.137-181). Hillsdale, NJ : Lawrence Erlbaum Associates.
Harter, S. (1993). Causes and consequences of low self-esteem in children and adolescents. In R. F. Baumeister (Ed.), *Self-esteem : The puzzle of low self-regard* (pp.87-116). New York : Plenum.
岩熊史朗・槙田　仁. (1991). セルフ・イメージの発達的変化：WAI技法に対する反応パターンの分析. 社会心理学研究, **6**, 155-164.
James, W. (1992・1993). 心理学（上・下）（今田　寛，訳）. 岩波書店.（James, W. (1892). *Psychology : Briefer course*.）
Jaspers, K. (1955). 精神病理学（全3巻）（内村裕之ほか，訳）. 岩波書店.（Jaspers, K. (1913/1948). *Allgemeine Psychologie*.）
Josselson, R. (2006). Narrative research and the challenge of accumulating knowledge. *Narrative Inquiry*, **16**, 3-10.
Kagan, J. (1981). *The second year : The emergence of self-awareness*. Cambridge, MA : Harvard University Press.
梶原佳子. (2008). 最近の学会活動にみる自己心理学研究の流れ. 榎本博明・岡田　努（編）, 自己心理学：1　自己心理学研究の歴史と方法（pp. 33-47）. 金子書房.
金川智恵. (1984). 乳幼児の自己概念の発達に関する実験的研究：その1. 日本心理学会第48回大会発表論文集, 559.
唐澤真弓・柏木惠子. (1985). 幼児における自己認識：言語を媒介とした方法でどれだけ捉えられるか. 発達研究, **1**, 41-52.
Keller, A., Ford, L. H., Jr., & Meacham, J. H. (1978). Dimensions of self-concept in preschool children. *Developmental Psychology*, **14**, 483-489.
Kravitz, H., & Boehm, J. J. (1971). Rhythmic habit patterns in infancy : Their sequence, age, of onset, and frequency. *Child Development*, **42**, 399-413.

Leary, M. R., Tambor, E. S., Terdal, S. K., & Downs, D. L. (1995). Self-esteem as an interpersonal monitor : The sociometer hypothesis. *Journal of Personality and Social Psychology*, **68**, 518-530.

Lewis, M., & Brooks-Gunn, J. (1979). *Social cognition and the acquisition of self*. New York : Plenum.

MacIntyre, A. (1993). 美徳なき時代（篠崎 榮, 訳). みすず書房. (MacIntyre, A. (1984). *After virtue : A study in moral theory*. Notre Dame, Indiana : University of Notre Dame Press).

McAdams, D. P. (1988). *Power, intimacy, and the life story : Personological inquiries into identity*. New York : Guilford Press.

McAdams, D. P. (1993). *The stories we live by : Personal myths and the making of the self*. New York : William Morrow.

McAdams, D. P. (2006). The role of narrative in personality psychology today. *Narrative Inquiry*, **16**, 11-18.

Mead, G. H. (1973). 精神・自我・社会（稲葉三千男・滝沢正樹・中野 収, 訳). 青木書店. (Mead, G. H. (1934). *Mind, self, and society : From the standpoint of a social behaviorist*. Chicago : The University of Chicago Press.)

宮本美沙子・中田美子・堀野 緑. (1994). 大学生と高齢者における可能自己と達成関連動機との関係について. 発達心理学研究, **5**, 22-30.

Montemayor, R., & Eisen, M. (1977). The development of self-conceptions from childhood to adolescence. *Developmental Psychology*, **13**, 314-319.

Neisser, U. (1988). Five kinds of self-knowledge. *Philosophical Psychology*, **1**, 35-59.

Neisser, U. (1993). The self perceived In U. Neisser (Ed.), *The perceived self : Ecological and interpersonal sources of self-knowledge* (pp.3-21). New York : Cambridge University Press.

Paterson, J., Pryor, J., & Field, J. (1995). Adolescent attachment to parents and friends in relation to aspects of self-esteem. *Journal of Youth and Adolescence*, **24**, 365-376.

Richardson, T. M., & Benbow, C. P. (1990). Long-term effects of acceleration on the social-emotional adjustment of mathematically precocious youths. *Journal of Educational Psychology*, **82**, 464-470.

Roberts, J. E., Gotlib, I. H., & Kassel, J. D. (1996). Adults attachment security and symptoms of depression : The mediating roles of dysfunctional attitudes and low self-esteem. *Journal of Personality and Social Psychology*, **70**, 310-320.

Rosenberg, M. (1979). *Conceiving the self*. New York : Basic Books.

Sanderson, A., & McKeough, A. (2005). A narrative analysis of behaviourally troubled adolescents' life stories. *Narrative Inquiry*, **15**, 127-160.

Sarbin, T. R. (1952). A preface to a psychological analysis of the self. *Psychological Review*, **59**, 11-22.

Shavelson, R. J., Hubner, J. J., & Stanton, G. C. (1976). Self-concept : Validation of construct interpretations. *Review of Educational Research*, **46**, 407-441.

下仲順子. (1997). 人格と加齢. 下仲順子（編), 老年心理学（pp.62-76). 培風館.

Taylor, S. (2005). Self-narration as rehearsal : A discursive approach to the narrative formation of identity. *Narrative Inquiry*, **15**, 45-50.

若本純子・無藤 隆. (2004). 中年期の多次元的自己概念における発達的特徴：自己に対する関心と評価の交互作用という観点から. 教育心理学研究, **52**, 382-391.

やまだようこ（編). (2000). 人生を物語る：生成のライフヒストリー. ミネルヴァ書房.

43章 気　質

上村佳世子

1節　気質研究の歴史

　人間の個人差をとらえようとした気質（temperament）の概念は，ギリシャ時代にまで遡ることができる（詫摩，1981）。ヒポクラテス（Hippocrates）は，4つの体液（血液，黄胆汁，黒胆汁，粘液）のバランスと病気および治療とを関連づけた4体液説を述べている。その後，この考え方はガレノス（Galenos）に引き継がれ，体液の比率によって4つのタイプの行動の違いが示され，気質類型という生理的特性の個人差が説明されるようになった。

　クレッチマー（Kretschmer, E.）は，臨床経験のなかから，細長型，肥満型，闘士型の体格分類が分裂気質，躁うつ気質，粘着気質に対応する行動特徴に現れることを見出した。彼は，パーソナリティが意志や感情の要因を含み後天的に形成されるのに対して，気質は先天的要因の影響を色濃く受ける情動的な反応性であるとしている。ソ連および東欧の気質研究のなかでパヴロフ（Pavlov, I. P.）は，大脳の神経システムにおける活性と抑制のバランスと，刺激変化に対する神経システムの柔軟性に関する動物の個体差に注目している（Strelau, 1983）。さらに，アイゼンク（Eysenck, 1967）は，外向性－内向性の次元と神経症傾向の次元で人間の特性を分類することを主張しており，この向性の次元は神経システムの活性－抑制の考え方と結びついている。以上の気質理論の流れは，人間の行動の個人差を神経学的モデルで記述しようとするもので，遺伝的要因の制約を前提としている一方で，経験などの後天的な影響も否定していない。これらの研究の流れは，主に成人を対象として進められていった。

　人間の発達を考えるうえで，個体のもつ情動面の特性である気質が大きく注目されるようになったのは，トマスとチェスのニューヨーク縦断研究（New York Longitudinal Study：NYLS；Thomas, Chess, & Birch, 1968）以来である。彼らは，子どもが誕生時から生物学的側面を反映した個人差をもち，それが母親の養育態度や行動に大きな影響を及ぼすことに注目した。そして，子どもの発達過程での臨床的な問題の発生を環境要因のみならず，乳児の行動特徴という個体側の要因に焦点を当てて説明しようとした。すなわち，人間は環境要因によって大きな影響を受けると同時に，子どもが生得的にもっている特性が養育者をはじめとする環境要因をコントロールしていくという方向もある。彼らの考え方は，それまで遺伝もしくは養育環境のいずれかに帰属されてきた子どもの精神的発達や，その過程で生起する適応上の問題の原因をとらえ直す視点を提供したのである。

2節　発達初期の気質研究と測度

1. 育てにくい子：トマスとチェスの研究

　トマスとチェスは，気質には生得的基盤があり，誕生後からある程度の安定性をもつとともに，個体のおかれる環境に応じて変化するものととらえている。子どもの情緒的な臨床的問題は，それまでの子どもの行動スタイルと環境要因との相互作用的関係から予測されうるものと考えた。彼らが臨床的な知見にもとづいて実施したNYLSにおいて，2〜3ヵ月の乳児期から長期にわたる親に対する面接調査によって抽出した気質尺度は，活動水準（activity level），周期性（rhythmicity），接近・回避（approach/withdrawal），順応性（adaptability），反応の強度（intensity of reaction），反応閾値（threshold of responsiveness），気分の質（quality of mood），気の散りやすさ（distractibility），注意の範囲と持続性（attention span and persistence）であった。この9つのカテゴリーで表される行動特徴について，ケアリーが質問紙を作成し，比較的簡便な気質の測定および評価が可能になった。これによって，この尺度は臨床場面や発達心理学研究において広く用いられるようになり，わが国においても最も使用頻度の高い質問紙といえる。

　彼は，乳児200名のデータにもとづいて標準化を行い，最終的には4〜8ヵ月の乳児のためのRevised Infant Temperament Questionnaire（RITQ；Carey & McDevitt, 1978）の尺度を作成し，これが気質研究の拡大に大きな役割を果たすことになる。さらに尺度パターンから，"difficult"（扱いにくい），"slow-to-warm-up"（ウォームアップが遅い），"easy"（扱いやすい）といった気質診断類型に子どもを分類する。ここで注目されるのは，「扱いにくい子」（difficult child）である。彼らは，生活のリズムが不規則で，新しい刺激に対して引っ込み思案で，環境の変化に慣れにくく，気分の質はネガティブであり，反応の表現が強いという特徴をもつ。NYLSでは，この扱いにくい子どもの70％が後に問題行動を発現させており，彼らは環境への適応が難しく，母親もこうした子どもにかかわるのは大きな負担となることを表している。この気質診断類型については，親の養育イメージとの関係の調査から妥当性が認められている。

　しかし，この気質測度にも問題がないとはいえない。母親評定に依存する質問紙調査は，面接の手法と比べると親の期待や価値観の影響を受けやすく，社会的に望ましい方向に評定結果がずれやすい。さらに個々の気質尺度については，その構造や妥当性について疑問が指摘されている。また，その後の因子分析による構造の検討により，オリジナルの尺度は部分的にしか一致がみられないことも指摘されている（Sanson, Prior, Garino, Oberklaid, & Sewell, 1987）。このような尺度構成が，長期の発達過程にわたる人間の行動特徴を十分に表すものかどうかについては，さらなる検討が必要ではあるが，個体の側の要因に焦点を当て，環境要因としての親の養育態度との関係で，現象的にその後の子どもの発達にアプローチしようとした彼らの功績は大きい。

2. パーソナリティの遺伝的特性：バスとプロミンの研究

　気質の遺伝的規定性に視点をおくもので，発達的にきわめて早い時期に出現し，環境要因によって変化する部分もあるが，安定して後のパーソナリティを形成するものと考えている。バスとプロミン（Buss & Plomin, 1984）は，気質概念に関する基準を設け，そこから情動性（emotionality），活動性（activity），社会性（sociability）という3つの次元をパーソナリティの基本特性として選択して，その頭文字をとったEAS尺度として質問紙を作成している。情動性は恐怖や怒りなどの否定的情動が喚起されやすい神経症的傾向を，社会性は他者の存在を好む外向性を表しており，いずれも生物学的基礎をもつと考えられている。この2つは，多くのパーソナリティ側面を表す主たる次元と考えられてきた。彼らはこれらに加えて，遺伝的要素にもとづき生理的，身体的動きの水準とかかわる，行動のテンポの速さやエネルギーの強さなどを表す活動性を含めて，気質の基本特性をとらえようとした。

　彼らの研究は行動遺伝学的な方法に基礎をおいており，彼らは遺伝規定性を測るために双生児研究や養子研究などを行っている。双生児研究では，遺伝的影響を調べるために，遺伝子が同じである一卵性双生児とおよそ50％の遺伝子を共有する二卵性双生児を比較するという方法をとる。双生児の生育環境をほぼ同一と考え，相関係数によりそれぞれのペアの類似度を比較することによって，遺伝と環境の影響を数量化しようというものである。それによると，一卵性双生児の相関係数は二卵性双生児よりも高く，パーソナリティ特性のさまざまな側面である程度の遺伝的影響が示されている。しかし，一卵性双生児の相関の高さは遺伝的影響のみに帰属することはできず，プロミン（Plomin, 1990/1994）は，実際にはそこに遺伝の要因から明確に分離することのできない環境側の影響が含まれているという問題を指摘している。また，彼らが行ったコロラド養子研究では，養子家庭と非養子家庭との比較を行い，さまざまな発達指標と環境要因との相関が調べられた。その結果を彼らのモデルにもとづいて考察し，遺伝的影響が比較的大きいのは問題行動と気質で，認知発達や言語発達については大きな影響がみられないことを示した。

3. 情動表出：ゴールドスミスとキャンポス

　ゴールドスミスとキャンポス（Goldsmith & Campos, 1982）は，気質を恐れ，喜び，興味といった基本的な情動システムの個人差ととらえ，声，表情，体などの行動に表出されるとしている。何かしようとしてそれを阻止されたときに怒りという情動を感じるかと，それをどのように表出するかといった制御の問題は同時に生起するものである。彼らも基本的な情動の個人差は生得的なものであり生理学的なシステムが基礎にあるために安定していると考えている。しかし，情動表出の個人差については，生理的な指標ではなく観察可能な行動レベルでとらえようとした。ゴールドスミスはロスバートと共同で，実験室における遊びの活動や人形や対人場面などいくつかの課題を設定し，それぞれの刺激に子どもがどのように反応するかを観察することで情動表出を評価する「実験室気質評価バッテリー」（Laboratory Temperament Assessment Battery：

Lab-TAB；Goldsmith & Rothbart, 1996) を開発するとともに，養育者が日常の子どもをみて評定する「乳児用行動質問紙」(Toddler Behavior Assessment Questionnaire：TBAQ；Goldsmith, 1996) を作成している。これらの気質指標は，運動の活動性，怒り，恐れ，喜び，興味の持続性の5つから構成されたが，後に気質次元の数を増やしたものに改訂されている。また，当初は気質の定義において遺伝性を強調することはなかったが，近年は気質の遺伝的側面にもアプローチするなど，研究の視点を広げている（たとえば，Ruf, Chmidt, Lemery-Chalfant, & Goldsmith, 2008)。

4. 反応性と自己制御：ロスバートとデリーベリーの研究

ロスバートとデリーベリー (Rothbart & Derryberry, 1981) は，気質を反応性 (reactivity) と自己制御 (self-regulation) という大脳の神経システムに関する特性としてとらえた。それらは生物学的基礎をもち，遺伝と成熟，さらに経験から長期にわたって影響を受ける比較的安定した個人差である。反応性には個体の行動，生理的システムの興奮性，応答性，喚起性が，自己制御には注意，接近・回避行動，行動抑止という制御過程が含まれていて，反応性に対する調整機能をもっている。ここから，乳児の行動特徴として，活動水準，肯定的情緒表現，定位の持続時間，なだまりやすさ，恐れ，フラストレーション耐性の6尺度から構成される行動記述項目を作成し，これを尺度 (Infant Behavior Questionnaire：IBQ；Rothbart, 1981) として構成した。

彼らが対象としたのは行動上の反応スタイルの特性というよりは，動的な反応の質と強さに関する個人差である。このアプローチは，子どもの行動特徴が大脳の神経生理学的システムに起因する，特定の反応傾向をとらえようとするものであった。人間の行動特徴が生物学的基礎に強く規定されていることを仮定して人間発達を説明していることから，長期にわたる発達過程では連続的で安定した個人差を求めることになる。近年では，注意の統制を葛藤場面における眼球運動といった行動指標を脳神経システムとの関連で分析した研究などがある (Rothbart, 2007)。

5. 行動的抑制性：ケイガンの研究

ケイガンは，子どもの気質的特徴として知らぬ人物，対象物，出来事に対する不安や回避などの反応の仕方「行動的抑制性」(behavioral inhibition) に注目した。彼の一連の研究では，実験室で遊んでいる子どものそばにロボットやおもちゃの動物を置いたり，普通に接していた見知らぬ女性がいきなり表情を変えて大きな声を出したりして，それに対する子どもの情緒的反応を観察している (Kagan, Kearsley, & Zelazo, 1978)。さらに，幼稚園入園直後のほかの子どもや教師とのかかわり方や遊び方などの，子どもの日常的な行動もみている。縦断的研究の結果は，新奇性の高い対象に対して慎重で内気な反応をする抑制的な子どもと，見知らぬ対象に対しても物怖じせず積極的にかかわろうとする非抑制的な子どもの反応傾向の違いは，乳児期から幼児期にかけて比較的安定していることを示している (Kagan & Snidman, 2004)。彼は気質研究のなかで，

行動観察のほかに心拍数の変動という指標も使用しており，子どもの気質的特徴は神経システムの働きの違いなど生理的過程が関連することが推測された。

外界の刺激に対するこのような反応の違いは，結果的に子どもの生育環境や自身の経験をつくるものと考えられる。子どもが初めて会う他者や見慣れない場所でも興味を示し外向的に動きまわるのと，慣れない状況では警戒していつまでも親の傍を離れずにいるのでは，周囲の他者の対応は異なるし，蓄積されていく社会的経験もおのずと違ってくる。こうした個体の行動特徴が生理的な特性にもとづくもので状況や時間を超えて比較的一貫しているとしても，成長して経験を積むことによりその表れ方は変化する。社会的，文化的環境のなかで個体の気質的特徴がどのように機能するかをみていくことは，子どもの発達を育児や教育の影響にウエイトをおいてきた過去の発達研究の環境主義に対して，個体因の重要性に視点を当てるものであった。彼らは行動や生理的指標を含む客観的な測度を長期にわたってとり，脳神経システムの個人差を基盤にした情動や行動などにかかわる心理学的な現象をとらえようとした（Kagan & Fox, 2006）。

以上のように発達初期の気質の理論的モデルを概観しても，その概念や測度は研究者間でいまだ一致してはいない。ただ，総括的にみれば気質とは，①情動，活動，注意，感覚の感受性の領域に関連する行動上の個人差であり，②反応強度，潜時，時間，期間，回復時間の特性として示され，③発達初期（乳児期には部分的に，幼児期に完全に）に表れ，④霊長類にもそれと対応するものが存在するもので，⑤生物学的なメカニズムと密接に関連し，⑥相対的に持続し概念的に一貫した結果をもたらすといった共通性があるといえる（Zentner & Bates, 2008）。

3節　気質の個人差と環境との相互作用

気質研究では当初より，子どものもつ個人差がどのように親の養育態度や行動に影響を及ぼすかということに，大きな関心があった。子どもは自らの気質的特徴によって，結果的に自分の生活環境を形成し経験する活動を選択しているといえる。はじめて出会う他者や場所を積極的に受け入れることのできる子は，社会的経験や適応の機会を多くもつことになるし，活発に活動し衝動的な子は，危険に遭遇する機会も多くなり社会的トラブルを招きやすい。また，環境側が子どもをどのような印象をもってとらえるかによっても，外界からの働きかけや対処のされ方が異なることから，同じ気質的特徴がどのような状況でも同じ発達的結果を招くわけではない。子どもが発達初期に示す個人差と親の働きかけや養育態度を中心とする環境要因との相互作用的関係のなかで，その後の発達の姿も臨床的問題も形成されていくと考えられる。このような個体側の要因と環境要因との関係は，トマスとチェス（Thomas & Chess, 1980/1981）が提唱した「適合のよさ」（goodness of fit）の概念にも表されている。環境が子どもに対して向ける期待や要求が子どもの特性と調和したときには，子どもの発達は望ましい方向に発展するが，それが適合しないときには，必要以上のストレスを感じて不適応行動を生起させることもある。

サメロフとチャンドラー（Sameroff & Chandler, 1975）も，子どもの情緒的障害の成因を親子の「相乗的相互作用的モデル」（transactional model）から以下のように説明しようとしている。未熟児として生まれることや遺伝的疾患をもつなど，子どもが何らかの問題をもって誕生すると，親は育児に対して必要以上の不安を感じるようになり，これを反映したかたちで子どもは神経質であったり応答的でなかったりするなどの育てにくい気質的特性を示す。そうなると親は子どもにかかわることを無意識に避けるようになり，こうした不適切な育児が継続することで，結果的にその後の子どもの情緒的障害や言語の遅れなどのトラブルを引き起こすことになる。発達の最初期にみられる子どもの個人差は，複雑な相互作用的関係をとおして臨床的問題を予測させるリスク要因と考えられる。しかしそれと同時に，縦断的研究の結果は，リスク要因をかかえた子どもであってもその大部分は，実際には後に認知的，社会的問題を発現しないことをも示している。彼らのモデルは，子どもの問題を個体と環境のいずれかの要因に帰属させるのではなく，それぞれの要因が複雑に絡み合い悪循環に陥るというかたちで，将来的な発達の遅れや臨床的問題が生起するメカニズムを説明している。

　水野（2002）は，乳児期から幼児期にかけて気質類型の育てにくさにはある程度の連続性があり，こうした子どもをもつ親は育児ストレスを感じることが多いが，これは子どもの年齢や母親の育児経験によっても影響を受けることを示した。この結果は，親の適切な育児行為や認識，さらに子どもの問題行動の発生に対する臨床的介入の可能性を示唆するものである。また，子どもの恐怖反応の強さに関する縦断的な観察において，これが後の子どもの自己統制を含む社会化に関連することが示された。しかし，子どもの恐怖反応のレベルが直接影響するのではなく，そこには養育のなかで周囲の大人が子どもの示す恐怖にどのように対応するかが，媒介要因として影響することが明らかにされた（たとえば，Kochanska, Aksan, & Joy, 2007）。これらのデータが示すように，個体のもつ行動特徴は，環境要因との相互作用的な関係のなかで，将来の子どもの発達的変化を形成していくことになるのである。

4 節　気質研究の意義と今後の展望

　ラター（Rutter, 1987）は，気質の発達的安定性と変化を明らかにすることは，子どもの将来の行動特徴や発達を予測するうえで重要な役割を果たすことを主張した。気質の各尺度については，乳幼児期には比較的安定性が高いことがいわれているが，それ以降の時期になると同じ尺度間の相関はあまり高くない。ベイツ（Bates, 1989）は，生後24カ月時までの気質的特徴によって，幼児期以降の問題行動を予測しうるといういくつかの研究例をあげている。気質的特性は将来の発達を予測するスクリーニング指標としての色合いが濃く，子どものかかえるリスク要因を早期に発見し，その発達過程を正確に予測することが将来の問題解決につながっていくと考えられる。縦断的研究をとおして，発達初期の気質類型や情動性の個人差などが，後の不安や抑うつ性などの精神的問題や，攻撃性や不適応行動などの社会的問題の発生とどのように関連するかという検

討も多くなされている（Rothbart & Bates, 2006）。

　人間の発達の過程は，サメロフ（Sameroff, 1993）のシステムモデルにも表されているように，生物学的な調節と組織システムである遺伝子型は，家族や文化的文脈など個体に対して発達的な機会を提供するシステムとしての環境型と相乗的に関連し合いながら，それぞれの時点での個体の発達の様相を決定している。すなわち，発達は遺伝的情報が後に発現していくのではなく，システム全体が相互作用的に刺激し合いながら常に変化している過程ととらえられる。人間の発達は社会的関係のなかで展開されていくもので，それを理解するためには個体と環境の両要因のかかわり合いとその変化過程をみていかなければならない。そして，問題発生の原因として同定される要因を早期に発見し，循環的関係を変化させる介入をしていくことが，将来の臨床的問題の回避や解決を導くものと考えられる。そのように考えると，気質の個人差も個体の成熟や外的な経験の影響を受けて変化することも当然のこととして受けとめられる一方で，その発達的な一貫性もシステム自体の安定的な循環性によるものであることがわかる。

　将来の臨床的問題を回避するためには，環境要因との間でつくられる可能性のある悪循環を適切に予想し，早期に親子関係への適切な介入がなされることが必要と考えられる。具体的には，育児が困難であるという養育者の認識を変えさせて子どもとのかかわり方について再教育し，個人差をもった子どものありのままを理解し受容することができるようになることと，子どもの示す行動の意味を読み取る学習をさせる。そうした試みのための専門機関や介入的支援も増えてきており，それらはいずれも，放っておくと悪循環に陥り将来の問題行動を引き起こす可能性のある親子間の相互作用的関係のなかで，まずは親の認識を変えることによって，親子関係全体の軌道修正をすることができるという考えにもとづいている。このような発達的修正のプログラムを有効に機能させるためには，子どものリスク要因や環境要因を含む，さまざまな要因を長期にわたる発達過程のなかで検討し，臨床的な問題行動の発生とそれを回避させる防御要因を解明するための基礎研究が必要である。

　今後の課題としては，他者や学校などの社会環境はもちろん，地域や文化の要因とのかかわりから，さまざまな気質的行動特徴を示す子どもの適応と問題行動の発現の可能性が検討される必要があると考えられる。また，気質概念に関する検討や，評定者バイアスを含む尺度の客観性に関する問題など，従来の気質研究がかかえている諸問題を解決し，子どもの発達的可能性をとらえるための有効な指標として再構成されることが望まれる。さらに近年では，気質の生理学的な基礎へのアプローチも行われている。クロニンジャー（Cloninger, 1987）は，神経伝達物質との関連で気質的行動をとらえようとしており，新奇性の追求，損害回避，報酬依存，持続性の4尺度の安定性や精神医学的変数との関連など，乳児期から大人までを含む発達心理学的な検討を行っている。また，中枢神経システムや末梢神経システムから気質の個人差を解明しようと実験研究を試みる，精神生理学的アプローチも多くある（Rothbart & Bates, 2006）。今後は，個人差の遺伝子情報による解明や将来の具体的な発達の方向性と精神疾患の予測もなされるものと考えられる。こうしたデータにもとづいて，子どもの個人差に対応した教育やしつけなど環境側の新たな支援のあり方について検討がなされていくものと考えられる。

いずれにしてもリスク要因をかかえる子どもについては，早期の正確な診断と専門家の介入によって発達支援がなされ，子どもにとって良好な育児環境が保障されていくことが望ましい。さらに適切な介入を実現するために，個人の多様な発達領域の差異を明示するプロフィールを記述し，発達診断と支援を長期にわたって繰り返し，それらの変化の個性記述的資料から発達過程を検討していくことになろう。そのためには，気質のメカニズムの解明と支援体制や早期介入のプログラムを構成するための，さらなる実践的研究が急務である。

◆ 引用文献

Bates, J. E. (1989). Applications of temperament concepts. In G. A. Kohnstamm, J. E. Bates, & M. K. Rothbart (Eds.), *Temperament in childhood* (pp.3-26). New York : Wiley.

Buss, A. H., & Plomin, R. (1984). *Temperament : Early developing personality traits*. Hillsdale, NJ : Lawrence Erlbaum Associates.

Carey, W. B., & McDevitt, S. C. (1978). Revision of Infant Temperament Questionnaire. *Pediatrics*, **61**, 735-739.

Cloninger, C. R. (1987). A systematic method for clinical description and classification of personality variants. *Archives of General Psychiatry*, **44**, 573-588.

Eysenck, H. J. (1967). *The biological basis of personality*. Springield, IL : Thomas.

Goldsmith, H. H. (1996). Studying temperament via construction of the Toddler Behavior Assessment Questionnaire. *Child Development*, **67**, 218-235.

Goldsmith, H. H., & Campos, J. J. (1982). Toward a theory of infant temperament. In R. N. Emde & R. Harmon (Eds.), *The development of attachment and affiliate systems* (pp.161-193). New York : John Wiley & Sons.

Goldsmith, H. H., & Rothbart, M. K. (1996). *Prelocomotor and locomotor Laboratory Temperament Assessment Battery (Lab-TAB ; version 3.0, Technical Manual)*. Madison : University of Wisconsin, Department of Psychology.

Kagan, J., & Fox, N. (2006). Biology, culture, and temperamental biases. In N. Eisenberg (Vol. Ed.), W. Damon & R. M. Lerner (Editors-in-Chief), *Handbook of child psychology : Vol.3. Social, emotional, and personality development* (6th ed., pp.167-225). New York : John Wiley & Sons.

Kagan, J., Kearsley, R. B., & Zelazo, P. R. (1978). *Infancy : Its place in human development*. Cambridge, MA : Harvard University Press.

Kagan, J., & Snidman, N. (2004). *The long shadow of temperament*. Cambridge, MA : Havard University Press.

Kochanska, G., Askan, N., & Joy, M. E. (2007). Children's fearfulness as a moderator of parenting in early socialization : Two longitudinal studies. *Developmental Pcyshology*, **43**, 222-237.

水野里恵. (2002). 母子相互作用・子どもの社会化過程における乳幼児の気質. 風間書房.

Plomin, R. (1994). 遺伝と環境：人間行動遺伝学入門（安藤寿康・大木秀一, 訳）. 培風館.（Plomin, R. (1990). *Nature and nurture : An introduction to human behavioral genetics*. Pacific Grove, CA : Brooks/Cole.）

Rothbart, M. K. (1981). Measurement of temperament in infancy. *Child Development*, **52**, 569-578.

Rothbart, M. K. (2007). Temperament, development, and personality. *American Psychological Science*, **16**, 207-212.

Rothbart, M. K., & Bates, J. E. (2006). Temperament. In N. Eisenberg (Vol. Ed.), W. Damon & R. M. Lerner (Editors-in-Chief), *Handbook of child psychology : Vol 3. Social, emotional, and personality development* (6th ed., pp.105-176). New York : John Wiley & Sons.

Rothbart, M. K., & Derryberry, D. (1981). Development of individual differences in temperament. In M. E. Lamb & A. L. Brown (Eds.), *Advances in developmental psychology : Vol. 1* (pp.37-86). Hillsdale, NJ : Lawrence Erlbaum Associates.

Ruf, H. T., Chmidt, N. L., Lemery-Chalfant, K., & Goldsmith, H. H. (2008). Components of childhood impulsivity and inattention : Child, family, and genetic correlates. *European Journal of Developmental Science*, **2**, 52-76.

Rutter, M. (1987). Continuities and discontinuities from infancy. In J. D. Osofsky (Ed.), *Handbook of infant devel-

opment (2nd ed., pp.1256-1296). New York : John Wiley & Sons.

Sameroff, A. J. (1993). Models of development and developmental risk. In C. Zeanah (Ed.), *Handbook of infant mental health* (pp.3-13). New York : Guilford Press.

Sameroff, A. J., & Chandler, M. J. (1975). Reprocudtive risk and the continuum of caretaking causality. In F. D. Horovitz, M. Hetherington, S. Scarr-Salapatek, & G. Siegel (Eds.), *Review of child development research : Vol.4* (pp.187-244). Chicago : The University of Chicago Press.

Sanson, A., Prior, M., Garino, E., Oberklaid, F., & Sewell, J. (1987). The structure of infant temperament. *Infant Behavior and Development*, **10**, 97-104.

Strelau, J. (1983). *Temperament personality activity*. New York : Academic Press.

詫摩武俊. (1981). 気質. 梅津八三・相良守次・宮城音弥・依田 新 (監), 心理学事典 (pp.140-141). 平凡社.

Thomas, A., & Chess, S. (1981). 子供の気質と心理的発達. (林 雅次, 監訳). 星和書店. (Thomas, A., & Chess, S. (1980). *The dynamics of psychological development*. New York : Brunner/Mazel.)

Thomas, A., Chess, S., & Birch, H. G. (1968). *Temperament and behavior disorders in children*. New York : New York University Press.

Zentner, M., & Bates, J. E. (2008). Child temperament : An integrative review of concepts, research programs, and measures. *European Journal of Developmental Sciences*, **2**, 7-37.

44章 パーソナリティ

鈴木乙史

1節 パーソナリティとは

　私たちが日常使っている，性格（キャラクター；character）や人格（パーソナリティ；personality）という用語はどのようなことを指し示しているのか考えてみよう。まず，それぞれの人間には，心の動き方にその人特有の傾向があると考える。これを「個性」とよび，それぞれの個性の相違を「個人差」と表現している。人格心理学でいうところの「個性」や「個人差」とは，体つきや顔つきではなく，心の動き方の特徴のことなのである。
　パーソナリティという用語は「人格」と訳され，心の動き方の個性や個人差を意味する用語である。ほぼ同義の言葉に「性格」がある。キャラクターの語源はギリシャ語で，「刻み込むこと」や「彫刻」という意味を含んでいる。この用語は，第二次世界大戦以前のドイツ語圏で心理学が盛んであった頃によく用いられ，遺伝的・生得的に規定されており変化しにくいというニュアンスがある。これに対して，パーソナリティの語源はラテン語のペルソナで，仮面，俳優が演ずる役割そして演ずる人を意味していた。パーソナリティという用語は，心理学の中心がアメリカに移り，盛んになるにつれてよく用いられるようになった。人格という用語には，後天的・学習的に獲得されるもので環境要因が重要であり変化しうるものというニュアンスがある。現在では，この2つの用語は，ほぼ同義のものとして用いられている。そして，人間の全体的なまとまりを示す場合には人格という用語が用いやすく，個々の側面（たとえば，外向性や攻撃性）を記述するような場合には性格という用語が使われることが多い。本稿では，パーソナリティという用語を主として用いることにする。
　そもそも，パーソナリティとは何を指し示す用語であろうか。ある個人の個性や個人差を意味する用語であることはすでに述べた。このときの個性とか個人差とは，心の動き方のその人固有の特徴である。心の動き方の特徴とは，端的にいえばパターン化されている思考や行動のことである。つまりある個人は繰り返し同じようなことを考え，同じような行動をしているがゆえに，他者と判別できるのである。思考は，外側から観察することができない内的な精神活動の代表で，他には，感情，欲求，認知などを含む。行動は外側から観察できるものの代表で，他には，外見，表情，姿勢（ポスチャアー），体の動き（ジェスチャー）などを含む。内的な精神活動に対応して，心のあり方が外的に現れたものが行動等であると考えることができる。個人には，その個人特有の思考や行動のパターンがあり，そのようなパターンを生み出す何ものかがあると考えられる。ここで，主張は2つに分かれ，パターンを生み出す何らかの構造が個人のなかにあると考

る立場（実体論）と，それは個人の外にあると考える立場（状況論）がある。現在の人格心理学では，前者が主流であり，思考や行動のパターンを決定している何ものかが個人のなかにあるのだと考えている。ちなみに，外にあると考える立場では，その個人がおかれた状況や環境が個人のパターンを決定しているとするのである。

　次に，ある個人が自分自身の繰り返すパターンに気づいているか，という点を考えてみよう。繰り返されるパターンは，それが繰り返されれば繰り返されるほど自動化されてくる。車の運転を例にとれば，習いはじめの頃はすべての動作は意識的で，外界を注視しながら注意深く一つひとつの動作を意図的にしていたはずである。ところが繰り返すことによって，動作や外界への注視も，何か異常なことがない限り自動化されてくる。ついには，音楽を聞いたり，助手席の人と会話したりしながら運転することができるようになる。これは車の運転に必要な思考や行動がパターン化されたからこそ，可能になる。このような繰り返されるパターンの特徴は，本人には気づかれているのであろうか？　答えは明らかに，ある部分は気づかれているが，ある部分は気づかれていない，というものであろう。自分も運転する人が，初めてある人の運転する車の助手席に乗せてもらえば，その人の運転パターンに気づき，時には怖い思いをして二度と乗りたくないと感じることすらあるであろう。当然，運転する本人にとっては，そのような運転は日常的で自然なものであり，どこが怖いのかまったくわからないであろう。個人のパーソナリティとは，このようなものである。本人にとっては，自然で日常的なパターンであり（人によってトラブルや問題行動が多かったり少なかったりするが），それなりに環境に適応しているのであるが，近くで詳しくみてみると「どうして，このような時に，このようなことをするのだろうか」と疑問をもたざるをえない（鈴木・佐々木，2006）。パーソナリティとは，このような繰り返される思考と行動のパターンといえるが，それでは何が，そのようなパターンをつくりだすのかが問題になる。ここでオルポート（Allport, 1961）の定義を示しておく。「パーソナリティとは精神身体的組織をもった個人内の力動的体制であって，彼の特徴をあらわす行動と思考とを決定するものである」。この定義では，個人の行動と考えを決定するものは，個人内部の力動的体制であるとしている。

2 節　パーソナリティ研究の歴史と問題

　パーソナリティに関する，最古の書物は，紀元前3世紀にギリシャのテオフラストス（Theophrastos）による『エチコイ・カラクテレス』（『人さまざま』）であるといわれている。へつらい，お愛想，うわさ好き，恥知らず，けち，おせっかい，へそまがり，不平，虚栄，横柄，臆病など，あまり好ましくない人物像について事細かに記述している。人間の特徴ある行動を細かく観察して記述するということは，人間の歴史のなかで古くから行われていたと想像しうる。またギリシャ時代には，パーソナリティの背後にあって，そのような差異をつくりだす原因についての仮説も現れている。2世紀にガレノス（Galenos）は，身体にある4つの体液（血液，黄胆汁，黒

胆汁，粘液）のどれが優勢かによって，4つの気質が現れると考えた。血液は多血質（快活，明朗，気が変わりやすいなど），黄胆汁は胆汁質（せっかち，短気，興奮しやすいなど），黒胆汁は憂うつ質（用心深い，苦労性，悲観的など），そして粘液は粘液質（冷静，勤勉，粘り強いなど）である。このような体液と気質を結びつける考えはすでに否定されているが，何らかの基準でパーソナリティを少数の類型に分類する類型論は，この後もさまざまなかたちで現れることになる。1867年には，ドイツの哲学者バーンゼン（Bahnsen, J.）によって『性格学』が著されるが，思弁的な域を超えることなく長らくパーソナリティ研究は発展しなかった（詫摩・瀧本・鈴木・松井，2003）。

　19世紀に自然科学がめざましく発展するにつれて，医学・生理学における神経系や感覚器官の研究をもとに実証的にパーソナリティを研究する機運が高まってきた。フェフナー（Fechner, G. T.）は精神物理学を提唱し人間の感覚機能を定量的に研究した。また，ヴント（Wundt, W.）は1879年にドイツのライプチヒ大学に世界最初の心理学実験室をつくった。精神医学の領域でも，統合失調症がスイスのブロイラー（Bleuler, E.）によって1911年に概念化され，病気の進行によるパーソナリティの変化と特有の病前性格が記述された。また，フロイト（Freud, S.）は神経症の治療プロセスをもとにして，精神分析的パーソナリティ理論を提唱した。このように，実験や観察やケース研究をとおして，パーソナリティが実証的に研究されるようになったのである。パーソナリティが実証的研究の対象になるにつれて，さまざまな問題や課題が現れてきた。そのうちのいくつかをここで検討してみよう。

1．遺伝か環境か

　もともと，性格（character）という用語には，遺伝的で変化しづらいものというニュアンスがあり，人格（personality）という用語には後に習得するもの変化するものというニュアンスがある。このように遺伝か環境か，氏か育ちかという議論は，心理学以前から存在し，現在では相互作用説（遺伝×環境）で論者の一致をみている。しかしながら，心理学の歴史のなかで，どちらにより焦点が当たっていたかには変遷がある。第二次世界大戦以前，心理学がドイツ語圏を中心としたヨーロッパで盛んであったときは，性格（character）という用語が好んで用いられ，家系研究や双生児研究など遺伝的な影響に関する研究が多くなされていた。しかし，ドイツで政権を握ったヒトラーがユダヤ人や知識人を迫害したために，多くの心理学者，医学者がアメリカに亡命し，戦後アメリカに心理学の中心が移った。アメリカでは，人格（personality）という用語が好まれており，また優生学（人種的に優れた民族と劣った民族が遺伝的に決定されているという考え）への反省と，アメリカでの行動主義心理学の隆盛があり，環境の影響についての研究が盛んに行われていた。その反面，パーソナリティに与える遺伝的影響については，軽視されてきた。

　最近になって行動主義心理学の勢いが衰えるにつれて，行動遺伝学が，近年の脳神経学・生理学の隆盛に並行して盛んになってきた。主として一卵性双生児間と二卵性双生児間の相関係数の違いから遺伝率を算出することによって，パーソナリティのどの側面に遺伝的影響力が強く働く

かが研究されてきている。また，環境要因として一括されていたものを，どのような家庭に育ったかという共有環境と，個別の学校や友人関係といった非共有環境を分けることによって，パーソナリティ形成には（児童期以降ではとくに）非共有環境のほうがより影響力が強いという，従来考えられていた仮説を覆す知見が得られている（Plomin & Daniels, 1987）。

しかしながら，双生児のデータは主として自己記入式の質問紙法で得られているため，ここで扱われているものは行動の類似性なのか自己認知の類似性なのかが問題になる。また，遺伝率も，何を基準にして算出するかによって，異なる結果が得られている。たとえば，遺伝的影響に関して最もよく研究されている知能（IQ）に関して6つの基準をもとに遺伝率を算出すると，0.30から0.72までという大きな差異がみられている（Plomin, 1990）。このような問題点はあるものの，パーソナリティも他の人間の特性（身長，体重，顔つき，IQなど）と同様に遺伝的な影響を受けることは当然であり，この事実を再認識させたこと，そして児童期以降ではパーソナリティ形成には非共有環境のほうが共有環境より影響力が強いという知見を示したことは重要であろう。

2. 実体か状況か

ミシェル（Mischel, 1968）は，人間の行動は内部に存在する特性（行動傾向）によって説明できるという仮定や，その行動は状況を超えて一貫しているという仮定には，実証的な根拠はないと主張した。ミシェルらは，さまざまな研究から，尺度で測定される特性と一定の状況における行動との相関係数は0.3以上にはならないことを示した。すなわち，特性から行動を予測する場合，予測の上限が10％以下（$0.3 \times 0.3 = 0.09$）であり，実際には不可能となる。

行動を一貫させるものは，特性ではなく状況であるとしたこの主張は，状況主義とよばれ，従来の立場（実体論）との間に長い論争（人間-状況論争）を引き起こした。この論争のなかで，データによっては特性と行動との相関が0.3を超えるものもあること，特性と状況を単一に組み合わせればその相関は低くなるが，複数の特性と複数の状況を組み合わせた場合は，相関はより高くなるといったような反論が現れた。ある行動をとることによって，その行動自体が状況を変化させ，相互作用を新たなものに変えていくこと，また，特定の状況といっても個人に認知される状況は同一ではなく，ある個人に認知されるある状況が存在するのだといった主張がなされた（若林，2009）。この長い論争が生産的な何かを生み出したかには疑問があるが，少なくとも行動を説明する際には特性と状況との相互作用を考慮する必要があるということが再認識された。これは，レヴィン（Lewin, K.）の公式，$B = f(P \cdot E)$（行動Bは人間Pと環境Eとの関数である）を再評価することでもあった。

3. 実際行動か自己認知か

ミシェルらの主張とも関連するが，パーソナリティ研究においては，自己記入式の質問紙（特性の尺度）の結果（数値）を，実際の行動の指標として疑問なしに使用していることがしばしば

みられる。すでに述べた双生児法の遺伝研究もしかりである。しかしながら、このような方法で得られる程度（数値）の違いは、実際の行動をどれだけ反映しているのであろうか。ここで測定されていることは、ある特徴（たとえば、外向性）に関する自己認知に大きく依存していることは明らかである。ある個人の自己認知は、実際のその個人の行動と同じではない。なぜならば、繰り返されるパターンはしばしば自動化されて意識されず、自己認知はしばしば他者の評価（ナラティブ）を組み込んでおり、また、自己をモニタリングする能力には大きな個人差があるからである。特性は、自己認知を含むが自己認知と同じではない。しかしながら、自己認知と実際の行動との関連性に関しての検討は、人間－状況論争後にも、ほとんどなされていない。このことは、思考などの内的プロセスが、ある状況下でどのような行動として現れるかを問うことでもある。思考と行動にその人固有のパターンがあるとする実体論の立場に立てば、あることを考えやすい人が、ある状況下でどのような行動を実際にしやすいのかを問うことにほかならない。認知－状況－行動を組み込んだパーソナリティ研究が必要とされている。

　さらに、パーソナリティ研究を大きく二分すれば、大きな理論と小さな理論とに分けることができると思われる。大きな理論は、人間のパーソナリティ全体の構造を俯瞰しうるような理論であり、それを用いれば、目の前にいる一個人のあり方を理解することが可能になる。小さな理論は、全体を構成する一部分についての研究といってよいだろう。現代は、明らかに小さな理論の時代である。歴史的にみると、フロイトの精神分析的パーソナリティ理論、行動主義的パーソナリティ理論、ロジャーズ（Rogers, C. R.）の現象学的パーソナリティ理論などが現れた時代は、大きな理論の時代といってよい。しかしながら、1970年代の家族システム論を最後に、大きな理論は長らく現れなくなっている。パーソナリティを要素主義的に考え、ある特性のみを取り出すことは可能と思われるし、その要素を研究することにも十分意義があると思われるが、「パーソナリティ」とは第一義的に人間の心の動き方の全体像を示す用語である。また、ある部分を全体に当てはめた場合、その特性の機能や意味は他の部分との相互作用によって変化することは、ゲシュタルト心理学の知見をもち出さなくとも十分予想できる。それゆえ認知－状況－行動を組み込んだ、新たな統合理論が必要とされていると思われる。

3 節　パーソナリティの安定性と変化

　実証的研究を検討すると、大人になってからは、年齢をへるだけではパーソナリティは変わるとはいえないようである。しかしながら、パーソナリティの安定性は、青年期から中年期よりも、中年期から高齢期の間のほうが高くなる傾向がみられる。フィン（Finn, 1986）は、大学生（17歳から25歳）と中年（43歳から53歳）の2つの世代を、MMPIを用いて30年間隔で追跡した。その結果、各下位尺度の相関の中央値は、中年期が.38であるのに対して、高齢期は.53とはるかに高かった。また、レオンほか（Leon, Gillum, Gillum, & Gouze, 1979）は、中年期から高齢期まで約30年間、71名の男性を追跡調査し、30年間に4回、MMPIを実施した。71名のグルー

プ・プロフィールは，ほぼ同じようなパターンを示しており，かなり安定していることが示された。個々の性格特性は，年数がたつほど相関が低くなるが，30年間の間隔でもかなり高い相関値を示す特性（社会的向性：.73，性度：.58，軽操性：.52，抑うつ性：.47，など）があることが示された。

　コスタとマックレー（Costa & McCrae, 1994）は，1980年以降のいわゆるビックファイブ研究の発展からこの領域の研究は大きく進展したと述べ，中年期から高齢期までに示される性格の恒常性研究をレビューしている。ビックファイブとは，遺伝子型（genotype）を基盤とすると仮定された，人間が共通にもつとされる5つのパーソナリティ特性のことである。彼らは，N（neuroticism：神経症傾向），E（extraversion：外向性），O（openness：開放性），A（agreeableness：協調性），C（conscientiousness：誠実性）を測定する尺度（NEOパーソナリティ尺度）を構成し，数多くの縦断的研究を発表している。彼らのレビューによると，表44.1に示したように，ビック

表44.1 大人を対象としたビックファイブの安定性係数（Costa & MaCrae, 1994）

因子／尺度	研　究	期間	係数
Neuroticism			
NEO-PI N	Costa & McCrae, 1988	6	.83
16PF Q4：Tense	Costa & McCrae, 1978	10	.67
ACL AdaptedChild	Helson & Moane, 1987	16	.66
Neuroticism	Conley, 1985	18	.46
GZTS Emotional Stability（low）	Costa & McCrae, 1992a	24	.62
MMPI Factor	Finn, 1986	30	.56
		中央値：	.64
Extraversion			
NEO-PI E	Costa & McCrae, 1988	6	.82
16PF H：Adventurous	Costa & McCrae, 1978	10	.74
ACL Self-Confidence	Helson & Moane, 1987	16	.60
Social Extraversion	Conley, 1985	18	.57
GZTS Sociability	Costa & McCrae, 1992a	24	.68
MMPI Factor	Finn, 1986	30	.56
		中央値：	.64
Openness			
NEO-PI O	Costa & McCrae, 1988	6	.83
16PF I：Tender-Minded	Costa & McCrae, 1978	10	.54
GZTS Thoughtfulness	Costa & McCrae, 1992a	24	.66
MMPI Intellectual Interests	Finn, 1986	30	.62
		中央値：	.64
Agreeableness			
NEO-PI A	Costa & McCrae, 1988	3	.63
Agreeableness	Conley, 1985	18	.46
GZTS Friendiness	Costa & McCrae, 1992a	24	.65
MMPI Cynicism（low）	Finn, 1986	30	.65
		中央値：	.64
Consientiousness			
NEO-PI C	Costa & McCrae, 1988	3	.79
16PF G：Conscientious	Costa & McCrae, 1978	10	.48
ACL Endurance	Helson & Moane, 1987	16	.67
Impulse Control	Conley, 1985	18	.46
GZTS Restraint	Costa & McCrae, 1992a	24	.64
		中央値：	.67

ファイブの安定性は中年期から高齢期にかけてかなり高いものである。神経症傾向（N）に関しては、調査間隔が6年から30年、NEOパーソナリティ尺度やMMPIなどを用いた6研究を概観し、相関は.83から.46で、中央値は.64であった。同様に、外向性（E）では、相関は.82から.56で、中央値は.64であった。開放性（O）では、相関は.83から.54で、中央値は.64であった。協調性（A）では、相関は.65から.46で、中央値は.64であった。誠実性（C）では、相関は.79から.46で、中央値は.67であった。もしパーソナリティをビックファイブのような狭義の特性に限定するならば、加齢を主たる変数とする場合には、かなり高い安定性ないし恒常性がみられるといえるであろう。

このような安定性を示す実証研究で用いられた研究方法は、質問紙（尺度）法であり、結果は全体の平均値や相関係数で示されている。しかしながら、問題なのは、対象としたグループ全体の変化ではなく、目の前の一個人のパーソナリティが変化するかしないかであろう。いわば、本来研究されるべきなのは、個人内での安定性と変化である。このような問題に焦点を当てた研究が、ブロック（Block, 1971）によってなされている。彼はQ分類法（Q-sort technique）という技法を用いて、個人内の安定性を測定した。Q分類法とは、何枚かのパーソナリティ傾向の書かれたカードを用意し、何件法かで評定してもらう（段階評価する）のだが、それぞれの段階に置けるカードの枚数はあらかじめ決定されている。たとえば、カリフォルニアQセットでは、100枚のカードからなり、9件法で評定され、それぞれの段階には、5, 8, 12, 16, 18, 16, 12, 8, 5枚のカードを置くように指示される。このような方法を用いると、ある時間間隔をおいた2評定間の個人内相関（Q相関）を算出できる。算出されたQ相関の平均値（対象者160名）は、中学から高校の間隔では男子が.77、女子が.75であった。また、高校から大人（30歳代）の間隔では、男子が.56、女子が.54と比較的高かった。パーソナリティ傾向の安定性は、グループ全体としては安定していたわけである。この結果は、すでに述べた諸研究の結果と一致していた。図44.1は、高校から大人（30歳代）の間隔で、それぞれの示した相関値と人数である。このように個人個人を検討すると、ひじょうに大きなパーソナリティ恒常性でのばらつきがみられる。男子では中学から高校の間隔で、－.02から1.00まで、女子では中学から高校の間隔で、－.02から1.00まで、高校から大人（30歳代）の間隔では、男子が－.40から.99まで、女子では－.30から.97まであったのである。このように平均値や中央値のみを用いると、あたかも全体の安定性が高いようにみ

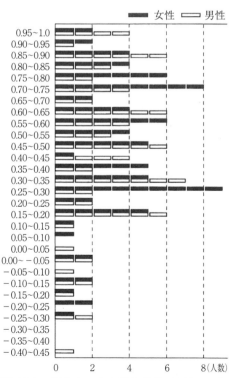

図44.1 個人内の安定性と変化（高校から大人まで）（Block, 1971）

えるが，個々人内の変化の程度をみると恒常性が高くみられる者と大きく変化している者がいる。このように変化の幅自体に，大きな個人差がみられるのである。

4節　パーソナリティの可塑性と生涯発達

1. パーソナリティの可塑性

　ワーナーら（Werner, 1989 ; Werner & Smith, 2001）は，慢性的な貧困，親の教育水準の低さ，不和，離婚，そして親の精神病などの要因にさらされた，いわゆるハイリスク児の初期経験克服プロセスを30年間にわたり追跡調査している。対象になった子どもは，ハワイのカウアイ島で1955年に生まれた698人全員である。2歳児までに12名が死亡しており，686名の子どもが研究対象となった。このうち約30％（201名）の子どもたちは，周産期のストレス，慢性的な貧困，高校を卒業していない親による養育，慢性的な両親の不和，親のアルコール依存，精神障害など，危険因子をもつ環境で育ったハイリスク児である。ハイリスク児の内，約2/3（129名）は，10歳時には重大な学習上と行動上の問題を発展させ，18歳時には非行歴，精神障害，10代の妊娠歴をもっていた。しかしながら，1/3（72名）は，逆境をうまく克服していた。彼らは児童期・青年期で，学習上・行動上の問題をもった者はおらず，学校・家・社会でうまくやっていた。そして，この2群を分ける要因は，①温和な性格（見知らぬ人からの好意を経験しやすい），②親身になって世話をしてくれる人が最低1名いたこと（家族内の代理親），③学校で少なくとも1名の親友や教師または教会の関係者がいた，というものであった。

　彼らは30歳時（1985～1986年）に約80％（545名）がフォローアップされ，面接と質問紙調査が行われた。また18歳以降の裁判所，精神障害治療，結婚・出産等の記録が参考資料として用いられた。その結果，10代の頃に問題をかかえていたハイリスク児のほとんどに，ポジティブな変化がみられた。10代の母親だった者の内90％（26名）に面接した結果，60％がその後教育を受け，90％が就職しており，ほとんどすべてが18歳時よりも幸福と答えた。精神衛生上の問題をかかえていた者の内80％（56名）に面接した結果，30歳時でも精神衛生サービスを受けていた者は約20％（12名）で，残りの者はすでに必要としていなかった。非行歴のある者の内75％（74名）に面接した結果，75％（56名）が立ち直っていた。このように18歳時に大きな精神的・社会的な問題をかかえていた者の多くが，30歳時には立ち直っていたのである。それぞれのケースで転機となったのは，結婚，子育て，教会活動，軍隊への入営の経験であった。これらの経験をとおして，家族・親類や友人・先輩等が支えとなっていた。また，性格・気質や心身のハンディキャップの有無にかかわりなく，彼らを無条件に受けとめてくれる人が周囲に最低でも1名いた，というものであった。このように，従来考えられていた以上にパーソナリティの可塑性は高いことが示された。

2. 高齢期での安定性と変化

　ニューガーテン（Neugarten & Associates, 1964）を中心とするシカゴ大学グループは，アメリカのカンザスシティ在住の中年から高齢者までを約7年間追跡調査し，パーソナリティには加齢によって変化しにくい面（内容的側面）と加齢によって変化していく面（過程的側面）とがあることを報告した。年齢が増すだけでは変化しにくいと考えられるものは，性格の内容的側面とよばれ，狭義の特性やいわゆる気質のようなものである。たとえば，中年期で依存的な人や攻撃的な人は，高齢期になるとより依存的，攻撃的になると考えられる。これに対して，加齢によって変化すると考えられるのはパーソナリティの過程的側面で，自己認知や他者認知といった認知的側面である。たとえば性役割認知は，年をとるにつれ男らしさ，女らしさといったものにとらわれなくなる方向へ変化する。また，高齢期では関心の内面化が増加し，より自分を振り返るようになり，外界に対する関心が減少する傾向がみられた。

3. 生涯発達と変化

　発達（development）という用語には，もともと，変化するという意味が含まれている。子どもは変化する存在であり青年もまた変化する存在である。しかしながら従来の考えでは，パーソナリティは大人になると安定し変化しにくくなるというものである。生涯発達という概念には，発達は獲得（成長）と喪失（衰退）が結びついて起き（Baltes, 1980），その変化は常に起きているという意味を含んでいるため，一種のパラダイムシフトを必要とする。すなわち，そのような変化は常に起きているのであるが，ある一定以上の量的・質的変化をもたらさない限り，自他によって変化と認知されないのだと考えられる。

　そこで問題となるのは，何をもって変化したと考えるかである。すでに紹介したコスタとマックレーを代表とする多くの研究では，対象としたグループの相関係数を用いて，安定性や変化の指標としている。しかしながら，相関係数はグループ内の相対的位置を示しはするが，グループ全体の傾向が同じように増減するような場合には，変化自体を示してくれない。また，変化とは，元来，個人内の出来事でありグループ全体の問題ではない。この観点からいえば，すでに紹介したブロックの研究が意味深いことがわかる。

　カスピとベム（Caspi & Bem, 1990）は，安定性をいくつかに分類して論じ，グループ平均を基準として安定性を論じる場合を「絶対的安定性」（absolute stability）とよび，本来は個々人のなかで問われるべきものであるが，便宜的にグループ平均を使っていると位置づけている。また，相関係数を基準とするものを「差異的安定性」（differential stability），特性のプロフィールを基準とするものを「構成的安定性」（structural stability）とよび，本来研究されるべき「個人内安定性」（ipsative stability）と分けて論じるべきであるとした。

　次に問題とされるのは，パーソナリティ変化についての多くの研究で，質問紙法が用いられていることである。自己記入式の尺度では，作成するときに信頼性の高い項目を選択する。当然，

変化しにくい項目から尺度が構成されることになる。またその尺度は，5件法や7件法といった限定された選択肢が用いられ，大きな変化を生み出せない傾向をもつ。このように考えると，尺度法を用いること自体，変化よりも安定性を導きやすいといえる（Hertherton & Nichols, 1994）。

　また，パーソナリティ概念を再度問う必要がある。研究者がパーソナリティをどうとらえているかが，安定性と変化の問題に直接反映する。たとえばパーソナリティをいくつかの特性の組み合わせに限定すれば，パーソナリティは変化しにくいものとなる。しかしながら，パーソナリティを，動機，人生の目的，価値観，自己概念などを含むより全体的なものと考えれば，より変化しやすいものとなるであろう。それゆえ，コンレイ（Conley, 1985）が主張するように，安定性が高い側面（外向性や神経症傾向などの特性），中程度の側面（価値観やパーソナル・スタイルなど），低い側面（役割，自我同一性，自尊心など）を分け，これらのすべての水準を含むことがパーソナリティの安定性と変化に関する研究には必要とされるのである。

◆ 引用文献

Allport, G. W. (1961). *Pattern and growth in personality.* New York : Holt, Rienhart & Winston.
Baltes, P. B. (1980). Life-span developmental psychology. *Annual Review of Psychology,* **31**, 65-110.
Block, J. (1971). *Lives through time.* Berkeley, CA : Bancroft Books.
Caspi, A., & Bem, D. J. (1990). Personality continuity and change across the life course. In L. A. Pervin (Ed.), *Handbook of personality* (pp.549-575). New York/London : Guilford Press.
Conley, J. J. (1985). A personality theory of adulthood and aging. In R. Hogan & W. H. Jones (Eds.), *Perspective in personality* (pp.81-116). Greenwich, CT : JAI Press.
Costa, P. T., Jr., & McCrae, R. R. (1994). Set like plaster? : Evedence for the stability of adults personality. In T. F. Hertherton & J. L. Weinberger (Eds.), *Can personality change?* (pp.21-40). Washington, DC : American Psychological Association.
Finn, S. E. (1986). Stability of personality self-ratings over 30 years : Evidence for an age/cohort interaction. *Journal of Personality and Social Psychology,* **50**, 813-818.
Hertherton, T. F., & Nichols, P. A. (1994). Conceptual issues in assessing whether personality can change. In T. F. Hertherton & J. L. Weinberger (Eds.), *Can personality change?* (pp.3-18). Washington, DC : American Psychological Association.
Leon, G. R., Gillum, B., Gillum, R., & Gouze, M. (1979). Personality stability and change over a 30-year period-middle age to old age. *Journal of Consulting and Clinical Psychology,* **47**, 517-524.
Mischel, W. (1968). *Personality and assessment.* New York : Wiley.
Neugarten, B. L. & Associates (Eds.). (1964). *Personality in middle and later life.* New York : Atherton Press.
Plomin, R. (1990). *Nature and nurture : An introduction to human behavioral genetics.* Pacific Grove, CA : Brooks/Cole.
Plomin, R., & Daniels, D. (1987). Why are children in the same family so different from one another? *Behavioral and Brain Science,* **10**, 1-60.
鈴木乙史・佐々木正宏．(2006)．人格心理学：パーソナリティと心の構造．河出書房新社．
詫摩武俊・瀧本孝雄・鈴木乙史・松井　豊．(2003)．性格心理学への招待（改訂版）．サイエンス社．
若林明雄．(2009)．パーソナリティとは何か：その概念と理論．培風館．
Werner, E. E. (1989). High-risk children in young adulthood : A longitudinal study from birth to 32 years. *American Journal of Orthopsychiarty,* **59**, 72-81.
Werner, E. E., & Smith, R. S. (2001). *Journeys from childhood to midlife : Risk, resilience, and recovery.* Ithaca/London : Cornell University Press.

C 社会的領域

45章 社会的認知

久保ゆかり

「社会的認知の発達」とは，他者，自己，対人関係といった社会的な対象についての認識を発達的な視点から検討している研究領域のことである（Harris, 2006）。社会的認知の発達研究は，認知発達研究から派生して始まった。認知発達研究の権威のピアジェ（Piaget, J.）は，子どもは「小さな科学者」であるとして，論理数学的思考の発達の解明に注力した。その後に続くピアジェ派心理学において社会的認知は，認知発達研究で見出されたことを社会的な対象の理解に応用する領域と位置づけられていた（無藤・久保，1982）。それに対して近年，社会的な対象の理解の発達研究は，「認知発達の応用」の枠におさまりきらないものであるとの見方がされるようになってきた。子どもは自ら理解を構成していく存在であるとの，ピアジェ派の視座を踏襲しつつも，子どもは「小さな心理学者」であるとして，対人的な理解の発達に光をあてて検討を進める研究が展開しているのである。とくに実際の日常生活では，発達の早期から何らかの他者理解のあることが示され，子どもを自己中心的とのみとらえる見方からの脱却がはかられてきた（たとえば，Dunn, 1995）。さらにトマセロ（Tomasello, 1999/2006）は，社会的認知の力こそが，ヒトが人となっていくために必要な学習の基盤であると位置づけている。社会的認知は，人間の発達において決定的に重要なことであるととらえられるようになったのである。本稿では，本ハンドブック旧版から20余年間の研究の積み重ねを振り返ってまとめ，これからの課題について検討する。

1節 社会的知覚から相互作用へ：乳児期

乳児についての社会的認知の研究は，近年，飛躍的に進展し，日本においても示唆に富んだ論考やレビューがされるようになり（遠藤，2005；板倉，2011），乳児が社会的な対象についてどのように知覚しているのかが精査されている。乳児が顔らしきものを選好する傾向についての研究は，1960年代から始まっており（たとえば，Fantz, 1961），近年はさらに精緻に検討されている（Morton & Johnson, 1991）。大きなしゃもじのような板に目鼻口が顔のような配置で

描かれているものと，でたらめな配置のもの，何もないものを新生児に提示すると，顔のような配置のものを最もよく追視することを報告している。さらに最近ではカッシアほか（Cassia, Turati, & Simion, 2004）が，目鼻口ではなく，5個の黒い正方形を要素として使い新生児に見せると，それらが図の上半分に多く置かれてあれば，たとえ顔のような配置でなくても，よりよく注視することを見出し，新生児は顔というよりも，上半分に要素が多くあるパターン（top-heavy patterns）に対して注意が惹かれるといった知覚特性をもつのではないかとしている。

そのような知覚特性のもと乳児には，人の顔を見る経験が蓄積されていき，脳神経メカニズムの成熟とともに，生後2カ月すぎには，人の顔のなかでもとくに目や視線に対して敏感になっていくようである。バロン-コーエン（Baron-Cohen, 1995/2002）のまとめによると，2カ月児は顔の要素のうち，目に対してより長く注視し，6カ月になると，視線を逸らしている顔よりも自身に視線を向けている顔をより長く注視することが報告されている。彼は，人には生得的に視線方向検出装置というものが備わっていると論じ，それは後述する共同注意を準備し他者理解の基盤となると考えている。

一方，情動のコミュニケーションについても検討が進んでいる。たとえば新生児は，他児の泣き声を聞くとつられるようにして泣き出すことがあり，情動伝染（emotional contagion）とよばれている（Hatfield, Cacioppo, & Rapson, 1993）。生後10週頃になると，たとえば養育者に依頼して悲しそうな表情と声で乳児に働きかけてもらうと，乳児は唇を吸ったり指しゃぶりをしたりといった，自身の気持ちをなだめるような反応を示した（Haviland & Lelwica, 1987）。そこからはこの時期の乳児は，養育者の情動表出にさらされると，類似の表出をするだけでなく，乳児自身の内的状態もその情動状態に巻き込まれてしまうようにみえる。また養育者の側も，乳児の情動表出に調子をあわせるかかわり方（情動調律；affect attunement）をすることが見出されている（Stern, 1985/1989）。

またこの頃の乳児は，養育者の反応が随伴性を欠いている（親子にモニター画面を介してやりとりしてもらい，親の映像をモニター画面に1秒遅れで呈示し，子に見せる）場合には，不機嫌になったり苦痛を示したりすることが見出された。この頃の乳児は，相手が自分に対して随伴的にやりとりしているか否かを敏感に識別できることがうかがえる（Henning & Striano, 2011）。

さらに生後1年目の後半，9カ月頃には，対象に対する注意を他者と共有すること（共同注意）が可能となってくる。たとえば，乳児と対面している養育者がその視線を何もない白い壁へと移すと，乳児は養育者の視線を追い，その後，視線を養育者へ戻すことが見られた（Bretherton, Fritz, Zahn-Waxler, & Ridgeway, 1986）。「相手が何を注視しているのか」を確かめているような行動である。トマセロ（Tomasello, 1995）は，相手が何に注意を払っているかをモニターできるようになることを重視する。子どもが相手の注意をモニターしているとき，相手が子ども自身に注意を向けるということが起こると，子どもは，相手が自身に注意を払っていることを把握することができ，そのとき子どもは初めて，自身を相手の目からとらえるようになる。それが客体としての自己の起源であると考察している。9カ月頃から2歳にかけて，どのような自他理解が生じていると解釈するのかについては多様な議論がなされている（Flavell, 2004）が，社会的認知

の発達にとって9カ月が重要な節目であり，「謎に満ちた時期」(Tomasello, 1995) であるということはいえるだろう。

2節　相互作用のなかでの実践的な把握：2歳前後（トドラー期）の他者理解

　近年，2歳前後の時期は，歩行開始期あるいはトドラー期とよばれ，その時期の他者理解に注目が集まっている。従来，ピアジェの三つ山問題で正答できるようになるのは児童期に入ってからであり，幼児は「自己中心的」であり他者理解はできないものとみなされていた。それに対してフレイヴェル (Flavell, 1985) は，他者理解には2水準があるととらえ，3歳児であっても水準1の理解（「他者には何が見えて何が見えないのかの推論」）は可能であることを実証的に示した。近年はさらにトドラー期の子どもを対象に検討が進んでいる。

　1歳代の子どもを対象にした研究 (Repacholi & Gopnik, 1997) では，まず大人がブロッコリー（子どもが嫌いなもの）を見てうれしがり，スナック菓子（子どもが好きなもの）を嫌悪する様子を見せる。あるいはその逆を見せる。その後大人は子どもに「もっと欲しい」と言い，子どもがどちらを渡してくれるかをみた。その結果，大人が示した好みに応じた物を渡すことが，14カ月児はできなかったが，18カ月児はできた。18カ月児は自分の好みを他者に投影するのではなく，相手が自分とは異なる好みをもつことを理解しているのではないかと解釈されている。あるいはヴァイシュほか (Vaish, Carpenter, & Tomasello, 2009) は，18カ月児に，大切な物を第三者に攻撃的な言動で奪われている大人の様子を見せたところ，18カ月児は心配そうな表情で見つめ，その後で慰めたり手助けしたりする向社会的行動を多く示したことを報告している。その大人は中性的な表情でいるように設定されていたので，子どもの行動は，情動伝染がもととなっているとは説明できず，感情についての「視点取得」（他者の立場に自分をおくことによって感情を推論すること）が生じていたのではないかと議論されている。そこからはトドラー期の子どもが，自己とは異なる他者の内的状態について，単なる投影や情動伝染ではない，何らかの理解をしているのではないかと考えられる。

　家庭での家族などとのやりとりといった日常生活場面では，他者の内的状態についてより多様な理解をしているようにみえることが多数報告されている。たとえば1歳半頃には，兄姉といさかいをしているときに，相手の苦手な物をもってきたり，大事にしている物を壊すなどした (Dunn, 1988)。相手の好悪を把握でき，それをもとに相手を困らせることができるようにみえる。

　また最近では，他者を欺く行動 (deception) についても検討が進んでいる。ウイルソンほか (Wilson, Smith, & Ross, 2003) は，家庭での親子のやりとりを観察して，うそについて検討している。子どもの発話を対象にして，当事者が「うそ」と言ったことや状況観察などからうそと同定され得たものを抽出したところ，2歳児の65％がそのような発話をしていた（4歳児は85％，6歳児は95％）。

レディ（Reddy, 2008）は，親たちに子どもとのやりとりを記録してもらい，次のような事例を見出している。

　週末に，子どもたちの叔母が来た。叔母が「おとうさんはどこ？」と尋ねると，R（2歳5カ月）は「2階」と答えた。そのすぐ後に，2階ではなく，裏口から父親の声が聞こえてきた。Rはすぐに，「別のおとうさんが2階にいるの！」と言った。叔母は混乱しているように見えた。私は笑い出し，Rのことばの意図を理解した（実際，2階にはだれもいないのだ！）〔Rの母親の録音記録　「スキャンダルか？」とのコメント付き〕

Rは，大人からみればあまりありそうにないことを述べていて，手口は稚拙であるが，自分の言ったことは正しいと叔母に思い込ませようとして，「別のおとうさん」と言いつのったのではないかと解釈することができそうである。

　従来，欺くことは，いわゆる「心の理論」（theory of mind）を獲得することで可能になるとみなされてきた。心の理論の獲得を，誤信念課題に通過することであるとみなすならば，それは4歳すぎであることが知られている。しかし，上述のような日常生活場面における研究では，4歳よりもかなり早期に欺きが現れることが報告されている。それはなぜだろうか。ダン（Dunn, 2008）は，日常生活でのやりとりには，次の3つの特徴が作用していると考えている。①家族に対しては，行動を観察し予測する機会が豊富にある。②家族や友だちとの関係は，パペット（人形）との関係（典型的な誤信念課題ではパペットの心的状態を推論させる）よりもはるかに重要である。③親や姉兄はやりとりにおいて「足場作り」（scaffolds）をし，子どもの理解を支えてくれる。

　そのようななかで示される理解のことを，ダン（Dunn, 1988）は，「実践的な把握」（practical grasp）とよんでいるが，さらにレディ（Reddy, 2008）はその議論を発展させている。自分とかかわっている相手が自分に「欺かれること」（deceivedness）を，子どもが経験することが，欺きの発達を支えると考えている。そしてそのような視座を，第二者的アプローチとよび，誤信念課題などによる検討（第三者的アプローチとよぶ）とは区別する。先の例では，Rの叔母が半信半疑で欺かれそうになっていた。レディはそのような「欺かれる」相手の存在があって，欺こうという意図が子どもの側にしだいにかたちづくられていく側面があるのではないかと考えている。またRの母親は，Rの「欺き」を愉快なものと感じているようにみえる。そのような子どもの行動をおもしろがる大人の存在もまた，子どもの欺きの発達を支えるのではなかろうか。実践的な把握としての他者理解が成り立っていく要因として，相手からの積極的な関与のあるやりとりが重要であるように思われる。

3節　他者の内的世界を表象する：幼児期の他者理解

　3歳すぎには実験室においても，「欺き」ができるようになっていく。3歳児に玩具箱を見せ，実験者が戻るまでその中を見ないようにと言い残して部屋を出る。その間に，多くの3歳児は中

を見てしまう。しばらくして戻ってきた実験者は子どもに「見た？」と尋ねる。約4割の子どもが，実際には見てしまったのに「いいえ」と答え，そう言っているときの表情や身振りは，本当に見ていなかった子どものそれと区別がつかなかった。そこからは3歳児が，他者の内的世界と自身のそれとは違うのだということを理解しはじめていることがうかがえる (Lewis, 1993)。

さらに5歳になると，他者の内的世界の内容を表象できるようにもなる。上述の発展形ともいうべき研究 (Polak & Harris, 1999) では，3歳児に加えて5歳児をも対象にした。まず実験者は，「箱のなかにはグワッグワッとなく動物のぬいぐるみが入っています。どんな動物だと思う？」と尋ね，子どもから「アヒルかな」といった答えを得ておいた。その後，箱のなかを見ないようにと言い残して部屋を出る。その間にやはりほとんどの子どもは見てしまい，実はブタのぬいぐるみが入っていることを知る。しばらくして戻ってきた実験者は子どもに「見た？」と尋ねる。過半数の子どもはやはり「見てない」と答えた。その子どもたちに，今回はさらに「箱のなかにはどんな動物が入っていると思う？」と尋ねる。すると3歳児のほとんどは，見て知った中身（ブタ）を答えてしまった。一方5歳児では，ブタ以外の動物（たとえばアヒル）を答えることが多かった。5歳児が「アヒル」と答えると，大人は，「ああ，この子は箱の中身はアヒルだと思っているんだ」と思い込むかもしれない。5歳児は，大人がそのような思い込みをもつように仕向けているのではなかろうか。幼児期後期にかけて子どもは，他者の内的世界の内容をきめ細かく表象できるようになると考えられる。

そのような他者理解をヒューズ (Hughes, 2011) は，「内省的な他者理解」(reflective understanding of other) とよんでいる。彼女はそのほかに，「直感的な他者理解」(intuitive understanding of other) があるとしている。それは，相手の表情や身振り，身体の動きや声のトーンなどによって伝達される情報にもとづいてなされる，迅速な理解であり，ダン (Dunn, 1988) のいう「実践的な把握」とほぼ同義である。

他者理解には2種類あるとの考えは，別府・野村 (2005) の研究を想起させる。そこでは，定型発達児には，誤信念課題に正答するが言語的理由づけができない水準1と，言語的理由づけのできる水準2があることが確認されている。ここでいう水準1反応は直感的な理解に対応し，水準2反応は内省的な理解に対応すると考えられる。そこから，定型発達における幼児期は，直感的な他者理解に加えて，内省的な他者理解も可能となっていく時期であると考えられる。別府・野村 (2005) では，さらに高機能自閉症の子どもたちは，水準1反応をすることなく水準2反応をすることを見出した。そこからは，高機能自閉症の子どもたちにとっては，直感的な他者理解が困難である可能性が論じられている。

そしてその成長は，養育者などとのやりとりに支えられていることを示唆する研究が展開している。養育者が乳児を，心をもった存在としてとらえて「心を気遣う傾向」(mind-mindedness：以下，MMと略す) をもっていることが，後の子どもの情動理解や誤信念理解の高さと関連することが見出されている。高いMMをもっている養育者は，子どもの内的な状態に言及することが多く，そのようなやりとりが，後の子どもの他者理解に寄与する可能性が論じられている（篠原, 2011）。

またダンほか（Dunn, Brown, & Beardsall, 1991）は，感情についてよく会話する家族の3歳児は，3年後の6歳時点で情動理解課題の成績が高かった（子の言語能力と家族の会話量の影響を除いても有意な相関）ことを見出した。それを発展させたアンソールとヒューズ（Ensor & Hughes, 2008）では，会話のうちでもとくに，先行する子どもの発話と関連させて養育者が思考や欲求についてよく話すことが，その2年後の時点で，子どもが情動理解や誤信念理解がよくできるようになることと関連していたと報告している。

あるいは4～6歳児の養育者が，自身の子の特徴を心的な用語（思考，情動，意図など）を使って記述する程度が高いほど，その子どもは情動をよく理解していたと報告されている（de Rosnay, Pons, Harris, & Morrell, 2004）。シャープとフォナギー（Sharp & Fonagy, 2008）はMMや心の理論，メタ情動（情動に対する自覚的な態度）についての研究を検討し，子どもの社会情動発達や心理的な健康にとって重要なのは，養育者が子どもを「心をもった動作主としてとらえること（心理化：mentalizing）」であるとまとめている。養育者が，子どもは心的状態をもっている者であるととらえてやりとりすることは，子どもの社会的認知を育む，豊かな場を提供することになると考えられる。

4節　特性を考慮した他者理解・やりとりの歴史をもった他者理解：幼児期のもう一つの成長

従来，「特性を考慮した他者理解」は，児童期に入ってから可能となる（Flavell & Miller, 1998）とされてきた。そこで典型的に用いられていた課題は，架空の人物について特性を含意するいくつかの行動情報を提示し，それにもとづいて別の状況での他者の行動を予測させる課題であった。それに対して，リウほか（Liu, Gelman, & Wellman, 2007）は，「メアリは意地悪（mean）」といった特性そのものを子どもに提示し，「公園で転んで泣いている子がいた。メアリは，その子を見て笑うか，それとも助けるか。どっちをすると思う？」といった単純化した選択式の質問をした。その結果，4, 5歳児が特性に沿った行動を予測できることを見出した。ただし特性ではなく，特性を含意する行動（「猫の尻尾を引っ張る」など3種）を提示した場合には，「どっちをすると思う？」質問で，それらに沿った行動を選択することは偶然の確率を超えなかった。そこから幼児は，行動情報にもとづいて別の状況での行動を予測することは不得手であるが，特性が与えられた場合にそれに沿った行動を予測することは可能であり，「特性を考慮した他者理解」の発達は，幼児期にすでに始まっていると論じられている。また松永（2005）も，4歳児であってもすでに，動画ストーリーによって提示した行動情報から，「意地悪」「やさしい」という特性を推測できることを示した。実際，日常生活場面では幼児期中頃には，友だちについて人格特性語を用いて語ることが現れはじめる（坂上，2012）。

日常生活場面を観察する方法によって幼児期の他者理解をとらえようとする研究からは，やりとりの歴史をもった個別具体的な相手についての理解が検討されるようになってきている。岩田

(2001) は，年中組の4歳児が，「さっきは頼んでも何も貸してくれなかった〈あなた〉には，今度はわたしも同じように貸してあげない」といった報復的な行動を示したエピソードをとりあげ，相手との「過去の経緯を根にもった」行動がみられるとしている。ナイサー（Neisser, 1994）は幼児期には，「時間的に拡張された自己」(temporally extented self) が獲得されていくと論じているが，木下（2008）はさらに検討を加え，「5歳半以降，自己と他者は異なる時間的視点をもち，それぞれが固有の時間的拡がりをもつ世界に生きていると認識されるようになる」としている。幼児期後半には，やりとりの歴史にもとづき時間的な拡がりをもった他者理解が現れてくるのではなかろうか。そしてそれは，個別具体的な「あの子」や「あの人」との間でまずは構成されていく理解であると考えられる。

また，そのような側面の他者理解を支えるのは，もはや家庭における養育者や家族とのやりとりのみではないことにも気づかされる。園生活などでの，保育者や友だち・仲間とのやりとりが，重要性を増していくと思われる。そのような視点からの研究が始まり（Dunn, 2004），また保育の領域での研究との連携も有用（岩田，2011）と思われ，今後の展開が期待される。

なお，ダンは他者理解の影の部分についても研究しており，3歳時点で他者理解に長けていた子どもたちが，2年後に他児とのネガティブな経験（自分を好きではない，自分と遊びたくない，遊んでくれない等）をより多く語り（Dunn, 1995），また教師からの批判に敏感で，自分の評価を下げることが多いことを見出している（Cutting & Dunn, 2002）。他者理解に長けていると，子どもの自信を損なう恐れがあり，他者理解のコストについて研究することが必要であると論じている。

それに対しヒューズ（Hughes, 2011）は，他者からの批判に敏感であることは不安感と関連するのではないかという観点から研究をレビューし，児童を対象とした研究では，他者理解の高さは不安感とは関連がなかったことを見出している。またダン（Dunn, 2004）では，3歳4カ月時点で他者理解課題に長けていた子らは，5, 6, 7歳時点でより精緻な協同遊びを友だちと行い，4年後の7歳時点ではけんかをしたときに相手の視点やニーズを考慮に入れた交渉や妥協をすることが多かったことが報告されている。他者理解を用いて，建設的な相互交渉が可能となっているようにみえる。

以上の研究からは，他者理解が進むことそのものがコストを抱えているというよりも，他者を理解することと自己を主張していくこととのバランスがとれているかどうかが問題であるように思われる。そして幼児期は，他者理解が進んでいる場合にそのバランスをとりにくい時期であるのかもしれない。バランスについて年齢層ごとに検討する必要があるのではないかと考えられる。

5節 入れ子構造になっている，他者の心的世界を表象する：児童期の他者理解

児童期では，他者理解が進んでいることが，幼児期ほどには問題とならないかもしれない。そ

の背景には，児童期になると，自己の側が他者の視点を理解するだけでなく，他者の側も自己の視点を理解しうるということをとらえる枠組みをもつようになることがあるかもしれない。セルマン（Selman, 2003）によると，それは，「互恵的・自己内省的視点調整」(reciprocal/ self-reflective perspective coordination) とよばれるもので，児童期に発達するとされている。そのような視点調整の枠組みをもつようになると，たとえ他者理解が進んでいても一方的にこちら側のみが他者を慮るのではなく，他者の側もこちらを理解しうる存在であることに気づくことができ，他者に対して交渉をしていくことが可能となるのではなかろうか。

そのような視点調整の枠組みを支える認知的な基盤として，児童期には，二次的な信念（second-order beliefs）が理解されるようになることがかかわっている。二次的な信念とは，「『Aさんの心的状態』についてのBさんの心的状態」の理解といった，他者の心的世界が入れ子構造になっているものを指している。これを自他間の理解に置き換えてみると，「私が○○と考えている，と相手は考えている，と私は考える」といった，自他の心的状態を再帰的（recursive）に理解することとなる。そのような二次的な信念の理解は，パーナーとウィマー（Perner & Wimmer, 1985）によると，児童期中頃に可能となる。さらに日常生活で子どもが経験しそうな欺きの文脈（たとえば誕生日に「サプライズ」で贈り物をしようとする話）を提供するなどの工夫をすると，もう少し早期（6歳頃）から可能である（Sullivan, Zaitchik, & Tager-Flusberg, 1994）。

そしてそのような理解は，自他間の複雑なやりとりを可能にしていると考えられる。たとえば，うそ・冗談・皮肉を理解するためには，他者が聞き手に事実とは異なることを真実であると思わせようと意図するか（うそ）・意図しないか（冗談・皮肉）ということを理解する必要がある。それは，まさに入れ子構造になった，他者の心的状態についての理解である。実際，小学生を対象に調べたところ，二次的信念を理解できることと，うそと冗談を区別できることが関連していることが見出されている（林, 2002）。

さらに児童期中期以降には，冗談やユーモアの社会的な機能について，自覚的にとらえられるようにもなっていく。8〜11歳児が，仲間にからかわれたときには，無視したり敵対的に応じたりするよりも，ユーモアで対応するほうが有効だと評価したことが報告されている（Scambler, Harris, & Milich, 1998）。ユーモアが，「葛藤状況を鎮め，状況を向社会的なやりとりへと転換させる」機能をもつこと（Martin, 2007/2011）に，気づきはじめるようである。たとえば児童期の終わり頃において，「学校のテストで100点をとったら，友だちが『さっすが』って言った。その言い方が，やだった」と言う友人に，「そういうのはさ，『だろ？ ぼくって天才！』って，冗談にしちゃえばいいんだよ」と言った事例が報告されている（久保, 1998）。自他の心的状態についての再帰的な理解の発達は，自他の葛藤状況を好転させうる方略を編み出し実行することを支えていると思われる。

6節 社会的認知の発達研究の今後の課題

　社会的認知の発達研究の20年間を振り返り，今後の課題をまとめておきたい。1つ目は，より長いスパンでの社会的認知の発達をとらえるということである。青年期，成人期，中高年期へ続く社会的認知の発達の姿を描く試みが待たれる。その際に青年期については，社会心理学における社会的認知研究とつなげていく試みが有用ではないかと思われる。社会心理学では近年，非意識的過程についての研究が進展している（Bargh, 2007）が，そのことと「直感的な他者理解」とは響き合う部分があり（加用，2011），連携することによって双方の研究の発展に資するのではないかと思われる。また成人期以降については，本稿でとりあげてきた養育者についての研究を，子どもの発達を支えるものという視点のみからではなく，養育者もともに発達するととらえ（高濱・渡辺・坂上・高辻・野澤，2008），養育者自身の発達という視点からもとらえ直すことが有効ではないかと思われる。

　2つ目は，社会的認知発達のプロセスをとらえるということである。本稿では子どもが，相手からの積極的な関与のあるやりとりのなかで，実践的な把握としての他者理解を構成していく可能性を紹介した。そのような側面を深く検討するには，「一般的な他者」についてではなく，家族や友だちといった個別具体的な相手についての理解を生活文脈を含みこんでとらえていくことが必要であり，そのことを可能にする方法を検討していく必要があろう（坂上・野田・久保・佐久間，2012）。

　3つ目は，より広い社会的文脈のなかで，社会的認知の発達をとらえるということである。社会的認知が育まれる，対人的なやりとりの場は，より広い社会文化的な文脈に埋め込まれており，社会文化的な背景を検討する視点が不可欠である。本稿では，日本での研究蓄積が少ない領域については，主として欧米での研究を援用して紹介してきたが，その研究成果の解釈にあたっては，本来は社会文化的な背景を見通す視座をもつことが必要であろう。あるいはまた，社会的認知の障害とその支援についての研究（須田・別府，2002）は，社会的認知の発達プロセスとその多様性に貴重な示唆を与える。それらの研究領域と協働することにより，社会的認知の発達をより広く，人間発達の包括的なモデルのなかでとらえていくことが可能となるであろう。

◆ 引用文献

Bargh, J. A. (2007). *Social psychology and the unconscious : The automaticity of higher mental processes*. New York : Psychology Press.

Baron-Cohen, S. (2002). 自閉症とマインド・ブラインドネス（新装版）（長野　敬・長畑正道・今野義孝，訳）．青土社．(Baron-Cohen, S. (1995). *Mindblindness : An essay on autism and theory of mind*. Cambridge, MA : The MIT Press.)

別府　哲・野村香代．(2005)．高機能自閉症児は健常児と異なる「心の理論」をもつのか：「誤った信念」課題とその言語的理由付けにおける健常児との比較．発達心理学研究，**16**，257-264．

Bretherton, I., Fritz, J., Zahn-Waxler, C., & Ridgeway, D. (1986). Learning to talk about emotions : A functionalist

perspective. *Child Developmwent*, **57**, 529-548.
Cassia, V. M., Turati, C., & Simion, F. (2004). Can a nonspecific bias toward top-heavy patterns explain newborns' face preference? *Psychological Science*, **15**, 379-383.
Cutting, A., & Dunn, J. (2002). The cost of understanding other people : Social cognition predicts young children's sensitivity to criticism. *Journal of Child Psychology and Psychiatry*, **43**, 849-860.
de Rosnay, M., Pons, F., Harris, P. L., & Morrell, J. M. B. (2004). A lag between understanding false belief and emotion attribution in young children : Relationships with linguistic ability and mothers' mental-state language. *British Journal of Developmental Psychology*, **22**, 197-218.
Dunn, J. (1995). Children as psychologists : The later correlates of individual differences in understanding of emotions and other minds. *Cognition and Emotion*, **9**, 187-201.
Dunn, J. (1988). *The beginning of social understanding*. Oxford, UK : Basil Blackwell.
Dunn, J. (2004). *Children's friendships : The beginning of intimacy* Oxford, UK : Basil Blackwell.
Dunn, J. (2008). Relationships and children's discovery of the mind. In U. Müller, J. I. M. Carpendale, N. Budwig, & B.W. Sokol (Eds.), *Social life and social knowledge : Toward a process account of development* (pp.171-182). New York : Taylor & Francis Group/Lawrence Erlbaum Associates.
Dunn, J., Brown, J., & Beardsall, L. (1991). Family talk about feeling states and children's later understanding of others' emotions. *Developmental Psychology*, **27**, 448-455.
遠藤利彦（編著）．(2005)．読む目・読まれる目．東京大学出版会．
Ensor, R., & Hughes, C. (2008). Content or connectedness? Mother-child talk and early social understanding. *Child Development*, **79**, 201-216.
Fantz, R. L. (1961). The origin of form perception. *Scientific American*, **204**, 66-72.
Flavell, J. H. (1985). *Cognitive development* (2nd ed.). Oxford, England : Prentice-Hall.
Flavell, J. H. (2004). Development of knowledge about vision. In D. T. Levin (Ed.), *Thinking and seeing : Visual metacognition in adults and children* (pp.13-36). Cambridge MA : The MIT Press.
Flavell, J. H., & Miller, P. H. (1998). Social cognition. In D. Kuhn & R. S. Siegler (Vol. Eds.), W. Damon (Series Ed.), *Handbook of child psychology : Vol.2. Cognition, perception, and language* (5th ed., pp. 851-898). Hoboken, NJ : John Wiley & Sons.
Harris, P. (2006). Social cognition In D. Kuhn & R. S. Siegler (Vol. Eds.), W. Damon & R. M. Lerner (Editors-in-Chief), *Handbook of child psychology : Vol.2. Cognition, perception, and language* (6th ed., pp.811-858). New York : John Wiley & Sons.
Hatfield, E., Cacioppo, J. T., & Rapson, R. L. (1993). *Emotional contagion*. Cambridge, MA : Cambridge University Press.
Haviland, J. M., & Lelwica, M. (1987). The induced affect response : 10-week-old infants' responses to three emotion expressions. *Developmental Psychology*, **23**, 97-104.
林　創．(2002)．児童期における再帰的な心的状態の理解．教育心理学研究，**50**，43-53.
Henning, A., & Striano, T. (2011). Infant and maternal sensitivity to interpersonal timing. *Child Development*, **82**, 916-931.
Hughes, C. (2011). *Social understanding and social lives : From toddlerhood through to the transition to school*. New York : Psychology Press.
板倉昭二．(2011)．乳児期における社会的認知．日本児童研究所（編），児童心理学の進歩：Vol.50（2011年版，pp.57-76）．金子書房．
岩田純一．(2001)．"わたし"の発達：乳幼児が語る"わたし"の世界．ミネルヴァ書房．
岩田純一．(2011)．子どもの発達の理解から保育へ：〈個と共同性〉を育てるために．ミネルヴァ書房．
加用文男．(2011)．幼児期の表象世界の多様性．木下孝司・加用文男・加藤義信（編著），子どもの心的世界のゆらぎと発達（pp.89-115）．ミネルヴァ書房．
木下孝司．(2008)．乳幼児期における自己と「心の理解」の発達．ナカニシヤ出版．
久保ゆかり．(1998)．気持ちを読みとる心の成長．丸野俊一・子安増生（編），子どもが「こころ」に気づくとき（pp.83-110）．ミネルヴァ書房．
Lewis, M. (1993). The development of deception. In M. Lewis & C. Saarni (Eds.), *Lying and deception in everyday life* (pp.90-105). New York : Guilford Press.

Liu, D., Gelman, S. A., & Wellman, H. M. (2007). Components of young children's trait understanding : Behavior-to-trait inferences and trait-to-behavior predictions. *Child Development*, **78**, 1543-1558.

Martin, R. A. (2011). ユーモア心理学ハンドブック（野村亮太・雨宮俊彦, 訳）. 北大路書房.（Martin, R. A. (2007). *The psychology of humor : An integrative approach*. Amsterdam : Elsevier.）

松永あけみ.（2005）. 幼児期における他者の内的特性理解の発達. 風間書房.

Morton, J., & Johnson, M. H. (1991). Conspec and conlern : A two-process theory of infant face recognition. *Psychological Review*, **98**, 164-181.

無藤　隆・久保ゆかり.（1982）. 社会的認知. 無藤　隆（編）, ピアジェ派心理学の発展：I　言語・社会・文化（pp.59-98）. 国土社.

Neisser, U. (1994). Self-narratives : True and false. In U. Neisser & R. Fivush (Eds.), *The remembering self : Construction and accuracy in the self-nattative* (pp.1-18). Cambridge : Cambridge University Press.

Perner, J., & Wimmer, H. (1985). "John thinks that Mary thinks that..." : Attribution of second-order beliefs by 5- to 10-year-old children. *Journal of Experimental Child Psychology*, **39**, 437-471.

Polak, A., & Harris, P. L. (1999). Deception by young children following noncompliance. *Developmental Psychology*, **35**, 561-568.

Reddy, V. (2008). *How infants know minds*. Cambridge, MA : Harvard University Press.

Repacholi, B. M., & Gopnik, A. (1997). Early reasoning about desires : Evidence from 14- and 18-month-olds. *Developmental Psychology*, **33**, 12-21.

坂上裕子.（2012）. 幼児は自他に関する理解をどのように構築するのか：一児の1歳8ヵ月から5歳3ヵ月までの発話記録の分析から. 乳幼児教育学研究, **21**, 29-45.

坂上裕子・野田淳子・久保ゆかり・佐久間路子.（2012）. 自己・関係性に関する理解の発達プロセスを追う：新たな理論的見地と方法論を求めて. 日本発達心理学会第23回大会論文集, 46.

Scambler, D. J., Harris, M. J., & Milich, R. (1998). Sticks and stones : Evaluations of responses to childhood teasing. *Social Development*, **7**, 234-249.

Selman, R. L. (2003). *The promotion of social awareness : Powerful lessons from the partnership of developmental theory and classroom practice*. New York : Russell Sage Foundation.

Sharp, C., & Fonagy, P. (2008). The parent's capacity to treat the child as a psychological agent : Constructs, measures and implications for developmental psychopathology. *Social Development*, **17**, 737-754.

篠原郁子.（2011）. 母親のmind-mindednessと子どもの信念・感情理解の発達：生後5年間の縦断調査. 発達心理学研究, **22**, 240-250.

Stern, D. N. (1989). 乳児の対人世界（理論編）（神庭靖子・神庭重信, 訳）. 岩崎学術出版社.（Stern, D. N. (1985). *The interpersonal world of the infant*. New York : Basic Books.）

須田　治・別府　哲（編著）.（2002）. シリーズ臨床発達心理学：3　社会・情動発達とその支援. ミネルヴァ書房.

Sullivan, K., Zaitchik, D., & Tager-Flusberg, H. (1994). Preschoolers can attribute second-order beliefs. *Developmental Psychology*, **30**, 395-402.

高濱裕子・渡辺利子・坂上裕子・高辻千恵・野澤祥子.（2008）. 歩行開始期における親子システムの変容プロセス：母親のもつ枠組みと子どもの反抗・自己主張との関係. 発達心理学研究, **19**, 121-131.

Tomasello, M. (1995). Understanding the self as social agent. In P. Rochat (Ed.), *The self in infancy : Theory and reseach* (pp.449-460). Amsterdam : Elsevier.

Tomasello, M. (2006). 心とことばの起源を探る：文化と認知（大堀壽夫・中澤恒子・西村義樹・本多　啓, 訳）. 勁草書房.（Tomasello, M. (1999). *The cultural origins of human cognition*. Cambridge, MA : Harvard University Press.）

Vaish, A., Carpenter, M., & Tomasello, M. (2009). Sympathy through affective perspective taking and its relation to prosocial behavior in toddlers. *Developmental Psychology*, **45**, 534-543.

Wilson, A. E., Smith, M. D., & Ross, H. S. (2003). The nature and effects of young children's lies. *Social Development*, **12**, 21-45.

46章 遊び

中野 茂

1節 遊び研究の衰退

1960年〜2009年の50年間に "Child Development" と "Developmental Psychology" に掲載された論文中で，タイトルに "play" を含むものを数えると，1970，1980年代の大飛躍とその後の急激な衰退が認められる（図46.1）。前者は，遊び研究が実験室での実証研究に一変したことで生じたといえる。しかし，その頃，すでに，ワイスラーとマッコール（Weisler & McCall, 1976）が，「遊びについて生み出される論文の急増傾向にもかかわらず，遊び研究は一種の"科学的行き詰まり"につき当たっている」（p.492）と懸念を表したとおり，遊び研究への熱意は1990年代以降急速に終焉し，2000年以降に両誌に掲載された論文数は，ピーク時（1980年代）の 1/3 でしかない（図46.1）。今や，遊び研究は消えつつあるようにさえ思われる。それは，長年人々が遊びに抱いてきた期待が幻想にすぎず，結局，「遊びは愚者の宝物」（Lillard, 1993）にすぎないという事実が，しだいに，明らかになってきたからだと思われる。

しかし，その一方で，後述するように新しい動きも認められる。従来の遊び研究がとらわれてきた価値論を抜け出し（Smith, 2010 ; Sutton-Smith, 1997），情動の役割（Fein, 1999 ; Sutton-Smith, 1997），進化心理学（Pellegrini & Smith, 2005），脳科学（Panksepp, 2004）などを背景とした新しい遊びへのアプローチである。換言すれば，古い殻から抜け出し，新しい理論的構築を模索しているのが遊び研究の現状といえる。

2節 遊びという幻想

スミス（Smith, 2010）は，これまで提出されてきたさまざまな遊び理論は，理論というよりも，「遊びの機能的重要性についての強力で無条件の肯定」（p.28）にすぎず，「プレイ・エートス（遊びの無条件の肯定的価値づけ）」だったと述べている（表46.1）。つまり，「遊び」は子どもに特有のものとされ，大人の遊びは無視され，真面目な行動として，悪ふざけのような無用な遊びは排除され，そして，

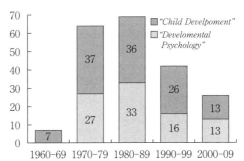

図46.1 "Child Development"誌と"Developmental Psychology"誌に掲載された遊び研究数の推移

表46.1 遊びの価値観（プレイ・エートス）の歴史的形成（Cohen, 1993；Ellis, 1973/1977；Frost, Wortham, & Reifel, 2001；Hughes, 2010；中野，1996；Smith, 2010を参考にして作成）

主張	提唱者	概要	遊びの価値づけ・影響力
遊びによる現実離脱	シラー(1770-1835)	本来的自由と現実の束縛の矛盾を遊びは打破する。	遊びを人労働と対比。「遊びは，現実の束縛からの自由」と考えた。
教育方法としての遊び	フレーベル(1782-1852)	史上初の幼稚園を創設（1840）し，遊びをカリキュラムに組み入れた。	教育目的に合うように教師がガイドする遊びが幼児教育の基本になった。
剰余エネルギー説	スペンサー(1896)	高等動物ほど活動エネルギーに余裕があり，遊びに向けられる。労働が不必要な子どもで遊びは頻出。	動物の幼体が遊ぶ理由として受容されてきた。
将来必要な技能の練習（準備）説	グルース(1898, 1901)	系統発生上位の動物ほど幼年期が長く，成体に必要な行動形態を遊びのなかで練習する。	遊びには将来の利益を生む働きがあるという価値づけは発達研究に，大きな影響力をもち続けた。
発達反復説	ホール(1908)	個体発生は系統発生を繰り返す。子どもは遊びのなかで系統進化を再現する。	遊びは子どもに固有な活動という考えは継承されている。
学習としての遊び	モンテッソリ(1910)	遊びは教師の指導下での「子どもの仕事」ととらえ，感覚教具を考案。経験による知識獲得を重視。	遊びを教育目標に達する学びと価値づけ。「子どもの遊びは学び」という考えは現代に至る。
欲求表現としての遊び	フロイト(1905, 1920)	遊びは成長願望をイメージで代理的に達成することで子どもに統制感，有能感を与える。心理的外傷体験は遊びのなかで克服，浄化される。	子どもの遊びを臨床に有用なもの（遊戯療法）として理論化した。遊びを子どもに固有という視点は現代に続く。
行為自体が遊び	K. & C. ビューラー(1928/30)	「機能の快」の概念を提案。遊びは，結果よりもそれを使う楽しさである。	「遊びは行為自体の楽しさ（機能の快）」という視点は，遊びの定義の一つとして継承されている。
集団参加尺度としての遊び	パーテン(1932)	集団参加能力には年齢による発達段階があり，独り，平行，連合，協同と参加形態が発達的に変化する。	遊びは集団行動の発達尺度とみなされ，一人遊びは未熟な発達段階を示すという見方を生んだ。
認知発達指標としての遊び	ピアジェ(1932)	遊びは既得のシェマ（子どもの理解水準）に対象（現実）を同化する行為。想像遊びは非現実的記号を操作できる認知発達段階の指標。	遊びの発達を認知論から理論化した。遊びを認知発達の指標とみなした「想像遊びと認知発達」，遊び「ルール変更の発達段階」研究を生み出した。
発達の最近接領域としての遊び	ヴィゴツキー(1933)	遊び中，子どもは願望を仮想的に実現することで「頭一つ抜き出た」行為が可能。遊びは，日常より高次水準で象徴的に物事を扱う最近接領域の活動。	ピアジェと異なり，遊びによる願望の実現を認知発達の原動力ととらえた。しかし，遊びの機能を子どもの認知発達に限定したことは，遊びを理想論化した。

注．提唱者の欄の西暦は，思想家は生没の年，主著がある場合には出版年を記した。

遊びは，子どもの将来に有益な発達をもたらすという「遅延効果」が主張されてきたのである。この意味で遊び研究の歴史は，「遊びの理想論化」（Sutton-Smith & Kelly-Byrne, 1984），遊び概念の矮小化（中野，1996）の過程だったともいえる（図46.2）。しかも，その影響力の強さは，発達心理学分野の多くの遊び研究がこのプレイ・エートスに陥ったままであるという事実が物語っている。

たとえば，ピアジェ（Piaget, 1962）は，遊びの発達段階を，練習遊び，象徴遊び，ルー

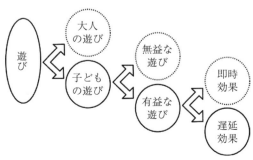

図46.2 遊び概念の矮小化とプレイ・エートスの形成過程

ル・ゲームに分け，大雑把に，練習遊びは感覚運動期と，象徴遊びは前操作期と，ルール・ゲームは具体的操作期と対応させた（Smith, 2010）が，形式操作期に対応するものは考慮されていず，遊びの発達段階は児童期で終わるかのような発達段階にとどまっている。また，初期のふり遊びを自己中心性と対応させた一方で，象徴遊びは現実の制約を離れ，純粋な記号を操作できるようになっていく将来の認知発達の場として重視した。そのため，象徴遊びの出現は，「認知発達指標」として認知研究で用いられるようになった。しかし，遊びの楽しさは発達初期の「活動の快」に限定され，ファンタジーの楽しさが生涯にわたって認められることは考慮されなかった。つまり，ピアジェもまた遊びを子ども時代に特有な行動とみなしていた。

一方，ヴィゴツキー（Vygotsky, 1967）は，遊びを発達の原動力とみなしたが，彼が著した遊びの論文は，短い論文1本だけであり，しかも，幼児の象徴遊びに限定した論考だった。そのなかで，彼は，まず，快感をもたらす活動は多数あり，児童が盛んにするゲームそれ自体は快感をもたらさないと考え，「遊びは"快"」という説明を否定する一方で，遊びは実現しない願望の空想，幻想によって実現する〈発達の最近接領域〉であると論じている。なぜならば，遊びのなかの問題解決では，想像によって自分に有利な状況が設定されるので，"正しい"解決は必要がなく，子どもは自分のイメージにしたがってより高次な解決が可能になる。したがって，遊びは子どもの発達の最近接領域を創り出し，子どもは，年齢以上のこと，日常以上のことをするという。しかし，彼の代表作，『思考と言語』では，最近接領域は，発達した仲間との協力や大人に導かれた問題解決場面でみられるとされているので，〈独力〉でする遊びを「最近接領域」とよぶのは，論理的に矛盾している（Hakkarainen & Bredikyte, 2008）。このことは，ヴィゴツキーもまた，プレイ・エートスにとらわれていた可能性を示唆する。

プレイ・エートスに陥っていた研究領域の好例として，1970年代に行われた「遊び経験の問題解決への効果」研究があげられる（Smith, 2010）。この研究は，シルヴァほか（Sylva, Bruner, & Genova, 1976）の，3～5歳児を対象に，課題解決に使う部品で遊んだ群と大人のモデルが操作するのを観察した群で問題解決度に違いがあるかを比べた研究に端を発している。用いられた課題は，所与の部品を組み立てて道具を作り，手の届かないところにあるターゲットを引き寄せることだった。結果は，観察群が"全か無か"だったのに対して，遊び群では道具の改善の工夫が認められ，解決への近さで観察群を上回った。このことから，遊びでは失敗を気にせずにゴールを自由に設定でき，改善の工夫と挑戦を生み出すのだと，遊び経験の問題解決効果が主張された。この結果は，その後の追試研究（中野, 1981；Smith & Dutton, 1979；Vandenverg, 1981）によっても確認された。しかしながら，その後，これらの成果は，実験者が遊び効果に期待をもって，無意識のうちに遊び群に有利な評価をする"実験者効果"の可能性とそれを統制していないことが指摘された（Cheyne, 1982；Smith, 2010）。そこで，実験者効果を厳密に統制して追試したところ，遊び経験の効果は消えてしまったという（Simon & Smith, 1983）。また，遊び経験の効果を示したかつてのデータを再分析してみると，実験者が遊び経験群の子どもたちに有利なヒントを与えていたことが見出された（Smith, Simon, & Emberton, 1985）。したがって，これまでの研究で見出された「遊び経験の効果」は，遊びの効果はかくあるべきだというプレイ・エートス

が遊び群に有利なように結果を歪めてしまっていた（Smith, 2010, p.144）可能性が否めない。

　最近の遊びが心の理論の最近接領域であるかという議論にも同様のことが認められる。レズリー（Leslie, 1987, 1988）は，誤信念課題の理解とふりの理解は関連性があり，両者の背景にある認知構造はどちらも心的表象の理解に依存しているので同一であると論じた（Leslie, 1987）。その一方で，「心の理論」の発達では，4歳以下では誤信念課題にパスすることが難しいような頑強な壁のあることが知られている。そこで，ふり遊びは「心の理論」の早熟な形，すなわち，「心の理論」の「最近接領域」の働きをするのではないかと期待された（Lillard, 1993）。実際，4歳以降での誤信念課題の成績とそれ以前のふり遊びの複雑さ（Astington & Jenkins, 1995；Taylor & Carlson, 1997），頻度（Hughes & Dunn, 1998；Youngblade & Dunn, 1995）との関係性を調べた研究は，ほぼ一貫して，有意な傾向を示した。しかしながら，ふり遊びの経験自体は，非遊び条件よりも後の見立て能力を促進するが，誤信念課題には何の効果も認められない（Lillard, 1993）という結果も報告されている。また，幼児は，相手が「ふり」をしているとき，それの「つもり」（心的表象）を理解しているのではなく，「ふり」行為をそのものとして見ているという指摘（Ma & Lillard, 2006）や，3～4歳児時点のファンタジー（空想の友達，空想上の人物を演じる）が「心の理論」と関係し，共同遊び経験とは関係がない（Taylor & Carlson, 1997）という指摘があるように，「ふり」の理解と「心の理論」の理解とは異なるメカニズムにある可能性も考えられる。さらに，ふり全体の頻度は，他者の信念の理解と関係せず，役割演技だけが信念理解とリンクしている（Harris, 2000）などの報告からは，ふり遊び経験は「心の理論」と因果関係にあるのではなく，発達促進効果があるとしても，せいぜい，それに寄与する多くの要因の一つにすぎないと考えられる。したがって，ふり遊びが心の理論と関連するかどうかは，レズリー（Leslie, 1987, 1988）が論じたような遊びへの期待にはマッチせず，未確定な状態にあると考えるのが妥当といえる。

　このように，遊び経験の発達促進効果については一貫した結果が得られない状態にある。その理由をスミス（Smith, 2010）はふり遊びの発達促進効果について主因説（crucial factor），等価説（equifinality），副産物説（epiphenomenalism）の3つの相関モデルから説明している（図46.3）。主因説は，（ふり）遊び経験が後の発達を生み出すというプレイ・エートスモデルで，両者の安定した強い正の相関を想定する。等価説は，遊びは後の発達に寄与する多くの要因の一つであることを意味し状況に依存した弱い相関になる。副産物説は他の主要因の発達の結果，ふり遊びの発達も生じるというモデルであり，主因

(a) ふり遊びは発達促進の決定因（主因説）

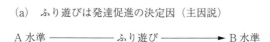

(b) ふり遊びは複数の発達促進中の等価因（等価説）

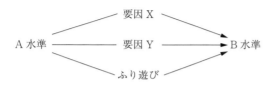

(c) ふり遊びは他の発達促進要因の副産物（副産物説）

図46.3 ふり遊び経験の発達促進効果についての理論的3モデル（Smith, 2010を一部修正，改変）

表46.2 ふり遊びの発達促進効果の検証 (Lillard et al., 2013を改変)

発達領域	主因説	等価説	副産物説
創造力	×：結果の不一致	×：実験者効果にすぎない	○：しかし，何が主因かは不明
知能	×：逆の相関の可能性	×：支持されない	○：大人の介入，他の要因
問題解決	×：無関係（構成遊びはありえる）	×：無関係（構成遊びはありえる）	×：無関係（構成遊びはありえる）
論理的推論	×：課題への関心の強さ	○：役割演技と前提条件への注目	△：前提条件への注目
心の理論	×：結果の不一致，因果不明	△：方法に依存する	○：大人の介入の影響
社会的スキル	×：結果の不一致，因果不明	△：他の要因は不明	△：練習量が主因
言語力	△：高頻度・水準のふり遊びは言語発達を促進	△：他の要因は不明	△：ふり課題での大人の介助
実行機能	×：支持されない	×：支持されない	×：支持されない
情動調整	△：高頻度・水準の社会的ふり遊びは情動調整を促進	×：他の要因は不明	?：他の要因は不明

子を除外すれば，相関値はゼロなると考えられる。1995〜2000年の間に著された，心の理論課題の成績と，それに先立つふり遊びとの相関関係を調べた9研究中の54相関を検討した結果，彼は，有意な相関は1/3にすぎず，しかも，すべてが弱い相関でしかないことを見出した。そこで，「これらの結果は，ふり遊びが心の理論のスキルに有用な経験の一種である（等価説）ことを支持し，本質的因子である（主因説）ことではない」(p.187)と結論づけた。同様に，ふり遊び効果を認知，言語，社会的スキル，情動調整などのさまざまな領域で調べた合計154研究についてこの3つの説の妥当性を詳細に検討したリラードほか (Lillard, Lerner, Hopkins, Dore, Smith, & Palmquist, 2013) も，ほとんどの結果が一貫せず，さらに，実験者効果を統制の不備，関連する非遊び変数との比較，用いた課題間の比較をしていない，相関研究のため因果関係は不明，などの方法論の問題があり，主因説を支持する証拠は認められないと結論づけている（表46.2参照）。その上で彼女らは，ふり遊び自体に発達促進効果があるのではなく，それに含まれている特定の文脈（たとえば，特定のキャラクターの演技）が効果をもつのだという結論に達している (p.26)。実際，リラードと彼女の同僚による脳科学研究 (Smith, Englander, Lillard, & Morris, 2013) の結果からは，ふり行為（たとえば，クシ／スプーンで木片を"切る"）を目撃すること自体で，心の理論課題と同じ脳の部位が活性化することが大人の実験協力者で明らかにされている。したがって，ふり遊びの"ふり"ではなく，遊び経験がどのような働きをしているのかについては，今後の課題でしかないのが遊び研究の現状である。

3節 遊びの再考へ：遊びの情動理論に向けて

1. 隠れた遊びと楽しさ

遊びは，本来，善悪とは無関係であり，子どもたちの日常の自発的な遊びには，大人が目にし

たら禁止したくなるようなものが多々含まれている。それにもかかわらず，「まじめな遊び」だけが「遊び」として社会的承認を受けるようになり（Sutton-Smith, 2011），遊びの半分は覆い隠され，矮小化されてきた（中野, 1996）。しかし，実際には，おどけ・ふざけの「仕草」は，0歳後半から他者に向けて用いられる（Reddy, 1991）ようになり，2歳直前からはさまざまな「仕草」，言葉で大人を笑わせようとする（Cameron, Tapanya, & Gillen, 2006）。ある3歳半の女児と2歳8カ月の男児は，「男の子が"うんち"をパンツに漏らしたので罰を与える」というシナリオを構成し，人形を叱って叩き，転がし，「ごみ箱に入れてしまえ」と2人で罵ってげらげら笑い合ったという（Rayna, Ballion, Breaute, & Stambak, 1993）。このような「ふざけっこ」を「遊び」として認めるなら，遊びとは，将来へ遅延された効果をもつのではなく，今，その場での楽しさ経験といえよう。小学生に遊びの定義を尋ねたキング（King, 1982）の結果からは，遊びには，教育的遊び，本来の遊びの他に，「隠れた遊び」（illicit play）があることが見出されている。この「隠れた遊び」とは，冗談を言ったりおどけたり，内緒話，授業中にメモ紙をこっそり渡すなどである。おもしろいことに，子どもたちは隠れた遊びを「遊び」とみているが，教師はそうは認めなかったという。そのため，子どもたちは，しだいに教師の目を巧妙に盗んでするようになったという。つまり，隠れた遊びは，遊びがもつ楽しさへの強い内発的動機づけを示唆している。

したがって，どのような遊びの定義にも必ず「楽しさ」が含まれているように，このような非合法化されて覆い隠されてきた「不道徳な」遊びからは，遊びとは楽しさの追求であるという普遍的な事実が見出される。それにもかかわらず，遊ぶ楽しさをテーマとした研究はほとんど見当たらないのが現状である。このこともまた，歴史的な「遊びの理想論化」，プレイ・エートスによる概念的束縛がどれほど強力なものであるかを物語っているといえよう。

2. 多様性の創出と可能世界

サットン-スミス（Sutton-Smith, 1997）は，これまでなされた多数の遊び研究を展望して，歴史的な遊びの説明は，理論というよりは「運」，「力」，「自己同一性」，「自由意志」，「進歩」，「イメージ」，「自己」による「遊びは〇〇である」と価値づけるためのレトリックにすぎなかったと分析している。そのうえで，遊びの概念が多様で曖昧な説明を生むのは，遊びの適応機能が多様性を生み出すことにあるからだという「遊びの多様性モデル」（p.221）を提案している。それによれば，遊びは，進化の過程での適応の成功がかえって固着した状態を阻み，新たな状況に対処可能な挑戦力を生む「風変わりな行動」として生まれたのだという。人間は，多様性と可塑性が不可欠な生活環境に置かれているからこそ，哺乳類のなかで，最もよく遊ぶのだという。たとえば，縁石を歩く，滑り台を逆さに滑り降りる，早口言葉を言う，木登り，ロッククライミング，バンジージャンプ等々，多様性の獲得のために，あえて新しい困難に挑戦する「風変わりな行動」は珍しくない。サットン-スミスはこれを「設計された困難」（engineered predicaments）（p.229）とよんでいるが，このことは，「遊びは不確実性へのトレーニング」（Spinka, Newbery, & Bekoff, 2001）だともいえる。つまり，遊びが「風変わりな行動」であれば，それ自体が新しい状況を生

み出し，安全な状況下で，非日常的，逸脱した状況に身をさらすことによって，予期しない状況，新しい環境，社会状況に対応する新しい学習の機会を提供すると考えられる。同様のことは，ポジティブな情動の経験によって，注意，認知，行動，社会性の範囲が広がり，それらの新たな可能性が形成されるというフレドリクソン（Fredrickson, 2001）の「拡張－形成理論」からも示唆されている。

　ところで，ゴプニック（Gopnik, 2009/2010）は，子どものふり遊びは可能世界（possible worlds）を築く活動であるという考えを提出している。この可能世界とは，「もし〜だったら，○○だったかもしれない」という反実仮想（counterfactual imagination）が生み出す世界をいう。したがって，子どものふり遊びに限らず，大人でも思いどおりのことが実現しなかったときには，反実仮想によって現実には出現しなかった世界を思い描く。なぜならば，多くの可能性のなかで実現するのは一つの世界だけであり，残りの多数の可能性は「かもしれなかった」反実世界となるからである。ゴプニックは，子どもたちはふり遊びのなかでこのような反実仮想による可能世界を自由に探索，往来できることで，現実世界を超えて居住世界を拡張していると考察している。さらに，進化の過程でこのような反実仮想の能力の出現が，別な可能性を考え出し，それが実現するように私たちの未来を変えることができたと反実仮想の働きを説明している。

　しかしながら，この反実仮想が生み出す可能世界は，ゴプニックがいうようなふり遊びに限らず，上述したような，あえて新しい困難に挑戦する「風変わりな行動」，あるいは，「設計された困難」もまた当てはまる。なぜならば，それらは日常では生じえない現象であり，子どもの「ふり遊び」のファンタジーと同様に，非現実的，非日常的な可能世界を探索する行動だからである。しかも，それらはすでに可能なことを自分にハンディキャップを課すこと（self-handicapping）でできないかもしれない状態に改変する行為でもある。つまり，反実仮想ができなかったことの仮想的実現であるのに対して，できていることにあえて自分でハンディをつけることで，現実とは別な可能世界を創出し，可能世界を拡張する行為といえる。しかも，このような日常から外れたと感じる経験は脳内の〈快感回路〉を興奮させ（Linden, 2011/2014），その快経験がさらにそのような動機を生み出すことも知られている。

3. 共感と遊び情動の身体表出

　ベイトソンは，動物園のサルが「けんか」遊びをしている場面の観察から，「遊びという現象は，参加した人・動物が，"これは遊びだ"というシグナルを交換できる場合にだけ起こりうる」（Bateson, 1972, p.179）現象であることを発見した。この発見に立って，動物の行動が表示するメッセージを，①ムード・サイン，②ムード・サインを模倣したメッセージ，③受け手が①と②を区別できるようにするメッセージの3タイプに分けた。このうち「ムード・サイン」とは，動物の発情のように，本来は個体内に限られるムードが"非自発的"に漏れ出ることで，相手が"機械的"に興奮するように働くサインのことで，具体的には，愛情・憎しみ・恐れ・怒り・不安・安心などの基本的情動状態を表示する表情，姿勢，声，体臭などの無意識の身体的変化をい

う。しかし進化の過程で，他者のムード・サインに自動的に反応することを抜け出して，それをシミュレートすることが可能になったときに，サインはシグナルとして意識的に認識されるようになると同時に，遊びとして自覚された情動の共有が出現したという。この新しい行動にもとづくコミュニケーションスタイルが「メタ・コミュニケーション」である。つまり，意識化された状態で遊戯状態を自他で共有していることを示し合うのが遊びのメタ・コミュニケーションなのである。

ド・ウォール（de Waal, 2008）は，このベイトソンの主張をより明確化して提示している。まず，ムード・サインは情動伝染を生み，動物が自身の情動状態を他者と共有をすることを可能にするが，それは，その情動を発した個体がなぜそのような情動状態になったかの理由を問わない自動的，無意識的に同調である。しかし，他者の情動状態への同調は，同時に動きの同期（シミュレーション）をともない，同じ活動を生み，同じゴールを競う（たとえば，メスの獲得）。さらに，自身の身体的状態を内受容感覚から気づくことで，自他を区別するようになる。その結果，外的に生起した情動から内的に生成された情動を区別し，同情のような他者の情動生起の理由に応じた行動が生じるようになるという。このモデルに従えば，他者の情動によって自動的に喚起された情動は，自己生成情動に置き換えられて模倣として表出され，それによって，他者の情動状態の理由に応じた統制が可能になると考えられる。また，ダマシオ（Damasio, 1994/2010）によれば，情動は外部観察者が認識できる一連の身体変化をともない，表情，姿勢のなかに情動が表現されるという。したがって，他者と遊んでいるということは相手の遊戯的情動状態に同調した同様な情動を生成し，同時に，「遊び中である」という自己言及的な身体的シグナルを交換し合うことだといえる。したがって，遊びでかむことは，かまれた側が痛みを感じないように相手の反応を評価して，自己制御をしてかまなくてはならないが，それは，意図的な制御ではなく，遊戯的情動を共有していること自体が可能にしているのである。

このように，「遊んでいる」とは，ポジティブな情動を感じ，それが他者と同じ状態にあることを感じ，その状態を情動的身体表現によって伝え合う非言語的コミュニケーション，すなわち，ベイトソンのいうメタ・コミュニケーション状態をいうのだと考えられる。

4. ポジティブ情動生成システムとしての遊び

情動は外的な快－不快刺激によって喚起される喜怒哀楽の興奮状態で，それに固有な身体的反応や生理的反応がともなうと考えられてきた。しかしながら，たとえば，6 カ月児が母親の「くすぐりの焦らし」に予期的にくすぐったさを表出する（石島・根ヶ山, 2013）ように，情動の喚起に外的な刺激は必ずしも必要ではなく，内的刺激によって自己生成－喚起することが可能である（Hess & Blairy, 2001）。実際，レジリエントな人々はポジティブな情動を喚起させて，負の状態からの早期の回復が可能だという（Fredrickson, 2001）。逆に，失敗経験を想起することで自己嫌悪による不快な気分を経験した場合，高い自己批判傾向にある人々は，ストレス下でポジティブな情動を自己誘発させるレジリエント能力が低かった（Whelton & Greenberg, 2005）と

いう。このように，情動には，外的な刺激への反応だけではなく，状況に応じて内的に，あるいは，他者への同調によって自己誘発的に生み出される側面のあることは，後述するように，遊びの機能を考えるうえで重要といえる。

ところで，ダマシオ（Damasio, 1994/2010）は，情動を進化の観点から一次と二次の情動に分類をしている。一次情動とは，悲しみ，ショック，恐怖，怒り，嫌悪，幸福感などの普遍的，生得的で，自動的に生じ，コントロールが困難であり，幸福感を除いて，危険な状況やストレスによって生じる情動をいう。二次情動は，プライド，共感，照れ，罪悪感，恥などの社会的，対他情動を指し，多様な可能性を受け入れることで，一次情動の表出を緩和，調節し，統制する働きをしているという。この働きは，危急事態で一次情動が生じた直後に「あたかも」自分がある情動状態にあるかのように感じられる脳の神経装置があり，そのような装置が刺激対象と自分との「関係についての情動」（二次情動）を喚起し，自己行為のシミュレーションを通じて状況に適応的であるように情動系に身体反応を遅延，迂回するように働きかけることで達成されると説明している。

このことは，「戦うかー逃げるか」，怖いもの見たさ，人の不幸を笑う（同情と嘲り）などの現象が示すように，情動は単独ではなく，相反する情動が同時に複合して生じ，状況によってその主導性が可変しえることも示唆している。たとえば，悲しい映画を見た人を調べた研究からは，悲しみの喚起と同時に感動を感じ，それが主導的であることで，その映画の視聴を快経験と受けとめている（Hanich, Wagner, Shah, Jacobsen, & Menninghaus, 2014）という。このように，相反する複数の情動が喚起し，状況に応じたバランスをとる，あるいは，いずれかが主導権をとることが，自己誘発的に情動を生み出すことになると想定される。ただし，脳卒中で左半球の運動皮質が破壊された患者は，口角を上げようとすると口元が歪むが，自然な笑いでは正常な表情が出現することから，情動と関連する動きを制御する脳の部位と随意運動を制御するものとは同じではない（Damasio, 1994/2010）というように，ここでの自己生成の情動は，決して，意図的に作られたという意味ではなく，無意図的無意識に産出される情動をいう。

サットン-スミス（Sutton-Smith, 2011）は，このダマシオの理論にもとづいて，遊びの本質は多様性と共に情動性にあるという考えを提出している。それによれば，遊びは，進化の過程で一次情動を調整するように二次情動が生まれたとき，相反する情動を調和する働きとして生まれたのだという。たとえば，冒険遊びでは，一次情動の恐怖をプライドなどの二次情動によって緩和し，それを統制可能にする。しかも，遊びは本質的に脆弱で，遊び自体が，「俳優のジレンマ」とよばれる虚構（演技）と現実（役作り）の相反関係上の微妙なバランスにある（Sutton-Smith, 2003）。このバランスは恐怖や怒り，反実性を失いコントロールを失ったファンタジー（妄想）によって崩れ去り，遊びは消えてしまう。その一方で，両者のバランスがとられている限り，恐怖状況でも安全な範囲で遊戯的な表象を思い描くことができ，それによるポジティブな興奮をともなうこともできる。冒険遊びでは，恐怖が状況統制の楽しさを上回れば，遊びではなくなるが，可能世界にとどまっていられる限り，遊びは継続され，安心できる生活範囲が拡がっていく。

パンクセップ（Panksepp, 1998, 2004）もまた，動物モデルを用いて，哺乳類の情動行動を司

る脳の仕組みに「遊びシステム」が組み込まれていることを明らかにしている。つまり，遊びは，脳に生得的に備わった固有の情動系だという。この遊びシステムは，怒り，不安，恐れ，悲しみなどの基本的情動システムの「運動行動ルーティン」に優先的にアクセスでき，それらを調整し，緩和することで「遊び」行動を生み出すという。たとえば，けんか遊びが遊びであるのは，怒り・恐れではなく，じゃれあい（遊び）であるからである。

　これらのことは，遊びがポジティブな感情の自己生成活動であることを示唆する。たとえば，社会的に適応的な幼児は，仲間とのやりとりの間，頻繁にポジティブな情動を表出し，負の情動の喚起を調整しているが，孤立児は，やりとりスキルよりも，情動の覚醒，とりわけ，他者との共感が困難なことが仲間入りへの困難を生んでいる（LaFreniere, 2013）というように，遊びは，ポジティブな情動の覚醒とその状態をその状況に合うように調整する働きをしていると想定される。また，教師が「手に負えない乱暴な子」と評価した就学前児の仲間遊びの観察（Dunn & Hughes, 2001）からは，ファンタジーの回数では対照群と違いがないが，その内容は暴力的ものであり，そのような遊びに従事していた子どもほど仲間の反応に怒りを示し，ポジティブな反応が少なかったという。つまり，攻撃的なファンタジーという足場が，怒りの自己生成を助長したと考えられる。逆に，友好的なファンタジーに従事していればポジティブな情動表出が増加するだろうと想定される。

　したがって，サットン-スミス（Sutton-Smith, 2011）が，民族誌に描かれた子どもたちの遊びが情動経験であることに注目をしたように，遊びは，情動の自己生成，表出を導く社会的文脈のなかでなされている。どのような遊びが，どのような楽しさを生むのかは，明らかではないが，子どもだけではなく，大人の余暇を含めて，私たちの身のまわりには，無数の遊び経験支援装置が見出される。それらは，おもちゃや遊具，遊び歌であり，ゲーム・ルールなど多種多様である。このことは，遊びへの動機がそれほどにも強いことを示唆する。ファイン（Fein, 1999）は，「遊びは鋭気の充足であり，熱意にあふれた生活への招きであり，私たちの日常生活をより生き生きとした記憶に残るものにする働きである。そして，それゆえに，遊び行動は熱意，知識，興味に強い衝撃をもつのかもしれない」（p.196）と述べている。実際，私たち誰もが，一日のどこかで「遊んで」いる。遊びは，誰も抑えることができない強い衝動である。それは，物事を成し遂げようとする達成動機と並立して，より生き生きとした，楽しい，満足できる日を過ごそうとする動機を背景とする情動と考えられる。したがって，快の反対は痛み・苦しみではなく，倦怠（感覚・経験への興味の欠如）（Linden, 2011/2014）であり，遊びの反対はうつ状態（Sutton-Smith, 1997）であることが示すように，遊びは，ポジティブな情動を生み出し，それを抑制する負の情動を調整し，バランスをとる働きをしていると考えられる。したがって，「よく生きる力」を生み出し，維持する機能として遊びを再定義することが喫緊の課題といえよう。

◆ 引用文献

Astington, J. W., & Jenkins, J. M. (1995). Theory of mind development and social understanding. *Cognition and*

Emotion, **9**, 151-165.
Bateson, G. (1972). *The steps to ecology of mind*. New York : Ballentime.
Cameron, C. A., Tapanya, S., & Gillen, J. (2006). Swings, hammocks, and rocking chairs as secure bases during a day in the life in diverse cultures. *Child and Youth Care Forum*, **35**, 231-247.
Cheyne, J. A. (1982). Object play and problem-solving : Methodological problems and conceptual promise. In D. J. Pepler & K. H. Rubin (Eds.), *The play of children : Current theory and research* (pp.79-96). Basel : S. Kager.
Cohen, D. (1993). *The development of play* (2nd ed.). London : Routledge.
Damasio, A. R. (2010). デカルトの誤り（田中三彦，訳）．筑摩書房．(Damasio, A. R. (1994). *Descarte's error*. London : Papermac.)
de Waal, F. B. (2008). Putting the altruism back into altruism : The evolution of empathy. *Annual Review Psychology*, **59**, 279-300.
Dunn, J., & Hughes, C. (2001). "I got some swords and you're dead!" : Violent fantasy, antisocial behavior, friendship, and moral sensibility in young children. *Child Development*, **72**, 491-505.
Ellis, M. (1977). 人間はなぜ遊ぶか（森　楙・大塚忠剛・田中亨胤，訳）黎明書房．(Ellis, M. (1973). *Why people play?* Engelwood Criff, NJ : Prentice-Hall.)
Fein, G. G. (1999). Reflections on rhetoric and rhetorics redux. In S. Reifel (Ed.), *Advances in early education and day care : Vol. 10. Foundations, adult dynamics, teacher education, and play* (pp.189-199). Stamford, CT : JAI Press.
Fredrickson, B. L. (2001). The role of positive emotions in positive psychology : The broaden-and-build theory of positive emotions. *American Psychologist*, **56**, 218.
Frost, J. L., Wortham, S., & Reifel, S. (2001). *Play and child development*. Upper Saddle River, NJ : Prentice-Hall.
Gopnik, A. (2010). 哲学する赤ちゃん（青木　玲，訳）．亜紀書房．(Gopnik, A. (2009). *The philosophical baby: What children's minds tell us about truth, love, and the meaning of life*. London : The Bodlay Head.)
Hakkarainen, P., & Bredikyte, B. (2008). The zone of proximal development in play and learning. *Cultural Historical Psychology*, **4**, 2-11.
Hanich, J., Wagner, V., Shah, M., Jacobsen, T., & Menninghaus, W. (2014). Why we like to watch sad films. The pleasure of being moved in aesthetic experiences. *Psychology of Aesthetics, Creativity, and the Arts*, **8**, 130.
Harris, P. L. (2000). *The work of the imagination*. Oxford, UK : Blackwell.
Hess, U., & Blairy, S. (2001). Facial mimicry and emotional contagion to dynamic emotional facial expressions and their influence on decoding accuracy. *International Journal of Psychophysiology*, **40**, 129-141.
Hughes, F. P. (2010). *Children, play, and development* (4th ed.). London : Sage.
Hughes, C., & Dunn, J. (1998). Understanding mind and emotion : Longitudinal associations with mental-state talk between young friends. *Developmental Psychology*, **34**, 1026-1037.
石島このみ・根ヶ山光一．(2013)．乳児と母親のくすぐり遊びにおける相互作用：文脈の共有を通じた意図の読みとり．発達心理学研究，**24**，326-336．
King, N. R. (1982). Children's play as a form of resistance in the classroom. *Journal of Education*, **164**, 320-329.
LaFreniere, P. (2013). Children's play as a context for managing physiological arousal and learning emotion regulation. *Psihologijske Teme*, **22**, 183-204.
Leslie, A. M. (1987). Pretense and representation : The origins of "theory of mind." *Psychological Review*, **94**, 412-426.
Leslie, A. M. (1988). Some implications of pretense for mechanisms underlying the child's theory of mind. In J. W. Astington, P. L. Harris, & D. R. Olson (Eds.), *Developing theories of mind* (pp.19-46). New York : Cambridge University Press.
Lillard, A. S. (1993). Pretend play skills and the child's theory of mind. *Child Development*, **64**, 348-371.
Lillard, A. S., Lerner, M. D., Hopkins, E. J., Dore, R. A., Smith, E. D., & Palmquist, C. M. (2013). The impact of pretend play on children's development : A review of the evidence. *Psychological Bulletin*, **139**, 1-34.
Linden, D. J. (2014). 快感回路：なぜ気持ちいいのか，やめられないのか（岩坂　彰，訳）．河出書房新社．(Linden, D. J. (2011). *The compass of pleasure: How our brains make fatty foods, orgasm, exercise, marijuana, generosity, vodka, learning, and gambling feel so good*. New York : Penguin.)
Ma, L., & Lillard, A. S. (2006). Where is the real cheese? Young children's ability to discriminate between real

and pretend acts. *Child Development*, **77**, 1762-1777.

中野　茂．(1981)．幼児の問題解決行動に及ぼす遊び経験の効果．教育心理学研究，**29**，188-198.

中野　茂．(1996)．遊び研究の潮流．高橋たまき・中沢和子・森上史朗（編），遊びの発達学（pp.21-60）．培風館．

Panksepp, J. (1998). *Affective neuroscience : The foundations of human and animal emotions*. Oxford : Oxford University Press.

Panksepp, J. (Ed.). (2004). *Textbook of biological psychiatry*. New York : Jhon Wiley & Sons.

Pellegrini, A. D., & Smith, P. K. (Eds.). (2005). *The nature of play : Great apes and humans*. New York : Guilford Press.

Piaget, J. (1962). *Play, dreams, and imitation in childhood*. New York : Norton.

Rayna, S., Ballion, M., Breaute, M., & Stambak, M. (1993). Psychological knowledge as reflected in puppet shows improvised by Paris of children. In M. Stambak & H. Sinclair (Eds.), *Pretend play among 3-year-olds* (pp.79-114). Hillsdale, NJ : Lawrence Erlbaum Associates.

Reddy, V. (1991). Playing with others' expectations : Teasing and mucking about in the first year. In A. Whiten (Ed.), *Natural theories of mind : Evolution, development and simulation of everyday mindreading* (pp.143-158). Oxford : Blackwell.

Simon, T., & Smith P. K. (1983). The study of play and problem solving in preschool children : Have experimenter effects been responsible for previous results? *British Journal of Developmental Psychology*, **1**, 289-297.

Smith, E. D., Englander, Z. A., Lillard, A. S., & Morris, J. P. (2013). Cortical mechanisms of pretense observation. *Social Neuroscience*, **8**, 356-368.

Smith, P. K. (2010). *Children and play*. Chichester : Wiley-Blackwell

Smith, P. K., & Dutton, S. (1979). Play training in direct and innovative problem solving. *Child Development*, **50**, 830-836.

Smith, P. K., Simon, T., & Emberton, R. (1985). Play, problem solving and experimenter effects : A replication of Simon & Smith (1983). *British Journal of Developmental Psychology*, **3**, 105-107.

Spinka, M., Newberry, R., & Bekoff, M. (2001). Mammalian play : Training for the unexpected. *The Quarterly Review of Biology*, **76**, 141-168.

Sutton-Smith, B. (1997). *The umbguity of play*. Cambridge : Harvard University Press.

Sutton-Smith, B. (2003). Play as a parody of emotional vulnerability. In D. E. Lytle (Ed.), *Play and educational theory and practice* (pp.1-56). London : Praeger.

Sutton-Smith, B. (2011). The antipathies of play. In A. D. Pellegrini (Ed.), *The Oxford handbook of the development of play* (pp.110-115). New York : Oxford University. Press.

Sutton-Smith, B., & Kelly-Byrne, D. K. (1984). The idealization of play. In P. K. Smith (Ed.), *Play in animals and humans* (pp.305-312). Oxford : Basil Blackwell.

Sylva, K., Bruner, J. S., & Genova, P. (1976). The role of play in the problem-solving behavior of children 3-5 years old. In J. S. Bruner, A. Jolly, & K. Sylva (Eds.), *Play : Its role in development and evolution* (pp.244-261). New York : Basic Books.

Taylor, M., & Carlson, S. M. (1997). The relation between individual differences in fantasy and theory of mind. *Child Development*, **68**, 436-455.

Vandenverg , B. (1981). The role of play in the development of inshightful tool using strategies. *Merrill-Palmer Quarterly*, **27**, 97-109.

Vygotsky, L. S. (1967). Play and its role in the mental development of the child. *Journal of Russian and East European Psychology*, **5**(3), 6-18.

Weisler, A., & McCall, R. B. (1976). Exploration and play : Resume and redirection. *American Psychologist*, **31**, 492-508.

Whelton, W. J., & Greenberg, R. B. (2005). Emotion in self-criticism. *Personality and Individual Defferences*, **38**, 1583-1595.

Youngblade, L. M., & Dunn, J. (1995). Individual differences in young children's pretend play with mother and sibling : Links to relationships and understanding of other people's feelings and beliefs. *Child Development*, **66**, 1472-1492.

47章 社会的スキルと社会的学習理論

庄司一子

　近年，子どもの社会性の問題，とりわけ対人関係の問題に対する社会的関心は高まる一方である。背景には親子や家族関係の変化・多様化，地域社会のつながりの希薄化や安全の問題，ゲームソフトやIT機器の発達にともなう子どもの遊びの変化，情報化社会を背景とした子どものコミュニケーションの変化があげられ，これにともなう子どもの対人関係の変化・子どもを取り巻く環境の変化がある。ここでは，子どもの社会性の問題を社会的スキルの観点からとらえ，社会的スキルの概念と定義について述べ，理論的枠組みとなる社会的学習理論，現在教育現場で行われるようになっている社会的スキル・トレーニング，社会的スキル教育について述べる。

1節　子どもの社会性の問題と社会的スキルへの関心

　従来，引っ込み思案，孤立，攻撃性など子どもの社会性の問題は，親子関係や家庭環境，性格と関連づけられ，すぐには変えられないものととらえられがちであった。そのようななか，対人関係を「人とのかかわり方」や「行動」面からとらえようとする「社会的スキル」や社会的スキルの上位概念としての「社会的コンピテンス」への関心が急速に高まった（Michelson, Sugai, Wood, & Kazdin, 1983/1987ほか）。子どもの対人関係やその問題を「社会的スキル」の概念からとらえることは，問題を「人とのかかわり方」，「行動的側面」からとらえようとすることであり，何が問題で何が不足しているかを具体的に把握し，それによって対人関係の問題を治療，改善しようと考えるのである。

　また，社会的スキルの問題は，認知発達（Hartup, 1970），学業成績（Muma, 1965, 1968），適応・不適応（Roff, Shells, & Golden, 1972），後の適応（Michelson et al., 1983/1987 ; Matson & Ollendick, 1988/1993），メンタルヘルス（Asher & Coie, 1990）などとの関連が指摘されてきた。グレシャム（Gresham, 1981a）も子どもの頃の社会的スキルの不足は，①学校不適応，中退，成人後の精神衛生上の問題，②精神遅滞，③仲間内の人気，④障害の有無と仲間からの拒否，⑤認知発達・学習成績，⑥家庭での混乱，と関連すると指摘した。社会的スキル研究はこれらの子どもの発達の諸側面，将来の適応との関連からも評価されている。

　日本での社会的スキルの研究は1980年頃から始まり，その後多くの研究が進み，発展している。

家族関係，人間関係，地域社会が変化，多様化し，高度情報化が急速に進むなかで，子どもの現在と未来の発達と適応のため，子どもの人間関係，社会性をどう育てるかは重要な教育的課題である。社会的スキルの考え方は「性格は変えられないから対人関係も変えられない」という考えを転換させ，子どもの対人関係の問題の改善，解決，教育に役立てられるようになっている。

2節 社会的スキルの概念と定義

1. 社会的スキルとは

人は人とのかかわりのなかで人とのかかわり方を学ぶ。人に会ったら挨拶する，何かしてもらったらお礼を言うなど，人とかかわる際に態度や行動として表されるもの，それが社会的スキル（social skills）である。社会的スキルは人との良好な関係をつくり，維持する知識や方法・技術であり（小林・相川，1999；渡辺，2005），「ソーシャルスキル」「対人技能」とも表記される。

2. 社会的スキルの定義

社会的スキルの代表的定義には，①「相互作用する人の目標を実現するために効果がある社会的行動」（Argyle, 1981），②「重要な社会的成果を一定の状況下で予測する行動」（Gresham & Eliot, 1987），③「特定の課題を有能に遂行するために必要な特定の能力」（McFall, 1982），④「他者から強化される行動を行い，罰を受ける行動を抑える能力」（Libet & Lewinsohn, 1973），⑤「ある社会的文脈で社会的に受容・評価され，同時に自己や他者に有益な方法で他者と相互作用する能力」（Combs & Slaby, 1977），⑥「目標指向的で相互関連的で状況適応的で，学習され統制された一連の社会的行動を個人が実行する過程」（Hargie, 1997），⑦「対人場面において個人が相手の反応を解読し，それに応じて対人目標と対人反応を決定し，感情を統制したうえで対人反応を実行するまでの循環的な過程」（相川，2000），などがある（菊池・堀毛，2007）。①，②は行動的定義，③は能力的定義，④，⑤は能力的定義であり同時に相互作用の機能的定義（渡辺，1996），⑥と⑦はプロセス（過程）としてとらえる定義，である。近年，社会的スキルは，状況判断，行動選択，感情と行動の制御と実行（モニタリング），フィードバックにもとづく行動（スキル）調整などの認知，行動，能力を含む一連のプロセスと考えられるようになっている（渡辺，2008）。

以上から，社会的スキルは，①学習により獲得される，②対人関係のなかで展開される，③他者との相互作用をとおして個人の目標達成に有効，④対人場面の解釈，場面に適切な行動の選択・決定・実行（抑制），感情調整，フィードバックによる行動調整などの認知過程を含む，⑤これらを適切に実行する能力を含む，⑥対人行動の一連のプロセス，ととらえることができる。

社会的スキルの具体的行動として，菊池・堀毛（1994）は，基本となるスキル，感情処理，攻撃に代わるスキル，異性・年上年下とつきあう，集団行動，異文化接触など10カテゴリー，100

のリストをあげ，佐藤容子（2006）は，子どもの社会的スキルとして，友だちづくりスキル，自己主張スキル，対人間問題解決スキルの3カテゴリー，23のスキルをあげている。

3. 社会的スキルと社会的コンピテンス

社会的スキルに近い概念として社会的コンピテンス（social competence）がある。既述のように社会的スキルは具体的行動としてとらえられるが，社会的コンピテンスは「社会的スキルを用いる能力」（Trower, 1982），「社会的場面や対人的事態で他者と適切に相互作用する能力一般」（市河, 1995），「行動の遂行の適切性を示す概念。重要な他者または一定の基準に照らした判断にもとづく評価的用語」（McFall, 1982）などと定義される。これらの定義によれば社会的スキルは社会的コンピテンスの下位概念であり，社会的コンピテンスは「社会的スキルを適切に用いる能力で，行動の適切性に対する判断・評価を含む」ととらえることができる。

4. 子どもの社会的スキルに対する発達心理学的視点の必要

子どもの成長発達において，他者，とりわけ重要な他者との関係の重要性，発達に及ぼす影響はどれだけ強調してもしきれない。たとえば発達早期から幼児期の親との愛着，親子関係・家族関係，仲間関係，児童期の教師との関係や仲間関係，思春期から青年期のギャング集団・チャムグループ・ピアグループの関係や異性関係，職場の同僚や上司との関係，家族や地域社会の人間関係など，各発達段階でこれらの人間関係がうまくいけば適応や後の発達もうまく進むと考えられ，検討されてきた（Osnat & Bonnie, 1995）。

このように，発達心理学では各発達段階における人間関係の重要性が認識され，各発達段階の社会的スキル測定（尺度開発），治療，教育が行われてきた（佐藤容子, 2006）。また，従来，異性，夫婦，親子など関係固有のスキルも検討されている（渡辺, 2005）。しかし，社会的スキルがどのように形成され，身につき，発達するか，幼児期，児童期，思春期，青年期，成人期など各段階の人間関係の形成においてスキルがどのように変化するかについてはほとんど検討されていない。たとえば，人間関係の形成と維持に基本とされる，相手を見る，相手に体を向ける，うなずくなどのスキルはどのように発達するのか，発達段階で変化するのか，基本的スキルに発達段階や関係固有のスキルが加わるのかなどが明らかにされておらず，とくに縦断研究が不足している。社会的スキルはこのような発達的視点からさらに検討される必要がある。

3節 社会的スキルの問題

1. 社会的スキルの問題とは

子どもの対人関係の問題として，仲間とのトラブルが多い，すぐケンカする，集団内の孤立や仲間はずれ，いじめなどがある。これらの問題は，社会的学習理論の枠組みでは，社会的スキルの「学習」と「遂行」の問題として把握される。つまり対人関係の問題は，スキルの学習の問題（未学習③と誤学習①）と学習した行動の遂行の問題（情緒的側面を含む状況判断・考え，能力，適切な表現法などを含む。行動の不遂行②）である（表47.1）。未学習の場合には対人行動の学習，誤学習の場合は望ましくない不適切な行動の修正と望ましい効果的な対人行動の学習，が行われる。状況や場面，相手によりうまく行動できない場合や，不安や緊張で行動できない場合は不安や緊張を取り除いて行動を実行できるようにする。

表47.1　対人関係の問題

	社会的スキル	
	学習 ○	学習 ×
遂行 ○	誤学習 ①	
遂行 ×	不遂行 ②	未学習 ③

グレシャム（Gresham, 1986）は社会的スキルの問題を社会的スキルと情動覚醒反応（セルフ・コントロール）の学習と遂行の不足の組み合わせで4つに分類している。①社会的スキルの学習不足，②社会的スキルの遂行不足，③セルフ・コントロールの学習不足：不安，怒り，衝動性など情緒反応をコントロールできないため社会的スキルが学習されない，④セルフ・コントロールの遂行不足：社会的スキルもセルフ・コントロールも身についているが不安や緊張などからどちらも遂行できない，である。一方，ラッドとマイズ（Ladd & Mize, 1983）は社会的スキルの問題を「スキルの不足」と考える。この不足とは，①適切な社会的行動の知識不足，②実行する能力不足，③行動を自己監視し，他者への影響を評価する能力，対人関係における成功・失敗の原因を考える能力の不足（セルフ・コントロールとコンピテンスの不足），である。

子どもの社会的スキルの問題をどのようにとらえるかは，社会的スキルの測定・評価，介入・指導，改善と関連するため，ひじょうに重要である。

2. 社会的スキルの問題のアセスメント

社会的スキルの問題や不足を把握し，改善するには適切なアセスメントが求められる。

従来，子どもの仲間関係はソシオメトリック・テストによって測定されていた。これは集団メンバーの選択・排斥（たとえば，一緒に活動したい／したくない人を選択）をもとに集団内の葛藤・構造，仲間関係，人気や孤立などメンバーの集団内地位や適応を把握しようとするものである（田中, 1957）。しかし，ここからは具体的な社会的行動の情報が得られないという指摘があった（Gresham, 1981b）。

一方，社会的スキルのアセスメントは次のような方法で，具体的行動について行われる。

(1) 社会的スキル測定尺度や行動チェックリストを用いた評定法：①自己報告法（本人の自己評定），②教師評定法（教師が生徒を評定），③仲間評定法（仲間による仲間のスキル評定）。

(2) 仲間指名法：社会的スキルがあるのは誰か，仲間から受け入れられているのは誰かなど，社会的スキルが高い（低い）順に教師，仲間などから名前をあげてもらう。

(3) 観察法：日常の児童・生徒のやりとりや活動場面を，観察（ビデオ）によって記録したり，自由記述する，またはチェックリストを用いて行動をチェックする。

(4) ロールプレイによる評定法：スキルの学習，遂行をロールプレイの実演によって評定する。

(5) 面接法による報告：社会的スキルについて面接で尋ねる方法。面接の対象は，①本人（自己報告），②仲間，③教師，などで調査では測定できない面をより詳細に知りたいときや客観的意見を求めたいときなどに面接を行う。その際，対象者との信頼関係に十分配慮する必要がある。

日本では菊池（1988，2007）の社会的スキル測定尺度（KiSS-18，成人用）が最もよく用いられている。社会的スキルを測定する際，信頼性・妥当性を高めるため，自己報告や複数の測定法，客観的データ，他の対人関係関連尺度を組み合わせることが望まれる。田中（1957）はテスト利用の際の必要な配慮として「どの子どもも満足し，どの子どもも生かされる扱い方が周到に考慮されることによってテストの効果が高まる」（p.217）と述べている。対人関係の測定の際は，個人の人権，その影響と効果についての教育的配慮が十分すぎるほどに配慮されなければらない。

4節　社会的学習理論と社会的認知理論

歴史的には，当初，子どもの社会的スキルの治療は学習理論（オペラント法）にもとづいて行われていたが（Matson & Ollendick, 1988/1993），その後は社会的学習理論，社会的認知理論を理論的背景として社会的スキル・トレーニング（social skills training：以下SST）による対人関係の治療，改善，教育が行われるようになった（Argyle & Henderson, 1985；相川，2000；浅見，2011）。社会的スキルの学習，SSTの技法と進め方を理解するには社会的学習理論，社会的認知理論について理解する必要がある。ここではとくにSSTと関連するところについて概説する（詳細は本書13章参照）。

1. 社会的学習理論

社会的学習理論，社会的認知理論はバンデューラによって提唱され発展した。この理論では学習者は試行錯誤学習のように「行動」することなく，条件づけ理論のように報酬や罰も必要ない。他者の行動を「観察する」ことで学習が起こる。バンデューラはこれをモデリング（modeling），観察学習（observational learning）とよんだ（Bandura, 1969, 1971/1974）。

バンデューラによればモデリングによる学習と効果は刺激と反応の連合やモデルの単なる模倣ではなく，モデルの情報的機能やモデルの行動の象徴的意味の獲得によって生じる。モデリン

グの効果には，①観察学習効果，②制止・脱制止効果，③反応促進効果，がある（Bandura & Walters, 1963）。①はモデルの行動を学習者が新しく学習する効果，②はモデルの行動の結果や効果から観察者の行動が制止されたり，抑制された行動が遂行される（脱制止）効果，③は観察によって学習された行動が誘発され促進される効果，である。

また，観察学習には4つの下位過程が仮定される（Bandura, 1971/1974）。模倣の対象となるモデルの特徴，機能的価値に注目する「注意過程」，学習内容をコード化，体制化し，言語やイメージリハーサルによって記憶・保持する「保持過程」，観察によって記憶・保持したことにもとづき認知的表象を行動に導く「運動再生過程（産出過程）」，保持された反応の再生が誘因によって動機づけられる「動機づけ過程」である。動機づけ過程の誘因（強化）には，①外的強化，②代理強化，③自己強化，がある。モデルへの賞罰（外的強化）を観ることは本人が直接受けたと同じ効果があり（代理効果），直接間接の強化の経験を通して人は内的な自己基準にもとづき自己行動を自己批判し，自己評価する（自己強化）。つまりバンデューラ（Bandura, 1971/1974）の社会的学習理論では，人は直接，強化を与えられなくとも，間接的または自己基準により自己改善し，自己制御的，自律的に行動すると考えるのである。

2. 社会的認知理論

a. セルフ・エフィカシー

1970年代に入るとバンデューラは認知が行動変容に果たす役割をより重視し，社会的学習理論（Bandura, 1977a/1979），1980年代には社会的認知理論（social cognitive theory；Bandura, 1986）を発展させた。バンデューラは，人は行動がどのような結果をもたらすかを観察によって学習するにもかかわらず必ずしもそれが行動と結びつかない点に着目し，人と行動と結果のそれぞれの間に先行要因として2つの予期（expectancy）の概念を提唱した（Bandura, 1977b, 本書13章170ページの図13.3参照）。予期には，①効力予期（ある結果を生み出す行動をどの程度遂行できるか）と，②結果予期（ある行動がどんな結果をもたらすか）があり，効力予期は学習したことが実行されるかどうかに影響する。この効力予期に対する「効力予期の認知」がセルフ・エフィカシー（self-efficacy；自己効力感）である。セルフ・エフィカシーとは「どの程度ある行動が実現可能かについての知識」，「遂行可能感」であり，行動の選択・決定，維持に影響する（Bandura, 1977b；坂野, 2002）。後に「効力の信念」（Bandura,1992）と表現され，バンデューラ理論の重要な概念となっている。信念の源泉には次の4つがある（（　）内は効力感を高める方法；Bandura, 1995/1997）。

(1) 制御体験，遂行行動の達成：何らかの達成や成功経験によって成功に必要なことはできるという自信につながる（参加モデリング，脱感作法・エクスポージャー・自己教示による遂行）。

(2) 代理体験：人の成功や努力は自分にもできるという信念をもつ（生の，または象徴的モデリング）。

(3) 社会的・言語的説得：ある行動を習得する能力があると言われ勧められた人はその行動に

多くの努力をし続ける（示唆，勧告）。

(4) 生理的・感情的状態，情動喚起：身体状態の向上，ストレスやネガティブ感情の減少，身体状態を正しく把握すること（原因帰属，リラクセーション，バイオフィードバック，象徴的脱感作，象徴的エクスポージャー）。

セルフ・エフィカシーが高まると行動遂行の確率が高まり，行動変容につながる可能性が高くなる。認知行動療法における介入ではセルフ・エフィカシーを高め，行動改善を図る。

b. 相互決定主義と三者間相互作用説

バンデューラ（Bandura, 1986）は著書 "Social foundations of thought and action : A social cognitive theory"（『思考と行動の社会的基礎：社会的認知理論』）で，学習を「情報の認知的処理をとおした知識の獲得」とし，人の認知，活動，動機づけ，情緒を人が省察し，自己制御することができるものととらえた。また，人は環境から影響を受けるだけでなく環境に活発に影響を及ぼし，個人，環境，行動は相互に影響し合い，変化すると考える（相互決定主義）。さらに，人の行動の決定要因には先行要因，結果要因，認知的要因の3つがあるとし，この要因が絡み合って個人，行動，環境の三者間の相互作用が形成されると考えた（Bandura, 1986；本書13章168ページの図13.1参照）。バンデューラは，人は環境から影響を受けるだけでなく自己指導力をもった自己反応者ととらえる（Bandura, 1977b）。つまり，人は環境の影響を受けて自己制御機能が形成され，これが行動に影響し，行動は環境に影響を与え環境はまた人の自己制御機能を変えるというように，人と環境と行動は相互作用しながら決定要因となり，影響しあうととらえるのである。

5節 社会的スキル・トレーニング

1. 社会的スキルの学習

子どもは成長発達の過程で人間関係を経験し，人とのかかわり方を教えられ，観察や相手の反応からかかわり方を学ぶ。また成長の過程で発達段階や所属集団に合ったかかわり方も学習する。社会的スキルの学習は，これらの経験をとおして，言語教示，強化，モデリング，練習，相手の反応，応用・般化をとおして進む。教示や強化，モデリングはスキルの学習・習得を促進し，練習の繰り返し，仲間の受け入れ，不安軽減などの情動制御，エフィカシーを高めることなどは行動の遂行（実行）を促進する。スキルを実行しても状況や相

表47.2 社会的学習理論モデル：社会的スキル訓練に関連する要因（Matson & Ollendick, 1988, p.50を参考に作成）

言語的／対人的反応をかなり頻繁にとりあげる
社会的強化と代理強化を直接強化と同じくらいよく用いる
モデリングとロールプレイをよく用いる
自己強化を用いる
時には物的強化を用いる
成人，年長児，軽度発達障害を対象とする
外的コントロール下で実行する
言語的コミュニケーションを必要とする
典型的に問題解決を用いる
治療は1対1でも，グループでも行われる
治療効果の評価は，典型的にはチェックリストやその他の測度を用いて，操作的に定義された行動を数的にカウントして行う
いくつかの具体的な行動に焦点を当てる

手にそぐわなければ相手の拒否や無視を受け，意欲が低下し，行動が減少する可能性がある。人間関係がうまくつくれなかったり仲間から拒否され，孤立している場合，アセスメントを適切に行い（3節2.），その結果にもとづき，必要に応じて社会的スキル・トレーニング（SST）を進める。社会的学習理論，認知行動療法モデル，SSTに関連する要因は表47.2にまとめられている（Matson & Ollendick, 1988）。

2. 社会的スキル・トレーニングの対象と目的

　欧米では1960年代より社会的スキル・トレーニング（SST）が実施されており，その対象は主に3つに分けられる（相川，1994）。一つは精神医学，臨床心理学領域の人である。たとえば，統合失調症，薬物乱用，うつ，不安などにかかわる人々で，これらの疾患や障害のある人の治療，社会適応，社会復帰を目的として行われる（精神科領域では生活技能訓練；相川，2000；浅見，2011）。2つ目は幼児，児童，青年，母親，高齢者などである。この対象の場合，各発達段階特有の仲間関係，異性関係，友人関係，人間関係があり，発達や時期に合った人間関係の形成，改善，適応促進が目的となる（Oden & Asher, 1977；Mize & Ladd, 1990；渡辺，2008）。3つ目は特定の職業領域の人，医療・福祉関係，教育，サービス，管理職などの人々である。この対象の場合，ヒューマン・ケアやヒューマン・サービスの点から，業務管理・改善，倫理・教育，幸福やウェルビーイング（well-being）の向上・促進が目的となる。
　対象によってSSTの目的は変わるが，SSTをとおした社会的スキルの学習とその遂行を促進することによって，社会適応やメンタルヘルスの改善と促進，幸福やウェルビーイングの向上，問題の予防などが可能とされる。

3. 社会的スキル・トレーニングの技法

　4節で述べたように歴史的には子どもの社会的スキルの治療は学習理論（オペラント法）にもとづいて行われてきたが，現在のSSTは社会的学習理論，社会的認知理論を主な理論的枠組みとし，認知行動療法，論理療法，アサーティブ・トレーニング，エンカウンターなどでも行われている。SSTの主な技法として次のものがあげられる（相川，1999；佐藤正二，2006）。
　(1) コーチング法：オデンとアッシャー（Oden & Asher, 1977）によって開発されたSST技法。標的としたスキルを定義し，スキルの概念を教え，実行に移す練習をさせ，自分で実行状態をモニタリングするスキルを教えるという認知行動的スキル訓練プログラムである（佐藤・佐藤・岡安・高山，2000）。介入は「教示」「モデリング」「練習」「社会的強化（フィードバック）」からなり，1980年代以降のSSTはほとんどがこの要素を取り入れている（佐藤ほか，2000）。
　① 教示：人との関係をつくり維持するスキルについて言語的に説明し，スキルの知識や技術を具体的に教える。心構えやルールの説明だけでなくスキルの目的や効果を説明し，「行動

への動機づけ」，スキルの重要性への「気づき」を高めることが肝要である（相川，1999）。

　②　モデリング：手本となる行動（教師，親，仲間の行動）を観察させ，模倣させる。臨床では，孤立やひっこみ思案，内気な子どもによく用いられる。モデルの行動のどこが適切か，なぜその行動が望ましいか・重要かを理解させる必要がある（相川，1999）。

　③　リハーサル：教示やモデリングで学んだことを練習すること。練習することで行動化の確率が高くなり，記憶が定着し行動も安定する。練習によってスキルは上達し，安定する。

　④　フィードバック：社会的スキルが対人場面で実行されたとき，それに対して情報や評価が与えられると，実行者は社会的スキルの適切性，望ましさについて確認し，修正できる。それによってその後の社会的スキルの遂行の仕方，動機づけも影響を受ける。

(2)　ロールプレイ（role play）：モデリングの後，望ましいあるいは求められる対人行動を，役割を演じることをとおして実演してみる。実際に実演（行動）してみることが対象児の行動のレパートリーを広げ，行動を変容させるうえで重要である。

(3)　仲間媒介法（peer mediated method）：仲間媒介法は，対象児ではなく対象児の仲間に対してSSTを行い，仲間を媒介として対象児に働きかけ，対象児の社会的スキルの増加を目指す点に特徴がある。また，自閉症，言語発達遅滞，虐待による引っ込み思案など比較的重い障害のある幼児をも対象とする点もその特徴である（佐藤正二，2006）。さらにこの方法は対象児の対人関係改善に効果があるだけでなく，仲間のスキルや対象児への仲間の認知的変容をも促す（佐藤，1996，2006）。社会性の発達の点で重要な幼児期の子ども，障害のある子どもに効果があり，仲間や集団の変容にも効果がある点が注目される。

(4)　問題解決スキル訓練：対人関係において仲間とのトラブルは避けて通れない。クリストフほか（Christoff, Scott, Kelley, Schlundt, Baer, & Kelly, 1985）が行った問題解決スキル訓練のすすめ方は，①問題解決スキルの必要性の説明，②効果的問題解決法の説明，③問題解決法の実習（練習），④まとめと適用，となっている（佐藤ほか，2000）。

4．社会的スキル・トレーニングの進め方とプロセス

対象と目的で内容や方法は異なるが，SSTは主に次のプロセスで進められる（図47.1）。

(1)　教示・モデルの提示：社会的スキルの理解，スキル学習の受け入れを促し，動機づけを高めるために，トレーニングの目的，これから行う学習・行動について説明する。

(2)　モデリング・ロールプレイ：具体例を示し，ある場面で実際どう振る舞えばよいかについて模擬的に実習し（ロールプレイ），練習をとおしてスキルを学習する。

(3)　リハーサル：練習を繰り返すことによって行動が起こりやすくなる。SSTの核とでもいう

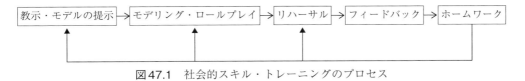

図47.1　社会的スキル・トレーニングのプロセス

べき方法である。リハーサルによって新しい行動の獲得と行動変容が期待される（渡辺，1996）。

(4) フィードバック：よりよく実行できるようにフィードバックを与える。うまくできたときは認め，ほめるか，または修正点を伝えて行動を修正する。

(5) ホームワーク（実行・般化）：治療場面や教育場面だけでなく普段の生活で必要なときに適切に行動することを繰り返す。日常場面での行動は練習になり，行動が起こりやすくなる。

　SSTの効果を高め行動の定着を図るには，指導者のSSTへの認識を深め，トレーニングを繰り返し，きめ細かな指導，事後指導，日常生活の記録とフィードバック，振り返りが必要である。金山ほか（金山・佐藤・前田，2004）は，学級での集団SSTの効果の般化・維持の要因として，訓練内容や教師の働きかけ，学級内の子どもの相互作用など日常環境での強化の重要性を指摘している。さらに，石川ほか（石川・岩永・山下・佐藤・佐藤，2010）も児童の抑うつの軽減におけるSSTの有効性を実証し，効果の持続には学級や学校全体のような社会的環境への働きかけの重要性を指摘している。これらから個人へのSSTの訓練と同時に日常の環境調整を並行して進めることの重要性が示唆される。

6節　社会的スキル・トレーニングの動向と社会的スキル教育

1. 社会的スキル・トレーニングの動向

　SSTの新しい展開として，コーチング法と問題解決技法の融合，SSTとペアレント・トレーニングを複合させた介入など技法のマルチ化や併用が近年活発に行われている（佐藤正二，2006）。複数の技法を用いて認知，感情にも介入することによってSSTの効果を高め，持続させ，行動を定着・般化させ，将来の問題を予防することも可能になる。この複合的介入は，子どもだけでなく学級全体や教師，保護者への介入・指導にも用いられており，子どもの問題の早期発見，改善，予防，開発が進められている。

　一方，SSTに対して，表面的，型にはめるなどの批判や疑問（相川，2000），対人関係に苦手意識をもつ学生や社会人が抵抗を示すこともある（庄司，2007）。しかしSSTを精力的に展開している渡辺（2007）は，SSTが盛んに行われている理由として，①具体的「気づき」を与える，②認知を変容させ行動意欲を高める，③理論がわかりやすい，をあげ，SSTは問題解決のための行動を具体的に示し，自信や余裕を与えると述べる。実際，SSTの対象は特定の問題や障害のある人からすべての子ども，大人にも拡大している。固定的考えや態度が形成される前の発達早期から，発達段階，問題や必要に応じて社会的スキルの教育，治療・介入が行われることが今後いっそう求められる。

2. 予防教育としての社会的スキル教育

　対人関係の問題が社会的スキルの視点からとらえ直され，問題の測定，治療・介入が実証的に進められるようになるにつれ，日本では社会的スキルやSSTの研究は急速に発展した。学校教育場面では子どもの家庭環境，発達状況，社会文化的背景の多様化が進む一方，複雑で多様な対人関係が求められている。また，子どもの学校不適応，学校内外の事件事故・災害の危険は日常的に存在する。こうしたことから予防教育の必要性が認識され，重視されて，SSTがいっそう発展したといえよう。

　山崎（2013）によれば，世界で行われている予防教育の多くは社会・感情学習（SEL：social emotional learning）を含んでいる。児童・生徒へのSELの教育をとおして，学校環境，教師の指導力や子どもへの期待，児童・生徒と教員の関係に変化が生じ，SELによる子どもの行動の変化が学業を高めるとされる（Catalano, Berglund, Ryan, Lonczak, & Hawkins, 2002；山崎，2013, pp.12-13）。さらに予防教育は子どものレジリエンス（打たれ強さ，回復力）を高め，問題を軽減し，子どもの能力を伸ばし，エフィカシー，満足感や楽観性を高め，主観的ウェルビーイングをも増大させる（佐々木，2013）。現代の子どもの家庭・学校・社会状況を考慮すれば，すべての子どもを対象として，幼少期から学校全体・学級全体で継続的にSSTの教育を推進し，その環境づくりに取り組むことが求められる。

◆ 引用文献

相川　充．（1994）．イギリスの社会的スキル訓練．菊池章夫・堀毛一也（編著），社会的スキルの心理学（pp.242-253.）．川島書店．
相川　充．（1999）．孤独の低減に及ぼす社会的スキル訓練の効果に関する実験的検討．社会心理学研究，**14**, 95-105.
相川　充．（2000）．人づきあいの技術．サイエンス社．
Argyle, M.（1981）. Social competence and mental health. In M. Argyle（Ed.）, *Social skills and health*（pp.1-30）. London : Methuen.
Argyle, M., & Henderson, M.（1985）. *The anatomy of relationships and the rules and skills needed to manage them successfully*. London : Heinemann.
浅見隆康．（2011）．SSTとは？　その発展の歴史は？　精神神経学雑誌，第106回日本精神神経学会総会，SS310-SS315.
Asher. S. R., & Coie, J. D.（1990）. *Peer rejection in childhood*. London : Cambridge University Press.
Bandura, A.（1969）. *Principles of behavior modification*. New York : Holt, Rinehart & Winston.
Bandura, A.（1974）．人間行動の形成と自己制御：新しい社会的学習理論（原野広太郎・福島脩美，訳）．金子書房．（Bandura, A.（1971）. *Social learning theory*. New York : General Learning Press.）
Bandura, A.（1979）．社会的学習理論：人間理解と教育の基礎（原野広太郎，監訳）．金子書房．（Bandura, A.（1977a）. *Social learning theory*. Englewood Cliffs, NJ : Prentice-Hall.）
Bandura, A.（1977b）. Self-efficacy : Toward a unifying theory of behavioral change. *Psychological Review*, **84**, 191-215.
Bandura, A.（1986）. *Social foundation of thought and action : A social cognitive theory*. Englewood Cliffs, NJ : Prentice-Hall.
Bandura, A.（1992）. Exercise of personal agency through the self-efficacy mechanism. In R. Schwarzer（Ed.）,

Self-efficacy : Thought control of action (pp.3-38). Washington, DC : Hemisphere.
Bandura, A. (1997). 激動社会における個人と集団の効力の発揮（野口京子，訳）．Bandura, A.（Ed.），激動社会の中の自己効力（本明　寛・野口京子・春木　豊・山本多喜司，訳，pp.1-41）．金子書房．(Bandura, A.（Ed.）.(1995). *Self-efficacy in chaging societies*. Cambridge : Cambridge University Press.）
Bandura, A., & Walters, R. H. (1963). *Social learning and personality development*. New York : Holt, Rinehart & Winston.
Catalano, R. F., Berglund, M. L., Ryan, J. A. M., Lonczak, H. S., & Hawkins, J. D. (2002). Positive youth development in the United States : Research findings on evaluations of positive youth development programs. *Prevention & Treatment*, **5**, article 15. doi : 10. 1037/1522-3736. 5. 1. 515a
Christoff, K. A., Scott, W. O., Kelley, M. L., Schlundt, D., Baer, G., & Kelly, J. A. (1985). Social skills and social problem-solving training for shy young adolescents. *Behavior Therapy*, **16**, 468-477.
Combs, M. L., & Slaby, D. A. (1977). Social skills training with children.In B. B. Lahey & A. E. Kazdin (Eds.), *Advances in child clinical psychology : Vol.1* (pp.161-201). New York : Plenum Press.
Gresham, F. M. (1981a). Assessment of children's social skills. *Journal of School Psychology*, **19**, 120-133.
Gresham, F. M. (1981b). Validity of social skills measures for assessing social competence in low-status children : A multivariate investigation. *Developmental Psychology*, **17**, 390-398.
Gresham, F. M. (1986). Conceptual issues in the assessment of social competence in children. In P. S. Strain, M. J. Guralnick, & H. M. Walker (Eds.), *Children's social behavior : Development, assessment, and modification* (pp.143-179). New York : Academic Press.
Gresham, F. M., & Eliot, S. N. (1987). The relationship between adaptive behavior and social skills : Issues in definition and assessment. *Journal of Special Education*, **21**, 167-181.
Hargie, O. D. W. (1997). Communication as skilled performance. In O. D. W. Hargie (Ed.), *The handbook of comuunication skills* (2nd ed., pp.7-28). London : Routledge.
Hartup, W. W. (1970). Peer interaction in social organizations. In P. H. Mussen (Ed.), *Carmichael's manual of child psychology : Vol.2* (pp.361-456). New York : Wiley.
市河淳章．(1995)．社会的有能性．小川一夫（監修），社会心理学用語辞典（pp.139-140）．北大路書房．
石川信一・岩永三智子・山下文大・佐藤　寛・佐藤正二．(2010)．社会的スキル訓練による児童の抑うつ症状への長期的な効果．教育心理学研究，**58**，372-384．
金山元春・佐藤正二・前田健一．(2004)．学級単位の集団社会的スキル訓練：現状と課題．カウンセリング研究，**37**，72-81．
菊池章夫．(1988)．思いやりを科学する．川島書店．
菊池章夫．(2007)．KiSS-18の構成．菊池章夫（編著），社会的スキルを測る：KiSS-18ハンドブック（pp.23-36）．川島書店．
菊池章夫・堀毛一也．(1994)．社会的スキルの心理学　100のリストとその理論．川島書店．
菊池章夫・堀毛一也．(2007)．社会的スキルを測る：Kiss-18ハンドブック．川島書店．
小林正幸・相川　充．(1999)．ソーシャルスキル教育で子どもが変わる　小学校：楽しく身につく学級生活の基礎・基本．図書文化．
Ladd, G. W., & Mize, J. (1983). A cognitive-social learning model of social-skill training. *Psychological Review*, **90**, 127-157.
Libet, J. M., & Lewinsohn, P. M. (1973). Concept of social skills with special reference to the behavior of depressed persons. *Journal of Consulting and Clinical Psychology*, **40**, 304-312.
Matson, L. J., & Ollendick H. T. (1993). 子どもの社会的スキル訓練：社会性を育てるプログラム（佐藤容子・佐藤正二・高山　巌，訳）．金剛出版．（Matson, L. J., & Ollendick, H. T. (1988). *Enhancing children's social skills assessment and training*. New York : Pergamon Press.）
McFall, R. M. (1982). A review and reformulation of the concept of social skills. *Behavioral Assessment*, **4**, 1-33.
Michelson, L., Sugai, D., Wood, R., & Kazdin, A. E. (1987). 子どもの対人行動（高山　巌・佐藤正二・佐藤容子・園田順一，訳）．岩崎学術出版社．(Michelson, L., Sugai, D., Wood, R., & Kazdin, A. E. (1983). *Social skills assessment and training with children : An empirical handbook*. New York : Plenum Press.）
Mize, J., & Ladd, G. W. (1990). A cognitive-social learning approach to social skill training with low status preschool children. *Developmental Psychology*, **26**, 388-397.

Muma, J. R. (1965). Peer evaluation and academic performance. *Personal and Guidance Journal*, **44**, 405-409.

Muma, J. R. (1968). Peer evaluation and academic achievement in performance classes. *Personal and Guidance Journal*, **46**, 580-585.

Oden, S. G., & Asher, S. R. (1977). Coaching children in social skills for friendship making. *Child Development*, **48**, 496-506.

Osnat, E., & Bonnie, B. (1995). Interrelatedness of marital relations and parent-child relations : A meta-analitic review. *Psychological Bulletin*, **118**, 108-132.

Roff, M., Shells, S. B., & Golden, M. M. (1972). *Social adjustment and personality development in children*. Minneapolis : University of Minnesota Press.

坂野雄二．(2002)．人間行動とセルフ・エフィカシー．坂野雄二・前田基成（編著），セルフ・エフィカシーの臨床心理学（pp.2-11）．北大路書房．

佐々木恵．(2013)．予防教育の目標，理論，方法の多様性．山崎勝之・戸田有一・渡辺弥生（編著），世界の学校予防教育：心身の健康と適応を守る各国の取り組み（pp.17-68）．金子書房．

佐藤正二．(1996)．子どもの社会的スキル・トレーニング．相川　充・津村俊充（編），社会的スキルと対人関係：自己表現を援助する（pp.173-200）．誠信書房．

佐藤正二．(2006)．子どものSSTの考え方．佐藤正二・佐藤容子（編），学校におけるSST実践ガイド　子どもの対人スキル指導（pp.11-27）．金剛出版．

佐藤正二・佐藤容子・岡安孝弘・高山　巌．(2000)．子どもの社会的スキル訓練：現況と課題．宮崎大学教育文化学部紀要（教育科学），**3**, 81-105.

佐藤容子．(2006)．子どものSSTの実際．佐藤正二・佐藤容子（編），学校におけるSST実践ガイド　子どもの対人スキル指導（pp.41-51）．金剛出版．

庄司一子．(2007)．対人関係の問題と子どもへの援助．菊池章夫（編著），社会的スキルを測る：KiSS-18 ハンドブック（pp.180-187）．川島書店．

田中熊次郎．(1957)．児童集団心理学．明治図書．

Trower, P. (1982). Toward a generative model of social skills : A critique and synthesis. In J. P. Curreen & P. M. Monti (Eds.), *Social skills training : A practical handbook for assessment and treatment* (pp.399-427). New York : Guiford Press.

渡辺弥生．(1996)．ソーシャル・スキル・トレーニング．日本文化科学社．

渡辺弥生．(2005)．親子のためのソーシャルスキル．サイエンス社．

渡辺弥生．(2007)．発達・教育分野での「社会的スキル」の課題と展望．菊池章夫（編著），社会的スキルを測る：KiSS-18 ハンドブック（pp.196-204）．川島書店．

渡辺弥生．(2008)．ソーシャルスキル．渡辺弥生・伊藤順子・杉村伸一郎（編），原著で学ぶ社会性の発達（pp.142-149）．ナカニシヤ出版．

山崎勝之．(2013)．子どもの健康・適応と予防教育の必要性．山崎勝之・戸田有一・渡辺弥生（編著），世界の学校予防教育：心身の健康と適応を守る各国の取り組み（pp.3-16）．金子書房．

48章 セルフ・レギュレーション

中澤 潤

　セルフ・レギュレーション（self-regulation）とは，自己と社会との調整の機能，すなわち内在化された社会的価値や規範にもとづき，適切な行動を選択・判断し，その行動を自律的に行うことである。セルフ・レギュレーションの訳語としては，自己制御，自己調整等が用いられる。

1節　セルフ・レギュレーションの理論

　精神分析理論でセルフ・レギュレーションとは，イドの欲求を超自我に反さない方法で自我（エゴ）が満たし，現実に適切に対応できることである（Freud, 1940/1971）。イドの欲求の抑制力をもたない幼児に，親はしつけにより統制を行う。しつけは親への同一化をとおして幼児のなかに内化され，超自我となる。超自我は良心や社会的規範に合致するよう行動を制御し，自我の理想とする姿に自己を導く。
　学習理論ではセルフ・レギュレーション行動は，社会的価値や規範に則した行動への正の，それに反する行動への負の強化随伴性により形成される。さらに外的強化がなくても人が自律的に行動できるのは，自分の行動への報酬や罰を自分で管理する自己強化（self-reinforcement）による。
　社会構成主義理論では，セルフ・レギュレーションは，子どもの「発達の最近接領域」において大人が「足場かけ」により課題解決を援助し，子どもができるようになれば徐々に足場を外すことで達成される（Wertch, 1985）。セルフ・レギュレーションに最も重要な心理的道具は言語で，幼児の独り言は大人からの教示に代わり自己教示としてしだいに内言化し，思考や行動の制御を担う（Vygotsky, 1934/2001）。認知の文化・文脈的構成を重視するこの理論では，学校教育は「脱文脈化」をもたらし，抽象思考やメタ認知の発達に大きな力をもつとされる（Cole, 1990）。
　認知心理学では問題解決過程のセルフ・レギュレーションをメタ認知による制御の働きとし，実行機能が重視される。実行機能は，問題解決のプランニング，行動の始発，複数の情報の同時的保持や処理，活動の切り替え，衝動的ないし慣習的な行動の抑制に働く認知機能である。
　動機づけの理論はセルフ・レギュレーションの実行の基盤を説明する。自分の制御可能性の自己効力感（self-efficacy；Bandura, 1997）や「自己原因性」の知覚，つまり状況をコントロールできるという感覚やその自信をもつとき，人は現実的な目標を設定し，目標に到達するための行

為を決定し，目標到達への進展を評価する（deCharm, 1976/1980）。

社会的認知理論（Bandura, 1986）は統合的な基礎理論として，セルフ・レギュレーション行動の過程を示している（図48.1）。自己観察は，自己の行動を観察する自己モニタリングの過程である。判断過程は観察された自己の行動を自己の基準や他者の行動と比較・評価し，適切性を判断する。それにつづく自己反応の過程では，基準に達すると自己強化（正の自己反応や報酬）を与え，自己効力感を感じる。自己評価は動機づけとして作用し次の行動を制御する。

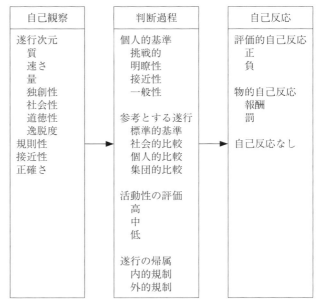

図48.1　セルフ・レギュレーション行動の下位過程（Bandura, 1986）

2節　セルフ・レギュレーションの発達

発達初期のセルフ・レギュレーションについて，コップ（Kopp, 1982）は，生後3カ月までの覚醒や反射の「神経生理学的調整」から，3～9カ月の周囲の事象への反応として手伸ばしや把握などの自発的な運動を行う「感覚運動の調整」（まだ意図のない反応），9～12カ月から18カ月の親や課題の社会的要求に気づきそれに応えようとする「コントロール」，さらに24カ月以降の「セルフ・コントロールの出現とセルフ・レギュレーションへの進展」へと進むとする。この最後の段階では，大人の監視や指示がなくても大人の期待に応えようとする意図的な行動や我慢が出現する。コップ（Kopp, 1982）は，セルフ・コントロールでは状況への対応の柔軟性や遅延能力がまだ限定されているが，セルフ・レギュレーションでは変化に対応できるメタ認知的な活動となるとする。

初期のセルフ・レギュレーションの個人差は気質的特性による。たとえば，ロスバートとベイツ（Rothbart & Bates, 1998）は，セルフ・レギュレーション，情動表出，社会化の基礎となる個人差として，1歳以前に出現する注意の維持やエフォートフル・コントロール（effortful control；非優位な反応遂行のため，優位な反応を抑制する能力）をあげている。コチャンスカほか（Kochanska, Murray, & Harlan, 2000）は，22カ月から33カ月にかけてエフォートフル・コントロールが増加し，9カ月時点の子どもの注意力が22カ月・33カ月時点のエフォートフル・コントロールを予測することを示した。エフォートフル・コントロールには養育の影響もみられ，

22カ月時点での母親の子どもとの相互作用における応答性や母親の社会性などが33カ月時点の子どものエフォートフル・コントロールを予測した。

フレイヴェル（Flavell, 1985）がセルフ・レギュレーションを「幼児期のまさに中心的で重要な認知発達の指標の一つ」（p.72）と述べているように，情動の制御，言語による行動制御，問題解決の制御，自己抑制は幼児期に大きく伸びる（Bronson, 2000）。幼児期はまた自律への高い有能感や楽観性をもち，セルフ・レギュレーションへの意欲や動機も発達する（Bjorklund & Pellegrini, 2002 ; Harter, 2006）。さらに児童期になると，認知機能における発達を基盤に，学習行動におけるセルフ・レギュレーション（自己制御学習）の獲得が大きな課題となる（Schunk & Zimmerman, 1998/2007）。

青年期には人生の目標を立て，その追求のため行動を律することが求められる。バルテスほか（Baltes, Lindenberger, & Staudinger, 2006）は，人生の目標設定やその追求の「選択・最適化・代償モデル」（The Selection, Optimization, and Compensation model : SOCモデル）を提唱した。はじめに目標の選択がなされ，次に目標達成のため内的・外的資源を同定し，割り当て，展開する最適化，そして目標達成の手段が失われたときに代わりの方略を用いる代償が行われる。ナポリターノほか（Napolitano, Bowers, Gestsdottir, & Chase, 2011）は，意図的セルフ・レギュレーション（intentional self regulation : ISR；自分で設定し価値をおいた目標追求のための適切な行為の選択と組織化）に優れた青年はSOCスキルも優れていることを見出し，青年のISR促進プログラムを開発している。

発達制御（developmental regulation）とは，自分自身の発達に影響しようとする努力や，環境に心理的に適応しようとする試みをいう。これには，個人の欲求や願望に合うよう環境をつくり変える試み（一次的統制）と，環境に適応するために内的世界を変えようとする試み（代償的二次的統制）がある。ヘックハウゼン（Heckhausen, 1997）は，成人期の発達制御の変化をみるため，20〜35歳，40〜55歳，60歳以上の3群の成人に今後5〜10年の人生上の目標をあげてもらい，その達成可能性や目標達成への個人的統制感などを尋ねた。年齢につれ目標達成可能性や目標達成のための統制感が低下し，一次的統制では年齢に合った目標が増大し，新たな発達的獲得の目標（例：より良い仕事につく）は少なくなり，喪失回避の目標（例：失業しないようにする）が多くなった。一方，目標を柔軟に変更したり，現在の生活により満足したり，自分を実年齢より若く評価するなどの代償的な二次的統制の傾向は年齢につれ強まっていた。

3節　セルフ・レギュレーションの諸相

1. 情動のセルフ・レギュレーションとその発達

a. 情動制御

生活のなかで体験するさまざまな感情を自分で制御することは重要である。目標達成のため

の感情やそれにかかわる行動の生起，形態，強度，持続のセルフ・レギュレーションを情動制御（emotion regulation）という（Fox, 1994 ; Philippot & Feldman, 2004）。

　サーニ（Saarni, 1984）は「期待はずれのプレゼント」パラダイムにより，小学1・3・5年生が簡単な課題を行ったことへの魅力的な報酬（お菓子とお金）とつまらない報酬（赤ちゃん用のおもちゃ）をもらったときの表情表出を比較した。魅力的な報酬ではどの学年もポジティブな表情を示したが，つまらない報酬にはネガティブかニュートラルな表情を示す子が多かった。5年の女児だけがポジティブな表情を多く示し，つまらないものであっても感謝を表すべきだという表示規則にもとづき表情表出をしていた。他者の存在は表情表出の制御に影響する状況要因である。期待はずれのプレゼントを渡した調査者が幼児と同席しているとき，発達上のリスクの高い幼児は低リスクの幼児に比べ，ネガティブ情動を抑制できなかった（Cole, Zahn-Waxler, & Smith, 1994）。

b. 情動制御の個人差と適応

　情動制御は社会的適応に関連する（Eisenberg, Spinrad, & Smith, 2004）。期待はずれのプレゼントを受け取った失望状況で，ネガティブな感情をそのまま表出する幼児は，情動表出を抑制する幼児より外在的問題行動が多く（Cole et al., 1994），仲間関係が乏しい（中澤・竹内，2012）。また，情動喚起刺激視聴時に表情表出が過度に多い，あるいは過度に少ない幼児は適応が良くない（Cole, Zahn-Waxler, Fox, Usher, & Welsh, 1996）。情動喚起後の安静時に表情表出の多い5～7歳児は，教師評定で向社会性が低く，非社会的，過活動で，仲間からの友人選択が少なかった（中澤・中澤，2004）。これらから，情動反応の過度の喚起や沈静化の困難，また過度の抑制が，仲間とのスムーズな情動のやりとりを阻害し，仲間関係にネガティブな影響をもつことが示唆される。

2. 認知におけるセルフ・レギュレーションとその発達

a. 言語による行動制御

　幼児期の著しい認知機能の発達により，行動は認知過程によって制御されるようになる。こうした認知制御（cognitive regulation）の一つが言語による行動の制御である。ルリア（Luria, 1961）は，幼児の光刺激への選択的なバルブ押し課題の遂行をもとに，言語による行動制御の発達モデルを提出した。第1段階では，他者（大人）からの言語によって行動が制御される。第2段階では，子ども自身の外言が行動制御機能を獲得しはじめるが，言葉の意味よりもインパルス的側面に影響される。第3段階では，子ども自身の外言が意味的側面で効果をもつようになり，さらに言語の行動制御機能はしだいに子どもの外言から内言に移行する。

　このモデルをもとにしたセルフ・レギュレーション習得技法が自己教示法である。自己教示法では，認知モデリング（問題解決における思考過程を言語化しながら課題を解く成人モデルの観察），大人の外言による誘導（同じ課題をモデルの方略教示の下で行う），外言による自己誘導（方略を外言により自分自身に話しかけながら課題を行う），外言のフェイディングによる自己誘

導（方略を自分自身にささやきながら課題を行う），内言による自己教授（最後に方略を内言化し，内言により自分の行動を誘導しながら課題を行う）の5つの過程をとおして，問題解決方略を自己のなかに取り入れ，それによって自らの問題解決行動を制御できるようになる。マイケンバウムとグッドマン（Meichenbaum & Goodman, 1971）は自己教示法が，幼児・小学1年生の衝動的認知スタイルの熟慮的変容への有効性を示した。その後の多くの研究も，セルフ・レギュレーション獲得の基礎技法として自己教示法の有効性を示している（Urbain & Kendall, 1980）。

b. メタ認知と実行機能による問題解決の制御

問題解決過程は，メタ認知のプランニング（問題解決にどのような方法でどう取り組むかを計画），モニタリング（問題解決の進行を自分で監視し確認），自己評価（自己の遂行や答えの適切さを評価），セルフ・コントロール（プランニング，モニタリング，自己評価にもとづき，問題解決行動を適切な方向に維持）の機能により制御される（Brown, 1978/1984）。メタ認知による問題解決過程の制御の基礎となる認知機能が実行機能である。実行機能にはワーキングメモリ（問題解決のために同時に複数の情報を保持し，必要に応じて情報を更新），柔軟性（状況に応じて行動や方略を修正），抑制（問題解決を事前にプランニングし，問題解決に不適切な反応を抑制し，適切な行動に注意を向け遂行）という3つの要素がある（Lehto, Juujaarvi, Kooistram, & Pulkkinen, 2003）。発達につれ，ワーキングメモリ容量は増大し，柔軟性は増し，抑制はより可能となるが（Carlson & Beck, 2009），自閉症スペクトラム等では実行機能に障害のあることが検討されている。

c. 抑制制御

行動の抑制はセルフ・レギュレーションの重要な機能であるが，その課題として満足の遅延が用いられてきた。これは，魅力度の異なる報酬（例：マシュマロ2個と1個）を提示し，実験者が帰ってくるまで待てれば多く（2個）の報酬が得られるが，待てないで実験者を呼べば，少しの報酬（1個）しか得られないことを伝え，実験者が部屋を出るという事態で，幼児がどのくらい待てるかを測定するものである。発達につれ待てる時間は増加するが，それは子どもが用いる認知方略に依存する（Mischel, Shoda, & Rodriguez, 1989）。目の前の報酬から注意をそらすために，目を覆う，机の下に入る，歌を歌うなどして気を紛らわせる自発的な認知方略を用いた子は満足を遅延できた。また，待つ間に何か楽しいことを考えるようにいわれる，実際のマシュマロではなくその写真がおかれる，またマシュマロの物理的抽象的側面をイメージするよういわれる（例：マシュマロを白い雲と考える）という条件の下では幼児は長く待てた。実行機能との関連では，待つ間に報酬を見ないようにする，ルールを言語化するなどの認知的方略を多く使う幼児は，次元変化カード分類（DCCS）課題，熊／竜課題（熊のいうことに従い，竜には従わない），ギフト課題（贈り物をのぞき見しない）といった抑制的な実行機能課題の成績が良かった（Carlson & Beck, 2009）。

ミシェルらの満足遅延の追跡研究によると，4歳のときの満足遅延での待ち時間と18歳のときのSAT（大学入学資格試験）得点に正の相関があった（Shoda, Mischel, & Peake, 1990）。また4歳のときの満足遅延と後の情動制御との関連を，40歳時点の「抑制課題（go/no go課題）」で

比較した。感情の関与しない課題（ニュートラルな表情の顔を提示し，例えば男性ならボタンを押し，女性ならボタンを押さない）では幼児期の遅延能力で差はなかったが，感情の関与課題（恐怖顔や笑顔を提示し，例えば恐怖顔ならボタンを押し，笑顔ならボタンを押さない）では幼児期に長く満足遅延できなかった人はできた人に比べ失敗（押してはいけない刺激にボタンを押してしまう）が多かった（Casey, Somerville, Gotlib, Ayduk, Franklin, Askren, Jonides, Berman, Wilson, Teslovich, Glover, Zayas, Mischel, & Shoda, 2011）。

d. 自己制御学習

社会的認知理論とメタ認知研究が融合し，自律的な学習行動の確立を目指す自己制御学習（self-regulated learning）という研究領域が生まれた（中澤，1992）。ジマーマン（Zimmerman, 1998/2007）は，プランニング，遂行・意志的制御，自己内省が循環しながら作用するモデルを提示している。プランニングは学習の遂行を準備するもので，学習目標の設定，目標達成のための学習方略プランニング，学習遂行への自己効力感，目標志向性（目標を学習の過程におくか，結果としての成績におくか），内発的興味（興味から学習するか，得られる報酬のために学習するか）の5つの下位過程がある。遂行・意志的制御は学習への集中や遂行にかかわるもので，問題への注意の集中，問題遂行のための自己教示やイメージ化による記憶の促進，問題解決行動の自己モニタリングの3つの下位過程がある。自己内省は学習経験をふまえ次の取り組みのプランニングへとつながる。ここでは，モニターした自己の遂行を基準や目標と比較する自己評価，遂行の成功や失敗要因の帰属，帰属にもとづき解決に積極的に向かうか回避的となるかの自己反応，学習により積極的適応的になるか否かの適応性という4つの下位過程がある。このモデルをもとに，子どもの学習行動のセルフ・レギュレーション確立への治療的試みが積極的に行われている（Schunk & Zimmerman, 1998/2007）。

3. 社会的なセルフ・レギュレーションとその発達

a. 自己主張と自己抑制

保育所や幼稚園などで良好な仲間関係をもつには，社会的ルールを習得し，それに従って自己の行動を制御していく社会的なセルフ・レギュレーションが重要となる。柏木（1988）は，自分の欲求や行動を抑制する側面の行動制御を「自己抑制」，自分の意志，欲求を明確にもち，それを外に向かって表し実現する側面を「自己主張・自己実現」とし，行動評定尺度をもとにその発達をみた。自己抑制は3〜6歳で単調に増加し，またそれは一貫して女児に大きい。一方，自己主張・自己実現も発達につれ増加するが，4歳後半から頭打ちになっていた。柏木（1988）は，母親の介入・過保護が子どもの自己抑制，自己主張・実現の双方と負相関があることも見出している。

b. 社会的情報処理とその制御

仲間関係のなかで子どもが経験する葛藤は，社会的な問題とみることができる（中澤，1996）。子どもが社会的葛藤場面で示す行動はこの社会的問題をどのように解決したのかの結果とみな

せる。社会的問題の課題解決過程を明らかにするものに、社会的情報処理（social information processing）がある（Crick & Dodge, 1994）。このモデルでは、ある状況（社会的問題）に直面した子どもは状況内の社会的手がかり（他者の表情、態度や声の強さ等）を「知覚・符号化」し、その情報を「表象・解釈」し、それにもとづきどのような解決を行うかの「目標設定」を行い、目標達成のための適切な反応を長期記憶のなかから「探索」し、最も有効で実行可能と思われる反応を「選択・決定」し、「実行」するという6つのステップが想定されている。あるステップで偏った処理を行うと、結果的に社会的に逸脱した行動をとる可能性が高まる。社会的情報処理過程を制御するうえでメタ認知（中澤、1996）や経験にもとづくデーターベース（潜在的心的構造）（Gifford-Smith & Rabiner, 2004/2013）も役割を果たす。さらに社会的場面での行動は感情との関連が不可避であり、社会的情報処理に情動制御を組み込んだモデルが想定されている（Lamerise & Arsenio, 2000）。適切な社会的なセルフ・レギュレーションには、主張、協調行動、応答的なやりとりのような行動スキルに加え、適切な社会的問題解決をもたらす認知スキルをもつことが必要となるが、認知行動療法により、これら行動・認知の両スキルの習得を目指す治療的介入が展開されている（Chang, D'Zurilla, & Sanna, 2004）。

4節　セルフ・レギュレーションの生理学的基盤

　自律神経系、とくに副交感神経系機能は情動制御の生理学的基礎であり、心臓の副交感神経系の機能亢進を示すVagal Tone（VT）は情動制御の指標とされる（Porges, 1991）。高VTの幼児は満足遅延時にネガティブ感情を表出することが少なく（Santucci, Silk, Shaw, Gentzler, Fox, & Kovacs, 2008）、男児の情動反応性の低さと社会的コンピテンスの高さと関連していた（Eisenberg, Fabes, Murphy, Maszk, Smith, & Karbon, 1995）。脳内で情動の処理や制御に大きな役割を果たすのは扁桃体である（Whalen & Phelps, 2009/2015）。成人女性がネガティブな写真を見せられたとき、自分の感情をより意識的にネガティブに感じるよう制御すると、扁桃体の活動はより活性化し、ネガティブに感じないように制御すると、扁桃体の活動は低下した（Ray, Ochsner, Cooper, Robertson, Gabrieli, & Gross, 2005）。

　認知制御においては、とくに実行機能にかかわる脳部位の検討が行われている。ワーキングメモリでは前頭前野背外側が（田中、2008）、柔軟性ではウイスコンシンカード分類課題の次元変化への対応で、ネガティブなフィードバックに右前頭前野が、反応の変換に左前頭前野がそれぞれ活性化した（Konishi, Hayashi, Uchida, Kikyo, Takahashi, & Miyashita, 2002）。抑制では、ケージーほか（Casey et al., 2011）が、no go課題での反応抑制に右下前頭回が関連し、また反応抑制のできない人の腹側線条体の活動が大きいことを見出している。前頭前野外側部は、選択的注意、意図的行為の選択、行動ルールの適用、多様な行動目標の設定といったプランニングにも中心的な役割を果たしている（Tanji & Hoshi, 2008）。今後これら情動制御や認知制御にかかわる神経系の機能や脳の部位の検討は、さらに進められていくであろう。

5節 セルフ・レギュレーション研究の課題

　セルフ・レギュレーション研究は，情動，認知，社会の領域で多様な年齢段階を対象に行われているが，いずれも各領域内の知識の集積で終わっている。セルフ・レギュレーションは人のもつ多様な能力が相互に関連し成立する。したがって，これら多領域の研究や，その発達の流れを統合し，どのように人のセルフ・レギュレーション機能が形成・展開されていくのかを明らかにすることが必要であろう。そのためにはとくに長期の発達過程を縦断的に追うことが重要となろう。

　紙幅の関係で，セルフ・レギュレーションに及ぼす社会的影響を十分に論じることはできなかった。しかし本稿で紹介したいくつかの研究からも，養育，学校教育，状況などとの関連がみられている。セルフ・レギュレーションの社会的要因の検討は，セルフ・レギュレーションの生理学的検討とともに，またこれら両者の間の交互作用効果を検討するために重要となろう。さらに，さまざまなセルフ・レギュレーションの習得支援のための介入法の開発の試みも重要である。

　セルフ・レギュレーション研究は，人の自己や主体性の確立過程の解明，ならびにその支援手法の解明といった基礎研究と応用研究の交差する領域である。同時に，人の自己とは，主体性とは何か，といった根源的な問いへと迫るきわめて興味深い領域でもある。

◆ 引用文献

Baltes, P. B., Lindenberger, U., & Staudinger, U. M. (2006). Life span theory in developmental psychology. In R. M. Lerner & W. Damon (Vol.Eds.), W. Damon & R. M. Lerner (Editors-in-Chief), *Handbook of child psychology : Vol.1. Theoretical models of human development* (6th ed., pp.569-664). Hoboken, NJ : John Wiley & Sons.

Bandura, A. (1986). *Social foundations of thought and action : A social cognitive theory*. Englewood Cliffs, NJ : Prentice-Hall.

Bandura, A. (1997). *Self-efficacy : The exercise of control*. New York : Freeman.

Bjorklund, D. F., & Pellegrini, A. D. (2002). Evolutionary perspectives on social development. In P. K., Smith, & C. H. Hart, (Eds.), *Handbook of childhood social development* (pp.44-59). Malden, MA : Blackwell.

Bronson, M. B. (2000). *Self-regulation in early childhood*. New York : Guilford Press.

Brown, A. L. (1984). メタ認知（湯川良三・石田裕久，訳）．サイエンス社．(Brown, A. L. (1978). Knowing when, where, and how to remember : A problem of metacognition. In R. Glaser (Ed.), *Advances in instructional psychology : Vol.1* (pp.77-165). Hillsdale, NJ : Lawrence Erlbaum Associates.)

Carlson, S. M., & Beck, D. M. (2009). Symbols as tools in the development of executive function. In A. Winsler, C. Fernyhough, & I. Montero (Eds.), *Private speech, executive functioning, and the development of verbal self-regulations* (pp.163-175). New York : Cambridge University Press.

Casey, B. J., Somerville, L. H., Gotlib, I. H., Ayduk, O., Franklin, N. T., Askren, M. K., Jonides, J., Berman, M.G., Wilson, N. L., Teslovich, T., Glover, G., Zayas, V., Mischel, W., & Shoda, Y. (2011). Behavioral and neural correlates of delay of gratification 40 years later. *Proceedings of the National Academy of Sciences of the United States*, **108**, 14998-15003.

Chang, E. C., D'Zurilla, T. J., & Sanna, L. J. (2004). *Social problem solving*. Washington, DC : American Psychological Association.

Cole, M. (1990). Cognitive development and formal schooling : The evidence from cross-cultural research. In L. C.

Moll (Ed.), *Vygotsky and education* (pp.89-110). Cambridge, UK : Cambridge University Press.

Cole, P. M., Zahn-Waxler, C., Fox, N. A., Usher, B. A., & Welsh, J. D. (1996). Individual differences in emotion regulation and behavior problems in preschool children. *Journal of Abnormal Psychology*, 105, 518-529.

Cole, P. M., Zahn-Waxler, C., & Smith, K. D. (1994). Expressive control during a disappointment : Variations related to preschooler's behavior problems. *Developmental Psychology*, 30, 835-846.

Crick, N. R., & Dodge, K. A. (1994). A review and reformulation of social information-processing mechanisms in children's social adjustment. *Psychological Bulletin*, 115, 74-101.

deCharms, R. (1980). やる気を育てる教室（佐伯　胖，訳）.金子書房. (deCharms, R. (1976). *Enhancing motivation : Change in the classroom*. New York : Irvington.)

Eisenberg, N., Fabes, R. A., Murphy, B., Maszk, P., Smith, M., & Karbon, M. (1995). The role of emotionality and regulation in children's social functioning : A longitudinal study. *Child Development*, 66, 1360-1384.

Eisenberg, N., Spinrad, T. L., & Smith, C. L. (2004). Emotion-related regulation : Its conceptualization, relations to social functioning, and socialization. In P. Philippot & R. S. Feldman (Eds.), *The regulation of emotion* (pp.277-306). Mahwah, NJ : Lawrence Erlbaum Associates.

Flavell, J. H. (1985). *Cognitive development* (2nd ed.). Englewood Cliffs, NJ : Prentice-Hall.

Fox, V. A. (1994). The development of emotion regulation : Biological and behavioral considerations. *Monographs of the Society for Research in Child Development*, Serial No.240, 59(2-3).

Freud, S. (1971). フロイト著作集：1　精神分析入門（懸田克躬・高橋義孝，訳）．人文書院. (Freud, S. (1940). *Vorlesungen zur Einführung in die Psychoanalyse*. London : Imago Pub.)

Gifford-Smith, M. E., & Rabiner, D. L. (2013). 社会的情報処理と子どもの社会的適応（中澤　潤，訳）．J. B. Kupersmidt, & K. A. Dodge（編）子どもの仲間関係：発達から援助へ（中澤　潤，監訳）(pp.56-75). 北大路書房. Gifford-Smith, M. E., & Rabiner, D. L. (2004). Social information prosessing and children's social adjustment. In J. B. Kupersmidt & K. A. Dodge (Eds.), *Children's peer relations : From development to intervention* (pp.61-79). Washington, DC : American Psychological Association.

Harter, S. (2006). The self. In N. Eisenberg (Vol. Ed.), W. Damon & R. M. Lerner (Editors-in-Chief), *Handbook of child psychology, : Vol.3. Social emotional and personality development* (6th ed., pp.505-570). Hoboken, NJ : John Wiley & Sons.

Heckhausen, J. (1997). Developmental regulation across adulthood : Primary and secondary control of age-related challenges. *Developmental Psychology*, 33, 176-187.

柏木惠子. (1988). 幼児期における「自己」の発達：行動の自己制御機能を中心に．東京大学出版会.

Kochanska, G., Murray, K., & Harlan, E. (2000). Effortful control in early childhood : Continuity and change, antecedents, and implications for social development. *Developmental Psychology*, 36, 220-232.

Konishi, S., Hayashi, T., Uchida, I., Kikyo, H., Takahashi, E., & Miyashita, Y. (2002). Hemispheric asymmetry in human lateral prefrontal cortex during cognitive set shifting. *Proceedings of the National Academy of Sciences of United States*, 99, 7803-7808.

Kopp, B. (1982). Antecedents of self-regulation : A developmental perspective. *Developmental Psychology*, 18, 199-214.

Lamerise, E. A., & Arsenio, W. F. (2000). An integrated model of emotion processing and cognition in social information processing. *Child Development*, 71, 107-118.

Lehto, J .E., Juujaarvi, P., Kooistram, L., & Pulkkinen, L. (2003). Dimensions of executive functioning : Evidence from children. *British Journal of Developmental Psychology*, 21, 59-80.

Luria, A. R. (1961). *The role of speech in the regulation of normal and abnormal behavior*. Oxford : Pergamon.

Meichenbaum, D. H., & Goodman, J. (1971). Training impulsive children to talk to themselves : A means of developing self-control. *Journal of Abnormal Psychology*, 77, 115-126.

Mischel, W., Shoda, Y., & Rodriguez, M. L. (1989). Delay of gratification in children. *Science*. 244, 933-938.

中澤　潤. (1992). 社会的学習理論．東　洋・繁多　進・田島信元（編集企画），発達心理学ハンドブック (pp.214-230). 福村出版.

中澤　潤. (1996). 社会的行動における認知的制御の発達．多賀出版.

中澤　潤・中澤小百合. (2004). 社会的行動と情動制御の発達．日本教育心理学会第46回総会発表論文集，31.

中澤　潤・竹内由布子. (2012). 幼児におけるネガティブ情動の表出制御と仲間関係．千葉大学教育学部研究紀

要，**60**，109-114.
Napolitano, C. M., Bowers, E. P., Gestsdottir, S., & Chase, P. A. (2011). The development of intentional self-regulation in adolescence : Describing, explaining, and optimizing its link to positive youth development. In R. M. Lerner, J.V., Lerner, & J. B. Benson (Eds.), *Advances in child development and behavior : Vol.41* (pp.19-38). New York : Academic Press.
Philippot, P., & Feldman, R. S. (Eds.). (2004). *The regulation of emotion*. Mahwah, NJ : Lawrence Erlbaum Associates.
Porges, S. W. (1991). Vagal tone : An autonomic mediator of affect. In J. Garber & K. A. Dodge (Eds.), *The development of emotion regulation and dysregulation* (pp.111-128). New York : Cambridge University Press.
Ray, R. D., Ochsner, K. N., Cooper, J. C., Robertson, E. R., Gabrieli, J. D., & Gross, J. J. (2005). Individual differences in trait rumination and neural systems supporting cognitive reappraisal. *Cognitive, Affective, and Behavioral Neuroscience*, **5**, 156-168.
Rothbart, M. K., & Bates, J. E. (1998). Temperament. In N. Eisenberg (Vol.Ed.), W. Damon (Series Ed.), *Handbook of child psychology : Vol.3. Social emotional and personality development* (5th ed., pp.105-176). New York : Jhon Wiley & Sons.
Saarni, C. (1984). An observational study of children's attempts to monitor their expressive behavior. *Child Development*, **55**, 1504-1513.
Santucci, A. K., Silk, J. S., Shaw, D.S., Gentzler, A., Fox, N. A., & Kovacs, M. (2008). Vagal tone and temperament as predictors of emotion regulation strategies in young children. *Developmental Psychobiology*, **50**, 205-216.
Schunk, D. H., & Zimmerman, B. J. (Eds.). (2007). 自己調整学習の実践（塚野州一，編訳）．北大路書房．(Schunk, D. H., & Zimmerman, B. J. (1998). *Self-regulated learning : From teaching to self-reflective practice*. New York : Guilford Press.)
Shoda, Y., Mischel, W., & Peake, P. (1990). Predicting adolescent cognitive and self-regulatory competencies from preschool delay of gratification : Identifying diagnostic conditions. *Developmental Psychology*, **26**, 978-986.
田中悟志．(2008)．経頭蓋磁気刺激法を用いたワーキングメモリー研究．苧阪直行（編著），ワーキングメモリの脳内表現（pp.223-347）．京都大学学術出版会．
Tanji, J., & Hoshi, E. (2008). Role of the lateral prefrontal cortex in executive behavioral control. *Physiological Review*, **88**, 37-57.
Urbain E. S., & Kendall, P. H. (1980). Review of social-cognitive problem solving interventions with children. *Psychological Bulletin*, **88**, 109-143.
Vygotsky, A. L. (2001)．新訳版 思考と言語（柴田義松，訳）．新読書社．(1934).
Wertch, J. V. (1985). Adult-child interaction as a source of self-regulation in children. In S. R. Yussen (Ed.), *The growth of reflection in children* (pp.69-97). New York : Academic Press.
Whalen, P. J., & Phelps, E. A. (2015)．ヒト扁桃体（泉井 亮・中澤 潤，監訳）．西村書店．Whalen, P. J., & Phelps, E. A. (2009). *The human amygdala*. New York : Guilford Press.
Zimmerman, B. J. (2007)．学習調整の自己成就サイクルを形成すること：典型的指導モデルの分析（塚野州一，訳）．D. H. Schunk & B. J. Zimmerman (Eds.)，自己調整学習の実践（塚野州一，編訳）(pp.1-19). 北大路書房．(Zimmerman, B. J. (1998). Developing self-fulfilling cycles of academic regulation : An Analysis of exemplary instructional models. In D. H. Schunk & B. J. Zimmerman (Eds.), *Self-regulated learning : From teaching to self-reflective practice* (pp.1-19). New York : Guilford Press.)

49章 ジェンダーの発達

大野祥子

1節 「ジェンダー」とは何か：概念定義と使われ方

　ジェンダーとは何か。『心理学辞典』では「学術用語としてのジェンダー（社会的性）は，遺伝的・生物学的性（sex）に基づいて社会的に男女に振り分けられた"役割"」であり，「従来用いられてきた"性役割"（sex role）とほぼ同義である」（土肥，1999）と定義されている。身体構造や生殖機能の差異から必然的に展開する心理・行動でなく，社会文化的要因によって構築された男女の差異を指すというのが，現時点で最も一般的に知られた定義であろう（ただし，近年の理論的な概念定義の議論においては，バトラー（Butler, J.）やデルフィ（Delphy, C.）など，生物学的性の認識の仕方自体がジェンダーの枠組みによっているとして，生物学的性とジェンダーの二分法的な概念規定に批判的な論者もいる。青野〔2008〕，伊藤〔2000〕を参照）。
　一方，個々の心理学や社会学の研究・論説のなかでは，「ジェンダー」の語はひじょうに多義的に使用されている。ジェンダー概念の変遷をレビューした福富（2006）や青野（2008）には，「ジェンダー」の用例を網羅的に集めた帰納的な概念規定がいくつか紹介されている。それらの用法からは，ジェンダーとは個人のもつ属性・特性から社会文化的な規範，さらに社会の制度や構造にも及ぶ多角的で重層的な概念として使用されていることがわかる。それは，ジェンダー研究が，生物学的性という個人がコントロールできない属性ゆえに生きづらさを感じる問題の構造を解きほぐし，そうした制約のない社会の実現を希求する実践的な学問であることと無関係ではないだろう。
　本稿では，男女間の非対称な権力関係やそれにもとづく社会制度についてはひとまず脇におき，個人の能力や特性，行動，さらに認知枠組みや価値観などの心理的変数を中心に論じていく。

2節 ジェンダー概念の誕生

1. ジェンダー研究の前史：性差の研究

　ジェンダー研究の先駆は19世紀末から20世紀初頭の性差への関心であった。ダーウィン（Darwin, C. R.）の影響を受けたゴールトン（Galton, F.）やフィッシャー（Fisher, R. A.）が進

化の源泉として個人差に注目した頃，個人差の一次元として性差も研究の対象とされた。しかし当時の研究関心は，社会における男性の優位性の根拠として男性の能力が女性に優ることを示すことにあった。女性はもっぱら産む性とみなされ，公の場や知的領域への参入が阻害された（東・小倉，2000）。

20世紀に入り，知能検査などの心理測定具が開発されると，実際に能力・特性の性差が測定されるようになる。マッコビーとジャクリン（Maccoby & Jaclin, 1974）は，能力や認知機能，パーソナリティ，動機づけなどに関する性差を報告した約1,600の研究をレビューし，多くの領域では一般に信じられているような性差は認められないことを見出した。同時にいくつかの領域では「よく確立された性差」が見出されたとも報告し，数的処理や視空間認知の能力は男性のほうが，言語能力は女性のほうが優れているとした。

2. 性差研究への批判

性差への関心は現代にも受け継がれており，直接的・間接的に性差の分析を含む研究は，国内外を問わず数多くみられる。一方で，性差研究に対する批判や疑問もある。

その一つは性差研究の結果のまとめ方や解釈に関する批判である。性差の方向だけでなく，差の大きさをチェックする効果量を算出すべきだと主張するハイド（Hyde, 1981）は，「"よく確立された性差"という表現は，"大きな性差"を意味すると受けとられやすい」との問題意識から，マッコビーらと同じ研究を対象に効果量を調べるメタ分析を行っている。その結果，性差が「よく確立された」とされた領域でも効果量はそれほど大きくなく，男女の分布の重なりが大きいことが示された。また，性差による効果量と，その他の心理的要因・教育的要因・行動面での取り扱われ方の差による効果量を比較すると，性差による効果量のほうが値が小さいものが多いことを明らかにした（Hyde, 1995）。

もう一つは個々の性差研究の測定指標の問題である。たとえば数的能力の性差を検討した研究を詳しくみていくと，「数的能力」の指標は統一されていない。実際，数学的解決は男子のほうが成績がよいが，計算問題は女子のほうが成績がよく，学校の数学の成績には男女差は認められないという（Kimura, 1999/2001）。さらに測定概念の選び方，教示や実験者の態度など，研究の本来の関心とは違う要因によって，テスト不安や社会的望ましさにもとづく反応が喚起されることがある（Caplan & Caplan, 2009/2010）。その場合，測定結果に現れた性差には，能力の差とそれ以外の要因による差が交絡してしまう。

3. 性差の規定因への関心：生物学的性（セックス）と社会文化的性（ジェンダー）の区別

上記の批判は，すなわち「性差が認められたとして，それは生物学的な身体の構造に起因するのか，それとも社会や環境要因によって生じたるものなのか」という問題提起である。そもそ

も発達というメカニズム自体が生物学的要因と環境要因の輻輳によって進行することを考えれば，ある能力や特性の性差がnature（生物学的要因）とnurture（環境要因）のどちらによって生じているかに決着をつけるのは難しい。しかし，遺伝や身体構造によって個人のもつ能力や特性は運命づけられているという発想にもとづいて差別や不均衡な権力構造が正当化されるのに対抗するところに，ジェンダーという概念の意義があるといえる。

1940年代の欧米では，従軍した男性に代わって女性が職業役割を果たしたことから，男女が果たす役割は生物学的必然によるものではなく，社会的に振り分けられたものであるとする見方が生まれた。この見方が，性別という社会的地位に対して期待される役割である「性役割」という概念を生み，1950～1960年代にかけて性役割研究の隆盛があった（伊藤，2000）。後に述べる性役割獲得のメカニズムについての古典的な理論が世に出たのもこの頃である。

マネーとタッカー（Money & Tucker, 1975/1979）は，発生途中の何らかの事情で標準的な性分化が妨げられた「半陰陽」の治療をとおして，性自認＝ジェンダー・アイデンティティは先天的なものではなく，少なくとも生後1年半までの社会的要因の影響を受けて形成されると主張した。その後，彼らが報告した事例には疑義も呈されているが，社会文化的に構築される性を表す概念として「ジェンダー」の語を最初に使ったのは，彼らであるとされる。

心理学研究において，生物学的性とジェンダーを独立に概念化するうえで大きく貢献したのが，ベム（Bem, 1974）のアンドロジニー理論である。ベムは，男性性と女性性をそれぞれ独立の次元として測定するパーソナリティ尺度，BSRI（Bem Sex Role Inventory）を考案した。この尺度では男性性スコアと女性性スコアの組み合わせによって，各人のジェンダー・タイプが男性性優位型，女性性優位型，両性具有型（アンドロジニー），未分化型に分類される。ベムは，アンドロジニーは片方の性に性別化された人に比べ，男性性・女性性どちらが要求される場面でもふさわしい行動がとれるため適応的であると考えた。ベムのアンドロジニー理論は，人は自らの生物学的な性によらず男性的・女性的なパーソナリティの両方をもちうることを実証可能なかたちで示した点が大きな功績といえる。だがしだいに，男性性・女性性という概念は性別化した枠組みを固定化する等の批判を受け，ジェンダー・スキーマ理論へと展開する（福富，2006）。

3節　ジェンダーの発達についての理論

1. ジェンダーの発達の古典的理論

ジェンダーはどのように発達するのか。まず性役割の学習について古典的な2つの理論，認知的発達理論と社会的学習理論を紹介する。

認知的発達理論は，コールバーグ（Kohlberg, 1966）がピアジェ（Piaget, J.）の発達段階を性の概念の発達に援用したものである。子どもは3歳頃に自分が男の子であるか女の子であるかを理解し（「性の同一性」），4～5歳頃には男女という区分を一貫したラベルとして使用することが

できるようになる（「性の一貫性」）。そして 6〜7 歳頃までに人の性別が不変であることを理解する「性の恒常性」の段階に至る。性別についての認知的な理解によって，子どもは自分と同性の対象を同一視し，自らの性別にふさわしい行動や特性を好んで取り込むようになると説明される。

社会的学習理論（Bandura & Walters, 1963）では，親や周囲の人からの強化によって，子どもが性役割を獲得すると考える。子どもは，自分の性別にふさわしい行動には正の，ふさわしくない行動には負の強化を受けることによって，ジェンダー化された行動特性を身につける。また，直接の強化がなくても同性モデルへの同一視や観察を通じた学習過程も想定されている。

2. ジェンダー・スキーマ理論

これらの理論は「人が自分の性別にふさわしい行動や特性を獲得するメカニズム」を説明するものだが，実際には幼い子どもでも，自分と異なる性別にとってふさわしいとされる行動や特性の知識ももっている。そこで，人が自分の性別のみならず，男女両方のステレオタイプについての知識をもつことを説明しようとしたのがジェンダー・スキーマ理論である。ジェンダー・スキーマとは，先述のベム（Bem, 1981）らによって提唱された概念で，性別という次元にもとづいて情報を処理，構造化する認知的枠組みのことをいう。ジェンダー化の内容，すなわちどのような行動や特性が男性的もしくは女性的とされるかは文化によって異なるが，ジェンダー・スキーマは内容でなく，情報処理プロセスのジェンダー化を問題とする。人は，性格特性や行動のみならず，本来は性別とは無関係な事物も「男性的か女性的か」という二分法で知覚し，どちらかのクラスに帰属させるような認知的枠組みをもつ。このように考えれば，人が自分と異なる性別についても，ジェンダー・ステレオタイプをもつようになることが説明できる。

3. ジェンダー・スキーマの発達

ジェンダー・スキーマは発達の早い段階で獲得される。3, 4 カ月の乳児でも男女の顔写真を弁別できる（Quinn, Yahr, Kuhn, Slater, & Pascalis, 2002）。10 カ月には男女の顔と，それぞれの性別にふさわしい物（女性とスカーフ，男性とハンマーなど）を連合させることができる（Levy & Haaf, 1994）。3〜5 歳の幼児期までには，基本的なジェンダー・ステレオタイプについての知識は成人と同程度になり，さらに内面的特徴や抽象的な側面へと知識は広がっていく（相良, 2008）。

ジェンダー化に影響する社会的要因として以下のようなものが報告されている。

a. 家庭の影響

親は性別によるしつけをとおして，また子どものモデルになることで，子どものジェンダー化に影響を与える。黄色い服を着せられた 3 カ月の乳児（実際は女の子）を「男の子」，「女の子」，「赤ちゃん」と異なるラベルで紹介された大人は，ラベルづけされた性別のステレオタイプにもとづくやり方で子どもとかかわった（Seavey, Katz, & Zalk, 1975）。子どもの性別によって，そ

の子の特性をジェンダー・ステレオタイプに沿ったかたちで知覚する傾向は，親が自分の子どもを理解する場合にもあることが確認されている（Karraker, Vogel, & Lake, 1995）。

子どもの性別によって異なる親の扱いや発達期待には，親のジェンダー・スキーマが反映すると考えられる。親子のジェンダー・スキーマの関連を調べた43の研究結果のメタ分析によると，さまざまな媒介変数の影響はあるものの，全体では$r = .16$という有意な相関が得られており，親のジェンダー観が子どもに一定の影響を与えると考えられる（Tenenbaum & Leaper, 2002）。相良（2000）は親のしつけや父親の家事参加が小学生のジェンダー・ステレオタイプの柔軟性を高めることを明らかにしている。

b. 学校教育の影響

小中学生に対する調査では，「先生は，女の子と男の子におなじように接している」と答える子どもが5～6割を占めた（高橋，2009）。教師側も「男の子だから，女の子だからと言わないようにしている」という答えがおおむね7割を超えたものの，教科書や学習や活動の際のグループ編成などを分析すると，依然としてジェンダー・バイアスがみられる（中澤，2009）。保育園でも教材の色や保育者が子どもにかける褒め言葉などが男女で異なることが観察されており（池田，2006），ジェンダー化された「隠れたカリキュラム」の存在が指摘されている。

教育の場でのジェンダー化は「教師から子どもへ」という垂直方向だけでなく，子ども同士の水平方向でも生じる。松川（2009）は教室内の子ども間で行われるインフォーマルな相互作用をとおして「授業を支配するのは男子，女子は目立たないようにする」というジェンダーの区分と力関係＝ジェンダー秩序が確立されることを示している。

c. メディアの影響

テレビドラマや広告，出版物の内容分析では，女性がアイ・キャッチャーとして利用されたり，ジェンダー・ステレオタイプに沿ったイメージが伝達されたりすることが報告されている。ステレオタイプ化したメディア情報への接触が個人の心理や行動に影響する過程は培養理論，沈黙の螺旋モデル，ステレオタイプ脅威等によって説明される（上瀬，2006）。

伊藤（1997）は，高校生男女の性差観と性役割態度，性役割選択に影響を及ぼす要因のパスモデルを検討し，親の性別化期待や職経歴期待，共学か別学か，女性誌／男性誌講読など，家庭・学校・教育・メディアのいずれもが，高校生のジェンダー化に影響力をもつことを明らかにした。

個人の自己概念や行動様式はジェンダー・スキーマの影響を受ける。ジェンダー・カテゴリーを理解した子どもは，自分の性別に合致する行動や物を積極的に取り入れようとする。同性モデルの行為であっても，ジェンダー・スキーマに合致する行動は模倣されやすく，逸脱する行動は模倣されにくい。10カ月以降の子どもの使用言語と，17カ月と21カ月での子どもの観察記録の関連をみると，「女の人」「男の子」などジェンダー・ラベル語を早く使う子どもはジェンダー化した玩具を早くから好むことが明らかになっている（Zosuls, Ruble, Tamis-LeMonda, Shrout, Bornstein, & Greulich, 2009）。子どもがジェンダー・ステレオタイプに沿った行動を取り入れるかどうかは，ジェンダー・ステレオタイプの知識の豊富さよりも子ども自身がどのように評価するかによって決まる（Bussey & Bandura, 1992）。

4節　行為としてのジェンダー

1. ジェンダーの発達における主体性

　ジェンダー・スキーマ理論では，スキーマの内容は社会文化によって異なると考えられている。そして，個人はジェンダー・スキーマを自分に適用することでジェンダー化されるとする発達メカニズムの説明は，ジェンダーの発達の社会化としての側面に注目している。だが人間は，社会規範や他者からの評価に影響されるだけの受け身な存在ではない。

　社会学者の多賀（2001）は，従来の性役割の社会化理論は「一枚岩の性別役割分業構造が維持・再生産される『調和的安定社会』の想定と，社会化エージェントの力を絶対視する『社会決定論的アプローチ』で」(p.44)あったとし，ジェンダー秩序が多元化し，変動している社会でのジェンダー形成の説明として十分でないと批判する。同性集団のメンバー全員が同じジェンダー観をもつわけではないし，宇井（2005）が実証的に示したように個人のなかにも複数の異なるジェンダー観が共存しうる。ジェンダーの発達は，社会化によるのみでなく，多様な可能性のなかから自らが主体的に選択・構築する面も大きい。

　コンネル（Connell, 2002/2008）は，ソーン（Thorne, 1993）の小学校におけるエスノグラフィ研究を引き，子どもたちの間のジェンダー境界はインフォーマルな場では固定的・一貫的ではなく，状況により流動的な境界決定行動が行われる具体例を示した。「境界決定行動は（中略）ジェンダーの境界線を絶えず印づけるために絶え間なく行われている。性差は，ただ単に存在するものではない。それは生じるものであり，生じるためには作られなければならないものである。そして同時に，それは，作らずにおくことも，変えることも，その重要性を低下させることもできるものである」(pp.28-29)。ウエストとツィマーマン（West & Zimmerman, 1987）が主張したとおり，ジェンダーとは社会的な行為をとおして構築される（doing gender）ものなのである。

　先にあげた松川（2009）は，教室内にジェンダー秩序が確立された小学校高学年以降は，男子同士の間で「からかう＝男性的」「からかわれる＝女性的」という関係をつくることによって，男子優位のジェンダー関係を再生産させていると分析している。マーティンとルーブル（Martin & Ruble, 2010）は，幼稚園児はクラスメートの誰がジェンダー境界にうるさい「ジェンダー・ポリス」であるかを認識しており，その子どもの前ではジェンダー境界を守るという研究（McGuire, Martin, Fabes, & Hanish, 2007）を紹介している。ダン（Dunn, 1988）は，子どもの社会的知性の一例として3歳の女の子が自分の主張を正当化するためにジェンダーを引き合いに出したエピソードをあげた。兄とおもちゃの掃除機を取り合った女の子が，母親に「掃除は女の人がすることだから，これは私がやらなきゃいけないの」と訴える。幼児がジェンダーを選択的・戦略的に使っている例といえるだろう。

2. ジェンダーすること

　一般的には，児童期を通じてジェンダーに関する知識が増えるに従い，ジェンダー・スキーマの柔軟性は増していく（相良，2008）。しかし，ジェンダー化された社会制度の下では，個人は内的な特性や価値観のレベルではジェンダー規範を支持していなくても，日々の実践，相互作用のなかではジェンダー規範に沿った行為をしてしまうことがある。

　好意をもった異性との関係において，「2 人で出かけるときに（女性が）お弁当を作る」，「食事代を（男性が）もつ」など，ジェンダー規範に沿った行動をとるのが「当然だ」と考える大学生は半数程度だが，そのような場面で自分がそのような行動をとると答えた割合は約 8 割であった（赤澤，2000）。夫婦間では，妻から夫へ非対称的にケアが提供されているが，実は妻たちはそのことに否定的な感情を抱いている（平山，2002）。第一子を出産後に女性が退職を選ぶ理由として最も強く働くのは「夫や夫の親の反対」で，その効果は女性本人の価値観より大きい（小坂・柏木，2007）。こうして，ジェンダーすること（doing gender）によって非対称的なジェンダー関係や社会制度が再生産されていく。

　反対にステレオタイプからはずれる行為によってジェンダーは修正されもする。男性の育児休業取得はなかなか進まないことが指摘されるが，一人でも育休を取得する男性が現れると，その職場で男性の育児休業取得についての理解や制度の整備が進むという（佐藤・武石，2004）。

5 節　ジェンダーと適応

1. 女性がかかえる問題

　かつては社会からの性役割期待と，それに対する個人的評価のずれが大きい女子青年のほうがジェンダーに関連した適応の問題をかかえていることが報告されてきた。女性は，社会的にも個人的にも低い価値しか見出せない役割に押し込められることによる自己否定と，みられる存在として主体を失うことによる不安や葛藤を感じやすい（青野，2006）。こうした心理は，成人期・中年期には，育児不安や専業主婦の憂うつなどのかたちで表面化・問題化する。1970年代以降の女性解放運動，1980年代の男女雇用機会均等法施行などを経て，女性の生き方には自由度が増した面はあるが，男女の非対称的な関係はいまだに解消されていない。生き方の選択肢が広がったためにかえって葛藤が多くなるという新たな問題も生じている。

　『発達心理学とフェミニズム』（柏木・高橋，1995）は，発達心理学が女性の抑圧に貢献してきたのではないかとの反省に立って，心理学を女性の視点から再検討する試みであった。

2. 男性＝もう一つのジェンダー問題

　一方，近年は性役割受容への葛藤は低いとされてきた男性の不適応が報告されることが増え，「もう一つのジェンダー問題」としての男性問題が注目されている（柏木・高橋，2008；青野，2006）。

　小学生・中学生を対象とした自己意識の調査（直井・村松，2009）では，中学2年の時点で男子は友人に対するアサーションができていると思う者は少なく，将来の目標が「有名である」ことに価値をおく漠然としたものである傾向がみられる。これは男子に高い学歴や「他人との競争に勝つこと」を求める親の発達期待が，男子本人にとって必ずしも内実をともなう目標となりえていないことを示唆しているだろう。

　ジェンダー・ステレオタイプは女性に対するより男性に対するほうが柔軟性が低い（Hort, Fagot, & Leinbach, 1990）。ジェンダー規範に拘束される「男らしさの病」は，親であることと男であることの狭間に落ち込む父子家庭の父親（春日，1989）や，困っても人に助けを求められない男性介護者（無藤，2008）などのかたちで，現実の問題として報告されている。

3. アンドロジニー，脱ジェンダー化

　従来，ジェンダー・パーソナリティの男性性は自尊感情と相関が高いことが報告されており，それは適応すべき社会が男性優位につくられているためだとされてきた。だが男性のメンタルヘルスの悪化が男性性役割規範の拘束力と関連することを考えると，もはや男性性の高さが単純に適応に寄与するとはいえないだろう。

　湯川（2009）が適応の指標を多重化し，自尊感情とは男性性が，生活満足度は女性性と相関が高いことを示した研究は，男性性＋αではないアンドロジニーの新たな意味を提案しているといえる。男性性・女性性の否定的な側面も含んだ尺度（CAS）（土肥・廣川，2004）は，男性性・女性性が高いことがもつ意味を再考するうえで有用であろう。

　これまでの心理学研究の主な関心は，ジェンダーの発達の再帰的な側面に向けられていたように思う。それは，データにもとづいて考察するという心理学の研究方法が，現行の制度の下で起こる事象の分析には向いているが，変化の先端にいる少数例や起こりつつある兆しをとらえるには限界があることによるのかもしれない。遺伝子や身体の構造・機能は不変でも，そこにどのような意味が付与され，どのような社会的な布置を与えられるかは，社会文化的な問題であり変化しうる。性同一性障害やLBGTなど，ジェンダー・マイノリティも含め，ジェンダー発達の多様性・可塑性に注目した研究が必要であろう。

◆ 引用文献

赤澤淳子．(2000)．性別役割行動の再生産システムとしての性別役割規範．今治明徳短期大学紀要，**24**，39-53．

青野篤子．(2006)．社会におけるジェンダーの病理．福富　護（編），海保博之（監修），朝倉心理学講座：14　ジェンダー心理学（pp.157-177）．朝倉書店．

青野篤子．(2008)．ジェンダー概念の変遷．青野篤子・赤澤淳子・松並知子（編），ジェンダーの心理学ハンドブック（pp.307-321）．ナカニシヤ出版．

東　清和・小倉千加子（編）．(2000)．ジェンダーの心理学．早稲田大学出版部．

Bandura, A., & Walters, R. H. (1963). *Social learning and personality development.* New York : Holt, Rinehart & Winston.

Bem, S. L. (1974). The measurement of psychological androgyny. *Journal of Consulting and Clinical Psychology,* **42**, 155-162.

Bem, S. L. (1981). Gender schema theory : A cognitive account of sex typing. *Psychological Review,* **88**, 354-364.

Bussey, K., & Bandura, A. (1992). Self-regulatory mechanisms governing gender development. *Child Development,* **63**, 1236-1250.

Caplan, P. J., & Caplan, J. B. (2010)．認知や行動に性差はあるのか：科学的研究を批判的に読み解く（森永康子，訳）．北大路書房．(Caplan, P. J., & Caplan, J. B. (2009). *Thinking critically about research on sex and gender* (3rd. ed.). Boston, MA : Pearson Allyn & Bacon.)

Connell, R. (2008)．ジェンダー学の最前線（多賀　太，監訳）．世界思想社．(Connell, R. (2002). *Gender.* Cambridge : Polity Press.)

土肥伊都子．(1999)．ジェンダー．中島義明・安藤清志・子安増生・坂野雄二・繁桝算男・立花政夫・箱田裕司（編），心理学辞典（p.308）．有斐閣．

土肥伊都子・廣川空美．(2004)．共同性・作動性尺度（CAS）の作成と構成概念妥当性の検討：ジェンダー・パーソナリティの肯否両側面の測定．心理学研究，**75**, 420-427.

Dunn, J. (1988). *The beginning of social understanding.* Boston, MA : Harvard University Press.

福富　護．(2006)．ジェンダー心理学の現状と課題．福富　護（編），海保博之（監修），朝倉心理学講座：14　ジェンダー心理学（pp.1-17）．朝倉書店．

平山順子．(2002)．中年期夫婦の情緒的関係：妻から見た情緒的ケアの夫婦間対称性．家族心理学研究，**16**, 1-12.

Hort, B. E., Fagot, B. I., & Leinbach, M. D. (1990). Are people's notions of maleness more stereotypically framed than their notions of femaleness? *Sex Roles,* **23**, 197-212.

Hyde, J. S. (1981). How large are cognitive gender differences? : A meta-analysis using ω^2 and d. *American Psychologist,* **36**, 892-901.

Hyde, J. S. (1995). Magnitude of psychological gender differences : Another side to the story. *American Psychologist,* **50**, 159-161.

池田政子．(2006)．保育とジェンダー．福富　護（編），海保博之（監修），朝倉心理学講座：14　ジェンダー心理学（pp.38-48）．朝倉書店．

伊藤裕子．(1997)．高校生における性差観の形成環境と性役割選択：性差観スケール（SGC）作成の試み．教育心理学研究，**45**, 396-404.

伊藤裕子．(2000)．心理学におけるジェンダーのパースペクティブ．伊藤裕子（編），ジェンダーの発達心理学（pp.1-12）．ミネルヴァ書房．

上瀬由美子．(2006)．メディアとジェンダー．福富　護（編），海保博之（監修），朝倉心理学講座：14　ジェンダー心理学（pp.69-84）．朝倉書店．

Karraker, H. K., Vogel, D. A., & Lake, M. A. (1995). Parent's gender-stereotyped perceptions of newborns : The eye of the beholder revisited. *Sex Roles,* **33**, 687-701.

柏木惠子・高橋惠子（編著）．(1995)．発達心理学とフェミニズム．ミネルヴァ書房．

柏木惠子・高橋惠子（編）．(2008)．日本の男性の心理学：もう1つのジェンダー問題．有斐閣．

春日キスヨ．(1989)．父子家庭を生きる：男と親の間．勁草書房．

Kimura, D. (2001)．女の能力，男の能力：性差について科学者が答える（野島久雄・三宅真季子・鈴木眞理子，訳）．新曜社．(Kimura, D. (1999). *Sex and cognition.* London : The MIT Press.)

Kohlberg, L. (1966). A cognitive-developmental analysis of children's sex-role concepts and attitudes. In E. E. Maccoby (Ed.), *The development of sex differences* (pp.82-172). Stanford, CA : Stanford University Press.

小坂千秋・柏木惠子．(2007)．育児期女性の就労継続・退職を規定する要因．発達心理学研究，**18**, 45-54.

Levy, G. D., & Haaf, R. A. (1994). Detection of gender-related categories by 10-month-old infants. *Infant Behavior Development*, **17**, 457-459.

Maccoby, E. E., & Jaclin, C. N. (1974). *The psychology of sex differences*. Stanford, CA : Stanford University Press.

Martin, C, L., & Ruble, D. N. (2010). Patterns of gender development. *Annual Review of Psychology*, **61**, 353-381.

松川誠一.（2009）．子どもの目から見た友だち．直井道子・村松泰子（編），学校教育の中のジェンダー：子どもと教師の調査から（pp.70-88）．日本評論社．

McGuire, J., Martin, C. L., Fabes, R. A., & Hanish, L. D. (2007). *The role of "gender enforcers" in young children's peer interaction*. Poster presented at biennial meeting of Society for Research of Child Development, Boston, MA.

Money, J., & Tucker, P. (1979). 性の署名：問い直される男と女の意味（朝山新一・朝山春江・朝山耿吉，訳）．人文書院．（Money, J., & Tucker, P. (1975). *Sexual signatures : On being a man or a woman*. Boston, MA : Little & Brown & Co.）

無藤清子．(2008)．介護とジェンダー：高齢者介護を担う男性と女性の問題．柏木惠子・高橋惠子（編），日本の男性の心理学：もう1つのジェンダー問題（pp.133-140）．有斐閣．

中澤智恵．(2009)．教師の教育実践と生徒の認識のずれ．直井道子・村松泰子（編），学校教育の中のジェンダー：子どもと教師の調査から（pp.104-125）．日本評論社．

直井道子・村松泰子（編）．(2009)．学校教育の中のジェンダー：子どもと教師の調査から．日本評論社．

Quinn, P. C., Yahr, J., Kuhn,. A., Slater, A. M., & Pascalis, O. (2002). Representation of the gender of human faces by infants : A preference for female. *Perception*, **31**, 1109-1121.

相良順子．(2000)．児童期の性役割態度の発達：柔軟性の観点から．教育心理学研究，**48**, 174-181.

相良順子．(2008)．幼児・児童期のジェンダー化．青野篤子・赤澤淳子・松並知子（編），ジェンダーの心理学ハンドブック（pp.3-19）．ナカニシヤ出版．

佐藤博樹・武石惠美子．(2004)．男性の育児休業：社員のニーズ，会社のメリット．中央公論新社．

Seavey, C. A., Katz, P. A., & Zalk, S. R. (1975). Baby X : The effect of gender labels on adult responses to infants. *Sex Roles*, **1**, 103-109.

多賀 太．(2001)．男性のジェンダー形成：〈男らしさ〉の揺らぎのなかで．東洋館出版社．

高橋道子．(2009)．子どもの自己像の形成とジェンダー．直井道子・村松泰子（編），学校教育の中のジェンダー：子どもと教師の調査から（pp.19-35）．日本評論社．

Tenenbaum, H. R., & Leaper, C. (2002). Are parent's gender schemas related to their children's gender-related cognitions? A meta-analysis. *Developmental Psychology*, **38**, 615-630.

Thorne, B. (1993). *Gender play : Girls and boys in school*. New Brunswick, NJ : Rutgers University Press.

宇井美代子．(2005)．女子大学生における男女平等の判断基準：職場・家事・育児場面における違い．社会心理学研究，**21**, 91-101.

West, C., & Zimmerman, D. H. (1987). Doing gender. *Gender & Society*, **1**, 125-151.

湯川隆子．(2009)．中・高齢者のジェンダー特性とサクセスフル・エイジング（2）：階層的重回帰分析による検討．日本心理学会第73回大会発表論文集，1154.

Zosuls, K. M., Ruble, D. N., Tamis-LeMonda, C. S., Shrout, P. E., Bornstein, M. H., & Greulich, F. K. (2009). The acquisition of gender labels in infancy : Implications for gender-typed play. *Developmental Psychology*, **45**, 688-701.

Ⅳ部
現代社会と発達

　Ⅳ部は，現代社会に生活する子どもや大人たちの発達的特徴とその形成のあり方，すなわち現代のさまざまな社会・文化的文脈（環境）に埋め込まれた発達のあり方について解説する。発達心理学においては，発達の生物学的基礎と社会・文化的基礎の統合的理解が強く求められており，発達は個体と環境との相互作用の成果であることはいうまでもないが，比較的，可変性があり，制御性が容易な社会・文化的諸要因の理解は，発達を社会的に支援することを可能にすると考えられる。こうした発達支援は，逆に，発達そのものに大きな影響を与えると考えられるだけに，慎重な対応が，理論的にも実践的にも強く求められるところである。子どもや大人の発達は社会が支えるという側面を理解するともに，大きな責任性を自覚する必要がある。

　Ⅳ部では，一方で，人々が日常の生活世界でどのような活動をとおして発達を遂げていくのかを理解するための知見を解説するとともに，生活世界を支える社会的基盤が変化していくとき，発達そのものも大きく変化していくことは歴史的経験からも明らかであり，そうした社会の変遷過程における発達のあり方についての知見も解説する。

　他方，生態学的環境論にもとづく発達という観点から，家族，仲間，学校，メディアといったマイクロなシステムのそれぞれにおける活動と発達的特徴との関係や，それら複数のマイクロシステム間における境界横断的経験の発達への貢献についての知見をまとめ解説する。とりわけ，現代の由々しき社会的病理といわれる虐待の問題，また，虐待問題も含め，子どもたちにとって大きな環境要因となり，子どもたちの発達支援の担い手ともなる成人期・中高年期の大人たちの発達の問題は，比較的，研究史も浅いのであるが，実践的な観点からは強く解明を求められており，理論的解明も含め，その道筋を解説している。

　この分野は，基礎研究と実践研究との統合が切に求められており，読者自身の強い関心と実際の研究的，実践的アプローチに強く期待するところである。　　（田島信元）

50章 生活における発達

無藤 隆

本稿では，生活という視点から発達の問題に取り組むことの意味と，そのいくつかの特徴について検討する。なぜたんに発達ということではなく，生活という視点が必要なのか。さらに，その視点をとったときに，どういったことがとくに浮かび上がるのであろうか。

1節 なぜ生活か

私たちはすべて生活者として生きている。発達とはそのことへの切り込み方の一つである。それは逆説をつくりだす。生活とは基本的に日々同じことをして過ごすことであり，衣食住を中心としたことを指すであろう。とくに小さな子どもや高齢者はまわりに依存して，その衣食住までをともにし，あるいは支えてもらい，生きている。だから，とりわけ生活的視点が重要になる。しかし，同時に，人間は時間的存在であり，子どもは成長し，高齢者は衰える。否応なくそのことは起こり，まわりの関係を変えていく。むしろ，まわりの人間や環境のあり方がその成長を支え促し，衰退を止め，軽減しようとつくられるものでもある。だから，生活とは変わらないものでありつつ，変わっていくものである。その関係をとらえる必要がある。

発達とは個人において起こることである。少なくとも脳や身体の年齢的経験的な変化が起こる。発達的なプログラムが脳内に組み込まれているのかもしれない。その検討が必要なことは明らかであるが，その一方で，そういった変化がまわりの環境や人間関係の変化を引き起こし，その起きた変化がさらに個人内の変化を助長し，あるいは妨げる。そういったトランザクションとしての過程が発達にとって本質的な見方として定着している。だが，さらに生活という視点は親子関係における子ども対親といったことばかりでなく，その背景や他の人間関係その他を含めて検討することを意味する。そのようにとらえると，むしろ個人はそういった文脈の積み重ねのなかにあって，その相互交渉のなかに生きているのである。生活とはそういった文脈の全体（その全容はとらえられないにしても）を見通して，そのていねいな記述においてとらえられるべきことである。

生活という視点はまた日本の現代の現実をとらえることにもつながる（無藤，2012）。衣食住の問題とは今の社会のなかのありようと切り離すことはできない。たとえば，貧困の問題が代表である。それはたんに貧困といった経済的な問題があり，もう一方に個人の発達があり，そのう

えで影響関係をとらえるということにとどまらない。その間には多くの連鎖があり，要因の絡み合いがあるからであるが，さらに貧困とはたんに経済的に収入が乏しいということ以上に生活の諸側面に影響があり，その影響を含めて貧困とよばれることだからである。それは一つの生活のあり方なのである。「貧困の文化」といったまとまりと独自性をもったものかどうかは別として，たんなる発達の原因でもないし，むろん結果でもない。つまりは一つの変数ではないのである。仮に量的な研究として量としての指標で貧困を表すとしても，それは一つの指標に生活の総体がいわば写像されているのであり，多次元的な生活全体が貧困として（むろんそして他の特徴をあわせもったものとして）存在する。そこが現実の社会において子どもも大人も営むところの生活という場なのである。

具体的にとくに発達や子どもを支援するという営みがあり，そのなかにとりわけ保育・教育といった場がある。それは二重に生活の場である。一つは制度的に確立されたところはとくに，子どもと大人がともに暮らす場となっている。毎日のように互いに顔を合わせ，日々の生活を営む。そのなかにたとえば，保育や教育の働きかけが成り立つのである。もう一つは，子どもを中心に考えるなら，支援を受ける場はまた別な生活の場となり，たとえば，家庭や地域の暮らし方と相互につながりをもつ。子どもは親から，そしてその後，保育者や教師その他から，その発達を促す支援を受ける存在である。それはそういった何重にも構成された生活の場のなかで起きることである。

発達研究が生活のよりよいあり方に対して，とりわけ子どもなどに対しての専門的な支援の実践に対して改善のための提言ができるとするなら，それは抽象的な原則にとどまることでは不十分である。より具体的な困難の解明と要因の摘出が求められる。それは，実践の現場の実態の詳しい記述のなかで，子どもがどう生きているのか，そこにどういった事柄が環境要因としてかかわるのか，そのかかわり方いかんにまで，入り込んで調べる必要がある。たとえば，子どもの成長には応答性が大事だとは，親子関係においても，ものの環境においても十分な証拠があり，それにもとづく勧告もなされている。だが，それは専門的実践に対して有用でありうるかといえば，おそらくそうではない。専門家は抽象的にはそんなことは十分常識となっており，あるいは訓練養成課程において学んでいるからである。問題はその専門家がいるところの現場において，あるいは子どもが生活する支援の場において，どのように応答性が実現できるかであり，それはまた同様に守るべき他の原則とどう両立させるか，さらに現実的経済的な制約とどう折り合いをつけるかが問われる。生活実態のなかの克明な検討と，そこでの実践的支援行為の細部にわたる吟味と，それらを子ども個人や家族集団の変容と実証的につなげることで，はじめて示唆はみえてくるはずである。

2節　生活のなかで発達することの理論的構造

そういった生活のあり方を理論的に構造化し，次の実証的な研究へとつなぐことを試みたい。

子どもの発達とそれをめぐる環境要因の整理であるのだが，それを理論枠組みとして描いた。図50.1のように描くことができる。

中心に置くのは子どもの姿である。子どもの具体的に見え，かかわることのできるありようである。それは変数に還元できるわけではない一つの全体像である。人格であると同時に，身体的な姿でもある。環境のなかに動き回る存在でもある。感情と表情をもって，まわりにかかわりもする。そういった具体的で現象的なあり方を基軸に据えることができる。

そのうえで第一に，生活は何より日々のことだ。その衣食住を中心としたあり方は繰り返しを旨とする。生物的欲求は食欲や睡眠欲でわかるように，毎日満足して消滅してはまた生まれてくる。それを満たすことが生物として生きることだ。だから，生活の維持は種々の日常のことを可能にするようにまずできている。そのうえで，文化・社会のなかに生きるとはその秩序のなかで安定したあり方を可能にするということだ。そして小さな子どもの場合とくに，生物的な欲求の維持が最優先されるうえに，文化としてのあり方にしても，おそらく古くからのやり方を踏襲して成り立っている。

その安定的な姿を2つの面でとらえることができる。一つは生活の安定した場に注目することだ。子どもの場合，家庭や学校・園，また近隣の公園を含めた地域などがある。そこでは，数年程度の範囲ではあまり大きな変化は通常起こらない。そこでなすべきことははっきりとしており，ルールが暗黙にせよ期待どおりに成り立ち，日々をほぼ同様に過ごせる。もう一つはその活動のルーティンの成立自体である。日々の暮らしは同じことを繰り返す以上，そのやり方はほぼ同様の手順で行われる。子どもの生活をみれば，とくに小さい子どもはたとえば，朝起きる時間も寝る時間も同じようであろうし，同じ時間帯に幼稚園に行き，また同じ時間帯に幼稚園から帰る。もっと小さなところでみれば，たとえば，お風呂に入る手順だって，服を脱ぎ，体を洗い，湯船に浸かり，また出てきて，体をぬぐい，新しい服や寝間着に着替える。一人で風呂に入る年齢になっても，そのやり方は自ずと固定した手順となっているだろう。

そういった生活的条件は安定を中心として，生物的欲求を満たし，落ち着いた暮らしができるようにしていくのである。そこでは同様の場と同様の参加者とそこでの規定する行動上のルールにもとづき，ほぼ同様の日課とそのなかの活動の固定的な手順として成り立っている。

第二に，基本的な発達は生物的基礎に立って，内的な脳システムの変容として生じていく。その基礎過程は生活や状況やトランザクションを重視しようと，欠かすことのできないところであることは変わりがない。子どもの場合にとくに重要なことは，体も脳も基本的には年齢とともに成長していくということである。体が大きくなれば，服を替えなければならないだけでなく，乳を飲んでいた乳児が離乳食になり，普通の食事をとるようになる。その変化は子どもの咀嚼力の成長によるわけだが，それは同時に，子どもの味の感覚の成長をともなうし，また知的感情的な判断や嗜好もはっきりしていく。それは食べるものが変わるだけでなく，親子のやりとりを変えていく。子どもは一方的に乳を飲むところから，自分で食べ物を手に取り，口に運び，咀嚼し味わうようになる。さらに，道具を使って食べるだろうし，しだいにマナーを守るように求められる（外山，2008）。

それはたんに運動能力が高くなるだけのことではない。たとえば、食べ物を食べて、子どもがおいしいといえば、親はおいしいねと相づちを打つだろう。一緒にテレビを見たり、幼稚園で起きたことを話題にするかもしれない。食事が会食として団らんの場となるのである。そこでは、生物的

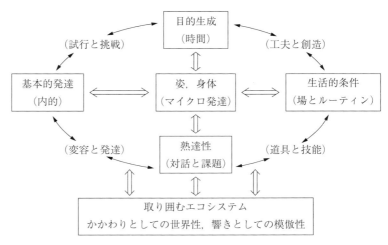

図50.1 生活の理論的構造

な変化が活動のあり方を変え、文化に沿ったルーティンや個人の好みや価値観に応じたその変異を可能にするようになる。その活動の進展は脳の成熟と相まって、子どもの知的な能力をも変えていくだろう。

　第三に、目的生成を発達の基本的な構成物としてとらえたい。すなわち、乳児期（少なくともその後半）から子どもは意図を理解し、目的的な行動をするのみならず、他者の行為を意図的に理解し、目的をもって行動するのだととらえている。同じ行動をしていても、たとえば、ものを取ろうとしていても、そのものを道具として使うことが明示されるのか、それともそうでないかにより、その行為の意味の理解が異なる。もし道具として取るなら、同じ機能を果たす別なものと取ってもよいはずである。目的をもつこととして子どもの行動を理解し、子ども自身がまわりの行動を目的あるものとして理解したほうが理解が容易であるということは、一連の活動の流れとして一つの行動であれ、それを位置づけるということである。それもたんなる行為の連鎖ではなく、機能的構造的なつながりを見出せるということである。もしあるものが道具であるなら、それは別なものに適用され、作動するのみならず、何か行為主体者が望むであろう結果を引き起こさねばならない。さらに、その結果は行為主体がもともと欲求している事柄の実現につながるものでなければならない。「心の理論」として成立するような欲求と行為と結果のつながりやそのつながりや状況についての信念により支えられるのである。

　肝腎なことは近年の認知発達研究がそういった目的的な存在としての人間の成立が乳児期にすでに芽生えていることを実証したことにある（Goswami, 2008）。行動的反射や個別的な行為の学習やその生起の随伴性の学習もまた働いているにちがいないが、それに加えて、目的性の把握が成り立つ以上、それは発達の大きな機構となるであろう。そこでは、子どもの自身の行う行為やまわりの大人のするであろう行為が短い時間軸に沿ってとらえられ、しかも一連の行為がつながりをもつものとして把握され、そのつながりが推測されることになる。

　そこでの目的とは、たとえば、空腹だから食べ物を求めるといったことにとどまらず、文化的社会的に与えられる望ましい状態を目指すことに発展していく。目的的であることは文化を身近

な環境をとおして子どもに導き入れる主要なルートとなる。だから，その目的性の把握は同時に，子どもが周囲の状況に適応していくことでもある。そこに，生活の繰り返しの安定したパターンを発展させ，また変更させていく契機が可能となる。新たなまだ実現していないことを目指すようになるからである。

　第四に，熟達性の次元が生活の全般的な考慮には欠かせない。個別に生活のなかで子どもが出合うが，たんなる繰り返しではすまないことは多々ある。子ども自身が以前と同じことではなく，より高度で高いスキルを要するところを目指そうとする。まわりも子どもの成長にともない，要求の高い事柄を提示し，それを実行するように促す。そういったなかで「課題」として子どもの前に形をなすことが絶えず出てくる。それに相対して，子どもはその課題に取り組み，上手になっていかねばならない。それも成長過程のある子どもにとっては生活の一部をなす。

　その課題に直面するとは，そこで予想されあるいは提示されるであろう妥当な使用法やかかわり方を試行錯誤や模倣・観察などにより習得しあるいは発見することである。そのことが「課題」として突出するとは，それをこなさないと先の活動ができないといった実際の不便さとともに，子ども自身の心身の成長が新たな課題を提示するということもある。乳児が立ち上がり，歩き出せば，身体のバランスをとりつつ前に移動するという課題が生まれる。視野が高くなれば，テーブルの上といったところが魅力あるものにあふれていることが見えて，それが目標ともなり，それをいすに上って手を届かせることが課題として浮かび上がる。子どもはたんに決まったことを繰り返すのではなく，日々，それまで関心のなかった，また気づいてもいなかったことを解決しようとして，その事柄に課題として焦点化するのである。そこに自分の身体と脳の潜在力を集中させる。実際に手足を使い操作するだろうが，それはやみくもの試行錯誤ではない。機能的な目的を抱き，また実際にやっている様子を見ての模倣などによる課題解決なのである。

　だが，その課題解決はすぐにできるとは限らない。またできたとしても，それをスムーズに，あまり心身のリソースを使わずにやれるようになるところまで繰り返すだろう。その意味で，熟達の過程とよぶことができる。それは大人のエキスパート化とおそらく類似の過程である。ただ，よく考えるというのが目的との関連での吟味であるということと，模倣が大きな位置を占めることに加えて，まわりの養育者その他の大人との対話が大きく関与するというのが子どもの特徴である。対話とよんでいるのは，大人が子どもの気持ちを汲みながら，そのやりたいことを焦点化したり，やりたいことに向けてヒントを出し，助力することである。そのやりとりは子どもが課題に出合う際にまたそれを解決し習熟していく際に不可欠な位置を占める。

　以上，4つの生活とそこでの発達の機構を論じてきた。次に，それを組み合わせることで子どもの発達を促すプロセスをより詳細に検討していくことができる。生活における発達を促す過程としてとらえるのである。とくに，子ども主体がどういった振る舞い方をするのかをそこから想定することができる。むろん，これらのみがそうだというわけではない。ただ，生活における発達の機構を個別の子どもの行う行動にどう転換していくかをとらえることで，心理的な検討を実践的示唆へと展開できるであろう。

　生活的条件と目的生成を組み合わせたところで成り立つものとして，工夫と創造をあげること

ができる。生活のなかで繰り返していきつつ，衣食住を中心とした活動を行う。そこにやってみたいことややらねばならないと感じることが生まれる。生活の繰り返しはたんにルーティンですむのではなく，そこに改善や向上やあるいは目新しさのバリエーションを入れるだろう。時には新たな活動が外から提示され，それを魅力的に感じて模倣することもある。目的が生まれると，それに応じて手段を目的によりふさわしいものに直すことに意味が見出せ，さらにどう直せば目的志向にとって有効になるかの判断が可能となる。少なくとも試行錯誤しつつ，その結果を目的に近づいているかどうかで評価することができる。だが実際には，そこまで目的が鮮明であるとは限らない。むしろ手段の試行から目的が明らかになったり，変更されたりすることもあるにちがいない。さらにまた，先の目的への途中の手段が目的に転じ，その下位の目的が独自に展開して，別な目的にもつながる。そういったあり方を工夫とよび，その高度なかたちを創造とよぶのだといってよい。それが子どもの生活とそこで発達をつくりだす際の要となる働きであることは間違いない。

　目的生成が基本的内的な発達により繰り出されるとき，それはたんなる工夫では及ばず，挑戦的課題となるだろう。すぐには達成できない難しさをその時々の発達水準において子どもに対して突きつけてくる。それはすぐに達成できることでもないし，その実現したいことを砕いて，下位の目的を目指すといった単純な目的・手段関係を構成するわけでもない。たとえば，歩き出す乳児が数歩踏み出し，安定した歩行に移るときに，どう動くかは目的として実際にあるいはイメージとして見えるものとはいいがたい。大人が歩く姿から刺激されている可能性もあるだろうが，それ以上に足が動くという事実から試行を始め，その動きの探索をしつつ，重心が高くなり，不安定になったところで，安定した姿勢を試し，さらに二足歩行として片足に重心を掛けて，もう一つの足を踏み出す動きを行う。自覚としての目的ではないにせよ，それは目的的な行為ともいえるが，ごく短期でミクロなところでのことである。全体はむしろ新たに得られた自由度を探索し，そこで一定の動き方を見出そうとする試行なのである。それをとおして，一連の組織化された動きを実現し，基本的な発達により許容されるようになった可能性を社会的に意味ある活動のかたちへと変換していくのである。

　生活において課題が生まれ，そこに熟達していこうとする。繰り返しつつも，そこに新たな課題があり，その課題に取り組み，こなそうとする。そこでは，いかなる道具を使い，どれほどの技能で道具を使いこなし，生活のなかで適応するかに子どもは取り組むことになる。上手にできるようになることがそこでは目指される。しかし，その課題はすでに述べたように，まわりから固定したものとして与えられることは少なく，むしろ対話や模倣をとおして与えられ，同時に，子ども主体がそれを取り入れつつ，自分の課題へとつくり替えていく（appropiationである）。時に新たな道具が与えられ，それを使いこなすことが課題となる。その道具を上手に使って目的を果たせることがみえて，技能に習熟すること自体が目的になることもある。衣食住といった生活自体は変えようがないにしても，その具体的な活動はとくに子どもの発達が進むにつれて，また時代の変化と進展とともに，変容していくのである。時には新たな場に子どもは移され，そこでの適応のあり方を学び，生活することに向けて，活動を構築し直さねばならない。どういうルー

ティンが成り立ち，何を道具として使えばよいかが初めは明らかではないところで，試行錯誤する。

　基本的発達と熟達との関連も検討しておく必要がある。生物的身体と脳の発達を元にしつつ，個別の生活上の課題へと習熟すべきことに日々子どもは接することになる。そこで，短期の変容ともっと長期の意味での発達が生まれることになる。学習と発達の関係といってもよい。すでに述べたように，生活とは安定したものとして成り立っているのであるが，長期にみれば，子どもの生物学的な成長は否応なくそれまでの生活のあり方では満足できないようにしていく。より複雑で，より子どもの力を発揮した活動を営もうとする。それが自立ということである。長期の発達が生物的なプログラムでできているとしても，その具体的なありようや個人による違いが自動的に保障されるわけではない。現実のなかで生活し，学び，教育を受けるなかで子どもの力は伸びていく。その内容は個別の目の前の課題への取り組みにより，子どもが自分のものとしていくのである。逆に，個々の生活の課題に出合うことが重なり連動して長期の発達へとつながっていく。

　以上の生活の全体を取り囲むものとして，エコシステムをとらえる必要がある。個々の子どもと家族や家庭を取り囲むものとして，文化・社会があるわけだが，それは具体的にさまざまな生活の場と社会化のエージェントにより担われ，子どもに対し，それぞれの特有の活動への参加を促してくる。さまざまな課題はその場や状況での特有のかたちとして現れ，その底にある基本的な発達を実現へと向かわせる。

　その個別の生活の子どもの姿は，まわりに置かれたものにかかわるという意味で，世界を構成するものの存在と特性に気づき，かかわり方を覚えるという面と，人とかかわり，その人とのやりとりを成熟したものにすることの始まりとして，他者との響き合いと他者を取り入れる模倣の働きを進めることからなる。ものと人が子ども主体をめぐる三角の交互作用を構成することが子どもの発達の基本構造であり，それを埋め込むものが子どもの生活である。

3節　生活を構成するシステムとは

　次に，そういった生活を構成するシステムの諸要素を概観し，そこでの研究の様子をみてみたい。詳細なレビューを行うのは本書IV部の各章に譲るとして，最小限，生活における発達を考えるうえでの理論的概念の仕組みをあげておきたいのである。

1．生態学的システム

　生態学的なシステムの検討は，主体を囲むいくつかのシステムの組み合わせとして，ブロンフェンブレナーにより集大成された。とくに子どもと家族との関係に焦点を合わせた論文が参考になる（Bronfenbrenner, 1986）。

マイクロシステムは，子どもの生活するごく小さな直接的なやりとりのある場であり，相互作用する相手との関係である。同居する家族であるとか，学校や園などもそこに子どもが暮らす限りにおいて，マイクロシステムとなる。こういった場は同時に組織でもある。その集団的組織は構成員が子どもとやりとりを行い，子どもの発達に影響を意図的また非意図的に与える。そのやりとりが子どもの成育に良好であるなら，子どもはよりよく育つであろう。その良さをどう決めるかの難しさと確定されたものがどの程度成り立つかは別として，ある程度はいえるはずである。あるいは少なくとも，それをはみ出すと害があるといったことはあるにちがいない。逆に，子ども側の要因やその働きかけが相手を変え，やりとりをつくり替えていくのでもある。

　次のメゾシステムは，マイクロシステム同士の相互のつながりがどのように子どもに影響を与えるかでとらえるものである。もし保育所が子どもを長く預かれれば，親は家庭での養育の時間を減らし，たとえば，労働時間を増やすかもしれない。それは家計にプラスなだけでなく，親の生き甲斐にもつながり，結果的に子育てにも意味があるかもしれない。とりわけ，保育所の保育の質が確保されるなら，それはプラスであろう。だが，もしかすると，親が養育の軽減を求めるあまり，保育所に預けることが親子の愛着の安定した形成を妨げる可能性もあるのかもしれない。

　第三のエクソシステムは，子どもからみたときに，直接に作用することがないシステムで，しかし間接的に影響を与えうるものである。たとえば，親の労働の場がそれに当たる。そこでの労働が長時間にわたるとか，ストレスが高いために，家庭に持ち込まれ（ネガティブ・スピルオーバー），子どもの養育に影響するかもしれない。逆に，子どもとのやりとりの喜びが仕事のストレスを軽減するかもしれない。収入が増えて，養育のための資源を増やすことがプラスに働くかもしれない。

　最も大きなシステムがマクロシステムである。これまでのシステムを含み込む社会全体であり，そこでの文化のあり方を指す。たとえば，子どもが小さいうちは母親は家庭で養育に専念するのが当然とするのか，保育所やベビーシッターに預けて働くべきだとするのか。その規範や価値観はまた保育所の整備にも影響するだろう。

　そういったシステムは歴史的時間とともに相互作用し，変動していくにちがいない。その面をクロノシステムとよぶが，その点は十分に検討されていない。むしろ，本稿で論じているのは，その面での発展である。

2．身体性

　身体のあり方がどう心の発達に影響するかはたんに身体発育の面が知能や感情や価値観にどう影響するかといったボディイメージのことをいっているのではない。衣食住はむろん，生活全般が身体を使って営む行為であり，そこでは心と身体はむしろ一体的なのだという事情を指しているし，さらに道具やものとの交互作用を含めた動きを入れて，身体性とよぶのである（根ヶ山・川野，2003）。

　とりわけ注目すべきは具体的な生活の場のなかで身体的にやりとりすることや道具を介して相

互作用する点についてである。それは言葉以前から始まっている（そして言葉とともにあり続ける）。そこでは，コミュニケーション行為は，目に見える身体の動き，とりわけ身振り，視線，姿勢，ものの操作，非言語的発声などによりなされる。それはたんに合図をするということを超えて，他者と秩序立った互いに認識可能な行為を展開するための資源となる。相手の行為があれば，それが自分の行為の文脈となり，一連の動きのなかで意味を特定できることにもなる。たとえば，ごく小さい子どもが乳児保育所で保育者と2人の子どもとともに食事をしている場面を分析しているものがある（Lerner, Zimmerman, & Kidwell, 2011）。その子どもの行為がはじめは食事の各課題の「課題移行空間」の始まりにあって，進行中の活動の構造に合わせようとされたが，その後，その位置から動き，進行中の食事活動の出現してくる継時的構造と行為の軌跡を把握して，実用的な狙いを実現し，またその場の状況をとらえる様子を分析している。そこでの活動には特定の実践的な課題の構造が形成されており，そこに子どもが志向して，その構造に入り込む方略を用いることがわかる。つまり，この子どもは繰り返し保育者の注意と行為を自分に向けさせ，保育者が自分に食べ物を与えるように仕向けるのであるが，それは食事の活動の構造に入り込む工夫をとおしてなのである。

3．ルーティン

　ルーティン（定型的活動）についてすでに論じている（無藤，1992）。生活における繰り返しは個々の活動においては定型的な活動を行うことである。定型が次の生ずるはずの事柄への特徴への期待を生み出し，それにもとづいて安定した行動が可能となる。小さな子どもにとってはそのような日常的なルーティンを獲得すること自体が発達的な課題となる。そのルーティンのなかでも，それを構成する「変数」のなかの値の変化は起こりうる。食事のおかずの種類が変わるようなことである。典型的活動が成り立つことはその枠組みが決まるということである。おかずならおかずとして意味がある特定の範囲が想定される。その範囲内においては一定の自由度がある。子どもからみれば，ルーティンの獲得は日常生活への適応であり，しかもそのなかの許されるであろう変動を含めてとらえられるようになることである。

　多くの定型的な活動には生理的な行為が核としてある。まさに食事がそうである。同時に，文化的なものでもある。ほとんどの社会的な活動は文化的道具の使用が求められるがゆえに，たとえ生理的行為が元にあろうと，それは文化的な活動にもなる。絵本を読んでやるといったことでも，それは共同的注視という生理的な行為が元にありつつ，それを利用して文化的な活動へと，絵本という文化的道具を導入していくことである。

　同じ定型的なものでも，比較的閉じたものと開かれたものがある（内田・無藤，1982）。他の事柄や活動が変数のなかの値として置き換わりやすいものと固定的なものがあり，さらに開かれたものが入れ子型に組み入れるなら，複雑な活動の構造が出現していく。ルーティンから複雑な活動への創発性の一つのメカニズムがそこにみられる。

4. 実践知

ショーンの反省的実践者といったとらえ方（Schoen, 1983/2007）は，実践という独自の活動のあり方に潜む知のあり方を取り出そうとしたものである。その本格的な分析がようやく始まった（金井・楠見, 2012）。楠見のまとめによれば，実践知とは，熟達者がもつ実践に関する知性を指す。熟達者とは，エキスパート研究で明らかになったように，特定の領域について長い経験を経て，高レベルのパフォーマンスをあげる人のことである。それは楠見によると，実践知を獲得する学習過程としての熟達化とみなして，その研究成果を実践知の検討に生かすことができる。仕事の熟達者が獲得する実践知の特徴は，個人の実践経験により獲得される，仕事において目標指向的である，仕事の手順や手続きにかかわる，実践場面で役立つなどである。実践知は経験から実践のなかに埋め込まれた暗黙知を獲得し，仕事における課題解決にその知識を適用する。そういった暗黙知は容易には言語化できず，周囲の人の行動から推論したり，経験から自分で発見するものである。熟達者のもつ実践的な知識とスキルの観点から楠見は9つの特徴に整理している。①実践知，暗黙知を多くもっている。②最高のパフォーマンスを素早く正確に実行できる。③重要な特徴に気づき検出し認識する。多数のパターンの知識をもつ。④優れた質的分析ができる。⑤正確な自己モニタリングができる。⑥適切な方略を選ぶ。⑦その場の状況の情報を適切に活用できる。⑧不確実性に対応できる広範な方略により不測の事態にも対応できる。⑨短い時間と労力での実行を可能にするポイントをみつける。

実践知の獲得として次の5つをあげる。観察学習，他者との相互作用，経験の反復，経験からの機能と類推，メディアによる学習。経験から学習するのに必要な態度として，挑戦性，柔軟性，状況への注意とフィードバックの活用，類推，をあげている。さらに経験から教訓を引き出すという点で，省察を強調する。振り返りと見通しを与えることである。また思考による吟味として，目標を試行した批判的思考が要となる。

以上のまとめは，ここで論じてきた生活における発達の問題にきわめて示唆的であることは明らかであろう。しかし同時に，ここで論じることがとくに小さな子どもの生活とそこで出合う発達的問題であるため，上記のような高度なプロセスは必ずしも適用されず，もっと原初的な学習と発達の機構をもとに考える必要もあり，それが何かの要点を示したのである。

4節　生涯発達に沿った生活の場とエージェント

生活における発達の問題を検討する際の一つの重要な視点が，場に分けて検討することと，その場における社会化のつまり子どもに意図的に働きかけるエージェントの存在である。以下，詳細はⅣ部の各章に委ねるとして，項目をあげておきたい。なお，それらの研究の整理の一端は無藤・長崎（2012）を参照してほしい。

(1) 家族の問題：家族関係がどう子どもに影響するか。家族内の人間関係のダイナミクスや家

庭の環境がどう子どもの発達を変えていくか。大人側には育児という活動に入ることである。

(2) 仲間関係：きょうだい関係や保育所・幼稚園の同年齢の子どもの関係，小中学校の同級生の関係，地域の子ども同士の活動などが含まれる。

(3) 保育場面：保育所や幼稚園の保育の影響は現代社会においてとりわけ無視できないものとなった。

(4) 学校：小中高校などの影響も子どもの生活場面として比重が高いだけでなく，学校が求める役割を内化するという意味でも，種々の知識などを得るという意味でも大きい。

(5) メディア：テレビや本，新聞，また近年のインターネット環境や携帯電話の利用が子どもの生活を大きく変えたことは明らかである。

(6) 労働：アルバイトをし，就職し，労働を続けることが生活の大きな位置を占めるし，その熟達化は生涯発達の重要な側面である。

(7) 結婚：恋愛や性行動，また結婚は性的な意味でも，新たな生活を築くという意味でも，育児につながるという意味でも大きな意味がある。

(8) 老化への対応：退職や病気への対処，離別や老衰への対処は人生の後半の大きな課題となる。

(9) 社会の変化ととりわけ貧困への対処・介入：現代社会の問題として貧困や差別の問題はとりわけ大きい。社会的に不利な状況にある人々の生活支援や心理支援も実証的な検討が進められる。

◆ 引用文献

Bronfenbrenner, U. (1986). Ecology of the family as a context for human development : Research perspectives. *Developmental Psychology*, **22**, 723-742.
Goswami, U. (2008). *Cognitive develoopment : The leraning brain*. New York : Psychology Press.
金井壽宏・楠見　孝（編）．(2012)．実践知．有斐閣．
Lerner, G. H., Zimmerman, D. H., & Kidwell, M. (2011). Fromal structures of pracical tasks : A resourace for action in the social life of very young children. In J. Streeck, C. Goodwin, & C. LeBaron (Eds.), *Embodied interaction : Lnaguage and body in the material world* (pp.44-58). New York : Cambridge University Press.
無藤　隆．(1992)．子どもの生活における発達．東　洋・繁多　進・田島信元（編集企画），発達心理学ハンドブック（pp.1083-1103）．福村出版．
無藤　隆．(2012)．現代社会の中の発達心理学の役割．無藤　隆・長崎　勤（責任編集），日本発達心理学会（編），発達科学ハンドブック：6　発達と支援（pp.8-21）．新曜社．
無藤　隆・長崎　勤（責任編集），日本発達心理学会（編），(2012)．発達科学ハンドブック：6　発達とその支援．新曜社．
根ヶ山光一・川野健治（編）．(2003)．身体から発達を問う：衣食住のなかのからだとこころ．新曜社．
Schoen, D. (2007)．省察的実践とは何か：プロフェッショナルの行為と思考．(柳沢昌一・三輪健二，監訳)．鳳書房．(Schoen, D. (1983). *The reflective practitioner : How professionals think in action*. New York : Basic Books.)
外山紀子．(2008)．発達としての〈共食〉：社会的な食のはじまり．新曜社．
内田伸子・無藤　隆．(1982)．幼児初期の遊びにおける会話の構造．お茶の水女子大学人文科学紀要，**35**，81-122．

51章 家族と発達

小野寺敦子

1節 多様化する現代の家族

　バルテスほか（Baltes, Reese, & Lipsitt, 1980）は，人間の発達を受胎から死に至るまでの一生涯にわたってとらえるべきであるとした生涯発達という概念を提唱した。この生涯発達の概念は，近年，発達心理学のなかに浸透してきており，その観点を取り入れた家族研究や親子関係研究が増えてきている。以前は親子関係といえば，母親の養育態度が子どもの発達に及ぼす影響を論じた研究が中心であった。しかし1990年代以降は子どもが母親のみならず父親の人格的成長・発達に及ぼす影響の研究，成人期以降の親子関係の研究，子育て支援の研究など家族をさまざまな角度から検討した研究が行われてきている。

　家族をさまざまな角度から検討した研究が増加傾向にある背景には，近年の家族世帯の構成が大きく変化してきていることにも一因がある。2010年の国勢調査の結果によると，日本社会のなかで核家族世帯が占める割合は，1995年58.5％，2000年58.3％，2005年57.7％そして2010年には56.4％となっており，核家族世帯数は徐々に減少傾向にある。核家族世帯数の内訳をみると夫婦のみの世帯は1970年に9.8％であったが，1995年に17.3％，2005年には19.6％そして2010年に19.8％と増加し，その一方で夫婦と子どものいる世帯は1995年に34.2％，2005年には29.8％，2010年に27.9％と減少している。さらに近年，離婚率が上昇してきたことにより，核家族世帯のなかでひとり親（シングルマザー・ファーザー）が占める割合が5.8％（1970年）から8.3％（2005年）そして2010年には8.7％へと急増している。

　また近年の特徴として，単独世帯数（未婚，離婚・死別・ひとり暮らし）が1970年に20.3％であったが，2005年には29.5％，2010年に32.4％と急増している点があげられる。この結果，2010年の単独世帯数（ひとり暮らし世帯）が一般世帯に占める割合（32.4％）は「夫婦と子どもから成る世帯数」（27.9％）を上回り，最も多い家族類型となっている。とりわけ，65歳以上の高齢者のなかでひとり暮らしをしている人の割合が1995年に12.1％であったが，2010年には16.4％へと上昇してきている。未婚化の進行，配偶者の死後も子どもと同居せずひとり暮らしをする高齢者が増えてきていることが，近年の日本の家族の特徴といえる。

　以上の世帯数の推移から，近年の日本の家族形態は多様化しており，それだけ親子関係も複雑になってきていることがわかる。本稿では，生涯発達という視点を念頭におきながら現代の家族の発達の諸相をみていくことにしたい。

2節　夫婦関係の生涯発達

　家族の原点は夫婦である。結婚という契約を結ぶことで夫婦関係が成立し，新しい家族形態が成立する。だが結婚生活が始まると，結婚前には問題にならなかったことをめぐり夫婦間で葛藤が起きる。東海林（2009）は，新婚女性に面接調査を実施し新婚期の夫婦間葛藤について研究している。面接では「同じ原因の葛藤が未解決のままで繰り返し生じる事態」（例：夫は時間の使い方・金銭など自己管理において計画性がない・夫の親が自分たちに干渉しすぎる）に焦点を当て葛藤への対応方法を尋ねている。その結果，問題解決に至らない場合であっても夫婦の関係性が進展するなかで，葛藤に対する認識や対応が変化しその意味づけが変わることを明らかにしている。新婚期は夫婦間での葛藤が強くなる時期だが，多くの新婚女性はその状況に折り合いをつけ関係性を維持しようとしていることがわかる。

　結婚後しばらくすると子どもをもつ夫婦が多くなるが，妻の妊娠期にみられる夫婦関係の変化について小野寺（2005）は研究している。68組の夫婦に対し妊娠8カ月，親になって2年後・3年後に同一内容の質問紙調査を実施し縦断的に夫婦関係変化をみている。その結果，配偶者に対する親密な感情は，親になると夫婦ともに低下し，妻は夫に対して頑固になり，夫は妻の顔色をうかがい言いたいことがあっても我慢する傾向が認められた。ジェイ・ベルスキーとジョン・ケリー（Belsky, J. & Kelly, J.）の『子供をもつと夫婦に何が起こるか』の著作においても子どもが生まれると夫婦間の親密性は下がると述べられているが，小野寺の結果もその結果の主張を支持している。また佐々木（2009）は，はじめて父親となる男性の親意識と夫婦関係に注目した研究を行い，夫婦関係を良好に保つことが父親の親としての精神的負担や家事・育児の負担感を軽減することにつながることを示唆している。

　育児が始まると夫婦関係はさらに変化していく。育児期の夫婦関係については尾形・宮下（1999），平山ほか（平山・田矢・柏木，2003），神谷（2010）などの研究がある。たとえば尾形・宮下（1999）は母親の育児不安やストレスの軽減には，父親の育児量だけではなく，夫婦間のコミュニケーションが円滑であることが大切であると述べている。また神谷（2010）は，育児期の夫婦における家計収入に関する管理について質問紙調査を実施し，現在の家計管理のやり方への満足度は夫のほうが高く，妻はそのやり方を変えたいと思う傾向が強いことを明らかにしている。家計をどのように維持するかは家族にとって大切な問題であるが，夫婦間で見解に違いがあることがわかる。

　子どもが青年期に入ると夫婦も中年期に入って行く。藪垣（2009）が，2000年以降に行われた中年期夫婦関係の研究について展望論文を執筆し，中年期夫婦関係で注目すべきテーマは，中年女性のアイデンティティ形成に与える夫婦関係の影響の研究（永久・柏木，2001；束原，2004；清水，2008）と夫婦間のコミュニケーション・パターンに関する研究（平山・柏木，2001，2004）であると述べている。たとえば平山・柏木（2001）の研究では中年夫婦のコミュニケーションの様態として「威圧」「共感」「依存・接近」「無視・回避」の4次元を明らかにし，夫か

ら妻への最も顕著な態度は「威圧」，妻は「依存・接近」であると報告している。

また，近年，青年期の子どもが親の夫婦関係をどのように認識し，その関係性から子どもが受ける影響を検討した研究が増えてきている（例：宇都宮，2005；大島，2009；鈴山・徳田，2009；金政，2010；氏家・二宮・五十嵐・井上・山本・島，2010）。氏家らの研究では，2,083組の愛知県と福島県の中学生とその両親を対象に，両親の夫婦間葛藤が子どもの抑うつ症状に及ぼす影響を検討している。その結果，夫婦間葛藤は親行動に影響し，その親行動を子どもがどのように知覚するかによって，子どもの抑うつを予測できるとしている。

近年，日本社会では熟年離婚の問題がよく報じられている。同居期間20年以上のいわゆる熟年離婚数は1975年に6,810件であったが，2007年には40,353件に達し，5.9倍の増加率を示している。高齢期の夫婦関係の研究は，老年社会学の領域において夫が定年退職者を迎えた後の夫婦関係をとりあげた研究（例：片桐・菅原，2007）は多いが，心理学的研究では宇都宮（1999，2004）の研究はあるものの，まだ研究数は少ない現状にある。平均寿命の伸びが著しい日本では，夫の退職後は夫婦二人で暮らす世帯が増加している。そうしたなかで新婚時代とは異なる，新たな夫婦間葛藤が生じており，それを黒川順夫は「主人在宅ストレス症候群」と命名している。夫が定年し在宅するようになると，妻はそれがストレスになり心身の不調をきたす場合があることを表現したものである。高齢化社会を迎えている今日，さらに高齢者の夫婦を心理学的に研究していく必要があるだろう。

3 節　母親と子ども

1. 母子研究の黎明期

19世紀後半までのヨーロッパにおける子育てに関する書籍は，カルヴァン（Calvin, J.）などの宗教的リーダーによる啓蒙書が中心であった。またアメリカ合衆国の植民地時代には，ピューリタニズムにもとづくホルト（Holt, L. E.）による育児書（1894年）が普及し，その本のなかでは母親の望ましい養育態度が提唱されていた。1900年代に入ると，心理学において母親の養育態度の研究が開始され，デイビット・レヴィ（Levy, D.）のMaternal Overprotection, ジョージ・ワトソン（Watson, G.）のLax vs Strict Home Training, サイモンズ（Symonds, P. M.）のAcceptance-Rejectionといった概念が登場している。レヴィは，子どもが問題行動を起こす原因の一つに母親の過保護（maternal overprotection）があると指摘している。過度の世話，赤ちゃん扱い，危険な目にあわないように行動を予め阻止するといった母親の過保護が子どもの成長に悪影響を及ぼすと彼は，著書 *"Maternal overprotection"* (1943年) のなかで説明している。また行動主義の父として有名なジョージ・ワトソンは，*"Psychologicanl care of infant and child"* (1929年) のなかで，母親は子どもを慈しみ愛情をかけることを慎み厳しくしつけなければいけないと述べている。

またヨーロッパの子どもたちがおかれた環境は劣悪な状況にあり，19世紀末に至るまで乳幼児は孤児院や施設に安易に預けられ，事実上子どもを捨てることが公然と行われ，母親は自分の手で子どもを育てる意識が希薄であった。施設に送られた乳幼児の死亡率は異常に高く，たとえばダブリンでは1778年から1796年の間に10,272名の子どもが孤児院に収容され，生き残ったものはわずか45名（死亡率99.6％）であったとマルセル・ルロン（Lelong, M.）の『育児書』（1960年）には記述されている。その劣悪な環境を改善し，子どもたちの命を救うことが1900年代に入ると社会的問題として浮上した。この状況を重く受けとめたスピッツ（Spitz, R. A.）は，長期間の監禁状態に近い施設の環境が，子どもの身体的・心理的発育不全を招いていると述べ，ホスピタリズムという概念を提起した。

2. 愛着理論の発展

　施設での劣悪な環境が問題となるなかで，ボウルビィは早期の母子関係の重要性を説き愛着理論を展開していった（Bowlby, 1969/1976, 1973/1977, 1980/1981）。児童精神医学を学び医師として活躍していたイギリス人のボウルビィは，戦争孤児として施設に収容された子どもたちの状況を把握するようにWHOより依頼を受け，その報告書を1951年に提出した。そのなかで彼は母性剝奪（maternal deprivation）という概念を提唱し，その後の愛着理論を発展させていくことになった。ボウルビィが愛着の理論化を精力的に行ったのに対し，エインズワース（Ainsworth, M. D. S.）は愛着の質を測定するストレンジ・シチュエーション法を開発し今日の発達心理学の発展に大きな貢献をした。その後，1980年，1990年代になると，愛着理論は乳児の母親との情動性の研究および内的ワーキングモデル研究へと発展していくことになる。

a. 乳児と母親の情動研究

　ボウルビィの愛着理論の中心概念は応答性（子どもの出すシグナルに対して親がどのようにフィードバックするか）であるが，エムデは，この応答性の概念を発展させて情動応答性（emotional availability）を提起している。エムデはスピッツの直弟子であり，1974年にスピッツが亡くなるまでの5年間，直接指導を受ける機会に恵まれた。エムデは，情動応答性とは，母子相互作用場面における乳児の情動的表現への母親の気づきと共感的な反応ならびに情緒表現であると述べている。そしてエムデほか（Emde, Osofsky, & Batterfield, 1993）は，母親の情緒の読み取り能力を測定する方法としてIFEEL Picturesを作成している。小原（2005）は，日本版IFEEEL Picturesを使って母親の育児困難感と情動共感性との関連を検討し，写真に子どもの快感情を多く読み取っていた母親は，育児困難感が強いことを明らかにしている。この結果について小原は，育児困難感の強い母親や虐待傾向のある母親は，子どもの不快感情を写真から読み取ることで，自分自身の心配やいらだちといった不快感情を生じやすく，その不快感情のコントロールへの対応ができないために不快感情の読み取りを回避してしまうのではないかと解釈している。またエムデの情動応答性に近い概念として，Mind Mindedness（MM）がある。マインズ（Meins, E.）は，このMMとは，「発達早期から子どもをすでに心的世界を有した独立の存在とし

てとらえ，子どもの言動を背後に存在する心的観点から理解しようとする傾向」と定義している。日本では篠原がMMについての研究を行っている（篠原，2006，2007，2009）。

b．内的ワーキングモデル

ボウルビィによって提唱された内的ワーキングモデル（internal working model：IWM）とは，個人が対人関係を判断する枠組みであり，あらゆる対人関係での出来事を解釈し処理し手助けする（作業する）ものであると定義されている。そしてこの枠組みは幼少期における愛着対象との信頼感あるいは不信感から形成されてくると仮定されている。ラヴィズほか（Raviz, Maunder, Hunter, Sthankiya, & Lancee, 2010）は25年間にわたって開発されてきた成人期の愛着尺度について詳しくレビューし面接法と質問紙法に分類している。面接法では1998年にメインとゴールドウィン（Main & Goldwyn, 1998）によって開発されたアダルト・アタッチメント・インタビュー（Adult Attachment Interview：AAI）が使用されることが多い。また成人の愛着の個人差を測定する面接法として1998年にイギリス人のビフィルコ（Bifulco, A.）らによって開発されたASI（Attachment Style Interview）がある。

その一方で質問紙によりIWMを測定する尺度は，近年かなり開発されている。詫摩・戸田（1988）のIWM尺度は独自に開発されたものであるが，その他の尺度は海外で開発された尺度の翻訳が多い（たとえば，Bartholomew & Horowitz, 1991によるRelationship Questionnaire〔RQ〕：RQの日本語版は加藤，1998/1999；Brennan, Clark & Shaver, 1998によるExperience in Close Relationship Inventory〔ECR〕：ECRの日本語版は中尾・加藤，2004）。

また近年，妊娠期の胎児への愛着の研究，「マターナル・アタッチメント」研究も行われている。佐藤（2006）は，「マターナル・アタッチメント研究の概観」と冠する論文のなかで胎児への愛着研究の動向について論じ，このマターナル・アタッチメントは妊娠経過とともに発達し出産後の子どもへの愛着へとつながると報告している。たとえば，成田・前原（1993）がクランレー（Cranley, 1981）のMaternal Fetal Attachment Scale（MFAS）を使用し愛着形成の過程を研究している。

3．成人期の母娘関係

近年の日本人の平均寿命の伸びは著しく，平成25（2013）年の厚生労働省の簡易生命表では男性が80.21歳，女性が86.61歳余になっている。これは40歳代から60歳代の中年になっても実親が生存している場合が多いことを示している。したがって親子関係は50年以上にわたって続く最も長く親密な人間関係であるが，成人子と実親との関係を扱った研究は最近，開始されたばかりである。研究数が少ないなかで近年の研究を概観してみると，家族社会学的アプローチによる研究と心理学的アプローチ研究とに大別できる。前者の研究には，春日井（1997），大久保・杉山（2000），久和（矢代）・梁（2008）といった研究がある。たとえば大久保らは中年期にある人たちを「サンドイッチ世代」（親世代と子世代の両方から同時に経済的・サービス的支援を求められる）と称している。また久和（矢代）・梁は，「尊重」「サポート提供意向」「サポート受容要望」

因子から成人期の親子関係尺度を開発している。後者の心理学的なアプローチでは，フィンガーマン（Fingerman, 1996, 2003），北村・無藤（2001, 2003），北村（2008），水野-島谷（2002），小野寺（2011）などの研究がある。北村・無藤は，成人期前期（平均年齢が29.8歳）の娘とその母親との関係を検討し，独身群（116名）と既婚・子有り群（178名）のなかで母親との親密性が高い女性は抑うつ的傾向が低く，生活の満足感が高いことを明らかにしている。それに対して，既婚・子ども無群（121名）のなかで「母親への過剰な依存・接触」傾向が強い女性は抑うつ傾向が強く生活の満足感が低いという結果を報告している。小野寺（2011）は，成人子と実親との関係について探索的な研究を行っている。その結果，自分の夫と実母とが不仲であったり，実母と価値観が合わなかった場合，母親に対して否定的感情を抱くようになり，その否定的感情が過去へのこだわりの感情へと結びつき，現在の幸福感を下げているというモデルを提起している。

以上，母親と子どもとのかかわりを概観してきたが，今後は成人男性と実母との関係や，孫と祖母との関係など新しい視点での研究が進むことが期待される。

4節　父親と子ども

1. 父親研究の進展

ナッシュ（Nash, 1965）が子どもの発達にとって父親は忘れ去られた貢献者（forgotton contributor）であると指摘したのは1965年である。この表現から，この当時，父親は子どもの発達にさほど重要な役割は果たしていないと考えられていたことがわかる。ところが1976年に，マイケル・ラム（Lamb, 1976）が『父親が子どもの発達に与える影響』（*The role of the father in child development*）を発表し，父親にようやく関心が向けられるようになった。本著は，出版されてから35年後の2010年に第5版が出版されているが，すべての版の編者はラムであり，彼が父親研究の発展に多大な貢献をしてきていることを示している。その2010年公刊の本の中で，ラムは「『父親：子どもの発達に忘れ去られた貢献者』と冠した本を出版してから35年後の今日，このタイトルはもはや過去のものとなった」と述べている。すなわちこの35年間の間に子どもの発達にとって父親は忘れ去られた貢献者ではなくなり，母親同様に大切な人物であることを示す多くの父親研究が集積されたといえる。そこで次に35年間に行われてきた父子研究の成果と今日の父親研究の動向を概観していきたい。

父子関係を心理学的観点から検討したのは，フロイト（Freud, S.）が最初である。彼はエディプス・コンプレックス理論（男子は母親の愛情を勝ち取りたいが，父親から去勢されるのではないかと恐れ，父親に同一視する）を提起し父子間に潜む心理に着目した。このフロイトのエディプス・コンプレックス理論を実証しようとした研究が1950年代後半から1960年代にかけて次々と行われ，父親研究の基盤が築かれていった。たとえばヘザリントン（Hetherington, 1965）は父親が男性的で支配的であるほど男子の男性性は高く，母親が支配的であると男子の男性性はそ

れほど高くないことを明らかにしていた。この報告から，男子は男性的な父親に同一視し，父親を模倣することにより男性性を高めるというフロイト理論を支持する結論が導かれた。またマッセンとラダフォード（Mussen & Rutherford, 1963）は，男子の男性性が高くなるのは，父親の男性性の高さのみが影響するのではなく，両者の温かい情愛に満ちた関係が前提になると指摘した。さらに彼らは，父親は男子の男性性の発達のみならず女子の女性性の発達にも重要な役割を果たしていると報告している。なぜなら男性性の高い父親は，娘に女らしい言動を奨励するために，女性性の高い女性に成長すると考えたのである。このようにフロイト理論に端を発した研究により，父親が息子・娘の性役割の発達を促す重要な人物であることが示されたといえる。

2. 父親への愛着

1970年代と1980年代は，乳幼児研究やボウルビィが提唱した愛着研究が興隆した時代であった。このため父親と乳児とのかかわりに関する研究，父子間の愛着研究が父親研究の主要なテーマであった。前者の父親と乳幼児とのかかわりは，遊び場面での観察を検討した研究が多い。たとえばクラーク-スチュアート（Clarke-Stewart, 1978）は，14人の乳児（男女7人ずつ）と父母とのかかわりを観察し父親の遊び方は身体を動かし予想のつかない速い動きをともなうことが多いが，母親の遊び方は言葉を使った静かな動きの遊びが多いことを明らかにした。後者の父子間の愛着研究は，1970年代の初めは散発的に行われる程度であった。それは愛着の質を調べる研究方法として頻繁に使用されたエインズワースのストレンジ・シチュエーション法の対象者が母子であったため，その追試の対象者も母子が選択されていたためである。そうしたなかにあって，1977年にラムは，父親と子どもの愛着に関する一連の研究を行っている。彼は，15カ月から24カ月児と父親とのかかわりを家庭における自然観察場面で検討し，親和的行動（微笑・注視）と愛着行動（接近・接触・抱き上げ・ふざけてからかう）のいずれの側面においても，予想に反し乳児は母親よりも父親を愛着の対象として選んでいたと報告している（Lamb, 1977a）。さらに実験室場面でのストレンジャーがいるストレス状況下では，12カ月と18カ月児はともに，父親より母親に愛着行動を示したが，24カ月になるとストレス状況下でも母親のみが愛着の対象となることがまれになってくるとラム（Lamb, 1977b）は報告している。以上の結果から，ラムは，乳児が父親に対しても母親と同様に愛着を示すことを明らかにし，その研究成果はその後の父親研究を推進していくことになった。

3. 父親と育児

1980年代に入ると日本を含む先進諸国では働く女性が増加しはじめた。このために父親が経済的に家族を支え，母親が子どもを育て家庭を守るという性役割分業意識が変化しはじめた。働く母親が増加する一方で，育児不安や育児ノイローゼに悩む母親の増加が社会問題としてとりあげられるようになった。核家族化が進み，子育てを相談できる人が身近にいないため，若い母親

が孤独感を強めていることがその一因と推論された。この母親の育児負担感や育児不安感を軽減させる解決策の一つとして父親の育児参加の推進が不可欠であるとされた。というのも総務省統計局の「平成13年社会生活基本調査」によると，6歳未満の子どもをもつ母親の一日の平均育児時間が平均3時間であるのに対し，父親は25分程度であり諸外国に比べて顕著に父親の育児時間は少ない現状にあった。この現状を改善するために，父親の育児参加をテーマとした心理学的研究が1990年代に入ると増加していった（例：住田・中田，1999；尾形・宮下，1999；森永，2010）。住田・中田（1999）の研究では，父親の育児態度と母親の育児不安との関連性について検討され，父親自身の育児参加評価が高くても，そして母親がその父親の育児参加を高く評価していても，夫婦間のコミュニケーションがよくない場合，母親の育児不安は強いことが明らかにされている。

　2000年代入ると，母親の育児をサポートする援助者としての父親ではなく，自らの意思で育児や家事をする父親に焦点を当てた研究が登場してくる。たとえば青木・岩立（2005）は育児参加を積極的に行っている父親は，平等主義的性役割が強く，子育ての負担感が弱いこと，さらには親になることで生活が広がったと感じているが，労働時間や職場の雰囲気に拘束感を強く抱いていることを明らかにしている。つまり現代の父親は，妻と同じように家事や育児をしたいという平等主義的性役割が強いものの，その一方で仕事への束縛を感じていることがわかる。父親が母親をサポートするために育児をするのではなく，自らの意思で育児を楽しみたいと思う男性が増えてきており，親役割意識は新しい変化の時代に入ってきていると考えられる。その新しい時代では，父親が仕事と家庭のワークバランスをどのようにとるかが課題になってくるはずである。

5節　きょうだい関係

　依田（1967, 1990）は，きょうだい関係は親子関係のようなタテ（従属）の関係あるいは友人関係のようなヨコ（仲間）関係とも異なるナナメの関係であると述べているが，この表現は家族のなかにおけるきょうだい関係を的確に表現している。そしてきょうだい関係の研究の多くは，きょうだいの有無が私たちの発達にどのような影響を与えているかを検討するところに焦点が当てられ，出生順位，性別，年齢差，きょうだい数といった要因を切り口に研究が進められてきた。そして近年のきょうだい関係に関する研究成果を集大成させたのが，白佐俊憲である。白佐は明治以降から2003年3月末までに国内で発表されたきょうだい関連の文献を3756件収集し，『きょうだい関係とその関連領域の文献集成』（全4巻）（2003年〜2005年）として公刊している。また依田（1990）は，二人きょうだいを「保護・依存関係」「対立関係」「共存関係」「分離関係」の4タイプに分類し，さらに二人きょうだいの長子的性格・次子的性格の特徴を導き出している。藤本（2009）は，性格がきょうだいの布置によって決定づけられるという考え方は，決して研究として立証されてはこなかったと述べている。さらに彼は近年のきょうだい関係の研究動向についてふれ，この20年間にきょうだいに関する発達心理学的研究数は急速に増加したと評価しつつ

も，きょうだい研究は，たんに出生順位や性別という変数だけで論じるのではなく，家族全体の文脈のなかで探求していくことが望ましいと述べている。すなわち親のきょうだいへの接し方の違い，夫婦関係，家庭の雰囲気，子ども自身の気質などの要因を考慮した研究が今後，展開されていく必要があるといえよう。

また，近年，きょうだい研究では，発達障害児がきょうだいに与える影響の研究が注目されている。これは発達障害児が近年増えてきていることにともない，その親やきょうだいを支援する必要性が高まっていることが原因である。こうした研究では障害のある子どもを「同胞」と表記し健常な兄弟姉妹を「きょうだい」と表記している。川上（2009）は1983年から2008年5月までに発表された「医学中央雑誌Web」および日本看護科学学会論文のデータベースの文献の分析を行っている。その結果，きょうだいは障害のある同胞からネガティブな影響を受ける場合が多いとする研究報告を紹介している。たとえば石崎（2001）は，障害のあるきょうだいがいた場合，健常な他のきょうだいは「我慢しすぎる」「自己卑下」「自己主張の不足」「自己評価が低い」といった傾向を示すと報告している。また，同論文では近年のきょうだい支援について言及し，直接的きょうだい支援としてピアサポートプログラム（例：シブショップ〔Sibshops〕）などが中心であるが，その効果の妥当性は明らかにされていないのが実情であると述べている。

今後，生涯発達の研究視点に立てば，高齢になったきょうだいが相互にどのようなかかわりをしているかといった問題についても研究が進むことが期待される。

6節　家族を支援する

近年の日本社会では，シングルペアレントの増加，虐待件数の増加，子育ての問題で悩む母親の増加，ひきこもる青年たちの増加，など子どもをめぐる生育環境はひじょうに厳しい状況にある。いかにしてこうした環境を改善し家族を支援していくかは現在の日本社会がかかえる緊急課題の一つである。本節では現在の家族支援の現状を考察しながら，家族のよりよい発達について考えていきたいと思う。

1．少子化対策から子育て支援へ

1990年の「1.57ショック」（合計特殊出生率が1966年の丙午の1.58を下回った衝撃を指す）を契機に，政府は，少子化に歯止めをかけるための対策の検討を始めた。その結果，1994年にエンゼルプランが策定され，1999年にこのエンゼルプランを見直した新エンゼルプランが策定された。しかし2000年代に入っても少子化傾向は続き，2003年に「次世代育成支援対策推進法」と「少子化社会対策基本法」が，2004年には「少子化社会対策大綱にもとづく具体的実施計画」（子ども・子育て応援プラン）が発表された。しかし2005年の合計特殊出生率は1.26と過去最低を記録した。そうした支援策のなかで2007年12月の「子どもと家族を応援する日本」重点戦略で

の「働き方の見直しによる仕事と生活の調和（ワーク・ライフ・バランス）の実現」は新しい子育て支援の方向性を示唆するものである。少子化に歯止めをかけ，女性の社会参加進出と出産意欲をあげるには，父親の育児参加が不可欠であるという理由から，社会や職場で父親の意識を子育てに向けさせるためのさまざまな取り組みが国をあげて行われている。1999年に「育児をしない男を，父とは呼ばない」という父親の育児参加を促すキャンペーンを当時の厚生省が行ったが，このキャンペーンから10年後の2009年2月，『「子育てをする父親がかっこいい」そんな時代になりました』という言葉で始まる小冊子「父親のワーク・ライフ・バランス」（応援します！仕事と子育て両立パパ）が厚生労働省の委託事業の一つとして発行された。そこでは父親も子育てができる働き方の実現に向けて，育児期における父親の役割や育児休業取得の留意点やワーク・ライフ・バランスについて紹介されている。また妊娠・出産・子育て期の父親の役割が説明され，父親の育児休業の制度やそのとり方についてもていねいに述べられている。この「ワーク・ライフ・バランス」では，父親が子育てにかかわることは，子どものみならず父親自身の成長・発達にもプラスの影響を与えること，子育てをすることで仕事にもメリットがあることなど，父親自身の問題として子育てを考える視点が盛り込まれている。さらに2010年6月に改正育児・介護休業法が施行された。父母ともに育児休業取得を推進する場合には，育児休業取得可能期間を延長する「パパ・ママ育休プラス」とあわせて，育児を積極的にする男性（イクメン）を応援する「イクメンプロジェクト」サイトが開設された。厚生労働省の公式サイトにおいてイクメン宣言，イクメンサポーター宣言を公開し，社会的気運の醸成を図っている。

　2010年に「子ども・子育てビジョン」が発表され，「子どもが主人公（チルドレン・ファースト）」という考え方の下，これまでの「少子化対策」から「子ども・子育て支援」へと視点を変換させることが謳われた。そこでは，2014年度までの5年間を目途とした具体的数値目標が掲げられている（例：男性の育児休業取得率を1.23％から5％に10年後には10％にする・認定子ども園数を358カ所から平成24年までに2,000カ所にする）。そして2015年4月より「子ども・子育て新制度」がスタートした。この新制度は認定こども園の普及を図り，待機児童を減らし子育て支援の充実を進めることを目的としている。保護者は，利用したい施設の認定（1号：幼稚園・認定こども園。2号：満3歳以上で保育所や認定こども園を希望。第3号：満3歳未満で保育所や認定保育園を希望）を申請する必要がある。

2. 具体的な支援

a. 乳幼児への支援

　まず保育所が実施している具体的な子育て支援には，延長保育・休日保育・一時保育・夜間保育・病児（病後児）保育などがあり，幼稚園の支援には，預かり保育・子育て相談・未就学児の保育・園庭や園舎の開放・子育ての講演会開催・父親参加型の園行事などがある。それと同時に待機児童解消のための国の施策がすすめられており，安心して働きながら子育てができる環境づくりが急がれている。地域社会での子育て支援として「ファミリー・サポートセンター」（子育

て中の就労者や主婦を会員として，送迎や放課後預かりのなどの相互援助活動）の促進，商店街の空き店舗を子育て中の親たちの交流の場として活用するなどの動きが活性化している。また保育ママ（保育者の居宅において少人数の乳幼児を保育する）を実施する市区町村も増えてきている。

次にわが子への虐待をどのようにして防ぐかという問題であるが，2000年の11月に児童虐待防止法に関する法律が制定され虐待に対する社会的な認知が広がり出している。同年に全国の児童相談所に寄せられた虐待の相談件数は11,631件であったが，2009年には44,211件，2010年55,152件，そして2013年73,765件に達し虐待件数は増加の一途をたどっている。虐待を未然に防ぐために生後4カ月までのすべての乳児のいる家庭を訪問する「乳児家庭全戸訪問事業（こんにちは赤ちゃん事業）」や「養育支援訪問事業」（養育支援が必要だと判断された家庭に対し，保健師・助産師・保育士等が家庭訪問し指導や助言を行うこと）を推進する動きが出てきている。また虐待を受けた子どもを保護し自立を支援する体制づくりが急がれている。

b. 障害児のいる家庭への支援

障害のある子どもへの支援として，2005年に障害者および障害児が自立した日常生活または社会生活を営むことができるようにすることを目的に「障害者自立支援法」が施行された。2007年には改正学校教育法が施行され，小中学校において発達障害を含む障害のある子どもに対する特別支援教育の推進が提起された。この特別支援教育制度への転換により，学校内に特別支援教育支援員が配置されるようになってきている。障害のある子どもを育てることは親にとって大きなストレスである。たとえば辻井（2005）は，PDD児（広汎性発達障害児）をもつ家族はPDD児への対応に苦慮し生活困難感が強いことを指摘している。また野田（2008）は「広汎性発達障害児の家族支援研究の展望」という論文のなかで，PDD児のいる家族支援の研究はほとんど行われていない実情にあり，その尺度作成がまず必要であることを指摘している。このようにPDD児の家族支援を含め障害児をもつ家族支援を今後，ますます進めていく必要性がある。

c. ひとり親への支援

単親家族（母子家庭・父子家庭）という表現では，単親が「単身」と混同されることから，「ひとり親」（シングルマザー・シングルファーザー）という表現が使われることが多くなっている。近年の離婚率の上昇により，世帯のなかでひとり親が占める割合が5.8％（1970年）から8.3％（2005年）そして2010年には8.7％へと増加しており，ひとり親家庭を支援する必要性がますます高まっている。竹村（2007），和田・吉中（2010）は，シングルマザーの就業率はひじょうに高いが就労条件がシングルマザーにとって厳しい条件である場合が多く，彼女たちが経済的に貧窮していることを報告している。このため2003年，これまでは児童扶養手当に大きなウエイトがかかっていた施策を見直し，シングルマザーの子育てや生活支援策，就業支援策，養育費の確保，経済的支援策について支援をしていく方向性が示されている。そしてシングルファーザーも増加傾向にあるが父子家族の研究はひじょうに少ない。そのなかで平沼（2011）は，シングルファーザーの子育てと親の発達について研究している。その結果，シングルファーザーは子育てへの不安やプレッシャーが高く，ひとり親であることや母親不在が子どもに与える影響を心配する傾向

が強いと述べている。今後，シングルマザー同様，シングルファーザーへの支援を推進する必要がある。

◆引用文献

青木聡子・岩立京子．(2005)．幼児を持つ父親の育児参加を促す要因：父母比較による検討．東京学芸大学紀要，**56**, 79-85.

Baltes, P. B., Reese, H. W., & Lipsitt, L. P. (1980). Life-span developmental psychology. *Annual Review of Psychology*, **31**, 65-110.

Bartholomew, K., & Horowitz, L. M. (1991). Attachment styles among young adults : A test of a four-category model. *Journal of Personality and Social Psychology*, **61**, 226-244.

Bowlby, J. (1976). 母子関係の理論：Ⅰ 愛着行動（黒田実郎・大羽 蓁・岡田洋子，訳）．岩崎学術出版社．(Bowlby, J. (1969). *Attachment and loss : Vol.1. Attachment.* London : The Hogarth Press.)

Bowlby, J. (1977). 母子関係の理論：Ⅱ 分離不安（黒田実郎・岡田洋子・吉田恒子，訳）．岩崎学術出版社．(Bowlby, J. (1973). *Attachment and loss : Vol.2. Separation.* London : The Hogarth Press.)

Bowlby, J. (1981). 母子関係の理論：Ⅲ 愛着喪失（黒田実郎・吉田恒子・横浜恵三子，訳）．岩崎学術出版社．(Bowlby, J. (1980). *Attachment and loss : Vol.3. Loss.* London : The Hogarth Press.)

Brennan, K. A., Clark, C. L., & Shaver, P. R. (1998). Self-report measurement of adult attachment : An integrative overview. In J. A. Simpson & W. S. Rholes (Eds.), *Attachment theory and close relationships* (pp.46-76). New York : Guilford Press.

Clarke-Stewart, K. A. (1978). And daddy makes three : The fathers impact on mother and yound child. *Child Development*, **49**, 466-478.

Cranley, M. S. (1981). Development of a tool for the measurement of maternal attachment during pregnancy. *Nursing Research*, **30**, 281-285.

Emde, R. N., Osofsky, J. D., & Batterfield, P. M. (1993). *The IFEEL pictures : A new instrument for interpreting emotions.* New York : International Universities Press.

Fingerman, K. (1996). Sources of tension in the aging mother and adult daughter relationship. *Psychology and Aging*, **11**, 591-606.

Fingerman, K. (2003). *Mothers and their adult daughters.* New York : Prometheus Books.

藤本 修（編）．(2009)．きょうだい：メンタルヘルスの観点から分析する．ナカニシヤ出版．

Hetherington, E. M. (1965). A developmental study of the effects of sex of the dominant parent on sex-role preference, identification, and imitation in children. *Journal of Personality and Social Psychology*, **2**, 188-194.

平沼晶子．(2011)．シングルファザーの子育てと親の発達．家族心理学研究，**25**, 68-82.

平山順子・柏木惠子．(2001)．中年期夫婦のコミュニケーション態度：夫と妻は異なるのか？ 発達心理学研究，**12**, 216-227.

平山順子・柏木惠子．(2004)．中年期夫婦のコミュニケーション・パターン：夫婦の経済生活及び結婚観との関連．発達心理学研究，**15**, 89-100.

平山順子・田矢幸江・柏木惠子．(2003)．育児期夫婦の配偶者満足度を規定する要因：妻の就労形態別の検討．発達研究，**17**, 69-85.

石崎優子．(2001)．障害児・難病児の同胞の心理社会的問題と患者が家族の心理面に与える影響：障害児・難病児の両親の神経症傾向ならびに心理社会的問題を持つ同胞の場合．メンタルヘルス岡本記念財団研究助成報告書，**13**, 17-23.

神谷哲司．(2010)．育児期夫婦における家計の収入管理に関する夫婦間相互調整．東北大学大学院教育学研究科研究年報，**58**, 135-151.

金政祐司．(2010)．中年期の夫婦関係において成人の愛着スタイルが関係内での感情経験ならびに関係への評価に及ぼす影響．パーソナリティ研究，**19**, 134-145.

春日井典子．(1997)．ライフコースと親子関係．行路社．

片桐惠子・菅原育子．(2007)．定年退職者の社会参加活動と夫婦関係：夫の社会参加活動が妻の主観的幸福感に与える効果．老年社会科学，**29**, 392-402.

加藤和生．(1998/1999)．Bartholomewらの4分類愛着スタイル尺度（RQ）の日本語版の作成．認知・体験過程研究，**7**, 41-50.
川上あずさ．(2009)．障害のある児のきょうだいに関する研究の動向と支援のあり方．小児保健研究，**5**, 583-589.
北村琴美．(2008)．過去および現在の母娘関係と成人女性の心理的適応性：愛着感情と抑うつ傾向，自尊感情との関連．心理学研究，**79**, 116-124.
北村琴美・無藤　隆．(2001)．成人の娘の心理的適応と母娘関係：娘の結婚・出産というライフイベントに着目して．発達心理学研究，**12**, 46-57.
北村琴美・無藤　隆．(2003)．中年期女性が報告する娘との関係と心理的適応との関連．心理学研究，**74**, 9-18.
黒川順夫．(1993)．主人在宅ストレス症候群（改訂版）．双葉社．
久和(矢代)佐枝子・梁　明玉 (2008)．サンドイッチ世代の親子関係．藤崎宏子・平岡公一・三輪健二（編），ミドル期の危機と発達 (pp.95-110)．金子書房．
Lamb, M. E. (Ed.). (1976). *The role of the father in child development.* New York : John Wiley & Sons.
Lamb, M. E. (1977a). The development of mother-infant and father-infant attachments in the second year of life. *Developmental Psychology*, **13**, 637-648.
Lamb, M. E. (1977b). The development of parental preferences in the first two years of life. *Sex Roles*, **3**, 495-497.
Main, M., & Goldwyn, R. (1998). *Adult attachment rating and classification system, Manual in draft.* Unpublished manuscript, University of California, at Berkeley.
水野-島谷いずみ．(2002)．日本における成人期の母娘関係の概念枠組みと測定尺度：都市在住の女性を対象にした分析．社会心理学研究，**18**, 25-38.
森永裕美子．(2010)．父の親性（親であること）と母の育児負担感に関する研究．小児保健研究，**69**, 645-656.
Mussen, P. H., & Rutherford, E. E. (1963). Parent-child relationships and parental personality in relation to young children's sex-role preference. *Child Development*, **34**, 589-607.
永久ひさ子・柏木惠子．(2001)．中年期の母親における「個人としての生き方」への態度．発達研究，**16**, 69-85.
中尾達馬・加藤和生．(2004)．成人愛着スタイル尺度（ECR）の日本語版作成の試み．心理学研究，**75**, 154-159.
成田　伸・前原澄子．(1993)．母親の胎児への愛着形成に関する研究．日本看護科学会誌，**13**, 1-9.
Nash, J. (1965). The father in contemporary culture and current psychological literature. *Child Development*, **36**, 261-297.
野田香織．(2008)．広汎性発達障害児の家族支援研究の展望．東京大学大学院教育学研究科紀要，**48**, 221-227.
小原倫子．(2005)．母親の情動共感性及び情緒応答性と育児困難感との関連．発達心理学研究，**16**, 92-102.
尾形和男・宮下一博．(1999)．父親との協力的関わりと母親のストレス：子どもの社会性発達および父親の成長．家族心理学研究，**13**, 87-102.
大久保孝治・杉山圭子．(2000)．サンドイッチ世代の困難．藤崎宏子（編），親と子：交差するライフコース (pp.211-225)．ミネルヴァ書房．
小野寺敦子．(2005)．親になることにともなう夫婦関係の変化．発達心理学研究，**16**, 15-25.
小野寺敦子．(2011)．中年女性の父親・母親への感情と幸福感との関連．目白大学心理学研究，**7**, 1-14.
大島聖美．(2009)．妻から夫への信頼感が青年期後半の娘の心理的健康に与える影響．発達心理学研究，**20**, 351-361.
Ravitz, P., Maunder, R., Hunter, J., Sthankiya, B., & Lancee, W. (2010). Adult attachment measures : A 25-year review. *Journal of Psychosomatic Research*, **20**, 1-14.
佐々木裕子．(2009)．はじめて親となる男性の父親役割適応に影響する要因．母性衛生，**50**, 413-421.
佐藤里織．(2006)．マターナル・アタッチメント研究の概観．名古屋大学大学院教育発達科学研究科紀要（心理発達科学），**53**, 65-74.
清水紀子．(2008)．中年期のアイデンティティ発達研究：アイデンティティ・ステイタス研究の限界と今後の展望．発達心理学研究，**19**, 305-315.
篠原郁子．(2006)．乳児を持つ母親におけるmind-mindedness測定方法の開発：母子相互作用との関連を含めて．心理学研究，**77**, 244-252.
篠原郁子．(2007)．母親のmind-mindednessと18ヶ月児の心の理解能力の関連：共同注意行動および内的状態語の発達との検討．京都大学大学院教育学研究科紀要，**53**, 260-272.
篠原郁子．(2009)．母親の「子どもの心に目を向ける傾向」の発達的変化について：生後5年間に亘る縦断的検討．発達研究，**23**, 73-84.

東海林麗香．(2009)．持続的関係における葛藤への意味づけの変化：新婚夫婦における反復的な夫婦間葛藤に焦点を当てて．発達心理学研究, **20**, 299-310.

住田正樹・中田周作．(1999)．父親の育児態度と母親の育児不安．九州大学大学院教育学研究紀要, **2**, 19-38.

鈴山可奈子・德田智代．(2009)．夫婦関係および家族システムの機能状態が青年期の不安に及ぼす影響．家族心理学研究, **23**, 1-11.

竹村一夫．(2007)．母子家庭施策の転換とシングルマザー．大阪樟蔭女子大学紀要, **6**, 179-189.

詫摩武俊・戸田弘二．(1998)．愛着理論から見た青年の対人態度：成人版愛着スタイル尺度作成の試み．東京都立大学人文学部人文学報, No.196, 1-16.

辻井正次．(2005)．専門家のより実践的な研修・育成．発達障害者支援法ガイドブック編集委員会（編），発達障害者支援法ガイドブック（pp.286-291）．河出書房新社．

東原麻奈美．(2004)．中年期女性のアイデンティティ研究に関する一考察：結婚・夫婦関係を中心に．東京大学大学院教育学研究科紀要, **43**, 165-173.

氏家達夫・二宮克美・五十嵐敦・井上裕光・山本ちか・島　義弘．(2010)．夫婦関係が中学生の抑うつ症状におよぼす影響：親行動媒介モデルと子どもの知覚媒介モデルの検討．発達心理学研究, **21**, 58-70.

宇都宮博．(1999)．高齢期の配偶者との関係性ステイタスと孤独感：モラールとの関連性．日本家政学会誌, **50**, 5-10.

宇都宮博．(2004)．高齢期の夫婦関係に関する発達心理学的研究．風間書房．

宇都宮博．(2005)．女子青年における不安と両親の夫婦関係に関する認知：子どもの目に映る父親と母親の結婚生活コミットメント．教育心理学研究, **53**, 209-219.

和田謙一郎・吉中季子．(2010)．母子家庭に対する就労支援にかかわる一考察：シングルマザーの就労・自立への途．四天王寺大学紀要, **50**, 157-173.

藪垣　将．(2009)．中年期夫婦関係研究の展望：システムズ・アプローチの観点から．東京大学大学院教育学研究科紀要, **49**, 307-316.

依田　明．(1967)．ひとりっ子・すえっ子．大日本図書．

依田　明．(1990)．きょうだい関係の研究．大日本図書．

52章 児童虐待（子ども虐待）

宮本信也

1節 子ども虐待とは

1. 用語について

現在，わが国において子どもが虐待されている状況を表す用語として主に使われているのは，「児童虐待」「小児虐待」「子ども虐待」の3つである。「児童虐待」は，法律用語であり，主として行政領域で使用されている。「小児虐待」は，小児科領域で使用されてきた経緯がある。「子ども虐待」は，学際領域の用語として使用されるようになったものである。最近は，行政領域以外では「子ども虐待」の用語が広く用いられるようになってきている。その背景として，法律用語として児童という表現が用いられてはいるが，児童福祉法では満18歳未満，学校教育法では満6〜12歳とされており，法律により児童の規定条件が異なること，および，小児という表現は医学以外では一般的ではないこと，虐待に関するわが国唯一の学際的学会の名称が「日本子ども虐待防止学会」であり「子ども虐待」が使われていること，などが考えられる。

2. 定　義

児童虐待の定義として，関係者の共通理解が完全に得られているものは現時点では存在しない。わが国の法律においては，「児童虐待の防止等に関する法律（児童虐待防止法）」（厚生労働省，2000；平成12年11月20日施行）で児童虐待の定義と関連する条文は表52.1のとおりである。ただし，この法律で「定義」としてあげられているのは，厳密にいえば，定義というよりは児童虐待の4つのタイプを具体例をあげて示しているもので，むしろ，第一条にある「児童の人権を著しく侵害」する行為とするほうがより定義に近い表現といえるであろう。

このように，児童虐待を完全に定義できる表現はまだ存在しないものの，児童虐待に関する基本的な考え方をふまえるならば，児童虐待の概念を理解することはできると思われる。そうした考え方の一つを示す。それは，以下に示す3点を児童虐待の中心要素とする考え方である。

まず，児童を虐待する行為は，殴打，熱傷，罵倒などの特定の行為で規定されるものではないということである。虐待防止法の第一条にも書かれているように，子どもの人権侵害行為という視点が重要である。つまり，子どもの人権を侵害する行為は，どのような内容であれ虐待行為とみなされる，というのが第一の基本的考え方である。

表52.1　「児童虐待の防止等に関する法律（児童虐待防止法）」における子ども虐待の定義に関連する条文

（目的）
第一条　この法律は，児童虐待が児童の人権を著しく侵害し，その心身の成長及び人格の形成に重大な影響を与えるとともに，我が国における将来の世代の育成にも懸念を及ぼすことにかんがみ，児童に対する虐待の禁止，児童虐待の予防及び早期発見その他の児童虐待の防止に関する国及び地方公共団体の責務，児童虐待を受けた児童の保護及び自立の支援のための措置等を定めることにより，児童虐待の防止等に関する施策を促進し，もって児童の権利利益の擁護に資することを目的とする。

（児童虐待の定義）
第二条　この法律において，「児童虐待」とは，保護者（親権を行う者，未成年後見人その他の者で，児童を現に監護するものをいう。以下同じ。）がその監護する児童（十八歳に満たない者をいう。以下同じ。）について行う次に掲げる行為をいう。
一　児童の身体に外傷が生じ，又は生じるおそれのある暴行を加えること。
二　児童にわいせつな行為をすること又は児童をしてわいせつな行為をさせること。
三　児童の心身の正常な発達を妨げるような著しい減食又は長時間の放置，保護者以外の同居人による前二号又は次号に掲げる行為と同様の行為の放置その他の保護者としての監護を著しく怠ること。
四　児童に対する著しい暴言又は著しく拒絶的な対応，児童が同居する家庭における配偶者に対する暴力（配偶者（婚姻の届出をしていないが，事実上婚姻関係と同様の事情にある者を含む。）の身体に対する不法な攻撃であって生命又は身体に危害を及ぼすもの及びこれに準ずる心身に有害な影響を及ぼす言動をいう。）その他の児童に著しい心理的外傷を与える言動を行うこと。

次に，子どもの人権が侵害されているかどうかは，子どもの立場で考えるというのが第二の基本的考え方である。子どもにどのような影響が出ているか，つまりは子どもにマイナスの影響が出ているかどうかが人権侵害の判断の根拠となる。具体的には，①子どもの身体に痕が残っている，②子どもの身体機能に異常を来している，③子どもの発達に遅れを生じている，④子どもが年齢相当に期待される行動がとれない，⑤子どもが周囲を困らせる行動を繰り返している，⑥子どもに精神症状がみられる，のような状況が該当する。

三番目の基本的考え方は，虐待の判断に関しては保護者の意図を考慮する必要はないということである。

児童虐待は，あくまでも「子どもの側からの視点」でとらえられる，子どもに対する人権侵害行為と考えるべきものであろう。

表52.2　児童虐待の種類

1. 身体的虐待（physical abuse）
   子どもの身体面に損傷を与える行為
   身体暴力，薬物の強制的投与など
   乳幼児期では生命の危険が大きい
2. 心理的虐待／情緒的虐待（psychological abuse/emotional abuse）
   子どもの心理面に「外傷」を与える行為
   子どもが怖がる状況に一方的に曝す行為（DVの目撃を含む）
   言葉の暴力，脅し，子どもを拒絶など
   子どもの心の発達に与える影響が大きい
3. 性的虐待（sexual abuse）
   子どもを性的対象として扱う行為
   性行為，裸の写真撮影，性的情報の強制など
   子どもの心の発達に与える影響が大きい
4. ネグレクト（neglect）
   健全な心身の成長，発達に必要なケアをしない行為
   乳幼児では生命の危険も小さくない
   発達全般に与える影響が大きい

3. 児童虐待の種類

a. 一般的な4つのタイプ

児童虐待は，大きく4つのタイプに分けられる（表52.2）。大事なことは，これら4つのタイプの虐待行為は，いずれも，子どもの心身に与える影響度に違いはないということである。殴るなどの身体的虐待よりも言葉でいうだけの心理的虐待は軽いという判断は間違いである。

表52.3 特殊なタイプの児童虐待

1. 乳幼児揺さぶられ症候群（shaken baby syndrome：SBS）
　子どもの上体が激しく揺さぶられることで，子どもの頭が回転しながら振り子のように前後し，頭蓋骨と内部にある脳がずれて動くことで血管の破綻や脳損傷・眼底出血を生じるもの。通常，頭蓋骨骨折により生じる硬膜下血腫が，骨折がないにもかかわらず生じるのが特徴である。
2. 代理ミュンヒハウゼン症候群（Munchausen syndrome by proxy：MSBP）
　養育者，主に母親が，実際には存在しない子どもの身体的問題を訴えて，検査・治療を要求して医療機関を繰り返し受診するもの。
　1）虚偽による訴え
　人為的操作をすることはなく，子どもが引きつけたなど，存在しない身体症状を訴え続けるもの。
　2）ねつ造による訴え
　検査所見のねつ造：体温計の操作や子どもの尿に砂糖を入れるなど，人為的に異常な検査所見をつくりだすもの。
　身体への人為的操作による症状ねつ造：子どもに薬物を飲ませる，窒息させるなどの行為を行い，人為的に身体の異常状態をつくりだすもの。
3. 医療ネグレクト（medical neglect）
　子どもに必要な医療を受けさせないもの。①子どもが医療を必要とする状態にあり，②治療効果が十分に期待できる治療方法があり，③その治療行為をしなければ子どもに生命・身体・身体面で重大な被害が生じる可能性が高く，④通常であれば理解できる方法と内容で保護者に説明しているにもかかわらず，その治療行為を行うことに同意しない場合，医療ネグレクトと判断される。

b. 特殊なタイプの児童虐待

　一般的なタイプの虐待のなかで，方法や態様が特殊なものがある。その代表的なものを表52.3に示す。乳幼児揺さぶられ症候群と代理ミュンヒハウゼン症候群は身体的虐待に，医療ネグレクトはネグレクトに含まれるものである。代理ミュンヒハウゼン症候群は気がつかれにくく，見逃されている場合があることも危惧されるものである。医療ネグレクトは，延命治療や不治疾患への対処など，生命倫理的な問題との関係で判断が難しいこともある。したがって，治療の効果が十分に期待できる場合に，主として論じられることが多いものである。

4. 児童虐待への対応

　わが国では，昭和8（1933）年に児童虐待防止法が制定された歴史がある。ただし，この法律は，当時，子どもの身売りや見世物などが多く，そうした事態を防ぐことを目的に制定されたものであり，現在のような家庭内での子どもへの心身の暴力防止を目的にしたものではなかった。昭和22（1947）年，この法律は廃止され，新たに児童福祉法が制定され，児童虐待対策はこの法律の下で行われるようになった。その後，児童虐待相談件数の増加に対処すべく，平成12（2000）年，児童虐待の防止などに関する法律（児童虐待防止法）が再び制定され，何度かの改正を経て現在に至っている。また，児童福祉法も虐待対策の強化を目指して何度か改正され，さらには，平成23（2011）年，親権の一部停止のために民法も改正され，児童虐待に対する対策のための法的整備が行われてきている。

　現在，児童虐待防止法により，虐待が疑われる児童をみつけたすべての国民は通告することが義務づけられている。通告先は，市町村の児童相談窓口，児童相談所，福祉事務所である。通告を受けた側は，通告事例についての情報収集と家庭訪問などにより虐待の有無を判断し，虐待の

疑いが強い場合には地域の関連機関を集めて要保護児童対策地域協議会を開催，対応方針と役割分担を協議し，実際の対応が行われる。子どもの心身に重大な危険性が及ぶ可能性が高いにもかかわらず保護者が助言・指導に従わないときには，児童相談所は職権で保護者の同意なく子どもを一時保護できる。しかし，児童相談所は，一方では保護者への子育て支援を行う役割も担うため，同じ部門が保護者に対して正反対の対応を行うことの困難性も指摘されている。

2節　わが国における子ども虐待の実態

1. 頻度

わが国で行われた全国規模の実態調査結果によると，子ども虐待の発生は1年間に約35,000人であり，これは，小児1,000人あたり1.54人に相当するという（小林，2002）。この数字に従うと，わが国における児童虐待の有病率は少なくとも0.15％ということになる。しかし，児童虐待の発生頻度，あるいは有病率を正確に知ることは不可能である。当事者からの訴えはほとんどなく，周囲の気づきで表面化する場合がほとんどだからである。

2. 全国児童相談所での虐待相談事例の概要

わが国では，平成2年度から児童相談所で処理された虐待相談件数の集計が毎年行われている。平成2年度に処理された相談件数は1,101件であったが，平成25年度は73,765件と約74倍近い件数となっている（図52.1）。なお，平成12年度から14年度にかけて急増しているが，これは，平成12年に児童虐待防止法が公布，施行されたことにより，子ども虐待に対する社会全体の意識が高まったことが影響したと考えられる。

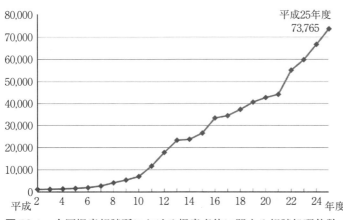

図52.1　全国児童相談所における児童虐待に関する相談処理件数の推移（厚生労働省，2015）

a. 虐待の種類

全体では身体的虐待が40％前後多いものの，その割合は経時的に減少し，ネグレクト（40％弱）と心理的虐待（20％弱）の割合が増加してきている。子ども虐待に対する認識が広まった結果，保護者による不十分な世話や強い叱責等の状況を虐待の視点からとらえるようになっているという。ネグレクトや心理的虐待に対する意識の広まりが

反映されているものと思われる.

b. 子どもの年齢構成

相談事例の子どもの年齢では，乳幼児で約半数を占めており，年少児の割合が大きい．しかし，これは，一方では，小学生以上が半数を占めていることをも示しており，虐待相談事例の半分は学齢期の児童であり，学校での早期発見と対応が必要なことを意味しているともいえる．実際，小学生・中学生年代での相談事例が増加してきており，虐待に対する意識が教育現場に浸透してきていることが推測される．

c. 主な虐待者

これまでの統計と他の調査結果をまとめると，主に虐待をしている保護者は，実母だけが60％，実父だけが20％，実の両親ともにが10％，継父・養父が5％，継母・養母が1％，その他が4％となる．その他には，同居人，祖父母，親戚，きょうだい，知人などが含まれる．実母が最も多いのは，外国でも同様である．

d. 対応状況

相談事例に対する対応内訳は，全体としては施設入所が10％，里親等委託が0.7％，保護者への面接指導が80％，その他が8％前後となっている．その他には，児童員から保護者への指導，福祉事務所への送致，保護者への訓戒などとなっている．子どもの安全のために一時保護となっているのは，毎年，相談事例の2％前後である．

3節 虐待死の現状

わが国では，平成16（2004）年10月，虐待による死亡事例を検証することを目的とした「児童虐待等要保護事例の検証に関する専門委員会」（検証委員会）が厚生労働省社会保障審議会児童部会の下に設置され，その後，虐待死の検証が毎年行われている．検証委員会では，虐待死を心中と心中以外の死亡に分けている．心中による死亡は，いわゆる虐待行為の結果として死亡に至った事例と状況が異なるため，ここでは心中以外の虐待死の概要を示す．

検証委員会による第1次（平成15年7月〜12月）から第10次（平成24年4月〜平成25年3月）までの報告（厚生労働省，2014：平成26年9月19日発表）をみると，この9年8カ月間で検証委員会で把握された心中以外の虐待死は546人であった．その年齢内訳をみると，0歳児だけで240人（44.0％）と全体の半数弱を占め，0〜3歳をまとめると411人（75.3％）となっている．最も死亡例が多い0歳児死亡の月齢内訳は，0カ月が111人（46.3％）と半数弱となっている．さらに0カ月死亡例の日齢をみると，0カ月死亡例中94人（84.7％）が0日齢での死亡であった．つまり，日齢でみたとき一番死亡例が多いのが0日齢ということになる．

直接死因別に死亡事例の人数割合をみると，頭部外傷が全体の1/4と一番多いが，頸部絞扼と窒息をあわせると20％強と頭部外傷に近い割合となっている．頭部外傷は，親がイライラして小児を殴ったり放り投げたりした結果生じることが多いと思われるが，頸部絞扼と窒息は殺す意

図があっての行為とみなすこともでき，子どもが死亡に至る状況に違いがあることが推測される。窒息が多いのは，乳児や幼児期前半では首を絞めるよりも鼻と口をふさぐ方法がとられることが多いことを反映しているものと思われる。

まとめると，わが国では平均すると1年間に55人前後の心中以外の虐待死亡例が報告されている。わが国における心中以外の虐待による死亡事例では，約75％が3歳以下であり，とくに0歳児で45％前後を占め，0カ月児は約20％を占め，0日齢児が約17％を占めていた。0歳児のみでみると，0歳児の中では0カ月児が約45％を占め，さらに0カ月児のなかでは0日死亡例が85％弱を占めていた。このことは，0カ月児の虐待死を防ぐことができれば，わが国の虐待死は約20％減少し，0歳児の虐待死を防ぐことができれば，わが国の虐待死はほぼ半減することを意味する。

4節　虐待が子どもの心身に与える影響

虐待は，子どもの心身にさまざまな影響を与える。わが国の全国調査（小林，2002）によると，平成12年度で状況が把握された22,257例の虐待事例の経過は，死亡0.5％，生命危険4.5％，要治療6.8％，身体的軽症20.3％，発達遅滞・行動問題33.1％，特定の所見なし21.3％であった。「所見なし」の事例は，何も問題がないという意味ではなく，調査時点では問題が表面化していないが，時間の経過とともに何らかの問題が生じる可能性はあると考えるべきであろう。これらの事例および身体的軽症事例をあわせた約40％の子どもは，将来的に問題が生じるとすれば，心理・行動面の問題と推測することができるので，発達・行動問題を主として示した例とあわせ，結局，虐待を受けている子どもでは，身体的治療が必要な状態を示す子どもが全体の約1/4で，残り3/4は発達や行動面の問題が主となってくるといえるであろう。

1. 身体面への影響

身体的虐待は，当然ながら身体的損傷を与えることが多い。ネグレクトも，成長途上の子どもにとっては大きな身体的影響を与える。また，性的虐待も性感染症や妊娠などの結果を生じることがある。

a. 身体所見

被虐待児は，食事を十分に与えられていないことが多い。そのため，発育が不良な場合が多い。死亡に至るほどの例では，るい瘦状態になっているのが普通である。低身長は，栄養障害の他，成長ホルモンの分泌不全も関係している。身辺衛生に注意を払われていないため，多数の齲歯（虫歯）を認めることも多い。

被虐待児にみられる外傷や骨折の特徴は，多発性（同時期に複数の外傷が存在），反復性（外傷が繰り返し何度も起こる），新旧の混在（新しい傷と古い傷跡）である。ベルトや棒，タバコ

などにより，特徴的なパターンのある傷跡がみられることもある。

頭部への暴力による頭蓋骨骨折とそれによる硬膜下血腫は，被虐待児の死因の第一位である。一方，乳幼児の身体を激しく揺することで，頭蓋骨骨折がなくても硬膜下血腫を起こすことがある（乳幼児揺さぶられ症候群）。この乳幼児揺さぶられ症候群では，眼底出血がよく認められる。顔を叩かれることによる，網膜剝離や眼内出血も生じやすい。

b. 身体的影響

虐待による身体損傷の影響の最大のものは死亡である。後遺症として障害状態が生じることも少なくない。脳損傷による知的機能の障害や認知障害，脳損傷や骨折による四肢変形などによる運動障害，外傷性の網膜剝離による視力障害などである。鼓膜損傷による聴力障害も生じうるが，鼓膜損傷は自然治癒する傾向があり，気づかれにくい。その他，性的虐待で妊娠，性感染症などを生じることがある。

2. 虐待が子どもの発達に与える影響

a. 発達の遅れ

虐待は，子どもの発達に大きな影響を与える。粗大運動，微細運動，言語，認知などの発達に遅れがみられることは少なくない。劣悪な施設に収容されていたルーマニア孤児たちに関する報告では，1歳以上の子どもで発達が年齢相当と判断されたのは約10％にすぎなかったという（Johnson, Miller, Iverson, Thomas, Franchino, Dole, Kiernan, Georgieff, & Hostetter, 1992）。わが国でも，小林（2002）が平成12（2000）年に行った全国調査で全体の14.3％に発達の遅れが認められたと報告されている。

発達遅滞の背景要因としては，虐待による脳損傷や長期間にわたる刺激剝奪環境などがあげられている。一方，最近，直接的な脳損傷がなくても，被虐待体験自体が脳の神経回路に影響を与える可能性も指摘されるようになってきている。

子どもにもともと発達の問題があった場合，虐待は問題の程度を増悪させやすい。発達障害のある子どもは，定型発達の子どもに比べて，自ら環境に働きかけて発達していく力が弱く，環境要因の影響が大きくなりやすいといえる。

もともと発達の問題がない場合でも，刺激剝奪環境で長期間生活した場合，子どもに発達の遅れが生じることが知られている。スクセ（Skuse, 1984）が，自験例も含め孤立環境に置かれた子どもに関する報告をまとめ，孤立環境に置かれた子どもの特徴として，運動遅滞，協応運動障害，重度の言語遅滞，乏しい感情表現，他人への自発的接触性の欠如，社会からのひきこもりをあげている。わが国においても，閉鎖された室内に長期間，幽閉のような状態で育てられていた姉弟の報告がある（藤永・斎賀・春日・内田，1987）。救出されたとき，姉は6歳で弟は5歳であった。2人とも運動発達の遅れがみられ，有意語は数えるほどしか出現していなかった。その後の療育・教育により，この2人とも知的には境界線知能域まで発達している。これらの報告から，極端な刺激剝奪環境であっても，もともと知能障害がなければ，6歳までに適切な生活環境に置

かれれば知的発達に関してはかなりの回復が望めると考えられる。

　被虐待児や養護施設在所児では，言語能力が低いということが，経験的に養護施設等でいわれてきていた。言語能力に関する調査研究の多くは，WISC 知能検査の言語性知能と動作性知能を比較したものである。これまでの報告では，動作性知能に比べて言語性知能が低いとするものが多い。わが国で行われた調査で最も対象児数が多いのは，栃木県養護施設等連絡協議会（1997）の報告で，施設在所児 218 人で WISC-R 知能検査が実施された。結果，全体の平均知能指数は，全知能指数（FIQ）84.6，言語性知能指数（VIQ）82.6，動作性知能指数（PIQ）89.7であった。FIQ 70 未満の知的障害に該当する子どもは，全体の 16.5％であった。一方，養護施設在所児 100 人を対象に WISC-Ⅲ 知能検査を実施した丹羽・宮本（2009）の報告では，VIQ が PIQ よりも有意に低い群の他に，VIQ が PIQ よりも有意に高い群がいることが指摘されている。しかも，VIQ と PIQ のこうした違いは，VIQ の高低よりも PIQ の高低の影響のほうが大きい可能性を示唆している。これまで被虐待児や施設在所児では言語性知能が低いと報告されてきたことを再検討する必要性があるであろう。

b. 発達の歪み

　虐待を受けて育った子どもたちは，発達の歪み（distortion）を示すことも珍しくない。発達の歪みは，「できる，できない」ということではなく，情緒・行動の違いとして表面化する。発達の歪みとして被虐待児に最もよく認められるものは，愛着（アタッチメント）の発達の問題である。愛着形成が阻害されている被虐待児では，愛着タイプは不安定型の無秩序・無方向型（disorganaized/disoriented：D 型）を示すものが多い（Crittenden, 1992）。不安を感じたときに，混乱し無秩序に動き回るものである。その他，過度の馴れ馴れしさや強い警戒心などもみられる。

　情緒の発達の問題としては，被虐待児には，自尊心の低下，自信喪失，自己否定感，否定的な人生観，社会的有能感の低下，情緒の動揺，依存性，感情応答性の低下，共感性の欠如，道徳感の理解困難，被害感，攻撃性，不安感，抑うつ感情などがみられやすい（小野，2008）。

　ルーマニアのチャウシェスク政権崩壊後に救出された子どもたちの 10％前後に自閉症類似の行動特徴がみられたが，11 歳時点での追跡調査では，その約 25％でその状態が消失しており，本来の自閉症とは別の視点で検討する必要性があることが指摘されている（Rutter, Kreppner, Croft, Murin, Colvert, Beckett, Castle, & Sonuga-Barke, 2007）。

c. 虐待と発達障害

　虐待体験のある子どもが発達障害と類似の状態像を示すことは珍しくはない。虐待による脳損傷により知的障害を生じている被虐待児は，実際に存在する。しかし，自閉症や ADHD 類似の状態像を示す被虐待児では，明らかな脳損傷を認めない場合が多く，脳損傷で説明することは困難である。先天性の発達特性による本来の発達障害と区別し，発達障害類似の行動特性を示す被虐待児を別の種類の発達障害とする考え方も提唱されている（杉山，2007）。一方，被虐待児にみられる発達障害類似の行動特性を，慢性トラウマの影響による行動や感情の制御困難性の視点でとらえ，発達性トラウマ障害（developmental trauma disorder）という概念も提唱されている（Cloitre, Stolbach, Herman, van der Kolk, Pynoos, Wang, & Petkova, 2009）。

結局，虐待により実質損傷をともなう脳損傷がなくても発達障害を生じると考えるかどうかは，発達障害をどのように規定するかによって考え方が異なってくる。発達障害を，遺伝で規定される特性を背景とした生活における適応の問題と位置づけるならば，虐待による影響は，発達障害ではなく別の概念でとらえることになる。一方，発達障害は，18歳までの発達期（正確には成長期）において脳機能の変化が生じ，その結果，一定の特徴と生活上の困難を生じているものと考えるならば，虐待の影響を発達障害とみなすことも可能となるであろう。ただし，発達障害は，生活上の問題が中心であり，いわゆる精神症状を来すものではないことから，さまざまな精神症状をともなう状態までも発達障害の概念とするのは慎重であるべきと思われる。

3. 虐待が子どもの行動に与える影響

a. 一般的な特徴

虐待を受けている子どもは，さまざまな行動上の問題を示しやすい。一般には，幼児期は過度の警戒心や接近などの個別の対人行動の問題が中心となる。学童期では集団行動から外れるなどの集団からの逸脱行動が多くなり，青年期以降は社会的行動の問題でも非行などの反社会的行動が相対的に多くなる傾向がみられる。

虐待の種類により比較的生じやすい行動特徴がある。身体的虐待では，加減をしない暴力などの年齢不相応なあるいは状況に合わない攻撃的行動が認められやすい。心理的虐待では，自分に対する周囲からの言動に敏感に反応し，自己の責任を回避するという自己防衛的な行動がみられることがある。ネグレクトでは，反抗的な態度や非行傾向がみられやすい。性的虐待では，年齢不相応な性的な言動が生じやすい（Friedrich, 1991）。性的な言葉を言う，相手の性的部分に触れる，自慰行為の反復，性交を思わせる行動などが幼児期から認められることも珍しくなく，性化行動（sexualized behaviors）とよばれる。年長児では，性的逸脱行為のかたちをとることが多い。性加害行動も認められ，同性から性加害を受けた男児でその傾向が強いともいわれている。また，無気力となり急激な成績低下を認めることもある。

これらの行動特徴は，その年代あるいは虐待の種類に完全に特異的なものではない。いずれの行動特徴も，他の年代や虐待でみられることはある。ただし，性化行動に関しては，頻繁にみられる場合には性的虐待の可能性は高い（Kellogg, 2010）。

b. 幼児期から青年期にみられる行動問題

幼児期から前思春期（小学校低学年まで）では，食行動の問題と対人行動の問題が出やすい。虐待を受けている子どもは，食事を十分に与えられていないことが多いこと，また，食べるという行為は子どもにとって不満解消の代償行為となりうることなどが，食行動問題が生じる背景と考えられる。過食行為がみられながらやせている場合には，食事を与えられていないためと考えられる。冷蔵庫のなかの物を食べあさる，調理していない生ものまで食べる，食べ物でないものまで食べてしまう，他の子どもの給食や残したものを食べるなど，さまざまな状態がみられる。対人行動の問題は，年齢や状況に不相応な過度の警戒や接近行動が特徴である。

前思春期（小学校高学年）から青年期では，集団行動・社会的行動の問題として表面化しやすい。それらは，これまで学校現場で生徒指導の対象とされてきた児童・生徒の問題行動と表面的には同様のものが多いが，被虐待児に比較的みられやすい特徴もある程度は存在する。虐待を受けている子どもの場合，そうでない子どもと比べ，行動に攻撃性の要素が含まれていることが多く，しかも，その攻撃性は自発的であることが多い。自発的とは，まわりが何もしていなくても自分から攻撃的言動を行う，というものである。虐待を受けている子どもの攻撃性は，しばしば自分自身にも向かうことがある。自傷，リストカット，自殺関連行動などが認められる（Rosenthal & Rosenthal, 1984）。

c. 反社会的行動

非行や触法行為などの反社会的行動も少なくない。非行に関しては，単独で反復して行うことが多い点が特徴である。非行内容では，「盗みと嘘」の繰り返しがよく認められる。小学生では，盗みは，万引きなどよりは友人や学校の物あるいは家族のお金などをとるものが多く，嘘も，相手をだます（虚言）というよりはその場逃れのすぐわかるような口実的なもの（作話）が多い。単独の放火もときに認められる。徘徊や家出も，通常の非行少年のように盛り場には行かず，むしろ人のいない神社や山奥などに行くことが多いのが特徴である。

明確な犯罪に関し，小児期に虐待やネグレクトで登録された子ども908人を追跡調査した報告がある（Maxfield & Widom, 1996）。追跡年数は22〜26年間で，調査時の対象群の平均年齢は32.5歳であった。対象群では，交通違反以外の違法行為で逮捕されていたものが49%，暴力的な犯罪で逮捕されていたものが18%であった。身体的虐待とネグレクトをあわせもつ場合，暴力で逮捕される傾向が強かった。つまり，被虐待体験があった場合，成人までにその約50%前後は軽犯罪を犯し，約20%前後が暴力的犯罪を犯す危険性があることがうかがわれる。

4. 虐待と精神障害

幼児期から小学生時期は，2つのタイプの愛着障害がみられる（American Psychiatric Association, 2013）。反応性アタッチメント障害（reactive attachment disorder : RAD）は，発達段階に不相応な抑制的な対人行動の問題が5歳以前に出現するものである。対人接触に関する過度の敏感さと無反応などが特徴である。脱抑制型対人交流障害（disinhibited social engagement disorder）は，無差別で過剰な対人接近行動などを特徴とする。摂食障害は愛着形成の問題が背景にあることが多く，虐待と関連することも少なくない（Sansone & Sansone, 2007）。タイプとしては，神経性過食症のほうが多い印象がある。

虐待による精神障害では，心的外傷後ストレス障害（posttraumatic stress disorder : PTSD）が代表的なものである。一方，子どもの頃から虐待を受け続けてきた場合，単純なPTSDにとどまらず，PTSDに種々の他の精神症状をともない，人格変容までに至る場合がある。PTSD概念に慢性のトラウマ体験の影響を加味して状態像をとらえようとする視点が提示されている。そのような視点に立った概念として，複雑型PTSD（complex PTSD : C-PTSD）（Ide & Paez, 2000）

や他に特定されない極度のストレス性障害（disorder of extreme stress not otherwise specified：DESNOS）（van der Kolk, Roth, Pelcovitz, Sunday, & Spinazzola, 2005）などが提唱されている。その基本症状は，感情制御困難，解離性の意識変化，自己感覚の変化，加害者への感覚の変化，他者との関係性維持困難，意味体系の変化（絶望），身体化症状などであるが，基本は，PTSDに解離と人格変化をともなったものと考えるとわかりやすいであろう。C-PTSDとDESNOSは，ほぼ同様の状態像を指していると考えてよい。

5. 虐待が脳に与える影響

　脳画像検査法の進歩により，非侵襲的に脳機能を測定できるようになってきており，そうした検査方法を用いて虐待を受けた人たちの脳の変化の検討が行われ，いくつかの知見が報告されるようになってきている。それらは，海馬が小さい，扁桃体が小さい，前頭葉の左右差が小さい，左右の大脳半球のサイズ差の異常，脳梁膨大部が小さい，小脳虫部が小さい，視覚野の異常上側頭回のサイズの異常などである（友田，2012）。こうした脳の変化が生じる背景としては，いわゆるストレスホルモンであるコルチゾルが虐待のストレスにより大量に分泌されることの影響が考えられている。また，間脳下垂体系のホルモンの影響なども想定されているが，実証はされてはいない。

　これらの知見は，必ずしもすべての報告で一致しているわけではなく，その妥当性や実際の状態像との関連性などについて，これからさらに検討していかなければらないものではある。しかし，虐待を受けた子どもたちや成長した成人に認められるさまざまな発達や行動・精神の問題が，脳の構造的変化と機能的変化を背景としていることを示唆するものであり，興味深いといえるであろう。

◆ 引用文献

American Psychiatric Association. (2013). Reactive Attachment Disorder, Disinhibited Social Engagement Disorder. *Diagnostic and statistical manual of mental disorders* (5th ed.) (DSM-5) (pp.265-270). Washington, DC：American Psychiatric Association.

Cloitre, M., Stolbach, B. C., Herman, J. L., van der Kolk, B. A., Pynoos, R., Wang, J., & Petkova, E. (2009). A developmental approach to complex PTSD：Childhood and adult cumulative trauma as predictors of symptom complexity. *Journal of Trauma Stress*, **22**, 399-408.

Crittenden, P. (1992). Children's strategies for coping with adverse home environments：An interpretation using attachment theory. *Child Abuse & Neglect*, **16**, 329-343.

Friedrich, W. N. (1991). Sexual behavior in sexually abused children. *New Directions for Mental Health Services*, **51**, 15-27.

藤永　保・斎賀久敬・春日　喬・内田伸子. (1987). 人間発達と初期環境. 有斐閣.

Ide, N., & Paez, A. (2000). Complex PTSD：A review of current issues. *International Journal of Emergency Mental Health*, **2**, 43-49.

Johnson, D. E., Miller, L. C., Iverson, S., Thomas, W., Franchino, B., Dole, K., Kiernan, M. T., Georgieff, M. K., & Hostetter, M. K. (1992). The health of children adopted from Romania. *Journal of the American Medical As-*

sociation, **268**, 3446-3451.

Kellogg, N. D. (2010). Sexual behaviors in children : Evaluation and management. *American Family Physician*, **82**, 1233-1238.

小林　登. (2002). 児童虐待及び対策の実態把握に関する総合的研究報告書. 平成13年度厚生科学研究（子ども家庭総合研究）.

厚生労働省. (2000). 児童虐待の防止等に関する法律（平成12年11月20日施行）.〈http://www.mhlw.go.jp/bunya/kodomo/dv22/01.html〉（2015年3月29日）

厚生労働省. (2014). 子ども虐待による死亡事例等の検証について. 厚生労働省による検証報告書（第1次報告～第10次報告）（平成26年9月19日発表）.〈http://www.mhlw.go.jp/stf/seisakunitsuite/bunya/kodomo/kodomo_kosodate/dv-jinshin/index.html#hid0_mid7〉（2015年3月29日）

厚生労働省. (2015). 児童相談所での児童虐待相談対応件数（平成26年8月4日発表）.〈http://www.mhlw.go.jp/seisakunitsuite/bunya/kodomo/kodomo_kosodate/dv/kaigi/dl/140804-01.pdf〉（2015年3月29日）

Maxfield, M. G., & Widom, C. S., (1996). The cycle of violence. Revisited 6 years later. *Archives of Pediatrics & Adolescent Medicine*, **150**, 390-395.

丹羽健太郎・宮本信也 (2009). 児童養護施設に在所する児童の認知特徴：WISC-Ⅲを用いた分析. 小児の精神と神経, **49**, 307-316.

小野善郎. (2008). 子ども虐待の発達的影響. 本間博彰・小野善郎（編）, 子どもの心の診療シリーズ：5　子ども虐待と関連する精神障害（pp.37-58）. 中山書店.

Rosenthal, P. A., & Rosenthal, S. (1984). Suicidal behavior by preschool children. *American Journal of Psychiatry*, **141**, 520-525.

Rutter, M., Kreppner, J., Croft, C., Murin, M., Colvert, E., Beckett, C., Castle, J., & Sonuga-Barke, E. (2007). Early adolescent outcomes of institutionally deprived and non-deprived adoptees : III. Quasi-autism. *Journal of Child Psychology and Psychiatry, and Allied Disciplines*, **48**, 1200-1207.

Sansone, R. A., & Sansone, L. A. (2007). Childhood trauma, borderline personality, and eating disorders : A developmental cascade. *Eating and Weight Disorders*, **15**, 333-346.

Skuse D. (1984). Extreme deprivation in early childhood -Ⅱ. Theoretical issues and a comparative review. *Journal of Child Psychology and Psychiatry*, **25**, 543-572.

杉山登志郎. (2007). 子ども虐待という第四の発達障害. 学習研究社.

栃木県養護施設等連絡協議会. (1997). 栃木県養護施設のありかた調査研究事業中間報告.

友田明美. (2012). 新版いやされない傷：児童虐待と傷ついていく脳. 診断と治療社.

van der Kolk, B. A., Roth, S., Pelcovitz, D., Sunday, S., & Spinazzola, J. (2005). Disorders of extreme stress: The empirical foundation of a complex adaptation to trauma. *Journal of Trauma Stress*, **18**, 389-399.

53章 仲間関係の発達

氏家達夫

1節 仲間過程

1. 仲間過程とは

　仲間との相互交渉や関係は進行的な性質をもつ。仲間との関係は，一度つくられたからといって固定されるわけではない。子どもが相互交渉し，関係をもつ仲間や所属する集団は流動的である。多くの場合，それらの境界は明白であるが，境界の透過性は高く，メンバーの変更や境界の拡大や縮小が常態として観察される。仲間や集団の活動が起こる状況は，就学前期においてすでにかなり多様であり，学童期以降になると，子どもは独立な複数の集団のメンバーとして，異なった状況で活動することも多くなる。仲間や集団のなかで，あるいはそれらの間で，しばしば心理的緊張が高まったり，葛藤が起こったりする。子どもはさまざまな資源を活用しながら，関係をもつ仲間や所属する集団との距離を調節したり，一時的に選択性を強めたりすることで，心理的緊張や葛藤を回避したり解消したりする。そのような調整は一過性で終わることもあるが，仲間との相互交渉や関係についての社会的スクリプトの更新や自己概念の変化，仲間とかかわることに対する動機づけのような子どもの心理的過程を変化させたり，関係する仲間や所属する集団を変えたりすることもある。仲間との相互交渉や仲間関係は，ダイナミックに維持され，変化していくものである（Hinde, 1997）。そこで本稿では，仲間との相互交渉や仲間関係を仲間過程という言葉でいい表すことにする。

2. 仲間過程へのアプローチ

　仲間過程は，子どもの発達における中核的な社会的文脈の一つである。現代社会では，就学前期から，子どもは生活時間の多くを仲間（ほぼ同年代の子どもたち）の存在する状況[1]で過ごすようになる。仲間の存在する状況で，子どもは仲間と相互交渉を行い，仲間との関係をつくり，維持・進展させている。保育室や教室のような，保護的／管理的大人が存在する状況も例外ではない。子どもは仲間とともに学習し，食事や遊びなどの活動をともに行う。

　子どもの仲間過程の発達をみる視点は少なくとも2つある。一つは，特定の仲間との関係に焦点化することである。子どもは，友人との関係で友情をはぐくみ，親友との時空間を超えた関係をつくり維持するようになる。青年期になると，それまで多かった同性との仲間過程から異性

を含んだ仲間過程，さらには異性との強い関与と排他性を特徴とする性的な関係を含んだ恋愛関係をつくり維持するようになる。これらの仲間過程は，子どものパーソナリティ発達や認知発達，運動発達のゆりかごであると同時に，それらを発揮することが必要な状況でもある。一方，仲間過程への適応の失敗は，子どものパーソナリティ発達だけでなく，学習や学業成績にもネガティブな影響を及ぼすし，抑うつや非行，暴力などの病理の原因にもなるとも考えられる。

　もう一つは，仲間過程の広がりやパターニングを問題にすることである。子どもの生活する環境は，多くの状況（Barker & Wright, 1954 ; Goffman, 1963/1980）やマイクロシステム（Bronfenbrenner, 1979/1996）で構成される。それぞれの状況やマイクロシステムには，それぞれに特有な仲間が存在しており，特有な仲間過程が進行している。子どもは時間経過のなかで複数の状況やマイクロシステムの間を移動し，それぞれの状況における活動に参加する。

　仲間過程は，直接の相互交渉だけで成り立つものではない。学童期から青年期にかけて，仲間過程は社会的ネットワークを含むものになる。社会的ネットワークでは，仲間とのつながりは間接的なものとなる。社会的ネットワークは，典型として「友人の友人の友人……」というつながりで相互に影響し合い，つながりの数が増えるにしたがってサイズは急速に大きくなる。社会的ネットワークのなかで情報が伝達されたとしても，その発信元を特定できないこともある。子どもは，見ず知らずの他者ともゆるやかなかたちでつながっているのである。

3．仲間の選択過程

　子どもは，相互交渉を行い，関係を維持・進展するために能動的に関与する仲間を選択する。仲間の選択にはいくつかの要因がかかわっている。社会心理学で知られている身体的魅力や心理的行動的特性，類似性や接近性，相補性などの要因は，子どもの友人選択にも適用できる。

　ダッジ（Dodge, 1983）の研究は，実験的に構成された互いに見知らぬ小学校2年生の子どもたちが，人気のある子どもや仲間から拒否／無視される子ども，平均的な子どもなどに分化する過程で，身体的魅力や行動特徴が重要であることを示した。仲間から拒否／無視されるようになる子どもは，仲間過程のはじめの段階で，仲間に対する攻撃性や乱暴な遊びを多く示し，協調遊びや仲間とのおしゃべりは少なかった。一方，人気を得ていく子どもには，身体的魅力が高いことに加えて，仲間に対する攻撃性や不適切な行動は少なく，仲間との協調遊びやおしゃべりを多く示した。それほど頻繁に仲間に接近することはなかったものの，接近すると長い相互交渉が行われ，しかもポジティブな結果に終わることが多かった。仲間の選択過程は，仲間過程のはじめの段階でみられる，他の子どもからネガティブな反応を引き起こしやすい行動（攻撃性や乱暴な遊びなど）や，逆にポジティブな反応を引き起こしやすい行動（協調遊びや仲間とのおしゃべりなど）の程度と関連している。

4. 仲間過程の広がり

仲間過程の発達は，仲間過程が起こる状況の拡大と質的変化としてとらえることができる。

第一に，仲間過程は状況を越えるようになる。幼児期でも，幼稚園や幼児教室で知り合った子ども同士が，どちらかの家や公園で一緒に遊ぶことがあるし，学童期になると，放課後，同じクラスの仲間と一緒に過ごすことが多くなる。

第二に，子どもは，複数の仲間過程をもつようになる。保育園や幼稚園，学校のような公的な状況のほかに，ダンス教室やスポーツクラブのようなさまざまな状況に子どもは参加する。子どもは，複数の集団のメンバーとなり，それぞれの集団内でそれぞれ異なった役割や地位をもつようになるし，異なった行動規範にしたがって行動するようにもなる。

第三に，子どもは，より自由な状況で活動するようになる。発達の早期には，仲間は準備され管理された状況にいることが多い。よちよち歩き期の子どもをもつ親は，子どもを仲間過程に向かわせようとする。親たちは，互いに子どもを連れて訪問し合うし，公園やショッピングモールのキッズコーナーなどに子どもを連れていく。そこには，不特定の，あるいはある程度固定したメンバーがおり，親や保護的／管理的大人のモニタリングやコーチングのもとで仲間過程がはじめられ，維持・進展される。発達とともに，子どもは，大人に保護・管理されていない場（自由な場）で仲間過程を進行させるようになる。就学前期では，自由な場とはいっても，それは家の近くに限定されることが多いし，子どもだけで家から遠く離れた場所にでかけることは少ない。それに対して，学童期になると，子どもの放課後の活動は，特定の場に限定されにくくなり，大人の保護・管理を受けにくくなる。たとえば，子どもだけが利用するような「子ども道」や「秘密基地」（安藤，1991；寺本，1988）があるし，大きな商業施設に子どもたちだけででかけることもある。青年期になると，活動場所や活動内容の自由度はさらに大きくなる。

5. 社会的ネットワーク

学童期から青年期にかけて，仲間は，友情を発達させ，親友のような緊密で持続性の強い直接的な関係で特徴づけられる他者だけでなく，たんなる知り合いや社会的ネットワークを含むものになる。社会的ネットワークには，直接情報や資源，強化の交換を行わない他者や，時には個体識別さえできないような他者が含まれる。

社会的ネットワークは，若者にとって重要な仲間過程である。若者の行動規範や好み，自由な場で利用する情報は，社会的ネットワークからもたらされることが多い。たとえば，都市伝説，噂，流行などはそのように生まれるし，大きな社会運動を巻き起こすこともある。また，喫煙や飲酒などの危険行動（Abel, Plumridge, & Graham, 2002；Pearson & Michell, 2000）やHIVの感染（Bearman, Moody, & Stovel, 2004；Weeks, Clair, Borgatti, Radda, & Schensul, 2002）なども，社会的ネットワークからもたらされる。

2節 仲間過程の発達

1. 仲間過程の発達の先行的要因

　ダッジ（Dodge, 1983）の研究は，子どもが仲間過程にはじめて参加するとき，子どもの行動特徴が初期値として働き，その後の仲間過程を方向づけることを示唆している。

　仲間過程に参加するようになった時点でみられる個人差は，アタッチメントの歴史やしつけに代表される環境要因，子どもの気質や知的能力などの個人要因で説明されてきた。最近では，環境要因と個人要因の間に交互作用があることがわかってきている。

　スルーフ（Sroufe, Egeland, Carlson, & Cokkins, 2005）によれば，安全なアタッチメント（愛着）の歴史は，幼児期や学童期における子どもの，仲間過程に対する動機づけ的（関係に対するポジティブな期待，誰かとつながっていることについての基本的信頼感，関係が報酬的であるという信念），態度的（自分の行動は他者からポジティブな反応を引き出せるという信念，社会的世界をマスターできるという期待），道具的（探索に対するサポートを利用してものごとをマスターする，遊びや発見を楽しむことができる），情動的（興奮の適度な抑制，情動の自己制御），関係的（相互性についての期待，共感的なケアに対する共感的な反応性）基盤を提供する。

　長い間，親の社会化方略にみられる違いが幼児期や学童期における子どもの自己制御や社会的コンピテンスの発達を説明すると考えられてきた。近年，自己制御や社会的コンピテンスが子どもの気質やその基盤としての遺伝的特質や中枢神経系の特徴によって決められるという証拠が多く報告されるようになってきた。たとえば，D4というドーパミン受容体（DRD4）の遺伝子配列にみられる反復多型が，衝動性や行動過多，刺激追求性や危険行動などと関係していることがわかっている（Sheese, Voelker, Rothbart, & Posner, 2007）。課題が与えられ，注意や自己制御が必要な状況では，RSAとして測定される心拍の変動が抑制されることが知られているが，攻撃的な問題行動のリスクの高い2歳児は，リスクの少ない子どもより，課題を与えられた場面でRSAの抑制が小さいことが示されている（Calkins, 2009）。ストレス反応と関連するLHPA軸の働きが社会的引っ込み傾向と関係することもわかっている（Lopes-Duran, Olson, Felt, & Vazques, 2009）。

　ただし，子どもの行動特徴は生物学的に決定されてしまっているわけではない。子どもは，親からの制御（Sameroff, 2009）を受けることで，もともとの行動特徴にもとづいた情動や行動の自己制御やストレスコーピングを発達させることができる。また最近では，子どもの気質と親行動の間の交互作用が数多く報告されるようになってきている。DRD4の反復多型の効果は，親行動がセンシティブであるかどうかでまったく異なったものになる（Sheese et al., 2007）。ベイツほか（Bates, Pettit, Dodge, & Ridge, 1997）やコチャンスカほか（Kochanska, Aksan, & Joy, 2007）の研究では，親行動と子どもの問題行動あるいは自己制御の発達の関係は，子どもの気質によって異なっている。

2. 仲間過程の発達の進行的要因

　就学前期になると，子どもは本格的に仲間過程に参加するようになる。仲間過程への参加の仕方や有能さの個人差は，仲間との継続的で双方向的な相互交渉（トランザクション）をとおして子どもが発達させる仲間との関係を方向づけるし，子どもの仲間過程に対する動機づけやコンピテンスの発達をも制御する。

　スナイダーほか（Snyder, Reid, & Patterson, 2009）によれば，反社会的な問題行動は，学童期の早い時期における大人のモニタリングのない状況での子どもの仲間過程で起こり，進展すると考えられる。幼稚園や学校の自由遊び場面で，子どもたちは反社会的な言動を多く示す。スナイダーらのデータでは，ある幼稚園での自由遊び場面での子どもの反社会的なおしゃべりの生起率は1分あたり0.3回という高率である。就学前期や学童期において，子どもの反社会的な言動は仲間から是認され強化されやすい。相互的強化は，子どもの反社会的言動をエスカレートさせる効果をもつ。

　一方で，ダッジ（Dodge, 1983）の研究にみられるように，攻撃的な子どもや不適切な行動をとる子どもは仲間から拒否されたり無視されたりしやすい。仲間からの拒否や無視は，攻撃的な子どもの攻撃行動をより強めるように働きやすい。たとえば，攻撃的な子どもが攻撃行動をとっているときに仲間からネガティブに反応され，攻撃的ではないときには無視されるとすれば，子どもの攻撃行動はむしろ強化されてしまう。また，攻撃行動に対する懲罰は攻撃行動をむしろ強めるように働く（Biglan, Lewin, & Hops, 1990）。

　仲間とのトランザクションは，子どもの社会的認知に媒介される（Dodge & Pettit, 2003；Hinde, 1997）。仲間過程への参加に問題がある子どもは，関係に対するネガティブな期待や関係が懲罰的であるという信念をもってしまっている可能性がある。そのような期待や信念は，自分の行動に対する仲間のネガティブな反応をより選択的に知覚させるし，仲間過程への動機づけをいっそう低めるように働く。攻撃的な子どもは，このようにして仲間過程への適応に必要な情動・行動の自己制御スキルの発達や習得を難しくする可能性を高める。

　仲間過程は，相互交渉する他者や状況の選択や相互的強化の過程でもある（Caspi, Elder, & Bem, 1987；Snyder et al., 2009）。カスピほか（Caspi et al., 1987）によれば，ある行動特徴をもった子どもは，その行動特徴を継続させ，強めるように働くような経験をしやすいし，そのような経験の起こりやすい環境を選択する（選択してしまう）傾向がある。

3. 仲間過程で子どもが身につけること

　仲間過程に対する強い動機づけに裏打ちされて，子どもは自分自身の行動を制御し，仲間との相互交渉を円滑に進め，仲間との関係を維持するために，行動の自己制御や情動制御，ポジティブなコミュニケーションスキル，建設的な葛藤処理方略などを学ぶ。たとえば，森田（2004）によれば，保育園児や幼稚園児が，いざこざを成立させ，怒りや要求を適切に表現できるようにな

るために，保育園や幼稚園での仲間過程で葛藤の経験を積み重ねることが必要だと考えられる。久保（2010）によれば，仲間過程で怒りのようなネガティブな情動を子どもが制御できるようになるために，ネガティブな情動を仲間過程で経験することが必要である。

ハーター（Harter, 1999）によれば，学童期から青年期にかけて，仲間は，自己価値感をもつための重要な参照対象となる。とくに，身体的特徴や運動能力などについて仲間からの評価やサポート，仲間から好かれているかどうかにもとづいて子どもは，自己価値感をもつようになる。青年期の仲間過程は，アイデンティティ発達とも関係する。杉村（2005）によると，アイデンティティ達成の過程で青年は親との葛藤を経験しやすい。親との葛藤の一つの源泉となる子ども独自の価値観や規範は，おもに仲間過程からもたらされ，それらへの傾倒は仲間過程で支持され強化される。親との葛藤は，親との分離ではなく，相互的な調整で乗り越えられることで青年はアイデンティティを達成していくが，友人は親との相互調整を可能にするための資源の与え手ともなる。

飲酒や喫煙，危険行動や逸脱行動などの子どもの反社会的問題行動の多くは，仲間過程で発達する（Snyder et al., 2009）。

仲間過程は認知発達の重要な文脈でもある。ピアジェ（Piaget, 1969/1975）やヴィゴツキー（Vygotsky, 1978）は，認知発達における仲間関係の重要性を指摘してきた。認知機能の発達にとって，仲間とのアイディアの交換や共同の問題解決の体験がとても重要である（Inagaki & Hatano, 2002/2005；田島，2003）。稲垣・波多野（Inagaki, & Hatano, 2002/2005）によれば，仲間との社会的相互交渉は概念変化を引き起こす強力な要因となるが，その効果は子どもばかりでなく，科学者においてさえも認められる。仲間の効果は，他者の取り組みの観察によっても得られる。清河らによれば，仲間との共同のなかで起こる自分自身の課題の取り組みと仲間の取り組みの観察の交替が洞察問題解決を促進する（清河・伊澤・植田，2007）。

仲間過程は，大人としての適応ともかかわっているコリンズとヴァン・ドルメン（Collins & van Dulmen, 2003）によれば，仲間過程への適応は，就業や職場の人間関係に対する適応を予測する。梅崎ほか（梅崎・八幡・下村・田澤，2010）の高校生を対象とした研究によれば，同じ学校や同年代の友人を中心に形成された社会的ネットワークのなかで，異質な他者との深い交流が就業意識を高める可能性が示されている。

子どもは仲間過程で新しい文化をつくりだすこともできる（Harris, 1995）。たとえば，ビッカートン（Bickerton, 1983）によれば，ハワイで生まれたクレオール語[2]は，子どもたちが仲間過程で生み出したものである。そしてそれが家庭の親たちや年少の子どもたちに伝わっていった。若者文化は，しばしば社会全体の価値観や文化的コードの変革をもたらすものでもある。

4．仲間過程と親や保護的／管理的大人の相互作用

社会的ネットワークを含む仲間過程由来の行動傾向や行動規範，好みなどは，親や教師のような保護的／管理的大人の行動やそのような大人との関係によって調整される。就学前期や学童期

だけでなく，思春期や青年前期においても，子どもの仲間過程は，大人とリンクしていると考えられる。たとえば，親のモニタリングは，子どもの問題行動や精神健康と関連することが示されている（Fletcher, Steinberg, & Williams-Wheeler, 2004 ; Laird, Pettit, Bates, & Dodge, 2003）し，大人の監督下におかれていない状況で仲間と過ごす青年は，それが公民館のような場であっても，反社会的問題行動を発達させやすい（Kerr, Stattin, Biesecker, & Ferrer-Wreder, 2003）。ゲームセンターや夜の街を徘徊することが非行の一つの入り口になることもよく知られている。

社会的に適応している子どもたちの自由時間の過ごし方にはゆるやかな共通性がある。彼らは，構造をもった活動で自由時間を過ごす傾向がある（Kerr et al., 2003）。彼らは，保護的／管理的大人がいる状況で，きちんとした規則をもち，ある程度決められたスケジュールで展開し，達成に動機づけられた活動に参加することが多い。

親が子どもの行動を強く制約したり介入したりすることは，逆に，子どもにリスクの大きい友人選択をさせ，非行や反社会的問題行動をとらせることにつながる可能性がある。ゴールドシュタインほか（Goldstein, Davis-Kean, & Eccles, 2005）は，中学1年から高校2年までの縦断研究を行い，中1時点での子ども自身の問題行動や子どもに対する親の介入的で制約的な親行動が，中2時点での仲間志向性の強さや問題行動をしている仲間をもつことを予測することを示した。反対に，中1時点での家族のなかの関係のよさは，中2時点での仲間志向性の強さや問題行動をしている仲間をもつことをネガティブに予測することを示した。仲間志向性の強さや問題行動をしている仲間をもつことは反社会的問題行動のリスク要因となる（Goldstein et al., 2005）。

親行動の質は，友人の影響を緩衝する効果をもつ。モウンツとステインバーグ（Mounts & Steinberg, 1995）によれば，学業成績と薬物の使用に対して，友人の効果は有意な説明力をもつ。一方で，友人の効果と親行動の交互作用も有意であった。権威ある（authoritative）親行動（子どもに対する構造化と温かさが両方とも高い値を示すこと）得点が高い群で，友人の学業成績が本人の学業成績を有意に予測し，低群ではその関係は認められなかった。薬物使用については，友人の効果は権威ある親行動得点が低い群で認められ，親が権威ある親行動をとっている子どもたちでは，友人の効果は認められなかった。この結果は，親が権威ある親行動をとっている場合には友人のポジティブな効果は大きくなり，ネガティブな効果は小さくなることを示している。

3節 仲間過程の病理

1. 仲間過程と抑うつ

仲間過程は，子どもにとって両刃の剣となる。仲間からの排斥やいじめ，仲間過程からの孤立は，子どもの抑うつや非行などの問題行動の強いリスク要因である。しかし，ストレスを生み出すのは，仲間過程の病理的側面だけではない。仲間過程は，強化や社会的サポートの源泉であり，自己価値感を得るための資源となる一方で，子どもから資源を奪うものでもある。仲間過程に適

応し，仲間との良好な関係を維持するために，子どもは，仲間から嫌われないように腐心し，仲間の期待に背かないように細心の注意を払う。アベルほか（Abel et al., 2002）によれば，集団の周囲に位置づく子どもたちは，その集団により強く依存するようになる。友人は，さまざまな情報の源泉であり，社会的サポートの与え手であると同時に，おもなストレスの源でもある。

もし子どもが，規範的ともいえる仲間過程からもたらされるストレスに対処するために十分な資源をもたないとすれば，子どもは，抑うつのような内化された問題行動を呈しやすくなる。

2. 仲間による逸脱トレーニング

子どもは，就学前期のはじまりから青年期に至るまで，自分にとってポジティブな結果を最大化できるような，そしてネガティブな結果を最小化できるような相手や行動場面を選択する（Snyder et al., 2009）。行動上の問題をもつ子どもは，自分の行動特徴が相対的に受け入れられ，ポジティブな結果をもたらす可能性の高い仲間や行動場面を選択するようになるし，そのような行動場面では，管理的大人からのモニターも最小化する。そのような行動場面では，仲間による逸脱行動のトレーニングが行われることで反社会的問題行動が進化していく。

青年期には，反社会的問題行動を示す子ども（逸脱的仲間）は，特別な存在となるかもしれない。モフィット（Moffitt, 1993）によれば，学童期においてそのような子どもは仲間過程から排斥されやすく，ネットワークの外側に位置づけられる。しかし，青年期になり，多くの子どもが自律性の試みをしはじめ，大人の権威に対してより挑戦的になると，反社会的問題行動や逸脱的仲間に対する親和性が高まり，逸脱的仲間の行動がモデルとなりはじめる。このようにして，モフィットが提起した青年期限定の非行少年が生まれる。

非行についてのファーガソンほか（Fergusson, Lynskey, & Horwood, 1996）の研究によれば，7～9歳のときに問題行動を示していた子どもは，14～16歳のときにも問題行動を示す可能性が高い。しかし，もし逸脱的仲間からなる集団に所属しなければ，その連続性が切れる可能性が高まる。逆に，7～9歳のときに問題行動を示していない子どもでも，逸脱的仲間からなる集団に所属しているとすれば，14～16歳のときまでに問題行動を示すようになる可能性が高まる。

別の仕組みも考えられる。アベルらによれば，ある集団の周辺部にいる子どもたちは，その集団のメンバーになろうとして，その集団のメンバーの行動特徴を模倣し，しかもより強いかたちでそれを表現する傾向がある（Abel et al., 2002 ; Pearson & Michell, 2000）。たとえば，喫煙をする子どもからなる集団に加わりたいと希望している子どもは，参照集団の平均的な喫煙の程度よりもっと頻繁に喫煙をするようになる可能性が高まる。

3. 社会的ネットワークのなかでの問題の拡散

大きな社会的ネットワークのなかで，問題行動や病気が感染する場合がある。ビアーマンほか（Bearman et al., 2004）は，高校生を対象に，性的関係のネットワークを分析した。その結果ビ

アーマンらは，性的関係に積極的な子どもの半数が，288名に上る大きな性的関係のネットワークを構成していることが明らかになった。もし性交渉を媒介して感染する病原体をある子どもが保有しているとすれば，そのネットワークのなかでは，次々と病原体が感染する可能性があることが示されている。

ウィークスほか（Weeks et al., 2002）の研究によれば，問題行動や病気が複数の互いに独立の社会的ネットワークの間で影響しあう可能性がある。もし2つの異なった社会的ネットワークの一部につながりがあれば，他の大部分のメンバー間に直接の相互交渉がなくても，片方のネットワークのなかで起こった問題が他方のネットワークへと伝達することができる。

ビアーマンほか（Bearman et al., 2004）の研究は性的関係に，ウィークスほか（Weeks et al., 2002）の研究は薬物摂取のための注射器の使い回しにもとづいた社会的ネットワークであった。しかし，そこで示された，社会的ネットワーク内や複数の社会的ネットワーク間の影響過程は，喫煙や飲酒のような危険行動にも敷衍できるものと思われる。

最後に，本稿の議論にもとづいて，今後の研究の方向性を少しだけ展望する。

本稿は，仲間との相互交渉や仲間関係の発達が，ダイナミックに維持され変化していく進行的過程とみなし，仲間過程とよんだ。残念ながら，仲間との相互交渉や仲間関係を，仲間過程ととらえようとする研究は少ない。今後，仲間過程を研究ベースに乗せていくためには，仲間との相互交渉や仲間関係を縦断的にみていく必要があるとともに，子どもの行動特徴や能力，家庭環境やその他の環境要因が複雑に相互作用し合いながら進行するトランザクションを記述し分析することが求められる。

これまでの研究の多くは，特定の仲間の選択やその仲間との関係からもたらされる発達的メリットに焦点化してきた。しかし，ルーズで一時的な仲間との相互交渉や社会的ネットワークのような間接的な仲間との関係も，発達的に重要な意味をもつ。これら2つの方向性は択一的ではなく，むしろ仲間関係が発達とともに拡大し，それにともなって関係の質的変化が起こることを意味している。

仲間過程は，仲間との相互交渉のみで完結するものではない。仲間過程やそこでなされるさまざまな経験の内容は，子どもと親や教師，コーチのような保護的／管理的大人との関係によって強く影響されている。環境の影響を，たんに先行要因ととらえたり，リスク要因ととらえたりするだけでは十分ではない。子どもの経験と保護的／管理的大人の行動はトランザクトしているし，交互作用もみられる。子どもの仲間との相互交渉や仲間関係の発達を理解するためには，大人をキープレイヤーの一人として組み込むことが必要となる。

◆注
1) 状況（setting）という言葉を，ここではゴフマン（Goffman, 1963/1980）の定義にしたがって使っている。ゴフマンによれば，状況とは，すでに存在している，あるいはこれから存在することになる集まりの空間的環境の全体を意味する。そして，集まり（gatherring）とは，直接的に居合わせている二人以上の集合を意味する。

2) ビッカートンによれば，ハワイのクレオール語のみでこのようなことが起こったわけではないらしい。クレオールは世界のあちこちで生まれているが，その大部分の発生過程を研究者はトレースできていない。ハワイでは，ピジンからクレオールが生まれる様子を示す記録が残されていたために，クレオールが仲間過程で生まれ，大人や年少者に伝わっていたことがわかっている。ビッカートンによれば，クレオールには共通性が多くみられるが，それは子どもにより生み出されたことで説明できるらしい。

◆ 引用文献

Abel, G., Plumridge, L., & Graham, P. (2002). Peers, networks or relationships : Strategies for understanding social dynamics as determinants of smoking behaviour. *Drugs : Education, Prevention and Policy*, **9**, 325-338.

安藤正紀．(1991)．子どもたちの秘密基地．農山漁村文化協会．

Barker, R. G., & Wright, H. F. (1954). *Midwest and its children : The psychological ecology of an American town*. Evanston, Ill : Row, Peterson and Company.

Bates, J. E., Pettit, G. S., Dodge, K. A., & Ridge, B. (1997). Interaction of temperamental resistance to control and restrictive parenting in the development of externalizing behavior. *Developmental Psychology*, **34**, 982-995.

Bearman, P. S., Moody, J., & Stovel, K. (2004). Chains of affection : The structure of adolescent romantic and sexual networks. *American Journal of Sociology*, **110**, 44-91.

Bickerton, D. (1983). Creole languages. *American Scientist*, **249**, 108-115.

Biglan, A., Lewin, L., & Hops, H. (1990). A contextual approach to the problem of aversive practices in families. In G. R. Patterson (Ed.), *Depression and aggression in family interaction* (pp.103-129). Hilsdale, NJ : Lawrence Erlbaum Associates.

Bronfenbrenner, U. (1996)．人間発達の生態学：発達心理学への挑戦．(磯貝芳郎・福富 護，訳) 川島書店．(Bronfenbrenner, U. (1979) *The ecology of human development : Experiments by nature and design*. Cambridge, MA : Harvard University Press.)

Calkins, S. (2009). Regulatory competence and early disruptive behavior problems : The role of physiological regulation. In S. L. Olson & A. J. Sameroff (Eds.), *Biopsychosocial regulatory processes in the development of childhood behavioral problems* (pp.116-143). New York : Cambridge University Press.

Caspi, A., Elder, G. H., Jr., & Bem, D. L. (1987). Moving against the world : Life-course patterns of explosive children. *Developmental Psychology*, **23**, 303-313.

Collins, W. A., & van Dulmen, M. (2003). The significance of middle childhood peer competence for work and relationships in early adulthood. In B. Lahey, T. E. Moffitt, & A. Caspi (Eds.), *Causes of conduct disorder and juvenile delinquency* (pp.23-40). New York : Guilford Press.

Dodge, K. A. (1983). Behavioral antecedents of peer social status. *Child Development*, **54**, 1386-1399.

Dodge K. A., & Pettit, G. S. (2003). A biopsychosocial model of the development of cronic conduct problems in adolescence. *Developmental Psychology*, **39**, 349-371.

Fergusson, D. M., Lynskey, M. T., & Horwood, L. J. (1996). Factors associated with continuity and changes in disruptive behavior patterns between childhood and adolescence. *Journal of Abnormal Child Psychology*, **24**, 533-553.

Fletcher, A. C., Steinberg, L., & Williams-Wheeler, M. (2004). Parental influences on adolescent problem behaviors : Revisiting Stattin and Kerr. *Child Development*, **75**, 781-796.

Goffman, E. (1980)．集まりの構造：新しい日常行動論を求めて（丸木恵祐・本名信行，訳）．誠信書房．(Goffman, E. (1963). *Behavior in public places : Notes on the social organization of gathering*. New York : Free Press.)

Goldstein, S. E., Davis-Kean, P. E., & Eccles, J. S. (2005). Parents, peers, and problem behavior : A longitudinal investigation of the impact of relationship perceptions and characteristics on the development of adolescent problem behavior. *Developmental Psychology*, **41**, 401-413.

Harris, J. R. (1995). Where is the child's environment? A group socialization theory of development. *Psychological Review*, **102**, 458-489.

Harter, S. (1999). *The construction of the self : A developmental perspective*. New York : Guilford Press.

Hinde, R. A. (1997). *Relationships : A dialectical perspective*. Hove, West Sussex, UK : Psychology Press.

稲垣佳代子・波多野誼余夫（著・監訳）．(2005)．子どもの概念発達と変化：素朴心理学をめぐって．共立出版．

（Inagaki, K., & Hatano, G.（2002）. *Young children's naïve thinking about the biological world*. East Sussex, UK : Psychology Press.）

Kerr, M., Stattin, H., Biesecker, G., & Ferrer-Wreder, L.（2003）. Relationships with parents and peer in adolescence. In R. M. Lerner, M. A. Easterbrooks, & J. Mistry（Eds.）, *Handbook of psychology : Vol. 6. Developmental psychology*（pp.395-419）. Hoboken, NJ : John Wiley & Sons.

清河幸子・伊澤太郎・植田一博．（2007）．洞察問題解決に試行と他者観察の交替が及ぼす影響の検討．教育心理学研究，**55**，255-265．

Kochanska, G., Aksan, N., & Joy, M. E.（2007）. Children's fearfulness as a moderator of parenting in early socialization : Two longitudinal studies. *Developmental Psychology*, **43**, 222-237.

久保ゆかり．（2010）．幼児期における情動調整の発達：変化，個人差，および発達の現場をとらえる．心理学評論，**53**，6-19．

Laird, R. D., Pettit, G. S., Bates, J. E., & Dodge, K. A.（2003）. Parents' monitoring-relevant knowledge and adolescents' delinquent behavior : Evidence of correlated developmental changes and reciprocal influences. *Child Development*, **74**, 752-768.

Lopes-Duran, N. L., Olson, S. L., Felt, B., & Vazquez, D. M.（2009）. An integrative approach to the neurophysiology of emotion regulation : The case of social withdrawal. In S. L. Olson & A. J. Sameroff（Eds.）, *Biopsychosocial regulatory processes in the development of childhood behavioral problems*（pp.57-85）. New York : Cambridge University Press.

Moffitt, T. E.（1993）. Adolescence-limited and life-course-persistent antisocial behavior : A developmental taxonomy. *Psychological Review*, **100**, 674-701.

森田祥子．（2004）．乳幼児期の情動調整の発達に関する研究の概観と展望：保育の場を視野に入れた情動調整の発達の理解を目指して．東京大学大学院教育学研究科紀要，**44**，181-189．

Mounts, N. S., & Steinberg, L.（1995）. An ecological analysis of peer influence on adolescent grade point average and drug use. *Developmental Psychology*, **31**, 915-922.

Pearson, M., & Michell, L.（2000）. Smoke rings : Social network analysis of friendship groups, smoking and drug-taking. *Drugs : Education, Prevention and Policy*, **7**, 21-37.

Piaget, J.（1975）．教育学と心理学（竹内良和・吉田和夫，訳）．明治図書．（Piaget, J.（1969）. *Psychologie et pédagogie*. Paris : Edition Denoël.）

Sameroff, A. J.（2009）. Conceptual issues in studying the development of self-regulation. In S. L. Olson & A. J. Sameroff（Eds.）, *Biopsychosocial regulatory processes in the development of childhood behavioral problems*（pp.1-18）. New York : Cambridge University Press.

Sheese, B. E., Voelker, P. M., Rothbart, M. K., & Posner, M. I.（2007）. Parenting quality interacts with genetic variation in dopamine receptor D4 to influence temperament in early childhood. *Development and Psychopathology*, **19**, 1039-1046.

Snyder, J., Reid, J., & Patterson, G.（2009）. A social learning model of child and adolescent antisocial behavior. In B. Lahey, T. E. Moffitt, & A. Caspi（Eds.）, *Causes of conduct disorder and juvenile delinquency*（pp.27-48）. New York : Guilford Press.

Sroufe, L. A., Egeland, B., Carlson, E., & Cokkins, W. A.（2005）. Placing early attachment experiences in developmental context : The Minnesota longitudinal study. In K. E. Grossmann, K. Grossmann, & E. Waters（Eds.）, *Attachment from infancy to adulthood : The major longitudinal studies*（pp.48-70）. New York : Guilford Press.

杉村和美．（2005）．女子青年のアイデンティティ探求：関係性の観点から見た2年間の縦断研究．風間書房．

田島信元．（2003）．共同行為としての学習・発達：社会文化的アプローチの視座．金子書房．

寺本　潔．（1988）．子ども世界の地図：秘密基地・子ども道・お化け屋敷の織りなす空間．黎明書房．

梅崎　修・八幡成美・下村英雄・田澤　実．（2010）．ソーシャルネットワークの構築が進路意識に与える影響：「高校生のキャリア意識調査」の分析．生涯学習とキャリアデザイン，**7**，123-134．

Vygotsky, L. S.（1978）. *Mind in society*. Cambridge, MA : Harvard University Press.

Weeks, M. R., Clair, S., Borgatti, P., Radda, K., & Schensul, J.（2002）. Social networks of drug users in high-risk sites : Finding the connections. *AIDS and Behavior*, **6**, 193-206.

54章 学校と発達

宮下孝広

1節 学校制度の確立と普及：
子どもの日常生活の場としての学校

　近代的な学校制度は，日本の場合1872（明治5）年の学制発布に始まる。イギリスの義務教育に関する法律の制定が1870年であることに照らしても，これは世界的にみて早い動きであるといえよう。明治期には教育令（1879年），小学校令（1890年）と制度の改変が繰り返されたが，1900年の小学校令改正で尋常小学校の修業年限が4年と定められ，1907年の改正で6年に改められて制度として定着した（厳密にいえば，1941年までは課程主義をとっているので，小学校の課程修了つまり卒業と満14歳になるのいずれか早いほうをもって義務教育を終えることとしていた）。実態としても1909（明治42）年には就学率が98％を超え（文部省，1972），ようやく「邑に不学の戸なく家に不学の人をなからしめ」る（学制序文である「学事奨励に関する被仰出書」）理想が実現したのである。その後，第二次世界大戦中の国民学校の制度（1941年）を経て，敗戦を期に制定された1947年の日本国憲法・教育基本法にもとづく学校教育法によって，小学校6年間に加えて中学校3年間合計9年間が義務教育とされ，今日に至っている。さらに1960年代の高度経済成長にともなって高等学校への進学率が高まり，1970年代半ばには90％を超え，2014年には98.4％となっている（文部科学省，2014）。つまり，国民のほぼすべてが児童期から青年期前期にかけての12年間，学校という環境で生活していることになる。また，大学・短大等の高等教育機関への進学率は2014年現在53.9％（過年度卒を含めると56.7％）であり，幼稚園からの就学（2014年度の小学校入学者に対する幼稚園修了者は54.2％）も含めて，多くの人が20年前後，生涯の4分の1は学校という環境で生活していることになる。

　学校生活は時間によって規則正しく構成されている。小学生であれば，朝8時頃に登校し，9時前から長短の休み時間・給食・清掃等を挟んで，学年によって前後するが午後3時半頃まで，授業を中心として教師の指導のもとで教育的な活動に参加する。中学校・高等学校ではその後に部活動等の課外活動が行われ，日没前後まで学校にいる生徒も多い。学ぶ内容については，小中高の学校種に応じて「学習指導要領」が文部科学省によって定められており，各学校で定められる教育課程（カリキュラム）の基準となっている。2008年に改訂され，2011年度に小学校，2012年度に中学校で実施に移された現行版では，教育内容としてまず，国語，算数・数学をはじめとする教科と，それらを横断的・総合的に学習する総合的な学習の時間，および小学校では外国語活動が立てられている。加えて，道徳，また行事や学級・学校の自治的活動などを含む特別活動

が設けられている。指導内容としては学習指導を中心としながら，学校内外での生活や家庭生活にも及ぶ生活指導・生徒指導，進学就職を含む進路指導など，子どもの生活全般にわたっており，また在学している期間だけにとどまらず，将来の社会生活をも見通す指導がなされている。その他，身体測定や各科の健診などの健康管理・保健指導，また給食指導・食育なども含め，学校は自己完結型の組織になっているといえよう。さらに，同一学年に同年齢の子どもたちが集められ，友人関係も学級・学校の友だちが多くを占めることから，対人関係・社会関係の基盤ともなっている。学校が養う力はもちろん公式のカリキュラムのみによるものではない。潜在的カリキュラムやヒドゥン・カリキュラム（佐藤，1996）の概念にもあるとおり，学校で経験することすべてから子どもたちはこの時代・社会に生きるために多くのことを学んでいると考えることができる。

　学校教育はこの100年あまりの間に日本の国民生活に定着し，誰もが共有する経験を与え，私たちの知的な発達だけでなく身体的発達，感情・情動の発達，さらには対人関係や社会性の発達においても大きな役割を担っており，その影響を把握しないでは発達を理解できないほどの重みをもつといえよう。学校教育は，個体発生的な視点に立てば，制度の安定にともなって，すでにその時々の個々人のライフコースにおける所与の条件となっているといってよかろう。一方で，制度の変更にともなって短時間のうちに変わりうるもの，民主的な政治体制のもとでは私たちの手によって変えることのできるものである。その意味でまさに文化・歴史的な視点でこの問題がとらえられなくてはならないことを示している。学校は人間によって生み出されたものであり，その時々の社会や文化の状況に応じて変わりうるものでありながら，一人ひとりの生涯発達においては多数の同時代の人々と共有する一般的なものになっているのである。

　ところで，教育に関する科学的研究は，近代的な学校制度の創設とともに始まる。「教育の目的は倫理学によって，その方法は心理学によって」というヘルバルト（Herbart, J. F.）の言葉（東，1982）にもあるとおり，教育に関する心理学的研究は，制度の制約のなかでいかに効率的にかつ効果的に国民教育という目的を達するかについて明らかにすることが期待された。したがって，教育心理学は学習に対する関心が高く，人間がいかにして内容的知識を習得するか，またそれを促進する要因は何か，どのような手法でもって学習者に働きかけるか，すなわち教授過程の統制に関する研究が主としてなされてきたとみる立場もある（佐藤，1997）。

　しかし，学校教育の制度を文化・歴史的視点でとらえ，学校教育によって与えられる経験の意義を発達的に見出そうとするとき，上のような視点からの研究では不十分であるといわざるをえない。学校という制度はこれまでにみたとおり文化・歴史的所産であるにすぎないからである。人間の発達にとっての意義と限界を見極めて，その視点から学校教育を見直し，場合によっては他の選択肢の検討も視野に入れることによって，現在学校がかかえている多くの問題に対する対応も自ずと明らかにされる可能性が秘められている。学校と発達の関係を考察することはそのような意味をもつといえよう。

2節　発達の文化的方向づけとしての学校教育

1. 比較文化的アプローチ

　学校教育と発達との関係について，心理学的研究としては1960年代から1970年代にかけて比較文化的研究が多くなされた。そこでの主な問いは，知的な内容を教授する学校教育が認知発達にどのような影響を及ぼすかということだった。それによって得られた一貫した知見は，学校教育を受けたグループはそうでないグループに対して，与えられた課題についてよりよい結果を示すというものだった。

　まず分類課題に関する研究の例をみてみよう。グリーンフィールドがアフリカのセネガルで行った分類課題の実験（Bruner, Oliver, & Greenfield, 1966/1968・1969）では，まず3枚の絵（たとえば，黄色い丸い置き時計，オレンジ，バナナ）が呈示される。これらは，色（黄色：置き時計，バナナ），形（丸い：置き時計，オレンジ），機能（食べる：オレンジ，バナナ）によって3種類の組み合わせをつくることができる。実験参加者には一番似ている組み合わせを選び，なぜそれらが似ているか説明するように求める。結果は就学者の場合，加齢とともに色による組み合わせを選ぶ傾向が減少し，形，機能による組み合わせを選ぶようになった。またその理由づけも，色，形，機能という，より上位のカテゴリーによって説明する子どもが多くなった。それに対して非就学者は加齢とともに色による組み合わせを強く選ぶようになり，上位のカテゴリーによる理由づけもほとんどないという。グリーンフィールドらは，就学によって色のような知覚的な単一の手がかりによって分類する傾向から，形，機能という，より分析的で，多次元的な手がかりによる分類を行うようになると考察している。さらにコールらがメキシコで行った研究（Cole & Scribner, 1974/1982）によれば，多重属性刺激セットの分類課題において再分類を求めた場合，年齢にかかわりなく，教育を受けた年数の長いものほど成功する率が高くなることが見出されている。この結果もあわせて，就学経験によって，ある一群の事物に対していろいろな方法で処理を施すことができる，という考えを身につけるようになり，また実際にいかにして処理するかのレパートリーも学ぶのであろうと結論づけている。

　記憶の側面でも相違がみられる。「自由再生」の方法を用いて行われた実験（Cole, Gay, Glick, & Sharp, 1971 ; Cole, 1996/2002）では，アフリカのリベリアで暮らすクペル族の読み書きのできない実験参加者の結果は，アメリカの実験参加者に比べて有意に低かった。この結果を改善する可能性はないか探ってみたところ，リストの項目をカテゴリーごとに異なる椅子の上に置き，その椅子がどこにあったかという椅子の列の位置関係で想起させること以外，記憶に対する動機づけ（後の再生に対してお金を払う）も，具体物によってリストの呈示を行うことも，語のカテゴリー化の手がかりを示す（同一カテゴリーのものをまとめて呈示する，カテゴリーを併記する）ことも，効果がないことが明らかになった。

　また推論に関する研究（Cole & Scribner, 1974/1982）もある。「フルモかヤクパロのどちらか

がイチゴ酒を飲むと村長が腹をたてます。フルモはイチゴ酒を飲んでいません。ヤクパロはイチゴ酒を飲んでいます。では，村長は腹をたてますか」というような三段論法の問題に対して，クペル族の非就学者は，「ヤクパロがイチゴ酒を飲んでも，彼はまわりの人に迷惑をかけない」といった，問題に示されていない事実的前提をもちこんだうえで，それに合致する結論を出している。この結果を同じクペル族の高校生と比べてみると，高校生は課題のもつ事実的内容ではなく，課題に含まれる論理的関係にもとづいて結論を下すべきことを理解している。就学経験は，与えられた課題をどのようなものとして理解し，解決のためにどのように符号化され，変換されるべきかについての理解を与えるとみられるのである。

さらには量の保存に関する研究も私たちに手がかりを与えてくれる。グリーンフィールドがセネガルで行った研究（Bruner et al., 1966/1968・1969）によれば，もともと同じ量の水が入っていた同型のビーカーの水のうち，片方のビーカーの水を別の細くて背の高いビーカーに注ぎ換えた場合，水の量は保存されるか否かを問う典型的な課題で，就学児ならばほぼ全員が保存を示す12歳程度の段階で，非就学児は約半数しか保存を示さない。そのような判断の理由づけにも顕著な違いがみられ，知覚的理由づけ，直接動作的理由づけ，変換理由づけの3種のうち，就学児では加齢とともに知覚的理由づけが減少し，他が増加するのに対して，非就学児ではむしろ知覚的な理由づけが増加していくという結果となった。また実験者が注ぎ換えたからという理由づけも特徴的である。補足的に行われたビーカーを衝立の背後に隠して行う実験も効果はなかったが，自分で注ぎ換えることによって劇的に保存の反応が増加したという。この結果は保存を支える認知能力の欠如を示すのではなく，物の操作に力点をおかない文化の影響を示していると考えられている。

さらに，長期間の学校教育を受けたことがない場合，とくに高等学校における理科の授業で仮説を検証する際のような科学的な思考様式を経験したことがなければ，形式的操作の段階に到達することがないと考えられている。これも，認知が特定の領域の経験と結びついており，文脈に依存することを示すと考えられる（Rogoff, 2003/2006）。

2．読み書きの獲得が必ずしも知的達成を保証しない

ではこのような研究において学校教育を受けた者がそうでない者より一般的に良い成績を上げることをどのように説明すればいいのだろうか。学校教育の根幹は読み書きの獲得にあるといわれている。しかし，たんに読み書きができる，つまりリテラシーを獲得していることだけでは，生活するうえでの認知的能力を改善することにはつながらない可能性があることも指摘されている。このことを示す例としてコールらの，リベリアで生活しているヴァイ族の読み書きに関する研究（Scribner & Cole, 1981 ; Cole, 1996/2002）をみてみよう。

ヴァイ族のなかにはヴァイ語の読み書きができる人が約20％，またアラビア語の読み書きができる人が約16％いたという。アラビア語の読み書きがコーランを通じてなされるように，ヴァイ語の場合は手紙の読み書きを通じて獲得される。つまり，いずれの場合も読み書きが学校教育を

経ることなく獲得されているのである。ただ，ヴァイ語の場合，それを使って難解な知識の習得がなされたり，伝統的な職業で使用される以外に新しい種類の経済的・社会的活動が準備されたりするわけではなく，手紙を書く際にのみ使われることから，その場にいない人にそこで起こったことを詳しく書いて知らせる傾向が促進されていることが推測された。さて，ヴァイ語であっても，読み書きの獲得によって，上でみたような知的課題においてパフォーマンスを改善することが起こるのであろうか。概括していえば，ヴァイ語の読み書きができる人は，心理テストに関して，学校教育を受けた人に比べて高い成績を示すということはなかった。ただ，発話が文法的に正しいか否かといったメタ言語的認知については，ヴァイ語の読み書きができることによって積極的に促進されることは明らかにされた。さらに，ヴァイ語の書字システムを用いる際に特徴的である，一続きに書かれた音節文字の組み合わせから適当な語を探し出す言語分析の複雑さを利用し，新たに作成された「音節の統合」課題では，ヴァイ語の読み書きができる群はできない群と比較して高い成績をおさめた。

これと同様に，コーランでアラビア語の読み書きを習得した群の場合，一つの単語から始まって1試行ごとに記憶項目を増やして再生を求める「増量再生」課題において，読み書きができない群に比べて高い成績をおさめた。この課題にはコーランのクラスでの教育実践における経験が反映されていると考えられる。つまり，ヴァイ語やアラビア語の読み書きにおいて日常的な実践と密接に関係している課題のみにおいて結果が改善することが示されているのである。

一方で学校教育は，先にみたように，広範囲の認知課題の成績を改善する結果が示されている。そこには，前項でもふれた，意図的記憶，カテゴリー化，記憶を組織するための分類カテゴリーの使用，論理的三段論法を含む形式的推論が含まれる。加えて，それらの課題のなかには問題解決過程に関する言語的説明の課題が含まれており，その改善は通常の学級での学習において教師が，「なぜそのように答えたのかな」「黒板に行って，したことを説明しなさい」（Cole, 1996/2002, p.324）のように求める場合があるように，このような技能が日常生活場面で頻繁に求められているからだと説明することができる。学校は，1節でみたとおり，誰もが長期間にわたってその場で生活するという意味で，一般的な環境である。つまり，「読み書きが至るところで使われ，複雑に絡み合っている社会はどこでも，関連する認知技能も，より広範囲で複合的に関連し合うものとなり，それは，思考様式の一般的な変換であるかのような『様相』を呈することになる」（Cole, 1996/2002, p.325）と考えられるのである。

逆にいえばヴァイ語のように，この言語の使用が一部の日常的な活動，すなわち記録を取ったり手紙を書いたりなどに限られ，この言語を使っての印刷された本なども存在せず，したがって，ヴァイ語を通じての限定的な相互作用を超えて知識を獲得するといったことがないことで，学校で扱うような一般的な知的課題の達成につながっていかないのだとも考えられる。

「文化的道具とそれに関連する認知技能は，それが決定的に重要である生活領域の中で発達させる」（Cole, 1996/2002, p.104）とは，文化・歴史的アプローチの基本的な仮定であるが，文化的道具の典型である言語についてもこのことがあてはまるのである。

3節 文化のなかでの学校の意義：
日本の学校の文化的特質

1. 文化のなかでの学校の意義

　これまでにみたように，認知的能力は社会・文化的な文脈におかれた日常的な活動に埋め込まれており，それへの参加を通じて変容すると考えることができる（Rogoff, 2003/2006）。「子どもたちがコミュニティの大人の活動から切り離され，家や学校で訓練することで，後に大人の世界に入っていく準備をする」文化システムがあり，そこでは「大人は，教えられている技能や情報が使われる文脈の外でのレッスンを使って，子どもたちの学びを構造化し」，「子どもたちの取り組みを促すために，大人は子どもを褒めたりして動機づけようと」する。「彼らは最初から答えがわかっている質問をとおして子どもとかかわり，レッスンを理解したかどうかをテスト」する。つまり「子どもたちが大人の活動に加わる代わりに，大人が遊びや子どもに合わせたトピックについての会話に入っていくことで，子どもとかかわ」るのである。このようなコミュニティで生まれ成長する者は学校で提示されるような課題において良い成績をおさめることになる。一方で，子どもたちが「コミュニティの大人の活動を観察したり，手伝ったりすることによって学ぶ機会を持つ」ような文化コミュニティがあり，「子どもたちは，今起こっている出来事を熱心に観察し，語りや周りの会話に耳を傾け，準備ができたらそれに参加し」，「養育者や周りの人たちは，コミュニティの活動を共有する中で，手を差し伸べたり助言したり」する（Rogoff, 2003/2006, pp.485-486）。このようなコミュニティで暮らす者が学校で提示されるような課題において力量を発揮できないこともまた当然生じることであろう。歴史的な視野に立てば，世界中のどこであっても，ロゴフのいう後者のような文化的環境に学校制度が導入されたわけで，学校教育がどの程度定着するか，またその実践にどのようなアクセントがつくかは，そのコミュニティでの生活に埋め込まれた活動の特質に応じて変異するものと考えられる。

　東（1994）は，この二者の違いを教授方略の違いに着目してそれぞれ「教え込み型」「滲み込み型」の教育とモデル化している。日米のしつけと教育の文化比較研究において，文化間の対比で各々のモデルを日本とアメリカの特質を表すものととらえるだけでなく，日本における学校教育と家庭におけるしつけとの対比を表すことでも用いている。両者はそれぞれに長所短所をもち，お互いに葛藤することもあるが，また相補いあうこともあると論じられている。学校教育の制度が高度に発達している日本のような国においても2つの文化システムが共存していることには注目すべきであろう。子どもの発達は家庭と学校，そして社会とを行き来しながら進んでいくものである。それぞれにおけるシステムの違いが，少なくとも個人の発達においてどのように共存させられるのかが次に検討すべきポイントとなるであろう。

　ロゴフのテクストでも日本の教育実践がよくとりあげられており，日本の小学校は「集団での調和的な学習を奨励し，競争や個人が目立つことを強調することがあまりない」（Rogoff,

2003/2006, p.334) システムととらえられている。一方, 学校外に置かれた塾での学習をとおして個人間の競争に参加し, 受験に備えようとしていることもまた指摘しており, 全体として, 日本においては状況の違いを見極め, 文脈を使い分けることを学ぶことがこの社会における発達の目標になっているとされている。では日本の学校の文化的特質とはどのようなものであろうか。

2. 日本の学校教育の文化的特質

　日本の学校を特徴づけている特質の一つは, 集団への参加とそこにおける平等である（臼井, 2001）。もともと学校においては, 教師と子どもとの社会関係は非対称である。知的な面に限っても, 学習内容においては教師のもつスキーマに合わせて子どものスキーマの調節を図ることが求められる。また授業の場は学級の教師と子どもたちにとって公式の場であり, 一人ひとりの子どもが自分の納得のいくまで特定のものごとにこだわるようなわけにはいかない。しかし, 日本の学校（少なくとも小学校や幼稚園）では, 学校のもつこのような傾向を少なくとも表面的には緩和するような方向づけがなされる。

　日米比較研究などで日本を集団主義, アメリカを個人主義と特徴づけることがある。日本の教室の問題を語るときにもこれらの概念を両極において, 集団主義の圧力のなかで個人の特性が押しつぶされてしまうと論じられることもある。しかし, むしろ集団と個人とは対立的ではないと考え, 日本の教室の集団としてのまとまりはむしろ個人を生かす場として機能することを指摘する研究もある。長期にわたって日本の小学校の教室を観察したアメリカの教育研究者であるサトウ（Sato, 1996）は, 学級のまとまりの意味を次のように述べている。日本の学級では子どもの全人的な発達が企図されており, すなわち, 心を育てることを目標として, 幅広く豊かな教育的活動がなされている。心を育てる過程で子どもたちは, 人と人とがお互いに支え合い信頼し合う関係をつくりあげるために, お互いが相手に対して抱く期待にかなうように努力すること, 甘えがちな自分を克服してどんな状況にも耐える強さを鍛えるために, 何事にも一生懸命取り組むこと, そして, 与えられた役割であれば, どんな役割でもそれをやりとおすことを学ばなくてはならないとされる。それらを実現する方法として, 学級を一つのコミュニティとしてつくりあげること, そのなかで子どもと子ども, 教師と子どもの相互の結びつきを強くしていくこと, 子どもたちがコミュニティの活動や結びつきを強める活動に主体的に参加すること, 自分のことと同じように相手のことを思いやるようにすることが重要であると考えられている。具体的には, 当番や班活動, 学級委員や学校の委員会活動など, また日常の授業や行事に取り組む活動を通じて, 学級での生活や学習指導の何気ない場面に, 心を育てる仕組みが埋め込まれているのである。

　ルイス（Lewis, 1995）の観察によれば, 教師は集団のきまりを子どもたち自らがつくることを促す。そのために, 教師は教室がかかえる問題に気づいていながら, 子どもたち自身がそれに気づくまで, 半年もの長きにわたって見守ることさえあるという。教師が影になり日向になりながら導いていく様子は, あたかも子どもたち自身が自分たちのきまりを自分たちでつくったと認識できるようにする控えめな方向づけであったという。

また，私たちが見慣れている当番のシステムは，リーダーシップを平等に体験させるために機能するという。朝の会として小学校でよく目にする光景だが，黒板の前に当番が立ち（男女2人であることが多い），あらかじめ立てられた次第に従って司会をしながら，朝の会を進めていく。その一日は，当番が授業の初めと終わりの挨拶の号令をかけ，態度のよくない子には注意を与える。当番に指名されるのは出席簿順といった機械的な順番で，全員の子どもが必ず担当することになっている。たとえばアメリカでは教室をリードする立場に立てるのは成績が良い子に限られるなど，子どもに対する一種の報奨であるという。当番でうまくいったときはもちろん励みになるし，皆に指示が受け入れてもらえないなどでうまくいかなかったときも，上に立つことの厳しさを体験でき，今後のクラスの運営に対して協力的になるという。

　さらに，教室で起こるさまざまな個人の問題，逸脱行動を，学級集団全体の問題として，皆で考えて自分たちで解決するように仕向けられることも多い。ルールが守れなかったり，けんかをしたり，その問題のなかにクラスの統制や，集団の凝集力を保つために必要な要素が含まれている場合にとりあげられ，そのことについて考えることをとおして，クラスのあり方が検討され，一人ひとりの子どもの行動規範として形になっていく。その際に教師はできるだけ子どもの前に立つことを控え，指示的にならず，しかし子ども同士の討論を活発にする手立てを講じている。

　教室での知的学習の質も，このような学級を構成する子どもや教師の関係志向的な社会的な側面にかかっているとさえいえる。たとえば算数の授業において分母の違う分数の足し算を行う5年生の教室で，分母同士分子同士を足すやり方で答えを出した子どもがいたとき，教師はその答えから分数の計算における一般的な誤りについて解説することを導き出した（Stevenson & Stigler, 1992/1993）。つまり，その子の間違いから教室が学ぼうとする傾向がみられるのである。正しい解法を見つけることに集中するのではなく，それに向けて皆が努力していくなかで，間違った答えからも示唆を得て，より深い理解を教室全体でつくりだすために個々の意見が位置づけられていく，そのような追求がなされる可能性があるのだという。つまり，個人は集団のなかでたがいに協調し，しかし，それぞれの持ち味を生かしながら他の子どもにはないものを集団に提供することによって，集団の追求力を高めようとするのが日本の学級の集団主義の特質なのだというのである。

　ピアジェ（Piaget, J.）は「基本的な変化が生じるのは，力関係の非対称性があまりなく，同化と調節の間に等しい均衡関係が生まれる非公式な活動のなかである」（Cole, 1996/2002, p.120）と述べたという。その視点に立てば，教師も含めて学級内の人間関係をできるだけ水平にしようとする日本の教師の学級運営は意味をもつことが理解できよう。

　このような学級のあり方は，学制以来の日本の学校教育の歴史のなかで培われてきたものである。そこで次に学級とは何かについてみてみることにしよう。

4節 学級のもつ構造とそれに由来する問題

1. 学級のもつ構造

　初めにみたとおり，日本における近代的な学校制度は当時の欧米の制度にならってつくられたものである。柳（2005）によれば，もともと学級制度は，産業革命以来イギリスにおいて形成された学校とそこでの教授システムの歴史のうえに成り立ってきたものであり，単純化してまとめれば，モニトリアル・システムの開発と行き詰まり，ギャラリー方式による一斉教授方式の導入，そしてそこでの能力別分類から年齢別分類への発展という前史を経て，私たちの知るような学級制度に至っている。日本における学級制度の移植は，そのような歴史的変遷において必然的に生じた変革の過程を経ないで行われたこと，加えて日本の当時の社会状況が欧米のそれとは大きく異なっていたことのために，日本独自の発展を遂げることになったという。

　子どもたちは学習活動だけに自分の行動を限定させ，機械的リズムで動く世界に合わせなければならず，したがって自己抑制が強く働くことを期待され，教師の命令，つまり学校の権威的秩序に従わなければならない。これらはどれも子どもを疎外する要因となる。このようななかでいかにしたら子どもたちを学業達成という目標に向かって動かすことができるのであろうか。その解決の一つの方向性もまた学級制度のなかに存在していた。それは学級が競争を促す場であることである。学級は同一年齢の同一能力の子どもたちが集う場であり，同一の教育内容を同一の教師が教える場である。さらに，同一の時間・ペースで，しかも同一の空間で学習が行われるわけであるから，必然的に競争が促され，さらにそれを後押しする形で賞罰の制度がともない，また他に抜きん出る以外に自分が浮かぶ可能性はない仕組みでもある。

　このような矛盾・疎外を緩和するために，日本の教師たちは「学級経営」を重視し，学級を居心地の良い場として洗練することに心を砕いてきた。「学級づくり」「集団づくり」といった言葉にみられるように，学級を一つの共同体として，そこに所属する教師と生徒が一体となって生活を共有し，活動を共有し，価値観をともにすることで矛盾を目立たないようにする工夫を重ねてきたのである。そこで教師たちは，教える以前の，学級の基盤となる教師と子ども，子どもと子どもとの信頼関係づくりから始めるしかなかったということである。

2. 教室は等質の集団ではない

　これまでにもみたとおり，日本の教室は集団主義的であるだけではなく，等質の集団であることが前提とされている。教室での学習は一人ひとりの子どもにできる限りの達成を保証することが目指され，競争よりも協調が重視されることからも，集団のメンバーである子どもたち一人ひとりが同じ資質をもつことが，教授する側からみた場合に理想とされる。できるだけ優劣をつけず，どの子どもも集団への貢献ができるように，また班などをうまく使いながら，遅れた子は進

んだ子と一緒に活動することで遅れをカバーし，進んだ子は遅れた子の援助をすることからまた学んでいく機会を得るといった相互作用が期待されている。しかし，特別支援教育をめぐる動きはこのような学級のあり方に関する考え方の見直しを促している。

　2007年度からスタートした特別支援教育はそれまでの特殊教育の枠組みを大きく変えるものとなった。それまでの経過をみてみると，まず1979年に養護学校が義務化され，障害の重い子どもも原則としてすべて学校に受け入れることが徹底された。しかし特殊教育の範疇に入れられる子どもの数は限られており，そのうえ盲・聾・養護学校や特殊学級に在籍している子どもたちを対象として行われるという「場につける」原則からも，限定的な対応にとどまってきた。逆にいえば特殊教育の対象になっていない子ども，通常学級に在籍する子どもは，そこで学ぶことに支障のない子どもとみなされていたのである。1993年に通級学級の弾力化が図られ，通常学級に在籍しながらも，週に何日（何時間）かを情緒障害児学級や言語障害児学級などで学ぶことができるように拡大されたが，それでも限定的という範囲にとどまっていた（2006年度で通級も含めて1.86％）。一方，1994年のUNESCOとスペイン政府主催で行われた世界会議でサラマンカ声明と行動大綱が出されて以後，特別ニーズ教育とインクルーシブ・スクールの考え方が世界的に広まるなかで，日本でも特別支援教育の導入が検討され，それまで対象となっていなかったLD，ADHD，高機能自閉症などの，知的に遅れはないけれども学習や行動面で困難をかかえる子どもたちに対する支援が始められることになった。しかも通常学級に在籍する子どもたちも対象に含めることとされたのである。

　このような経過のなか，文部科学省の特別支援教育の在り方に関する調査協力者会議が行った「通常の学級に在籍する特別な教育的支援を必要とする児童生徒に関する全国実態調査」の報告（2003年）では，「知的発達に遅れはないものの，学習面や行動面に著しく困難を持っていると担任教師が回答した児童生徒の割合」が，小・中学校で6.3％にのぼることが明らかとなった。通常学級で学ぶ子どもは資質において等質であることを前提に構築されてきた教育のシステムの一角が，これによって初めて公式に崩れたのである。

　発達障害の子どもたちが示す学習上，行動上の特徴は一人ひとりさまざまである。したがって個々の子どもへの対応はその子どもの問題にあわせて多様でなくてはならない。しかし，前節でみたとおり，学級はそこに在籍する子どもが同一の課題に同じように取り組むことで授業が成り立つと考えられている。そこで，個別に対応する必要のある子どもをかかえることは担任教師にとって大きな困難を生じさせることになる。

　さらにこのような子どもたちは，教師の対応によって彼らがかかえる問題が大きくなってみえたりそうならなかったりする。とくに行動面で問題をかかえる場合には集団適応が強調される日本の教室ではいづらい経験をすることになる。上でみたように，同じことを同じようにすることを通じて新たなものを生み出していこうとするからである。他の不適応，たとえば不登校などの場合も基本的に同じ学級の構造に由来する問題が大なり小なり生じていることを前提とすることが必要であろう。

5節　学力問題とリテラシーの概念

　特別支援教育と並んで昨今，学校教育を揺さぶっているのが，学力低下問題と，その背景となった国際学力比較研究である。

　国際的な学力比較は1964年に第1回調査が行われたIEA（国際教育到達度評価学会）による算数・数学と理科の学力調査に遡る。第3回調査まで行われて以後，TIMSS（Trends in International Mathematics and Science Study）として4年ごとに実施されることとなり，2003年にはTIMSS2003として小学校4年生と中学校2年生を対象に実施された。その結果は2004年の年末に公表されている。そこでの日本の成績は，常に世界の最上位グループの位置を占めてきた。ただし，2003年調査の結果ではそれまでに比べて数学・理科ともに順位を落とし，得点も前回と比べて有意に低下しており，当時活発に行われていた学力低下の議論を根拠づける有力な手がかりとなった。

　OECD（経済協力開発機構）のPISA（Program for International Student Assessment）の結果はそれと対比してもさらに著しく，世間的に学力低下の議論に火をつける結果となった。PISAは2000年以降3年ごとに行われ，「読解力」「数学リテラシー」「科学リテラシー」について，義務教育修了時点の15歳（高校1年生）を対象に学力調査を行っている。PISA2003の結果も2004年の年末に公表されたが，数学が6位（前回1位），科学が2位（前回2位），と最上位グループの位置を保ったが，読解については14位（前回8位）と，参加41カ国・地域の平均レベルに低下した。当時いわゆる「ゆとり教育」と，その中身としての教育内容「3割削減」と総合的な学習の時間を柱とする1998年改訂の学習指導要領が2002年度から小学校で，また2003年度から中学校で実施されたばかりであったが，いわゆる「ゆとり教育」からの転換が企図されるきっかけともなり，2008年度の改訂に至っている。

　PISAの「リテラシー」（literacy）という概念は，その後「キー・コンピテンシー」概念に発展し，新しい学力ないし能力の概念として注目されている（松下，2010）。「リテラシー」に対しては「識字」という訳があてられ，一般に読み書き能力と理解されることが多い。確かに識字率が低い国や地域が世界中にはまだまだ多い現状がある。しかし，社会的・経済的状況の変化とともにリテラシーは「機能的リテラシー」（functional literacy）概念へと変化している。UNESCOの定義によれば，それは「読み書きの能力だけではなく，大人になって経済的生活に十全に参加するための職業的，技術的な知識を含む」（Gray, 1956）と考えられ，学校教育がその国や地域においてどの程度普及しているのかに応じて変化するべきものと考えられる。いいかえれば，リテラシーとは「学校において教育される共通教養であり，社会的自立の基礎となる公共的な教養を意味している」（佐藤，2003）のである。

　先にみたとおり，人間の技能の習得は，それを生活の各場面で実際に活用する機会と経験がいかに豊富に散りばめられているかにかかっているとすれば，学校環境ではともかく，実際生活のなかで，それがどの程度求められているかを吟味すべきであろう。むしろ現今の社会的変化の下

で，求められているのはポスト産業社会における基礎教養，すなわち，「批判的で反省的な思考力とコミュニケーション能力として定義される」（佐藤，2003）ものとの見方がある。PISAが標榜するのもこの方向性であり，「リテラシー」とは「多様な状況において問題を設定し，解決し，解釈する際に，その教科領域の知識や技能を効果的に活用してものごとを分析，推論，コミュニケートする生徒の力」と定義され，そのもとで読解リテラシーとは，「自分の目標を達成し，知識や潜在能力を発達させ，社会に参加するために，書かれたテクストを理解し，活用し，反省する力」であり，調査内容は「生徒たちが書かれた情報を自分の人生・生活において出会う状況の中で用いる能力であり，伝統的な意味での情報の解読や文学の解釈という考え方を超える」ものであるとされる（岩川，2005）。学校や社会がこのようなリテラシーの獲得を促しているのかどうかが問われているのである。

グローバル化する経済・社会的な環境において人々が豊かな生活を営んでいくためには，欧米起源のさまざまなシステムを導入することが必要不可欠であろう。しかし，学校制度の普及の半面としてコミュニティの文化との軋轢や共存が問題となることをみた以上，このようなリテラシー概念のみにもとづいて学校教育を方向づけていくことが人間の発達にとって好ましいことなのかどうかは，今後見極めていかなければならないと思われる。

学校および教育の制度はそのなかで発達を方向づける文化的実践であることはこれまでみたとおりである。一人ひとりの子どもにとって，十全な発達を遂げることができるように改善を重ねていかなければならないことはいうまでもないが，一方で，その動きを相対化し，私たちがどのような方向に進もうとしているかを常にみていくこともまた重要であろう。

◆ 引用文献

東 洋.（1982）.教育心理学の性質.東 洋（編），教育の心理学的基礎（pp.3-15）.朝倉書店.
東 洋.（1994）.日本人のしつけと教育：発達の日米比較にもとづいて.東京大学出版会.
Bruner, J. S., Oliver, R. R., & Greenfield, P. M.（1968・1969）.認識能力の成長（上・下）（岡本夏木・奥野茂夫・村川紀子・清水美智子，訳）.明治図書.（Bruner, J. S., Oliver, R. R., & Greenfield, P. M.（1966）. *Studies in cognitive growth*. New York : John Wiley & Sons.）
Cole, M.（2002）.文化心理学：発達・認知・活動への文化－歴史的アプローチ.（天野 清，訳）.新曜社.（Cole, M.（1996）. *Cultural psychology : A once and future discipline*. Cambridge, MA : Harvard University Press.）
Cole, M., Gay, J., Glick, J. A., & Sharp, D. W.（1971）. *The cultural context of learning and thinking*. New York : Basic Books.
Cole, M., & Scribner, S.（1982）.文化と思考：認知心理学的考察（若井邦夫，訳）.サイエンス社.（Cole, M., & Scribner, S.（1974）. *Culture and thought : A psychological introduction*. New York : John Wiley & Sons.）
Gray, W.（1956）. The teaching of reading and writing. *UNESCO Monographs on Fundamental Education*（10）. UNESCO.
岩川直樹.（2005）.誤読／誤用されるPISA報告.世界，5月号，121-128.岩波書店.
Lewis, C.（1995）. *Educating hearts and minds*. New York : Cambridge University Press.
松下佳代（編著）.（2010）.〈新しい能力〉は教育を変えるか：学力・リテラシー・コンピテンシー.ミネルヴァ書房.
文部科学省.（2003）.今後の特別支援教育の在り方について（最終報告）.〈http://www.mext.go.jp/b_menu/shingi/chousa/shotou/018/toushin/030301.htm〉（2015年4月5日）
文部科学省.（2014）.平成26年度学校基本調査（確定値）.〈http://www.mext.go.jp/b_menu/toukei/chousa01/kihon/kekka/k_detail/1354124.htm〉（2015年4月5日）

文部省.（1972）. 学制百年史.〈http://www.mext.go.jp/b_menu/hakusho/html/others/detail/1317552.htm〉（2015年4月5日）

Rogoff, B.（2006）. 文化的営みとしての発達：個人，世代，コミュニティ（當眞千賀子，訳）. 新曜社.（Rogoff, B.（2003）. *The cultural nature of human development*. New York : Oxford University Press.）

佐藤　学.（1996）. 教育方法学. 岩波書店.

佐藤　学.（1997）. 教育という実践. 天野郁夫（編），教育への問い（pp.1-29）. 東京大学出版会.

佐藤　学.（2003）. リテラシーの概念とその再定義. 教育学研究, **70**, 292-301.

Sato, N.（1996）. Honoring the individual. In T. Rohlen & G. Le Tendre（Eds.）, *Teaching and learning in Japan* (pp.119-153). New York : Cambridge University Press.

Scribner, S., & Cole, M.（1981）. *The psychology of literacy*. Cambridge, MA : Cambridge University Press.

Stevenson, H., & Stigler, J. W.（1993）. 小学生の学力をめぐる国際比較研究：日本・米国・台湾の子どもと親と教師（北村晴朗・木村　進，監訳）. 金子書房.（Stevenson, H., & Stigler, J. W.（1992）. *The learning gap*. New York : John Brockman Associates.）

臼井　博.（2001）. アメリカの学校文化　日本の学校文化. 金子書房.

柳　治男.（2005）. 〈学級〉の歴史学：自明視された空間を疑う. 講談社.

55章 メディアと発達

家島明彦

1節 現代におけるメディアと発達をめぐる諸問題

1. 背景と現状

　現代におけるメディアと発達をめぐる諸問題を考える前に理解しておきたいことが3つある。

　1つ目は，メディアが現代社会と深く結びついている，ということである。情報通信技術（ICT）が発展・普及し，多様なメディアが日常的に使われている現代社会は，情報化社会やメディア社会などとよばれている。とくに1990年代後半から情報化が急速に進展し，世帯のインターネット普及率，個人の携帯電話・スマートフォン保有率は，急激に増加した。総務省の『通信利用動向調査』（平成24年度）[1]によれば，平成24年末における年齢階層別インターネット利用率は，13〜49歳で9割以上（平均96.2%），全体でも約8割（79.5%）となっている。さらに細かく数字をみると，13〜19歳で97.2%，6〜12歳で69.0%，となっており，中学生以上の未成年で9割以上，小学生でも約7割がインターネットを利用しているという状況である。また，企業のインターネット利用率は99.9%となっており，ビジネス社会においてはインターネット利用を避けられない状況にあるといっても過言ではない。すなわち，インターネットや電子メディアはすでに現代人の生活に必要不可欠な存在，日常的な存在となっているのである。

　2つ目は，メディアが格差や犯罪・トラブルを引き起こしている，ということである。情報化社会においては，情報が価値をもった資源となり，情報にアクセスできるか否かが社会的な格差にまでつながるといわれており，「情報格差／デジタル・ディバイド（Digital Divide）」や「情報弱者」といった言葉まで生まれている。情報格差には，国家間・地域間で生じる格差，富裕層と貧困層の間で生じる格差，個人間で生じる格差がある。情報弱者には子どもや高齢者などが多く含まれる。日本では2000年以降インターネットの普及が基本戦略に取り入れられ，政府主導のもとに情報格差の解消が推進されてきている。しかし一方で，情報通信技術を利用した「サイバー犯罪（ネット犯罪）」や「ネットいじめ」が急増しており，インターネット上のトラブルも後を絶たない。国家公安委員会・警察庁（2013）の『警察白書』（平成25年）では，冒頭にサイバー犯罪に関する特集「サイバー空間における脅威への対処」が組まれている。また，児童ポルノ，いじめ，ストーカーといった犯罪がメディアによって深刻化していることも指摘されている。

　3つ目は，メディアの利用方法に関する教育が社会的な課題となっている，ということである。情報が氾濫する現代社会においては，メディア・リテラシー（情報メディアを主体的に選択し，

その情報の真偽を判断し，活用する能力）が重要となる。実際，未成年や子どものインターネット利用率が増えてくるに従って，未成年や子どもがトラブルや犯罪に巻き込まれるケースが増えてきていることから，総務省はメディアの健全な利用の促進を図り，子どもが安全に安心してインターネットや携帯電話等を利活用できるようにするための対策を講じている。たとえば，平成18（2006）年度にメディア・リテラシーを総合的に育成するプログラムを開発し，平成19（2007）年度からその普及を図っている。文部科学省でも，青少年健全育成の観点から，青少年を取り巻く有害環境対策に向けたさまざまな委託事業を実施している。たとえば，『「子どものメディア接触と心身の発達に関わる調査・研究」2005年度事業報告書』（平成17年度）[2]では，現代の子どもが乳幼児期から「メディア漬け」の状態になっていることが問題として指摘されており，『青少年の通信機器利用のあり方に関する調査研究報告書』（平成23年度）[3]では，子どもたちに正しいメディア利用知識を教育していく必要性が指摘されている。

　まとめると，①現代社会においてメディアとの接触を避けて通ることは難しく，また，②メディアはさまざまな社会的な問題を引き起こしており，③メディア・リテラシーの教育が社会的な課題となっている，ということである。このように，現代におけるメディアと発達をめぐる諸問題は，社会問題化している。ゆえに，メディアと発達に関する研究に対する，社会からの関心や期待も高くなってきている。アメリカ心理学会（American Psychological Association：APA）では，54ある研究部会（Divisions）のうち，第46部会（Division 46：Society for Media Psychology and Technology）がメディアに関する研究部会であり，近年最も勢いのある研究領域の一つとなっている。また，歴代の部会長（President）の専門領域をみると，大半は臨床心理学であり，メディアと心の問題が深く結びついていることがうかがえる。ただし，この部会における「メディア」とは「メディアを介した経験」（mediated experience）であり，マス・メディアや特定の情報伝達媒体のことを指すのではないことを付言しておく。

　このような現代社会において，人が発達していく過程を分析する際にも，メディアとのかかわりを抜きに論じることが難しくなってきている。メディアは（とくに子どもの）発達に影響を与えると考えられており，さまざまな研究が行われている。メディアが子どもの発達に与える影響という文脈においては，ネガティブな影響に関する研究が多いが，近年では，タブレット型端末のアプリに乳幼児向けの教育・知育アプリが登場するなど，メディアを活用した発達支援・教育などポジティブな影響に関する研究も行われている。

　「メディアの多様化」と「メディア利用者の年齢層拡大」によって，「メディアと発達」に関する研究も幅が拡がってきている。限られた紙面のなかですべてを詳説することはできないが，本稿では，なるべく多様な研究の紹介を試みる。なお，本稿では「メディア」それ自体よりも「発達」に焦点を当て，メディアを介してさまざまに変化する発達の様相，および，その研究を紹介する。

2. 現代における多様なメディア

a. メディアとは

　メディア（media）とは，そもそもは「媒体」や「伝達手段」などの意味をもつ英単語であるメディウム（medium）の複数形であり，一般的には，情報を人々に伝える媒体，機関，システムなどを指す。一昔前は「メディア」といえば「マス・メディア」のことを指すことが多かった。現代において「メディア」といえば，テレビ，ゲーム，携帯電話，スマートフォン，パソコン，タブレット型端末といった「電子メディア」を中心に思い浮かべることだろう。本稿で扱う「メディア」も実際には電子メディアを指していることが多い。しかし，新聞，小説，絵本，マンガなどの活字媒体もメディアとしてとらえることができる。

　本稿では，上述のような現代社会における情報伝達媒体（全般）を「メディア」として扱う。厳密にいえば，アメリカ心理学会の第46部会におけるメディアの定義と同様，メディアとは経験であり，本稿の章タイトルも「メディア（を介した経験）と発達」ということになる。なお，1964年に『メディア論』を著したカナダの英文学者マーシャル・マクルーハンによる「メディアとはメッセージである」という言葉も有名であるが，ここでは深くふれず，詳解は専門書に委ねることにする。メディア「の」発達，メディア自体の歴史や機能や作用などについては，「メディア論」「メディア学」「メディア研究」「メディア・スタディーズ」「メディオロジー」などとよばれる研究領域から専門書が多数出版されているので，そちらを参照されたい。マクルーハン（Marshall McLuhan, 1911〜1980）の電子メディア論，ドイツの社会学者ニクラス・ルーマン（Niklas Luhmann, 1927〜1998）のマス・メディア論，ドイツの哲学者ユルゲン・ハーバーマス（Jürgen Habermas, 1929〜　）のメディア制度論・政策論などは基本・古典として押さえておきたい。心理学とは離れるが，メディアと人間の関係に関しては，情報を保存・伝達・加工するメディアこそが「人間」を作ると説くドイツの文芸・メディア評論家フリードリヒ・キットラー（Friedrich A. Kittler, 1943〜2011）や，人間の「視覚」や「知覚」が歴史的にいかに構成されてきたかを説くアメリカの美術史家ジョナサン・クレーリー（Jonathan Crary）などの議論も興味深い。

b. メディアの多様化

　現代には多様なメディアがある。大きく分けると，文字や文章を伝える「読むメディア」，音声や音楽を伝える「聞くメディア」，画像や映像を伝える「見るメディア」の3つがある。マンガや絵本のように「見る」と「読む」を同時に求めるメディアもあれば，アニメや映画のように「見る」と「聞く」を同時に求めるメディアもある。近年では，字幕付きインターネット動画（ニコニコ動画など）のように「見る」と「聞く」と「読む」を同時に求めるメディアもある。さらに，視覚と聴覚だけではなく，触覚や嗅覚や味覚を刺激する次世代メディアも登場しはじめている。携帯電話やスマートフォンの本体が画面や音楽に合わせて振動するマンガやゲーム，においを感性メディアとして送受信できる嗅覚ディスプレイ，外部センサからの情報を電気味覚に置き換え口内に提示することで味覚を伝える装置など，科学技術のめざましい進歩によってさまざま

なメディアが開発され実用化されはじめている。

科学技術の進歩によって，メディアも日々急速な進化を遂げている。話しかけたり声で指示をしたりすると音声認識して合成音声で応答してくれるスマートフォンの登場，インターネットを通じて家に居ながら世界中の人と対戦できるゲーム機の登場，などは序の口で，三次元（立体）で記録・再生ができる 3Dカメラや 3Dプリンターの登場（しかも業務用ではなく個人用として安価な小型モデルが販売されている現状），お互いのスマートフォンを近づけて軽く振るだけで連絡先を交換できるアプリの登場（しかも小・中学生が使いこなしている現状），腕につけているだけで一日の活動量（歩数，摂取カロリー量，心拍数など）を計測してくれるウェアラブルデバイスの登場（しかも日々小型化・高性能化が進んでいる現状）など，一昔前のSF映画に出てくるようなアイテムやシーンが日常になってきている。

まとめると，現代においてメディアは多様化しており，日常化や身体化も生じている。とくに電子メディアの多様化，日常化，身体化のスピードは急速である。科学技術の進歩にともない，メディアのユーティリティ（できること）も向上しているが，ユーザビリティ（使いやすさ）も向上している。

c. メディア利用者の年齢層拡大

メディアの多様化にともない，メディア利用者の年齢層も拡大している。2000年すぎには，生まれながらにIT（主としてパソコン）に慣れ親しんでいる世代を指す「デジタルネイティブ」（Digital Natives；Prensky, 2001）という言葉も生まれたが，近年では，パソコンのみならずモバイル・デバイスを自由に駆使する「ネオ・デジタルネイティブ」（橋元，2010）という言葉も生まれている。また，インターネットとともに育ち，情報収集・発信，経済・社会的活動，日常生活等にネットを自由自在に活用できる世代を指す「ネットジェネレーション」（Net Generation；Pletka, 2007；Tapscott, 2008）という言葉も生まれている。

若者のみならず，乳幼児や高齢者のメディア利用も増えてきている。iPadで遊ぶ赤ちゃんの動画が世界各国からインターネット上で公開されて「iPadベイビー」なる言葉が生まれたり，デジタル製品を使いこなす高齢者を指す「デジタルシニア」なる言葉が生まれたりしている。実際，赤ちゃんにiPadを与えると泣き叫ぶことなく静かに遊んでいることが多いので，共働き社会で育児に専念できない母親が「お守（も）り」として赤ちゃんにiPadを与えることは想像に難くない。Google検索で「iPad baby」を検索すると1億6,400万件ヒットする。また，東京大学の教授と電通総研が2012年に実施したシニア層のネット利用動向に関する調査「シニア全国調査」では，60代の半数以上，70代の2割がインターネットを使いこなしているという結果も示されている。

まとめると，メディアの多様化にともない，メディア利用者の年齢層も拡大しており，あらゆる世代が多様なメディアを利用する時代になっている。こうした利用者の年齢層の拡大の裏には，言語・文化・宗教・年齢・性別などの違いによらず誰もが直感的に操作できるような使いやすさを追求するユニバーサルデザインの考え方がある。また，メディアが多機能化する一方で，子どもや高齢者のために機能を制限したシンプル機能バージョンの開発・販売も進んでおり，企業のマーケティング戦略の一つとして利用者（年齢層）拡大路線が進められていることも押さえてお

2節 メディアと発達に関する研究

1. 先行研究を整理するための視座

　メディアと発達に関する研究を概観・展望するための視座として，①メディアの種類，②発達の種類，③影響の種類，の3つをあげておきたい。

　1つ目の「メディアの種類」というのは，テレビ，ゲーム，インターネット，SNS，マンガ，アニメなど，どのような情報媒体に関する研究がなされてきた（あるいは，なされてこなかった）のか，を問う視座である。一般的に，メディアの歴史の長さとそのメディアに関する研究の量は比例する。わかりやすくいえば，昔からあるメディアに関する研究は数が多いが，最近登場したメディアに関する研究は数が少ない，ということである。そして，研究の量が増えれば，研究の質（種類）も多様化する。つまり，メディアの種類によって研究のバリエーションが変わってくる。新しいメディアに関する研究を始めたい場合は，古いメディアに関する研究を概観してみると，まだなされていない研究のヒントを得ることができるかもしれない。

　2つ目の「発達の種類」というのは，乳児期，幼児期，児童期，青年期，成人期，高齢期など，どの年齢（発達段階）を対象とした研究がなされてきた（あるいは，なされてこなかった）のか，を問う視座である。また，年齢のみならず，どのような機能の発達を対象としているのか（心理的機能の発達を扱うのか，それとも身体的機能の発達を扱うのか）を問う視座でもある。これまでの先行研究は，子どもへの影響と心理的機能への影響に焦点化してきた感があるので，今後は大人への影響や身体的機能（脳機能や視聴覚機能）への影響に焦点化した研究も求められる。医学領域の知見も参照し，小児科学や脳科学といった近接領域との連携も必要になってくるだろう。

　3つ目の「影響の種類」というのは，メディアが発達に及ぼす影響がポジティブな影響なのか，それともネガティブな影響なのか，を問う視座である。これまでの先行研究は，（とくに子どもへの）ネガティブな影響に焦点化してきた感があるので，今後は，（とくに大人への）ポジティブな影響についても検討していく必要があるだろう。ネガティブな影響を最小限に抑え，ポジティブな影響を最大限に高めるためにも，メディアが発達に及ぼす正の影響と負の影響の両方を把握し，その影響メカニズムを解明することが重要である。

　これまでの研究を概観し，これからの研究を展望する際に，この3つの視座をもつことによって，先行研究の整理や当該研究の位置づけが容易になる。個々の研究を図55.1に附置（マッピング）していくことで，メディアと発達に関する研究の全体像をある程度はつかむことができるであろう。

　むろん，先行研究を整理するための視座は他にも多数ある。たとえば，依拠する理論や方法論などによっても研究の分類は可能であろう（むしろ，そのような分類のほうが重要かもしれない）。

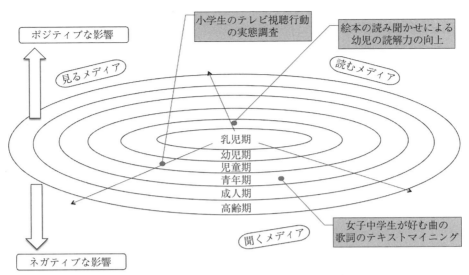

図55.1 メディアと発達に関する研究のマッピング

また，教育，臨床，健康・病理など，どの研究領域に近いかで分類することも可能であろう。男女差や文化差の検討があるかないかで分類することも可能であろう。横断研究か縦断研究かで分類することも可能であろう。6W2H，すなわち「いつ／When」，「どこで／Where」，「誰が／Who」，「何を／What」，「どのように／How」，「なぜ／Why」，「誰に対して／to Whom」，「誰と／with Whom」，「どれだけ／How much」から分類することも可能であろう。先行研究の整理の仕方は目的に応じてさまざまな手段がありえる。

本節ではメディアの種類ごとに国内でどのような先行研究があるのかを概観していくことにする。海外の先行研究に関しては，"Handbook of children and the media"（Singer & Singer, 2001）や "The handbook of children, media, and development"（Calvert & Wilson, 2011）にまとめられているので，それらを参照されたい。

2. これまでの研究の概観：メディアの種類ごと

a. テレビ

テレビと発達に関する研究は，他のメディアに比べると歴史も古く，研究の量も多い。日本で地上波テレビ放送が開始されたのは1953年であり，60余年が経った。テレビ番組の種類も増えており，ニュース，ドキュメンタリー，クイズ，エンターテイメントなどに加え教養や語学を身につけるための教育番組もあるため，単純にテレビ視聴時間とある変数を組み合わせて何かをいうことは難しくなりつつある（どのようなテレビ番組を見ているのかが問題となる）。また，近年ではHDD（ハードディスクドライブ）内蔵型テレビが主流になり，簡単に番組を録画したり早送り再生やCMスキップをしたりすることができるようになったため，視聴時間帯や視聴時間を単純に番組の放送時間帯や放送時間から同定することが難しくなっている（実際に，いつ，ど

の程度の時間をかけて，テレビ番組を見ているのかが問題となる）。

　テレビと発達に関する先行研究には，テレビ視聴後の行動を分析したもの，テレビ視聴時間と健康や学力に関する変数との相関関係を分析したもの，子どもが好むテレビ番組の内容を分析したもの，などがある。具体的には，「テレビと子どもの発達」（菅原，2009），「テレビの子どもへの影響について：発達的な視点からの展望」（高橋，1991），「思春期の子どものテレビメディアとの関わりおよび心理的変化：小学5年生を3年間追跡して」（角谷・無藤，2004），「フリッカー値低下率にあらわれたテレビ視聴時間と疲労（心身機能興奮水準の変動）との関係：知的発達・言語・思考」（堀内，1960）などがあげられる。1960年代から最近まで，子どもから大人まで，心理的変化から身体的（視機能の）変化まで，古くから幅広く研究が行われていることがわかる。

b．ゲーム

　ゲームと発達に関する研究は，主としてテレビゲームに関する研究が多い。任天堂が家庭用ゲーム機「ファミリーコンピュータ」（通称ファミコン）を発売したのが1983年であり，テレビゲームと発達に関する研究には約30年の歴史がある。この間，ゲーム機のハードとソフトの進歩はめざましく，ゲームの娯楽性や物語性も向上している。健康や脳のトレーニング（ボケ防止）によいとされる中高年向けゲーム，乳幼児向けの知育アプリ，小中学生向けの勉強・学習アプリなども出現し，さらには他者との通信機能や協力プレー機能も追加されたため，単純にゲームに費やしている時間数と他の変数を組み合わせて何かをいうことは難しくなりつつある（いつ，どこで，どのようなゲームを，どのくらい，誰とプレーしているのかが問題となる）。

　ゲームと発達に関する先行研究には，子どものテレビゲーム遊びの実態調査，ビデオゲーム時間と健康に関する変数の相関関係を分析したもの，ゲーム中の他者とのコミュニケーションを分析したもの，ゲーム後に増減する感情や行動を測定したもの，ゲームへの依存傾向を測定する尺度を開発したもの，などがある。具体的には，「幼児の発達とテレビゲームの関係Ⅰ」（島井・増田・岸本，1987），「テレビゲームと子どもの生活実態調査：児童・幼児に対する面接調査から」（堀田・高梨，1988），「コンピュータゲームが子どもの自律神経系反応に及ぼす影響」（城・近藤，1995），「テレビゲームが小中学生の自己効力感に及ぼす影響」（新田・城，2002），「ゲーム遊びと子どもの感情の関連（Ⅰ）：小学校5年生の日中比較」（龔・青木・中村・中村・中山・藤原，2003）などがあげられる。1980年代から最近まで，子どもを中心に，自己効力感から自律神経系反応まで，国際比較も含めて，幅広く研究が行われていることがわかる。

c．インターネット

　インターネットと発達に関する研究は，パソコンによるインターネット利用に関する研究が多いが，近年ではモバイル端末（携帯電話やスマートフォンを含む）によるインターネット利用に関する研究も増えてきている。日本で一般個人向けインターネット回線サービスが開始・普及しはじめたのは2000年頃である。それ以前にはパソコン通信が行われていたが，あまり一般的ではなかった（また，特定のサーバーに接続したメンバー内でのコミュニケーションという意味ではクローズドなネットワークであった）。近年では公衆無線LAN環境の整備や個人用モバイルWi-Fiルーターの普及が進み，自宅以外でもインターネット利用が可能になった（利用場所が

自宅以外にも拡張された）。また，携帯電話やスマートフォン，ノートパソコンやタブレットなどモバイル端末によるインターネット利用も簡単になった（利用媒体がパソコン以外にも拡張された）。誰でも，どこでも，簡単にインターネットを利用できるようになっているため，単純にインターネット利用時間と他の変数を組み合わせて何かをいうことは難しくなりつつある（いつ，どこで，どのような媒体を使って，どのくらいの時間，誰と，何をしているのかが問題となる）。

インターネットと発達に関する先行研究には，インターネット使用状況の実態調査，ネットいじめ経験の実態調査，インターネット利用時間と他の変数との相関関係を分析したもの，インターネット依存への対応を検討したもの，インターネットを活用して発達支援に取り組むもの，などがある。具体的には，「ゲーム・インターネット依存尺度の構成と依存予防・克服の条件の分析（1）ゲーム・インターネット使用状況の実態」（田島・中山・宮下・多田・今滝, 2010），「中学生における情報機器の利用状況およびネットいじめ経験の実態調査」（寺戸・永浦・冨永, 2010），「縦断調査による因果関係の推定：インターネット使用と攻撃性の関係」（高比良・安藤・坂元, 2006），「女子中学生におけるインターネット利用の現状とインターネット依存とメンタルヘルス上の問題との関連」（山脇・小倉・濱田・本城・金子, 2012），「未就学児をもつ親の子育てにおけるインターネット活用（1）：インターネットによる子育て情報の収集」（瀬戸・秦野, 2011）などがあげられる。2000年頃から，中学生から大学生を中心として，仮想的有能感から攻撃性まで，幅広く研究が行われていることがわかる。

d．モバイル端末（携帯電話，スマートフォン，タブレット型端末）

携帯電話（略してケータイ），スマートフォン（略してスマホ），タブレット型端末といったモバイル端末と発達に関する研究は，まだ歴史が浅く，そんなに多くの研究があるわけではない。しかし近年，ケータイやスマホをもつ小学生・中学生が増えてきており，「スマホチルドレン」（竹内, 2014）なる言葉まで生まれている。また，上述のようにケータイやスマホでインターネットに簡単に接続できてしまうことから，子どもたちがトラブルや犯罪に巻き込まれるケースが増えている。近年このような現状を背景に，とくに学校現場を中心に「子どもを守ろう」，「子どもに正しいリテラシー教育を」といった動きが広がっている。また，どのタイミングで子どもにケータイ・スマホをもたせるのか，ということも親の頭を悩ませる問題となっている。

携帯電話やスマートフォンと発達に関する先行研究には，携帯電話の利用実態調査，携帯電話への依存傾向を調査したもの，携帯電話と友人関係の関連を検討したもの，などがある。具体的には，「大学生における携帯電話の使用状況と依存傾向について」（上濱・清水・澤村・清水, 2012），「高校生の携帯電話依存に関する基礎研究」（田山・西郷・小川・木村・冨家・西浦, 2012），「携帯電話のメールによるコミュニケーションと高校生の友人関係における発達の特徴との関連」（赤坂・高木, 2005），「青年期の友人関係の希薄化に関する研究：携帯電話使用の影響について」（池田, 2006），「中学生・高校生の携帯電話に関連したいじめ等の問題に関する研究」（三島・黒川・大西・本庄・吉武・田上・長谷川・吉田, 2012）などがあげられる。10年ほど前から最近まで，携帯電話をもちはじめる中学生以降を中心に，友人関係や依存と関連する研究が行われていることがわかる。

タブレット型端末と発達に関する先行研究には，協働学習の促進などをとおして学習効果を高めようとするもの，タブレット型端末を使って発達支援を試みるもの（実践研究）が多い。具体的には，「タブレットPCを媒介とした協働学習を成立させる要件」（常富・横山・加藤・村瀬・興戸・及川・田代，2013），「障害のある子どもの教育におけるタブレット端末等を活用した実践」（丹羽，2012）などがあげられる。2010年以降，教育や発達支援のツールとして活用した実践研究が行われていることがわかる。

e. 電子掲示板，SNS

電子掲示板とは，インターネット上での情報交換や会話・議論を行う場（インターネットコミュニティ）のことである。個人が運営するものから企業が運営するものまで規模はさまざまである。電子掲示板の具体的な例としては，2ちゃんねる（1999年5月～），Yahoo!知恵袋（2004年4月～），などがあげられる。一方，SNS（ソーシャル・ネットワーキング・サービス）とは，インターネットを通じて人と人とのつながりを促進するサービスのことである。個人が課金する必要があるものもあれば，広告収入で運営され個人が課金する必要がないものもある。SNSの具体的な例としては，Myspace（2003年7月～），Facebook（2004年2月～），mixi（2004年2月～），GREE（2004年2月～）などがあげられる。広義のSNSには電子掲示板も含まれる。また，ミニブログであるTwitter（2006年7月～），やインスタントメッセンジャーであるLINE（2011年6月～）も広い意味ではSNSに含めることができるであろう。

電子掲示板と発達に関する先行研究には，電子掲示板の利用に関する実態調査，電子掲示板に書き込まれた内容を分析するもの，電子掲示板に書き込まれた内容の解釈過程を分析するもの，電子掲示板を活用して教育や発達支援の実践を試みるもの，などがある。具体的には，「自殺系掲示板の利用動機の類型とその影響」（末木，2011），「自助資源としてのインターネット：『ひきこもり』の人たちが参加する電子掲示板に関する事例研究」（奥山・久田，2002），「インターネット掲示板のエスノグラフィー：日韓異文化コミュニケーション研究に向けて」（長谷川，2004），「インターネット上の悩み相談掲示板における発言分析」（残華・兒玉，2008），「電子掲示板上の投稿文に対する読み手の感情解釈の分析」（加藤・加藤・赤堀，2006），「地域の子育てサークルとオンライン育児関連サイトのネット掲示板における親の子育てに対するサポートの比較」（狩野・無藤，2004），などがあげられる。2000年頃から最近まで，内容分析から活用支援まで，国際比較も含めてさまざまな研究が行われていることがわかる。

SNSと発達に関する先行研究には，SNSを通じたコミュニケーションを分析するもの，SNSへの傾倒を分析するもの，SNSを通じた出会いの過程を分析するもの，などがある。具体的には，「ネットコミュニティでの自己表現と他者との交流」（三浦，2008），「インターネットにおけるコミュニケーション考：SNSミクシィにおける一事例を通して」（古畑，2008），「Twitterの利用動機と利用頻度の関連性：『利用と満足』研究アプローチからの検討」（柏原，2011），「フェイスブック利用者の"自己愛"傾向を考える」（小塩，2012），「青少年女子のインターネットを介した出会いの過程：女子中高生15名への半構造化面接結果に基づいて」（加藤，2013）などがあげられる。SNSの普及以降，若者が傾倒する原因や過程の分析を中心とした研究が行われていること

f. マンガ，アニメ

マンガ，アニメともに日本では幼少期から接するメディアとして国際的にも知られているが，マンガ，アニメと発達に関する研究は，それほど多くない。かつては子どもへのネガティブな影響を懸念する考えが主流であったが，近年では作品のクオリティの向上や読者の年齢層の拡大にともない，ポジティブな影響に関する研究も増えてきている。

マンガと発達に関する先行研究には，マンガと描画能力の関連を分析するもの，マンガからの影響を分析するもの，マンガへの嗜好性を分析するもの，マンガの読解力（リテラシー）を分析するもの，などがある。具体的には，「描画（H・T・P）に示された現代中・高生の特性：発達的観点およびマンガとの関連から」（空井，1980），「大学生・大学院生が語るマンガ・アニメの影響」（家島，2006a），「人がマンガから受ける影響についての探索的検討：インターネット上のコミュニティにおける書き込みの分析」（家島，2006b），「マンガ読者としての発達的変化」（家島，2008），「現代青年がマンガを読む契機，動機，時期に関する日米比較」（家島，2009），「マンガの登場人物に対する青少年の嗜好性の分析」（坂入・宮本，2011），「文章の読解・記憶に及ぼす漫画の役割」（佐藤，1998），「大学生のマンガリテラシーの日米比較」（中澤・Shwalb，2012），などがあげられる。近年では，子どもへの悪影響だけでなく，マンガからのポジティブな影響まで含めて研究が行われていることがわかる。

アニメと発達に関する先行研究には，子どもが好むアニメの構造やキャラクターの特徴を分析するもの，アニメや登場人物に対する子どもの理解を分析するもの，アニメを教材として子どもの教育に活用するもの，などがある。具体的には，「テレビアニメにおけるカット技法の実態」（山本，1993），「子どもが好むマンガ・アニメが描く世界：人気作品から読み解く子ども目線」（家島，2012），「日常的な想像物に対する幼児の認識：サンタクロースは本当にいるのか？」（杉村・原野・吉本・北川，1994），「児童のアニメ理解：時間・空間移動の認識を中心に」（三田村・村野井，2000），「テレビ漫画を材料とした物語理解の発達的研究」（高橋・杉岡，1988）などがあげられる。子どもがアニメをどのように理解しているかに関するトピックを中心としてさまざまな研究が行われていることがわかる。

3節　メディアと発達を考える際の注意点

最後に，メディアと発達を考える際の注意点を述べる。

メディアと発達に関する研究というと，メディアが発達に及ぼす影響についての研究を想像しがちであるが，メディアが発達に及ぼす影響を明らかにすることは容易ではない。先行研究が明らかにしてきたものもたいていは相関関係であって厳密には因果関係を証明できたわけではない，という場合が少なくない。因果関係を明らかにするような縦断研究のデザインも重要であるが，縦断研究の場合においても，長期間にわたるためさまざまな剰余変数が考えられ，短絡的な因果

関係の証明は容易ではない。擬似相関を短絡的に因果関係に解釈してしまうおそれもある。たとえば,「テレビを見る時間の長さ」と「非行に走りやすさ」の間に高い相関係数が示されたとしても,「長時間テレビを見ると非行に走る」と結論づけるのは早計である。もしかしたら,「テレビを見る時間が長い」の裏には「親とのコミュニケーションの時間が短い」という事実があり,そのことが「非行に走る」に影響している可能性もあるのである。この場合,「非行に走る」という結果の原因は「テレビを見る時間が長い」ことではなく「親とのコミュニケーションが少ない」ことである可能性が高いが,テレビ視聴時間と非行という2つの変数しか測定していない場合は,短絡的に2つを結びつけてしまいがちである。正しい分析スキルでデータを解釈するよう気をつけなければならない。ゴシップ記事には短絡的に因果関係を匂わせる情報がつきものであるが,誤った情報に騙されない正しい知識を身につけることが重要である。メディアを抜きに発達を語ることが難しくなった現代において,今後ますますメディアとのつきあい方,メディア・リテラシーの教育が重要となってくるだろう。

◆ 注

1) 総務省『通信利用動向調査』(平成24年度).〈http://www.soumu.go.jp/johotsusintokei/statistics/statistics05.html〉(2014年1月7日1時13分)
2) 文部科学省『「子どものメディア接触と心身の発達に関わる調査・研究」2005年度事業報告書』(平成17年度).〈http://www.mext.go.jp/a_menu/sports/ikusei//06112702.htm〉(2014年1月7日1時13分)
3) 文部科学省『青少年の通信機器利用のあり方に関する調査研究報告書』(平成23年度).〈http://www.mext.go.jp/a_menu/sports/ikusei/taisaku/1341303.htm〉(2014年1月7日1時13分)

◆ 引用文献

赤坂瑠以・高木秀明. (2005). 携帯電話のメールによるコミュニケーションと高校生の友人関係における発達の特徴との関連. パーソナリティ研究, 13, 269-271.
Calvert, S. L., & Wilson, B. J. (2011). *The handbook of children, media, and development*. Boston, MA : Wiley-Blackwell.
古畑和孝. (2008). インターネットにおけるコミュニケーション考:SNSミクシィにおける一事例を通して. 帝京大学心理学紀要, 12, 15-31.
長谷川典子. (2004). インターネット掲示板のエスノグラフィー:日韓異文化コミュニケーション研究に向けて. 多文化関係学, 1, 15-29.
橋元良明. (2010). ネオ・デジタルネイティブの誕生:日本独自の進化を遂げるネット世代. ダイヤモンド社.
堀内敏夫. (1960). フリッカー値低下率にあらわれたテレビ視聴時間と疲労 (心身機能興奮水準の変動) との関係:知的発達・言語・思考. 教育心理学研究, 7, 73.
堀田真弓・高梨一彦. (1988). テレビゲームと子どもの生活実態調査:児童・幼児に対する面接調査から. 日本教育心理学会第30回総会発表論文集, 340-341.
家島明彦. (2006a). 大学生・大学院生が語るマンガ・アニメの影響. 日本発達心理学会第17回大会発表論文集, 398.
家島明彦. (2006b). 人がマンガから受ける影響についての探索的検討:インターネット上のコミュニティにおける書き込みの分析. 日本社会心理学会第47回大会発表論文集, 194-195.
家島明彦. (2008). マンガ読者としての発達的変化. 日本発達心理学会第19回大会論文集, 364.
家島明彦. (2009). 現代青年がマンガを読む契機,動機,時期に関する日米比較. 日本社会心理学会第50回大会・日本グループ・ダイナミックス学会第56回大会合同大会発表論文集, 1084-1085.

家島明彦．(2012)．子どもが好むマンガ・アニメが描く世界：人気作品から読み解く子ども目線．児童心理，**66**(13), 1062-1067．金子書房．

池田和代．(2006)．青年期の友人関係の希薄化に関する研究：携帯電話使用の影響について．武庫川女子大学発達臨床心理学研究所紀要，**8**, 35-42．

城　仁士・近藤徳彦．(1995)．コンピュータゲームが子どもの自律神経系反応に及ぼす影響．教育心理学研究，**43**, 418-423．

上濱龍也・清水茂幸・澤村省逸・清水　将．(2012)．大学生における携帯電話の使用状況と依存傾向について．岩手大学教育学部研究年報，**72**, 1-10．

狩野かおり・無藤　隆．(2004)．地域の子育てサークルとオンライン育児関連サイトのネット掲示板における親の子育てに対するサポートの比較．お茶の水女子大学子ども発達教育研究センター紀要，**1**, 19-31．

柏原　勤．(2011)．Twitterの利用動機と利用頻度の関連性：「利用と満足」研究アプローチからの検討．慶應義塾大学大学院社会学研究科紀要（社会学・心理学・教育学：人間と社会の探究），**72**, 89-107．

加藤千枝．(2013)．青少年女子のインターネットを介した出会いの過程：女子中高生15名への半構造化面接結果に基づいて．社会情報学，**2**(1), 45-57．

加藤尚吾・加藤由樹・赤堀侃司．(2006)．電子掲示板上の投稿文に対する読み手の感情解釈の分析．日本認知心理学会発表論文集，68．

国家公安委員会・警察庁．(2013)．警察白書〈平成25年版〉．日経印刷．

龔　暁雲・青木多寿子・中村　聡・中村勇介・中山真美・藤原綾子．(2003)．ゲーム遊びと子どもの感情の関連（Ⅰ）：小学校5年生の日中比較．日本教育心理学会第45回総会発表論文集，441．

三島浩路・黒川雅幸・大西彩子・本庄　勝・吉武久美・田上敦士・長谷川亨・吉田俊和．(2012)．中学生・高校生の携帯電話に関連したいじめ等の問題に関する研究．電子情報通信学会技術研究報告．HCS, ヒューマンコミュニケーション基礎，**111**(393), 57-62．

三田村章代・村野井均．(2000)．児童のアニメ理解：時間・空間移動の認識を中心に．日本教育心理学会第42回総会発表論文集，647．

三浦麻子．(2008)．ネットコミュニティでの自己表現と他者との交流．電子情報通信学会誌，**91**, 137-141．

中澤　潤・David W. Shwalb．(2012)．大学生のマンガリテラシーの日米比較．日本教育心理学会第54回総会発表論文集，319．

新田まや・城　仁士．(2002)．テレビゲームが小中学生の自己効力感に及ぼす影響．人間科学研究，**9**, 19-27．

丹羽　登．(2012)．障害のある子どもの教育におけるタブレット端末等を活用した実践．ノーマライゼーション：障害者の福祉，**32**(6), 17-19．

奥山今日子・久田　満．(2002)．自助資源としてのインターネット：「ひきこもり」の人たちが参加する電子掲示板に関する事例研究．コミュニティ心理学研究，**5**, 111-123．

小塩真司．(2012)．フェイスブック利用者の"自己愛"傾向を考える．宣伝会議，No.837, 14-16．

Pletka, B. (2007). *Educating the net generation : How to engage students in the 21st century*. Santa Monica, CA : Santa Monica Press.

Prensky, M. (2001). Digital natives, digital immigrants. *On the Horizon*, **9**(5), 1-6.

坂入笑美・宮本友弘．(2011)．マンガの登場人物に対する青少年の嗜好性の分析．日本教育心理学会第53回総会発表論文集，413．

佐藤公代．(1998)．文章の読解・記憶に及ぼす漫画の役割．日本教育心理学会第40回総会発表論文集，112．

瀬戸淳子・秦野悦子．(2011)．未就学児をもつ親の子育てにおけるインターネット活用（1）：インターネットによる子育て情報の収集．日本教育心理学会第53回総会発表論文集，63．

島井哲志・増田公男・岸本陽一．(1987)．幼児の発達とテレビゲームの関係I．日本教育心理学会第29回総会発表論文集，398-399．

Singer, D.G., & Singer, J.L. (2001). *Handbook of children and the media*. Thousand Oaks, CA : Sage.

空井健三．(1980)．描画（H・T・P）に示された現代中・高生の特性：発達的観点およびマンガとの関連から．日本教育心理学会第22回総会発表論文集，496-497．

末木　新．(2011)．自殺系掲示板の利用動機の類型とその影響．心理学研究，**81**, 577-584．

菅原ますみ．(2009)．テレビと子どもの発達（特集 子育ての神話）．心理学ワールド，No.46, 9-12．

杉村智子・原野明子・吉本　史・北川宇子．(1994)．日常的な想像物に対する幼児の認識：サンタクロースは本当にいるのか？　発達心理学研究，**5**, 145-153．

角谷詩織・無藤　隆．(2004)．思春期の子どものテレビメディアとの関わりおよび心理的変化：小学5年生を3年間追跡して．お茶の水女子大学子ども発達教育研究センター紀要，**1**，75-87．

田島信元・中山真貴子・宮下孝広・多田幸雄・今滝純江．(2010)．ゲーム・インターネット依存尺度の構成と依存予防・克服の条件の分析 (1) ゲーム・インターネット使用状況の実態．生涯発達心理学研究，**2**，113-122．

髙橋　登．(1991)．テレビの子どもへの影響について：発達的な視点からの展望．大阪教育大学紀要，**39**，243-252．

髙橋　登・杉岡津岐子．(1988)．テレビ漫画を材料とした物語理解の発達的研究．教育心理学研究，**36**，135-143．

高比良美詠子・安藤玲子・坂元　章．(2006)．縦断調査による因果関係の推定：インターネット使用と攻撃性の関係．パーソナリティ研究，**15**，87-102．

竹内和雄．(2014)．スマホチルドレン対応マニュアル「依存」「炎上」これで防ぐ！　中央公論新社．

Tapscott, D. (2008). *Grown up digital : How the net generation is changing your world*. New York : McGraw-Hill.

田山　淳・西郷達雄・小川さやか・木村拓也・冨家直明・西浦和樹．(2012)．高校生の携帯電話依存に関する基礎研究．宮城学院女子大学発達科学研究，**12**，39-46．

寺戸武志・永浦　拡・冨永良喜．(2010)．中学生における情報機器の利用状況およびネットいじめ経験の実態調査．発達心理臨床研究，**16**，89-106．

常冨真弘・横山隆光・加藤直樹・村瀬康一郎・興戸律子・及川浩和・田代　学．(2013)．タブレットPCを媒介とした協働学習を成立させる要件．年会論文集（日本教育情報学会第29回年会），**29**，398-399．

山本博樹．(1993)．テレビアニメにおけるカット技法の実態．発達心理学研究，**4**，136-144．

山脇　彩・小倉正義・濱田祥子・本城秀次・金子一史．(2012)．女子中学生におけるインターネット利用の現状とインターネット依存とメンタルヘルス上の問題との関連．名古屋大学大学院教育発達科学研究科紀要（心理発達科学），**59**，53-60．

残華ひとみ・兒玉憲一．(2008)．インターネット上の悩み相談掲示板における発言分析．広島大学大学院心理臨床教育研究センター紀要，**7**，47-60．

56章 成人・中高年の自己実現と社会生活

岡林秀樹

1961年，1980年，および2009年時点で，結婚した女性の典型的なライフサイクルを比較した（図56.1）ところ，1961年から2009年にかけて女性の平均寿命は13.1年（男性は8.4年）延びるとともに，女性の結婚年齢は4.1年（男性は3.1年）延び，高学歴化や結婚観の変化等により晩婚化が進んでいた（厚生労働省，2011）。このように，現代社会においては，寿命の延びとともに，個人のライフサイクルは変化し，成人期以降の人生において多様な選択が可能になってきている。それとともに，成人期以降，どのように人生を送るのかということについて，個人が主体的に考えることがより重要となってきている。本稿では，個人と社会の不適合という観点から成人期の危機をとらえる理論的枠組みを紹介した後に，わが国における社会規範とストレス状況の時代的変遷を分析し，中高年期における自己実現のありようについて考えていきたい。

1節 成人期の危機をとらえる枠組み

ライリーは，年齢に関して2つの理念的な社会構造を考えた（Riley & Riley, 1994, 2000）。一つは，年齢区分社会（age-differentiated society）とよばれ，若者には「教育」，中年には「仕事」，高齢者には退職後の「余暇」というように，年齢によって主たる活動領域が区切られている社会である。もう一つは，年齢統合社会（age-integrated society）とよばれ，年齢による障壁がなくなり，いつどのような役割をとるかを個人がより柔軟に決められる社会である（図56.2）。

年齢統合社会には，2つの特徴がある。一つは，年齢による構造的な障壁が崩され，仕事や教育における役割機会がすべての年齢の人々に開かれていることであり，もう一つは，異なる年齢層の人々が同じ場でひきあわされることである。年齢統合社会では，社会への参加や退出が年齢で制限されないので，個人は，人生のどの時点においても，教育，仕事，家庭生活，余暇などに柔軟に携われるし，一つの社会組織のなかで，さまざまな年齢の人々と多様な交流ができる。ライリーは，かつての社会構造は，年齢区分的であったが，現代においては年齢統合社会へ向かって変化してきていると考えている。

ライリーが提出したもう一つの重要な概念に，構造的遅れ（structural lag）がある（Riley & Riley, 1994 ; Dannefer, Uhlenberg, Foner, & Abeles, 2005）。構造的遅れは，人々の生活の現実的な変化に社会制度がついていけていないことから起こるものであり，社会変動や人口動態の変化

の結果として，ある年齢の個人とその社会が提供している役割との不適合から生じる潜在的な緊張や矛盾を説明する概念である。一例をあげれば，現代の社会制度は高齢者人口の増加に対応しきれていない。平均寿命の延びにより，現代では，健康で働く意欲のある高齢者が数多く存在するが，ほとんどの企業が健康で能力や意欲のある高齢者が働き続けることができるような柔軟な労働条件を提供できていない。その一方で，介護が必要な高齢者が急増しているにもかかわらず，必要な介護施設やサービスが不足している。

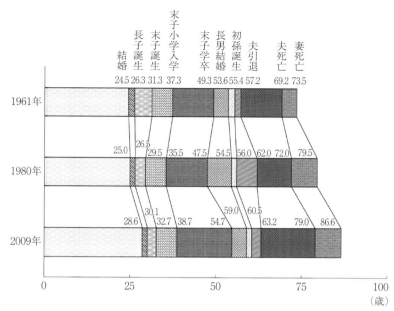

図56.1 女性のライフサイクルの時代変化（厚生労働省，2011, p.29の図を再構成）

ライリーは，年齢によって区分された社会が，変わりゆく社会の現実に対応しきれず，構造的遅れをもたらすことによって個人の幸福が損なわれるということを指摘し，年齢によって統合された社会によって構造的遅れが解消される可能性を示唆してきた。このようなライリーの考えを性別という問題に適用したのが，モーエンである（Moen &

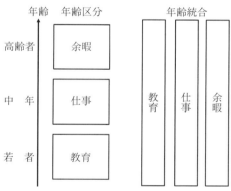

図56.2 社会構造の理念型（Riley & Riley, 1994, p.26の図を筆者が邦訳）

Chermack, 2005）。モーエンは，社会は年齢だけではなく，性によっても区分されているということ，および，社会というマクロの問題に，個人がどのようにかかわるのかというミクロの視点も含めたモデルを考案した。モーエンは，男女の役割は生物学的に規定されたものではなく，主として社会的に規定されていると考えており，20世紀の社会において信じられてきた男女の役割に関するいくつかの信念（mystique）の存在を指摘している。たとえば，女性らしさの信念（feminine mystique）とは，女性が充実した生活を送るためには，妻となり，母親になるという役割（責任）を担うことが重要であり，キャリアの信念（carrier mystique）とは，男性が充実した生活を送るためには，会社員となり，一家の稼ぎ手となるという役割（責任）を担うことが重要であるという考え方である。さらには，退職の信念（retirement mystique）とは，生涯にわたる有償労働に見合った報酬として，経済的安定とフルタイムの余暇とともに，（何の責任もな

い）退職者の役割が訪れる，という考え方である。これらの信念は，いずれも現代社会においては現実にそぐわないものであるが，その名残は依然として残っている。たとえば，現代では，すでに夫婦共働きが一般的な形態となってきているにもかかわらず，（決して退職することのない）専業主婦という存在に支えられてはじめて成り立っていた，キャリアの信念と退職の信念は，未だに，多くの女性や男性によって信じられており，人々の行動を規定している，というのである。

　しかしながら，個人は社会の影響を受動的に受けるだけではなく，自分の好みにもとづいて自ら求める役割を主体的に選択する存在でもある。これをモーエンは，戦略的役割選択（strategic role selections）とよび，この過程において，個人は，現実の生活とは調和しないような文化的・制度的な役割の配置（例：元気な高齢者が働ける会社が実際にはほとんどないことなど）に直面しながらも，自らの目標や欲求に合った役割（例：退職後，地域のボランティア活動をすることなど）を選択するのである。このような個人の主体的な選択は，心理学の領域におけるバルテスとバルテス（Baltes & Baltes, 1990）の補償をともなう選択的最適化（selective optimization with compensation：SOC理論）やヘックハウゼンほか（Heckhausen, Wrosch, & Schulz, 2010）のコントロール理論と対応する。さらに，モーエンは，人々とのつながり（リンクされた人生：linked lives）と個人の主体的な選択（戦略的役割選択）が個人の健康やウェルビイーングに影響を及ぼしているのだが，それらすべてが，性別によって区分された社会制度（性別を反映した役割配置および社会化プロセス）の影響を受けていると考えていた。

　このように，これまで社会は年齢や性によって区分されてきたと考えられているのだが，実際の社会において，性別を反映した社会化のプロセスは，性や年齢によって異なる社会規範をつくりだしてきたのだろうか。また，個人の健康やウェルビイーングに対する社会の影響は性や年齢によって異なっているものなのだろうか。これら2つの問題について，前者については，性別役割分業意識，後者については，自殺死亡率を指標として，戦後の日本社会における時代的変化を検討していきたいと思う。

2節　社会規範とストレス状況の時代的変遷の分析に関する3つの視点：時点系列分析，コホート系列分析，クロス系列分析

　わが国は，第二次世界大戦後，1955年以降の高度経済成長，1975年以降の安定成長をとおして，比類なき経済発展を遂げてきたが，1990年のバブル経済崩壊後，経済の停滞が続いている（厚生労働省，2011, p.6）。そのような時代の変化のなかで人々が抱いている社会規範やストレスはどのように変化してきただろうか。

　シャイエら（Schaie, 2005；Schaie & Willis, 2002/2006；岡林，2006, 2011）は，私たちが過ごしている時間は，加齢（age），コホート（cohort），および時代（period）という3つの視点に

立って考えることができるということを指摘している。ここで、コホートとは、同じ時期に生まれた人のグループのことをいう。シャイエら（Schaie, 2005 ; Schaie & Willis, 2002/2006）は、これらの関係を解きほぐし、それぞれの効果を明らかにする具体的な方法として、以下の3つの分析方法をあげている。1つ目は、時点系列分析（time-sequential analysis）であり、ある特性の時代変化を年齢ごとに比較し、その特性の世代間ギャップが時代の変遷をとおして変化しない共通したもの（時代を超えて一般化しうるもの）なのか、それとも時代によって大きく異なるものなのかを検討するものである。この分析は、（コホート差を仮定せず）社会変動や技術革新が、異なる年齢の個人に及ぼす影響が異なる場合に有効である。2つ目は、コホート系列分析（cohort-sequential analysis）であり、ある特性の加齢変化をコホートごとに比較し、加齢変化のパターンが複数のコホートにおいて類似しており、コホートを超えて一般化しうるものなのか、それともコホートごとに異なるものなのかを検討するものである。この分析は、（時代変化を仮定せず）一般的な加齢変化を見出そうとする発達研究においてよく用いられる。3つ目は、クロス系列分析（cross-sequential analysis）であり、ある特性の時代変化をコホートごとに比較し、時代変化のパターンが複数のコホートにおいて類似したものであり、コホートを超えて一般化しうるものなのか、それともコホートごとに異なるものなのかを検討するものである。この分析は、（加齢変化を仮定せず）時代による社会変動が、ある特性に及ぼしている影響を検討するときに有効な方法である。以下、これらの3つの分析方法によって、性別分業役割意識と自殺死亡率の時代的変遷について順次検討する。

3節　現代日本における性役割分業意識の時代変化

　モーエンの指摘するように（Moen & Chermack, 2005）、社会構造が性によって区分されているのであれば、それは規範化されて人々の意識のなかに反映されており、社会構造が変化しても人々の意識のなかに残存すると考えられる。現代社会は、伝統的に性別によって固定化した役割取得から、性別にかかわらず個人の能力や適性に応じて柔軟な役割が取得できる状態へと変化していると思われるが、性別によって固定的な役割取得をすべきであるというような考え方は、依然として人々の意識のなかに残っているものなのだろうか。それとも、伝統的な性役割の重視から柔軟な役割取得を重視する方向へと時代とともに変化しているのだろうか。また、年をとることによって、人々の意識は保守化し、伝統的な性役割を望むようになるのだろうか。あるいは、世代や時代によって、そのような傾向は異なるのだろうか。

　ここでは、内閣府が継時的に行ってきた世論調査のデータ（内閣府, 1997, 2002, 2004, 2007, 2009, 2012；松田, 2005）を用いて、性別役割分業意識の年齢ごとの時代変化（時点系列分析）、コホートごとの加齢変化（コホート系列分析）、およびコホートごとの時代変化（クロス系列分析）を男女別に検討していきたいと思う（図56.3）。なお、ここでの性別役割分業意識とは、「夫は外で働き、妻は家庭を守るべきである」という考えに賛成した人（「賛成」「どちらかといえば

賛成」「どちらかといえば反対」「反対」という 4 つの選択肢のなかで，「賛成」「どちらかといえば賛成」に回答した人）の割合で示されている．

時点系列分析（図56.3.1～2）より，性別役割分業意識には，男女ともに1997年から2002年にかけて急激に低下，その後，男性では2007年までは横ばい，（30～39歳と70歳以上の年代を除

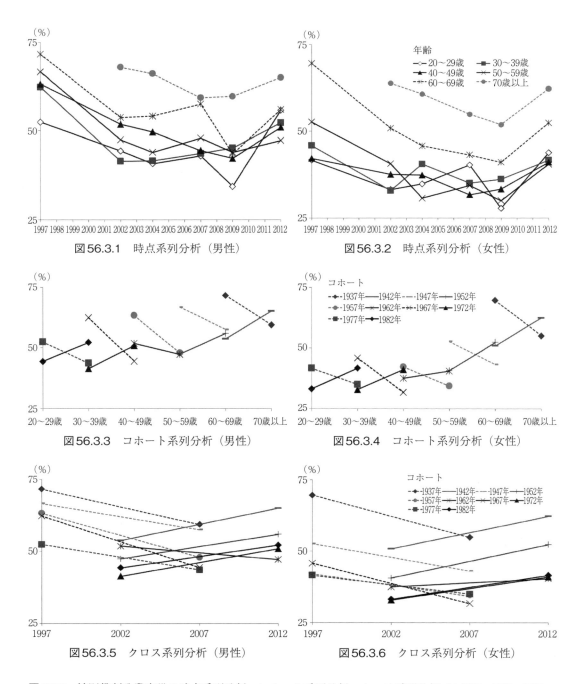

図56.3.1　時点系列分析（男性）
図56.3.2　時点系列分析（女性）
図56.3.3　コホート系列分析（男性）
図56.3.4　コホート系列分析（女性）
図56.3.5　クロス系列分析（男性）
図56.3.6　クロス系列分析（女性）

図56.3　性別役割分業意識の時点系列分析，コホート系列分析，クロス系列分析（内閣府，1997，2002，2004，2007，2012；松田，2005のデータを再構成）

き）2007年から2009年にかけて低下，女性では2002年から2009年まで穏やかに低下し，全体的には12年にわたる長期的な低下傾向がみられていた。しかしながら，2009年から2012年にかけて，男女ともにすべての年齢群において再上昇する傾向がみられた。とくに顕著だったのは20代という若い世代で，男性では21%（2009年：34.3%，2012年：55.7%），女性でも16%（2009年：27.8%，2012年：43.7%）も上昇していた。また，男女ともに60歳以上の高齢者の性別役割分業意識（図では点線）は他の世代に比べて高かった。クロス系列分析（図56.3.5～6）より，性別役割分業意識は，すべてのコホートにおいて1997年から2007年の10年間で低下し（図では点線），1962年の男性コホートを除いたすべてのコホートで2002年から2012年の10年間で上昇していた（図では実線）。このことは，コホート系列分析（図56.3.3～4）でも確認された。これらのことから，性別役割分業意識は高年齢のほうが高いものの，その変化は加齢ではなく，時代の影響によって引き起こされていると考えられる。

　以上のことから，1997年から2012年にかけての16年間の性別役割分業意識の変化は，1997年から2009年までの長期的な低下とその後の反動の2つに区分できるように思われる。その背景にある社会の変化について考えてみると，1986年に男女雇用機会均等法が施行されてから女性が社会で働くことが普通のことになってきたことが性別役割分業意識の低下をもたらしたと考えられる。現代の日本社会において，少なくとも2009年までは，人々の意識のなかでは，働くことに対する性による障壁，すなわち，モーエンが指摘したような前時代的な規範の名残は消失しつつあったといってよいだろう。このことは，佐々木（2012）による2000年から2010年までの日本版総合的社会調査の分析でも支持されている。

　しかしながら，2009年から2012年にかけて，この傾向は，逆転し，男女ともにほとんどすべてのコホートにおいて，再度，性別役割分業を肯定的に評価する傾向が増大した。松田（2005）は本稿と同じ内閣府のデータを用いて2002年から2004年にかけて30代の女性で性別役割分業を肯定する傾向が増加したことを指摘しており，前述の佐々木（2012）も1970年以降に生まれた女性のコホートにおける同様の結果を指摘しており，いずれも近年における若年女性の保守化傾向と述べている。しかし，今回2009年から2012年にみられた性別役割分業意識の上昇は，若年女性だけではなく，男性や中高年を含む，ほぼすべてのコホートにおよぶ時代効果である。このことは何を意味しているのであろうか。現代においては女性が社会で働くことがあたりまえのこととなってきたにもかかわらず，子育てと仕事との両立に必要な社会制度は十分には整備されておらず，実社会における女性の働きやすさは，それほど改善されていない。そのようななかで，人々の価値観に伝統的なものを是とするような揺り戻しが起こったのかもしれない。また，わが国においては2011年3月に生じた東日本大震災を契機に家族のきずなを見直す機運が盛んになってきた。不安定な社会情勢のなかで，安定した家庭生活を営むためには，夫が一家の大黒柱として働き，妻が家庭を支えるという伝統的なスタイルが醸し出す安定感に対する郷愁が引き起こされ，このような結果が生じたのかもしれない。今後もこのような保守化の傾向が続くのか，それとも一過性のものなのかを，今後の社会の動きとともに注視していく必要があるだろう。

4節　現代日本における自殺率の時代変化

　自己実現の対極にある現象として自殺をとらえることができるのではないだろうか。OECD (2014) の統計では，わが国の2011年の自殺率は人口10万人につき20.9人と推計されており，この数値は，全24か国の中で，韓国 (33.3人)，ハンガリー (22.8人) に次ぐ値であり，国際的にみても大きな問題である。ここではわが国における自殺死亡率の年次変化のデータをもとに，時代，加齢，およびコホートの効果を検討する。中高年の自殺のリスクは，その時の社会状況 (不況など) の影響 (時代の影響) を受けているのだろうか。それとも，自殺のリスクは，中年期になると，自分の人生の終わり (死) を意識し，これまでの人生を振り返ることから生じる葛藤を反映して増大するもの (加齢の影響) なのだろうか，あるいは，ある特定のコホートで高く，別のコホートで低いというような傾向 (コホート効果) をもつものなのだろうか。

　ここでは，厚生労働省 (2014) による性・年齢 (5歳階級) 別自殺死亡 (人口10万対) の年次比較データを再構成することによって，男女別に，時点系列分析，コホート系列分析，クロス系列分析を行った。時点系列分析 (図56.4.1～2) より，1985年以前は男女ともに自殺は高齢者の問題，1955年から1960年にかけては20代の若者の問題であったが，2000年以降は，中年男性 (40～64歳) の問題となっているようにみえる。コホート系列分析 (図56.4.3～4) によると，1930年・1935年・1940年の3つのコホートでは男女ともに20代の自殺率が高いこと (1930年コホートは25歳〔1955年時点〕，1935年コホートは20歳〔1955年時点〕，1940年コホートは20歳〔1960年時点〕がピーク)，男性では40代から50代にかけて上昇する傾向があるようにもみられるが，1930年から1945年のコホートでは1985年時点と2000年時点をピークとし，二度増減を繰り返している。クロス系列分析 (図56.4.5～6) から，男性では1945年以前のコホートで1980年から1985年まで自殺率は上昇したが1990年にかけて低下し，その後 (1995年に65歳である1930年コホートを除く) ほとんどのコホートにおいて1990年から95年まで微増，さらにすべてのコホート (とくに，2000年時点で45歳～55歳である1945年・1950年・1955年のコホート) で1995年から2000年まで上昇していた。さらに2000年から2005年にかけては，2005年時点で60歳以上になる1930年・1935年・1940年・1945年コホートでは低下したが，2005年時点で55歳以下の1950年以降のコホートでは上昇していた。その後，2005年から2010年にかけては2010年時点で60歳以上になる1945年・1950年コホートで低下したが，それ以外のコホートではほぼ同程度であった。一方，女性では，目立った時代の影響はみられなかった。

　以上のことから，1950年から2010年まで60年間の自殺率の変化を全体的にとらえると，自殺は，男女ともに1985年より以前は高齢者の問題，1955年から1960年にかけては20代の若者，2000年以降は40歳から60歳までの中年男性の問題になってきているようである。クロス系列分析によって，1985年から2000年までいずれのコホートでもほぼ同様の変化パターンがみられたことから時代による社会の変化が男性の自殺率の変動に強い影響を及ぼしていることが推察される。また，2000年から2005年にかけて自殺率が働き盛りの中年期のコホートでは上昇している

が，60歳以降の定年後のコホートでは低下し，コホートによって時代の影響の方向性が異なっていたことも注目すべき点であろう。

下仲・佐藤（1992）は，本稿と同じようにわが国の性別および年齢別自殺死亡率の1950年から1988年にかけての時代変化を検討し，いわゆる昭和ヒトケタ世代（1926年～1934年生まれ，本

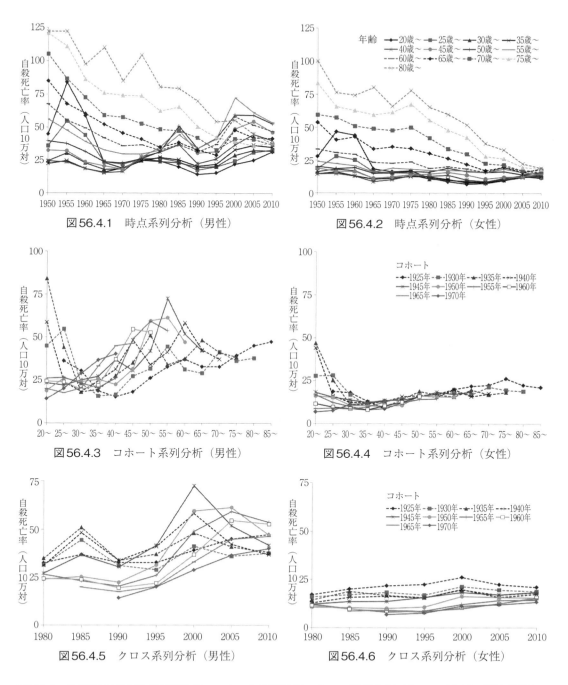

図56.4.1　時点系列分析（男性）
図56.4.2　時点系列分析（女性）
図56.4.3　コホート系列分析（男性）
図56.4.4　コホート系列分析（女性）
図56.4.5　クロス系列分析（男性）
図56.4.6　クロス系列分析（女性）

図56.4　自殺死亡率の時点系列分析，コホート系列分析，クロス系列分析（人口10万人対）（厚生労働省，2014のデータを再構成）

稿の分析においては1925年および1930年コホート)における50代の男性の自殺率が1988年に増加してきたことを指摘し，戦中・戦後にかけての価値観の大転換や1960年代の高度成長期からその後の低成長期を経験してきたことから生じた，このコホートに特有の自己の不安定感が自殺率増加の遠因ではないかと示唆していた。しかしながら，今回の分析（とくに，クロス系列分析）により，それ以降（1935年・1940年・1945年）のコホートでも1985年に中年期男性の自殺率が上昇していることから1980年代中頃に生じた中年男性の自殺率増加の原因は，特定のコホートを超えた時代の影響と考えたほうがよいように思われる。

　では，具体的にはどのような社会現象の変化が男性の自殺率の変化に影響を及ぼしていたのだろうか。まず，1980年から1985年にかけての自殺率の上昇は，1979年に生じた第二次オイルショック後の長引く不況期に，1985年から1990年にかけての自殺率の低下はバブル景気といわれた時期に対応しており，経済の好不況が中年期の男性の自殺率の増減に影響しているのではないかと考えられる。1990年のバブル崩壊後，自殺率は微増し，1997年から1998年にかけての金融恐慌に対応して，すべてのコホートで自殺率が上昇していた。しかし，2000年から2005年にかけて，コホートによって変化の方向性が異なり，2005年で60歳以上のコホートでは自殺率は低下したが，55歳以下のコホートでは上昇していた。この時期（2002〜2007年）は「実感なき景気回復」といわれており，「国民の多くは景気回復を実感として受け止められなかった。その理由は，経済成長のペースが非常に緩やかだったこと，賃金も物価もほとんど上がらなかったこと，企業利潤は改善したが，その恩恵が家計にまでは及ばず，個人消費が伸び悩んだことにあった」（浅井・井手，2011, p.191）とされており，ダウンサイジング，リストラ，および非正規雇用の増大をとおして企業の業績は回復しても，そのしわ寄せが個人に及んでおり，終身雇用・年功序列を中心とする日本的雇用慣行が崩壊していく過程と重なっている。そのようななかで，一家の主な稼ぎ手として働いている中年男性（40代から50代）は，子育てや住宅ローンなど出費がかかるなか，給与削減や雇用不安をかかえていたため，自殺率が増加したのではないかと考えられる。一方，何とか定年まで勤め終えることのできた60歳以上の世代は，子どももひとまずは独立し，住宅ローンも払い終え，過酷な雇用環境から抜け出せたため，自殺率が低下したのではないだろうか。なお，定年後のコホートで自殺率が低下する傾向は2005年から2010年にかけての1945年コホートと1950年コホートでも確認されている。

　「中年期の危機」（midlife crisis）は，古くはジャックス（Jaques, 1965, 1993）による中年期における芸術家の危機，レヴィンソン（Levinson, 1978/1980）による「中年期に入るころの不安的な時期」，ユング（Jung, 1960）の「人生の正午」，エリクソン（Erikson, 1982/1989）の「生殖性 対 停滞」として中年期の発達課題の問題として論じられ，主に中年期の男性の内面的葛藤に焦点が当てられていた。このような危機モデルに対して，移行モデルでは，中年期にめったに危機は生じないと考えている。この2つの考え方の違いは，危機モデルは，援助を求めている臨床集団に対する面接や質的研究にもとづいているが，移行モデルは，代表標本に対する質問紙調査の量的研究にもとづいているという研究方法論の違いに帰せられることが多い（Schaie & Willis, 2002/2006）。今回の分析は，わが国の官庁統計のデータを再構成した量的研究といえるが，そこ

から見えてきたことは，2000年以降に中年期の男性には危機が生じるが，その危機は定年後に低下する，ということであり，その主な原因は時代による経済環境の悪化であると考えられる。

本稿において，わが国における自殺率という指標の時代的変遷を，加齢，コホート，および時代という3つの時間的観点から検討したところ，経済の時代的変化が，中年期の男性の自殺率に大きな影響を及ぼしていることが明らかになった。経済の国際化など，社会における不安定度が今後も増加していくことが予測されるため，かつては，いずれ来る死（限られた人生）を自覚し，理想と現実のギャップという意味での「危機」が仮定されていたのだが，現代においては，わが国の中年男性は，変動する社会の荒波に揺り動かされ，不十分なセーフティネット中で，家計の主な稼ぎ手として大きな責任を担っている，というより現実的な意味での「中年期の危機」を迎えているようである。わが国における中年期の男性の危機に対応するためには，不況による倒産や失業という雇用環境の悪化に対するセーフティネットの構築など，社会制度上の対策の拡充とともに，失業などのように個人が伝統的な役割から逸脱した場合，生きる意欲までも失ってしまわないように，個人を取り巻く社会がより寛容な規範をそなえていく必要もあるのではないだろうか。

5節　現代における「中年期の危機」を乗り越えるために

性別役割分業意識の時代的変化の分析から，少なくとも2009年までは，わが国では，男性だけが働くべきであるというような硬直した考えは低下してきていた。現在の日本社会では，モーエンがいうような男性が一家の大黒柱として経済的な面での重責を負わなくてはならないという前時代的な「キャリアの信念」は弱まってきていた。このような性別役割分業意識の変化だけからみれば，男性も女性も柔軟に就業や家庭の役割を担当しあい，一方が失業した場合は，他方が補うというような柔軟な態勢がとれてもよさそうである。

しかしながら，現実には，わが国において，未だに，そのような社会構造はとられていない。女性の長期雇用に必須である，子育てや介護の際に仕事を辞めずにすむようなシステムは十分に機能していない。働く意欲のある高齢者を社会で十分に活用しきれていない。中年期の男性が失業した場合，その男性と家族を支えるためのセーフティネットも十分に機能していない。このような現状は，ライリーがいっていた構造的遅れ，すなわち，社会の現実的な変化に社会制度が追いついていないことからくる個人と社会の不適合といえるだろう。2009年から2012年にかけての性別役割分業意識の反動的な上昇は，このような個人の理想と現実の社会の不適合の認知的な不協和を解消するために生じたのかもしれない。

わが国においては，現在，そして将来起こるであろうさまざまな社会問題を想定し，それに対応するような，中長期的な視野にもとづく，社会制度の改革が早急に望まれているにもかかわらず，グローバリゼーションのため，将来生じることの予測がますます困難になってきている。こ

のような問題を完全に解決できる処方箋はないが，ライリーとライリー（Riley & Riley, 2000）は，年齢区分社会から年齢統合社会への移行によって，人々の関心が，消費や金銭的報酬から世代間における連帯（connectedness）へと移行していくことが，現実の急速な変化に対する個人や制度の不適合を解消するため役立つのではないか，という可能性を語っている。個人の能力・適性・意欲に応じて，さまざまな役割を柔軟に取得できるような社会の実現を目指し，そのような社会で，性や年齢の違いを超えて，人々が交流し，互いに協力し合うことによって，予測不可能な社会の変化に柔軟に対応することができるというのである。男性と女性，高齢者と若年者というような区分は，ややもすると対立の構図でとらえられがちであるが，男性だけ，あるいは，女性だけで成り立つ社会，また，若者だけ，あるいは，高齢者だけで成り立つ社会は，当然のことながら存在しない。世界規模での急激な変化にさらされ，将来の予測が難しいこの時代を私たちが生き抜くためには，性や世代を超えた連帯を模索しながら，私たち一人ひとりが独自の生き方を追い求めていくことしかないのではないだろうか。

◆ 引用文献

浅井良夫・井手英策．(2011)．デフレ下の長期景気回復（2002〜2006年を中心に）．岩田一政・黒田昌裕（編），バブル／デフレ期の日本経済と経済政策（歴史編）2　日本経済の記録　金融危機，デフレと回復過程（1997年〜2006年）（pp.185-283）．内閣府経済社会総合研究所．

Baltes, P. B., & Baltes, M. M. (1990). Psychological perspectives on successful aging : The model of selective optimization with compensation. In P. B. Baltes & M. M. Baltes (Eds.), *Successful aging : Perspectives from the behavioral sciences* (pp.1-34). New York : Cambridge University Press.

Dannefer, D., Uhlenberg, P., Foner, A, & Abeles, R. P. (2005). On The shoulders of a giant : The legacy of Matilda White Riley for Gerontology. *Journal of Gerontology : Social Sciences,* **60B**, S296-S304.

Erikson, E. H. (1989). ライフサイクル，その完結（村瀬孝雄・近藤邦夫，訳）．みすず書房．(Erikson, E. H. (1982). *The life cycle completed : A review*. New York : W.W. Norton.)

Heckhausen, J., Wrosch, C., & Schulz, R. (2010). A motivational theory of life-span development. *Psychological Review,* **117**, 32-60.

Jaques, E. (1965). Death and the midlife crisis. *International Journal of Psychoanalysis,* **46**, 502-514.

Jaques, E. (1993). The midlife crisis. In G. H. Pollock & S. I. Greenspan (Eds.), *The course of life : Vol. 5. Early adulthood* (pp.201-231). Madison, CT : International Universities Press.

Jung, C. G. (1960). *The stages of life*. In H. Reed, M. Fordham, & G. Adler (Eds.), *Collected works : Vol. 8* (pp.387-403). Princeton, NJ : Princeton University Press. (Original work published in 1931)

厚生労働省．(2011)．厚生労働白書：社会保障の検証と展望：国民皆年金・皆年金制度実現から半世紀．日経印刷．

厚生労働省．(2014)．人口動態統計（上巻）性・年齢別にみた死因年次推移分類別死亡数及び率（人口10万対）．〈http://www.e-stat.go.jp/SG1/estat/GL08020103.do?_toGL08020103_&listID=000001108740&requestSender=dsearch〉（2015年3月5日）

Levinson, D. J. (1980). 人生の四季〔南　博，訳〕．講談社．(Levinson, D. J. (1978). *The seasons of a man's life*. New York : Knopf.)

松田茂樹．(2005)．性別役割分業意識の変化：若年女性にみられる保守化のきざし．ライフデザインレポート，24-26．第一生命経済研究所．

Moen, P., & Chermack, K. (2005). Gender disparities in health : Strategic selection, careers, and cycles of control. *Journal of Gerontology : Series B,* **60B** (Special Issue II), 99-108.

内閣府．(1997)．男女共同参画社会に関する世論調査（平成9年9月調査）．〈http://www8.cao.go.jp/survey/h09/danjyo.html〉（2015年3月3日）

内閣府．(2002)．男女共同参画社会に関する世論調査（平成14年7月調査）．〈http://www8.cao.go.jp/survey/

内閣府．（2004）．男女共同参画社会に関する世論調査（平成16年11月調査）．〈http://www8.cao.go.jp/survey/h16/h16-danjo/index.html〉（2015年3月3日）
内閣府．（2007）．男女共同参画社会に関する世論調査（平成19年8月調査）．〈http://www8.cao.go.jp/survey/h19/h19-danjyo/index.html〉（2015年3月3日）
内閣府．（2009）．男女共同参画社会に関する世論調査（平成21年10月調査）．〈http://www8.cao.go.jp/survey/h21/h21-danjo/index.html〉（2015年3月3日）
内閣府．（2012）．男女共同参画社会に関する世論調査（平成24年10月調査）．〈http://survey.gov-online.go.jp/h24/h24-danjo/4.html〉（2015年3月3日）
OECD．（2014）．Suicides : Deaths per 100,000 population．〈http://www.oecd-ilibrary.org/social-issues-migration-health/suicides_20758480-table10〉（2015年3月10日）
岡林秀樹（2006）．発達研究における問題点と縦断データの解析方法．パーソナリティ研究，**15**，76-86．
岡林秀樹．（2011）．縦断的発達研究．子安増生・白井利明（責任編集），日本発達心理学会（編），発達科学ハンドブック：3 時間と人間（pp.49-66）．新曜社．
Riley, M. W., & Riley, J. W., Jr. (1994). Structural lag : Past and future. In M. W. Riley, R. L. Kahn, & A. Foner (Eds.), *Age and structural lag : Society's failure to provide meaningful opportunities in work, family, and leisure* (pp.15-36). New York : John Wiley & Sons.
Riley, M. W., & Riley, J. W. (2000). Age integration : Conceptual and historical back ground. *Gerontologist*, **40**, 266-270.
佐々木尚之．（2012）．JGSS累積データ2000-2010にみる日本人の性別役割分業意識の趨勢：Age-Period-Cohort Analysisの適用．日本版総合的社会調査共同研究拠点研究論文集，**9**，69-80．
Schaie, K. W. (2005). *Developmental influences on adult intelligence : The Seattle longitudinal study*. New York : Oxford University Press.
Schaie, K. W., & Willis, S. L. (2006). 成人発達とエイジング（第5版）（岡林秀樹，訳）．ブレーン出版．(Schaie, K. W., & Willis, S. L. (2002). *Adult development and aging* (5th ed.). Upper Saddle River, NJ : Prentice-Hall.)
下仲順子・佐藤眞一．（1992）．現代社会における成人の自己実現と社会生活．東　洋・繁多　進・田島信元（編集企画），発達心理学ハンドブック（pp.1151-1164）．福村出版．

57章 社会の変化と発達

小嶋秀夫

1節 「社会の変化と発達」という問いの設定

　この章を担当した筆者はいくつかの難問に直面した。最初にその主なものを小見出しとしてあげ，筆者が行った選択と対処を述べる。それが本章の構成意図と限界の理解に役立てばと思う。
　(1)「社会の変化と発達」は，本来は学際的アプローチを必要とする課題である。一方では社会の構造・機能とその変化過程を扱う諸学問（社会学，経済学，政治学，人口学，宗教学，人類学，歴史学などを含む）が，他方では人間発達にかかわる諸学問（教育学・保育学，心理学，医学，生物学などを含む）と実践領域（子育て，保育，教育，社会福祉，医療，臨床心理などを含む）との共同作業が望まれる。この種の作業が生産的であるためには，社会の変化と発達に関するどのような基本モデルを採用するかの共通理解が前提となる。特定の時期の特定の社会に限定しても，学際的アプローチによる知見の一般化可能性を評価するのは容易ではない。今の筆者に可能なことは，これまでの研究のいくつかをふまえて頭のなかで学際研究を仮想して，社会の変化と発達に関する少数の基本モデルを検討することである。このモデルは社会の変化と発達のリンクを扱うが，最後の4節でその概要をとりあげる。
　(2) ある社会を中心的ターゲットとして，社会の変化と発達の問題を扱う際でも，どのような時間尺度で社会側の条件の連続性と変化をとらえるかを決定する必要がある。社会史や文化史では，世紀を単位とする期間を扱うことが多い。しかし，人生の主要な時期における人間発達に類する現象に関して，過去に遡って収集する資料には限界があり，それを当時の社会的条件とリンクさせて考察するのは容易ではない。そこで，長期間にわたる現象の研究知見は，現在を理解する重要な背景的情報として扱う。
　人間発達という概念が成立して，関連する心理学や医学領域でのデータが蓄積されはじめた20世紀以降には，世界大戦，大恐慌，政治的革命のような社会的激動が起こると，それが人間発達に短期的・長期的にどのように結びつくかが研究の問いとして設定される。たとえば，エルダー（Elder, 1974/1991）の研究は，大恐慌が子どもと親たちに及ぼした影響（収入が激減した家族と，そうでない家族とに区別した）と，それに対する人々の対処行動と結果を，サンフランシスコ湾岸地域で収集されていた複数の縦断データを活用し，彼自身が後に収集したデータも使用してライフコースの視点からまとめたものである。エルダーとジール編著（Elder & Giele, 2009/2013）のライフコース研究では，生涯にわたる人間発達とエイジングを，一つには個々人がたどる多様な軌道を，もう一つには個人を取り巻く4水準の社会的構造との相互関係をとらえるモデル

(Fig.1) を提示した．研究の技法に関しては，20世紀のアメリカの主要な縦断研究のデータを再構成して活用する手法も含まれる．さらにいくつもの国のライフコース軌道を比較して，グローバライゼーション過程が各国の諸社会制度によるフィルターをかけられ，個人のライフコースをチャネルづけるかの分析手法の構想も提起されている．

　このような激動よりも緩やかに進行する社会的変化（経済システム，生産・情報伝達をはじめとした諸側面での技術革新，人口学的変化，グローバライゼーションがもたらす多面的変化など）が，人間発達にどのように結びつくのかの研究もなされた．これらの多くは1970年代から西洋で組織的に始まり，当初は子どもと家族，学校，地域社会，価値観に焦点を当てた．それはたんに研究目的だけではなく，社会がかかえる問題の解決をも志向するものであった．その研究成果や政策提言は，西洋以外の国々で自分らの問題解決を図る活動を刺激した．さらに20世紀後半からの世界規模での変化が注目され，"Human development and social change" と題した編著書（Silbereisen & Chen, 2010a）も，1990年代以降の研究を中心に扱っている．

　上記のような社会的・政治的・経済的・人口学的変化は，人々の生活と発達に一方向的に影響するのではなく，それに反応し対処する人々との間で，相互規定的な関係が展開する側面も考慮する必要がある．その過程で，子ども時代に始まる人生の各時期に対する社会による意味づけとセンティメントや態度の変化が起こり，それらと個々人の経験と発達との関連についての論議がなされた．これらを含めた研究と論議が，2節の主要なテーマとなる．

　(3) (2)でとりあげた研究の過程で，西洋由来の理論，概念，研究方法をそのまま自文化に適用することへの疑問がいくつもの国で出た．西洋の研究者も自己相対化をするとともに，他文化の研究の視点をも統合した一般性の高い概念化や研究知見の統合を目指しはじめた．これらのテーマを3節で扱う．

2節　産業革命と進歩の思想，そして近年の状況

1. 社会の近代化過程における青少年

　欧米での産業化が家族，労働，学校にもたらした変化について，カニンガムは次のようにいう（Cunningham, 1995）．まず，産業化は幼い時期から子どもが家族経済に寄与することを可能にした．農民の親にとって子どもをもつことが採算に合うのは，子どもが10代の後半になってからであったのに対して，生産手段の革新は子どもが6歳頃から賃金を稼ぐための就労を可能にした．家族は生産の基本的単位ではなくなり，低階層家族にとって子どもの経済的価値が増した．

　産業化と都市化の進展のもとで，児童労働，児童虐待，ストリート・チルドレン等の問題が起こった．その悲惨な姿に注意が向けられて，母子保健や教育も含めた国家の関心事となりはじめたのは，イギリスでは18世紀後半からだという（Cunningham, 1991）．とくに14歳以下の子どもの労働に対する医学的・道徳的理由での反対が起こり，19世紀初頭の法令制定につながった．

世界で最初に産業革命を成し遂げ経済力で世界帝国を築き上げたイギリスを追って，ヨーロッパの主要国で18〜19世紀に成立したのが「国民国家」だとされる。フランスやドイツなどの統一国家では，工業化と軍事力の増強と並んで，国民意識を高める法整備や国民教育の制度が確立された。明治維新後の日本政府も欧米列強の後を追い，国家統一にとどまらず植民地獲得に乗り出した。19世紀の進化論の展開過程で，産業化の進展と激化する国民国家間の競争下にあって適者生存を唱えた社会学者スペンサー（Spencer, H.）の社会ダーヴィニズムとよばれた視点は，人が社会の有能な成員になる過程と到達度の評価に結びついた。

産業化社会が必要とする知識・技能・習慣の形成と態度・価値観の内面化を図る国民教育のシステムが樹立され，それに応じた教育目標の設定と教育評価システムの設計がなされた。日本が1890年に勅令として改正した小学校令の第1条に掲げた目標は，モデルとしたドイツの目標内容から宗教教育を除外した。有能性の概念を青少年だけではなく全年齢の人に適用するのに，心理学も少なからぬ関与をした。社会の観点の影響を受けた心理学の概念と研究結果は種々の経路により社会の成員に伝わり，それが人々の日常の考え・行動・動機づけなどに影響し，心理学の研究結果が社会通念の変化をもたらすことも起こった。

その一方で，親であることの義務（子どもの養育，しつけと教育）と楽しみについての強力な社会的キャンペーンの下で，親は子どもを生み育てた。子どもの経済的価値よりも，情緒的価値を社会は強調した（Zelizer, 1985）。それは，19世紀半ばからのヴィクトリア朝期のイギリスに発して，西洋諸国や他の国々にも拡がった。その本質は，現実の子どもでなく成人がいだく子どものイメージ・象徴化を中心に展開した「仮想の子ども」の誕生だとギリスは主張した（Gillis, 2003）。それによって子どもは主体性を失い，神聖視されんばかりの子ども像の一方で，大人の期待に応えられない子どもは堕ちた天使や小モンスターとされかねない。それは，2. で述べる20世紀末の子どもに対する両義的態度（溺愛と，慢性的な無関心と時に起こる虐待）にも通じる。

日本が資本主義社会としての成熟期を迎えたのは，1910年代から1920年代だとされている。資本主義の急速な成長は高度に訓練された人材を要求し，知識・技能をもった人間（もっぱら男性）が地位と経済面で報いられた。高等教育機関への進路が狭く，社会的展望をもち経済的ゆとりのある階層で受験競争が激化した。とくに伝来の財産も生産手段もない都市中間層の家庭では，子どもの数を減らして幼い時期からしっかりと養育し教育しようとする姿勢が明確化した。このような教育熱心な家族は人口上ではまだ少数派であったが，その出現と歩調を合わせるように，社会の児童に対する関心が高まった。すでに1880年代頃から児童研究運動として始まった子どもの学問的研究が進展し，アメリカの進歩主義教育を含む新しい教育方法の多様な工夫が現れた。

1920年代末からの経済恐慌と15年戦争の痛手から立ち直り始めた1950年代後半から，戦前の潮流が多数の中間層を巻き込んで動きはじめた。敗戦後の単線型の学制改革と義務教育年限の延長の下で，家庭の教育投資と上級学校への進学競争が，1990年頃まで明確にみられた。高度経済成長にともなう高校進学の普遍化（1970年代）と，それに引き続く高等教育への進学率の「大衆化水準」までの高まりは，経済の安定成長期にも進行した。ただしその過程でも，家庭の経済的条件や親の教育水準による格差の存在は無視できない。1990年代半ばからの日本経済の停滞の

時期にも，一部の上位校への進学競争を除くと大学などへの進学が容易となり進学率は上昇した。しかしこの時期に，日本内部での経済格差の拡大が改めて注目されるようになった。経済格差の影響は，すでに幼児教育や義務教育の段階にまで遡って見出されると社会学者は主張する（たとえば，竹村，2009）。

2. 子どもに対する社会の態度と1970年代からの社会的状況と，子どもに関する言説と研究

a. 子どもに対する社会の態度・観念

子どもに対する教育的配慮によって「子ども専用」の環境を与えられ，大人の世界から隔離されていた子どもが，20世紀後半から進行したマスメディアの普及によって，再び大人の世界にアクセスできるようになった。それが，大人と子どもの世界の境界をぼやけさせたという主張もなされた（Postman, 1982/1995）。また同じ頃から，アメリカでは子どもに対する大人の社会の態度が好意的でなくなったという社会批評家の指摘（Packard, 1983）がある。イギリスでも，青少年による犯罪や秩序破壊行動がマスメディアにより大々的に報道され，1990年代はじめには，青少年を悪魔（demon）視する風潮が大人の間に高まったという（Goldson, 2001）。ゴールドソンは，それを「象徴水準での悪魔化」とよび，それが，青少年に対して成人と同様の法的責任を問い矯正を重視する「制度水準での悪魔化」につながったという。その基底に，大人の怒り・復讐心・報復・嫌悪があるとした。それは，20世紀末から今世紀初頭の日本の状況に類似しているが，マスメディアの影響は大きく，その状況を利用しようとする政治的・行政的意図も無視できない。文化がもつ多様なアイディアと技術のプールである「民族の心理学の貯蔵庫」（小嶋，2001）には，子ども観や子どもに対するセンチメントのマイナス成分も含まれていて宗教的起源をもつものもある。マイナス成分を「個人内文化」（小嶋，2001）に取り込んでいる現代人が相当に多いと，それを喚起するマスメディアのメッセージや政治的・行政的キャンペーンが効果をもつ。さらに，不安を基調とした庶民感情を後押しした研究者や評論家の影響も無視できない。

他方で，子どもが受ける被害に関しても，子どもは家の外だけでなく内部でも身体的・精神的危険にさらされることが増えたとされている。子どもの虐待や養育の怠慢・放棄などの問題は，1960年以後の40年間で悪化の道をたどったという主張もある（Ashby, 1997）。これに関してもマスメディアがとりあげる評論家の言説も，一般人による事態のとらえ方に影響する。

b. 子どもの加害・被害の実態

上記の2点，すなわち，加害者としての子どもと被害者としての子どもの状態の背景に，子どもをとりまく社会的状況の変化が関係していることは，専門家，政策決定者，一般人も理解している。ただし，流布している言説や状況認知が，関連する時代的変化のデータに対応しているとは限らない。一国の時代的変化に限っても，資料の収集法が時代比較を可能にするかを吟味したうえで結果の解釈を行う必要がある。

戦後の日本に関して，管賀江留郎（かんがえるろう）は少年犯罪データベースを構築し，作成した図表をウェッブ

上で公開した（http://kangaeru.s59.xrea.com/）。ここでは，厚生労働省の死因統計と総務省の推計人口確定値を元にして管賀が独自に算出した10万人当たりの殺害された人数の表（1947〜2009年）をとりあげる。まず0歳児が殺害された対人口比率には低生起率データに由来する波動を含むと考えた筆者が試みに5年移動平均値を使ってデータを平滑化して時代的変化の傾向がとらえやすくした結果，1950年，1950年代末近く，そして1970年代半ばに3つの少し目立つピークがあり，それぞれ9人を超えていた。注目すべきは，1980年代後半以降の明確な下降傾向であり，比較期間末には上記の3つのピーク時の1割ほどとなった。1〜9歳児に関しても1950年代初頭と1970年代半ばにピークがあり，その後は1990年代後半まで低下し続けた。一般人や一部の評論家がいだく「年少児の殺害が近年増加した」という受けとめは，上記の傾向と食い違う。相対的に生起率が低下した状況下で，社会的に容認しがたい出来事だとされる子どもの殺害をマスメディアがとりあげることも影響している可能性がある。さらに，管賀（2007）の戦前から戦中（1927〜1943年頃）の日本における未成年者による殺人のケースに関する情報は，新聞記事にもとづいたものであるが，「近年の子どもの凶悪化」を信じている人々の受けとめと相容れない。残された課題は，統計上では問題の生起率が低下したとしても，その内実と寄与した要因群の解明である。司法・臨床・福祉などの領域の実務家と研究者たちには，全体状況把握のために，社会的条件群の解明に加えて，可能な限り多くの対象児の綿密なケース研究の蓄積が要請される。問題の究明には発達領域の研究者と実践家の積極的参与が必要である。

3．家族の変貌と子どもに関する研究・実践と政策

　1979年の国際児童年にあたり，アメリカ心理学会の機関誌の一つが，「心理学と子どもたち」という特集号を刊行した。それは，児童福祉に力点をおいたものである。その翻訳は『現代児童心理学』全6巻として金子書房から出版され（1981年），各巻の監訳者が短い解説を書いた。2巻の『家族の変貌と子ども』の解説に小嶋（1981）が記した概説の部分（7つの個別論文に関する部分を除く）を箇条書きにして示す。30年以上前の認識を再点検することは無意味ではない。
　(1) アメリカ社会で急激な変貌を遂げつつある家族の問題をとりあげ，子どもの発達上の問題，子どもに必要なことを確認し，心理学が問題の発見と解決に可能な寄与を検討している。
　(2) アメリカの家族の変貌と「実験」といえるほどの対処法を，将来の日本にとって他人事でないと考え，対策のヒントにしようとする人もいるだろう。しかし，離婚，単親家庭，十代の未婚の母，子殺し・児童虐待などの問題が今後の日本でどのような経過をたどるか，また，アメリカで現在までに得られた情報にもとづいて将来の日本で有効な対策を立てうるかは不明である。
　(3) しかし，上記の諸問題や子どもの適応障害にかかわる職務をもつ日本の実践家や当事者には，社会的・文化的・歴史的条件の違いにもかかわらず，処方箋ではなくてもヒントとなる論文が含まれている。現状に問題があると考えたら詳しい把握と効果的対策を見出すために，日本よりはるかに素速く，並行的に厚みのある研究を推進するのがアメリカの行政システムと研究者である。

(4) 政策決定に資する研究費を支出する行政側と，現実の必要に即応する研究者側の構えと体制が，アメリカでは日本よりも整っている。研究成果でも対策の効果の評価結果でも失敗は少なくないが，それは次のステップに活かせる。アメリカの研究結果から学ぶとともに，そのような研究を生み出した社会システムについても，日本の研究者，行政，社会一般が学ぶことは多い。

上記の点の多くに関しては，4.でとりあげる例から判断しても，依然として日本の動きは鈍い。これは，政策決定者・行政側と研究者側との関係を位置づける社会システムの問題である。議員立法が少ない日本ではあるが，研究者が自己の研究結果の社会的な意義を認識して政策決定者，マスメディアと国民にわかりやすいかたちで発信することに，もっと力を注ぐ必要がある。

さて，家族の問題は社会的・文化的条件を考慮して把握する必要がある。日本を含む30カ国を対象とした近年の研究（Georgas, Berry, van de Vijver, Kagitcibasi, & Poortinga, 2006）は，大学生を対象とした比較研究だという制約はあるが歴史的視点を含んだ論文もあり，今後の研究の展開の土台となる。ここでは書評の一つ（Minde, 2008）が注目した研究知見の国を超えた共通性のまとめにふれる。まず，北米とヨーロッパ以外で三世代家族が多いという一般の印象が裏切られるのは，大家族を維持する経済的負担の大きさによる。全般的にいって家族にとって子どもは情緒的価値をもつが，北米とヨーロッパ以外の多くの国の農民と地方に居住する家族にとっては，子どもは経済的価値をももつ。それを除いた家族（すべての国の都市部に住む中流階級と西洋の地方に居住する家族）は，子どもの物質面での自立を強調するが，家族間の情緒的相互依存関係は重視する。家族間の情緒面での関係と並んで親族関係の維持も重視される。最後に，全般的にいって父親の家事参加度は低く，子どもの世話の多くは母親が行っている。その一方で国による違いは大きいが，父親に付与された権威はどの国でも低下傾向を示した。以上は研究結果の一部にすぎないが，社会のなかで家族システムが果たす役割と，家族を支援・維持する方策の重要性が認識されている。筆者の個人的見解では，人間の育ちと生活にとって，家族またはその補完システムに代わる機能をもつものは，未だみつかっていない。その基盤には，進化の道をたどってきた人間の生物学的条件，人間を取り巻き，かつそのありように人間が関与してきた生態学的条件，それに文化と進化の関連なども考えられるが，ここでふれる余裕がない。

4. 近年に明確化した家族と社会の課題：4つの例示

a. 貧困・経済格差問題

現代の日本がかかえている経済・財政の長期的問題は，1980年代にアメリカで目立ちはじめ今日その状況がさらに悪化した問題と類似している側面がある。それはマクロ水準での経済的・社会的変化がもたらしたもので，社会階層の二極化と，富と収入の一部の階層への集中が進行した。中流階級の家族の少なからぬ割合が，収入額の分布上での貧困ラインに近づき，それを下回る場合も増えた。アメリカの基準による子どもの貧困率は，2000年から2010年の間に36％上昇した。その率は人種／民族による差が依然として大きい（Children's Defence Fund, 2011, 2014）。学齢期までの不利な条件のままで就学すると，高校卒業率も低く，成人後も貧困に陥りやすい。その

一方で政府による複数のセーフティ・ネットプログラムによって，貧困から脱出できた子どもが900万人近くに及んだ。

　では，当該の家族がこの状況下でどのように行動したととらえるのが適切なのか。一つの考え方は，個々の家族が状況に受動的に反応したというよりも，多くの家族が必ずしも意識・意図しなくても，社会の変化を導くとする立場もある（Flanagan, Toronto, Miller, Hagerman, & Yamakawa, 1994）。その立場では，親が成人教育へ参加することが子どもの発達に間接的に寄与する可能性を強調する。経済後退期に入って，子どもがいる貧困家族の問題がいっそう深刻になってきたアメリカで各種の政策とプログラムの効果を検討した研究（Anthony, King, & Austin, 2011）も，貧困率の低下と経済的自立が可能な家族を増加させることだけを直接の目標に設定するよりも，子どもと家族のウェルビーイング（well-being）の促進に資するプログラムに焦点を移行させるのが得策ではないかと提言した。このような長期的視点は，アメリカ以外の国・地域でも有効である可能性がある。それぞれの経済的・社会的・文化的条件を考慮したプログラムが効果に結びつく過程を長期的に調査するプロジェクトの立ち上げが要請される。絶対的な貧困層よりは恵まれていても，社会の内部で相対的に貧しいことが，大人と子どもの精神的ウェルビーイングの低下を招く可能性はある。しかし他方で，同水準の低収入家族の間にも，将来展望をもち，限られた収入の範囲内でどのようにして家族が必要な栄養を摂り，心理的・教育的配慮をした生活法を工夫するかに関して差異が生じうる。このような差異に親の教育水準，生活習慣，文化的背景などが関与している可能性があり，その解明は支援を必要とする家族に応じたプログラムの開発につながるであろう。

　日本では，1990年代後半からの経済の構造転換と家族の形態と規範の多様化による親の経済基盤の二極化が強まり，とりわけ首都圏では子育ての仕方と早期からの子どもの教育機会の違いに結びつくという問題提起がなされた（竹村，2009）。竹村は，社会階層による分断が，人々が暮らす生活圏の分断と地域社会の分断につながりうる懸念を表明した。厚生労働省は，18歳未満の子どもの貧困率が2012年に過去最高の16.3%となったことを報告した。これは機会の平等を揺るがすものであるが，それを改善する政府の施策は2015年度以降に持ち越された。

b. 養子と里親に育てられた子ども

　親による養育が受けられない場合に，施設ではなくて養親が育てるか里親が代理的に養育することが望ましいと，現在の北欧やアメリカでは考えている。ただし，この後者の2つの場合の間に，長期的にみて子どもに何らかの違いが生じるのかはほとんど知られていない。それを調べたスウェーデンでの大規模な研究（Vinnerljung & Hjern, 2011）は，大部分が乳児期に措置された対象（養子900名；里親による養育を受けた3,100名）を比較した。その結果，15歳時の学校の成績，18歳時の認知面の能力，25～26歳時の教育達成度と自活能力で，養子のほうが優れていることが見出された。これは，結果に影響を及ぼしうる実親の諸条件とケアに措置された子どもの年齢の影響を統計的に除去した結果である。これは，施設養護をできるだけ少なくして，早期に里親か養親が育てるというスウェーデン方式の下で得られた結果である。箕浦（2010）は，スウェーデンでこの方式の実現に導いた「子どもをめぐる文化的意味体系」（育児観，子ども観，

ジェンダー規範，労働観，福祉観などを含む）は，1960年代から時代の必要によって組み立てられたという。それは同時期から現在に至るまでの日本の状態とは大きく違っている。ただし，日本では里親委託の1形態としての「特別養子縁組を前提とした新生児里親委託」のシステムがあり，件数は少ない（愛知県では，2005～2009年度の5年間で合計43件）が，子ども・実親・養親にとって意味ある機能を果たしているといえる。

　いうまでもなく，公正で合理的な養子制度の確立ですべての問題が解決するわけではない。家族が子どもをきちんとケアできるようにする総合的なサポート政策の確立を支持する社会の形成が必要である。多くの先進国で行われている養子縁組には，貧しい国・貧しい階層から豊かな国・豊かな階層へと子どもが移行している側面があることを否定できないのである（Pascall, 1984）。

c. 母親以外が関与する養育（アロマザリング）

　母親以外による養育が増加してきたアメリカの研究（Jaffee, Van Hulle, & Rodgers, 2011）は，それが子どもにもたらす影響が複雑な要因によることを示した。大規模な縦断研究から得た，2004年までの時点で5歳以上の子ども9,185名を対象として，母親以外による週10時間以上の養育（親戚，自宅か他の家庭での他者による養育，センターでの養育）が満3歳以前に始まった群と，その経験がなかった群を比較した。これは家族間の群比較となり，3歳以前に母親以外による養育が始まった群のほうが児童期と青年期（この2群は横断的比較）での算数・数学と読みの成績が高く，問題行動が少なかった。これは，母親だけでは適切な養育ができない場合に，3歳以前に母親以外の人が養育に関与することが，後の段階での子どもに良い効果をもたらすことを示したとみえる。しかし，その結果には対象家族の種々の要因が絡んでいた。実践面からいうと，母親以外による養育の影響を一律に扱うことはできず，結果につながる対象家庭側と支援内容との複雑な条件の組み合わせを考慮した処遇が必要となる。上記の研究で，家族の諸要因の多くを等質に保てるきょうだい間の群比較では，家族間比較で出た群差はほとんどなかった。これらの結果は，母親以外による養育の質を問わない形式的条件による群比較であるが，著者たちは3歳までのどの時期（1年目，2年目，3年目）に母親以外による養育を受けはじめるかは，児童期と青年期の結果にとくにプラスにもマイナスにも働かないと結論づけた。この結果は近年のアメリカで得られたものであるが，異なる文化と社会制度のもとでのアロマザリング（allomothering）を多面的に把握することは，人間の子育てを広く深く理解するために重要な役割を果たす（根ヶ山・柏木，2010）。

d. 青少年の社会参加

　子どもの位置づけの変化は，社会とそのなかでの家族の変化の反映でもある。晩婚・少子化という近年の動向のなかにあって，大多数の親にとって子どもは直接的な道具的価値はもたないが，かけがえのない存在である。しかし，最近の子どもは，家庭，地域社会，そして学校のなかで，これといった役割をもたず，生産と生活上の運営に寄与しなくなった。生活の仕組みから切り離されて自分が何かに寄与しているという感覚がもちにくい状況が，現在の青少年が自己を確認することを困難にしている一つの大きな原因だと思われる（小嶋，2001）。それと並行するように，日本でも「子どもに家族や社会の暖かい配慮の目が注がれているのだろうか」，「子どもを自

分の生活にとって邪魔者だと思う人が増えているのではないか」という疑問が高まっている。30年間にわたり子どもに接してきた斎藤（1998）も，大人と子どもの境界がぼやけてきた現在，子どもの権利を護りながら，大人の社会は「子ども扱い」をやめるべきだと主張した。

社会が青少年を子ども扱いせずに，"fellow citizen"だと位置づけることが重要だと主張し，オランダでの教育実践と政策提言を進めてきた一人がデ・ヴィンターである（de Winter, 1997, 2003）。彼と同様に，研究者が青少年と対等の立場で青少年研究に携わることの重要性を認識し，その実現に向けた理論的・方法論的な検討が進められている（Mason & Hood, 2011）。それは青少年に限らず，研究者が多様な人々と協同することによって，それまで得ることのできなかった発見をし，それを人々のウェルビーイングにつなげる施策に活かす道が開ける可能性がある。

3節　社会に根ざし・根づいた研究とグローバライゼーション

1. 各社会の文化に根ざし・根づいた心理学的考えと実践を位置づける枠組み

近代心理学・人類学などを樹立した西洋が，フィールドワーク先で見出した他文化の民衆の心理学（folk psychology）を，土着あるいはエスノ心理学と規定した。日本のように西洋の学問的心理学をまず積極的に輸入した後で，自文化に根づかせようした場合もある。また，植民地支配下で西洋の近代心理学を強要された側が心の支配の問題に気づき，自国に合わせた土着化を図ったり，西洋の心理学に対抗する自文化に固有と信じる心理学を再認識する動きが起こった。この意味で，自文化や他文化によって本来的に土着のものとみなされた民衆の心理学も学問的心理学も，その形成過程での文化間と文化内部での複雑な相互作用の産物が，いま同化され根づきつつあるのだと小嶋（2009, p.277）はとらえる。この観点は，"indigenous psychologies"を，「固有（native）で，他の地域から移入されたものではなく，その地域の人々のためにデザインされたという性質をもつ，人間の行動（あるいは心）の科学的研究」という定義（Kim & Berry, 1993, p.2）とは異なる。

2. グローバライゼーションの過程と自文化の再認識

アジア，アフリカ，ラテンアメリカのいくつもの国で，心の脱植民地化を図り，西洋由来の心理学を自文化に同化することをとおして，自国がかかえる課題解決に資する心理学を組み立てる動きが起こった。インドでは，1960年代からそれは明確な動きになったとシンハ（Sinha, 1993）はいう。研究アプローチとしてのこの動きは，世界の心理学界で説得性を増してきた。その動きに反応して，普遍性を暗黙の前提としていた西洋の心理学側も，遅ればせながら自らも一つ

の"indigenous psychology"だと規定したうえで，それぞれを普遍的な枠組みのなかに位置づけるメタ理論を提起しはじめた（Greenfield, 2000 など）。それによって西洋中心主義から双方が脱却し，自文化の理解，文化間の相互理解，研究・実践両面への貢献の道が開ける。この立場による人々は，自文化を熟知した研究者による研究と同時に，その知見をグローバルな人間発達科学に折り込む積極的行動を推奨する（たとえば，Kagitcibasi, 2000, 2012 ; Super, Harkness, Barry, & Zeitlin, 2011）。

　社会の変化と個人の発達に関しても，上記の視点を適用できる。経済や情報伝達の領域を中心にしたグローバライゼーションの進行が，社会変化を引き起こしたのは事実である。しかしそれが文化の全面的なグローバライゼーションに結びつくとは限らない。まずグローバライゼーションの影響を受ける側の反応に違いが生じる。ヘックハウゼン（Heckhausen, 2010）はグローバライゼーションの影響は，社会システムのありようによって異なる可能性を見出した。カリフォルニアの学校制度は高等学校卒業まで単線型であり，学校間格差は大きいが，実際の成績とは比較的無関係に高い志望をもつ学生は，ステップを踏んで最終的に学士号を取得する率が高かった。それと比較すると初等教育段階で3つの進路に分かれる複線型のドイツ（ベルリン）の職業訓練を含んだ中等教育校（Realschule）では，学業成績に応じた職業志望を設定することが成功（職業実習生に採用される）につながりやすかった。このように教育システムの柔軟性，個人の責任性，上昇志向の若者を支える制度のありようによって，ライフコース選択にかかわる個人の主体性やウェルビーイングに違いが生じる。

　チェンほか（Chen, Cen, Li, & He, 2005）は，謙遜・注意深さ・自己抑制の表れとして伝統的にプラスの評価を受けてきた内気で抑制的な子どもが，経済発展を重視する国策によってマイナスの評価を受けるようになったことを，上海の小学生の3つのコホート（1990年，1998年，2002年）で見出した。内気さの程度は仲間評定により，適応（社会的・学校内・心理的）は仲間・教師・自己報告などにより測定された。その結果，内気な子どもは1990年にはプラスの評価を受け，1998年の移行段階を経て，2002年にはマイナスの評価を受けるようになった。自己主張と自立のスキルの獲得という教育目標と評価基準が，教師・親と仲間の評価を媒介にして自己評価に及ぼした影響は，表面的な水準にとどまらない可能性がある。

4節　社会の変化と人間発達をつなげるリンク

　人間の発達は，個人を直接的・間接的に取り巻く状況（contexts）のなかで進行する事象であり，家族・地域社会・社会などが変化し続ける状況の下で人間発達がどう進むのかの理解が重要なテーマとなる。そのテーマは，心理学のいくつもの領域（発達，臨床，教育，パーソナリティなど），社会学，行動遺伝学を含む広い学問分野にまたがる。そこでの中心的課題は，①環境が発達の過程にどのように影響するかと，②個人が自分の環境をどのように選択し，環境自体の形成にどうかかわるかである。この視点は，働く女性の増加や家族の変貌の認識などを契機として

1970年代以後の人間発達の研究で徐々に展開してきた。ボルガーほか（Bolger, Caspi, Downey, & Moonehouse, 1988）の編著書は，個人と環境とのリンクを解明しようとした研究の集成である。また，ジルバーアイゼンとチェン（Silbereisen & Chen, 2010a）の編著書も，1990年代以降の社会的状況をもふまえて，社会的・政治的，あるいはテクノロジーの変化が個人の適応にどうかかわるかを，国際的視野で解明しようとした。両方ともマクロ水準の社会的変化と個人の適応をつなぐ方向性のあるリンクをモデルとして提示した章を含んでいる。その詳細にふれる余裕はないが，主要なモデルの特徴を簡単に述べる。

エルダーとカスピ（Elder & Caspi, 1988）のモデルは，大恐慌というマクロ水準での社会的変化が，個人の適応と個人の結果の違いにどう結びつくかを表示した。彼らは，状況の変化（経済的喪失，失業）と並んで，大恐慌以前から家族がもっていた資源（教育，預金，問題解決スキル，支援，個人的効力など）にも注目した。この2条件は，状況のとらえ方と適応反応を媒介として，あるいは直接的に，子どもに起こった最終結果の違いに結びつくとした。彼らは，最終結果の違いが上記の2条件に循環的に作用するリンクは強調しなかった。ジルバーアイゼンとチェン（Silbereisen & Chen, 2010b）のモデルは，政治的改革とグローバライゼーションのような社会的変化が個人に要求をして，それへの対処が個人の心理・社会的結果（ウェルビーイング，ライフスタイル，キャリア，親密な対人関係など）にどうつながるかを，ライフコースという時間軸を入れて表した。彼らが人間発達の状況として働くマクロ水準の諸条件を位置づけているものは，筆者の考え（小嶋，2000）にも通じる。さて，ジルバーアイゼンとチェンは，エルダーとカスピ（Elder & Caspi, 1988）のモデルと同様に，個人がもつ資源と適応的対処法が結果につながるとする。それに加えて，社会的変化の影響に対するフィルターとしての社会の制度のありよう（福祉，ジェンダー，人生段階）の作用を含めている。さらに重要なのは，とりあげた諸条件の間に多くの直接的・間接的な循環のリンクを加えたことである。個人が歩む長いライフコースを対象とすると，個人側の諸条件の間で循環的関係が起こりうるだけでなく，社会側の条件に対しても個人側の条件からのリンクが作用する可能性を認めていることになる。それは個人側と環境側のデータを含んだ長期縦断研究を必要とし，さらに少なくとも3世代の家族関係を対象とした世代間の連続性と変化の検討を要する研究の問いの設定を導くことになる。

◆ 引用文献

Anthony, E. K., King, B., & Austin, M. J. (2011). Reducing child poverty by promoting child well-being : Identifying best practices in a time of great need. *Children and Youth Services Review*, **33**, 1999-2009.

Ashby, L. (1997). *Endangered children : Dependency, neglect, and abuse in American history*. New York : Twayne.

Bolger, N., Caspi, A., Downey, G., & Moonehouse, M. (Eds.) (1988). *Persons in context : Developmental processes*. Cambridge, MA : Cambridge University Press.

Chen, X., Cen, G., Li, D., & He, Y. (2005). Social functioning and adjustment in Chinese children : The imprint of historical time. *Child Development*, **76**, 182-195.

Children's Defence Fund. (2011, 2014). *The state of American's children*. 〈http://www.childrensdefense.org〉（2015年4月4日）

Cunningham, H. (1991). *The children of the poor : Representations of childhood since the seventeenth century*.

Oxford : Blackwell.
Cunningham, H. (1995). *Children and childhood in western society since 1500*. London : Longman.
de Winter, M. (1997). *Children as fellow citizens : Participation and commitment*. Oxford : Radcliffe Medical Press. (Translated by BSA Texts, 1995)
de Winter, M. (2003). On infantilization and participation : Pedagogical lessons from the Century of the Child. In W. Koops & M. Zuckerman (Eds.), *Beyond the century of the child : Cultural history and developmental psychology* (pp.159-182). Philadelphia : University of Pennsylvania Press.
Elder, G. H., Jr. (1991). 新版 大恐慌の子どもたち：社会変動と人間発達（本田時雄・川浦康至・伊藤裕子・池田政子・田代俊子，訳）．明石書店．(Elder, G. H., Jr. (1974). *Children of the Great Depression : Social change in life experience*. Chicago : The University of Chicago Press.)
Elder, G. H., Jr., & Caspi, A. (1988). Human development and social change : An emerging perspective on the life course. In N. Bolger, A. Caspi, G. Downey, & M. Moonehouse, M. (Eds.), *Persons in context : Developmental processes* (pp.77-113). Cambridge, MA : Cambridge University Press.
Elder, G. H., Jr., & Giele, J. Z.（編）(2013). ライフコース研究の技法：多様でダイナミックな人生を捉えるために（本田時雄・岡林秀樹，監訳）．明石書店．(Elder, G. H., Jr., & Giele, J. Z. (Eds.). (2009). *The craft of life course research*. New York : Guilford Press.)
Flanagan, C., Toronto, R. S., Miller, W., Hagerman, J., & Yamakawa, K. (1994). Reframing concepts of development in the context of social change. In P. Noack, M. Hofer, & J. Youniss (Eds.), *Psychological responses to social change : Human development in changing environments* (pp.23-35). Oxford : Walter de Gruyter.
Georgas, J., Berry, J. W., van de Vijver, F. J. R., Kagitcibasi, C., & Poortinga, Y. H. (Eds.). (2006). *Families across cultures : A 30-nation psychological study*. Cambridge, MA : Cambridge University Press.
Gills, J. R. (2003). The birth of the virtual child : A victorian progeny. In W. Koops & M. Zuckerman (Eds.), *Beyond the century of the child : Cultural history and developmental psychology* (pp.82-95). Philadelphia : University of Pennsylvania Press.
Goldson, B. (2001). The demonization of children : From the symbolic to the institutional. In P. Foley, J. Roche, & S. Tucker (Eds.), *Children in society : Contemporary theory, policy and practice* (pp.34-41). Hampshire : Palgrave.
Greenfield, P. M. (2000). Three approaches to the psychology of culture : Where do they come from? Where can they go? *Asian Journal of Social Psychology*, **3**, 223-240.
Heckhausen, J. (2010). Globalization, social inequity, and individual agency in human development : Social change for better or worse? In R. K. Silbereisen & X. Chen (Eds.), *Social change and human development : Concept and results* (pp. 148-163). London and New York : Sage Publication.
Jaffee, S. R., Van Hulle, C., & Rodgers, J. L. (2011). Effects of nonmaternal care in the first 3 years on children's academic skills and behavioral functioning in childhood and early adolescence : A sibling comparison study. *Child Development*, **82**, 1076-1091.
Kagitcibasi, C. (2000). Cultural contextualism without complete relativism in the study of human development. In A. L. Comunian & U. Gielen (Eds.), *International perspectives on human development* (pp.97-115). Rome : Pabst.
Kagitcibasi, C. (2012). Sociocultural change and integrative syntheses in human development : Autonomous-related self and social-cognitive ompetence. *Child Development Perspectives*, **6**, 5-11.
管賀江留郎．(2007)．戦前の少年犯罪．築地書館．
Kim, U., & Berry, J. W. (Eds.). (1993). *Indigenous psychologies : Research and experience in cultural context*. Newbury Park, CA : Sage.
小嶋秀夫．(1981)．解説．小嶋秀夫（監訳），現代児童心理学：2　家族の変貌と子ども（pp.161-170）．金子書房．(*American Psychologists*, 1979, **34** (No. 10., Special issue). Psychology and children : Current research and practice. American Psychological Association.)
小嶋秀夫．(2000)．人間発達と発達研究が位置している情況．小嶋秀夫・速水敏彦・本城秀次（編），人間発達と心理学（pp.3-34）．金子書房．
小嶋秀夫．(2001)．心の育ちと文化．有斐閣．
小嶋秀夫．(2009)．文化と人間発達を歴史的視点から考察する．日本児童研究所（編），児童心理学の進歩：Vol.

48（2009年度版，pp.267-294）金子書房．

Mason, J., & Hood, S. (2011). Exploring issues of children as actors in social research. *Children and Youth Services Review*, **33**, 490-495.

Minde, K. (2008). Book review : Families across cultures : A 30-nation psychological study（Georgas, J., Berry, J. W., van de Vijver, F. J. R., Kagitcibasi, C., & Poortinga, Y. H.（Eds.）. Cambridge : Cambridge University Press）. *Journal of Canadian Academy of Child and Adolescent Psychiatry*, **17**, 34-35.

箕浦康子．(2010)．アロマザリングの文化比較．根ヶ山光一・柏木惠子（編著），ヒトの子育ての進化と文化：アロマザリングの役割を考える（pp.97-116）．有斐閣．

根ヶ山光一・柏木惠子（編著）．(2010)．ヒトの子育ての進化と文化：アロマザリングの役割を考える．有斐閣．

Packard, V. (1983). *Our endangered children : Growing up in a changing world*. Boston : Little, Brown.

Pascall, G. (1984). Adoption : Perspectives in social policy. In P. Bean（Ed.）, *Adoption : Essays in social policy, law, and sociology*（pp.9-23）. London : Tavistock Publications.

Postman, N. (1995)．子どもはもういない：教育と文化への警告（改訂版）（小柴　一, 訳）．新樹社．(Postman, N. (1982). *The disappearance of childhood*. New York : Delacorte Press.)

斎藤次郎．(1998)．「子ども」の消滅．雲母書房．

Silbereisen, R. K., & Chen, X.（Eds.）(2010a). *Human development and social change : Concept and results*. London and New York : Sage.

Silbereisen, R. K., & Chen, X. (2010b). Introduction : How social change affects individual adaptation. In R. K. Silbereisen & X. Chen（Eds.）, *Human development and social change : Concept and results*（pp.1-27）. London and New York : Sage Publication.

Sinha, D. (1993). Indigenization of psychology in India and its relevance. In U. Kim & J. W. Berry（Eds.）, *Indigenous psychologies : Research and experience in cultural context*（pp.30-43）. Newbury Park, CA : Sage.

Super, C. H., Harkness, S., Barry, O., & Zeitlin, M. (2011). Think locally, act globally : Contribution of African research to child development. *Child Development Perspective*, **5**, 119-125.

竹村祥子．(2009)．子育ての二極化の問題点は何か．家族社会学研究，**21**，57-60．

Vinnerljung, B., & Hjern, A. (2011). Cognitive, educational and self-support outcomes of long-term foster care versus adoption : A Swedish national cohort study. *Children and Youth Services Review*, **33**, 1902-1910.

Zelizer, V. A. (1985). *Pricing the priceless child : The changing social value of children*. New York : Basic Books.

Ⅴ部
発達の障害・臨床

　人の生涯発達において，障害・臨床は誰でも直面する課題であり，特殊な事柄ではない。近年は，このように障害・臨床を定型発達との連続性（スペクトラム）でとらえようという発達的観点による考え方が広がっている。「Ⅴ部　発達の障害・臨床」も，このような考え方が基本となっており，「A　障害と臨床の基礎」と「B　障害・臨床の理解と支援」から構成されている。

　「A　障害と臨床の基礎」では，障害と定型発達をスペクトラム（連続的）にとらえるために，生物・心理・社会的な観点，発達における障害の意味，また障害とは何かを考えることからはじめる。障害・臨床の理解と支援のためには，適切なアセスメントを行う必要があるが，そのためには，神経心理学的観点，教育的観点，福祉的観点が不可欠である。本パートでは，これらが各論として述べられている。

　「B　障害・臨床の理解と支援」では，具体的なさまざまな障害・臨床の各論から考える。まず，近年増加しているとされ，研究も進んできている自閉症スペクトラム障害や学習障害（LD），注意欠如・多動性障害（ADHD）などの発達障害をとりあげ，発達的観点からのアセスメントと支援の方向性について述べられている。そして知的障害，視覚障害や聴覚障害などの感覚障害，また言語障害の近年の発達的観点による研究成果が紹介されている。次に，個体内要因に加え，社会・文化的要因も，問題の背景として強いとされ，対応に困難性が指摘されている不登校やいじめ・非行などについての発生の状況等が紹介され，発達的観点から支援の方向性が提案されている。最後に，精神障害，とくに児童期の精神障害の実態と発達的観点によるアセスメントと支援の方向性が示されている。

　これらをとおして，障害や臨床的課題を有する人々の，また私たち自身の発達の理解の深化につながることを願いたい。

（長崎　勤）

---A 障害と臨床の基礎---

58章 発達の障害・臨床をとらえる観点

長崎 勤

1節 発達の障害・臨床をとらえる観点1：包括的観点——「WHO国際障害分類」による「生物・心理・社会モデル」

1.「生物・心理・社会的側面」を発達的観点からとらえる必要性

1970年以降，障害を個人の所有物のようにみなす「医学モデル」と，逆に社会に障害の原因を帰属させる「社会モデル」が鋭く対立してきたが，世界保健機関（World Health Organization：WHO）における10年来の議論をもとにした「国際生活機能分類」（WHO, 2001/2002）では，能力や障害に関する「生物・心理・社会モデル」を提案し，対立的にとらえられていた，「医学モデル」と「社会モデル」を統合した。すなわち，生物としての人間と，社会・文化的環境のなかで生きる人間を包括的にとらえることの必要性と，その実際の評価方法が提案された。

「国際生活機能分類」（WHO, 2001/2002）では，能力を心身機能・構造（body function, body structure），活動（activity），参加（participation）の3つの次元（dimension）と背景因子（contextual factor；個人因子と環境因子）でとらえ，その次元ごとに，問題が生じている側面として機能障害（impairment），活動制限（activity limitation），参加制約（participation restriction）という概念が用いられ，その実態を評価するモデル（図58.1）を提案している。

3つの次元を，発達心理学の立場から考えてみよう。

（1）心身機能・構造：心身機能・構造は生得的にもつ機構といえる。いわゆる成熟とい

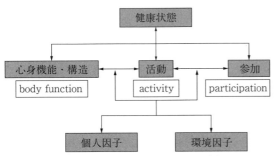

図58.1 「障害」・「能力」概念をめぐる新しいパラダイム：ICIDH-2モデル（WHO, 2001/2002）

う概念でも説明できるが，近年の認知研究で指摘されており，さまざまな議論はあるものの，「語の獲得における認知的制約」などがその例であろう。

(2) 活動：活動は，生得的な機構をある程度基盤にしながらも，子ども自身の物理的，対人・社会的な環境との相互作用によって獲得・構築されていく機構である。ピアジェ（Piaget, J.）のいうところの「子どもが物理環境と相互交渉を行い，同化と調節の均衡化によって獲得される知能」，「子どもと大人との相互作用によって獲得されるコミュニケーション機能」などがその例であろう。「心身機能・構造」と次の「参加（社会文化的要因）」の相互作用によって獲得される機構といいかえてもよい。相互作用の仕方そのものが，心身機能であると考える見方もあろうが，「相互作用の仕方そのものを，相互作用しながら学習していく」という見方もできる。

(3) 参加：参加は，子どもの成長を取り巻く，生態学的な環境である。子どもの生態学的環境として，家庭やクラスなど身近な人との相互関係が生起する文脈（マイクロシステム），それら複数の文脈の関係（メゾシステム），社会や文化のような大きなレベルで存在する環境（マクロシステム），時間（クロノシステム）などがある（Bronfenbrenner, 1979）。

不登校という行動を考えてみよう。子ども自身に精神医学的な問題が認められる場合もあるが，クラス，あるいは家庭などに問題が認められる，あるいはそれらの相互作用による場合もある。このような場合，子ども自身の登校行動だけを問題にするのではなく，クラスや家庭などの子どもの環境にアプローチしなくてはならない。

発達障害児では医学・生物学的な問題をもつことが少なくない。場合によっては，投薬によって多動や睡眠上の問題などが改善することもあり，医学との連携，情報の交換は不可欠といえる。しかし，投薬だけしていれば十分という場合は少なく，投薬で多動性を調整しながら，落ち着いて学ぶための心理・学習的側面への支援は並行して行っていく必要がある。

また，個人への支援だけでなく，個人が生活していく環境，すなわち，家族や，教室の担任，友人への支援もまた，不可欠である。すなわち，「個への支援と関係への支援」が包括的になされる必要がある。

2. 包括的発達アセスメントの例：SCERTSモデル
——子どもと，かかわる大人のアセスメントと支援

包括的発達アセスメントと支援の一例として，2006年にアメリカで刊行（2010, 2012年に日本で翻訳刊行）されたSCERTSモデルをとりあげたい。

a. SCERTSモデルとは

SCERTSモデルとは，全米の自閉症研究者による国家研究機関（NRC）（2001年）の提言を受けて，プリザントほか（Prizant, Wetherby, Rubin, Laurent, & Rydell, 2006/2010・2012）によって開発された，自閉症スペクトラム障害（ASD）のある人のコミュニケーションと情動調整の力を高めるための包括的，学際的アプローチである。「SCERTS」とは，社会コミュニケーション（Social Communication），情動調整（Emotional Regulation），交流型支援（Transactional Support；家

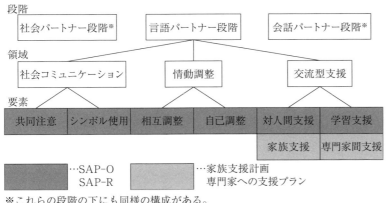

図58.2 SCERTSモデルの構成

族・専門家・環境等，ASD児のまわりへのアプローチ）の3つの領域の頭文字をとったものである。

さらに，社会コミュニケーション領域は，「共同注意」と「シンボル使用」に，情動調整は他者を媒介にして情動を調整する「相互調整」と，自分のなかで情動を調整する「自己調整」，交流型支援は，①子どもとかかわるパートナーの相互作用のスタイルに取り組む「対人間支援」，②パートナーが子どもに最適な学習環境を設けることに取り組む「学習支援」，③家族への教育的サポートと情緒的サポートの「家族支援」，④専門家への教育的サポートと情緒的サポートの「専門家間支援」の下部領域がある（図58.2）。

また，アセスメントは言語の発達レベルによって，社会パートナー，言語パートナー，会話パートナーに分けられている。

b. SCERTSモデルによるアセスメントと支援

SCERTSモデルでは，社会コミュニケーション，情動調整，また交流型支援についてリスト化されているSAP-O Formというチェックリストを用いて，家庭や保育場面などの主に日常場面の観察を行うことによってアセスメントを行う。また，子どもが日常，どのような活動を行っているかもチェックする。アセスメントにもとづき，優先目標を子どもとかかわるパートナー（家族や教員など）の目標をそれぞれ8つ程度設定する。そして，それを家庭や保育，地域などの日常生活の活動のなかに埋め込む。

c. 「子どもの目標」と「関係するパートナーの目標」のリンク

とくに興味深いのは，「子どもの目標」と「関係するパートナーの目標」のリンクである。SCERTSモデルでは，子どもの目標を決めるだけでなく，かかわる大人のかかわり方についても，子どもの目標にリンクさせる方法をとっている。第2巻ではそのリンクの方法を具体的な事例とともに示している（表58.1）。

たとえば，子どもの目標が，「JA（共同注意）4 他者の行動を統制するために，意図を共有する（言語パートナー段階）」だったとしよう。子どもの小目標は，「JA4.1 欲しい食べ物または欲しい物を要求する」や「JA4.2 欲しくない食べ物または欲しくない物に対して抗議や拒否をする」であり，交流型支援の対人間支援である，「関係するパートナーの目標」として，「IS1 子どもによく反応する」「IS2 始発を促す」「IS7 適切な行動のモデルを示す」などがあげられ，子どもが，食べ物または物を要求したり，抗議したりする（JA4.1，JA4.2），手助けまたは

表58.1 SCERTSモデルの交流型支援における「子どもの目標」と「関係するパートナーの目標」のリンクの例（Prizant ed al., 2006/2012）

JA4 他者の行動を統制するために，意図を共有する（言語パートナー段階）

子どもの目標	関係するパートナーの目標	
共同注意 JA4 他者の行動を統制するために，意図を共有する	対人間支援 IS1 子どもによく反応する IS2 始発を促す IS3 子どもの自立を尊重する IS7 適切な行動のモデルを示す	学習支援 LS2 発達を促すために，補助的なコミュニケーション支援を用いる LS4 目標，活動，学習環境を修正する
JA4はMR2，MR3にリンクしている。 リンクがある小目標 JA4.1 欲しい食べ物または欲しい物を要求する（≒MR2.6） JA4.2 欲しくない食べ物または欲しくない物に対して抗議や拒否をする（≒MR3.4） JA4.3 手助けまたは他の動作を要求する（≒MR3.3） JA4.4 望まない動作または望まない活動に抗議する（≒MR3.4） 関係する目標／小目標 JA4の達成は，JA7.2, JA8.2, SU4-SU5, MR3.7の達成に関係する。	食べ物または物を要求したり，抗議したりする（JA4.1, JA4.2），手助けまたは他の動作を要求する（JA4.3），望まない動作または望まない活動に抗議する（JA4.4）という子どもの力は，コミュニケーションの有能感を高めるために，子どものシグナルに適切に応じる（IS1.3），非言語的あるいは言語的に選択肢を与える（IS2.1），子どもが活動を始発したり終わらせたりするのを認める（IS2.4），適切なときに抗議や拒否，拒絶を受容する（IS3.4），さまざまな伝達機能のモデルを示す（IS7.2）というパートナーの力による。	食べ物または物を要求したり，抗議したりする（JA4.1, JA4.2），手助けまたは他の動作を要求する（JA4.3），望まない動作または望まない活動に抗議する（JA4.4）という子どもの力はまた，子どものコミュニケーションと表出言語とを増やすために，補助的なコミュニケーション支援を用いる（LS2.1），子どもの始発を促すために，学習環境を整える（LS4.5）というパートナーの力による。

他の動作を要求する（JA4.3），望まない動作または望まない活動に抗議する（JA4.4）ことを促すために，子どものシグナルに適切に応じる（IS1.3），非言語的あるいは言語的に選択肢を与える（IS2.1）などが小目標としてあげられている。また，そのための環境設定としての「学習支援」では，「LS2 発達を促すために，補助的なコミュニケーション支援を用いる」などがあげられ，補助的なコミュニケーション支援を用いる（LS2.1）が小目標となっている。

事例として，ケイレブという6歳の自閉症児が，おやつの場面で，好きなおやつと嫌いなおやつの両方を選択肢として与えられ，床に捨てないでもよいように，嫌いなアイテムを捨てる赤いバスケットもケイレブに対して与えられるという環境設定の例を示している。

このように子どもの能力だけでなく，大人のかかわり方や環境設定をアセスメントし，支援することにSCERTSモデルは大きなウエイトを置いており，発達における人や環境の因子の重視という点で，今後の発達支援のモデルにもなろう。

2節 発達の障害・臨床をとらえる観点2：時間性・順序性の観点──「話す・聞く」のアセスメントと支援を例にして

発達障害児は小学校入学後すぐに「読み・書き」の困難性に直面するが，意味がわからないま

まひらがなのなぞり書きの機械的なドリルを強いられることによって国語嫌い，文字嫌いになってしまうこともよくみられる。しかし，最近の研究では，「読み・書き」の前提として「話す・聞く」活動が重要な活動になっていることが示されている。

「学習指導要領・国語編〔第1学年及び第2学年〕」の「1　目標（1）」では，「相手に応じ，身近なことなどについて，事柄の順序を考えながら話す能力，大事なことを落とさないように聞く能力，話題に沿って話し合う能力を身に付けさせるとともに，進んで話したり聞いたりしようとする態度を育てる」とされている。そして，具体的な指導内容の「3　内容　A　話すこと・聞くこと」として，「（1）話すこと・聞くことの能力を育てるため，次の事項について指導する。ア　身近なことや経験したことなどから話題を決め，必要な事柄を思い出すこと。イ　相手に応じて，話す事柄を順序立て，丁寧な言葉と普通の言葉との違いに気を付けて話すこと」があげられている（文部科学省，2011）。

このように，入学した段階で，目の前にない過去の経験について，経験を共有していない第三者を相手にして，事柄の順序を考えながらわかるよう，「話す」ことができることが，1，2年生の基準となっている。

しかし，「読み・書き」の困難性を示す発達障害児をよく観察してみると，「学習指導要領・国語編〔第1学年及び第2学年〕」の「1　目標」である，「話す・聞く」ことに困難を示す。とくに，目の前にない事柄について，言葉だけで経験を共有していない相手にわかるように伝えるのは相当に難しい。

だが，定型発達児でも，いきなり言葉だけで，経験を共有していない相手にわかるように伝えられるのではなく，そこには発達的なプロセスがあることがわかってきた（仲野・長崎，2012）。

定型発達児では，2歳以降に，近くの公園に行って遊んできた後，帰ってきてから，一緒に行った父親と，拾ってきたどんぐりを見ながら，父親「公園にいったんだよね」，子ども「どんぐりいっぱいあった」などと，公園で遊んだことを話をするといったことが，「目の前にないことを話す」ことの始まりで，一人では想起できなくても，経験を共にした人と一緒であれば，思い出して話すことができるという意味で，「共同想起」とよばれている。また，2～3歳になると，たとえば幼稚園から帰ってきたとき，あるいは寝る前の一時に，その日の出来事を，時間の順序に沿ったり，「～から」などの因果関係も交えて，楽しかった，悔しかったなどの自分・他者の心的状態情動も入れて，経験を共にしていない養育者に話すことができるようになる。

しかし，3歳児では，まだ，相手がどこまで知っていて，どこまでは知らないかについての認識は不十分なため，次のような会話になることが多い（長崎，2005）。

〈3歳児〉

（保育園から帰ってきて）

子ども：ママ，ママ，プーさんが，穴にひっかかっちゃったんだ。出れなくてね，大変だったの。

母親：？

保育園で，先生たちが人形劇をしてくれたようだが，そのことを母親は知らないため，いきな

り「プーサンの穴」について話をされても，何のことかわからない。

しかし，4歳になると，次のような会話が可能になる。

〈4歳児〉

　子ども：ママ，ママ，今日ね，先生が人形劇してくれたんだよ。そこでね，プーさんが，穴にひっかかっちゃったんだ。出れなくてね，大変だったの。

　母親：へー。プーさん，どうやって穴から出たの？

図58.3　「話す／聞く」から「読む／書く」への階層性と順序性

このような会話が可能になるのは，子どもは，「母親が『今日，保育園で人形劇があった』ことを知らない」ことを知っているためである。そのために背景説明をして，テーマの共有を図っている。

このような活動は，近年，「パーソナル・ナラティブ」（personal narrative）として注目され，幼児期のナラティブ能力と後の学齢期の教科成績との間に高い相関があることがわかっている（MaCabe & Rollins, 1994）。

このようなパーソナル・ナラティブのもとに，絵本などの内容についてそのストーリーや登場人物の心的状態について話す「フィクショナル・ストーリー」もできるようになる。

このように，子どもにおける「話すこと」の発達の階層性と順序性がわかってきているが（図58.3），発達障害児，とくに広汎性発達障害児の場合，ナラティブとくにパーソナル・ナラティブに困難をもつことが知られている。

「話すこと」のナラティブの発達に遅れのある子どもの場合，目の前にない事柄について，言葉だけで経験を共有していない相手にわかるように伝えるのは相当に難しいため，たとえば，楽しかった昨日の遠足について，写真を見ながら先生に話をするとか，休みの日の家族とのお出かけについて，おみやげを見せながら，月曜日の朝，話をしてもらうなどの指導が考えられる。

他のさまざまなアカデミックスキルにおいてもこのような発達的観点が今後求められるであろう。

3節　発達の障害・臨床をとらえる観点3：障害から定型発達のスペクトラム

近年，従来の「健常と障害」という2分法では説明ができないさまざまな支援が必要な子ども・対象者が増加している。生物学的要因と環境要因が相互作用して顕現するこれらの問題を定型発達と障害の連続体（スペクトラム）としてとらえる必要性が増大している。

たとえば最近着席できなかったという問題行動をかかえているCという子どもがいるとしよう。その要因としては，さまざまな可能性がある。C児の本来もっている自閉傾向によるものかもし

れない。また，最近父親がリストラされて，急に母親が働きに出始めたといった大きな家庭環境の変化が関連しているかもしれない。学校で研究授業があって，そのために難しい課題が多くなってきてるためかもしれない。これらの要因を短時間に特定するのは難しく，ある一定の期間の観察やかかわりからわかってくることが多い。また複数の要因が関連していることもよくある。

　これらの要因の値の組み合わせによって，子どもの状態は，連続的に無数の状態像があるのが実際である。

　このような，障害，非障害における個体の能力，環境，文化，また大人のかかわり方の影響は2分法ではなく，スペクトラム（連続）である。

　一方，発達研究においても，障害から定型発達のスペクトラムという観点は定型発達研究，障害研究にとっても，両者を深化させる契機として不可欠となっている。そのわかりやすい典型は共同注意があげられる（長崎，2012）。

　スケイフとブルーナー（Scaife & Bruner, 1975）による共同注意の「発見」から約10年後に，マンディほか（Mundy, Sigman, & Kasari, 1990）は自閉症児，知的障害児，定型発達児の行動を観察した結果，自閉症児は，「共同注意」ではその出現数が有意に少ないことを見出した。その後，自閉症児の共同注意の障害はさまざまな研究によって確認され，現在では，「共同注意」は自閉症の鑑別の重要な手がかりとして位置づけられるようになっている。

　さらに，その後，定型発達児，自閉症児の共同注意研究はバターワース（Butterworth, 1995/1999），トマセロ（Tomasello, 1995/1999），別府（1996）らの研究によって，深化・発展していった。そして，自閉症児の支援研究にも共同注意の観点が積極的に取り入れられるようになってきた（Prizant et al., 2006/2010・2012；長崎・中村・吉井・若井，2009）。このような経緯は，定型発達研究者，障害研究者が乳幼児の発達指標としての共同注意の重要性と意義を共通認識としてもち，相互の研究を尊重し，研究的に連携した結果であろう。

　このような「障害から定型発達のスペクトラム」という観点による相互の研究の尊重と連携がさまざまな研究領域で今後もいっそう行われることで，相互の研究が深化，発展していくであろう。

　発達の障害・臨床をとらえる観点として，包括的観点，時間性・順序性，障害から定型発達のスペクトラムの3点から述べてきた。これらをとおして，発達の支援が，適切にかつ豊かになされることを期待したい。

◆ 付記
本稿は，長崎（2002），長崎（2005），長崎（2011），長崎（2012）の論考にもとづいている。

◆ 引用文献
別府　哲．(1996)．自閉症児におけるジョイントアテンション行動としての指さし理解の発達：健常乳幼児との

比較を通して．発達心理学研究，**7**，128-137．
Bronfenbrenner, U.（1979）．*The echology of human development*. Cambridge, MA : Harvard University Press.
Butterworth, G.（1999）．知覚と行為における心の起源．Ch. Moore & Ph. J. Dunham（編），ジョイント・アテンション：心の起源とその発達を探る（大神英裕，監訳）（pp.29-39）．ナカニシヤ出版．（Moore, Ch., & Dunham, Ph. J.（Eds.）．（1995）．*Joint attention : Its origins and role in development*. Hillsdale, NJ : Lawrence Erlbaum Associates.）
MaCabe, A., & Rollins, P. R.（1994）．Assessment of preschool narrative skills. *American Journal of Speech Language Pathology*, **3**, 45-56.
文部科学省．（2011）．小学校学習指導要領．
Mundy, P., Sigman, M., & Kasari, C.（1990）．A longitudinal study of joint attention and language development in autistic children. *Journal of Autism and Developmental Disorders*, **20**, 115-23.
長崎　勤．（2002）．発達を支援するとは？　長崎　勤・古澤頼雄・藤田道継（編著），シリーズ臨床心理学：1 臨床発達心理学概論：発達支援の理論と実際（pp.16-27）．ミネルヴァ書房．
長崎　勤．（2005）．特別支援教育においてなぜ発達の観点が必要か？　本郷一夫・長崎　勤（編著），別冊発達：No.28　特別支援教育における臨床発達心理学的アプローチ（pp.2-7）．ミネルヴァ書房．
長崎　勤．（2011）．初期社会性＝「人と何かを共にし，またそのことを楽しむこと」の発達と支援：Tomaselloによる社会的認知発達理論とSCERTSモデルによる情動調整の観点から．家庭教育研究所紀要，No.33，23-32．
長崎　勤．（2012）．発達支援のスペクトラムと包括的アセスメント．無藤　隆・長崎　勤（責任編集），日本発達心理学会（編），発達心理学ハンドブック：6　発達と支援（pp.22-31）．新曜社．
長崎　勤・中村　晋・吉井勘人・若井広太郎（編著）．（2009）．自閉症児のための社会性発達支援プログラム：意図と情動の共有による共同行為．日本文化科学社．
仲野真史・長崎　勤．（2012）幼児におけるナラティブの結束性の発達：ケーキ作り経験に関する報告の分析を通して．発達心理学研究，**23**，66-74．
Prizant, B. M., Wetherby, A. M., Rubin, E., Laurent, A. C., & Rydell, P. J.（2010・2012）．SCERTSモデル：自閉症スペクトラム障害の子どもたちのための包括的教育アプローチ：1　アセスメント・2　プログラムの計画と介入（長崎　勤・吉田仰希・仲野真史，訳）．日本文化科学社．（Prizant, B. M., Wetherby, A. M., Rubin, E., Laurent, A. C., & Rydell, P. J.（2006）．*The SCERTS® model : A comprehensive educational approach for children with autism spectrum disorders*. Baltimore, MD : Paul H. Brookes.）
Scaif, M., & Bruner, J. S.（1975）．The capacity for joint visual attention in the infant. *Nature*, **253**, 265-266.
Tomasello, M.（1999）．社会的認知としての共同注意．Ch. Moore & Ph. J. Dunham（編），ジョイント・アテンション：心の起源とその発達を探る（大神英裕，監訳）（pp.93-117）．ナカニシヤ出版．（Moore, Ch., & Dunham, Ph. J.（Eds.）．（1995）．*Joint attention : Its origins and role in development*. Hillsdale, NJ : Lawrence Erlbaum Associates.）
WHO（世界保健機関）．（2002）．ICF国際生活機能分類：国際障害分類改定版．中央法規出版．（World Health Organization（WHO）．（2001）．*International classification of functioning, disability and health*. Geneva : World Health Organization.）

59章　発達の障害・臨床と神経心理学

小池敏英

　脳損傷がある人の認知障害に関する研究は，長い伝統があり，その研究方法や主張も変遷してきた。神経心理学は，脳損傷部位と臨床症状の知見に関する研究方法にもとづき，言葉と脳の関係に関して，多くの知見を提供してきた。神経心理学の古典的な研究としては，ブローカ野やウェルニッケ野とよばれる皮質野を損傷した患者の言語障害に関する研究が有名である。また，2つの大脳半球が離断された患者に関する研究が有名である。大脳半球を結ぶ線維が切断された分離脳の患者に対して，大脳半球の片側に刺激を呈示することによって，2つの大脳半球の機能の違いが研究された。

　一方，20世紀末から台頭してきた認知心理学と情報科学は，神経科学と知見を共有することで，認知神経心理学という新しい領域を開いた。認知神経心理学では，人の認知機能が一つのまとまったものではなく，「構成要素に乖離する」という考えにもとづいて研究が行われている。代表的な研究方法としては，二重乖離という現象を用いた方法があげられる（図59.1）。具体的には，AとBという2つの要素的機能がある場合に，AとBの障害のあり方が独立していることが観察された場合には，二重乖離を示したといい，AとBに関与する情報処理過程が独立して存在し，相互に区別できると考える。この手法の利点として，解剖学的な情報や局在に関する情報のみに依存することなく，人の認知障害を研究できることを指摘できる。二重乖離を示す認知機能を中心に，認知障害を検討することで，「何がそこなわれたのか」がわかるということを認知神経心理学者は主張した。また，その答えは，「解剖学的な対応は何か」という問いに対する答えとは異なるということを指摘した。

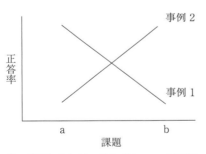

注．課題aとbが，それぞれ一つの情報処理システムに依存していることを仮定する。検査の結果，事例1の人は，課題aの成績が良好で，課題bの成績が悪いという結果を示した。事例2の人は，逆のパターン（課題aが悪く，課題bが良好）を示した。この場合に，成績が二重乖離を示したといい，課題に関係する情報処理システム（認知機能）が独立して存在し，分離可能であることを指摘できる。

図59.1　二重乖離の成績パターン

　テンプル（Temple, 1997）は『発達認知神経心理学』という著作を発表し，そのなかで，子どもでは，明瞭な脳損傷がなくても認知障害が生じるので，障害部位と関連させた検討が難しいことを指摘し，認知神経心理学的アプローチは，障害された認知プロセスを明らかにできることを主張している。また，直線的な発達段階モデルでは，発達パターンからの著しい逸脱を示す，発達期の認知障害を説明

できないことを指摘し，二重乖離にもとづく情報処理モデルで検討することの有効性を指摘している。

神経心理学的方法と認知神経心理学的方法のアプローチの違いが明瞭になるのは，読み書き障害に関する研究であることを指摘できる。発達の障害・臨床に関する議論を，読み書き障害を中心に整理し，神経心理学と認知神経心理学のアプローチの特徴について論じる。最後に，近年の脳科学の展開が，発達の障害・臨床の研究にもたらす視点について言及する。

1節 読み障害

読み障害（ディスレキシア：dyslexia）は，後天性ディスレキシアと発達性ディスレキシアに分けられる。後天性ディスレキシアは，読み書きを獲得した成人の段階で，事故や脳梗塞，脳血栓などの脳障害の結果として生じる読語障害であると定義されている。はじめに後天性ディスレキシアについて述べ（山鳥，1985；御領，1987；McCarthy & Warrington, 1990/1996），次に発達性ディスレキシア（Temple, 1997）について述べよう。

1. 後天性ディスレキシア

後天性ディスレキシアの分類には，脳病理学にもとづく神経心理学と認知神経心理学とで差異がある。

a. 神経心理学からの知見

神経心理学では，ディスレキシアは，失語症の臨床型のなかで論じられ，失書の有無との関連で整理されている（山鳥，1985）。すなわち，純粋失読（pure alexia），失読失書（alexia with agraphia），純粋失書（pure agraphia）が指摘されている。表59.1は，失読に関連した症状とその病理的背景について，山鳥（1985）にもとづき整理したものである。

b. 認知神経心理学からの知見

認知神経心理学の立場からは，マッカーシーとウェリントン（McCarthy & Warrington, 1990/1996）の示した分類がある。彼らは，後天性ディスレキシアを，視覚性単語形態ディスレキシアと中枢性ディスレキシアとに分けている。

視覚性単語形態ディスレキシアでは，文字列を文字列全体として視覚処理することが困難であるという特徴が指摘されている。文を話したり書いたりできるのに，読む場合には文字列全体を読めないため，アルファベット1文字ずつ読むという特徴を示す。

中枢性ディスレキシアは，音を介して読むディスレキシアと，視覚的語彙によって読むディスレキシアに分けられる（表59.2）。

音を介して読むディスレキシアは，表層性ディスレキシアともよばれており，綴りと音の対応にもとづいて読むという症状を示す。そのため，綴りと音の対応規則が当てはまらない不規則語

表59.1 神経心理学における失読・失書の特徴とその脳病理学的背景（山鳥，1985にもとづき作成）

	臨床特徴と脳病理学的背景
純粋失読	（臨床特徴） 自発語，復唱，言語理解などの音声言語は正常。書字能力が読字能力に反して保存される。指示に応じて自分で書き取った文字さえしばらく後には読むことができないことがある。読めない字をなぞらせると読みに成功することがある。 （脳病理に関する代表的仮説） 左後頭葉内側面と脳梁膨大部の複合病巣が指摘されている。左半球後頭葉視覚領域が機能せず，文字を含めたすべての視覚情報は右半球視覚領域で受容される。文字についての視覚情報は，右半球視覚領域から左半球言語領域に伝えられ，文字形態と音韻が連合して，文字として成立するが，脳梁が破壊されているため，この連合が成立せず失読になる。
失読失書	（臨床特徴） 言語理解，発語，復唱は正常であるのに，読字および書字に強い障害を示す。読めない字をなぞらせても，読みに成功しない。 （脳病理に関する代表的仮説） 角回という皮質領域は，体性感覚，視覚，聴覚の連合野の中央に位置し，感覚モダリティ間の連合野といわれている。失読失書の場合，視覚経由の文字形態情報と聴覚経由の音韻情報の連合が，角回の病変で阻害され，読字障害が生じるとされている。
純粋失書	失行・失認・失読などの症状がなく，書字障害のみがみられる。文字形態の異常や文字選択・配列の異常がみられる。 左半球の前頭葉および頭頂葉の特定領域が病巣として指摘されている。意識障害との関連もあげられている。
上記以外の失書	失語性失書，失行性失書（文字形態の実現が失行のためできない），構成失書（書字運動は可能だが文字の書く線分をまとまった形態に統合できない），空間性失書（一側性空間失認や構成障害に関連），離断性失書（左半球と右半球の連合障害により生じる右手と左手の書字の能力差），鏡像書字（文字や図形が左右反転する）。

表59.2 中枢性ディスレキシアの分類と特徴

（音を介して読むディスレキシア）	
表層性ディスレキシア	綴りと音の対応にもとづいて読むという症状を示す。綴りと音の対応規則が当てはまる規則語は読めるが，当てはまらない不規則語を読むことができない。
（視覚的語彙によって読むディスレキシア）	綴りと音との対応によってほとんど読むことができず，視覚性語彙を用いて読んでいる。
音韻性ディスレキシア	実在しない語であっても，綴りと音の対応規則があれば読むことができるが，音韻性ディスレキシアでは読むことができない。しかし不規則語を読むことができる。またifやandさらには動詞の語尾のような文法単位であっても，意味のない語を読むことができない。
深層性ディスレキシア	綴りと音の対応規則があっても実在しない語を読むことができない。意味ルートが不安定で，見なれた語でも，意味的誤りを示す（たとえば，tallをlong，herをwomanなど）。抽象的な意味をもつ語を読むことが困難。

を読むことができない。

　一方，視覚的語彙によって読むディスレキシアは，音韻性ディスレキシアと深層性ディスレキシアに分けられる。視覚的語彙とは，"発音"手続きに頼らずに読んで理解できる単語のレパートリーであるとされている。

　音韻性ディスレキシアは，綴りと音との対応によってほとんど読むことができず，視覚性語彙を用いて読んでいると考えられた事例である。健常成人は，実在しない語であっても，綴りと音

の対応規則があれば読むことができる。しかし，音韻性ディスレキシアでは読むことができない。またifやandさらには動詞の語尾のような文法単位であっても，意味のない語を読むことができないことが報告されている。

深層性ディスレキシアでも，綴りと音の対応規則があっても実在しない語を読むことができないが，さらに，意味的誤りを多く示し（たとえば，tallをlong，herをwomanなど），抽象的な意味をもつ語を読むことが困難とされている。

注．視覚的単語形態分析に続いて，音韻による読みに関連した処理（音の分析）と視覚的語彙による読みに関連した処理（意味の分析）が行われることを示す。

図59.2 読字の二重回路モデルを図式化した一般的な枠組み（McCarthy & Warrington, 1990/1996, p.195）

音を介して読むディスレキシアと，視覚的語彙によって読むディスレキシアが認められたことにもとづいて，マッカーシーとウェリントン（McCarthy & Warrington, 1990/1996）は，読字システムに二重の回路（図59.2）があると考えている。

2. 発達性ディスレキシア

発達性ディスレキシアに関しては，脳損傷の子どもにもとづく報告が少なく，情報が限られている。ここでは，子どもを対象とした認知神経心理学的アプローチによる知見を整理する。

テンプル（Temple, 1997）は，発達性ディスレキシアのなかには，後天性ディスレキシアに相似するタイプがあることを報告している。

発達性の表層性ディスレキシアの子ども（事例RB）では，不規則単語の読みが障害されたが，実在の単語と非実在の単語とで成績の違いはなかった。他方，発達性の音韻性ディスレキシア（事例JE）では，規則性の効果はなかったが，非－単語の読みに障害があった。エラーは形態素的エラーを多く含み，単語の全体的特徴の歪みは，読みの成績を悪くした。発達性の深層性ディスレキシア（事例KS）は，非－単語をまったく読めず，単語を読む際の意味的エラーによって特徴づけられた。

読みの発達モデルとして，「ロゴグラフィック段階」，「アルファベット段階」を経て，「正書法段階」の読みに到達することが知られている。これより，深層性ディスレキシアは，ロゴグラフィック段階の読みとして解釈される。また表層性ディスレキシアは，アルファベット段階の読みとして解釈される。しかし，音韻性ディスレキシアは，アルファベット段階の達成なしに，正書法の読みの段階が達成されたと考えられる。これよりテンプル（Temple, 1997）は，発達性ディスレキシアを，発達段階モデルとの関連で位置づけることの困難さを指摘した。

テンプル（Temple, 1997）はルートモデルとの関連を検討し，発達性の表層性ディスレキシアは語彙ルートの発達の障害を反映し，音韻ルートに過度に依存していると考えた。また発達性の音韻性ディスレキシアは，音韻ルートの障害を反映し，語彙ルートに依存していると解釈した。

発達性の深層性ディスレキシアは，音韻ルートが欠如し，不安定な語彙ルートの利用を反映していると考えた。これより，テンプル（Temple, 1997）は，読みシステムの発達障害のなかに，モジュール構造を組み込んで考える必要があることを指摘した。

2節　書き障害

書き障害（アグラフィア：agraphia）は，失書と訳される。アグラフィアは，後天性アグラフィアと発達性アグラフィアに分けられる。後天性アグラフィアは読み書きを獲得した成人の段階で脳障害の結果として生じる障害である。

1. 後天性アグラフィア

後天性アグラフィアの分類には，神経心理学と認知神経心理学とで差異がある。

a. 神経心理学からの知見

後天性アグラフィアは，失語症の臨床型のなかで論じられており，失書として指摘されている（表59.1）。

b. 認知神経心理学からの知見

認知神経心理学においては，マッカーシーとウェリントン（McCarthy & Warrington, 1990/1996）は，後天性アグラフィアを，綴り（spelling）の障害と書字障害に分けている。綴りの障害は，音にもとづく綴り，語彙にもとづく綴り，綴りの組み立ての障害に区別される。書字障害は，文字を書くことの障害である。

音による綴りは，単語の構成音が分析され，それを綴り単位に変換することで綴りが行われる。音を介して綴る患者にとって難しいのは，発音から予想されるのとは異なる綴りパターンをもつ単語である。特徴的な誤りとして，規則化とよばれる誤りがある（表59.3の左項目）。語彙的アグラフィアともよばれる。表59.3の項目で，ハイフンで結ばれた語のうち，左の語は正答，右の語は誤答を表す。

語彙にもとづく綴りは，すでに習得した綴り語彙に部分的ないし完全に頼り，音を介して綴る能力が障害されている場合である。このタイプの障害は，音韻性アグラフィアとよばれる。このタイプの患者では実在語では綴り能力が保たれているが，非実在語の綴りに著しい障害を示す。また意味的誤りを示す事例も報告されている（表59.3の中項目）。

音にもとづく綴りと，語彙にもとづく綴りが認められたことから，マッカーシーとウェリントン（McCarthy & Warrington, 1990/1996）は，綴りシステムに二重の回路があると考えている（図59.3）。第一は単語の音から綴りへ変換する経路であり，第二は貯蔵された既知の単語の語彙から綴りを行うものである。

綴りの組み立ての障害は，文字の配列が特異的に障害を受ける場合である（表59.3の右項目）。

単語が長い場合のほうが起こりやすいことが知られている。起きる位置は，患者により多様である。表59.3右の事例では，語尾で多くまちがえている。

書字に関する障害では，患者は，口頭での綴り（文字を口頭で言う）や文字積み木による組み立てでは，綴ることができるにもかかわらず，アルファベットを手で書こうとすると文字として書けないという障害である。書字障害は，随意運動の失行的障害によるものとみなされている。一方，習得された書字運動プログラムのパターンが機能不全になったり選択がうまくいかなくなったと考える研究者もいる。

表59.3 綴りの誤りの例（McCarthy & Warrington, 1990/1996, p.208)

規則化に伴う誤り	意味的誤り	配列での誤り
knock – nok	time – clock	advantage – advangate
build – bild	sky – sun	orchestra – orchestro
mighty – mite	desk – chair	provide – provise
juice – juse	give – take	illusion – illiused
door – dor	laugh – smile	stretch – strecht

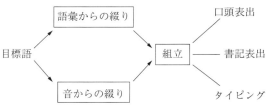

注．綴りは，音から綴りへの経路と，習得された綴り語彙からの経路によってなされる。

図59.3 綴りの二重回路モデルの基本型（McCarthy & Warrington, 1990/1996, p.217)

2. 発達性アグラフィア

発達性アグラフィアに関しては神経心理学的研究が少なく，情報が限られている。ここでは，認知神経心理学的アプローチに関して述べる。

テンプル（Temple, 1997）は，発達性アグラフィアのなかには，発達性の表層性アグラフィアと音韻性アグラフィアがあることを報告している。

発達性の表層性アグラフィアの事例RBの書いた文章をみてみよう（図59.4）。「子犬の物語」の一部である。RBの書いた文章では，単語の音韻の特徴のみが保持されており，誤反応の多くはルールに従っていることがわかる。RBは発達性の表層性ディスレキシアでもあった。一方，発達性の表層性アグラフィアがありながら，表層性ディスレキシアではない事例KMをテンプル（Temple, 1997）は報告し，読みと綴りの障害は乖離することを指摘した。

発達性の音韻性アグラフィアの事例AHは，音韻性ディスレキシアであった。彼は，書き取り

（事例RBの書いた文）
　Every day as soon as she got home she wood take her pupy of side. One day she found her dog very ill in is baskit so here and here muthre went to the vets.
（正しい文）
　Every day once she got home she would take her puppy outside. One day she found her dog very ill in his basket so her and her mother went to the vets.

注．RBの書いた文章では，単語の音韻の特徴のみが保持されており，誤反応の多くはルールに従っていることがわかる。

図59.4 表層性書字障害の事例RBが書いた文（Temple, 1997にもとづき作成）

で，hid（正答）→hide（書字結果），press→perss，jewel→jelly，child→childrenre，either→arotherのように，音韻による誤りではなく，意味的な錯字を示した。

これより，テンプル（Temple, 1997）は，発達性の表層性アグラフィアと音韻性アグラフィアの両方が認められたことから，発達の経過で，綴りの音韻ルートと語彙ルートがそれぞれ障害を受けることを指摘した。

以上，読み障害と書き障害を中心に，神経心理学的アプローチ，認知神経心理学的アプローチについて述べ，あわせて発達期の読み障害と書き障害に関する認知神経心理学的アプローチによる知見を述べた。後天性ディスレクシアやアグラフィアは，読み書きに関するレキシコンが形成された後に生じた障害である。それに対して，発達性ディスレクシアやアグラフィアは，読み書きのレキシコンの形成途上における障害である。発達期における障害の評価に関して，大人の障害の評価をそのまま，子どもに適応することの難しさを指摘することができる。この点について，近年の脳科学からのアプローチが新しい視点を提供してきている。

3節　発達の障害・臨床と脳科学の進展

近年の脳科学の進展によって，子どもが課題を行っているときの脳の活動部位の評価が可能になった。発達の障害・臨床の研究で注目されている心理発達について，脳の活動部位の観点から，新しい知見がもたらされている。

ウォンほか（Wang, Lee, Sigman, & Dapretto, 2006）は，心の理論課題のうちのアイロニー課題について，9歳から14歳の子どもについて調べた。その結果，子どもでは，前頭前野内側部と左下前頭回で活動がみられ，その程度は大人よりも大きかった。他方，大人では，紡錘状回，扁桃体の領域での活動が強いことが示された。子どもでは，紡錘状回の活動と年齢との間には正の相関があるのに対して，前頭前野内側部と年齢との間には負の相関があった。これより，子どもと大人では，脳の活動部位が同じではないことが指摘できる。大人と比べて，子どもの脳の活動部位は，広範であるという知見は，顔刺激の情報処理に関する研究のなかでも指摘されている（Scherf, Behrmann, & Luna, 2007）。

このような子どもの結果から，発達期に活動する複数の脳部位が相互に影響しあって，新しい特殊化された脳領域が形成されるという考え方が提案されている（Johnson & Haan, 2011）。発達心理学では，定型的年齢的変化が標準値として重視されるが，「注意や運動の範囲，受ける社会的情報，学習に関する条件がほぼ同じなので，結果として共通した，定型的年齢的変化が認められる」とも考えられる。重度の発達障害児のなかには，注意や運動の範囲に著しい制約がある子どもがいる。このような子どもでは，社会的刺激を受けとめるなかで，新しい情報処理の仕組みが形成される可能性を指摘できる。発達の障害・臨床研究の課題を，脳活動の観点から明らかにするというアプローチは，多くの展開の可能性を有している。

神経心理学的アプローチ，認知神経心理学的アプローチ，および脳科学的アプローチは，それ

ぞれ方法論上の特徴をもつが，それを相互に関係させ，発達の障害・臨床研究を開拓することが今後，求められる。

◆ 引用文献

御領 謙．(1987)．認知科学選書：5 読むということ．東京大学出版会．
Johnson, M. H., & Haan, M. D. (2011). *Developmental cognitive neuroscience* (3rd ed.). Oxford : Wiley-Blackwell.
McCarthy, R. A., & Warrington, E. K. (1996). 認知神経心理学（相馬芳明・本田仁視，監訳）．医学書院．(McCarthy, R. A., & Warrington, E. K. (1990) *Cognitive neuropsychology : A clinical introduction*. San Diego, CA : Academic Press.)
Scherf, K. S., Behrmann, M., & Luna, B. (2007). Visual category-selectivity for faces, places and objects emerges along different developmental trajectories. *Developmental Science*, **10**, 15-30.
Temple, C. M. (1997). *Developmental cognitive neuropsychology*. New York : Psychology Press.
Wang, A. T., Lee, S. S., Sigman, M., & Dapretto, M. (2006). Neural basis of irony comprehension in children with autism : The role of prosody and context. *Brain*, **129**, 932-943.
山鳥 重．(1985)．神経心理学入門．医学書院．

60章 発達の障害・臨床と社会1：教育を中心に

宮﨑　眞

　本稿では，発達の障害に対する教育からのアプローチとして特別支援教育について述べる。1節では，特別支援教育の制度を解説した。2，3節では，特別支援教育を臨床発達心理学的な実践や実践研究に関連づけ，仕組みを解説する。特別支援教育の制度のなかで臨床発達心理学的な実践や実践的研究を効果的に実行するときに関係する仕組みを，発達の障害がある幼児・児童・生徒への直接的な介入にかかわる仕組み（2節）と，幼児・児童・生徒を取り巻く人的社会的環境への介入にかかわる仕組み（3節）に分け，紹介した。

1節　特別支援教育の制度

1．特別支援教育

　学校教育における障害のある幼児・児童・生徒に対する教育制度は，特別支援教育である。文部科学省が設置した中央教育審議会の答申「特別支援教育を推進するための制度の在り方について」（平成17〔2005〕年12月）によると，「特別支援教育は，教育の場に関係なく幼児児童生徒一人一人の教育的ニーズを把握し，その持てる力を高め，生活や学習上の困難を改善又は克服するため，適切な指導および必要な支援を行うもの」とされている。その後，平成19（2007）年4月改正施行された学校教育法により，特別支援学校や特別支援学級だけでなく，幼稚園，小学校，中学校，高等学校の通常学級において，障害のある幼児・児童・生徒に適切な指導と必要な支援を行うことが制度化された。以前には対象とされなかった学習障害，注意欠如・多動性障害，高機能広汎性発達障害など発達障害の幼児・児童・生徒が新たに特別支援教育の対象となるとともに，障害種に応じた教育の場において指導が行われた特殊教育に対して，特別支援教育では障害による教育的ニーズに対応した指導がどの学校種においても実施されることになった。

　障害者の権利条約の批准に向けて，平成21（2009）年12月に障がい者制度改革推進本部が内閣に設置された。そして，障害者施策推進のための意見を求めるため障がい者制度改革推進会議が平成21年12月から精力的に開催され，「障害者制度改革の推進のための基本的な方向」（第一次意見）を平成22（2010）年6月にとりまとめた。これを受け，文部科学省の中央教育審議会初等中等教育分科会に特別支援教育の在り方に関する特別委員会が設置され，平成22年12月に

「論点整理」をまとめた（特別支援教育の在り方に関する特別委員会，2010）。この論点整理のなかで，わが国がインクルーシブ教育を基本的な目標としていることを明らかにした。また，インクルーシブ教育を推進するために，多様な教育の場，就学相談就学先決定のあり方を見直すことなどが示された。しかし，障がい者制度改革推進会議の第一次意見などとの間に，インクルーシブ教育のあり方について意見の開きがあり，今後の制度改正が注目されるところである。

特別支援教育を行う場としては，通級指導教室，特別支援学級，特別支援学校，それに幼稚園，小学校，中学校，高等学校の通常の学級が新たに加わった。また，さまざまな事情により学校に通学することが困難な児童・生徒のために，自宅や入院している病院に教師が出向き，教育を行う訪問教育がある。今後，特別支援学級と通級指導教室を合流させる特別支援教室が構想されている。

2．就学指導と就学基準

障害のある児童・生徒が就学先を決める制度について述べる。市町村や都道府県の教育委員会は，障害のある児童・生徒が最も適切な教育を受けるようにするため，「教育支援委員会」（仮称）を設置し，早期からの教育相談・支援や，就学先決定時だけでなくその後の一貫した支援についても助言を行うこととされている。

保護者は，その保護する子の満6歳に達した日の翌日以降の最初の学年のはじめから満15歳に達した日の属する学年の終わりまでの9年間，その子を小学校および中学校または特別支援学校に就学させる義務を負っている（学校教育法第17条）。従来の学校教育法施行令第22条の3の就学基準に該当する者は特別支援学校に原則就学することとされていたが，この仕組みを改め，平成25（2013）年9月から本人・保護者の意見，教育学，医学，心理学その他の専門的な意見，学校の状況などをふまえ総合的な観点から就学先を決定する仕組みにすることになった（文部科学省，2013a）。

市町村教育委員会は，その地域に在住する就学予定者について10月末までに学齢簿を作成し，次に11月末日までに就学予定児の健康診断を行う。市町村教育委員会は，本人・保護者に対して十分な情報提供をし，その意見を最大限尊重し，本人・保護者との合意形成を行うことを原則とし，最終的には市町村教育委員会が就学先を決定することになっている。市町村教育委員会は，認定特別支援学校就学者以外の就学予定者の保護者に1月末までに小学校または中学校の入学期日を通知し，認定特別支援学校就学者については12月末までに都道府県教育委員会に通知する。都道府県教育委員会は1月末までに認定特別支援学校就学者の保護者に入学期日を通知しなければならない。特別支援学級および通級による指導において教育を受ける程度は，平成25（2013）年（第756号）の文部科学省初等中等教育局長通知に記載されている（文部科学省，2013b）。

特別支援学校は，視覚障害，聴覚障害，知的障害，肢体不自由，身体虚弱（病弱）とその重複障害を有する幼児・児童・生徒を対象としている。小・中・高等学校に設置されている特別支援学級は，弱視，難聴，知的障害，肢体不自由，身体虚弱，言語障害，自閉症・情緒障害を有する

児童・生徒を対象としている。通級指導教室に通う児童・生徒は，弱視，難聴，肢体不自由，身体虚弱，言語障害，情緒障害，自閉症，学習障害，注意欠如・多動性障害である。

3. 教育課程

a. 特別支援学校の教育課程

教育課程とは，学校教育法施行規則および学習指導要領などにもとづき，地域の特色や児童・生徒の心身の発達などを考慮しながら，その学校の目的を達成するために，教育内容を，授業時数との関連において組織した学校の教育計画である。

特別支援学校の教育課程の基準は，「特別支援学校幼稚部教育要領」「同小学部・中学部学習指導要領」「同高等部学習指導要領」（平成21〔2009〕年3月告示）に示されている（文部科学省, 2009a, 2009b, 2009c）。

幼稚部は，幼稚園教育要領の健康，人間関係，環境，言語，表現の5領域に自立活動を加えた6領域で教育課程が編成されている。小学部，中学部，高等部において視覚障害者，聴覚障害者，肢体不自由者，病弱者である児童・生徒を教育する特別支援学校の教育課程は，小学校，中学校，高等学校の各教科，道徳，特別活動，総合的な学習の領域などに，自立活動を加えて編成される。知的障害を除く障害種の中学部においては，学校が独自に選択科目を開設し，生徒に履修させることができる。自立活動は，障害による学習上または生活上の困難を改善・克服するために必要な知識，技能などを養うことを目標とし，特別支援学校の教育課程の特色となっている（文部科学省, 2009d）。

知的障害者の教育を行う特別支援学校の小学部においては，総合的な学習の時間はなく，また社会・理科・家庭に代わり「生活」が設置されている。小学部の教育課程は，生活，国語，算数，音楽図画工作および体育の各教科，道徳，特別活動及び自立活動となっている。中学部は，技術・家庭に替えて「職業・家庭」が置かれている。中学部の教育課程は，国語，社会，数学，理科，音楽，美術，保健体育および職業・家庭の各教科，選択教科の外国語に，道徳，特別活動，総合的な学習の時間および自立活動の各領域により編成されている。高等部の教科は，国語，社会，数学，理科，音楽，美術，保健体育，職業，家庭，外国語，情報に，専門学科の科目として家政，農業，工業，流通・サービスおよび福祉がある。これらの教科に，道徳，特別活動，総合的な学習の時間および自立活動の領域が加わり，編成される。なお，知的障害者の教育を行う特別支援学校では，各教科，道徳，特別活動および自立活動などの全部または一部を合わせて指導することができるが，その際各教科などの内容にもとづき具体的な指導内容を設定することとなっている。

このほか，教育課程を編成するにあたって，以下のように児童・生徒の状態などに柔軟に対応することができる（文部科学省, 2009b, 2009c, 2009e）。

・小学部においては，合科的・関連的な指導ができる。
・各教科及び外国語活動の目標及び内容の一部を取り扱わないことができる。

- 各教科の目標及び内容の全部又は一部を前の各学年あるいは前の学部の目標及び内容の全部又は一部に替えることができる。
- 視覚障害者，聴覚障害者，肢体不自由者又は病弱者の教育を行う特別支援学校の中学部の外国語は，外国語活動の目標及び内容の一部を取り入れることができる。
- 視覚障害者，聴覚障害者，肢体不自由者又は病弱者の児童生徒の教育を行う特別支援学校において，知的障害を併せ有する児童生徒の場合には，知的障害者の教育を行う特別支援学校の教科又はその一部と替えることができる。
- 重複障害者のうち，特に必要がある場合，各教科，道徳，外国語活動，特別活動，総合的な学習の時間に替えて自立活動を主とすることができる。

今回の学習指導要領（平成21年3月）の主な改正点は，次のとおりである。

(1) すべての幼児・児童・生徒に「個別の指導計画」と「個別の教育支援計画」を作成することを義務づけた。
(2) 知的障害の特別支援学校における職業教育の充実のために，高等部の専門教科に「福祉」が新設された。
(3) 地域や産業界と連携し職業教育や進路指導の充実を図ることを規定した。
(4) 交流および共同学習を計画的，組織的に行うことを規定した。
(5) 自立活動に新たに区分「人間関係の形成」を加え6区分26項目にした。

b. 特別支援学級の教育課程

特別支援学級の教育課程は，原則的には小・中学校の学習指導要領に沿うことになるが，特別支援学級の児童・生徒の状態から，小・中学校の教育課程のままでは十分な教育効果が期待できないことがある。特に必要がある場合，特別の教育課程を編成することができる（学校教育法施行規則第138条）。その際，特別支援学校の小中学部学習指導要領を参考にすることが示されている。

c. 通級指導教室の教育課程

通級による指導の対象となる児童・生徒は，他の児童・生徒と同様に通常の各教科の指導を主として受け，障害の状態に応じた特別の指導を通級指導教室で受ける。

通級指導教室の教育課程は，障害による学習上または生活上の困難の改善または克服することを目標とした自立活動の指導であるが，特に必要があるときは各教科の内容を補充するための指導を含むことが認められている。これらの指導を，小・中学校の教育課程に加えたり，一部替えたりすることができる（学校教育法施行規則第141条，平成5年1月付け文部省告示第7号）。通常，通級による指導の時数は，週1〜3単位時間であるが，各教科の補充の指導を加える場合は，おおよそ合計週8単位時間以内とされている。また，学習障害者や注意欠陥多動性障害者などは月1単位時間の通級による指導も認められている（文部科学省告示第54号）。

2節　特別支援教育における幼児・児童・生徒への臨床発達心理学的実践を支える仕組み

　臨床発達心理学的な実践は,「……対象者をあくまで可能態としてみるということがあげられよう。……対象者のもつ可塑性を信じ,……」(藤永, 2002) というように, 幼児・児童・生徒一人ひとりの個別のニーズに対応した指導や支援により, 対象となる幼児・児童・生徒の発達を促進する視点がある。ここでは, この個人への介入を支える仕組みについて解説する。

1. 個別の指導計画

　アメリカの個別教育計画を早期に紹介した書籍としては安田生命社会事業団IEP調査研究会 (1995) や東京都教育庁指導部心身障害教育指導課 (1997) による個別指導計画の解説書がある。その後, 1999 (平成11) 年の盲・聾・養護学校学習指導要領において自立活動および重複障害のある児童・生徒の指導に際して作成することが求められるようになった。現在, 現行の「特別支援学校学習指導要領」(平成21年告示) において, 自立活動や重複障害の有無にかかわりなく, 教科などにおいても作成することが義務づけられた。また, 幼稚園・小学校・中学校・高等学校においても個別の指導計画を作成することが求められている (文部科学省, 2009d)。

　新学習指導要領およびその解説によれば, 個別の指導計画は, 教職員間の共通理解のもとに, 一人ひとりに応じた指導をいっそう進めるためのものであり, 児童・生徒の実態や各教科等の特質などをふまえて, 様式や内容等を工夫して作成する。また, 実際の指導の計画 (plan) - 実践 (do) - 評価 (check) - 改善 (action) の過程 (PDCAサイクル) において, 適宜評価を行い, 指導内容や方法を改善し, より効果的な指導を行うことが求められている。

　この学習指導要領に示された個別の指導計画の作成手順は, 臨床発達心理学的な実践の進め方に対応しているといえる。臨床発達心理的な実践では, まず子どもの包括的なアセスメントを行い, それにもとづき指導計画を立て, 指導を開始する。指導の経過を記録し評価する。そして, 当初の指導目的を達成したら, 指導に区切りをつけ, 次の指導に進む。学校現場で臨床発達心理的な実践を実施する場合, まず個別の指導計画を作成し, 個別の指導計画をもとに指導を実施することが考えられる。

　個別の指導計画の様式はさまざまであるが, ここでは通常学校における個別の指導計画の様式 (東京都日野市公立小中学校全教師・教育委員会with小貫, 2010) を図60.1に示した。

2. 自立活動

　まず, 自立活動の目標と指導内容をみてみよう。学校教育法第72条「……幼稚園, 小学校, 中学校又は高等学校に準ずる教育を施すとともに, 障害による学習上又は生活上の困難を克服し

	指導の目標	具体的な対応・配慮・支援	評価・次への課題
1			
2			
3			

年　　　組　　　氏名　　　保護者　　　担任名

図60.1　個別の指導計画の様式例

自立を図るために必要な知識技能を授けることを目的とする。」と記されている。この条文において，準ずる教育とは通常の幼稚園・小学校・中学校・高等学校と同じ目標，内容の教育，つまり教科学習や特別活動などを行うことを指し，後半の「障害による学習上，生活上の困難を克服し自立を図るために必要な知識技能を授ける」は自立活動の目標を指している（文部科学省，2009d）。この自立活動の目標を達成するために，自立活動の指導内容は，6区分26項目により示されている（表60.1）。この指導内容を眺めると，幼児・児童・生徒の心身機能の発達や育成に着目する臨床発達心理学的な実践の内容そのものであると考えられる。

自立活動の指導の進め方であるが，対象となる児童・生徒について，自立活動の6区分のなかから必要な項目を選択し，個々の子どもに対してアセスメント，個別の指導計画の立案，指導の実施，評価という個別の指導計画を中心にしたPDCAサイクルにより指導を進める。その際，専門的な知識や技能を有する教師を中心として全教師の協力の下に効果的に行われることや，必要に応じて専門の医師およびその他の専門家の指導・助言を求めるなどして，適切な指導をすることが求められている（国立特別支援教育総合研究所，2009）。

自立活動は，特別支援教育において必ず実施するものであるが，その実施にあたり時間による指導と教育課程全体をとおしての指導があり，各特別支援学校および特別支援学級が，どの程度自立活動の時間を設定するか決定することになっている。また，小学校などの通常の学校においては，現在通級指導教室で実施されている。

以上のことから，自立活動の時間や自立活動を含む授業時間は，臨床発達心理学的な実践を行うことができる学校教育の機会であり，教育課程のなかに位置づいている自立活動の時間や自立活動を含む活動時間に，臨床発達心理学的な実践や実践研究を進め，幼児・児童・生徒の発達に資することが考えられる。

ここでは，個別の指導計画と自立活動に絞り，臨床発達心理学的な実践や実践研究が特別支援教育の現場で実施することが可能であることを解説した。臨床発達心理学が蓄積してきた知識や

表60.1 自立活動の指導内容（文部科学省，2009d）

1 健康の保持
　(1) 生活のリズムや生活習慣の形成，(2) 病気の状態の理解と生活管理，(3) 身体各部の状態の理解と養護，(4) 健康状態の維持・改善
2 心理的な安定
　(1) 情緒の安定，(2) 状況の理解と変化への対応，(3) 障害による学習上又は生活上の困難を改善・克服する意欲
3 人間関係の形成
　(1) 他者とのかかわりの基礎，(2) 他者の意図や感情の理解，(3) 自己の理解と行動の調整，(4) 集団への参加の基礎
4 環境の把握
　(1) 保有する感覚の活用，(2) 感覚や認知の特性への対応，(3) 感覚の補助及び代行手段の活用，(4) 感覚を総合的に活用した周囲の状況の把握，(5) 認知や行動の手掛かりとなる概念の形成
5 身体の動き
　(1) 姿勢と運動・動作の基本的技能，(2) 姿勢保持と運動・動作の補助的手段の活用，(3) 日常生活に必要な基本動作 (4)，身体の移動能力，(5) 作業に必要な動作と円滑な遂行
6 コミュニケーション
　(1) コミュニケーションの基礎的能力，(2) 言語の受容と表出，(3) 言語の形成と活用，(4) コミュニケーション手段の選択と活用，(5) 状況に応じたコミュニケーション

指導法が，個別の指導計画にもとづき自立活動の時間に適用されることで，臨床発達心理学的な実践が特別支援教育に貢献することができる。

3節　特別支援教育における幼児・児童・生徒を取り巻く環境への介入を支える仕組み

　特別支援教育における臨床発達心理学的な実践は，個別の指導計画の作成や自立活動の指導により代表される幼児・児童・生徒個人への指導や支援だけでなく，特別支援学校のセンター的機能や，各学校にいる特別支援教育コーディネーターの役割をとおして，他の機関との連絡や連携を深め，幼児・児童・生徒を取り巻く環境を整備するなかでさらに力を発揮する。ここでは，センター的機能と特別支援教育コーディネーターなどを概観する。

1. 特別支援学校におけるセンター的機能

　平成19（2007）年の改正で学校教育法第74条に「特別支援学校においては，……幼稚園，小学校，中学校，高等学校又は中等教育学校の要請に応じて，第81条第1項に規定する幼児，指導又は生徒の教育に関し必要な助言又は援助を行うよう努めるものとする。」と新たな条文が加わった。この条文は，特別支援学校におけるセンター的機能の法的な根拠となっている。各地域において特別支援教育を推進するうえで，特別支援学校は中心的な役割を担うことが期待されている。とくに，幼稚園・小学校・中学校・高等学校などに在籍する障害のある児童・生徒について，その教育的ニーズに応じた適切な教育を提供していくためには，特別支援学校が，教育上の

高い専門性を生かしながら地域の幼稚園・小学校・中学校・高等学校などを積極的に支援していくことが求められる。平成17（2005）年12月の中央教育審議会答申「特別支援教育を推進するための制度の在り方について」によれば，センター的機能の具体的な例としては，①小・中学校等の教員への支援機能，②特別支援教育等に関する相談・情報提供機能，③障害のある幼児・児童・生徒への指導・支援機能，④福祉，医療，労働などの関係機関等との連絡・調整機能，⑤小・中学校等の教員に対する研修協力機能，⑥障害のある幼児・児童・生徒への施設設備等の提供機能があげられている。

特別支援学校における特別支援教育コーディネーターは，幼稚園・小学校・中学校・高等学校における特別支援教育コーディネーターと役割に差異があり，地域支援型コーディネーターとよぶこともある（相澤・清水・二通・三浦，2011）。センター機能を遂行するための要となるのが特別支援教育コーディネーターである。

2. 幼・小・中・高等学校における特別支援教育コーディネーターと校内委員会

平成22（2010）年9月1日現在（文部科学省・特別支援教育体制整備状況調査），校内委員会の実施率は，83.6％（国公私立・幼小中高の合計），コーディネーターは85.3％となっている。さらに国公私立の小学校・中学校に限ると校内委員会の設置率は98.0％，コーディネーターは97.8％に及んでいる。

特別支援教育コーディネーターは，学校内の関係者や外部の関係機関との連絡調整役，保護者に対する相談窓口，担任への支援，校内委員会の運営や推進役といった役割を担っている。特別支援教育コーディネーターは，校内委員会のキーパーソンとして，特別支援教育の推進に中心的な役割を果たすことが求められる。具体的には次のような役割が想定される。①校内委員会のための情報の収集・準備，②担任への支援，③校内研修の企画・運営など。また，外部の関係機関との関係では，①関係機関の情報収集・整理，②専門機関などへの相談をする際の情報収集と連絡調整，③専門家チーム，巡回相談員との連携や保護者との相談窓口があげられる。

平成16（2004）年1月の文部科学省「小・中学校におけるLD（学習障害），ADHD（注意欠陥／多動性障害），高機能自閉症の児童生徒への教育支援体制の整備のためのガイドライン」（試案）によると，校内委員会の役割は以下のことが指摘されている。

・学習面や行動面で特別な教育的支援が必要な児童生徒に早期に気づく。
・特別な教育的支援が必要な児童生徒の実態把握を行い，学級担任の指導への支援方策を具体化する。
・保護者や関係機関と連携して，特別な教育的支援を必要とする児童生徒に対する個別の教育支援計画を作成する。
・校内関係者と連携して，特別な教育的支援を必要とする児童生徒に対する個別の指導計画を作成する。

・特別な教育的支援が必要な児童生徒への指導とその保護者との連携について，全教職員の共通理解を図る。また，そのための校内研修を推進する。
・専門家チームに判断を求めるかどうかを検討する。なお，LD，ADHD，高機能自閉症の判断を教員が行うものではないことに十分注意すること。
・保護者相談の窓口となるとともに，理解推進の中心となる。

これらの機能を一度にすべて満足させなくとも，徐々に機能を拡充していく方法をとることでこれらの基本的な役割を満たしていくことも考えられる。

3. 個別の教育支援計画

平成15（2003）年3月「今後の特別支援教育の在り方について（最終報告）」において，障害のある子どもたち一人ひとりのニーズに応じて，乳幼児期から学校卒業までの一貫した支援を教育，福祉，医療，労働などが連携して行うために「個別の教育支援計画」を策定することを提言した。平成17（2005）年12月の「特別支援教育を推進するための制度の在り方について」（中央教育審議会答申）において，特別支援学校ですでに策定されている個別の教育支援計画を広く推進することが示されている。「個別の教育支援計画」とは，障害のある幼児・児童・生徒の一人ひとりのニーズを正確に把握し，教育の視点から適切に対応していくという考えのもと，長期的な視点で乳幼児期から学校卒業後までを通じて一貫して的確な支援を行うことを目的として策定されるもので，教育のみならず，福祉，医療，労働などのさまざまな側面からの取り組みを含め関係機関，関係部局の密接な連携協力を確保することが不可欠であり，教育的支援を行うにあたり同計画を活用することが意図されている。なお，厚生労働省が策定するとしている「個別の支援計画」と「個別の教育支援計画」は概念として同じであり，学校や教育委員会などの教育機関などが中心に策定するときに「個別の教育支援計画」と称する（全国特殊学校長会，2004）。個別の教育支援計画の様式も個別の指導計画同様にさまざまある。

臨床発達心理学的な実践には，「対象者を対人・社会・文化的環境に組み込まれ，それらと相互作用を繰り返して生長する存在とする広義の生態学的視点」（藤永，2002）がある。このことから，幼児・児童・生徒を取り巻く環境への介入が重要であるが，特別支援学校のセンター機能を特別支援教育コーディネーターをとおして遺憾なく発揮することが大切であり，その際個別の教育支援計画を作成し，関係者が連携を図ることが重要である。この環境の整備からのアプローチは，臨床発達心理学的な実践や実践研究そのものであることから，この仕組みを活用することが考えられる。

本稿では，特別支援教育の制度と，臨床発達心理学的な実践に密接に関連する特別支援教育の仕組みを概説した。特別支援教育には，障害のある幼児・児童・生徒に直接介入するための仕組みと，周囲の環境を整備するなかで成長を促す仕組みがあることを示した。このような仕組みを十分に活用すれば，臨床発達心理学的な実践が現在の仕組みのなかで，十分に展開できると考

えられる。臨床発達心理学的な実践により特別支援教育のなかでエビデンスベースの実践がさらに推進されることを期待する。そして，そのような実践が蓄積され継承され，さまざまな地域に実践が広がる，つまり時間的に空間的に継承され拡散することをとおして，障害のある幼児・児童・生徒の発達を着実に確実に促すことが望まれる。

◆ 引用文献

相澤雅文・清水貞夫・二通 諭・三浦光哉．(2011)．特別支援コーディネーター必携ハンドブック．クリエイツかもがわ．

中央教育審議会初等中等教育分科会特別支援教育特別委員会．(2005)．「特別支援教育を推進するための制度の在り方について」答申．文部科学省．

藤永 保．(2002)．発達理論の歴史的変遷．長崎 勤・古澤賴雄・藤田道継（編），シリーズ臨床発達心理学：1 臨床発達心理学概論：発達支援の理論と実際（pp.2-6）．ミネルヴァ書房．

（独立行政法人）国立特別支援教育総合研究所．(2009)．特別支援教育の基礎・基本：一人一人のニーズに応じた教育の推進．ジアース教育新社．

文部科学省．(2004)．小・中学校におけるLD（学習障害），ADHD（注意欠陥／多動性障害），高機能自閉症の児童生徒への教育支援体制の整備のためのガイドライン（試案）．

文部科学省．(2009a)．特別支援学校幼稚部教育要領．海文堂出版．

文部科学省．(2009b)．特別支援学校小学部・中学部学習指導要領．海文堂出版．

文部科学省．(2009c)．特別支援学校高等部学習指導要領．海文堂出版．

文部科学省．(2009d)．特別支援学校学習指導要領解説　自立活動編．海文堂出版．

文部科学省．(2009e)．特別支援学校学習指導要領解説　総則編（幼稚部・小学部・中学部）．海文堂出版．

文部科学省．(2013a)．学校教育法施行令の一部改正について（通知）（25文科初第644号）．

文部科学省．(2013b)．障害のある児童生徒等に対する早期からの一貫した支援について（通知）（25文科初第756号）．

障がい者制度改革推進会議．(2010)．障害者制度改革の推進のための基本的な方向（第一次意見）．

特別支援教育の在り方に関する特別委員会．(2010)．特別支援教育の在り方に関する特別委員会論点整理．文部科学省．

東京都日野市公立小中学校全教師・教育委員会with小貫悟．(2010)．通常学級での特別支援教育のスタンダード：自己チェックとユニバーサル環境の作り方．東京書籍．

東京都教育庁指導部心身障害教育指導課．(1999)．障害のある児童・生徒のための個別指導計画Q＆A（改訂版）．

安田生命社会事業団IEP調査研究会．(1995)．個別教育計画の理念と実践：IEP長期調査研究報告書．

全国特殊学校長会．(2004)．盲・聾・養護学校における「個別の教育支援計画」「全国特殊学校長会中間まとめ」（ビジュアル版）．ジアース教育新社．

61章 発達の障害・臨床と社会2：福祉を中心に

佐竹真次

1節 発達に障害のある人への福祉的支援の目的

　発達障害の早期発見，早期診断，早期療育はきわめて重要な課題である。早期に正確な診断を受け，早期に適切な療育を受けると，その後の子どもの発達に大きなメリットをもたらすと考えられている。

　たとえば自閉症スペクトラム障害では，他者の信念や感情を他者の視点に立って推測する機能である「心の理論」の形成障害，感情が分化しにくいといった感情の形成障害，感覚における独自の歪みなどが指摘されてきた。そのような基本条件を背負った自閉症スペクトラム障害児は，知覚過敏性による脅威的世界，見通し障害がもたらす不意打ち体験や秩序の混乱など，トラウマにさらされやすい生得的条件を有しているといえる。さらに，愛着形成も遅れ，幼児期の社会性に関する発達課題がクリアされないまま学童期後半にずれ込むために，強い欲求不満を感じた養育者から叱責や虐待を受けたり，集団教育場面において教師や同級生からいじめやからかいを受けたりするなど，迫害体験が生じやすくそれが二次障害をもたらすことも多い（杉山，2008）。

　しかし，自閉症スペクトラム障害児の愛着の形成は遅れるのであって，終生にわたる未形成とは限らない（杉山，2008）。つまり，愛着形成は遅れるが発達するものである。したがって，愛着が形成されるまでいかにして親子関係，教師と生徒の関係，支援者と被支援者の関係を支えていくかが重要な課題となる。自閉症スペクトラム障害児の愛着・社会性の発達を支援するためには，初期には，子どもに要求行動を育み，それに大人が応じることをとおして，「他者は自分のために良いことをしてくれる存在だ」と気づかせることが重要である。次の段階には，身体を使った遊びや関心のある物のやりとりなどを繰り返し，「他者とのかかわりは楽しいものだ」と気づかせることを重視する。さらに次の段階には，役割活動や仕事を達成し他者から肯定的に評価されることによって，「自分は他者から必要とされる存在だ」と気づかせることを目指す。

　以上のように，発達障害の支援の主目的は二次障害の予防と社会的・対人関係的適応行動の形成，ならびに社会に出てからの職業生活・社会生活の確立であるといっても過言ではない。そのような考えにそって発達支援を効果的に展開するには，障害の早期発見，早期診断，早期介入・支援が必要である。

2節 乳幼児健診等の活用

　障害の早期発見のためには，各自治体が実施する1歳半健診，3歳児健診，5歳児健診等が活用される。厚生労働省（2007）は，軽度発達障害児に対する気づきと支援のマニュアルを発表した。それによると，従来の3歳児健診で軽度発達障害を発見する方略を検討するために，3歳児の行動を，多動性，旺盛な好奇心，破壊的なかかわり，不適切なかかわり，強い癇癪，運動のアンバランス，の6カテゴリーに分けて評価したところ，注意欠如・多動性障害児や自閉症スペクトラム障害児では，一般の3歳児に比べて，いずれの項目も平均値は有意に高かったが，多動性や旺盛な好奇心といった項目では，一般の3歳児でも高率に出現しており，判断は慎重にすべきと考えられた。その後，軽度発達障害を学習障害，注意欠如・多動性障害，自閉症スペクトラム障害，軽度精神遅滞と定義し，5歳児健診を基盤として発生頻度を調査した。その結果，鳥取県の5歳児健診（1,015名）では，軽度発達障害児の出現頻度は9.3％であった。栃木県の5歳児健診（1,056名）でも8.2％という出現頻度であった。またこうした子どもの半数以上が，3歳児健診では何ら発達上の問題を指摘されていなかったと報告された。その後，5歳児健診は京都府の福知山市，埼玉県の戸田市などの地域で取り入れられてきている。

　一方，京都府の亀岡市では5歳児モデル事業を試行している（高野，2009）。その目的は，①3歳児健診以降の子どもの発達や子育ての振り返りを行うこと，②発達障害に焦点を当てた保護者や関係者の気づきの場をつくること，③幼児期に顕在化した支援ニーズをもつ子どもと保護者を支援して特別支援教育に引き継ぐこと，とされる。2007年度には亀岡市内の全幼稚園・保育園に対するスクリーニングが行われ，852名の5歳児から836名分（回収率98.1％）の健康観察票を回収した。相談前カンファレンスにおいて精査した結果，そのなかで発達障害が疑われた子どもは43名（5.2％）であった。さらにそのなかで5歳児発達相談に来談した子どもは14名（32.6％）であった。これらの子どもの多くは，保育現場での支援，親支援教室，心理士による発達相談，専門クリニックなどの事後フォローを受けることができている。このように，まずは保育現場での気になる子ども，保護者の子どもの発達・子育てへの不安に対応するなかで，発達障害の発見・診断や介入を行っていくことをとおして，二次的な問題が回避できることが期待される。

3節 発達に障害のある人の地域支援にかかわる福祉等の機関

1. 児童相談所

　児童相談所は，児童福祉法にもとづき各都道府県および政令指定都市に最低1以上設けられ

た児童福祉の専門機関である。中核市にも設置は可能である。都道府県によってはその規模や地理的状況に応じて複数の児童相談所およびその支所を設置している。

児童相談所では，児童すなわち0歳から17歳の者を対象に以下のような業務を行う。①児童に関するさまざまな問題について，家庭や学校などからの相談に応じる。②児童およびその家庭につき，必要な調査ならびに医学的，心理学的，教育学的，社会学的および精神保健上の判定を行う。③児童およびその保護者につき，前号の調査または判定にもとづいて必要な指導を行う。④児童の一時保護を行う。

各児童相談所には，一般の行政職員に加え，精神保健の知識のある医師，大学で心理学を学んだ児童心理司，また児童福祉司などの専門職員が配置されている。児童相談所は，近年は虐待通報数が急増してその対応に追われていることが知られている。発達障害に関する相談については，障害者手帳申請にかかわる発達の評価や助言を求めて訪れたり，学校や家庭内での子どもの適応状態が悪化した時点で，家族が相当な決断をもって解決を求め訪れたりするなど，理由や時期が多様である。

2. 発達障害者支援センター

発達障害者支援センターは，発達障害者支援法にもとづき，発達障害児（者）への支援を総合的に行うことを目的とした専門的機関である。都道府県・政令指定都市自ら，または都道府県知事等が指定した社会福祉法人，特定非営利活動法人等が運営している。発達障害児（者）とその家族が豊かな地域生活を送れるように，保健，医療，福祉，教育，労働などの関係機関と連携し，地域における総合的な支援ネットワークを構築しながら，発達障害児（者）とその家族からのさまざまな相談に応じ，指導と助言を行う。

おもな業務内容は，①相談支援と発達支援（日常生活に関する相談に対し，指導，助言，情報提供等の支援を行う），②就労支援（仕事に関する相談に対し，助言や情報提供を行う。また，ハローワーク，障害者職業センター，障害者就業・生活支援センターなどと連携した就労支援も行う），③普及啓発（発達障害に対する市民の正しい理解を深めるための広報活動，情報発信を行う），④人材育成（発達障害にかかわる関係者の技術向上のための研修を行う），などである。

3. 障害者職業センター

障害者職業センターは，障害者雇用促進法において専門的な職業リハビリテーションを実施するとともに，地域の関係機関に対して，職業リハビリテーションに関する助言・援助等を行う機関として位置づけられ，職業リハビリテーションの専門家として障害者職業カウンセラーが配属されている。障害者職業総合センター，広域障害者職業センター，地域障害者職業センターの3種類がある。

4. 障害者就業・生活支援センター

障害者就業・生活支援センターは，障害者の自立を目指し，就職先の斡旋や生活相談などを行う，厚労省に選ばれた民間施設である．2002年の改正障害者雇用促進法の施行を受けて設置がすすめられた．センターには障害者の雇用安定をはかる専門職員2人と生活支援のための職員1人が配置される．

5. 就労移行支援事業所

障害者自立支援法にもとづく福祉サービスの一つである．就労を希望する65歳未満の障害者であって，通常の事業所に雇用されることが可能と見込まれる者につき，生産活動，職場体験その他の活動の機会の提供，その他の就労に必要な知識および能力の向上のために必要な訓練，求職活動に関する支援，その適性に応じた職場の開拓，就職後における職場への定着のために必要な相談，その他の必要な支援を行う．標準利用期間は2年以内である．

6. 就労継続支援事業所

就労継続支援事業所は，障害者自立支援法にもとづく就労継続支援のための施設である．一般企業への就職が困難な65歳未満の障害者に就労機会を提供するとともに，生産活動を通じて，その知識と能力の向上に必要な訓練などの障害福祉サービスを供与することを目的としている．同事業所の形態にはA，Bの2種類がある．A型は障害者と雇用契約を結び，労働基準法等関係法規が適用され，原則として最低賃金を保障する仕組みの「雇用型」である．利用者には，就労移行支援事業を利用したが企業等の雇用に結びつかなかった者，盲・ろう・特別支援学校を卒業して就職活動を行ったが企業等の雇用に結びつかなかった者，企業等への就労経験はあるが現在雇用関係がない者，などの例が考えられる．B型は契約を結ばず，利用者が比較的自由に働ける「非雇用型」である．

4節 発達に障害のある人の地域支援にかかわる福祉等の制度

1. 障害者手帳

さまざまな社会的サービスを受ける必要のために，障害者として日本にて公的機関に認定を受けると発行される手帳が障害者手帳である．障害者手帳には，身体障害者手帳，療育手帳，精神障害者保健福祉手帳がある．各種障害者手帳を所持し，提示することにより，公共機関等で，料

金の優遇などを受けることができる。所持している障害者手帳の種別や等級，各地方自治体により，受けられるサービスに差があるため，利用の際は各地方自治体，施設や交通機関に確認が必要である。また，民間施設でも，それぞれ独自にサービスを受けられるものもある。その他，障害者自立支援法にもとづく各種サービスを受けることもできる。2011年には，精神障害者保健福祉手帳用の診断書の様式のなかに発達障害に関する症状・状態像をも含むよう，精神障害者保健福祉手帳制度実施要領が改正された。

各手帳に共通で受けられるサービスとしては，各種税の減免あるいは免除，健康保険適用医療費の減免もしくは全免または還付，各種公共交通機関の割引，博物館・美術館・映画館などの各種公共施設の利用料の減免あるいは免除，電話料金（ただし，NTT東日本およびNTT西日本の固定電話およびインターネットにおける基本料および通話料についての割引はない）や携帯電話料金など通信費の減免，日本放送協会の受信料の減免または全免，などがある。

2. 障害年金

障害のある人が一般就労を目指して十分に努力しても，経済的自立という結果に至らない場合もある。そのような場合は，障害年金の支給を受ける道も閉ざされてはいない。障害年金には，障害基礎年金と障害厚生年金がある。

障害基礎年金は国民年金の給付であり，支給要件は次のとおりである。①保険料納付済期間（保険料免除期間を含む）が加入期間の3分の2以上あるものの障害，②20歳未満のときに初めて医師の診療を受けた者が，障害の状態にあって20歳に達したとき，または20歳に達した後に障害の状態となったとき。また，障害認定のときは，初めて医師の診療を受けたときから，1年6カ月経過したとき（その間に治った場合は治ったとき）に障害の状態にあるか，または65歳に達するまでの間に障害の状態となったとき。年金の年額は，障害の程度に応じて1級の場合と2級の場合とで異なる。

3. 障害者雇用率

障害者雇用促進法では，事業主に対して，民間企業は2.0%，国・地方公共団体・特殊法人等は2.3%，都道府県等の教育委員会は2.2%の障害者雇用率に相当する障害者の雇用を義務づけている（2015年10月現在）。大企業等において，障害者を多数雇用する等一定の要件を満たす会社（特例子会社）を設立した場合等，雇用率算定の特例も認めている。精神障害者（手帳所持者）については，雇用義務の対象ではないが，各企業の雇用率に算定することができる。

4. ジョブコーチ

ジョブコーチとは，障害者の就労にあたり，できることとできないことを事業所に伝達するな

ど，障害者が円滑に就労できるように，職場内外の支援環境を整える者を指す。軽度の発達障害者の就労で多用される。資格はとくにないが，福祉に関心のある者が，短期講習で養成される場合が多い。

ジョブコーチが行う支援には主に以下のものがある。(1)障害者本人に対する支援：①人間関係，職場内コミュニケーション，②基本的労働習慣，③職務遂行，④通勤等について，(2)雇用主に対する支援：①障害に係る知識，②職務内容の設定，③職務遂行に係る指導方法，④従業員とのかかわり方等について，(3)家族に対する支援：本人の職業生活を支える方法等について。初めのジョブコーチ主体の支援から，支援回数や時間を徐々に減らし，事業主主体の支援に移行し，支援終了後もフォローアップを行う。

5節 発達に障害のある人の地域支援への福祉等からのアプローチ

1. 福祉と医療の視点から

発達障害児（者）の臨床に対する福祉からのアプローチにおいては，医療や労働など多様な分野との連携がいうまでもなく必要となる。そのような観点にもとづく支援のあり方を，教育が終了した後の青年期の発達障害者への支援を例に考える。

伊藤・河内（2009）は，家庭養育について特段の問題がなく，小・中学校では通常学級で教育を受けて一般高校を卒業したものの，社会生活を営むうえで何らかの困難を呈し，高機能自閉症やアスペルガー障害の診断に至った10例を，学齢期における情緒的な不安定さ，その後の精神科的な治療歴の有無により2群に区別して，各群の特徴とそれに応じた処遇のあり方を検討している。

精神科的な治療歴のない事例群は，幼児期に言語発達の遅れが指摘されてはいたが，幼稚園や保育所での不適応行動はみられなかった。小・中学校では通常学級で教育を受け，一般高校へと進学した。高校を卒業後，進学や就職にあたって失敗を繰り返すうちに，一部の事例は家庭内への引きこもりを呈した。ただし家族との交流は可能であり，買い物等の外出はできていた。この群の事例の多くはウイングとグールド（Wing & Gould, 1979）の「受動型」の発達・行動特性に合致していた。面談や検査には意欲的に取り組む事例が多く，また，発達特性や障害の説明を拒否することはなく，その後の生活に関する具体的な提案や指導に対して意欲的に応じることができていた。したがって，このような事例に対しては，発達障害について的確に判断をしたうえで，発達障害者支援センター，障害者職業センター，就労移行支援事業所，障害者就業・生活支援センター，就労継続支援事業所などの社会的支援の活用や，障害者雇用率を考慮した一般企業への就労を積極的に促すといった福祉的対応が重要であるとされた。

一方，精神科的な治療歴のある事例群は，幼児期には他児との発達上の顕著な違いを指摘され

ていた。小・中学校では他生徒とのかかわりが困難なためにトラブルが多く，いじめにあい，本人が意識的に他者とのかかわりを絶って孤立したり不登校を呈したりするに至った。高校を卒業後，専門学校や短期大学に進学したが中退し，その後，就職や結婚に失敗するうちに，情緒不安定や精神症状を呈したために心療内科や精神科を受診し，さまざまな精神科疾患と診断されて内服治療を受けた。全検査IQが普通の水準に属する事例が多く，ほとんどの者で言語性IQが動作性IQよりも有意に高かった。この群の事例の多くはウイングとグールド（Wing & Gould, 1979）の「積極奇異型」の発達・行動特性に合致していた。これらの事例のように，明らかな発達障害がありながら思春期発症の精神疾患として精神科治療が継続されている事例のみならず，特異的な行動を呈しながらも本人が相談機関の受診さえ拒否している積極奇異型と推定される事例が予想以上に多いと考えられている。しかし，彼らのなかには適切な医療的対応を受けたうえで療育手帳や精神障害者保健福祉手帳を取得し，自分で車を運転して就労継続支援事業所に通い，自閉症の特性をふまえた対応を受けながら仕事をしている者や，障害基礎年金を受給しながら福祉施設の職員として勤務している者もいた。

　成人期における精神科的問題への対応はきわめて困難であり，幼児期における早期診断と療育の開始，特別支援教育にもとづいた治療教育を継続するとともに，関係者の理解を含めた環境調整が重要である。このように二次的な精神疾患を有する事例については，福祉的対応を検討する前にやはり精神科医による医療的な対応が優先されるべきであり，担当医師との協議を図りながら慎重に進めるべきであるとしている。

2. 福祉と労働の視点から

　向後（2009）によれば，2007年の発達障害者の新規求職申込件数は453件，就職率は27.2％となっており，知的障害者の新規求職申込件数22,273件，就職率54.7％，ならびに精神障害者の新規求職申込件数22,804件，就職率37.2％と比較して低い状況である。知的障害は障害者雇用率制度の対象障害（雇用義務の対象）であり，精神障害は雇用義務の対象ではないが雇用障害者数に算定できる障害となっている。発達障害も雇用義務の対象とはなっていないが，たとえば兵庫県では，条件つきではあるものの療育手帳を交付する対象者に発達障害者を含めてきた。また，横浜市でもIQの上限値を引き上げることで，療育手帳の交付範囲を拡大してきた。このように，現存する就労支援のなかに発達障害者を含めることによる支援の方法がこれまで模索されてきたが，2011年には精神障害者保健福祉手帳制度実施要領が改正され，精神障害者保健福祉手帳用の診断書の様式のなかに発達障害に関する症状・状態像をも含めるようになった。なお，療育手帳や精神障害者保健福祉手帳が取得できない場合であっても，ジョブコーチによる支援を受けることは可能である。

3. 福祉と社会生活支援の視点から

　思春期から青年期の発達障害者の社会的支援としては，自立・就労支援に加えて，仲間間での対人関係を築くことや，そのなかで社会性を育むことも重要な要素になる。そのためには，成人となった当事者の社会のなかでの居場所をつくる必要がある。

　ところで，発達障害者支援センターは，既存の支援機関や支援にかかわる専門家などの地域資源を有効活用し，専門機関同士のコーディネートを行うことが重要な任務であるとされるが（高橋，2009），佐々木・田熊（2010）は，他機関と連携しながらの発達障害者支援センターにおける本人会の活動について報告している。

　その本人会は，某県発達障害者支援センターで月に1〜2回夕方に開催されている。参加者の条件は，障害受容がなされ自らの意思で誘いに承諾し，専門機関と連携していることとしている。支援者からは，本人会は当事者が気軽に参加できる仲間づくりの場として期待されている。会の概要は，自由参加，参加費無料であり，他の複数の専門機関が支援者として参加し，司会進行はセンター職員が行うというものである。活動の流れは，自己紹介（新規参加者があった場合），グッドニュース・バッドニュースの紹介・コメント，フリートーク（人数が多い場合はグループ分けをする），アンケート記入，解散と続く。このなかで最も配慮しているポイントは，コミュニケーションに失敗させない支援を行うことである。毎回の平均参加者数は6〜7名である。全登録者数は33名であり，人数は増加している。この会の会話のなかで就労への動機が高まり，療育手帳を取得して就職につながったケースや，中学から成人期までひきこもっていた参加者が大学進学を考えるようになったケースもある。何をおいても，人とのかかわりの楽しさを経験することが最大の収穫であるという。

　このような先進的取り組みは，すべての発達障害者支援センターで実施しているわけではないが，若者支援のためのNPO法人等でも実施している例が増加している。

6節　総合的な支援へ

　麻生（2010）は，現代におかれた発達障害者の位置について次のように述べる。高度消費社会では，農業や漁業，工業生産といった第一次産業，第二次産業から，しだいに商業・サービス業といった対人活動を主とする第三次産業へ経済活動が移行しつつある。第三次産業で重要なのは対人的な交渉能力，つまりコミュニケーション能力である。発達障害者たちにとって21世紀は受難の世紀である。高度消費社会が必要としている資質にハンディキャップを背負っているのがこれらの人たちである。第一次産業や第二次産業が主である社会では，多くの発達障害者たちが産業に従事し地域社会のなかで役割をもって生活しえたことは想像できる。しかし，今日，かつてならば彼らを支えたであろう地域社会も産業構造も失われてしまっている。

　このように，現代における青年を取り巻く状況の厳しさは，自身の発達的問題と社会構造・産

業構造の問題との相互作用の結果として起こっているという現実がある。そのような現実のなかで，発達障害者が自身の障害を否定したまま，またはそれに気づかないままに歩み続けてしまった結果，ある時期に重大な不調や不自由や不利な状況に陥ってしまう事例も少なからず見受けられる。そうした困難事例と直面するたびに，ほとんどの専門家は，早期診断による早期からの自己理解・障害受容の促進，他者からの援助を適切に求めまた援助を受けることを拒まない姿勢の育成，療育手帳や精神障害者保健福祉手帳の取得と障害基礎年金受給に向けた支援，周囲のサポート体制と具体的なプログラムの確立，就労や地域生活に向けた教育，発達障害者の雇用に積極的な会社・事業所の育成，さらには成年後見制度活用等の親亡き後の備えの重要性を指摘する。このように，発達に障害のある人への支援に関しては，福祉からのアプローチを中核の一つとしながらも，各種の隣接諸学のアプローチを積極的に援用し，総合的に支援計画を作成・実施することが重要であると考える。

◆ 引用文献

麻生 武．(2010)．日本発達心理学会第21回大会委員会基調シンポジウムⅡ「発達障害の子どもたちの今：日本・韓国・中国・台湾の現状」企画趣旨．
伊藤淳一・河内哲也．(2009)．成人期に高機能自閉症・アスペルガー症候群の診断に至った事例から．臨床発達心理実践研究, **4**, 4-13.
向後礼子．(2009)．思春期・青年期の発達障害をめぐる就労支援の現状と課題．臨床発達心理実践研究, **4**, 28-33.
厚生労働省．(2007)．軽度発達障害児に対する気づきと支援のマニュアル．
佐々木かすみ・田熊 立．(2010)．広汎性発達障害のある成人への福祉サービスとしての「本人会」：当事者のニーズと支援に必要な条件の検討．臨床発達心理実践研究, **5**, 118-128.
杉山登志郎．(2008)．子どものトラウマと発達障害．発達障害研究, **30**, 111-120.
高橋和子．(2009)．思春期・青年期の発達障害をめぐる社会生活支援の現状と課題．臨床発達心理実践研究, **4**, 34-43.
高野美由紀．(2009)．南丹保健所圏域5歳児モデル事業の実践とその効果．臨床発達心理実践研究, **4**, 209-216.
Wing, L., & Gould, J. (1979). Severe impairments of social interaction and associated abnormalities in children : Epidemiology and classification. *Journal of Autism and Developmental Disorders*, **9**, 11-29.

―― B 障害・臨床の理解と支援 ――

62章 自閉症スペクトラム障害

伊藤英夫

1節 自閉症スペクトラム障害の基礎概念

1. 背 景

　自閉症スペクトラム（autism spectrum）という概念は，1990年代にイギリスでウイングによって提唱されたものである。当初ウイングはautistic spectrum（1997年）やautistic spectrum disorders（1996年）と表現していた。ウイング（Wing, 1996）によると，「ICD（国際疾病分類）では，包括的概念は広汎性発達障害（pervasive developmental disorder：PDD）であるが，イギリスの親たちは，自閉症スペクトラム障害という用語のほうがしっくりくるのである」と述べている。現在，DSM-5（Diagnostic and statistical manual of mental disorders-5）では，PDD（広汎性発達障害）という概念は廃止され，これに代わって自閉症スペクトラム障害（autism spectrum disorder：ASD）という概念で包括されることになった。

　自閉症スペクトラムは，自閉症を重度から軽度まで，スペクトラム上にさまざまな自閉症が連続体として存在するという考え方から命名された包括的な概念である。これまで広汎性発達障害には，自閉性障害（autistic disorder），レット障害（Rett's disorder），小児崩壊性障害（childhood disintegrative disorder），アスペルガー障害（Asperger's disorder），特定不能の広汎性発達障害（pervasive developmental disorder not otherwise specified）などの具体的な診断名が存在していたが，DSM-5の自閉症スペクトラム障害には，現在のところ何も示されていない。自閉症スペクトラム障害自体が，さまざまな自閉症の存在を包括しているため，細分化された診断名の必要がなく，これ自体が診断概念であるとともに，診断名となっているのであろう。

2. 自閉症スペクトラム障害の診断基準

　DSM-5では，これまでのDSM-Ⅳにおける自閉性障害の診断基準であった，①社会的相互作用の質的障害，②コミュニケーションの質的障害，③行動，興味，活動の，限局され，反復的で

常同的なパターン，を大きく次のA, Bの2点に整理している。

A. 文脈にあった社会的コミュニケーションおよび社会的相互作用の生涯にわたる障害（全般的な発達の遅れに起因するものではなく，以下の3項目すべてを満たしていること）

1. 社会−情動の相互作用の障害：社会的アプローチの異常や正常な会話のやりとりができない，興味，情動，感情の共有が少ないことなどから，社会的相互作用を開始する力が少ないなどの範囲に及ぶ。

2. 社会的相互作用のために，非言語コミュニケーション行動を使用することの障害：言語コミュニケーションと非言語コミュニケーションとを調整することが困難である，アイコンタクト，ボディランゲージの異常や，非言語コミュニケーションの理解や使用の障害から，顔の表情の欠如や身振り表現ができないという範囲に及ぶ。

3. 発達相応レベル（養育者以外にも）の関係をつくり維持することの障害：さまざまな社会的文脈にあわせる調整行動の困難，想像性のある遊びの共有や友だちをつくることの困難さなどから，人への興味の明白な欠如にいたるまでの範囲に及ぶ。

B. 行動，興味，活動の限局され，反復的で常同的なパターン（以下の4項目中少なくとも2項目以上を満たしていること）

1. 常同的または反復的な言葉，運動，物の使用：たとえば，運動的な常同行動，エコラリア，物の反復的な使用，変わった言い回しなど。

2. 日常の決まり，言語・非言語行動の儀式的パターン，変化への過度の抵抗などへの過度のこだわり：たとえば，儀式的行動，道順や食べ物への同一性保持，同じことを何度も質問する，ささいな変化に対してパニックになるなど。

3. 極度に限局的で固定的な興味（限局性の強さや程度において異常）：たとえば，変わった物への強い愛着や没頭，極度に偏った興味や固執など。

4. 感覚入力の過敏・鈍麻，感覚的な環境物への変わった興味：たとえば，痛み，熱，冷たさなどへの無反応，特定の音，感触などへの嫌悪反応，極度に物を匂ったり触ったりする，光や回転する物に夢中になるなど。

すなわち，これまでの社会的相互作用の質的障害とコミュニケーションの質的障害を一本化している。コミュニケーションの障害と社会的相互作用の障害は，表裏一体の関係であり，これまでも，コミュニケーションの障害なのか，社会的相互作用の障害なのか判断に迷う点もあったため，妥当な改訂といえる。

3. 早期診断

近年，世界的にみても自閉症スペクトラム障害の早期徴候・早期診断に関する研究には関心が高まりつつあり，さまざまな研究が行われている。しかし，ここでいう「早期」については研究者によってまちまちであり，ギルバーグほか（Gillberg, Ehlers, Jakobsson, Dahlgren, Lindblenholm, Tjuus, & Blidner, 1990）のように「3歳以前」と曖昧にしている場合も多く，ま

た幅も広い。最近では，海外の研究者からも，1歳代のスクリーニングにとくに強い関心が寄せられている。

海外での早期徴候・早期診断に関する研究は，おそらくオーニッツほか（Ornitz, Guthrie, & Farley, 1977）の親からの回顧的情報にもとづく研究が端緒であると思われる。それによると，自閉症児の親のほとんどが生後1年間は，とくに異常は感じられなかったとし，乳児期の異常については否定的であった。わが国での早期診断に関する研究は，他に類をみない乳幼児健診の充実により，海外に比べると早い時期からの検討がなされてきた。回顧的な後方視的研究ではあるが先駆的な研究として，星野ほか（星野・八島・金子・橘・渡辺・上野・高橋・古川・熊代，1980），小泉・薄田（1980）などの研究がある。星野らによると3歳までの早期徴候として，対人関係，知覚，睡眠などの27項目を示している。その後，小泉ほか（小泉・薄田・今成・高波，1985），星野・熊代（1989），伊藤ら（伊藤・松田，1988；伊藤・野村・伊藤・松田・長瀬・高橋・斎藤・尾形・木原，1991；伊藤，2001）などで，1歳6カ月から2歳にかけての，他の障害と有意差のある早期徴候について報告されている。伊藤（2001）によると，2歳までの自閉症に特有な早期徴候としては，「表情に乏しい」「視線が合いにくい」「高い所によく登る」「動作模倣がない」「疎通性に乏しい」「絶えず動きまわる」「身振り表現がない」「理解言語がない」「奇妙な行動をする」「機械類が好き」の10項目が報告されている。また，指さしやジョイント・アテンションは，知的障害児などの他の障害児もまだ獲得できていない時期であるため，この時点では早期診断のための有効な指標とはいえなかったとしている。

諸外国では，早期発見に対する認識が高まりはじめるが（Dahlgren & Gillberg, 1989 ; Gillberg, 1989 ; Gillberg et al., 1990 ; Baron-Cohen, Allen, & Gillberg, 1992 ; Adrien, Barthelemy, Perrot, Roux, Lenoir, Hameury, & Sauvage, 1992），わが国で実施されているような乳幼児健診制度がないため，大規模な早期スクリーニングや早期診断は行われていないのが実情である。近年諸外国では，自閉症スペクトラム障害の増加傾向の問題とリンクして，有病率への関心から早期スクリーニング・早期診断に関する研究が盛んになっている（Limperopoulos, Bassan, Sullivan, Soul, Robertson, Moore, Ringer, Volpe, & du Plessis, 2008 ; Zwaigenbaum, Bryson, Lord, Rogers, Carter, Carver, Chawarska, Constantino, Dawson, Dobkins, Fein, Iverson, Klin, Landa, Messinger, Ozonoff, Sigman, Stone, Tager-Flusberg, & Yirmiya, 2009 ; Al-Qabandi, Gorter, & Rosenbaum, 2011）。

2節 自閉症スペクトラム障害の発達研究

自閉症スペクトラム障害（以下，ASDと表記）の原因については，まだ明らかになってはいないが，近年になってようやく，その障害のメカニズムの一部が明らかになり始めている。その背景には，イギリスを中心とする研究者たちの，知的障害をともなわないASDに関する綿密で詳細な一連の研究や，著書，論文，講演等による当事者からの発信，脳科学や脳機能イメージング

研究の進歩などがある。ここでは、ASDの他者理解の発達、認知発達、コミュニケーションの発達を中心に、最近の研究を紹介する。

1. 他者理解とその発達

　ASDの他者理解の研究は、チンパンジーの心の理論研究（Premack & Woodruff, 1978）に端を発し、その後、定型発達児への誤信念課題（Wimmer & Perner, 1983）を経て、バロン-コーエンほか（Baron-Cohen, Leslie, & Frith, 1985）によるASDへの誤信念課題へと発展した。彼らの研究によると、高機能自閉症の約8割が誤信念課題を通過できていなかったと報告している。その後、ASD児や定型発達児を対象に、多くの心の理論課題に関する研究がなされ、定型発達児では、誤信念課題において、3歳児のほとんどが未通過であり、4歳児は約その半数が通過となり、5歳児ではそのほとんどが通過できることが明らかになった。しかしながら、バロン-コーエンほか（Baron-Cohen et al., 1985）のデータでも、20％の自閉症児が誤信念課題を通過している事実や、5歳児レベル以上の知的機能をもった高機能自閉症児でも、心の理論課題を通過できない者がいることについて、依然として説明がつかず、さまざまな議論が行われていた。そうしたなかで、ハッペ（Happé, 1995）は、誤信念課題通過率50％は、定型発達児の言語発達年齢が約4歳であるのに対し、自閉症の言語発達年齢は9歳2カ月と高くなっていることを示し、心の理論の発達に言語発達が関与している可能性を示唆した。

　そこで、ASDにおける「心の理論」に関する発達研究は、誤信念課題を通過したASD児・者が、日常生活で他者の心を理解し、推論できているかという点に関心が移っていく。ベゲールほか（Begeer, Gevers, Clifford, Verhoeve, Kat, Hoddenbach, & Boer, 2011）によると、心の理論トレーニングを行った結果、信念や誤信念の理由の理解などの概念理解には効果がみられたが、心の理論の前提の認知発達、難度の高い心の理論課題、情動の認識などについては効果がみられなかった。さらに、両親の報告や自身の共感性に関する報告などから、日常生活でのソーシャルスキルの改善にも効果がなかったと報告している。フリス（Frith, 2004）は、アスペルガー症候群の混乱について述べている論文で、論理的他者理解（explicit mentalising）は獲得できる可能性があるが、直感的他者理解（intuitive mentalising）には欠けていると述べている。リンドとボウラー（Lind & Bowler, 2009）は、ASD児・者は、誤信念課題に正解する場合、心の理論の表象を理解するのではなく、補部構造（complement syntax）の理解という言語的方略を使って解決していることを明らかにしている。しかし、この方略では、複雑で流動的な実生活において、他者の心の状況をリアルタイムに理解することは難しく、誤信念課題を通過することができるASD者が、日常生活において他者の心の状態を読むことができないという特徴が浮かび上がってくる。

2. 認知発達

　自閉症の中核障害に関する最近の知見では、対人関係の障害として、心の理論やジョイント・

アテンション（共同注意）の障害が，またコミュニケーションの障害として，音声言語等の同時処理の困難性，視覚情報処理等の継時処理の優位性が注目されている。その他にも，さまざまな情報を統合する中枢性統合，今向けている注意から別のことへ注意を向ける「注意の柔軟性」（set shifting），継時処理の際，一時的に記憶を貯蔵し，統合化する際に再び引き出すワーキングメモリ，ものごとを継時的に計画するプランニングなどに代表される実行機能の障害も想定されている（Gioia, Isquith, Kenworthy, & Barton, 2002）。この実行機能は，注意，知覚，記憶，言語などさまざまな機能が相互に連関しあって高次の脳機能を司っているといわれている。自閉症の模倣機能の障害は，すでに知られているところだが（Rogers, Hepburn, Stackhouse, & Wehner, 2003），最近のミラーニューロンの研究（Ferrari, Gallese, Rizzolatti, & Fogassi, 2003）では，言語表出を司るブローカ野が模倣能力に関連していることが明らかになりつつある。そして，実行機能や，心の理論，言語表出，模倣機能，ジョイント・アテンションなどの機能を司るニューロンが，前頭前野に集中していることも明らかになってきた。

a. ミラーニューロン

脳科学，認知心理学，自閉症研究において，ミラーニューロンの発見は，近年の最も重要な発見の一つといえるだろう。パルマ大学のリッツォラッティほか（Rizzolatti, Fadiga, Gallese, & Fogassi, 1996）によって発見されたブタオザルのF5領域にある，他者の運動を認識するニューロンは，ミラーニューロンとよばれた。ミラーニューロンは，手で物を操作するときに活性化するが，その行動を観察しているだけでも活性化するとされ，あたかも鏡を見ているかのような現象からリッツォラッティほか（Rizzolatti et al., 1996）によって命名された。サルのF5領域は，人間のブローカ野に相当するといわれ，その後のヒトにおける研究により，模倣，言語，意図理解，共感性に深く関与しているといわれている。ダプレットほか（Dapretto, Davies, Pfeifer, Scott, Sigman, Bookheimer, & Iacoboni, 2006）は，自閉症スペクトラム障害のミラーニューロンの異常を検証するため，高機能自閉症と統制群において，情動表現を模倣，観察している間のfMRIを実施した。両群とも課題の遂行は良好であったが，自閉症児は，下前頭回（弁蓋部）でのミラーニューロンが活性化していなかった。とくに，この領域の不活性化は対人関係の重症度と関連しており，ミラーニューロンシステムの機能異常はASDにみられる対人障害の基礎となっている可能性を示唆している。ただし，ディンスタインほか（Dinstein, Thomas, Humphreys, Minshew, Behrmann, & Heeger, 2010）のように，同様のfMRIによる研究では，ASDにおいても，ミラーニューロンの異常は認められないという研究もある。測定方法，測定課題等によっても結果が異なる可能性があるため，今後のさらなる検討が期待される。

b. 中枢性統合

フリス（Frith, 1989）によって提唱された中枢性統合の脆弱性（weak central coherence：WCC）は，その後，ハッペら（Happé, 1999；Happé & Frith, 2006）によって発展されたASDに特有の情報処理に関する仮説である。通常の情報処理過程では，五感を通して同時に入ってくるさまざまな情報は，中枢で処理され，統合されて一つの情報として認知される。ところが，ASDでは，一つひとつの情報が，断片的なまま統合されずに記憶される事態となる。たとえば，赤

い3本のバラが花瓶に生けられているのを見たとき，赤という色彩の情報，3本という数の情報，バラという花の情報，花瓶という容器に関する情報が，中枢で統合されることで，「赤い3本のバラが花瓶に生けられている」という状態を認知することができるが，ASD者は，これらの断片的な情報がそのままであるため，統合化された情報として認知することができない。これをフリスは，中枢性統合の脆弱性とよんだ。この仮説は，シャーとフリス（Shar & Frith, 1983）の図形認知に関する実験から，偶然導き出されることになる。彼らは，子ども用埋没図形検査（Children's Embedded Figures Test）を実施すると，定型発達児，知的障害児に比べてASD児は成績が最もよく，反応時間も一番早かったことから，当初は特異な認知能力と考えられていた。しかしこの絵に隠された特定の図形を発見する能力は，絵全体を把握する能力と相反する能力であり，ASD者は，個々の情報をそのまま処理する力には優れているが，それらの情報を統合化して，全体像を認知する力が弱いという仮説を導き出した。これが中枢性統合の脆弱性である。

3. コミュニケーションの発達

a. ジョイント・アテンションの発達

ブルーナー（Bruner, 1983）が提唱したジョイント・アテンション機能が，ASD者には欠けているということがわかってきた。ジョイント・アテンションは，物を媒介として自己の注意へ他者の注意を向けさせる行為で，共感性や三項関係の発達の指標として注目されている。ASD児のジョイント・アテンションについては，さまざまなデータから，乳児期初期から視線や注意の共有関係が成立しにくいことが知られている。また，青年・成人期に至ってもジョイント・アテンションを獲得しにくいことから，ASDの中核的な障害の一つと考えられている（Mundy, Sigman, & Kasari, 1990）。コミュニケーションは，「要求」（imperative）と「叙述」（declarative）とに大別されるが，ASD者は，要求は比較的獲得しやすいものの，叙述は獲得しにくいといわれている。要求は一方的なコミュニケーションでも成立しやすいが，叙述的コミュニケーションには，相手に対するジョイント・アテンションや共感性などの発達が必要となる。また，ASD者が困難なジョイント・アテンションと密接に関連しているのが，他者理解の能力である。心の理論についてはすでに述べたが，他者の心の状況を想定・理解し，その理解にもとづいて他者の行動を予測するなどの点が，自閉症児・者には困難であるといわれている。他者の心的状態を理解することと，ジョイント・アテンションや共感性とは共通の発達的基盤にあることは明らかである。

b. 継時処理と同時処理

コミュニケーションの方略として「視覚優位型」と「聴覚優位型」があることは，最近では広く知られている。周囲の環境から情報を受け取る場合，見て理解したり記憶したりすることは得意であるが，聞いて理解することが苦手なタイプが視覚優位型で，逆に，見て理解するより聞いて理解することのほうが得意なタイプが聴覚優位型である。ASDでは，視覚優位型が多いといわれている。前頭前野では時間系列に沿って認識を行う「継時処理」を行っているが，その継時処理がうまくいかないと，聞いて理解することが困難になるといわれている（Allen, Lincoln, &

Kaufman, 1991 ; Planche, 2002)。聴覚刺激は，時間系列とともに次々に現れては消えていく。継時処理では，次々に現れる刺激をワーキングメモリに一時的に蓄え，それを統合して一つの事柄として理解する必要がある。一方，同時処理は，時間系列に関係なく，いくつかの情報を同時にとらえることができる情報を処理するタイプのもので，写真や絵を見て理解したり，目の前にある物や状況を見て理解する場合などがそれにあたる。もちろん，刻々と変化するものは視覚的なものでも継時的処理にあたるので，長いスパンのものは理解しにくくなるといわれている。いずれにしても，視覚優位の子どもたちの場合は，静止画の理解や認知は優れている場合が多いが，聞いて理解することは困難な場合が多い。ASD児が，ロゴマークや図鑑を好む傾向は，このような認知特性に由来していると考えられている。また，それらの記憶は，文章であっても写真的記憶（映像記憶，直感像記憶）として貯蔵され，再生されることも知られている。

3節　自閉症スペクトラム障害児への発達支援

1. 早期療育

　わが国では，最近の乳幼児健診における早期発見の成果として，1歳代からの早期療育が可能となってきた（伊藤，2006）。1歳6カ月健診でスクリーニングされ，診断がほぼ確定した1歳代後半から2歳代前半の時期は，子どものアセスメントをていねいに行い，今後の療育に関する方向性を絞り込んでいく時期となる。そのためには，障害受容がまだ十分でない保護者への支援も重要な要素となる。早期療育のプログラムはさまざまに紹介されているが，その有効性に関する立証的な研究は少なく（Corsello, 2005），応用行動分析的アプローチによるものが散見される（山本・楠本，2007 ; Dawson, Rogers, Munson, Smith, Winter, Greenson, Donaldson, & Varley, 2010）。

2. 障害特性に合わせた発達支援

　近年，その理論的背景と，比較的短期間に行動の変容が確認しやすい，応用行動分析（ABA）が注目されているが，ショプラー（Schopler, E.）によって提唱されたTEACCHプログラムのように，単一の治療法や理論にこだわるのではなく，さまざまな技法や理論を包括的なシステムとしてまとめたもののほうが，早期から成人期にいたるまでの総合的な発達支援が期待できるといえる。ショプラーとロバース（Lovaas, I.）の有名な論争にあるように，行動療法などの一つの技法で自閉症を治すという立場ではなく，行動療法も包括的な治療教育のシステムの1技法として取り入れたのがTEACCHプログラムである。ASDの障害特性から導き出された，構造化，ワークシステム，幼児期から成人期までの一貫したシステムなどが特徴となっている。
　AAC（補助・代替コミュニケーション）は，ASDの認知特性である，言語表現の困難性，継

時処理の障害，実行機能の障害，心の理論の障害などをカバーする目的で，ASDにも適用されるようになった。伊藤（2009）が指摘しているように，AACは単なるコミュニケーション手段ではなく，適切な対人関係，情動の安定，自己決定，QOLの向上などに大きく寄与する理念となっている。

◆ 引用文献

Adrien, J. L., Barthelemy, C., Perrot, A., Roux, S., Lenoir, P., Hameury, L., & Sauvage, D. (1992). Validity and relaiability of the Infant Behavioral Summarized Evaluation (IBSA): A rating scale for the assessment of young children with autism and developmental disorders. *Journal of Autism and Developmental Disorders*, **22**, 375-394.

Allen, M. H., Lincoln, A. J., & Kaufman, A. S. (1991). Sequential and simultaneous processing abilities of high-functioning autistic and language-impaired children. *Journal of Autism and Developmental Disorders*, **21**, 483-502.

Al-Qabandi, M., Gorter, J. W., & Rosenbaum, P. (2011). Early autism detection: Are we ready for routine screening? *Pediatrics*, **128**, e211-e217.

American Psychiatric Association. (2013). *Diagnostic and statistical manual of mental disorders* (5th ed.). Arlington, VA: American Psychiatric Association.

Baron-Cohen, S., Allen, J., & Gillberg, C. (1992). Can autism be detected at 18 months? The needle, the haystack, and the CHAT. *British Journal of Psychiatry*, **161**, 839-843.

Baron-Cohen, S., Leslie, A. M., & Frith, U. (1985). Does the autistic child have a "theory of mind"? *Cognition*, **21**, 37-46.

Begeer, S., Gevers, C., Clifford, P., Verhoeve, M., Kat, K., Hoddenbach, E., & Boer, F. (2011). Theory of mind training in children with autism: A randomized controlled trial. *Journal of Autism and Developmental Disorders*, **41**, 997-1006.

Bruner, J. (1983). *Child's talk: Learning to use language.* New York: Norton.

Corsello, C. M. (2005). Early intervention in autism. *Infants & Young Children*, **18**, 74-85.

Dahlgren, S. O., & Gillberg, C. (1989). Symptoms in the first two years of life. A preliminary populating study of infantile autism. *European Archives of Psychiatry and Neurological Sciences*, **238**, 169-174.

Dapretto, M., Davies, M. S., Pfeifer, J. H., Scott, A. A., Sigman, M., Bookheimer. S. Y., & Iacoboni, M. (2006). Understanding emotions in others: Mirror neuron dysfunction in children with autism spectrum disorders. *Nature Neuroscience*, **9**, 28-30.

Dawson, G., Rogers, S., Munson, J., Smith, M., Winter, J., Greenson, J., Donaldson, A., & Varley, J. (2010). Randomized, controlled trial of an intervention for toddlers with autism: The early start denver model. *Pediatrics*, **125**, e17-e23.

Dinstein, I., Thomas, C., Humphreys, K., Minshew, N., Behrmann, M., & Heeger, D. J. (2010). Normal movement selectivity in autism. *Neuron*, **66**, 461-469.

Ferrari, P. F., Gallese, V., Rizzolatti, G., & Fogassi, L. (2003). Mirror neurons responding to the observation of ingestive and communicative mouth actions in the monkey ventral premotor cortex. *Europian Journal of Neuroscience*, **17**, 1703-1714.

Frith, U. (1989). *Autism: Explaining the enigma.* Oxford: Blackwell.

Frith, U. (2004). Emanuel miller lecture: Confusions and controversies about Asperger syndrome. *Journal of Child Psychology and Psychiatry*, **45**, 672-686.

Gillberg, C. (1989). Early symptoms in autism. In C. Gillberg (Ed.), *Diagnosis and treatment of autism* (pp.23-32). New York: Plenum Press.

Gillberg, C., Ehlers, S., Jakobsson, G., Dahlgren, S. O., Lindblenholm, A., Tjuus, T., & Blidner, E. (1990). Autism under age 3 years: A clinical study of 28 cases referred for autistic symptoms in infancy. *Journal of Child Psychology and Psychiatry*, **31**, 921-934.

Gioia, G. A., Isquith, P. K., Kenworthy, L., & Barton, R. M. (2002). Profiles of everyday executive function in acquired and developmental disorders. *Neuropsychology, Development, and Cognition. Section C, Child Neuropsychology*, **8**, 121-137.

Happé, F. (1995). The role of age and verbal ability in the theory of mind task performance of subjects with autism. *Child Development*, **66**, 843-855.

Happé, F. (1999). Autism : Cognitive deficit or cognitive style? *TRENDS in Cognitive Sciences*, **3**(6), 216-222.

Happé, F., & Frith, U. (2006). The weak coherence account : Detail-focused cognitive style in autism spectrum disorders. *Journal of Autism and Developmental Disorders*, **35**, 5-25.

星野仁彦・八島祐子・金子元久・橘　隆一・渡辺　実・上野文弥・高橋悦男・古川博之・熊代　永．(1980)．自閉症の早期徴候とその診断的意義．児童精神医学とその近接領域，**21**，284-299．

星野仁彦・熊代　永．(1989)．幼児自閉症の早期徴候と乳幼児健康診査．星野仁彦・熊代　永（著），幼児自閉症の臨床（pp.9-18）．新興医学出版．

伊藤英夫．(2001)．自閉症の早期徴候と早期診断に関する研究．児童青年精神医学とその近接領域，**42**，217-226．

伊藤英夫．(2006)．広汎性発達障害．本郷一夫・長崎　勤（編），別冊発達：No.28　特別支援教育における臨床発達心理学的アプローチ，98-106．ミネルヴァ書房．

伊藤英夫．(2009)．自閉症の認知特性が及ぼす情動の問題．須田　治（編著），シリーズ子どもへの発達支援のエッセンス：2　情動的な人間関係の問題への対応（pp.246-265）．金子書房．

伊藤英夫・松田景子．(1988)．1歳6ヶ月児健康診査における自閉症児のスクリーニング・システムの開発．東京学芸大学特殊教育研究施設報告，**37**，85-93．

伊藤英夫・野村東助・伊藤良子・松田景子・長瀬又男・高橋道子・斎藤　晃・尾形和男・木原久美子．(1991)．自閉症児の1歳6ヶ月児健康診査におけるスクリーニング・システム：1次スクリーニング用アンケートを中心に．小児の精神と神経，**31**，187-200．

小泉　毅・薄田祥子．(1980)．乳児期における自閉症児および他の言語発達障害児の発達的・生物的要因．児童精神医学とその近接領域，**21**，178-192．

小泉　毅・薄田祥子・今成京子・高波厚子．(1985)．言語遅滞児の1歳6か月児健康診査における早期発見＝早期ケアの試み〔Ⅰ〕：乳児期の行動特徴に関する精神遅滞、発達性言語障害、および自閉症の比較研究．小児の精神と神経，**25**，145-155．

Limperopoulos, C., Bassan, H., Sullivan, N. R., Soul, J. S., Robertson, R. L., Moore, M. Jr., Ringer, S. A., Volpe, J. J., & du Plessis, A. J. (2008). Positive screening for autism in expreterm infants : Prevalence and risk factors. *Pediatrics*, **121**, 758-765.

Lind, S. E., & Bowler, D. M. (2009). Language and theory of mind in autism spectrum disorders : The relationship between complex syntax and false belief task performance. *Journal of Autism and Developmental Disorders*, **39**, 929-937.

Mundy, P., Sigman, M., & Kasari, C. (1990). A longitudinal study of joint attention and language development in autistic children. *Journal of Autism and Developmental Disorders*, **20**, 115-128.

Ornitz, E. M., Guthrie, D., & Farley, A. H. (1977). The early development of autistic children. *Journal of Autism Child Schizophr*, **7**, 207-229.

Planche, P. (2002). Information processing in autistic children : More sequential or more simultaneous? *International Journal of Circumpolar Health*, **61** (Suppl.2), 4-14.

Premack, D., & Woodruff, G. (1978). Does the chimpanzee have a theory of mind? *The Behavioral and Brain Sciences*, **4**, 515-526.

Rizzolatti, G., Fadiga, L., Gallese, V., & Fogassi, L. (1996). Premotor cortex and the recognition of motor actions. *Cognitive Brain Research*, **3**, 131-141.

Rogers, S. J., Hepburn, S. L., Stackhouse, T., & Wehner, E. (2003). Imitation performance in toddlers with autism and those with other developmental disorders. *Journal of Child Psychology and Psychiatry*, **44**, 763-781.

Shah, A., & Frith, U. (1983). An islet of ability in autistic children : A research note. *Journal of Child Psychology and Psychiatry*, **24**, 613-620.

Wimmer, H., & Perner, J. (1983). Beliefs about beliefs : Representation and constraining function of wrong beliefs in young children's understanding of deception. *Cognition*, **13**, 41-68

Wing, L. (1996). Autistic spectrum disorders : No evidence for or against an increase in prevalence. *The British*

Medical Journal, **312**, 327-328.

山本淳一・楠本千枝子. (2007). 自閉症スペクトラム障害の発達と支援. 認知科学, **14**, 621-639.

Zwaigenbaum, L., Bryson, S., Lord, C., Rogers, S., Carter, A., Carver, L., Chawarska, K., Constantino, J., Dawson, G., Dobkins, K., Fein, D., Iverson, J., Klin, A., Landa, R., Messinger, D., Ozonoff, S., Sigman, M., Stone, W., Tager-Flusberg, H., & Yirmiya, N. (2009). Clinical assessment and management of toddlers with suspected autism spectrum disorder : Insights from studies of high-risk infants. *Pediatrics*, **123**, 1383-1391.

63章 学習障害（LD），注意欠如・多動性障害（ADHD）

岡崎慎治

1節 学習障害（LD）

1. LDの定義

「LD（学習障害）」が教育分野で関心をもたれるようになったのは20世紀半ば，主にアメリカにおいて，知的発達に問題はないが，言語表出，読み書きに問題のある子の親たちが独自の教育を始めた頃であった。そして1963年にカーク（Kirk, S. A.）が，シカゴで開催された親の会でこうした子どもにLD（learning disabilities）という用語を用いることを提案し，受け入れられてきた。そしてアメリカでは，1975年に全障害児教育法（P. L. 94-102）において，LDを教育の対象とすることが明確に位置づけられた。

わが国では，教育におけるLDの定義，すなわち教育的定義は，1999（平成11）年7月，当時の文部省による「学習障害及びこれに類似する学習上の困難を有する児童生徒の指導方法に関する調査研究協力者会議」の「学習障害児に対する指導について（報告）」で示された，以下の定義が使われている。

「学習障害とは，基本的には全般的な知的発達に遅れはないが，聞く・話す・読む・書く・計算するまたは推論する能力のうち特定のものの習得と使用に著しい困難を示すさまざまな状態をさすものである。学習障害は，その原因として，中枢神経系に何らかの機能障害があると推定されているが，視覚障害・聴覚障害・知的障害・情緒障害安堵の障害や環境的な要因が直接的な原因となっているものではない」。

一方，医学的定義の代表的なものとしてはアメリカ精神医学会の『精神疾患の診断と統計マニュアル第5版』（DSM-5；American Psychiatric Association, 2013/2014）における神経発達症群／神経発達障害群（neurodevelopmental disorders）の限局性学習症／限局性学習障害（specific learning disorder），ならびに世界保健機関（WHO：World Health Organization）の『疾病及び関連保健問題の国際統計分類第10版』（ICD-10；WHO, 2003）における学習能力の特異的発達障害が対応し，上記の教育的定義に対して読み，書き，算数の特異的な困難を指す。

これらの定義に示されている主要な構成要素は，次の4点である。

(1) 特定の基礎的教科学習の困難

(2) 個人内の能力の著しい差異（知能と学業成績）
(3) 除外項目（知的障害・感覚障害・自閉症などによるものや環境要因によらないもの）
(4) 中枢神経系の機能障害（学習を進めるうえで必要な認知機能の障害を内的にもつ）

このうち，知能と学業成績の差についてはディスクレパンシー（discrepancy：差異）・モデルといわれ，知能のさまざまな側面，学業成績，知能と学業成績のそれぞれのアンバランスとしてとらえられてきた。

また，アメリカ合衆国の「学習障害に関する全国合同委員会」（NJCLD：National Joint Committee of Learning Disabilities）の1988年の定義には，これらの構成要素に加えて，生涯をとおして障害が出現するもの，としている。これは中枢神経系の機能障害があることを前提としているためである。

2. ディスクレパンシー・モデルとRTIモデル

学習の困難の状態把握のための学力検査や日常の学習活動の評価が重要になる。これらのなかで特定の教科や教科内の活動の達成基準のアンバランスなどのディスクレパンシーが存在することを把握しなければならない。そのうえで，発達に関するインタビュー情報などをもとに，教育的診断としてLDの存在を仮定し，支援を考えることが提唱されてきた。一方，ディスクレパンシー・モデルには当初より批判がなされてきた。その代表的なものとして，知能を査定するIQテストはかなりの部分を読み能力に依存しており，読み能力に特異的な困難がある場合にはIQテストの結果が子どもの能力を過小評価する危険性である。いいかえれば，読み能力が乏しい子どもは語彙知識を広げていくことや学習を進めていくことに困難があるために，IQテストの成績が年齢相応を下回り，知能と学業成績のディスクレパンシーが相対的に少なくなることが危惧される。あわせて，小学校入学まもない段階では読み書きや算数の習熟が進んでおらず，これもディスクレパンシーを見出すことの難しさにつながることと，早期支援に結びつけづらいことがあげられる。そのためディスクレパンシー・モデルはしばしば"wait-to-fail"モデル，すなわち子どもの失敗を待つモデルとして批判的にとらえられてきている（Speece, Case, & Molloy, 2003）。

このような批判に対し，より適切な対応を目指すモデルの一つとして，近年のアメリカにおけるLDの判断に用いられているResponse to Intervention/Instruction（RTI）モデル（Brown-Chidsey & Steege, 2005）があげられる。RTIモデルは指導や介入，支援に対する学業や行動の変化（あるいは変化のなさ）に関するものであり，予防的な支援を段階的に行っていくものとして主に特異的LD児の教科学習の支援で言及されてきている（Hallahan, Kauffman, & Pullen, 2012）。支援の段階は明確に定義づけられてはいないものの，多くは三層（3 tiers）構造を想定している。三層構造において最も下層となる第一層では，通常の教育において質の高い教育的介入と支援を行うもので，対象となる子ども全体の80％を想定しており，そこでの介入や支援に対する子どもの応答により，第二層の支援に移行する。第二層ではより子どものニーズに応じた，重点的な少人数による教育的介入を行う。対象となる子どもは全体の15％を想定している。

そして第二層での介入や支援の応答からさらに支援の必要がある場合には，第三層の特別な教育的ニーズに応じた教育的介入に移行し，この段階は子ども全体の5％を想定している（Brown-Chidsey & Steege, 2005）。このようなアメリカを中心としたLD児への支援体制の変化は国内にも波及しつつあり，RTIモデルをベースとした読みの多層指導モデル（multilayer instruction model：MIM）を小学校の通常の学級において適用した研究（海津・田沼・平木，2009）などが報告されてきている。

3. LDの背景要因

　LDのなかでも読み書きに関する特異的な困難は，発達性読み書き障害（developmental dyslexia）としてその生起の背景が検討されてきた。なかでも音韻的符号化の困難さは発達性読み書き障害の主要な影響因であることが示唆されてきた（Das, 2009）。とりわけ，音韻処理能力は通常の読みスキルの獲得に密接に関連していることが明らかとなってきている。この指摘は読みの前段階にある子どもの音韻処理の成績と，その後1年から3年の間の読みの発達との関連性からも指示されている（Das, 2009）。

　音韻的符号化が発達性読み書き障害の「中核的な」処理過程の障害であるとする主張は，フリス（Frith, 1985）によってまとめられており，音韻処理の障害として位置づけられる状態であることに改めて意見の一致があると考えられている。また，発達性読み書き障害は3つのレベルの発現，つまり生物学的，認知的，そして行動的レベルを組み合わせて定義されるべきであることを示唆している。これらのレベルは文化的環境要因において相互作用をもつとされる。

　発達性読み書き障害の中核的な障害は，生物学的レベルにおける大脳左半球の神経連絡の不全であり，遺伝要因の関与も大きいとされる。この点で発達性読み書き障害は生物学的起源をもつ神経発達障害であり，これを支持する知見として，発達性読み書き障害において側頭後頭領域に局在して活動レベルの明らかな低下が示されてきている（Gabrieli, 2009）。

　本質的な発達性読み書き障害，つまり特異的な認知的困難と，いわゆるありふれた読み困難者を区別する試みもなされてきている（Stanovich, 1988）。ダス（Das, 2009）はこの指摘を受けて，全般的な読み困難者は発達性読み書き障害の広汎なカテゴリーに含めるべきではなく，読みの困難さは神経発達障害に含める必要はないと述べている。その理由として，読みの困難はさまざまな理由から生じることを指摘している。たとえば指導の不十分さ，動機づけの欠如，健康上や情緒的な問題，そして，あるいは文化的な識字能力，全般的な知的能力の不十分さや低さといった環境的要因があげられる。これらの弱さのいくつかは，個別指導や読みの指導支援プログラムによって除去することが可能である。発達性読み書き障害の厳密な定義を当てはめることに関しては，明確な不均質さが存在する。表層性ならびに深層性の発達性読み書き障害，つまり単語読みにおける速度遅延は，単語と擬似単語のそれぞれの読みの不正確さ（音韻性発達性読み書き障害）において区別され，議論されてきている。近年の理論的研究のレビューでは，書記単語の発話への移行がどのようになされるかを検討しており（Coltheart, Rastle, Perry, & Langdon, 2001），こ

れらの異なる種類の発達性読み書き障害のいくつかについて議論しており，読みに関するより普遍的な概念，すなわち表記の解析，書記素と音素の対応，意味的符号化，そして音韻出力レキシコンの概念を用いてこれらを統合することを提案している。

特異的な書記単語の解号（英語において）において読み困難のある子どもたちは全般的な読み困難とは区別される。限られた数のテストによって特異的な困難さが評価される。これらのテストには，単語や数系列の即時系列再生（項目の記憶よりも順序を評価），文字列の急速命名（rapid naming），単語と擬似単語の反復再生（発語の速さ），そして音韻意識テストが含まれる（Kirby, Booth, & Das, 1996）。フリス（Frith, 1985）は特異的な読み障害あるいは発達性読み書き障害のある個人を特徴づける分水嶺となる指標と表現している（Das, 2009）。

発達性読み書き障害の本質は音韻論に関する課題のような読みに関連する課題でのみ示される認知スキルにあるのか，それとも読みに関連しない課題でも同定できるようなより基本的な処理過程にあるのだろうか？　前者に対して，後者は時に近接処理としてとりあげられるような末梢処理として扱われる。トルゲセンほか（Torgesen, Rashotte, Greestein, Houck, & Portes, 1987）は近接処理を 3 つの下位処理過程，すなわち文字列とその組み合わせの知識，単語を発話したのちの認識に必要な発話レキシコン，そして発語をワーキングメモリに保持するためのワーキングメモリにおける音韻記録とみなした（Das, 2009）。

コルサートほか（Coltheart et al., 2001）は単語と擬似単語の視覚認識について，それら自体は発話入力と発話の音韻記録に関連しないと説明した。ただ耳にした単語を繰り返すよう求められた際に，発話した単語がどのように解析され，発話として生成されるのだろうか？　発達性読み書き障害や読み困難では，しばしば知らない単語や擬似単語を復唱することが困難であり，その原因は音韻的変換であるとされる（Coltheart et al., 2001）。

つまり，音韻処理は発話の反復と文字の音読の両方が必要になると考えられる。読みの困難さとその限局した状態，つまり発達性読み書き障害は，本質的に音韻記録の困難として特徴づけることができる。このいずれにおいても，発話に関連する困難として扱うことが妥当である。フリス（Frith, 1999）による「発語の処理過程は話し言葉と書き言葉の密接な関連の結果とみなされる」という指摘は，ブラッドレイとブライアント（Bradley & Bryant, 1985）の初期の研究を支持するものであり，読み獲得における困難さが発話系列を分割する能力の困難に関連することを示す知見であるともいえる（Das, 2009）。

4．LDの評価とその方法

先述したように，LDの定義にはディスクレパンシー・モデルが採用されている。子どものさまざまな側面の評価（アセスメント）は，LDの教育には不可欠なものであり，とくに重要となってくるのは認知機能の評価と学力の評価である。認知機能の評価には，WISC-IV（Wechsler Intelligence Scale for Children, 4th ed.），KABC-II（Kaufman Assessment Battery for Children, 2nd ed.），DN-CAS（Das・Naglieri Cognitive Assessment System）といった知能検査が活用さ

れてきている。

　これらの検査は全般的な知的水準や認知水準を把握できることから，学習の困難が知的障害によるものかそうでないのかを明らかにできる。さらに，これらの検査は多くの異なる認知機能を測定することを意図した複数の下位検査から構成されており，個人内差を同定することが大きな目的となる。

（1）WISC-IVは，全般的な知的水準の指標となる全検査知能指数（FSIQ）とともに，言語理解・知覚推理・ワーキングメモリ・処理速度の4つの指標得点が算出でき，より詳細な認知機能の個人内差を検討する情報を得られる。

（2）KABC-IIは，ルリア（Luria, A. R.）が提唱した脳の機能単位の概念をカウフマン夫妻（Kaufman & Kaufman, 2004）が発展させたモデルにおいて，人間が外界の情報を処理する際に行う処理様式は同時処理と継次処理があるとする理論およびそれらの処理様式を状況に応じて活用するための計画や学習という観点から，それらの機能を評価することと，日常生活や教科学習で習得した知識・技能を評価することを目的とする。KABC-IIは，認知処理尺度と習得度尺度の水準を求め，相互に比較することで個人内差を検討できる。

（3）DN-CASは，ルリアが提唱した概念をダスが発展させた，認知機能をプランニング・注意・同時処理・継次処理に大別した知能のPASSモデルにもとづき，これら4つの処理を測定することによって個人内差を測定する検査である。継次処理と同時処理という情報の符号化様式のアンバランスとともに，学習を進める際に状況に応じたやり方を考える能力や必要な情報への注意といった能力に関する情報を，それぞれプランニングと注意の尺度から得ることができる。

a. 定量的な分析

「学習障害の判定・実態把握基準（試案）」（文部省，1999）では，LDの全体的な知的能力が知的障害ほど低くないことを前提とし，子どもの学力が当該学年から何学年遅れているかを指標とすることを推奨している。すなわち，読む・書く・計算するなどに最もかかわりのある「国語または算数（数学）」の成績が，小学校2・3年生では1学年以上，小学校4年生～中学校3年生では2学年以上，それぞれ下回ることを目安として提案している。

　この評価方法は，学校では施行が難しい個別式知能検査とは異なり，学校の学習場面でLDを疑うべきかの判断材料を得られる利点がある。しかし，通常の学級にいる子どもたちの知的能力が平均範囲内であっても，その能力はかなり広範囲に分布することから，正確な判定には専門家による多方面からの判断が必要になる。学力の評価において「何学年下回るか」という定量的な視点は重要ではあるが，同時に学力の偏りの特徴を把握するためには以下の定性的な分析が必要となる（熊谷，2007）。

b. 読み・書きの定性的評価

〈視覚性・聴覚性・意味性の誤り〉

　ひらがな・カタカナと漢字は，それぞれ認知処理の特性が異なる。すなわち，仮名は表音性が強い文字であり，漢字は表意性が強い文字である。文字がもつ〈音－文字－意味〉という3つの側面のうち，どれが獲得されており，どれが獲得されていないかの評価を行う必要がある。

①聴覚性の錯読（書きの場合は，聴覚性の錯書）：「を→お」「は→わ」「見（み）→身（み）」などのように，音韻的に類似した文字を形態的にはまったく異なるものとして誤ってしまうもの。②視覚性の錯読（書きの場合は，視覚性の錯書）：「草（くさ）→葉（は）」「真（しん）→身（み）」などのように，形態の類似した文字を音韻的にはまったく異なるものとして誤ってしまうもの。③意味性の錯読（書きの場合は，意味性の錯書）：「弟→兄」「新しい→古い」「時計→時間」などのように，意味的に関連するほかの言葉と誤ってしまうもの。

主に以上の3点から，その特異性に関する分析を行う必要がある。

〈単語や熟語の全体と要素の関連性における誤り〉

「あ」を「a（発音記号）」と読めなくても，「あひる」を「ahilu（発音記号）」と，「ア」を「a」と読めなくても「アイスクリーム」を「aiskri:m（発音記号）」と読める場合もあるように，一つの文字が読めないからといって，単語や文章のまとまりが読めないとは限らない。

読みは，要素的な文字としてと，文字が連なったまとまりとしてでは，認知処理上，異なるプロセスが関係している。どちらが読めて，どのような場合に読めないのかという，特異性に関する分析を行う必要がある。

c. 算数の定性的評価

私たちは日常生活のなかではなにげなく数字を使いこなしているが，算数を遂行するにはさまざまな能力が複雑に絡み合っている。

たとえば，数が「ゴヒャク」「ヒャク」と口頭で（聴覚的に）提示され，「500」「100」と数字（視覚的な言語的シンボル）を書かせる課題を想定すると，課題遂行は聴覚的処理・視覚的処理の側面からみると，簡単なことではない。聴覚的に入力された情報を視覚的シンボルに変換する際の法則が異なるためである。

計算式を解く場合には，計算手続きを順次遂行するための継次処理能力や，筆算を空間的に正しい位取りで書けるかという意味での視空間能力などが関係するが，それぞれの能力の負荷は状況により異なる。

LD児たちはこのような微妙な法則の違いや能力の負荷の程度が違うためにつまずく。そのため，上述の定量的な分析と定性的な誤りの分析（つまずきの分析）が必要である。誤り方を知ったうえで，どのような認知能力の障害や弱さと関係しているのかを検討する。

5. LD児の教育的支援

LD児は，本質的には全体的な知的能力水準が低いわけでないことが多い。しかし前項で述べたように，LD児の認知能力の偏りは個人によってその特徴がかなり異なる。さらに集団活動や行動の際に問題になりやすい，ADHDなどの他の障害の合併も多く，現在の1クラス30〜40名の児童・生徒に担任教諭が1名という状況では対応に限界がある。

そのため，現在の段階では次のような指導の仕方が考えられる。

(1) 通常の学級における指導

通常の学級のなかでは，障害特性を理解したうえで学級担任が配慮した指導を行うことと，ティームティーチングという複数の教師による指導を行うこと，または学習支援員や巡回指導員などによる，集団学習のなかでの個別の配慮の工夫が必要である。

(2) 個別指導

LD児には個々に異なる認知能力の著しい偏りがあるため，教室内で集団的に行われる教科指導の方法は，しばしば合わない。そのために，学習の基本となる読み・書き・算数に関する個別指導はとくに重要である。

2006（平成18）年4月から，LD・ADHD・高機能自閉症等の通級が可能となった。このような個別的な形態の指導を活用し，中核的な学習の問題への対応を行うべきである。また，自尊感情が損なわれず，常に動機づけが得られるような指導が必要であることはいうまでもない。

2節 注意欠如・多動性障害（ADHD）

1. ADHDの定義

ADHD（attention-deficit / hyperactivity disorder；注意欠如・多動性障害／注意欠如・多動症）の概念は，学術的な記述としてはイギリスの内科医スティル（Still, G. F.）によって1902年に報告された「道徳的統制の欠如」，「意志による行動抑制の重大な欠陥の現れ」を示した子どもたちの報告が最初といわれる。その後，このような状態像は病因からは脳炎後の行動障害，器質的衝動，微細脳障害，微細脳機能障害など，症状としては落ち着きのなさ，多動−衝動性障害，多動児，多動性反応など多くの診断名が論議されてきた。

わが国におけるADHDの定義は，文部科学省による「今後の特別支援教育の在り方について（最終報告）」のなかで，試案として述べられている「年齢あるいは発達に不釣り合いな注意力，及び／又は衝動性，多動性を特徴とする行動の障害で，社会的な活動や学業の機能に支障をきたすものである。また，7歳以前に現れ，その状態が継続し，中枢神経系に何らかの要因による機能不全があると推定される」があげられる。この定義は，アメリカ精神医学会（American Psychiatric Association：APA）による診断基準である『精神疾患の診断・統計マニュアル第4版』（*Diagnostic and statistical manual of mental disorders*, 4th ed.：DSM-IV；APA, 1994）と，ADHDの行動評定尺度であるADHD-RS-IVを参考にしており，DSM-IVに関してはテキスト改訂版（*Diagnostic and statistical manual of mental disorders*, 4th ed., Text Revision：DSM-IV-TR；APA, 2000）にもとづいている。また，ADHDに関する別の定義には，世界保健機関（WHO）による診断基準である『国際疾病分類第10版』（*International Classification of Diseases*, 10th ed.：ICD-10；WHO, 1992）における多動性障害（hyperkinetic disorders）の定義があげられる。

DSM-IV-TRにおけるADHDの診断基準では，9項目の不注意症状と，多動性に関する6項目と衝動性に関する3項目をあわせた9項目の多動性−衝動性症状について，それぞれの行動

上の特徴からADHDのサブタイプを操作的に定義している。

ADHD全体の出現率は学齢期の子どもで3～7%とされる。また，男女比は2対1から9対1とされるが，ADHDは男児において多いことは一貫しているものの，成人を対象にした場合には男女間の比率の差が小さくなるとされる（Lowenthal, 1994）。

このように出現率や男女比に幅があるのは，ADHDのタイプによる違いや，医療機関を受診するのは多くが男児であることによるものと考えられる（Lowenthal, 1994）。

なお，DSM-IV-TRは2013年に第5版のDSM-5が出版されており（American Psychiatric Association, 2013/2014），上記の診断基準に種々の変更がなされている。大きな変更点として，後述する関連障害である反抗挑戦性障害や行為障害ならびに自閉症スペクトラム障害（DSM-IV-TRまでの広汎性発達障害）等とともに神経発達症群／神経発達障害群（neurodevelopmental disorders）のカテゴリーに含められたこと，自閉症スペクトラム障害が除外診断から外され，併存が認められたこと，症状の存在が7歳以前から12歳以前に引き上げられたこと，3つのサブタイプを廃しこの代わりに過去6カ月間の症状の現れ方として混合状態，不注意優勢状態，多動性-衝動性優勢状態として特定すること，症状の程度として重症度を3段階で特定表記すること，等があげられる。

2. ADHDにおける実行制御

上述のように，ADHDは，不注意，衝動性，そして多動性という3つの基本的な症状をもつものとしてとらえられている。この観点は，行動面に表出される状態像（特性）によるものであり，その背景に中枢神経系の機能不全に起因することを仮定している。一方，近年の心理学，認知科学等の研究分野の進展により，不注意や衝動性，多動性といった特性ならびにこれらの特性から生じる種々の困難さが生じる背景には，主に前頭葉が関与する認知処理過程の不全が存在することが明らかになってきている。その主な端緒はバークレイ（Barkley, 1997）による，ADHDの中核障害を行動抑制の障害ととらえた実行機能のハイブリッドモデルであった。

近年では，ADHD児・者は実行機能に代表される高次脳機能とともに「非」実行機能としてのよりプライマリーな脳機能に制約がある可能性が指摘されているとともに，本来困難が生じる課題状況において，補償的な方略を用いて対処している可能性を指摘する研究も報告されるようになってきている。

3. 経路モデルにおけるADHDの実行機能障害

実行制御を中心とした実行機能の評価課題を用いた研究のなかで，対象とされたADHD児・者におけるパフォーマンスの個人差の大きさ，不均一性（heterogeneity）が存在することが指摘されてきた。このことへの説明として，実行機能以外の要素も含め，ADHDにかかわる複数の病因「経路」の報告がなされている。代表的なものに，ADHDに関連する神経解剖学的回路には，

いわゆる認知レベルの処理を担う要素と，情動レベルの処理を担う要素が含まれていると仮定し，とりわけ情動レベルにおける報酬と動機づけの調整困難を重視した二重経路（dual pathway）モデルがあげられる。このモデルでは，ADHDにおいて抑制制御に困難がある場合と，遅延報酬への嫌悪（delay aversion）がある場合という，それぞれ別の神経経路の障害が想定されるサブタイプが提唱されている。このモデルはこれらに加えて時間処理（temporal processing）を含めた三重経路（triple pathway）モデル（Sonuga-Barke, Bitsakou, & Thompson, 2010）へと発展している。

二重経路モデルと同様に神経心理学的機能の二重性を想定し，実行機能を実行制御にかかわるクールな側面と認知制御の情動的側面にかかわるホットな側面に区別することも提唱されている（Zelazo, Muller, Frye, & Marcovitch, 2003）。クールな側面とは，二重経路モデルにおける認知レベルの処理を担う要素であり，前頭前皮質領域を中心としたトップダウン処理を指す。具体的には，ワーキングメモリや持続的注意，課題のセット切り替えなど，実験課題の多くで評価される機能を担い，比較的抽象的あるいは文脈に依存しない問題解決に関与するものと考えられる。一方，ホットな側面は，より具体的，あるいは文脈に依存した効果的な意思決定に含まれる情動や動機づけ，誘因や報酬にかかわる処理に依拠するものと考えられている。また，クールな側面が主に前頭前皮質によるトップダウンな処理であるのに対し，ホットな側面にはトップダウンとボトムアップ両方の処理が含まれると想定されており，後者により重きがおかれる。これらの論拠に関連する研究では実行機能のクールな側面とともに，ホットな側面と関連する活性の弱さが示唆されており，ホットな側面とクールな側面が相互に関連する一方で，ADHDではこれらの関連が弱いと考えられている。

4. ADHDの理解への情動面の考慮

実行機能のホットな側面に関連する神経生物学的背景はクールな側面に比べて明らかになっていない部分も多い。ホットな側面を扱った近年の研究では，ADHDにかかわる症状のすべては，中脳を中心としたドーパミン系の神経回路における機能低下から追跡できることを指摘した研究もある（Sagvolden, Johansen, Aase, & Russell, 2005など）。また，前頭葉が担う機能全体を考えるうえで，実行機能のホットな側面に相当する情動レベルの制御を考慮する必要性を指摘する研究もみられる。たとえば，ゴールドバーグ（Goldberg, 2001/2007）は，注意は前頭前皮質と脳幹網様体，後頭皮質の間で複雑に相互作用するループ回路によって制御されており，前頭前皮質は外界からの情報や目的に応じて注意を向ける方向やその強さを調節していると考え，ADHDにおける前頭前皮質と脳幹網様体との結合経路の機能不全を想定している。また，前頭葉の左右の機能の違いに言及し，右前頭葉は新奇な刺激から行動を導く点で文脈非依存であり，左前頭葉は既存の情報にもとづく内的表象から行動を導く点で文脈依存である，とする仮説を提唱している。この仮説に関連して相原ほか（相原・青柳・山城・保坂・中澤，2007）は，定型発達では5～6歳では標的に依存しない文脈非依存の選択を行うが，年齢とともに文脈依存となり，15歳程度で

成人レベルに達すること，ADHD児では年齢に比して文脈非依存となったことを報告している。

このような，不明確な文脈状況下における認知的曖昧さや個々人の優先事項にもとづいた意思決定は，実行機能のホットな側面の成熟を背景としたクールな側面の成熟によって適切になされていくと考えられるが，先述したとおり，実行機能のホットな側面を認知神経科学的研究手法から解明しようとする研究はまだ進展途上にある。今後は認知科学の進展とともに，情動というADHDの本態にかかわる特性を解明する一端となるとともに，個々のADHD児・者への支援にあたっても重要な知見を提供するものと考えられる。

◆ 引用文献

相原正男・青柳閣郎・山城　大・保坂裕美・中澤眞平．(2007)．情動認知の発達とその異常．臨床脳波，**49**，6-11．

American Psychiatric Association. (2014). DSM-5 精神疾患の診断・統計マニュアル（日本精神神経学会，監修，高橋三郎・大野　裕，監訳，染矢俊幸・神庭重信・尾崎紀夫・三村　將・村井俊哉，訳）．医学書院．(American Psychiatric Association. (2013). *Diagnostic and statistical manual of mental disorders* (5th ed.). Arlington, VA : American Psychiatric Association.)

Barkley, R. A. (1997). Behavioral inhibition, sustained attention, and executive functions : Constructing a unifying theory of ADHD. *Psychological Bulletin*, **121**, 65-94.

Bradley, L., & Bryant, P. (1985). *Rhyme and reason in reading and spelling*. Ann Arbor : University of Michigan Press.

Brown-Chidsey, R., & Steege, M. W. (2005). *Response to intervention : Principles and methods for effective practice*. New York : Guilford Press.

Coltheart, M., Rastle, K., Perry, C., & Langdon, R. (2001). DRC : A dual route cascaded model of visual word recognition and reading aloud. *Psychological Review*, **108**, 204-256.

Das, J. P. (2009). *Reading difficulties and dyslexia an interpretation for teachers*. New Delhi : Sage Publications.

Frith, U. (1985). Beneath the surface of developmental dyslexia. In K. E. Patterson, J. C. Marshall, & M. Coltheart (Eds.), *Surface dyslexia, neuropsycholological and cognitive studies of phonological reading* (pp.301-330). Hove, UK : Erlbaum.

Frith, U. (1999). Paradaoxes in the definiton of dyslexia. *Dyslexia*, **5**, 192-214.

Gabrieli, J. D. (2009). Dyslexia : A new synergy between education and cognitive neuroscience. *Science*, **325**, 280-283.

Goldberg, E. (2007). 脳を支配する前頭葉：人間らしさをもたらす脳の中枢（沼尻由起子，訳）．講談社．(Goldberg, E. (2001). *The executive brain : Frontal lobes and the civilized mind*. New York : Oxford University Press.)

Hallahan, D. P., Kauffman, J. M., & Pullen, P. C. (2012). *Exceptional learners : An introduction to special education* (12th ed.). New Jersey : Peason Education.

海津亜希子・田沼実畝・平木こゆみ．(2009)．特殊音節の読みに顕著なつまずきのある1年生への集中的指導：通常の学級での多層指導モデル（MIM）を通じて．特殊教育学研究，**47**，1-12．

Kaufman, A. S., & Kaufman, N. L. (2004). *Kaufman assessment battery for children* (2nd ed.). Circle Pines, MN : American Guidance.

Kirby, J. R., Booth, C. A., & Das, J. P. (1996). Cognitive processes and IQ in reading disability. *Journal of Special Education*, **29**, 442.

熊谷恵子．(2007)．学習障害児の数量概念の理解度を測定する手法についての基礎的研究．LD研究，**16**，312-322．

Lowenthal, B. (1994). Attention deficit disorders : Characteristics, assessment, and interventions. *European Journal of Special Needs Education*, **9**, 80-90.

文部省．(1999)．学習障害児に対する指導について（報告）．

Sagvolden, T., Johansen, E. B., Aase, H., & Russell, V. A. (2005). A dynamic developmental theory of attention-deficit / hyperactivity disorder (ADHD) predominantly hyperactive/impulsive and combined subtypes. *Be-

havioral and Brain Sciences, **28**, 397-419.

Sonuga-Barke, E., Bitsakou, P., & Thompson, M. (2010). Beyond the dual pathway model : Evidence for the dissociation of timing, inhibitory, and delay-related impairments in attention-deficit=hyperactivity disorder. *Journal of the American Academy of Child and Adolescent Psychiatry*, **49**, 345-355.

Speece, D. L., Case, L. P., & Molloy, D. E. (2003). Responsiveness to general education instruction as the first gate to learning disabilities identification. *Learning Disabilities : Research and Practice*, **8**, 147-156.

Stanovich, K. E. (1988). Explaining the differences between dyslexic and the garden-variety poor reader : The phonological core-variable difference model. *Journal of Learning Disabilities*, **21**, 590-604.

Torgesen, J. K., Rashotte, C. A., Greestein, J., Houck, G., & Portes, P. (1987). Academic difficulties of learning-disabled children who perform poorly on memory span tasks. In H. L. Swanson (Ed.), *Memory and learning disabilities : Advances in learning and behavioural disabilities* (pp.305-333). Greenwich, CT : JAI Press.

Zelazo, P. D., Muller, U., Frye, D., & Marcovitch, S. (2003) . The development of executive function. *Monographs of the Society for Research in Child Development*, **68**(3), 11-27.

64章 知的障害

菅野　敦

　知的障害（ID：intellectual disability）は，一般に「①知的機能が明らかに平均より低く，同時に②適応行動における制限をともなう状態で，それが③発達期（18歳まで）に現れるもの」とされ，平成11（1999）年の「精神薄弱の用語の整理のための関係法律の一部を改正する法律」により法律・行政分野をはじめとして，一般にも広く使用されるようになった用語である。それ以前は，精神薄弱者福祉法が1960年に施行されて以来，永年「精神薄弱」（MD：mental deficiency）が使われていた。この変更は，「精神薄弱」という用語が，差別や偏見を抱きやすい用語であるという障害者団体からの長年の要望に応えたものといわれている。しかし改正に際し，知的障害の概念ないし定義は，その基本法ともいうべき知的障害者福祉法においても明記されず，法律の対象者が規定されていないという現状は，改正以前の精神薄弱者福祉法以来，いまだに続いている。ただ，一般には国際的に共通の認識となっている「精神遅滞」[1]（MR：mental retardation）の定義（上述）とほぼ同義の用語ととらえることができる。

1節　知的障害の定義

　わが国の文部科学省（当時は文部省）が最初にあらわした定義は，昭和28（1953）年の「教育上特別な取り扱いを要する児童生徒の判別基準」にみることができる。そこでは知的障害（当時の用語としては「精神薄弱」）は，「いろいろの原因で精神発育が恒久的に遅滞し，このために知的能力が劣り，社会生活への適応が著しく困難なものをよぶ」とされ，知的障害（「精神薄弱」）は「精神発育が恒久的に遅滞」している状態であるとされていた。すなわち当時は，知的能力の遅れは固定的なものであるとしてとらえられていた。それが，平成7（1995）年，（当時の）文部省初等中等局特殊教育課「就学指導資料」において，「（「精神薄弱」とは）発達期におこり，知的機能が低く，適応行動の困難性を伴う状態」とし，さらに，「発育上の遅れ又は障害の状態は，ある程度，持続的なものであるが，絶対的に不変で固定的な状態ということではない」すなわち「（「精神薄弱」も）教育的・治療的対応を含む広義の環境条件を整備することによって，障害の状態はある程度改善されるものである」との説明をつけている。このような考えは，それまでの教育，医学，福祉などさまざまな領域で行われてきた基礎的・臨床的研究の成果により見出された知的障害に関する新たな考えを反映したものといえよう[2]。

2節　知的障害の原因と出現率

　知的障害の原因に関しては，原因が生じた時期により分ける考え方と，原因の特定の有無によって分ける考え方が一般的に用いられてきた。時期によるものは，出生以前に原因の生じたと考えられる「先天性」と，出生時ないし出生後の早期に脳に何らかの障害（脳細胞の器質的疾患か機能不全）を受けて生じたと考えられる「後天性」とに分類する考え方である。一方，原因の特定の有無では，「病理型」と「生理型」とに分類する考え方である。ここで「病理型」とは，一定の疾患が明確であり，その結果として脳障害が生じたことが特定できる，原因のはっきりわかっているものをさす[3]。一方，「生理型」とは知能を形成する遺伝子の組み合わせの欠陥が原因ではないかとは推測できるものの，現在の医学に代表される科学水準ではその原因が特定できないものを分類している。なお，知的障害の約75％は現時点で原因の特定ができない「生理型」にあてはまるとされている（図64.1）。

　知的障害の出現率については，一般集団の－2SD以下と定義されているのでその出現率は理論上2.275％となる（図64.2）。これまで，この理論値に近い値から少し多い値の報告が多かった。ペンローズ（Penrose, 1963/1971）は，2.56％の観察値を報告している。また，山口・金子（2004）は，広義の知的障害（状態像論に立つ知的障害）という判別基準に立つ場合の出現率は2.0～3.0％程度，狭義の知的障害（病因論に立つ知的障害）という判別基準に立つ場合の出現率は0.3～0.8％程度と考えるのが妥当と指摘している。しかし，近年，1％前後より少ない出現率の報告がみられるようになった。その背景として考えられる要因が，一般集団の平均的知能指数の上昇，重篤な脳障害の発生の減少，軽度脳障害の危険因子の改善などである。

3節　知的障害の分類

　知的障害を分類するためにこれまで試みられてきた方法は，原因による分類，行動特性による分類，障害の程度による分類などに大別することができる。なかでも障害の程度による分類はさらに，知能検査の結果からの分類，社会的成熟度にもとづく分類，そして近年では，支援の程度による分類へとより詳細に条件を設定し，その基準にもとづいて分類する試みがなされてきた。

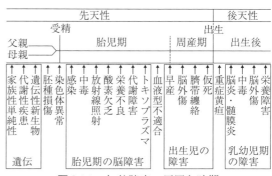

図64.1　知的障害の原因と時期

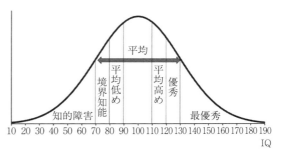

図64.2　知能の分布

知能検査を通して得られた結果，主にIQ[4] (intelligence quotient；知能指数) の水準による分類は，これまでしばしば行われてきた。

具体的な分類としては，軽度，中度，重度，最重度，および測定不能（一般の知能検査等ではIQが測定できないもの）の5区分に分類することが多く，この分類により知的障害の心理・行動特性が整理されている。その主なものを以下に示す。

(1) 軽度知的障害（IQ：50〜70）：知的障害の約85％をしめる。幼児期は運動発達に軽度の遅れがあり，言語の理解や表出も遅いが，軽度ゆえに「おくて」などととらえられ障害として発見されるのは遅れる。問題行動が少ない場合は集団参加も必ずしも悪くない。しかし，言語を用いた抽象的な概念の操作をともなう思考，推理等の学習課題場面では遅れが目立ち，本人も苦手意識をもつことが多い。成人後は，独立して生活したり，共同住宅でうまく適応している人が多い。

(2) 中度知的障害（IQ：35〜49）：知的障害の約10％をしめる。乳幼児期には精神発達だけでなく身体的成長にも遅れがみられる。多くの事例で就学までには簡単な応答が可能になる。しかし，集団のルールや社会的・対人的な技能の習得に困難を示し，同年齢の仲間関係は発達しにくい。成人期には，比較的単純な労働や軽度の熟練労働に従事することができるようになり，生計の一部を得ることができる。

(3) 重度知的障害（IQ：20〜34）：知的障害の約3〜4％をしめる。乳幼児期から運動発達や言語発達の遅滞が顕著である。発語はあっても1語〜2語文レベルで，発音も不明瞭な場合が多い。限られた事柄の習得は可能であるが，環境の変化に適応する能力は乏しい。多くの場合，身辺の事柄を処理するにも他人の助けを必要とする。成人期の生活は家族との在宅も可能であるが，支援者つきの共同生活や施設での生活の場合も多い。

(4) 最重度知的障害（IQ：20未満）：知的障害の約1〜2％である。さまざまな合併症により生後まもなく気づかれる。運動発達の遅れがとくに著しく，言語もほとんどなく，周囲にも無関心で，人や玩具に自ら興味・関心を示すことも少ない。幼児期，学齢期になっても意志の交換や環境への適応にかなりの困難があり，常に援助と保護を必要とする。

IQの程度による分類の代表的なものとしてWHOによるICD-10と，アメリカ精神医学会のDSM-Ⅳがある。診断ガイドラインとしてのIQの範囲は両者の間で多少異なるものの，共通してIQの程度により5区分に分類している。なお，このような知的水準の違いによる知的障害の分類とそこでの症状の違いは，平均的なとらえ方である。より科学的・客観的に知的水準を測定する知能検査法が開発されても，一回の知能検査で知能指数を測定し，その数値のみから障害の程度を判断することは難しく，また，この点への批判や抵抗もある。そのことから，日常生活場面での適応行動の観察やその後の継続的で定期的なフォローにより総合的に判断されるのが一般的となっている。

一方，アメリカ精神遅滞学会は，第9次の改訂版として出した定義『精神遅滞第9版』（AAMR, 1992）で，多次元的アプローチ（multidimensional approach）にもとづき，障害の程度というとらえ方をやめて支援の程度別に分類を行った。そのもとにある考えは，個人の能力は障害のある人自身に生得的なものではなく，環境との相互関係からとらえられるという考えから

くるものである。すなわち知的障害を固定的には考えないで必要とする支援の程度によって変わる可能性を含んでいると考える。したがって，知的障害をこれまでのように軽度，中度，重度というようによばないで，その個人の必要とする社会的支援の種類と程度を明確にすることで判別する。すなわち，適応的スキルのどの領域がどの程度の支援を必要とするか，支援の程度別に分類している。具体的には以下の4水準を設け，分類している。

（1）断続的（intermittent）支援：急の（病気や失業など）何らかの困難が起こったときだけ，必要に応じて提供される支援。必要なつど提供される支援であり，支援は短期的な性質をもつ。

（2）限定的（limited）支援：期間は限定的ではあるが，必要な期間，継続的に提供される支援。

（3）長期的（extensive）支援：特定の条件や環境にいる間は，日常的（常時的）にわたり，期限を限ることなく継続的に提供される支援。

（4）全般的（pervasive）支援：いかなる環境にいるかに関係なく常時，一貫して，集中的に提供される密度の濃い支援。

さらに，アメリカ精神遅滞学会は，第10次の改訂版として出した定義『精神遅滞第10版』（AAMR, 2002）で，分類体系は知的障害と能力障害の概念とともに変化するので，知的障害のモデルを構成する概念の理解とともに変化し続けるとして，5つの相互に関係した次元を提示した。具体的には，知的能力，適応行動，参加（対人関係，および社会的役割），健康，状況である。すなわち，これら5次元による多次元モデルを知的障害のモデルとして採用した。したがって，これらの次元により分類体系においても変化することが考えられる。

このように障害の分類は，分類すること自体を目的とするのではなく，それに続く教育や支援の第一歩として位置づけることが重要である。ここでみてきたように，知的障害の分類は，障害そのものの定義や知能のとらえ方，知的障害の社会への受け入れの状況など時代や社会の変化にともなって変化することに注意しなくてはならない。

4節　知的障害の特性

（1）「知的機能が低い状態にある」：知的障害とは，視覚や聴覚などの感覚器官にはとくに大きな問題はないにもかかわらず，それらをとおして脳に入力された情報を分析したり総合したりすることに制限があるために，認知，記憶，言語，思考などの機能に制限を受け，その年齢で期待されるレベルよりも低いレベルでしか機能しないことから活動全般に遅れが生じる状態である。一般的には知能指数がおおむね70以下と考えられているが，目的によりいくつかの診断基準が存在する。たとえば教育や福祉の現場では，知的能力のみではなく日常生活をはじめとする適応行動の円滑さや支援の必要性を重視して評価していくことが多い。

（2）「適応行動における制限がある」：適応行動における制限とは，日常的には食事，排泄，衣服の着脱などのセルフ・ケア，コミュニケーション，炊事，掃除，洗濯などの家庭生活，人との社会的なやりとりに関連した社会的スキル，買い物，交通機関の利用などのコミュニティ資源

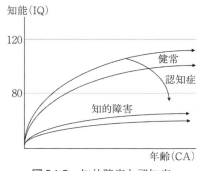

図64.3 知的障害と認知症

の利用，選択したりやスケジュールに従ったり自己主張をするといった自律性，健康と安全，読み，書き，計算といった実用的な学業，余暇活動，そして労働などの適応行動に現れた制限をさす。制限の具体的な現れとしては，判断力や自発性の弱さ，習得や学習に時間がかかる，反復や固執性をもつ，感覚に異常さがあるなどを特徴とする。

適応行動スキルとして，AAMR（1992）では，コミュニケーション，身辺処理，家庭生活，対人的スキル，コミュニティ資源の利用，自律性，安全と健康管理，学力，余暇活動，就労の10のスキルをあげている。しかし，2001年の改訂にともない第10版では，さらに2010年の改訂にともない第11版にあたる"*Intellectual disability : Definition, classification and systems of supports*"（AAIDD, 2010）においても，①概念的スキル（言葉の理解と表現，読み書き，お金の概念，自律性〔self-direction〕），②実践的スキル（日常生活活動〔ADL〕——食事，身支度，移動，排泄。日常生活行動——食事の準備，服薬，電話の使用，お金の使用，移動，家事。職業的スキル。安全確保），③社会的スキル（対人関係，責任性，自己評価，ルールに従う，服従する，犠牲の回避，ナイーブさ，だまされやすさ）としている。

(3) 「発達期に現れる」：発達期とは，18歳以前の通常，発達における上昇期をさす。したがって，発達の上昇期ではない成人期や老年期に生じる知的機能の低下は，「認知症」と称し，「知的障害」とは異なるものとして区別して考えることが一般的である（図64.3）。

5節　知的障害の心理と行動の特性

1. 知的障害の症状と支援の考え方

精神機能を記憶能力，判断能力，推理能力，感情，意志，思考などと分けて考えると，知的障害は知能だけが劣っていると考えられがちであるが，精神機能にある諸能力の発達が遅れ，低いレベルにとどまるために感情や意志などの一般的な心理機能や行動に障害をともなうことが多い。知的障害の一般的な心理・行動特性としては，受動性，依存性，低い自己評価，欲求不満に対する耐性の低さ，攻撃性，衝動制御力の乏しさ，常同的な自己刺激的行動，自傷行為などがある。これらは中枢神経系の未成熟や機能障害と関連し，注意欠如症候群や多動性障害の基本症状と共通している。知的障害と近縁にある障害との関係を図64.4に示す。

また，この心理・行動特性は生物学的要因と環境要因（教育の機会，環境からの刺激の豊かさ，適切なしつけなど）との相互作用によってその症状の強さが形成されている。さらに，知能水準によっても心理・行動特性に特徴がみられる（知能水準の違いによる心理・行動特性は「3節　知的障害の分類」で示した）。したがって，知的障害者の支援では，行動やスキルの獲得に関す

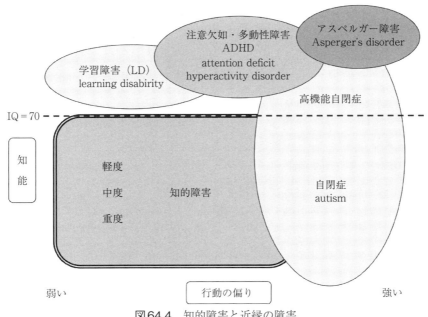

図64.4　知的障害と近縁の障害

る問題や困難の改善・克服をはかることにとどまることなく，これら感情や意志としてとらえられる内面を育てることも重要となる。したがって，支援に際しては，たんに，知的障害者の示している弱い部分にだけ着目するのではなく，長所や得意な面に目を向け，それらを伸ばし，さらに，それらを生かして，短所や不得意な面を補っていく配慮が必要である。

2. 知的障害者の学習特性

　知的障害者の学習にも固有ないくつかの特徴がある。代表的なものとしては，意欲の低さ，学習速度（定着）の遅さ，応用や般化の弱さがある。以下にその具体的な様子と対応を示す。

　(1) 意欲の低さ：知的障害者のなかには，食事，排泄，衣服の着脱などの日常生活基本動作（ADL：activities of daily living）にすらなかなか意欲を示さない者がいる。たとえば，空腹であるにもかかわらず目の前にある食物に自ら手を伸ばして，食物を摂ろうとしない例である。そのような対象には，まず，食卓でスプーンを握らせることに始まり，食物をすくうこと，それを口まで運ぶこと，かむこと，飲み込むことといった一つひとつの動作に分けて働きかける必要がある。これらの働きかけによって，食べておいしかったという気持ちや上手に食べることができたという達成感を味わい，そのような気持ちの積み重ねにより，次に食物を見たときの食べたいという意欲に結びつくのである。

　(2) 学習速度（定着）の遅さ：意欲の低さへの取り組みとして一つの行動をより小さな動作に分解し，それら一つひとつを毎日繰り返し教え続けても，それらを学習し，身につけるまでには時間がかかるという問題が学習速度（定着）の遅さという特徴である。通常，食事のたびに繰

り返し働きかけても，対象からの反応が行動として現れるにはかなりの時間を要することになる。したがって支援者にとっては，自分の働きかけが有効であるのかどうかなかなか知ることができない。そこで，支援者は知的障害者の学習速度の遅さを理解して取り組むことと，対象の内面に生じているわずかな変化をいかに察知するかが問われることになる。さらに，学習に時間がかかるという問題は獲得した行動の応用や般化にも関連することになる。

（3）応用や般化の弱さ：学習の定着によって，一つの行動として摂食行動が実現するようになっても，たとえば，食材や場，支援者が異なると食べられないという問題が，応用や般化の問題である。支援者は，対象への働きかけをいかにわかりやすく，効率的に行うかという点とともに，日常生活基本動作における般化や応用の最も高いレベルにある他人に不快感や迷惑をかけないといった自立に向けて個々の行動をいかに機能化していくかという視点で取り組まなければ応用や般化までもが支援の目標となることに気づかず，別の新たな問題としてとらえられてしまうことがある。そのようなことに至らないためにも知的障害者の学習には，これらの特徴があることを前もって理解して指導することが重要である。

3．生涯発達の視点からみた知的障害者への支援

知的障害者のなかには思春期や成人期になってひきこもったり，これまでのように活動ができなくなる者が多くいるという報告が近年増えている。しかし一方で，彼らもかかわり方によっては再び回復し，家庭や職場で活躍できるようになることも知られてきた（菅野・橋本・池田・細川・川崎・横田，1995；菅野，1997；菅野・橋本・細川・池田，1998；菅野・池田，1998）。かかわり方の基本は，健康管理とそれに続く環境調整等である。さらに，知的障害者においても長命化の傾向にあり，加齢の影響に関する基礎的研究の必要性とともに，高齢知的障害者の支援に関しても早急な対応が求められるようになってきた。

◆注

1) この「精神遅滞」という用語は，アメリカ精神薄弱学会（AAMD：American Association on Mental Deficiency）が1959年に，アメリカ精神遅滞学会（AAMR：American Association on Mental Retardation）に改称したことを機に，1960年代からアメリカにおいて行政上，「精神薄弱」に変わって使用されるようになった用語である。わが国でも，医学や心理学などの学術分野では，「精神発達遅滞」や「知能障害」などという用語とともに「精神遅滞」が用いられてきたが，近年，次第に「知的障害」という用語も使われるようになってきた。したがって「知的障害」とは，「精神遅滞」と同様発達期における障害をさしており，「知的発達遅滞」を意味しているということに留意しておくべきである。なお，アメリカ精神遅滞学会は，2007年1月1日にその名称をアメリカ知的・発達障害精神遅滞学会AAIDD（the American Association on Intellectual and Developmental Disabilities）に改称した。その結果，知的障害という語が，国際的にも広く使われることとなった。

2) 精神遅滞（知的障害）の定義は，WHO（World Health Organization；世界保健機関）による『疾病および関連保健問題の国際統計分類』（ICD-10：*International statistical classification of diseases and related Health problem*；WHO, 1992/1994）や，アメリカ精神医学会（APA：American Psychiatric Association）の『精神疾患の診断・統計マニュアル』（DSM-Ⅳ：*Diagnostic and statistical manual of mental disorder* (4th ed.)；APA,

1994/1996）．さらに，（当時の）アメリカ精神遅滞学会（AAMR：American Association on Mental Retardation）が第10次の改訂版として出した定義『精神遅滞第10版』（*Mental retardation* (10th ed.). *Definition, classification and systems of supports*；AAMR, 2002）などに代表されるように各国にあるが，それらは表現的な違いはあるものの内容的にはほぼ共通しているといえる．その共通する3つの要素が，「①一般的な知的機能が明らかに平均より低く，同時に②適応行動における制限をともなう状態で，それが③発達上昇期（18歳まで）に現れるもの（したがって，認知症など知的機能の低下が発達期ではない時期に生じたものは含めない）」である．

3) 「病理型」にある要因としてICD-10などでは，さらに①感染および中毒，②外傷あるいは物理的因子，③代謝あるいは栄養，④粗大な脳疾患，⑤未知の出生前の影響，⑥染色体異常，⑦周産期に生じるその他の状態，⑧精神障害に続発するもの，⑨環境的影響，⑩その他の状態の10の要因をあげている．しかし，これら「病理型」は原因がほぼ特定されているといわれるものの，知的障害が発症するメカニズムは明らかではなく，その治療となると治療方法が確立しているものは，わずかにフェニールケトン尿症やクレチン病などのある種の代謝異常に限られている現状にある．他の原因による大多数の知的障害を医学的に治療するための方法はいまだ見出されていない．なお，知的障害の原因については多因子的アプローチによって検討していく必要がある（AAMR, 2002）．したがって，知的障害の原因についてはAAMRの第10版で示されているように，生物医学的な因子だけでなく，社会的因子，行動的因子，教育的因子という4つの視点と時期（出生前，周産期，出生後）との関係から分析していく必要がある．

4) IQについて，その算出方法とIQが何を示すのかを解説すると，IQとは，精神年齢（MA：mental age）がその時点でのその対象の知能の発達水準を示すのに対し，その対象の知能の高低や遅速を示す尺度として考えられた方法である．たとえば，MAが5歳の子どもであっても，その子の生活年齢（CA：career ageないし，chronological age））が5歳の子どもと，10歳の子どもとでは明らかに知能の高低や遅速は異なる．CAが5歳の子どものIQは100であり，10歳の子どもはIQ50となる．このように，精神年齢を生活年齢と比較することで知能の高低や遅速を知る尺度として開発されたものがIQである．

◆ 引用文献

AAIDD. (2010). *Intellectual disability : Definition, classification and systems of supports*. Washington, DC : American Association on Intellectual and Developmental Disability.

AAMR. (1992). *Mental retardation* (9th ed.) *: Definition, classification and systems of supports*. Washington, DC : American Association on Mental Retardation.

AAMR. (2002). *Mental retardation* (10th ed.) *: Definition, classification and systems of supports*. Washington, DC : American Association on Mental Retardation.

American Psychiatric Association. (1996). DSM-IV精神疾患の診断・統計マニュアル（高橋三郎・大野 裕・染谷俊幸，訳）．医学書院．（American Psychiatric Association. (1994). *Diagnostic and statistical manual of mental disorders* (4th ed.). Washinton, DC : American Psychiatric Association.）

菅野　敦．(1997)．ダウン症候群の早期老化：早期老化と青年期・成人期に現れる急激『退行』．特殊教育学研究，**34**(4)，69-75．

菅野　敦・橋本創一・細川かおり・池田由紀江．(1998)．成人期ダウン症者の加齢に伴う能力と行動特性の変化．発達障害研究，**20**(3)，61-71．

菅野　敦・橋本創一・池田由紀江・細川かおり・川崎葉子・横田圭司．(1995)．青年期・成人期急激『退行』を示したダウン症候群への治療教育　特殊教育研究施設研究年報，113-122．

菅野　敦・池田由紀江．(1998)．ダウン症者の豊かな生活．福村出版．

文部省初等中等局特殊教育課．(1995)．就学指導資料．

Penrose, L. S. (1971). 精神薄弱の医学（秋山聡平，訳）．慶應義塾大学出版会．（Penrose, L. S. (1963). *The biology of mental defect*. London : Sidgwick and Jackson.）

World Health Organization. (1994). ICD-10精神および行動の障害：DCR研究用診断基準（中根允文・岡崎祐士・藤原妙子，訳）．医学書院．（World Health Organization. (1992). *Classification of mental and behavior disorders: Diagnostic criteria for research*. Geneva : World Health Organization.）

山口　薫・金子　健．(2004)．特別支援教育の展望．日本文化科学社．

65章 言語障害

藤野　博

1節　言語障害の概念とタイプ

　言語障害は"language"と"speech"という2つの側面から分類できる。"language"の側面は言語記号の習得やその適切な操作・使用にかかわり，その障害タイプとして言語発達障害や失語症などがある。"speech"の側面は明瞭で流暢な発声・発語にかかわり，その障害タイプとして構音障害や吃音などがある。本稿では，"language"の側面における発達的な問題である言語発達障害に焦点を当てる。

　言語発達障害は知的障害や自閉スペクトラム症などにともなって生じる場合と，それらの障害がないにもかかわらず音声言語面に著しい困難が現れる場合があり，後者は特異的言語発達障害とよばれる。以下，特異的言語発達障害と自閉スペクトラム症，およびそれらの周辺の言語発達障害を取り上げることとする。

1. 特異的言語発達障害

　特異的言語発達障害（specific language impairment：以下SLI）は，知的障害，聴覚障害，自閉スペクトラム症，発声発語器官の器質的・機能的異常，神経学的徴候などがないにもかかわらず，音声言語面に著しい困難が生じる状態である（Leonard, 1998）。具体的な基準としては，動作性知能が85以上でありながら，標準化された言語テストで同年齢の平均値より1.25標準偏差を下回るスコアを示し，なおかつ言語発達に影響を及ぼす可能性のある他の問題がみられない場合にSLIと診断される。言語症状としては，語彙の乏しさ，語想起の困難，文法の誤り，年齢相応の長さと複雑さをもった構文を形成することの困難などがあり，統語的側面に最も問題がみられるとされている。日本語圏での研究はまだ少ないが，時制や格助詞の使用などによく問題がみられることが報告されている（福田・ゴプニック，1994）。以下はSLI児の発話例である。

・ポケモンに人気がある（正：ポケモンは人気がある）
・紙で切ってる（正：紙を切ってる）
・一言は何もないよ（正：一言でいえば何もなかったよ）
・昔々ある所に，おじいさんとおばあさんがいます（正：いました）

　SLIは早期診断が難しい。言語発達障害のない子どもでも初語や二語文の出現時期にかなりの遅れがみられることがあるからである。障害の有無や予後にかかわらず言語獲得のスタートが遅

れる子どもがおり「レイト・トーカー」(late talker) とよばれる。レイト・トーカーを同定する基準としては，2歳に達しても表出語彙が50語以下で二語連鎖の発話がみられないことなどがあげられている (Rescorla, 1989)。レイト・トーカーの子どもは表出語彙数や二語文の出現時期などの点で標準的な発達経過を示す子どもよりSLIのリスクが大きいとされており，2歳時にレイト・トーカーであった子どもの少なく見積もって4分の1，多く見積もって2分の1は就学時にSLIの状態であったことが諸調査の知見から推計されている (Leonard, 1998)。

また，SLIの言語症状は長期にわたり持続することも明らかとなっている。ビショップとエドムンドソン (Bishop & Edmundson, 1987) は，4歳時にSLIの基準を満たした68名の子どもをフォローアップ調査した結果，50％以上は5歳6カ月時に依然として言語面で低成績を示していた。同じ児を8歳6カ月時に再評価したところ，5歳6カ月時に言語の問題が解消していた子どもは言語テストで良好であり，読みの測度でも問題なかった。その一方，5歳6カ月時に問題のあった子どもは音声言語のみならず読みの測度でも同年代の定型発達児に比べ遅れていた。

2. 自閉スペクトラム症にともなう言語の問題

自閉スペクトラム症／自閉症スペクトラム障害 (autism spectrum disorders：以下ASD) は，社会的コミュニケーションおよび対人的相互反応の問題と行動，興味，活動の限定された反復的な様式を特徴としている。DSM-5では，ASDの言語の問題として，完全に会話が欠如しているものから，言葉の遅れ，会話の理解が乏しい，反響言語，または格式張った過度に定義通りの言語などまで幅広く認められるとしている (American Psychiatric Association, 2013)。

カナー (Kanner, 1943, 1946) は自閉症の言語について，反響言語 (エコラリア)，代名詞の転倒，不適切な比喩，字義通り性，普通名詞と固有名詞の混乱などがあることを指摘した。ASDのエコラリアには即時エコラリアと遅延エコラリアがある。即時エコラリアはもとの発話の直後に産出され，遅延エコラリアはもとの発話から遅れて産出されるものである。プリザント (Prizant, 1983) はASDのエコラリアについて，最初は意味や伝達性が乏しいが段階的に伝達機能を有し有意味な言語に変化していくという発達過程を提唱している。

ASDの言語の問題は語用論の領域での困難として包括的に論じることができる (大井, 2006)。語用論はコミュニケーション文脈のなかでの機能的な言語使用に関する言語学の領域である。ASDにおいてよくみられる語用の障害として，発話の不適切な開始，定型化された言葉，文脈の利用の問題，非言語的コミュニケーションの問題などがあることが明らかとなっている (Whitehouse, Barry, & Bishop, 2008；Geurts & Embrechts, 2008)。

また，語用に近接する領域としてナラティブの視点からの検討もなされている。ナラティブとは自己の経験や空想の物語などについて語る行為や語られた内容のことである。ASDにおいては，個人的な経験を語るパーソナル・ナラティブにとくに困難があること (Losh & Capps, 2003)，物語の長さや統語の複雑さなどには大きな問題はないが，首尾一貫した整合性のある話を組み立てることに困難があること (Diehl, Bennetto, & Young, 2006)，ハイ・ポイント，す

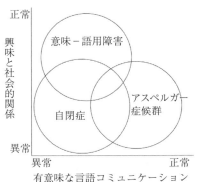

図65.1 ASD（自閉症，アスペルガー症候群）とSPDの関係（Bishop, 1989）

すなわち物語における山場が一貫して欠如していること（Goldman, 2008），などの知見が示されている。

3. 語用性言語障害

ラピン（Rapin, 1982）は言語発達障害の1タイプとして意味－語用性症候群（semantic-pragmatic syndrome）という概念を提唱した。ラピンによると，意味－語用性症候群は言葉の意味理解に独特な困難を示し，音韻や統語などの言語の形式的側面には問題はなく流暢に話すことはできるが話にまとまりがなく逸脱した不適切なものとなりがちで，自然な会話のやりとりができないことを特徴とする。ビショップ（Bishop, 1989）は意味－語用性症候群と類似する問題である意味－語用障害（semantic-pragmatic disorder：以下SPD）という概念を提唱した。SPD児の会話においては，発話の開始が多く過剰である（Adams & Bishop, 1989），発話における情報量が少なすぎるあるいは多すぎる，話題の飛躍がある（Bishop & Adams, 1989），などの特徴が指摘されている。これらの特徴はいずれもASDにおいてもよくみられるものであり，SPDとASDの異同が議論となってきた。

ビショップ（Bishop, 1989）は，言語・コミュニケーションの軸と特別な興味や社会的関係の軸という2つの視点からASDとその周辺の発達障害の問題について整理している。そして，自閉症はその両軸において重篤な障害を示すこと，アスペルガー症候群は興味・社会的関係の軸でより多くの障害を示すが言語・コミュニケーションにおける障害は軽いこと，SPDはこれと対照的に興味・社会的関係の軸での障害が軽く，言語・コミュニケーションにおいて多くの障害を示すことなどを示唆した（図65.1）。SPDという名称はその後，語用性言語障害（pragmatic language impairment：以下PLI）という名称に変わりASDとの関係について検討された。その結果，PLIの特徴を示す子どものなかでASDの診断基準を満たさない者がいることとASDとPLIとの間に明確な境界は認められないことが明らかとなり，両者は連続性のなかでとらえるべきことが主張されている（Bishop & Norbury, 2002）。DSM-5の「コミュニケーション症群／コミュニケーション障害群」の中に新設された「社会的（語用論的）コミュニケーション症／社会的（語用論的）コミュニケーション障害」はPLIに相当すると考えられる。

2節　言語発達障害のアセスメント

1. 言語発達を評価するテスト

言語発達のアセスメントには，統語，語彙，音韻の各側面について，理解と表出の両面から評

価することが必要となる。これらの評価項目をすべて網羅した標準化された言語検査は現在日本には存在しない。しかし，以下にあげるいくつかの検査を組み合わせることによってアセスメントに必要な情報を得ることができる。

a. 絵画語い発達検査改訂版（PVT-R）

語の理解力について評価するテストである。口頭で提示された語を表すものとして適切な絵を4つの選択肢から選ぶ。適用年齢は3歳0カ月から12歳3カ月までである。語い年齢（vocabulary age：VA）を求めることができる。

b. J.COSS日本語理解テスト

文の理解力について評価するテストである。口頭で提示された文を表すものとして適切な絵を4つの選択肢から選ぶ。適用年齢は3歳から高齢者までである。統語理解の発達レベルを相当する学年という指標で知ることができる。

c. ITPA言語学習能力診断検査

回路（聴覚－音声回路，視覚－運動回路），水準（表象水準，自動水準），過程（受容過程，連合過程，表出過程）という3つの次元から言語学習にかかわる諸能力を評価するテストである。適用年齢は3歳0カ月から9歳11カ月である。言語学習年齢（psycholinguistic age：PLA）を求めることができ，言語発達に関係するさまざまな認知機能の強さと弱さの特徴を把握することができる。

2. 自由発話の評価法

自由発話における表出言語の発達指標として「平均発話長」（mean length of utterance：以下MLU）がある。MLUは，少なくとも50発話のサンプルを採取し，全発話に含まれる形態素数の合計を発話数で除した値である。つまり，自発話において平均してどのくらいの長さの文を産生しているかが示され，主として統語表出面の発達指標になる。日本語の場合，形態素の分割方法に関する見解が統一されていないため，語や文節を単位として算出する場合もある。

3. チェックリストによる評価法

語用の問題は具体的な社会的文脈で生起するため，テスト的に評価することは難しい。ビショップ（Bishop, 1998）は，語用の問題を含め子どもの音声言語の問題を日常生活場面の観察から包括的に評価できるアセスメントツールとして「子どものコミュニケーション・チェックリスト」（Children's Communication Checklist：以下CCC）を開発した。今日ではその改訂第2版であるCCC-2が使われている（Bishop, 2003）。CCC-2はSLIで問題が現れやすい「音声」「文法」「意味」「首尾一貫性」と，語用の評価項目である「発話の不適切な開始」「定型化された言葉」「文脈の利用」「非言語的コミュニケーション」，さらに自閉症の行動特徴を評価する「社会的関係」「興味関心」の10の下位カテゴリーからなる。言語・コミュニケーションの問題の有無

や特徴についてスクリーニング評価ができる。CCC-2 は日本語版も作成されている（大井・神尾・権藤・槻舘・藤野・松井, 2015）。

3節 言語発達障害の支援

1. 言語指導の方法

a. 語彙の指導

語彙の拡充のための指導法の例として，ノベルワード・マッピング（novel word mapping）の方略を利用する方法などがある。これは特定のカテゴリーに属する既習得語と未習得語をリストアップし，その絵カードを準備する。絵カード群から3枚の既習得語，1枚の未習得語を選ぶ。そして，語を子どもに音声提示し，それに相当する絵を選ばせる課題である。たとえば，既習得語がライオン，キリン，チンパンジーで，未習得語がオランウータンだとする。オランウータンという語は知らないが，その絵がライオンでもキリンでもチンパンジーでもないことから消去法でオランウータンの絵を正しく選べる。これは新規な語をそれが属する意味的カテゴリーのなかの既習得語と関係づけて教示する方法である。

b. 統語の指導

統語の指導法の例として，動作主 が 対象 を ～する のように文の構成要素を配置する枠を手がかりとして使う方法などがある。そしてたとえば「クマがリンゴを食べる」のような場面をパペットとミニチュア玩具を使って実演し，それを文で表現する課題を行う。その際に，空白の枠だけを手がかりとして与えたり，助詞の部分だけ文字をあらかじめ配置しておいたり，動作主や対象の部分も語想起をすぐに求めず絵カードを選択して配置するかたちにしたり，など子どもの言語力に応じてさまざまなレベルが設定できる。そのように視覚的な手がかりを用いることにより，語想起やワーキングメモリなどにかかる認知的負荷を軽減することができ，語の配列すなわち統語のみに子どもの意識を集中させることができる。

c. 会話スキルの指導

ASD児は会話のスキルを学ぶ必要がある（Attwood, 2006）。話を聞くときは相手の顔を見ることや相槌をうつこと，話す場面に応じ声の大きさを調節すること，話を始めるときにまず相手の名前をよんでから話したい話題を伝えること，会話のときに一方的に話すのではなく相手にも発言の機会を与え交互に話すこと，などについて指導する。また，子ども2人をペアにした会話の練習や小集団場面での会話の促進などを行う（藤野, 2011）。

2. 言語発達を促進する自然なアプローチ

言語やコミュニケーションの発達支援において，今日「自然なアプローチ」の重要性が強調さ

れている（McCormic, Loeb, & Schiefelbusch, 2003）。自然なアプローチは，子どもはさまざまな日常生活ルーティンや養育者との共同活動のなかで言葉を学んでいくという前提に立ち，言葉の学びが生じる自然な環境と文脈を重視する。ASD児に対する包括的な支援モデルとして近年注目されているSCERTSでも，日常場面で意味や目的のある活動に従事しているなかでの支援や共に生活するパートナーの支援への参加などが主要な柱となっている（Prizant, Wetherby, Rubin, Laurent, & Rydell, 2006）。日常場面で言語発達を促進する支援法には以下のようなものがある。

a. モデリングの諸技法

日常場面や自由遊びなど自然な文脈で語や文を教える方法として，言語マッピング，拡張模倣，リキャストなどがある。これらはいずれもモデリングのバリエーションである。言語マッピングでは子どもが注意を向けている対象や活動に沿った言葉の見本を示す。たとえば，子どもがクルマの玩具を動かす動作に合わせ「ブーブー」という音声を発する。拡張模倣では子どもの発話の内容と構造を少しだけ拡張した見本を示す。たとえば，子どもの「ブーブー」という一語発話に対して「ブーブー走る」という二語発話で返す。リキャストでは子どもの不完全，不正確な発話に対し正しい見本を示す。たとえば子どもの「ブーブーがのった」という発話に対して「ブーブーにのったね」と正しい助詞を使った文にして返す。

b. スクリプトを活用した支援

新たな語や構文の学習は，子どもが日常的になじんでいる場面や活動のなかで行うことが有効である。そのためにスクリプトを活用できる（長崎・宮﨑・佐竹・関戸，1998）。スクリプトとは習慣的に繰り返される一連の行為や出来事についての表象や知識のことである（Nelson, 1985）。子どもは日常生活や遊びをとおしてスクリプトを習得していく。スクリプトは語に意味を与える文脈を提供し，新たな語を学ぶための足場となり，生活で使える言葉の習得につながる。ふり遊びやごっこ遊びなどのなかではスクリプトがよく使われる。大人が子どもと一緒に遊ぶ活動のなかで問いかけや促しをしたり言葉のモデルを示したりなどの足場を与えることによって，社会的文脈のなかでの言語使用が促進される。

c. ナラティブの発達支援

幼児期に子どもは大人と語り合う活動のなかでなされる心的状態への言及や情動の共有などによって他者の視点を獲得し，自己と他者の視点の違いに気づくとともに経験が社会的に意味づけられる。ナラティブの発達支援においては，大人が子どもの語りを引き出す機会を多くもつことが重要である。「それからどうしたの？」「それはどうして？」などオープン質問や出来事の背景や理由などの説明を引き出す質問はナラティブの発達を促進するとされている（Baumer, Ferhot, & Lecusay, 2005）。

3. 補助代替手段を使ったコミュニケーション支援

音声言語表出が困難な子どもには，AAC（augmentative and alternative communication：補助・代替コミュニケーション）の使用が推奨される。AACとは，重度の音声・文字言語の表出

や理解の障害のある人々の機能障害，活動の制限，参加の制約を補償することを目的とした支援の考え方と方法である（アメリカ言語聴覚学会；American Speech-Language-Hearing Association, 2005）。AACの手段としては主に視覚的なモードが活用される。視覚的モードのメリットとして，音声言語に比べ情報がシンプルで表出しやすく発話に対する心理的負荷が取り除けること，視覚的にフィードバックできるので身体援助しやすいこと，シンボルと指示対象のモダリティが同一であるため連合を形成しやすいこと，などがある（Lloyd & Kangas, 1994）。AAC手段や指導法の例を以下にあげる。

a. 補助ツールを使う方法

写真や絵などの視覚イメージを指して意思を伝える方法は，伝える側にとっても伝えられる側にとっても直感的に理解しやすく，音声のように一瞬で情報が消失しないため記憶への負荷もかからない。またメッセージを選択するだけであるため表出にかかる負荷も少ない。絵や写真をボード上に配置したものを「コミュニケーション・ボード」，複数のボードをページに綴じたものを「コミュニケーション・ブック」とよぶ。

また，VOCA（voice output communication aids）とよばれるスイッチを押すと登録された音声が表出されるコミュニケーション補助装置がある。VOCAは音声により相手の注意を引けるためコミュニケーションを成立させやすい，メッセージが音声言語で表出されるため相手に理解されやすいなどの利点をもつ。また表出された音声がモデルとなり利用者の音声言語表出を促進できることもある（窪田・藤野，2002）。

b. 補助ツールを使わない方法

何らかの補助的ツールを使わないコミュニケーション手段としてジェスチャーや身振りサインなどがある。身振りサインとしてはマカトン（Makaton）がよく知られている。マカトンサインは手話を簡略化したもので知的障害をともなった聴覚障害者のためにイギリスで開発され，言語障害者に広く使われるようになった。身振りサインは特定のツールに依存しないためいつでもどこでも使用でき，より直接的で自然なコミュニケーションが可能なところにも利点がある。

c. AACの指導法

AAC手段は利用者に提供するだけでは十分でなく，それを実際に使えるよう支援する必要がある。AACの使用を促進する支援の方法としてPECS（The Picture Exchange Communication System；絵カード交換式コミュニケーション・システム）がある。PECSはボンディとフロスト（Bondy & Frost, 1994）によって開発された主としてASD児を対象とするAACによる支援システムである。PECSでは自発的な社会的相互作用の開始に重点がおかれ，子どもが欲しい物に対応する絵・写真カードを相手に手渡し相手からそれを受け取るというやりとりの方法を教える。指導に先立ち子どもの好みのアイテムを同定するアセスメントが行われ，絵カードでコミュニケーションする方法，離れた相手にコミュニケーションするための接近，複数の絵カードからの選択，絵カードでの文の産生などの順序で指導が行われる（Frost & Bondy, 2002）。PECSの主な目標は絵カードを使って意思を伝えるスキルの獲得であるが，指導にともなう副次的な効果として社会的相互作用の増加や自発的な音声言語表出の増加などが報告されている（若杉・藤野，

2009；藤野，2009）。

4節　生活環境のなかでのアセスメントや支援

　SLI，ASD，PLIなど言語発達障害のタイプごとに特徴を説明してきたが，それぞれの障害タイプは相互に排他的であるという考え方でなく，スペクトラムすなわち連続性と次元のなかでとらえる見方が今日では主流となりつつある。つまり，音韻や統語，社会的相互作用や興味，語用などの次元をもつ座標系のなかで子どもの言語やコミュニケーションの状態やレベルがどのあたりに位置づくかを評価する視点である。ASDにおいては音韻や統語の問題はみられない，SLIにおいては語用の問題はみられないといった診断カテゴリー先にありきのアセスメントは臆見により子どもの実態や支援ニーズを見誤る危険性がある。

　また，テストによる評価だけでなく日常的な生活環境のなかでの観察や関係者からの情報聴取にもとづく生態学的アセスメントや，訓練的なアプローチだけでなく自然な言語習得がなされる過程や環境を重視したアプローチは今後さらに重要なものとなっていくだろう。個々の子どもの具体的な特性の理解や生活環境のなかでのアセスメントや支援に向けられた研究と実践が求められている。

◆ 引用文献

Adams, C., & Bishop, D. V. M. (1989). Conversational characteristics of children with semantic pragmatic disorder : Exchange structure, turntaking, repairs and cohesion. *British Journal of Disorders of Communication*, **24**, 211-239.

American Psychiatric Association. (2013). *Diagnostic and statistical manual of mental disorders* (5th ed.). Arington, VA : American Psychiatric Association.

American Speech-Language-Hearing Association. (2005). Roles and responsibilities of speech-language pathologists with respect to alternative communication : Position statement. *ASHA Supplement*, **25**, 1-2.

Attwood, T. (2006). *The complete guide to Asperger's syndrome*. London : JKP.

Baumer, S., Ferholt, B., & Lecusay, R. (2005). Promoting narrative competence through adult-child joint pretence : Lessons from the Scandinavian educational practice of playworld. *Cognitive Development*, **20**, 576-590.

Bishop, D. V. M. (1989). Autism, Asperger's syndrome and semantic-pragmatic disorder : Where are the boundaries? *British Journal of Disorders of Communication*, **24**, 107-121.

Bishop, D. V. M. (1998). Development of the children's communication checklist (CCC) : A method for assessing qualitative aspects of communicative impairment in children. *Journal of Child Psychology and Psychiatry*, **39**, 879-891.

Bishop, D. V. M. (2003). *The children's communication checklist, Version 2 (CCC-2)*. London : Psychological Corporation.

Bishop, D. V. M., & Adams, C. (1989). Conversational characteristics of children with semantic-pragmatic disorders. Ⅱ : What features lead to a judgement of inappropriacy? *British Journal of Disorders of Communication*, **24**, 241-263.

Bishop, D. V. M., & Edmundson, A. (1987). Specific language impairment as a maturational lag : Evidence from longitudinal data on language and motor development. *Developmental Medicine and Child Neurology*, **29**,

442-459.

Bishop, D. V. M., & Norbury, C. F. (2002). Exploring the borderlands of autistic didorder and specific language impairment : A study using standardized diagnostic instruments. *Journal of Child Psychology and Psychiatry*, **43**, 917-929.

Bondy, A., & Frost, L. (1994). The picture exchange communication system. *Focus on Autistic Behavior*, **9**, 1-19.

Diehl, J. J., Bennetto, L., & Young, E. C. (2006). Story recall and narrative coherence of high-functioning children with autism spectrum disorders. *Journal of Abnormal Child Psychology*, **34**, 83-98.

Frost, L., & Bondy, A. (2002). *The picture exchange communication system training manual*. Newark, DE : Pyramid Educational Products.

藤野　博. (2009). AACと音声言語表出の促進：PECS（絵カード交換式コミュニケーション・システム）を中心として. 特殊教育学研究, **47**, 173-182.

藤野　博. (2011). 小グループのなかでのかかわりを育てる支援. 大井　学・大伴　潔（編著），特別支援教育における言語・コミュニケーション・読み書きに困難がある子どもの理解と支援（pp.142-149）. 学苑社.

福田真二・マーナ・ゴプニック (1994). 家族性言語障害とは. 月刊言語, 4月号, 42-49. 大修館書店.

Geurts, H. M., & Embrechts, M. (2008). Language Profiles in ASD, SLI, and ADHD. *Journal of Autism and Developmental Disorders*, **38**, 1931-1943.

Goldman, S. (2008). Narratives of personal events in children with autism and developmental language disorders : Unshared memories. *Journal of Autism and Developmental Disorders*, **38**, 1982-1988.

Kanner, L. (1943). Autistic disturbances of affective contact. *Nervous Child*, **2**, 217-250.

Kanner, L. (1946). Irrelevant and metaphorical language in early infantile autism. *American Journal of Psychiatry*, **103**, 242-246.

窪田隆徳・藤野　博. (2002). 言語発達障害児に対するVOCAの適用：コミュニケーション行動の拡大と発語の促進について. 特殊教育学研究, **40**, 71-81.

Leonard, L. B. (1998). *Children with specific language impairment*. Cambridge, MA : The MIT Press.

Lloyd, L. L., & Kangas, G. R. (1994). Augmentative and alternative communication. In G. H. Shames, E. H. Wiig, & W. A. Secord (Eds.), *Human communication disorders* (4th ed., pp.606-657). New York : Merrll/Mcmillan Publishing.

Losh, M., & Capps, L. (2003). Narrative ability in high-functioning children with autism or Asperger's syndrome. *Journal of Autism and Developmental Disorders*, **33**, 239-251.

McCormic, L., Loeb, D. F., & Schiefelbusch, R. L. (2003). *Supporting children with communication difficulties in inclusive setting* (2nd ed.). Boston : Allyn and Bacon.

長崎　勤・宮﨑　眞・佐竹真次・関戸英紀（編著）. (1998). スクリプトによるコミュニケーション指導. 川島書店.

Nelson, K. (Ed.) (1985). *Event knowledge*. Hillsdale, NJ : Lawrence Erlbaum Associates.

大井　学. (2006). 高機能広汎性発達障害にともなう語用障害. コミュニケーション障害学, **23**, 87-104.

大井　学・神尾陽子・権藤桂子・槻舘尚武・藤野　博・松井智子. (2015). 子どものコミュニケーション・チェックリスト（第2版）. 日本文化科学社.

Prizant, B. M. (1983). Language acquisition and communicative behavior in autism : Toward an understanding of the "whole" of it. *Journal of Speech and Hearing Disorders*, **48**, 296-307.

Prizant, B. M., Wetherby, A. M., Rubin, E., Laurent, A. C., & Rydell, P. J. (2006). *The SCERTS® model : A comprehensive educational approach for children with autism spectrum disorders*. Baltimore, MD : Paul H. Brookes.

Rapin, I. (1982). *Children with brain dysfunction : Neurology, cognition, language and behaviour*. New York : Raven Press.

Rescorla, L. (1989). The language developmental survey : A screening tool for delayed language in toddlers. *Journal of Speech and Hearing Disorders*, **54**, 587-599.

若杉亜紀・藤野　博. (2009). PECS指導に伴う音声言語と非音声的コミュニケーション行動の変化. 特殊教育学研究, **47**, 119-128.

Whitehouse, A. J. O., Barry, J. G., & Bishop, D. V. M. (2008). Further defining the language of autism : Is there a specific language impairment subtype? *Journal of Communication Disorders*, **41**, 319-336.

66章 聴覚障害

澤　隆史

1節　聴覚障害の基礎概念

1．聴覚障害とは

　聴覚障害とは，「何らかの原因によって聴覚機構の損傷や障害が起こり，聞こえにくくなることによってコミュニケーションや日常生活等で支障や困難が生じる状態」ということができる。聴覚障害が発達に及ぼす影響を考える場合，個体要因として聞こえの程度，障害の部位，聞こえなくなった（失聴）時期の3つが重要になる。聞こえの程度は，聴力検査によって測定する。聴力検査には目的に応じてさまざまな方法があるが，最も基本的な方法の一つに標準純音聴力検査がある。この検査は，通常125Hz～8,000Hzの間の7つの周波数の音（純音）を聞かせて閾値（聴力レベル：その人にとって聞こえる最小の音の大きさ）を測定し，それぞれの周波数での聴力レベルを純音オージオグラムとよばれるグラフ上にdB（デシベル）で表示する。平均聴力レベルによる難聴の程度はおおよそ表66.1のように分類されるが，分類の基準は一定ではなく，また個人によって聞こえの状態はさまざまである。聴覚障害は聴覚機構の損傷部位によって，伝音難聴と感音難聴に大別され，さらに両方をあわせもつ場合を混合性難聴という。伝音難聴とは，外耳道閉鎖，鼓膜穿孔，中耳炎などのように外耳，鼓膜，中耳に何らかの損傷があり内耳まで音が伝わりにくくなる症状である。一方，感音難聴は内耳もしくは聴神経等の神経機構に損傷があ

表66.1　難聴の分類と聞こえの特徴

程度	分類基準[1]	WHO基準[2]	聞こえのおおよその特徴
軽度	30～39dB	正常～25dB	近い距離での一対一の会話は可能であるが，小さな声による会話や，騒音や雑音の多い環境では聞き誤りがある。
		軽度 26～40dB	
中等度	40～69dB	中等度 41～60dB	近い距離でかつ大きめな声での会話は可能であるが，細かな音の聞き誤りが増える。
高度	70～99dB	高度 61～80dB	耳元で大きい声で話せば聞こえるが，聞き誤りや聞き逃しも多く，聴覚のみでの会話は難しい。
重度	100dB以上	重度 81dB以上	耳元での大きい声が聞こえず，自分の声も聞こえない。

[1] a, b, c, dをそれぞれ500, 1000, 2000, 4000Hzの閾値とした場合，「分類基準」の平均聴力レベルは（a + 2b + c）/4で算出する。
[2] 「WHO基準」の平均聴力レベルは（a + b + c + d）/4で算出する。

る場合をいい，内耳以外の神経機構の損傷による障害を後迷路性難聴とよぶなど，さらに細かく分類する場合もある。感音難聴の原因は遺伝，感染，外傷，病気，騒音暴露，先天性疾患など，さまざまである。伝音難聴は感音難聴と比較して聞こえの障害の程度は比較的軽く，補聴器等で音を増幅して伝えることである程度聞こえを回復できる場合も多い。一方，感音難聴は障害の程度が重い場合が多く，大きな音に過敏に反応する補充現象（リクルートメント現象）によって音が歪んで聞こえるなど，補聴器を装用しても聞こえの状態における個人差が大きい。失聴時期の違いは発達のさまざまな面に関与するが，とくに音声言語の獲得に大きく影響する。音韻の聞き分け，基本的な言語獲得，抽象的概念の獲得の時期である2歳，5歳，9歳前後の年齢は，発達に応じた支援方法を考える際の節目の年齢と考えられる。

2．発達における課題

　聴覚障害児の発達上の課題は多岐にわたり，また個体要因や環境要因による個人差も大きいが，おおまかに言語・コミュニケーションに関する領域と対人関係・社会性に関する領域に分けて考えることができる。近年，補聴機器の進歩や乳児期からの支援体制の充実によって，音声コミュニケーションの発達を促す手だては充実してきているが，高度・重度の聴覚障害児の多くは音の聞き分けや明瞭な発声・発語に何らかの困難を有し，音声コミュニケーションには相応の難しさがある。音声入力の制限やコミュニケーションの困難は，音韻意識の形成や語彙力，統語能力といった音声言語の獲得，ひいては読み書き（リテラシー）の習得にも影響を及ぼす。読み書きの習得は，語彙や文法，言葉の使用などに関する正確かつ豊富な知識を土台とするが，年齢が上がるにつれて要求される読み書きの力もより高度なものとなるため，発達の遅れも徐々に顕在化しやすくなる（長南・澤，2007）。日本語に関しては，抽象語や擬音語・擬態語などの語彙の獲得，格助詞，複文，受動文・授受文・使役文の理解や産出といった文法的側面，品詞の活用などの形態的側面，指示語や接続表現の使用などの文章構成の側面など，多様な側面に相互関連的に困難がみられる（我妻，2000；相澤，2003）。

　対人関係や社会性の発達は，当人が生活する環境との相互作用によって大きく影響を受ける。聴覚障害児の多くは通常学校もしくは聴覚障害者を主たる対象とする特別支援学校（聾学校）に通学している。通常学校に通う子どもは学校生活のほとんどの時間を聞こえる子どもの集団のなかで過ごしており，周囲の子どもとのコミュニケーションの不全感や心理的ストレスを感じやすいといえる。お互いの意思が伝わりにくいことでトラブルが生じることもあり，その積み重ねによってアイデンティティ形成や自己肯定感が損なわれる危険性もある。一方，聾学校では学級や学年あたりの子どもの数が少なく，小さな集団のなかで過ごす時間が長い傾向がある。また通常学校と比較して教師をはじめとする大人の数が多いという面でも特有の環境といえ，多様な人格や個性にふれる機会が少なく，子ども同士の関係や役割が固定化しやすいといった課題がある。

　これらの発達上の課題については，聴覚障害以外の他の障害の影響も考慮する必要がある。いわゆる重複障害児の割合は，ギャローデッド研究所（Gallaudet Research Institute, 2010）によ

るとアメリカで約40%と報告されている。わが国において聾学校の重複障害学級に在籍する児童・生徒の割合は20%前後であるが（文部科学省初等中等教育局特別支援教育課, 2015), 聴覚障害児のなかで発達障害に類する認知や行動, 学習上の課題をかかえる子どもが40%程度存在するという指摘もあり（大鹿・濱田, 2010), あわせ有する障害の特性に応じた支援を考慮することが必要である。

2節 アセスメントの方法と留意点

聴覚障害児に対するアセスメントの方法は, 形式的アプローチと非形式的アプローチに大別することができる（Jamieson & Simmons, 2011)。形式的アプローチとは, 標準化された検査やテストなどの客観的尺度を利用して, 発達年齢や発達段階を推定する方法である。一方, 非形式的アプローチとは, 保護者や子どもとの面談, あるいは行動や言語活動の観察などの結果をふまえて, 子どもの実態を直接的に把握しようとする方法である。

形式的アプローチによるアセスメントの際にわが国において使用される, 代表的な検査法の一覧を表66.2に示した。これらの検査は子どもの発達段階に応じて部分的に実施されることもあり, またそれぞれの教育機関などで独自のテストが考案・使用されることも多い。聴覚障害児の場合, その課題の特性上, 言語および認知の発達にかかわる検査が高い頻度で使用されるが, ほとんどの検査は音声による教示を行うことを前提としており, 聴覚障害児に対して実施する際には, 子どもの実態に応じて音声以外に文字や手話, あるいはジェスチャーなどを含めた多様な手段を活用するといった工夫が必要となる。標準化された検査では, 検査の結果を各種の指数や評価点,

表66.2 聴覚障害児・者のアセスメント方法の例

評価の領域	検査の例
発達全般	乳幼児精神発達診断法 新版K式発達検査 乳幼児発達スケール（KIDS）
言語・コミュニケーション	ITPA言語学習能力診断検査 LCスケール言語・コミュニケーション発達スケール LCSA言語・コミュニケーション発達スケール学齢版
語彙・文法	絵画語い発達検査PVT-R 日本語マッカーサー乳幼児言語発達質問紙 J.COSS日本語理解テスト 日本語能力試験[1]
読み	リーディングテスト
認知・知能	ウェクスラー式検査（WPPSI, WISC, WAIS） K-ABCⅡ心理・教育アセスメントバッテリー DN-CAS認知評価システム 田中ビネー知能検査法
その他	新版SM式社会生活能力検査（社会生活能力） フロスティッグ視知覚発達検査（視知覚機能）

[1]「日本語能力試験」は, 本来外国人を対象としたものである。

パーセンタイル順位などに数値化して子どもの特性を評価するが，たとえばWISCやK-ABCなどの検査では文字や手話によって教示しにくい検査項目もあり，子どもの能力が数値に反映されにくいこともあるため，個々の検査項目の結果について慎重に検討することが大切である。

面談や行動観察などを通じて情報収集を行う際に重要な観点は，「育ちの過程」を整理して「現在の状態」を理解することである。とくに近年では新生児聴覚スクリーニングによって障害の発見時期が早まっており，インターネットなどからの情報収集を通じて保護者の知識や意識も多様であるため，乳幼児期からの療育や教育機関へのかかわり方も複雑な場合が多い。補聴機器の種類や装用時期，それまでに受けてきた支援や指導の内容，家庭でのコミュニケーション環境などをふまえたうえで，現状の子どもの発達状態を確認することが支援の方向性を見出すために重要となる。また両親が聞こえない人の場合，自分自身が受けてきた教育や支援に対する印象が子どもの教育機関の選択や支援への要望にも強く影響する。両親が聴覚障害である割合は，聴覚障害児の10％程度といわれているが（吉野，1999），父親と母親が受けてきた教育の内容が異なる場合もあり，両親の考え方や意向について十分な話し合いのなかで情報を得ることが必要となる。

3 節　聴覚障害児への発達支援

1. 早期教育・早期発達支援

聴覚障害児への支援において，早期教育・早期発達支援はきわめて重要であり，乳幼児期の段階で聴覚障害が発見された子どもの多くは，聾学校の乳幼児教育相談や幼稚部，難聴幼児通園施設（児童発達支援センター），医療クリニックなどで専門的な療育や教育・指導を受けている。とくに新生児聴覚スクリーニングが普及しつつある現在では，0歳代で障害が発見される事例が増加しており，乳幼児教育相談などを訪れる子どもの数は確実に増加している（斎藤・四日市・鷲尾・田中，2004）。

わが国における新生児聴覚スクリーニングは，厚生労働省（2000）がまとめた「新生児聴覚検査事業実施要項」にもとづいて各医療機関への委託によって進められており，現在，推定で新生児の約70％に対して実施されている（北，2010）。スクリーニングではAABR（自動聴性脳幹反応）やOAE（耳音響放射）などの生理指標にもとづき，聴覚障害について「異常なし」（pass）か「要再検」（refer）かを判定する。「要再検」の場合はABR（聴性脳幹反応），ASSR（聴性定常反応），幼児聴力検査などの精密検査，CTやMRIなどによる医学的所見にもとづき診断を行う。スクリーニングから確定診断までには相応の時間を要するため，その間の保護者への対応や心理的面でのケアがひじょうに重要となる。

聴覚障害児の早期教育・療育機関では，耳の医療的ケアや補聴機器等による聴覚活用の指導を含めた，子どもの発達全般に対する支援が行われる。とくにコミュニケーションや言語発達に関する支援は最も重視されており，さまざまな手段を用いて親子間あるいは子ども同士のコミュニ

ケーションの円滑化を図り，良好な人間関係を育むための指導が行われている。また子育てに関する相談や，家庭生活での配慮事項のアドバイスといった両親援助を行うことや，種々の福祉的手続きの遂行，正確かつ新しい情報の提供など，医療，教育，福祉等の機関の連携による支援を行うことが重要な役割となる。

2. 言語・コミュニケーションの発達支援

a. 聴覚活用の促進

近年では，デジタル情報処理技術の進歩によって小型で高性能の補聴器が普及しており，幼児期から耳かけ型補聴器を両耳装用することが一般的になっている。現在のデジタル補聴器は，出力制限，音質調整，騒音・雑音の抑制，出力特性のプログラム化など，音を適宜加工することによってそれぞれの子どもの聞こえの状態にあわせて柔軟に調整することが可能になってきている（Venema, 2006/2008）。また最近では，幼少時より人工内耳の埋込手術を受ける子どもの数も増加傾向にある。人工内耳は音を電気信号に変換し直接内耳に送る補聴機器であり，わが国では日本耳鼻咽喉科学会（2014）によって「小児人工内耳適応基準（2014）」が設けられ，施術にあたっての医療施設内外の協力体制や，適応年齢（1歳以上），聴力の程度（両耳の平均聴力レベルが90dB以上ほか）などの医学的条件が提示されている。

補聴器と人工内耳のいずれとも音声情報処理技術の進歩は著しく，新しい機器や機能が毎年のように開発されている。各種の機器に応じた細かな調整方法は異なるが，いずれの補聴機器についても会話レベルでの音声情報を可能な限り入力することが基本的な方針となる。音声を中心とした音の聞き取りの力を育てるためには，日常でのコミュニケーションのあり方が最も重要であり，聴覚的な刺激を十分に与えるとともに，表情や口形などの視覚的な手がかりも活用できるような配慮が必要となる。また子どもの年齢や発達段階に応じて，特定の音（音韻）の聞き取りを促すような個別的な指導も適宜導入される。しかし，いずれの子どもについても補聴機器の機能のみに依存した音声の聞き取りには限界があり，音を聞き取る能力や音韻意識の発達にも個人差が大きい（長南，2011；長島・濱田，2007）。定期的な補聴機器の調整や聞き取りの評価を行うことで聴覚活用の状態を把握するとともに，個々の子どもに応じて言語発達全般のなかでの聴覚活用の意味を考慮した指導が求められる。

b. コミュニケーションの支援

聴覚障害児・者とのコミュニケーション手段は，聴覚音声的手段，視覚的手段，総合的手段に大別できる（Stredler-Brown, 2010）が，表66.3に示したように，これらの方法は使用する「言語」との関連でとらえる必要がある。聴覚音声的手段と読話（キュードスピーチを活用する場合もある）を組み合わせた方法は，一般に聴覚口話法とよばれ，従来から聾学校を中心に広く使用されてきた。現在では，幼児期から手話を導入する聾学校が増加し（我妻，2004），指導の場面や内容に応じて聴覚口話法と手話を使い分けたり併用したりする，いわゆるトータルコミュニケーションによる指導を行っている聾学校が多い。手話は音声と同時的に使用する日本語対応手

表66.3 わが国で使用される代表的なコミュニケーション手段

言語の種類	メディア	【視覚的手段】	【聴覚音声的手段】
日本語	音声	読話（受容）[1] キュードスピーチ（受容・発信）[1]	聴覚（受容） 発声・発語（発信）
	文字	文字・筆談（受容・発信） 指文字（受容・発信）	
	手指	日本語対応手話（受容・発信）	
手話言語		日本手話（受容・発信）	
非言語		表情・身振り・ジェスチャー（受容・発信） 絵・写真・シンボル（受容・発信）	
【総合的手段（マルチ・メディア的手段）】		トータルコミュニケーション	

[1]「読話」「キュードスピーチ」は聴覚口話による伝達に用いる。

話と，自然言語として日本手話に大別できる。日本手話の発達については，聞こえる子どもの音声言語と同様な発達をたどることが明らかにされており（武居，2005；鳥越，2008），両親がともに聴覚障害の家庭や聴覚障害児の集団生活のなかで獲得されていく。それに対し，日本語対応手話は音声言語の語彙や文法に手話をあわせて使用するものであり，自然言語とは異なるものである。個々の子どもにとっていずれの手話が必要（とされるべき）かという点は一概には断定できないが，手話は聴覚障害児同士の共通コミュニケーション手段として唯一といっても過言ではなく，音声コミュニケーションの十分な力を有する子どもであっても，学校生活や社会生活を営むうえで手話を習得することは不可欠となるだろう。

　また通常学校に在籍する子どもにとっては，学校生活を送るうえで音声によるコミュニケーションの力が不可欠となる。通常学校で学ぶ聴覚障害児は一定以上の音声コミュニケーション能力を有している場合が多いが，相手との一対一の場面ではやりとりができても，集団での学習活動やコミュニケーション場面では不利な状況におかれてしまう。音声コミュニケーションの力は，聞き取りや発音能力の向上のみでは支えることが難しく，騒音を抑制した静穏な音環境の整備に加え，FM補聴器の活用による音声の直接的な伝達，ノートテイクやパソコンテイクの利用などによる情報保障，そして自分の障害を認識し相手の理解を促すような働きかけが必要不可欠となる。コミュニケーション環境を整備するための働きかけには教員を中心とした周囲の力が必要であるが，それとともに自らが環境を変えていく力，意欲，意志を培うことが職業生活や社会生活のうえでも大切となる。

c. 言語・読み書き能力の発達支援

　聴覚障害児への言語指導の方法には，大きく分けて「自然法的アプローチ」と「構成法的アプローチ」がある（斎藤，1996）。「自然法的アプローチ」とは子どもの体験や経験にもとづきコミュニケーションを通じて言語習得を促す方法であり，一方「構成法的アプローチ」とは文法の構造や語彙の難易度などに着目し，段階や系統をふんで指導する方法である。現在では自然法的アプローチをベースとしながら，とくに習得が困難な部分について構成法的アプローチを取り入れる方法が一般的といえるだろう。近年の「構成法的アプローチ」は，多様なコミュニケーション手段を利用した「自然法的アプローチ」を前提としていること，日本語学や第二言語習得研究

の進展によって得られた知見に着目していること，各種のアセスメント方法を導入してエビデンス（根拠）にもとづく指導を重視していることなどに特徴があり，とくに特殊な構文や日本語に特有の表現については，個々の表現を取り出して系統的に指導する構成法的アプローチが有効な場合も多い。

　読み書きの指導は学齢期以降に本格的に開始されるが，学齢期以前の日本語の力が大きく影響することはいうまでもなく，自然法的アプローチによって培った言語（日本語）力を書き言葉の力に結びつける意図的な指導が必要となる。書き言葉の導入期においては文字習得のための音韻意識の形成が必要であり，聴覚的情報にあわせて，キュードスピーチ，指文字，図化された指文字（指文字フォント）などを活用することでその形成をはかる。読みの指導では，板書や視覚教材などを活用しながら文章に登場する一つひとつの語彙や文法の理解を確認するとともに，手話ビデオによる内容把握，プリント教材による思考の整理や精緻化などを行う。また作文等の「書き」の指導では，事前に書くべき内容や思考の整理を行い，文の接続や起承転結などの論理的展開，感情表現の方法などについてていねいに添削しながら文章の完成へと導く。聴覚障害児においては文章の読解や産出において，事実や具体的状況の把握と比較して論理性や心情に関する推論に困難を示す子どもが多い（深江，2010；Sawa，2011）。それゆえ，子どもの発見や気づきを促すような発問や教示を行い，種々のコミュニケーション手段を活用したやりとりを通じて思考を深めていくことが重要である。近年，自然言語としての手話を第一言語として獲得し，その力を土台にして文字言語への習得へと導くバイリンガル教育が北欧などを中心として実践され，一定の成果を示していると同時にその課題についても提起されている（鳥越，2007）。わが国では，手話をベースにした読み書きの指導は発展途上の段階にあり，今後，慎重な実践的検討が必要とされる（井坂，2011）。

3. 対人関係・社会性・自己認識の発達支援

　1節で述べたように，通常学校と聾学校では生活環境は大きく異なり，対人関係や社会性の発達を促すうえではそれぞれに応じた支援が必要となる。通常学校で学ぶ子どもの場合，同じ障害を有する他の子どもや大人と出会う機会が少なく，一方聾学校で学ぶ子どもでは聞こえる世界にふれることが制限されやすい。とくに通常学校で学ぶ子どもの場合，聴覚障害成人と出会う機会が少なく自己の将来像を見据えアイデンティティを形成していくうえで種々の困難に遭遇することがあり，先々の就学や就業あるいは就業後の社会生活のなかで自己の存在に悩みをかかえる例もある（村瀬，1999）。それゆえ，聴覚障害児同士の集団活動や聞こえる子どもとの交流，聴覚障害成人との交流の場を設定し，「聞こえる世界」と「聞こえない世界」の両方の世界を経験することが，将来の社会生活のうえきわめて重要となる。

　対人関係や社会性は集団での活動や生活におけるさまざまな経験を通じて発達するが，子どもが生活する地域や学校の実情に応じて，集団活動の機会が制限されたり社会的経験が制約されることも少なくない。それゆえ，社会生活を営む際の対人上のマナーや約束事などを，具体的な場

面を想定して体系的に学習させるソーシャルスキル・トレーニングなどの取り組みも必要となる。

4節　今後の課題

　聴覚障害児・者の発達には個人因子と環境因子が複雑に関与し，支援のあり方についても個に応じた多様性が求められている。今後対応すべき課題もさまざまであるが，あえて一つだけあげるならば，「言語発達とその支援方法にかかわる実証的検証」に集約できるだろう。聴覚障害児・者への言語発達支援のあり方は，それぞれの時代の社会的背景，発達理論の変遷，デバイスの進歩等によって変化してきた。とくに1990年代以降は障害の最早期発見と人工内耳を代表とする補聴機器のめざましい進歩，および自然言語としての手話獲得研究の進展によって，その理念や方法はさらに多様化している。乳幼児期段階からの言語環境と言語経験は，その後の言語習得さらには認知，学習，社会性，アイデンティティと密接に相互関連する（Marschark & Hauser, 2008）。0歳児での障害発見が可能となった現在，新生児期からの発達の様相を生活環境と支援方法との関連から詳細に検討する必要があるだろう。また得られた知見を支援へとつなげていくためには，当事者である聴覚障害成人の経験や考え方をふまえることが必要不可欠であり，生涯発達の視点から言語発達支援のあり方を考えねばならない。

◆ 引用文献

我妻敏博．（2000）．聴覚障害児の文理解能力に関する研究の動向．特殊教育学研究，**38**，85-90.
我妻敏博．（2004）．聾学校における手話の使用状況に関する研究（2）．ろう教育科学，**45**，273-286.
相澤宏充．（2003）．聴覚障害児の統語能力．特殊教育学研究，**40**，535-539.
長南浩人．（2011）．人工内耳装用児の音韻意識と読み書きの発達：いわゆる「混乱型」について．ろう教育科学，**52**，155-164.
長南浩人・澤　隆史．（2007）．読書力診断検査に見られる聾学校生徒の読書力の発達．ろう教育科学，**49**，1-10.
深江健司．（2010）．聴覚障害児の文章理解の特徴に関する研究：事実レベルと推論レベルの理解とその関連性の検討．特殊教育学研究，**47**，245-254.
Gallaudet Research Institute. (2010). *Regional and national summary report of data from the 2009-2010 annual survey of deaf and hard of hearing children and youth*. Washington, DC : GRI. Gallaudet University.
井坂行男．（2011）．日本語獲得（習得）支援の実際を踏まえて．聴覚障害，No.720，4-11.
Jamieson, J. R., & Simmons, N. R. (2011) Formal and informal approaches to the language assessment of deaf children. In M. Marschark & P. E. Spencer (Eds.), *Oxford handbook of deaf studies, language, and education* (2nd ed., pp.290-305). New York : Oxford University Press.
北　義子．（2010）．選別聴力検査．中村公枝・城間将江・鈴木恵子（編），聴覚障害学（pp.101-112）．医学書院．
厚生労働省．（2000）．新生児聴力検査の実施について（平成12年10月20日　児発第834号厚生労働省家庭局長通知）別紙　新生児聴覚検査事業実施要綱．
Marschark, M., & Hauser, P. C. (2008). Cognitive underpinnings of learning by deaf and hard-of-hearing students : Differences, diversity, and directions. In M. Marschark & P. C. Hauser (Eds.), *Deaf cognition : Foundations and outcomes* (pp.3-23). New York : Oxford University Press.
文部科学省初等中等教育局特別支援教育課．（2015）．特別支援教育資料（平成26年度）．
村瀬嘉代子．（1999）．聴覚障害者の心理臨床．日本評論社．

長島理恵・濱田豊彦．（2007）．手話併用環境にある聴覚障害児の音韻意識の経時的変化に関する検討：かな単語書字の成立との対比から．聴覚言語障害，**36**，103-112.

日本耳鼻咽喉科学会．（2014）．小児人工内耳適応基準（2014）．〈http://www.jibika.or.jp/members/iinkaikara/artificial_inner_ear.html〉（2015年3月1日）

大鹿　綾・濱田豊彦．（2010）．学習面・行動面に著しい困難のある聴覚障害児の類型に関する一考察．特殊教育学研究，**47**，281-294.

斎藤佐和．（1996）．聴覚障害児教育の方法．中野善達・斎藤佐和（編），聴覚障害児の教育（pp.49-72）．福村出版．

斎藤佐和・四日市章・鷲尾純一・田中耕治．（2004）．聾学校におけるセンター機能の現状と展望．心身障害学研究，**28**，133-147.

Sawa, T.（2011）. Working memory capacity and text comprehension of children with hearing impairments : Sentence verification technique test. *Japanese Journal of Special Education*, **44**, 605-618.

Stredler-Brown, A.（2010）Communication choices and outcomes during the early years : An assessment and evidence-based approach. In M. Marschark & P. E. Spencer（Eds.）, *Oxford handbook of deaf studies, language, and education : Vol.2*（pp.292-315）. New York : Oxford University Press.

武居　渡．（2005）．手話はどのように獲得されるのか．長南浩人（編），手話の心理学入門（pp.49-75）．東峰書房．

鳥越隆士．（2007）．バイリンガルろう教育の展開（1）：スウェーデンからの報告．ろう教育の"明日"，No.51，17-23.

鳥越隆士．（2008）．手話の獲得．小林春美・佐々木正人（編），新・子どもたちの言語獲得（pp.231-258）．大修館書店．

Venema, T. H.（2008）. 臨床家のためのデジタル補聴器入門（中川辰雄，訳）．海文堂．（Venema, T. H.（2006）. *Comression for clinicians*（2nd ed.）. New York : The Thomson Corporation.）

吉野公喜．（1999）．知能と知的発達．中野善達・吉野公喜（編），聴覚障害の心理（pp.41-64.）．田研出版．

67章 視覚障害

佐島　毅

1節　発達初期における視覚障害の影響

1．探索行動

　乳幼児期は，外界の事物・事象を視覚によってとらえ，外界を能動的・積極的に探索することによって発達していく。すなわち，視覚からの情報が，魅力的な外界に向かうモチベーションの源となっている。しかし盲乳児では，外界の事物・事象を視覚によってとらえることができないことから，外界への探索行動そのものに遅れを示す。すなわち，視覚に障害のない乳児では外界の物に対して生後4カ月半頃から視覚的刺激を手がかりにしてリーチング（モノに手を伸ばす行動）が見られるのに対して，盲乳児が音のする物に手を伸ばす行動が出現する時期は生後10カ月頃である（Fraiberg, 1977）。

　また，フライバーグ（Fraiberg, 1968）は，リーチングが成立する以前に這う行動を学習した盲乳児はいなかったとしている。この点についてバウアー（Bower, 1979）は，サリドマイド児は手足が不自由であってもさほど移動運動が遅れることはない事実をあげながら，盲乳児のリーチングと移動行動の遅れは運動機能の成熟に規定されるものではなく，手を伸ばし移動をしていくべき「そこ」という認識の形成過程によるとしている。すなわち，10カ月以前の時期では，盲乳幼児は玩具を鳴らしたり母親が声かけをしたりしても，視覚せずに聴覚や触覚情報からモノや状況を結びつけて，それが「そこ」にあることを理解することが困難である。

　一方，10カ月という年齢は物の永続性，すなわち「物が見えなくなっても，物は物自体として存在する」ことの理解が成立し，事象の因果関係が理解可能となる時期である。つまり，盲乳児が音のする対象へのリーチング行動が出現するためは，聴覚と物関係を結びつけて理解する認知能力（因果関係理解）の発達を待たなくてはならないということである。ここに，視覚障害の乳幼児期における発達への影響の本質が現れている。そして最も重要なことは，盲乳児は，4カ月半に獲得する探索行動を開発するために，10カ月以降の認知能力を必要とする（佐島，2011b）という点である。盲乳児は，「今の段階」の試行錯誤の経験を積み重ねるために，「次の段階」の知的基盤を必要とするのである。この矛盾の本質とそれを越えていく盲乳児の発達のメカニズムを解明することこそが，視覚障害乳幼児の発達研究と発達支援における永遠の命題といえよう。

　その謎を解き明かす鍵についてもまた，バウアー（Bower, 1979）は興味深い知見を示している。彼は，リーチング行動がほとんど現れなかった7カ月の先天盲児に超音波の反響音を可聴音に変

換する装置（ソニック・ガイド）を装用させ，音のピッチが物体への距離（高音は遠い物体・低音は近い物体を意味する）を示す環境下で行動を観察した。そして，わずか数回の対象との接触によって，手探りをせずとも玩具の位置をとらえ，それまでは見られなかったリーチングを始め，120度という広い視野で対象を追跡し，おもちゃが提示されると笑うようになったと報告している（図67.1）。この結果は，ソニック・ガイドの

図67.1　ソニック・ガイドの装用による盲乳児の探索行動
（Bower, 1979）

装用が対象の属性とそれの空間内での変化の様子を持続的情報として伝える条件，対象の空間内での状態が自己の身体の動きなどの変化と連動して感知される条件，換言すると，「持続性」と「能動性」の保証された空間把握の条件が初期の空間認識の形成にとって必須のものであることを示唆している（佐々木，1996）。そして，佐々木（1996）は，空間の概念が文字どおりの視覚情報だけからではなく，対象の情報が持続的に与えられることと，それが自己活動と相互作用するという「『視覚性』を含んだ非視覚的な情報」によっても獲得されうることを示しており，盲乳児の発達臨床にも重要な示唆をもつとしている。

　新しいことを学び認識の世界を拡げていくプロセスは，子ども自身の外界（環境）への「能動的働きかけ（行為）」と，前庭覚・筋運動感覚・触覚・視覚・聴覚などの感覚をとおしてその働きかけに対する環境からの応答（フィードバック）を受け取ること，その相互作用のなかで，子どもが未知なる外界を既知の世界へと取り込んでいく過程である（佐島，2008a）。盲乳児が，今の発達段階において経験すべき行動のために次の発達段階の知的能力を必要とする事実は，もちろん，自己と外界とを持続的・同時的に対象化する情報フィードバックにおける視覚の役割が多大であることを示す。同時に，視覚以外の感覚から持続的・同時的に時空間の情報を得て自己と外界とを対象化することのできる環境条件において，盲乳児の能動的行為に呼応してそのフィードバックが得られるとき，盲乳児は発達の道筋に沿って着実に自己の能力を開発していくはずである。10カ月の発達の段階を越え，聴覚－物関係の理解できるようになると，盲乳児は急激にその発達をキャッチアップしていくというフライバーグ（Fraiberg, 1977）の指摘は，そのことを支持するといえよう。

2．情動・事物・事象の共有と視覚的摸倣

　乳児期前半は視線を合わせて情動を共有し，自己と他者との二項関係を形成していく。また，

10カ月をすぎると,「指さし行動」にみられるように人との二項関係に物や状況を取り込む, いわゆる三項関係が芽生える。視覚情報が得られないということは,「そうだね」と視線を重ね他者と情動や事物・事象を「今このとき」共有することが困難であることを意味している。盲乳児の微笑反応が正眼児よりも少なく人見知りの発現期が遅れる (Fraiberg, 1977), 泣き行動が多く接近・接触行動, 後追い行動が少ない (小泉, 1971) といった, 対人関係・社会性に関する指摘は, 情動・事物・事象の共有の困難に起因するといえよう。そして, 視覚以外の感覚から「今このとき」を他者と共有する情報を得ることのできる環境条件が, それへの対応の本質である。

また, 乳幼児期は他者の動作や行動を視覚的に模倣, 観察するなかで育つといっても過言ではないが, 視覚障害幼児はそれが不可能であったり困難であったりする。視覚障害児は,「見よう見まね」で学ぶことが困難な障害を負っているといえよう。このため視覚障害は, 日常生活に必要なさまざまな動作や技術の習得に影響を及ぼす。一般に, 障害のない子どもは, 意図的に指導をせずとも自発的に模倣によって動作や技術を習得していくが, 視覚障害児は模倣による自己学習は困難であるため大人から一つひとつ意図的に教えられなければならず, またそのことは自主性や積極性が育ちにくいという側面にも二次的影響を及ぼす (五十嵐, 1991)。

2節　視覚障害児における表象の独自性と発達の壁

1. 視覚障害児における表象の独自性

村田 (1968) は, 動物の語の発生過程について, 1歳3カ月までの時期はすべて同じであるが, 1歳3カ月をすぎるとイヌ・ヤギ・ウサギは「ウン・ワンワ」, ウシ・ウマは「モー」というように徐々に分化し, 1歳6カ月ではワンワン (イヌ), メーメー (ヤギ) というように分化するとしている。重要なことは, 1歳3カ月までの時期に, すでに個々の事物の特殊を抽象し, 共通性を抽象した「四本足の生き物」という枠組み (原初的概念) を獲得しているということである (佐島, 2010)。いうまでもなくその原初的概念は, それまでのさまざまな四本足の動物の五感をとおした「体験の積み重ね」のみによって形成される。

しかし, 視覚障害児, とくに盲児の表象は, 視覚表象がなく五感をとおした情報入力が常に継時的であることから, 視覚で世界をとらえる場合とは異なり独自であり, また表象機能 (イメージする力) も育ちにくいと考えられる。盲幼児のイヌの表象は, たとえば「フワフワ」という触覚表象であり,「なんだか大きな声を突然だす」という聴覚表象であり,「四本足で歩く生き物」という原初的概念につながる, 主に視覚による表象とは明らかに異なる (佐島, 2010)。

2. 視覚障害乳幼児における発達の壁

視覚障害児における表象の独自性は, 五感と身体活動を活用した能動的体験にもとづく認知発

達過程に直接，影響を及ぼす。五十嵐（1993）は運動発達の視点から，視覚障害幼児の発達には4つの壁となる時期（10カ月，1歳半，2歳半，4歳半）があり，視覚障害幼児はいずれかの壁を越えられずに停滞することが多いことを指摘しているが，その本質は視覚障害児の表象の独自性による経験の体制化の困難さにある。発達にはタテの発達（成長にともなう発達）と，ヨコの発達（必ずしも成長にかかわらない発達的変化）があり，タテの発達はヨコの発達をいわば踏み台として飛躍するが（園原，1980），視覚障害幼児はヨコの発達における経験の体制化が困難なために，認知発達が質的に変化するタテへの飛躍が「発達の壁」として現れるのである。

市川（2004）は，視覚障害幼児にみられる4つの発達の壁を以下のように読み解いた。なお，概念形成という軸から考えると，1歳半は「イメージの獲得」，「シンボルにみる物の概念の獲得」，4歳半は数概念や空間概念に代表される関係概念の獲得といえよう。また，第4の壁は，一見して言語によるコミュニケーションができ日常生活で自立している盲・知的障害児であってもつまずいていることがあり，よほどていねいに評価・観察をしないと気づかない場合もある（五十嵐，1993）とする指摘は，視覚障害児の発達像をとらえる視点としてひじょうに重要である。

第1の壁（0：10）：手段－目的関係の理解，ものの永続性の獲得，三項関係の成立
第2の壁（1：6）：シンボルとしての言葉の獲得，コミュニケーションにおける応答性の獲得
第3の壁（2：6）：比較概念の成立
第4の壁（4：6）：数概念に代表される抽象概念の獲得

3．視覚障害児の概念形成

発達の壁は，触－運動感覚による表象の独自性による視覚障害児の概念形成の困難であるともいえる。たとえば，1歳半から2歳半の時期の幼児の物を介した遊びは，三角，四角などの型はめなどのように，「手に持った物の向きを合わせて入れる」活動が中心である。このとき視覚はその状況を「一目瞭然」で直感的かつ同時的に比較することができる。一方，盲児は2つのものを意識的に継時的に触り比べなければならない。自分の行為の結果を知ることのできる視覚の同時性（目－手の協応）と，最初から意識して比較することが求められる触覚の継時性（触運動－運動協応）との違いの本質を理解することが重要である（佐島，2008b）。

3節 視覚障害児の行動と発達の特徴

1．自動的自己刺激行動

視覚障害児は，一般に発達の過程で目を押したり，眼前で手を振ったりするなどの一連の反復性の行動を多発することがあり，この行動をブラインディズム（blindism）という（佐藤，1988）。盲児が刺激不足を補うために自分で刺激を与えるために行うものという解釈から，自動的自己刺

激（automatic self-stimulation）行動ともいわれる。盲児に多く出現し，「目を押す」「上を向いて手をひらひら振る」「同じ場所でぐるぐる回る」「頭を振る」「身体をゆする」などの行動を示すことが多い。また，目押しは先天盲児の9割に出現し，1歳以降に失明した盲児には出現せず，2歳以前に出現し5歳以前に消滅する（五十嵐，1993）。

五十嵐（1993）はこうした行動は健常幼児においても発達の過程において出現するものであり，視覚障害児に特有の行動は「目押し」「手振り」であると指摘している。すなわち，ブラインディズムは盲児特有の行動ではなく，刺激の自己発信－自己受信の様相を示す，幼児の発達過程にみられる「自動的自己刺激行動」であり，視覚情報が得られないことによって，視覚障害児に顕著に現れるという解釈が妥当である。

また，五十嵐（1993）は，これらの行動は発達の大きな段階を前に停滞をしていることを示すシグナルであるとし，その多くは1歳6カ月の発達の壁を越えられずに停滞をしているシグナルであると指摘している。1歳6カ月は，感覚運動的段階から表象的思考の段階へ飛躍する時期である。しかし，盲幼児が視覚なしに，あるいは視覚的模倣なしに「表象の世界」を自ら拡げていくことには，大きな制約がある。その結果，1歳半の発達段階を「潜在的には越えているにもかかわらず，外界とのかかわる行動水準はその前の発達段階にある」という状況，すなわち潜在的理解力と実際の行動による表象世界との乖離（ギャップ）が生じ，潜在的理解力に応じた知的好奇心を補うために刺激の自己発信－自己受信にサイクルに陥っていると佐島（2011a）は述べている。また，佐島（2011a）は，「同じ場所でぐるぐる回る」行動は，環境のなかで一定の方向性をイメージして自己の運動を調整できる能力，すなわち1歳半の能力を潜在的にもっていることを示すとともに，彼らの表象的思考の世界を拡げる環境がないために本来は「線の世界」で活動する力のある盲幼児が「点の世界」にとどまっているのであり，「その場（点）」でぐるぐる回る行動は点の世界に取り残され盲児の発信行動として受け取らなくてはならないとしている。

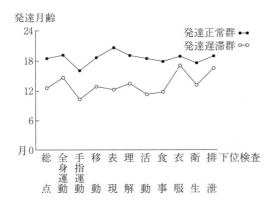

図67.2 広D-K式視覚障害児用発達診断検査にみる視覚障害幼児の発達の特徴（中川，1993）

2. 手指運動発達

視覚障害乳幼児は，発達領域のなかでとくに手指運動発達に遅れを示すことが多くの研究によって指摘されており（Fraiberg, 1977；Warren, 1984；五十嵐，1980），中川（1993）はとくに知的発達に遅れのある視覚障害幼児においてその特徴が顕著であるとしている（図67.2）。これらの遅れは乳児期からの探索行動の困難に起因した探索操作の技術に遅れとして現れる。また，「目－手の協応」というように，乳幼児期は視覚と運動との協応による調整機能が著しく発達する時期であり，視覚情報がないこ

とによって手指運動の遅れが顕在化するのである（五十嵐，1991）。

また，手の機能のうち「つかむ」「つまむ」「握る」等の掌握機能と，「たたく」「押す」「押さえる」「引く」「はめる」「回す」「なぞる」「積む」等の操作機能の面から比較すると，視覚障害幼児は操作機能の発達の遅れが目立つ（五十嵐，1993）。物を把持する指先の同時的動作である掌握機能に対して，操作機能は操作対象の空間的表象を必要とする方向性をともなった動作であり，視覚フィードバックなしに動作をイメージ化することの困難さを示している。

3. 粗大運動発達

視覚障害乳幼児の運動発達については，座位（一人座り）が平均8カ月，独歩が20カ月とかなり遅れを示すことが明らかになっている（山本・岩田，1971）。バウアー（Bower, 1979）は，盲乳児のリーチングや粗大運動の発達における方向づけられた運動の出現について，特定の知覚空間の成立こそが，空間内でなされる活動が出現する必要条件であると指摘している。すなわち，粗大運動は外界に向かうモチベーションとなる魅力的な環境を誘因として引き出され，空間を理解する認知能力の形成と密接に関連している（佐島，2006）。

また，視覚障害乳児，とくに盲乳児は，「はいはい」をせず，つかまり立ちから独歩へ移行する場合が多い（五十嵐，1993）。これは，盲乳児にとって手指は外界の事物・事象を把握する目の役割を担っていることから，「はいはい」によって上肢を移動の手段とすることは，外界の誘因となる魅力のある対象の存在を認知できないことによるものと考えられる。このことからも，視覚以外の感覚によって知覚空間を把握する発達過程こそが，盲乳幼児の「活動」に向かう「行為」としての粗大運動の誘因であるいえよう。

4. 言語発達

盲児の言語行動の代表的な特徴として，バーバリズム（verbalism；言語主義）がある。バーバリズムとは，言葉の具体的な事物関係や意味について体験的・実際的に裏づけられていない，言葉のうえだけの連想により発せられる盲児特有の言語のことである（五十嵐，1993；佐藤，1988）。もともとバーバリズムは，定型発達児において言語の利用意欲の高まる5歳前後に，物への直接観察や，物についての直接の思考を省略して，その物の名を知ることで物を理解したかのように思い込む傾向のことをいう（村田，1973）。

視覚障害児は，事物・事象の直接体験に制約があることから，おのずと言語主義に陥りやすい。たとえば，限られた直接体験にもとづく概念形成の結果として，「魚」の概念はお刺身であり，お刺身が泳いでいると思っていたり，ほうれん草は土のなかになっていると思っていたりするような例は，視覚障害児において珍しくない。「地層」は触覚では体験できないことから，その音韻から「血相」と漢字表記を連想したりする。また佐島（2007a）は，一般に言語発達というと「おしゃべり」がどれくらいできるかという音声表出言語の側面に目がいきがちであり，「おしゃ

べり」が上手であると，言語理解も同様の能力があるようとらえてしまいがちであるが，とくに視覚障害児においては，言語表出と言語理解のレベルを明確に区別して発達をとらえる視点が不可欠であるとしている。

　加えて，言語表出の少ない視覚障害幼児のなかには，視覚以外の触覚などの感覚を十分に活用して未知の環境をじっくりと観察・把握し体験していることが，その行動の背景にあることがしばしばある。こうした視覚障害幼児は，3歳ぐらいまではほとんどしゃべらないことから，知的発達に遅れがあるととらえられることもある。しかし，直接体験による抽象概念の形成がすすむ幼児期後半頃から「経験的背景をともなった言語」が一気に開花する。視覚障害児においては表出言語の豊富さに惑わされず，経験的背景をともなった言語理解のレベルを的確にとらえることが重要である（佐島，2007b）。

　視覚障害児においては，視覚せずとも実際の魚と切り身の魚との関連を直接観察することのできるような体験を準備することこそが豊かな言語環境となり，具体の事物・事象に対する豊かな表象を保障し，個々に特殊な「モノ」を抽象した象徴としての言語を形成する。保育者・教育者が「切ったスイカ」を食べる経験しか準備しなければ，それがスイカの概念になることは必然であり，盲児にとって「丸いスイカ」は未知のものとして一生涯，存在し続ける。盲児特有の言語とされてきたバーバリズムは，保育者・教育者の準備する学びの環境によるのである。

5. 日常生活動作の獲得

　日常生活動作は視覚障害児にとって獲得が困難とされる発達領域である（五十嵐，1971；1991）。盲幼児の日常生活動作発達の特徴について五十嵐ほか（五十嵐・青山・藤野・大塚，1972）は，①盲幼児の身辺処理能力は晴眼児と比較して，各年齢帯どの年齢段階においても低い発達段階にとどまり，②3歳以降個人差が大きくなること，③盲幼児の身辺処理能力の遅れは発達の初期段階ですでに現れ，④3歳代に急激に上昇し，4歳以降にほとんど発達がみられないこと，⑤「完全自立」の段階に達するのが困難で，「部分介助」や「不完全自立」の段階にとどまりがちであること，⑥盲幼児は，身辺処理のなかでも手の操作を必要とする項目において遅れが著しく，そのために「食事」「衛生」の領域の能力が低いことの6点を指摘している。その背景には，視覚的模倣による動作や行動の学習ができないこと，日常生活動作の基盤となる手指運動能力の発達に遅れがあることがあげられる。

　また，枡見・佐島（2011）は，盲幼児にとって獲得が容易な動作と困難な日常生活動作があること，および健常児の発達過程とは異なる過程を示すことを明らかにした。その背景要因には，①動作のイメージ化，②動作の生活場面における意味・目的の点において，視覚によらずとも理解しやすいかどうか，という点に集約されるとしている。たとえば，動作のイメージ化については，①コップの使用のように道具を使用する動作や，②くしの使用のように身体という具体・固定的な物に働きかける動作，③コップのように左右対称の動作の獲得は容易であるのに対し，①箸の使用など左右非対象の動きで手指を分離した動きの動作や，②食前食後の挨拶や食事前の

手洗いなど道具を用いずに動きそのものをイメージしなければならない特徴をもつ動作の獲得は困難であった。さらに、コップのように道具の形状が明確な動作に比して、靴やボタン、着衣のように形状が変化する物を扱う動作の獲得が困難であった。また、食前食後の挨拶や食事前の手洗いは、それをすることの意味や目的を食事活動の文脈のなかで他児や周囲の大人の様子を見ながら自然と理解するものであり、いわば社会・文化的背景に意味づけされた生活習慣ということができる。これらの知見から、盲幼児の日常生活動作は、①手指の動作が対称性か非対称性かといった動作の複雑性、②道具の使用有無と道具の特性、③生活における動作の文脈性という視点によって、その獲得の難易をとらえることができる。

4節　視覚障害児のパターン認識の発達と学習過程

盲児の触－運動感覚による対象の認知では、情報入力が触っている部分に限られるため継時的であり、その情報を再統合して全体を把握しなければならない。このため、全体と部分の関係把握が困難であり、部分部分を分けてとらえやすい（佐島、2008c）。弱視児も同様に、見えにくさを補うために極端に視距離を短くして認知するため、物理的に全体像の把握が困難になるだけでなく、部分的・継時的認知のために、部分部分を統合し全体を一つのパターンとして認識することに困難がある（小林、2008）。

視覚障害児のパターン認識について検証した研究（小柳、1984）では、健常視力児、弱視児、

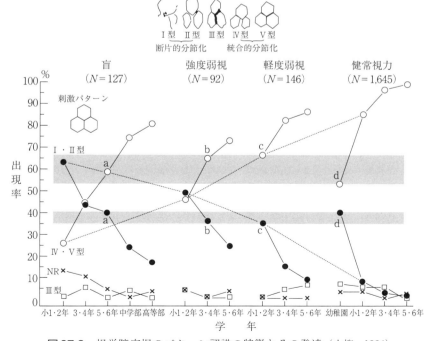

図67.3　視覚障害児のパターン認識の特徴とその発達（小柳、1984）

盲児ともに学年が進むにつれて断片的分節化から統合的文節化のパターンへと認識の発達が顕著にみられること，および同じ学年で比べると断片的分節化の出現率は盲児，強度弱視児，軽度弱視児，健常視力児の順で高いこと，またその発達には盲児，強度弱視児，軽度弱視児，健常視力児の間でそれぞれ1～2年のずれがあることを明らかにした（図67.3）。

この知見は，読み書きやグラフ・地図等の読み取りなどの触・視対象の認識において，視覚障害児はその獲得に時間を要するとともに，障害特性に応じた学習過程によって視覚に障害があっても発達することを示し，教育の本質と個に応じた特別支援教育の重要性を描き出している。

◆ 引用文献

Bower, T. G. R. (1979). *Human development*. San Francisco : W. H. Freeman & Company.
Fraiberg, S. (1968). Parallel and divergent patterns in blind sighted infants. *Psychoanalytic Study of the Child*, **21**, 327-357.
Fraiberg, S. (1977). *Insight from the blind*. New York : Bacic Books.
市川奈緒子. (2004). 盲・知的障害児の発達像をどのようにとらえるか．国立特殊教育総合研究所重複障害教育研究部一般研究報告書，76-78.
五十嵐信敬. (1971). 未訓練盲幼児の成長について．東京都心身障害者福祉センター研究報告集，**2**, 9-16.
五十嵐信敬. (1980). 重複障害盲幼児の療育方法．視覚障害児の治療訓練に関する研究，10-23.
五十嵐信敬. (1991). 視覚障害児の発達．佐藤泰正（編），視覚障害学入門（pp.35-44）．学芸図書．
五十嵐信敬. (1993). 視覚障害幼児の発達と指導．コレール社．
五十嵐信敬・青山祥二・藤野真理・大塚須美子. (1972). 盲幼児の身辺処理能力の発達とその指導．特殊教育学研究，**10**, 24-33.
小林秀之. (2008). 弱視児の視知覚．長崎 勤・前川久男（編），障害理解のための心理学（pp.183-189）．明石書店．
小泉和子. (1971). 盲乳幼児のAttachment Behaviorについての一研究．盲心理研究，**17**, 15-31.
小柳恭治. (1984). いま，なぜパターン認識なのか．国立特殊教育総合研究所特別研究報告書（障害児のパターン認識に関する総合的研究），1-26.
枡見瑛莉佳・佐島 毅. (2011). 盲幼児における日常生活動作獲得の発達的特徴に関する研究：食事・着脱衣・清潔領域における視点から．障害科学研究，**35**, 65-78.
村田孝次. (1968). 幼児の言語発達．培風館．
村田孝次. (1973). 幼児の言語教育．朝倉書店．
中川暮美. (1993). 発達遅滞を伴う視覚障害乳幼児の発達の特性について．筑波大学院修士課程教育研究科カウンセリング専攻リハビリテーションコース修士論文（未公刊）．
佐々木正人. (1996). 初期空間認識の形成条件．佐藤泰正（編），視覚障害心理学（pp. 88-95）．学芸図書．
佐島 毅. (2006). 視覚障害．本郷一夫・長崎 勤（編），別冊発達：No.28 特別支援教育における臨床発達心理学的アプローチ，139-147. ミネルヴァ書房．
佐島 毅. (2007a). 視覚障害乳幼児の言語発達（2）：表出と理解の発達から読み解く象徴機能獲得への基盤．視覚障害教育ブックレット：Vol.5, 6-7. ジアース教育新社．
佐島 毅. (2007b). 視覚障害乳幼児の言語発達（1）：表出と理解の発達から読み解く象徴機能獲得への基盤．視覚障害教育ブックレット：Vol.4, 22-23. ジアース教育新社．
佐島 毅. (2008a). 感覚－運動的認知の発達（1－2歳）．長崎 勤・前川久男（編），障害理解のための心理学（pp.61-70）．明石書店．
佐島 毅. (2008b). 視覚障害幼児の発達と行動．長崎 勤・前川久男（編），障害理解のための心理学（pp.180-183）．明石書店．
佐島 毅. (2008c). 盲人の触知覚．長崎 勤・前川久男（編），障害理解のための心理学（pp.189-192）．明石書店．
佐島 毅. (2010). ことばの誕生と生活体験．視覚障害教育ブックレット：Vol.11, 6-7. ジアース教育新社．
佐島 毅. (2011a). 自己刺激行動のメカニズム．視覚障害教育ブックレット：Vol.14, 6-7. ジアース教育新社．
佐島 毅. (2011b). 発達段階をどのようにとらえるか．視覚障害教育ブックレット：Vol.13, 6-7. ジアース教育

新社.
佐藤泰正.（1988）.視覚障害の心理的影響.佐藤泰正（編），視覚障害心理学（pp.10-23）.学芸図書.
園原太郎.（1980）.認知の発達.培風館.
Warren, D.（1984）. *Blindness and early childhood development.* New York : The American Foundation for the Blind.
山本裕子・岩田圭子.（1971）. 0歳児盲児の発達について.東京都心身障害者福祉センター研究報告集, **2**, 1-8.

68章 運動障害

川間健之介

1節 運動障害のある子どもたちの発達心理学的な課題

　運動障害のある子どもたちは，上肢操作の困難，体幹保持の困難，移動の制限，重複する視知覚認知障害や知的障害，健康障害のためさまざまな発達上の課題に直面することになる。

　とくに運動障害は認知発達に課題をもたらす。認知発達のプロセスを見ると，3カ月くらいまでは，初期感覚の役割がひじょうに大きく，その後運動発達とともに認知の発達も著しく，5～6カ月のリーチの出現から7カ月を経て1歳近くなる頃には，運動は認知が先導するようになっていく。とくに，上肢操作の困難，体幹保持の困難，移動の困難は，乳幼児期における環境との相互作用を困難なものにし，認知発達に課題をもたらす。本稿では，運動障害あるいは姿勢の困難さと認知発達の関係について，また認知発達を促す姿勢への援助について先行研究を概観していく。

1. 運動・姿勢の発達と認知発達

　これまでの姿勢および姿勢の発達に関する研究では，もっぱら外部からの刺激に対する身体の支持と反応という2つの側面にかかわる入出力神経機構の問題に焦点が当てられてきた。しかし，近年は，生態学的な観点から姿勢・運動をとらえようとする研究が増えている。姿勢の発達はあらゆるアクションシステムのなかで，とくに重要な機能的要素の発達であると考えられる。すなわち，運動系だけでなく知覚系をも含む，グループとしての多様なプロセスが作用して，環境の変化や環境の特性に応じて姿勢を保持する（Reed, 1989）。

　こうした考えを裏づける知見は，乳幼児の研究から報告されている。ダネラとヴォグトル（Danella & Vogtle, 1992）は，先行研究を概観し，乳児の姿勢調整スキルとリーチングの質の間に相互作用があること，乳児の座位では手や上肢と体幹の間に協調性があること，などを報告している。アミエル-ティッソンとグレニア（Amiel-Tisson & Grenier, 1980）は，生後1～2カ月の乳児でも頭部を適切に支持するとかなり成熟したリーチング運動パターンを示すと主張している。また，乳児の体幹を頭とともに回転することによって，生後1カ月の乳児の視覚追跡運動がかなりできるようになる（Bullinger, 1983）ことも報告されている。ガスタフソン（Gustafson, 1984）は，姿勢を支持することによって機能性を備えた高次認知活動が出現することを明らか

にした。まだ歩行のできない乳児を歩行器に乗せたところ,部屋にあるさまざまなものに関する情報を手に入れようとして,自発的に部屋の様子を調べる方法を身につけることができた。北村(1997d)は,乳児期の子どもが垂直姿勢をとるようになると,座位姿勢のときのほうが他の姿勢で過ごしているときに比べて,心理的な活動が高まると述べている。生後6カ月の乳児は,体幹を対象までの距離に応じて調整することによって,リーチング運動を補償する(Harris, 1983)。これらの研究は,認知発達にとって必須条件である視覚探索機能と上肢の機能的使用が,姿勢の発達やサポートによって促されることを示している。

2. 姿勢調節と認知

一方,姿勢における認知の重要性については,たとえば佐々木(1990)は,ギブソン(Gibson, 1979/1985)のアフォーダンス(affordance)理論にたち,姿勢を一定の見えの抽出を持続するための定位のアクションととらえ,「『立位姿勢』は重力へのリアクションではなく,環境に向かいわれわれがとっている能動的なアクションとされる」と述べている。北村(1996)は,乳児の肘立てについて,「まず見ようとして顔を上げる」と意味づけている。寝返りについても,認識や対象物に向かう思いと関連が高い(北村, 1997a)とし,ボバース(Bobath, 1971/1973)にもこの考えがあると指摘している。富(1981)は,6カ月以降の寝返りは「手の活動が継続する結果,姿勢を替える」と述べ,姿勢発達における認知の働きを重視している。北村(1997a)は,寝返りについて,乳児期前半は腹臥位になりたいと思うことから始まり,乳児期後半は手の操作をしたいため,すなわち認知の延長として腹臥位が生じるとしている。さらに,座位での姿勢調節は外界の認知および手の操作がその調節をより豊かにする,すなわち対物志向の高まりから姿勢の調節がより可能となる(北村, 1997d)と述べている。中島(1983)によれば,新しい姿勢の変化が受容の高次化を生み,その高次化によって姿勢が安定することになる。

2節 肢体不自由児の姿勢と認知発達

脳性まひ児・者の姿勢の問題は,医学的な見地から多くの研究で指摘されている。そこでは,反射の抑制,変形,拘縮,呼吸,摂食動作,ADL,車椅子操作や書字動作等が扱われており,認知発達と姿勢との関係を詳細に検討したものはあまりない。一般に,脳性まひ児や重度・重複障害児の認知発達の問題は,姿勢や運動とは別のものと考えられ,分けて指導されている。しかし,姿勢や運動に制限があるからこそ,これと認知発達の関係を詳細に分析して,指導していく必要があると考える。

1. 脳性まひ児にみられる姿勢と認知の相互作用の問題

　先に述べたように，姿勢と認知の相互作用は，姿勢が認知発達を促進させ，認知発達によって姿勢がさらに調整されていくということである。脳性まひ児には筋緊張のコントロールの異常が生じる。とくに，痙直型には筋緊張の亢進が認められることが多く，そのため頭部や脊柱の過伸展，肩胛骨の内転，股関節の内転と伸展，膝の伸展と足関節の底屈が生じ，上肢では上腕の内転と伸展が肘や手関節，そして手指の屈曲を伴って生じる。経過につれて，上腕骨伸展と肩胛骨内転が過度に認められるようになり，結果的に肩胛上腕部の運動がきわめて困難となる（Danella & Vogtle, 1992）といわれる。このような状態では，能動的な視覚探索と機能的な手の使用に困難である。年長になって，脱臼，拘縮，側彎等が生じてくると，さらに困難さが増加する。このような状態でも，目と手を使用しようとする結果，さまざまな異常パターンが定型化してくる。臨床的には，側方を見ようとして反り返るパターンや，把握した物を頭部に近づける際に非対称性緊張性頸反射様のパターンを用いる場合が観察される。また，川間（1999）の事例にあるように，視空間と手の操作空間が異なる場合も多い。

　運動機能の問題から認知活動が十分にできないため，脳性まひ児では運動機能の促進を目的とした訓練が必要となってくるが，認知発達が初期の場合には運動発達上も課題をかかえることがある。北村（1997c）は，脳性まひ児において，姿勢保持のみが目的と見える行動があることを指摘している。その姿勢では，筋肉や動きの感覚，姿勢移動の感覚のみが刺激され，他の視覚や聴覚からの外からの働きかけを受けとめにくい状態であり，本人の動きたいという欲求が外界との関係を結ぶのではなく，運動感覚という本人自身の内部感覚刺激が源となっていると述べている。たとえば，腹臥位での姿勢変換であるピボットターンにおいて，ピボッティングの肢位にならないと気持ちがおさまらないことがあり，さらに姿勢が固定化してしまうことがある。北村（1997b）は，このような姿勢をこだわり姿勢とよび，姿勢における同一性保持であるとしている。北村（1997d）は，座位姿勢においても，いわゆる起きあがりこぼしタイプの座位として，同様の問題があることを指摘している。認知発達が6カ月以前であり，それに先行して座位が可能となると座る姿勢をとくに好むようになる。しかし，座位姿勢での手の活動は何もなく，何もせずに活動がとまってしまい，そうなると座位姿勢以外は受け付けず，手の活動は引き出しにくくなる。北村（1998）は，運動発達のみならず，認識の高まりと子どもの「～したい」という要求に着目することの必要性を指摘している。

2. 脳性まひ児の目と手の使用を促す姿勢

　川間（1999）は，聴覚や視覚を十分に働かせる姿勢として，座位姿勢などの抗重力姿勢を勧めている。その理由は，①頭部を自由に動かせるようにほぼ垂直の位置に保つことが必要なこと，②注意や覚醒水準を高めることができる，③とくに視覚からの刺激は志向性をもって見ることがなければ有効な情報として取り入れることが困難である，の3点をあげ，この条件を最も満

たす姿勢が座位等の抗重力姿勢であるとしている。また、座位等の抗重力姿勢は、足で体を支え底面に対して体軸を垂直にすることによって手が解放され、手の操作的活動が高まる（進, 1989, 1993a, 1993b；田中, 1985）ことも認知発達を促す利点といえよう。

a. 座位姿勢

パイラード（Paillard, 1990）は、手のスキルの習得の条件として、上肢と手の正確な方向づけを確かめる目と手の定位、効率的な上肢全体の移動を確保するための体幹の安定化、上肢の各関節の安定性と運動性をコントロールし指で正確に把握することの3点を示しているが、とくに姿勢の安定を重視している。そして、脳性まひ児では、頭部や体幹のコントロールが不適切であれば、リーチングや把握に多くの異常代償的姿勢運動パターンを使用すると述べている。アミュンドソン（Amundson, 1992）は、書字姿勢について、立位、腹臥位も勧められるが、学校生活等では机に向かった座位姿勢保持が長いため、机に対する姿勢調整が必要であるとしている。ダネラとヴォグトル（Danella & Vogtle, 1992）は、体幹と肩甲帯の運動は末梢機能に直接影響し、ダイナミックな座位は機能的な手と手指の使用に必要であることから、姿勢コントロールが手と手指スキルの発達に重要であるとしている。クルジクほか（Kluzik, Fetters, & Coryell, 1990）は、痙直型四肢麻痺児に対して、運動時の筋緊張コントロール、上肢への体重支持、そして姿勢反応に焦点を当てた治療セッションの後に、リーチングが有意に速くスムーズにそして成熟したことを報告している。これらの研究は、むだのない視覚探索と機能的なリーチング運動という2つの発達に必須条件となるのは、頭－頸－体幹からなるシステムの姿勢制御である（Reed, 1989）ことを前提とし、座位姿勢等の抗重力姿勢を考えている研究である。川間（1999）は座位等の抗重力姿勢が適していることを強調し、座位が不可能な重度の脳性まひ児2名に対し、座椅子を用いたポジショニングを工夫して、能動的な視覚探索と機能的な手の使用を促している。前島（1986）は、書くとき、見る・聞くとき、上肢作業のときのポジショニングおよび自己刺激的行動を改善するためのそれぞれに効果的なポジショニングについて述べている。とくに、自己刺激的行動の抑制では、①背臥位から抗重力姿勢に起こすことによって量的・質的に豊かな情報が得られる、②手の操作空間を拡大し、目と手の協応動作の確立や促進を生み出す、③自己刺激的行動を起きにくくする、④自己刺激的行動に使われる手足の動きを目的的な使用に置き換える、ことを重視している。川間（1995）は、触刺激に過敏であり背臥位において頭部を床に打ちつける等の自己刺激行動を繰り返す重度・重複障害児に椅子座位姿勢を工夫し、最終的には主体的な目と手の使用が可能となった事例を報告しているが、これは前島（1986）の考えに従ったものであろう。

b. 座位姿勢の問題と対応

側彎があり、体幹保持が困難で、頸のコントロールが不十分であったり、股関節の脱臼があったりする場合など、肢体不自由がきわめて重度である場合には、通常の座位姿勢を取らせることは好ましくない。そのときは、体重の負荷が一カ所に集中することのないようにトータルフィットの原則で車椅子や座位保持装置を作成することになる。最も多くみられる車椅子はリクライニング・ティルト姿勢を取らせるものである。テレサほか（Teresa, Catharine, Sandy, & Elizabeth, 2004/2006）は、リクライニング・ティルト姿勢の弊害として、発達学的に適していない、過度

の伸展や屈曲の傾向を強める，視覚的な（水平）線の認識を誤ったものにしてしまうことをあげ，これらの座位姿勢を強いられる子どもは，姿勢保持のために相当な努力をしており，その他のことに注意を向ける余力はほとんどないと指摘している．また，これに対して，直立座位姿勢，すなわち，垂直な背もたれで水平な座面では，座位の能力が発達する機会が得られ，過度の屈曲・伸展傾向を減少させ，肩甲帯や上肢の肢位を改善し，上肢を実用的に使用する能力を向上させ，姿勢の安定が図られ，視覚が水平線上にあることで，目を合わせる能力が改善し，自分を取り囲む世界とのかかわりを可能にする，学校での活動を含め複雑な知的認知課題の遂行能力を向上させるとの利点をあげている．

　佐々木・川間（2011a）は，重度・重複障害児の視覚探索・上肢の操作性に関する学習場面における姿勢について42事例を検討し，テレサほか（Teresa et al., 2004/2006）の知見を裏づけている。そして，手を介助すれば手元に視線を向けることができるケースについては，車椅子姿勢で身体が左右非対称で姿勢の安定は図られていないが，とくに興味関心の強い物には視線を向け続けることができる例が多いことを報告している。頭部・体幹・足底の安定と上体を垂直よりやや前傾姿勢にするといった改善をはかり，上肢の各関節の安定性と運動性をコントロールするような条件（Paillard, 1990）を整えることで，上肢の操作時の介助を軽減させることができ，能動性と随意性を引き出す可能性が考えられるとしている。そして，佐々木・川間（2011a）は，6事例について，佐々木・川間（2011b）は2事例について，座位姿勢における視覚探索と上肢の操作性を促す適切なポジショニングを検討している。

　また，青木（2010）は授業におけるキャスパーアプローチの有効性について事例を通じて検討している。キャスパーアプローチは，頭部と体幹が後方にもたれた姿勢を基本とし，活動時に体幹は背もたれから離れ，活動が終わって休む姿勢をとるときに再び後方にもたれる。あるいは背もたれにもたれた状態で上肢を挙上し，リーチ活動などを行うものである。従来の頭部と体幹が後方にもたれた姿勢は安楽的姿勢で，活動を行うときには体幹が前傾姿勢をとるという従来の座位姿勢の考え方とは異なる概念である。

c．臥位姿勢

　認知発達を促す姿勢として，能動的な視覚探索と主体的な上肢の使用を促すために，体幹を垂直あるいはやや前傾とした座位姿勢が望ましいと考えられるが，側彎や股関節脱臼等のためこうした姿勢を保持することがきわめて困難である子どもは少なくない。この場合，臥位姿勢においても認知発達に必要な目と手の活動が引き出されることを示している研究がある。運動障害が重度である重度・重複障害児は，背臥位で背中の刺激をとおして外界を理解している（中島，1984，1989；進，1989）といわれ，背臥位においても外界の情報を取り入れている。進（1991）は，重度・重複障害児は背臥位では目と手がバラバラで一緒に機能することはまれであるが，側臥位姿勢では目で見ながら床面を操作するというように，目と手が協応する可能性が高まるとしている。進（1993a）は，重度・重複障害児の身体各部で外界の事物を操作する過程を背臥位，側臥位，椅子座位で分析している。その結果，背臥位では手をあげたり床に押さえつけて上体のバランスをとって足で操作し，側臥位では見下げる姿勢の場合目が手元にいき操作しやすく，椅子座

位では足下の教材を目で見ながら足で操作し，机を置いたときは目で見ながら口で操作したことを報告した。進（1994）は，定頸の困難な重度・重複障害児の姿勢と手の操作について，背臥位，側臥位，座位の3姿勢において，筋緊張を抑制しやすい姿勢，見やすい姿勢，手の操作が出現しやすい姿勢の3点から検討した。その結果，やや前屈である側臥位の姿勢が目で見て手で操作する姿勢として優れていたことを報告した。南里ほか（南里・鈴木・山中・藤田，1996）も，重度の脳性まひ児のリーチングについて，背臥位と側臥位を比較し，運動解析的分析によって側臥位のほうが優れていることを示した。側臥位が手の使用にとって適している理由として，安藤（1993）は姿勢保持を適切に介助すると上肢が姿勢保持から解放されるためであると推察し，小畑（1986）は非対称性緊張性頸反射が抑制されるためと述べている。レヴィット（Levitt, 1977/1981）も，上肢の使用については，まず正中線の活動を引き出しやすい側臥位をとらせるべきであるとしている。

　重度・重複障害児にとって側臥位が目と手の使用にとって，優れた姿勢であるとしている発達的意味は重要である。つまり，たんに手が出しやすい姿勢というだけでなく，側臥位姿勢で前面の操作面が確立してくれば，垂直に体を起こして，目で見ながら操作する，目で見ながら外界を理解するという本来の目や手の機能が出てくる（進，1993b）からである。進（1994）は，重度・重複障害児の外界とのかかわりについて，背臥位，側臥位，椅子座位のプログラムを提案している。その基本的な考えは，姿勢は外界の刺激の受容と自発的に手で外界へかかわる行動の両者と密接に関連し（高杉・大坪，1980），手による外界の事物にかかわる行動の拡大が体を起こした姿勢につながり（遠藤，1990，1991），座位において口や背中などの身体各部を通して外界の事物にかかわる行動が出現すれば，上体を起こして座位姿勢になる（進，1988）ということにもとづいている。

　腹臥位については，村上（1992）が，歩行可能であるが頭部保持が確立せず，腹臥位姿勢を体験しないまま成長した重度発達遅滞児に対し，腹臥位姿勢で指導を行った結果，抗重力伸展活動を獲得し，視覚範囲が拡がり，探索活動が広がった事例を報告している。この事例で重要なことは，頭部を垂直に保つことであった。腹臥位姿勢は，上肢で身体を支える必要があるため手の操作を引き出しにくいと考えられるが，視覚的探索に関しては頭部を垂直に保つ能力を促す利点をもっている。また，川間ほか（川間・赤間・佐々木・寺本，2011）は，重度・重複障害児の授業における腹臥位姿勢の活用について検討し，側彎や股関節脱臼，体幹保持機能が低い事例では，座位姿勢よりも視覚探索と上肢の使用が良好であったことを報告している。

　以上みてきたように，座位等の抗重力姿勢が脳性まひ児や重度・重複障害児の視覚的探索や機能的な手の使用に適しているが，座位姿勢が困難な場合には，臥位でも十分手の使用を引き出すことが可能であるとまとめることができる。しかし，授業や指導において重要であることは，教材等の提示の位置やタイミング，指導者の言葉かけなど多くの要素がある。しかし，今まで臨床現場で認知発達を促す際の姿勢についてあまり重視されてこなかった。また，学校や療育の場面では，子どもたちが集団で活動する場面もある。これについては，吉山（2009），石井ほか（石

井・佐渡・米山，2010）が授業研究として報告している。とくに石井ほか（2010）では，腹臥位の活用による視覚探索と上肢の使用の促進と子どもたちが学習空間を共有することが重要であることを示している。

◆引用文献

Amiel-Tisson, C., & Grenier, A. (1980). *Neurological evaluation of the human infant.* New York : Masson.

Amundson, S. J. C. (1992). Handwriting : Evaluation and intervention in school setting. In J. Case-Smith & C. Pehoski (Eds.), *Development of hand skills in the child* (pp.63-78). Montgomeny : The American Occupational Therapy Association.

安藤　了．(1993)．重症児に対する日常姿勢管理．理学療法ジャーナル，**27**，393-397．

青木菜摘．(2010)．自立活動の実践報告「時間の指導」から授業支援へと拡大した指導例．第56回全国肢体不自由教育研究協議会提案資料集，63-73．

Bobath, B. (1973). 脳性麻痺の異常姿勢反射（梶浦一郎・紀伊克昌・今川忠男，訳）．医歯薬出版．(Bobath, B. (1971). *Abnormal postural reflex activity caused by brain lesions.* London : Willam Heinemann Medical Books.)

Bullinger, A. (1983). Space, the organism, and objects, their cognitive elaboration in infant. In A. Hein & M. Jeannerod (Eds.), *Spatially oriented behavior* (pp.215-222). New York : Springer-Verlag.

Danella, E., & Vogtle, L. (1992). Neurodevelopmental treatment for the young child with cerebral palsy. In J. Case-Smith & C. Pehoski (Eds.), *Development of hand skills in the child* (pp.91-110). Montgomeny : The American Occupational Therapy Association.

遠藤　司．(1990)．人間行動発達の初期における空間形成過程について：重度　重複障害児の教育実践から．児童青年精神医学とその近接領域，**31**，268-283．

遠藤　司．(1991)．体を起こすことと外界を受容すること：重度・重複障害児の事例研究．発達心理学研究，**2**，32-40．

Gibson, J. J. (1985). 生態学的視覚論：ヒトの知覚世界を探る（古崎 敬・古崎愛子・辻敬一郎・村瀬 旻，訳）．サイエンス社．(Gibson, J. J. (1979). *The ecological approach to visual perception.* Boston : Houghton Mifflin.)

Gustafson, G. (1984). Effects of the ability to locomote on infants' social and exploratory behaviors : An experimental study. *Developmental Psychology*, **20**, 397-405.

Harris, P. (1983). Infant cognition. In P. Mussen, H. Haith, & J. Campos (Eds.), *Handbook of child psychology : Vol.2. Infancy and developmental psychology* (pp.689-782). New York : John Wiley & Sons.

石井敦子・佐渡友藍・米山志帆．(2010)．場の共有によって友だちへの意識を育てる実践．はげみ，No.333，27-31．

川間弘子．(1995)．触刺激に過敏な重度・重複障害児の指導事例：養護・訓練の時間の指導において．特殊教育臨床研究，**4**，3-11．

川間健之介．(1999)．ポジショニング．肢体不自由教育，No.141，45-53．

川間健之介・赤間習子・佐々木陽子・寺本淳志．(2011)．重度重複障害児のポジショニング：学校における腹臥位姿勢の活用．重度・重複障害児の認知発達を促すポジショニングの開発．平成20年度～平成22年度科学研究費補助金（基盤研究（C））研究成果報告書，83-116．

北村晋一．(1996)．運動発達学講座（その2）乳児の運動の発達：出生から3ヶ月運動と視覚の関連を中心に．養護学校の教育と展望，No.102，43-47．

北村晋一．(1997a)．運動発達学講座（その4）乳児の運動の発達：6，7カ月ねがえり運動を中心に．養護学校の教育と展望，No.104，40-44．

北村晋一．(1997b)．運動発達学講座（その5）乳児の運動の発達：6，7カ月（2）寝返りとピボットターンを中心に．養護学校の教育と展望，No.105，46-51．

北村晋一．(1997c)．運動発達学講座（その6）乳児の運動の発達：8，9カ月（1）腹這いを中心に．養護学校の教育と展望，No.106，43-47．

北村晋一．(1997d)．運動発達学講座（その7）乳児の運動の発達：8，9カ月（2）座位を中心に．養護学校の教育と展望，No.107，43-47．

北村晋一．(1998)．発達をふまえた訓練法：子どもの運動発達，子どもの要求を大切にした養護・訓練．養護学校の教育と展望，No.109，38-41．

Kluzik, J., Fetters, L., & Coryell, J. (1990). Quantification of control : A preliminary study of effects of neurodevelopmental treatment on reaching in children with spastic cerebral palsy. *Physical Therapy*, **70**, 65-78.

Levitt, S. (1981)．脳性運動障害児の発達指導：運動発達の遅れた子どもたちの治療と育て方（高松鶴吉，監訳）．パシフィックサプライ．(Levitt, S. (1977) *Treatment of cerebral palsy and motor delay*. Oxford : Blackwell Scientific Publications.)

前島つや子．(1986)．学童児のポジショニング指導2～5．高橋 純・藤田和弘（編），障害児の発達とポジショニング指導（pp.126-138）．ぶどう社．

南里清香・鈴木由美子・山中克夫・藤田和弘．(1996)．重度脳性まひ児のreachingに関する運動解析的分析の有効性：姿勢と対象物提示位置の違いによる比較検討．心身障害学研究，**20**，139-149．

村上 徹．(1992)．重度発達遅滞児における腹臥位姿勢の効果．特殊教育学研究，**30**，81-86．

中島昭美．(1983)．足から手へ，手から目へ：重度重複障害児教育からみた認知の本質．サイコロジー，**3**，12-17．

中島昭美．(1984)．精神についての学び方．重複障害教育研究報告書，No.6，1-6．

中島昭美．(1989)．障害の重い子供から人間について如何に学ぶか．山口重複障害教育研究会，1-11．

小畑文也．(1986)．側臥位での遊びのポジショニング指導．高橋 純・藤田和弘（編），障害児の発達とポジショニング指導（pp.72-73）．ぶどう社．

Paillard, J. (1990). Basic neurophysiological structures of eye-hand coordination. In C. Bard, M. Fleury, & L. Hay (Eds.), *Development of eye-hand coordination* (pp.26-74). Columbia, SC : University of South Carolina Press.

Reed, E. S. (1989). Changing theories of postural development. In M. H. Woodacott & A. Shumway-Cook (Eds.), *Development of posture and gait across the life span* (pp.3-24). Columbia, SC : University of South Carolina Press.

佐々木正人．(1990)．姿勢が変わるとき．佐伯 胖・佐々木正人（編），アクティブ・マインド：人間は動きのなかで考える（pp.87-109）．東京大学出版会．

佐々木陽子・川間健之介．(2011a)．重度・重複障害児の視覚探索・上肢の操作性に関する学習場面における実態調査．重度・重複障害児の認知発達を促すポジショニングの開発．平成20年度～平成22年度科学研究費補助金（基盤研究(C)）研究成果報告書，21-46．

佐々木陽子・川間健之介．(2011b)．ポジショニングの改善により視覚探索と上肢の操作性に良好な変化の見られた事例の検討．重度・重複障害児の認知発達を促すポジショニングの開発．平成20年度～平成22年度科学研究費補助金（基盤研究(C)）研究成果報告書，47-68．

佐々木陽子・川間健之介．(2011c)．視覚探索と上肢の操作性を促すための座位・側臥位のポジショニングに関する事例研究．重度・重複障害児の認知発達を促すポジショニングの開発．平成20年度～平成22年度科学研究費補助金（基盤研究(C)）研究成果報告書，69-82．

進 一鷹．(1988)．重症心身障害児の教育実践からみた外界の構成と姿勢の調節．熊本大学教育学部紀要（人文科学），**37**，265-277．

進 一鷹．(1989)．重症心身障害児の外界の取り入れと自己身体の操作．翔門会（編），動作とこころ（pp.34-41）．九州大学出版会．

進 一鷹．(1991)．障害の重い子供達から学んだ姿勢と操作活動の関係に関する研究．熊本大学教育実践研究，**8**，9-11．

進 一鷹．(1993a)．重症心身障害幼児の身体各部による操作活動と姿勢の調節．特殊教育学研究，**31**(2)，35-40．

進 一鷹．(1993b)．重度・重複障害児の姿勢の調節と空間の形成．障害児教育学研究，**1**，53-61．

進 一鷹．(1994)重度・重複障害児の教育プログラム．養護学校の教育と展望，No.92，41-44．

高杉弘之・大坪明徳．(1980)．重度・重複障害児の移動行動について：初期行動の視点から．国立特殊教育研究所研究紀要，**7**，133-141．

田中正人．(1985)．乳児の発達診断入門．大月書店．

Teresa, E. P., Catharine M. M., Sandy, M. C., & Elizabeth, M. G. (2006). 脳性まひ児の24時間姿勢ケア（今川忠男，監訳）．三輪書店．(Teresa, E. P., Catharine M. M., Sandy, M. C., & Elizabeth, M. G. (2004). *The chailey approach to postural management*. Eeast Sussex : Chailey Heritage Clinical Services.)

富 雅男．(1981)．乳児の正常運動発達．寺沢幸一（編），脳性麻痺②（pp.25-46）．協同医書出版社．

吉山千絵．(2009)．遊びの工夫：肢体不自由特別支援学校での遊びの指導．はげみ，No.328，35-40．

69章 不登校

濱口佳和

　不登校はわが国における学校不適応の最も代表的な問題の一つである。児童・生徒数が減少しているにもかかわらず，昭和の後期から平成初期の10数年間に急増し，現在も小学校と中学校だけで約12万人の子どもが，病気や経済的理由ではなく，長期にわたって学校に行けない状態にある。学校，教育相談機関，大学，病院などで，不登校の子どもとその家族への教育臨床的支援が提供される一方で，心理学や精神医学の観点から少なからぬ研究が行われてきた。本稿では，おおむね過去20年間（1990年代と2000年以降現在まで）の主に国内で行われた主要な研究に焦点を当てて論じる。

1節　不登校の実態

　文部科学省は1年間に連続または断続して30日以上欠席した児童・生徒を「長期欠席者」とよび，その欠席理由のなかに「病気」「経済的理由」と並んで「不登校」をあげている。それは，「何らかの心理的，情緒的，身体的，あるいは社会的要因・背景により，児童生徒が登校しない，あるいはしたくともできない状況にある者（ただし，「病気」や「経済的な理由」による者を除く）」と定義されており（文部科学省，2015b），これがわが国における「不登校」の定義となっている。平成26（2014）年度の全国の国公私立の小・中学校における不登校児童・生徒数は122,902人に及び，その発生率は小学生で0.39％，中学生で2.76％となっている（文部科学省，2015a）。図69.1に過去24年間の義務教育諸学校における不登校児童・生徒数を示した。平成3（1991）年には小中合わせて66,817人であったが，子どもの人口が減少しているにもかかわらず，平成13（2001）年度には138,722人の最多数を記録し，現在でも約12万人程度で推移している（文部科学省，2015a）。不登校は相変わらずわが国における重要な教育的・社会的問題であり続けている。そのため，教育関係者同様，心理学および隣接領域の専門家たちも常に高い関心を払い続けてきた。1992年1月から2015年1月までの国内の心理学系主要学会誌（『教育心理学研究』『発達心理学研究』『カウンセリング研究』『心理臨床学研究』）掲載論文のうち，「不登校」「登校拒否」「学校恐怖症」のいずれかを題目に含む論文を日外アソシエーツのデータベースで検索すると，137件に達し，過去約20年余りの間にかなりの数の研究が行われていることがわかる。テーマも多岐にわたり，主だったものだけでも，不登校の類型の検討，不登校の子どもの心理的

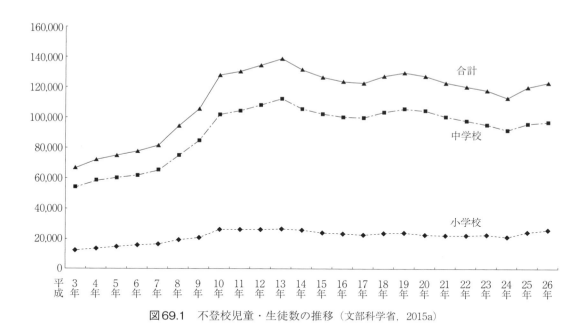

図69.1 不登校児童・生徒数の推移（文部科学省, 2015a）

特徴, 不登校の予後・改善要因, 不登校児童・生徒への心理臨床的支援とその効果, 不登校児童・生徒の支援者（教師や親）の心理的成長などがある。その方法論も, 質問紙調査, 事例研究法, 質的研究法などが多く採用されている。

2節 不登校児童・生徒の類型化

　不登校に多様なサブタイプが存在することはすでに1960年代から認識されていた。わが国では小泉（1973）の5類型（①神経症的登校拒否〔「優等生の息切れ」タイプと「甘やかされ」タイプ〕, ②精神障害によるもの, ③怠学傾向（無気力傾向と非行傾向）, ④積極的・意図的登校拒否, ⑤一過性の登校拒否）がよく知られている。1980年代には精神科医により, 自らの治験例を精神医学的観点から整理分類した類型論がすでに提唱されていた（松本, 1986；高橋・野本・中屋・奥寺, 1987）。たとえば, 高橋ほか（1987）は, 自身の勤務する大学付属病院を過去5年間に受診した6歳から17歳までの73例をもとに, 反応性不登校群, 神経症性不登校群, 性格障害性不登校群, 分裂病性不登校群の4類型を見出している。この類型分類は, 不登校の子どもの臨床像を, 発症前の学校・家庭内適応状況, 病前性格特徴, 誘因と不登校との関連, 治療関係成立の難易, 経過の5つの観点から治療を担う精神科医が評価し分類するもので, 医師の判断にもとづくものである。反応性不登校群は, 病前の適応が良好で, 不登校の契機が比較的明確で, 環境調整や簡単な心理療法により比較的短期間で良くなるタイプ。神経症性不登校群は, 不登校の契機が必ずしも明確ではなく, 病前のパーソナリティ要因に問題がみられ, いわゆる神経症レベ

ルの精神疾患に罹患している不登校のタイプ。性格障害性不登校群は、パーソナリティに著しい偏りがあり、不登校以外にも社会的不適応を起こしやすく、治療困難なタイプ。分裂病性不登校群は、最初は不登校が主訴であるが、後に統合失調症の発症が確認され、その治療を受ける不登校のタイプである。精神医学分野での類似の試みには、中学生の不登校児を第一反抗期の有無とその後の適応状態の2つの観点に着目して4類型に分ける松本（1986）の類型論もある。これも精神医学者の見立てにもとづく類型論である。

教育相談の分野では、鈴木・小林（1991）により統計的手法により客観的根拠にもとづく類型論の提唱がなされている。鈴木らは、ある教育相談機関で受理した思春期の不登校39事例（非行傾向、重い精神疾患の疑いがない事例に限定）について、小学生段階、不登校直前の3カ月間、インテーク面接時の3期間にわたって、生育歴、家族対応、学校適応、友人関係、前駆症状、行動特徴について保護者から聞き取った面接担当者が357項目のチェックリストに記入したデータをクラスター分析し、A、B、C、Dの4類型を見出している（表69.1）。ここでは小泉の神経症的不登校の2類型に対応するタイプ（D群、B群）と、松本のTypeⅠ（第一反抗期が認められ、その後も適応していたが、対人関係の問題などから発現）に類似したタイプを発見するなど、既存の類型の存在に統計的根拠を与えている。小泉の類型には、怠学傾向が顕著なタイプ（無気力型と非行型）も含まれているものの、高橋ほか（1987）では、最初から治療ではなく教育の対象と考えられているため類型のなかに含まれていないし、鈴木・小林（1991）でも非行傾向のある事例はあらかじめ除外されており、怠学傾向が顕著なタイプには比較的関心が注がれてこなかった。これに対して、保坂（2000）は、家庭の養育能力に大きな問題があり、親が子どもを学校に通わせることができない一群の不登校児の存在を指摘し、これと従来の怠学傾向をまとめて、広い意味で学校文化から脱落するタイプと解釈し、「脱落型」という新類型を提唱した。このタイプは、保護者の問題意識・来談意欲が低く、専門機関での継続相談が困難で、支援を受けられな

表69.1　鈴木・小林（1991）による不登校の類型とその心理的特徴

類型	行動特徴
A群	第一反抗期があり、幼児期の自我発達は健全。小学校時代の行動特徴には極端なところはなく、一人遊びは少なく友人関係は良好。不登校時も行動は極端には変化しないが、耐性の低下、感情抑制の低下などがやや見られる。身体の不調、強迫症状、家族への暴言・暴力を示す者は少数。不登校時も友人を気にする過敏さはあるものの、友人とのつながりは失われず、友人と遊ぶ。予後は比較的良好。
B群	小学生時代から耐性が低いが、反抗的・強迫的ではない。友人に無関心、一人遊びが多い子どももいる。小学校時代係活動に消極的など学校生活に対して不適応気味。不登校時は耐性低下がさらに進み、何事にも意欲を持てない状態に陥る。ただし、強迫症状や家族への暴言・暴力はほとんど示さない。家族と話したがらず、友人への関心も低いし、友人の気持ちを気にする対人過敏性も低い。
C群	幼児期に第一反抗期が見られない者が多く、小学校時代に反抗傾向が高まっている。不登校に至る直前に仲間に入らなくなることが多い。不登校時は耐性低下と反抗的傾向が目立ち、感情抑制が低下する。さらに、強迫症状や家族への暴言・暴力など神経症的な[1]症状が目立つ。不登校時も友人のことを気にしている。予後は比較的良くない。
D群	小学校時代、成績優秀で係活動にも積極的。感情抑制的でまじめな優等生タイプ。不登校直前、ふさぎ込むことが見られ、仲間グループに入らなくなるが特定の友人とのつながりは維持されたまま。不登校時、身体の不調を訴え、家に引きこもりがち。不登校期間中感情抑制傾向の低下が見られる。

[1] 現在の精神疾患の診断基準で言う「適応障害」（adjustment disorders）に対応するものと推察される。

いまま放置される傾向があるという特徴を指摘している。また鶴田（1996）は，無気力傾向の顕著な思春期の不登校生徒22事例の分析にもとづいて，アパシー型不登校をさらに軽度，中度，重度の3類型に分類し，それぞれの症状，パーソナリティの構造化の水準の推移，肯定的・否定的自己像の分化度の観点から特徴を描き出し，各類型に適した支援法を提唱している。不登校の類型化を目指すこれらの研究は発達段階を考慮しつつ，類型ごとの心理臨床的支援法の確立を目指す方向に進んでいる（川島・西澤，1995；小林・鈴木，1990）。今後この方向での実証的・臨床的研究の蓄積が期待される。

3 節　不登校に導く要因に関する実証的研究

　子どもたちを不登校に至らせる心理的要因にはどのようなものがあるのかを検討する一群の研究がある。子どもたちが不登校になる理由について，学校嫌いの感情の高まりが原因と考えるのはごく自然なことである。古市（1991）は，「学校をやめたくなることがある」などからなる15項目の学校嫌い感情測定尺度を作成し，小学校5年～中学2年の児童・生徒648名を対象に関連要因の検討を質問紙法調査によって行った。その結果，「学校をやめたくなる」に「あてはまる」と回答した子どもは小学生で約13％，中学生で約18％にも達し，学校嫌い感情の裾野の広がりを印象づけた。重回帰分析の結果，友人適応の悪さ，本人の非協調性の高さ，学業適応の悪さ（とくに小学生），抑うつ傾向の高さ（とくに女子）が学校嫌い感情を高めることが明らかにされた。これと類似の調査結果は本間（2000）にもみられる。彼は1992年度と1998年度の2回にまたがって，公立中学の生徒847名を対象に登校回避願望と欠席促進理由，登校理由との関連を質問紙調査により検討した。調査が行われた6年間に，登校回避願望のない生徒の占める割合が減少し（1992年21.8％→1998年15.1％），逆に欠席願望が強い生徒が増加したことが報告されている（1992年9.3％→1998年12.7％）。すでにみたように，1992～1998年の期間は全国の不登校の児童・生徒数が実際に急増しており，本間の結果とよく符合している。これらの結果に加えてこの研究では，欠席願望の高い群は低い群に比べて，対友人適応や学習理解，さらには「学校に行くことは当然」といった規範的価値が有意に低いが，実際の欠席日数の高低群で比較した場合，両群間で有意差がみられたのが規範的価値だけにとどまることが示されている。これは学校を休みたい理由には友人関係や学習の不調があったとしても，実際にそうした感情が直接欠席に結びつくわけではないことを示唆している。すなわち，登校回避願望が高まっていても，「学校に行くことは当然だ」とする規範的意識が強ければ，ある程度はふみとどまれるが，この規範意識が弱い生徒は比較的容易に不登校（無気力型や遊び・非行型）に陥ることが推察される。

　上記の他に，不登校の児童・生徒の心理的特徴については，社会的スキル，自尊心，学校環境認知に関する研究がみられる。粕谷・河村（2004）は，公立中学校に登校する1,046名の生徒（一般群）と，不登校を理由に養護学校に転入・在籍している42名（不登校群）を対象に，ソーシャルスキルと自尊感情の差異を検討したところ，不登校群は一般群よりもソーシャルスキル，自尊

感情ともに低いこと，登校していても，仲間からの被侵害経験が多く，被承認経験の少ない「学校生活不満足群」の生徒たちはソーシャルスキルと自尊感情が不登校群と同程度の低さであることを明らかにした。因果関係は不明であるが，ソーシャルスキルと自尊感情の低さは不登校のリスクが高いことを示している。平田ほか（平田・菅野・小泉，1999）は，不登校を主訴として，中学校や教育センターに併設されている相談学級に通級する中学1～3年生60名と，普通学級に登校する一般中学生110名を対象に，質問紙法により学校環境の認知を調査した。その結果，普通学級に在籍している生徒たちは学級における孤独感が低く，教師への親和性が低い生徒が有意に多いのに対し，相談学級に通う生徒は，もといた学級を，教師への親和性は同様に低いが，学級における孤独感が高いと認知する者が有意に多いことが明らかにされた。興味深いことに相談学級に通う生徒たちは，所属する相談学級でもまた孤独感が高い一方で，教師に対しては「好きな先生の授業が多い」「楽しい授業が多い」など親和的感情をもっていることがわかっている。

4節　不登校の子どもへの心理臨床的支援法とその効果

　不登校の児童・生徒や保護者に対しては，専門相談機関の心理士，スクールカウンセラー，教員などがそれぞれの立場で，単独または他の役割のスタッフと連携しながら支援を行う。支援方法やその効果に関する事例研究も盛んに行われている。

1．伝統的な個人心理療法の適用事例

　専門相談機関の心理士による心理臨床的支援として，不登校の子ども本人を対象としたカウンセリングは従来通り行われており，その有効性があらためて確認されている。田中（2006）はいじめ被害経験と両親の離婚から自尊心が低下し，同級生に対する「ひけめ」を感じる状態となり不登校に至った中学1年生女子に対し，大学付属の心理相談機関において15回にわたる面接を行い，図書室への再登校をもたらしている。この面接のなかで田中は一貫してクライエントである女子生徒を尊重する態度を示し，女子生徒が親に対する怒りや悲しみ，級友に対する劣等感などの感情を批判もせず受容したことが，女子生徒が安心して親子関係の再構築，自尊心の回復という作業に取り組む場を提供しえたと考察している。また，少女の攻撃的な話し方がいじめを誘発した一因ととらえ故意にテンポを落として支持的で穏やかな口調でクライエントに話しかけることで攻撃的でない話し方のモデルとなる工夫もなされている。仲嶺（喜田）（2006）は「クラスメートから悪口を言われているような感じがする」という根拠が不明確な漠然とした不安を口にして断続的に保健室登校を行う高校1年生の女子生徒に対して大学の研究室で20回にわたる個人面接を行っている。この事例でも受容的なカウンセリングが行われているが，漠然と語られる不安の訴えに対して，カウンセラーは「いつどのようなきっかけで身体のどこが気持ち悪く

なったのか」など詳細に問いかけることにより，女子生徒の認知的な現実検討をサポートして不安の正体を明らかにすること，言葉で表出された感情だけでなく，表情から伝わってくる言葉にならない感情にまで踏み込んで言語化して返すことを意図的介入として行っている。女子生徒はやがて再登校を開始し，無事進級・卒業を果たしたが，面接過程を振り返って「今まで誰にも話せなかった自分の気持ちを話し，自分は自分でいいんだと思えた」と内省している。女子生徒のありのままを受け入れるカウンセラーの対応と2つの意図的介入が奏功したと考察されている。

セラピーの主な手段として言語を用いることができる不登校生徒には，上記のように，受容的・支持的なカウンセリングにより自由な感情表出を経験し，自己受容を進め，自己洞察を深めることがパーソナリティの成長と不登校の克服をもたらすことが報告されている。一方，言語による感情表出が未熟な不登校児童・生徒に対しては遊戯療法と親に対するカウンセリングが適用され，その効果が確認されている（藤原・増田・橋口，2004）。また，不登校誘発・維持要因の除去と再登校行動のシェイピングといった行動療法的接近による不登校克服事例も報告されている（小野，2001）。

2. 新しい支援法の開発

これまでにない新しい心理臨床的技法による不登校児童・生徒への支援も報告されている。

西澤・田上（2001）では，遊びの身体運動や楽しいという感情の喚起によって，不安・緊張を制止し，対人行動を可能にすることを狙いとして田上（2003）によって考案された「対人関係ゲーム」を，小4の7月から約1年半の長期にわたって不登校状態であった小学5年生女児とその所属学級の子どもたち全員に対して担任教諭が実施している。女児が学級での活動に一部参加可能になっており，仲間に対する関心も高まってはいるが，互いの人間関係が希薄になってしまっている状況で開始され，「凍りおに」（運動量が多く，不安・緊張を感じにくい）から，「探偵ゲーム」（質問と応答という言葉でのやりとりを必要とする），「人間ブリッジ」（多くの仲間と身体接触をもち，楽しさを味わう）へと続く3セッションの対人関係ゲーム・プログラムが行われた。3セッション目が終わって担任が教室への復帰を誘うと，女児はすぐにそれに応じ，教室への復帰を果たした。長期にわたる不登校によりできた不登校児と学級の子どもたちの溝を埋める，ぎくしゃくした関係を改善するうえで効果があることが示された。

電子メールを用いた不登校児に対する支援の試みも報告されている。小林ほか（小林・仲田・野呂・新藤・和田・佐藤・筒井・副島，2000）は不登校問題専用のホームページをWeb上に開設し，掲示板，情報提供（進路や相談機関の所在情報の提供），相談（不登校に関する相談を電子メールで受けつける）の3種類のサービスを提供している。電子メール相談には保護者用相談と子ども用相談があり，臨床心理士，行動療法士，学校心理士のいずれかの資格をもつ大学の心理学研究者が所属と本名を明らかにして担当した。相談者の個人情報は学齢，性別，地域のみ求め，ハンドル名による相談も可とされた。仲田（2002）はこの電子メール相談の事例を報告しているが，この形態の相談を書記的方法として位置づけ，手紙に比べて，簡便性，速報性，匿名性

といった利便があり，とくに対面的関係を苦手とする子どもが抵抗なく利用できる方法としている。しかし一方で，利用者の個人情報の取得がかなり制約され，保護者からの客観的情報もなく，いつ中断するかわからない条件下での相談なるがゆえの困難さも指摘している。

上記以外には，解決志向アプローチと認知行動療法をベースに作成された，「将来の夢を語る」「課題の設定と実行」「他者とのポジティブな関係の経験」3つのプロセスから構成される自己プランニング法（青戸・松原，2006），キャンプ療法（高橋，1993）などが試行され，その効果が報告されている。

3. スクールカウンセラーなどによる不登校支援

不登校への支援は，相談機関での個別の心理療法以外にも，適応指導教室，保健室，スクールカウンセラー，メンタルフレンドの派遣など多様な場所で教員，カウンセラー，ボランティアなど多様な人材によって担われるようになった。最近ではこれらの人々による不登校支援の実態調査や実践報告も増加しつつある（伊藤，2002，2003；大鐘，2005）。とくにスクールカウンセラーは，1995年から文部科学省によって活用事業が開始され，平成18（2006）年度には全国の7,692中学校に配置され，1,697小学校と769高等学校にも派遣されており，不登校の子どもの支援を行うケースが増加している。スクールカウンセラーは単独で不登校の子どもにかかわるよりも，教員や校外の関係機関職員などと連携しながら不登校児童・生徒を支援することが多く，そうした連携のなかで成果をあげている。たとえば福丸（2005）は，中学2年生の不登校女子生徒に対する支援のなかで，相談室登校から教室復帰に至るまでの過程で，スクールカウンセラーが担任教員と頻繁な情報交換を行って教室への橋渡しをしたことがこの女子生徒の教室復帰を促進したことを報告している。小林（2005）も，コミュニケーションが苦手で不登校傾向のある小学6年生女児の担任教員に対して，コミュニケーション行動をシェイピングする行動コンサルテーションを半年間継続することにより，仲間へのこの子どもの社会的行動と仲間からのこの子どもへのかかわりの改善を導いている。また，竹崎（2006）は，スクールカウンセラーが不登校男子中学生の家庭訪問を行うことにより，母親による養育拒否にあっていた事実をつきとめ，校長のリーダーシップの下で，担任，学年の教員，児童相談所職員とスクールカウンセラーが連携しながら不登校男子生徒の再登校を支援し，卒業・進学につなげたことを報告している。近年，スクールソーシャルワーカー活用事業が開始され，学校教育現場に新しい役割の支援者が公式に導入されることとなった。今後はスクールソーシャルワーカーとスクールカウンセラーの協働による不登校支援も活発に行われることが予想されるので，実践事例研究を通じて両者のより良い協働のあり方を確立することが望まれる。

5節　不登校の予後・不登校状態改善要因の検討

　保坂（1996）は，1989年度から1991年度にかけてある大都市の不登校による長期欠席者の出欠状況を追跡調査した。その結果，年間30日以上欠席した不登校児童・生徒も，翌年には約半数が，さらにその翌年には8割近くが欠席日数を30日未満に減らすことを見出した。この結果は2〜3年もの長期にわたり不登校に陥っている者が少数ながらいる一方で，相当数の不登校児は欠席日数を減らし教室復帰を果たしている可能性を示している。本間・中川（1997）は，1990年から1995年の5年間にある市の教育センターや適応指導教室に通室した不登校の小中学生202名の保護者に対して，現在の所属集団への適応や日常生活での適応状態を尋ねる質問紙調査を行った。回答があったのは約半数の105名で，フォローアップ期間は通室開始から8カ月〜5年7カ月，平均通所日数は97日，73.3％が「不安による情緒混乱型」の不登校であった。回答者の82.8％が学校に在籍し，そのうちの約8割が「かなり行っている」と回答している。また，就労者が3割弱おり，そのうちの9割強が「かなり行っている」と回答している。このように，回答のあった適応指導教室通室者に限ってはかなり良好な予後が報告されている。より長期にわたる追跡調査もある。室田（1997）は，1984年から1985年にかけて，ある東京特別区の公立教育研究所で自身が担当した45事例の予後を約10年後の1995年に面接や親からの情報収集により追跡調査している。その結果，不登校期間後に再登校または就職し，現在の社会適応が良好な者が約半数，不登校期間後いったんは再登校を果たしたものの，その後再度不登校，休学，退学という経過をたどったり，就職しても転職を重ねるなど不安定さが残る者が約3割，不登校からの改善がみられず，ひきこもりが続き，パーソナリティ障害や精神障害に移行した者が約1割みられたと報告している。以上のように，不登校に陥った子どもたちでも，長期的にみればかなりの数の者が学校や職場への適応を果たすことがわかっている。しかしながら適応状態には幅があり，不安定さが残る者も少なくないし，少数ながら長期にわたるひきこもりに移行する者がいることも示されている。しっかりと立ち直り，より良好な予後をより多くの不登校の子どもたちが享受できるようになることは重大な課題である。

　では，良好な予後を予測する要因は何であろうか？　また，心理的支援継続中にどのような側面への支援を強化することが良好な予後につながるのであろうか？　小林・鈴木（1990）は，ある相談機関で継続的に面接が行われた39事例の全支援期間にわたる特徴を担当者が357項目のチェックリストに回答したデータと，実際の改善の度合いとの関連を数量化Ⅱ類によって検討した結果，昼夜逆転の生活にならないこと，家族が本人を含めて話し合いをすることなどが改善の予測因となること，逆に，前兆もなく突然不登校になること，自室に閉じこもってしまうこと，怖くて家族が本人に何もできないことなどが改善なしの予測因となることを報告している。本間・中川（1997）は，適応指導教室での集団活動への参加がのちの友人関係への適応を促進し，現在の所属組織での適応状態をもたらすと指摘している。また，保坂（1996）は，長期にわたる欠席が学習の遅れをもたらし，学習の遅れが学校への復帰をよりいっそう困難にするという悪循

環にとくに不登校の中学生が陥りやすいことを指摘し，長期的・総合的な学校復帰プログラムのなかで学習面への支援を実施することの必要性を強調している。以上の要因はいずれも重要と思われるが，さらに長期にわたる縦断的研究デザインのなかで包括的に検討することが必要であろう。

　以上に過去約20年間にわが国で行われた不登校に関する主だった実証的ならびに臨床的研究について紹介した。紙数の関係で紹介しきれなかったが，最近では，不登校の支援にあたる支援者側の心理や支援者に対する支援に関する研究も少なからず現れている（網谷，2001；藤井・濱口，2010；柏葉，2006；中地，2007）。そのほとんどが事例研究や仮説生成的な質的研究の萌芽的段階であるが，不登校研究の一つの新しい領域を形成しつつある。

◆ 引用文献

網谷綾香．(2001)．不登校児と関わる教師の苦悩と成長の様相．カウンセリング研究，**34**，160-166．

青戸泰子・松原達哉．(2006)．自己プランニング・プログラムにおける「課題の設定と実行」の効果：無気力から不登校に陥った中学生への援助事例．カウンセリング研究，**39**，346-356．

藤井茂子・濱口佳和．(2010)　母子保健室登校による母親の心理的変容モデルの構築：修正版グラウンデッド・セオリー・アプローチによる仮説モデルの生成．カウンセリング研究，**43**，103-113．

藤原小百合・増田梨花・橋口英俊．(2004)．いじめにより不登校になった中学3年男子の事例．カウンセリング研究，**37**，345-351．

福丸由佳．(2005)．中学における不登校の女子とのかかわり：スクールカウンセラーの橋渡し機能に注目して．心理臨床学研究，**23**，327-337．

古市裕一．(1991)．小・中学生の学校嫌い感情とその規定要因．カウンセリング研究，**24**，23-27．

平田乃美・菅野　純・小泉英二．(1999)．不登校中学生の学校環境認知の特性について．カウンセリング研究，**32**，124-133．

本間友巳．(2000)．中学生の登校を巡る意識の変化と欠席や欠席願望を抑制する要因の分析．教育心理学研究，**48**，32-41．

本間友巳・中川美保子．(1997)．不登校児童生徒の予後とその規定要因：適応指導教室通室者のフォローアップ．カウンセリング研究，**30**，142-150．

保坂　亨．(1996)．長期欠席と不登校の追跡調査研究．教育心理学研究，**44**，303-310．

保坂　亨．(2000)．学校を欠席する子どもたち．東京大学出版会．

伊藤美奈子．(2002)．メンタルフレンド活動による不登校児童の変化：不登校のタイプとメンタルフレンドの属性による比較．カウンセリング研究，**35**，256-264．

伊藤美奈子．(2003)．保健室登校の実態把握ならびに養護教諭の悩みと意識：スクールカウンセラーとの協働に注目して．教育心理学研究，**51**，251-260．

柏葉修治．(2006)．不登校生徒の指導に苦慮し，メンタルヘルスの低下した教師への心理的支援過程．カウンセリング研究，**39**，299-307．

粕谷貴志・河村茂雄．(2004)．中学生の学校不適応とソーシャル・スキルおよび自尊感情との関連：不登校群と一般群との比較．カウンセリング研究，**37**，107-114．

川島一夫・西澤佳代．(1995)．「こんな登校拒否児には，こんな援助を」Ⅰ：発達段階・登校拒否段階を考慮したタイプ別援助の研究．信州大学教育学部教育実践研究指導センター紀要，**3**，27-36．

小林正幸・仲田洋子・野呂文之・新藤　茂・和田正人・佐藤有里・筒井千恵・副島賢和．(2000)．電子メール相談による不登校児および関係者や支援に関する研究：相談者の特徴．教育相談研究，**38**，9-17．

小林正幸・鈴木聡志．(1990)．半記述的チェックリスト法および多変量解析法による思春期登校拒否事例に関する研究(1)：改善の程度に影響を及ぼす要因の検討．カウンセリング研究，**23**，119-132．

小林朋子．(2005)．スクールカウンセラーによる行動コンサルテーションが教師の援助行動および児童の行動に与える影響について：周囲とのコミュニケーションが少ない不登校児童のケースから．教育心理学研究，**53**，

263-272.
小泉英二．(1973)．登校拒否．学事出版．
松本英夫．(1986)．中学生の登校拒否児童の発達過程による類型化の試み：第1反抗期を中心にして．児童青年精神医学とその近接領域，**27**，97-109．
文部科学省．(2015a)．平成26年度児童生徒の問題行動等生徒指導上の諸問題に関する調査
文部科学省．(2015b)．平成27年度学校基本調査の手引き：学校調査－(学校用) 小学校・中学校．
室田洋子．(1997)．登校拒否の長期追跡調査．心理臨床学研究，**14**，497-502
仲嶺(喜田)裕子．(2006)．投影の観点から見た不登校生徒との心理療法過程．カウンセリング研究，**39**，308-316．
仲田洋子．(2002)．電子メールを用いた不登校児支援に関する研究：不登校児本人とのやりとりを通して．カウンセリング研究，**35**，276-285．
中地展生．(2007)．公立の教育相談機関における不登校児の母親へのグループ・アプローチ．心理臨床学研究，**25**，49-59．
西澤佳代・田上不二夫．(2001)．対人関係ゲーム・プログラムによる不登校児の指導．カウンセリング研究，**34**，192-202．
大鐘啓伸．(2005)．適応指導教室に関する実態調査研究：心理的援助機能を考える．心理臨床学研究，**22**，596-604．
小野昌彦．(2001)．男子小学生不登校への午後登校法適用による援助．カウンセリング研究，**34**，311-317．
鈴木聡志・小林正幸．(1991)．半記述チェックリスト法および多変量解析法による思春期登校拒否事例に関する研究(2)：類型化の試み．カウンセリング研究，**24**，128-137．
田上不二夫．(2003)．対人関係ゲームによる仲間づくり：学級担任にできるカウンセリング．金子書房．
高橋隆一・野本文幸・中屋みな子・奥寺　崇．(1987)．不登校の類型分類．児童青年精神医学とその近接領域，**28**，299-311．
高橋知音．(1993)．キャンプ療法による登校拒否児の樹木画の変化：バウムテストの全体的印象による評価．カウンセリング研究，**26**，19-28．
竹崎登喜江．(2006)．スクールカウンセラーによる定期的な家庭訪問が教師の不登校対応に功を奏した事例．カウンセリング研究，**39**，281-289．
田中輝美．(2006)．「何か自慢できるものが欲しい」と訴えた不登校女子中学生の事例．カウンセリング研究，**39**，152-160．
鶴田一郎．(1996)．思春期アパシー型不登校についての臨床的検討：中学・高校の22のケースから．カウンセリング研究，**29**，97-109
World Health Organization．(1993)．ICD-10精神および行動の障害：臨床記述と診断ガイドライン（融　道夫・中根充文・小宮山実，監訳）．医学書院．（World Health Organization．(1992)．*The ICD-10 classification of mental and behavioural disorders : Clinical descriptions and diagnostic guidelines.* Geneva : World Health Organization.）

70 章 いじめ・非行

1 節　いじめ問題の背景と防止に向けた取り組み

森　正樹

1. いじめの定義

　文部科学省はいじめを，「①自分より弱い者に対して一方的に，②身体的・心理的な攻撃を継続的に加え，③相手が深刻な苦痛を感じているもの」としてきた（平成 6 年度～17年度「児童生徒の問題行動等生徒指導上の諸問題に関する調査」）。そして，平成18年度以降，同調査では，より被害者本人の立場での実態把握を重視し，「当該児童生徒が，一定の人間関係のある者から，心理的，物理的な攻撃を受けたことにより，精神的な苦痛を感じているもの」と定義の修正が行われ，身体的攻撃などの直接的攻撃に加えて「仲間はずれ」「集団による無視」などの間接的攻撃も付記された（文部科学省，2007）。また平成25（2013）年に制定された「いじめ防止対策推進法」の総則では，「当該児童生徒と一定の人間関係にある他の児童生徒童生が行う心理的又は物理的な影響を与える行為（インターネットを通じて行われるものを含む）であって，当該行為の対象となった児童生徒が心身の苦痛を感じているもの」と定義され，近年の情報機器の急激な普及にともなう児童・生徒の人的環境の変化を反映する文言も加えられた。

2. 学校におけるいじめ問題の実態

　平成26年度文部科学省「児童生徒の問題行動等生徒指導上の諸問題に関する調査」（文部科学省，2015）によると，全国の国公私立小中高等学校および特別支援学校におけるいじめの「認知件数」は，188,057件，児童・生徒1,000人あたり13.7件である。ただしこの数値はあくまで，教育現場で発見・認知された件数であり，実際の「発生件数」はこれを上回ると考えられる。この認知件数の内訳をみると，「冷やかしやからかい，悪口や脅し文句」が最も多く（64.5％），「仲間はずれ，集団による無視」（19.1％），「軽くぶつかられたり，遊ぶふりをして叩かれ，蹴られる」（22.2％），「ひどくぶつかられたり，叩かれ，蹴られる」（7.5％）がこれにつぐ。
　次に，同調査の学年別認知件数をみると中学校 1 年生が最も多く，とくに小学校 6 年から中学 1 年にかけての急激な増加が認められる（小学 6 年生に比して1.50倍）。この時期は，小学校から中学校への移行・接続段階での学業や学校生活の問題を示しやすい，いわゆる「中 1 ギャッ

プ」の時期でもある。また，「パソコンや携帯電話での誹謗中傷」といったいわゆる「ネットいじめ」に着目すると，小学校（1.3％），中学校（7.8％）から高等学校（18.2％）へと学年が上がるに従い増加傾向にある。また中学生を対象とする，近年の別の調査研究は，「ネットいじめ」の加害経験・被害経験を報告した生徒がインターネット利用者の3割を占め，インターネットをとおした攻撃が今日特殊な現象ではないことを示している（内海，2010）。

認知件数の男女別内訳については，小・中・高等学校のいずれの時期も，男子が女子を上回る結果を同調査は示している。これに関連して，実態の性差を指摘する研究もみられ，岡安・高山（2000）は，中学生を対象とする調査で，いじめの被害・加害の双方の経験で，「仲間はずれ・無視・悪口」とった関係性攻撃は女子に多く，「いやがらせやいたずら」「たたかれたりけられたり」は男子に多いことを報告している。

次にコホート研究（同時出生集団の追跡調査）に着目する。国立教育政策研究所による「いじめ追跡調査2010−2012」（国立教育政策研究所生徒指導・進路指導研究センター，2013）では，対象校の中学生の「仲間はずれ・無視・悪口」の3年間の被害経験が調査された。全生徒に占める被害経験者の割合はほぼ一定であるが，中1の6月から11月の半年で1/3の被害経験者が入れ替わり，3年間を通して被害経験を皆無とした生徒は全体の28.7％にすぎなかった。また，松本ほか（松本・山本・速水，2009）は，高校生対象の調査を通じていじめの加害経験と被害経験との間に正の相関を認め，加害者にも被害者にもなっている生徒の存在を示している。これらの研究は，加害者と被害者が替わりながら進行する現代のいじめの実態を明らかにしている。また，森田・清永（1994）によれば，学級集団でのいじめは加害者と被害者だけでなく，これに，いじめをはやしたてる観衆と見て見ぬふりをする傍観者を含めた4層構造をなしている。

このように，いじめが「どの学校でも，どの子でも起こり得る問題であることを十分に認識」し「日頃から児童生徒が発する危険信号を見逃さないようにして，早期発見に努めること」（文部科学省，2006）が重要であり，学校全体・学級全体の取り組みが不可欠である。

3. いじめ問題に関連する諸要因

教育現場でいじめ予防を進めるためには，児童・生徒の加害傾向やその抑止傾向に及ぼす諸要因の基礎研究が不可欠である。大西ほか（大西・黒川・吉田，2009）は，教師の指導態度が児童生徒に及ぼす影響に着目している。そして小学校高学年と中学生への質問紙調査を通じ，教師の受容・親近・自信・客観といった態度が，いじめに対する否定的な集団規範につながること，さらにこの規範が媒介し，児童・生徒の加害傾向が抑制されることを示している。一方で不適切な権力を行使する教師の指導はいじめ抑止につながらず，むしろ促進してしまうことを示唆している。このことからも，いじめを許さない学校づくりのためには，「教職員の言動が児童生徒の大きな影響力を持つことを十分認識」（文部科学省，2006）すべきと考えられる。

本間（2003）は公立中学校生徒を対象とする質問紙法による調査を行い，いじめ加害者によるいじめ停止に正の関連をもつ要因は，いじめやいじめ被害者に対する道徳的・共感的な認知や感

情であることを示した。さらに，いじめ加害者に対して，感情面まで踏み込んで道徳・共感性を高める取り組みを行うべきことを提言している。また，加害経験と被害経験をあわせもつ生徒では自尊感情の低下に配慮し，これを回復する対応の必要性にも言及している。

岡安・高山（2000）は心理的ストレスといじめの関係に着目している。「ぶつかられたり・叩かれたり」「仲間はずれ・無視」等の種々の経験をもつ被害群ではストレス症状のレベルが全般的に高いことを明らかにしている。また，加害群には心理的ストレス，不機嫌・怒りや無気力のレベルが高く，教師との関係が良好でない者が多いことを示している。これをふまえ，被害者の心のケアはもちろんのこと，加害側の生徒のストレス状態を理解し緩和の対策を講じることの重要性を提言している。

多数派への同調傾性に着目した研究として，竹村・髙木（1988）は中学生を対象とする質問紙調査を行いその結果から，被害者・加害者・観衆・傍観者・仲裁者・無関係者の6集団を分類した。そして各種の架空の物語を提示し，もし主人公の立場なら同じ行動をとるか，あるいは他者に同調するかを5件法で評定させた。この結果，加害者は仲裁者に比べ反社会的同調を行いやすく，向社会的同調を行いにくいことを明らかにし，同調傾性といじめとの関連性を示している。また別の報告は，教師が特定の生徒に学業や生活態度を理由に学級内で過剰な叱責を行った場合，結果として学級の生徒が同調して攻撃を行い，いじめに発展するリスクもあることを警告している（国立教育政策研究所生徒指導研究センター，2007）。

他者を軽視して自身の有能感を高めようとする傾向を，速水ほか（速水・木野・高木，2004）は仮想的有能感と規定した。仮想的有能感といじめとの間には，加害経験・被害経験ともに正の相関がみられ，仮想的有能感が高いほどいじめの加害者にも被害者にもなりやすいことが示されている（松本ほか，2009）。こうした研究はいじめ防止のためには，児童・生徒に実体験を通じた自己有能感を育むことが重要であることを教育現場に再認識させるものといえよう。

4. いじめ防止のための取り組み

a. 学級・学校単位でのいじめ防止プログラム

松尾（2002）は内外の諸研究と諸実践の文献的考察を進め，学級・学校単位での暴力といじめ防止プログラムを以下のように類型化している。①問題意識を高めるプログラム：いじめをめぐる自他の認識の歪みの自覚を促すとともに，学級・学校の方針の明確化を図る取り組み，②仲間の力を使ったいじめ防止の取り組み，③行動・認知・感情を育てたプログラム：非暴力の方法により葛藤状態を解決するソーシャルスキルや社会的問題解決能力，他者の視点に立ち感情を共有する共感性に焦点を当てた取り組みである。ただし加害者のなかには，他者の認知や感情を理解する能力の脆弱さゆえにいじめを行う者だけでなく，むしろこうした社会的認知能力の高さや正確さを悪用し関係性攻撃をする児童・生徒の存在も指摘されている。

b. いじめ問題への教師の課題意識の明確化

いじめの把握が困難であることの背景として，笠井（1998）は問題が親や教師の見えないと

ころで生起し，被害側がその事実を表現できないといった顕在化の難しさをあげている。さらに，ある行為がいじめか否かの判断が不明確であり，背景や文脈が大きく影響することを指摘している。そこではいじめのとらえ方もひじょうに主観的要素が含まれ，教育現場での具体的指導を困難にさせている。また松尾（2002）は，教師や児童・生徒のいじめについての認識のずれが，適切な援助を妨げている可能性を指摘している。そこで近年は，たとえば「"いじめられる方にも問題はある"と，原因を被害者のせいにしていませんか？」と教師の人権感覚やいじめの認識を問うセルフチェックシート等も公表されている（国立教育政策研究所生徒指導研究センター，2007）。

c．ゼロ・トレランスと子どもを守る学校と教師の姿勢の明示

教師と学校がいじめ問題に対する必要な対応を怠り，あるいは不適切な対応をとると，児童・生徒の学校と教師への信頼感は低下する。また，いじめがさらに激しくなることを危惧し，教師や保護者へのSOSを出せずにいる子どもたちもいる。そこで，教師は毅然とした態度でいじめを絶対に認めないゼロ・トレランス（zero tolerance）の方針を学級・学校に，周知する必要がある（全校集会・学級活動・道徳の授業等）。このことは，被害生徒を守ろうとする学校と教師の強いメッセージとなり，被害者・傍観者をして学校への信頼とサポートへの期待を回復させ，結果的に，問題の早期発見に結びつくことが期待される。

d．いじめ問題の防止・早期発見の組織的な取り組み

いじめが発覚した際，担任教師が自らの指導力の評価を気にするあまり，校内での問題提起を躊躇する事態が生じうる。そして，「自分の学級の問題は自分で解決する」という「抱え込み」により適切な対応の機会とタイミングを逸し，問題の深刻化・複雑化を招いた事例も報告されている（国立教育政策研究所生徒指導研究センター，2007）。そこで早期に情報伝達と共有を図り，学校組織全体で問題解決を図るため，チームでの支援体制が求められる（学級担任・教科担任，養護教諭，部活顧問，生徒指導や教育相談担当教諭，スクールカウンセラー等々）。

e．児童・生徒の活動を通じたいじめ防止の取り組み

子どもたちの自主的活動によるいじめ防止の取り組みも報告されている。生徒会有志の活動として，いじめ防止の校内組織への加盟と署名，校内パトロール，相談箱の設置，啓発活動（新聞の発行，ポスターの掲示等），いじめの撲滅宣言，そしてスクールカウンセラーが生徒同士のピアサポートを支援した取り組みもみられる（国立教育政策研究所生徒指導研究センター，2007）。こうした諸実践は，全校生徒にいじめ問題を自分たちの問題としてとらえることを意図するとともに，生徒の自己肯定感や自尊感情につながると考えられる。

f．被害者・加害者の自己肯定感を育む活動

学校教育の現場からは，いじめの被害者にも加害者にも，自己への否定的感情や自己肯定感の低下を指摘する声が聴かれる。そこで教育現場からは，係や委員会活動を，児童・生徒の自己肯定感を養う場として機能させる取り組みが報告されている（大藏，2013）。また，加害側の生徒に対してその社会的欲求を，いじめ以外の適切な手段で充足できるようにする指導も重要である。行事や部活動等で責任ある仕事や役割を与えることで，いじめの収束につながったとする教育現

場での実践例も報告されている（国立教育政策研究所生徒指導研究センター，2007）。

◆引用文献

速水敏彦・木野和代・高木邦子．(2004). 仮想的有能感の構成概念妥当性の検討．名古屋大学大学院教育発達科学研究科紀要（心理発達科学），**51**，1-8．

本間友巳．(2003). 中学生におけるいじめの停止に関連する要因といじめ加害者への対応．教育心理学研究，**51**，390-400．

笠井孝久．(1998). 小学生・中学生の「いじめ」認識．教育心理学研究，**46**，77-85．

国立教育政策研究所生徒指導研究センター．(2007). いじめ問題に関する取組事例集．

国立教育政策研究所生徒指導・進路指導研究センター．(2013). いじめ追跡調査2010-2012．

松本麻友子・山本将士・速水敏彦．(2009). 高校生における仮想的有能感といじめとの関連．教育心理学研究，**57**，432-441．

松尾直博．(2002). 学校における暴力・いじめ防止プログラムの動向：学校・学級単位での取り組み．教育心理学研究，**50**，95-107．

文部科学省．(2006). 文部科学省初等中等教育局長通知（平成18年10月19日）「いじめ問題への取組の徹底について」．

文部科学省．(2007). 平成18年度児童生徒の問題行動等生徒指導上の諸問題に関する調査．

文部科学省．(2015). 平成26年度児童生徒の問題行動等生徒指導上の諸問題に関する調査．

森田洋司・清永賢二．(1994). 新訂版 いじめ：教室の病．金子書房．

岡安孝弘・高山 巖．(2000). 中学校におけるいじめ被害者および加害者の心理的ストレス．教育心理学研究，**48**，410-421．

大藏純子．(2013). どの子にも安心感のある学級づくり．児童心理（特集：改めて「いじめ対応」を考える），8月号臨時増刊，101-103．金子書房．

大西彩子・黒川雅幸・吉田俊和．(2009). 児童・生徒の教師認知がいじめの加害傾向に及ぼす影響：学級の集団規範およびいじめに対する罪悪感に着目して．教育心理学研究，**57**，324-335．

竹村和久・髙木 修．(1988). "いじめ"現象に関わる心理的要因：逸脱者に対する否定的態度と多数派に対する同調傾性．教育心理学研究，**36**，57-62．

内海しょか．(2010). 中学生のネットいじめ，いじめられ体験：親の統制に対する子どもの認知，および関係性攻撃との関連．教育心理学研究，**58**，12-22．

2節　非行の背景理解と防止に向けた取り組み

市村彰英

1．非行の定義と現状

　少年法上の非行少年とは，①犯罪少年（罪を犯した14歳以上20歳未満の少年），②触法少年（実質的には罪を犯しているが，その行為の時14歳未満であったため，刑法上，罪を犯したことにはならないとされている少年），③ぐ犯少年（20歳未満で，保護者の正当な監督に従わないなどの不良行為があり，その性格や環境からみて，将来罪を犯すおそれのある少年）のことをいう（「少年法」第1条，第3条）。

　『平成26年版子ども・若者白書』によると平成25（2013）年の刑法犯少年は56,469人，刑法犯少年の人口比（14～19歳人口1,000人あたりの検挙人員をいう）は7.8人である。触法少年（刑

法）の補導人員は12,592人である。罪種別にみると窃盗が最も多く，その占める割合は刑法犯少年では58.7％，触法少年では64.1％である。次いで暴行，傷害が多く前者は12.8％，後者は7.9％である。平成25年の刑法犯少年のうち初発型非行（万引き，自転車盗，オートバイ盗および占有離脱物横領の4罪種をいう）で検挙された者の数は36,021人で，刑法犯少年総数に占める割合は66.2％である。

　刑法犯少年を年齢別にみると，中学校から高等学校への移行年齢でもある15歳が最も多く，次いで14歳，16歳の順となっており，14歳から16歳までの年齢層で刑法犯少年全体の65.9％を占めている。この10年で14，15歳の占める割合が上昇傾向にある。触法少年（刑法）では13歳（56.7％）が多くを占めているが，12歳以下の割合が上昇している。

　参考までに『平成26年版犯罪白書』によると少年による殺人は56人（0.1％）で，これは戦後から一貫して減ってきており，外国と比較するとかなり低い数字となっているが，そのなかにはおやじ狩り（中年以上の男性に集団で襲いかかり金品を奪う強盗）のような残酷な内容が散見される。また非行少年の男女比は83.5％が男子，16.5％が女子である。

　『司法統計年報平成25年4 少年編』によると平成25年の全国の家裁における少年保護事件の終局決定人員は，51.7％が審判不開始，20.3％が不処分，19.9％が保護観察，0.2％が児童自立支援施設等送致，3.0％が少年院送致，4.7％が検察官送致である。審判不開始や不処分の処遇が72.0％であることから，思春期の一過性の非行が多いといえる。しかし処分なく終わる少年の場合でも，すべてのケースに家庭裁判所の専門職である家庭裁判所調査官が少年，保護者，関係者にかかわり，子どもたちがまた本来の生活を回復するための働きかけを行っている。

2. 非行への視点

　非行をする子どもたちへの適切な対応のためには，まずその非行の背景を発達的観点や家族関係的観点から理解することが大切である。単純に子どもを厳しく罰したり，保護者に指導の強化を促すだけで落ち着くとは限らない。以下，非行の特徴とその対応について記す。

a. 初発年齢が早い非行

　たとえば小学校時代から盗みをしているケースなど，家庭の事情や子どもの資質の課題があるなどして容易には改善せず，常習化し本格的な非行に発展することもある。乳児期の子どもは当然，保護者から愛されることを求める。しかしその期待に反し，たとえば①十分に養育者からの愛情が得られなかった，②保護者との相性がよくなかった，③適切な世話がなされず放っておかれた場合などには，人との信頼関係の構築が難しくなり，その後の成長や人格形成に影響するといわれる。幼児期には，たとえば愛情を得るために保護者の大切な物にいたずらをしたり，勝手に持ち出すことがある。保護者がその意味を十分に理解せず，子どもに憤るだけの対応をとると，子どもは愛情の欲求不満をさらに募らせ，問題行動に発展し，それを繰り返すこともある。このような不適切な親のかかわりが子どもの問題行動の背景にある場合には，それが虐待にあたらないかという視点で，背景を考えることも必要になる。児童期に入ると，学校での交友関係などの

問題も大きくなる。愛情の欲求不満を募らせた子どもに対しては，厳しく罰するのみでは問題行動を繰り返す悪循環に陥る場合がある。教員は子どもの言い分にしっかり耳を傾け，その背景を把握しながら見守ることが大切である。

　虐待を受けた子どもたちは，低年齢では虐待から自力で逃げることが難しいが，年齢が高くなるにつれ逃れる行動が可能となる。そのほか，さまざまな事情で家庭に落ち着くことができなくなった子どもは早ければ小学校の中学年頃から，夜遅くまで不良交遊をするようになる。その仲間も同様に困難な境遇にあることが多く，年長者のまねをして喫煙や飲酒などの不良行為から，万引きや自転車盗に発展する場合もある。これらは虐待回避型非行ともいわれる。

　このような不良行為等が繰り返されると，もはや虐待からの回避という意味合いが薄れ，しだいに常習的な窃盗のほか，粗暴な非行（器物破損，暴力行為，傷害，恐喝など）や性的に逸脱する非行（援助交際のような売春行為など），薬物に依存する非行（大麻，覚せい剤，シンナーなど）などの本格的な非行に発展することもしばしばみられる。児童相談所に児童通告される前に，要保護児童対策地域協議会などで見守ることができればよいであろう。

b．思春期・青年期特有の非行

　家庭や資質面で大きな問題がうかがえない子どもであっても，思春期や青年期に入ると一時的に非行に及ぶことがある。このような非行は精神面の成熟によって克服が可能であり，学校が保護者と連絡を取り合い，子どもを支えていく態勢が必要である。

　思春期は二次性徴による性的な芽生えや身体的な成長により，精神的に不安定な時期である。しかも中学校に進学して大きく環境が変わるなかで，交友関係が広がり多様な刺激を受け，皆がやっているから大丈夫と規範意識が緩み，万引き，自転車盗，バイク盗のような初発型非行に及ぶことがある。多くの場合は一過性にとどまるが，共犯少年を非難するなどの周囲の大人の対応によっては少年の反発を招き，非行をエスカレートさせる場合もありうる。したがって，いかなる事情で非行に及んだかに耳を傾け，ていねいに理解をしたうえで，今後同じことを繰り返さないよう個々のかかえる問題に沿ったサポートをしていくことが大切である。

　青年期には，これから先どのような大人になり，どのように生きていくかという進路の課題がある。現代はさまざまな生き方があり，その結論が一朝一夕に出るものではない。自分がどのような存在で，どのようなことができるのかという迷いのなかで，よりどころが見出せず不安定な状態となる。このような状態を青年期危機とよぶこともある。このような時期には，いろいろなことを実験的にやってみることがあり，それが他人の迷惑となる反社会的な行動となることもある。また不安定な状態に耐えかねて，不良集団のなかに自分のよりどころを見出そうとすることもある。このような場合には，保護者や教員が進路や人生設計を話し合いながら地道に懇切ていねいなかかわりを続けていくことが，非行の予防に結びつく。

　また思春期・青年期には，それまで打ち込んできた大切なことの挫折を契機に，非行が生じる場合もある。たとえばスポーツで思うように成果が伸びなかったり，怪我をして続けられなくなったり，学習面で目指していた高等学校に進学できなかった場合である。このようなとき，子ども以上に保護者や家族が落ち込み，その失望を子どもにぶつける場合もある。子どもは保護者

から見放されてしまったという二重の失望感を抱き，それまで満たされてきた万能感と現実とのギャップにがく然とし，自棄的な心境のなかで非行に及ぶことがある。まずは家族や教員などが落ち込んでいる子どもを支援し，挫折を乗り越えさせることが大切であるが，それが困難な場合には，医療や心理面の専門的なサポートが必要である。

c. 目立たない子どもの突然の非行

ふだんはまじめで，自己主張せず，目立たず，仲の良い友人関係ももてないような子どもが，突然比較的重大な非行に及ぶこともある。このような子どもの多くは保護者や教員から手がかからないとみなされているが，実際には家庭や学校での生活にストレスを感じている子どももいる。しかし周囲の適切な支援も受けられないままその状態が限界に達すると，突然信じられないような攻撃的な行動に及んでしまうことが時としてある。こうした場合，子どもの資質面が影響していることも考えられる。なかには知的レベルは低くなくても，適切なコミュニケーションをとることが苦手な子どもや，特定の学習ができない子どもがおり，対応を考えるうえで，医療機関などの専門機関と連携することが必要な場合もある。なお，早期の気づきと適切な援助により，発達障害のある子どもの非行は予防できる。

3. 親と子ども，教員と子どもの「きずな」の大切さ

少年非行の防止を考えるうえで，逆にどうして多くの子どもが非行に走らないかについて考えることが役に立つ。①部活や勉強に打ち込んでいる，②失いたくない大切なものがある，③喜びや苦労を分かち合う仲間がいる，そして何よりも，④家庭や学校に居場所がある，などが考えられるが，そこには，子どもと家庭や学校とをしっかりとつなぎとめる「きずな」がある。他方，非行に走る子どもは，家庭や学校との「きずな」がない，または切れかかっているともいえる。家庭や学校で非行を未然に防止する秘訣は何かと問われれば，子どもと家庭や学校との「きずな」をどのようにしたら強く切れないものにするかに尽きるといえる。

非行に走る子どもは，家庭や学校に居場所がなく居心地の悪さを感じている。そこで，本当は保護者や教員に甘えたいのに甘えられず，すねたり，反抗的な行動でかかわりを求める。ところが，保護者や教員がそのことに気づかず，冷たい対応に終始すると，甘えは恨みに転化し，あてつけのように問題行動を繰り返し，非行をエスカレートさせていく場合がある。

したがって，保護者や教員にとって何よりも大切なのは，「わが子」「私たちの生徒」という意識で，愛情をもって子どもとしっかりつながっていくことである。保護者や教員を困らせる行動があっても，まずは，そのように行動せざるをえない背景を考えて，辛抱強く子どもを見守り支え続け，子どもとの間に心のきずなをつくっていくのである。その結果，子どものなかに自分を心配してくれる保護者や教員のイメージが内在化すれば，自然に規範意識が芽生えてくる。警察に補導された後や，非行をして家庭裁判所で処分や指導を受け，学校に戻ってきた後などのフォローアップの場においても，愛情をもって，しっかり接することが望ましい。

次に，子どもが打ち込める対象を一緒に探し出し提供する大人たちの姿勢が大切である。その

ためには、家庭や学校が子どもたちにとって安心して落ち着ける居場所としての機能を果たすことが求められる。子どもたちはそのような環境に支えられ、将来への志がもてるようになっていけるのである。長年非行臨床にかかわる石川（2007）は次のように記している。

「非行少年と治療者のあいだに親密さ、安心感、信頼感、相互尊重、連帯感が生じ、本心を語りあえるようになることが、きわめて大切だとわかる。それらを引きおこすような機会や状況が、癒し、喜び、意欲、更生といったものを引きおこすように思う。その逆に、孤独や疎外感や欲求不満を引きおこすような状況や人間関係は、ストレスとなり、外に向かえば非行、内にこもれば心身の病気になるように思う」（p.32）。

「非行少年の治療ないし非行少年に接する姿勢で重要なことは、治療者が非行少年に何からの関心をもち、治療を一緒に歩んでいこうという気持ちで少年をよく見、よく聞き、少年の非行に走らざるをえなかったつらい、苦しい叫びの意味を理解しようとつとめ、少年が必要としていることに援助を続けることだと思う」（p.32）。

◆ 引用文献

法務省法務総合研究所（編）.（2014）. 平成26年版犯罪白書. 日経印刷.
石川義博.（2007）. 少年非行の矯正と治療. 金剛出版.
内閣府.（2014）. 平成26年版子ども・若者白書. 印刷通販.
最高裁判所事務総局（編）.（2014）. 司法統計年報平成25年 4 少年編. 法曹会.

◆ 参考文献

市村彰英.（2005）. 家庭裁判所の役割機能と家庭裁判所調査官. 村尾泰弘（編）, 現代のエスプリ：No.461 非行臨床の理論と実際（pp.130-140）. 至文堂.
市村彰英.（2008）. 子どもが事件を起こしたら22-23. 村尾泰弘（編著）, Q＆A少年非行を知るための基礎知識（pp.154-157）. 明石書店.
市村彰英.（2010）. 少年非行. 文部科学省, 生徒指導提要（pp.165-169）. 教育図書.
市村彰英.（2010）. 非行少年の処遇. 文部科学省, 生徒指導提要（pp.198-204）. 教育図書.

71章 精神障害

神尾陽子・高橋秀俊・井口英子

1節 今日の社会と精神障害

　高齢化社会に生きる私たちにとって，安定した対人関係と健康な人格を長く保ち，心豊かな生活を送ることは理想である。そのためには子どもから成人まですべての人々にとってメンタルヘルスの重要性は強調してもしすぎることはない。わが国においても，平成20（2008）年時で323万人もの人々が精神障害に罹患し，とくにうつ病に罹患する人々は1999年と比べて倍増しており，さらに年間3万人を超える自殺者の9割が精神障害に罹患していた可能性も指摘されている。最近，わが国の1,663人の成人住民を対象として行われた疫学研究（Kawakami, Takeshima, Ono, Uda, Hata, Nakane, Nakane, Iwata, Furukawa, & Kikkawa, 2005）からは，過去12カ月の間に何らかの精神障害に罹患した有病率は8.8%という高値が報告され，頻度の高いものとして，うつ病，恐怖症，アルコールや薬物乱用・依存があげられた。さらに，精神障害を罹患する人々の9割以上もの人々（重度者の8割弱を含むもの人々）は，ニーズに見合った精神科専門治療はもちろんのこと，一般医療，ソーシャルワーカー，カウンセラー，宗教家，自助グループなど専門家，非専門家も含めたどんな種類のサービスも受けていないことが明らかになった。

　こうした現状をふまえて厚生労働省は，精神疾患を，がん，急性心筋梗塞，脳卒中，糖尿病の4疾病に加えて5大国民病とし，2013年度以降の「医療計画」に反映させるべく省令を改正した。今後，精神障害の克服に向けて，医療だけでなく予防の実現に向けて社会全体の啓発，家庭や学校，また職場における早期発見が進むことが期待されるところである。

　最近のアメリカの疫学研究（Kessler, Berglund, Demler, Jin, Merikangas, & Walters, 2005）からは，アメリカ国民の2人に1人が生涯の間に何らかの精神障害に罹患し，これまで成人に特有の疾患と考えられてきたうつ病や不安障害の約半数が14歳までに初発していたこと，などが明らかにされた。これらからも，今日の社会を生きる私たちにとって精神障害はきわめて身近な病気であることがわかるが，より高い水準のメンタルヘルスを維持するためにはまだ多くの課題が残されている。その最大の要因は，一般社会だけでなく専門家の間にも根強い，精神障害や精神医療，精神科医に対するネガティブなイメージがあげられる。わが国では以前に比べると，精神科受診の敷居は低くなったのは事実であるが，精神障害はみえない障害であるだけにまだ誤った思い込みはまだ小さくない。私たち一人ひとりが精神障害を正しく理解し，予防と早期治療への意識を高めること，そしてメンタルヘルスを大切にする環境づくりを配慮することなどが必要と考えられる。

本稿では，発達障害は別章でとりあげられているため，それ以外の一般的な精神障害のうち，乳幼児期から児童期，青年期に初発する可能性のある精神障害を，発達期に発症することに関連した留意点を中心にとりあげる。その理由は，発達期に発症する精神障害は，子どもの日常生活や学習に大きな支障をきたすのみならず，成人後のメンタルヘルスや社会適応を左右する，きわめて深刻なものだからである。さらに子どものメンタルヘルスには，精神科医や医療関係者のみならず，広く教育，心理，福祉，また近隣や家族など一般社会の人々もかかわる機会が多く，また専門家，非専門家にかかわらず理解ある大人の存在が子どもと子どものその後の長い人生において大きな意味をもつからである。

2節　発達的観点からみた精神障害

発達期に発症する精神障害は，自閉症のように生後まもなくから発症するものから，不安障害，うつ病，摂食障害，統合失調症など思春期前後に発症が増えるものまでさまざまである。現状は，発症から精神科受診までタイムラグがあり，発症後かなり時間を経てから専門治療が開始されることが多く，治療の中心はもっぱら症状の軽減や機能回復を目指す対症療法となっている。このことは，専門治療を必要とする多くの子どもが「問題児」あるいは親のしつけの問題，など誤解されたまま適切な支援を受けずに過ごしていることを意味し，長期予後に問題を残す一因となっている。

1. 乳幼児の精神障害：気質，行動そして情緒

乳幼児のメンタルヘルスが医学的問題としてとりあげられるようになってからまだ日は浅い。乳幼児の精神活動は，身体機能や行動と不可分な関係にあり，それらは相互に影響し合いながら敏感に環境に反応する。そうした乳幼児の精神機能を精神医学的に高い信頼性をもって評価するには，親からの情報の他に，行動を直接観察したり，ビデオなどを利用した観察など複数の情報から総合的に判断する必要がある。DSM-IV（アメリカ精神医学会が作成する『精神疾患の診断と統計マニュアル第4版』）を乳幼児用に改変したRDC-PA（Research Diagnostic Criteria-Preschool Age ; Task Force on Research Diagnostic Criteria : Infancy Preschool, 2003）や，DC : 0-3（Diagnostic Classification of Mental Health and Developmental Disorders of Infancy and Early Childhood : 0-3 ; Zero to Three, 1994）などの精神医学的評価体系が開発されてはいるが，まだ信頼性や妥当性の検証を経て，十分確立したものとなっておらず，年長児童や青年と比べると実証的研究が乏しい（本稿ではふれないが，自閉症は例外で，2歳前後での早期診断とその後の発達についてのエビデンスは蓄積され，早期療育の意義がよく知られるようになっている）。臨床研究は少数例のハイリスク児（低出生体重，家庭環境）や臨床群（自閉症）に限定される傾向があり，質問紙調査が主流となっている。

数少ない精神医学的問題に焦点を当てた出生コホート研究にコペンハーゲンこどもコホート2000（CCC2000）（Skovgaard, Houmann, Christiansen, Landorph, & Jørgensen, 2007）が報告されているので，簡単に紹介する。研究に参加した1歳6カ月児211名の約18％に，ICD-10（世界保健機関が作成する国際疾病分類の『精神および行動の障害に関する診断基準第10版』）およびDC：0-3にもとづく何らかの精神医学的診断が一つ以上認められた。ICD-10による内訳は，頻度の高い順から，行動および情緒の障害（F 92-93），発達障害および多動性障害（F88-90），哺育障害（F 98.2）であった。DC0-3にもとづくと，2軸に設定されている親子の関係性障害が全体の8.5％の子どもにみられた。頻度としては高い数値であるが，臨床的に重要な点は，こうした乳幼児の行動や情緒の問題が一時的なもので対応によって変化しやすいものなのか，それとも後の児童期から青年期，そして成人期における何らかのメンタルヘルスの問題を予測する兆候なのか，であり，今後の研究が待たれる。

2. 児童期の精神障害：情緒の障害と行動の障害

　児童期特有の精神障害は，成人のように明細化された類型化はできないため，不安や恐怖，うつを主症状とする情緒の障害と，多動，注意の問題，かんしゃく，反抗など行動の障害に大別される。こうした児童期特有の障害は，一般児童の約2，3割が経験する一般的な問題で，たいてい周囲の対応によって回復する。一方，慢性化する子どもたちも一部に存在する。このことは環境調整のみで回復しやすい子どももいれば，回復が難しく専門治療を要する遺伝的に脆弱な子どももいるということを意味する。なぜ症状が現れたのかを理解すると同じくらい，なぜ回復が妨げられているのかを理解することが重要となってくる。

　児童期の症状が意味するところを解釈するには，発達的観点から総合的に判断する必要があり，子ども自身の精神機能だけでなく発達水準，また家族を含む環境への反応という視点も重要である。ある発達段階なら適応的な行動が，別の発達段階では不適応的とみなされることもある。たとえば分離不安障害は，特定の愛着対象（たいていは母親）がそばにいないと不安になり，愛着対象にしがみつき甘える行動が長期化した結果，友人関係，勉強，遊びなど広汎にわたって適応に支障をきたす状態を指す。しかしながら分離不安それ自体は，定型発達の幼児や，ストレス時の年長児にとっては安心を獲得する結果をもたらし，適応的な側面を有する。つまり，行動だけでは異常か正常かを決められないのである。

　長期的観点からは，児童期の精神障害は必ずしも成人期の精神障害を予測するものではないが，よりハイリスクであることは留意する必要がある。児童期から成人期まで連続する場合でも，x→X（たとえば，児童期の情緒障害→成人期の不安障害）のように障害の性質も連続するパターンだけでなく，y→X（たとえば，児童期の行為障害→成人期の気分障害）のように一見したところ症状レベルでは不連続な移行や，y→y + y'→Y + X + Z（たとえば，早期児童期の注意欠如・多動性障害〔attention deficit/hyperactivity disorder：ADHD〕→後期児童期のADHD＋行為障害→成人期のADHD＋不安障害＋アルコール依存）のように，発達につれて精神障害の内

容が変化したり，複雑化していく経過など，さまざまなパターンがある。

　発達障害は別章でとりあげられているが，発達障害と精神障害は密接な関連があることがわかってきた。国内外の疫学研究からは，発達障害を有する児童は，発達障害のない児童と比べてはるかに後に精神障害を発症するリスクが高く，自閉症スペクトラム児の7割がそれ以外の何らかの精神障害（多い順に，不安障害〔広場恐怖，特定の恐怖症，分離不安障害など〕，ADHD，反抗挑戦性障害）を有することが示された（井口・森脇・黒田・稲田・神尾，2011；Simonoff, Pickles, Charman, Chandler, Loucas, & Baird, 2008）。さらに自閉症スペクトラム障害やADHDなどの発達障害に加えて，精神障害を併発したケースでは社会適応やクオリティ・オブ・ライフ（QOL）が悪い（Kamio, Inada, & Koyama, 2013）。近年，発達障害の早期発見と早期対応は改善しつつあるが，児童期には情緒や行動の問題の併存も含めて早期発見と早期対応をすることが長期予後の観点からも重要といえる。学校での定期的な健診の際には，包括的なメンタルチェックを行い，早期対応につなげる体制づくりが必要と考えられる。

3節　成人期発症と考えられていた精神障害の児童・思春期発症

　以下に述べる精神障害はこれまで成人期に発症すると考えられていたが，近年，その多くが児童期に初発することがわかってきたものである（Kessler et al., 2005）。これらが発達期の児童・青年に与える影響は広汎かつ深刻であるので，発症後の対応のみならず，何が発症を促し，何が保護するのかをふまえて，予防的観点から子どものメンタルケアに活かしたい。

1. 精神作用物質使用による精神行動障害

　(1)　疫学：児童青年の間でよくみられ，ハイリスク群は1割という報告（松本，2005）もあるが実態は不明である。経済的背景にかかわらず，アルコール，タバコ，およびマリファナは最も頻繁に使用される。他に，アンフェタミン，メタンフェタミン，吸入薬，幻覚薬，コカイン，蛋白同化ステロイド，オピオイド，およびいわゆるデート・レイプ・ドラッグやクラブ・ドラッグ（例：MDMA，ケタミン，ガンマヒドロキシ酪酸塩）はランダムな混合の増加が報告され，懸念が高まっている。

　(2)　病因：環境要因には，薬物を入手しやすい環境，反社会的集団や下位文化との接触，未成年の飲酒や夜遊びに寛容な家庭文化，虐待などがあげられる。個体側要因として，心理的要因には虐待や学校でのいじめ体験などによる否定的な自己評価，また薬物乱用に先行する他の精神障害（気分変動・対人緊張・不安・睡眠障害・摂食障害など）が多くの症例でみられる。自己治療の目的で薬物使用が促進される場合もある。

　(3)　診断：薬物が心身の健康や生活機能に悪影響を及ぼしていれば「有害な使用」（いわゆる

薬物乱用）と，そのような悪影響を顧みない薬物使用の結果，耐性上昇や使用コントロールの喪失が認められれば「依存症候群」，と診断される。

(4) 臨床経過・随伴症状：典型的には反社会的な集団内での機会使用から始まり，やがて単独による習慣的使用へ発展する。青年期乱用者では，行為障害，気分障害，神経症性障害，摂食障害，外傷後ストレス障害など他の精神障害の併発が高率である。また自傷行為，多剤乱用，危険な食行動や性行動と密接に関連している。比較的短期間の物質使用でも精神障害の家族歴があれば残遺性・遅発性精神病性障害を発症する危険性が大きい。薬物仲間から離脱できればその転帰は比較的良好であるが，物質使用が続く限り予後は不良となる。これらの薬物は脳内報酬系に異常をもたらすことがわかっている。

(5) 治療：軽度の依存症候群の場合には薬物仲間からの離脱，学校，家族を含むソーシャルサポートなどの環境調整とともに，併存精神障害に対する治療が必要である。単独・習慣性使用を呈する中等度以上の場合には，専門医療機関や薬物依存更生施設における継続的な援助が必要となる。本人や家族に治療意欲がない場合には，司法的介入も選択肢となりうる。

2. 統合失調症

(1) 疫学：児童期発症は5歳頃から報告されるが（男児＞女児），きわめてまれで1万人当たり1.75〜4人とされる。13〜14歳頃より急増し，性差は消失し，成人有病率の1％に近づく。

(2) 病因：遺伝子異常や神経発達障害などの生物学的要因と心理社会的要因が関連しあって発症すると考えられる。発症が早期であるほど，遺伝負因が大きいとされる。

(3) 診断：知覚，思考，感情，自我意識，意志など多彩な精神機能が障害され，周囲からみても明らかな幻覚や妄想などの陽性症状，感情や意欲，思考が低下するなどの陰性症状，そして社会的機能の低下が6カ月以上認められると診断される。児童期症例では，幻聴の代わりに幻視が多く，妄想内容は系統的でなく，断片的である。思春期以降では漠然と他者からみられているという注察感が訴えられることが多い。陰性症状は，感情の平板化で表現されるが，不登校・ひきこもりとして出現することもある。

(4) 臨床経過・随伴症状：児童期症例では前駆期が長く，潜行性発症が多い。病前には，運動，言語，対人面などの非特異的な発達異常がみられ，集中力不全，攻撃性，感情調整不全，不登校，成績低下，強迫症状なども報告される（Alaghband-Rad, McKenna, Gordon, Albus, Hamburger, Rumsey, Frazier, Lenane, & Rapoport, 1995；Hollis, 2003）。

(5) 治療：抗精神病薬を主とする薬物療法とデイケアなどのリハビリテーションが主である。再発予防と機能回復に向けて本人や家族に対するサポートと心理教育，学校との連携も重要である。病気をかかえつつ，発達課題を乗り越え，自立へ向けて歩んでいけるよう，苦しさを理解し支えるサポートが必要である。若年者では進学や就労などのライフイベントによる心理的負荷は避けられないため，再発や自殺のリスクに常に注意する。

(6) 解説：統合失調症の診断が遅れると適切な介入の時機を逃し，回復がより困難となること

が懸念されている。このため，思考内容や知覚の異常，まとまりのない会話，そして陰性症状などを呈する発症危険精神状態（at risk mental state：ARMS）に注目して早期発見・早期介入を行い，予防介入や慢性化予防を目指す取り組みが国内外で広がっている（松本・宮腰・伊藤・内田・鈴木・大野，2008）。

3. 気分障害

(1) 疫学：児童期のうつ病の有病率は0.5〜2.5％，思春期・青年期のうつ病は2.0〜8.0％とされる。性差は児童期ではほとんどないが，青年期は女性優位となる。うつ状態に加え，躁状態が出現する双極性障害の有病率はうつ病よりも低い。

(2) 病因：遺伝的・生物学的要因，心理的要因，社会文化的要因が関連すると考えられている。

(3) 診断：うつ病は，抑うつ気分だけでなく，活動性の減退，興味や喜びの喪失，食欲や睡眠の障害など身体症状をともなう。児童は憂うつな気分を言語化せず，むしろいらいらした気分や好きなことも楽しめない，元気がないことが前景となる。双極性障害は，うつ状態と激しい躁状態とが交替するⅠ型，軽躁状態と交替するⅡ型がある。児童の双極性障害はまれだが，ADHDとの鑑別に注意を要する。

(4) 臨床経過・随伴症状：児童期うつ病は1, 2年で多くが寛解するが，その後60〜75％が再発すると報告される。ADHD，行為障害，不安障害，摂食障害などの他の精神障害を併発することが多く，家族機能不全と強く関連する。思春期以降の双極性障害症例は，成人期に双極性障害へとつながる可能性が高い。

(5) 治療：薬物療法，認知行動療法，精神療法，家族療法などを組み合わせるが，児童期うつ病では薬物療法の効果は安定しておらず，後三者をまず試みることが推奨されている（National Collaborating Center for Mental Health, 2005）。本人へは，成人患者同様，休養が不可欠であること，叱咤激励はしないこと，焦らないこと，重大な決定は回復するまで保留することなどを説明し，自傷や自殺は決してしないことを約束する。

4. 外傷後ストレス障害（PTSD）

(1) 診断と症状：生死にかかわるような危険に遭ったり，死傷の現場を目撃したりするなどの心的外傷体験に対する恐怖は，普通は数週間のうちに薄れ，その体験の記憶が過去のものとして認識されるようになるのに対して，遅れてから何度も思い出されて当時と同じような恐怖を感じ続ける状態が遷延すると，PTSD（post traumatic stress disorder）と診断される。自然災害，人為災害，戦闘体験，事故だけではなく，単独の犯罪被害，家庭内暴力，虐待などによっても生じる。心的外傷記憶の生々しい再体験が繰り返されるいわゆるフラッシュバック，外傷体験類似状況の回避や感情や感覚のまひ，持続的な過覚醒状態などの症状をともない，生活面に重大な影響を引き起こす。

児童では，まとまりのない興奮した行動や不機嫌，外傷体験の一側面の再演，遊びでの再現，悪夢，分離不安や退行，身体化（頭痛，腹痛など）などで表現することがある。

(2) 臨床経過・随伴症状：児童では半年から3年の間に30〜60％が回復する。発達期に長期反復性の外傷体験（児童虐待や拉致監禁被害など）をこうむると，解離症状（健忘，遁走，人格交代現象）を生じやすく，その後の社会性や認知面の発達に重大な影響を及ぼすことがある。

(3) 治療：初期対応としては，安心と安全が得られるような環境の確保が最優先となる。保護的人物ができる限りいつも近くにいて，子どもの愛着行動を受けとめるようにする。外傷体験そのものについて不用意に問いただすことは避け，自然の回復を見守る。子どもが日常生活のなかで，安全に表現することは承認し，治療のなかで安全に体験の言語化を促していく。重篤な症例では，曝露法などの認知行動療法的技法を用いた専門治療が必要となることもある。薬物療法は，成人に比して適応と効用は限定的である。

5. 摂食障害

(1) 疫学：神経性無食欲症（anorexia nervosa：以下 AN）は10代，神経性大食症（bulimia nervosa：以下 BN）は20代の発症が多く，若年発症は増加傾向にある。思春期前の発症もまれではない。

(2) 病因：スリム体型をもてはやす社会的背景や思春期の自立葛藤，対人ストレスなどの心理的要因，遺伝的要因が複雑に絡み合って摂食量が低下した結果，飢餓状態が続き，それによってもたらされた種々の生理的，精神的変化が悪循環的に摂食異常を維持するというモデルが想定されている。

(3) 診断：ANは，標準体重の85％以下の低体重にもかかわらず体重増加や肥満に対する強い恐怖をもち，初潮後の女性では3カ月以上の無月経をともなう。BNは，過食および体重増加を防ぐための自己誘発性嘔吐，下剤・利尿剤などを用いた排出行動を繰り返す。

(4) 臨床経過・随伴症状：10年の経過で過半数が回復するが，ANでは死亡率は5〜10％に達し，BNの予後はよくわかっていない。ANからBNへ移行することもある。低栄養状態や排出行動の結果，皮膚・血液・電解質・消化器・肝臓・腎臓・脂質代謝・循環器系・骨筋肉系・内分泌系・中枢神経系等に多彩な症状を呈する。合併精神障害としては，気分障害，不安障害，薬物・アルコールなどの物質依存，境界性・演技性・回避性・強迫性などのパーソナリティ障害がある。

(5) 治療：心理教育を行いつつ，治療関係の形成と維持につとめ，治療の動機づけを行う。精神面・行動面・全身状態の評価を総合的に行い，身体面が重篤であれば身体的治療を優先する。合併精神症状に対しては薬物療法を行う。学校や家庭との連携のみならず，関連各科の医師や看護師，心理士，栄養士など多職種によるチーム医療体制を整える。

4節 発達的観点に立ったアセスメントと支援

1. アセスメント

 アセスメントの臨床的な目的は，問題を見立て，支援ニーズを把握し，支援計画を立てることにある。精神障害は個体側要因とさまざまな環境要因が複雑に絡み合って形成されることをふまえて，個人だけでなく環境評価も含む総合的な見立てを行い，問題の全体像を把握することが支援のための第一歩である。

a. 個体側要因

 精神障害においては主観的な訴えが重要となるのはいうまでもないが，子どもは言語によって自らの内面を報告するのが難しいので，直接的な子どもの行動観察や親などからの情報にもとづき総合的に判断する必要がある（神尾・田中，2008）。家庭以外の学校場面などの情報を収集することも大切で，可能であれば学校訪問によって直接的，あるいはビデオによる間接的な行動観察も有益である。定期的な行動評価は，発達による変化や治療効果を知る手がかりとなり，本人や家族にとっても自信や治療意欲につながる。

 次に，子どもの情緒や行動の評価尺度のうち，標準的なものを2種類紹介する。医学的診断が診断基準に合うかどうかのカテゴリー分類であるのに対し，定量的な評価尺度を用いたディメンジョナルなアプローチは，決して黒白つけられない連続的な状態をとらえるのに有用である。診断基準を満たさない診断閾下ケースには支援ニーズが明らかなのに未支援の場合が少なくない。ニーズを的確に把握するためには，適切なツールを選んでアセスメントを行うことが大切である。

（1）Child Behavior Checklist（CBCL）：アッシェンバッハにより開発された，子どもの情緒や行動を包括的に評価する質問紙である。現在日本で用いられているのは，1991年版（Achenbach, 1991）を元に井澗ほか（井澗・上林・中田・北・藤井・倉本・根岸・手塚・岡田・名取，2001）によって標準化がはかられたものである。親が回答するCBCL/4-18（4〜18歳）とCBCL/2-3（2〜3歳），教師が回答するTeacher's Report Form（TRF）（5〜18歳），そして子ども自身が回答するYouth Self Report（YSF）（11歳〜）の3バージョンがある（http://www.spectpub.com/）。

 項目は社会的尺度と問題行動尺度から構成され，後者は，情緒や行動面に関する118の質問項目と一つの自由記述式の項目を含み，「ひきこもり尺度」「身体的訴え尺度」「不安／抑うつ尺度」「社会性の問題尺度」「思考の問題尺度」「注意の問題尺度」「非行的行動尺度」「攻撃的行動尺度」の8尺度得点が算出される。このうち前三者は内向尺度を，後二者は外向尺度を構成し，これらの内向尺度得点，外向尺度得点，そして総得点を男女別にT得点に換算することで母集団平均からの偏りが推定される（T得点＜59点を正常域，60〜63点が境界域，63点＜を臨床域）（北・中田，2006）。

（2）Strengths and Difficulties Questionnaire（SDQ）：グッドマン（Goodman, 1997）によって開発された児童（4〜16歳）の全般的な精神病理を評価する25項目5下位尺度（「情緒の問題」

「行為の問題」「不注意・多動性」「仲間関係の問題」「向社会的行動の強さ」）からなる質問紙で，親や教師が回答する（本人が回答する場合には11歳以上）。CBCLとの相関が高く，かつ簡便であることから，多数の翻訳版が作られ，診断補助，スクリーニング用に国内外で広く用いられている。原版，日本語版（Moriwaki & Kamio, 2014）を含む各国翻訳版の質問票と標準値は，Webサイト（http://www.sdqinfo.org/，または厚生労働省HP）から無料でダウンロードできる。

b. 環境要因と遺伝要因の相互作用についてのエビデンス

環境がメンタルヘルスにとってどのくらい深刻なリスクとなるのかは，どの時点でのどの側面かによって異なり，環境の影響を理論化することは難しい。最近は，外的なリスク要因や保護要因よりも，その人のコーピングのプロセス（心理学的，生理学的）に注目し，環境要因と遺伝要因の相互作用を直接に調べるようになってきた。その際に，鍵概念となるのはレジリエンスである（神尾，2011）。ラター（Rutter, 2006）によれば，「レジリエンスとは，高リスク環境要因の経験に対する個体の相対的な抵抗力，あるいはストレスや逆境の克服を意味する。しかしながら，たんに社会的な能力あるいはポジティブなメンタルヘルスを指すのではない。（中略）レジリエンスという概念で重要なのは，深刻なリスク経験と，それにもかかわらずポジティブな心理的予後の両者の組み合わせに関連する相互作用的な概念である」とされる。別のいい方をすれば，万人にとってネガティブな逆境といった絶対的な環境は存在せず，どんな逆境にもかかわらず良好な予後を示す人々が一部に存在するということである。さらにある種の逆境は状況と人によっては抵抗力を高めることすらある。このように考えると，私たちが避けたくても避けることのできないネガティブな経験やストレスに対する，千差万別な適応のプロセスを理解することの意義は明らかである。

c. 要因の分析（3P）

問題の全体像が把握できたら，次に要因を機能別に分類する。すなわち，「問題」の下地となる生得的な素因（predisposing factor），「問題」を誘発させた直前の誘因（precipitating factor），そして「問題」の消退を妨げている持続要因（perpetuating factor），の3Pである。たとえば，A君の「不登校」は，些細な環境変化によって不安になりやすいという特性を素因とし，仲の良い同級生が転校してしまったことを誘因として生じたのかもしれない。そして学校に行かずに家にいると友人関係に悩むこともなくいつでもゲームができ快適に暮らせるという家庭状況が問題の持続に関連しているのかもしれない。早い問題解決のためには，持続要因への絞り込みを優先することが推奨される。

2. 発達支援の際の留意点

前述のようなアセスメントにもとづいて精神障害があると判断された子どもに対する支援は，治療場面のなかだけでなく，子どもが生活する場面全体に反映されるように，家族や，学校，幼稚園・保育園の教師へも積極的に具体的なガイダンスを行う。そのためにも多職種チームで支援を行うことが望ましい（神尾，2008）。その場合，複数機関で情報を共有できるように，イン

フォームド・コンセントを保護者（年長児の場合，本人も）からとっておくことは，信頼関係の維持のためにも重要である。また長期的な支援を要する場合，主体的な治療への動機づけを高めて再発を予防するために，心理教育は必須である。発達段階に応じてわかりやすいたとえを用い，肯定的な面を強調することを忘れてはいけない。

5節　今後の課題

　わが国では，医療保健，福祉，教育のそれぞれの分野で子ども支援が熱心に取り組まれてきた歴史があり，それは尊重されるべきである。一方，もっぱら専門領域別，学派別に技が磨かれてきた点も否めず，専門が異なると専門家の間でもコミュニケーションが難しい場合がある。精神障害は，人生の早期に始まり，長く生活に影響を及ぼすことは明白である。このため，多職種からなる支援チームが，横の広がりをもって，またライフステージを通して連携して子どもと家族を支えることが何よりも重要である。そのためには，異種のメンタルヘルス専門家同士が互いの異なるバックグラウンドに敬意を払いつつオープンに共通の用語で話し合える仲間となるために，ともに技術的レベルだけでなく人格的な成熟が求められる。これらは，今後の専門教育上の課題である。

　今や，わが国において精神障害は5大国民病とされ，精神障害の予防やメンタルヘルス・サービスの充実は社会全体の課題である。臨床サービスの質の向上と豊富な支援資源の整備，そしてエビデンスを生み出す臨床研究を連動させながら推進していかなくてはならない。そのためにも，精神障害に対する地域社会の意識改革や若者層へのメンタルヘルス教育を進めることは急務である。

◆ 引用文献

Achenbach, T. M. (1991). Integrative Guide for the 1991 CBCL/4-18, YSR, and TRF Profiles. Dept. of Psychiatry, University of Vermont in Burlington, Vt.

Alaghband-Rad, J., McKenna, K., Gordon, C. T., Albus, K. E., Hamburger, S. D., Rumsey, J. M., Frazier, J. A., Lenane, M. C., & Rapoport, J. L. (1995) Childhood-onset schizophrenia : The severity of premorbid course. *Journal of the American Academy of Child and Adolescent Psychiatry*, 34, 1273-1283.

Goodman, R. (1997). The strength and difficulties questionnaire : A research note. *Journal of Child Psychology and Psychiatry*, 38, 581-586.

Hollis, C. (2003) Developmental precursors of child- and adolescent-onset schizophrenia and affective psychoses : Diagnostic specificity and continuity with symptom dimensions. *British Journal of Psychiatry*, 182, 37-44.

井口英子・森脇愛子・黒田美保・稲田尚子・神尾陽子. (2011). 広汎性発達障害児童にみられる合併精神障害：学校ベースでの検討. 平成22年度厚生労働科学研究費補助金（こころの健康科学研究事業）「1歳からの広汎性発達障害の出現とその発達的変化：地域ベースの横断的および縦断的研究（研究代表者：神尾陽子）」総括・分担研究報告書, 23-29.

井澗知美・上林靖子・中田洋二郎・北　道子・藤井浩子・倉本英彦・根岸敬矩・手塚光喜・岡田愛香・名取宏美. (2001). Child Behavior Checklist/4-18 日本語版の開発. 小児の精神と神経, 41, 243-252.

神尾陽子．(2008)．発達的観点からの子どもへの支援．精神科臨床サービス，**8**，157-161．

神尾陽子．(2011)．教育講演 児童期から成人期へ：レジリエンスという視点．児童青年精神医学とその近接領域，**52**，379-384．

Kamio, Y., Inada, N., & Koyama, T. (2013). A nationwide survey on quality of life and associated factors of adults with high-functioning autism spectrum disorders. *Autism*, **17**, 15-26.

神尾陽子・田中康雄．(2008)．行動評価．齊藤万比古・宮本信也・田中康雄（編），発達障害とその周辺の問題（pp.187-196）．中山書店．

Kawakami, N., Takeshima, T., Ono, Y., Uda, H., Hata, Y., Nakane, Y., Nakane, H., Iwata, N., Furukawa, T. A., & Kikkawa, T. (2005). Twelve-month prevalence, severity, and treatment of common mental disorders in communities in Japan : Preliminary finding from the World Mental Health Japan Survey 2002-2003. *Psychiatry and Clinical Neurosciences*, **59**, 441-452.

Kessler, R. C., Berglund, P., Demler, O., Jin, R., Merikangas, K. R., & Walters, E. E. (2005). Lifetime prevalence and age-of-onset distributions of DSM-IV disorders in the National Comorbidity Survey Replication. *Archives of General Psychiatry*, **62**, 593-602.

北 道子・中田洋二郎．(2006)．CBCL, TRF, YSR. 齊藤万比古・渡部京太（編），改訂版 注意欠陥／多動性障害 − AD/HD −の診断・治療ガイドライン（pp.41-45）．じほう．

松本和紀・宮腰哲生・伊藤文晃・内田知宏・鈴木 健・大野高志．(2008) 統合失調症に対する早期介入．精神医学，**50**，227-235．

松本俊彦．(2005)．薬物依存の理解と援助：「故意に自分の健康を害する」症候群．金剛出版．

Moriwaki, A., & Kamio, Y. (2014). Normative data and psychometric properties of the Strengths and Difficulties Questionnaire among Japanese school-aged children. *Child and Adolescent Psychiatry and Mental Health*, 2014, 8:1.doi:10.1186/1753-2000-8-1

National Collaborating Center for Mental Health. (2005). Clinical Guideline 28 Depression in children and young people : Identification and management in primary, community and secondary care. London, National Institute for Health and Clinical Excellence.〈www.nice.org.uk/〉（2015年3月5日）

Rutter, M. (2006). Implication of resilience concepts for scientific understanding. *Annals of the New York Academy of Sciences*, **1094**, 1-12.

Simonoff, E., Pickles, A., Charman, T., Chandler, S., Loucas, T., & Baird, G. (2008). Psychiatric disorders in children with autism spectrum disorders : Prevalence, comorbidity, and associated factors in a population-derived sample. *Journal of the American Academy of Child and Adolescent Psychiatry*, **47**, 921-929.

Skovgaard, A. M., Houmann, T., Christiansen, E., Landorph, S., & Jørgensen, T ; CCC 2000 Study Team, Olsen, E. M., Heering, K., Kaas-Nielsen, S., Samberg, V., & Lichtenberg, A. (2007). The prevalence of mental health problems in children 1½ years of age-the Copenhagen Child Cohort 2000. *Journal of Child Psychology and Psychiatry*, **48**, 62-70.

Task Force on Research Diagnostic Criteria : Infancy Preschool. (2003). Research diagnostic criteria for infants and preschool children : The process and empirical support. *Journal of the American Academy of Child and Adolescent Psychiatry*, **42**, 1504-1512.

Zero to Three. (1994). *Diagnostic classification of mental health and developmental disorders of infancy and early childhood (DC : 0-3)*. Washington, DC : National Center for Infants, Toddlers, and Families.

VI部
発達研究における資料の収集と分析

　発達心理学の研究法，すなわち資料の収集と分析の方法は，旧版の時点から大きく発展した。そこで，新版では，若い学徒の便宜も考えて，伝統的な研究法の基礎をふまえつつ，最新の研究法にも精通して，自らの研究を進めるための手引きになるような内容を含める努力をした。

　VI部は，大枠で3つの部分からなる。最初の大枠は72章と73章で，研究法の導入となる部分である。発達心理学の初学者は，まず72章「発達研究の方法」に目をとおすことをすすめたい。73章「研究の倫理」は，必ずしも最初に読む必要はないが，実際に研究をするまでに必ずどこかの時点で目をとおしてほしい。

　2つ目の大枠は，74章「基本的な研究デザイン」である。ここでは，伝統的な研究法である，実験研究法・自然観察法・実験観察法・テスト法・面接法・質問紙法・事例研究について説明されている。他の心理学領域のハンドブックなどとも重複するが，発達心理学では同じ名称でも，他の心理学での記述とは違った視点が含まれることが多い。その違いに注目しながら，ていねいに熟読するといいだろう。たとえば，同じ実験法を研究で使う場合でも，大人を対象にした実験と乳児を対象にした実験では，配慮すべき点が違っている。乳幼児をよく知らない研究者は，大人と同じように子どもを対象にした実験を実施しようとして研究に失敗することが多い。

　3つ目の大枠は，75章「分析の手法」である。この章には旧版でもとりあげた内容も含まれるが，新設された内容も含まれる。マイクロアナリシス・プロトコル分析・行動評定法・生理的指標は旧版でもとりあげたものであるが，タイトルは同じでも，その内容は刷新されている。新設されたのは，チェックリスト法・質的研究1（KJ法）・質的研究2（グラウンデッド・セオリー）である。最近の発達心理学領域では，質的研究の重要性が認識され，この方法を使った研究も多くなっている。

〔岩立志津夫〕

72章 発達研究の方法

やまだようこ

1節 何を問うか：認識論と方法論の選択

　発達心理学に限らず，心理学の方法論は，21世紀以降，とくに最近になって劇的に変化したといえよう。たとえば，アメリカ心理学会から刊行された『APA心理学研究法ハンドブック (*APA handbook of research methods in psychology*)』(Cooper, 2012) をみてみよう。第1巻の序論「心理学研究の客観性と研究方法の関連」では，まず「真実であるとは，どういうことだろうか？」と問いかけられる。そして「なくした鍵を探す」のに，「なくした場所ではなく，探しやすい明るいところを探している」という古い笑話が紹介されている。

　心理学では，ともすると「科学的」方法論が先行し，それを適用しやすい問題を扱う傾向があった。また，何を知りたいのかという問題の性質を明らかにしてから方法論を選択するよりも，具体的な研究デザインや操作しやすい技術が先行する傾向があった。

　当然のことではあるが，「何を知りたいのか」という問題の性質によって，どのような方法論を適用するかを選択していく必要がある。『APA心理学研究法ハンドブック』では，図72.1のようなフローチャートが示されている。まず，心理学研究法は，A「解釈か記述」かB「説明」か，どちらを求めるかの2つに大きく分けられる。それぞれ求めるものによって「現実をどのように

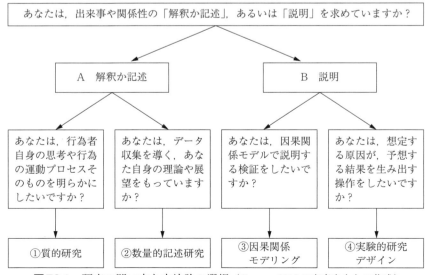

図72.1 研究の問い方と方法論の選択（Cooper, 2012の序章をもとに作成）

みるか」という認識論的基礎や，「何を問題としてみるか」「どのように問題に接近するか」などの研究方法は，大きく異なってくる。

さらに，前者Aは，①「質的研究」と②「数量的記述研究」に，後者Bは，③「因果関係モデリング」④「実験的研究デザイン」に，あわせて4つの研究デザインに分けられ，それぞれについての詳しい研究方法が解説されている。

自然科学を手本にして「客観性」を追求してきた従来の心理学は，世界に対する「ものの見方」である認識論に多様性があり，人間科学として真実への迫り方にもいろいろあるとは考えてこなかった。哲学や認識論が研究法の基礎としてとりあげられることも従来はあまりなかった。『APA心理学研究法ハンドブック』では，パート1で「心理学研究の哲学的，社会的理解」がとりあげられ，第1章で「質的研究の認識論的基礎」，第2章で「心理科学における因果の理論」の2つが代表的な「ものの見方」であるとして並列して解説されている。

『APA心理学研究法ハンドブック』の例にみられるように，従来の心理学の主流であった「数量的記述研究」や「実験的研究デザイン」に加えて，とくに「質的研究」が心理学の研究法の一つとして大きくとりあげられるようになったことが最近の大きな特徴である。また「倫理」も方法論の一部として，さらに重視されるようになってきている。

2節　実験的研究法：因果的説明を問う

まず因果関係の説明を求める問いを立てる場合（図72.1のB）について考えてみたい。このような問いには，実験的研究法や因果関係モデルの調査研究法が用いられる。本節では，最も代表的な方法として実験的研究法について説明したい。

実験的研究法では，通常は仮説演繹法が用いられる。仮説演繹法とは，ある現象を説明するための理論や法則を得るための科学的な研究方法で，一般的には，次のような手順が用いられる。まず，観察や調査で得たデータをもとに，現象を説明できるような仮説を帰納法によって提出する。仮説とは，原因になる変数を変化させることによって，結果として得られる変数にどのような変化が出るのかを簡潔に記述したものである。そのためには，検証可能な仮説を立て，測定や統制できる変数を選ぶ必要がある。

次に，仮説を検証するために，演繹法を用いてこの仮説を具体的事例に当てはめ，「この仮説が正しければ，結果はこうなるはずだ」というように結果を予測する。そして実際に，実験や観察や調査を行い，予測を裏づける実証的データが得られれば，仮説は正しいとされる。

自分が提示した仮説が正しいかどうか検証する実験を計画する場合について考えてみよう。まず，重要なのは，どのような仮説を提示するかである。実験結果から仮説が正しいか，正しくないか，明確にできなければ意味がないからである。正しいかもしれないけれど，そうでないかもしれないという曖昧な結果になるのは，仮説が正か否か，白か黒か決着がつけられるように明確に提示されていないことが多い。具体的には，次のような手順をとる。

(1) 仮説を論理的に説明できる形式で明確に記述する。

「結果は何かわかるだろう」ではなく、「結果はこうなる」あるいは「結果はAではなくBである」という形式で、白黒をはっきりさせられる形式で提示する必要がある。

(2) 仮説を否定する帰無仮説を立てる。帰無仮説を否定できるかどうか検討する。

帰無仮説とは、仮説を否定する仮説や統計的に否定することが可能な仮説のことである。帰無仮説を明確に否定できるならば、自分が提示した仮説が正しいと判断できる。

例）「仮説」AはBより効果がある：A育児法はB育児法より言語発達を促進する効果がある。
　　「帰無仮説」AとBに差はない：A育児法はB育児法と言語発達の促進効果に差がない。

(3) 結果に有意な差があるかどうかを統計的に判断する。

たとえば、上記の仮説を検証するために、実際に測定した数値データをもとにいいかえると、「AとBの2群間の平均値に差がある」という仮説になる。それに対して、「2群間の平均値に差はない」という帰無仮説を立てる。次にこの帰無仮説の正しさを検証するために、統計的検定（t検定等）を行う。検定の結果得られた統計的指標の絶対値が棄却値よりも大きければ、「このようなことが起きるのは珍しい（5％未満の有意水準）」ので統計的に有意であると判断できる。帰無仮説を棄却（否定）し、最初に立てた仮説が正しいと認められる。有意水準とは、帰無仮説を棄却するための偶然生起確率のことであり、5％よりも1％のほうが、より正確度が増すといえる。

3 節　質的研究法：経験の意味を問う

1. 質的研究法の特徴

質的研究法は、21世紀になってから飛躍的に発展した新しい方法であるので、少していねいに説明したい。質的研究は古くて新しいといわれる。質的研究の歴史は古い。心理学や関連領域において、1940年代までの研究はダーウィン（Darwin, C. R.）、フロイト（Freud, S.）、ユング（Jung, C. G.）、ジェームズ（James, W.）、ケーラー（Köhler, W.）、ピアジェ（Piaget, J.）、ヴィゴツキー（Vygotsky, L. S.）などをはじめとして、観察や事例の記述など質的研究によって重要な発見がなされ、そこから理論がつくられてきた。さらに、レヴィン（Lewin, K.）、ハイダー（Heider, F.）、エリクソン（Erikson, E. H.）などまで含めると、心理学が依拠してきた理論の多くは、質的研究によってつくられてきたといえるだろう。実験的研究や調査研究は、仮説検証のための実証データを収集するために力を発揮するが、質的研究は、新しい理論の構築や仮説生成に向いているからである。

これら古典的な質的研究と、21世紀以降の新しい質的研究とは、共通するところもあるが、大きな相違もある。新しい質的研究は、その基礎において「ものの見方」、人間観や認識論の根本的な変革をふまえているところが、大きな特徴といえよう（やまだ、2007、2013）。

質的研究の基にあるのは、近代科学が依拠してきた基本的なものの見方への批判である。質的

研究は，時代の要請によって変化している他の諸学問と連動しており，今後もさらに必要とされるだろう。トゥールミン（Toulmin, 1990/2001）は，近代科学がなぜ機能不全になったかを問い，今後向かう4つの流れを指摘している。

(1) 口述されるものへの回帰：哲学，言語学，文学，社会諸科学における，ナラティブ，言語，コミュニケーションへの関心。

(2) 特殊なものへの回帰：理論や調査における，抽象的で普遍的なものだけではなく，特殊な状況で起こる特殊で具体的な問題の取り扱い。

(3) ローカルなものへの回帰：知，行為，経験を対象とする研究における，普遍的な妥当性を追求するよりも，それらが埋め込まれているローカルな文脈との関連の重視。

(4) 時間的なものへの回帰：問題の究明や記述を，時間的・歴史的文脈のなかへ位置づける。

フリック（Flick, 2007/2011）は，トゥールミンの言葉を引いて，次のように述べている。質的研究は，次のような方向をとる。具体的な事例を，その時間的，地域的な特性において分析すること，日常の文脈における人々の発言や行為を出発点にすること，これらによって対象と課題に必要な柔軟性を保って具体的な研究を行うこと。

心理学は，現実の人間行動の解明に必要な問題というよりも，科学的方法を適用しやすく操作しやすい問題を扱ってきた。生態学的に意味のある研究，日常生活において必要とされる研究からかけはなれてしまったかもしれない。

質的研究法は，人と文脈をむすびつけた研究，ローカリティや多様性や当事者性を重視する研究に特徴がある。また，質的研究への転換は，「ナラティブ・ターン」（物語的転回）とよばれるように，ナラティブ（語り，物語）によって，人が経験をどのように有機的に組織化するかという問いに迫ろうとする。つまり，質的研究では，経験を「意味づける行為」（acts of meaning）が重視されるのである（Bruner, 1990/1999）。

2. 伝統的心理学のモデルと質的研究のモデル：人間観の変革

心理学のものの見方と人間観を単純化してみよう（やまだ，2013）。図72.2は，伝統的な心理学モデルである。このモデルは，人を，環境（外界）と明確に「分ける」，二元分割の思想でつくられてきた。人は，知覚し思考し感情や動機づけや意志をもつ内的世界をもつと考えられてきた。人の内界は「心」や「主観」とよばれてきた。人の外には事物の世界があり，人間の内界と区分されて外界に属するものが「客観」（「客体」）とよばれた。

心理学は長らく自然科学（20世紀初頭の物理学）をお手本にしてきた。人間の心理現象も物理現象と同じように，外界の対象（object）として実在するもの，つまり主体（subject：主観）から独立する客体としてとらえ，それを客観として実証することを目指してきた。

客観化とは外在化を意味するが，それは次のような手続きですすめられた。人間は自分がやっていることをすべて知覚したり意識したりできるわけではない。研究対象である人間の内界にある「心」を調べるために，意識化した内省報告を得ても，主観による偏りは避けられない。だか

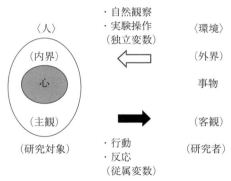

注．内界にある「心」は，外界から操作して，外界にアウトプットされた行動によって測定される。

図72.2 伝統的な心理学モデル（やまだ，2007）

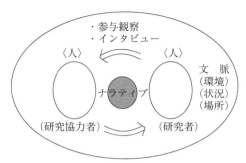

注．「ナラティブ」は，文脈のなかで，人と人の相互作用（相互行為）によって共同生成される。

図72.3 質的研究のモデル（やまだ，2007）

ら，誰が行っても同じ結果が出るように標準化された実験や観察や検査を行い，「心」を外界にできるだけ正確にアウトプットし，それを測定し分析する。研究者による外界からの操作を「独立変数」，それによって研究対象から引き出されるアウトプットは「従属変数」とよばれた。従属変数としての「行動」や「反応」が，客観的なデータとして統計的に分析された。

以上の説明は，実験心理学研究によくあてはまる。臨床心理学研究では，人間の内界や内面や主観を重視するので，正反対にみえるかもしれない。しかし，伝統的な臨床心理学研究においても，人間観の基本は，ある程度共通していた。内界にあって隠されている研究対象の「心」を外界に映し出す投影法や，精神分析法によって深層の「心」を表層に出そうとしてきたからである。内界と外界，主観と客観，どちらに重点をおくかは異なるが，両者を二元分割する思想，2つに「分ける」操作は，実験心理学と共通している。実験心理学と臨床心理学は，両極でありながら相補的であった。両者ともに研究者や治療者が主体となり，研究対象者や患者の心理現象を対象（object）として研究してきたのである。

図72.3は，質的研究の人間観を示すモデルである。研究者と研究協力者は，同じ人間として相互主体性をもち，人と人は本質的に相互作用（インタラクション，相互行為）する存在であることを前提にしている。研究者と研究協力者は，ともに文脈（環境・情況・場所）に埋め込まれているので，研究者は特権的な位置に立たない。

質的研究モデルでは，主な研究方法は，研究者と研究協力者が相互作用する方法，つまり参与観察（participant observation）やインタビュー（interview）やアクションリサーチ（action research）になる。

従来の観察は，研究者が研究対象者からみえないように，外から一方視する観察であった。それに対して，参与観察は「フィールドに参与しパートの一員となって（パーティシパント）見る」方法である。従来は，特権的な研究者が研究対象者や患者に「面接」した。それに対して，インタビューは「対話によって相互に相手に入りながら（インター）見る（ビュー）」方法である。従来は，研究対象に変化を加えると客観性が損なわれると考えられた。それに対して，アクションリサーチは「アクションを起こして相手と協働しながら研究する」方法である。

研究者も研究協力者も，自分たち自身が埋め込まれた社会・文化・歴史的文脈（コンテクス

ト）から完全に外へ出ることはできない。普遍的な神の視点で出来事全体を知ることはできないし，そこで生じる相互作用を完全に操作することもできない。

図72.3のように，相互作用によって生み出された会話やナラティブは，客観でも主観でもなく，文脈のなかで人と人のあいだで共同生成されたものとイメージすることができる。インタビューで得られたナラティブも，人間の内部にある「心」の外界への反映，あるいは内部に保存された「記憶」がそのまま引き出されるというよりは，インタビューの聞き手と語り手の相互作用によって共同生成されたものと考えられる。

3. 論理実証モードと物語モード

ブルーナー（Bruner, 1986/1998）は，「論理実証（パラダイム）モード」と「物語モード」，2つの認知作用，2つの思考様式があり，両者は経験を秩序だて，現実を構築する異なる仕方であり，お互いに相補的であるが，片方を片方に還元することはできないと述べている。

論理実証モードは，心理学者が用いてきた実験法のパラダイムである。「ある出来事についての陳述が，真か偽か？」と問い，そこから，真か偽かを明らかにする条件設定がなされ，実証によってどちらかの答えがみちびかれる。

物語モードでは，「2つ以上の出来事が，どのように関係づけられて陳述されるか？」が問われ，出来事がどのような意味連関でむすびつけられるかが問われる。どれが正しいかを決定することが問題ではない。複数の多様な物語が共存できるからである。

たとえば論理実証モードでも，物語モードでも，「事実にかんする陳述」は「因果関係を含む陳述」に転換することができる。しかし，2つのモードでは，因果関係の型が違う。

論理的命題では，「もしもxならば，（then）yとなる」という様式になり，普遍的な真理の条件の探究に向かう。どのような条件（x）であれば，yという結果をもたらすか，条件分析が行われ，検証によって公式化される。

物語では，「王が死んで，それから（then）王妃が死んだ」という様式になり，「王の死」と「王妃の死」の2つの出来事のあいだの意味連関，「裏切り」「悲しみ」「自殺」などが探求される。

物語モードでは，「裏切り」「悲しみ」，どちらが正しいか検証するという方向には向かわない。「王が死んで，裏切りを果たした王妃は悲しみと罪の意識に襲われ，自殺して死んだ」というように，矛盾する意味づけの共存がありえる。

論理実証モードでは，正か誤かの結論が出るか，証拠不足で結論に達しないかどちらかである。物語モードでは，結論を一つ出すことが目的ではなく，「悲しい」「こっけいな」「不条理な」そのどれでもある意味づけが可能である。

人生を物語としてみるライフストーリー研究が注目をあびている。人生は，なぜ「物語」として研究されるのだろうか？　その理由は以下のように考えられる（やまだ，2013）。

（1）私たちは，日常生活を論理実証モードではなく，物語モードで生きている。ピアジェは，子どもを小さな科学者のように描き，論理操作を最高の発達段階においた。しかし，ふつう人々

は論理的に生きているとは限らない。ブルーナーがフォーク・サイコロジーと名づけたような研究，人々が日常生活でふつうにやっていることを知りたいならば，物語モードが適している。

(2) 論理実証モードでは，数学を用いた論理的抽象によって一般化する。物語モードでは，言語を用いて具体的な事例や物語やモデルとして代表させることで，日常生活に結びついた形式で一般化しようとする。

(3) 物語モードは，記憶など認知情報処理にすぐれている。知識が物語構造をもつことは，多くの認知研究で示されてきた。個々ばらばらの出来事ではなく，経験を組織化し，意味化し，筋立てると記憶しやすく，知の再編が容易である。

(4) 物語モードでは，出来事と出来事のつながり，移行，生成，変化，帰結など，筋立ての仕方が問題になる。遺伝子と同様に，要素の数は限られていても，結びつきと配列が多様であることによって，多様な形態と意味が生成されうる。物語とは，語り直しによって出来事の筋立てや配列を変えることによって，異なるバージョンを生成し，それによって新たな意味生成を行う方法論である。ナラティブ・セラピーは，その語り直しや物語の書き換えを促す方法である。

(5) 人間は数式のまねはできないが，物語のまねはしやすい。物語モードは，機械的で正確な情報伝達というよりも，人と人の相互的なコミュニケーションの循環を生むような伝達に適している。物語モードは，物語をもとに新しい物語を生むという生成的循環を生みやすい。

(6) 論理による知識よりも，人を感動させ，人の気持ちを揺り動かす知のあり方，感情や感性を動かす知に，物語モードは適している。この様式は人間がライフ（人生，生活，いのち）を生きるリズムと合っている。

(7) 論理実証モードは，外部に実在すると仮定する唯一の事実を証拠として追求する。物語モードは，出来事の筋立て方や意味づけを追求する。正しい物語は一つではなく，社会・文化・歴史的文脈によって，多様な物語がありうる。また，語り手の立場によって，物語は変わりうる。支配的な物語（マスター・ナラティブ）に対して，別の立場からの物語や少数者の物語を提示しうる。

(8) 論理実証モードでは，法則によって現在の常識を超えてここにない未来の予測をする。物語モードは，現在を越える時間軸で物語をつくりだす。物語は，過去の見方を変え，未来の生き方を変える力をもつ。

以上，質的研究の核心となるいくつかの「ものの考え方」を述べてきた。最後に論理実証モードと物語モードを比較したように，質的研究は，伝統的な科学研究の方法や数量化を否定するものではなく，両者は相補的と考えられる。しかし，伝統的な科学の方法と質的研究では，依拠する人間観や認識論が異なり，それが方法論の違いを生み出している。両者を用いる混合研究法も発展してきたが，両者の特徴をよく知り，それぞれの長所を明確に浮かびあがらせる組み合わせが必要である（Creswell & Clark, 2007/2010）。

なお，『APA心理学研究法ハンドブック』（Cooper, 2012）2巻のパート1には，「質的研究の方法」が下記のように13章にわたって詳しく解説されている。①質的方法の概観（1章「質的研究の多様性」，2章「質的研究のメタ統合」）。②主題的アプローチ（3章「グラウンデッド・セ

オリー」，4章「主題分析」，5章「解釈学的現象学分析」）。③ナラティブと言語を基にしたアプローチ（6章「ナラティブ分析」，7章「エスノメソドロジーと会話分析」，8章「ディスコース分析と言説心理学」）。④多重アプローチ（9章「事例研究法」，10章「心理学における焦点化エスノグラフィー」，11章「公共科学としての批判的参加アクションリサーチ」，12章「心理学におけるビジュアル研究」，13章「時間研究」）。

4節　生涯発達研究のモデルと方法論

「発達心理学」は，「生涯発達心理学」になり，成人期や高齢期から死まで，つまり人の一生を扱う心理学へと時間軸を拡張した。このように時間軸を人生全体にまで広げたことによって，ものの見方に劇的な変革が起こった。成人になってからの変化を扱うと，人の一生には驚くほどの可塑性や個人差や多様性があることがみえてきたからである。

バルテス（Baltes, 1987/1993）は生涯発達心理学を特徴づける理論的観点として以下の7点をあげている。①「生涯発達」，②「発達の多方向性」，③「獲得と喪失としての発達」，④「発達の可塑性」，⑤「歴史に埋め込まれた発達」，⑥「パラダイムとしての文脈主義」，⑦「学際的研究としての発達研究」。

「生涯発達心理学」によって，「発達」とは何かという「ものの見方」が問われ，発達観や研究方法も変化した。上記の7点は相互に連関しているが，最も特記すべきものは，人間の発達は社会・文化・歴史的文脈のなかに埋め込まれており，具体的な人間の発達プロセスは，それらとの相互作用を抜きに研究できないという知見である（やまだ，1995, 2011）。

発達心理学研究では，伝統的に「縦断法」（longitudinal method）と「横断法」（cross-sectional method）が用いられてきた。縦断法は，同一の研究協力者に時間をかけて年齢的変化を追って調べる。同じ研究協力者の発達的変化を正しく調べられる長所があるが，長期にわたるので対象集団（サンプル）に偏りが出やすく，繰り返しによる反復効果が避けられないなどの問題が生じる。

横断法は，異なる年齢の複数の群を同一時点で調べて，その年齢差から年齢変化を推測しようとする方法である。横断的方法では，縦断的方法に比べると，短時間で行えるので研究の効率は良いが，対象が異なるので，発達的変化は推測の域を出ず，年齢以外の要因（社会階層，性別，個人差）の影響を受けやすい。

生涯発達心理学研究では，とくに「コホート」（ある社会で特定の時代に生まれ育った群）に特有の条件を考慮する必要がある。たとえば，現代の30歳と80歳を横断的に比較すると，たんに年齢差や加齢効果だけではなく，その人々が生まれ育った時代背景の違いが組み込まれてしまう。たとえば，2010年に80歳の人々は1930年生まれで若いときに第二次世界大戦を経験し進学率も低かった。2010年に30歳の人々は高度成長で豊かになった後の1980年生まれで，生育時期の社会・文化・歴史的文脈が大きく異なっている。

たんに年齢による発達的変化というだけではなく，どのような時代に育った世代かということを考慮する必要がある。社会・文化・歴史的文脈の相違によって発達の仕方も多様になり，ある出来事を経験したときの年齢によって，その後の人生が大きく異なってくる可能性もある。

そこで時代変化をみるために，「時代差法」（time-lag method）も必要となる。それは，一つの社会で年齢を固定して測定を繰り返し，それに時代差があるか調べる方法である（小嶋，2002）。たとえば，身体成熟をみるのに，12歳児の身体測定値や初潮の有無の時代変化を調べるような方法があげられる。この方法では，個人の発達的変化だけに焦点を当てるのではなく，何が時代変化を生んでいるのかという問いにもアプローチできる。

図72.4は，架空のデータ例であるが，「コホート別縦断データ」「横断データ」「50歳の時代差データ」を組み合わせた方法である（小嶋，2002）。一つの年齢水準だけではなく，いくつかの年齢水準のデータを総合することによって，発達に及ぼす環境条件の影響を知ることができる。たとえば，第二次世界大戦の日本で，食糧不足によって身体的成長への悪影響がいちばん大きかったのは，急激に成長する思春期の子どもたちであった。

このように発達研究に生涯発達の視点が入ると，たんに時間軸を長く延長する必要性に加えて，人間は生物的な存在だけではなく，その発達が社会・文化・歴史的文脈のなかに埋め込まれていること，それらの文脈との相互作用プロセスが重要な意味をもつことが明らかになった。

この変化は，バルテスが「パラダイムとしての文脈主義」とよんだように，先に述べた「質的研究」や，ほかの諸科学とも連動した「ものの見方」の転換である。

ものが文脈から独立して存在しうるという考え方と，その独立したものが自由に移動しうる空っぽの空間と時間という概念は，かつて自然科学の基本概念であった（Whitehead, 1925/1981）。文脈主義は，それらに対する根本的なものの見方の変化を迫る（やまだ，2006）。生涯発達心理

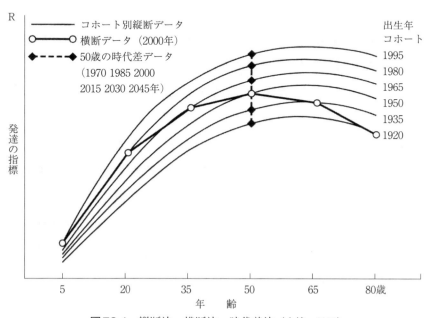

図72.4　縦断法，横断法，時代差法（小嶋，2002）

学研究は，多かれ少なかれ文脈主義によって，社会・文化・歴史的文脈と深い関連をもつ現実の心理現象をみていく方法論を開発せざるをえない。

　海の魚介類を豊かにするには，山の森林や地球規模の天候や海流変化を知らねばならないというように，文脈主義は相互連関に関心をもつ。進化の研究が，大きな進化軸上にのる多数の代表的生物だけではなく，ローカルな地で生きる希少な生物にも目を向けるようになったように，特定の大陸に生きる生物の数量や平均値だけでものがとらえられるわけではない。ガラパゴスのような小さい島を代表事例として，そこの動植物の生態系を全体システムとして相互連関でとらえるような質的研究のアプローチが必要になる。また，社会や文化のあり様によって，発達現象がいかに多様で，地域差も個人差も大きいかというローカリティとダイバーシティの発見に目を向けることが重要になる。人間の生き方の可能性や可塑性をさらに大きくひらく発達研究の方法論を新たに開発していく必要があるだろう。

◆ 引用文献

Baltes, P. B.（1993）. 生涯発達心理学を構成する理論的諸観点：成長と衰退のダイナミックスについて. 生涯発達の心理学：1（東　洋・柏木惠子・高橋惠子，監訳）（pp.123-204）. 新曜社.（Baltes, P. B.（1987）. Theoretical propositions of life-span developmental psychology : On the dynamics between growth and decline. *Developmental Psychology*, **23**, 611-626.）

Bruner, J. S.（1998）. 可能世界の心理（田中一彦，訳）. みすず書房.（Bruner, J. S.（1986）. *Actual minds, possible worlds*. Cambridge, MA : Harvard University Press.）

Bruner, J. S.（1999）. 意味の復権：フォークサイコロジーに向けて（岡本夏木・仲渡一美・吉村啓子，訳）. ミネルヴァ書房.（Bruner, J. S.（1990）. *Acts of meaning*. Cambridge, MA : Harvard University Press.）

Cooper, H.（Eds.）.（2012）. *APA handbook of research methods in psychology*（Vol.1-3）. Washington, DC. American Psychological Association.

Creswell, J. W., & Clark, V. L. P.（2010）. 人間科学のための混合研究法：質的・量的アプローチをつなぐ研究デザイン（大谷順子，訳）. 北大路書房.（Creswell, J. W., & Clark, V. L. P.（2007）. *Designing and conducting mixed methods research*. London : Sage Publication.）

Flick, U.（2011）. 新版 質的研究入門：〈人間科学〉のための方法論（小田博志・山本則子・春日　常・宮地尚子，訳）. 春秋社.（Flick, U.（2007）. *Qualitative Sozialforschung*. Hamburg : Rowohlt Taschenbuch Verlag GmbH.）

小嶋秀夫.（2002）. 生涯発達の心理学研究の課題と方法. 小嶋秀夫・やまだようこ（編），生涯発達心理学（pp.24-39）. 放送大学教育振興会.

Toulmin, S.（2001）. 近代とは何か：その隠されたアジェンダ（藤村龍雄・新井浩子，訳）. 法政大学出版局.（Toulmin, S.（1990）. *Cosmopolis : The hidden agenda of modernity*. New York : Free Press.）

Whitehead, A. N.（1981）. 科学と近代世界（上田泰治・村上至孝，訳）. 松籟社.（Whitehead, A. N.（1925）. *Science and modern world*. Lowell Lectures.）

やまだようこ.（1995）. 生涯発達をとらえるモデル. 無藤　隆・やまだようこ（編），講座生涯発達心理学：1 生涯発達心理学とは何か：理論と方法（pp.57-92）. 金子書房.

やまだようこ.（2006）. 質的心理学とナラティヴ研究の基礎概念：ナラティヴ・ターンと物語的自己. 心理学評論, **49**, 436-463.

やまだようこ（編）.（2007）. 質的心理学の方法：語りをきく. 新曜社.

やまだようこ.（2011）.「発達」と「発達段階」を問う：生涯発達とナラティヴ論の視点から. 発達心理学研究, **22**, 418-427.

やまだようこ.（2013）. 質的心理学の核心. やまだようこ・麻生　武・サトウタツヤ・能智正博・秋田喜代美・矢守克也（編），質的心理学ハンドブック（pp.4-23）. 新曜社.

73章 研究の倫理

1節 研究における倫理問題

杉本英晴

　かつて実験室中心であった心理学研究は，今日さまざまなフィールドへと展開されており，とくに生涯発達的観点から人間理解を試みる「発達研究」では，研究における対象範囲の拡大もあいまって，研究方法も多様なものとなってきている。こうした心理学研究の発展にともない，研究者における研究倫理の理解と遵守がこれまで以上に求められている。

　鯨岡（1997）によれば，研究者における研究倫理は，データを改ざんしない，他人の資料や文章を盗用しない，不当な形で第1著者にならない，といった自分が自分に誠実であるという自己規律の側面と，自身の研究が他者に不利益をもたらさないという他者への配慮性の側面に大別できるとされる。とくに後者については，研究が特定の個人および集団，さらには社会に対して，結果的に及ぼすかもしれない否定的な影響や不当な不利益に関して，常に敏感で，それを最小にするための努力を怠らないことの重要性が指摘されている。研究倫理は多岐にわたり，研究過程全般を通して不断に問われるものだといえるが，なかでも他者への配慮性の側面，すなわち，研究対象者（本章2節で述べられるが，総称として「研究対象者」と表記する）への倫理的配慮はひじょうに重要だといえよう。

　そこで本節では，研究対象者との関係に注目し，研究者と研究対象者間の倫理的問題をとりあげたうえで，具体的な研究方法上の倫理的問題について概観する。

1. 研究対象者との問題

　「発達研究」の知見を支えるのは研究対象者の存在であり，研究対象者への配慮は研究倫理のなかでも最たるものである。しかし，こうした最大限の配慮があるにもかかわらず，研究対象者との関係において倫理的問題が生じることもあるだろう。ここでは，研究対象者との関係における研究倫理として問題となりやすい，インフォームド・コンセントとプライバシーの保護をとりあげ，詳細に概観していく。

a. インフォームド・コンセント

　研究におけるインフォームド・コンセントとは，研究者と研究対象者が研究に関する「正しい」情報を共有したうえでの両者による研究方針への合意のことである。研究者と研究対象者は

対等な関係であり，研究者が研究対象者に研究協力を強制できるものではない。そのため，インフォームド・コンセントは，両者が納得して研究を進めていくうえでもひじょうに重要な手続きだといえる。

インフォームド・コンセントは，研究の目的や意義，具体的な内容だけでなく，研究の方法，研究成果の公表や研究終了後の対応などの情報を，研究実施前に十分な説明を行うことから始まる。これらの情報について，研究対象者に理解されたかどうかを確認したうえで，研究者は文書で同意を得ることが求められる。たとえば，実験でどのようなストレス刺激が用いられるか，観察でどのような機材が用いられるか，面接や質問紙による調査の拘束時間はどの程度かなど，研究実施の際のさまざまな条件はもちろんのこと，研究の社会的意義や研究終了後の報酬や謝礼に至るまで，研究への協力による利益と損失をていねいに説明する必要があるだろう。また，説明を行う際には，研究に関して誤解が生じないように努め，研究対象者が自由意思で研究への協力を決定できるよう配慮する。たとえインフォームド・コンセントを得ているにしても，研究対象者の自由意思を尊重し，研究をいつでも中断できること，中断しても不利益を被らないことなどについて説明し，実行しなければならない。

しかし，研究対象者の自由意思による研究参加の判断が困難な場合も想定される。たとえば，子どもや高齢者，障害や疾患のある人，外国人など，認知・言語能力上の問題，文化的背景の違いによって本人への直接のインフォームド・コンセントが困難なこともある。その場合，保護者や後見人，あるいは学校関係者，施設の責任者や医師など代諾者に対し，インフォームド・コンセントの手続きを行う必要がある（公益社団法人日本心理学会，2011）。ただし，子どもの保護者や学校関係者からインフォームド・コンセントが得られたとしても，子ども本人からのインフォームド・コンセントは必須である。このように，研究対象者との間にインフォームド・コンセントが得がたい場合でも，研究対象者の代諾者から得ればいいというわけではなく，研究対象者本人から理解を得るための最善の努力が必要である。

なお，研究実施前に行われるインフォームド・コンセントの手続きではあるが，事前に合意に達しているとは限らない。インフォームド・コンセントは，研究者と研究対象者とのコミュニケーションにもとづいているため，たとえ研究対象者から事前に同意を得ることができていたとしても，両者が合意に達しているかを確認すること自体が困難である。たとえば，面接での質問内容が，研究対象者にとって事前に想定していた以上にストレスを与える内容であった場合，それは合意に達していたとはいいがたい。その場合，研究対象者が研究を中断するなど，研究対象者の不安や不満として明らかになることがある。あってはならないことではあるが研究の実施中，研究対象者に想定以上の心理的・身体的負担をかけてしまった場合には，所属機関の医務室や相談室と連携をとるなどの誠実な対応が望まれる。インフォームド・コンセントは研究者と研究対象者の間で不断に問うことが必要であり，情報が共有できていないと感じる場合は，コミュニケーションをとり合意に近づけていくことが求められる。

b. プライバシーの保護

他人に知られたくない私的な個人情報である「プライバシー」を保護することは，近年とくに

重視される研究倫理の一つである。研究資料として得られたデータのなかには，研究対象者のプライバシーに直接かかわる情報が多く含まれている。データを提供した研究対象者が決して特定されないようにすることはもちろんのこと，個人の特定に結びつくようなおそれのある情報は，研究過程のどの時点でも公にされてはならない。個人が特定されれば，研究対象者のプライバシーが侵害され，「個人の尊厳」が侵される可能性がある。「個人の尊重」は日本国憲法第13条の保障するところでもあり，研究対象者の個人情報を漏洩したり，名誉を傷つけたりすることは許されない。

たとえば，実験や質問紙法による調査の場合，匿名にして研究を実施すること，観察や事例研究の場合必要以上に個人情報を尋ねないこと，データ入力の際IDナンバーや仮名で入力すること，データを管理する場合は暗証番号つきのファイルに保存，もしくはインターネットにつながらないパソコンを用いること，また，個人情報を扱ったままの資料を放置しないことなどがあげられる。また，研究実施前のインフォームド・コンセントの際には，研究対象者の個人情報をどのように扱うかを明記する必要がある。このように，研究過程中のいたるところで，プライバシーを保護するためにも個人情報の取り扱いには注意しなければならない。

ただし，研究者がプライバシーの保護に十分注意していたとしても，研究対象者がプライバシーの保護が十分満たされないと認識する場合もある。たとえば，安藤（2011）では，プライバシーの保護の想定範囲について，不特定多数の他者，研究対象者の身近な他者，研究対象者本人の3段階をとりあげ，研究者と研究対象者とでは認知のずれが起こりうることを指摘している。研究者は，プライバシー保護の想定範囲について，公表結果を目にする不特定多数の他者を想定することが多いかもしれない。しかし，研究対象者にとっては本人を知る身近な他者に対してこそ，プライバシーの保護を求めるかもしれない。報告内容は研究対象者に確認すべきであるが，研究対象者が不適切だと指摘する場合，研究対象者との話し合いをとおして承諾を得る必要があるだろう。解決しない場合は，当該個所を削除，修正するなど誠実な対応が求められる。

2. 研究方法上の問題

研究者は，研究対象者との関係に留意しながら，研究を計画するところから研究結果を報告し研究を終えるところまで，さまざまな研究倫理に配慮することが求められる。そこで，研究の計画，実施，結果の報告・データ管理といった研究段階別に順を追って具体的な研究倫理を説明していく。

a. 研究の計画

研究を計画する際には，対象者の選定，方法の選択，機関や場所，公表方法，成果の社会への影響など，あらかじめ倫理的問題が生じる可能性を慎重に検討することが求められ，倫理的に不適切だと思われる事態をできる限り想定するだけでなく，予防する手立てまで事前に考える必要がある（公益社団法人日本心理学会，2011）。その際，研究に携わるさまざまな立場（研究対象者だけでなく，研究対象者の周囲，社会，共同研究者，研究者の所属する組織，指導学生など）

にたった配慮が，倫理的に適切な行動につながるだろう。

　研究対象者に対する配慮はとくに重要で，実験法で与える感覚刺激や質問紙法で設定する質問項目，面接での質問方法など，研究者がつくりだす研究環境自体が研究対象者に多くのストレスを与える要因となりうる。研究者は，研究全体をとおして，研究対象者にどのような負担をかけるかをできる限り想定し，研究計画を立てる必要がある。また，他者の作成した尺度や心理テストを用意したり，実験や調査の分析に用いる有料のソフトウェアを準備したりと，研究で用いる資料を準備する際，これらを無断利用するべきではなく，作成者に使用許諾を得ることが求められる。

　なお，研究者の所属機関に倫理委員会が設置されている場合，研究計画は研究の実施に先立ち，承認を得る必要がある。また，研究対象者の所属機関にも，研究実施の承諾を得ておくことが望ましい。研究者自身が研究倫理を考慮するうえで，第三者の視点から審議を受け不十分な点を確認することは，より研究倫理に配慮した研究計画へとつながるだろう。

b. 研究の実施

　研究の実施に際しては，研究計画についてのインフォームド・コンセントが，研究者と研究対象者との間でひじょうに重要となる。研究者は研究対象者に，研究についての説明をしたうえで理解が十分であるかを確認し，同意を得ることが求められる。説明を行う際には誤解が生じないように努め，研究対象者が自由意思で研究参加を決定できるように留意する必要がある。もしも，研究遂行中に計画の変更がある場合は，倫理委員会にその変更内容を提示して承認を得るのはもちろん，研究対象者に対しても同様にインフォームド・コンセントを取り直さなければならない。

　また，研究を実施する際には，研究者は研究に関連する者すべてに対して公平で中立的な態度を保つことが重要である。近年，保育所や幼稚園，老人ホームなど，特定のフィールドに直接参入する参与観察が盛んになっているが，こうした研究方法では研究者と研究対象者とが直接かかわることが多いため，どうしても両者の関係性は親密になりやすい。そうした状況であっても，研究対象者やその周囲との間に専門的な関係以外の私的な関係を構築しないのはもちろんのこと，研究対象者の日常的活動に不利益にならない適切な人間関係を保つことが重要だろう。

　なお，研究実施の際，あらかじめ研究の真の目的を知らせることが学術的な価値を減じてしまう場合，研究対象者の人権の尊重と福祉に対する十分な配慮を前提として，倫理委員会に承認を受けたものに限り，真の研究目的を知らせないことや虚偽の説明（ディセプション）による実験を実施することが認められている。ただし，遅くとも研究終了時点にはディブリーフィングを行い，虚偽の説明があったことを伝え，真の目的を知らせなければならない。当然，研究対象者にネガティブな影響を与えることは未然に防ぎ，質問や要望などには，誠実に対応することはもちろんのこと，不明点についても十分に説明することが求められる。

c. 研究成果の報告，データの管理

　学会発表や研究対象者へのフィードバックなど，研究成果を報告する際には，プライバシーを保護して報告することが重要であり，研究対象者に不利益が生じないようにする責任がある。どのようなことがあろうとも，研究対象者が特定されないよう配慮しなければならない。また，観

察データを映像化する場合には，研究対象者の肖像権にも留意する必要があるだろう。

さらに，研究で得られたデータは，紛失，漏洩，取り違いなどを防ぐために，厳重に保管することが求められる。研究終了後，ローデータは一定期間厳重に保管しておくことが望まれるが，その後処分する際には，プライバシー保護の観点から焼却処分やシュレッダーによる処分を行う必要がある。

なお，研究終了後であっても，情報開示の要求や問い合わせには，誠実な対応が求められる。もちろん，研究資金の運用も重要であり，運用規則に従い，不正利用してはならない。事実に即した正確な報告をすることが求められる。

以上本節では，研究倫理について研究者と研究対象者との関係に焦点を当て，概説を行った。今後，発達研究ではよりいっそう，対象範囲の拡大が想定され，そうした研究対象者の協力を得るためにも，研究者には研究倫理のさらなる理解に向けて不断の努力が求められる。

なお，本節では，「動物」研究についてはとりあげることができなかった。『公益社団法人日本心理学会倫理規程』(2011) や「日本教育心理学会倫理綱領」(2000) に詳しいので参照されたい。また，研究方法はさまざまあげられるが，研究方法によって異なる倫理的問題が想定されよう。古澤ほか（古澤・斉藤・都筑，2000）では，研究方法ごとの倫理的問題に詳しいので，あわせて参照されたい。

◆ 引用文献

安藤寿康．(2011)．プライバシーはどう守られる？：発表の仕方・データ管理のあり方．安藤寿康・安藤典明（編），日本パーソナリティ心理学会（企画），事例に学ぶ心理学者のための研究倫理（第 2 版，pp.110-132）．ナカニシヤ出版．

古澤頼雄・斉藤こずゑ・都筑　学（編著），日本発達心理学会（監修）．(2000)．心理学・倫理ガイドブック：リサーチと臨床．有斐閣．

鯨岡　峻．(1997)．発達研究と倫理問題．発達心理学研究，8．65-67．

日本教育心理学会．(2000)．日本教育心理学会倫理綱領．

（公益社団法人）日本心理学会．(2011)．公益社団法人日本心理学会倫理規程（第 3 版）．

2 節　発表における倫理問題

安藤典明

「ここでは，研究を発表する際の倫理上の指針を示す。その基本は，虚偽や欺瞞を含む表現あるいは誤解を生むような表現をせず，科学的な知見を正確に伝えるところにある。すべての人間の基本的人権と尊厳を認め，個人のプライバシーを尊重するとともに，社会的文化的差異，個人差，性別および役割の違いなどにもとづく偏見を助長するような影響を極力排除するのが，必要とされる基本姿勢である」（公益社団法人日本心理学会，2011, p.25）。

これは『公益社団法人日本心理学会倫理規程』（以下，『日本心理学会倫理規程』とする）の「2.2　発表」の冒頭部分である。ここには，発表における倫理上の指針が凝縮されて示されている。本章の1節では，研究全体についての倫理問題が述べられたが，この2節では，研究を発表する際の倫理問題について述べる。なお，とりあげる学会や学会誌は，本書の読者を考え，発達心理学とその近接領域に限定した。

1. 学会や学会誌の倫理規程

『日本心理学会倫理規程』では，上記の導入文につづいて，「1. 表現への配慮」から「17. 個人情報の適切な管理」までの17項目にわたって，論文の執筆，学会大会での発表・講演，さらには講義などにも共通する注意事項が列挙され解説が付されている（表73.1参照）。日本教育心理学会（2000）の「倫理綱領」でも，「4. 公開に伴う責任」において，同様なことが箇条書きされている。

明文化された倫理規程（綱領）を設けていない日本発達心理学会，日本パーソナリティ心理学会では，古澤ほか（古澤・斉藤・都筑，2000），安藤・安藤（2011）に，学会としての指針がまとめられている。また，倫理綱領をもつ日本保育学会も，日本保育学会倫理綱領ガイドブック編集委員会（2010）によるガイドブックを刊行している。

学会誌への投稿に際しては，どの学会も投稿規則や編集規程，さらには投稿者用チェックリストにおいて，研究（者）倫理に抵触しないかどうかの注意を促しているが，あくまでも投稿者個人の判断と責任に委ねられている。専門とする領域や研究方法によって，投稿者と審査者との見解の相違も当然生じることであろう。研究者の倫理的判断には過誤がつきものだという論点から，学会や研究機関の倫理規程がはらむ問題や研究倫理をめぐるジレンマについて，斉藤（2011）が，少し難解ではあるが，丹念に分析している。

学会誌の審査過程で，研究倫理にかかわる検討が不可欠となっている。日本発達心理学会の『発達心理学研究』の「編集委員会だより」（2010）で，「論文審査過程における倫理問題について」がとりあげられた（2013年の第24巻第3号の「編集委員会だより」でも，「論文審査手順と研究倫理疑義への対応について」が掲載され，さらなる注意を促している）。この「編集委員会だより」が執筆された時点までの1年間に，検討された研究倫理上の問題は，①「研究参加者の自由意思やプライバシーの保護」，②

表73.1　研究発表における倫理上の指針（公益社団法人日本心理学会，2011）

1. 表現への配慮	10. 写真などの権利関係への配慮
2. 出典の明示	11. 著者の条件
3. 著作権者からの利用許諾の取得	12. 連名発表における著者の順序
4. 適切な引用	13. 関係機関の明記
5. 二次文献からの引用の回避	14. 二重投稿の禁止
6. データの改ざん，捏造等の禁止	15. 審査者の責務
7. データの正確性の確保	16. 個人情報の保護
8. データの再掲載と再利用	17. 個人情報の適切な管理
9. データの開示と保管	

「剽窃に関すること」，③「論文数の水増しに関すること」の3種に分けられた，と記されている。①に関しては，研究参加者への説明と同意について，十分な記述がないことによって，疑義の指摘を免れないことが強調されている。審査過程において研究倫理上の問題や不正行為が明らかになった場合は，「編集委員会だより」にも述べられているように，関係するすべての人にとっての損失ははかりしれない。「投稿とレフェリーシステム」については，編集委員長として不正行為に直面し，どう対処し解決に至ったかを記述した杉山（2011）が参考になる。また，『科学者の発表倫理：不正のない論文発表を考える』（山崎，2013）には，オーサーシップの問題，公平さを欠く論文評価の実態，論文の撤回の具体例など，自然科学が中心だが多くの事例が紹介されている。

次項では，学術論文を執筆する際に配慮すべき倫理問題について具体例をあげて述べる。

2. 学術論文にみられる倫理問題

筆者は10誌前後の学術誌の編集・校閲にかかわってきた。1年間に200本近い論文に目を通したこともある。そのうち数誌は，20年超の校閲作業にかかわってきている。「校正」ではなく「校閲」と記したが，「誤りや不備を調べ指摘・訂正する」という辞書的意味に近い作業を示すためである。筆者の校閲作業は，論文が受理されたあとの印刷過程（校正段階）で行っているのが大半である。

以下，学術論文で用いられる「見出し」ごとに述べる。校閲作業において遭遇した倫理上の問題事例を題材にしているが，実例をもとにモデファイしたものである。

a. 問題と目的

たとえば，「見慣れぬ事象や新奇な刺激に接し，その情報を得ようとすることを探索行動という」という導入文が，同一著者の他の論文でも導入文として用いられていたら，読者はどう思うだろうか。ある学術誌の同じ年度（同巻）の違う号数でまったく同じ導入文で始まり，20数行にわたってテーマに関する知見が述べられているのを読んだことがある。本来ならば一つの研究を複数の論文に切り分けた（いわゆるサラミ出版）結果か，あるいは冗長だった分析の精度をあげて新たな結論を導いた結果か，明瞭ではないが，先に記した「編集委員会だより」の③「論文数の水増し」の印象がぬぐいきれない。「水増し」の嫌疑を払拭するためには，既存の論文との差異を明確にするべきである。

また，「日本語要約」と「問題と目的」の導入部分が同一という論文にも何度か遭遇した。「要約」での研究目的の記述が長すぎるのである。大半の学術誌の「要約」（アブストラクト）は電子化がすすみ，研究計画時に電子検索が頻繁に行われる。つまり，「要約」の重要度は格段に増してきた。電子検索に対応するためには，「目的」はキーワードを入れながら簡潔に記し，「方法」や「結果」は主観を交えず正確に記述する必要がある。

「問題と目的」では，先行研究の紹介をしながら研究テーマが述べられるため，引用文献が多発する。関連する研究の吟味をおろそかにしたため不適切な引用文献の掲載や，先行研究の要約

にあたって改変や曲解により同一性保持権（著作者人格権の一つ）を侵害するおそれのある記述が，認められることがある。先行研究は，「要約」（アブストラクト）だけでなく，本文をきちんと読むべきである。郷式（2011）は，1年に3本の論文を投稿するためには，「10本」読めと言い切っている。

加藤ほか（加藤・馬場・太幡・下田・福田・大久保，2013）では，インパクトファクター（impact factor）のもつ意味を考察するなかで，原著論文が存在するにもかかわらず抄録・学会発表論文を引用する安易さを指摘するとともに，それをチェックしない査読者の引用文献に対する認識の甘さに警告を発している。

また松井（2010）は，「問題と目的」ではふれなかった文献が，「考察」で初出文献として登場することに対し研究計画の不備に直結するおそれがあることを指摘している。比較対照のため「考察」で新たな文献を引用するのはやむをえないとして，研究テーマにかかわるものは，「問題と目的」で先行研究や関連研究として紹介しておくべきである。

b. 方　法

ここでは，研究対象者（以下に述べる用語を包摂してこのように表記する）のプライバシー，既存の尺度利用など，多くの研究倫理上の問題がひそんでいる。

「被験者」という用語は，subjectsからparticipantsへの視点の変換を促す提案（安藤・安藤，2011）や，『日本心理学会倫理規程』の「はじめに」に記されている，subjectsは主従関係を暗示するという理由によって，使用を避けるのが定着してきた。実験研究の場合は「実験参加者」（「実験協力者」はサクラ〔confederate〕と混同するため避けたい），調査研究の場合は「調査参加（協力）者」，観察研究の場合は「観察対象者（児）」などが用いられている。「参加者」か「協力者」かは，研究対象者の自由意思にかかわる問題かもしれないので，研究者－研究対象者のコミュニケーションと距離感の判断に委ねたい。なお，検査を受ける人を指す場合は，日本テスト学会（2007）の『テスト・スタンダード』では，「受検者」が用いられている。

研究対象者の個人情報の記述は，匿名化したから十分だと考えずに，細部にわたって記述に工夫を凝らす必要がある。臨床研究や質的研究において，データの加工，人物同定を避けるための変更によって生じるジレンマとその対策について，能智（2013）に詳しい。

研究対象者への手続きの記述は，インフォームド・コンセント，プライバシーの保護，結果の利用方法など，また，子どもや障害・疾患のある人が研究対象者で本人に承諾がとれない場合，保護者や後見人に同意を得たことなど，先述した「編集委員会だより」の①で示されているように，できるだけ分厚いものが望まれる。所属機関の倫理委員会の承認を受けている場合は，必ずそのことを記述するようにしたい。ただ，「倫理的配慮として，回答は任意であること，結果は希望者にフィードバックすることを記載した」など，簡素でステレオタイプ的な記述は避け，自分の言葉で配慮と誠意を尽くした表現にしたいものだ。

尺度利用については，木島（2011）が詳しく解説している。オリジナルの開発者に許諾を求めること，海外のものを無断で翻訳して使用しないこと，文化的背景を考慮してバックトランスレーション（逆翻訳・原語戻し翻訳）を必ず行うことなど，必要な手続きをできるかぎり記述す

べきである。尺度利用に際して許諾を求めた記述があるのは，現状ではわずかである。もちろん利用が自由なものもある。判断を曖昧にする「疑わしきは罰せずの方針」(斉藤，2011) が横行しないためにも，簡単な表現でもよいから，記述することが一般的になることを望む。

c. 結果と考察

データを分析するにあたっては，一部の対象者を選別するような結果は慎重に扱う必要がある。個人が特定されるような記述は絶対に避けたい。観察研究でのエピソードを表にまとめる場合など，本文では慎重に扱われたことが表では露出していることがある。図や表は別工程で作成されることが多いだけに，本文との整合性をとることに細心の注意が必要である。

研究倫理上の問題ではないが，本文と図表の数値が違っていることや，因子名の表記が違っていることなど，校正時にみつかることがある。本来なら査読時に指摘される重大な欠陥である。校正段階でそのような誤りがみつかっても，学会誌によっては，受理論文の内容変更は認められないという杓子定規な対応で変更不可ということもある。誤りを放置することで学会誌の質の低下は免れない。問われるのは査読者の質である。そのような方針の学会誌は，校正でみつかる原稿段階での誤りは，編集委員（査読者）の了解を得て訂正するという柔軟な態勢にすべきである。

電子投稿，電子査読が一般的になったことで，査読者の注意力欠如の問題が浮上してきた。それは，SNS (social networking service) への書き込みにおける表現力の劣化，電子ジャーナル・電子書籍の編集力の等閑視などと同様に，電子媒体がもつ手軽さによって生み出される欠陥ともいえる。

論文の末尾に，研究計画時点で想定できる欠点を，今後の課題として述べられている場合がある。やってみたが，やはりそうだったという，研究計画の杜撰さを表明しているようなものである。論文の最後は，洗練された未来志向の一文でしめくくりたい。

3. 表現にかかわる倫理問題

言葉は生きものである。時代と環境によって摩耗と洗練を繰り返し，同じ言葉でも，TPO（時間・場所・場合）によって，人を傷つけることもあれば人を勇気づけることもある。そのような多義にわたる言語を使用して，研究成果を発表するのであるから，不適切な用語の使用や表現には十分気をつける必要がある。

研究成果を発表するということは，社会的責任をともなうことである。その自覚をもち，いわゆる差別語に限らず，不快語，俗語，隠語などに敏感になるべきである。たとえば，「欠損家庭」は不快感がつきまとうが，「片親家庭」はあまり意識せずに使用されている。今日では行政を中心に「ひとり親家庭（家族）」が用いられる。また，文化差，民族性，性差，職業，障害（がい）児・者，社会的弱者などについて言及する際，どんな配慮が必要でどのような表現を心がけるべきかを，常に社会状況に照らして会得し，なおかつ更新しておきたい。

学術論文の「方法・手続き」の記述の際の「研究対象者に答えさせた」という表現は，研究者と研究対象者の対等性を欠いたものである。「研究対象者に回答を求めた」「研究対象者に答えて

もらった」などの表現にすべきである。とくに，講義時間を利用して調査をする場合など，トップダウン的な命令口調になりがちであろう。研究を遂行する時点から言葉遣いに気をつけておけばよいことである。

インターネット時代に入り，情報の入手が一瞬のキー操作で行われるようになってきた。独立行政法人科学技術振興機構が運営するJ-STAGE，国立情報学研究所の運営するCiNii，またAPAのPsycINFOによって，論文の検索・入手も容易である。つまりコピー・アンド・ペースト（コピペ）も簡単にできる。2014年に，ある科学者の博士論文におけるコピペの可能性が指摘され，この問題がクローズアップされた。「ネット無断利用」「発表資料を無断使用」と報道され糾弾された研究者のなかには，真実は不明だが，うっかりコピペしていたものを利用してしまったと，いいわけをする人もいた。無料サイトの「剽窃チェッカー」や各種のコピペ検出ソフトの登場により，うっかりコピペも悪質な不正行為も容易に発見できるようになったことで，論文執筆者および論文審査者が今後この問題にどう取り組んでいくかが問われることになる。

自分の論文の再利用についても注意したい。学術誌に掲載された論文は，発行元の学会が著作権を管理しているのが大半であるため，他の学術誌あるいは市販雑誌に同一性を保持したままの利用はできない。筆者は，同一著者による新旧両方の論文の編集にかかわった際に，パソコンに保存されている旧論文を，部分的とはいえ利用して執筆された新論文に，筆者が旧論文で指摘した入力ミスや文献の刊行年の誤りが訂正されないまま再利用されていたのをみつけたことがある。苦笑ではすまされないむなしさを感じた。「研究倫理」以前の問題かもしれない。

以上，表現にかかわる倫理問題は断片的な記述になってしまったが，論文執筆時における「言葉」「表現」の選択・創出に自覚的こだわることが，創造的論文を産出する第一歩となろう。

◆ 引用文献

安藤寿康・安藤典明（編），日本パーソナリティ心理学会（企画）．（2011）．事例に学ぶ心理学者のための研究倫理（第2版）．ナカニシヤ出版．
郷式 徹．（2011）．論文投稿への道：とりあえず一歩を踏み出したい大学院生のために．岩立志津夫・西野泰広（責任編集），日本発達心理学会（編），発達科学ハンドブック：2 研究法と尺度（pp.247-257）．新曜社．
発達心理学研究編集委員会．（2010）．編集委員会だより．発達心理学研究，21，218-219．
発達心理学研究編集委員会．（2013）．編集委員会だより．発達心理学研究，24，402-403．
加藤 司・馬場真美子・太幡直也・下田俊介・福田美紀・大久保暢俊．（2013）．インパクトファクターからみた"心理学研究"の評価．心理学研究，84，146-155．
木島伸彦．（2011）．人のものを借りるには？：翻訳における手続き．安藤寿康・安藤典明（編），日本パーソナリティ心理学会（企画），事例に学ぶ心理学者のための研究倫理（第2版，pp.160-170）．ナカニシヤ出版．
古澤頼雄・斉藤こずゑ・都筑 学（編著），日本発達心理学会（監修）．（2000）．心理学・倫理ガイドブック：リサーチと臨床．有斐閣．
松井 豊．（2010）．改訂新版 心理学論文の書き方：卒業論文や修士論文を書くために．河出書房新社．
日本保育学会倫理綱領ガイドブック編集委員会（編）．（2010）．保育学研究倫理ガイドブック：子どもの幸せを願うすべての保育者と研究者のために．フレーベル館．
日本教育心理学会．（2000）．日本教育心理学会倫理綱領．
（公益社団法人）日本心理学会．（2011）．公益社団法人日本心理学会倫理規程（第3版）．
日本テスト学会（編）．（2007）．テスト・スタンダード：日本のテストの将来に向けて．金子書房．

能智正博．(2013)．質的研究の倫理．やまだようこ・麻生　武・サトウタツヤ・能智正博・秋田喜代美・矢守克也（編），質的心理学ハンドブック（pp.71-95）．新曜社．

斉藤こずゑ．(2011)．発達研究における倫理．岩立志津夫・西野泰広（責任編集），日本発達心理学会（編），発達科学ハンドブック：2　研究法と尺度（pp.230-246）．新曜社．

杉山憲司．(2011)．論文はどのように審査されるのか？：投稿とレフェリーシステム．安藤寿康・安藤典明（編），日本パーソナリティ心理学会（企画），事例に学ぶ心理学者のための研究倫理（第2版，pp.192-203）．ナカニシヤ出版．

山崎茂明．(2013)．科学者の発表倫理：不正のない論文発表を考える．丸善出版．

74章 基本的な研究デザイン

1節 実験研究法

梶川祥世

　実験研究法は，入力刺激を統制するなど自然状況下よりも厳密に環境を整えて，対象者の反応を測定する方法である。実験条件と統制条件を設定することにより，刺激と反応の因果関係を追究することが可能となる。とくに乳児や2歳頃までの幼児においては，実験者からの指示や実験対象者の反応測定のために言語を使用することが不可能あるいは信頼性が低い場合が多く，視聴覚などの知覚実験だけでなく言語や認知発達に関しても，言語を介さない実験手法の創出や工夫が必要とされてきた。とくに1970年代以降，こうした低年齢児を対象とした研究分野においてもさまざまな実験手法が開発されるようになり，また1990年代以降は計測技術が進歩して機器が広まったことも追い風となって，乳幼児の発達研究は飛躍的な進歩を遂げてきた。ここでは，これらの乳幼児を対象とする実験手法について概観する。

1. 乳幼児を対象とする実験手法

a. 選好法
　視覚，聴覚，触覚などを通じた複数の刺激に対する，乳児の弁別と好みを調べるために用いられる方法である。聴覚，触覚などの刺激を用いる際にも，視覚刺激と組み合わせて刺激に対する注視時間を測定することにより，弁別と好みを判断することが一般的である。
　選好注視法（preferential looking）は，視覚刺激を用いる方法である。比較的古くから用いられてきた方法で，たとえば乳児の視力や図形の好みを明らかにした研究などがよく知られている。乳児の視線をビデオカメラで撮影しておき，実験後に映像を再生して注視時間を測定する方法や，モニター経由あるいは直接の観察によりコンピュータに反応を入力して実験中に注視時間を記録する方法などが用いられる。また近年では，近赤外光を利用した眼球運動計測・視線追跡装置によるデータから，「どちらをみたか」だけではなく「どこをいつどのような順序でみたか」といったように，注視反応を詳細に分析する研究も増加している。
　選好聴取法（preferential listening）は，ランプの点滅や図形などの視覚刺激と言語音声などの聴覚刺激を連動させて呈示したときの注視反応をもとに，聴覚刺激に対する選好を調べる方法である。すなわち，乳児が視覚刺激を見始めてから視線をそらすようになるまでのあいだ，視覚刺激と同時に音声刺激を呈示し，刺激ごとの注視時間（＝聴取時間）を測定する。そして試行ご

とに音声刺激を替えて各条件の注視時間を比較することによって，音声刺激への選好の偏りを判断するのである。この方法により，声や音に対する選好，また連続する言語音声（話し言葉）からの単語の切り出し（セグメンテーション）能力の発達などが明らかにされてきた。

選好聴取法の一つである選好振り向き法（head-turn preference procedure）はジュセック（Jusczyk, 1997）の研究グループを中心として，1980年代後半から多用されてきた比較的簡便な音声知覚認知実験の手法である。主に4～14カ月頃の乳児に適用される。この手法の特徴は，椅子に座った乳児の正面に緑のランプ，左右に赤のランプを設置し，赤ランプの背後にスピーカーを置いて，乳児の視線を左右のランプに誘導しながら同方向のスピーカーより音声を呈示する点である。左右の視覚刺激の距離が離れているため，乳児の視線方向の判定を容易に行うことができる。また，この方法を用いた一連の研究では，新刺激よりも旧刺激に選好が偏る結果が得られることが多いことも特徴としてあげられる。しかし音声刺激の呈示方法（単語のみ，単語を文に埋め込む，など）や呈示時間，対象児の月齢によって選好の偏りには違いがみられ，実験計画および解釈において注意が必要である。

選好聴取法では，音声刺激に視覚刺激がともなうため，乳児はたんに視覚刺激に注目している可能性も指摘されてきた。しかし，すべての試行で等しく視覚刺激を呈示していること，さらに音声刺激の呈示順序はランダムであることから，条件間で注視時間に差が生じるならば，それは視覚刺激によるものではなく聴覚刺激の違いを反映したものであると解釈されている。

さらに視聴覚などの複数の知覚すなわちモダリティ間の統合を調べるためには，モダリティ間選好注視法（intermodal preferential looking : IPL）が用いられる。たとえば並列したモニターの片方に女性の顔映像，もう片方には男性の顔映像を呈示し，中央に配置したスピーカーから女性の声を呈示する。このとき，顔の性別と声の性別を正しく一致させることができる乳児は，女性の顔映像を男性の顔映像よりも長く注視するはずであるという前提のもとに，乳児の理解を判断する。モダリティ間選好注視法によって，この他に話者の口の動きと発話音声，母音の口の形と音声，モノの名前の理解，単語の誤った発音の検出（たとえば，Swingley & Aslin, 2007）など，主に言語発達の分野において多くの研究が行われてきている。この方法を用いた場合，先の例と同様にモダリティ間で一致している刺激に選好が偏る結果を得ることが一般的である。

選好法は，刺激のいずれかに反応が偏る結果にもとづき対象者の「好み」を知ることができるが，弁別能力を調べるためにも有効な方法である。乳児は一般に，刺激を呈示されてからしばらくのあいだは，その刺激に関する情報を処理し認知するために，呈示刺激を注視するとされている。この段階では，最初に呈示した刺激（旧刺激）と新たに呈示した刺激（新刺激）とのあいだに，注視時間の差はみられない。続けて試行数を重ねて，十分に旧刺激を処理した段階になると，乳児は旧刺激よりも新刺激を選好するようになる。ファンツ（Fantz, 1964）は，1～6カ月児を対象に実験を行い，新刺激選好が2カ月以降にみられるようになることを報告している。

また刺激呈示から1分後には新刺激選好，1カ月後には旧刺激選好が3カ月児の記憶研究で示されている（Bahrick & Pickens, 1995）。旧刺激と新刺激の選好には，刺激呈示時間，刺激の複雑さ，新旧刺激の差異の程度に加え，対象児の月齢と個人差による情報処理速度の違いが関連

してくるのである（Mather, 2013）。

　選好法を用いる場合には，上述したような認知処理と選好の関係を考慮して，実験条件の設定および結果の解釈を行う必要がある。刺激間の注視時間に差が生じた，すなわち選好がみられたという場合には，刺激を弁別していることと片方への選好があることが同時に解釈可能である。一方，選好がみられなかった場合には，それだけでは実験対象者が刺激を「弁別していない」ことは保証されない。たんに選好が刺激間で同程度であったか個人差が大きかった，または選好シフトの中間点であった可能性がある。このため，弁別能力を確認したい場合には，さらに条件を組み合わせて慎重に検討を進める必要がある。

b. 馴化脱馴化法

　馴化脱馴化法（habituation-dishabituation procedure）は，主に視覚および聴覚に関する研究で，新生児から乳幼児まで幅広い月齢の対象に用いられる方法である。実験では同一の刺激を呈示し続けて児が注意を向けなくなる（馴化）段階まできたところで，次に新刺激を呈示する。このときに児の注意復活（脱馴化）がみられたならば，2つの刺激を弁別する能力があると解釈する。

　新生児を含む0～2カ月頃の乳児の聴覚研究では，児の吸啜反応と音声呈示を連動させる吸啜法（high-amplitude sucking procedure）によって，母語と非母語の弁別能力や言語リズムの弁別能力などが明らかにされてきた（たとえば，Ramus, 2002）。注視を用いた乳児の研究では，ドットの個数や人形のジャンプなどイベントの回数，すなわち数の違いを弁別する能力を示した実験などがある（Starkey & Cooper, 1980；Wynn, 1996）これらの実験では，たとえば2つのモノやジャンプに馴化させた後，テストとして2つと3つをそれぞれ呈示した場合の注視時間を測定し，3つの場合に脱馴化がみられることを確かめている。

　馴化脱馴化法の応用として，馴化スイッチ法（habituation switch procedure）があげられる。視覚刺激と聴覚刺激の同時呈示を繰り返すことにより児を馴化させ，馴化後にテストとして視覚刺激と聴覚刺激の組み合わせが先ほどと同一であるパターン（same）と組み合わせが異なるパターン（switch）を呈示して，各試行における注視時間を測定する。そして組み合わせが異なるswitch条件で脱馴化がみられたならば，視聴覚刺激の組み合わせを学習していたとみなすものである。ワーカーの研究グループはこの方法を用いて，音声面からみた語彙獲得について14～24カ月頃の発達を明らかにしている（Werker, Fennell, Corcoran, & Stager, 2002）。

c. 期待背反法

　期待背反法（violation of expectation method）は，乳幼児の注視反応を利用して，認知能力を調べる方法である。素朴物理学や社会性の認知能力などの研究で多く使用されてきた。乳幼児はある事象を目の前にしている際に次に起こることを予測している，あるいは現在起こっていることは以前の結果と論理的に整合しているという予期をもっているという前提のもとに，前後の事象に論理性や因果関係がある場合（可能事象）とない場合（不可能事象）とをそれぞれ呈示し，呈示後の注視時間を比較する。もし可能事象よりも不可能事象を長く注視したのであれば，つまり予期に反した事象をより長く見つめたのであれば，事象間の関係を正しく理解しているものとみなす。

ウィン（Wynn, 1992）は，乳児の前に人形を1体置き，それを衝立で隠してからもう1体の人形を置こうとする様子を見せた。その後に衝立を取り除くと，人形は先に置いたものと後から置いたものとを合わせて2体あるはずだと予期される。実験では，衝立を取り除いたときに人形が2体ある可能事象と1体しかない不可能事象とを呈示した。この結果，5カ月児は不可能事象をより長く注視し，「1＋1＝2」という加算事象を理解できることが示されたのである。さらにこの手法に色，形，大きさといったモノの特性を組み合わせた研究では（Xu, Carey, & Quint, 2004），12カ月児では形のみを同一性の手がかりとしてこの加算事象の認識に用いることが指摘されている。

　また社会性の発達では，行為者（agent）の動作とその結果を呈示して，行為者の意図を正しく推測できているかどうかを調べるために，この方法がしばしば用いられている。たとえばソンほか（Song, Onishi, Baillargeon, & Fisher, 2008）は18カ月児を対象に，誤信念課題において行為者は正しい情報をもった第三者による言語や身ぶりによる指示からその正しい情報を得られた場合に，もともともっていた誤信念を修正できると理解していることを示した。こうした実験では，行為者が実際に乳幼児の目前で一連の動作を演じて見せることが多く行われている。

d. オペラント条件づけ

　条件づけ振り向き法（conditioned head-turn procedure）は，音韻や音節などごく短い音声刺激の弁別能力を調べる方法である。この実験はトレーニングとテストから構成される。トレーニングでは対象児が向かい合って座った実験者の持つ玩具などに注意を向けているあいだ，一定の音声刺激を呈示しつづける。適当なタイミングで，音声刺激を乳児が弁別できる別の音声刺激に替え，同時に乳児の横に設置された箱をライトで照らし玩具などの動きを見せる。この玩具の動きが強化子となって，やがて乳児は音声が変化するとライトが点灯するよりも先に箱のほうを振り向くようになる。このように音声の変化に対する振り向き反応が条件づけられたところで，今度は本当に調べたい音声刺激を使用して実験を行う。複数回の試行を実施して，振り向き反応が得られた確率によって，弁別能力を判断することになる。クールほか（Kuhl, Tsao, & Liu, 2003）は，英語母語の乳児に中国語の語りかけをビデオ映像を通して繰り返し見せた場合，中国語の音韻弁別能力に変化はみられなかったが，乳児に中国語母語話者が直接語りかけることを繰り返した場合には，弁別能力が高くなることを示し，言語習得における社会的相互作用の重要性を議論している。

　またロヴィ－コーリアーの研究グループは，乳児の足にリボンを結びつけモビールとつなぐことによって，足を動かす行動を条件づけし，乳児の記憶研究にこの方法を利用している（たとえば，Rovee-Collier & Shyi, 1992）。

e. 探索手法と遅延模倣

　探索手法（search technique）と遅延模倣（deffered imitation）は，記憶能力を調べる方法である。探索手法は一般に，乳幼児の目の前で玩具などのターゲットを隠す一連の動作を見せて，その後乳幼児自身に探索させてターゲットをみつけだせるかどうかを調べる。すなわちターゲットを隠した場所をみつけるという行動によって，先に得た情報を再生させるという手続きである。

対象児が正しくターゲットをみつけることができた場合，記憶を保持・再生できたと判断することになる。

　グーベとクリフトン（Goubet & Clifton, 1998）は，ゴールが2箇所に分かれているチューブのなかをボールが落ちていくという事象を乳児に見せた後，実際に落ちていく状態は隠したまま落ちる音を聞かせて，ターゲットへのリーチング（手のばし）の生起を調べた。この結果，6カ月半の乳児は隠された条件においても音を手がかりとして，ボールが落ちた時点からリーチングを開始しボールを取ることができた。乳児は，最初に見たボールが落ちていくという事象を記憶しており，正しく再生できたといえる。

　遅延模倣は，探索手法と同様に乳幼児の目の前で一連の動作を見せてから一定の遅延を経た後に，乳幼児自身に動作を再現（模倣）させる手続きである。コリーとヘイン（Collie & Hayne, 1999）は，6カ月児と9カ月児を対象に遅延模倣を使用した実験を行い，出来事についての記憶である宣言記憶が6カ月頃に発達しはじめていることを示した。この実験では，さまざまなしかけのついたフェルトボードを用いて，たとえばウサギの人形を取り外して振ってみせるなどの動作を見せた。それから24時間後に乳児に同じフェルトボードを見せて3分間行動を記録し，高い確率で動作を再生できることを確認することができたのである。

2．発達科学における実験研究法の留意点

　心理学研究においては，実験の刺激と結果の因果関係についての内的妥当性と結果の一般化についての外的妥当性に留意することが重要であるが，乳幼児を対象とした実験研究にも特別の注意が必要となる（Holmes & Teti, 2008）。まず多くの場合，保護者や保育者が付き添って実験を実施することになるため，実験への影響を最小限にしなければならない。付き添い者が実験条件に対してブラインドであることに留意しつつ，実験に対する緊張感や予期が対象児の反応に影響をもたらさないように，事前に付き添い者とも十分なコミュニケーションをとり，事前によく説明しておくことによって信頼を得て安心してもらうようにする。またとくに実験室に来てもらって実施する場合，当日その時間帯の対象児の体調，新奇な場所や人に対する反応の仕方などにも注意を払っておく。乳幼児は成人に比べると集中力が短く，実験室入室から終了までをいかに迅速に進めていくかという点も，実験を成功させるポイントとなる。成人対象の実験以上に入念な準備とトレーニングを行っておきたい。

　外的妥当性の問題としては，対象者を掲示や広報紙（誌）などによって一般に募集した場合に，応募してくる保護者には，時間的余裕，経済的状態などの生活環境，研究や教育に対する関心など，条件の偏りが生じるという点があげられる。また幼稚園や保育園などで実験を実施する場合には，入園が選抜であるかないかによっても，家庭環境や対象児自身の性質に偏りが生じる可能性を考慮すべきである。

　最後に，乳幼児研究の困難な問題として，ある能力が行動に表れたとしても知覚や認知，学習のメカニズムについては推測の域を出ないということがある。動物や成人を対象とした場合のよ

うには，明確な結論を出すことが難しい。したがって，研究者による結果の解釈が大きな影響力をもっていることを心にとどめておきたい（開，2005）。実験研究法に，観察法や検査，脳波や近赤外分光法を用いた脳活動計測など複数の手法を組み合わせながら，多角的に現象を分析していくことが必要となるだろう。

◆ 引用文献

Bahrick, L. E., & Pickens, J. N. (1995). Infant memory for object motion across a period of three months : Implications for a four-phase attention function. *Journal of Experimental Child Psychology*, **59**, 343-371.
Collie, R., & Hayne, H. (1999). Deferred imitation by 6- and 9-month-old infants : More evidence for declarative memory. *Developmental Psychobiology*, **35**, 83-90.
Fantz, R. L. (1964). Visual experience in infants : Decreased attention to familiar patterns relative to novel ones. *Science*, **146**, 668-670.
Goubet, N., & Clifton, R. K. (1998). Object and event representation in 6-month-old infants. *Developmental Psychology*, **34**, 63-76.
開 一夫（2005）．乳児認知研究の新しいかたち：注視時間法における課題と今後の展開．遠藤利彦（編著），発達心理学の新しいかたち（pp.111-132）．誠信書房．
Holmes, A., & Teti, D. M. (2008). Developmental science and the experimental method. In D. M. Teti (Ed.), *Handbook of research methods in developmental science* (pp.66-80). Oxford : Blackwell Publishing.
Jusczyk, P. W. (1997). *The discovery of spoken language*. Cambridge, MA : The MIT Press.
Kuhl, P. K., Tsao. F.-M., & Liu, H.-M. (2003). Foreign-language experience in infancy : Effects of short-term exposure and social interaction on phonetic learning. *Proceedings of the National Academy of Sciences*, **100**, 9096-9101.
Mather, E. (2013). Novelty, attention, and challenges for developmental psychology. *Frontiers in Psychology*, **4** 491.
Ramus, F. (2002). Language discrimination by newborns : Teasing apart phonetic, rhythmic, and intonational cues. *Annual Review of Language Acquisition*, **2**, 85-115.
Rovee-Collier, C., & Shyi, G. C. W. (1992). A functional and cognitive analysis of infant long-term memory. In M. Howe, C. Brainerd, & V. F. Reyna (Eds.), *Development of long-term retention* (pp.3-55). New York : Springer-Verlag.
Song, H., Onishi, K. H., Baillargeon, R., & Fisher, C. (2008). Can an agent's false belief be corrected by an appropriate communication? Psychological reasoning in 18-month-old infants. *Cognition*, **109**, 295-315.
Starkey, P., & Cooper, R. G., Jr. (1980). Perception of numbers by human infants. *Science*, **210**, 1033-1035.
Swingley, D., & Aslin, R. N. (2007). Lexical competition in young children's word learning. *Cognitive Psychology*, **54**, 99-132.
Werker, J. F., Fennell, C. T., Corcoran, K., & Stager, C. L. (2002). Infants' ability to learn phonetically similar words : Effects of age and vocabulary size. *Infancy*, **3**, 1-30.
Wynn, K. (1992). Addition and subtraction by human infants. *Nature*, **358**, 749-750.
Wynn, K. (1996). Infants' individuation and enumeration of actions. *Psychological Science*, **7**, 164-169.
Xu, F., Carey, S., & Quint, N. (2004). The emergence of kind-based object individuation in infancy. *Cognitve Psychology*, **49**, 155-190.

2節 自然観察法

岩田美保

1. 人間行動をとらえる手法としての自然観察法

　観察は，人間行動を科学的に解明する基本的な手法として，心理学や社会学，文化人類学などこれまで幅広い学問領域で用いられてきた。観察のなかでも，観察対象に何らかの人為的な操作を加えずに，日常のままの自然な行動を観察することを自然観察法という。自然観察法は，観察される側の行動に人為的な操作を加えない点が実験観察法（本章 3 節）と大きく異なる点であり，観察対象の日常行動の特徴や状態をありのままにとらえようとする方法といえる。しかし，そのぶん，観察条件の統制を完全に行うことは難しく，観察する側の十分な訓練や準備が求められる（戸田，1992）。自然観察法は，子どもの発達や教育にかかわる文脈での観察にも有効な方法であり，乳幼児研究や，園や学校における保育・教育実践研究などに幅広く用いられている。

2. 自然観察法の種類

a. 観察事態から

　自然観察法による観察を行うにあたり，その方法は観察事態（中澤，1997）の違いから，以下の 2 つに大別される。

　一つは偶然的（偶発的）観察である。偶然的観察は，観察対象となる場面や状況，観察対象者の行動などに関して，何をどのようにみるか等をあらかじめ決めずに観察を行い，徐々にそこに潜む特質や法則性などを発見しようとする（遠藤，2000）ものである。たとえば，幼稚園での観察で偶然見かけた幼児たちのやりとりから，彼らの行動の特質（たとえば，友だちが怪我をしたときにどう対処するか，等）を見出していく。園の保育記録や育児日記のような，観察対象者にかかわる行動や出来事が幅広く記録された日誌的記録も，偶然的観察の一部といえる（戸田，1992）。偶然的観察は，偶然的に生じた（記録された）行動や出来事の内容に依存する面があるものの，特定の短い時間（期間）では観察することが難しい，人間の行動特徴にかかわる貴重なデータや，新たな研究の視点を得るうえでも重要なものとなる。

　もう一つは組織的観察である。組織的観察とは，研究目的に応じて，観察する状況や場所，さらにはどのような行動に着目して観察を行うか等を事前に決めたうえで組織立てて観察を行おうとするものである。たとえば，幼児期の仲間遊びに性差による違いがみられるかどうかを調べるために，幼稚園の自由遊び時間に観察を設定し，男児と女児の遊びの内容について観察を行う場合などがあげられる。組織的観察では，観察対象となる行動・事象に的をしぼって観察を行うため，特定の行動や事象についてのデータを比較的効率よく集めることが可能となる。また，着目する行動・事象の生起頻度といった量的なデータだけでなく，その生起要因や経過などにかかわ

る質的なデータも収集可能であるため，多角的な分析が可能となりうる。一方，観察時間中にほとんど生起しない行動・事象に対しては組織的観察を行ってもあまり意味をなさないため，予備的な観察で，ある程度データが得られるかどうかを確かめておくことは必須といえる。

b. 観察形態から

自然観察法においては，観察者が観察の場に参加するのかどうかという視点からその観察形態（中澤，1997）をとらえることもできる。観察の場に観察者が参加しながら観察を行うものが参加観察である。一方，ビデオカメラの設置などにより，観察者が直接参加しないで観察を行うものが非参加観察である。参加観察の形態をとる場合は，さらに，どの程度観察対象者と交流しながら観察を行うか，という観点が重要となる。観察対象者へのかかわりが最も少ないものが非交流的観察である。一方，交流の程度が最も大きいものが，交流的観察であり，観察者が観察対象者に関与し，経験をともにしながら観察を行う形をとる（中澤，1997）。

交流的観察は，保育・教育実践でもしばしば行われる。その利点として，外からではわかりにくい現象の詳細（detail）に立ち入り，そこで起こる出来事を行為者の視点で見ること（南，1997）が可能となることがあげられる。また，観察対象との関係が緊密である場合は，観察者が感じ取った観察対象の感情の動きなども含んだ経験をエピソード記録として蓄積することも可能となる（鯨岡，1999）。これらは，生態学的に妥当な観察対象者の行動をとらえ，その意味や発達に関する仮説を見出すうえでひじょうに有効といえる。一方で，観察者の主観と客観的事実が混同されやすく，観察の偏りが生じやすいことや，データが多様な情報を含み，必要な情報を見分けにくいことが問題となりうるため，慎重かつ真摯にデータに向き合うことが必要となる。

c. 研究に応じた観察の立場

自然観察における，観察者の立場（観察の場に参加するか，交流する程度をどうするか）は，研究目的や観察対象との関係に応じて異なってくる。上述したように，保育・教育実践では交流的観察もよく行われるが，家庭で乳幼児や家族間のやりとりの観察を行う場合など，観察者が観察対象者に配慮し，その影響を最小限にすることが望ましい場合は，観察対象者から何らかの働きかけがあったときのみ可能な範囲内での交流を行う参加観察や（常田，2007など），ビデオカメラのみを設置した非参加観察の形がとられることもある（岩田，2009など）。

3. 自然観察における観察記録

a. 観察の記録

自然観察法では観察事態や形態にかかわらず，生起した現象をどのように記録するかが重要となる。それは，遠藤（2000）が指摘するように，現象をいかに選び，いかに切り取るかということにほかならない。上述した日誌的記録（日誌法）は，とくに現象の何を切り取るかを決めずに，日常的に対象を観察するなかで，印象に残った出来事が日誌的に記録されたものであり（遠藤，2000），偶然的観察においてよく用いられる記録法といえる。

一方，組織的観察法においてよく用いられる方法の一つに，事象見本法（イベント・サンプリ

ング法）がある。それは，観察対象者の特定の行動（幼児の「けんか」など）に着目して，観察記録をとるものである。具体的には，観察しようとする行動がみられるたびに，その原因や経過，結果等を記録用紙に記述するか，後述するような行動カテゴリーのチェックリストをあらかじめ作成し，行動の頻度をチェックするなどしてデータを収集していく。それにより，幼児の「けんか」の原因や，幼児のある時期の「けんか」の頻度がどのように変化するか，など幼児の「けんか」にかかわる質的・量的データを焦点的に収集でき，多角的な分析を行うことが可能になる。

また，組織的観察法では，時間見本法（タイム・サンプリング法）による記録も用いられる。それは，行動を一定の時間間隔で区切り（観察単位），観察単位ごとに行動を観察し，記録する方法である。たとえば，1時間の観察について，30秒を1単位として，1時間を120単位に区切り，1単位（30秒）ごとに，観察した内容を行動カテゴリーリストにチェックしていく（Hetherington & Parke, 1986）。それにより，たとえばある幼児が，最初の15分は「一人で遊ぶ」，次の10分は「友だちの遊びを傍観する」，さらに次の35分間は「友だちと遊ぶ」ことが多かったことなど，観察時間中の観察対象者の行動の流れを明確にとらえることが可能になる。

これらの観察で用いられる行動カテゴリーリストについては，研究の視点にもとづき予備観察を行い，エピソードや発話内容を収集したうえで作成する。カテゴリーの項目は起こりうるすべての行動が網羅されているだけでなく，それぞれが概念的に独立したものでなくてはならない（松浦・西口，2008）。たとえば，「ユーモア」と「ふざけ」など，分類に迷うようなカテゴリーが生じた場合は，概念的な整理を再度十分に行い，カテゴリーの定義を明確にしておく。

なお，組織的観察においては，上述したもの以外に，調べようとする行動や出来事が生起しやすい特定の場面（食事場面など）に着目して観察を行う場面見本法が用いられる場合もある。

b. フィールドノーツの重要性

自然観察法では，観察者自身による「調査地で見聞きしたことについてのメモや記録」としてのフィールドノーツ（field-notes）（佐藤，1992）もまた，観察記録において重要な位置を占める。ビデオカメラやICレコーダー等を用いることが可能な場合は，録画・録音を行うこともあるが，機材のトラブルもありうることや，映像や音声のデータはカメラが向けられた場所以外の映像や場の雰囲気は記録されないことなどから，観察に際してフィールドノーツをとることは必須といえる。何より，その場に実際にいることで，とらえられる情報は数多い。たとえば，観察対象者を含む人の言動はもちろんであるが，空間の使われ方やモノ（外山，2008；箕浦，2009）なども観察対象者の行動にかかわる重要な情報となる。また，観察を行いながら，観察者が感じたことや，考えたことなども，のちに観察データを解釈し，観察研究をまとめていくうえで，貴重な資料となることがあるので，別欄などに記録するようにする。

なお，フィールドノーツや日誌的記録，参加観察によるエピソード記録を含む観察データをどのように観察研究としてまとめていくかについては，やまだ（1987），麻生（1992），鯨岡（1999, 2006）等の研究書が参考になる。そのほか，園や学校での参加観察による研究として，磯村ほか（磯村・町田・無藤，2005），野澤（2011），フィールドノーツを用いた記録や分析として，苅田（2004），飯塚（2009），1事例の家庭観察データにもとづく，岩田（1999），坂上（2002），常田

(2007) などがある。一方, それらの研究は, 基本的に, 何らかの場面や観察対象者の行動に着目し, 分析を行ったものでもある。こうした組織的観察の観点からは, さらに, 食事場面に着目した外山 (2008), 乳児や幼児の行動に着目した白神・根ヶ山 (2008), 加藤ほか (加藤・大西・金澤・日野林・南, 2012) などが, 事象見本法や場面見本法を用いた研究を行ううえで参考になる。また, 時間見本法を用いた研究については, 三浦 (1994) などがある。自然観察法を用いたアプローチやその方法論としては佐藤 (1992, 2002), 中澤ほか (中澤・大野木・南, 1997), 箕浦 (1999, 2009), 遠藤 (2000), やまだ (2007), 松浦・西口 (2008) などに詳しいので参照してほしい。

4. 自然観察データにかかわる適切性の評価

観察データの収集や分析においては, それが適切に行われたものかを評価する指標として, その信頼性と妥当性が重要となる。ここでの信頼性とは, 観察者内や観察者間において, 観察しようとしているものや, 観察で得られたデータの評定や分類にぶれがなく, 安定した結果が得られることを示す。こうした信頼性を検討するために, 複数の観察者間で分類や観測の一致度 (一致率) を求める。たとえば, 複数の評定者間で独立に100個のカテゴリー分類を行い, 80個が一致していた場合, 分類の一致率は80% (80/100) となる。データ数が多い場合はその一部 (たとえばデータの40%) について一致率をみることもある。この一致率が高いことは, そうしたカテゴリー分類の信頼性が高いことを示す。一致率が著しく低い場合は, カテゴリーの定義や数を見直すことが必要になる。一致率の算出には, その他に, 偶然の一致率をとり除き, より厳しい評価をとるコーエン (Cohen, 1960) の κ (カッパ) 係数や相関係数もよく用いられる。

一方, その観察データがとらえようとする内容をきちんと測っているかどうかは, 妥当性の問題である。上述した信頼性が高くても, 研究目的にかなう測定がなされていなければ観察データとしての妥当性は保証されない。たとえば, 幼児の「園での適応」をみる指標として「仲間と遊ぶ」のみを観察した場合, 一人で絵本を楽しんでいる子どもは該当しないことになる。一人や仲間同士にかかわらず園で安心して充実した気持ちで過ごせることを適応ととらえるならば,「仲間と遊ぶ」のみの観察の妥当性は低いものとなる。こうしたことを避けるためには, 実際にデータ収集を行う前に, 研究対象とする心理的概念についての操作的定義を十分に行い, それが実際にどのような状況や行動でみられるかを明確にしておくこと (遠藤, 2000) が重要となる。

こうした, 観察データの信頼性や妥当性について, 詳しくは, マーティンとベイトソン (Martin & Bateson, 1986/1990), 川上 (1997) に述べられているので, 参考にしてほしい。

5. 自然観察における心構え

a. 倫理的な配慮について

研究や観察を行ううえで, 倫理的な面への配慮はきわめて重要である。観察を行う際は, 観察

対象者に研究や観察について十分に説明を行い，同意を得ることが必要となる。子どもを対象とした研究の場合は，研究目的に応じて，保護者や学校や園の教師にも了解を得るようにする。

観察中にも，観察対象者に不要なストレスを与えないように心がける。ビデオカメラ等を用いる場合は，事前に，観察に慣れてもらうための期間の設定や，カメラを目立たない場所に配置する等の工夫も必要となる。また，観察期間中には，観察対象者が予定の変更や中断，中止を遠慮なく申し出ることができるような信頼関係の構築も重要となる。

b. データ収集に際して

データの収集は，公正さを心がける。予測と異なる結果がみられても，それが後に重要な意味をもつこともある。観察データは必ず当日中にチェックし，フィールドノーツに不明な記述があれば，修正を行う。映像や音声データについても，確認とバックアップを忘れないようにする。

c. 個人情報の扱いについて

観察データは個人情報を含むものであり，データの扱いや保管には十分な注意が必要である。とくに観察の場合は筆記記録以外に，映像データや音声データをともなう場合が多いため，データの公表は，個人が特定されないように注意し，使用内容や目的，場所について研究対象者に許可を得たうえで，責任をもって行う。個人名の入った不要な書類は適宜シュレッダーにかける，記録媒体（外付けハードディスクやUSBメモリー等）も鍵のかかる引き出し等に保管する，などの配慮が必要である。研究上の個人情報の扱いについては，古澤ほか（古澤・斉藤・都筑，2000），日本教育心理学会（2003）に詳しく述べられているので参照してほしい。

d. 観察の終了に際して

観察や研究の終了時に，観察協力者に対して感謝の気持ちを伝え，得られた成果の報告を行うことは最低限の義務である。また，研究の公表にあたり，観察結果の内容や解釈に問題がないか，観察協力者に同意を得ることが望ましい。そうした意見交換により観察者と観察協力者との間で観察の成果の共有が真になされること（古澤ほか，2000）も期待されるところである。

◆ 引用文献

麻生 武．(1992)．身ぶりからことばへ：赤ちゃんにみる私たちの起源．新曜社．

Cohen, J. (1960). A coefficient of agreement for nominal scales. *Educational and Psychological Measurement*, **20**, 37-46.

遠藤利彦．(2000)．観察によるアプローチ．大村彰道（編著），教育心理学研究の技法（pp.19-58）．福村出版．

Hetherington, E., & Parke, R. D. (1986). *Child psychology : A contemporary viewpoint* (3rd ed.). New York : McGraw-Hill.

飯塚有紀．(2009)．低出生体重児における母子再統合場面での「抱き」の変化と母子相互作用．発達心理学研究，**20**，278-288．

磯村陸子・町田利章・無藤 隆．(2005)．小学校低学年クラスにおける授業内コミュニケーション：参加構造の転換をもたらす「みんな」の導入の意味．発達心理学研究，**16**，1-14．

岩田美保．(1999)．幼児における弟の内的状態を表す言葉の発達：弟の意図のくみとりに至るまで．発達心理学研究，**10**，110-124．

岩田美保．(2009)．ある5歳男児の就学期にかけての家族間コミュニケーション：母・兄姉間会話への参入過程に着目した夕食時の会話の縦断的検討．発達心理学研究，**20**，264-277．

苅田知則．(2004)．なぜ子どもは「隠れる」のか？：幼稚園における自由遊びの参与観察．発達心理学研究，**15**，140-149．
加藤真由子・大西賢治・金澤忠博・日野林俊彦・南　徹弘．(2012)．2歳児による泣いている幼児への向社会的な反応：対人評価機能との関連性に注目して．発達心理学研究，**23**，12-22．
川上正浩．(1997)．統計的な基礎．中澤　潤・大野木裕明・南　博文（編），心理学マニュアル観察法（pp.96-107）．北大路書房．
古澤頼雄・斉藤こずゑ・都筑　学（編著），日本発達心理学会（監修）．(2000)．心理学・倫理ガイドブック：リサーチと臨床．有斐閣．
鯨岡　峻．(1999)．関係発達論の構築：間主観的アプローチによる．ミネルヴァ書房．
鯨岡　峻．(2006)．ひとがひとをわかるということ：間主観性と相互主体性．ミネルヴァ書房．
Martin, P., & Bateson, P. (1990). 行動研究入門：動物行動の観察から解析まで（粕谷英一・近　雅博・細馬宏通，訳）．東海大学出版会．(Martin, P., & Bateson, P. (1986). *Measuring behavior : An introductory guide*. New York : Cambridge University Press.)
松浦　均・西口利文（編）．(2008)．観察法・調査的面接法の進め方．ナカニシヤ出版．
南　博文．(1997)．参加観察法とエスノメソドロジーの理論と技法．中澤　潤・大野木裕明・南　博文（編），心理学マニュアル観察法（pp.36-45）．北大路書房．
箕浦康子（編）．(1999)．フィールドワークの技法と実際：マイクロ・エスノグラフィー入門．ミネルヴァ書房．
箕浦康子（編）．(2009)．フィールドワークの技法と実際II：分析・解釈編．ミネルヴァ書房．
三浦香苗．(1994)．算数授業時の児童の行動：性および学力水準差による相違．教育心理学研究，**42**，174-184．
中澤　潤．(1997)．人間行動の理解と観察法．中澤　潤・大野木裕明・南　博文（編），心理学マニュアル観察法（pp.1-23）．北大路書房．
中澤　潤・大野木裕明・南　博文（編）．(1997)．心理学マニュアル観察法．北大路書房．
日本教育心理学会（編）．(2003)．教育心理学ハンドブック．有斐閣．
野澤祥子．(2011)．1～2歳の子ども同士のやりとりにおける自己主張の発達的変化．発達心理学研究，**22**，22-32．
坂上裕子．(2002)．歩行開始期における母子の葛藤的やりとりの発達的変化：一母子における共変化過程の検討．発達心理学研究，**13**，261-273．
佐藤郁哉．(1992)．フィールドワーク：書を持って街へ出よう．新曜社．
佐藤郁哉．(2002)．フィールドワークの技法：問いを育てる，仮説をきたえる．新曜社．
白神敬介・根ヶ山光一．(2008)．家庭での自然観察によるつかまり歩きの縦断的発達研究．発達心理学研究，**19**，375-388．
戸田まり．(1992)．自然観察法．東　洋・繁多　進・田島信元（編集企画），発達心理学ハンドブック（pp.1187-1194）．福村出版．
外山紀子．(2008)．食事場面における1～3歳児と母親の相互交渉：文化的な活動としての食事の成立．発達心理学研究，**19**，232-242．
常田美穂．(2007)．乳児期の共同注意の発達における母親の支持的行動の役割．発達心理学研究，**18**，97-108．
やまだようこ．(1987)．ことばの前のことば：ことばが生まれるすじみち1．新曜社．
やまだようこ（編）．(2007)．質的心理学の方法：語りをきく．新曜社．

3節　実験観察法

関根和生

1．実験観察法とは

　本稿では，実験観察法について解説する．観察法とは，心理学において人間理解のために使用

される研究法の一つであり，「人間や動物の行動を自然な状況や実験的な状況のもとで観察，記録，分析し，行動の質的・量的特徴や行動の法則性を解明する方法」（中澤・大野木・南，1997, p.4）と定義される。本稿で扱う実験観察法（experimental observation method）は，この「観察法」と，一定状況下で環境変数を統制してデータの収集や分析を行う「実験法」との中間に位置づけられる。観察法と実験法は，それぞれ長所と短所をあわせもつ。観察法では，場面を統制せずに，自発的に生起する行動を観察する。そのため，生態学的に妥当性の高いデータを得ることができる。また，新しい現象の探索や発見につながることが多く，仮説生成的研究に適している。その反面，自然状況下での観察は，観察したい行動が生起するまで待たねばならない。また，環境条件を統制しないため，行動の因果関係を特定することが難しいといった問題がある。実験法は，検証したい特定の環境要因を操作するため，比較的短い間で特定の行動を生起させることができ，行動の因果関係を明確にすることができる。そのため，仮説検証型の研究に適している。しかし，環境を系統的に操作するため，観察された行動の生態学的な妥当性は低くなることがあり，新しい現象の発見も難しくなる。

　こうした2つの方法の短所を補うのが，実験観察法である。実験観察法は，観察法と実験法のそれぞれの特徴をあわせもっており，「対象とする行動が生じるような環境を観察者の側で設定し，その中で生起する対象行動を短期間のうちに数多く観察する」（中澤ほか，1997, p.5）目的で用いられる。つまり，できるだけ自然状況に近い環境をつくり，そのなかで研究対象となる行動を組織的に変化させることによって，ターゲットとなる行動を観察する。

　例として，ベイクマンとアダムソン（Bakeman & Adamson, 1984）による，乳児（6〜18カ月）の共同的かかわりの発達に関する縦断的研究をみてみよう。共同的かかわり（joint engagement）とは，乳児が他者とともにある対象物を共有する状態のことを指す。ベイクマンらは，共同的かかわりの成立過程おける，養育者の役割に関心があった。そのため，乳児と母親との自由遊び場面を，乳児と同じ年齢の子どもとの自由遊び場面と比較し，共同的かかわりの違いを観察した。また，相互作用を促進するため，特定の玩具が使用された。分析のため，2つのカテゴリーがつくられた。一つは，乳児と他者（母親や他児）は共に対象物に注意を向けているが，乳児は他者のかかわりや存在にほとんど気づいていない「消極的な共同的かかわり」（passive joint engagement）であり，もう一つは，乳児が積極的に他者と対象物の両方に注意を向ける「協同的な共同的かかわり」（coordinated joint engagement）である。結果として，乳児の年齢があがるにつれ，消極的な共同的かかわりが減少し，協同的な共同的かかわりが増加してくことが明らかになった。ただし，こうした共同的かかわりは，母親との遊びにおいて顕著で，同年齢の子どもとの遊びのなかではあまり観察されなかった。ベイクマンらは，このことから共同的かかわりの成立過程において，母親の働きかけの役割が大きいことを結論づけた。

　このように，実験観察法では，見たい現象（たとえば，共同的かかわりに対する母親の影響）を検討するため，できるだけ日常生活に近い場面（例：自由遊び）を設定し，かつ環境要因を操作して（例：母親と同年齢の子どもとの比較，遊具の統制），行動（例：共同的かかわり）に影響する要因を明らかにする。

2. 実験観察法の特徴

a. 行動カテゴリーの設定と分析単位

実験観察法は、「自然観察から探索的に導き出された仮説をさらに検証するために使われる方法といってもよい。したがって観察の着眼点がはっきり定められていること、そして理論的な仮説をもって始めることが大切である」（金谷, 1992, p.1194）。そのため、どのような行動を観察するのか、また、それをどのように観察するのかということをあらかじめ決めておくことが重要になる。たとえば、乳児の身振りの発達を実験観察法によって調査するとしよう。その際、乳児のどのような行動を"身振り"として同定するのか、ということが問題となる。"身振り"といっても、指さしや描写的な身振り、他者の行動の模倣、遊具の操作など、さまざまな行動が考えられる。また、観察したい行動が多岐にわたる場合は、複数の行動カテゴリー（行動を分類したり整理したりするためのカテゴリー）を用意する必要もある。ただし、カテゴリーを細分化しすぎると、詳細にわたって対象となる現象を知ることができる反面、観察やコーディングに時間がかかってしまう。どのような行動を観察対象に含め、それをどのような行動カテゴリーとしてまとめるのかは、研究目的や研究仮説を吟味したうえで、設定するのがよいだろう。

また、観察された行動をどのような単位で分析するかも、研究目的によって違ってくる。たとえば、単純に身振りの産出の有無を問題にする場合と、身振りの種類（例：指さしか描写的な身振りか）や性質（例：発話と同期して産出されたか否か）を問題にする場合では、前者では単純回数と後者では頻度のように分析の単位が違ってくる。また、ある行動の生起頻度と持続時間のどちらに焦点を当てるか、ということによっても、カテゴリーの選択や分析単位、その記録の仕方に違いがでてくる。記録の仕方は、大きく分けて直接観察と間接観察の2種類がある。直接観察では、観察者が直接対象となる行動を観察しながら、それをチェックリストやメモに記録し、その場でもしくは後に評定を行う。特定の行動の単純な生起回数のみに主眼がおかれている場合は、直接観察で十分だろう。一方、間接観察では、ボイスレコーダーやビデオカメラなどの記録装置を利用して客観的に観察を行う。間接観察では、資料収集後でも繰り返しデータをみることができるという利点がある。したがって、行動の持続時間や行動連鎖の分析には、間接観察が適している。しかし、記録装置がデータを記録できる範囲は限られているので、とくに観察中の記録装置の移動が難しい場合（例：ビデオを持ち歩きながら撮影することができないなど）は、対象となる行動や音声が最大限に収集できるように、記録装置の設置場所には細心の注意を払うべきである。こうした適切な記録装置の選択や設置、行動カテゴリーの数や質の設定、観察者の訓練などが観察の信頼性を高めることにつながるのである（金谷, 1992）。

b. 場面の設定と記述のレベル

実験観察法では、目標となる行動を誘発し、要因の効果を検討することが目的となるため、場面の設定と条件の操作が重要な鍵となる。その際注意すべきことは、できるだけ日常に近い場面をつくりあげることである。日常とかけ離れた状況では、不自然な行動が誘発されてしまうかもしれない。調査参加者にとって、その状況が日常に近いもので、かつ目標の行動を誘発するに

ふさわしい場面設定と条件の操作を心がけることが大切である。状況を限定するのは,「現実の特徴をきわ立たせるためであって,現実と別の現象をみるためではない」(金谷,1992, p.1195)。たとえば加藤ほか(加藤・大西・金澤・日野林・南,2012)は,2歳児の向社会的行動(他人を助けることや他人に対して積極的な態度を示す行動)の発達を検討するため,室内での自然遊び場面を観察場面として選択し,泣いている他児に対する幼児の反応に焦点を当て観察を行った。彼らはとくに泣いている他児との親密性によって,向社会的行動に違いがみられるのかを記録している。また,小椋(1988)は初期の言語発達と事物操作との関係を調べるため,4人の子どもを約1年間半縦断的に観察した。彼女は,子どもと養育者との家庭での自由遊び場面に焦点を当てた。子どもが操作する事物を統制するために一定の事物(食事,身づくろい,入浴の道具,遊具)を毎回導入し,言葉の出現と事物操作活動との関係性を分析した。

　研究によっては,こうしたマクロな行動の分析だけではなく,より微視的な行動の分析も必要になるだろう。近年では,記録装置の進歩によって,マイクロなレベルでの行動も分析可能になってきている。ビデオに録画された画像は普通の速度ばかりでなくてスローモーションで繰り返し見たり,必要な画面で停止させて見ることもできる。たとえば,江尻と正高(Ejiri & Masataka, 2001)は,乳児の手足の運動と音声との関係を生後6〜11カ月の間で縦断的に観察したところ,基準喃語の開始時期に先立って,発声が手足のリズミカルな運動と同期して生じる時期があることを見出している。この結果は,発声にともなうリズミカルな運動が,より複雑な発声の産出をうながし,それが基準喃語の産出に影響を与えていることを示している。こうした身体運動と音声との同期-非同期関係は,録画映像を詳細に見ることで明らかにされることであり,従来の直接観察の行動単位では十分記述できないものである。もちろん,微細な観察は膨大な時間がかかるので少数のケースしか分析できず,結果の一般化に時間がかかる場合もある。変数相互の関係を評価するにはマクロなレベルでの測定も必要であろう。

　最近では,動画・音声データへのアノテーション(データに注釈をつける作業)やコーディングを支援するためのフリーのソフトウェアも増えてきた。こうした分析ツールのおかげで,音声や行動の生起頻度や生起時間,それらの連鎖構造や同期関係も比較的容易に分析することができるようになってきた。参考までに,以下に分析ツールを紹介しておく(2015年1月現在)。最近では,マックス・プランク心理言語学研究所が開発したELAN(Sloetjes & Wittenburg, 2008)が広く使用されているが,そのほかにもGScript(細馬,2003)やAnvil(Kipp, 2004), Mivrix(荒川,2005)などの便利なアノテーションツールがある。ソフトウェアごとに使用できる動画の形式や拡張性,データの表示や出力が異なる。そのため,研究の目的や分析指標の特性によって使い分けるとよいだろう。

3. 実験観察の具体例

　以下では,実験観察法を使用した情動やコミュニケーションの発達に関する研究を,いくつか示してみよう。

a. ストレンジ・シチュエーション法による愛着タイプの研究

エインズワースほか（Ainsworth, Blehar, Waters, & Wall, 1978）は，1歳代の乳児を対象に，母親に対する愛着（attachment）の質を検討した。愛着とは，乳児と養育者との間に形成される情緒的なきずなのことを指す。愛着のタイプを分類するため，エインズワースは，ストレンジ・シチュエーション法（以下，SS法）を用いた。SS法は，母子の分離や再会などの場面を実験室でつくりだし，そこでの乳児の母親に対する愛着行動やスタイルを観察する方法である。SS法は，以下の8つの場面から構成され，それぞれ約3分間続く。①母親が子どもを抱いて入室。②母親は椅子に座り，子どもはおもちゃで遊ぶ。③ストレンジャー（見知らぬ大人〔実験者〕）が入室し，母親とストレンジャー共にそれぞれの椅子に座る。④母親が退室（1回目の母子分離），ストレンジャーが子どもに接近。⑤母親が入室（1回目の母子再会），ストレンジャーが退室。⑥母親が退室（2回目の母子分離）。⑦ストレンジャーが入室し，子どもを慰める。⑧母親が入室し（2回目の母子再会），ストレンジャーが退室する。このうち，5，8番目の再会場面における乳児の行動が主な分析の対象とされ，各場面で愛着行動（母親への接近行動や接触維持行動，抵抗，回避，距離をおいた相互交渉，分離中の母親を捜し求める行動）が生起したかどうかや各行動の強度が点数化される。この評定値にもとづき，回避型（Aタイプ），安定型（Bタイプ），アンビバレント型（Cタイプ）の3つのうちのいずれかの愛着タイプに分類される。安定型の子どもは，愛着対象（母親）に信頼感をもっているため，安定した愛着を示す。母親を安全基地としながら，環境を探索することができ，また母親がいなくなると不安を示すが，再会すると遊びや探索活動を行う。回避型の子どもは，不安的で拒否的な愛着を示す。母親が退室しても母親と再会しても，無視したり接触を回避したりすることを特徴とする。アンビバレント型の子どもは，不安的でアンビバレントな愛着を示す。母親の退出後，極度の不安や恐怖を示し，再会後は愛着行動だけでなく，敵意や攻撃を特徴とする。エインズワースの研究では，安全型の愛着に分類された子どもが一番多かった。また，この群の子どもは，養育者との間に形成された信頼関係をもとに，自己や他者に対する心的表象を形成することが示されている。その後の研究では，愛着のタイプやその比率は文化圏によって異なることが示されており，日本では北海道大学の三宅（1991）らが，ストレンジ・シチュエーション法を用いた多くの研究を行っている。

b. 情動調整プロセスの発達的変化

金丸・無藤（2006）は，2歳から3歳までの子どもの情動調整プロセスの変化を縦断的に調査した。情動調整プロセスとは，快情動および不快情動反応が一定の時間内において，状況適応的に調整され，変化するプロセスのことを指す。この情動調整プロセスや情動調整行動の個人差を検討するため，金丸らは，子どもが2歳と3歳の時点で，母親との自由遊び場面を15分間ビデオ録画した。調査者らは，この観察のなかで，遊びの途中で一度母親がすべてのおもちゃをかたづけるという，子どもの不快情動を喚起させる場面を意図的につくりだした。分析は，かたづけ場面を10秒毎に区切り一単位とし，情動法定尺度を使用して，各10秒単位内での快情動と不快情動を評定することによって行われた。結果として，2歳時に不快情動を表出した多くの子どもが，3歳時には不快情動を表出しなくなること，2歳時に快情動を表出しなかった子どもの多く

は，3歳時には快情動を表出することがわかった。また，2歳から3歳の間で，より自律的な情動調整行動が増え，適応的な情動調整が可能となることが明らかにされた。

c. 言語的応答を引き出す指さし

子どもの指さしは，養育者の注意をある事物へ方向づけるだけでなく，養育者から言語的な応答を引き出し，言語の習得機会をつくりあげている可能性がある。こうした問題意識のもと，岸本ほか（Kishimoto, Shizawa, Yasuda, Hinobayashi, & Minami, 2007）は，保育園における1歳児（18カ月児）13名の指さし行動と，それに対する保育士の応答を観察した。20分間同じ一人の子どもを追跡的に観察し，一人につき合計16回の観察を行った。観察は2回ごとに1週間以内の別の日の同じ時刻に開始された。観察対象児が指さしをした場合，指さし後の120秒間を「指さし後場面」とし，場面開始何秒後に保育者の応答（幼児に向けられた発話）が生じたかを分析した。また，「指さし後場面」を指さしが生起していない場面と比較するため，「指さし後場面」とは別の日だが，「指さし後場面」の開始時刻と同時刻から120秒間を「統制場面」として，同じようにその間の保育者の子どもへの応答を分析した。結果として，保育士が最初の発話を行うまでの時間分布は両場面間で顕著に異なっていた。「統制場面」では，120秒間で保育士による発話の頻度はほとんど変わらないのに対し，「指さし後場面」では，場面開始後5秒以内に発話を行う頻度がひじょうに高かった。この結果は，1歳児の指さしが，養育者から言語的な応答を引き出すことを示しており，指さしが言語の習得機会をつくりあげている可能性を示唆している。

d. 母子の絵本読み場面における指さし

菅井ほか（菅井・秋田・横山・野澤，2010）は，絵本場面と積木場面における母子の共同注意の指さしの発達的変化を縦断的に研究した。計20組の母子を対象とし，子どもの年齢が1歳半，2歳半，3歳の3時点で家庭に訪問し，上記の2つの場面における母子の相互作用を観察した。とくに，この研究で焦点が当てられたのは，同じ対象に母子が注意を向けあった状況で，その対象を中心とした共同活動を展開するのに用いられた「共同注意の指さし」であった。結果として，共同注意の指さしは，絵本場面のほうが積木場面よりも，頻繁に生じていることが明らかになった。また，絵本場面では，加齢に従い，発話が付随した指さしの頻度が減少するが，逆に積木場面では，発話に付随した指さしが増加していく傾向が示された。絵本場面の特徴としては，1歳半時期に，発話が付随しない指さしを産出したときでも，母親と頻繁に共同活動を展開していくことが見出された。このように，異なる場面で母子相互作用を比較することで，絵本場面での母子の共同注意の指さしの発達的変化の特徴が示された。

e. 児童期の参照表現の発達

わかりやすい話をするために，話者は何についてあるいは誰についての話をしているのかを，聞き手に示しながら話を展開していく必要がある。このような主題（トピック）や登場人物を導入したり維持したりする能力は，言及管理能力とよばれる。関根と古山（Sekine & Furuyama, 2010）は，児童期の子どもの物語説明場面をビデオ撮影し，そこで産出された身振りと発話から言及管理の発達を検討した。小学1年生から6年生（7〜12歳）まで各10名（計60名）が調査に参加した。短いアニメーションを見た後，その内容を親に伝達するというのが課題であった。

この研究で焦点を当てた子どもの行動は，登場人物を参照する際に付随した身振りである。具体的には，「猫さんと小鳥がいてね」といいながら右手で右前，左手で左前の空間を指し示すような身振りである。話者はこうした身振りによって，各空間に特定の登場人物を割り当て（例：右空間は猫，左空間は小鳥），その空間を身振りによって再度参照することで，現在どの人物のことを語っているかを聞き手に示すことができる。結果として，こうした参照的な身振りの頻度は，複雑な談話を構築することができるようになることと並行して，9歳頃から増加していくことが明らかになった。この結果は，首尾一貫した物語を構築するための言及管理能力が，9歳から増加していくということを示している。

◆ 引用文献

Ainsworth, M. D. S., Blehar, M. C., Waters, E., & Wall, S. (1978). *Patterns of attachment : A psychological study of the strange situation*. Hillsdale, NJ : Lawrence Earlbaum Associates.

荒川 歩．(2005)．映像データの質的分析の可能性：mivurixによる指折り行動の分析から．質的心理学研究，No. 4，66-74．⟨http://www.k2.dion.ne.jp/~kokoro/mivurix/mivurix.html⟩（2015年1月31日）

Bakeman, R., & Adamson, L. (1984). Coordinating attention to people and objects in mother-infant interactions and peer-infant interaction. *Child Development,* **55**, 1278-1289.

Ejiri, K., & Masataka, N. (2001). Co-occurrence of preverbal vocal behavior and motor action in early infancy. *Developmental Science,* **4**, 40-48.

細馬宏通．(2003)．Gesture & conversation transcriber．⟨http://www.12kai.com/scr/gscriptlite.html⟩（2015年1月31日）

金丸智美・無藤 隆．(2006)．情動調整プロセスの個人差に関する2歳から3歳への発達的変化．発達心理学研究，**17**，219-229．

金谷有子．(1992)．実験観察法．東 洋・繁多 進・田島信元（編集企画），発達心理学ハンドブック（pp.1194-1201）．福村出版．

加藤真由子・大西賢治・金澤忠博・日野林俊彦・南 徹弘．(2012)．2歳児による泣いている幼児への向社会的な反応：対人評価機能との関連性に注目して．発達心理学研究，**23**，12-22．

Kipp, M. (2004). *Gesture generation by imitation : From human behavior to computer character animation*. Florida : Boca Raton. ⟨http://www.anvil-software.org⟩（2015年1月31日）

Kishimoto, T., Shizawa, Y., Yasuda, J., Hinobayashi, T., & Minami, T. (2007). Do pointing gestures by infants provoke comments from adults? *Infant Behavior & Development,* **30**, 562-567.

三宅和夫（編著）．(1991)．乳幼児の人格形成と母子関係．東京大学出版会．

中澤 潤・大野木裕明・南 博文（編）．(1997)．心理学マニュアル観察法．北大路書房．

小椋たみ子．(1988)．初期言語発達と事物操作の関係についての縦断的研究．教育心理学研究，**36**，19-28．

Sekine, K., & Furuyama, N. (2010). Developmental change of discourse cohesion in speech and gestures among Japanese elementary school children. *Rivista di Psicolinguistica Applicata,* **10**, 97-116.

Sloetjes, H., & Wittenburg, P. (2008). Annotation by category-ELAN and ISO DCR. In Proceedings of the 6th International Conference on Language Resources and Evaluation (LREC 2008). ⟨http://www.lat-mpi.eu/tools/elan/⟩（2015年1月31日）

菅井洋子・秋田喜代美・横山真貴子・野澤祥子．(2010)．乳児期の絵本場面における母子の共同注意の指さしをめぐる発達的変化：積木場面との比較による縦断研究．発達心理学研究，**21**，46-57．

4節 テスト法

今野　歩

1. テスト法とは

　心理学におけるテスト法とは，ある特定の目的のために一定条件のもと，あらかじめ定められた問題や作業を個人に課し，その結果からその個人の心理的特性や状態を明らかにする方法である。測定内容はその目的から多種にわたり，知能検査，学力検査，適性検査，興味検査，パーソナリティ検査，感覚運動検査，価値・態度検査などに分けられる。また測定目的の相違からは選抜検査，診断検査，予測検査，分類検査，教育訓練のための検査などに分類される（池田，1971）。テスト法は発達，臨床や教育，司法など実践場面において個人特性の評価や診断に多用されるが，研究領域においてもテスト法による結果が基準変数，予測変数，さらには余剰変数などに用いられる。

a. 標準化

　テスト法によって正確に個人の特性をとらえるためには，そのテストの質の高さが保証されている必要があり，それを保証するためにはテストに用いられる問題や道具，さらにその実施手順が標準化されている必要がある。標準化されたテストとは，課題内容やその課題の提示の仕方，結果の処理法が一定に定められており，採点や数量化の結果が一定の基準（norm）によって客観的に表示できるという要件を満たしているものである。この基準は，測定対象である母集団を十分に代表する標本集団に対してテストを実施し，その得点分布にもとづいてテスト得点とその集団内での相対的な位置とを対応づけることによって作成される（岡崎，2008）。

b. 信頼性と妥当性

　さらに標準化にあたっては信頼性と妥当性の検証を行う必要がある。信頼性は，テストが繰り返し行われるなかでの，その結果の安定性を示すものである。テスト法は，個人に課した問題や作業の結果から個人の心理特性を明らかにするため，時期を変えてテストを実施してもその結果が一貫していなくてはならず，また，異なる検査者が実施しても結果が一貫していることが重要である。このような手続きをへて安定した測定値が得られた場合に，信頼性が高いテストであるとされる。信頼性を測る方法の一つに再検査法があり，これは時期を変えてもその結果が一貫しているかという観点から検討される。ただし再検査法は検査の内容によっては練習効果の影響を受ける可能性があり，また実施時期が異なるとテストのもつ意味が異なってくる場合もあり，結果の理解には慎重になる必要がある。その他の信頼性を検討する方法として，テストの内容を折半し独立したテストとして実施して結果の関連性を検討する折半法や，同じ時期に同じ内容の異なるテストを実施してその関連性を検討する等価検査法などがある。

　研究者が測定したいと思うものが，どれほど的確に測定できているのかを示すものが妥当性であり，妥当性が低いテストは無意味以上に有害である（大村，1992）。この妥当性は基準関連妥

当性，内容的妥当性，構成概念妥当性に大きく分けられる。基準関連妥当性とは，ある手続き化によって実施されるテストが，別の独立した基準となる手続き化による測定とどのくらい整合的に対応しているかを検討するものである。基準関連妥当性はさらに，既存の基準との関連によって検討される並存的妥当性と，時間経過のなかでの関連によって検討される予測的妥当性に分類される。内容的妥当性は，テストの内容が測定しようとしている状態や能力を偏りなく反映できているかを検討するものであり，測定内容に精通した複数の専門家によって判断される。そして，一つの概念を測定する際にその概念を構成するいくつかの異なる種類のデータを組み合わせ，テストが意図するものを測っているかを確認することによって示されるものが構成概念妥当性であり，これは理論的な整合性もさることながら，生態学的妥当性も認められなければならない。

2. 発達研究とテスト

発達研究におけるテスト法として，知能検査，発達検査，パーソナリティ検査をとりあげる。どのテストにおいても共通することであるが，結果の理解においては検査が開発された時期，改訂時期，基準が設定された時期に注意を払う必要がある。これは発達加速現象によって，現代の発達が標準化された時代に比べて大きく促進されている可能性があるためである。さらに社会状況の急速な変化にともない，人々の生活様式そのものも大きく変化しており，課題内容や問題内容が実情にともなわない可能性もある。測定しようとする内容やその検査に用いられる内容が，時代変化の影響を受けるものなのか不変なものであるのかを十分に吟味し，結果の解釈においても，その点について十分に考慮する必要がある。

a. 知能検査

知能の定義は多様であり，知能検査の種類も数多く存在する。たとえばビネー式知能検査は一般知能を測定するという方向で開発され，ウェクスラー式知能検査では知能がいくつかの領域から構成されるという考えのもとに作成されている。しかしビネー式知能検査の一つである2003年改訂の田中ビネー知能検査Vでは，成人級において知能を結晶性，流動性，記憶，論理推理の4つの領域に分け，一般知能と多領域から検討される知能を評価できるようになっている。また，幼児から成人まで同じ検査が適用できることは生涯発達の観点として成人以降の発達の様相について，その検討の可能性を広げるものでもある。その他の知能検査として，認知処理過程に焦点を当てて知能を測定するK-ABC，神経心理学の観点からプランニング・注意・同時処理・掲示処理の4つの群指数から構成されるDN-CAS認知評価システムなどがある。このように知能検査は多様であり，それぞれに測定しようとする「知能」が異なっている。研究者，検査者はそれぞれが検討しようとする知能の定義を明確にし，それに適したテストを用いなければならない。

b. 発達検査

知能とは別に，個々の発達の状態や程度を測るテスト法の一つとして発達検査がある。発達検査において測定される領域は，身体運動や操作，言語，対人関係，身辺自立，認知など多岐にわたる。またその目的によって個人の発達の程度を詳細にとらえることを目的とするもの，診断を

目的とするもの，スクリーニングを目的とするものに大きく分けられる。さらに実施方法によっても，子どもの様子を養育者に尋ねる質問紙形式と，実際に子どもに課題を実施する形式のものに分類される。質問紙形式には運動，社会性，言語の機能を分析的に評価する遠城寺式乳幼児分析的発達検査法や，運動，探索・操作，社会，生活習慣，理解・言語から評価される乳幼児精神発達診断法がある。しかしこれらは標準化からかなりの年月が経過しており，現在の子どもの発達像との間にずれが生じている（大島，2011）との指摘があり，使用の際には注意が必要である。なお近年標準化されたものとしてはKIDS乳幼児発達スケールがある。これら質問紙による発達検査は実施の容易さという長所がある一方で，養育者の主観によって判断されるため，過小・過大評価される可能性があるということにも注意しなければならない。

　実際に子どもに課題を実施するものについては近年，新版K式発達検査が用いられることも多い。2001年に改訂された新版K式発達検査2001は姿勢・運動領域，認知・適応領域，言語・社会領域，全体を総合した全領域で発達の程度がとらえられ，成人にも適用が可能となっている。

　知能検査も含め，標準化の手続きがとられたテスト法の問題配列はその発達の順序性を反映したものではあるが，現実の発達にどれほどの順序性があるかわからない（大村，1992）。発達検査での基準は一つの定まった発達過程を示すものだが，発達の過程として発達のゴールやコースの相対性を主張する複線型モデルでとらえるほうが現実との適合性がよい（西野，2000）とされており，複線的で個々によってその過程が異なっていることを考慮しながら，結果の理解を行う必要がある。

c．パーソナリティ検査

　パーソナリティ検査は多種多様なテストが開発されているが，パーソナリティ特性に関する項目を尋ねる自己報告式と，曖昧な刺激を提示しその反応から個人の特性を理解する投影法に大きく分けられる。自己報告式の場合には実施や結果の取り扱いが比較的容易であるという長所がある一方で，受検者の意識されているものが測られ，意図的に反応を歪められるという短所がある。投影法は受検者の意識的な内省ではとらえられない個人の心理特性を測ることができ，自己報告式のように意図的に反応を歪められることは少ないが，実施や結果の解釈が容易ではないという短所もある。

　発達研究においては，子どものパーソナリティ特性の発達を親との特性との関連性から検討されるものもみられるが，サメロフとチャンドラー（Sameroff & Chandler, 1975）は親からの働きかけによる子どものパーソナリティ形成という側面だけではなく，子どもが親に及ぼす影響という側面についても考慮し，双方向の影響が時期の経過のなかで互いに作用しあっていく様子を明らかにする必要があることを指摘している。このように相互作用によって形成されると仮定されるものは，そのプロセスを十分に吟味することが重要であり，結果の解釈もまた十分に吟味される必要がある。

3. テスト法の留意点

a. 個人間差と個人内差

標準化されたテストは元来，個人差の測定を目的として開発・研究が進められたため，集団内における相対的位置づけ（個人間差）に関心が向けられる傾向にあった。しかし，近年は特別支援教育の普及などにより，個人内における能力や特性の差異という個人内差をとらえることの重要性が指摘されるようになっている。個人間差をとらえるのか，個人内差をとらえるのかについては，テストを実施する目的，また研究目的によって異なる。テスト法を用いる場合には，その研究目的や実施目的を十分に吟味し，それに適したテストとその解釈を行う必要がある。

b. テストの実施における留意点

テストの実施においては，標準化された手続き通りに実施することが必須であり，それが不適切であればテストの信頼性や妥当性は低下する。実施にあたっては問題の内容を熟知し，教示法や結果の採点およびその解釈まで十分な修練をつむ必要がある。これは，テストを受ける者の負担を軽減するという観点からもいえることである。テストの大半は多くの課題が実施されるために時間を要し，受検者に負担がかかる。これをいかにスムーズに実施するかということが重要であり，そのためには実施者の熟練さが求められる。また，統制しきれないテスト環境の影響（場所の設定や実施時期），検査者と受検者とのラポール（信頼関係），受検者の状態（体調や緊張感）などによって結果に違いが生じる可能性がある。正確な結果を得るためには，これらへ配慮しながらテストを実施することが必要である。一方で，日常生活においてはすべての環境や状況を統制しきれないのも事実であり，そのような環境のなかでどのような結果が得られたのか，ということも重要な情報ともなりうる。

c. テスト法を用いることの倫理的問題

テスト法は臨床実践場面，発達・教育援助場面において用いられることが想定されており，得られる結果は，個人の能力や特性をとらえるもの，内面世界を明らかにするものである。一つひとつの結果が大きな意味をもつテスト法は，安易に使用することは避けなければならない。むやみに使用すること，開発された目的から大きく離れた意図で実施されることはプライバシーの侵害となり，十分に注意する必要がある。テスト法を用いる場合には，そのテストが研究において測定しようとしているものが真に測定できるものであるのか，テストが開発された経緯を十分に吟味しなければならない。そして必要とされる場合にはその結果を受検者にフィードバックすることとなるが，その伝え方についても十分配慮し責任をもって慎重に行われるべきである。

◆ 引用文献

池田 央．(1971)．行動科学の方法．東京大学出版会．
西野泰広．(2000)．発達研究の視座．田島信元・西野泰広（編著），発達研究の技法（pp.26-45）．福村出版．
岡崎慎治．(2008)．知能検査法．下山晴彦・能智正博（編），心理学の実践的研究法を学ぶ（pp.179-192）．新曜社．
大村政男．(1992)．テスト法．東 洋・繁多 進・田島信元（編集企画），発達心理学ハンドブック（pp.1231-1240）．

福村出版.
大島　剛．(2011)．知能検査，発達検査で測るもの．高石浩一・大島　剛・川畑　隆（編），心理学実習応用編：1　知能・発達検査実習（pp.1-7）．培風館．
Sameroff, A. J., & Chandler, M. J. (1975). Reproductive risk and the continuum of caretaking causality. In F. D. Horowitz, M. Hetherington, S. Scarr-Salapatek, & A. Siegel (Eds.), *Review of child development research : Vol.4* (pp.187-244). Chicago : The University of Chicago Press.

5節　面接法

飯牟礼悦子

1．面接法とは

　日本において1990年代あたりから，フィールドワークという研究手法に注目が向けられ（伊藤，2005），数値化された「量的な」データに加えて数値化できない「質的な」データを重視する声が高まってきた。その背景には，集団の傾向からこぼれおちた個人の特徴の存在を指摘する声や，一般には広く知られることが少ない独特の経験をした人々の当事者ならではの観点に，メディアや体験記をとおして関心が向けられるようになったことなどがあると考えられる。そこで，心理学研究においても「研究者」の視点ではなく，「当事者」の視点をより深く，ていねいに明らかにすることができるような研究手法が求められるようになってきた。しかし，一般的にこのような関心が向けられる当事者の数は少なく，母集団の特徴を統計的に推定し明らかにすることが難しいといった限界があった。このため，当事者の声や内的世界をより詳細に，明らかにする「質的な」研究手法として注目されるようになったのが，面接法である。わが国における発達研究の代表的な研究誌である『発達心理学研究』に近年掲載されている論文を概観すると，面接法を主たる研究手法として用いたものが増えてきている。

　面接法とは，比較的自由で制限の少ない状況下で，対象者と対面して話し合い，観察する方法である（澤田・南，2001）。面接法では，対象者（被面接者）の語った言葉の内容である「言語的情報」に加えて，直接対象者と対面するからこそ得られる情報としての，ジェスチャーや表情，声のトーンといった「非言語的情報」をあわせて得ることができる。また，面接の場は面接者と対象者という複数の人間のコミュニケーションの場でもある。たとえば，対象者の言葉にならない思いを言語化することを面接者が促したり，「あの頃は楽しかった」と対象者が語りながらも表情が暗いなど，「対象者の表情」と「語りの内容」のずれに面接者が気づくことは相手との直接的なやりとりがあってこそのものである。この「対話」をとおして生まれるやりとりが，相互の理解を促し，豊かな情報を研究者（面接者）にもたらすことになる。したがって，面接者はこれらの多岐にわたる情報を整理し統合しながら対象者の内的世界を理解していく必要がある。

2. 面接法の種類

　面接法と一口にいってもその目的や構造によっていくつかの種類に分けられる。まず，面接者がどのような動機と目的をもって面接に臨むかによって「調査的面接」と「臨床的面接」の2つに大別される。前者の「調査的面接」とは，対象者ではなく面接者の側に「調査を行う」動機がある。つまり，面接者の側に「これを知りたい」という研究動機があり，対象者から得た情報をその資料とする「調査のための」面接である。また，調査的面接には，何らかの研究仮説を生み出すことを目的とした「仮説生成型」の面接と，自分が立てた研究仮説が本当に正しいのかどうかを検証することを目的とした「仮説検証型」の面接がある。

　これに対して，後者の「臨床的面接」は一般に心理的問題などをかかえた「対象者側の」動機にもとづいて行われる面接であり，「心理的問題の解決」がその目的となる。本節では，以後，発達研究という文脈において使用される前者の「調査的面接」について説明する。

　発達研究において面接法を用いる際，面接者と対象者が一対一で直接対面して行われることが多い（個人面接）が，研究目的や内容によっては，複数の面接者が同席するケースや，数名から10名程度の集団（グループ）を対象とした「集団面接」あるいは「グループインタビュー」とよばれる方式をとることがある。たとえば，後者の例として面接者が司会者役となり，あるテーマにもとづいて複数の人が自由に話し合うといった方式をとることによって，対象者同士の相互作用やダイナミクスがみられ，語りの内容がより豊かになることがある。

　また，面接法は「どのような流れで面接を構成するか」といった面接場面の構造化の程度によって分類を行うこともある。それが「構造化面接法」「非構造化面接法」「半構造化面接法」の3つである。まず，「構造化面接法」では質問すべき項目や手順・流れなどがマニュアル化されて事前に用意される。そして，実際にそのマニュアルに従って面接が行われる。それに対して，「非構造化面接法」では，調査したい事柄は何かという目標と方向はあるものの，具体的な質問としては「○○について」という導入的な質問をする程度にとどめ（呉，2005），その後の展開は対象者の語りに大きく依存するかたちになる。このため，対象者の語りを引き出す面接者の熟達が必要となる。これら2つの方法は大きく趣きが異なるが，その折衷的な役割を果たしているのが「半構造化面接法」である。半構造化面接法は，あらかじめ大まかな質問項目は準備しておくが，構造化面接法ほど手順は厳密ではなく，対象者の様子を見ながら話の流れに応じて柔軟に質問を加えたり，順序を変えたりする方法である。半構造化面接法は，面接者側の研究意図から大きく逸れることを防ぎながらも，対象者の語りの流れを妨げたり，雰囲気を壊すことなく語りを共同生成していくうえで有用な方法であり，発達研究でも多く用いられている方法である。

3. 面接法の長所・短所（限界）

　どのような研究方法にも長所と短所（限界）があり，それらを知ることは研究目的に沿った適切なデータを得るうえで重要である。ここでは，面接法における長所，短所（限界）について述

べる。

a. 面接法の長所

まず，直接対面することによって，対象者の内面をさまざまな側面からとらえることができる点が長所としてあげられる。語られた言語的情報だけではなく，表情や声のトーンといった非言語的な情報を総合的に分析することによって，対象者の内面を多面的に理解することが可能になる。

次に，対象者と直接対話しながら面接が進められるため，対象者が質問の意図を誤解したり，理解できなかった場合に，話の文脈に応じてある程度柔軟に対応することができる（中澤，2000）。

さらに，面接法は仮説生成型の研究，仮説検証型の研究の双方に利用することができる（中澤，2000）。比較的自由で制限の少ない状況下での対象者の語りから研究の「芽」となる現象を発見したり，対象者の内面に深く踏み込んだ語りを引き出すことをとおして，仮説を検証することも可能になる。

b. 面接法の短所（限界）

まず，面接法の主たるデータは，言語に依存するため，対象者の言語能力によっては，言語で語りえないことがある。たとえば，言語発達の途上にある乳幼児や聴覚障害，言語性LDなど言語能力に何らかの障害のある人から面接法を用いてデータを得ることは難しい。また，私たち人間には多かれ少なかれ「語りたくないこと」「語りえないもの（意識化されにくいもの）」がある。つまり，「語られなかった」ことについては分析対象とすることはできないといった限界がある。

次に，面接は比較的自由で制限の少ない状況下で行われることが多いため，面接者の意識や態度，質問形式が回答内容を方向づける危険性がある（中澤，2000）。とくに誰もが経験しない出来事について尋ねる場合，意図的ではないにせよ面接者が「特別扱い」したり，偏見（バイアス）や思い込みをもって，不適切な質問を行ってしまうことがある。また，面接者が自分の偏見（バイアス）や思い込みに沿った回答をするよう対象者を誘導することも起こる。さらに面接者との関係性の深さが対象者の回答を左右する可能性もある。これらは直接相手と対面する手法であるからこそ，注意が必要な点である。

最後に，面接を行う際の場面設定やその後のデータ分析の煩雑さ（中澤，2000）といった問題がある。具体的には，面接法では相手と直接対面し語りを聴取する形式を用いるため，1件あたりの所要時間が長時間にわたることが多い。その結果，面接者・対象者双方にとって心理的・物理的負担が増え，とくに話すことが苦手な対象者の場合には，心理的負担が大きくなる。また，面接者は，長時間にわたる語りを逐語録に起こしたり，分析するといった作業において，膨大かつ豊かな情報を処理する必要があり，面接には多大な労力をともなうことを覚悟しておく必要がある。

これらをまとめると，面接法は他の研究手法に比べて，比較的自由で制限の少ない研究手法であることから，研究自体の客観性を保つためにも，実施に際しては，その長所，短所（限界）を十分に理解したうえで，質問内容や態度に細心の注意を払う必要があるといえよう。

4. 面接法の実践

　ここでは，具体的な実施手順や内容はその研究目的や対象者によって異なるが，面接法を用いた調査実施における一般的な手順を紹介する。

　まず，面接を行うに際し，「何を知りたいのか」といった「テーマ設定」，それにともない「調査対象者（被面接者）の選定」（サンプリング），具体的な「質問項目の設定」を行う。テーマ設定においては，仮説生成を目的とするのか，仮説検証を目的とするのかといった目標設定をあらかじめ明確にしておくことで，質問項目の選定もしやすくなる。次に，面接実施にあたっては，調査対象者に調査者（面接者）の所属や大まかな研究目的を説明し，あらためて面接調査への協力を依頼し許可を得るといった「インフォームド・コンセント（説明と同意）」の手続きをふむ必要がある。直接対面し，共同生成の場である面接法の性質を考えると，これらの手続きを事前に取り交わしておくことで調査自体が円滑に進むことになる。また，面接実施の際には，長時間にわたる語りを記録するための補助として，あらかじめ録音や録画の許可を得ることが多い。対象者の許可が得られない場合には，筆記のみでメモを取る，聴くことに徹するなどの対応をする。面接の進め方としては，対象者のプライベートな部分にかかわる質問は避け，一般的でテーマに関する大まかな質問から始め，徐々に核心に迫った質問をしていくほうがよい。とくに，半構造化面接においては，対象者の反応をみながら適宜質問を加えたり，順番を変更するなど「語りやすい」環境づくりを心がける。

　なお，面接中における面接者の主たる役割は語りの「聴き手」となることである。相手の語りに真摯に耳を傾けながら，語りがなかなか始まらないときには「誘い水」（呉，2005）を差したり，話の端々で「あいづちをうつ」「うなずく」といった反応をみせるなど，共感的で相手の反応を受けとめる姿勢を端々で示すことが重要である。これらの手続きを経て得られたデータは，逐語録として言語データ化され，面接時に得られた非言語的情報とあわせて総合的に分析していくことになる。

5. 面接法の留意点

　最後に，面接を実施する際の留意点を述べる。まず，面接法を実施するにあたっては，専門的知識をもった複数の人物による事前事後の入念なチェックが必要である。とくに，面接実施前には，質問内容や言い回しの妥当性を確認し，面接実施後のデータ分析においてはカテゴリー生成ならびに分類の信頼性・妥当性のチェックが必要となる。後者においては，カテゴリー分類の一致率を出すなど客観的な指標を用いて確認することを勧めたい。次に，面接場面において直接対面することで緊張感をもったり，とくに初対面の場合は自己開示への抵抗感を感じる対象者が少なくない。このため，面接実施前には簡単な日常会話を交わしたり，対象者が安心しリラックスした状態で語ることができるような環境づくりに配慮するべきである。具体的には，面接の実施場所なども日常生活に即した場所（たとえば，対象者の自宅など）や，喪失経験など日常場面で

語りにくい内容である場合は，できるだけ静かで他者の介入が少ない場所（大学や研究施設の小部屋など）を選ぶ必要があるだろう。また，先にも述べたとおり面接実施においては，「インフォームド・コンセント（説明と同意）」の観点から面接者自身の立場や研究動機を明らかにしたうえで，事前に研究の主旨や，録音・撮影許可，データの取り扱い等に関する同意を示す文書である「参加同意書」を交わすことも必要である。さらに，面接場面においては対象者の回答に対して誠実に関心を示し，受容的・共感的な対応をすることが最も重要である。面接はこのような「ラポール（信頼関係）」づくりをもとに，面接者と対象者の「対話」をとおして対象者の内面を引き出していく「共同生成」の場であることを忘れてはならない。

これらのことをふまえて，面接法を実施する際には，何よりも研究者である以前に一人の社会人として誠実な態度で臨むことを自覚する必要があるだろう。

◆ 引用文献

伊藤哲司．(2005)．地図を持って街に出よう！　伊藤哲司・能智正博・田中共子（編），動きながら識る，関わりながら考える：心理学における質的研究の実践（pp.1-5）．ナカニシヤ出版．
中澤　潤．(2000)．調査の面接法の概観．保坂　亨・中澤　潤・大野木裕明（編著），心理学マニュアル：面接法（pp.92-104）．北大路書房．
呉　宣児．(2005)．語りに耳を傾ける．伊藤哲司・能智正博・田中共子（編），動きながら識る，関わりながら考える：心理学における質的研究の実践（pp.77-91）．ナカニシヤ出版．
澤田英三・南　博文．(2001)．面接によるデータ収集．南風原朝和・市川伸一・下山晴彦（編），心理学研究法入門：調査・実験から実践まで（pp.30-38）．東京大学出版会．

6節　質問紙法

室橋弘人

　質問紙とは，複数の質問事項をまとめて記載した用紙のことを指す。したがって広義における質問紙法（questionnaire method）という用語は，対象から情報を得るための手段として質問紙を用いる研究法の総称ということになる。これは実験法（本章1節を参照）において要因を変化させた際の結果を測定するための方法として質問紙を用いる場合や，面接法（本章5節を参照）においてあらかじめ用紙に印刷された質問項目しか利用しない，いわゆる構造化面接を行うような場合も含むような，ひじょうに広範な分類である。

　しかし心理学の研究における最も代表的な質問紙の利用は，調査法とよばれる研究デザインとの組み合わせである。調査法とは何らかの集団の全体的な特性や傾向を調べることに主眼をおいた研究手法であり，集団の構成員（の一部）から情報を収集し，その結果をもとにして集団全体の性質について推測するというアプローチをとる。質問紙法は，用紙を配布して回答を記入してもらったものを回収するという実施形式をとれば，多くの人から一度に一定の形式に従った情報を得ることが可能である。この安定した質のデータを低コストで効率よく収集できるという性質

は，集団を対象とする調査法とひじょうに相性がよく，両者は併用されることが多い。本節ではこういった，調査法の枠組みにおいて質問紙を利用する質問紙調査法について，主に解説を行っていく。

1. 質問紙の設計

a. 作業仮説の導出

　研究を実地で行う際には，まず自分の研究テーマを仮説として具体的に表現する必要がある。仮説とは，その真偽を検証することが可能な命題であり，たとえば「テレビを見ることは子どもの精神的な発達に悪影響を及ぼすのではないか」のようにYes／Noで回答することが可能な問いの形式をとる。そのうえで仮説が正しいかどうかについて必要な情報を集めて結論を出すのが，一般的な科学的研究の流れである。しかし心理学における仮説は，直接目に見えない心に関する概念が関係している場合がほとんどである。このとき，仮説の正否を直接的に検討することは不可能となる。そこで必要となるのが，作業仮説とよばれる中間的な仮説である。

　作業仮説は，通常の研究仮説に含まれる理論的な概念を，現実に存在する実体のある事象に置き換えたものである。先ほどの例の場合なら，「テレビを見ること」というのは具体的な行動であり，そのまま測定することが可能である。しかし「子どもの精神的な発達に悪影響がある」というのは概念的な記述なので，こちらは実体のある，具体的に測定可能な事象で置き換えなければならない。たとえば「かんしゃくを起こしやすい」「落ち着きがない」「自発性に欠ける」などである。

b. 質問項目の作成

　作業仮説が決まれば仮説を検証するために必要な情報が何であるかはわかっているので，これを適切に測定するための項目を集めて，質問紙を作成することになる。しかし，とくに心理学的な概念を扱う場合，ある一つの事柄を測定するために一つの項目しか考えられないということは少ないので，目的に応じて複数の項目を利用することが必要となる。たとえば「かんしゃくを起こしやすいかどうか」を尋ねるにしても，「叱られたときにかんしゃくを起こすかどうか」「友だちとけんかしたときにかんしゃくを起こすかどうか」など，さまざまな聞き方が考えられる。こういった複数考えられる質問候補のなかからどれを選ぶかは注意深く決定しなければならない。

　もし適切な項目が思い浮かばない場合には，関連する内容を扱った書籍や先行研究を読んでみる，ブレインストーミング（テーマに関して考えつくことを複数人で列挙していく）を行う，テーマにかかわる人に聞き取り調査を行ったり自由記述アンケートによる意見の収集を行ったりするなどといった作業を行うことが有効である。そうして得られたアイディアをKJ法（川喜田，1970）などを用いて整理することで，仮説に対する考察を深めることができる。この作業は，研究仮説を発想する段階においても有用である。また，パーソナリティなどの心理的な概念については，先行研究においてすでに妥当性・信頼性の確認や標準化が行われた心理テストが存在していることも多い。よって，（著作権などに注意しつつ）それらの項目を利用することも有力な選

択肢となる。

　項目の内容が決定したら，これを具体的な質問文として書き起こす作業に移る。調査の実施方法にもよるが，回答者は基本的にここで決めた文面だけをみて答えることになるので，調査者の意図が適切に伝わるようなワーディングを行うことはきわめて重要である。詳しくは安田・原（1982）や豊田（1988）を参照されたい。なお，そもそも回答者に知識がなくて答えられないような質問などを尋ねるべきではないことはいうまでもない。また違法行為の経験を問うなど，社会的望ましさに抵触する項目も正直な回答を得にくいので，聞き方に工夫が必要となる。

c. 回答形式の選択

　質問紙を作成する際には，質問文だけではなく回答形式の選択も重要な意味をもつ。なぜなら回答方法によって得られる情報の形式が規定され，それによってデータ収集後の分析で利用できる統計手法が決まるからである。よって回答形式は，最終的にどのような統計的分析手法を用いて仮説の正否を検討するかを見通して決定されなければならない。

　実際の調査でよく使用される回答形式としては，空欄に直接回答を記入してもらう自由回答形式と，あらかじめ用意した選択肢のなかから回答を選んでもらうプリコード回答形式の2種類があげられる。自由回答形式には数値での回答を求める数値記入式と，完全に自由記述での回答を求める文字記入式があり，とくに後者は調査者も想定していなかったような情報を得られる可能性がある。しかし文字記入式の自由回答は回答者への負担が大きいうえ，結果の集計や分析にも手間がかかるため，利用は必要最小限にとどめるのが望ましい。したがって大半の項目については，数値記入式の自由回答もしくはプリコード形式で回答を求めることが一般的である。

　プリコード形式にはいろいろなバリエーションが考えられ，選択肢をいくつ選んでもらうかという点だけでも，①単一回答法（1つの選択肢だけを選ぶ），②限定回答法（指定された数の選択肢を選ぶ），③複数回答法（当てはまる選択肢をすべて選ぶ）の3種類がある。これ以外にも選択肢に順位を付ける順位法や，2つの選択肢からどちらかを選ぶ一対比較法などさまざまな手法が存在しており，質問内容，回答者の答えやすさ，結果の扱いやすさなどを勘案して，適切な形式を選ぶことが必要になる。詳しくは続・村上（1975），大谷ほか（大谷・木下・後藤・小松・永野，2005）などを参照してほしい。またプリコード形式を用いる際には，選択肢の内容についても注意が必要である。なぜなら，選択肢の内容が重複していたり，回答者が答えたい内容に相当する選択肢が存在しなかったりすると，適切な回答を得ることができなくなってしまうからである。

d. 全体的な構成と編集

　個々の質問項目が定まったら，最後にそれらを一つの冊子としてまとめて質問紙を作成する。その際に重要となるのは，項目の提示順序である。質問文の配列によって回答者の反応が影響されてしまう可能性があるため，なるべくそのようなことがないように質問紙を仕上げなければならない。基本的には，回答者が無理なく答えられるようにするということを意識すればよい。まずは簡単に回答できるさしさわりのない質問を最初に行い，回答に慣れてきてかつ疲労していない中ほどに重要な質問を配置するようにする。相互に関連している項目はまとめて配置したほう

が，流れに乗って自然に回答できるため望ましい。ただし場合によっては，前の項目が後におかれた質問への回答に影響するキャリーオーバー効果が発生することもあるので，質問内容を見極めることも必要である。詳しくは辻・有馬（1987）なども参照されたい。しかし以上のような点に注意して質問紙を作成したとしても，それが正しく機能するかどうかは実際に試してみなければわからないことも多い。したがって慎重を期するならば，本格的な調査を行う前に少数の回答者を対象とした予備調査を行ってみることが望ましい。

また心理学研究における質問紙調査のほとんどは，回答者の善意で時間をさいて協力してもらうことになる。したがって調査を行う際には，参加者に対して敬意をもって説明責任を果たすことが必須である。質問紙の冒頭には調査名，調査実施者名および連絡先，そして調査の意義を述べて参加を依頼する挨拶文を記載しなければならない。また回答や回収方法に関する指示や，結果の秘密厳守の約束なども，調査内容に応じたかたちで記載する。そして質問紙の最後には，協力に対する謝辞を述べておくことも忘れてはならない。

2. 質問紙調査の実施

質問紙調査を実施する際には，研究対象とする集団が何であるかを明確に意識しておくことが大切である。この，調査によって性質を調べたい集団のことを，母集団とよぶ。調査において最も理想的なのは母集団の成員全員から回答を得る全数調査だが，心理学では「人類」のように想定する母集団が大きいことも多く，これを実行することは難しい場合が多い。したがって大半の研究において，母集団の構成員の一部（標本）だけから情報を収集する標本調査を行うことになる。

標本調査を行う際に母集団から調査対象者を選抜する手続きを標本抽出とよぶ。標本調査では選抜された標本だけを元にして母集団全体の性質について推測を行うため，適切な標本を抽出できるかどうかは結果にきわめて大きな影響を与える。そのための方法として代表的なのが，母集団の全構成員が選ばれる確率が等しい条件の下で抽出を行う，無作為抽出とよばれる手法である。完璧な無作為抽出が実行できれば，大鍋に作ったスープをよくかき混ぜてから味見するときのように，スプーン一杯分程度の少ない標本からでも全体の傾向について正確に推測することが可能となる。

しかし厳密な無作為抽出を達成するのは困難であるため，実際には層別抽出法や多段抽出法など，無作為性を保ったまま抽出を容易にするさまざまな方法を利用するのが一般的である。詳しくは豊田（1988）や土屋（2009）などを参照のこと。また特殊で希少な母集団を対象としたり，大学（院）生が研究を行ったりするときは，調査対象へ接触できるかどうかのほうが優先されるため，知人や友人の伝手を頼りにせざるをえないことも多い。こういった場合は無作為抽出を行うことができないので，得られた知見をどこまで一般化してもよいのかについては慎重に判断を行うことが必要である。

適切な調査対象者を抽出したら，彼らに対してどのように調査を実施するかを決めなければな

らない。一対一で向かい合って質問紙に回答してもらう方法（面接調査）をとることも可能だが，調査者が直接尋ねなくとも用紙さえやりとりできれば情報を集められるのが，質問紙調査の最大の利点である。このため，電話，郵便，インターネットなどの間接的な手段をとおして多くの人から回答を得ようとすることが一般的である。また学校や会社などで調査を行う場合には，調査者のほうが対象者の集まっているところへ出向いて質問紙を配布する集合調査も有効な選択肢となる。可能な範囲で多くの人にアプローチできる手法を選ぶことが大切だが，電話や郵便といった間接的な調査手法ほど回答率が下がる傾向があることには注意しなければならない。こうした手法で十分な数の回答者を確保するためには，より多くの人に対して調査への協力をよびかけなければならないことが多い。

3. 調査終了後の集計・分析

　調査が終了したら，まずは回答内容の点検（エディティング）を行い，信頼できそうにない回答を選り分ける。少々の誤字脱字や回答ミスならば問題ないが，大半の項目に未回答であったり，選択肢の選び方が特定の箇所に偏っていたり，規則的なパターンがみられたりする場合は，記入者がまじめに答えていない可能性が高い。回答が信用できるかどうかを確実に判定することは難しいが，あまりにも怪しいと思われるものは，この後の集計には含めないほうが無難である。

　エディティングが終了したら，続いてコーディングに移る。コーディングとは，回答を集計作業が行いやすい形式に置き換える作業である。質問紙調査は多くの人を対象とする場合が多いため，結果も膨大な量となる。このためデータの集計・分析はコンピュータを用いた数値的な統計手法によって一括して行うのが中心であり，質問紙への回答は可能な限り数値化する方向でコーディングするのが一般的である。プリコーディング形式の項目については選択肢に番号を振って，それを入力すれば数値化することができる。また数値形式の自由回答についてはそのまま入力すればよい。文字記入式の自由回答項目については，アフターコーディングとよばれる手続きを利用することが多い。これは，まずすべての回答に目を通し出現頻度の高い内容を書き出して整理して，これに番号を振ることでプリコーディング形式と同じように数値化を行う方法である。また近年では，文章をそのまま統計解析の対象とするテキストマイニングというアプローチも開発されており，こちらを利用することもできる（金，2009；松村・三浦，2009などを参照）。

　コーディング方法が決定したら，それに従って回答をコンピュータに入力し，目的に応じたさまざまな統計手法を用いて分析を行う。その際に重要となるのが，測定値がどのような性質をもつ数字であるかを分類した尺度水準とよばれる概念である。質問紙の分析を行う際には，プリコーディング項目のように本来は数字ではない情報を数値化して扱うことが多いため，日常生活において考えている数字とは異なる性質をもった数字が頻繁にみられる。この点を考慮して分析手法を選ばなければならないため，各項目への回答がどの尺度水準に相当するかを把握しておくことが必要となる。一般的に用いられるスチーブンス（Stevens, S. S.）の尺度分類では，①名義尺度：数字は対象の区別をするためだけのラベルとしてしか機能していない（プリコーディング

項目の選択肢番号など)，②順序尺度：数字は大小関係を表すが値の間隔が等しくはない（順位法への回答など)，③間隔尺度：数字は大小関係を表し間隔も等しいが，測定値が0であるときに測定対象が存在しない状態にならない（摂氏温度など)，④比率尺度：数字は大小関係を表して間隔が等しく，測定値が0であるときには測定対象が存在しない（重さや長さなど）の4種類に分類されている。

各項目への回答がどの尺度水準に相当するのかを判定したら，後は目的と尺度水準に応じて必要な統計解析を行えばよい。多くの場合，まずは単項目ごとに図表や要約統計量を利用した簡単な集計を行って回答の概要を把握し，同時に入力ミスや外れ値（他の人とは極端にかけ離れた値）がないかを確認する。そのうえで，複数の項目への回答を同時に分析する多変量解析法とよばれる高度な手法を利用して，作業仮説の正否について検討を行う。しかし多変量解析法は，分析を行うために必要なデータの形式が細かく規定されていることが一般的である。よって質問紙調査を行った後で分析法を考えるのではなく，先に仮説を検討するために必要な多変量解析法が何かを把握したうえで，必要とされる形式のデータが得られるように質問紙を構成することが望ましい。多変量解析法を含むさまざまな分析手法については，南風原（2002）や足立（2006）などを参照してほしい。

4. 発達心理学の研究に特有の話題

質問紙法は，配布した用紙を参加者が読んで，自分で回答を記入することを前提としたかたちで実施されることが多い。しかし発達心理学の研究では，こういった作業を行うことが難しいような年齢の子どもを対象にしなければならない場合もあり，注意が必要となる。一般的に自記入式の性格尺度などにきちんと回答できるようになるのは10歳前後以降とされており，それよりも年齢が下の子どもについては，基本的に質問紙は不向きであると考えておいたほうがよいだろう。小学校低学年程度ならば，質問文の表現を平易にしたり調査者が質問を読み上げたりすれば回答を得ることは可能だが，信頼性はあまり高くはない。さらに年少の5歳以下の児童については，質問紙によってデータを得ることはあきらめて，面接法や観察法を利用すべきである。また，子ども本人が質問紙に回答できない場合に，代わりに親や保育者に回答を行ってもらうという方法がとられることもある。しかしこうした間接的な評定法で得られるのは，あくまで回答者からみた子ども像についての評価である。よって他者評定によるデータを，自己評定による回答の代替として扱うことも望ましくない。

また発達心理学においては，時間経過にともなう何らかの変化に興味がある場合も多い。こういった変化の過程そのものをとらえるためには，ある時点で1回だけの調査を行う横断調査ではなく，同じ人たちに間隔をおいて複数回の測定を行う縦断調査が必要となる。縦断調査は横断調査に比べると実施に時間と手間がかかるうえに，データの分析にも専用の手法が必要となる（Kreft & de Leeuw, 1998/2006；安藤，2011などを参照）。しかしその分だけ得られる知見も多いので，可能であれば実施を検討してみるとよいだろう。

◆ 引用文献

足立浩平. (2006). 多変量データ解析法：心理・教育・社会系のための入門. ナカニシヤ出版.
安藤正人. (2011). マルチレベルモデル入門：実習：継時データ分析. ナカニシヤ出版.
南風原朝和. (2002). 心理統計学の基礎：統合的理解のために. 有斐閣.
川喜田二郎. (1970). 続・発想法：KJ法の展開と応用. 中央公論社.
金　明哲. (2009). テキストデータの統計科学入門. 岩波書店.
Kreft, I., & de Leeuw, J. (2006). 基礎から学ぶマルチレベルモデル：入り組んだ文脈から新たな理論を創出するための統計手法（小野寺孝義・岩田　昇・菱村　豊・長谷川孝治・村山　航，訳）. ナカニシヤ出版. (Kreft, I., & de Leeuw, J. (1998). *Intorducing multilevel modeling*. London : Sage.)
松村真宏・三浦麻子. (2009). 人文・社会科学のためのテキストマイニング. 誠信書房.
大谷信介・木下栄二・後藤範章・小松　洋・永野　武. (2005). 社会調査へのアプローチ（第2版）. ミネルヴァ書房.
土屋隆裕. (2009). 概説 標本調査法. 朝倉書店.
辻　新六・有馬昌宏. (1987). アンケート調査の方法：実践ノウハウとパソコン支援. 朝倉書店.
続　有恒・村上英治（編）. (1975). 心理学研究法：9　質問紙調査. 東京大学出版会.
豊田秀樹. (1988). 調査法講義. 朝倉書店.
安田三郎・原　純輔. (1982). 社会調査ハンドブック（第3版）. 有斐閣.

7節　事例研究

楜澤令子

1. 事例研究とは

　事例研究は，主に発達心理学や臨床心理学における研究方法として用いられている。臨床心理学においては，症状や問題行動を呈している人（クライエント）を対象として，臨床家としてかかわるなかで，クライエントの変化，臨床家としての介入方法や主観などが理論的に論じられている。臨床心理学関係の学会誌（たとえば『心理臨床学研究』）などでは，そのほとんどが事例研究で占められており，中心的な研究方法といえる。一方，発達心理学においては，実際に個の発達メカニズムを明らかにするために事例研究が行われてきたものの，実際に学会誌（たとえば『発達心理学研究』や『教育心理学研究』）をみると事例研究の数は，圧倒的に少なかった。しかし，質的研究の台頭および臨床発達心理学的アプローチを必要とする発達に問題が生じている場合への介入を行う実践研究が増えてきたことにより，今後発達心理学における事例研究がますます増えていくと考えられる。

　事例研究の歴史は長く，心理学における重要な手法であった。認知発達理論に強い影響を与えたピアジェ（Piaget, J.）は，自分の子どもを対象にした事例研究にもとづき，認知発達理論を打ち立てていった。同様に，発達心理学の研究においても，自分の子どもを対象にした事例研究もある（山田，1982；麻生，1990）。臨床心理学におけるフロイト（Freud, S.）やロジャーズ（Rogers, C. R.）なども，面接から得られる事例研究によって自らの理論モデルを提唱していった。つまり，主要な心理学の理論は，実際の個とのかかわりのなかで生まれてきたものであり，事例

研究はそれを忠実に描き出せるものといえる。しかしながら，これまで事例研究の問題点や難しさが指摘され，事例研究のあり方が議論されてきた（岩立，1990；鯨岡，1991；南，1992）。これまで多くの学生・研究者が手法としてきた，規範研究，量的研究と比較して，事例研究は研究者の主観の影響による信頼性・妥当性が乏しい，一事例についての結論を一般化することが難しいといった問題点が指摘されている。確かに，量的研究によるものは，数量で信頼性や妥当性を示すことができ科学的根拠がはっきりしていて，多くの人が心理的にそうだと感じる確率が高いことを示せれば一般化しやすい。そのため，心理学的理論を形成するために，量的な研究法が主流とされる時代が続いていた。

けれども，量的研究では，個々の感情や思い，その変化・変動までをくみとることができない。その点，事例研究では，詳細な心の動きを描き出し，ちょっとした出来事や事象が，実は文脈のなかで局面を変えるきっかけになっていたと後からわかったりする。また，たとえば発達障害のある子どもも一人ひとり個性が異なり，その個にあった対応が求められる臨床現場では，一般的手法だけでは，個にあった的確な援助ができない。「ある状態像を持つ子どもへのこんな働きかけが有効であった」という実践研究が，他の臨床家にもその技法を応用させる機会を与えてくれる。このように，個々の心理の変動を描き出せる質的研究に注目が高まってきたこと，臨床場面への応用が増えてきている時代背景などにより，事例研究の重要性がさらに増していると考えられる。

では，事例研究とはどういうものであるか，事例研究について定義し，事例研究の枠組みやメリット，書き方などに進めていく。

事例研究とは，一例あるいは少数の事例を基にして，現場で起こる文脈で生起する具体的事象や独自性，個別性に焦点を当てながら，構造化された視点で詳細に記述し，理論化しようとする方法と定義できる。

発達心理学における事例研究は，内容から「実践的な事例研究」と「発達プロセスの事例研究」とに大別できる。「実践的な事例研究」は，臨床発達心理学によるもので，発達への援助・かかわりを追ったものである。とくに，発達障害のある子どもへの心理学的な援助や指導の経過などを詳細に記述し，個のなかから一般化できる部分を考察していくという手法である。臨床発達心理士が資格制度化され，これらの実践的な報告が増えている。一方，「発達プロセスの事例研究」では，対象はさまざまであるが，事象に関する発達のプロセス，発達のメカニズムに関する新しい理論が展開される（表74.1）。

現在の発達心理学における事例研究を分類すると，表74.1のようになるが，事例研究は何らかの理論形成を行うことを目的としている点は共通である。そして，事例研究論文は，「問題・目

表74.1 発達心理学における事例研究の分類

分類	内容	研究誌
発達プロセスの事例研究	発達のプロセスやメカニズムを明らかにする	発達心理学研究，質的心理学研究
実践的な事例研究	臨床現場で「援助」や「かかわり方」を追ったもの。事例検討にも用いられる。	臨床発達心理実践研究，心理臨床学研究

的」においては，研究者が知りうる心理的理論や一般化した理論とともに研究で何を明らかにするかの目的が述べられ，「結果」や「経過」では，実際の個とのかかわりが描かれ，最後の「考察」において，著者がとりあげた心理的理論をどのように取り入れたか，あるいはその理論に対する疑問などが展開され，一連の流れのなかで，かかわった個はどのように変化・発達し，自分のもつ心理的理論にどのような意味づけがなされたかがまとめられている。つまり，この「考察」から，心・発達のメカニズム，支援技術に関する新しいアイディア，個々の事象間の関連性（機能間連関）や因果関係についての理論，個人の発達に影響を及ぼす諸要因間の関連，教育的働きかけが発達に及ぼす効果（本郷，2000）等を知ることができる。これらの事例研究の内容は，①新しい理論・見解の提唱，②新しい技法の提唱，③治療困難とされるものの治療記録，④現行学説への挑戦・反証，⑤特異事例・希有な特殊事例・啓示的事例の紹介（河合，1986；本郷，2000）といったタイプに分けられる。

　最も標準的で多くの事例研究が①新しい理論提唱，つまり研究者の理論提示と考えられるが，提示された心や発達のメカニズムは，事例経過のキーワードや，繰り返される事象，それらの関連性などから形成されている。また，先行的な心理学理論をどのようにとらえているか，先行的心理学理論から何が生じたのかといったことが含まれる。そのような理論化のなかで，一般的意味を抽出しつつ，その一般的意味をどうとらえるかといったことが展開されるのだ。

　また，③治療困難とされるものの治療記録，④現行学説への挑戦・反証となる事例研究（日常的経験・常識的判断では予測不能な特殊ケースの報告），⑤特異事例・希有な特殊事例研究・啓示的な事例研究は，観察力が高く自己記述に優れている場合，面接関係や介入プロセスが明示的な場合，面接過程での危機や失敗を含む場合などは，人間に内在する本質があらわになるため，まれな事例からも人間の本質に迫るという魅力をもっており，人間のリアリティを構成している（鶴田，2001）事例研究といえる。

　事例研究の形式やその分類は以上であるが，事例研究のメリットとしては，日常的実態を知ることができる，発達の個別性や状況文脈をふまえる，発達の主観的側面に焦点を当てる，生きている生活空間のなかで人を理解するといった，個別性に注目できる点があげられる。また，時系列のなかで人の変化をみること，人を総合的全体的存在としてとらえ，平均化されない個としての発達を詳細にとらえていくことができる。さらに，実践的な事例研究は，事例研究として発表されると，その実践方法を共有することができること，事例を提示することで，独りよがりにならず相対化し評価を受けること，それにより自己洞察が深まること，などのメリット（本郷，2000）が加えられる。

　量的研究との比較で，問題点として指摘された一般化の困難性であるが，事例研究はリアリティ構成の良さがあるため，一般化が必ずしも必要ではないし，量的研究方法と対極として位置するのでもない。また，理論提唱の事例研究では，レビューした先行研究が累計事例を質的に代表するものであれば，事例研究で示されたモデルや理論は，その他の累計事例にも適合するものとなり，その点で一般性をもつことを示すこともできるし，事例の積み上げによって信頼性も高まる。

2. 事例研究の書き方

　どの研究においても，関心や問題意識が原点となる。事例研究においても，何に関心をもち，何に疑問を感じ，何を問題点とするかを，漠然とでよいので，認識しておく必要がある。事例研究の場合，漠然とした問題意識や仮説が，一つの論文を書き上げる過程で，具体化・焦点化し，明確になっていく。入るフィールド（現場）のタイプによっては，仮説どおりに観察ができるとも限らないので，明確な問題意識ではなく，柔軟に変えられる問題意識をもつことが望ましい。仮説を柔軟に変えていくことで，先入観にとらわれないという利点もある。

　また，問題意識に関連した心理学理論，資料（理論の基礎，経験との照合）や先行研究（他の事例研究）などから情報を収集しておくことも有効である。心理学理論やその背景を学習しておくことで，すでに明らかにされていることと，わかっていないことかを知ることができ，事例研究の執筆過程で，「そういえば，これはあの理論に似ている」という感覚がでてくることもあるからだ。また，先行研究を読むことは，実際に書く際に参考になるだけではなく，先行研究のキーワードから自分なりの新しい問題の視点が出てくることもある。

　これらの準備段階をへて，問題意識の答えに近づけそうだと思われるフィールド探しにうつる。以下，フィールドに入ることが決まり，事例研究を書いていく方法を，a. 観察・かかわり，b. 記録，c. 分析・理論化の過程で，述べていく。

a. 観察・かかわり

　対象は，個人だけではなく，グループ，家族，社会組織（園や学校），コミュニティなども対象となりうる。たとえば，症状や問題行動を呈している対象については，臨床経験が浅い場合は不向きかもしれないが，自分が参加したフィールド（たとえば，自閉症や不登校児のキャンプ，エンカウンターグループなど）における自己分析の事例研究などは行うことが可能である。

　また，対象となるフィールドに入るうえで，自分は治療者か，研究者か，学生かなど，立場を明確にしておく必要がある（鶴田，2001）。治療といった直接的な関与か，あるいは参与的な立場か，立場の違いによって，その対象に及ぼす心理的影響も異なるからである。また，自分の立場を明確にすることで，みえること，みえないことが何かを客観的にみることができるようにもなる（石野・山口，2007）。そのため，フィールドでの一貫した立場を明確にしておく。

　観察・かかわりとは，その場で起きている事象に身をまかせながら，見て，感じて，記憶して，を繰り返していく。これにより，フィールドに自分がなじんでいくとともに，相手も自分の存在に慣れていくようになる。そして，事例研究で最も重要な手がかりとなるのが，記録することである。自分の入ったフィールドの記録を収集し，それを読み直していくなかで，目的や仮説はより明確になっていく。そのため，記録は欠かさず，できる限り詳細に残していくことを心がける。録音，ビデオなど役立つが，実際には許可を得られない場合も多いため，フィールドに入った後に，思い出しながら書きとめておく。

b. 記録

　何が語られ，何が起こったかを忘れないため，フィールドノートを残していく必要がある。録

音やビデオをとっていれば，その逐語録をデータからおこし記しておく。人の記憶は変容しやすいので，「録音しているから」と気を抜かずに，コツコツと表記をためていく。しかし，録音やビデオの許可を得られないことも多いため，フィールドに入った後に，思い出しながら書きとめておく。記録では，相手の状況，発言，言動，感情，全体の動きなどを書き込み，さらには，会話なども詳細に書きとめておく。自分がそこで何を感じたか，さらに記録を読み直してどう感じたかといった，自分の思いや考え，発言，感じたことも主観として書きとめておく。起こった出来事と自分の主観と，両方が同時系列に書き込めるような記録しておく（石野・山口，2007）と，後でみやすい。また，記録することは，記憶を残すことだけでなく，そのフィールドにおける自分を相対化することができ，客観的にとらえなおすことにもつながる。

これらの記録・フィールドノートの取り扱い・保管には，プライバシーにかかわる問題も大きいため，細心の注意を払う必要がある。対象者の場所や人物が特定されるような記載がある場合，カギなどがかけられる場所に保管しておく。また，事例研究発表の際には，対象者やフィールドの許可を得ることや，記録・発表の際に，対象者が特定されるような情報，名前，居住地などに関して，実名を用いずにイニシャル表記し，居住地や所属先などは出さないなど注意が必要である。

c. 分析・理論化

記録の分析方法として，読者に納得させる方法論にもとづいて提示するには，プロトコル分析やグラウンデット・セオリー，KJ法，それらを組み合わせた折衷的な技法などが使用されることもあるが，ここでは，これらの技法を用いない，標準的な方法について示す。

まず，b.でとりためた記録を何度も読み直し，自分が学んだことや経験，新しい経験との間の違和感やずれに目を向ける。このずれに対して，既存の心理学理論がどうあてはまり，どうあてはまらないのか，新しい自分なりの考えを理論化していくことになる。具体的には，①違和感を的確に示す面接記録を読み直す，②キーワードを探す，③自分独自の視点を文章化する，④文献と照らし合わせる，⑤テーマを一つに絞る，⑥経験を言葉にしていくという作業になる（鶴田，2001）。テーマとする心理状態や技法に関する典型例と，扱った事例とを比較しながら，相違点を示していくことで，理論化につながる。こうして，個別事例を具体的に研究しつつ，個別性のなかから，一般性を抽出していくこと（下山，2000）を心がけていく。

これらのa↔b，b↔cは行きつ戻りつ，繰り返していくものである。a↔bでは，観察したことを毎回毎回こと細かく記録しておくことが何より重要な作業である。また，事例研究を書くためのcの理論化過程では，その事例はすでに終結していることが望ましい。ボランティアとして入っていた記録を，1年生からとりためておき，のちにまとめるという方法も一つかもしれない。いずれにしても，指導教員に指導を受けながら，a↔bを繰り返していくことがよいだろう。b↔cでは，書く途中で，他者に精読してもらう，ゼミや研究会，学会などで発表する，協力者から意見を求めることも有効である。これらを行いながら，理論化し論文を書いていく。

理論化を行いながら，自分の書く事例研究論文は，新しい理論・見解や技法の提示を行う論文か，先行理論の反証となる事例研究かなど，自分がどのようなスタンスをもつ事例研究を書き

あげたいのかを決めていく。新奇な，あるいは特殊な状態を示す事例の場合は，先行研究をレビューしたうえで，新奇で特殊な事例として研究するに値するものであることを明示する。

　また，一事例なのか，複数事例なのか，提示の仕方も変えていく必要がある。一つの事例の時系列的な事例から，理論化に結びつけることもあるが，たとえば，同じような現象が起こっている事例を一論文に複数とりあげて並列させ，これらの共通点から事例論文の一般化を図る場合もある。このように，理論化とともに論文のスタイルを決めていくことで，事例研究論文ができあがっていく。

◆ 引用文献

麻生　武．(1990)．"口"概念の獲得過程：乳児の食べさせる行動の研究．発達心理学研究，1，20-29．
本郷一夫．(2000)．規範研究と事例研究．田島信元・西野泰広（編著），発達研究の技法（pp.54-57）．福村出版．
石野秀明・山口勝也．(2007)．保育と質的研究：参加観察にもとづく事例研究の進め方．秋田喜代美・能智正博（監修），はじめての質的研究法（pp.178-203）．東京図書．
岩立志津夫．(1990)．事例研究のあり方と発表の仕方をめぐって．発達心理学研究，1，79．
河合隼雄．(1986)．事例研究の意義と問題点：臨床心理学の立場から．河合隼雄（著），心理療法論考（pp.288-296）．新曜社．
鯨岡　峻．(1991)．事例研究のあり方について：第1巻第1号意見欄の岩立論文を受けて．発達心理学研究，1，148-149．
南　博文．(1992)．事例研究における厳密性と妥当性：鯨岡論文(1991)を受けて．発達心理学研究，2，46-47．
下山晴彦．(2000)．事例研究．下山晴彦（編著），臨床心理学研究の技法（pp.86-92）．福村出版．
鶴田和美．(2001)．事例研究の着手と手順．山本　力・鶴田和美（編），心理臨床家のための「事例研究」の進め方（pp.66-79）．北大路書房．
山田洋子．(1982)．0～2歳における要求：拒否と自己の発達．教育心理学研究，30，128-137．

75章　分析の手法

1節　マイクロアナリシス

難波久美子・河合優年

1. 行動理解の方法

　私たちが日常観察している人間の行動は個々の行動が独立的に生起しているのではなく，多くの場合その前に生じた行動と何らかの関係をもって生起している。つまり，その前に生じた行動に依存していると考えられることが多いのである。このような行動の連鎖が最も重要視されてきたのは，相互作用研究の領域であろう。ボールドウィン（Baldwin, 1902）が社会的相互作用・交互性について言及して以来，生活体が相互に影響するフィードバック過程に注意が向けられるようになり，アクト（act）とリアクト（react）という視点が強調されるようになってきた。そのような理論的な発展にともない，行動の連鎖を明らかにするための方法が提出され，新たな研究の展開がみられるようになってきた。たとえば，遊びの場面での相互作用を観察したパーテン（Parten, 1932）の研究は行動の連鎖を考慮してはいなかったが，ベイクマンとブラウンリー（Bakeman & Brownlee, 1980）は同じ場面を行動連鎖のなかでとらえなおし，パーテンが見出せなかった遊びの移行過程を明らかにしている。今日では，このような行動連鎖の分析はさらに拡張され，課題遂行過程の分析にも利用されるようになってきている。

　本稿では，このような行動の連鎖を分析する一つの方法としてのマイクロアナリシスについて，その枠組みと具体的な手続き，実際，および問題点について述べる。なお，行動連鎖に関する理論的な側面については，ケアンズ（Cairns, 1979）の"The analysis of social interactions"やベイクマンとゴットマン（Bakeman & Gottman, 1986）の"Observing interaction"などを参照していただきたい。

2. マイクロアナリシスとは

　マイクロアナリシスの基本的な考え方は，相互作用の過程，とくに行動の連鎖を，それを構成する要素間の力動的な関係性からとらえようとする点にある。フォーゲル（Fogel, 2008）は，これまでの発達研究が取ってきた観測時点間の比較にもとづいた変化過程の研究を認めながらも，これは変化の機構を切り出したことにはならないとし，特定の時点における相互作用に関連していると考えられる要因間の相互連関性の微視的な形成過程（micro genetic）の解明が，より大き

な時間のなかでの変化の機構解明につながると考え，微視的研究の意義を述べている。

近年の記録装置の進歩とコンピュータの処理能力の向上は，このような微視的な分析を飛躍的に容易なものとし，ようやく理論と実践が近づいてきている。マイクロアナリシスは以下に述べるように，相互作用場面を，対象としている人間の行動要素の時系列的な変化のなかでとらえる。そのため，行動要素ごとにオンとオフの状態とその時間情報を記録する必要があった。20年前に出版された旧版『発達心理学ハンドブック』においては，行動の状態がビデオ画面の時間情報とともにマニュアルで記録されている。今日でも，コーディングは人が行っているが，画像データはデジタル化されてコンピュータで再生され，対象とする複数の行動カテゴリーが同じくコンピュータのキーのオンオフで入力されている。マイクロアナリシスは現時点でも多く用いられているわけではないが，人の相互作用における力動的な関係性を解明する有効な方法の一つである。

以下にマイクロアナリシスの概要を述べていきたい。なお，マイクロアナリシスの詳細な手続きや時系列データの解析に適した統計的手法についてさらに理解を深めたい場合は，カステラン（Castellan, 1979）などを参考にしていただきたい。

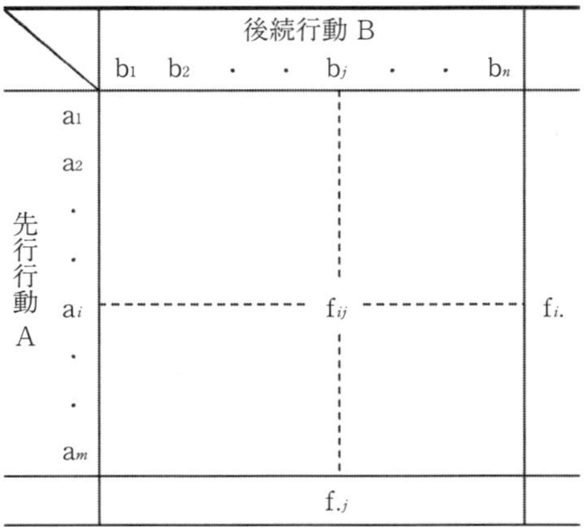

f_{ij} は a_i の後にくる b_j 行動の度数。
$f_{i.}$ は任意の先行行動の度数，$f_{.j}$ は任意の後続行動の度数。

図75.1 行動のコンティンジェンシー・テーブル

表75.1 二者間の行動連鎖の例（Castellan, 1979）

		後続行動B 母親の微笑		計
		あり	なし	
先行行動A	子どもの発声 あり	85（.85）	15（.15）	100
	なし	15（.01）	2000（.99）	2015
	計	100	2015	

3. マイクロアナリシスの方法

a. マイクロアナリシスの基本的考え方

一般的に行動の連鎖を考える場合，ある行動の生起は，その前の行動に何らかのかたちで依存しており，相互に影響し合っていると考えられている。マイクロアナリシスはこのような行動要素間の関係を時系列的な変化のなかでとらえることを目的としている。

図75.1はマイクロアナリシスの基本的な考え方を示したものであり，コンティンジェンシー・テーブル（contingency table）とよばれるものである。ここでは，a_1 から a_m の行動レパートリーからなる先行行動Aと，b_1 から b_n の行動からなる後続行動Bの関係が示されている。f_{ij} が，他の組み合わせの場合より有意に大きくなると a_i と b_j が関連をもつことが示唆できるのである。このような例の最も単純なものとして，母子の相互作用場面で起こる子どもの発声を先行行動A，母親の微笑みを後続行動Bとして考えてみよう（表75.1）。ここでは，AとBが独立しているかが問題

となる。表75.1の条件確率は，$\chi^2 = 1501$（$p < .001$）となり，母親の微笑みは子どもの発声の後に有意に多く生起することを示唆している。ここでの例は，母子の行動のきわめてわずかの部分を取り出しただけであるが，これをさらに多くの行動および時間軸に対して拡大して用いることができ，観察された現象の全体を扱うことができるのである。

b．行動のコーディング

マイクロアナリシスは，相互作用などさまざまな人間行動を，その行動を構成している要素間の相互連関性にもとづいてとらえようとするものである。しかし，全体がつくりだす印象は要素の集まりではないことはよく知られているので，透明性が高くかつ意味のある水準でのコーディングカテゴリーの作成が重要である。結果の妥当性や再現性はカテゴリーの構成に依存しているといえよう。

では，意味のある水準のカテゴリーとはどのようなものであろうか。たとえば，母子相互作用場面で，母子間の遊びという現象をとらえようとしたとする。その際，母子間の遊びそのものをとらえようとすると，「母子が遊ぶ」というカテゴリーを設定しがちである。ところが，実際にコーディングを始めると，「子どもは手を叩いて楽しそうだが，母は手を添えて見守っている」や，「子どもは嫌がっているが母親は子どもの手を持って遊んでいる」というような現象を母子の遊びとコーディングするのかどうかという問題に突き当たる。細かくコーディングしようとすると，生起するあらゆる行動のカテゴリーが必要になってくる。これは，複数の水準が含まれるために起こってくることであるが，実用的ではないことは明らかである。

マイクロアナリシスでは，行動の細分化をする際に階層的な行動の水準を設けている。このような行動には，右腕と左腕の動きのように左右が同時に動くような場合と，右腕を上にするか，下にするか，前に出すかのように，物理的に同時に生起しない場合がある。母子関係でいうと，母親と子どもの視線が同時に同じところに向くことはあるが，母親の目が右をみると同時に左をみるということはない。マイクロアナリシスでは便宜的に，同時に起きるかもしれない行動をモードとし，モード内の同時に生起することのない行動をカテゴリーとよんでいる。現在使われている時系列分析のパッケージは，おおむねこのようなコーディングシステムを前提として作成されている（河合，1986）。

具体的な手順で述べると，まず母親の行動と子どもの行動がモードとして分けられる（今これを'M-' 'B-'としておく）。さらに，母親の行動で相互作用において意味があると考えられる，視線，発声，表情などが下位のモードとして設定される（これらを'GA-' 'VOC-' 'FCE-'としておく）。これらはモードであり，同時生起が想定されている。カテゴリーはこのモードの下に定義され，同時生起しない。たとえば，母親の視線（'M-GA-'）の下に，正中線方向に対して右方向への視線（'-atR'），正中線方向に対して左方向への視線（'-atL'），正中線方向（子どもの目）への視線（'-atB'）というカテゴリーが設定される。このモードとカテゴリーの定義により，たとえば母親が子どもを見つめている行動は'M-GA-atB'のように行動単位化されることになる。このコードにもとづいて，それぞれのカテゴリーが生起している（on）かしていないか（off）かの記録を行うのである。この作業をモードごとに行うことになる。その結果，このonとoffの時間

表75.2 コーディング・カテゴリーの例

モード		カテゴリー		定義	カテゴリー記号	コード
母親の行動（M）	視線（-GA）					
		右（-atR）		正中線方向に対して右方向への視線	M-GA-atR	1
		左（-atL）		正中線方向に対して左方向への視線	M-GA-atL	2
		子ども（-atB）		正中線方向（子どもの目）への視線	M-GA-atB	3
	発声（-VO）					
		発声あり（-no）		母親の通常の発声	M-VO-no	1
		その他（-other）		あくび，くしゃみなど生理現象による音	M-VO-other	2
子どもの行動（B）	視線（-GA）					
		右（-atR）		正中線方向に対して右方向への視線	B-GA-atR	1
		左（-atL）		正中線方向に対して左方向への視線	B-GA-atL	2
		母親（-atM）		正中線方向（母親の目）への視線	B-GA-atM	3
	発声（-VO）					
		発声あり（-no）		子どもの通常の発声	B-VO-no	1
		その他（-other）		あくび，くしゃみなど生理現象による音	B-VO-other	2

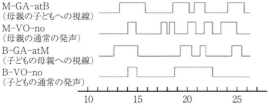

図75.2 母子間の相互作用のようす（部分）：イベントレコーダーによる出力例

軸に沿ったデータセットによって，行動が記録されることになる。図75.2は，母子相互作用を表75.2のカテゴリーに従ってコーディングした結果を時間の流れとともに示したものである（部分）。図の凸になっているところが，そのカテゴリーがonになっていることを示している。

もちろんこの方法においても，他の観察法と同様に，あらかじめ仮説をもってカテゴリーを決定することは重要である。そこに生起するであろう現象について，理論的枠組みをもって臨まなければ本質的な構造を切り出すことは難しい。マイクロアナリシスの利点は，このような仮説の確認的な使い方に加えて，行動を微視的・要素的に分解することで，これによってリアルタイムではみえなかった行動と行動の連関について詳細に検討することができる。このことによって初めてみえてくる規則性や構造があり，それにもとづいて現象をボトムアップ的に理解していくことができるのである。つまり，マイクロアナリシスは仮説検証的な用い方だけでなく，仮説生成的・発見的に用いることも可能なのである。これは，マイクロアナリシスの大きな利点といえるだろう。

c. データ分析の視点

(1) 生起頻度と時間

行動解析の最も基本的でよく用いられる情報として，各カテゴリーの生起頻度とその持続時間がある。表75.3は，図75.2の各モードについて分析したものである。たとえば，母親が子どものほうを見ている回数と子どもが母親を見ている回数はどちらも4回であるが，その平均持続時間は1.9秒と1.4秒であり，母親のほうがやや長く見ていることが示されている。もちろんこの結果

表75.3 要約表(例)

	モード		カテゴリー	生起頻度	生起時間	平均生起時間	1分あたりの生起頻度	モード内生起割合
母親の行動（M）	視線	(-GA)						
			M-GA-atR	3	7.00	2.333	10.588	0.412
			M-GA-atL	2	2.60	1.300	7.059	0.153
			M-GA-atB	4	7.40	1.850	14.118	0.435
	発声	(-VO)						
			M-VO-no	0	0.00	0.000	0.000	0.000
			M-VO-other	0	0.00	0.000	0.000	0.000
子どもの行動（B）	視線	(-GA)						
			B-GA-atR	2	3.60	1.800	7.059	0.212
			B-GA-atL	3	7.80	2.600	10.588	0.459
			B-GA-atM	4	5.60	1.400	14.118	0.329
	発声	(-VO)						
			B-VO-no	2	7.80	2.600	10.588	0.459
			B-VO-other	0	0.00	0.000	0.000	0.000

は一人のデータによるものであり，統計的な検討のためにはさらにサンプルを増やさなければならない。このような場合には，しばしば対象の状態によって観察時間などの条件が異なる。このため，表75.3に示すような，1分あたりの生起頻度とモード内での相対的なカテゴリー生起割合が用いられる。

(2) カテゴリー間の同時生起と移行

マイクロアナリシスは，種々の事象を微視的な視点から取り出し，要素（カテゴリー）間の関係性から全体の特徴を明らかにすることを目的としている。このためには，カテゴリー間の相互関係に関する分析が必要となる。その一つとして，ここでは行動の同時生起について述べてみる。図75.2の例では，全体の観察時間17秒のうち，母親が子どもを見ている時間は7.4秒であり，その逆は5.6秒となっている。もしこの二者の行動が有意に同期しているのであれば，二者の行動の間に何らかの関係が存在していると推測できるのである。ここでは，二者の行動が同時に生起している時間は4.6秒となっている。この値を評価するために用いられる指標の一つが，同時生起指標である。これは，期待値と観測値の比によって示される。たとえば，図75.2の例では，母親が子どもを見る，子どもが母親を見ることが同時に生じる確率は，0.14（=7.4/17×5.6/17）となる。そこで，同時生起指標として期待値（0.14）に対する観測値（4.6/17）の差の期待値に対する割合を求めることができる〔|(4.6/17)－0.14|/0.14〕。期待値と観測値に差がなければ指標は0，同時生起がなければ－1，同期生起の時間が長いほど値は大きくなる。

また，二者間の状態の変化を移行指標とすることもできる。たとえば，母親が発声をした後に子どもの母親のほうを見る視線がonになるのか，子どもが母親を見た後に母親の発声がonになるのか，といったカテゴリー間の移行である。このような移行指標によって，何が変化のきっかけを与えているのかを検討することができるのである。

(3) カテゴリーの時系列的変化

行動の連鎖，つまり要素間の生起順序を明らかにしたい場合，時系列の分析が必要となってくる。基本的な考え方としては，ある行動が起こった後，どのような行動が起こるかという行動のセットを考えるということになる。このうち，行動のカテゴリーの順序性のみを問題とする分析法はイベントラグアナリシスとよばれる。また，時間情報を加えた分析はタイムラグアナリシスとよばれることがある。これは，一つの行動から次の（決まった）行動までの時間経過を指標として行動間の関係性を分析するものである。

20数年前に旧版『発達心理学ハンドブック』で本節が書かれたときには，このような時系列分析はきわめて複雑で時間のかかるものであった。しかし今日では，時系列データがつくられていれば通常のパーソナル・コンピュータと市販されている統計ソフトによって，時差相関などが比較的容易に分析できるようになっている。時系列データの基本的な分析手法などについては，サケットほか（Sackett, Holm, Crowley, & Henkins, 1979）に述べられているので参照していただきたい。

4．マイクロアナリシスの実際

それでは，実際にどのような研究テーマにマイクロアナリシスは適用可能であろうか。参考として，筆者らが近年行った分析について簡単に紹介しておきたい。

河合・難波（2008）では，4カ月齢と9カ月齢の対面状況における自由遊び場面での母子相互作用のパターンを対象にした。母子の行動パターンのマイクロアナリシス（同時生起指標）から，同時生起のチャンスレベルである0を越えた行動のペアは，4カ月齢の母親の発声と子どもの笑顔，9カ月齢の母親の笑顔と子どもの母親への凝視，母親の発声と子どもの母親への凝視であった。このことから，4カ月齢で子どもの笑顔に応答していた母親が，9カ月齢では自分への視線への応答にシフトしていることが推察された。これらの指標と後の発達指標には一部関連が示されている。

また，難波・河合（2012）では，絵本の読み聞かせ場面での母子のやりとりをマイクロアナリシス（移行指標）によって分析を行った。その結果，母親がページをめくっていない間に子どもが本を見なくなったり，見始めたりするのは月齢とともに減少していた。また，子どもが本を見ている間にページをめくったり，見せはじめたりするのは，9カ月齢に比べ18カ月齢で増加し，30カ月齢では減少するという現象を見出した。このことから，子どもの理解に合わせて母親がページをめくるという絵本の共有の仕方に変化があることが推察された。

このように，マイクロアナリシスを用いることで，母子間の関係性が，両者の行動の連鎖というかたちで記述することが可能になるのである。起きている現象はファクトとして，数値として示されるが，その関係性に意味づけを行うのは研究者ということになるのである。このような数量化は，研究者間の情報共有にとっても重要であると考えられる。

5. マイクロアナリシスの問題点

　ここまでマイクロアナリシスの概要について述べてきた。マイクロとは微細なという意味であるが，この微細さには行動を切り取る場合の細かさ，つまり普通の状態では取り出せない視線などの微視的行動と，数秒のうちに生じるような現象を取り出すという時間的な微細さの2つが考えられる。このような微視的な分析により，これまでは見出すことの難しかった行動のパターンが発見されるようになった。しかし一方で，注意すべき点もある。以下にいくつかの問題点をあげておく。

　まず第一に，行動カテゴリーの導出の仕方とその水準である。適切な水準のカテゴリーをいかに設定するか，ということがこの分析の肝となる。しかし，ビデオレコーダーの進化とともに，より細分化することが可能になった。このことは，分析に資するとともに，必要のない水準にまで目をむかせてしまう可能性も含んでいる。また，後からカテゴリーを設定できるために，恣意的なカテゴリーになる可能性もある。この点について，常に自問しながら進める必要があるだろう。

　次に問題になるのは，理論と分析方法との関係である。マイクロアナリシスは観察データをもとに，行動のなかにある規則性を見出すというボトムアップ的な使い方を許している。しかしながら，理論的な枠組みなく独立に進めることは生産的ではないだろう。

　マイクロアナリシスは，以上のような留意点はあるものの，うまく使うと発達領域のみならず，広く行動一般の理解に役立つ方法であると考えられる。興味をもたれた方は，直接文献等にあたっていただきたい。

◆ 引用文献

Bakeman, R., & Brownlee, J. R. (1980). The strategic use of parallel play : A sequential analysis. *Child Development*, **51**, 873-878.

Bakeman, R., & Gottman, J. M. (1986). *Observing interaction : An introduction to sequential analysis*. Cambridge : Cambridge University Press.

Baldwin, J. M. (1902). *Social and ethical interpretations in mental development : A study in social psychology* (3rd ed). New York : Macmillan. (1st edition published in 1897)

Cairns, R. B. (1979). *The analysis of social interactions : Method, issues, and illustrations*. Hillsdale, NJ : Lawrence Erlbaum Associates.

Castellan, N. J. (1979). The analysis of behavior sequence. In R. B. Cairns (Ed.), *The analysis of social interactions : Methods, issues, and illustrations* (pp.81-116). Hillsdale, NJ : Lawrence Erlbaum Associates.

Fogel, A. (2008). 発達心理学にみるダイナミカルシステム研究．岡林春雄（編），心理学におけるダイナミカルシステム理論（pp.53-64）．金子書房．

河合優年．(1986)．三カ月児における自発性手足運動：マイクロアナリシスの試み．名古屋大学教育学部紀要，**33**，25-33．

河合優年・難波久美子．(2008)．母子相互作用のパターンが子どもの社会性の発達に与える影響について（2）：マイクロ分析による4・9ヶ月の母子相互作用パターンと18ヶ月児の社会性との関係について．日本心理学会第72回大会発表論文集，1114．

難波久美子・河合優年．(2012)．絵本場面における母子相互作用の変化と発達指標との関連："ページをめくる・本を見る"やりとりのマイクロ分析結果から．日本発達心理学会第23回大会論文集，269．

Parten, M. B. (1932). Social participation among preschool children. *Journal of Abnormal and Social Psychology*,

27, 243-269.
Sackett, G. P., Holm, R., Crowley, C., & Henkins, A. (1979) A fortran program for lag sequential analysis of contingency and cyclicity in behavioral interaction data. *Behavior Research Methods and Instrumentation*, 11, 366-378.

2節 プロトコル分析

田島信元・田島啓子

1. プロトコル分析とは：定義と歴史的位置づけ

　プロトコルとは，認知主体者の「内観の言語報告資料」を指したものであり，プロトコル分析の出自は，人工知能研究や認知科学の領域において，認知活動の主体の内観を取り出すことにより，課題解決場面における認知情報処理過程を明らかにする研究に用いられたことにある（Ericsson & Simon, 1984；海保・原田, 1993）。
　そうした研究の流れのなかで，質的研究の必要性が叫ばれていた発達心理学では，社会的相互交渉過程における対話や意味の成立過程をとらえる方法論として「会話分析」や「ディスコース分析」などが提唱されてきた（無藤, 1983；鈴木, 2008）。これらの分析法は，プロトコル分析同様，発達心理学の隣接領域から出たものであり，その研究目的によって，相互行為の成立過程や，発話の形成過程そのものを明らかにする分析法であったりするのであり，内観分析のように認知過程を研究するものではない，とする見解もある（海保・原田, 1993）。
　しかし，個人を意味生成の主体とみなして，語り（narrative）そのものからスクリプト（台本：行為を規定する認知）の形成過程を分析する「ナラティブ分析」（澤田, 2000）が示すように，日常経験や具体的な社会的相互交渉過程のあり方が認知を形成していくことを前提とした分析は，共同行為過程そのものが認知過程といった発想（Rogoff, 1998）を導き，近年の社会文化的アプローチや文化心理学などの発展で理論的にも支持されて，発達心理学でも必須の分析法として位置づけられてきている（田島, 2008；田島・南, 2013）。その意味では，会話分析・ディスコース分析においても，会話・発話そのものを発話プロトコル（田島, 1992, 2000）としてとらえて分析していくことは有効であると考えられる。
　もちろん，上記の主張には，分析法というのは研究目的に依存して使われ，発展していくのであり，分析法が独立しているわけではないという前提があるのであって，今後も，新しい視点の提唱にもとづき，プロトコル分析，会話分析，ディスコース分析，ナラティブ分析などにもとづく，新しい分析法が考案されてくるはずである。その意味で，本稿では一連の質的分析法にもとづく分析の一端を「発話プロトコル分析」とよんで説明してみたい。

2. 発達心理学における「発話プロトコル分析」の活用法

a. 「発話プロトコル分析」の位置づけ

「発話プロトコル分析」は，日常生活上の相互交渉場面を観察して得られる言語資料にもとづくもので，相互の間でとりかわされる対話にもとづいて主体の発話＝認識が成立していく過程（Bakhtin, 1979, 1982, 1987；Rogoff, 1998）を分析するものである。ここでは，内観分析のように教示に統制されることがないため，比較的自然な発話がとれ，行為の基盤となる外界の認知過程だけでなく，行為の予定の表明という心の働きの側面も分析可能となる。

b. 「発話プロトコル分析」の特徴と手続き

発話プロトコル分析は「会話（発話行為の系列）を行うことと，会話で何かをするということとを同一の枠組みで検討しようとするもの」という会話研究的アプローチの流れにあり，そのうえ，発話行為を社会的な場での相互作用としてとらえるところに特徴がある（無藤，1983）。その視点を列記してみる。①会話（発話）を社会的な場での相互作用としてとらえる。②ある発話を理解するためには，その発話の背景となる文脈を了解する必要がある。つまり発話のみを扱っていては断片的な理解しかできない。③ある発話の文脈としては，その前後の発話を含めて考える。これらは談話（discourse）という単位を構成するが，談話にはこれに対応するひとつの知識構造（スキーマ）があり，これによって発話の理解が可能となる。④文脈には，発話以外に，発話がなされる場ないし状況を含めて考える必要がある。状況の違いにより発話の解釈が変わりうる。場，状況とは，たとえば会話に参加する人々が守らねばならないその場固有の規範的秩序のようなものである。このように会話研究では，会話成立，すなわち認知活動の生起・展開の要因を社会的な相互作用過程，「動的で解釈的な」性格をもった社会的やりとりのなかに求めるわけで，発話プロトコル分析が基盤とする「社会的相互交渉過程」分析の視点（田島，2008）と軌を一にするところである。

ディクソン（Dickson, 1981）は会話分析における具体的な方法論として，以下のような特徴をもつことを指摘している。①資料は通常，実際のやりとりを録音（録画）して得られる。分析は，観察資料から転記した言語プロトコルにもとづいて行われる。②観測対象者は少ないが，観察変数は逆に多い。③分析は言語プロトコルが提示され，証明されるというかたちが多く，量的な指標の統計的分析はあまり強調されない。④測定と分析は妥当性が強調され，信頼性はそれほど強調されない。⑤個人差については個々のケースが詳しく記述され，個人ごとの指標間の相関がとられることはない。⑥科学哲学としても，研究者の主観性は避け難いし，逆に価値のあるものとさえみられる。

これらの方法論的特徴は，心理学の伝統的な方法論からみるとかなり対比的ではあるが，しかし，発達心理学においても「間主観性」の問題や「アタッチメント」の研究等でこうしたことにはかなり踏みこんでいるし（鯨岡，1986），ゆくゆく仮説検証的な心理学的実験研究に耐えるような，生態学的妥当性の高い仮説としてのモデルを提供するという役割分担の視点をもつことで，現代の発達心理学研究には必要不可欠のアプローチであるといえよう。

c.「発話プロトコル分析」の研究例：授業場面におけることばの使い分け（田島, 2003）

(1) 目 的

 授業中の教師と生徒，生徒同士の相互行為過程に焦点を当て，授業のなかでみられる参加者の行動や意思の変化について検討した。そこでの視点としては，授業の進行を，誰がどのように担っているのかということであり，目標や解決法の提示や活動変化のきっかけの提示，活動方針にかかわる意思決定がどのように行われているか，またそのとき使われる方法のあり方やその変化などを発話プロトコル資料から分析した。

(2) 方 法

 対象は，東京都内の公立小学校4年生のクラスで一週間にわたって行われた太陽の位置の観察についての一連の理科の授業での教師−生徒および生徒同士の相互行為場面であった。そこでは，太陽の実際の位置の観察と，それについての教室での議論を繰り返すことによって，太陽の動きの現象を明らかにしていくという一連の課題が展開された。すべての観察がビデオ撮影によって行われたあと，ビデオ資料から言語（発話）プロトコル資料を作成したうえで，分析は，教室内での測定の仕方の説明と測定後の結果についての教師と生徒，生徒同士の議論の場面に焦点を当てた。分析においては，教師と生徒の意図や行動の変化を，発話のあり方（内容，言語スタイル，発話構成）とそれらに対応する非言語行動，さらに対象や物理的条件，状況の変化などを指標として抽出し描写した。

(3) 結果（抜粋）

 認知活動における言語的媒介（Vygotsky, 1931/1970, 1934/2001）という視点からの分析の結果，特徴的であったのは，教師も生徒も，場面に応じてフォーマル・インフォーマルなことばの使い分けを行っていることであった（事例参照）。

 まず，教師による測定の仕方の説明は，課題（下位課題）提示にあたるが，「〜しなさい」「〜を見てください」といった「デス・マス」語尾のフォーマルな形式の言語スタイルが優勢であったが（事例1），「ああそうか」「〜は，わかった？」など，生徒への発見法（解決法）提示や自己の意見・感想を述べるという方法を使って生徒の既有知識の確認・利用をする際は，インフォーマルな言語スタイルの使用が目立った（事例2，事例4）。一方，生徒のほうも，「先生，〜していいんですか」などのように教師に許可や確認を求めたり（事例3），教師の求めに応じて自己の意見を述べたり，生徒同士でも形式的議論をするときはフォーマルな形式をとるが（事例1〜4），結果についての討論時に教師ないし他の生徒の発言に触発されて自由に，自発的に自分の意見を述べるときは，「〜（ちょっと言いたいん）だけどね」「（理由）見つかった。」のようにインフォーマルな形式が多くみられている（事例4）。また，討論時は教師のほうもインフォーマルな「友達ことば」となり，そのときは議論も活発化してきた（事例4）。

(4) 考 察

 生態学的観察と発話プロトコル分析を通して，授業内での議論の形式や発話の内容に従って教師および生徒の言い回しが異なることが明らかとなった。とくに，教師の課題提示や授業のまとめ，生徒を叱ってでもある方向に活動を向ける場合の「デス・マス」という語尾の使用，他方，

【事例】 教師−生徒間のやりとりにおけることばの使い分けの諸事例
(波線:フォーマルな使用,下線:インフォーマルな使用,s:同時発話,ia:聞き取り不可能)

【事例1】 教師の生徒への全体への指示と,個人的語りかけ
教師:じゃあ,いる人は聞いてください
生徒たち:[s] はーい。
生徒A:先生,[ia]
教師:いたる君,次言うからね。(手を挙げ生徒の注目を集めながら)次は紙がありませんが,今紙がありませんが,(一番前の席の生徒の紙を手に取り,上にかざし)はいこれ見てください。後で上に行きましたら,上に行きましたら,(3枚の紙を使って説明)いたる君じゃなっくて,自分の分,自分の分を一番左側に糊をくっつけてこう。(どのように貼るか先ほどの紙で示す)(教師のやることを見ている生徒は少ない)その次,芹沢君のコピー(生徒が二人自分の紙を持って教師のところへ来る)のやつも一番左側にだけ糊をくっつけてこういうふうにして,めくれるようにします,こういうふうに。(すべて実演付き)

【事例2】 教師・生徒間の対等な意見交換とそれに続く教師の指示
生徒B:(生徒同士で)じゃあどっちがどっちなのー?
生徒C:じゃあ,こっちに名前書いちゃうの?(教師を見上げる)
教師:(質問した生徒Cを見て)ああそうか,じゃあ反対にしようか,こうやって。(反対側をくっつけるまねをする)(生徒たちに向かって)ごめん,言い直すよー。糊さっきはこっちでしたが,こういうふうにやりましょう。(反対側にめくる動作をする)こうやって……わかった?
生徒たち:[s] はーい。

【事例3】 生徒が教師に許可を求める
生徒:先生,もう〈屋上に観察に〉行っていいんですかー?
教師:ちゃんとそろったらね。いいですよ。

【事例4】 教師が司会をしての生徒間の討論の展開
生徒たち:[s] 先生!(手を挙げる)
教師:(生徒を指で指しながら)じゃあM君。
生徒M:はい,S君にちょっと言いたいんだけどね,S君のやり方だとー1時間で,とー高さ,高さ関係なしにするとー,1時間にーうんとその拳横に3個分ぐらい1時間で進んじゃってー1時間進むからー1時間で3個も進むとは思わない。
教師:M君ずいぶん頭考えてるねー。/T君,今の意味わかった?
生徒E:[s] 10時から1時までのあいだに2〜30度ぐらい [ia]
教師:M君はー,
生徒S:[s] 間違ってるかもしんないっていう理由見つかった。
教師:うーん,じゃ,ちょっと待って。Kさん(Kを手で指す)。
生徒K:S君の [ia] じゃないんだけど,うんと,あの,10時ごろに調べたときー,まだ [ia] 集まってから [ia] 調べてなかったから,
教師:うん。
生徒K:10時よりも1つ,拳1つ上に上がって,で,1時17分,1時17分になったらまた下がった。(着席)
教師:なるほど。[ia] 動いたのね。
生徒たち:[s] はーい。僕たちが [ia] [s] 間違ってるかもしれない理由見つかった。
教師:じゃあ待ってね,いろんな人に意見聴こう。F君。
生徒F:うんと多分太陽がこーゆーふうに(手で太陽の軌跡を示す)来てこーゆーふうに戻るときに,
教師:ここへ来てごらんなさい。(手で黒板の前へ来るように招く)[ia]
生徒F:(前へ出て来て黒板の模造紙を指しながら)ここからこういうふうに来てそいで戻るときに [ia]。(席に戻る)
教師:(模造紙を示しながら)ああ,この辺のほうがいいんじゃないかってわけね。
生徒たち:賛成。(拍手)
教師:(模造紙を再びなぞって)こうなって戻るとしたらこっちのほうが角度が合うってわけか。(F君を見る)
生徒たち:(手を挙げる)はーい。それに付け足し。
教師:[ia](生徒を指名)
生徒:そのー,Fちゃんが今言った [ia]

議論を活性化させるための「友達ことば」の使用，さらに生徒自身の場面によることばの使い分け等が特徴的にみられたが，こうした場面に依存したスタイル・スイッチング（真田・渋谷・陣内・杉戸，1992；岡本，1997）のあり方は，「主体の発話は，主体自身の意志・志向だけでなく，発話する相手（対象）や場面（文脈，社会的環境）の意志・志向をも反映している」というバフチンの「多声性」の機能（Wertsch, 1991/1995）を示していることが示唆された。主体の発話は，発話する相手（対象）や場面（文脈，社会的環境）の意志・志向をも反映しているという，つまり，フォーマル・インフォーマルな言い回しを使い分ける「ことばの使い分け」状況と，指示・命令を下す教師−生徒間の「支配−服従」関係，逆に討論に示された教師−生徒，生徒同士の対等な関係といった現実場面における両者の関係性との間に一定の対応がみられ，多声化の機能が示唆されたのである。そして，ノンフォーマルなスタイルのときに，子ども自身の意見，そこでの自己修正過程，他の生徒の意見への付け足し（議論の発展）などの成果がみられており（事例4），発達・学習に大きな影響を与えることが示唆された。

3. プロトコル分析の今後の展望

a. プロトコル分析再考

プロトコル分析の位置づけを考えるとき，心理学のデータは「行動・生理データ」と「言語報告データ」に二分でき，さらに後者の言語報告データは，主体の心を通してみた外界の姿を知る「内観データ，評定データ」と，主体の心の内容，働きのあり方を知る「発話プロトコルデータ」に分けられるととらえておくことが有用であろう。その意味では，プロトコル分析は，質問紙調査に多用される評定法と肩を並べる重要な分析法といえるのであるが，伝統的な「科学的心理学」のなかでは，言語報告データそのものの扱いが軽い時代が長く続いた。しかし，近年，科学的心理学の創始者といわれたヴント（Wundt, 1916）が指摘していた科学的心理学と民族心理学の統合の必要性という発想の復活から，心理学の分野でも重要な分析法として文化心理学，発達心理学の領域において注目されてきたものである（田島・南，2013）。

b. 発話プロトコル分析の補償的役割

また，発話プロトコル分析は，発達心理学における，「すべての認知・行動が，社会・文化・歴史的な文脈と切っても切り離せない形で成立していく」という「心の社会的構成」理論の台頭と無縁ではない（田島，2003）。そうした発想が当然のものとして理解されるようになってきた現代において，ディクソン（Dickson, 1981）が主張する会話分析の特性は，今や，伝統的，科学的心理学の方法論と対立するものとしてとらえられるというより，科学的心理学が得意とする仮説検証的なアプローチに対して，吟味するに値する仮説を生成するという補償的なアプローチとしての意義は，質的研究，発達臨床的研究の隆盛に支えられ，ますます大きくなってきていると考えられる。

c. 質的アプローチから仮説検証的アプローチ，そして発達科学的アプローチへの展開

さらに，発話プロトコル分析は，その解釈を基盤として分析カテゴリーを生成し，発話プロト

コルデータ上で符号化して数量化することにより，質的データの数量化データへの移行を果たすことができ，比較法を採用した仮説検証的アプローチも可能となってくるのである（たとえば，田島，2003）。当然，観察データをチェックリスト法により分析していく伝統的なアプローチも，これにより，分析レベルを高めていくことができるのである。

　何よりも，現代の発達心理学においては，学際性を基盤に比較法，縦断法と実験法を組み合わせてアプローチすることにより，実践科学への質の高い貢献を目指す発達科学的アプローチへと展開しており（田島・南，2013），そのなかで，発話プロトコル分析は重要な方法論の一つとして多用されていくことが期待される。

◆ 引用文献

Bakhtin, M. M.（1979）．ミハイル・バフチン著作集：5　小説の言葉（伊東一郎，訳）．新時代社．
Bakhtin, M. M.（1982）．ミハイル・バフチン著作集：7　叙事詩と小説（川端香男里・伊東一郎・佐々木寛，訳）．新時代社．
Bakhtin, M. M.（1987）．ミハイル・バフチン著作集：6　小説の時空間（北岡誠司，訳）．新時代社．
Dickson, W. P.（Ed.）（1981）．*Children's oral communication skills*. New York : Academic Press.
Ericcson, K. A., & Simon, H. A.（1984）．*Protocol analysis : Verbal reports as data*. Cambridge, MA : The MIT Press.
海保博之・原田悦子（編）．（1993）．プロトコル分析入門：発話データから何を読むか．新曜社．
鯨岡　峻．（1986）．母子関係と間主観性の問題．心理学評論，**29**，506-529.
無藤　隆．（1983）．会話．三宅和夫・村井潤一・波多野誼余夫・高橋惠子（編），波多野 依田 児童心理学ハンドブック（pp. 424-452）．金子書房．
岡本能里子．（1997）．教室談話における文体シフトの指標的機能：丁寧体と普通体の使い分け．日本語学，**3**，39-51.
Rogoff, B.（1998）. Cognition as a collaborative process. In D. Kuhn & R. S. Siegler（Eds.）, W. Damon（Series Ed.）, *Handbook of child psychology : Vol.2. Cognition, perception, and language*（5th ed., pp.679-744）. New York : John Wiley & Sons.
真田信治・渋谷勝巳・陣内正敬・杉戸清樹．（1992）．社会言語学．おうふう．
澤田英三．（2000）．ナラティブ分析．田島信元・西野泰広（編著），発達研究の技法（pp.171-174）．福村出版．
鈴木聡志．（2008）．会話分析・ディスコース分析：ことばの織りなす世界を読み解く．新曜社．
田島啓子．（1992）．プロトコル分析．東　洋・繁多　進・田島信元（編集企画），発達心理学ハンドブック（pp. 1213-1225）．福村出版．
田島啓子．（2000）．プロトコル分析．田島信元・西野泰広（編著），発達研究の技法（pp.180-184）．福村出版．
田島信元．（2003）．共同行為としての学習・発達：社会文化的アプローチの視座．金子書房．
田島信元（編）．（2008）．朝倉心理学講座：13　文化心理学．朝倉書店．
田島信元・南　徹弘（2013）．発達心理学の理論・方法論の変遷と今後の展望：発達科学を目指して．田島信元・南　徹弘（責任編集），日本発達心理学会（編），発達科学ハンドブック：1　発達心理学と隣接領域の理論・方法論（pp.1-16）．新曜社．
Vygotsky, L. S.（柴田義松，訳）．（1970）．精神発達の理論．明治図書．（1931）
Vygotsky, L. S.（柴田義松，訳）．（2001）．思考と言語．新読書社．（1934）
Wertsch, J. V.（1995）．心の声：媒介された行為への社会文化的アプローチ（田島信元・佐藤公治・茂呂雄二・上村佳世子，訳）．福村出版．（Wertsch, J. V.（1991）. *Voices of the mind : A sociocultural approach to mediated action*. Cambridge, MA : Harvard University Press.）
Wundt, W.（1916）. *Elements of folk psychology*. London : Allen & Unwin.

3節 行動評定法

西澤弘行

　評定法はフェヒナー（Fechner, G. T.）の実験美学的研究に用いられた印象法（impression method）に由来するといわれるものである。評定法について村井（2009a）は，「広義には，質問項目に対し当てはまる選択肢に○をつけることで反応する手法全般をさす」ものであり，「狭義には（略）質問項目とともに数値の刻みを提示し，該当箇所1つに○をつけるという手法をさす（これを評定尺度という場合もある）」と述べている。行動評定法については，金谷（2000）が，「発達研究において使われる資料収集法としては観察，実験，面接などがあるが，これらの方法から得られたデータを，あらかじめ定められたある一定の基準（評定尺度）にもとづいて客観的に，かつ量的に評価する方法が行動評定である」と述べている。これらの記述にみられるように，一般的には，行動評定法とは，「観察，実験，面接などから得られた質的な一次的な資料（データ）を，評定尺度を用いて，客観的に，かつ量的に評価する方法」と考えられている。しかし，行動評定についてさらに詳細に検討するならば，この他にもいくつかの視点が有用である。

1. 視点1：行動観察の実施時点での行動評定法と観察・実験・面接実施後の行動評定法

　観察法を，どのようなやり方で記述するかという意味での記録の方式（「記述の内容に関する記録方式」）から分類すると，①「行動描写または行動記述，自由記述（日誌法，逸話記録を含む）」，②「行動測定またはチェクリスト」，③「行動評定」，④「印象評定」に分けることができる（西澤，2002）。このうち，③④は村井（2009a）の述べる狭義の評定法（評定尺度）にあたるものであり，一方，②の一部は広義の評定法のうち，後述（3. 方法による評定法の分類）の分類法，選択法に当たるものである。すなわち，行動評定法のなかには，観察法などで得られた一次資料（データ）を評定するもののみでなく，観察法の実施時点で行われるものもあるということである。また，②の場合は，評定法で得られたデータであっても（少なくとも一次データの状態では）数値でないこともある。

　矢澤（2000）や澤田・南（2001）も，評定尺度法を記録方法の一つとしてあげている。澤田・南（2001）では，「行動目録法が行動の内容をチェックする記録方法であるのに対して，評定尺度法は行動の様態や人と物との関係のありようを記録するのに適している。しかし，行動目録法に比べて，観察者の印象に頼る観察なので，最近の心理学研究では主要な結果としてはほとんど採用されていない」とされている（「行動目録法」は「チェックリスト」と同じ。またここで言及されている「評定尺度」はもちろん狭義の評定法である）。この記述の後半部分については，今後の心理学の考え方の変化（たとえば，イーミック〔emic〕なデータのみを扱う「ラディカルな」文化心理学や，エスノメソドロジーの影響を強く受けた心理学など）によって変わってくる

であろう。

　また，録音や録画資料（データ）を用いて行動評定を行う場合は，確かに物理的な時間軸上からは，「観察，実験，面接などから得られたデータを評定している」といえるが，それが本質的に行動観察の実施時点での評定と異なるものであるかは微妙な問題である。本書をはじめ，観察法と行動評定法を分離して解説することがあるが，行動評定法の一部は，明らかに，観察法の枠組みのなかで理解されるべきものである。

　さらに，録音や録画資料からは，録音・録画には記録されていない「現場の脈絡」（context）が欠落していることには注意を払うべきであるが，その一方で，現場にいなかった研究者も観察が可能なこと，繰り返し観察が可能なこと，録画の場合は画像を静止させたり，拡大したり，スロー再生や早送り再生によって観察することが可能なこと，場合によっては研究対象者やその関係者に録音・録画を聞いてもらったり見てもらったりした後で情報を得ることも可能なことなどは，現場での観察にはない長所である。

　上述と関連して「何を評定するのか」という視点から「行動観察の実施時点での行動評定法」と「観察・実験・面接実施後の行動評定法」の違いをみた場合の最もわかりやすい例は，「評定対象の単位の違い」である。前者はリアルタイムでの観察記録であるから，通常は私たちが日常生活のなかでとらえている範囲とさほど変わらない大きさの行動単位が評定の対象となるが，後者では，前者と比べて相対的にかなり小さな行動単位からかなり大きな行動単位や個々の行動を超えた場面全体での行動傾向，あるいは個々のあるいは全体の行動のもとにある心理的傾向なども評定の対象となる。後者の具体例は金谷（2000）を参照されたい。

　なお，面接で得られた資料の評定では，トランスクリプト（逐語訳）とよばれる文字化された資料が用いられることが多い。この場合，文字化された資料からは，ことば・コミュニケーションを構成する諸要素の大半が抜け落ちていることに留意する必要がある。とくに構造化インタビューの場合は，質問する側のことばがまったく書かれていないことも多いが，構造化インタビューであっても，実際には対象者ごとに（パラ・ランゲージ的なものも含めて）微妙に異なることば遣いなどをしていることがあり，面接を相互行為としてとらえる場合には，そのような差異が重要になることもある。研究の目的や倫理的な問題への配慮などの事情にもよるが，可能な限り，録音・録画そのものを用いることを奨める。

2．視点2：間接的データ収集法としての行動評定法

　次に，養育者，保育者，教師，介護者，家族，友人など，研究対象者と直接かかわっているさまざまな人または人々（情報提供者）に，研究対象者についての何らかの評定を依頼することがある。これらも行動評定法（または評定法）である。評定の方法は，原則的には後述（3．方法による評定の分類）のすべての方法が適用可能である。

　この収集法では「時間や場面が限られている直接観察では得られない情報や，直接観察ができない場面の情報を知ることができる」（金谷，2000）とされる。

ここで注意すべきは,「研究者の代わりとしての情報提供者」と「こどもと相互行為する主体＝研究対象としての養育者,保育者,教師,介護者など」の区別である。行動評定法は,原則的に他者評定であるが,この区別における後者は自己評定である。

また,この方法では1.で述べた「個々の行動を超えた場面全体での行動傾向」もしくは,「(個々のあるいは全体の)行動のもとにある特定の心理的傾向」を評定しようとすることが多い。

間接的データ収集法としての行動評定法についての詳細は,ペリグリーニ(Pellegrini, 1996/2000)を参照されたい。

3. 視点3：方法による評定法の分類

梶田(1979)にもとづいて,評定法全般の種類をあげる。詳細は,梶田(1979)を参照されたい。

(1) 対象の呈示の仕方による分類

①単一刺激法,②一対比較法,③多刺激法。

(2) 評定にあたって要求される判断のタイプによる分類

①分類法,②選択法,③順位法・品等法,④評定尺度法・価値段階法。

(3) 評定尺度法・価値段階法の下位分類

(2)にあげたもののうち最も多く用いられるのが評定尺度法・価値段階法であり,評定法というとこれのみを指す場合もある。さらに,評定尺度法・価値段階法は,具体的な操作の違いによっていくつかの方法に細分されるが,代表的なものは,①数値評定尺度,②グラフ式評定尺度,③例示段階法,である。

4. 尺度構成

ここであらためて尺度および尺度構成について考えてみよう(この段落の記述は,村井,2009a,2009bにもとづく)。心理学で扱う多くの概念は実体をもたない仮説構成体(構成概念)であり,これを数量的に処理するために数値に置き換える必要がある。これを測定とよび,質問紙を用いて複数項目を提示し,それへの回答を求めて構成概念を測定することが多い。この場合の項目群を(心理)尺度とよぶ。尺度とは,項目のみを指すのではなく,得点化の方法などを含めることが一般的である。つまり,尺度とは,測定のツール(項目群)と手続き(得点化の方法)の両方を包含する概念である。この意味での尺度を作成する一連のプロセスを尺度構成とよぶ。この尺度を用いて,この節の冒頭で述べたような方法,すなわち質問項目とともに数値の刻みを提示し,該当箇所一つに○をつけるという手法(評定尺度法)によって得られた数値を研究者が単純加算して尺度値とすることが多い。この手法をリッカート法とよぶ。この加算の方法の種類を指して「尺度構成法の種類」とよぶこともある。この意味での尺度構成法の種類と詳細については,村井(2000),繁桝(1998),心理学実験指導研究会(1985)を参照されたい。

尺度構成のおおまかな流れは，①測定目的の明確化，②項目の作成と質問紙の編集，③予備調査とその結果の分析，④項目の修正と質問紙の再編集である（南風原，2001）。ここで質問紙となっているところは，行動評定で使われる尺度に対応する。尺度の信頼性，妥当性を高めるためには，評定の観点をできるだけ具体的に設定する必要がある。また，評定尺度法の場合は，段階をいくつにするかという問題もある。信頼性の観点からは7段階以下が望ましいとされるが，評定者の質によっては，より段階数が多くてもよいともいわれる。なお，段階は奇数でも偶数でもかまわない。奇数の場合，真ん中の段階が「どちらともいえない」などの表現になることが多いが，この表現は，「段階の真ん中であること」の他に，「わからない」「当てはまらない」を示すようにも解釈される可能性があり，この場合，「わからない」「当てはまらない」とすべきところを，誤って真ん中の数値を選択することになり，注意が必要である。

　村井（2009a, 2009b）は，尺度の妥当性について，他の尺度との相関分析のみで妥当性検討をしている場合が多いが，一つの研究で妥当性を完全に保証することは不可能であり，研究を積み重ねる必要がある。また，妥当性の検証には，実際の行動指標との関連をみることが重要であると述べている。これはきわめて重要な主張であるが，行動を評定しようとする行動評定では，この方法での妥当性の検証は原理的に困難である。先にあげた澤田・南（2001）の「（評定尺度法は，）行動目録法に比べて，観察者の印象に頼る観察なので，最近の心理学研究では主要な結果としてはほとんど採用されていない」という記述もこのことと関連していると考えられる。行動評定法を有効に用いるには，この困難を乗り越える何らかの方法が必要である。

　一般的に評定法においては，自己評定と他者評定のどちらも使われうるが，質問紙調査では基本的に自己評定であるのに対し，行動評定法は2.で述べたように，間接的データ収集法としての行動評定法以外では，他者評定が原則である。

　評定法・尺度構成についての研究は質問紙によるものに蓄積が多い。行動評定法での評定法・尺度構成も基本は同じであるので，それらを参考にするとよい。尺度構成の手順については菅原（1994），信頼性と妥当性については吉田（1994），繁桝（2001），手順と信頼性，妥当性の両方を含む尺度構成全体については南風原（2001），岡田（2006, 2011），他に『心理測定尺度集Ⅰ・Ⅱ・Ⅲ』にある。尺度についての一連の解説は山本（2001），吉田（2001），菅原（2001）などを参照されたい。

5. 評定の実施

　間接的データ収集法としての行動評定法を除いて，行動観察の実施時点での行動評定法でも，観察・実験・面接実施後の行動評定法でも，他者評定である限り，以下の項目の内容は共通である。

a. 信頼性

　尺度そのものの信頼性とは別に，行動評定法では評定者にかかわる信頼性が問題となる。この場合の信頼性には，評定者内（観察者内）の信頼性（intra-observer reliability）（または観

察者内の一貫性；observer consistency）と評定者間（観察者間）の信頼性（inter-observer reliability）の2つがある。前者は，1人の評定者が時間を通じて評定を繰り返し行う場合の一貫性の度合いであり，後者は2人以上の評定者が同じときに同じ行動に対して評定を行う場合の一貫性の度合いである。これらについての統計指標としては，一致係数，カッパ（κ），ケンドール（Kendall）の一致係数（W），相関係数（ピアソンのr，スピアマンのロー〔rho, ρ〕），より小／より大指標（smaller/lager index），生起／非生起の一致指標などがある。詳細は，マーティンとベイトソン（Martin & Bateson, 1986/1990），ペリグリーニ（Pellegrini, 1996/2000）などを参照されたい。

b. データの歪み（評定者のバイアス）

信頼性の問題とは別に，評定者が評定を行う際にデータを歪めてしまうと考えられている反応傾向（バイアス）の問題がある。①中心化傾向，②論理誤差，③近接誤差，④光背効果，⑤寛大性の誤差，⑥対比誤差，⑦判断解釈の誤り，⑧期待効果などである。詳細は，梶田（1979），藤崎（1991），板倉（2006），釘原（2009）などを参照されたい。

c. 観察者の訓練

信頼性を高めるためと，バイアスを少なくするためには，評定者を訓練する必要がある。その際のポイントは，①尺度の意味を理解すること，②評定者間での検討を十分に行うこと，③評定対象と類似の対象を用いてトレーニングを積むことである。藤崎（1991），釘原（2009）も参照されたい。

6. 行動評定という方法の研究上での位置づけ

本節でたびたび引用してきた梶田（1979）は，すでに30年以上前の記述であるが，そこでは評定法の基礎について重要な指摘がなされている。「評定結果が本質的に名義尺度あるいは順序尺度でしかないことに留意し，結果を安易に加算あるいは乗算しないよう注意が必要である」（梶田, 1979）。尺度水準については多くの参考文献があるが，たとえば村上（2009）を参照されたい。

さらに，「評定という方法が本来，評定者の主観的判断を把握するものであることに留意し，結果が対象に関する客観的属性を示すものと安易に考えてしまうことのないよう注意が必要である」（梶田, 1979）。村井（2000）も同様のことを述べている。「心理学では，ほとんどの場合が間接測定であるから，数値で対象を完全に代替するのは不可能である。（略）十分な信頼性係数が得られると，何かそれだけで安心しきってしまうようなところが見受けられるが，安易に尺度に頼ると，こうした事態に陥りかねない。尺度の構成段階での詳細な検討が必須である」（p.130）。以上のような留意点があるにもかかわらず，尺度構成がなされていることについて，エスノグラフィー，現象学といった「職人芸なところのある」アプローチと尺度構成を比べて，以下のように続ける。「誰もが尺度という同一のものさしを用いて，対象に迫ることができる（略）。この点が，短所ともなりうるわけであるが，（略）比較的簡便に対象の大まかな傾向について探索することができるというのも事実であろう。一度，そのような傾向について探索しておいて，続く研

究で，他の手法を用いるなどして，対象に詳細な検討を加えていく，という研究プロセスをとるのであれば，尺度構成も重要な位置づけになるかと思う」(p.131)。

　観察法の代表的な教科書であるペリグリーニ（Pellegrini, 1996/2000）は，パイク（Pike, 1965）を引いて，アメリカ構造主義記述言語学の重要な概念である（phonetics；音声学と phonemics；音素論に由来する）イーティック（etic）とイーミック（emic）の区別を用いて，観察法の違いを説明している。すなわち〈外部的／etic ＝量的＝個別行動の測定という特徴をもつ観察法〉と〈内部的／emic ＝質的＝機能的な比較対照という特徴をもつ観察法〉である。そして後者では，「（観察者間の信頼性によって），ある出来事の見方を一致させようとする試みは無意味なこととされる」とし，同書では前者，すなわち「外部的観点」について扱うとしている。

　矢澤（2000）は，発達研究の文化心理学的視点への展開という文脈のなかで，「行動観察を用いるには，自らの研究が依拠するアプローチとその目的について，研究者は自覚的でなくてはならない」としたうえで，ペリグリーニ（Pellegrini, 1996/2000）と同様の区別をしている。〈etic な技法としての観察法＝研究目的は主に仮説検証＝役割の重要度は実験法を補完＝データ処理は主に量的〉と〈emic な技法としての観察法＝研究目的は仮説生成＝役割の重要度は最も重要＝データ処理は主に質的〉という区別である。

　ペリグリーニ（Pellegrini, 1996/2000）と矢澤（2000）の立場は，この節の冒頭で紹介した金谷（2000）とも同じであり，行動評定法に対する一般的な位置づけである。しかし，これらと，梶田（1979）と村井（2000）の立場は，ある点において対照的である。前者では，行動評定法を研究の後半部分＝検証の方法と位置づけているのに対して，後者（とりわけ，村井，2000）では，むしろ研究の前半部分として位置づけ，検証の方法とは考えていないようである。この違いはきわめて重要である。なぜなら，行動評定法を検証の方法と位置づけることが，行動評定法に対して「観察者の印象に頼る観察なので，最近の心理学研究では主要な結果としてはほとんど採用されていない」（澤田・南，2001）という考え方を生むからである。

　付言すれば，「客観性」と「量的」と「仮説検証」は，常に同一の枠組みにあるわけではない。量的であることがそのまま客観的であることを保証するわけでもない。むしろ，質的であっても客観的であることのほうが，人文科学，社会科学では圧倒的に多いし，自然科学ですらそのような場合も多数ある（多くの化学反応の結果は質的に判断される）。そして，客観性のある質的データは仮説検証のデータとなる。逆に，量的データであればすべてが仮説検証に使えるわけでもない。さらに，イーミックとイーティックの区別が，仮説生成と仮説検証の区別や，質的データと量的データの区別に対応するのでもない。イーティックとイーミックはそもそも補完的なものである。具体（イーティック）と抽象（イーミック）は一方だけでは成り立たない。それでも，あえて，言語あるいは言語学にとって，どちらがより重要かと問われれば，それはイーミックである。イーミックこそが言語の多様性を補償するからである。文化心理学を標榜するのであれば，イーミックな研究こそを重視すべきである。その文脈のなかでこそ，量的，客観的で，かつイーミックな方法としての行動評定法が，仮説生成を目的としたものであれ，仮説検証を目的としたものであれ，意義をもつのである。

◆引用文献

藤崎春代.(1991).行動観察.市川伸一(編),新心理学ライブラリー:13 心理測定法への招待:測定からみた心理学入門(pp.251-267).サイエンス社.

南風原朝和.(2001).量的調査:尺度の作成と相関分析.南風原朝和・市川伸一・下山晴彦(編),心理学研究法入門:調査・実験から実践まで(pp.63-91).東京大学出版会.

板倉昭二.(2006).観察法.海保博之・楠見 孝(監修),心理学総合事典(pp.43-47).朝倉書店.

梶田叡一.(1979).評定法.依田 新(監修),新・教育心理学事典(再版,p.682).金子書房.

金谷有子.(2000)評定法.田島信元・西野泰広(編著),発達研究の技法(pp.167-170).福村出版.

釘原直樹.(2009).観察法.安藤清志・村田光二・沼崎 誠(編),新版 社会心理学研究入門(pp.161-185).東京大学出版会.

Martin, P., & Bateson, P. (1990). 行動研究入門:動物行動の観察から解析まで(粕谷栄一・近 雅博・細馬宏通,訳).東海大学出版会.(Martin, P., & Bateson, P. (1986). *Measuring behaviour. An introductory guide*. New York : Cambridge University Press.)

村井潤一郎.(2000).田島信元・西野泰広(編著),発達研究の技法(pp.127-131).福村出版.

村井潤一郎.(2009a).尺度構成法.日本社会心理学会(編),社会心理学事典.丸善出版.

村井潤一郎.(2009b).尺度構成と相関.安藤清志・村田光二・沼崎 誠(編),新版 社会心理学研究入門(pp.71-91).東京大学出版会.

村上史朗.(2009).測定の基礎.安藤清志・村田光二・沼崎 誠(編),新版 社会心理学研究入門(pp.47-67).東京大学出版会.

西澤弘行.(2002).行動観察.岩立志津夫・小椋たみ子(編),柏木惠子・藤永 保(監修),シリーズ/臨床発達心理学:4 言語発達とその支援(pp.158-162).ミネルヴァ書房.

岡田 努.(2006).調査法.海保博之・楠見 孝(監修),心理学総合事典(pp.37-42).朝倉書店.

岡田 努.(2011).質問紙調査法の基礎.岩立志津夫・西野泰広(責任編集),日本発達心理学会(編),発達科学ハンドブック:2 研究法と尺度(pp.40-47).新曜社.

Pellegrini, A. D. (2000). 子どもの行動観察法:日常生活場面での実践(大藪 泰・越川房子,訳).川島書店.(Pellegrini, A. D. (1996). *Observing children in their natural worlds : A methodological primer*. Mahwah, NJ : Lawrence Erlbaum Associates.)

Pike, K. (1965). *Language in relation to a unified theory of the structure of human behavior*. The Hague : Mouton.

澤田英三・南 博文(2001).質的調査:観察・面接・フィールドワーク.南風原朝和・市川伸一・下山晴彦(編),心理学研究法入門:調査・実験から実践まで(pp.19-62).東京大学出版会.

繁桝算男.(1998).新版・心理測定法.放送大学教育振興会.

繁桝算男.(2001).測定値の理論.中島義明(編),現代心理学[理論]事典(pp.119-126).朝倉書店.

心理学実験指導研究会.(1985).実験とテスト=心理学の基礎(解説編).培風館.

菅原健介.(1994).心理尺度の作成過程.堀 洋道・山本眞理子・松井 豊(編),心理尺度ファイル:人間と社会を測る(pp.637-652).垣内出版.

菅原健介.(2001).心理尺度の作成方法.松井 豊(編),堀 洋道(監修),心理測定尺度集Ⅲ:心の健康をはかる〈適応・臨床〉(pp.397-408).サイエンス社.

山本眞理子.(2001).心理尺度の使い方.山本眞理子(編),堀 洋道(監修),心理測定尺度集Ⅰ:人間の内面を探る〈自己・個人内過程〉(pp.311-315).サイエンス社.

矢澤圭介.(2000).行動観察法.田島信元・西野泰広(編著),発達研究の技法(pp.108-111).福村出版.

吉田富二雄.(1994).心理尺度の信頼性と妥当性.堀 洋道・山本眞理子・松井 豊(編),心理尺度ファイル:人間と社会を測る(pp.621-635).垣内出版.

吉田富二雄.(2001).信頼性と妥当性:尺度が備えるべき基本条件.吉田富二雄(編),堀 洋道(監修),心理測定尺度集Ⅱ:人間と社会のつながりをとらえる〈対人関係・価値観〉(pp.436-453).サイエンス社.

4節 生理的指標

横井川美佳・田中真介

　人間の生理的機能は、おもに神経系、免疫系、内分泌系、感覚系、筋-骨格系、呼吸-循環系、消化器系などから構成される。これらの諸機能はさまざまな客観的な指標によって測定されてきた。1990年代に至ってヒトを対象とした非侵襲的脳機能計測法などが進歩し、近年では乳児期の脳研究も可能になった。本稿では、発達研究に活用される典型的な生理的指標として、脳活動、皮膚の電気的活動、眼球運動、心臓活動（図75.3参照）の測定法と研究例を紹介する。

1. 脳活動

a. 脳　波

　脳波（brain wave）は、大脳皮質の自発的・律動的な電気活動であり、大脳皮質を構成する神経細胞の活動電位の総和を示す。脳波の頭皮上の空間分布から、時々刻々と脳機能の変動をとらえることができ、脳電図（electroencephalogram：EEG）ともよばれる。ヒトの脳波の導出には、おもに表面電極が用いられ、その配置は国際式10-20電極配置法が一般的である。非侵襲であり、安静時だけでなく行動中にもヒトの脳活動を連続的に記録できる利点がある。

　ベルガー（Berger, 1929）は、頭蓋骨に欠損のある戦傷患者の頭部に針電極を刺入し、初めて大脳表面の律動的な電位変動を記録した。医療分野では、てんかんの診断に活用されている。神経系の機能的な発達の過程をとらえるために、睡眠中の脳波や視覚誘発電位、聴覚誘発電位などの測定法が広く用いられてきた。近年では、頭部への装着が容易な多チャンネルの脳波計が開発されたことから、乳児の知覚や認知に関する脳波研究が飛躍的に進歩した。

　(1) 基礎律動：安静時の閉眼状態でも脳波は観測される。これを「基礎律動」といい、周波数の違いをもとに表75.4のように分類される。α波を基準としてそれよりも周波数の遅い帯域を徐波、周波数の早い帯域を速波という。基礎律動は、間脳の視床や脳幹などからの入力に由来し、覚醒の度合いや睡眠の深さ、発達の段階によって大きく変化する。健常の成人では、10〜50μVの振幅で、8〜13Hzの正弦波状のα波が後頭部を中心に観測され、これに10〜20μV、13〜30Hzの波が混在する。後頭部のα波は開眼によって抑制を受け、一時的に振幅が小さくなる。

　ベルガー（Berger, 1932）は、初めて脳波の発達的変化をとらえた。また、ガルシェ（Garsche, 1954）は、乳児から14歳にいたる脳波の変化の過程を4期に分けて図式化した。

　(2) 事象関連電位：基礎律動とは別に、何らか

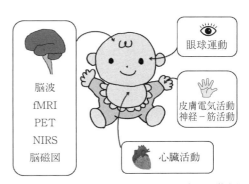

図75.3　発達研究に活用されている生理的指標

表75.4 周波数による脳波の分類

	周波数	分類	特徴
δ波	0.5〜3Hz	徐波	熟睡状態,昏睡状態
θ波	4〜7Hz		深いリラックス時,浅い睡眠時
α波	8〜13Hz		安静閉眼時
β波	14〜30Hz	速波	緊張状態,ストレス条件下
γ波	30Hz以上		強い不安や興奮時

表75.5 事象関連電位の種類

事象に先行する成分	随伴性陰性変動（contingent negative variation：CNV）
	運動準備電位（reaginess potential：RP）
事象に後続する成分	視覚誘発電位（visual evoked potential：VEP）
	聴覚誘発電位（auditory evoked potential：AEP）
	後期陽性成分（P3）

の外的・内的な事柄（事象）の刺激に対応して一過性の微小な電気活動が生じる。これを「事象関連電位」（event-related potential：ERP）という。「客観的に定義できる事象に，時間的に関連した脳電位」である。たとえば，赤と青のランプの色を判断するような場合，ERPは刺激呈示前から生じ，色の判断にもとづいて反応用ボタンを押すまでに次々と陽性と陰性の波が現れる。ERPを測定することによって，①刺激に対する予期的な脳活動，②多様な認知・運動反応などの脳の情報処理の過程，これらを時間経過に沿って連続的に分析できる。初期の研究では「誘発電位」（evoked potentials：EP）とも称された。外部からの感覚刺激に誘発された神経系の電気活動だからである。その後の研究で，感覚刺激のない心的活動や随意運動時にも電位変化が生じることがわかり，そうした電位の総称として「事象関連電位」とよばれるようになった。

ERPは0.1〜数十μV程度の微小な電位変化の波である。多くの種類があり，刺激の種別や反応潜時の違いによって分類できる（表75.5）。たとえば「P3」は意思決定や刺激の評価，情報刷新などの認知処理活動と関連する。その潜時は乳幼児期から成人期に至る過程で短縮され，その後加齢とともに長くなっていく。近年，高密度多チャンネル脳波計も開発されており，研究の発展が期待される。

b. 機能的磁気共鳴画像法（fMRI）

磁気共鳴画像法（magnetic resonance imaging：MRI）は，もともとは核磁気共鳴（nuclear magnetic resonance：NMR）を用いた生体の構造画像の撮影方法であった。1980年代に脳活動にともなって信号強度が変化することが確認され，脳活動を可視化する方法が考案された。それが機能的磁気共鳴画像法（functional MRI：fMRI）である。現在ヒトの脳機能の測定方法として，医療分野はもちろん，生理学や心理学の分野でも広く利用されている。

（1）MRIの原理：人体を構成する原子のなかで常磁性で圧倒的に多いのは水素原子である。水素原子のプロトン（陽子）は通常ばらばらの向きで回転しているが，強力な磁場のなかにおかれると回転軸が磁場と同じ方向を向く。このとき，プロトンの回転と等しい周波数の電磁波を照射すると，核磁気共鳴が生じてプロトンが電磁波のエネルギーを吸収し，回転軸の角度が変化する。電磁波を切ると，吸収されたエネルギーが再び電磁波（MR信号）として放出され，回転軸はもとの磁場と同じ方向に戻る。この電磁波を受信することでMR信号が得られる。水素原子の分布

は脳の組織によって異なるので，MR信号の差が画像のコントラストとなり，構造画像となる。

（2）fMRIの原理：fMRIは，脳の局所血流量と血中ヘモグロビンの量に着目して，MR信号の変化から脳の神経活動の変化を推定したものである。脳神経の活動が活発な部位ほど血流量が増大し，それにともなってMR信号も大きくなる。このMR信号を構造画像として描写する。

fMRIはPETのように放射性物質を用いないので，反復検査に優れており，また人体への悪影響もとくに知られていない。ただし，強力な磁場を使用するので，心臓ペースメーカーなどの金属が体内にあると撮影できない。また，あくまでも相対的な変化を観測し，PETのように脳血流量の絶対値を測定することはできないという欠点がある。

子どもの脳の構造をMRIによって検討する研究は，1980年代前半から開始された。その後1990年代後半から，乳幼児の脳活動の研究にもfMRIが応用され，乳幼児期の多様な心理的機制に関する脳内機構の解明も試みられている。

c. 陽電子放出断層撮影（PET）

陽電子放出断層撮影（positron emission tomography：PET）は，陽電子の検出を利用したコンピュータ断層撮影技術である。特殊な放射性同位体を投与し，その物質の脳組織中の濃度の時空間的変化を観測する。それによって，たとえば脳の場合，各部位の血流量，ブドウ糖代謝，シナプスの受容体活性などを測定することができる。前項のfMRIと同様に，「ニューロンが活動するとその局所の血流が活動に比例して増加する」という神経活動と血流量の共役現象をもとに，脳血流量の局所変化を調べることで局所脳活動の程度を推定する手法である。

CTやMRIでは，外部からエックス線を照射して全体像を観察するのに対して，PETなどの核医学的測定法では，生体内部の放射性トレーサーを観察する。それゆえ，CT画像は解剖学的な情報に優れ，PET画像は生理学的な機能の情報に優れている。また，PETは脳機能や代謝の活動を絶対値として測定できるので，個人差や病態の比較評価も可能となる。一方で，放射性物質を用いること，費用と手間がかかることから，測定が可能な施設が限られている。PETを用いた発達研究では，自閉症スペクトラム障害等の諸症状の原因となる脳内神経機構が検討されて，神経伝達物質の分解酵素の活性の低下が明らかにされるなど，貴重な知見が得られている。

d. 近赤外分光法（NIRS）

近赤外分光法（near-infrared spectroscopy：NIRS）は，神経活動にともなう脳血液中のヘモグロビンの酸素化状態の変動を光で計測する手法である。ヘモグロビンには，その酸素化の状態によって近赤外領域での吸光特性が異なるという性質がある。頭皮上から近赤外線を照射し，脳内で吸収されずに戻ってきた光の変化を，数センチ離れた検出器で検出する。その検出器を多チャンネル準備して頭部に装着することで，数センチの分解能で大脳皮質の活動を推定できる。

NIRSは，安全で身体を強く拘束する必要がなく，乳幼児や児童の脳機能計測にも適用できるため，広く活用され始めている。乳幼児や児童の脳血流動態をNIRSでとらえ，脳機能の発達的変化が解明されつつある。脳の表面での反射光を分析するので，脳の深部の神経活動をとらえることは難しいが，対象児が体を動かしていても測定できるという利点がある。

e. 脳磁図（MEG）

　一本の導線に電流を流すとそのまわりに一定方向の磁界が発生する。中学校の理科でこの「右ねじの法則」を学んだことを覚えておられるだろうか。この法則を基本とする脳機能の測定法が脳磁図（magnetoencephalography : MEG）である。脳磁図では，脳内の電気活動によって発生する磁場を頭部上から測定する。1個のニューロンが起こす磁場は小さすぎて，頭皮から観測することは困難だが，大脳皮質のニューロン群は一定方向に並んでいるので，これらのニューロンが発生する磁場は空間的に加算され，より大きな集合的な磁場として測定可能となる。

　脳磁図の長所は，非侵襲・非接触であり，空間分解能が高いことである。脳波で扱う脳電位は組織によって電気伝導率が大きく異なるので，電流源から頭皮に届くあいだに大きなひずみを生じやすいが，脳磁場の透過率は頭部のどの組織でも均一でほとんど影響を受けない。そのため，高い空間分解能で電流源を推定することが可能となる。

　これまで脳磁図は，主として医療分野において脳疾患の診断やてんかんの外科治療などに用いられてきた。近年では，認知機能の研究や，新生児・乳幼児の発達研究および障害療育方法の研究にも応用されている。

2. 皮膚電気活動（EDA）

　精神的に興奮すると手掌や足底に汗がにじみ出る。好きな人と初めて手をつないだときに手に汗握った思い出は忘れがたい。発汗には，温熱性の発汗だけでなく，このように精神性の発汗がある。それを電気的にとらえたのが皮膚電気活動（electrodermal activity : EDA）である。

　測定方法には，手掌や手指に装着した一対の電極間に微弱な電流を流し，皮膚の見かけ上の抵抗変化を調べる通電法（exosomatic method）と，電流を流すことなく，一対の電極間の電位差を直接測定する電位法（endosomatic method）がある。いずれも交感神経支配下の汗腺活動を電気的に測定して，対象者の情動状態，認知活動，情報処理過程を評価する方法である。

3. 眼球運動：眼電図（EOG）

　眼球運動による視線の変化をとらえることで多彩な発達研究が展開されてきた。眼球運動にはいくつかの主要なタイプがある。乳幼児の発達過程を検討する際には，サッケード（saccadic eye movement），パーシュート（smooth pursuit），輻輳（convergence）の3つが重要である（表75.6）。

　眼球運動の測定には，眼電図（electro-oculogram : EOG）がよく用いられる。眼球はそれ自体

表75.6　おもな眼球運動

サッケード	ある刺激対象から別の刺激対象へと眼を移す際に生じる非常に速い眼球運動
パーシュート	ゆっくりとした運動対象を追う際に生じる滑らかで低速の眼球運動
輻輳	視線を遠くに動かす際に両眼球が外転，近くに動かす際に内転する運動

角膜側が正，網膜側が負に帯電している。この電位差を利用して眼球運動の回転にともなう電場の変化を記録する。EOGを用いて新生児の眼球運動を記録したアスリンらは，出生直後の新生児の眼球運動はほとんどがサッケードであることを明らかにした（Aslin & Salapatek, 1975）。最近ではサッケードを指標として，乳児期の抑制機能なども検討されている（Holmboe, Fearon, Csibra, Tucker, & Johnson, 2008）。

4．心臓活動：心電図（ECG）

心臓の活動は自律神経系によって制御されており，気分や感情，情動，ストレス反応と密接に関連している。心臓の働きを観察するために最もよく使われるのが心電図（electrocardiogram：ECG）である。心臓をはさんだ体表面に電極を置き，心筋の電気的脱分極および再分極によって生じた電位変化の総和が記録される（図75.4）。

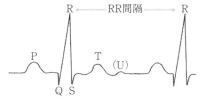

図75.4　基本的な心電図の波形

心電図の成分にはP波・Q波・R波・S波・T波がある。一般によく用いられるのが，血液を左心室から大動脈に送り出すときに生じるR波である。心拍は，図中のR波とR波の間隔から算出される。また，心電図の拍動リズムは，一拍ごとに常に変化しており，RR間隔変動とよばれている。このRR間隔変動データを周波数解析して各周波数におけるパワースペクトルを求め，交感神経活動および副交感神経活動の状態を推定することができる。

5．神経－筋活動：握り圧制御

発達の過程で，手指の把握制御のプロセスがどのように変化するかを記録し解析することによって，中枢神経系の生理的・心理的機能と行動制御との関連性とその発達的変化が解明されてきた（Luria, 1973/1978）。わが国では，田中昌人らが「精神作業過程測定装置」を開発して，手指の制御機能の精密な測定を行った。ゴム球（ゴム製のバルブ球）内の微細な空気圧の変動を，圧力センサーを介して電圧信号に変換し記録する装置である。波形を定量的に記録・解析できるとともに，把握操作の反応パターンの質的特性も分析することができる。田中らは，この操作波形の解析をもとに，乳幼児期から児童期・青年期・成人期にわたる中枢神経系の制御過程の発達機構を明らかにした（田中，1980，1987）。

その後，横井川（2012），清水（2014）らは，精神作業過程測定装置を改良した「握り圧測定システム」（握り圧計）を幼児期の発達研究に導入し，実際の行動の映像データと握り圧の波形データを正確に同時記録し解析することによって，多彩な心理的特性，また自我・自己信頼性の形成と手指の制御との関連をとらえた。保育・療育の実践現場での研究の発展が期待される。

6. 生理的指標を用いた発達研究の意義と方法論的検討

　子どもたちは，「言葉にならない言葉」によって自らを語る存在ともいえよう。他の指標によっては応答の特徴がとらえがたい重度の障害のある人たちであっても，微細な生理的変化によって反応を返している場合が少なくない。このような子どもたち・大人たちの生理的応答を精密に記録し分析することによって，その発達の過程を深くとらえることが可能となってきた。それによって，教育的な指導援助の効果を精密に評価し，新たな療育の手がかりを得ることができ始めている（田中，1995；Tanaka, 1998）。

　しかし生理学的な測定機器は，無敵のツールではない。測定装置が新たになったからといって，私たちの経験が新たになるわけではない。生理学的な測定方法を多様な対象に適用して知見を得ていくことが必要な研究段階もあるが，常に原点に立ち返って，研究すべき問題は何であるかを考えることが重要であろう。私たちは，解決可能な問題だけを問題として意識することができる。対象の声なき声に耳を傾け，方法に応じて対象を選ぶのではなく対象に応じて新たな方法を模索し構築していくことが期待される。

◆ 引用文献

Aslin, R., & Salapatek, P. (1975). Saccadic localization of visual targets by very young human infant. *Perception & Psychophysics*, **17**, 293-302.

Berger, H. (1929). Über das Elektrenkephalogramm des Menschen. *Archiv für Psychiatrie und Nervenkrankheiten*, **87**, 527-570.

Berger, H. (1932). Über das Elektrenkephalogramm des Menschen Vierte Mitteilung. *Archiv für Psychiatrie und Nervenkrankheiten*, **97**, 6-26.

Garsche, F. A. (1954). The Electroenzephalographie. In J. Brock (Ed.), *Biologische Daten für den Kinderarzt : Gründzugeeiner Biologie des Kindesalters : Bd. 2* (pp.856-918). Berlin : Springer.

Holmboe, K., Fearon, R. M. P., Csibra, G., Tucker, L. A., & Johnson, M. H. (2008). Freeze-frame : A new infant inhibition task and its relation to frontal cortex tasks during infancy and early childhood. *Journal of Experimental Child Psychology*, **100**, 89-114.

Luria, A. R. (1978). 神経心理学の基礎（鹿島靖雄，訳），医学書院．(Luria, A. R. (1973). *The working brain : An introduction to neuropsychology*. New York : Basic Books.）

清水依子．(2014). 幼児期における手指把握操作と実行機能の発達連関．京都大学大学院人間・環境学研究科修士論文（未公刊）．

田中昌人．(1980)．人間発達の科学．青木書店．

田中昌人．(1987)．人間発達の理論．青木書店．

田中真介．(1995)．重度心身障害児の発達と療育．京都大学総合人間学部．

Tanaka, S. (1998). *Development and education in childhood : The constructive theory on subject-object interactivity in human development* (2nd eds.). Kyoto : Kyoto University Academic Press.

田中真介．(2007)．生きることの意味．日本応用心理学会（編），応用心理学事典（pp.116-117）．丸善．

横井川美佳．(2012)．幼児期における両手交互開閉操作と自己認識および実行機能の発達連関．京都大学大学院人間・環境学研究科修士論文（未公刊）．

5節 チェックリスト法

麻生典子

1. チェックリスト法とは

　制限や指定のない自然な状況で対象の行動を観察する際に，観察したい行動をあらかじめ表にし記入用紙を作成する。その記入用紙のことをチェックリストといい，これを用いた行動観察方法をチェックリスト法という。まず，観察場面で観察したい行動を先行研究や予備観察を用いて予測し，それらをリストアップしたチェックリストを作成する。実際の観察場面で，その項目に該当した行動が生じたならば，チェックリストに記録をする。これによって，一定の観察時間内で生じた行動の内容と，それぞれの生起頻度を知ることができる。チェックリスト法の利点は，紙とペンを使用するだけで行動観察が行え，また，結果の処理が単純であるため，容易に数量化できる点である。その反面，観察者が複数である場合やカテゴリーの定義が明確でないと誤差が生じる，また，一連の行動の意味や流れなどを総合的にとらえることが難しいという欠点もある。観察データの信頼性を高めるため，2名以上の観察者の間で行動の評定が一致した行動を生起したとすることが多い。

2. カテゴリーシステムの作成

a. 予備観察

　研究上の問題意識や関心が明らかになったら，文献を調べ，観察方法や観察場所を見定め，目的の行動が観察可能なフィールドに足を踏み入れる。まず，最初は，フィールドに頻繁に出入りし，そこにいる人々と知り合い，そこで起こっているさまざまな現象を観察するのがよい。本調査を適切にまたは円滑に進めるためには，フィールドにいる人々と打ち解け，相互の信頼関係を形成することが必要である。当初，観察対象者は，観察者に対し不安や警戒心を抱くため，紙やペン，ビデオカメラなどの記録用具は使用しないほうがよい。観察場面で観察したことや考えたことは，フィールドから出た後にフィールドノートに書き出すか，その場でテープレコーダーに録音する。観察対象者が観察者の存在や持ち込む機材に慣れてきたとき，観察者はそのフィールドで行動を記録する。その際，自分の問題意識やカテゴリー特性を参考にして，観察者の推論を最小限にした客観的水準が含まれるように行動を記録する。

b. カテゴリー特性

　予備観察にもとづき観察するカテゴリーを作成する。カテゴリーシステム作成の際には，カテゴリー特性の水準を考える必要がある。カテゴリー特性には，行動の記述，結果の記述，関係の記述の3つの水準がある（Hinde, 1973 ; Martin & Bateson, 1986/1990）。第一の行動の記述は，対象者の姿勢や動き，それらの時間的パターンである。たとえば，くすぐり，振る，揺らすなど

の母親の育児行動は行動の動きを示し，荒々しい身体接触カテゴリーにまとめることができる。第二の結果の記述は，対象者の行動が，他の個体や環境，対象者自身に与える影響である。たとえば，母親が，乳児を抱き静かに揺らすことは，結果として乳児が泣きやむことにつながる。第三の関係の記述は，対象者と物理的環境や他の個体との関係の記述である。観察対象者が何をしているかではなく，どこにいるか誰といるかに注目する。このようなカテゴリー水準は，研究者の問題意識に従ってさまざまに組み合わせることができる。たとえば，狩猟民族エフェ族の子どもの自然観察研究（Tronick, Morelli, & Ivey, 1992）では，子どもの社会的関係の検討にあたり，子どもの社会的行動（社会的接触・単独行動）と社会的対象（父親・母親・他の大人・他の子ども）といったカテゴリー水準を組み合わせ検討している。

c. カテゴリーシステムの指針

カテゴリーシステムは，以下のガイドラインを参考に作成する（Bakeman & Gottman, 1986；Martin & Bateson, 1986/1990；Pellegrini, 1996/2000）。第一に，カテゴリーの定義は明確にしなければならない。行動カテゴリーは，他の観察者が容易に理解できる基準で，曖昧さを排除して定義する必要がある。たとえば，乳児を抱くという行動の定義に，抱くという言葉を使うことはできず，身体の動きや接触部位などを用いてカテゴリーの基準にする。

第二に，カテゴリーは等質的でなければならない。等質的とは，あるカテゴリーのすべての下位成分が同一の構成概念と関連していることを示す。たとえば，くすぐりや揺らすなどの行動は，荒々しい身体接触という同一カテゴリーに属する。

第三に，カテゴリーは相互に排他的でなければならない。個々のカテゴリーは，同時に一つの事象だけを測定すべきであり，2つ以上のものを測定すべきではない。たとえば，くすぐりが，荒々しい身体接触カテゴリーと泣きをなだめる身体接触カテゴリーの双方に，コード化されてはならない。

第四に，カテゴリーは網羅的でなければならない。網羅的とは，特定場面で生じる行動のすべてが，いずれかのカテゴリーに割り当てられることを示す。ある領域の行動の完全な指標になるエソグラム（ethogram）を作成する場合は，網羅的なカテゴリーシステムが必要である。

3. 行動の測定

a. 行動測定のタイプ

行動測定には，頻度，持続時間，潜時，強さ，パターンの5つの方法がある（Martin & Bateson, 1986/1990；Pellegrini, 1996/2000）。頻度は，単位時間あたりに行動が起こる回数で，行動が起こる比率である。たとえば，乳児が60分の観察時間の間に1回泣いたら，乳児が泣く頻度は1回/時間である。

持続時間は，ある行動の1回が持続している時間の長さである（たとえば，数秒，数分，数時間）。乳児が母親の乳を吸啜しはじめ，5分後にやめたのならば吸啜の持続時間は5分である。

潜時は，ある特定の出来事からある行動が起こるまでの時間の長さである（たとえば，数秒，

数分，数時間）。母親がいなくなって，3分後に乳児が泣きだせば潜在時間は3分である。

強さは，程度や大きさの測度であり一般的定義はない。強さの測定は難しいが，行動観察には欠かせない変数である。たとえば，親が乳児に行う身体遊びの強さを，高，中，低で測定し，乳児の月齢との関連を検討する場合などである。しかし，強さの判断は主観的であるため，強さのレベルを判断する具体的方法を示す必要がある。

パターンは，特定の行動カテゴリーの時間経過である。パターンは特定の時間間隔ではなく，行動の出現順序が述べられる。たとえば，15分間の母子相互作用場面では，母親がみつめる，乳児がみつめる，母親が話しかける，乳児が笑うというパターンが観察される。

b．サンプル間隔

サンプル間隔とは，行動が記録される時間間隔のことであり，サンプル間隔の終点はサンプル点とよばれる。サンプル点は通常ビーパー音で知らせることが多い。サンプル間隔の長さは，観察する行動の性質やカテゴリー数を考慮し決定する（Martin & Bateson, 1986/1990）。たとえば，10分間の母子の遊び場面の観察では，5秒，10秒，15秒，30秒などのサンプル間隔を選ぶことができる。サンプル間隔が15秒の場合には，サンプル点の合計は40となる。サンプル間隔が短くなればサンプル数は増え，行動の母集合を代表するものとなり誤りは少なくなる。しかしながら，複数のカテゴリーの行動を同時に記録する場合，サンプル間隔が短いほど信頼性が低くなる。とくに観察する行動が複雑であったり瞬間的に生じる場合には，その傾向が強く現れる。したがって，サンプル間隔は，観察者がコーディングに十分慣れたときに，信頼性のある記録を残せる範囲で設定する。

c．サンプリング方法

チェックリスト法には，連続的記録，瞬間的サンプリング，0/1サンプリングの3つのサンプリング方法を用いることができる（Martin & Bateson, 1986/1990；Pellegrini, 1996/2000）。連続的記録は，特定の時間間隔の間に生じるすべての行動を記録することである。たとえば，3分間の母子相互作用において，母親と子どものすべての行動を記録する。連続的記録では，頻度，潜時，持続，強さなどの測度を得ることができる。

瞬間的サンプリングは，特定の瞬間に生じている行動を記録することである。たとえば，ビーパー音が聞こえたときに，その行動の生起，非生起，強さのレベルを記録する。また，特定の行動が観察されたサンプル点の割合を表すこともできる。真の頻度や持続時間を得ることはできないが，サンプル間隔が短ければ連続的記録に近い記録が得られる。

0/1サンプリングは，特定の時間間隔の間に生起した行動を記録することである。たとえば，30秒間に笑いが生起すれば笑いが生起したとして［1］，生起しなかった場合は［0］を記録する。1回笑いが生じても10回笑いが生じても，その行動が生起しているため［1］と記録される。0/1サンプリングでは，瞬間的サンプリングと同様に真の頻度や持続時間は得られない。

4. チェックリストの実際

a. 基本的なデザイン

チェックリストは，紙と鉛筆だけの単純な道具であるが，うまくデザインされたチェックリストを使用すれば，多くの情報が高い信頼性で正確に記録できる（Hinde, 1973；Martin & Bateson, 1986/1990）。チェックシートの基本的デザインは，格子状の行列である（図75.5参照）。列（column）は，異なった行動カテゴリーを表し，行（row）はサンプル間隔を表す。関係するカテゴリーや共時性の強いカテゴリーは，チェックリストの近くにまとめる。予備観察の間に新しいカテゴリーが加わることもあるため，空白の列を設けておく。備考用の列をつくり，付随的情報を書いておくと後の結果の解釈に役に立つ。最終的にチェックリストのデータをコンピュータで分析する予定なら，あらかじめキーボードに入力しやすいよう，チェックリストをデザインするとよい

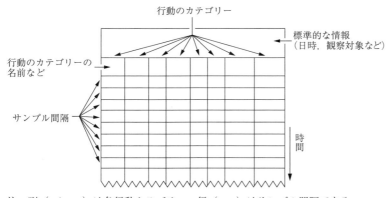

注．列（column）は各行動カテゴリー，行（row）はサンプル間隔である。
図75.5 チェックシートの基本的なデザイン（Martin & Bateson, 1986/1990）

母 : Gladys	日付 : 18 Aug 85		ページ 1
子 : Mabel	観察開始時刻 : 14 : 30		
グループ : B	観察者 : PHM	観察時間 : 3	
温度 : 19℃			

腹と腹の接触	グルーミング	接近	離れる	食べる	備　考
✓					
✓					
✓					
			M		
	M	I			
	M				腹をグルーミング
	M				
			I	I	
				I	

注．ここでは，アカゲザルの母と子の行動を記録するためにデザインされている。5つのカテゴリーの行動，つまりが，母と子の腹と腹の接触（IS）・グルーミング（IS）・接近（CR）・離れる（CR）・食べる（1/0）が，連続記録（CR）・瞬間サンプリング（IS）・1－0サンプリング（1/0）で記録される。記入例では，母と子は初めは腹と腹が接触していた。次に，母が子から離れた。そして，子が母に近づき，母が子をグルーミングした。最後に，子が母から離れ，食べ始めた。ここでは，見やすくするため，チェックシートの上の方だけを示してある。

図75.6 単純化したチェックシートの例（Martin & Bateson, 1986/1990）

b. チェックリストの具体例

一つのチェックリストで複数のサンプリング方法や記録方法を組み合わせて行うことも可能である。図75.6にアカゲザルの母と子の行動を記録するためにデザインされたチェックリストの例を示した（Martin & Bateson, 1986/1990）。チェックリストの上部には観察

対象や日時などの標準的な情報が書かれている。列には，母と子の5つのカテゴリーが書かれており，横に備考欄が設けられている。行はサンプル間隔である。図75.6は，3つの記録の方式（連続的記録，1-0サンプリング，瞬間サンプリング）を一つのチェックリスト上で記録している。たとえば，連続的記録の行動カテゴリーの「接近」と「離れる」は，母親と子どものどちらがその行動をなしたかがサンプル間隔に記録されている。また，図75.6には示されていないが，頻度の連続的記録の場合は，各行動カテゴリーが1回生じるごとにサンプル間隔内にマークをつけていけばよい。

　瞬間的サンプリングの「腹と腹の接触」と「グルーミング」は，各サンプル点の罫線の上に記録されている。1/0サンプリングの「食べる」は，その行動の生起が認められたときに，サンプル間隔に記録されている。

◆ 引用文献

Bakeman, R., & Gottman, J.（1986）. *Observing interaction : An introduction to sequential analysis*. Cambridge : Cambridge University Press.
Hinde, R.（1973）. On the design of check-sheets. *Primates*, **14**, 393-406.
Martin, P., & Bateson, P.（1990）. 行動研究入門：動物行動の観察から解析まで（粕谷栄一・近　雅博・細馬宏通，訳）. 東海大学出版会.（Martin, P., & Bateson, P.（1986）. *Measuring behavior : An introductory guide*. Cambridge, England : Cambridge University Press.）
Pellegrini, A. D.（2000）. 子どもの行動観察法：日常生活場面での実践（大藪　泰・越川房子，訳）. 川島書店.（Pellegrini, A. D.（1996）. *Observing children in their natural worlds : A methodological primer*. Mahwah, NJ : Lawrence Erlbaum Associates.）
Tronick, E. Z., Morelli, G. A., & Ivey, P. K.（1992）. The Efe forager infant and toddler's pattern of social relationships : Multiple and simultaneous. *Developmental Psychology*, **28**, 568-577.

6節　質的研究1：KJ法

川島大輔

　質的研究とは何かを明確に定義することは難しいが，簡素に説明するならば，「具体的な事例を重視して，それを時間的，地域的な特殊性の中で捉えようとし，また人々自身の表現や行為を立脚点として，それを人々が生きている地域的な文脈と結びつけて理解しようとする分野」（Flick, 1995/2002, p.19）といえる。昨今，質的研究への関心が高まってきているなか，日本における先駆的な質的研究法であるKJ法が，再度脚光を浴びている。本稿ではKJ法の位置づけを確認したうえで，具体的な手順を概説する。そのうえで，実施上の留意点についてふれることとする。

1. KJ法とは何か

　KJ法は,『鳥葬の国』(川喜田, 1960) や『ネパールの人と文化』(川喜田, 1970a) などの著書で知られる, 地理学者・人類学者である川喜田二郎が考案した研究法の名称である (川喜田, 1967, 1970b, 1986)。KJ法は「広くいえば, 野外科学的方法であり, そのなかの, とくに発想法部分, そのなかのさらに中核的な技術」(川喜田, 1967, p.62) として位置づけられる。このようにKJ法は本来, 明確な認識論・方法論のなかに位置づけられており, 当該方法のみを取り出し, 質的データのたんなる分析法としてとらえてはならない。

　川喜田 (1967, 1970b, 1973, 1986) は, 科学体系を書斎科学, 実験科学, および野外科学の3つに大別している。書斎科学とは古典的文献と推理過程の駆使に特色があり, 現実世界の観察には重きをおかない, 最も古い科学のかたちである。実験科学は仮説を実証的方法により検証する科学のかたちである。野外科学は実験科学と同じく, 実際の観察と経験を重要視するが, 対象とする「自然」には大きな違いがある。野外科学が扱うのはありのままの自然であり, 複雑な要素が絡み合って, 複合的な性格をもつ自然である。また歴史的に二度と同じことが繰り返されないという意味において, 歴史的, 地理的一回性を帯びている。ここから野外科学は「現場の科学」(川喜田, 1967) とよべる。さらに実験科学が仮説検証的, 分析的, 批判的であるのに対して, 野外科学は, 仮説発想的, 総合的, 啓発的である (川喜田, 1973)。とくに川喜田らは, 現場からの取材という行為と創造的総合の2つがあって野外科学としての全体が成立することを強調している (川喜田・松沢・やまだ, 2003)。ここから創造的総合の具体的技術であるKJ法が, フィールドワーク, 観察, インタビューという取材のあり方と切り離して論じることができないことはいうまでもない。なお創造的総合とは, 混沌とした異質なデータを統合することのみならず, そのプロセスを経て「混沌は去った」という感情体験を経験し, 成果として何かを創り出すことである。

　上記の科学観のもと, 川喜田 (1967, 1970b, 1986) は, 研究を問題提起から探検, 観察, 発想, 推論, 実験計画, 観察, 検証という「ひと仕事」(W型問題解決モデル) で説明し, そのなかの発想にあたる部分, つまり混沌とした質的データを, いかにして「データをして語らしめる」か, という部分が最も狭い意味でのKJ法としている。ここから「KJ法が発想法のすべてではないが, KJ法を抜きにしては発想法は成立しない」(川喜田, 1967, p.62) とされる。

　こうしたKJ法の基本的特徴として川喜田ほか (2003) は, 次の6点をあげている。すなわち①現場取材と創造的総合の2つからなるフィールド科学, ②ありのままのデータからボトムアップで認識する方法論, ③フィールドノートではなくカード記述によって自由で多様な組み合わせの可能性, ④意味を重視した文章見出しの多段階使用, ⑤雑多なデータを図解化によって統合, ⑥図解化と言語化による提示と衆目評価による合意形成, である。

2. KJ法の手順

　KJ法の手順は，図75.7のとおり，ラベルづくり，グループ編成，図解化，叙述化の4つの段階をたどる（川喜田，1967，1970b，1986）。以下，各段階について概説する。

a. ラベルづくり

　はじめの段階はラベルづくり（川喜田，1986），紙きれづくり（川喜田，1967，1970b）とよばれる。まずインタビューや観察データ，そのほかのメモを含めた広範なフィールドノーツから研究目的に沿った情報を抽出する作業を行う。この際，問題に関係のある情報だけでなく，問題に関係のありそうな情報までを集めなければならない。なお，これはデータを得る際の留意点でもあるが，4つの条件，すなわち①とき，②ところ，③出所，④採取記録者について記録のないデータはKJ法では用いてはならない。

　続いて抽出された情報のエッセンスを一行の見出し（ラベル）に圧縮する。その際，一つのラベルには一つの志をもつように記すこと，いいかえれば一つのラベルに書かれたデータが一つの中心性をもっていることが必要である（川喜田，1986）。また過度の抽象化や，難解な熟語の使用は避け，できる限りもとの肌ざわり，あるいは土の香りが伝わるような表現になるよう工夫しなければならない。つまり，もとの内容の「意味や構造を殺さないまま，その細部を切りすてて圧縮すること」（川喜田，1967，p.72）が大切である。

　なおラベルづくりに先立ち，その素材となるデータをあらかじめ収集しておくことが必要である。川喜田のいう野外調査（取材）では，得られたさまざまな情報を清書化する方法として，一行見出しをともなったカードを作成する方法（カード化）（川喜田，1967，1973，1986）が提唱されている。すなわちカード化の過程において一行見出しが作成され，ラベルづくりの段階ではその見出しをラベルに書き写すだけで次の段階に進むことになる。このようにすでに作成されたカードの一行見出しを用いてラベルづくりを行う方法の他に，素材から直接ラベルを作成する方法もある（川喜田，1970b，1986）。

b. グループ編成

　この段階では，ラベル拡げ，ラベル集め，表札づくりを行う。まずラベルを机や模造紙の上にすべて広げる（ラベル拡げ）。次に，ばらばらにしたラベルをよく読んで，似ていると感じたものを同じ場所に集めて，少しずつ小さなグループをつくっていく（ラベル集め）。この際，連続

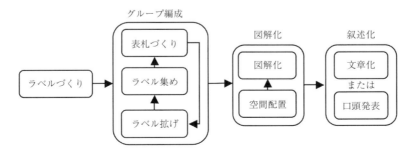

図75.7　KJ法の手順（川喜田，1986，p.123を一部改変）

した発言だからといって似たものとして集められるわけではない。また、同じ単語が入っているからという表面的な類似で集めてはならない。

かなり集まった段階でラベルを手にとって内容を熟読し、「なぜ自分はここにこれらのラベルを集めたのか」ということを反問する。そしてこれらの内容を圧縮して表現しうる表札を作成し（表札づくり）、ラベルの上にのせる。

グループ編成にあたっての留意点は、離れザルあるいは一匹狼と形容される、どうしてもどこかのグループに入りにくいラベルを無理にどれかのグループに入れてはならないことである（川喜田, 1967, 1970b, 1986）。またボトムアップ的にまとめていくこと（川喜田ほか, 2003）、個々のラベルを一つの人格をもった存在とみなし、その志をていねいにきくこと（川喜田, 1986）が大切である。この作業を繰り返し、ラベルが数束（多くても10束以内）になった時点で作業を終える。

c. 図解化

グループ編成をした材料にもとづいて空間配置を行い、図解化する。まず、すべてのラベルの束を空間上で配置する。配置ができたら、束を解いてなかのラベルを展開する。

続いて各グループを構成しているラベルとそれを縮約した表札の関係がわかるように、グループごとに線で囲む。これは輪どり（川喜田, 1967, 1970b）や、島どり（川喜田, 1986）と表現される作業である。グループの囲みが紙に書き込まれたら、今度は、グループ間の関連を矢印などの記号を用いて表現する。グループ間の関連には、因果関係、順序、相互関係、反対などがある。またグループの内容を視覚的に訴えるイラストや記号（シンボルマーク）を書き加える（川喜田, 1986）。最後に、紙の上部にテーマを、また下部に作成した時、場所、データの出所、作成者を記入し、図解を完成させる。

d. 叙述化

図解をふまえて文章あるいは口頭発表の形式で叙述化する。この段階での根本的な注意は、どこまでが図解のデータの忠実な叙述であり、どこからが解釈的発想なのかを明確に区別することである（川喜田, 1986）。叙述化を行うことで調査の不備が発見できたり、図解のやり直しが行われる。なお、川喜田（1967, 1970b）では第3段階をKJ法A型、第4段階をKJ法B型とよび、第3段階で終了することも可としていたが、叙述化の作業が図解の甘さを看破し修正を促すという点を重視し、川喜田（1986）では4つの段階を経ることが必要であるとしている。

さらに川喜田（1967, 1970b, 1986）は上記の4つの段階をひとまとまりとして、それを繰り返す累積的KJ法というものも提案している。既述のW型問題解決モデルに沿った、問題提起ラウンド、状況把握ラウンド、本質追求ラウンド、構想計画ラウンド、具体策ラウンド、手順化ラウンドの6ラウンドである（川喜田, 1986）。

3. KJ法を用いる際の留意点

既述のとおりKJ法はたんなる質的データの分析法ではない。野外科学という一つの認識論を

背景とした発想法を構成する一つの具体的研究方法なのである。このため本来的には、現場から、「土の香りのする」（川喜田，1967）データを得るための調査方法と独立して用いることはできない（野外科学における調査法については，川喜田，1973，1986に詳しい）。また研究報告の際によく認められるが，「KJ法を用いた」という表現では，方法の具体的手続きは何も説明できていない。他の質的研究法を用いたもろもろの研究にも通じることであるが，KJ法を用いたとして，ラベルづくり，グループ編成，図解化，叙述化の4段階において具体的に何を行ったのかを開示し，KJ法をよく知らない読み手に対してもていねいかつ説得的に記述することが強く望まれる。

◆ 引用文献

Flick, U. (2002). 質的研究入門：〈人間の科学〉のための方法論（小田博志・山本則子・春日 常・宮地尚子，訳）. 春秋社. (Flick, U. (1995). *Qualitative Forschung*. Hamburg: Rowohlt Taschenbuch Verlag GmbH.)
川喜田二郎. (1960). 鳥葬の国：秘境ヒマラヤ探検記. 光文社.
川喜田二郎. (1967). 発想法：創造性開発のために. 中央公論社.
川喜田二郎（編）. (1970a). ネパールの人と文化：学術調査隊の記録. 古今書院.
川喜田二郎. (1970b). 続・発想法：KJ法の展開と応用. 中央公論社.
川喜田二郎. (1973). 野外科学の方法：思考と探検. 中央公論社.
川喜田二郎. (1986). KJ法：混沌をして語らしめる. 中央公論社.
川喜田二郎・松沢哲郎・やまだようこ. (2003). KJ法の原点と核心を語る：川喜田二郎さんインタビュー. 質的心理学研究，No.2, 6-28.

7節　質的研究2：グラウンデッド・セオリー

荘島幸子

1. グラウンデッド・セオリー・アプローチの発展

　グラウンデッド・セオリー・アプローチ（grounded theory approach：GTA）とは，社会学者バーニー・G. グレーザーとアンセルム・L. ストラウスによって1960年代に考案された社会科学の方法論である。死にゆく患者に関する共同研究の成果より創始され，著書『データ対話型理論の発見』（Glaser & Strauss, 1967/1996）にまとめられた。この本のなかで，彼らは理論の検証に偏った当時の社会学研究の方法論的前提を強く批判し，社会的な現象においてデータの収集と分析，解釈を行ってデータに密着した理論（grounded theory：GT）を生成できるという考えを打ち出した。「理論」とは，データから抽出した複数の概念を体系的に関係づけた仮説的で説明的な枠組みを指す。GTAはそれまでの記述的研究を超える説明的・理論的枠組みの領域へ移行し，現象についての抽象的な概念的理解を目指す方法論である。理論の生成というGTAの特性への関心と期待から，わが国でも看護学や社会福祉学，心理学など主に対人援助領域でGTAを用いた研究が積み上げられてきている。また，日本語によるGTAの解説書や実践書も多く刊行されている（たとえば，戈木，2005, 2006）。

現在，GTAは分析手法の相違からグレーザー版とストラウス版，ストラウス版に新たな要素を加えたストラウス・コービン版の3種類に分かれている。さらに応用されたものとして，木下（2003）による修正版（修正ストラウス・グレーザー版）グラウンデッド・セオリー・アプローチ（modified grounded theory approach : M-GTA），チャーマズ（Charmaz, 2006/2008）による構成主義的なグラウンデッド・セオリー（constructivist grounded theory）もある。それぞれが異なる立場にあることを自覚したうえで，本稿では共通特性としてのGTAについて説明する。

2. グラウンデッド・セオリーの理論特性と内容特性

木下（2003）は，GTの主要な特性を理論特性と内容特性にまとめている。GTは，①データに密着した分析から独自の説明概念をつくり，統合的に構成された説明力にすぐれ，②継続的比較分析法による質的データを用いた研究で生成される。GTは，③人間と人間の直接的なやりとりに関係し，人間行動の説明と予測に有効であり，④人間の行動や他者との相互作用の変化を説明できる動態的説明理論である。さらにGTは，⑤実践的活用を促すとされる。内容特性は，①現実への適合性（fitness；研究対象とする具体的領域に可能な限り当てはまらなくてはならない），②理解しやすさ（understanding；研究対象の領域に日常的にいる人々にとって，理解しやすいものでなくてはならない），③一般性（generality；研究対象の日常的な状況の変化・多様性に対応できるだけの一般性が求められる），④コントロール（control；GTを理解した人々が具体的領域で自ら主体的に変化したり，必要な変化を引き起こしうるように，社会的相互作用や状況をコントロールできなくてはならない）の5項目である。これらの特性からは，GTAが実践的活用を明確に意図した研究方法として考案されたことがわかるだろう。

3. 分析手順

先述したように，GTAは数種類に分化した状況にあるが，どのタイプのGTAにおいても最終的な理論を発展させるために以下の基本的手順を踏むことで共通している。手順1.から3.の分析の流れを図75.8に示した。

a. 分析で扱うデータおよびデータの収集

GTAに適した現象は，第一に当該領域で現実に問題となっている現象であり，GTがその問題の解決や改善に向けて活用されることが期待されるものである（理論特性⑤）。第二には，研究でとりあげようとする現象がプロセス的性格をもっていることである（理論特性④）。扱われるデータは多様で，エスノグラフィーやインタビューで収集されるデータだけでなく，既存のテクストやドキュメントも扱われる（Glaser & Strauss, 1967/1996）。いずれのデータを扱うにせよ，研究の信憑性はデータの濃密さに左右される。後の分析で混乱することのないように研究テーマのていねいな検討が必要である。

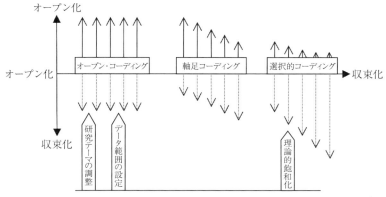

図75.8 グラウンデッド・セオリー・アプローチの分析関係図（木下，1999，p.251を参考に改変）

b．手順1：データのコード化

コード化（coding）は，GTAにおける分析作業の中心である。コード化とは，データのまとまりに短い名前（ラベル）をつけてカテゴリー化（categorizing）することを指す。コード化の単位は，単語ごと（word-by-word coding），行ごと（line-by-line coding），出来事ごと（incident-by-incident coding）というように研究者によってさまざまである。コード化は，オープン・コーディング（open coding），軸足コーディング（axial coding），選択的コーディング（selective coding）から成り立っている。最初に行うオープン・コーディングは新しい解釈をできるだけ多く生み出すオープン化の作業であり，出来事や現象のおおまかな記述的ラベルができあがる。ラベルの作成の際には，①分析者自身の常識的な概念枠組み，②理論的・専門的文献から引かれた専門用語，③研究協力者自身が用いた言葉（in vivo codes；インビボ・コード）が手がかりとなる（Strauss & Corbin, 1999/2004）。軸足コーディングでは，カテゴリーの論理的関係を検討するという収束化（仮説的な解釈が妥当かどうかを確認する）の作業が始まる。ここで，カテゴリーの構成要素である特性（properties）と次元（dimensions）を明確にし，カテゴリーの生起条件やカテゴリーとなっている事柄の結果起こったことなどが特定される。選択的コーディングでは，収束化が中心となり理論を精緻化する段階に入る。なお，これらのコード化は段階的に行われるものではなく，「オーバーラップした連続的な関係」（木下，1999，p.253）にある。

c．手順2：比較を行う

GTAでは，データ収集と分析は同時並行的に進行する。それは，理論的サンプリング（theoretical sampling）と継続的比較法（constant comparative method）という2つの作用による。手順1のコード化により暫定的ないくつかのカテゴリーに到達した後，継続的比較法を用いる。継続的比較によって，データやカテゴリー同士の類似点と相違点をみつけることができる。具体的にはデータとデータの比較，データとカテゴリーの比較，カテゴリーとカテゴリーの比較，カテゴリーと概念の比較といった帰納的過程を通じてより抽象的な概念と理論を継続的に生成する。この段階で生成されたカテゴリーの多くは明確な定義がなく仮定的なものである。そこで分析的な考察を発展させ，確固としたカテゴリーを得るために行うのが理論的サンプリングである。

理論的サンプリングではカテゴリーと特性に焦点を当て，次に必要なデータが何であり，どこで収集できるかを決めていく。このようにして，最終的に分析から浮上（emergent）した理論をデータに根づかせようとして研究者はデータと分析の間を行きつ戻りつする（Willig, 2001/2003）。その目的が手順3の理論的飽和である。

d. 手順3：理論的飽和

分析およびデータ収集の終了は理論的飽和（grounded theory saturation）の観点から行われる。理論的飽和とは，新しいデータを収集してももはや新しい理論的な洞察のひらめきがなく，また中核となる理論的カテゴリーの新しい特性が明らかにされない状態を指す。決して「同じ出来事や話しの反復を目の当たりにすることと同じではない」（Charmaz, 2006/2008）。木下（1999）は，GTAの諸特性のなかで理論的飽和は理解しにくさとともに実践面でも難しい面があることを指摘する。その理由として，①実際に理論的飽和まで分析を進めること自体が大変であること，②理論的飽和の適切さについての自己判断がしにくいことがある。

4. GTAを用いた研究の紹介

谷口（2004）は，病院内学級における教師の教育実践に関する研究においてGTAによる分析を行い，病院内学級という教育現場における実践として「つなぎ」機能を発見している。主な分析データは，院内学級のフィールドワークおよび教師へのインタビューであった。谷口は，まずフィールドノート（現場でとったフィールドメモに逐語記録を合わせて拡充し，時系列にそって記述したもの）から意味的なまとまりをもったエピソードを223個切り出し，コード化した。具体的には，エピソード中の教師の行動に「賞賛」「課題の代行」などのタイトルをつけるコード化を行い，類似のタイトルをまとめ25の行動形態カテゴリーを見出した。各行動について「どのような意図をもってなされた実践なのか」という実践の背後にある教師の意図を解釈し，関係調整・参加援助・心理的ケア・環境設定・学習援助・疾患理解援助・しつけという7つの実践カテゴリーを得ている（プロセス1：教育実践カテゴリーの抽出－エピソード事例のコード化）。

実践カテゴリーから共通するテーマ（理論）発見を目指すもなかなかつかむことができなかったため，谷口は「関係調整」エピソードに焦点化した。そこで谷口は「関係性をつくる」言葉が頻出することに気づき，〈つなぎ〉という概念によって実践をとらえなおしている。この研究では，病院内学級における教育実践を体系的に把握するための一つの概念的枠組みとして〈つなぎ〉援助があらたに提唱され，実践的有効性が示された。本研究のような探索的研究でこそGTAはその威力を発揮するといえよう。

データのコード化をどのように行うか（どのまとまりで区切るのか），理論的サンプリングによるデータ収集はいつまで行うのか。分析から理論が「浮上」（emergent）するとはどのようなことか。GTAで使われる用語は難しく，研究者によって判断の基準も異なるために実際の分析で行き詰ることも多々あろう。ストラウスは分析段階に応じて助言するスーパーバイザーの関与

の必要性にふれている．木下（1999）は自分が何を明らかにしたいのか，つまり調査テーマの確立が研究の成功の鍵になると述べている．調査者は目的に応じて方法を選ぶことが何より肝要なのである．

◆ 引用文献

Charmaz, K.（2008）．グラウンデッド・セオリーの構築：社会構成主義からの挑戦（抱井尚子・末田清子，監訳）．ナカニシヤ出版．（Charmaz, K.（2006）. *Constructing grounded theory : A practical guide through qualitative analysis*. London : Sage Publications.）

Glaser, B. G., & Strauss, A. L.（1996）．データ対話型理論の発見：調査からいかに理論をうみだすか（後藤 隆・大出春江・水野節夫，訳）．新曜社．（Glaser, B. G., & Strauss, A. L.（1967）. *The discovery of grounded theory : Strategies for qualitative research*. Chicago : Aldine Publishing Company.）

木下康仁．（1999）．グラウンデッド・セオリー・アプローチ：質的実証研究の再生．弘文堂．

木下康仁．（2003）．グラウンデッド・セオリー・アプローチの実践：質的研究への誘い．弘文堂．

戈木クレイグヒル滋子．（2005）．質的研究方法ゼミナール：グラウンデッドセオリーアプローチを学ぶ．医学書院．

戈木クレイグヒル滋子．（2006）．ワードマップ グラウンデッド・セオリー・アプローチ：理論を生みだすまで．新曜社．

Strauss, A. L., & Corbin, J.（2004）．質的研究の基礎：グラウンデッド・セオリー開発の技法と手順（操 華子・森岡 崇，訳）．医学書院．（Strauss, A. L., & Corbin, J.（1999）. *Basics of qualitative research : Techniques and procedures for developing grounded theory*. London : Sage Publications.）

谷口明子（2004）病院内学級における教育実践に関するエスノグラフィック・リサーチ：実践の"つなぎ"機能の発見．発達心理学研究，*15*, 172-182.

Willig, C.（2003）．心理学のための質的研究法入門：創造的な探求に向けて（上淵 寿・小松孝至・大家まゆみ，訳）．培風館．（Willig, C.（2001）. *Introducing qualitative research in psychology : Adventures in theory and method*. England : Open University Press.）

付録

発達関係のテスト

　旧版では,「発達心理研究における統計処理」と「わが国の発達指標一覧」が付録として掲載された。しかし,その後,他書で最新の情報が提供されたため,今回の新版では,「発達関係のテスト」に限定して最新の情報を掲載した。とくに,国外で出版されているテストを収集・紹介する努力をした。また,適応年齢・所要時間・概要を付記して,利用の便宜を図った。

　《選択の基準,領域,取り上げたテスト数》　原則として出版され,使用が可能になっているテストを選択した(2015年6月現在)。その結果,国内・国外で出版されている検査の数(カッコ内は国外のもの)は,発達関連では13(33),知能関連では11(5),パーソナリティ・臨床関連では20,記憶関連では3(4),発達障害・自閉症全般に関しては31(3),精神医学関連では2(10),となった。

　《配列》　使用者の利便性を考えて,領域ごとに,日本語名のテストを五十音順で先に配置し,そのあと英語名(略記表記を含む)のABC順で配置した。

　《国外のテストのテスト項目や下位検査の英語表記と日本語表記の混在などの説明》国内で出版されているものは,カタカナや英語表記が定着しているもの以外は,日本語表記にした。国外で出版されているものは,原則英語(原語)表記とし,関連テストなどで定訳のあるものは日本語表記にした。英語表記の場合,テスト項目名や下位検査名は固有名称と考えて,単語の1字目は大文字ではじめた。

　《編集,執筆担当および原稿作成上の注意》　作成者(開発者)の外国人名は,本書の本文ではカタカナ表記にしているが,付録では原綴のままにした。ファーストネーム,ミドルネームはイニシャルのみにした。テストの開発に関係する論文や書籍の文献は掲載しない方針ですすめたが,検索の便宜に配慮して,概要内の文章で作成(開発)年などは示した。

(岩立志津夫)

I　日本で出版されている検査

◆発　達

遠城寺式乳幼児分析的発達検査法　九大小児科改訂版
【出版】　慶應義塾大学出版会
【適用年齢】　0歳～4歳8カ月
【所要時間】　15分
【概要】　遠城寺宗徳らが1953年に作成し1977年に改訂され，2009年に新装版が出版されている。乳幼児の発達を運動，社会性，言語の3分野から把握するスクリーニング検査で，運動は「移動運動」と「手の運動」，社会性は「基本的習慣」と「対人関係」，言語は「発語」と「言語理解」の各領域から測定する。生活年齢から実施項目を選択し，不合格が3つ続くまで検査を実施する。すべての項目について年齢ごとの通過率が示されているが，発達指数は算出せず合格に相当する発達年齢をグラフにプロットし，折れ線グラフに図示する。同一の検査用紙に複数回分を記入できるため，発達の状況を継続的に検討できる。

学習レディネス診断検査
　Pupil Record of Educational Behavior（PREB）
【出版】　慶應義塾大学出版会
【適用年齢】　3歳6カ月～7歳11カ月
【所要時間】　30～60分×2～5回
【概要】　Cheves, R.が1971年に作成したものを，国立特殊教育総合研究所肢体不自由教育研究部（川村秀忠，村田茂，志田倫代）が1979年に日本版として作成。3歳6カ月以上6歳未満には，「A運動知覚」，「B視知覚」，「C聴知覚」，「D数概念」の4分野22項目，6歳以上8歳未満にはA～Dと「E読み書き算数」の全5分野30項目を実施する。年齢によって所要時間が異なり，1回あたりの検査時間は30～60分を目安とし，2～5回に分けて実施する。「分野」（課題解決能力の分野別特徴），「認知様式・認知水準」（視聴覚を通じた認知機能やそこから生じる知的活動の様態），「レディネス技能」（知覚・運動分野）ごとに下位項目を集計してC得点を算出し，プロフィールに表し比較検討する。学習障害や学習困難などにおいて指導計画を立てたり，その子どもの習得パターンに適した介入の検討に有効である。

新版K式発達検査2001
【出版】　京都国際社会福祉センター
【適用年齢】　0カ月～成人
【所要時間】　30分
【概要】　京都市児童院（現京都市児童福祉センター）で開発され1951年に原案が作成され，1983年に『新版K式発達検査増補版』，2001年に『新版K式発達検査2001』が発行された。「姿勢・運動領域」（Postural-Motor Area：P-M），「認知・適応領域」（Cognitive-Adaptive Area：C-A），「言語・社会領域」（Language-Social Area：L-S）の3領域に関する328項目からなり，検査用紙は生活年齢に該当する項目が順番に記された第1～6葉から構成される。第1，2葉は主として0歳児を対象とし，「仰臥位」，「座位」，「立位」，「腹臥位」，「自由姿勢」の検査項目からなり，子どもにとって無理のない姿勢で検査できるよう実施順序が決まっている。第3葉以降は主として1歳以上を対象とし，非言語性と言語性の検査項目からなり，規定の順序はなく子どもの流れにそって検査者が選択しながら実施する。検査用紙の各行ごとに通過項目（＋）から不通過項目（－）へ移行する境目を調べ，境目が明確になるまで検査を続行し，すべての行で移行する境目が定められたら検査終了とする。検査用紙上で各行ごとの境目を明示する1本の線につないで表したものをプロフィールといい，領域ごとの発達の相対的な進みや遅れが視覚的に把握できる。3領域別の得点と全領域の得点を算出し，換算表を用いてそれぞれ発達年齢に換算し，生活年齢と換算された発達年齢から領域別と全領域の発達指数を算出する。

I 日本で出版されている検査

日本語マッカーサー乳幼児言語発達質問紙
The Japanese MacArthur Communicative Development Inventory
【出版】 京都国際社会福祉センター
【適用年齢】 8カ月～36カ月
【所要時間】 (10～50分) 月齢による
【概要】 Fenson, L., Dale, P. S., Reznick, J. S., Thal, D., Bates, E., Hartung, J. P., Pethick, S., Reilly, J. S.が1993年に作成した"The MacArthur Communicative Development Inventory"を小椋たみ子，綿巻徹が2004年に日本語で標準化したもの。乳幼児期の前言語コミュニケーション行動，語彙，文法の発達をチェックリスト方式で評価でき，対象児の性別や月齢に合わせた発達状況が，パーセンタイル順位で示される。またプロフィール図によって領域ごとの発達状況を視覚的に把握できる。8カ月～18カ月児用の「語と身振り」版では，シンボル行動，コミュニケーション行動，理解語彙，表出語彙の発達，16カ月～36カ月児用の「語と文法」版では表出語彙と文法の発達を評価できる。発達の遅れや障害のある子どもにも適用でき，言語発達の評価や指導の目安としても活用される。

日本版デンバー式発達スクリーニング検査（増補版）
Revised Japanese Version of Denver Development Screening Test（JDDST-R）
【出版】 竹井機器工業（用具，用紙は絶版），医歯薬出版（マニュアルのみ）
【適用年齢】 0～6歳
【所要時間】 15～20分
【概要】『日本版デンバー式発達スクリーニング検査（JDDST）』は，Frankenburg, W. K. と Dodds, J. B. が1967年に標準化した『デンバー式発達スクリーニング検査（DDST）』を1980年に上田礼子らが日本版に標準化したものである。1992年にDDSTがDDSTⅡとなったことに伴い，日本小児保健学会によりJDDSTの改訂版（JDDST-R）が作成された。子どもの発達を「個人－社会」，「微細運動－適応」，「言語」，「粗大運動」の4領域104項目から全体的にとらえ評価する。検査用紙に4領域を通して暦年齢線を引き，これを基準として実施項目を決定して順に項目を実施する。遅れ（該当年齢の90%が通過する特定項目が不合格）の項目の有無を調べ，該当年齢水準において遅れ項目の量と領域から「異常」，「正常」，「疑問」，「不能」を判定する。直接検査の前に，養育者には発達プレスクリーニング用質問紙（PDQ）へ回答してもらいDDSTの必要性をスクリーニングすることもある。PDQは該当年齢の10項目の質問から「異常」，「正常」，「疑問」，「不能」を評価し，一定期間をおいて2回実施したPDQがいずれも「正常」でない場合，DDSTを実施する。検査に必要な用具が比較的簡単で，実施時間も短く検査方法が容易であるほか，0～6歳という就学前年齢を網羅しており，特定の行動が獲得される正常な年月齢期間を図示している点が便利である。

日本版ミラー幼児発達スクリーニング検査
Japanese version of Miller Assessment for Preschoolers
【出版】 日本感覚統合学会
【適用年齢】 2歳9カ月～6歳2カ月
【所要時間】 30分
【概要】 Miller, L. J.が1982年に作成した，感覚運動，言語，非言語的認知能力など発達全般にわたる26項目の検査から，幼児期の障害を早期発見・介入するためのスクリーニング検査である。評価領域は行動，認知，運動と幅広い分野にわたり，とくに体性感覚や平衡感覚の評価など，幼児では初めて標準化された発達領域を多く含んでいる。中度から軽度の障害を見逃さないよう，課題の通過率を①5%以下，②25%以下，③それ以上の3段階に分類し，通過率25%以下の場合はより精査に分類できる。

乳幼児精神発達診断法（津守式乳幼児精神発達質問紙）
Tsumori's Development Questionnaire for Infants
【出版】 大日本図書
【適用年齢】 0～7歳
【所要時間】 20分
【概要】『0歳～3歳まで』は1961年に津守真，稲毛教子により，『3歳～7歳まで』は1965年に津守真，磯部景子により刊行され，現在『0歳～3歳まで』については1995年に出版された増補版が用いられている。母親や主

な養育者から，乳幼児の発達状況を聞き取ることで5領域（「運動」，「探索・操作」，「社会」，「食事・排泄・生活習慣」，「理解・言語」）に関する精神発達の診断をする質問紙形式。0歳児（0歳1カ月～0歳12カ月）用，1～3歳児用，3～7歳児用の3部に分かれている。検査者が養育者と面接しながら各質問項目について○（できる），△（ときどきできる，やっとできるようになった），×（できない，未経験）で評価し，発達年（月）齢や5領域にわたる発達輪郭表，回答結果などを参照して子どもの発達状況を概観できる。また，特別な用具を必要とせず，時間や場所の制限を受けずに実施できる。

ブラゼルトン新生児行動評価法
Neonatal Behavioral Assessment Scale（NBAS）
【出版】　医歯薬出版
【適用年齢】　生後3日～2カ月
【所要時間】　20～30分
【概要】　1973年にBrazelton, T. B.が発行したものから，穐山富太郎，大城昌平，川崎千里，鶴崎俊哉が1998年に日本版を作成。外界との相互作用の過程における新生児の神経行動について，個人差を客観的に評価する評価法である。新生児と評価者や外刺激との相互作用を通して，新生児の各行動系の安定と全体の組織化や，新生児が外界から受ける影響（ストレス），新生児の能動的な外界への行動に関して評価する。新生児行動は意識状態と強く関係しているため，検査実施にあたって子どもの意識状態を確認し続けるよう配慮する。意識状態は①深い睡眠，②浅い睡眠，③まどろみ，④静かな覚醒，⑤活発な覚醒，⑥啼泣の6段階からなり，①，②は睡眠状態，③～⑥は覚醒状態となる。子どもの最高のパフォーマンスを引き出すため，抱き上げる，揺らす，あやすなどのハンドリングを積極的に利用して状態の安定化を図る。28の行動評価項目（各9点）と18の誘発反応項目（各4点）は個別に継続して実施され，子どもの状態を吟味しながら規定の順序通りに実施する。順序は5つのパッケージ（「慣れ現象」，「運動と口腔機能」，「体幹」，「前庭」，「社会的相互作用」）ごとにまとめられる。

フロスティッグ視知覚発達検査
Developmental Test of Visual Perception
【出版】　日本文化科学社
【適用年齢】　4歳～7歳11カ月
【所要時間】　30～40分
【概要】　1963年にFrostig, M.により考案され，飯鉢和子，鈴木陽子，茂木茂八が1977年に日本版を作成。視知覚能力の分析的診断を目的とし，適切な訓練を計画したり対応を検討できる。視知覚の詳細な特性を把握することで，行動や対人関係の取り方に関する自他の理解も深められる。「視覚と運動の協応」，「図形と素地」，「形の恒常性」，「空間における位置」，「空間関係」の5つの視知覚技能を測定する。医療・相談機関で学習障害や注意欠如・多動性障害の診断検査の一つとしても活用される。

ミュンヘン機能的発達診断法
【出版】　同朋舎
【適用年齢】　0カ月～12カ月
【所要時間】　30分
【概要】　ドイツのHellbrügge, T.が1978年に発行したものを，村地俊二が1979年に日本に導入。特定機能領域の発達状態を測定して発達障害を早期発見することを主な目的とし，とくに中枢神経系統の疾患や障害の早期発見を目指した運動発達の項目が充実している。90％の子どもが異常なしとされた116項目から8領域（「這行年齢」，「座位年齢」，「歩行年齢」，「把握年齢」，「知覚年齢」，「言語年齢」，「言語理解年齢」，「社会年齢」）の機能について検討できる。矯正生活年齢より1カ月下の月齢課題から始め，順に高い月齢課題を実施し，すべての課題を通過できない月齢段階まで実施する。子どもの正確な年齢を計算するため妊娠期間も考慮し，個々の機能領域に対する得点を算出する。1機能以上で1カ月の偏差がみられる場合は，発達遅滞の原因を精査する。

ITPA言語学習能力診断検査
Illinois Test of Psycholinguistic Abilities（ITPA）
【出版】　日本文化科学社
【適用年齢】　2歳6カ月～9歳11カ月

【所要時間】 60分
【概要】 Kirk, S. A., McCarty, J. J., Kirk, W. D.によりアメリカで1968年に作成された検査で，旭出学園教育研究所（上野一彦，越智啓子，服部美佐子）により1992年に日本版が発行された。情報伝達と，処理に関するコミュニケーション過程に必要な心理機能を，個人内差として測定する。回路（channels；情報を入力しさまざまな処理過程を通して出力する様相），過程（processes；知的な情報処理過程において入力から出力に至る一連の流れ），水準（levels；コミュニケーションの習慣が個人の内部で組織化されている程度）の3次元で構成され，回路は「聴覚－音声回路」と「視覚－運動回路」，過程は「受容過程」，「連合過程」，「表出過程」，水準は「表象水準」と「自動水準」からなる。これら3次元内の特定回路・過程・水準の能力として下位検査10項目（「言葉の理解」，「絵の理解」，「言葉の類推」，「絵の類推」，「言葉の表現」，「動作の表現」，「文の構成」，「絵さがし」，「数の記憶」，「形の記憶」）を測定する。2歳6カ月〜9歳11カ月には評価点（SS）を用い，10歳以上で知的な遅れや偏りがある場合はPLA（各下位検査での言語学習年齢）に換算してプロフィール表示が可能である。学習障害や言葉の発達に遅れのある子どもの診断と治療教育に有効な検査である。

KIDS乳幼児発達スケール
Kinder Infant Development Scale
【出版】 発達科学研究教育センター
【適用年齢】 0歳1カ月〜6歳11カ月
【所要時間】 10〜15分
【概要】 発達遅滞のスクリーニング・テストとして1989年に標準化され，三宅和夫監修，大村政男，高嶋正士，山内茂，橋本泰子編集により1991年に発行された。保護者など，対象児の日頃の行動をよく観察している人が回答する質問紙形式の検査で，9領域から構成される（「運動／体全体の大きな動き」，「操作／手指などの意図的な動き」，「理解言語／言葉の理解」，「表出言語／話すことのできる言語」，「概念／状況依存によらない言語的理解」，「対子ども社会性／友だちとの協調行動」，「対成人社会性／大人との関係〔とくに親子関係〕」，「しつけ／社会生活における基本的なルール」，「食事／衛生感覚や食事の基本的なルール」）。質問紙はタイプA（0歳1カ月〜0歳11カ月児用，117項目），タイプB（1歳0カ月〜2歳11カ月児用，142項目），タイプC（3歳0カ月〜6歳11カ月児用，133項目），タイプT（0歳1カ月〜6歳11カ月児用，発達遅滞傾向児向き，282項目）に分かれ，各項目ができるものに○，できないものに×で答える。領域ごとに○の数を集計した各領域の得点から，領域別の発達年齢を換算し領域別発達プロフィールを作成する。発達年齢と発達指数はともに，領域別と全領域（総合）で算出される。個別の直接検査では測定しきれない乳幼児の自然な行動全般から発達をとらえることができ，場所や時間の制限を受けずに集団でも短時間で診断できる。スクリーニングや領域別評価のない他の検査などの補助検査として活用もできる。

PVT-R絵画語い発達検査
Picture Vocabulary Test-Revised（PVT-R）
【出版】 日本文化科学社
【適用年齢】 3歳〜12歳3カ月
【所要時間】 15分
【概要】 上野一彦，名越斉子，小貫悟が1978年に発表し，2008年に改訂された。言語の理解力のなかでもとくに基本的な「語いの理解力」の発達度を短時間に正確に測定できる。4コマの絵のなかから，検査者が言う単語に最もふさわしい絵を選択するという，子どもにもわかりやすい手法で実施でき，子どもの精神発達を診断する基本検査や，テストバッテリーの一つに含む導入検査として最適である。個別実施を基本としているが，教示に対する理解力が高い子どもの場合は集団実施も可能である。就学前児，1・2年生，3・4年生で開始項目が異なり個別実施の場合は下限と上限が設けられ，粗点，修正点，語い年齢（vocabulary age；個人の語い理解力の年齢水準），評価点（scaled score；個人の成績の同一年齢水準における位置）を算出する。言葉や精神発達の遅れや，学習障害などのさまざまな発達の遅れ・偏りの早期発見と治療教育に有効である。

◆知　能

京大NX知能検査
Kyoto University NX Intelligence Test
【出版】　大成出版，牧野書房
【適用年齢】　5歳〜成人
【所要時間】　30〜45分
【概要】　倉石精一，苧阪良二，宇津木成介，梅本堯夫により考案された，全体的な知能水準を知るとともに，プロフィールによって知能の内部構造を多面的に明らかにでき，個人内差をみることができる知能検査。知能を構造でとらえ，個々の知識，技能，思考，判断，意欲，関心，態度などの基礎能力を推し量る。適用年齢により5種の検査があり，幼児と小学1年生（京大NX5-8），小学2・3年生（京大NX7-9），小学4〜6年生（京大NX8-12），中学生（京大NX9-15），高校生・一般成人（京大NX15-）に分かれる。このほか，高い能力適性をもつ者を発見する目的で高校生・一般成人向けに京大SX15-がある。NX5-8とNX7-9，NX8-12は1955年，NX15-は1984年，SXは1972年に発行された。知能構造は数的因子，空間的因子，言語的因子からなり，各因子に下位検査が含まれている。下位検査の素点から偏差値を算出するほか，すべての下位検査の偏差値を合わせて知能偏差値と知能指数（IQ）を算出でき，知能偏差値を5段階に分けて評価する。

グッドイナフ人物画知能検査
Goodenough Draw-A-Man Test（DAM）
【出版】　三京房
【適用年齢】　3〜10歳
【所要時間】　5分
【概要】　Goodenough, F. L. が1926年に考案したものを，小林重雄，小野敬仁が日本版として1977年に発行。描画による知能検査法で，提示された描画用紙に人物を1人「頭から足まで全部」描いてもらう。描かれた人物画の性別を問い，女性であれば次に男性を描いてもらう。男性像のみが採点対象となり，規定の採点項目50項目について採点基準にもとづいて得点化し，その得点から精神年齢と知能指数を算出する。主に①視覚－運動系の協応性，②身体像，③空間定位・空間認知，④身体，衣服，装飾に関する知識量などを総合した発達レベルを評価するが，基本的には動作性の知的発達のみが測定されている。言語反応を要求しないため，表出言語をもたない子どもの知的水準の把握が可能で，聴覚障害，言語障害，情緒障害のある子どもの知的水準の測定や，慢性脳炎や脳微細損傷の発見にも役立つ。

コース立方体組み合わせテスト
Kohs Block-Design Test
【出版】　三京房
【適用年齢】　6歳〜成人
【所要時間】　20〜50分
【概要】　1920年にKohs, S. C. が考案したものを，大脇義一が1959年に日本に導入した，分析と統合の能力を測定する速度検査。知能を「目的達成のために新奇な問題を分析したり統合したりする能力」とし，課題の遂行に際して提示される模様を念頭におきながら再構成することと，その結果と図版を照合し判断することにより知能を測定する。17の下位検査からなり，4原色（赤，青，黄，白）で全面または対角線に対し半面ずつ彩色された立方体積木で，提示された図版と同じものをできるだけ速く再構成する。立方体の数は4, 9, 16と増加し，図版の配列は単純なものから複雑なものへ難易度が上がっていく。再構成までの時間を測り，制限時間内に完成できない模様が2つ続いた時点で終了とする。下位検査ごとに完成までの所要時間に応じて配点から加算，減点された得点を求め，すべての下位検査の合計点から精神年齢（MA）を，暦年齢と精神年齢からIQを算出する。非言語性検査であるため，言語性検査に難しさのあるものや高齢者も適用できる。病院や施設での認知機能障害に関するリハビリテーションプログラムとして応用されることもあるが，知能の一側面のみを測定していることに留意する必要がある。

改訂版　鈴木ビネー知能検査
【出版】　古市出版
【適用年齢】　2歳0カ月～18歳11カ月
【所要時間】　30～50分
【概要】　鈴木治太郎が1930年に発表したビネー式知能検査で1936年，1941年，1948年，1956年に改訂され，最新版は鈴木ビネー研究会（小宮三彌，塩見邦雄，末岡一伯，置田幸子）により2007年に出版されている。鈴木はBinet, A.によると「知能」は「判断」と定義され，この「判断」は常識，実行性，創始性に置き換えられるとする。2007年の改訂では問題内容や尺度，検査材料，図版，絵カード，検査用具を現代に合わせたものとし，問題数を76項目から72項目に減らして検査への集中力を維持しながら，短時間で知能を測定できるよう作成されている。また問題に取り組む子どもの姿勢を尊重し，その特質を診ることを目的として，むやみに制限時間を設けていない。

田中式集団知能検査（田中A式／新田中B式知能検査）
【出版】　金子書房
【適用年齢】　幼児用～成人用まで多種
【所要時間】　40～45分
【概要】　田中寛一により考案され1936年と1949年に発行された後，榊原清を共著とし1968年に，岡本奎六と田中英彦を共著とし1995年に改訂されてきた。現行の田中A式知能検査は言語性検査で7つの下位検査（「同義語」，「関係把握」，「分類法」，「類比推理」，「混乱文整理」，「論理的推理」，「算数的推理」），新田中B式知能検査は非言語性検査で7つの下位検査（「迷路」，「立方体の計算」，「図形と数の置き換え」，「異同弁別」，「数系列完成」，「図形抹消」，「図形完成」）からなる。A式は得られた粗点がそのまま知能点となり，知能偏差値や精神年齢，知能指数に換算し，知能段階表によって段階1～5を決定する。B式は粗点集計後，換算点を計算し総計を求めて知能点とし，知能点から知能偏差値を算出して知能段階を決定する。A式は言語能力に難しさがある場合や文化的・社会的な背景が異なる場合，不当に低い知能段階の評価を与えられる。B式はこれらの影響を受けにくいが，言語能力は測定できない。

TK式　田中ビネー知能検査V（全訂版）
Tanaka-Binet Intelligence Scale
【出版】　田研出版
【適用年齢】　2歳～成人
【所要時間】　30～60分
【概要】　Binet, A.の原法からTerman, L. M.が作成したスタンフォード・ビネー知能検査をもとに，田中寛一が日本人向けに作成し，1947年に発表。1954年と1970年の改訂後，1987年に全改訂したが，2005年版から時代に即した内容にするため検査用具も一新（図版のカラー化，用具の大型化）した。アセスメントシート（見開きページで検査結果を一覧可能）や，2歳以上で1歳級以下の発達をとらえる指標として発達チェックが導入された。14歳以上（成人級）には，精神年齢（MA）を算出せず偏差知能指数（DIQ）を採用し，2～13歳には精神年齢と知能指数（IQ）を算出する。成人級の問題は，1987年版を基盤としながらも因子構造的な知能診断ができるよう新作問題を加えて再構成され，結晶性，流動性，記憶，論理推理の4領域ごとの評価点や領域別DIQ，総合DIQを算出しプロフィールなどで特徴を示す。

東大A-S知能検査
Tokyo University A-S Intelligence Test
【出版】　東京心理
【適用年齢】　小学2年生～高校生・成人
【所要時間】　40～50分
【概要】　東京大学教育心理学研究会（肥田野直）により発行された知能検査。学校での適用を想定し，知能指数（IQ）と学校教育での教科学習の到達期待度が算出される。知能のなかでも思考力を中心に測定することを目的としている。適用年齢により5種の検査があり，小学2～4年生（L版），小学4～中学3年生（H版，H版II），高校1～3年生（H版高校用），中学1～高校3年生・成人（S版）に分かれる。いずれも5つの下位検査（「図形的な直感的判断力」，「言語的な直感的判断力」，「図形的な論理的思考力」，「言語的な論理的思考力」，「記銘

力・注意力」）から構成されている。解答形式は5肢（一部4肢）選択式で，対になった2問の両方に正答した場合のみ得点する，対得点法を用いている。下位検査ごとに得点を求め，それらの合計を知能点とし，さらに標準得点と知能指数（IQ）を得る。教科期待値は，国語，算数・数学，社会，理科，英語（該当学年のみ）のそれぞれについて各下位検査得点に一定の重みづけ後，加算し算出する。

長谷川式認知症スケール
Hasegawa's Dementia Scale-Revised（HDS-R）
【出版】　三京房
【適用年齢】　成人
【所要時間】　5〜10分
【概要】　長谷川和夫により1974年，1991年に健常高齢者から認知症高齢者をスクリーニングする目的で考案，改訂された認知症のスクリーニング検査。施行方法が簡便で認知症識別のための高い弁別力がある。「年齢」，「日時の見当識」，「場所の見当識」，「言葉の即時記銘」，「計算」，「数字の逆唱」，「言葉の遅延再生」，「物品記銘」，「言語の流暢性」の9項目の質問からなり，20点以下の場合には認知症による知能低下が強く疑われ，より精密な検査が必要となる。

K-ABC-Ⅱ心理・教育アセスメントバッテリー
Kaufman Assessment Battery for Children Second Edition
【出版】　丸善出版
【適用年齢】　2歳6カ月〜18歳11カ月
【所要時間】　コアバッテリー（Luriaモデル）：25〜55分，コアバッテリー（CHCモデル）：35〜70分
【概要】　K-ABCは1983年にKaufman, A. S.とKaufman, N. L.により開発され，日本版は1993年に松原達哉，藤田和弘，前川久男，石隈利紀により作成されたが，同年同じくKaufman夫妻によりK-ABCⅡが作成され，こちらも日本版KABC-Ⅱ制作委員会（藤田和弘，石隈利紀，青山真二，服部環，熊谷恵子，小野純平）により日本へ導入された。K-ABCⅡは子どもの認知能力と学力の基礎となる習得度（認知能力を活用して環境から獲得した知識および読み・書き・算数といった基礎的学力）が測定できる日本初の検査で，2つの理論にもとづいて解釈する。Luria理論にもとづくKaufmanモデルでは，認知能力のレベルに合う習得度に到達させうる指導や支援の必要性を考慮し，これらが分かれて尺度化され8つの能力を測定する。"認知尺度"は「継次」，「同時」，「計画」，「学習」の4尺度，"習得尺度"は「語彙」，「読み」，「書き」，「算数」の4尺度から構成される。キャッテル－ホーン－キャロル（CHC）モデルは，「一般能力」，「広範的能力」，「限定的能力」の3階層からなる心理測定学にもとづき，日本版KABC-ⅡではCHCモデルの広範的能力10尺度のうち7尺度（「長期記憶と探索」，「短期記憶」，「視覚処理」，「流動性推理」，「結晶性能力」，「量的知識」，「読み書き」）をCHC尺度として測定する。以下にK-ABCⅡにおける両モデルの尺度名（カッコ内がCHCモデル）と下位検査をあげる。"継次尺度（短期記憶尺度）"：「数唱」，「語の配列」，「手の動作」，"同時尺度（視覚処理尺度）"：「顔さがし」，「絵の統合（CHC尺度では不使用）」，「近道さがし」，「模様の構成」，"計画尺度（流動性推理尺度）"：「物語の完成」，「パターン推理」，"学習尺度（長期記憶と検索尺度）"：「語の学習」，「語の学習遅延」，"語彙尺度（結晶性能力尺度）"：「表現語彙」，「なぞなぞ」，「理解語彙」，"算数尺度（量的知識尺度）"：「数的推論」，「計算」，"読み尺度，書き尺度（読み書き尺度）"：「ことばの読み」，「ことばの書き」，「文の理解」，「文の構成」。下位検査と各尺度レベルで，該当年齢集団における相対的位置と個人内差を算出し図示化することで視覚的に結果を概観でき，各尺度間の比較もできる。KaufmanモデルとCHCモデル双方からの解釈が可能で，子どものアセスメントとして理論的・実践的に柔軟な対応が可能である。

WISC-Ⅳ知能検査
Wechsler Intelligence Scale for Children-Fourth Edition
【出版】　日本文化科学社
【適用年齢】　5歳0カ月〜16歳11カ月
【所要時間】　60〜90分
【概要】　Wechsler, D.により作成されたWISCが2003年に第4版として改訂され，2011年に日本版WISC-Ⅳ刊行委員会（上野一彦，藤田和弘，前川久男，石隈利紀，大六一志，松田修）から日本版が発行された。WISC-ⅣではWISC-Ⅲの下位検査3つ（「絵画配列」，「組み合わせ」，「迷路」）を削除し，新しい下位検査5つ（「語の

推理」,「語音整列」,「絵の概念」,「行列推理」,「絵の抹消」)が取り入れられ,全15の下位検査(基本検査10検査,補助検査5検査)で構成されている。基本検査の実施により5つの合成得点(全検査IQ,4つの指標得点)が算出され,子どもの知的発達の様相をより多面的に把握できる。4つの指標得点は言語理解(「類似」,「単語」,「理解」,「知識*」,「語の推理*」),知覚推理は(「積木模様」,「絵の概念」,「行列推理」,「絵の完成*」),ワーキングメモリは(「数唱」,「語音整列」,「算数*」),処理速度は(「符合」,「記号探し」,「絵の抹消*」)からなる(*は補助検査)。このほか,指標・下位検査レベルでのディスクレパンシー比較や,下位検査レベルで個人内の強い能力と弱い能力の判定,「積木模様」,「数唱」,「絵の抹消」の結果からプロセス得点を算出し,プロセスレベルでのディスクレパンシー比較も可能である。

WPPSI知能診断検査
Wechsler Preschool and Primary Scale of Intelligence
【出版】 日本文化科学社
【適用年齢】 3歳10カ月～7歳1カ月
【所要時間】 45分
【概要】 Wechsler, D.が1966年に作成し,日本心理適性研究所(小田信夫,茂木茂八,安富利光,松原達哉)が1969年に日本版を発行。現在オリジナル版では第3版まで発行されているが,日本版になっているのは初版のみである。言語性検査と動作性検査から構成され,言語性下位検査は「知識」,「単語」,「算数」,「類似」,「理解」,「文章(補充問題)」,動作性下位検査は「動物の家」,「絵画完成」,「迷路」,「幾何図形」,「積木模様」からなる。受検者の当該年齢集団における平均値からのずれを偏差IQとし,$15 \times (X - M) \div SD + 100$(X:受検者の評価点合計,M:当該年齢集団の評価点平均,SD:当該年齢集団の評価点標準偏差)により算出される。各下位検査から言語性IQ,動作性IQ,全検査IQと下位検査プロフィールによる診断が可能である。

◆パーソナリティ・臨床

内田クレペリン精神作業検査
【出版】 日本・精神技術研究所
【適用年齢】 幼児～成人
【所要時間】 35分(前半15分,休憩5分,後半15分)
【概要】 Kraepelin, E.が連続加算法の実験で,作業中の精神は練習,疲労,慣れ,興奮,意志緊張の特徴があることを提唱したことから,内田勇三郎が1933年に検査法として作成した。作業量の多少から知能,仕事の処理能力,積極性,意欲などを診断し,作業の到達点を結んだ曲線の形や作業の誤りの数から性格や仕事ぶりの特徴,偏り,異常などを診断する。検査用紙に複数行印刷されている,隣り合わせの2つの数字を加算した時の一の位の数字を記入していく。各行1分ずつ実施し,15分経過した時点で5分休憩し,再度15分同様の作業を繰り返す。休憩前後以外の各行の加算した最終活字を赤鉛筆で定規を使って結び,誤りは赤丸で囲む。用紙上の目盛りに従い作業量段階線を青鉛筆で引き,健康者常態定型曲線からのずれの程度と作業量段階から曲線類型を特定する。問題となる曲線の主な特徴は,「誤答の多発」,「大きい落ちこみ」,「大きい突出」,「激しい動揺」,「動揺の欠如」,「休憩後作業量の減少」,「休憩後1行目の作業量減少」,「作業量の著しい不足」などがあげられる。性格傾向のスクリーニングとしても利用され,定型曲線との違いは,受検者が異常というより個性的ととらえ,それを生かす対応や指導を考える必要がある。

円枠家族描画法
Family-Centered-Circle-Drawings (F-C-C-D)
【出版】 金剛出版(解説書)
【適用年齢】 幼児～成人
【所要時間】 制限時間なし
【概要】 Burns, R. C.により1990年に考案された。マンダラに着想を得た家族描画法で,家族成員を円枠に置くことで,その人物に関係する連想がさまざまに出現し,家族に関するイメージや家族力動が表現されやすくなる。円枠がそれらのイメージを喚起しやすい要因として,①円枠が内的な父母との接触を促進すること,②マンダラの中心化により,インスピレーションやバランスが与えられるなどの効果を得ること,③シンメトリーにより内

的世界が投映されやすくなり，センタリングにより家族成員へのより深い洞察と癒しが得られることがあげられる。中心に直径20cm前後の円（Burnsは「7.5～9inchの円が描かれた8.5～11inchの用紙」としているが，検査者によって異なる）が描かれたB4判の白色用紙と鉛筆，消しゴムを用いる。基本的な教示は「円の中心にお母さんを描いてください。その円の周辺にお母さんに関する自由連想をしたものを描いてください。中心に描く人物像は，スティック状（棒状）とか漫画風ではなく，全身像を描くようにしてください」とし，受検者の年齢などに合わせて表現する。母親，父親，自分の順にそれぞれ別の用紙に描いてもらう。各描画は受検者の内的な家族像やその関係性を，連想されたシンボルと総合的に解釈し，その視点としては「画像の相対的な大きさ」，「身体各部の省略と強調」，「表情」，「画像のすぐ上のシンボル（当該人物に対する第一の連想）」，「自分像の周囲のシンボルが親像の描画に再度登場するか」，「自分が親像に登場するか」，「どの人物像が愛着を示すボタンをつけているか」，「人物像のまわりのシンボルは肯定的か否定的か」があげられる。父母と自分を一緒に円枠のなかに描いたものを円枠親子描画（Parent-Self-Centered-Drawings：P-S-C-D）といい，自分と親との関係が鮮明に表現される。

家族イメージ法
Family Image Test（FIT）
【出版】　システムパブリカ
【適用年齢】　小学4年生～成人
【所要時間】　20分
【概要】　亀口憲治，秋丸貴子が1988年に考案したものを亀口が2003年に改訂。亀口の「家族境界膜理論」を基盤とした家族アセスメントとして活用される投映法で，視覚的に家族イメージを表現してもらう。専用の記録用紙に書かれた教示（冒頭教示：「あなたの家族がいっしょにいる場面（食事，テレビをみるなど）を思い浮かべてみましょう。5種類の丸シールを使って，自分の家族を描いてください」）に従い作業を進める。①家族成員それぞれに対し，力（発言力，影響力，元気のよさなど）を5段階の濃淡で表した丸シールを選択する，②各成員が向いている方向（鼻印のような▽・▼で示される）を考慮して，各丸シールを記録用紙上枠内の任意の位置に貼る，③各丸シールが誰を示すのか記入する，④各成員（丸シール）の関係性を，シールか記線で表現する（太線：強い結びつき，細線：結びつき，破線：よくわからない），⑤作成後の感想を記録用紙に記入する。個別実施も可能だが，家族同席で各家族員が実施してその結果を共有し，各自の自分像や家族像の相違点・共通点を確認することで，臨床的な示唆を得られる。

構成的文章完成法（K-SCT）
【出版】　千葉テストセンター
【適用年齢】　中学生～成人
【所要時間】　30分
【概要】　片口安史と早川幸夫が1989年に作成した，対人関係におけるパーソナリティ傾向をとらえるSCT。対人関係に焦点化した36項目の刺激文は比較的長文で構成度が高く，反応文を記号符合で処理し客観的分類を行う。数量的処理により対人態度の肯定性・否定性や，対人関係における問題の原因と願望の内向性・外向性などを指数として算出することもできる。

主題統覚検査
Thematic Apperception Test（TAT）
【出版】　Harvard University（図版）
【適用年齢】　児童～成人
【所要時間】　50分
【概要】　1935年に，Morgan, C. D. と Murray, H. A.により考案され，1943年にMurrayの理論にもとづき開発された。1953年には戸川行男が『絵画統覚検査解説TAT日本版』として金子書房から解説書を出版している。絵を見て短い物語をつくってもらうことで，受検者の願望空想を明らかにし，パーソナリティについて分析しようとする。主として人物が登場する場面を多義的に描いた絵画図版30枚と，白紙図版1枚のなかから約20枚を順に提示し，図版の登場者（場面）の思考，感情，過去，現在，未来などに関する空想を物語ってもらう。分析法は十分に確立されていないが，Murrayは欲求－圧力分析による解釈を示している。ここで「欲求」（need）は願望，欲動，意図，期待など主体から発し主体を駆り立てる力，「圧力」（press）は主体に働きかけたり，主体か

ら働きかけられる人的・物理的環境が主体に対してもつ力を総称している。各図版中，受検者が同一化している主人公の欲求と，その主人公に働きかけている圧力との関係をみて，受検者のパーソナリティを理解していく。

樹木画テスト
【出版】 北大路書房（解説書）
【適用年齢】 幼児～成人
【所要時間】 制限時間なし
【概要】 1949年にKoch, K.により開発され，描かれる木を自己像の象徴としてパーソナリティを理解する。Kochのバウムテストでは「実のなる木」を描くよう教示するが，自由度を広げるなどの目的で「木を1本」と教示する方法もある。A4判かB5判の白ケント紙とHBの鉛筆，消しゴムを用いて，自由に木を1本描いてもらう。なるべくていねいに描くように伝え，用紙を縦にして提示する。描画後には，その木について説明してもらったり，描画に対して感じることなどを質問する。解釈においては，描画全体の印象から受ける全体評価，描き方や空間配置に焦点化した形式分析，描画の内容を検討する内容分析を統合して総合的所見を得る。

人物画テスト
【出版】 北大路書房（解説書）
【適用年齢】 幼児～成人
【所要時間】 5～10分
【概要】 1926年にGoodenough, F. L.により開発された描画法による知能検査で，1944年に桐原善雄，1977年に小林重雄により標準化された。主に初期は児童期の知能検査として使われ，後に投映法としてパーソナリティの評価に使われるようになった。現在は主に投映法として，受検者の自他概念やパーソナリティ傾向を理解するために使用される。Goodenoughが知能検査として男性像を1人描いてもらう検査（Goodenough Draw-A-Man Test：DAM）を開発した後，Machover, K.は投映法として「人を1人描いてください」（Draw A Person：DAP）と教示し，描画後「こんどは女（男）の人を描いてください」と別紙に反対の性を描いてもらう方法をとった。また，Harris, D. B.は男性像，女性像，自画像の順に3人描いてもらう方法（Draw A Figure：DAF）を用いた。描かれた人物画が表現するものは多義的であるため，他の検査や面接から得た情報と総合的に解釈する必要がある。

精研式文章完成法テスト（SCT）
【出版】 金子書房
【適用年齢】 小学生～成人
【所要時間】 40～60分
【概要】 文章完成法（Sentence Completion Test：SCT）は，未完成文章または短文を刺激語として提示し，そこから思いつくことや感じたことを自由記述して文章を完成させる投映法である。受検者から検査目的や刺激がわかりやすく，反応の操作もしやすいため，意識的に統制された社会的態度や現実の適応に近い側面が反映されやすい。検査内容や実施法によって検査自体が数種類あり，解釈も研究者や検査者によるところがある。SCTのなかでも精研式文章完成法テストは，1976年に佐野勝男，槇田仁により開発され，パーソナリティ全体を概観することを目的としている。PartⅠとPartⅡに分かれた検査用紙には，小学生用と中学生用で50問，成人用で60問の刺激文が含まれている。未完成の刺激文を読み，後続する短文で「最初に浮かんだこと」をできるだけ早く記述する。各反応からパーソナリティ4側面（知的，情意的，指向的，力動的）と，その決定因3要因（身体的，家庭的，社会的）について評定する。

ソンディ・テスト
　Szondi Test
【出版】 千葉テストセンター
【適用年齢】 6歳～成人
【所要時間】 5～20分
【概要】 Szondi, L.により1947年に考案されたものから，松原由枝が2011年に日本版マニュアルを作成した。Szondiの運命分析学や家族的無意識の概念をもとに考案された投映法で，パーソナリティや衝動性などを評定する。8枚6組からなる48枚の人物顔写真を1組ごとに並べ，好きな顔と嫌いな顔をそれぞれ2枚ずつ，6組す

べてにおいて選択してもらう。選択されなかった24枚を，同様に組ごとに並べて好き（嫌い）な写真2枚を選択してもらう。最後まで残った写真は嫌い（好き）なものとし，各2因子からなる4衝動から，「前景像」（現在人格の全面に表出している傾向），「理論的補償像」（現在人格の背景に抑圧されていると考えられる傾向），「実験的補償像：背景像」（現在人格の背景に内在している傾向）の反応プロフィールを作成する。4つの衝動は「性」（母性性・父性性），「感情・発作」（倫理性・身体表現性），「自我」（収縮・膨張），「接触」（新奇探索・執着）から構成される。反復して実施することが想定されている検査で，10回施行法ではさらに詳細な分析を行う。精神疾患や心身症の病型診断，犯罪者の鑑別診断に有効である。

動的家族画法
Kinetic Family Drawing（KFD）
【出版】 黎明書房（解説書）
【適用年齢】 4歳〜成人
【所要時間】 制限時間なし
【概要】 1972年にBurns, R. C.とKaufman, S. H.により考案され，1975年に加藤孝正，久保義和，伊倉日出一により翻訳された投映法。家族画に動きを取り入れることで，受検者の自己概念や受検者とその家族成員間の関係など家族力動が表現される。A4判の白い画用紙とHB〜2Bの鉛筆，消しゴムを用いる。基本的な教示は「あなたも含めて，あなたの家族の人たちが何かをしているところの絵を描いてください。ただし，スティック状（棒状）や漫画風でなく，人物全体を描くようにしてください。家族の人たちが，なんらかの行為や動作をしているところを思い出して描いてください」だが，受検者の年齢などに合わせて表現する。KFDの特徴をとらえるために，①KFDの全体を流れているトーンと質，②KFDの家族像にみる対人関係とその表現や活動，③KFDのなかに描かれるものの位置，強調，その使用のされ方，の3点に注目する。また，分析表を用いて「人物像の行為」，「スタイル」，「シンボル」，「個々の人物像の特徴」，「KFDグリッド（身長，自己像の位置，自己像と他家族員像との距離）」についてそれぞれ分析できる。解釈はKFDから得られた要素と，受検者に関する他の情報を合わせて総合的に行う。

ハンドテスト
Hand Test
【出版】 誠信書房
【適用年齢】 児童〜成人
【所要時間】 10分
【概要】 1962年にWargner, E. E.により開発され，山上栄子，吉川眞理，佐々木裕子が2000年に日本に導入。思考障害や神経症的葛藤，行動化のサイン，日常生活で遂行されている役割などについて概観でき，パーソナリティの外交的な機能の対象選択やその効率性などが推測できる。10枚の刺激図版（11.2cm×8.6cm）中9枚には簡略で曖昧な手の絵が描かれ，順に提示された手の図版が「何をしているように見えるか」答えてもらう。最後のブランク・カードに対しては手を頭のなかで思い浮かべてもらい，その手が「何をしているか」答えてもらう。反応数や反応時間などの検査場面行動を数値化した指標のほか，量的・質的スコアリングが可能であり，量的スコアリングではすべての反応を内容によって15種類のサブカテゴリーに振り分け，そこからさらに4種の複合カテゴリー（不適応，対人，環境，撤退）へ分類する。質的スコアリングは各反応の発話状態やニュアンス，特定の葛藤にかかわる特徴的内容をもつ反応に対して17種類のスコアがつけられる。遊びのように楽しみながら実施できるため子どもや知的障害者，高齢者の性格検査としても活用できる。また得られた反応の概要をその場でフィードバックできるため，日常の行動傾向について受検者と話し合うことができる。

風景構成法
The Landscape Montage Technique（LMT）
【出版】 誠信書房（解説書）
【適用年齢】 児童〜成人
【所要時間】 15〜25分
【概要】 統合失調症患者に対する箱庭療法の適用の可否をスクリーニングする方法として，箱庭療法では3次元で行われることを2次元で実現しようと中井久夫により1969年に開発された。受検者の前で検査者がA4判の画用紙に細字サインペンで枠を描き，そのサインペンを検査者に渡して「風景の絵」を検査者が言う順番通り

に描いてもらうことを伝える。描く項目は，①川，②山，③田，④道，⑤家，⑥木，⑦人，⑧花，⑨動物，⑩石。すべてを描画後，「何か描き加えたいもの」があれば自由に描いてもらう。サインペンで描き表したものを概観した後は，クレヨンで彩色してもらい，描画完成後，①絵の季節，②絵の時刻，③川が流れる方向，④人物の性別や年齢・行為，⑤道の目的地，⑥動物の種類，⑦山の高さについて質問する。解釈を中心とせず検査者（セラピスト）と受検者（クライエント）との関係構築・維持の一つとしても活用できる。規定の解釈方法はないが，箱庭に対する理解の方法が参考になる。

ベンダー・ゲシュタルト・テスト
Bender Gestalt Test（BGT）
【出版】 三京房
【適用年齢】 5歳～成人
【所要時間】 5分
【概要】 1938年，1946年にBender, L.により考案されたものを高橋省己が1972年に日本に導入。視覚・運動ゲシュタルト機能の成熟度や機能的，器質的障害の様相，パーソナリティの偏りなどを臨床的に診断する検査で，9個の幾何図形を模写してもらい，一定の基準に従って処理し分析する。操作が比較的簡便で短時間で実施できる。児童用記録用紙では筋肉的協応の未熟な幼少児童に適するコピッツ法を，成人用記録用紙では図形別得点の他に項目別（回転，くりかえしなど）の得点集計ができるパスカル法を用いる。質問紙法や投映法とは質的に異なる特性をもっているため，テストバッテリーの一部として活用すると有効である。

法務省式文章完成法（MJ式SCT）
【出版】 法務省矯正局
【適用年齢】 13歳～成人
【所要時間】 30分
【概要】 矯正施設で多種のSCTが使用されていたことから，法務省矯正局が1965年，1980年に統一的な検査として開発した。少年用（13～15歳），青年用（16～19歳），成人用（20歳以上）の3種類はそれぞれ，外面性の刺激語を含む第1形式と内面性の刺激語を含む第2形式の30項目から構成されている。刺激語は10領域（家族・家庭，交友関係，身体，職場，一般対人関係，学校，感情・情動，日常生活態度，自己・意欲・目標・態度，事物・事象）に関するものからなる。

ロールシャッハ・テスト
Rorschach Inkblot Test
【出版】 Hans Hurber（図版）
【適用年齢】 幼児～成人
【所要時間】 50分
【概要】 1921年にRorschach, H.により創案された人格診断技法の一つ。Rorschachにより作成された，インクの染みで偶然にできた10枚の図版を用い，各図版のどこに，どのような特徴から何が見えるか検討していく。結果のまとめ方や解釈には複数の方法があるが，なかでも片口法はクロッパー法をもとに片口安史が1956年に日本独自のものとして開発したもので，形態水準の段階評定や修正BRSを考案するなど，Rorschachの考え方に沿いながらも独創的な実施・分析法を導入した。一方1995年のExner, J. E.による包括システムでは，施行場面の構造化やクラスター解釈などの導入により，膨大な母集団データから個人の性格特徴の偏差について吟味し，実施から分析，解釈に至るまで各々に相違がみられる。

ワルテッグ描画法
Wartegg-Zeichentest（WZT）
【出版】 川島書店（解説書）
【適用年齢】 児童～成人
【所要時間】 20分
【概要】 個人の知覚や反応の仕方の相違が，パーソナリティの相違を表すという考えから，1939年にWartegg, E.により開発された絵画完成法。太枠で区切られた4cm平方の8つの枠内に，簡単な刺激図が描かれた規定のテスト用紙を提示し，鉛筆ですべての枠内に自由に描画してもらう。枠にふってある順番通りに実施するが，描

きにくい場合は後にまわす。Avé-Lallemant, U. は，2010年に，①刺激図版が取り込まれているか（現実認知能力），②刺激図の性質に反応しているか（刺激図に対する反応の適切さ），③各枠のテーマに反応しているか（4テーマ：自我の体験と安心感，感情と感受性，達成と緊張感，問題と統合，各2枠），④絵の分類（要点のみ・絵画的・形式的・象徴的），⑤筆跡の分析の5段階から分析している。その他，後回しにした枠の有無，絵の内容，好き／嫌いな絵，描画に対する連想を聞くことで，より詳細な分析が可能になる。遊び要素もあり，描画を苦手とする者や検査に抵抗がある者も比較的取り組みやすい。

CAT 日本版試案幼児・児童絵画統覚検査（早大版CAT）
Children's Apperception Test（CAT）
【出版】 金子書房
【適用年齢】 5〜10歳
【所要時間】 60分
【概要】 Murray, H. A.のTATの児童版として，1949年にBellak, L.が開発したCATを，戸川行男，本明寛，松村康平，小嶋謙四郎が1995年に日本版に改訂。Bellakは子どもが動物を好み，深い興味を示すため，子どもは容易に好んで動物と自己を同一化するとし，子どもがTATのような物語の登場人物に自己を同一化するには動物の登場が必要であるとした。日本版では主人公（チロという名前のリス）を最初から決め，図中のどれが主人公か指摘させるだけでも，査定に示唆を与えるような図版構成になっている。図版は17枚で，うち1枚は練習用である。主人公を紹介し，その主人公についての物語をつくっていくことを伝え，各図版に対して自由に物語をつくってもらう。反応は12の分析因子（チロの分析，登場人物，場面統覚特徴，チロの行動と願望，他人の行動，チロの不幸と流れ，感想と意見，物語の水準と構造，統覚特徴，言語特徴，反応時間，態度特徴）から，人間関係や社会的態度，意識的・無意識的欲求，受検児にかかる圧力などを検討する。

HTP法
House-Tree-Person technique
【出版】 北大路書房（解説書）
【適用年齢】 幼児〜成人
【所要時間】 制限時間なし
【概要】 Buck, J. N.により1948年に開発され，受検者のパーソナリティの感受性，成熟性，柔軟性，効率性と統合度や，パーソナリティと環境との相互関係などに関する情報を得て臨床実践に活用することを目的としている。B5判の画用紙と鉛筆，消しゴムを用いて，家・木・人の順に描いてもらう。描画後，64項目からなる質問（Post-Drawing-Interview：PDI）により，受検者自身も自分の描画について内省し，言語的・非言語的にパーソナリティの評価ができる。描画全体の印象から受ける全体評価，描き方や空間配置に焦点化した形式分析，描画の内容を検討する内容分析を統合して総合的所見を得る。主にパーソナリティ検査として使用されるが，芸術療法として治療的効果も期待されて活用される場合もある。

P-Fスタディ（絵画欲求不満テスト）
Picture-Frustration Study
【出版】 三京房
【適用年齢】 4歳〜成人
【所要時間】 20分
【概要】 Rosenzweig, S.により1948年に開発され，1962年に日本版が出版された。児童用は林勝造，一谷彊，中田義朗，秦一士，西尾博，西川満，中澤正男，笹川宏樹，津田浩一，青年用は林，一谷，中田，秦，津田，西尾，西川，成人用は住田勝美，林，一谷により作成された。フラストレーション反応を査定するもので，限定された状況への反応性から，パーソナリティ全体でなくその一側面をとらえようとする。児童用（4〜14歳），成人用（15歳以上），青年用（12〜20歳）の3種あり，いずれも24の刺激図を含む。刺激図は，あるフラストレーション場面（自我阻害場面・超自我阻害場面）を表し，表情のない登場人物中左側1名の台詞が吹き出しに書かれている。受検者は右側の人物の台詞として思い浮かぶものを吹き出しに記入する。反応内容のアグレッション（不快な場面での自己主張的対処反応）にかかわる2次元にもとづいて分類し，アグレッションの方向は「他責」，「自責」，「無責」の3つに，アグレッションの型は「障害優位型」，「自我防衛型」，「要求固執型」の3つに分けられ，各3分類の2次元を組み合わせた9カテゴリーと，副次的な2カテゴリーを合わせた11カテゴリーへ分

TCT 創造性検査
Test for Creative Thinking

【出版】　早稲田大学創造性研究会
【適用年齢】　小学4年生～成人
【所要時間】　20分
【概要】　早稲田大学創造性研究会により1984年に発行された，独創性を個人の創造性の評価基準とし，独創的な発想がどの程度できるかを評価する検査。個人の発想の仕方をタイプ別に分けることで，創造的発想が出現する可能性を予測する。それぞれ3つずつの言語性検査（「用途」，「原因推定」，「表題づけ」）と，非言語性検査（「四点描画」，「想像力」，「図案発見」）の下位検査から構成される。各設問の設定を自分なりに解釈し，取り組みにおいて課題に新しい意味づけをし，常識的でない思考を使って課題に取り組んでいる状態を評価する。分類基準に従い各下位検査の反応をd（task-dependence；課題依存），m（task-modification；課題変形），o（homomorphosis；同態再生），e（heteromorphosis；異態再生）に分類する。各下位検査におけるこれらの反応の出現頻度によって，発想タイプ（硬直型，流暢型，柔軟型，理詰型，閃き型〔漸進型／飛躍型〕）を決定する。

◆記　憶

ウェクスラー記憶検査
Wechsler Memory Scale-Revised（WMS-R）

【出版】　日本文化科学社
【適用年齢】　16～74歳
【所要時間】　45～60分
【概要】　Wechsler, D.が1945年に考案し，1987年に改訂されたものを，杉山守弘が2001年に日本版に改訂した，国際的に使用されている総合的な記憶検査で，さまざまな疾患に関連する記憶障害の評価に使用される。言語性検査と非言語性検査に分かれた13の下位検査から構成され，すべてを順序に従って制限時間内に実施する。13の下位検査は，①「情報と見当識」，②「精神統制」，③「図形の記憶」，④「論理的記憶Ⅰ」，⑤「視覚性対連合Ⅰ」，⑥「言語性対連合Ⅰ」，⑦「視覚性再生Ⅰ」，⑧「数唱」，⑨「視覚性記憶範囲」，⑩「論理的記憶Ⅱ」，⑪「視覚性対連合Ⅱ」，⑫「言語性対連合Ⅱ」，⑬「視覚性再生Ⅱ（⑩～⑬はそれぞれ，④～⑦の遅延再生の下位検査）」である。下位検査の全素点を求め，重みづけされた得点を合計して換算し，年齢別の指標得点を得る。"一般的記憶"と"注意／集中力"の2つの主要な指標と，"一般的記憶"を細分化した「言語性記憶」と「視覚性記憶」の指標のほか，「遅延再生」指標も求められる。記憶の臨床評価やリハビリテーションに関連した受検者の情報提供に有効だが，長期記憶の体系的測定はできないため，すべての記憶機能を測定できるとはいえない。

東大脳研式記銘力検査（三宅式記銘力検査）

【出版】　千葉テストセンター
【適用年齢】　成人
【所要時間】　60分
【概要】　三宅鑛一，内田勇三郎により1923年に考案されたものから，長谷川和夫が1977年に作成。聴覚性言語性対連合記憶の検査で，記憶障害の有無や障害程度の判定に使用される。慣習的に三宅式記銘力検査とよばれている。有関係対語（意味的関連がある名詞）と無関係対語（意味的関連が希薄な名詞）それぞれ10対から構成される。検査実施は練習問題後，有関係対語を一対ずつゆっくり読みあげ聴覚的に提示し，すべて終わったら検査者が対語の一方を読み，受検者にもう一方の語を答えてもらい反応語と時間を記録する。これを3回繰り返し，1回目ですべて正答だった場合，そこで打ち切ってもよい。10秒間反応がない場合は忘却として次の対語に移る。約10秒後に無関係対語について同様に実施する。各回の正答数，忘却数，誤答数とその比率を算出し，反応時間などとあわせて評価する。

ベントン視覚記銘検査
Benton Visual Retention Test
【出版】 三京房
【適用年齢】 8歳〜成人
【所要時間】 5分
【概要】 1945年にBenton, A. L.により考案されたものを高橋剛夫が1985年に改訂。大脳損傷や大脳疾患の確認と損傷部位の測定や，精神疾患・脳損傷・脳疾患患者に対する視覚認知・視覚記銘・視覚構成能力・視覚運動機能の評価に使用される図版記銘検査である。練習効果や習熟を避けて再検査できるよう，同質の図形形式が3セット含まれている。10枚の図版を1枚ずつ提示して取り去り，用紙に見た通りに再生してもらう。施行形式は4種あり，①図版を10秒間提示し即時再生，②図版を5秒間提示即時再生，③図版を提示し模写，④図版を10秒間提示し15秒後に再生，のいずれかを実施する。正確数（1または0）から全般的成績水準を評価し，誤謬数（「省略」，「歪み」，「保続」，「回転」，「置き違い」，「大きさの誤り」の6部門63種）から詳細な質的分析を行う。

◆発達障害・自閉症全般

異常行動チェックリスト　日本語版
Aberrant Behavior Checklist（ABC-J）
【出版】 じほう
【適用年齢】 すべての年齢
【所要時間】 約5分
【概要】 ABC-Jは，Aman, M. G.とSingh, N. N.が1985年に開発した知的障害・発達障害に関連する行動障害を定量的に評価するための評価尺度を小野善郎が翻訳し2006年に出版された。対象者が家庭，学校，所属するコミュニティ等において示す情緒や行動の問題を評価するためのツールであり，療育や治療の介入の計画立案や効果測定に役立つ。5つのサブスケール（「興奮性」，「無気力」，「常同行動」，「多動」，「不適切な言動」）から構成されており，全58項目からなる。各項目について，対象者の過去4週間の行動を「0＝問題なし」，「1＝問題行動の程度は軽い」，「2＝問題行動の程度は中程度」，「3＝問題行動の程度は著しい」という4段階で評価する。

太田stage
【出版】 日本文化科学社
【適用年齢】 制限なし
【所要時間】 制限なし
【概要】 太田昌孝，永井洋子が1992年に編集，出版した『自閉症治療の到達点』と『認知発達治療実践マニュアル』で述べられている自閉症の治療教育を行うための評価法。認知発達の段階を5つのステージ（StageⅠ：シンボル機能が認められない段階，StageⅡ：シンボル機能の芽生えの段階，StageⅢ-1：シンボル機能がはっきりと認められる段階，StageⅢ-2：概念形成の芽生えの段階，StageⅣ：基本的な関係の概念が形成された段階）に分け，各ステージの発達課題と重点課題があげられている。

協調性運動機能のアセスメント
Development Coordination Disorder Questionnaire 2007（DCDQ-R）日本語版
【出版】 未刊
【適用年齢】 5歳〜14歳6カ月
【所要時間】 制限なし
【概要】 Wilson, B. N.らによって2000年に開発された発達性協調運動障害の評価法を中井昭夫が翻訳したもの。子どもの不器用さについて3つの下位尺度（「動作における身体統制」，「書字・微細運動」，「全般的協応性」），全15項目から構成されている。各項目の内容に関して，他の子どもと比べて自分の子どもにどの程度当てはまるかについて5件法（「全く当てはまらない（1点）」，「少しだけ当てはまる（2点）」，「当てはまる（3点）」，「ほとんど当てはまる（4点）」，「全くそのとおり（5点）」）で回答し，高得点であるほど協調運動機能が高いことを示す。臨床的な利用や教育現場での利用等を考慮し，男女別による検討や学年別による検討などオリジナル版か

国リハ式〈S-S法〉言語発達遅滞検査(改訂第4版)

【出版】 エスコアール
【適用年齢】 発達レベル1歳前後～小学校就学前後まで
【所要時間】 60～90分
【概要】 小寺富子,倉井成子,佐竹恒夫が監修し,東江浩美,大西祐好,東川健,飯塚直美,知念洋美,原広美が1998年に出版したものである。発達レベル1歳前後から小学校就学前後までの言語の記号形式や指示内容関係の段階に即した評価が可能となっている。検査は3部(「記号形式-指示内容関係」,「基礎的プロセス」,「コミュニケーション態度」)からなっており,検査法とともに訓練法に関するマニュアルも出版されている。記号形式-指示内容関係は事物・実態の理解困難な段階から統語方略の段階まで詳細に発達段階が評価可能であり,それぞれ理解面と表出面が評価できる。基礎的プロセスでは,スクリーニング程度の簡便な動作性課題,語連鎖学習の基礎となる聴覚的記銘力,身振り・音声模倣の能力を評価する。コミュニケーション態度では,相互性,他者への注目,感情表現,独語やエコラリアなどの特徴的な言葉の使用の有無について評価できる。検査結果をそのまま言語訓練に生かすことができるような臨床的な評価となっている。言語習得以前の言語記号未習得児に対しても検査が可能となっている。

自閉症スペクトラム指数　日本語版
Autism-Spectrum Quotient (AQ)

【出版】 なし
【適用年齢】 16歳以上
【所要時間】 約10分
【概要】 AQはBaron-Cohen, S., Wheelwright, S.らによって2001年に開発された,知的障害のない16歳以上の青年期,成人期を対象とした,自閉症スペクトラム障害(ASD)の程度を測定するための自己式質問紙である。回答者は,自閉症の3主兆候である「社会性の質的障害」,「コミュニケーションの質的障害」,「イマジネーションの質的障害」や認知特性に関連した全50項目の質問に対して4段階(「確かにそうだ」,「少しそうだ」,「少しちがう」,「確かにちがう」)で回答する。各項目の回答を数量化した合計によりASD特徴を評価する。また,AQには5つの下位尺度(「社会的スキル」,「注意の切換え」,「細部への注意」,「コミュニケーション」,「理想像」)があり,これらの下位尺度の特徴も把握することが可能である。2006年に16歳未満の子どもを対象とした児童用AQが開発されており,これは自己式ではなく養育者による他者評定式となっている。AQのみで出版はされておらず,『成人期の自閉症スペクトラム診療実践マニュアル』(神尾陽子編,医学書院)の付録1などに掲載されている他,千葉大学の若林明雄が公開している。若林版を使用する場合は,研究室に連絡して利用に関する承諾を得ることが求められている。

自閉症スペクトラムの移行アセスメントプロフィール
TEACCH Transition Assessment (TTAP)

【出版】 川島書店
【適用年齢】 早期青年期(小学校高学年くらい)
【所要時間】 直接観察尺度約90分,家庭尺度および学校/事業所尺度約90分
【概要】 2007年にMesibov, G., Thomas, J. B., Chapman, S. M., Schopler, E.によって出版されたものを梅永雄二,服巻繁,服巻智子が2010年に翻訳した自閉症スペクトラムの移行アセスメントプロフィール。早期青年期(小学校高学年くらい)から成人期への移行を計画し,教育や支援を開始するためのアセスメントである。自閉症スペクトラム障害者(ASD者)が学校卒業後に地域社会のなかで必要となるスキルをどの程度獲得しているかを把握し,成人期に自立して生活するための準備がどの程度されているのかを確認するために用いられる。TTAPにはフォーマル・アセスメントとインフォーマル・アセスメントの2種類が存在する。フォーマル・アセスメントには,検査者が検査用具を用いて実施する「直接観察尺度」と養育者からの聞き取りにより実施する「家庭尺度」,学校や事業所の教師・職員から聞き取りを行う「学校/事業所尺度」がある。それぞれの尺度に6つの領域(職業スキル,職業行動,余暇活動,自立活動,機能的コミュニケーション,対人行動)が設定されている。インフォーマル・アセスメントには,Cumulative Record of Skills (CRS)という今までに獲得してきたスキルをまとめるフォームを用いる。フォーマル・アセスメントのなかの「職業スキル」をさらに5つ(事務,家事,倉庫

／在庫管理，図書館，造園／園芸）に細分化し，より現場での実践的な仕事に近い状況でのアセスメントを行うようになっている。さらに，フォーマル・アセスメントの6領域に加え，「移動」と「環境要因」の2領域が加わり8領域となっている。アメリカのノース・カロライナ州を中心に行われている Treatment and Education of Autistic and Related Communication Handicapped Children and Adults（TEACCH）で主に用いられている評価である。

小学生の読み書きスクリーニング検査
Screening Test of Reading and Writing for Japanese Primary School Children（STRAW）

【出版】　インテルナ出版
【適用年齢】　小学生
【所要時間】　制限なし
【概要】　宇野彰，春原則子，金子真人，Wydel, Taeko N. によって2006年に開発された。学習障害の中核障害とされている発達性ディスレキシア（dyslexia；発達性読み書き障害）を診断・評価するために開発された学習到達度検査。通常学級に在籍する小学生約1,200名の読み書きに関するデータを基に作成された。今まで客観的な評価基準がないとされている小児失語症の読み書きの評価においても有効であるとされている。音読（一文字ずつ読むものと，単語や熟語を読むもの）と書き取り（検査者の発した文字，および単語や熟語を聞いて，復唱して書き取るもの）の2つの要因から評価を行う。

小児自閉症評定尺度
The Childhood Autism Scale（CARS）

【出版】　岩崎学術出版社
【適用年齢】　3～12歳
【所要時間】　約30分
【概要】　1980年にSchopler, E.とReichler, R. J.によって開発されたものから，佐々木正美が2008年に翻訳し日本での記述例を加えて新装された自閉症についての評価尺度である。自閉症の疑いのある児童を直接観察するか，養育者からその対象児の生育歴や日頃の行動の様子を聞き取ることで定型発達児を基準としてどの程度異なっているかを評価する。自閉症か否かの評価だけでなく，自閉症の重症度についても評価できるのが特徴である。評価項目は15領域（人との関係，模倣，情緒反応，身体の使い方，物の扱い方，変化への適応，視覚による反応，聴覚による反応，味覚・嗅覚・触覚反応とその使い方，恐れや不安，言語性のコミュニケーション，非言語性のコミュニケーション，活動水準，知的機能の水準とバランス，全体的な印象）である。各項目の得点により，自閉症の有無とその重症度について評価する。各項目の評定は1から4までで，0.5刻みで得点をつける。評定基準は1点が正常範囲，1.5点がごく軽度の異常，2点が軽度の異常，2.5点が軽度と中度の間，3点が中度の異常，3.5点が中度と重度の間，4点が重度の異常である。30点を超えると自閉症と診断される。アメリカのノース・カロライナ州を中心に行われている Treatment and Education of Autistic and Related Communication Handicapped Children and Adults（TEACCH）で主に用いられている評価である。

日本版自閉症・発達障害児教育診断検査（三訂版）
Psychoeducational Profile-3rd Edition（PEP-3）

【出版】　川島書店
【適用年齢】　2～12歳
【所要時間】　約45～90分
【概要】　PEP-3は，Schopler, E.によって開発された自閉症支援のためのアセスメントテストが2004年に改訂され，茨木俊夫が2005年に翻訳したTEACCHプログラム実施に際しての自閉症支援のためのアセスメントである。自閉症児の発達のばらつき（発達の機能レベル）と自閉症特有の行動（自閉症の障害特性）のアセスメントを通して教育や支援の手がかりを得ることを目的としている。個別検査と直接観察による「領域別評価」と親などの養育者への聞き取りによる「養育者レポート」により構成されている。領域別評価は，3つの下位項目（コミュニケーション，運動，特異行動）の合計得点にそって評価される。コミュニケーション領域では，「認知／前言語（CVP）」，「表出言語（EL）」，「理解言語（RL）」，運動領域では，「微細運動（FM）」，「粗大運動（GM）」，「視覚−運動の模倣（VMI）」，特異行動では，「感情表出（AE）」，「対人的相互性（SR）」，「運動面の特徴（CMB）」，「言語面の特徴（VMB）」に分かれている。養育者レポートは5つの内容（①現在の発達レベル，②診断カテゴ

リーと障害の程度，③気になる行動，④身辺自立，⑤適応行動）からなり，養育者の認識を確認し，共同教育者として子どもの障害像を共有することを目的としている．検査終了後に，①発達下位得点の合計，②発達プロフィールの作成，③発達年齢，パーセンタイル順位，発達／適応レベル，養育者レポートの結果を算出し，教育プログラムを作成する．

乳幼児期自閉症チェックリスト修正版（M-CHAT日本語版）
Modified Checklist for Autism in Toddlers（M-CHAT）
【出版】　国立精神・神経医療研究センター精神保健研究所児童・思春期精神保健研究部
【適用年齢】　16～30カ月
【所要時間】　質問紙形式：約10分～，電話面接形式：約10～30分
【概要】　M-CHATはBaron-Cohen, S.によって1992年に開発された，Checklist for Autism in Toddlers（CHAT）をアメリカのRobin, D. L.らが2001年に修正を加えた，2歳前後の幼児に対する自閉症スペクトラム障害（ASD）のスクリーニング検査である．主要な構成項目は，共同注意（大人と注意を共有しながら環境を認知すること），模倣，対人的関心，遊びなどであり，ノンバーバルな社会的行動に関する16項目がある．親記入式の質問紙であり，各項目に対して「はい」，「いいえ」の二者択一で回答する．スクリーニング手続きとして2段階で構成されており，親にM-CHATを記入してもらう第1段階スクリーニングと記入後1～2カ月後に電話面接を行う第2段階スクリーニングがある．このようなスクリーニングプロセスを経て，対象児の発達状況を具体的に確認し，ASDを疑うケースを同定する．また，スクリーニングのプロセスは1度ではなく複数回行うことが重要とされ，より詳細に面接を行うことにより包括的な評価を行う．

乳幼児社会的認知発達チェックリスト：社会のめばえと適応（DESC）
【出版】　文教資料協会
【適用年齢】　0歳6カ月～3歳5カ月
【所要時間】　約5分
【概要】　森永良子，東洋が監修し，森永良子，中石康江，柿沼美紀，黛雅子，紺野道子，五十嵐一枝によって2011年に出版された「社会的認知発達」の見地から，乳幼児期におけるLD，ADHD，広汎性発達障害等の兆候を見出すために開発されたチェックリストである．乳幼児期では見落とされがちな「LD（学習障害）」，「ADHD（注意欠如・多動性障害）」，「自閉症」などの兆候を見出し，育児支援のために用いられる．子どもの発達状態を6カ月単位で知ることが可能となっている．項目に対する子どもの状態を○×で記入していき，保育経験3年以上の小児科医・心理士・保育士・保健師・看護師が，対象児を養育している人に質問をすることによって行う．

標準抽象語理解力検査
The Standardized Comprehension Test of Abstract Words（SCTAW）
【出版】　インテルナ出版
【適用年齢】　小学2年生～70歳代
【所要時間】　制限なし
【概要】　宇野彰が監修し，春原則子，金子真人が2012年に出版した言語理解力検査である．抽象語を用いた成人および小児における，軽度の言語理解障害を検出することを目的として開発された．聴覚的理解力と視覚的理解力の2つの理解力を評価，比較し，語反応を意味的誤りと音的誤りとに分類することが可能となっている．健常児の言語発達を測定するためだけでなく，難聴，言語発達遅滞，学習障害，自閉症，失語症，認知症等にも適用できる．

ADHD Rating Scale-Ⅳ（ADHD-RS）
【出版】　明石書店
【適用年齢】　5～18歳
【所要時間】　約15分
【概要】　DuPaul, G. J.らにより1998年に開発された，"ADHD Rating Scale-Ⅳ：Checklists, Norms, and Clinical Interpretation"を市川宏伸，田中康雄が監修，坂本律が翻訳し2008年に出版されたものである．ADHDのスクリーニング，診断，治療成績の評価を目的として開発されており，DSM-Ⅳの診断基準を基に，不注意と多動性・衝動性の領域18項目で構成され，項目評価を4段階のリッカート・スケールで評定できるように構成されている．

質問用紙は，家庭版と学校版の2種類があり，過去6カ月における子どもの様子を評価する。このスケールの利点として，原著者のDuPaulは，①診断可能性のある青少年のスクリーニングを容易にしている，②ADHDの包括的診断評価のなかで，親や教師からの症状報告をする手段となる，③ADHDの治療効果を明らかにする，という3点を強調している。また，注意点としてこのスケールのスコアのみでADHDの診断を行わないことが望まれる。

ADI-R日本語版
【出版】　金子書房
【適用年齢】　精神年齢2歳0カ月以上
【所要時間】　回答，評定，採点含め約90～150分
【概要】　Le Couteur, A., Lord, C., Rutter, M.が1989年に開発した自閉症診断ツールを土屋賢治，黒田美保，稲田尚子が監修を務め，ADI-R日本語版研究会が翻訳して2013年に出版されたもの。DSM-ⅣおよびICD-10において診断意義があるとされる機能領域（「相互的対人関係の質的異常」，「意思伝達の質的異常」，「限定的・反復的・常同的行動様式」）に焦点を当てて構成されている。対象者の行動の系統的，かつ詳細な特徴を得ることができる。幼児から成人まで幅広い年齢層に適用できる。また項目ごとに評価の対象となる年齢期が設定されている。自閉症診断面接ツールを用いた保護者を対象とした半構造化面接により行う。「面接プロトコル」および「包括的アルゴリズム用紙」を用いて，面接と結果の解釈を行う。「面接プロトコル」は，対象者の背景情報，行動の全体像をとらえる導入質問，初期発達・発達指標に関する情報，言語やその他のスキルの獲得時期と喪失の有無，ASDに関連する機能領域，およびその他の臨床的意義のある行動全般について面接を行い，全93項目から構成されている。「包括的アルゴリズム用紙」は，「診断アルゴリズム」と「現在症アルゴリズム」という2通りの用途を備えた，包括的なスコアリングシートがある。「診断アルゴリズム」では，対象者の発達歴に注目しながら診断評価する。「現在症アルゴリズム」では，対象者の過去3カ月の行動を評価する。そして症状の経時的変化の把握や治療計画に役立てるために使用する。マニュアルが用意されているが，詳細な実施方法や具体的な補足質問の仕方などの習得のためにADI-Rの臨床用研修会に参加することが推奨されている。

ASA旭出式社会適応スキル検査
【出版】　日本文化科学社
【適用年齢】　幼児～高校生
【所要時間】　20～30分
【概要】　作成から35年以上経った新版S-M社会生活能力検査の改良を求める声に応えて2012年に肥田野直監修のもと旭出学園教育研究所が作成した検査。全般的な社会適応スキルやそれを構成する4つのスキル（言語，日常生活，社会生活，対人関係）が同年齢の子どもと比較してどのくらいのレベルにあるのか，また相当年齢はどれくらいかをみることができる。4つのスキルには32の下位領域が設定されており，下位領域の偏りをみることもできる。言語スキルは基礎的な言語理解，表現，読み書きに関するスキルであり，9つの下位領域（「指示を理解する」，「聞く」，「口頭で質問する」，「経験したことを話す」，「拒否や要求を表す」，「自分について話す」，「質問に答える」，「読む」，「書く」）からなっている。日常生活スキルは身のまわりのことに関するスキルであり，5つの下位領域（「身だしなみ」，「健康管理」，「家の掃除や片付け」，「食事の準備と片付け」，「衣類の手入れ」）からなっている。社会生活スキルは地域社会で必要となるスキルであり，9つの下位領域（「家の中で安全に過ごす」，「電話・ファックス・メールの使用」，「外での安全への対応」，「お金の理解と管理」，「時間の理解と管理」，「困難な状況での対応」，「情報の収集」，「学校での集団参加のスキル」，「環境の変化への対応」）からなっている。対人関係スキルは人とのかかわりにおいて必要なスキルであり，9つの下位領域（「他人への関心と共感」，「会話・コミュニケーション」，「交友関係」，「協力的な関係」，「きまりを守る」，「集団遊びのルールを守る」，「礼儀」，「他人への気遣い」，「感情や行動のコントロール」）からなっている。

CAADID™日本語版
【出版】　金子書房
【適用年齢】　18歳以上
【所要時間】　回答と採点含め，パートⅠ・パートⅡで各60～90分
【概要】　Epstein, J., Johnson, D. E., Conners, C. K.が開発した成人にみられるADHDとそれに関連した症状を診断するために開発された面接ツールである。これを中村和彦が監修，染木史緒，大西将史が監訳し，2012年に出

版されたもの。成人になった現在の症状だけでなく，子どもの頃のADHD症状について確認しながら診断することが可能となっている。対象者の生活歴や背景情報等を把握するための冊子（パートⅠ）とDSM-ⅣのADHD基準に該当するかどうかを評価する冊子（パートⅡ）の2種類で構成されている。パートⅠでは，背景情報の他にADHD危険因子の有無や併存障害のスクリーニングを行うことができる。パートⅡでは，ADHDの診断を行ったうえで，ADHDのサブタイプ（不注意優勢型，多動性−衝動性優勢型，混合型）を評価することができる。さらにパートⅡでは，診断・評価後の経過観察のために繰り返し使用することができるようになっている。

CAARS™ 日本語版
【出版】　金子書房
【適用年齢】　18歳以上
【所要時間】　回答約15〜30分程度，採点約10分
【概要】　Conners, C. K., Erhardt, D., Sparrow, E. が開発した成人のADHD評価尺度を中村和彦が監修し，染木史緒，大西将史が監訳し2012年に出版された。成人のADHDの症状や重症度を把握するための評価尺度である。自己記入式の検査用紙と観察者評価式の検査用紙の2種類がある。回答者が複数になることで，多角的な情報で包括的に評価を行うことが可能となる。観察者評価では，家族や友人，同僚など対象者をよく知る人が対象となる。尺度は8つから構成されており（1. 不注意／記憶の問題，2. 多動性／落ち着きのなさ，3. 衝動性／情緒不安定，4. 自己概念の問題，5. DSM-Ⅳ不注意型症状，6. DSM-Ⅳ多動性−衝動性型症状，7. DSM-Ⅳ総合ADHD症状，8. ADHD指標），DSM-ⅣによるADHD診断基準と整合性を保っている。CAADIDと併用して使用することが良いとされている。

Child Behavior Checklist (CBCL) & Teacher's Report Form (TRF)
【出版】　スペクトラム出版
【適用年齢】　4〜18歳
【所要時間】　約15〜20分
【概要】　Achenbach, T. M.らが1960年代に開発した心理社会的な適応／不適応状態を包括的に評価するシステムであるAchenbach System of Empirically Based Assessment（ASEBA）のなかの一つ。幼児期から学童期の子どもの行動チェックリストであり，親に回答を求めるCBCLと教師に回答を求めるTRFがある。CBCLは子どもの現在から過去6カ月の状態について回答し，子どもの趣味や，親との関係，学業成績，長所だと思うこと，行動・情緒・社会性に関する問題行動等をたずねる項目が118項目設定されている。TRFは子どもの様子をよく知っている担任，カウンセラー，特別支援教育担当の教員などが子どもの現在から過去2カ月の状態について回答し，項目はCBCLと同様の118項目が設定されている。CBCL，TRFともに質問への回答から問題行動尺度（Problem Scales）が算出される。2つの上位尺度（外向尺度と内向尺度）と8つの下位尺度（ひきこもり，身体的訴え，不安抑うつ，社会性の問題，思考の問題，注意の問題，攻撃的行動，非行的行動）が設定されている。

Conners3™ 日本語版
【出版】　金子書房
【適用年齢】　6〜18歳
【所要時間】　回答約20分，採点約20分
【概要】　Conners, C. K.が2008年に開発したADHDとその周辺の症状を評価するためのADHD評価スケールを用いた質問紙を田中康雄が翻訳し，出版されたもの。臨床的な構成概念を念頭においた6つの主要因（不注意，多動性／衝動性，学習の問題，実行機能，攻撃性，友人／家族関係）を測定する。さらに，DSM-Ⅳ-TRの症状スケールとして4つのスケール（ADHD不注意，ADHD多動性−衝動性，素行障害〔CD〕，反抗挑戦性障害〔ODD〕）を検証するように構成されている。検査結果を，個人と集団との比較による相対的な観点と症状カウントが基準を満たすかどうかという絶対的な観点の両方から把握する。質問紙には保護者用（質問項目110問），教師用（質問項目115問），本人用（質問項目99問）があり，対象児の過去1カ月の行動について評価する。そのため，回答する教師は少なくとも1カ月以上生徒と過ごしている必要がある。また，教師用については，2名以上の教師から評価を得ることが望ましいとされている。

DN-CAS
【出版】　日本文化科学社

【適用年齢】　5歳0カ月〜17歳
【所要時間】　40〜60分
【概要】　Das, J. P., Naglieri, J. A.が1997年に開発したPASS理論にもとづく心理検査を前川久男，中山健，岡崎慎治が2007年に翻訳したもの。子どもの認知機能（PASS）の発達を4つの側面（「プランニング（P）」，「注意（A）」，「同時処理（S）」，「継次処理（S）」）からとらえることができる。LDやADHD，高機能自閉症の判断のためのアセスメントとして使用される。また，その子どもたちに対する支援の手がかりを得ることに使用される。言語的な知識や視覚的な知識に頼らずに認知活動の状態を評価できるようになっている。そのため，新奇の課題に対処する力をみるのに適しているとされている。4つの領域ごとに設定された課題を行うことで実施する（たとえば，プランニングでは数の対探しや文字の変換等，注意では表出の制御や数字探し等，同時処理では図形の推理や関係の理解等，継次処理では単語の記憶や文の記憶等）。基本的には下位検査12種類を行う標準実施があり，簡易実施として下位検査8種類を行うものもある。再検査により子どもの長期的な予後を調べたり，認知機能の特徴や変化をみていくことが可能となる。

LCスケール　言語・コミュニケーション発達スケール
【出版】　学苑社
【適用年齢】　0〜6歳11カ月
【所要時間】　約45〜60分
【概要】　大伴潔，林安紀子，橋本創一，池田一成，菅野敦によって2005年に出版された，乳幼児の言語・コミュニケーション発達を基盤にして開発された検査法である。発達に遅れのある乳幼児に対する言語発達支援プログラムの立案のために使用する。コミュニケーション（語彙，文法，語操作，対人的なやりとり等）に関して評価し，言語・コミュニケーション年齢（LC年齢）と言語・コミュニケーション指数（LC指数）を得ることができる。さらに，3つの下位領域（「言語表出」，「言語理解」，「コミュニケーション」）が設定されており，それぞれにおけるLC年齢・LC指数を求めることが可能となっている。子どもの発達段階の目安として，発達レベルを5段階（「ことばの芽生え期」，「1語文期」，「語連鎖移行期」，「語操作期」，「発展期」）に分けている。言語・コミュニケーション行動の発達上の長所や短所が把握でき，言語発達支援プログラムの立案に役立つ情報を得られる。

LCSA　学齢版　言語・コミュニケーション発達スケール
【出版】　学苑社
【適用年齢】　小学校1〜4年生
【所要時間】　約45〜55分
【概要】　大伴潔，林安紀子，橋本創一，池田一成，菅野敦によって2012年に開発された言語・コミュニケーションの発達課題から支援の方向性を示すための評価法。5つの領域（「文や文章の聴覚的理解」，「語彙や定型句の知識」，「発話表現」，「柔軟性」，「リテラシー」）の課題と10の下位検査（1. 口頭指示の理解，2. 聞き取りによる文脈の理解，3. 音読，4. 文章の読解，5. 語彙知識，6. 慣用句・心的語彙，7. 文表現，8. 対人文脈，9. 柔軟性，10. 音韻意識）を設定し，このうちどのような側面に子どもの困難があるかを明らかにし，支援の方向性を示す。通級指導教室などで個別の指導計画を作成するための支援目標が導き出されるような情報が得られる。

LDI-R（LD判断のための調査票）
【出版】　日本文化科学社
【適用年齢】　小学校1年生〜中学校3年生
【所要時間】　約20〜40分
【概要】　上野一彦，篁倫子，海津亜希子によって2005年に出版された小学生を対象としたLDIに中学生用の調査項目が追加され，2008年に出版されたLDの主な困難領域である学習面の特徴を把握するための調査票である。全10領域から構成されており，基礎的学力8領域（聞く，話す，読む，書く，計算する，推論する，英語，数学）と行動・社会性2領域（行動，社会性）がある（英語と数学に関しては中学生のみを対象としている）。基礎的学力では，8領域における子どものスキルパターンが，LDのある子にみられる特定領域のつまずきとどの程度一致しているのかをみることができる。また，学力だけでなく，子どもの行動面や社会性を評価することができるのも特徴である。領域ごとに設定された各項目について「よくある」，「ときどきある」，「まれにある」，「ない」の4段階評定を用いて回答する。主に学習面の項目で構成されているため，学校で教師が評価することが可能となっている。

LD児・ADHD児診断のためのスクリーニングテスト（PRS）
【出版】　文教資料協会
【適用年齢】　5歳〜中学生
【所要時間】　約3分
【概要】　Myklebust, H. R.が1971年に開発し，森永良子，隠岐忠彦が1992年に翻訳し出版された，LD・ADHD児診断のためのテスト。診断だけでなく，その後の指導も考え，LD・ADHD児のタイプを知るために「言語性LD」，「非言語性LD」，「総合診断」が可能となっている。5分野（言語性LD：聴覚的理解と記憶，話しことば・非言語性LD：オリエンテーション，運動能力，社会的行動）24項目の診断から指導プログラムをつくるための基礎資料が得られ，IEP（個別指導計画）を立てるための具体的資料となる。

PARS
【出版】　スペクトラム出版社
【適用年齢】　3歳以上
【所要時間】　フルスケール版：約60〜75分，短縮版：約30分
【概要】　栗田広，杉山登志郎，市川宏伸，内山登紀夫，神尾陽子，安達潤，井上雅彦，辻井正次，行廣隆次によって2008年に開発された広汎性発達障害日本自閉症協会評定尺度である。広汎性発達障害（以下，PDD）児・者の支援ニーズを評価するために開発された。PARSの頭文字であるPはPDDのことであるが，評定対象は実質的に自閉症スペクトラム障害となっている。評定はPDDもしくはそれが疑われる当事者（子ども，青年，成人）の保護者（母親等）に面接して，専門家が行う。日常の行動の視点からPDD児・者の行動を平易に評定できる尺度となっている。評定項目はPDDに特徴的な6領域57項目（①対人，②コミュニケーション，③こだわり，④常同行動，⑤困難性，⑥過敏性）から構成されている。ここから得られた得点により，対象者の適応困難の背景に自閉症スペクトラムの特性が存在している可能性の高さについて示唆を得ることが可能である。

SCERTSモデル
【出版】　日本文化科学社
【適用年齢】　出生から10〜12歳
【所要時間】　制限なし
【概要】　Prizant, B. M.らが2006年に出版したSCERTS Modelを，長崎勤，吉田仰希，仲野真史が2010年に翻訳し出版された，自閉症スペクトラム障害児への社会コミュニケーションや情動調整の能力を支援するための包括的，学際的アプローチである。"SCERTS"とは社会コミュニケーション（Social Communication），情動調整（Emotional Regulation），交流型支援（Transactional Support）の頭文字を並べたものでこの3つの領域から構成されている。社会コミュニケーション領域は，共同注意（コミュニケーションの目的）とシンボル使用（コミュニケーションの手段）の2つの要素からなる。情動調整領域は，自己調整（独力で情動を調整する能力）と相互調整（パートナーに援助を求めたり，パートナーからの援助に応じたりする能力）の2つの要素からなる。交流型支援領域は，対人間支援（子どもの発達を促すようなパートナーのコミュニケーションスタイルに取り組む）と学習支援（視覚的な援助や構造化などの援助をパートナーが適切に用いているかということに取り組む），家族支援（家庭中心のアプローチ），専門家間支援（チームアプローチ）の4つの要素からなる。家族支援と専門家間支援を除く各要素に関する行動が，主に日常場面の観察によってアセスメントされ，その結果にもとづいて支援計画が作成される。家庭や園，学校などの日常の活動をベースに支援を行うことが可能であり，また妥当であるとされている。対象児・者へのアセスメントだけでなく，親や教師が具体的な支援目標を定められるように対人間支援や学習支援というパートナーに対するアセスメントが設定されている。

SCQ（Social Communication Questionnaire）日本語版
【出版】　金子書房
【適用年齢】　暦年齢4歳以上，精神年齢2歳以上
【所要時間】　回答約10分，採点約5分
【概要】　Rutter, M., Anthony Bailey, F. R. S., Berument, S. K., Lord, C., Pickles, A.によって2003年にアメリカで出版されたものを，黒田美保，稲田尚子，内山登紀夫が2013年に翻訳し出版されたものである。自閉症スペクトラム障害（ASD）に関連する症状の有無を評価するための質問紙である。ASD症状のおおよその程度を知る指

標として利用でき，コミュニケーションスキルと対人機能を評価するための項目から構成されている。検査用紙は，「誕生から今まで」と「現在」の2種類があり，いずれも40項目から成る。誕生から現在までの行動に関して評価する「誕生から今まで」と，現在（過去3カ月間）の行動に関して評価する「現在」の2種類の検査用紙に，養育者（保護者）が「はい」，「いいえ」のいずれかで回答する。マニュアルのような説明がなくとも保護者が理解できるような内容になっているため，保護者に用紙を送付して回答してもらうことも可能となっている。

新版S-M社会生活能力検査
Social Maturity Scale
【出版】 日本文化科学社
【適用年齢】 乳幼児～中学生
【所要時間】 10～15分
【概要】 Doll, E. A. が開発した社会成熟度検査の趣旨を生かして，1953年に三木安正が作成した「S-M社会生活能力検査」を1980年に時代の変化をふまえて項目の修正を行い，就学前の子どもにも適用できるように改良したもの。社会生活に必要な基本的な生活能力のおおよその発達レベルを把握することを目的としている。社会生活能力を構成する6領域（身辺自立，移動，作業，意志交換，集団参加，自己統制），130項目からなる質問紙検査。子どもの様子をよく知る大人が質問項目に対して〇×で回答する。回答結果から，〇のついた項目数をもとに6つの領域の社会生活年齢を算出することができ，全検査社会生活年齢（SA）と社会生活指数（SQ）が得られる。

SDQ（Strengths and Difficulties Questionnaire）
【出版】 厚生労働省のHPに公開されている
【適用年齢】 4～16歳
【所要時間】 約5分
【概要】 Goodman, R. によって開発された子どもの行動スクリーニングのための質問紙である。質問紙は5つのサブスケール（「行為」，「多動」，「情緒」，「仲間関係」，「向社会性」）からなる。各サブスケールの合計得点から，その領域における支援の必要性を明らかにすることが可能である。各項目について「あてはまる」，「ややあてはまる」，「あてはまらない」の3段階から評価し，評価結果から各領域における支援の必要性を「ほとんどない」，「ややある」，「おおいにある」で判定する。4種類の用紙（「保護者用（3～4歳用と4～16歳用）」，「教師用（4～16歳）」，「自己評価用（11～17歳）」）が用意されており，それぞれ対象となる年齢と回答者が異なる。所要時間が短いため，保護者や教師が容易に使用でき，子どもの発達特性を理解し，支援することに役立つ。

TOM心の理論課題検査
【出版】 文教資料協会
【適用年齢】 3～7歳
【所要時間】 約10分
【概要】 森永良子，黛雅子，柿沼美紀，細野道子が開発したもの。人が社会生活を送る上で重要となる「他者の心を理解する能力」を評価するために開発されたテスト。幼児・児童が他者の意図，思考など「心の動き」をどのくらい理解できるのか（「Theory of Mind〔心の理論〕」）をみることができ，障害幼児・児童の診断や教育計画をたてるための知見を得られる。5つの課題から構成されており（「げた箱」課題，「表情の理解」課題，「ハサミ」課題，「ウサギとクレヨン」課題，「語彙」課題），LD児，自閉症児など社会的発達に問題のある子どもはもとより，健常な幼児・児童が他人の意図や思考などの心の動きをどのくらい理解できているのかを知ることができる。各課題に対して検査用具が用意されており（「語彙」課題は用具を使用しない），対象児に実施していく。

Vineland-Ⅱ適応行動尺度
Vineland Adaptive Behavior Scales Second Edition（VINELAND-Ⅱ）
【出版】 日本文化科学社
【適用年齢】 生後～90歳
【所要時間】 20～60分
【概要】 Sparrow, S. S., Cicchetti, D. V., Balla, D. A. により2005年に発行された個人検査で，辻井正次，村上隆監修，黒田美保，伊藤大幸，萩原拓，染木史雄によって2014年に翻訳された。日常的な生活スキルの評価により，

学習困難や発達の遅れ，自閉症スペクトラム障害などを特定する。診断としての用途だけでなくプログラムの評価や経過観察，プログラムや治療の計画立案，研究などの目的にも使用される。できるだけ柔軟に実施し正確な分析結果を得るために，半構造化面接による調査インタビューや，親・保護者による評価と，より詳細な追加情報を得るための広範囲インタビュー，教師による評価の4つの形式から実施する。これらすべての形式に学習困難や自閉症，アスペルガー症候群，知的障害などの障害に関する診断と分類に示唆を与える「コミュニケーション」，「日常生活スキル」，「社会性」の3領域を査定する項目が含まれる。より詳細な情報を得るために，「運動スキル」や「不適応行動」を評価する追加項目もある。

◆精神医学

日本版子ども用トラウマ症状チェックリスト
Trauma Symptom Checklist for Children（TSCC）
【出版】 金剛出版
【適用年齢】 8〜15歳
【所要時間】 15〜20分
【概要】 Briere, J.が1996年に作成したものを西澤哲が2009年に日本版にした尺度で，トラウマ性体験（身体的・性的虐待，深刻な喪失体験，他者に向けられた暴力の目撃体験，自然災害など）の後に生じる精神的反応や，それに関連した心理的症状を評価するための自己記述式検査である。尺度は妥当性尺度（過少反応，過剰反応）と臨床尺度（不安，抑うつ，怒り，外傷後ストレス，解離，性的関心）からなる。全項目版は，性的な症状や性的とらわれを評価する10項目を含む54項目，TSCC-Aは性的内容の関連項目を含まない44項目からなり，性的内容にふれることで子どもが混乱する懸念がある場合などに用いる。

SDS自己評価式抑うつ性尺度
Self-Rating Depression Scale
【出版】 三京房
【適用年齢】 16歳〜成人
【所要時間】 10分
【概要】 Zung, W. W. K.により1965年に開発されたものから，福田一彦，小林重雄が1983年に日本版を作成。うつ病患者のうつ症状の程度を評価することを目的に開発され，うつ症状を簡便に定量的に評価することをねらいとしている。20項目の質問に4件法で回答してもらい，採点と解釈は専門家が実施する。20〜80点のうち，50〜59点は軽度のうつ状態，60〜69点は中〜高度のうつ状態，70点以上は極度のうつ状態とされ，うつ病患者は60 ± 7点，神経症患者は49 ± 10点とされている。現在はうつ病の治療経過のフォローアップ指標やスクリーニングとして活用されている。

II 日本国外で出版されている検査

◆発　達

Adaptive Behavior Assessment System® Second Edition（ABAS®-II）
【出版】 Pearson
【適用年齢】 生後〜5歳，5〜21歳，16〜89歳
【所要時間】 15分
【概要】 Harrison, P. と Oakland, T.により2003年に考案された個人検査で，行動的，医学的，心理的問題に対する診療計画を特定するため，機能的レベルを測定し，適応機能レベルを評価する。DSM-IVにて分類されている，学習困難に関連する精神遅滞を診断する適応行動の10領域（「コミュニケーション　Communication」，「地域社会資源の利用　Community Use」，「発揮される学習能力　Functional Academics」，「家庭生活　Home Liv-

ing」，「健康と安全　Health and Safety」，「余暇　Leisure」，「自己管理　Self-Care」，「自律性　Self-Direction」，「社会的／対人的技能　Social」，「仕事　Work」）を包括的に査定する初めてのテストで，各領域に対するスコアにより各機能を評価し，教師や保護者，他の専門家の見解によりストレングスと脆弱性を測定する。

Aggression Questionnaire（AQ）
【出版】　Western Psychological Services
【適用年齢】　9～88歳
【所要時間】　10分
【概要】　Buss, A. H. と Warren, W. L.により2000年に考案された個人・集団検査で，短時間で実践的な方法により攻撃性をスクリーニングする，子どもから大人まで使える自己報告式の質問紙。攻撃的反応と，その反応を安全で建設的に変更できる能力を，"Physical Aggression"，"Hostility"，"Verbal Aggression"，"Indirect Aggression"，"Anger"に関する34項目（「全く自分のようでない」～「完全に自分のようだ」の5件法）により測定する。

BASC-2 Behavioral and Emotional Screening System（BASC-2 BESS）
【出版】　Pearson
【適用年齢】　3～17歳
【所要時間】　5～10分
【概要】　Kamphaus, R. W. と Reynolds, C. R.により2007年に考案された個人検査。受検者本人とその保護者，教師の三者が25～30項目の質問に答えることで，信頼性があり迅速でシステマティックな方法により行動的・情緒的ストレングスと脆弱性を特定できる。読字が困難な場合は，付属のCDに録音された質問を聞きながら質問紙に回答することもできる。

Bayley Scales of Infant and Toddler Development　Third Edition（BAYLEY-Ⅲ）
【出版】　Pearson
【適用年齢】　1カ月～42カ月
【所要時間】　30～90分
【概要】　Bayley, N.により2005年に考案された個人検査で，発語の有無にかかわらず乳幼児の発達機能に関して「認知」，「言語」，「社会-情緒」，「運動」，「適応的行動」の5領域から詳細な情報を包括的に得られる。乳幼児の能力について信頼性と妥当性のある測定ができるため医学的診断へ示唆を与え，介入による効果の評価にも有効である。

BAYLEY-Ⅲ Screening Test
【出版】　Pearson
【適用年齢】　1カ月～42カ月
【所要時間】　15～25分
【概要】　BAYLEY-Ⅲと同様，Bayley, N.により2005年に考案された個人検査。BAYLEY-Ⅲの一部の検査を用いた「認知」，「言語」，「運動」領域のスクリーニングにより発達の遅れの有無や，より包括的な検査の必要性を簡便に評価できる。

Beery-Buktenica Developmental Test of Visual-Motor Integration　Sixth Edition（BEERY VMI）
【出版】　Pearson
【適用年齢】　2～100歳
【所要時間】　短縮版・全形式版テスト：各10～15分，視覚的・運動テスト：各5分間
【概要】　Beery, K. E., Buktenica, N. A., Beery, N. A.により2010年に開発された個別・集団検査。幼児期教育に焦点化され，2歳児の標準化スコアを含む数少ない心理査定の一つである。短縮版と全形式版ともに，徐々に難度が上がる幾何学的図画が提示され模写することが求められ，視覚的能力と運動的能力をどこまで統合できるか査定する。文化に依存しない非言語的検査であるため，多様な環境的，教育的，言語的背景をもつ受検者に適用できる。短縮版は主に2～8歳児に実施される。

Behavioral Assessment System for Children　Second Edition（BASC-2）
【出版】　Pearson
【適用年齢】　2～25歳
【所要時間】　10～30分
【概要】　Reynolds, C. R. と Kamphaus, R. W.により2004年に考案された個人検査で，子どもから若年成年の行動的・情緒的ストレングスと脆弱性を特定し，有効に活用していく方法を示唆する包括的システム。親や教師，受検者自身の見解を統合的に評価でき，"the Teacher Rating Scale（TRS）"，"Parent Rating Scales（PRS）"，"Self-Report of Personality（SRP）"，"the Structured Developmental History（SDH）"，"Student Observation System（SOS）"から構成される。TRS（100～139項目）では幼稚園や学校での適応的行動や問題行動を教師や専門的な観察者が評価し，PRS（134～160項目）ではコミュニティや家庭での適応的行動や問題行動を親や保護者が評価する。3段階の年齢レベル（幼児期：2～5歳，児童期：6～11歳，青年期：12～21歳）で各項目の行動が生起する頻度を4件法で答えてもらう。多面的アプローチと三者（本人，教師，保護者）からの情報により包括的に査定でき，発達に即した適応的・不適応的行動に関し幅広い示唆を得られる。

Bracken Basic Concept Scale　Third Edition：Receptive（BBCS-3：R）
Bracken Basic Concept Scale：Expressive（BBCS：E）
【出版】　Pearson
【適用年齢】　3歳～6歳11カ月
【所要時間】　BBCS-3：R：30～45分，BBCS：E：30分
【概要】　Bracken, B. A.により2006年に開発された個別検査。2種の検査を併用，または単独で実施することにより，基本的概念の理解と表現的知識を査定し，幼児期のコミュニケーション発達や就学準備に必須の概念を評価できる。BBCS-3：RとBBCS：Eともに，"Colour"，"Letter/Sounds"，"Numbers/Counting"，"Size"，"Shapes"，"Direction/Position"，"Self-/Social-awareness"，"Texture/Material"，"Quality"，"Time/Sequence"を査定する。短時間で正確にスコアリングでき，結果はグラフや文書で統合的にまとめられ適切な介入の選択に役立つ。

Bruininks-Oseretsky Test of Motor Proficiency　Second Edition（BOT-2）Brief Form
【出版】　Pearson
【適用年齢】　4～21歳
【所要時間】　15～20分
【概要】　Bruininks, R. H. と Bruininks, B. D.により2010年に考案された個別検査。BOT-2短縮版は，目的的動作により粗大運動や微細運動といった，広範囲の運動スキルを簡便に測定できる。全12項目にはBOT-2の各下位検査から少なくとも1項目ずつ含まれており，スクリーニングやプログラム評価時に使用し，それ以上の検査の必要性を特定するのに有効である。

Clinical Evaluation of Language Fundamentals®　Fifth Edition（CELF®-5）
【出版】　Pearson
【適用年齢】　5歳0カ月～21歳11カ月
【所要時間】　言語コアスコア：30～45分（全体への所要時間は年齢による）
【概要】　Semel, E., Wiig, E. H., Secord, W. A.により2013年に改訂された広範囲にわたる言語スキルを査定する検査で，言語障害やコミュニケーション障害の特定，診断，フォローアップに活用される。検査方法として観察や相互的なかかわりも取り入れた実際的な内容になっており，16の独立した下位検査のなかから年齢に合わせて10～11の下位検査を実施する。言語コアスコアのほか，受容言語・表出言語・言語構造・言語内容の標準スコア，パーセンタイル順位，成長尺度値などが得られる。同年に"CELF®-5 Screening Test"も発行され，"CELF®-5"と同じ対象年齢に対し15分程度で，言語障害に関してより詳細な検査の必要性をスクリーニングできる。

Clinical Evaluation of Language Fundamentals®　Preschool-2
【出版】　Pearson
【適用年齢】　3歳0カ月～6歳11カ月
【所要時間】　レベル1：15～20分（全体への所要時間は年齢による）
【概要】　Semel, E., Wiig, E. H., Secord, W. A.により2004年に開発され，就学前の子どもにおける言語スキ

ルを7つの下位検査（"Sentence Structure"，"Word Structure"，"Expressive Vocabulary"，"Concepts and Following Directions"，"Recalling Sentences"，"Basic Concepts"，"Word Classes"）から広範囲にわたり評価する。このほか，検査場面以外における言語スキルを評価する補助的下位検査（"Recalling Sentences in Context"，"Phonological Awareness"，"Pre-Literacy Rating Scale"，"Desctiprive Pragmatics Profile"）の実施により，標準スコアやパーセンタイル範囲を得ることができる。

Communication and Symbolic Behavior Scals™（CSBS™）
【出版】　Brookes Publishing Co.
【適用年齢】　6～24カ月（機能的コミュニケーションが可能な児），72カ月以上（定型的でない発達がみられる児）
【所要時間】　50～75分
【概要】　Wetherby, A. M. と Prizant, B. M. により1992年に開発され，乳幼児のコミュニケーション行動と象徴的行動を評価する。22のコミュニケーション・象徴評定尺度から，7つのクラスター（「コミュニケーション機能」，「身振りによるコミュニケーション」，「音声によるコミュニケーション」，「言葉によるコミュニケーション」，「相互関係」，「社会情緒的シグナル」，「象徴的行動」）に関する行動が査定される。各クラスターや全体に対するパーセンタイル順位と標準値を得られ，月齢におけるコミュニケーションにおける発達の遅れや難しさを検出できる。簡易版として"Communication and Symbolic Behavior Scales Developmental Profile™（CSBS DP™）"が2001年に発行されている。

Delis-Kaplan Executive Function System™（D-KEFS™）
【出版】　Pearson
【適用年齢】　8～89歳
【所要時間】　90分
【概要】　Delis, D. C., Kaplan, E., Kramer, J. H. により2001年に開発され，子どもから成人までの高次実行機能の検査として初めて標準化され，主に前頭皮質を介するとされる実行機能を9領域から統合的に検査できる。思考の柔軟性，抑制，問題解決，プランニング，衝動コントロール，概念形成，抽象的思考，創造性といった重要な実行機能を言語的，空間的モダリティにより測定できる。前頭皮質機能の統合性を査定し，抽象的，創造的思考における欠陥がどのように個人の日常生活に影響しているか特定したり，個々の受検者の実行機能における強みや難しさに合わせて介入方法やリハビリプログラムを計画することができる。受検者のフラストレーションになるような正誤のフィードバックを与えず，受検者が検査に集中して関心をもちながらゲーム感覚で参加し，最善のパフォーマンスを発揮できるようにデザインされている。

Delis Rating of Executive Functions（D-REF）
【出版】　Pearson
【適用年齢】　5～19歳
【所要時間】　各形式5～10分
【概要】　Delis, D. C. により2012年に発行されたオンラインの個人検査で，観察された行動の頻度を迅速かつ簡単に計算，スコアリングして結果を出力し，実行機能における問題を特定できる。「行動調節」，「情緒的・社会的調節」，「認知機能」の3領域から各実行機能コントロールと総合評価ができるほか，「注意・ワーキングメモリ」，「活動レベル・衝動コントロール」，「抽象的思考・問題解決」，「従順性・怒りのマネージメント」の4領域から臨床的症状の傾向を特定できる。受検者本人と保護者，教師により36項目から4件法（「決してない・ほとんどない」，「月に1度くらいある」，「週に1度くらいある」，「毎日ある」）で評価する。ADHD，外傷の脳損傷，自閉症・アスペルガー症候群，神経・精神障害，学習障害などに関する医学的診断に有効な情報を得られる。オンライン検査のほか，質問紙による検査も可能である。

Developmental Test of Visual Perception　Second Edition（DTVP-2）
【出版】　Western Psychological Services
【適用年齢】　4歳～10歳11カ月
【所要時間】　35～60分
【概要】　Hammill, D. D., Pearson, N. A., Voress, J. K. により1993年に考案された個人検査。8つの下位検査（"Eye-hand Coordination"，"Copying"，"Spatial Relations"，"Position in Space"，"Figure-ground，"Visual

Closure", "Visual-motor Speed", "Form Constancy") から,最新の視覚発達理論をベースとして視知覚や視運動統合スキルを測定する。全年齢群で信頼性が.8～.9と高く,多くの研究で妥当性が支持されており,人種やジェンダー,聴き手によるバイアスを受けにくいとされている。

Kaufman Brief Intelligence Test Second Edition (KBIT-2)
【出版】 Pearson
【適用年齢】 4～90歳
【所要時間】 20分
【概要】 Kaufman, A. S. と Kaufman, N. L. により2004年に開発された,言語的(結晶化)/非言語的(流動的)認知能力を簡便に測定できる個別検査。大まかなスクリーニングとして,より包括的な検査を必要とする高リスク者を特定したり,認知的査定のフォローアップにも使用できる。"Crystallised (Verbal) Scale" は "Verbal knowledge" と "Riddles","Fluid (Non-verbal) Scale" は "Matrices" から構成され,子どもや検査に積極的でない受検者にも興味をもってもらえるよう,フルカラーで抽象的なデザインになっており,言語スキルに限界がある受検者にも適用できる。刑務所,グループホーム,リハビリテーションクリニック,メンタルヘルスセンターなど,施設内での簡便な知能検査としても使用できる。

Kaufman Survey of Early Academic and Language Skills (K-SEALS)
【出版】 Pearson
【適用年齢】 3歳～6歳11カ月
【所要時間】 15～25分
【概要】 Kaufman, A. S. と Kaufman, N. L. により1993年に開発された個別検査。3つの独立した下位検査から構成され,"Vocabulary Subtest" では物体や行為を示す絵に対するジェスチャーや命名により特定したり,物体属性の言語的記述をもとに,その物体を選択したり命名する。"Numbers, Letters & Words" では数字や文字,単語の選択や命名,数えること,数概念の知識(最も小さい,半分など),数に関する問題解決を測定する。"Articulation Survey" では物体や行為の名前の発音や,発音の正しさについて査定する。就学準備テスト,才能のある子どもの特定,プログラムの効果評定,初期発達の研究などさまざまな用途で使用される。

Kaufman Test of Educational Achievement Second Edition (KTEA-Ⅱ)
【出版】 Pearson
【適用年齢】 包括版:4歳6カ月～25歳,短縮版:4歳6カ月～90歳以上
【所要時間】 包括版:30～80分(年齢による),短縮版:15～45分
【概要】 Kaufman, A. S. と Kaufman, N. L. により2004年に開発された個人検査で,標準的な教育的査定として使用され,読みや算数,言語領域でのストレングスや脆弱性を特定でき,とくに治療的教育を必要とするスキルが浮き彫りになる。「複合的読み能力」は "Letter & Word Recognition" と "Reading Comprehension",「部分的読み能力」は "Phonological Awareness" と "Nonsense Word Decoding",「単語の流暢さ」は "Decoding Fluency" と "Associational Fluency","Naming Facility",「複合的数学能力」は "Math Concepts & Applications" と "Math Computation",「複合的書き能力」は "Written Expression" と "Spelling",「複合的口述能力」は "Listening Comprehension" と "Oral Expression" により構成される。短縮版では「複合的読み能力」と「複合的数学能力」,「複合的書き能力」を実施する。各下位検査を単独でも複数でも実施可能で,有効で信頼性のある学業的情報を得られ臨床的,教育的,研究的現場でスクリーニングとして活用できる。

Miller Function and Participation Scale (MFunPS)
【出版】 Pearson
【適用年齢】 2歳6カ月～7歳11カ月
【所要時間】 40～60分(質問紙:5～10分)
【概要】 Miller, L. J. により2006年に考案された個人検査で,子どもが興味をもつように実際に手を動かし機能的活動をさせることにより,微細運動,粗大運動,視覚的運動スキルを測定し,基礎的な神経運動機能を査定する。検査実施状況や,家庭,教室での観察から手の運動機能や非運動・視知覚能力,姿勢維持能力,実行機能,参加能力も評価できる。

Movement Assessment Battery for Children　Second Edition（Movement ABC-2）
【出版】　Pearson
【適用年齢】　テスト：3歳～16歳11カ月，チェックリスト：5～12歳
【所要時間】　テスト：20～40分，チェックリスト：10分
【概要】　Henderson, S. E., Sugden, D., Barnett, A.により2007年に考案された，運動機能失調を特定・評価し，治療方針を示唆するための世界中で使用されている検査。テストは個人検査のみだが，チェックリストは集団検査と個人検査が可能である。「手の器用さ」，「ボールの扱い」，「静的／力動的バランス」の3領域に関する各年齢8つの課題を実施する。

Movement Assessment Battery for Children Checklist　Second Edition（Movement ABC-2 Checklist）
【出版】　Pearson
【適用年齢】　5～12歳
【所要時間】　10分
【概要】　Henderson, S. E. と Sugden, D. A.により2007年に考案された個別・集団検査。子どもの日常的状況における運動機能の困難を査定する。学校のクラスでも集団で実施でき，保護者や教師が子どもの運動機能について理解するのに役立つ。項目は2セクションから構成され，いずれも徐々に，より複雑な状況における子どものパフォーマンスを評価できるようになっている。行動セクションでは運動課題に関する子どもの態度や感情が，その状況に特定的なのか，より一般化されているのかについても検討できる。

Naglieri Nonverbal Ability Test® Individual Administration（NNAT®-Individual Administration）
【出版】　Pearson
【適用年齢】　5～17歳
【所要時間】　30～45分
【概要】　Naglieri, J. A.により2003年に発行された子どもの一般的な非言語的能力を査定する個別検査。"Pattern Completion"，"Serial Reasoning"，"Reasoning by Analogy"，"Spatial Visualisation"により構成され，読み，書き，話しはなく連続的配列から正答だと思うものを指さす。言語能力や文化的背景によらず，聴覚や色覚に障害がある子どもにも実施でき，非言語的推理や一般的問題解決能力を公正に評価できる。

NEPSY Second Edition（NEPSY-II）
【出版】　Pearson
【適用年齢】　3～4歳，5歳～16歳11カ月
【所要時間】　コアアセスメント：45分（幼児），60分（児童），包括的アセスメント：90分（幼児），120～180分（児童）
【概要】　Korkman, M., Kirk, U., Kemp, S.により2007年に開発された。6領域（"Social Perception"，"Executive Functioning/Attention"，"Language"，"Memory & Learning"，"Sensorimotor Functioning"，"Visuospatial Processing"）から子どもの神経心理学的発達を医学診断的に査定し，神経心理学的パフォーマンスの量的／質的傾向を統合的に理解でき，臨床群にも適用できる。必要に応じて下位検査を選択でき，学校や家庭での介入計画に使用することができる。

Nice and Mean Interaction Scale
【出版】　Harvard University Graduate School of Education Cognitive Development Laboratory（マニュアル）
【適用年齢】　幼児～高校3年生
【所要時間】　課題通過レベルによる
【概要】　Fischer, K. W. により1980年に発表され，コンテクストにおける個人の発達や社会環境からの影響を重視するDynamic Skill Theoryにおける発達段階を測定するスケールの一つで，Fischer, K. W., Hencke, R., Hand, H., Ayoub, C., Russell, C.により2001年に作成された。受検者と友だち・養育者間のnice（良い），mean（悪い），nice & mean（良くも悪くもある）な相互関係に関する17の物語から構成され，Dynamic Skill Theoryにおけるスキル・スケール中，表象Single Set，表象Mapping，表象System，表象System of Systems／抽象Single Set，抽象Mappingの5段階中どの発達段階にあるか測定する。方法としては，内容がnice, mean, nice & meanに分類された規定の簡単な物語を面接者が演じ，受検者は同じ物語を再演するよう求められる。高サポート条件で

は面接者が示した物語を模倣して再演することが求められる．低サポート条件では，面接者不在の状況で受検者自身のniceまたはmeanの物語について人形を用いて構成してもらった後，面接者に対し，自分にとって最もよい物語を自由に語ってもらう．各物語における受検者のパフォーマンスは，言語的／非言語的な物語再現の可否と，物語の複雑性によりコーディングし，対人関係において肯定性情緒価（niceな相互関係），否定性情緒価（meanな相互関係），複合性情緒価（niceとmeanが複合した複雑な相互関係）を同時並行的に理解・発達していく様子をとらえる．発達環境や外傷的体験などにより情緒的なバイアスがある場合は，これらの情緒価における発達の関係性や順序に偏りが生じるとされている．

Novaco Anger Scale and Provocation Inventory (NAS-PI)
【出版】 Western Psychological Services
【適用年齢】 9～84歳
【所要時間】 25分
【概要】 Novaco, R. W.により2003年に開発された自己報告式の個人検査で，怒りを感じる状況や，その感じ方について簡便に査定できる．2つの尺度から構成され，"the Novaco Anger Scale（60項目）"では個人が経験する怒りを，"the Provocation Inventory（25項目）"では怒りを誘引する状況を測定する．学習困難や発達の遅れがある子どもにも適用できる．

Peabody Developmental Motor Scales Second Edition (PDMS-2)
【出版】 Pearson
【適用年齢】 出生～6歳
【所要時間】 各運動関連下位検査：20～30分，全検査：45～60分
【概要】 Folio, M. R., Rebecca R., Fewell, R. R.により2000年に考案された個人検査．乳幼児期に発達し，相互に関連する運動能力を6つの下位検査（"Reflexes", "Stationary", "Lcomotion", "Oject Mnipulation", "Gasping", "Vsual-motor Itegration"）により測定する．粗大運動や微細運動スキルの詳細な査定やトレーニング，療育として使用される．

Peabody Picture Vocabulary Test Fourth Edition (PPVT-4)
【出版】 Pearson
【適用年齢】 2歳6カ月～90歳
【所要時間】 10～15分
【概要】 Dunn, L. M.とDunn, D. M.により2007年に開発された個別検査で，語彙の理解力を測定できる．第4版では絵がフルカラーでジェンダーや人種／民族的に関係なく現代に即した現実的なものになり，刺激語の量と質も見直された．またソフトウェアでのスコアリングやGrowth Scale Values（GSVs）の追加等，評価や解釈がより簡便になった．

Raven's Progressive Matrices & Vocabulary Scales
【出版】 JC Raven Ltd.
【適用年齢】 Coloured Progressive Matrices（CPM）／Crichton Vocabulary Scale（CVS）：4～11歳，
Standard Progressive Matrices-Plus Version（SPM+）／Mill Hill Vocabulary Scale（MHV）：7～18歳
【所要時間】 Individual or Group, Standard Progressive Matrices-Plus Version（SPM+）／Mill Hill Vocabulary Scale（MHV）：60～90分，Individual, CPM/CVS：30分
【概要】 Raven, J. C.らにより2008年に発行された，個人・集団検査．一般的能力を言語的（the Vocabulary Scales）・非言語的（the Progressive Matrices）に測定できる．

School Motivation & Learning Strategies Inventory (SMALSI™)
【出版】 Pearson
【適用年齢】 8～18歳
【所要時間】 20～30分
【概要】 Stroud, K. C.とReynolds, C. R.により2006年に考案された．学業成績に関連するストレングスや脆弱

性を特定し，弱い部分に対する効果的な学習ストラテジーを提示することができる。効果的でない学習ストラテジーや低い学習動機，注意・集中困難，試験に対する困難や不安をもつ学生を特定するのにひじょうに効果的である。また，通常の学習状況でのスクリーニングや医療機関等受診前の介入，学習困難や情緒障害，ADHDの子どもの評価としても有効である。

Self Image Profile（SIP）
【出版】 Pearson
【適用年齢】 SIP-C：7～11歳，SIP-A：12～16歳
【所要時間】 SIP-C：12～15分，SIP-A：9～17分
【概要】 Butler, R. J. により2001年に考案された個人・集団検査。自己イメージに関する視覚的刺激を用いたり，現実と希望する自己イメージの矛盾を問うことにより，簡便に自己イメージや自尊心といった子どもの自己概念を査定できる。

Sensory Profile™ and Supplement
【出版】 Pearson
【適用年齢】 3～10歳
【所要時間】 時間測定なし
【概要】 Dunn, W. により1999年に考案された個人検査。"Sensory Profile" は3つの主な領域（感覚処理，調整〔Modulation〕，行動的・感情的反応）を査定する125項目から，日常的状況における感覚情報の処理能力を測定したり，基本的パフォーマンスにおける感覚システムの影響を概観できる。短縮版のプロフィールは38項目の保護者への質問項目と，スクリーニング仕様のスコアリングシート，研究要項から構成されている。

Test of Everyday Attention for Children（TEA-CH）
【出版】 Pearson
【適用年齢】 6～16歳
【所要時間】 55～60分
【概要】 Manly, T., Robertson, I. H., Anderson, V., Nimmo-Smith, I. により1998年に開発された個別検査。9つの下位検査により，選択的注意，注意維持，2つの課題間の注意配分，言語／運動反応の抑制といったさまざまな注意能力を査定できる。使用される図や音は児童期から青年期の子どもが関心をもつようにデザインされ，この時期の注意スキルの発達促進に合わせて作成され，個人内比較ができるよう2つの相等検査が含まれている。

Wechsler Nonverbal Scale of Ability（WNV™）
【出版】 Psychological Corporation
【適用年齢】 4歳～21歳11ヵ月
【所要時間】 2下位項目：10～20分，4下位項目：30～45分
【概要】 2006年に Wechsler, D. と Naglieri, J. A. により開発された検査で，非言語的方法により認知能力を多角的に査定できる。5つの下位検査は "Matrices"，"Coding"，"Spatial Span"，"Object Assembly"，"Recognition and Picture Arrangement" により構成され，受検者の母国語や言語能力によらず実施でき，全検査だけでなく下位検査を選んで査定することもできる。

◆知　能

Stanford Achievement Test Series　Tenth Edition（Stanford 10）
【出版】 Pearson
【適用年齢】 幼児～高校3年生
【所要時間】 230～300分（年齢による）
【概要】 1923年に第1版が出版された長い歴史をもつテストで，第10版は2003年に発行された。読み，数学，言語，綴り，聞き取り，科学，社会の学力を測定する。用途に合わせて短縮版や完全版を実施し，オンラインでの査定も可能である。

TerraNova CTBS
【出版】 CTB/McGraw-Hill
【適用年齢】 幼児～高校 3 年生
【所要時間】 210～315分（年齢による）
【概要】 1997年に発行され，選択式回答と自由反応式回答により主に読み／言語，数学，科学，社会の学力を測定する。第3版まで出版されており，用途に合わせたテストバッテリーを組むことができる。

Wechsler Abbreviated Scale of Intelligence® Second Edition（WASI-Ⅱ®）
【出版】 Pearson
【適用年齢】 6歳～90歳11カ月
【所要時間】 4下位検査：30分，2下位検査：15分
【概要】 2011年に発行された個人検査で，簡便に信頼性の高い認知的能力の測定ができる。4つの下位検査（"Vocabulary"，"Similarities"，"Block Design"，"Matrix Reasoning"）を実施した際は，FSIQ-4（一般的認知能力），VCI（結晶化能力），PRI（非言語的流動性能力・視覚運動／共配列スキル）が測定され，2つの下位検査（"Vocabulary"，"Matrix Reasoning"）を実施した際は，FSIQ-2（一般的認知能力）が測定される。臨床的，教育的，研究的現場で使用され，学習困難・優れた知能の有無に関するスクリーニングや，より詳細な知能検査の必要性，包括的評価後の再検査，Full Scale IQ（FSIQ）の簡易版などとして活用できる。

Wechsler Individual Achievement Test Second Edition（WIAT-Ⅱ）
【出版】 Psychological Corporation
【適用年齢】 4～85歳
【所要時間】 45～90分
【概要】 1992年にイギリスで標準化されたWIATが2001年に改訂され，UK版とUS版がそれぞれ発行されている。読み（"Word Reading"，"Reading Comprehension"，"Pseudoword（phonetic）Decoding"），数学（"Numerical Operations"，"Math Reasoning"），書き（"Spelling"，"Written Expression"），会話（"Listening Comprehension"，"Oral Expression"）の4領域における各下位検査から学力を測定する。他のウェクスラー式検査との併用により，期待される知能レベルと実際の学力とを比較できる。

Woodcock-Johnson Ⅲ Tests of Achievement（WJ Ⅲ ACH）
【出版】 Riverside Publishing
【適用年齢】 2歳～90歳11カ月
【所要時間】 各下位検査につき5分
【概要】 Woodcock, R. W., McGrew, K. S., Mather, N.により2001年に開発された。読み（"Broad reading"，"Basic Reading Skills"，"Reading Comprehension"），会話（"Oral language-Standard"，"Oral Language-Extended"，"Listening Comprehension"，"Oral Expression"），数学（"Broad Math"，"Math Calculation Skills"，"Math Reasoning"），書き（"Broad Written Language"，"Basic Language Skills"，"Written Expression"），学問的知識の5つのクラスターから構成されている。各クラスター下にある複数の下位検査から，特定領域（"Academic Skills"，"Academic Fluency"，"Academic Applications"，"Phoneme/Grapheme Knowledge"，"Total Achievement"）の得点も算出できる。

◆記　憶

Alloway Working Memory Assessment Second Edition（AWMA-2）
【出版】 PsychCorp
【適用年齢】 5～79歳
【所要時間】 スクリーニング：5～10分，ショート形式：10～15分，ロング形式：30分
【概要】 Alloway, T. P.により2012年に発行され，ワーキングメモリの特徴的な問題を実用的，簡便にスクリーニングできるオンライン査定で，個別または集団検査として実施できる。ワーキングメモリに困難があることを

疑われている場合は,「スクリーニング」として2つの下位検査を実施,何らかの記憶における難しさが疑われているが,その領域が特定されていない場合は「ショート形式」として4つの下位検査を実施,またワーキングメモリに困難をもつことが特定された個人に対しては,それを確認するために「ロング形式」として8つの下位検査を実施する。実施とスコアリングが自動的に行われ,得られたワーキングメモリのスコアと受検者の学習傾向の関連性も解釈されるため,熟練した検査者でなくても実施できる。

Children's Memory Scale™ (CMS)
【出版】 Pearson
【適用年齢】 5～16歳
【所要時間】 30分
【概要】 Cohen, M. J.により1997年に開発された個別検査で,子どもの記憶機能を統合的に査定し,受検者の記憶能力と実際の成績とを比較できる。6つの下位検査 ("Dot Locations", "Stories", "Faces", "Word Pairs", "Numbers", "Sequences") により,「即時言語記憶」,「即時視覚記憶」,「遅延言語記憶」,「遅延視覚記憶」,「一般的記憶」を評価できる。

Children's Test of Nonword Repetition (CN REP)
【出版】 Pearson
【適用年齢】 4～8歳
【所要時間】 15分
【概要】 Gathercole, S. と Baddeley, A.により1996年に考案された。個別検査により,40の無意味綴りが収録された付属のCDを聞き,一定時間後に即時的に復唱させることで子どもの短期記憶を査定する。

Rivermead Behavioural Memory Test for Children (RBMT-C)
【出版】 Pearson
【適用年齢】 5歳～10歳11カ月
【所要時間】 25～30分
【概要】 Wilson, B. A., Ivani-Chalian, R., Aldrich, F.により1991年に考案された個別検査。論理的概念でなく記憶に困難をもつ子どもの観察や報告から標準化された項目により,子どもが日常的に経験する可能性のある,記憶に関する難しさを予測する。

◆発達障害

Autism Diagnostic Observation Schedule (ADOS)
【出版】 Western Psychological Service
【適用年齢】 ASDの疑いがある幼児から成人
【所要時間】 約30～90分
【概要】 Lord, C., Rutter, M., Goode, S., Heemsbergen, J., Jordan, H., Mawhood, L., Schopler, E.によって1989年に作成された"The Autism Diagnostic Observation Schedule"とDiLavore, P. C., Lord. C., Rutter, M.によって1995年に作成された"Pre-linguistic Autism Diagnostic Observation Schedule"を統合して1999年に作成されたADOS-Gのこと。現在はADOSとよばれることが一般的であり,マニュアルにもそう記載されている。ADOSは自閉症スペクトラム障害 (ASD) の診断や評価を目的とした検査である。年齢と言語水準によって4つのモジュール (モジュール1:表出言語がない～1-2語レベル,モジュール2:動詞を含む3語文～流暢に話す幼児,モジュール3:流暢に話せる4歳以上～思春期,モジュール4:流暢に話せる青年～成人)に分けられ,標準化された検査用具や質問項目を用いた半構造化面接を行う。ここから得られた対象者の対人的スキルやコミュニケーションスキル等の行動観察の結果から自閉症,ASD,ASDではないの分類判定が可能である。2012年に対象年齢をより低年齢の幼児を対象としたトドラーモジュールを追加したADOS2がアメリカで出版された。手続きに変更はないが,2013年出版されたDSM-5のASD診断基準に準拠している評定項目の改訂が行われた。

CARS2-High Function
【出版】 Western Psychological Servise
【適用年齢】 制限なし
【所要時間】 約30分
【概要】 2010年にSchopler, E.とVan Bourgondien, M.によってCARSを高機能の6歳から成人にも対応する版が加えられたもの。これまでのCARSが対象児の直接観察か養育者からの質問紙のどちらか一方にしていたのに対し, CARS2では対象者の直接観察と質問紙を含めた養育者からの情報を含めて得点化することとなっている。そのため, 知的障害の程度および対象者の年齢に応じて, CARS2 Standard VersionとCARS2 High Function Versionを使い分けることが可能となっている。

The Diagnostic Interview for Social and Communication disorders (DISCO-11)
【出版】 なし
【適用年齢】 子ども～成人
【所要時間】 制限なし
【概要】 自閉症スペクトラム障害（ASD）の概念を提唱したWing, L.とGould, J.らが開発した, ASDの診断・評価, 対象者の全般的な発達水準や行動パターン, 精神科的問題を把握することができるツールの第11版。ASDの診断ツールであるが, ASDの診断根拠とする行動特性に限らず, ADHDやLDなどの行動特性も評価を行うことが可能となっている。全体の構成は8パートからなり, 主要なパートではフェイスシートとなるパート1, 2歳までの発達を評定するパート2, ASDの診断とタイプを評定するパート7等がある。DISCO-11はチェックリストや質問紙, スクリーニングツール等のものではなく, ASDについての十分な知識と経験のある専門家向けの診断・評価ツールである。そのため出版はされておらず, 5日間の研修会に参加し認定を受けた者が使用可能となる。

◆精神医学

Beck Youth Inventories™ Second Edition for Children and Adolescents (BYI-Ⅱ)
【出版】 Pearson
【適用年齢】 7～18歳
【所要時間】 各尺度につき20分
【概要】 Beck, J. S., Beck, A. T., Jolly, J. B., Steer, R.により2005年に開発された個人・集団検査。5つの自己記述的尺度（「抑うつ」,「不安」,「怒り」,「破壊的行動」,「自己概念」）は各症状を査定するため, それぞれ独立的・統合的に使用できる。各尺度は児童期・青年期の感情的・社会的症状に関連した思考, 感情, 行動に関する20項目から構成され, どのくらいの頻度で各項目が当てはまるか記入する。

Childhood Trauma Questionnaire (CTQ)
【出版】 Pearson
【適用年齢】 12歳以上
【所要時間】 5分
【概要】 Bernstein, D. P.とFink, L.により1997年に考案された回顧的自己報告式の質問紙で, 被虐待／ネグレクト経験について信頼性と妥当性のあるスクリーニングとなる。子ども期のトラウマティックな状態が生育歴に影響を与えてきたか検討するため, 身体的／性的／情緒的虐待, 身体的／情緒的ネグレクトについて28項目から査定する。

Children's Depression Inventory 2 (CDI 2™)
【出版】 Multi-Health Systems
【適用年齢】 7～17歳
【所要時間】 5～15分
【概要】 Kovacs, M.により2010年に改訂された個人検査で, 子ども自身, 教師, 保護者の三者から多面的に, 子どもの抑うつ症状を認知的, 情緒的, 行動的に測定する質問紙である。

Children's Measure of Obsessive-Compulsive Symptoms (CMOCS)
【出版】 Western Psychological Services
【適用年齢】 8～19歳
【所要時間】 10～15分
【概要】 Reynolds, C. R. と Livingston, R. B. により2010年に開発された個人検査。不潔恐怖，儀式的行為，侵入的思考，確認行為，ミスをすることや危害を加えることへの恐怖，強迫的な指のつつき／緩慢性に関する56項目の自己報告式質問紙により，強迫観念とそれが日常的な機能に与える影響について測定し，2つの妥当性尺度で矛盾した反応や防衛性を検討できる。

Children's PTSD Inventory
【出版】 Pearson
【適用年齢】 6～18歳
【所要時間】 5～20分
【概要】 Saigh, P. により2004年に開発され，5つの下位検査からなる構造化臨床面接の形式で実施される。DSM-Ⅳに準じて児童期から青年期のPost Traumatic Stress Disorder（PTSD；心的外傷後ストレス障害）を査定する。

MILLON™ Adolescent Clinical Inventory (MACI)
【出版】 Pearson
【適用年齢】 13～19歳
【所要時間】 25～30分
【概要】 Millon, T., Millon, C., Davis, R., Grossman, S. により1993年に考案された個人検査。青年期における，精神症状に関する診断的仮説を確認するための詳細な評価，個別の診療計画の立案，治療経過の評価として利用される質問紙で，青年期特有の要素として性的不快感，物質乱用傾向，自殺企図，摂食障害に関する内容も含まれている。

MILLON™ Pre-Adolescent Clinical Inventory (M-PACI)
【出版】 Pearson
【適用年齢】 9～12歳
【所要時間】 15～20分
【概要】 Millon, T., Tringone, R., Millon, C., Grossman, S. により2005年に開発された個人検査。単独の症状に限定せず，発達する子どものパーソナリティや，臨床的な症候群を総合する包括的な見解を得て心理的問題を査定し，パーソナリティ障害のⅠ軸とⅡ軸の初期サインを特定することも可能である。各年齢に適切な言葉で，最小限の文章理解があれば答えられる100以下の質問項目から構成されている。

Minnesota Multiphasic Personality Inventory-Adolescent (MMPI-A)
【出版】 Pearson
【適用年齢】 14～18歳
【所要時間】 60分
【概要】 1992年にマニュアル（Butcher, J. N., Williams, C. L., Graham, J. R., Archer, R. P., Tellegen, A., Ben-Porath, Y. S., & Kaemmer, B.），2006年にマニュアル増補版（Graham, J. R., Archer, R. P., Tellegen, A., Ben-Porath, Y. S., & Kaemmer, B.）が発行された個別検査で，青年期の精神病理を測定する。さまざまな現場で診断や治療計画を助け，早期に潜在的病理の原因を特定し，保護者や教師のほか支援関係者にわかりやすく情報提供する。項目には家族に関することや摂食障害，薬物依存など青年期に特有の内容が含まれている。

Resiliency Scales for Children and Adolescents™
【出版】 Pearson
【適用年齢】 9～18歳
【所要時間】 各尺度につき5分

【概要】 Prince-Embury, S.により2006年に考案された個人・集団検査で，自身の経験を自身の言葉で表現することにより，その個人にとって中心的なレジリエンシーの特質を系統的に特定し測定する。外的出来事に対する子どもの知覚がとくに重要であるという認識からデザインされ，自覚しているストレングスや脆弱性を特定する3つの短い自己記述式の尺度により構成されている。"Sense of Mastery Scale（熟達感覚尺度）"は「楽観性」，「自己効力感」，「適応感」，"Sense of Relatedness Scale（近縁感覚尺度）"は「信頼感」，「サポート」，「葛藤」，「寛大さ」，"Emotional Reactivity Scale（感情反応尺度）"は「感受性」，「リカバリー」，「傷つき」から構成される。経験した外的出来事や精神障害の症状により個人のレジリエンシーが異なるため，3つの尺度によりその個人のストレングス傾向を知り，適切なレジリエンシースキルを獲得する介入方法を検討できる。また，レジリエンシーを測定することで，ポジティブな心理的側面も査定できる。

Revised Children's Manifest Anxiety Scale　Second Edition（RCMAS-2）
【出版】　Western Psychological Services
【適用年齢】　6～19歳
【所要時間】　包括版：10～15分，短縮版：5分未満
【概要】　Reynolds, C. R.とRichmond, B. O.により2008年に発行された個人検査で，身体的不安や心配，社会的不安，防衛性に関する49項目（矛盾反応指標を含む）から，不安のレベルと特性を「はい／いいえ」で答える自己報告式の質問紙。学業的困難や社会的ひきこもりなどの心理社会的問題につながるような，他者から気づかれにくい子どもの心配やストレス，恐れに焦点を当てている。

（高田みほ・板倉達哉）

索 引

人名索引——930
事項索引——956

人名索引

A

Aarts, H. 469
Aase, H. 713
阿部彩 290,291
Abe, H. 319
Abe, J. A. 443,444
Abel, G.（アベル） 599,604
Abeles, R. P. 634
Abraham, K.（アブラハム） 118
Abramson, L. Y. 466
Achenbach, T. M. 786
Ackerman, B. P.（アッカーマン） 442-444
足立浩平 844
Adams, C. 726
Adams, M. J. 410
Adamson, L.（アダムソン） 825
Adrien, J. L. 697
我妻敏博 734,737
Ahern, F. 209
Ahluwalia, J. 335
相原正男 713
相川充 526,529,532-534
Ainsworth, M. D. S.（エインズワース） 113,132,140,141,143,144,264,265,467,574,577,828
相澤宏充 734
相澤雅文 683
赤堀侃司 629
赤間習子 757
赤坂瑠以 628
赤澤淳子 554
Akhtar, N.（アクター） 160,345
秋田喜代美 829
Aksan, N. 399,488,600
Alaghband-Rad, J. 783
Albersheim, L. 146
Albrecht, R. 317
Albus, K. E. 783
Alderfer, C. P. 468
Allen, J. 697
Allen, J. G. 125

Allen, M. H. 700
Alloway, T. P. 288
Allport, G. W.（オルポート） 275,474,493
Al-Qabandi, M. 697
Als, H.（アルス） 368
天野清 287,410,424
天沼香 469
Ambridge, B. 342
雨森雅哉 432
Ames, C. 467
Amiel-Tisson, C.（アミエル－ティッソン） 752
網谷綾香 768
Ammaniti, M. 144
Amundson, S. J. C.（アミュンドソン） 755
Anagnostou, E. 460
庵田奈甫 280
Anderson, D. I. 447,448
安藤寿康 206,804,807,809
安藤正紀 599
安藤正人 844
安藤典明 807,809
安藤玲子 628
安藤了 757
Angleitner, A. 206
Anglin, J. M. 413
Anthony, E. K. 652
Antonucci, T. C. 311
青木菜摘 756
青木聡子 307,578
青木多寿子 404,627
青野篤子 548,554,555
青戸泰子 766
青柳閣郎 713
青山祥二 748
Apperly, I. A.（アパリー） 394,409
荒川歩 827
荒木紀幸 287
荒牧美佐子 307

Archer, J. 467
Argyle, M. 526,529
Ariés, P.（アリエス） 4,5
有馬昌宏 842
Arimitsu, T. 227
有元典文 104
Aristotle（アリストテレス） 24,184,369,374
Armenta, B. E. 401
Armsden, G. C. 480
Armstrong, F. D. 182
Arnold, K. M. 354
Arsenio, W. F. 544
Arterberry, M. 331
朝田隆 316
浅井良夫 642
浅見千鶴子 273
浅見隆康 529,532
麻生武 274,394,693,821,845
Ashby, L. 649
Ashcraft, M. H. 418
Asher, S. R. 525,532
Askren, M. K. 543
Aslin, R. N.（アスリン） 341,814,875
Astington, J. W. 391,516
Atkinson, J. 327-329
Atkinson, J. W.（アトキンソン） 170
Attwood, T. 728
Au, K. H. 39
Audun, D. 447
Austin, M. J. 652
Ayduk, O. 543
東洋 276,469,609,613
東清和 549

B

馬場真美子 809
Babbitt, C. 219
Baer, G. 533
Bahnsen, J.（バーンゼン） 494

Bahrick, L. E. 814
Baillargeon, R.（ベラージョン） 66,67,392,816
Baird, G. 782
Baisel, E. J. 446
Bakeman, R.（ベイクマン） 825,851,878
Bakermans-Kranenburg, M. J. 142,150,265-268
Bakhtin, M. M.（バフチン） 33,34,43,88,89,93,100-103,106,859,862
Baldwin, D. A.（ボールドウィン） 264,344,345
Baldwin, J. M.（ボールドウィン） 21,22,24,25,29,851
Ballion, M. 518
Baltes, M. M.（バルテス） 320,636
Baltes, P. B.（バルテス） 207,242,243,247-249,315,317,318,383,500,540,571,636,799
Bandura, A.（バンデューラ） 165-169,171-173,278,279,398,529-531,538,539,551,552
Banton, T. 328
坂西友秀 290
Bar-Adon, A. 156
Barbu-Roth, M. 448
Bargh, J. A. 469,510
Barker, R. G. 598
Barkley, R. A.（バークレイ） 712
Barkow, J. H. 211,218
Barnett, D. 265
Baron-Cohen, S.（バロン-コーエン） 105,125,335,367,388,389,391,503,697,698
Barrett, K. C.（バレット） 445,456
Barrett, L. 211
Barrouillet, P.（バロウィレット） 356
Barry, J. G. 725
Barry, O. 655
Barry, R. A. 267,268
Barston, J. L. 369
Bartels, M. 208
Barthelemy, C. 697

Bartholomew, K. 575
Barton, M.（バートン） 345
Barton, R. M. 699
Bartz, J. 460
Bassan, H. 697
Bateman, A. W. 113,125
Bates, E.（ベイツ） 159,343
Bates, J. E.（ベイツ） 136,487-489,539,600,603
Bateson, G.（ベイトソン） 519,520
Bateson, P.（ベイトソン） 822,868,877-880
Batki, A. 335
Batson, C. D.（バトソン） 402
Batterfield, P. M. 574
Batty, G. D. 320
Baumeister, R. F. 463
Baumer, S. 729
Bavelier, D. 159
Beach, F. A. 5
Beach, S. R. H. 268
Bear, M. F. 224
Beardsall, L. 507
Bearman, P. S.（ビアーマン） 599,604,605
Bechara, A. 458
Beck, A. T.（ベック） 173
Beck, D. M. 542
Becker, J. B. 449
Beckett, C. 592
Bee, H. 252
Begeer, S.（ベゲール） 698
Behrens, K. Y.（バーレンズ） 149
Behrmann, M. 674,699
Bekoff, M. 518
Belsky, J.（ベルスキー） 267,268,572
Bem, D. J.（ベム） 500,601
Bem, S. L.（ベム） 550,551
Benbow, C. P.（ベンバウ） 480
Bendersky, M.（ベンデルスキー） 177
Bennett, D. A. 321
Bennett, J.（ベネット） 190
Bennetto, L. 725
Benoit, D. 143,149,151

Bensen, A. S. 331
Bento, S. 149
別府哲 506,510,666
Berg, S. 209
Berger, H.（ベルガー） 871
Berglund, M. L. 535
Berglund, P. 779
Bergman, A. 112
Berkeley, G.（バークリー） 8
Berman, M. G. 543
Bernstein, R. M.（バーンシュタイン） 478
Berry, D. C. 371
Berry, J. W. 651,654
Bertenthal, B. I. 328
Bertin, E. 331
Betzig, L. 211
Bever, T. G.（ベーヴァー） 157
Bhatt, R. S.（バット） 331
Bialystok, E. 409,410
Bick, E.（ビック） 119
Bickerton, D.（ビッカートン） 602,606
Biesecker, G. 603
Bifulco, A.（ビフィルコ） 575
Biglan, A. 601
Binet, A.（ビネー） 14,15,38,378,382
Bion, W. R.（ビオン） 118,119
Birch, E. E. 330
Birch, H. G. 483
Bird, C.（バード） 314
Birdsong, D. 159
Biringen, Z. 150
Bishop, D. V. M.（ビショップ） 725-727
Bitsakou, P. 713
Bjorklund, D. F. 366,540
Bjorklund, F. 401
Black, S. A. 319
Blairy, S. 520
Blehar, M. C. 113,141,264,467,828
Bleuler, E.（ブロイラー） 494
Blidner, E. 696
Block, J.（ブロック） 498,500
Blokland, K. 143
Blos, P.（ブロス） 111

Blurton Jones, N.（ブラートン・ジョウンズ）　189
Bobath, B.（ボバース）　753
Bock, P.　232
Boehm, J. J.（ボーエム）　472
Boer, F.　698
Bogg, T.　321
Bogin, B.　220
Bokhorst, C. L.　150
Boland, A. M.（ボーランド）　358
Bolger, N.（ボルガー）　656
Bolhuis, J. J.　186
Bondy, A.（ボンディ）　730
Bonnie, B.　527
Bookheimer, S. Y.　699
Boomsma, D. I.　208
Booth, C. A.　708
Booth-LaForce, C.　267
Borgatti, P.　599
Boring, E. G.　98
Borkenau, P.　206
Bornstein, M. H.（ボーンステイン）　8, 552
Boroditsky, L.（ボロディスキー）　343
Bortfeld, H.　342
Bosacki, S.　404
Boulter, L. R.　13
Bouquet, F.　227
Bourdieu, P.（ブルデュー）　35, 237
Bovet, P.（ボヴェ）　48
Bowen, C. V.　331
Bower, T. G. R.（バウアー）　4, 742, 743, 747
Bowers, E. P.　540
Bowker, J.　285
Bowlby, J.（ボウルビィ）　112, 113, 116, 129–133, 135, 136, 138, 140, 143–150, 179, 194, 217, 264, 266, 271, 278, 466, 574, 575, 577
Bowler, D. M.（ボウラー）　698
Boyd, R.　219
Braddick, O. J.（ブラディック）　328, 329
Bradley L.（ブラッドレイ）　708
Braine, M. D. S.（ブレイン）　156, 159

Brant, A. M.　208
Braunwald, K.　265
Breaute, M.　518
Bredikyte, B.　515
Brehmer, Y.（ブレマー）　354, 355
Brennan, K. A.　575
Brenneman, K.　409
Brenta, M. R.（ブレンタ）　341
Bretherton, I.　266, 503
Britton, R.（ブリトン）　118
Broca, P.（ブローカ）　14
Brockbank, M.　335
Bronfenbrenner, U.（ブロンフェンブレンナー）　31, 32, 34, 566, 598, 661
Bronfman, E.　142, 266
Bronson, M. B.　540
Brooks-Gunn, J.（ブルックス-ガン）　449, 472
Brothers, L.　392
Broughton, J.（ブロートン）　478
Brown, A. L.　542
Brown, J.　393, 507
Brown, J. H.　220
Brown, R.（ブラウン）　156
Brown, S. E.　209
Brown-Chidsey, R.　706, 707
Brownlee, J. R.（ブラウンリー）　851
Bruck, M.　359, 360
Bruner, J. S.（ブルーナー）　37, 39–41, 47, 97, 100, 104–107, 263, 368, 371, 391, 515, 610, 611, 666, 700, 795, 797, 798
Brunswick, N.　411
Bryant, P.（ブライアント）　708
Bryson, S.　697
Buchanan, A.　148
Buchanan, C. M.　449
Buckner, R. L.　393
Buddin, B. J.（ブディン）　449
Budwig, N. A.　33
Bühler, C.（ビューラー）　315
Bühler, K.（ビューラー）　25, 26, 157
Bullinger, A.　752
Bullock, T. H.（バロック）　189
Bulthoff, H. H.　331

Bumpstead, S.　219
Bureau, J. F.　266
Burt, C. L. B.（バート）　50
Burt, K. B.　267
Burton, C. L.　320
Burton, M.　219
Bus, A. G.　409
Bushnell, I. W. R.（ブッシュネル）　261, 333
Busnel, M.-C.　257
Buss, A. H.（バス）　485
Bussey, K.　552
Butler, E. W.　359
Butler, J.（バトラー）　548
Butler, R. A.（バトラー）　462
Butterworth, B. L.　411
Butterworth, G.（バターワース）　263, 336, 666
Byrne, R.（バーン）　189, 392

C

Cacioppo, J. T.　503
Cairns, R. B.（ケアンズ）　851
Cajori, F.　418
Calkins, S.　600
Call, J.　201
Callon, M.（カロン）　89
Calvert, S. L.　626
Calvin, C. M.　320
Calvin, J.（カルヴァン）　573
Cameron, C. A.　518
Camos, V.　356
Campbell, M. J.　209
Campbell, V. A.　316
Campos, J. J.（キャンポス）　263, 264, 336, 445–448, 456, 485
Camras, L. A.（カムラス）　263, 445
Caplan, J. B.　549
Caplan, P. J.　549
Cappa, S. F.　411
Capps, L.　725
Caramico, L. A.　182
Carey, S.（ケアリー）　63–67, 70, 367, 816
Carey, W. B.（ケアリー）　484
Carlo, G.（カーロ）　401
Carlson, E.　600

Carlson, E. A. 266
Carlson, S. M. 393, 516, 542
Carlson, V. 265
Carpenter, M. 345, 504
Carroll, D. C. 393
Carroll, J. B.（キャロル） 383
Carruthers, P. 391
Carstensen, L. L.（カールステンセン） 249, 318, 319, 468
Carter, A. 697
Carter, D. M. 341
Carter, J. E. L.（カーター） 431
Carter-Saltzman, L. 206
Carver, C. S. 463
Carver, L. 697
Case, L. P. 706
Case, R.（ケイス） 59, 60, 70, 356
Casey, B. J.（ケージー） 543, 544
Cashon, C. H.（キャション） 334
Caspers, K. 268
Caspi, A.（カスピ） 500, 601, 656
Cassia, V. M.（カッシア） 503
Cassidy, J.（キャシディ） 150, 265, 268
Castellan, N. J.（カステラン） 852
Castle, J. 592
Catalano, R. F. 535
Câteau, H. 226
Catharine, M. M. 755
Cattell, R. B.（キャッテル） 383
Ceci, S. J. 359, 360
Celli, M. L. 198
Cen, G. 655
Cervoni, N. 209
Champagne, F. A. 209
Chandler, M. J.（チャンドラー） 488, 833
Chandler, S. 782
Chang, E. C. 544
Chanoine, V. 411
Chaplin, W. 460
Charles, S. T. 249, 319
Charman, T. 782
Charmaz, K.（チャーマズ） 886, 888
Charness, N. 248
Chartrand, T. L. 469

Chase, P. A. 540
Chawarska, K. 697
Chen, C. 219
Chen, H. 447
陳省仁 309
Chen, X.（チェン） 285, 647, 655, 656
Chermack, K. 635, 637
Chess, S.（チェス） 483, 484, 487
Cheung, C. 228
Cheung, V. 228
Cheyne, J. A. 515
Chi, J. G. 227
Chi, M. T. H. 418
Chiron, C. 227
Chmidt, N. L. 486
Chodorow, N. 148
Choi, S. 343
Chomsky, N.（チョムスキー） 155–157, 347, 364
長南浩人 734, 737
Christiansen, E. 781
Christoff, K. A.（クリストフ） 533
Chua, S. E. 228
Cicchetti, D. 142, 265, 267
Cicirelli, V. G. 145
Clair, S. 599
Claparède, E.（クラパレード） 48
Clark, C. L. 575
Clark, S. J. 209
Clark, V. L. P. 798
Clarke-Stewart, K. A.（クラーク-スチュアート） 577
Clay, Z. 201
Clements, W. A.（クレメンツ） 366
Cleveland, E. S.（クリーヴランド） 358, 359
Clifford, P. 698
Clifton, R. K.（クリフトン） 817
Cloitre, M. 592
Cloninger, C. R.（クロニンジャー） 489
Cogoi, S. 227
Cohen, D.（コーエン） 16, 514
Cohen, J.（コーエン） 822

Cohen, L. B.（コーヘン） 334
Coie, J. D. 525
Cokkins, W. A. 600
Cole, D. A. 289
Cole, M.（コール） 15, 34–38, 41, 87, 88, 93, 97–101, 103, 106–108, 177, 238, 254, 538, 610–612, 615
Cole, P. M. 541
Cole, S. R. 177, 254
Cole-Davies, V. 335
Collie, R.（コリー） 817
Collins, W. A.（コリンズ） 602
Collis, G. 345
Coltheart, M.（コルサート） 707, 708
Colvert, E. 592
Combs, M. L. 526
Conley, J. J.（コンレイ） 501
Connell, R.（コンネル） 553
Connellan, J. 335
Constantino, J. 697
Conway, M. A. 353
Coolen, M. W. 209
Cooley, C. H.（クーリー） 473, 480
Cooper, G. 150
Cooper, H. 792, 798
Cooper, J. C. 544
Cooper, R. G., Jr. 815
Coplan, R. 285
Corbin, J.（コービン） 887
Corcoran, K. 815
Corley, R. P. 208
Corrow, S. 331
Corsaro, W. A. 238
Corsello, C. M. 701
Coryell, J. 755
Cosmides, L. 211, 364
Cossu, G. 411
Costa, P. T., Jr.（コスタ） 315, 497, 500
Costall, A. 387
Cowan, C. P. 307
Cowan, P. A. 307
Craig, W.（クレイグ） 184
Craik, K. J. W.（クレイク） 143
Cranley, M. S.（クランレー） 575
Crary, J.（クレーリー） 623

Crawford, C.（クロウフォード） 189
Creswell, J. W. 798
Crews, J. E. 316
Crichton, J. A. 445,446
Crick, N. R. 544
Criqui, M. H. 321
Cristià, A. 228
Crittenden, P. 592
Crockenberg, S 266
Croft, C. 592
Croft, C. M. 150
Cross, D. 389
Crowell, J. 146
Crowley, C. 856
Csibra, G. 875
Culver, C. 319
Cumming, E. 317
Cummins, D. D. 367
Cummis, J. 284
Cunningham, H.（カニンガム） 647
Curtis, L. E. 418
Cutler, A. 341
Cutting, A. 508

D

D'Alessio, A. C. 209
Dahlgren, S. O. 696,697
大めぐみ 402
Dale, P. 343
Damasio, A. R.（ダマシオ） 374,456-458,520,521
Damon, W. 285
Danella, E.（ダネラ） 752,754,755
Daniels, D. 495
Danis, I. 266
Dannefer, D. 634
Dapretto, M.（ダプレット） 674,699
Darwin, C. R.（ダーウィン） 8-10,13,20-26,28,29,184,193,211,442,454,548,794
Das, J. P.（ダス） 707,708
Davidson, D. H. 42
Davies, M. S. 699
Davis, O. S. 208

Davis-Kean, P. E. 603
Dawkins, M. S.（ドーキンズ） 186,190
Dawkins, R.（ドーキンズ） 185
Dawson, G. 697,701
Deary, I. J. 320
DeCasper, A. J.（デキャスパー） 257
deCharm, R. 539
Deci, E. L.（デシ） 463-465
Dedo, J. Y. 445
DeFries, J. C. 208
de Geus, E. J. 208
de Glopper, K. 413
de Haan, M. 195
Dehaene, S. 417
Dehaene-Lambertz, G. 227
DeKeyser, R. 159
de Leeuw, J. 844
Deloukas, P. 219
Delphy, C.（デルフィ） 548
Demler, O. 779
傳田健三 290
Denham, S. A. 454
Der, G. 320
deRegnier, R-A. 253,254,257,258
de Rosnay, M. 507
Derryberry, D.（デリーベリー） 486
Deruelle, C. 334
Desai, S. 253,254,257,258
Descartes, R.（デカルト） 5,7
de Shonen, S. 334
Dethier, V. G. 26
de Vries, H.（ド・フリース） 23
de Waal, F. 256
de Waal, F. B.（ドウォール） 520
de Winter, M.（デ・ヴィンター） 654
Dias, M. 335
Dickson, K. L. 445
Dickson, W. P.（ディクソン） 859,862
Diehl, J. J. 725
Dienes, Z. 371
Dijksterhuis, A. 469
Dimitrius, J.-E. 359
Dinstein, I.（ディンスタイン） 699

Ditto, P. H. 400
Dix, T. 150
Dixon, R. A. 11,12
Dmitrieva, J. 219
土橋臣吾 89
Dobkins, K. 697
Dobson, V. 327
Dodge, A. 459
Dodge, K. A.（ダッジ） 136,544,598,600,601,603
土肥伊都子 548,555
Dole, K. 591
Dollard, J.（ダラード） 130,166,173
Dombrowski, S. C.（ドンブロウスキー） 175-177,254
Domonet, J. F. 411
Donaldson, A. 701
Dong, Q. 447
Donzelot, J.（ドンズロ） 236
Dooling, E. C. 227
Dore, R. A. 517
Dougherty, L. M. 445
Dowling, K. 327
Downey, G. 656
Downs, D. L. 479
Dray, A. 287
Duffy, C. J. 328
Dukes, D. 182
Dulac, O. 227
Dumont, R. 382
Dunbar, R. I. M. 211,217,220
Dunbar, S. B. 399
Dunn, J.（ダン） 393,502,504-508,516,522,553
du Plessis, A. J. 697
Dupoux, E. 228
Durkheim, É.（デュルケム） 48
Dutton, S. 515
Dweck, C. S.（ドウェック） 467,469
Dymov, S. 209
D'Zurilla, T. J. 544

E

Eaves, L. J. 206
江淵一公 232-234

Eccles, J. C.　9
Eccles, J. S.　449,603
Edmundson, A.（エドムンドソン）　725
Egeland, B.　147,148,600
Ehlers, S.　696
Eibl-Eibesfeldt, I.（アイブル-アイベスフェルト）　189
Eimas, P. D（エイマス）　340
Eisen, M.（エイセン）　478
Eisenberg, N.（アイゼンバーグ）　397,401,402,541,544
Ejiri, K.（江尻）　827
Ekman, P.（エクマン）　443-445,448
Elder, G. H., Jr.（エルダー）　601,646,656
Eliot, S. N.　526
Elizabeth, M. G.　755
Elliot, A. J.（エリオット）　467
Ellis, A.（エリス）　173
Ellis, M.　514
Emberton, R.　515
Embrechts, M.　725
Emde, R. N.（エムデ）　113,123,124,264,336,446,447,574
Emery, N. J.　336
Emmons, R. A.　403
Endler, N. S.（エンドラー）　13
遠藤利彦　146,148-151,271,278,285,502,819,820,822
遠藤司　757
遠藤芳子　182
遠藤由美　480
Engeström, Y.（エンゲストローム）　36,89,93,108
Englander, Z. A.　517
遠城寺宗徳　381
榎本博明　473,475-477,479
Ensor, R.（アンソール）　507
Erb, M.　331
Ericsson, K. A.　858
Erikson, E. H.（エリクソン）　112,114,116,117,129,243,244,275,296,297,304,315,642,794
Erikson, J. M.（エリクソン）　243
Esplin, P. W.　361
越中康治　400

Evans, J. St. B. T.（エヴァンス）　369,370
Ewert, J.-P.（エワート）　189,190
Eysenck, H. J.（アイゼンク）　172,173,483
Eysenck, M. W.（アイゼンク）　17

F

Fabes, R. A.　544,553
Fadiga, L.　699
Fagot, B. I.　555
Fairbairn, W. R. D.（フェアバーン）　129
Fantz, R. L.（ファンツ）　261,327,332,502,814
Fare-Grenet, M.　334
Farley, A. H.　697
Farrar, M. J.（ファラー）　60
Farroni, T.　335
Fawcett, N.　182
Fazio, F.　411
Fearon, R. M. P.　150,875
Fechner, G. T.（フェヒナー）　494,864
Fedele, S.　144
Feigenson, L.　417
Fein, D.　697
Fein, G. G.（ファイン）　513,522
Feinman, S.　264
Feldman, C.　391
Feldman, M. W.　218
Feldman, R. S.　541
Felt, B.　600
Fennell, C. T.　815
Fenson, L.　343
Fenton, C.　320
Ferenczi, S.（フェレンツィ）　111,117
Ferguson, C. A.　157
Fergusson, D. M.（ファーガソン）　604
Ferhot, B.　729
Fernald, A.（ファーナード）　158
Fernyhough, C.　393
Ferrari, P. E.　699
Ferreiro, E.　409
Ferrer-Wreder, L.　603

Fetters, L.　755
Field, J.　480
Field, T.（フィールド）　176
Fifer, W. P.　254
Fingerman, K.（フィンガーマン）　576
Finn, S. E.（フィン）　496
Fischer, K. W.（フィッシャー）　60,61,70
Fisher, C.　816
Fisher, R. A.（フィッシャー）　548
Fivush, R.（フィヴァッシュ）　357,359
Flanagan, C.　652
Flavell, J. H.（フレイヴェル）　299,389,503,504,507,540
Fletcher, A. C.　603
Flick, U.（フリック）　795,881
Flynn, J. R.　16,247
Fogassi, L.　699
Fogel, A.（フォーゲル）　445,455,456,851
Folstein, M.（フォルスタイン）　381
Folstein, S.（フォルスタイン）　381
Fonagy, P.（フォナギー）　113,125,150,151,507
Foner, A.　634
Ford, L. H., Jr.　477
Forman, D. R.　399
Fox, N.　487
Fox, N. A.　541,544
Fox, V. A.　541
Fradley, E.　393
Fraiberg, S.（フライバーグ）　742-744,746
Fraley, R. C.（フラリー）　147
Franchino, B.　591
Frankel, C. B.　448
Franklin, N. T.　543
Fraser, C.（フレイザー）　156
Frazier, J. A.　783
Fredrickson, B. L.（フレドリクソン）　519,520
Frenkel, M. Y.　224
Freud, A.（フロイト）　111-114,

116,117,121,125,129
Freud, S.（フロイト） 11,12,47,
　111-115,117,121,123,125,129,
　130,166,233,398,494,496,538,
　576,794,845
Freund, A. M. 249,318
Friedman, H. S. 321
Friedrich, W. N. 593
Friesen, W. V.（フリーセン）
　445,448
Frijda, N. H. 443,456
Frith, C. D. 392,411
Frith, U.（フリス） 388,411,698-
　700,707,708
Fritz, J. 503
Fromhoff, F. A. 357
Fromm, E.（フロム） 129
Frost, J. L. 514
Frost, L.（フロスト） 730
Frost, L. A. 347
Frye, D. 713
藤井あけみ 181
藤井浩子 786
藤井恭子 295
藤井茂子 768
藤本修 578
藤村真弓 182
藤村宣之 286,287
藤永保（Fujinaga, T.） 5-7,11,12,
　16,244,245,591,680,684
藤野博 728,730,731
藤野真理 748
藤崎春代 868
藤田文 274
藤田英典 235,238,239
藤田和弘 757
藤原綾子 627
藤原小百合 765
Fukada, Y. 328
深江健司 739
Fukai, T. 226
Fukao, A. 319
福田美紀 809
福田真二 724
福井憲彦 35
福井里佳 182
福丸由佳 766
Fukurai, H. 359

福島宏器 392,394
福富護 548,550
舩橋惠子 306
古橋エツ子 272
古畑和孝 629
古市裕一 763
古川博之 697
Furukawa, T. A. 779
古溝陽子 182
古荘純一 289
Furuyama, N.（古山） 829
Fuson, K. C.（フュソン） 419

G

Gabrieli, J. D. 544,707
Gaillard, V. 356
Galenos（ガレノス） 483,493
Galilei, Galileo（ガリレイ） 48
Gallese, V. 699
Gallimore, R. 39
Gallistel, C. R. 371,420,426
Gallup, G. G., Jr.（ギャラップ）
　472
Galton, F.（ゴールトン） 8,13-15,
　548
Garber, J. 459
Garcia, J.（ガルシア） 186
Gardner, C. O. 206
Gardner, H.（ガードナー） 15,17,
　385
Garino, E. 484
Garsche, F. A.（ガルシェ） 871
Gaskins, S.（ガスキンス） 238
Gathercole, S. E. 288
Gati, J. S. 331
Gaulin, S. J. C. 211,217
Gavens, N. 356
Gay, J. 610
Gazzaniga, M. S. 374
Geary, D. C. 364
Geertz, C.（ギアーツ） 107,233
Gelman, R. 64,409,420,426
Gelman, S. A.（ゲルマン） 64,65,
　70,367,507
Genova, P. 515
Gentner D.（ゲントナー） 70,343
Gentzler, A. 544
Geoffroy Saint-Hilaire, E.（ジョフ
　ロア・サンチレール） 184
Georgas, J. 651
George, C. 141,146
Georgieff, M. K. 591
Gergen, J. J.（ガーゲン） 475
Gergen, M. M.（ガーゲン） 475
Gerhardstein, P. 354
Gervai, J. 266
Gervain, J. 227
Gesell, A. L.（ゲゼル） 12,13,368
Gestsdottir, S. 540
Geurts, H. M. 725
Gevers, C. 698
Gewirtz, J. L.（ゲヴァーツ） 397
Gianino, A. 455,456
Gibson, E. J.（ギブソン） 330,446
Gibson, J. J.（ギブソン） 103,187,
　753
Giele, J. Z.（ジール） 646
Gifford-Smith, M. E. 544
Gigerenzer, G.（ギガレンツァー）
　370-373
Gillberg, C.（ギルバーグ） 696,
　697
Gillen, J. 518
Gilligan, C.（ギリガン） 398
Gillis, J. R. 648
Gillum, B. 496
Gillum, R. 496
Gioia, G. A. 699
Giraldeau, L. 186
Glaser, B. G.（グレーザー） 885,
　886
Gleason, K. E. 149
Glick, J. A. 610
Glick, J. 107
Glisson, C. 182
Glover, G. 543
Go, T. 228
Goethe, J. W. von（ゲーテ） 6
Goffman, E.（ゴフマン） 598,605
Gohri, J. 219
Goldberg, E.（ゴールドバーグ）
　713
Goldberg, J. 356
Goldberg, S. 143,148
Golden, M. M. 525
Goldman, S. 726

Goldsmith, H. H.（ゴールドスミス）　485, 486
Goldson, B.（ゴールドソン）　649
Goldstein, S. E.（ゴールドシュタイン）　603
Goldwyn, R.（ゴールドウィン）　141, 575
Goleman, D.（ゴールマン）　385
Golinkoff, R. M.　342, 343, 345
権藤桂子　728
権藤恭之　316, 321
龔暁雲　627
Gonzalez, J. C.　182
Goodale, M. A.　331
Goodall, J.（グドール）　194
Goodman, J.（グッドマン）　542
Goodman, R.（グッドマン）　786
Goodwin, J. S.　319
Goody, J.　38
Gopnik, A.（ゴプニック）　68, 69, 343, 367, 504, 519
Gopnik, M.（ゴプニック）　724
Gordon, C. T.　783
Goren, C. C.（ゴーロン）　332
Gorter, J. W.　697
御領謙　669
郷式徹　274, 389, 809
Goswami, U.　563
Gotlib, I. H.　480, 543
後藤範章　841
Gottman, J. M.（ゴットマン）　851, 878
Goubet, N.（グーベ）　817
Gould, J.（グールド）　691, 692
Gould, S. J.　8, 9, 21, 24, 26, 27
Gouze, M.　496
Graber, J. A.　449
Graham, J.　400
Graham, P.　599
Gralinski, J. H.（グラリンスキー）　399
Granier-Deferre, C.　257
Granrud, C. E.　330, 331
Grant, J.　345
Gray, P. H.（グレイ）　130
Gray, W.　618
Green, J.　141
Greenberg, M. T.　480

Greenberg, R. B.　520
Greenberger, E.　219
Greendale, G. S.　319
Greene, D.　464
Greenfield, P. M.　37, 105, 107, 198, 610, 655
Greenson, J.　701
Greestein, J.　708
Grene, M.（グリーン）　475
Grenier, A.（グレニア）　752
Gresham, F. M.（グレシャム）　525, 526, 528
Greulich, F. K.　552
Grice, P.（グライス）　373
Grieser, D.　340
Griffin, D. R.（グリフィン）　188, 190
Griffin, P.　103
Griffith, T. L.（グリフィス）　68
Grilles, F. H.　227
Grodd, W.　331
Groh, A. M.　267
Gross, J. J.　544
Grossmann, K.（グロスマン）　147, 266
Grossmann, K. E.　147, 266
Gruber, T.　201
Gruenewald, T. L.　319
Gubrium, J. F.（グブリアム）　236
Guerra, E.　182
Guillaume, P.（ギョーム）　157
Gupta, M. D.　393
Gustafson, G.（ガスタフソン）　752
Guthrie, D.　697
Gwiazda, J.　330

H

Haaf, R. A.　551
Haan, M. D.　674
Habermas, J.（ハーバーマス）　623
Habib, M.　411
Haden, C. A.　357, 358
南風原朝和　844, 867
Haeckel, E. H.（ヘッケル）　10, 21, 23, 24
芳賀博　317

Hagerman, J.　652
Haidt, J.（ハイト）　397, 400, 401
Hains, S. M. J.　255
Hakkarainen, P.　515
Halford, G. S.（ハルフォード）　61, 62, 70
Hall, G. S.（ホール）　9-13, 25
Hallahan, D. P.　706
Haltigan, J.　267
濱田祥子　628
濱田豊彦　735, 737
濱口佳和　768
Hamburger, S. D.　783
Hameury, L.　697
Hamilton, C. E.（ハミルトン）　147
Hamilton, W. D.（ハミルトン）　185, 188
Hanich, J.　521
Hanish, L. D.　553
Hanninen, V.（ヘイニネン）　476
Happé, F.（ハッペ）　388, 698, 699
原純輔　841
原田悦子　858
原田正純　178
原田真澄　181
原野明子　630
Hare, B.　201
Hargie, O. D. W.　526
Harkness, S.　655
Harlan, E.　539
Harley, K.（ハーリィ）　357
Harlow, H. F.（ハーロウ）　130, 179, 194, 368, 462
Harris, J. R.　602
Harris, M.　345
Harris, M. J.　509
Harris, P.　502, 753
Harris, P. L.　391, 506, 507, 516
Hart, D.　285
Hart, S. A.　208
Harter, S.（ハーター）　449, 463, 479, 480, 540, 602
Hartung, J.　343
Hartup, W. W.　525
針生悦子（Haryu, E.）　343, 344
長谷川和夫　381
長谷川真里　400

長谷川眞理子　211,217
長谷川典子　629
長谷川亨　628
長谷川寿一　211
橋口英俊　765
橋本創一　722
橋元良明　624
Hata, Y.　779
畠山美穂　274
秦野悦子　628
Hatano, G.（波多野）　602
Hatfield, E.　503
Hauser, P. C.　740
Havighurst, R. J.（ハヴィガースト）　315,317
Haviland, J. M.　503
Hawkins, J. D　535
Haworth, C. M. A.　208
速水敏彦　771,772
林安紀子　340
林　創（Hayashi, H.）　404,509
Hayashi, M.　197-199
Hayashi, T.　544
Hayne, H.（ヘイン）　817
Haynes, O. M.　443
Hazan, C.（ヘイザン）　143
Hazen, N.　265
He, Y.　655
He, Z.　392
Heath, A. C.　206
Heath, B. H.（ヒース）　431
Hebb, D. O.　456
Heckhausen, J.（ヘックハウゼン）　468,540,636,655
Hediger, H.（ヘディガー）　188
Heeger, D. J.　699
Heider, F.（ハイダー）　794
Heiligenberg, W.（ハイリゲンバーグ）　190
Heinroth, O.（ハインロート）　184
Held, R.　330
Helson, R.（ヘルソン）　315,321
Helwig, C. C.　400
Hembree, E. A.　445
Hembrooke, H.　360
Hemmelgarn, A. L.　182
Henders, A. K.　209

Henderson, M.　529
Henkins, A.　856
Henning, A.　503
Henry, W. H.　317
Hensch, T. K.　225,226
Hepburn, S. L.　699
Hepper, P.（ヘッパー）　251,253-256
Herakleitos（ヘラクレイトス）　5
Herbart, J. F.（ヘルバルト）　609
Herman, J. L.　592
Herodotos（ヘロドトス）　6
Herrmann, E.　201
Hershkowitz, I.　361
Hertherton, T. F.　501
Hertwig, R.（ヘルトヴィッヒ）　373
Herzberg, F.（ハーズバーグ）　468
Hess, U.　520
Hess, R. D.（ヘス）　469
Hesse, E.（ヘッセ）　142,146,149
Hetherington, E. M.（ヘザリントン）　576,821
Hewitt, J. K.　208
日高敏隆　189
Higgins, C. I.（ヒギンズ）　448
樋口満　438
Hikosaka, K.　328
Hildyard, A.　38
Hinde, R. A.（ハインド）　132,186,191,597,601,877,880
日野林俊彦（Hinobayashi, T.）　283,288,822,827,829
Hippocrates（ヒポクラテス）　483
平石界　402
開一夫　818
平木こゆみ　412,707
平沼晶子　581
平田聡（Hirata, S.）　198
平田乃美　764
平山順子　309,554,572
Hirbo, J.　219
廣川空美　555
Hirsh-Pasek, K.　343,345
久田満　629
Hitch, G. J.（ヒッチ）　356

Hitler, A.（ヒトラー）　112
Hjern, A.　652
Hobson, R. P.　388,391
Hoddenbach, E.　698
Hoffman, K.　150
Hoffman, K. B.　289
Hoffman, M. L.（ホフマン）　280,402,403
Hofstadter, M. B.　182
Hokuto, I.　227
Hollander, E.　460
Hollich, G. J.　345
Hollis, C.　783
Holloway, S.（ハロウェイ）　42
Holm, R.　856
Holmboe, K.　875
Holmes, A.　817
Holquist, M.　33,101
Holstein, J. A.（ホルスタイン）　236
Holt, L. E.（ホルト）　573
Holt, S. A.　445
Holzman, L.（ホルツマン）　90,92,93,95
Homae, F.　228
本郷一夫　847
本城秀次　277,628
本庄勝　628
本間昭　321
本間友巳　763,767,771
Hood, B. M.　335
Hood, S.　654
Hood, L.　87
Hopkins, E. J.　517
Hops, H.　601
Horder, P.　443
堀毛一也　526
堀野緑　478
堀田真弓　627
堀内敏夫　627
Horn, J. L.（ホーン）　383
Horney, K.（ホーナイ）　129
Horowitz, D.　361
Horowitz, L. M.　575
Hort, B. E.　555
Horwood, L. J.　604
保坂裕美　713
保坂亨　762,767

Hoshi, E. 544
星野仁彦 697
細川かおり 722
細馬宏通 827
Hostetter, M. K. 591
堀田千絵 288
Houck, G. 708
Houmann, T. 781
Houston, D. M. 341
Howe, D. 143
Hoyt, T. 357
Hrdy, S. B. 199, 217, 243
夏林清 95
Hsieh, K 264
Hsueh, Y. 42
Hubel, D. H. 224
Huber, F.（フーバー） 190
Hubner, J. J. 477
Hughes, C.（ヒューズ） 506-508, 516, 522
Hughes, D. N. 138
Hughes, F. P. 514
Hull, C. L.（ハル） 164-166
Hultsh, D. F. 320
Humboldt, K. W. von（フンボルト） 3
Humle, T. 200
Humphrey, G. K. 331
Humphreys, K. 699
Hunt, J. McV.（ハント） 8
Hunter, J. 575
Hunter, M. A. 320
Hutchins, E.（ハッチンス） 97, 104
Hyde, J. S.（ハイド） 549

I

Iacoboni, M. 699
Iacono, W. G. 208
Ibrahim, M. 219
市河淳章 527
市川奈緒子 745
Ichimura, S.（市村） 436
井手英策 642
Ide, N. 594
家島明彦 630
五十嵐敦 573
五十嵐信敬 744-748

井口英子 782
五百部裕 402
飯塚有紀 821
池田央 831
Ikeda, K. 227
池田和代 628
池田政子 309, 552
池田由紀江 722
今田恵 6
今井むつみ（Imai, M.） 343
今成京子 697
今西錦司 194
今滝純江 628
Imura, T. 197, 331
井邑智哉 404
蔭牟田洋美（Imuta, H.） 319, 321
稲葉昭英 307
稲田尚子（Inada, N.） 782
稲垣宏樹 321
Inagaki, K.（稲垣） 602
Inhelder, B.（イネルデ） 46-52, 298, 449
井上裕光 573
Inoue, K. 331
Inoue, S. 195
Inoue-Nakamura, N. 200
Isaacowits, D. M. 249, 319
井坂行男 739
石田忠夫 426
石黒広昭（Ishiguro, H.） 41, 74
石井敦子 757, 758
石井クンツ昌子 307
石島このみ 520
石川信一 534
石川隆行 403
石川義博 778
石野秀明 848, 849
石崎優子 579
磯田朋子 309
磯村陸子 821
Isquith, P. K. 699
Issacs, S.（アイザックス） 112, 113
板倉昭二 197, 502, 868
伊谷純一郎 194
井澗知美 786
Itard, J. M. G.（イタール） 5
伊藤文晃 784

伊藤英夫 697, 701, 702
伊藤淳一 691
伊藤順子 274, 277, 401
伊藤美奈子 766
伊藤良子 182, 697
伊藤哲司 835
伊藤嘉昭 188
伊藤裕子 309, 548, 550, 552
伊藤由美 412
糸魚川直祐 184, 188, 189
Iverson, J. 697
Iverson, S. 591
Ivey, P. K. 878
岩淵絵里 403
Iwai, E. 328
岩川直樹 619
岩熊史朗 478
岩永三智子 534
岩佐一 321
岩田純一 105, 507, 508
岩田圭子 747
岩田美保 820, 821
Iwata, N. 779
岩立京子 578
岩立志津夫 158, 159, 161, 162, 348, 846
Iyengar, S. S. 469
Iyer, R. 400
Izard, C. E.（イザード） 319, 442-445, 448
伊澤太郎 602

J

Jaclin, C. N.（ジャクリン） 549
Jacobitz, D. 265
Jacobsen, T. 521
Jacobvitz, D. 142
Jacquez, F. 289
Jaekel, J. 268
Jaffee, S. R. 653
Jakobsson, G. 696
Jambaque, I. 227
James, W.（ジェームズ） 211, 473-475, 794
Jamieson, J. R. 735
Janet, P.（ジャネ） 32
Jang, K. J. 206
Jaques, E.（ジャックス） 642

Jarrett, N. 263,336
Jasiobedzka, U. 400
Jaspers, K.（ヤスパース） 475
Jenkins, J. M. 445,516
Jenkins, E. 62
Jensen, A. R.（ジェンセン） 15
Jesso, B. 358
Jin, R. 779
陣内正敬 862
城仁士 627
Johann, M. 267
Johansen, E. B. 713
Johansson, B. 209
Johnson, D. E. 591
Johnson, J. 159
Johnson, M. H. 335,502,674,875
Johnson, S. P. 341
Johnson, W. 208
Jolly, A. 26,27
Jones, C. 315
Jones, D. 345
Jones, E.（ジョーンズ） 112
Jones, G. V. 443
Jones, W. 388
Jonides, J. 543
Jørgensen, T. 781
Josselson, R.（ジョッセルソン） 476
Joy, M. E. 488,600
Jung, C. G.（ユング） 11,115,642, 794
Jusczyk, P. W.（ジュセック） 340,341,814
Juujaarvi, P. 542

K
門山睦 274
Kagan, J.（ケイガン） 359,398, 477,486,487
陰山康成 439-441
Kagitcibasi, C. 651,655
Kahn, F.（カーン） 431
Kahn, R. L. 311
海保博之 858
Kain, Z. N. 182
Kaino, T.（海野） 436
海津亜希子 412,707
梶原佳子 479

梶川祥世 340
梶田叡一 866,868,869
Kakigi, R. 334
上濱龍也 628
Kamiloff-Smith, A.（カミロフ-スミス） 159
上長然 288
神尾陽子（Kamio, Y.） 728,782, 786,787
上瀬由美子 552
神谷栄司 74-77,81-84
神谷哲司 572
金川智恵 472
金井篤子 305
金井良太 404
金井壽宏 569
金丸智美 828
金谷有子 826,827,864,865,869
金山元春 534
金沢創（Kanazawa, S.） 331, 334-336
金澤忠博 822,827
上林靖子 786
金田泰男 180
金子一史 628
金子元久 697
金子健 717
金政祐司 573
Kang, S. 226
管賀江留郎 649,650
Kangas, G. R. 730
Kanner, L.（カナー） 121,725
菅野敦 722
菅野純 764
Kant, I.（カント） 28,48
Kaplan, H. S. 217
Kaplan, N. 146
唐澤真弓（Karasawa, M.） 42,477
唐沢穣 401
柄谷行人 95
Karbon, M. 544
狩野かおり 629
苅田知則 821
Karlanmangla, A. S. 319
Karmiloff-Smith, A.（カミロフ-スミス） 365,366
Karnenman, D.（カーネマン） 371,373

Karraker, H. K. 552
笠井孝久 772
Kasari, C. 666,700
柏葉修治 768
柏原勤 629
柏木惠子 276,277,309,469,477, 543,554,555,572,653
Kassel, J. D. 480
春日キスヨ 555
春日喬（Kasuga, T.） 7,244,591
春日井典子 575
粕谷貴志 763
Kat, K. 698
片桐恵子 573
加藤千枝 629
加藤邦子 307
加藤和生 575
加藤真由子 822,827
加藤直樹 629
加藤尚吾 629
加藤司 809
加藤義信 392
加藤由樹 629
Katz, P. A. 551
Kauffman, J. M. 706
Kaufman, A. S.（カウフマン） 380,382,701,709
Kaufman, J. 148
Kaufman, N. L.（カウフマン） 380,709
Kaufman, S. B.（カウフマン） 377
Kavšek, M. 331
河合千恵子 321
河合隼雄 847
河合優年 272,273,853,856
川井蔦栄 272
川上あずさ 579
川上文人 257
川上清文（Kawakami, K.） 182, 251,252,254,255,258
川上正浩 822
Kawakami, N. 779
川喜田二郎 840,882-885
川間弘子 755
川間健之介 754-757
河村茂雄 763
川野健治 567

河野康男　423
川崎葉子　722
川島一夫　763
加用文男　510
Kazdin, A. E.　525
数井みゆき　146, 149-151, 271, 278
Kearsley, R. B.　486
Keller, A.（ケラー）　477
Kelley, M. L.　533
Kellogg, N. D.　593
Kelly, J.（ケリー）　572
Kelly, J. A.　533
Kelly, K. M.　146
Kelly-Byrne, D. K.　514
Kendall, P. H.　542
Kendler, K. S.　206
Kennedy, Q　319
Kenworthy, L.　699
Kermoian, R.　447, 448
Kerns, K. A.　143-145
Kerr, M.　603
Kessler, R. C.　206, 779, 782
Key, E.（ケイ）　9
Kidwell, M.　568
Kieren, T. E.　421
Kiernan, M. T.　591
木原久美子　697
木島伸彦　809
Kikkawa, T.　779
菊池章夫　526, 529
菊野春雄　360
Kikyo, H.　544
Killen, M.（キーレン）　397, 400
金善應　437, 438
Kim, U.　654
Kimura, D.　549
木村拓也　628
金明哲　843
Kindler, H.　147
King, B.　652
King, N. R.（キング）　518
木野和代　772
木下栄二　841
木下孝司　389, 390, 394, 508
木下康仁　886-889
Kinzler, K. D.　66
Kipp, M.　827
Kirby, J. R.　708

Kirk, S. A.（カーク）　705
Kirkham, N. Z.（カークハム）　341
岸畑あゆみ　272
Kishimoto, T.　829
岸本陽一　627
Kisilevsky, B. S.　255
北道子　786
北義子　736
北川恵　141
北川宇子　630
北村琴美　576
北村晋一　753, 754
Kitayama, S.（北山）　105, 106, 308
Kittler, F. A.（キットラー）　623
清河幸子　602
清永賢二　771
清成透子　402
Klahr, D.　70, 418
Klein, M.（クライン）　111-113, 117-119, 121, 129
Kleiner, K. A.（クライナー）　333
Klemfuss, J. Z.（クレムフス）　360
Kliegl, R.　247, 248
Klin, A.　388, 697
Klinnert, M. D.　264, 336, 446, 447
Kluzik, J.（クルジク）　755
Knaack, A.　399
Knafo-Noam, A.　397, 401
Knight, M.　319
Kobayashi, H.（小林）　344, 345
小林秀之　749
小林寛道　438
小林正幸　526, 762, 763, 765, 767
小林登　588, 590, 591
小林孝雄　305
小林朋子　766
Kochanska, G.（コチャンスカ）　267, 399, 488, 539, 600
河内哲也　691
兒玉憲一　629
Koelling, R.（ケリング）　186
Koffka, K.　25
Koffler, S.　327
向後礼子　692
Kohlberg, L.（コールバーグ）　172, 397, 398, 550

Köhler, W.（ケーラー）　26, 193, 794
小泉英二　761, 762, 764
Koizumi, H.　227
小泉和子　744
小泉毅　697
小嶋秀夫　272, 273, 276, 649, 650, 653, 654, 656, 800
Kojima, S.　227
小島武次　438
Kolarz, C. M.　319
Koleva, S.　400
小松洋　841
小森伸子　409
近藤徳彦　627
Kondo-Ikemura, K.　144
Konishi, M.（コニシ）　190
Konishi, S.　544
Konishi, Y.　228
Konner, M.　220
小貫悟　680
Konuma, H.　334
Kooistram, L.　542
Kopp, B.（コップ）　539
Kopp, C. B.（コップ）　399, 454
Koring, C.　345
小坂千秋　554
古澤頼雄　806, 807, 823
Kourtzi, Z.　331
Kovacic, D.　227
Kovacs, M.　544
Kovas, Y.　208
Koyama, K.　393
Koyama, T.　782
小山高正　273, 346
小柳恭治　749
Koyanagi, T.（コヤナギ）　254
古谷野亘　317
子安増生　377, 385, 390
Krasnegor, N. A.　254
Kravitz, H.（クラヴィッツ）　472
Krebs, D. L.（クレブス）　189
Kreft, I.　844
Krementizer, J. P.　327
Kreppner, J.　592
Kretschmer, E.（クレッチマー）　431, 483
Krettenauer, T.　403, 404

Kriszat, G. 187
Krivutza, D. M. 182
Krooth, R. 359
Krowitz, A. 446
Krueger, K. R. 321
久保ゆかり 502,509,510,602
久保田まり 271,278
窪田隆徳 730
釘原直樹 868
Kuhl, P. K.（クール） 340,816
Kuhn, A. 551
Kuhn, T. S.（クーン） 4,13,15
戈木クレイグヒル滋子 885
鯨岡峻 46,802,820,821,846,859
Kulkofsky, S.（クルコフスキー） 360
熊谷恵子 709
熊代永 697
国佐勇輔 403
Kuo, Z. Y.（クオ） 186
Kupers, C. T.（クーパー） 167,169
倉本英彦 786
栗原彬 235
栗山和広（Kuriyama, K.） 418,419
Kurland, M. 356
黒田美保 782
黒川雅幸 628,771
黒川順夫 573
黒丸正四郎 276
黒須俊夫 287,424
Kurtines, W. M.（カーティンズ） 397
Kurtzberg, D. 327
Kushnir, T.（カシュニル） 68
楠見孝 569
楠本千枝子 701
久和（矢代）佐枝子 575
Kwan, V. S. 315

L

Labouvie-Vief, G.（ラボウヴィーヴィーフ） 315
Ladd, G. W.（ラッド） 528,532
Ladnier, R.（ラドニア） 138
Ladygina-Kohts, N. N.（ラディギナ-コーツ） 194

LaFreniere, P. 522
Lagattuta, K. H. 404
Laird, R. D. 603
Lakatos, K.（ラカトス） 266
Lake, M. A. 552
Laland, K. N. 218
Lam, G. Y. 228
Lamarck, J. B.（ラマルク） 20,21,23,24,26
Lamb, M. E.（ラム） 361,576,577
Lambercier, M.（ランベルシエ） 50,52
Lamerise, E. A. 544
Lancaster, J. B. 217
Lancee, W. 575
Landa, R. 697
Landorph, S. 781
Lang, B. 393
Lang, F. R. 320
Langacker, R. 160
Langdon, R. 707
Langer, A. 446
Larson-Hall, J. 159
Lashley, K. S.（ラシュレイ） 184
Latour, B（ラトゥール） 89
Laurent, A. C. 661,729
Lave, J.（レイヴ） 36,88,107
Lazarus, R. S.（ラザラス） 443,444,446
Leahey, T. H. 6
Leaper, C. 552
Leary, M. R.（レアリー） 463,479,480
Lebeaux, S. 347
Lecanuet, J.-P. 254,257
Leckenby, N. 320
Lecusay, R. 729
LeDoux, J. 457
Lee, S. S. 142,674
Lee, T. S. 331
Leekam, S. R. 388,393
Leggett, E. L.（レゲット） 467
Lehto, J. E. 542
Leichtman, M. D. 359
Leinbach, M. D. 555
Lejeune, L. 448
Lejuez, C. W. 268
Lelong, M.（ルロン） 574

Lelwica, M. 503
Lema, G. 219
Lemery-Chalfant, K. 486
Lenane, M. C. 783
Lenneberg, E. H. 227
Lenoir, P. 697
Leon, G. R.（レオン） 496
Leonard, L. B. 724,725
Leont'ev, A. N.（レオンチェフ） 36,89
Leopold, W. F. 156
Lepper, M. R. 464,469
Lerner, G. H. 568
Lerner, M. D. 517
Lerner, R. M. 11,12
Leslie, A. M.（レズリー） 388,391,516,698
Leudar, I. 387
Leventhal, H. 444
Levin, I. 409
Levinson, D. J.（レヴィンソン） 642
Levitt, S.（レヴィット） 757
Levy, D.（レヴィ） 573
Levy, G. D. 551
Levy, K. N. 146
Levy, T. M.（リーヴィー） 136
Lewin, K.（レヴィン） 31,187,495,794
Lewin, L. 601
Lewinsohn, P. M. 526
Lewis, C.（ルイス） 42,614
Lewis, M.（ルイス） 177,444,449,472,506
Li, D. 655
Li, K. Z. H. 249
Li, L. 343
Li, S.-C. 354,355
Libero, D. Z. 443
Libet, J. M. 526
Lickona, J. 404
Lieven, E. 342
Lillard, A. S.（リラード） 513,516,517
Limperopoulos, C. 697
Lincoln, A. J. 700
Lind, S. E.（リンド） 698
Lindblenholm, A. 696

Linden, D. J. 519,522
Lindenberger, U. 242,249,354-356,540
Linné, C. von（リンネ） 9
Lipper, E. G. 142
Lipsitt, L. P. 207,571
Litowitz, B. E. 75
Liu, D.（リウ） 507
Liu, H.-M. 816
Llanas, L. 142
Lloyd, L. L. 730
Locke, J.（ロック） 7,8,260
Loeb, D. F. 729
Lohmann, H. 393
Lonczak, H. S. 535
Lopes-Duran, N. L. 600
Lord, C. 697
Lorenz, K.（ローレンツ） 27-29,130,179,184-186,189
Losh, M. 725
Loucas, T. 782
Lounes, R. 227
Lovaas, I.（ロバース） 701
Low, J. A. 255
Lowenthal, B. 712
Lu, J. S. 176
Lu, M. C. 176
Lubinski, R. K. 208
Lucariello, J.（ルカリエーロ） 106,107
Luciano, M. 208
Luhmann, N.（ルーマン） 623
Luijk, M. 267
Luna, B. 674
Luria, A. R.（ルリア） 37,38,107,541,709,875
Lycett, J. 211
Lydick, S. 454
Lynskey, M. T. 604
Lyons-Ruth, K. 142,266

M

Ma, L. 516
MaCabe, A. 665
Macagno, F. 227
Macchi, V. 332
Maccoby, E. E.（マッコビー） 549

MacDonald, K. 364
Machado, S. 409
町田利章 821
MacIntyre, A.（マッキンタイア） 476
Mackintosh, N. J. 382
Macrae, C. N. 335
Madigan, S. 143
前田健一 534
前田嘉明 184
前原澄子 575
前島つや子 755
前川喜平 260
前野佳彦 187
Magai, C. 145
Mahler, M. S.（マーラー） 112,113,121-123
Maier, S. F.（メイヤー） 465
Main, M.（メイン） 113,141,142,146,149,265,575
Maki, A. 227
牧野カツコ 307
槇田仁 478
Malatesta, C. Z. 319,442
Malinowski, B.（マリノフスキー） 232,233
Malti, T. 403
真鍋俊也 223
Mann, V. A. 411
Marchman, V. 343
Marcia, J. E.（マーシア） 296,297
Marcovitch, S. 713
Marder, E.（マーダー） 190
Markides, K. S. 319
Markman, E. M.（マークマン） 344
Markus, H. R.（マーカス） 97,105,106,308
Marlier, L. 255,256
Marschark, M. 740
Martin, C. L.（マーティン） 553
Martin, J. M. 289
Martin, M. 443
Martin, N. G. 208,209
Martin, P.（マーティン） 822,868,877-880
Martin, R. A. 509

Martin, R. P.（マーティン） 175-177,254
丸山（山本）愛子 277
Marx, K.（マルクス） 35,90,97
正木健雄 441
Masataka, N.（正高） 827
Maschman, T. 289
Maslow, A. H.（マズロー） 463
Mason, J. 654
Mason, M. F. 335
Massaccesi, S. 335
Massanari, A.（マサナリ） 138
Massey, C. 409
増田公男 627
Masuda, N. 255
増田梨花 765
増井幸恵 320,321
枡見瑛莉佳 748
Maszk, P. 544
Mataga, N. 225,226
Mather, E. 815
Mather, M 319
Matson, L. J. 525,529,531,532
松原達哉 766
松田岩男 437,438
松田景子 697
松田茂樹 637-639
松井愛奈 274
Matsui, T. 346
松井智子 728
松井豊 494,809
松川誠一 552,553
松本英夫 761,762
松本伊智郎 291
松本和紀 784
松本麻友子 771,772
松本俊彦 782
松村真宏 843
松永あけみ 507
松永恵美 274
松尾直博 772,773
松下佳代 618
松浦均 821,822
松浦義行 436-438
松崎俊久 317
松沢哲郎（Matsuzawa, T.） 194,195,197-200,882
Matusov, E. 445

Maugeais, R. 257
Maunder, R. 575
Maurer, D. 261
Mauss, M.（モース）35
Maxfield, M. G. 594
Maxwell, S. E. 289
Mayes, L. C. 182
Mayseless, O. 144
McAdams, D. P.（マクアダムス）475,476,479
McAlonan, G. M. 228
McBurney, D. H. 211,217
McCabe, A. 357,358
McCall, R. B.（マッコール）513
McCarthy, R. A.（マッカシー）669,671-673
McClearn, G. E. 209
McClelland, D. C.（マクレランド）463
McCormic, L. 729
McCrae, R. R.（マックレー）315,497,500
McCrory, E. 411
McCullough, M. E. 403
McDaniel, B. 397
McDermott, K. B. 354
McDermott, R. P. 87
McDevitt, S. C. 484
McDonald, K. L. 285
McFall, R. M. 526,527
McGrew, K. S. 383
McGue, M. 208
McGuigan, F.（マクギガン）358-360
McGuire, J. 553
McKenna, K. 783
McKeough, A.（マックゥ）476,479
McKinney, M. L.（マッキニー）364
McLane, G. D. 409
McLane, J. B. 33
Mcleod, P. J.（マクリード）158
McLuhan, M.（マクルーハン）623
McNamee, J. B. 409
Meacham, J. H. 477
Mead, G. H.（ミード）473,474

Meaney, M. J. 209
Mehler, J. 227
Meichenbaum, D. H.（マイケンバウム）542
Meins, E.（マインズ）150,393,574
Melnick, S. 142
Meltzoff, A. N.（メルツォフ）332,367,389,456
Mendel, G. J.（メンデル）23
Mendez, R. 90
Menninghaus, W. 521
Menon, E. 335
Menon, R. S. 331
Merikangas, K. R. 779
Merrick, S. K. 146
Messinger, D. 445,697
Mestre, M. V. 401
Meumann, E.（モイマン）10
Meynard-Smith, J.（メイナード-スミス）185,188
Michell, L. 599,604
Michelson, L. 525
三神廣子 408,411
三木かおり 468
Mikulincer, M. 143,144
Milich, R. 509
Miller, G. A. 13
Miller, L. C. 591
Miller, N. E.（ミラー）130,166,173
Miller, P. 238
Miller, P. H. 507
Miller, W. 652
Milne, A. B. 335
皆川泰代（Minagawa-Kawai, Y.）222,226-228
南博文 820,822,825,835,846,864,867,869
Minami, M. 360
南徹弘（Minami, T.）273,822,827,829,858,862,863
南田勝也 235
南里清香 757
Minde, K. 651
箕浦康子 233,234,652,821,822
Minshew, N. 699
Mischel, W.（ミシェル）167,171,495,542,543

三島浩路 290,628
三田村章代 630
Mitchell-Copeland, J. 454
三浦麻子 629,843
三浦香苗 822
三浦光哉 683
Miura, Y. 346
三浦雄一郎 314
宮川剛 223
三宅和夫 276,828
宮腰哲生 784
宮本美沙子 478
宮本信也 592
宮本友弘 630
宮下一博 296,572,578
宮下孝広 628
Miyashita, Y. 544
宮﨑眞 729
三好史 274
Mize, J.（マイズ）528,532
Mizuguchi, Y. 225
水野里恵 277,488
Mizuno, Y. 197
水野-島谷いずみ 576
Moen, P.（モーエン）635-637,639,643
Moffitt, T. E.（モフィット）604
Moll, H.（モール）345
Molloy, D. E. 706
Money, J.（マネー）550
Montemayor, R.（モンテメイヤー）478
Montessori, M.（モンテッソーリ）9,10
Montgomery, G. W. 209
Moody, J. 599
Moonehouse, M. 656
Moore, M. K.（ムーア）332,456
Moore, M., Jr. 697
Moran, G. 149
Morelli, G. A. 878
Morgan, C. L.（モーガン）184
Morgan, J. L. 342
森千里 177,178
森 寿 223
Mori, T.（森）360
森丈弓 403

森永裕美子　578
森野美央　275
森下正康　271-273,277-280
森田祥子　601
森田洋司　771
森脇愛子（Moriwaki, A.）　782,787
茂呂雄二　85,88,89
Morrell, J. M. B.　507
Morris, A. S.　397
Morris, J. P.　517
Morss, J. R.　23-25
Mortensen, H. M.　219
Morton, J.　502
Moses, L. J.　264,393
Moton, J.　334
Mounts, N. S.（モウンツ）　603
Mroczek, D. K.　319
Muchow, M.（ムヒョウ）　28
Muir, D. W.　255
Muller, U　713
Müller, V.　354,355
Mullin, J. T.　333
Muma, J. R.　525
Mumford, D.　331
Mumme, D. L.　446
Mundy, P.（マンディ）　666,700
Munson, J.　701
村井潤一郎　864,866-869
村井俊哉　402
村上英治　841
村上京子　272
村上史郎　868
村上徹　757
村松泰子　555
村野井均　630
村瀬嘉代子　739
村瀬康一郎　629
村田孝次　744,747
村山航　467
Murin, M.　592
室田洋子　767
Murphy, B.　544
Murphy, D. G.　228
Murray, E. J.（マレー）　462,463
Murray, J. S.　182
Murray, K.　539
Music, G.　151

Mussen, P. H.（マッセン）　577
無藤清子　555
無藤隆　274,285,307,478,502,560,568,569,576,627,629,821,828,858,859
明和政子（Myowa-Yamakoshi, M.）　197,198

N

Nabbout, R.　227
永久ひさ子　572
永井晴美　317
永野武　841
長沼恭子　295
長尾仁美　277
長崎勤　569,664,666,729
長瀬又男　697
長島理恵　737
永浦拡　628
Nagy, W.　413
Naigles, L.　343
内藤美加（Naito, M.）　393
Naito, T.　403
仲真紀子（Naka, M.）　359-361,468
中田美子　478
仲田洋子　765
中江利恵　5
中川暮美　746
中川美保子　767
中川知宏　403
中川佳子　346
中地展生　768
中島昭美　753,756
中村和夫　74,76,78,79,81-85
中村聡　627
中村晋　666
中村知靖　407,413
中村勇介　627
Nakane, H.　779
Nakane, Y.　779
中西幸男　307
中西泰子　236
Nakano, H.（ナカノ）　254
Nakano, T.　228
中野洋恵　306
仲野真史　664
中野茂　514,515,518

中尾達馬　575
仲嶺（喜田）裕子　764
中田周作　578
中田洋二郎　786
Nakato, E.　334
中屋みな子　761
Nakayama, K.　327
中山真貴子　628
中山真美　627
中里克治　321
中澤智恵　552
中澤潤　541,543,544,630,819,820,822,825,837
Nakazawa, K.　224
中澤小百合　541
中澤眞平　713
難波久美子　856
直井道子　555
Napolitano, C. M.（ナポリターノ）　540
成田伸　575
Narvaez, D.　404
Nash, J.（ナッシュ）　576
名取宏美　786
夏目漱石　6
NcNamee, G. D.　33
Neale, M. C.　206
根ヶ山光一　520,653,822,567
根岸敬矩　786
Neisser, U.（ナイサー）　247,474,475,508
Nelson, C. A.（ネルソン）　195,353,357
Nelson, K.（ネルソン）　105,107,198,357,729
Nemoda, Z.　266
Neugarten, B. L.（ニューガーテン）　500
Neville, H. J.　159
Newbery, R.　518
Newman, F.（ニューマン）　90,92,93
Newport, E. L.　159,367
Newsome, M.　341
Newton, I.（ニュートン）　48
Ney, K.　266
Nicolich, M.　319
Nichols, P. A.　501

新野直明　315
Nijhout, H. F.　243
Nijhuis, J. G.（ニジガウス）　254, 255
二宮克美　399-401, 403, 573
Nisbett, R. E.　464
西田裕紀子　320
西口利文　821, 822
西平直喜　294
西野泰広　432, 433, 833
西浦和樹　628
西澤弘行　864
西澤佳代　763, 765
二通諭　683
新田まや　627
丹羽健太郎　592
丹羽登　629
丹羽雄輝　402
能智正博　809
野田淳子　510
野田香織　581
野本文幸　761
野村香代　506
野村東助　697
野中陽一郎　404
Norbury, C. F.　726
Norman, D. A.　103
野呂文之　765
Nose, I.　331
Nosek, B. A.　400
Novak, A.　266
野澤祥子　510, 821, 829
Nucci, L. P.　404
Nwokah, E.　445
Nyambo, T. B.　219

O

Oatley, K.　445
小原倫子　574
小畑文也　757
Oberklaid, F.　484
落合正行　57, 65
落合良行　295
Ochsner, K. N.　544
O'Connor, T. G.　150
小田亮　402, 404
Oden, S. G.　532
Odling-Smee, F. J.　218

Ogan, T. A.　264
大鐘啓伸　766
尾形和男　572, 578, 697
小川さやか　628
荻原祐二　311
小倉千加子　549
小倉正義　628
小椋たみ子　345, 346, 827
呉宣児　836, 838
大日向雅美　272
大井学　725, 728
及川浩和　629
大石繁宏　311
岡林秀樹　636
岡田愛香　786
Okada, H.　343
岡田努　295, 867
岡本朝也　235, 236
Okamoto, K.　319
岡本夏木　263, 284, 415
岡本能里子　862
岡本祐子　304, 310
岡野栄之　223
岡野恒也　188, 273
岡ノ谷一夫　217
岡安孝弘　532, 771, 772
岡崎慎治　831
興戸律子　629
小此木啓吾　296, 297
大久保暢俊　809
大久保孝治　575
大藏純子　773
奥寺崇　761
奥山今日子　629
Olguin, R.（オルグレイン）　160
Oliver, R. R.　37, 610
Ollendick, H. T.　525, 529, 531, 532
Olson, D. R.（オルソン）　38, 374
Olson, R. K.　208
Olson, S. L.　600
Olver, R. R.　105
Omar, S. A.　219
大村政男　831, 833
大西彩子　628, 771
大西賢治　822, 827
Onishi K. H.（オオニシ）　392, 816
小野昌彦　765
大野高志　784

Ono, Y.　779
小野善郎　592
小野寺敦子　572, 576
大野木裕明　822, 825
Opland, E. A.　330
Orbach, Y.　361
Orgeur, P.　255
Orlans, M.（オーランス）　136
Ornitz, E. M.（オーニッツ）　697
Ornstein, P. A.　358
苧阪直行　392
大澤真幸　374
大鹿綾　735
大島聖美　573
大島剛　833
小塩真司　629
Osman, M.　219
Osnat, E.　527
Osofsky, J. D.　574
Osser, H.　13
Oster, H.　257
Ostir, G. V.　319
太田賀月恵　431
太田裕造　431
大谷信介　841
Otobe, T.　228
大塚須美子　748
Otsuka, Y.　331, 334
大坪明徳　757
大内晶子　277
Over, D. E.（オーヴァー）　370
小沢一仁　297
Ozonoff, S.　388, 697

P

Packard, V.　649
Padron, E.　148
Paez, A.　594
Paikoff, R. L.　449
Paillard, J.（パイラード）　755, 756
Palmquist, C. M.　517
Pang, I.　255
Panksepp, J.（パンクセップ）　513, 521
朴車嬰　88
Parke, R. D.　821
Parker, K. C. H.　149

Parker, S. T.（パーカー） 364
Parten, M. B.（パーテン） 851
Pascalis, O.（パスカリス） 195, 334,551
Pascall, G. 653
Pascual-Leone, J.（パスカル-レオン） 58,70
Pasupathi, M. 357
Paterson, J. 480
Patterson, G. 601
Paulesu, E. 411
Pavlov, I. P.（パヴロフ） 164,166, 483
Peake, P. 542
Pearson, M. 599,604
Pedersen, N. 209
Pederson, D. R. 149
Peeke, L. G. 289
Pelcovitz, D. 595
Pellegrini, A. D.（ペリグリーニ） 366,513,540,866,868,869,878,879
Peña, M. 227
Pennigton, B. F. 388
Penrose, L. S.（ペンローズ） 717
Perner, J.（パーナー） 366,387, 388,390,391,393,509,698
Perrot, A. 697
Perry, C. 707
Perry, B.（ペリー） 138
Peterson, C.（ピーターソン） 357,358
Petkova, E. 592
Petrill, S. A. 208
Pettersen, L. 331
Pettit, G. S. 136,600,601,603
Pfeifer, J. H. 699
Phelps, E. A. 544
Philibert, R. A. 267,268
Philippot, P. 541
Philips, A. 460
Philpot, B. D. 224
Piaget, J.（ピアジェ） 12,13,22, 25,26,28,33,34,46-55,57-60,68, 70,71,101,105,156,161,171,172, 196,244,261,262,285,298,364, 372,387,449,502,504,514,515, 550,602,615,661,794,797,845
Pianka, E. R. 220

Piattelli-Palmarini, M. 364
Pickens, J. N. 814
Pickles, A. 782
Pike, K.（パイク） 869
Pine, F. 112
Pinker, S.（ピンカー） 3,347,348, 367
Piontelli, A.（ピオンテリ） 251, 256,257
Planche, P. 701
Plato（プラトン） 6,92
Pletka, B. 624
Pleydell-Pearce, C. W. 353
Plomin, R.（プロミン） 208,209, 485,495
Pluess, M. 268
Plumridge, L. 599
Plutchik, R.（プルチック） 444, 448
Polak, A. 506
Pollard, K. S. 216
Pollard, P. 369
Pons, F. 507
Poortinga, Y. H. 651
Porges, S. W. 544
Portes, P. 708
Portmann, A.（ポルトマン） 429
Posada, G. 144
Posner, M. I. 600
Posthuma, D. 208
Postman, N. 649
Powell, B. 150
Powell, D. 307
Powell, K. 219
Powers, W. T. 463
Prechtl, H. F. R. 261
Premack, D.（プレマック） 188, 387,698
Prensky, M. 624
Preyer, W.（プライヤー） 22
Prior, M. 484
Pritchard, J. K. 219
Prizant, B. M.（プリザント） 661,663,666,725,729
Pryor, J. 480
Psammetichos（プサメティコス） 6
Pulkkinen, L. 542

Pullen, P. C. 706
Putnam, P. 443
Pynoos, R. 592

Q
Qu, W. 209
Quinn, P. C. 551
Quint, N. 816

R
Rabiner, D. L. 544
Radda, K. 599
Ramachandran, V. S. 374
Ramus, F. 815
Ranciaro, A. 219
Raphael-Leff, J.（ラファエル-レフ） 126
Rapin, I.（ラピン） 726
Rapoport, J. L. 783
Rapson, R. L. 503
Rashotte, C. A. 708
Rastle, K. 707
Rathbun, K. 342
Ravid, D. 415
Raviz, P.（ラヴィズ） 575
Ray, B. 227
Ray, R. D. 544
Rayna, S. 518
Reader, W. 211
Reddy, V.（レディ） 505,518
Reed, E. S.（リード） 40,41,752, 755
Reed, F. A. 219
Reese, E.（リース） 357-359
Reese, H. W. 207,571
Reid, J. 601
Reifel, S. 514
Reilly, J. 343
Repacholi, B. M. 504
Rescorla, L. 725
Resnick, L. 37
Reynolds, P. C.（レイノルズ） 8
Reznick, S. 343
Rhea, S-a. 208
Rhine, H. M. 399
Rholes, W. S 143
Richardson, T. M.（リチャードソン） 480

Richerson, P. J.　219
Richters, J. E.　144
Ridge, B.　600
Ridgeway, D.　503
Ridley, M.　208
Riemann, R.　206
Rieth, C.　329
Riley, J. W.（ライリー）　634,635,644
Riley, M. W.（ライリー）　634,635,643,644
Ringer, S. A.　697
Ristau, C. A.（リストウ）　190
Rizzolatti, G.　392,699
Roberts, B. A.　320
Roberts, B. W.　321
Roberts, D.　264
Roberts, J. E.（ロバーツ）　480
Robertson, E. R.　544
Robertson, R. L.　697
Robinson, D. N.　9
Rochat, P.　336
Rodenberg, M.　150
Rodgers, J. L.　653
Rodin, J.　457
Rodriguez, M. L.　542
Roe, K.　159
Roff, M.　525
Rogers, C. R.（ロジャーズ）　496,845
Rogers, S.　697,701
Rogers, S. J.　388,699
Rognon, C.　255
Rogoff, B.（ロゴフ）　36-38,97,99,107,238,283,611,613,858,859
Rogosch, F. A.　142,267
Roisman, G. I.　148,267
Rollins, P. R.　665
Romanes, G. R.（ロマーネス）　24,25
Romero, R. D.　331
Ronai, Z.　266,267
Rosenbaum, P.　697
Rosenberg, M.（ローゼンバーグ）　479,480
Rosenblum, G. D.　449
Rosenthal, P. A.　594
Rosenthal, S.　594

Ross, D.（ロス）　166,169
Ross, H. S.　504
Ross, S. A.（ロス）　166,169
Roth, S.　595
Rothbart, M. K.（ロスバート）　485,486,489,539,600
Rothbaum, F.　468
Rotter, J. B.（ロッター）　170
Rousseau, J.-J.（ルソー）　4,5,293
Routh, D. K.　182
Roux, S.　697
Rovee-Collier, C.　354,816
Rowe, A.　335
Roy, K. K.　227
Roy, T. S.　227
Rubin, D. C.　353
Rubin, E.　661,729
Rubin, K. H.　285,286
Ruble, D. N.（ルーブル）　552,553
Ruf, H. T.　486
Ruffman, T.　393
Ruiz, M. D.　289
Rumsey, J. M.　783
Russell, V. A.　713
Rutherford, E. E.（ラダフォード）　577
Rutland, A.（ラットランド）　397,400
Rutt, B. K.　331
Rutter, M.（ラター）　488,592,787
Ryan, J. A. M.　535
Ryan, R. M.　464,465
Rydell, P. J.　661,729
Ryle, G.　103

S

Saab, P. G.　182
Saarni, C.（サーニ）　263,445-447,449,450,541
Sackett, G. P.（サケット）　856
佐渡友藍　758
相良順子　309,551,552,554
Sagvolden, T.　713
Sai, F.　333
斎賀久敬（Saiga, H.）　7,244,591
西郷達雄　628
斎藤晃　697
齋藤亜矢　199

Saito, H.　328
斎藤次郎　654
斎藤憲一郎　360
斉藤こずゑ　806,807,810,823
齋藤瑞恵　409
斎藤成也　217
斎藤佐和　736,738
斉藤淑子　181
坂上裕子　149,271,507,510,821
坂上和子　181,182
坂入笑美　630
坂元章　628
坂野雄二　530
Sakata, Y.　403
佐久間（保崎）路子　285,510
櫻井茂男　277,280
桜谷真理子　272
Salapatek, P.　261,875
Salmon, K.（サルモン）　358,359
Salovey, P.　457
Salthouse, T. A.　248
Saltzman, E.　198
Sameroff, A. J.（サメロフ）　488,489,600,833
Samper, P.　401
真田信治　862
Sander, M. C.（サンダー）　356
Sanderson, A.（サンダーソン）　476,479
Sandy, M. C.　755
Sanna, L. J.　544
三宮真智子　286
Sanson, A.　484
Sansone, L. A.　594
Sansone, R. A.　594
Santon, G. C.　477
Santucci, A. K.　544
Sapir, E.（サピア）　3
Sarbin, T. R.（サービン）　473
Sarty, M.　332
佐々木かすみ　693
佐々木正宏　493
佐々木正人　352,357,743,753
佐々木恵　535
佐々木美和　182
佐々木尚之　639
佐々木陽子　756,757
佐々木裕子　572

佐島毅　742-749
Sasvari-Szekely, M.　266
佐竹真次　729
佐藤博樹　554
佐藤寛　534
佐藤郁哉　821,822
佐藤公代　630
佐藤学　609,618,619
Sato, N.（サトウ）　614
佐藤里織　575
佐藤眞一　641
佐藤正二　532-534
佐藤泰正　745,747
佐藤容子　527,532
佐藤有耕　295
佐藤有里　765
颯田葉子　217
Sauvage, D.　697
Savage-Rumbaugh, S.　159
澤隆史（Sawa, T.）　734,739
澤田英三　835,858,864,867,869
Sawada, T.　331
澤村省逸　628
澤野幸司（Sawano, K.）　422
Sawtell, N. B.　224
Sawyer, D.　264
Sawyer, K.　454
ソーヤりえこ　89
Saxe, G. B.　107
Scaife, M.（スケイフ）　263,666
Scambler, D. J.　509
Scammon, R. E.（スキャモン）　160,430,431
Scarr, S.　206
Schaal, B.（シャール）　255,256
Schacter, D. L.（シャクター）　359
Schaie, K. W.（シャイエ）　246,247,300,315,320,637,642
Scheier, M. F.　463
Schensul, J.　599
Scherf, K. S.　674
Schiefelbusch, R. L.　729
Schlesinger, I. M.（シュレシンガー）　347
Schlundt, D.　533
Schoen, D.　569
Schopler, E.（ショプラー）　701

Schuengel, C.　142,150,265
Schultz, R.　388
Schultze, F.（シュルツェ）　157
Schulz, R.　468,636
Schunk, D. H.　540,543
Schwartz, A. N.　446
Schwartz, J. E.　321
Scibra, G.　392
Scola, C.　198
Scott, A. A.　699
Scott, R. M.　392
Scott, W. O.　533
Scribner, S.（スクリブナー）　36-38,88,107,610,611
Seavey, C. A.　551
Seckl, J. R.　209
Seeman, T. E.　319
関戸英紀　729
Sekine, K.　829
Sekine, S.（関根）　199
世古口さやか　182
Seligman, M. E. P.（セリグマン）　465,466
Selman, R. L.（セルマン）　286,287,509
Semmel, A.　466
千住淳（Senju, A.）　391,392
Seroczynski, A. D.　289
瀬戸淳子　628
Sewell, J.　484
Shah, M.　521
Shah, R. C.　321
Shar, A.（シャー）　700
Sharma, S.　209
Sharp, C.（シャープ）　507
Sharp, D. W.　610
Shatz, M.　343,389
Shavelson, R. J.（シャベルソン）　477
Shaver, P. R.（シェーバー）　143,144,575
Shaw, D. S.　544
Sheese, B. E.　600
Sheldon, W. H.（シェルドン）　431
Shells, S. B.　525
Sherman, L. J.　268
Sherry, S.　142

柴田博　317
柴田利男　273
柴田義松　73,74,78,79
柴山真琴　239
渋谷勝巳　862
Shifman, L.　182
繁桝算男　866,867
Shigematsu, J.　343
島義弘　573
島井哲志　627
島村直己　408,411
清水将　628
清水紀子　572
清水貞夫　683
清水茂幸　628
Shimizu, Y.　255
清水依子　875
下田俊介　809
下村英雄　602
下仲順子　321,479,641
下山晴彦　849
進一鷹　755-757
新藤茂　765
Shing, Y. L.（シング）　354-356
篠原郁子　506,575
白神敬介　822
Shirai, N.　331
白佐俊憲　578
塩飽仁　182
Shizawa, Y.　829
Shoda, Y.　542,543
庄司一子　534
東海林麗香　572
Shore, A. N.（ショア）　138
Shrager, J.　62,70
Shrout, P. E.　552
Shultz, S.　217,220
首藤敏元　280,399,400,402
Shwalb, D. W.　630
Shweder, R. A.（シュウェーダー）　97,99,100
Shyi, G. C. W.　816
Sibly, R. M.　220
Siegler, R. S.（シーグラー）　62,70
Sigman, M.　666,674,697,699,700
Silber, S.　389
Silbereisen, R. K.（ジルバーアイゼン）　647,656

Silk, J. S. 544
Silverman, J. S. 219
Simion, F.（シミョン） 332, 335, 503
Simmons, N. R. 735
Simon, H. A. 858
Simon, T. 515
Simon, Th.（シモン） 38, 378
Simonoff, E. 782
Simpson, J. A. 143
Singer, B. H. 319
Singer, D. G. 626
Singer, J. L. 626
Sinha, D.（シンハ） 654
Sinigaglia, C. 392
Siqueland, E. R. 340
Sireteanu, R. 329
Siskind, J. M.（シスキンド） 341
Skinner, B. F.（スキナー） 165, 166, 172, 173
Skovgaard, A. M. 781
Skuse, D.（スクセ） 591
Slaby, D. A. 526
Slade, A. 150
Slater, A. M. 551
Sleed, M. 151
Slemmer, J. A. 341
Slobin, D. I.（スロービン） 159
Sloetjes, H. 827
Slomkowski, C. 393
Smetana, J. G.（スメタナ） 397, 400
Smith, C. A. 444
Smith, C. L. 541
Smith, E. D. 517
Smith, J. 247
Smith, K. D. 541
Smith, M. 544, 701
Smith, M. D. 504
Smith, P.（スミス） 397
Smith, P. K. 391, 513–516
Smith, R. S. 499
Smotherman, W. P. 254
Snidman, N. 486
Snow, C. E. 157
Snyder, J.（スナイダー） 601, 602, 604
Snyder, S. S. 468

副島賢和 765
荘厳舜哉 442
Sōkratēs（ソクラテス） 48
Solomon, J.（ソロモン） 141, 265
Somerville, L. H. 543
Song, H.（ソン） 816
園原太郎 276, 745
Sonuga-Barke, E. 592, 713
Soorya, L. 460
空井健三 630
Sorce, H. F. 336
Sorce, J. F.（ソース） 124, 264, 446, 447
Soul, J. S. 697
Soussignan, R. 255, 256
Southgate, V.（サウスゲイト） 392
Spalding, D.（スポールディング） 184
Spangler, G. 266, 267
Spearman, C. E.（スピアマン） 382
Speece, D. L. 706
Spelke, E. S.（スペルキ） 65, 66, 70, 367, 417, 418
Spence, K. W.（スペンス） 166
Spencer, H.（スペンサー） 21, 23, 24, 378, 442, 648
Speranza, A. M. 144
Sperber, D.（スペルバー） 373
Spinath, F. M. 206
Spinazzola, J. 595
Spinka, M. 518
Spinrad, T. L. 397, 401, 541
Spitz, R. A.（スピッツ） 112, 121, 123, 179, 574
Spranger, E.（シュプランガー） 47
Squire, L. R.（スクワイア） 353
Sroufe, L. A.（スルーフ） 147, 148, 265, 600
Stackhouse, T. 699
Stager, C. L. 815
Stambak, M. 518
Stanovich, K. E. 707
Starkey, P. 815
Statham, A. L. 209
Stattin, H. 603

Staudinger, U. M. 242, 540
Steege, M. W. 706, 707
Steele, H. 146
Steele, M. 146
Steenken, P. 49
Steinberg, L.（ステインバーグ） 298, 603
Stellar, E. 26
Stern, C.（シュテルン） 22, 157
Stern, D. N.（スターン） 113, 124, 125, 503
Stern, W.（シュテルン） 14, 22, 24, 25, 157, 379
Sternberg, R. J.（スタンバーグ） 15, 377, 384
Stevens, S. S.（スチーブンス） 843
Stevenson, H. 615
Sthankiya, B. 575
Stigler, J. W. 615
Still, G. F.（スティル） 711
Stolbach, B. C. 592
Stoll, G. 355
Stone, W. 697
Stone, C. A. 75
Stovel, K. 599
Straube, B. 355
Strauss, A. L.（ストラウス） 885–887
Strauss, E. 320
Strauss, S. 57
Strauus, M. S. 418
Stredler-Brown, A. 737
Strelau, J. 483
Striano, T. 264, 503
Strother, C. R.（ストローザー） 300
Stryker, M. P. 225
Stupica, B. 268
Suchman, L. 104
Suckling, J. 228
須田治 459, 510
須藤春佳 288
末木新 629
Suess, G. 266
須賀哲夫 346
Sugai, D. 525
菅井洋子 829

菅沼真樹　149,271
菅原育子　573
菅原健介　867
菅原ますみ　627
杉原隆　284
杉村和美　602
Sugimura, T.　360
杉村智子　630
杉岡津岐子　414,630
杉戸清樹　862
杉山圭子　575
杉山憲司　808
杉山登志郎　592,686
Sugiyama, Y.　200
Sullivan, H. S.（サリヴァン）　116, 129,288
Sullivan, K.　509
Sullivan, N. R.　697
Sulzby, E.　409
住田正樹　578
角谷詩織　627
Summer, J.　460
Sunday, S.　595
Super, C. H.　655
Super, D. E.（スーパー）　305
Sutton, J.　393
Sutton-Smith, B.（サットン-スミス）　513,514,518,521,522
諏訪元　217
須山靖男　317
Suzuki, M.　255
鈴木乙史　493,494
鈴木聡志　762,763,767,858
鈴木忠　15,244,247,318,319
鈴木健　784
鈴木由美子　757
鈴山可奈子　573
Svejda, M.　446
Swain, M.　284
Swanborn, M. S. L.　413
Swanson, D.　264
Swingley, D.　814
Sylva, K.（シルヴァ）　515
Symonds, P. M.（サイモンズ）　573
Syrota, A.　227
Szeminska, A.（シェミンスカ）　51

Szpunar, K. K.　354
Szyf, M.　209

T

太幡直也　809
橘隆一　697
多田幸雄　628
多賀太　553
Taga, G.　228
田上敦士　628
田上不二夫　765
Tager-Flusberg, H.　159,509,697
Tai, K. S.　228
Taine, H.（テーヌ）　22
Taira, M.　331
多鹿秀継　353
田島充士　75,78,79,81,84
田島啓子　858
田島信元　97,99-102,602,628, 858-860,862,863
高木秀明　297,628
高木光太郎　360
高木邦子　772
髙木修　402,772
高濱裕子　510
Takahashi, E.　544
高橋悦男　697
高橋和子　693
高橋惠子　274,311,554,555
高橋道子　272,552,697
高橋登（Takahashi, N.）　407, 409-414,627,630
高橋隆一　761,762
高橋征仁　401
Takahashi, T.　227
高橋たまき　273
高橋智子　404
高橋知音　766
高比良美詠子　628
高井弘弥　403
高井-川上清子（Takai-Kawakami, K.）　182,251,254,255,258
高石昌弘　438
高波厚子　697
高梨一彦　627
高野美由紀　687
高野陽太郎　106
高岡昌子　360

高島朋子　279
高杉弘之　757
高田利武　311
高辻千恵　510
高山巌　532,771,772
高山緑　321
武田美亜　402
武居渡　738
武石恵美子　554
竹村明子　468
竹村和久　402,772
竹村一夫　581
竹村祥子　649,652
Takeshima, T.　779
竹下秀子（Takeshita, H.）　196-199
竹内和雄　628
竹内洋　237
竹内由布子　541
竹崎登喜江　766
瀧本孝雄　494
田熊立　693
詫摩武俊　483,494,575
Tambor, E. S.　479
Tamis-LeMonda, C. S.　552
田村達　403
田中亜希子　149,271
田中あかり　272
Tanaka, K.　328
田中恭子　181
田中浩司　274
田中熊次郎　528,529
田中耕治　736
田中正之（Tanaka, M.）　197,199
田中みどり　273
田中正人　755
田中昌人　875
田中悟志　544
田中真介（Tanaka, S.）　876
田中輝美　764
Tanaka, Y.　319
田中康雄　786
Tang, Y.　321
谷口明子　888
Tanji, J.　544
田沼実畝　412,707
Tapanya, S.　518
Tapscott, D.　624

Tardif, T. 343
田代学 629
Tauber, E. S. 327
田矢幸江 572
田山淳 628
Taylor, M. 516
Taylor, S.（テイラー） 479
田澤実 602
Teale, W. H. 409
Teasdale, J. D. 466
Teberosky, A. 409
Tees, R. C. 340
Tellegen, A. 443
Teller, D. Y. 327
Temple, C. M.（テンプル） 668, 669, 671-673
Tenenbaum, H. R. 552
寺戸武志 628
寺井朋子 401
寺本淳志 757
寺本潔 599
Terdal, S. K. 479
Teresa, E. P.（テレサ） 755, 756
Terman, L. M.（ターマン） 14, 15, 379
Tesla, C. 393
Teslovich, T. 543
Tetens, J. N.（テーテンス） 5, 6
Teti, D. M. 817
手塚光喜 786
Thal, D. 343
Theophrastos（テオフラストス） 493
Thomas, A.（トマス） 483, 484, 487
Thomas, C. 699
Thomas, W. 591
Thompson, L. A. 208
Thompson, M. 713
Thompson, R. A.（トンプソン） 399
Thondike, E. L.（ソーンダイク） 165, 166
Thorne, B.（ソーン） 553
Thorpe, W. H.（ソープ） 186
Thurstone, L. L.（サーストン） 382
Tichener, E. B.（ティチナー） 11

Tiedeman, D.（ティーデマン） 156
Tiemeier, H. 267
Tinbergen, N.（ティンバーゲン） 28, 29, 184-186, 189
Tishkoff, S. A. 219
Tjuus, T. 696
Tobin, J. J.（トービン） 42
戸田弘二 575
戸田まり 819
徳田智代 573
Tolchinsky, L. 415
Toleman, E. C.（トールマン） 164, 165
Tomasello, M.（トマセロ） 40, 97, 105, 157, 159, 160, 201, 263, 342, 344, 345, 347, 348, 389, 393, 502-504, 666
富雅男 753
冨家直明 628
冨永良喜 628
Tomkins, S. S.（トムキンス） 443
Tomlinson-Keasey, C. 321
友田明美 595
友永雅己（Tomonaga, M.） 197, 331, 334
礪波朋子 274
Tonegawa, S. 224
Tooby, J. 211, 364
Torgesen, J. K.（トルゲセン） 708
鳥越隆士（Torigoe, T.） 197, 738, 739
鳥居修晃 8
Tornstam, L.（トルンステム） 318
Toronto, R. S. 652
Torrance, N. 38
Toth, I. 266
Toth, S. L. 142, 267
Toulmin, S.（トゥールミン） 795
Towse, J. N.（タウゼ） 356
豊田秀樹 206, 841, 842
外山紀子 562, 821, 822
Tram, J. M. 289
Treboux, D. 146
Trevarthen, C.（トレヴァーセン） 389

Trivers, R. L.（トリヴァース） 185, 188
Tronick, E. Z.（トロニック） 455, 456, 878
Trower, P. 527
Tsang, J. 403
Tsao, F.-M. 816
土谷みち子 307
土屋隆裕 842
辻泉 235
辻新六 842
辻井正次 581
束原麻奈美 572
槻舘尚武 728
津守眞 381
常田美穂 820, 821
常冨真弘 629
Tsuruhara, A. 331
鶴田一郎 763
鶴田和美 847-849
筒井千恵 765
Tsutsui, K. 331
続有恒 841
都筑学 806, 807, 823
Tucker, L. A. 875
Tucker, P.（タッカー） 550
Tuckey, M. 393
Tulving, E.（タルヴィング） 352, 354
Tur, A. 401
Turati, C. 332, 503
Turiel, E.（チュリエル） 397, 399, 400, 403
Turker, J. S. 321
Turkheimer, E. 206
Turner, E. D. 182
Tversky, A.（トヴェルスキー） 371, 373
Tylor, E. B.（タイラー） 232
Tyson, P.（タイソン） 126
Tyson, R.（タイソン） 126

U

Uchida, I. 544
内田伸子（Uchida, N.） 7, 244, 415, 568, 591
内田知宏 784
内田由紀子 311

Uchida-Ota, M.　227
Uchiyama, I.（内山）　447,448
Uda, H.　779
植田一博　602
上原泉（Uehara, I.）　357,360
上原俊介　403
上宮愛　360
Ueno, A.　199
上野文弥　697
Ueno, M.（上野）　447
上野満雄　317
上野直樹　89,90,94,95,103
Uexküll, J. von（ユクスキュル）　28,29,185,187,188
Uhlenberg, P.　634
宇井美代子　553
氏家達夫　573
梅崎修　602
Umiltà, C.　332
Unzner, L.　266
Urbain, E. S.　542
Usher, B. A.　541
薄田祥子　697
臼井博　273,276,284,614
内海しょか　771
宇都宮博　573

V

Vaish, A.（ヴァイシュ）　264,504
Valenza, E.　332
Valsiner, J.（ヴァルシナー）　41,108
van Beijsterveldt, C. E.　208
Vandenverg, B.　515
van de Vijver, F. J. R.　651
van der Kolk, B. A.　592,595
van Dulmen, M.（ヴァン・ドルメン）　602
van Hooff, J. A. R. A. M.　186
Van Hulle, C.　653
van IJzendoorn, M. H.（ヴァン・アイゼンドーレン）　142,149,150,265-268
Varley, J.　701
Vasquez, O. A.　39
Vasudeva, A.（ヴァスデヴァ）　357,359
Vaughan, H. G., Jr.　327

Vaughn, S.　412
Vazques, D. M.　600
Vecera, S. P.　335
Velázquez, D.（ヴェラスケス）　4
Venema, T. H.　737
Vergauwe, E.　356
Verhoeve, M.　698
Vico, G.（ヴィーコ）　97
Vigorito, J.　340
Vilis, T.　331
Vinnerljung, B.　652
Voelker, P. M.　600
Vogel, D. A.　552
Vogtle, L.（ヴォグトル）　752,754,755
Voight, B. F.　219
Volkmar, F.　388
Volpe, J. J.　697
von Baer, K. E.（フォン・ベーア）　24
von Baeyer, C.　466
von Frisch, K.（フォン・フリッシュ）　184
von Holst, E.（フォン・ホルスト）　184,189
von Oertzen, T.　355
Vygotsky, L. S.（ヴィゴツキー）　32-36,41,60,61,73-85,87-93,97-100,103,106,107,238,410,515,538,602,794,860

W

Wachtel, G. F.　344
和田謙一郎　581
和田正人　765
Waddington, C. H.（ウォディントン）　242,243
Wadhwa, S.　227
Wadsworth, S. J.　208
Wagner, V.　521
Wainwright, R.　393
若林明雄　495
若井広太郎　666
若本純子　478
若杉亜紀　730
脇中洋　360
脇中起余子　287
脇田裕久　438

Walden, T. A.　264
Walk, R. D.（ウォーク）　330,446
Wall, S.　113,141,264,467,828
Wallace, A. F. C.　234
Walters, E. E.　779
Walters, R. H.　166,530,551
Wang, A. T.（ウォン）　674
Wang, J.　592
Wang, S. M.　182
Ward, M. J.　142
Warren, D.　746
Warrington, E. K.（ウェリントン）　669,671-673
鷲尾純一　736
Wasserman, S.　460
綿巻徹　346
Watanabe, H.　228
渡辺秀樹　306
渡辺雅彦　223
渡辺実　697
Watanabe, S.　227,334
渡辺修一郎　316
渡辺利子　510
渡辺弥生　287,526,527,532,534
Waters, E.（ウォーターズ）　113,141,144,146,147,264,265,467,828
Waters, R. H.　279
Waters, S. E.　331
Watson, D.　443
Watson, G.（ワトソン）　573
Watson, J.　389
Watson, J. B.（ワトソン）　164,165
Watson, J. S.（ワトソン）　261
Wattam-Bell, J.　327-329
Weaver, I. C. G.　209
Wechsler, D.（ウェクスラー）　300,320,380
Weeks, M. R.（ウィークス）　599,605
Wehner, E.　699
Weinfield, N.（ワインフィールド）　147
Weisler, A.（ワイスラー）　513
Weismann, A.（ヴァイスマン）　23
Weisner, T. S.　145
Weisz, J. R.　468

Wellman, H. M.（ウェルマン） 64,65,68,69,367,389,391,507
Welsh, J. D. 541
Wenger, E.（ウェンガー） 36,88,107
Wentzel, K. R.（ウェンツェル） 467
Werker, J. E.（ワーカー） 158,340,815
Werkle-Bergner, M. 354-356
Werner, E. E.（ワーナー） 499
Werner, H.（ウェルナー） 12,24,25,28,46
Wertsch, J. V.（ワーチ） 33,34,36,39,42,43,75,88,93,97,100-102,107,538,862
West, C.（ウエスト） 553
Wetherby, A. M. 661,729
Wexler, K.（ウェクスラー） 156
Whalen, P. J. 544
Wheeler, W. M.（ホイーラー） 184
Wheelwright, S. 335
Whelton, W. J. 520
White, R. W.（ホワイト） 260,462,463
Whitehead, A. N. 800
Whitehouse, A. J. O. 725
Whiten, A.（ホワイトゥン） 189,392
Whiting, B. B.（ホワイティング） 233,234
Whiting, J. W. M.（ホワイティング） 233,234
Whitman, C. O.（ホイットマン） 184
Whorf, B. L.（ホワーフ） 3
Widom, C. S. 594
Wiesel, T. N. 224
Williams, E. 409
Williams, E. M. 367
Williams, J. 409
Williams-Wheeler, M. 603
Willig, C. 888
Willis, J. O. 382
Willis, P. E. 239
Willis, S. L. 637,642
Wilson, A. E.（ウィルソン） 504

Wilson, B. J. 626
Wilson, D.（ウイルソン） 373
Wilson, E. O.（ウィルソン） 185
Wilson, N. L. 543
Wilson, R. S. 321
Wimmer, H.（ウィマー） 387,388,390,509,698
Wing, L.（ウイング） 691,692,695
Wingard, D. L. 321
Winnicott, D. W.（ウィニコット） 112,113,119-121,129
Winter, J. 701
Winter, M. 147
Witherington, D. C. 263,445-448
Wittenburg, P. 827
Wittgenstein, L.（ウィトゲンシュタイン） 90,103
Wolf, M. 374
Wolff, P. H.（ウルフ） 263,456
Wolfram, R. W. 182
Wolke, D. 268
Wolpe, J.（ウォルピ） 172
Wood, R. 525
Woodhouse, S. S. 150,268
Woodruff, G.（ウッドラフ） 387,698
Workman, L. 211
Wortham, S. 514
Wray, G. A. 219
Wright, H. F. 598
Wright, M. J. 208
Wrosch, C. 636
Wu, D. Y. H. 42
Wu, P. Y. K. 332
Wundt, W.（ヴント） 11,16,97,108,164,442,494,862
Wurtz, R. H. 328
Wydell, T. N. 411
Wynn, K.（ウィン） 367,815,816

X
Xu, F.（シュ） 68,418,816

Y
藪垣将 572
Yagi, A. 331
八木規夫 438
Yagihashi, T. 227

八幡成美 602
Yahr, J. 551
山田剛史 404
やまだようこ（山田洋子） 272,475,794-797,799,800,821,822,845,882
山鳥重 669,670
山岸明子 398
山口薫 717
山口勝也 848,849
山口真美（Yamaguchi, M. K.） 331,333-335
Yamakawa, K. 652
山本ちか 573
山本博樹 630
山本淳一 701
山本眞理子 867
山本将士 771
山本哲士 35
山本登志哉 360
山本悠子 182
山本裕子 747
山森哲雄 217
山中克夫 757
山上憶良 5
山崎勝之 535
山城大 713
山下文大 534
山下俊郎 130
Yamashita, W. 335
山内弘継 468
山脇彩 628
山崎晃 274,277
山崎茂明 808
山住正己 5
梁明玉 575
柳治男 616
Yanaihara, T. 255,258
Yang, C. F. 331
Yarrow, L. J.（ヤーロウ） 131
八島祐子 697
Yasuda, J. 829
安田三郎 841
Yasuda, T. 345
八杉龍一 8
安本美典 7
安村誠司（Yasumura, S.） 317,319

Yazaki-Sugiyama, Y. 226
矢澤圭介 864,869
Yeh, J. 327
Yerkes, R. M.（ヤーキーズ） 194
Yip, L. 228
Yirmiya, N. 697
依田明 578
四日市章 736
横浜恵三子 273
横井川美佳 875
横田圭司 722
横山真貴子 829
横山正幸 162
横山隆光 629
Yonas, A. 330,331
米山志帆 758
吉田富二雄 867
吉田甫（Yoshida, H.） 418-423, 425-427
吉田禎吾 232
吉田俊和 628,771
吉井勘人 666
吉本史 630
吉中季子 581
吉野公喜 736
吉武久美 628
吉山千絵 757
Young, E. C. 725
Young, P. T.（ヤング） 462
Youngblade, L. M. 393,516
Youngstrom, E. A. 443
湯川隆子 555
Yukie, M. 328

Z

Zahn-Waxler, C. 503,541
Zaitchik, D. 509
Zalk, S. R. 551
残華ひとみ 629
Zayas, V. 543
Zeanah, C. H. 151
Zeitlin, M. 655
Zelazo, P. D. 713
Zelazo, P. R. 486
Zelizer, V. A. 648
Zentner, M. 487
Zigler, E. 148
Zimmer, C. 215,217
Zimmerman, B. J.（ジマーマン） 540,543
Zimmerman, D. H.（ツィマーマン） 553,568
Zimmermann, P. 147,267
Zimmermann, R. R. 130
Zosuls, K. M. 552
Züberbuhler, K. 201
Zupanc, G. K. H. 184,190
Zwaigenbaum, L. 697

事項索引

アルファベット

A

AABR 736
AAC (augmentative and alternative communication) 701,729
AAI (Adult Attachment Interview) 113,142,146,575
ABR 736
Adaptive Behavior Assessment System® Second Edition (ABAS®-Ⅱ) 915
ADHD (attention deficit/hyperactivity disorder) 711,781
ADHD Rating Scale-Ⅳ (ADHD-RS) 909
ADI-R日本語版 910
ADL (activities of daily living) 721
Aggression Questionnaire (AQ) 916
A群（不安全・回避群） 264,265
Alloway Working Memory Assessment Second Edition (AWMA-2) 923
AN (anorexia nervosa) 785
A-not-B課題 354
appropiation 565
AR (augmented reality) 94
ASA旭出式社会適応スキル検査 910
ASD (autism spectrum disorder) 695,725
ASI (Attachment Style Interview) 575
ASSR 736
ATI現象 441
Aタイプ（不安定・回避型） 141,147
Autism Diagnostic Observation Schedule (ADOS) 924

B

BASC-2 Behavioral and Emotional Screening System (BASC-2 BESS) 916
Bayley Scales of Infant and Toddler Development Third Edition (BAYLEY-Ⅲ) 916
BAYLEY-Ⅲ Screening Test 916
Beck Youth Inventories™ Second Edition for Children and Adolescents (BYI-Ⅱ) 925
Beery-Butenica Developmental Test of Visual-Motor Integration Sixth Edition (BEERY VMI) 916
Behavioral Assessment System for Children Second Edition (BASC-2) 917
B群（安全群） 264,265
BICS (basic interpersonal communication skills) 284
Big-Five 320
BN (bulimia nervosa) 785
BPSD (behavioral and psychological symptoms of dementia) 316
Bracken Basic Concept Scale：Expressive (BBCS：E) 917
Bracken Basic Concept Scale Third Edition：Receptive (BBCS-3：R) 917
BRS理論 (biologically relevant signals theory) 158
Bruininks-Oseretsky Test of Motor Proficiency Second Edition (BOT-2) Brief Form 917
BSRI (Bem Sex Role Inventory) 550
Bタイプ（安定型） 141,147

C

CA (career age) 723
CA (chronological age) 378
CAADID™日本語版 910
CAARS™日本語版 911
CALP (cognitive academic language proficiency) 285
CARS2-High Function 925
CAT 日本版試案幼児・児童絵画統覚検査（早大版CAT） 904
CCC (Children's Communication Checklist) 727
C群（不安全・両面価値群） 264,265
Child Behavior Checklist (CBCL) 786
Child Behavior Checklist (CBCL) & Teacher's Report Form (TRF) 911
Childhood Trauma Questionnaire (CTQ) 925
Children's Depression Inventory 2 (CDI 2™) 925
Children's Measure of Obsessive-Compulsive Symptoms (CMOCS) 926
Children's Memory Scale™ (CMS) 924
Children's PTSD Inventory 926
Children's Test of Nonword Repetition (CN REP) 924
Clinical Evaluation of Language Fundamentals® Fifth Edition (CELF®-5) 917
Clinical Evaluation of Language Fundamentals® Preschool-2 917
CLS (child life specialist) 180
Communication and Symbolic Behavior Scals™ (CSBS™) 918
Conners3™日本語版 911
count-all 420

count-on　420
C-PTSD（complex PTSD）　594
CT　382,736
Cタイプ（アンビバレント型）　141,147

D
DC0-3　780
Delis-Kaplan Executive Function System™（D-KEFS™）　918
Delis Rating of Executive Functions（D-REF）　918
DESNOS（disorder of extreme stress not otherwise specified）　595
development　2,20,500
Developmental Test of Visual Perception Second Edition（DTVP-2）　918
D群　265
DNA　209,212,266
DNA多型　266
DN-CAS（Das・Naglieri Cognitive Assessment System）　708,911
DN-CAS認知評価システム　832
Dポジション　118
DQ（developmental quotient）　380
DRD4　219,266,600
DSM-Ⅳ　711,718,780
DSM-Ⅳ-TR　711,712
DSM-5　695,705,712,725,726
DTI（diffusion tensor imaging）　226
Dタイプ（無秩序・無方向型）　141
DV（domestic violence）　307

E
ECG（electrocardiogram）　875
EDA（electrodermal activity）　874
EEA（environment for evolutionary adaptedness）　217
EEG（electroencephalogram）　871
EOG（electro-oculogram）　874
EP（evoked potentials）　872
EQ　385
ERP（event-related potential）　872

F
FACS（Facial Action Coding System）　445
FIQ　592
FM補聴器　738
fMRI（functional magnetic resonance imaging）　190,226,229,392,872

G
Gc（crystallized intelligence）　383
Gf（fluid intelligence）　383
Gf-Gcモデル　382
g因子説　382
GTA（grounded theory approach）　885

H
HPS（hospital play specialist）　180
HTP法　904

I
ICD-10　705,711,718,781
ID（intellectual disability）　716
IFEEL Pictures　574
indigenous psychologies　654
IQ（intelligence quotient）　15,379,495,692,718,723
IQテスト　706
ITPA言語学習能力診断検査　727,894

J
J. COSS日本語理解テスト　346,727

K
K-ABC　380,736
KABC-Ⅱ（Kaufman Assessment Battery for Children, 2nd ed.）　708
K-ABC-Ⅱ心理・教育アセスメントバッテリー　898
Kaufman Brief Intelligence Test Second Edition（KBIT-2）　919
Kaufman Survey of Early Academic and Language Skills（K-SEALS）　919
Kaufman Test of Educational Achievement Second Edition（KTEA-Ⅱ）　919
KIDS乳幼児発達スケール　833,895
KiSS-18　529
KJ法　849,881
K式発達検査　197

L
LCSA【学齢版】言語・コミュニケーション発達スケール　912
LCスケール　言語・コミュニケーション発達スケール　912
LD（learning disabilities）　705
LDI-R（LD判断のための調査票）　912
LD児・ADHD児診断のためのスクリーニングテスト（PRS）　913

M
MA（mental age）　378,723
MCスケール　433
MEG（magnetoencephalography）　874
Miller Function and Participation Scale（MFunPS）　919
MILLON™ Adolescent Clinical Inventory（MACI）　926
MILLON™ Pre-Adolescent Clinical Inventory（M-PACI）　926
Minnesota Multiphasic Personality Inventory-Adolescent（MMPI-A）　926
MMPI　496
MMSE（Mini Mental State Examination）　381
Movement Assessment Battery

for Children Second Edition（Movement ABC-2） 920
Movement Assessment Battery for Children Checklist Second Edition（Movement ABC-2 Checklist） 920
M-power 70
MRI（magnetic resonance imaging） 382,736,872

N
Naglieri Nonverbal Ability Test® Individual Administration（NNAT®-Individual Administration） 920
NBAS（Neonatal Behavioral Assessment Scale） 266
NEOパーソナリティ尺度 497
NEPSY Second Edition（NEPSY-Ⅱ） 920
Nice and Mean Interaction Scale 920
NIRS（near-infrared spectroscopy） 190,226,229,334,873
NMR（nuclear magnetic resonance） 872
Novaco Anger Scale and Provocation Inventory（NAS-PI） 921

O
OAE 736
OKN（optokinetic nystagmus） 327
OKNの異方性 328

P
PARS 913
PDCAサイクル 681
Peabody Developmental Motor Scales Second Edition（PDMS-2） 921
Peabody Picture Vocabulary Test Fourth Edition（PPVT-4） 921
PECS（The Picture Exchange Communication System） 730
PET（positron emission tomography） 382,392,873
P-Fスタディ（絵画欲求不満テスト） 904
PIQ 592
PISA（Program for International Student Assessment） 618
PISA調査 290
PLI（pragmatic language impairment） 726
PSポジション 118
PTSD（post traumatic stress disorder） 594,784
PVT-R絵画語い発達検査 727, 895

Q
Q分類法 498
QOL（quality of life） 179,433, 782

R
Raven's Progressive Matrices & Vocabulary Scales 921
RDC-PA 780
Resiliency Scales for Children and Adolescents™ 926
Revised Children's Manifest Anxiety Scale Second Edition（RCMAS-2） 927
Rivermead Behavioural Memory Test for Children（RBMT-C） 924
RR（Representation Redescription）モデル 365
RSA 600
RTI（Response to Intervention/Instruction）モデル 706

S
SCERTS 729
SCERTSモデル 661,913
School Motivation & Learning Strategies Inventory（SMALSI™） 921
SCQ（Social Communication Questionnaire）日本語版 913
SDQ（Strengths and Difficulties Questionnaire） 914
SDS自己評価式抑うつ性尺度 915
SEL（social emotional learning） 535
Self Image Profile（SIP） 922
Sensory Profile™ and Supplement 922
SLI（specific language impairment） 724
SNPs 204
SNS（social networking service） 629,810
SOC（selective optimization with compensation）理論 249,318, 636
SOCモデル（The Selection, Optimization, and Compensation model） 540
SRCスケール 433
SSP（Strange Situation Procedure） 141,146,264
SST（social skills training） 529
Stanford Achievement Test Series Tenth Edition（Stanford 10） 922
Strengths and Difficulties Questionnaire（SDQ） 786
subjectsからparticipantsへの視点の変換 809
SVO型 347

T
TAT（Thematic Apperception Test） 462,900
TBRS（time-based resource-sharing） 356
TCT 創造性検査 905
TEACCHプログラム 701
TerraNova CTBS 923
Test of Everyday Attention for Children（TEA-CH） 922
The Diagnostic Interview for Social and Communication disorders（DISCO-11） 925
TIMSS（Trends in International Mathematics and Science Study） 618
TK式 田中ビネー知能検査Ⅴ（全

訂版） 897
TOM心の理論課題検査 914

V

Vineland-Ⅱ適応行動尺度 914
VIQ 592
VOCA（voice output communication aids） 730
VOT（voice onset time） 340
VT（Vagal Tone） 544

W

WAIS（Wechsler Adult Intelligence Scal） 380
WAIS-Ⅲ成人知能検査 380
Wechsler Abbreviated Scale of Intelligence® Second Edition （WASI-Ⅱ®） 923
Wechsler Individual Achievement Test Second Edition （WIAT-Ⅱ） 923
Wechsler Nonverbal Scale of Ability （WNV™） 922
WHO（World Health Organization） 130,660,705,711,718
WISC（Wechsler Intelligence Scale for Children） 380,736
WISC-Ⅲ知能検査 592
WISC-Ⅳ知能検査 898
WISC-Ⅳ（Wechsler Intelligence Scale for Children, 4th ed.） 708
WM（working memory） 355
Woodcock-Johnson Ⅲ Tests of Achievement（WJ Ⅲ ACH） 923
WPPSI（Wechsler Preschool and Primary Scale of Intelligence） 380
WPPSI知能診断検査 899

五十音

あ

愛情のネットワーク・モデル 311
愛着 357,480,574,828
愛着（アタッチメント） 131,264,271,278
愛着形成 686
愛着行動 278
愛着行動システム 466
愛着システム 135
愛着スタイル 480
愛着タイプ 828
愛着の安定性 133
愛着理論 113,125,129,194,574
アイデンティティ 91,93,116,295,296,310,602,734,739
アイデンティティ拡散症候群 297
アイデンティティ拡散ステイタス 297
アイデンティティ危機 297
アイデンティティ・ステイタス 296
アイデンティティ達成 602
アイデンティティ達成ステイタス 297
アイデンティティの確立 296
アイデンティティの再体制化 310
アヴェロンの野生児 5
赤ん坊の泣き 455
アクションリサーチ 796
アクターネットワーク理論 89
アグラフィア（書き障害） 672
アサーティブ・トレーニング 532
あざむき 389
欺く 504
足場かけ 410,538
足場作り 505
アスペルガー障害 695
アスペルガー症候群 459,698
アセスメント 662,735,786
遊び 75,93,513
遊び経験支援装置 522
遊びシステム 522
遊びの多様性モデル 518
遊びの反対 522
遊びの本質 521
遊びの理想論化 514,518
アタッチメント 140,859
アタッチメント（愛着） 131,264,271,278,600
アタッチメント安定性得点 149
アタッチメントQセット法 149
アタッチメント軽視型 146
アタッチメント行動 264
アタッチメント・スタイル 144
アタッチメント対象 144
アタッチメント表象 144
アタッチメント理論 140,275
新しい情動性の領域 91
アダルト・アタッチメント・インタビュー（AAI） 142,146,575
扱いにくい子 484
アナクリティックうつ病 123
アニメ 630
アノエティック 352
アノテーション 827
アパシー型不登校 763
アフォーダンス 104,187,753
アプリオリ（先験性） 28
誤り方略 424
アルファベット 408
アロマザリング 653
安心感 467
安全感 116,265
安全（の）基地 116,135,144,271,278,467
安全群（B群） 264,265
安全港 467
安全性 264
安全の欲求 463
アンダーマイニング効果 464
安定型（Bタイプ） 141,146,272,828
安定化淘汰 214
安定群 480
アンドロジニー 550,555
アンビバレンス 114
アンビバレント型（Cタイプ） 141,146,828
アンビバレント群 480

い

怒り 444
生きがい 310
生き方 296
育児不安 272,306,554,572
育児負担感 306
イクメン 307,580

移行空間　119
移行指標　856
移行対象　119,122
意識　11
意識化　53
意識主義　16
易刺激性　266
異時性＝発達のタイミング　368
いじめ　290,603,770
いじめ防止対策推進法　770
異常行動チェックリスト　日本語版　906
衣食住　562
依存　131
依存的な感情　444
依託うつ病　121
一元論　21
一語発話　346
一語発話段階　346
一次記憶（短期記憶）　352
一次（的）情動　457,521
一次シンボル　410
一次的ことば　284
一次的統制　540
位置的一貫性　346
一卵性双生児　150,205,485,494
1歳半健診　687
1対1対応　421
逸脱行動　602
逸脱トレーニング　604
一致係数　868
一対比較法　866
一般化　54,70,78
一般的な事物名称　343
一般的な他者　510
一夫一妻制　189
一夫多妻　215
イーティック　869
遺伝か環境か　13,494
遺伝（子）型　204,489
遺伝子　204,212,265
遺伝子検査　441
遺伝子診断技術　306
遺伝子タイプチェックリスト　441
遺伝子多型　204
遺伝子・文化の共進化　219
遺伝的被傷性　267

遺伝的浮動　213
遺伝的要因　483
遺伝と環境　485
遺伝と環境との相互作用　242
遺伝分散　205
遺伝法則　23
遺伝要因　787
遺伝率　495
意図　342,389
イド　538
意図解読　160
意図性　263
意図をもった主体　389
〈いま・ここ〉の身体の状態　458
意味（スムィスル）　82
意味記憶　352
意味−語用障害　726
イーミック　869
意味づける行為　795
意味的一貫性　346
意味的カテゴリー　347
「意味的ブートストラッピング」仮説　347
意味方略　157
イメージの獲得　745
医療ネグレクト　587
医療保育専門士　181
陰影　330
因果関係　630,825
因果関係モデリング　793
インクルーシブ教育　677
インクルーシブ・スクール　617
因子分析　273,377,436
印象法　864
インターネット　570,627,771
インタビュー　796,886
インパクトファクター　809
インフォーマルな知識　421
インフォームド・コンセント（説明と同意）　802,809,838
引用・取り立て助詞　346

う
ウェクスラー記憶検査　905
ウェクスラー式（知能）検査　380,832
ウェルビイーング　532,636
うそ　504

うそ泣き　263
内田クレペリン精神作業検査　899
うつ　176,522,532
映し出し　150
うつ病　290,315,784
運動再生過程　530
運動視　327
運動障害　752
運動能力　284,436
運動能力テスト　436
運動発達　598,752

え
英才児　14
衛生要因　468
叡智　383
疫学研究　779
液量の保存　51
エクソシステム　31,567
エコラリア（反響言語）　725
エージェント　569
エスノグラフィー　886
エスノ心理学　654
エスノパラダイム　4,6,8,15
エスノメソドロジー　99,235,799,864
エソグラム　878
エソロジー　184
越境（バウンダリークロス）　89
エディティング　843
エディプス期　11
エディプス・コンプレックス　111,576
エピジェネティクス　209,268
エピステモロジー　92
エピソード記憶　352,357
エピソード記憶の生涯発達的な変化　354
エピソード記憶の練習　361
エピソード記録　821
エフェクタンス　462
エフォートフル・コントロール　539
絵本読み場面　829
エモーショナル・コミュニケーション　263
エレクトラ・コンプレックス

115
演繹的方法 52
エンカウンター 532
エンカウンターグループ 848
冤罪事件 359
遠城寺式乳幼児分析的発達検査法（九大小児科改訂版） 381,892
援助行動 401
円枠家族描画法 899

お
横断系列的研究 300
横断（的）研究 277,300,480,626
横断調査 246
横断法 799
応答規準 243
応答性 277
応用行動分析（ABA） 701
応用行動分析的アプローチ 701
大型類人猿 201
太田 stage 906
置き換え 61
奥行き知覚 329
教え込み型 613
音にもとづく綴り 672
オートノエティック 353
驚き 444
おびえ／おびえさせる 142
おびえ・無力型 143
オープン・コーディング 887
オペラント条件づけ 165,816
オペラント法 529
親子関係 271,293
音韻 339,734
音韻意識 410
音韻コントラスト 340
音韻処理 707
音韻性アグラフィア 672,673
音韻性ディスレキシア 670
音韻知覚 339
音韻的符号化の困難 707
音韻論 708
音声言語 227
音節 407
音素 408
音律 158

か
絵画語い発達検査改訂版（PVT-R） 727
絵画的（奥行き）手がかり 330
快感回路 519
開眼事例 8
外言 33,73,541
外向性 320,483,492,497
外在化（した）問題行動 141,277
外在的問題行動 541
臥位姿勢 756
解釈学的現象学分析 799
外傷後ストレス障害（PTSD） 784
回想 354
改訂版鈴木ビネー知能検査 897
外的強化 530,538
外的調整 464
外的統制型 433
介入 532
概念形成 745
概念的自己 474
概念的思考 79
概念的スキル 720
「快の状態」を回復 460
外胚葉型 431
外発的動機づけ 462
回避型（Aタイプ） 141,146,272,828
開放性 320,497
解離症状 785
会話 357
会話スキルの指導 728
会話スタイルへの介入 358
会話の公準 373
会話のスタイル（レミニシングスタイル） 357
会話分析 799,858
会話を行うタイミング 358
カウンセリング 764
顔知覚の生得性 332
顔知覚の発達 333
科学革命 4
科学思想史 48
科学的概念 78
科学的心理学 862
科学的な思考様式 611

過活性化 144
書き言葉 38,415
鍵刺激 185
書き障害（アグラフィア） 672
核家族化 577
核家族世帯 571
学業成績 525
学業成績の発達曲線 208
学業的自己概念 477
学業不振 424
学業不振の原因 426
核磁気共鳴（NMR） 872
学習 528
学習言語能力（CALP） 285
学習支援 662
学習指導要領 427,664,678
学習障害（LD） 705
学習障害に関する全国合同委員会 706
学習性無力感 466
学習説 8
学習メカニズム 160
学習目標 467
学習理論 538
学習レディネス診断検査 892
学術的パラダイム 4
覚醒水準 254
拡大均衡化 54
拡張-形成理論 519
拡張的自己 474
拡張模倣 729
学童期 597
獲得安定型 147
獲得と喪失としての発達 799
隔離実験 7
確率学習 69
学力観 16
学力低下 618
学力偏差値 16
隠れた遊び 518
隠れたカリキュラム 552
可視的自己 472
数の保存 51
仮説演繹的思考 299
仮説演繹法 793
仮説検証 794,869
仮説検証型 825
仮説検証的アプローチ 862

仮説構成体　866
仮説生成　794, 825, 869
画像診断検査　382
仮想的有能感　772
仮想の子ども　648
家族　571, 650
家族イメージ法　900
家族関係　569
家族支援　662
家族システム論　496
家族社会学　235
家族の個性化　307
可塑性　222, 224, 242, 244
課題　564
課題移行空間　568
課題固有　66
語り（ナラティブ）　105, 357, 476, 795, 858
語り直し　798
価値観　296, 300, 401, 501
家畜化　27
価値への予感　41
学級　616
学級経営　616
学級制度　616
学校　570, 608
学校教育　37, 609, 676
学校教育の文化的特質　614
学校嫌いの感情　763
学校心理士　765
学校生活　608
学校制度　38, 608
学校知能　379
学校への移行　284
活動　35, 613, 660
活動システム　89
葛藤処理方略　601
活動性　485
活動制限　660
活動の快　515
活動理論　36, 107, 317
カッパ（κ）　868
カテゴリー化　887
カテゴリカル知覚　340
カテゴリーシステム　878
カテゴリー制約　344
カテゴリー的情報　67
カテゴリー特性　877

悲しみ　444
可能世界　519
甲山事件　359
貨幣関係　95
加法構造　421
ガルシア効果　367
感音難聴　733
感覚　11
感覚運動期　262, 515
感覚運動知能　48, 51
感覚運動の調整　539
感覚主義　14
感覚生理学　190
喚起調整　455
喚起の水準　459
眼球運動　874
環境汚染　177
環境型　489
環境世界　28
環境世界論　28
環境分散　205
環境要因　483, 600, 665, 720, 787
環境論　8
環境を介しての遺伝　208
関係するパートナーの目標　662
関係性攻撃　771
関係性の仕組み　456
関係のマッピング　61
観察　278, 819, 848
観察学習　166, 199, 279, 398, 529
観察記録　22
観察データ　822
観察法　529, 824, 864
監視　454
漢字　407
間主観性　125, 859
感情　442, 457
感情障害　466
感情的参照　264
感情の加齢変化　319
感情の調整ゴール　460
感情表出　357
感情フィードバック　457
環世界　187
観測値　855
眼電図（EOG）　874
願望　515
関連性　372

関連性の原理　373

き

記憶　257, 286, 352, 610
記憶の方略成分　355
記憶の連合成分　355
記憶表象　354
記憶方略　355
器官進化　24
器官淘汰　24
危機　297
危険行動　599, 602
記号論理学　52
記号論理学の群性体　52
儀式化　185
気質　150, 265, 483, 600
記述的次元　477
技術的知能　385
技術的道具　36, 74
基数としての「5」　418
帰属スタイル　466
帰属理論　172
基礎律動　871
期待違反事象パラダイム　392
期待価値理論　170
期待値　855
期待背反法　815
期待はずれのプレゼント　541
キッキング　354
機能環　187
機能主義　233
機能障害　660
機能側性化　227
機能的核磁気共鳴画像法（fMRI）　392, 872
機能的情動　445
機能的リテラシー　618
機能にもとづいた分類　38
規範的ルール　369
気分障害　784
基本的情動　443, 455
基本的信頼感　271, 275, 600
帰無仮説　794
気むずかしさ　433
肌理の勾配　330
逆操作　49
虐待　141, 148, 265, 581, 585
虐待回避型非行　776

虐待死　589
虐待相談件数　588
キャスパーアプローチ　756
客観　795
客観的知覚　120
キャッテル-ホーン-キャロル理論　382
キャラクター　492
キャリアの信念　635
ギャンググループ　286
ギャング集団　527
キャンプ療法　766
嗅覚　255,333
9（10）歳の壁　287
吸綴行動（サッキング）　354
吸啜法　815
キュードスピーチ　739
教育課程　678
教育社会学　235
教育心理学　609
教育する側（社会）の「影響圧」　454
鏡映自己　473
共感　393,600
共感性　280,287
共感的配慮　402
共感-利他性仮説　402
教示　532
凝視時間　417
教師評定法　529
教授過程　609
供述　361
強制された関係性　148
共生精神病　121
共生段階　122
鏡像実験　472
京大NX（式）知能検査　377,896
きょうだい関係　272,578
共調整　455
協調性（調和性）　497
協調性運動機能のアセスメント　906
共同構成　99
共同子育て　307
共同想起　664
共同注意　263,336,389,503,662,666,699
共同注意の成立　344

共同注意の指さし　829
共同注意フレーム　40
共同注視　105
共同的かかわり　825
共同的注視　568
恐怖　444
共有環境　205,495
虚再認　359
去勢不安　114
拒絶・回避型　145
記録　848
均衡化　261,262
均衡化理論　54
近赤外分光法（NIRS）　334,873

く
偶然的（偶発的）観察　819
空想（ファンタジー）　77
具体的操作　51
具体的操作期　262,285,515
グッドイナフ人物画知能検査　896
国リハ式〈S-S法〉言語発達遅滞検査（改訂第4版）　907
ぐ犯少年　774
クライン派　113,117
グラウンデッド・セオリー　798,849,885
グラウンデッド・セオリー・アプローチ（GTA）　885
グラウンドルール　361
クラスター分析　762
比べる量　423
クリーブランド事件　359
グルココルチコイド受容体遺伝子　209
グループ編成　883
クレオール語　602,606
クロージング　361
クロス系列分析　637,639,640
クロノシステム　567,661
グローバライゼーション　647,655
訓練研究　247

け
計画化機能　76
経験理論　384

経験論　7
経済格差　651
計算神経科学　190
形式的操作　298
形式的操作期　262,285
形式的操作期への移行　288
形式的操作構造の構築　52
形式的分布分析　156
芸術的知能　377,385
計数　419
形成過程　851
継続的比較法　887
形態知覚　329
携帯電話　289,628
痙直型　754
傾倒　297
系統発生　10
系統発達　185
軽度知的障害　718
経年変化　247
形容詞の誤用研究　162
系列化　50
ゲシュタルト心理学　164
ゲシュタルト特性　332
ゲシュタルト理論　50,53
血縁淘汰　188
結果予期　170,530
結婚　570
結婚生活　572
結婚満足度　309
結晶性知能（Gc）　315,320,383
欠如仮説　352
ゲーム　627
権威ある親行動　603
権威主義的なことば　101
原因帰属　531
嫌悪　444
「けんか」遊び　519
限界テスト　247
幻覚的全能感　121
研究倫理　802,807
言語　155,339
健康度自己評価　316
言語獲得支援システム　41
言語自己感　125
言語障害　724
言語性IQ　380
言語性検査　380

言語性知能指数（VIQ） 592
言語相対性仮説 3
言語的思考 33
言語的多様性 43
言語的媒介 860
言語による行動制御 541
言語の学習可能性 156
言語発達 747
言語発達研究 155
言語発達支援 740
言語マッピング 729
言語理解 709
顕在的記憶 354
顕在的思考 370
顕在的認知 364
顕在的表象 365
現実検討能力 120
現実と見た目 389
原始反射 260
現象学的パーソナリティ理論 496
原初的不安 119
原初的没頭 120
言説分析 235,236
限定的支援 719
ケンドールの一致係数 868
現場の科学 882
現場の脈絡 865
『ケンブリッジ知能ハンドブック』 377

こ

コアシステム1 417
コアシステム2 418
語彙 413,734
語彙獲得 342,413
語彙獲得の初期段階 342
語彙的アグラフィア 672
語彙にもとづく綴り 672
語彙の指導 728
語彙の爆発期 413
語彙の爆発的増加 342
語彙噴出 161
行為世界 28
行為物 28
『公益社団法人日本心理学会倫理規程』 806,807
効果量 549

交換関係 95
後期高齢者 314
攻撃（的）行動 274,280,777
攻撃性 171,492
高次精神機能 73
高次脳機能障害 380
向社会性 280,397
向社会的行動 172,277,280,287,401
抗重力姿勢 755
口唇期 11,114
構成概念 866
構成主義 11,57,68
構成的文章完成法（K-SCT） 900
構成法的アプローチ 738
構造化インタビュー 865
構造化面接法 836
構造主義 57
構造の遅れ 634
構造的情報 67
構造の対応づけ 61
構造マッピング 62
構築アプローチ 347
構築主義 235
後天性アグラフィア 672
後天性ディスレキシア 669
行動遺伝学 29,150,204,485,494,655
行動遺伝学の三原則 206
行動カテゴリー 826,852,879
行動観察 234
行動主義 164
行動主義的パーソナリティ理論 496
行動生態学 188
行動測定 878
行動体力 438
行動（スキル）調整 526
行動的抑制性 486
行動のコーディング 853
行動の障害 781
行動の選択 279
行動の他律から自律への発達 276
行動場面 31
行動評定法 864
行動目録法 864
行動療法 172

行動理論 164
行動レパートリー 852
広汎性発達障害 712
興奮細胞 228
興奮性神経細胞 226
肛門期 11,114
肛門期性格 114
合理性 369
合理的構成主義 68
交流型支援 661
効力感 260,401
効力の信念 530
効力予期 170,530
高齢期 314
語義（ズナチェーニエ） 82
刻印づけ 130
国際音声記号 340
国際学力比較研究 618
国際生活機能分類 660
国民国家 648
互恵的・自己内省的視点調整 509
心（霊魂） 5
〈心と社会〉の中の文化研究 108
心の理解 387
心の理論 65,105,125,188,274,366,387,404,505,516,563,674,686,698
心は白紙 7
心を気遣う傾向 506
5歳児健診 687
語順方略 157
誤情報効果 360
個人間差 834
個人情報の扱い 823
個人生活重視型 302
個人生活優先型 301
個人内差 834
個人内の仕組み 456
個人内文化 649
誤信念課題 366,387,516,698
個人の尊厳 804
個人の尊重 804
個人の能動的な意味構築 238
個人要因 600
コース立方体組み合わせテスト 896
個性記述的 490

子育て支援　580
個体化段階　122
個体の能力　88
個体発生　10, 20, 98
個体発達　185
子宝思想　5
固着　123
固着点　114
コーチング　532, 599
コーディング　827, 843, 853
コード化（コーディング）　887
孤独感　764
言葉遊び　410
言葉の根源的対話性　34
ことばのジャンル　43
子ども虐待　585
子どもの気質　433
子どもの心を気遣う傾向　150, 151, 393
子どものコミュニケーション・チェックリスト（CCC）　727
子どもの目標　662
子どもの論理　426
子ども用埋没図形検査　700
こども療養支援士　181
コピー・アンド・ペースト　811
コーピング　787
個別検査法　378
個別式知能検査　377
個別の教育支援計画　684
個別の指導計画　680
コホート　300, 637, 799
コホート系列分析　637, 639, 640
コホート研究　771
コホート効果　145, 246
コミュニティ　613
コミュニティビルダー　95
語用性言語障害（PLI）　726
語用論　725
孤立死（孤独死）　314
孤立児　522
ゴールトンテスト　14
婚活　306
コンティンジェンシー・テーブル　852
コントロール　539
コントロール感の低下　468
コントロール理論　636

コンピテンス　260, 462
コンピュータ断層撮影（CT）　382
コンポーネント理論　384

さ

罪悪感　403, 444, 448, 464
最近接発達（の）領域　76, 107
座位姿勢　755
最重度知的障害　718
再接近　122
再接近段階　122
再体験　354
細長型　431, 483
最適化　249
最適喚起状態　455
最適者生存　23
再認記憶　257
作業仮説　840
作業記憶（ワーキングメモリ）　299, 420
サクセスフル・エイジング　249, 317
作話　359
錯覚－脱錯覚　120
サッケード　874
差動敏感性　267
里親　652
サピア・ホワーフの仮説　3
作用標識　187
参加　660
参加観察　820
3カ月微笑　123
参加制約　660
産業化　647
三項関係　263, 744
3歳児健診　687
三者間相互作用説　531
三重経路モデル　713
参照表現　829
三層（3 tiers）構造　706
三段論法　38
サンプリング方法　879
サンプル間隔　879
参与観察　197, 233, 796

し

シアトル縦断研究　246

幸せ　311
自意識過剰　295
子音　339, 407
視運動性眼振（OKN）　327
ジェスチャー　835
シェマ（図式）　261
ジェンダー　307, 548
ジェンダー・アイデンティティ　550
ジェンダー規範　554
ジェンダー・スキーマ　551
ジェンダー・ステレオタイプ　551
ジェンダーすること　554
ジェンダー秩序　552
自我　275, 296, 538
自我機能　117
視覚　333
視覚障害　742
視覚処理　225
自覚性と随意性　79
視覚的断崖　264, 330, 446
視覚的定位　133
視覚優位型　700
視覚誘発電位　327
自我心理学　117
自我心理学派　113
自我同一性　501
自我の発生メカニズム　276
自我の目覚め　293
時間間隔　879
時間処理　713
時間的存在　560
時間的に拡張された自己　508
時間見本法（タイム・サンプリング法）　821
磁気共鳴画像法（MRI）　382, 872
識字率　407
軸足コーディング　887
軸文法　156
時系列データ　856
刺激剝奪環境　591
資源（リソース）　32, 103, 309
始源言語　6
自己　275, 296, 472
自己意識　285, 472
自己意識情動　448
自己意識の発達　276

自己移動経験　447
思考　364
思考作用　118
思考の可逆性　52
自己概念　299,477,501,597
自己価値感　602
自己家畜化　27
自己観察　171
自己感情　473
自己教育力の高さ　433
自己強化　530,538
自己教示法　541
自己決定理論　464
自己肯定感　734,773
自己効力感　167,170,530,538
自己刺激的行動　755
自己実現　634
自己実現の欲求　463
自己主張　276,655,777
自己主張・自己実現　543
自己主張スキル　527
自己主張性　433
自己受容　765
自己受容感覚　448
自己制御　34,276,486,520,600
自己制御学習　540,543
自己制御過程　171
自己制御機能　276,469,531
自己省察　298
自己生成−喚起　520
自己像　275
自己中心性　298
自己中心的　504
自己中心的言語　33,34
自己調整　166,167,662
自己調整学習　286
自己同一性の感覚　275
自己洞察　765
自己認知　496
自己の二重性　473
自己の発達　477
自己反応　169,171
自己評価　274,288,479,530,542,655
自己プランニング法　766
自己分化　307
自己への気づき　357
自己報告法　529

自己物語　476
自己物語法　479
自己抑制　276,543,655
自己抑制性　433
自己理解　694
自殺　640
自殺率　640
指示意図の推定　345
指示対象　409
指示定義　344
思春期　287,603
事象関連電位（ERP）　872
事象系列の記憶　353
事象見本法（イベント・サンプリング法）　820
自助グループ　779
システムのマッピング　61
姿勢　448,520,752
姿勢調節　753
姿勢と認知の相互作用　754
姿勢反応　197
姿勢補償　448
視線　335
自然観察　13
自然観察記録　22
自然観察法　819
視線知覚の発達　335
視線追従　336
自然淘汰　24,213,374
自然淘汰（選択）理論　23
自然なアプローチ　728
視線の共有　263
自然分割仮説　343
視線方向検出装置　503
自然法的アプローチ　738
持続性　743
持続要因　787
自尊感情　288,479,772,773
自尊心　275,501,763
自尊心の欲求　463
時代差法　800
しつけと教育の文化比較研究　613
実験科学　882
実験観察法　824
実験研究法　813
実験者効果　515
実験条件　813

実験心理学　11,16,97
実験的帰納　299
実験的研究デザイン　793
実験的分析　13
実験的方法　52
実験美学的研究　864
実行機能　393
実行機能のハイブリッドモデル　712
実行制御構造　59,70
失語症　14
10進法性　418
実践　35
実践研究　676,845
実践知　569
実践的スキル　720
実践的な把握　505
実体論　493
質的　869
質的研究　793,845,881
質的データ　835,863,869,882
質的発達　161
質的変化としての言語発達　161
失読失書　669
質問　361
質問紙法　839
実用的知能　384
私的自己　474
時点系列分析　637,637,640
視点取得　286,504
自伝的記憶　353
自伝的な記憶　105
自動運動　260
児童学　10
児童期　283
児童虐待　291,585,647
児童虐待防止法　581,585,587
児童研究運動　10,648
児童心理学　9,12
児童心理司　688
児童相談所　291,588,687,776
児童中心主義　10
自動的自己刺激行動　745
児童福祉司　688
児童福祉法　687
シナプス　222
シナプス発生　254
支配的な物語（マスター・ナラ

ティブ） 798
事物全体制約 344
シフト 360
自文化の再認識 654
自閉症研究 388
自閉症スペクトラム指数 日本語版 907
自閉症スペクトラムの移行アセスメントプロフィール 907
自閉スペクトラム症／自閉症スペクトラム障害（ASD） 460, 686, 695, 712, 725, 782
自閉性障害 695
自閉段階 121
司法面接 361
滲み込み型 613
シミュレーション説 391
社会化 11, 43, 171, 235, 300
社会化のエージェント 566
社会・感情学習 535
社会-技術的アレンジメント 90
社会構成主義理論 538
社会コミュニケーション 661
社会語用論的アプローチ 344
社会集団での実践 239
社会情緒的選択理論 318
社会情動的選択性理論 468
社会進化論 23
社会性 88, 485
社会生物学 188
社会ダーヴィニズム 648
社会的学習 279
社会的学習理論 165, 398, 529, 551
社会的慣習 399
社会的規範の内面化 454
社会的言語 101, 102
社会的・言語的説得 530
社会的構成説 391
社会的コンピテンス 525, 600
社会的参照 264, 335, 447
社会的自己概念 477
社会的情報処理 544
社会的情報処理理論 172
社会的スキル（ソーシャルスキルも参照） 275, 277, 517, 525, 720, 763
社会的スキル教育 535
社会的スキル測定尺度（KiSS-18） 529

社会的スキル・トレーニング（ソーシャルスキル・トレーニングも参照）（SST） 529, 532
社会的スクリプト 597
社会的相互交渉過程 859
社会的相互作用 349
社会的知性仮説 392
社会的知能 377
社会的動機 462
社会的な信号 446
社会的認知 502, 601
社会的認知理論 167, 530, 539
社会的ネットワーク 311, 598, 599, 604
社会的比較 288
社会的・文化的・歴史的条件の違い 650
社会的文脈 510
社会的問題解決能力 772
社会的領域理論 399
社会的ルール 399
社会脳 392
社会脳仮説 217
社会の変化と発達 646
社会文化的アプローチ 100
社会文化的資源 42
社会文化的性 549
社会・文化的な文脈 613
社会-文化的要因 393
社会・文化・歴史的アプローチ 87
社会・文化・歴史的文脈 796, 800
社会歴史理論 59
尺度 866
尺度構成 866
尺度水準 843
借用 101
じゃれあい 522
主因説 516
自由運動領域 41
自由回答形式 841
就学前期 597
自由行為場 41
集合数 420
集合的な意味や慣習 239
習熟 37

習得 103
終助詞 346
従属変数 796
集団規範 771
縦断（的）研究 401, 480, 486, 488, 603, 626
集団式知能検査 377
集団適応 617
縦断的変化 246
集団と個人 614
縦断法 799
重度知的障害 718
重度・重複障害児 756
柔軟性 542
自由報告 361
自由連想法 111, 117
就労移行支援事業所 689
就労継続支援事業所 689
主観 795
主観的健康感（観） 316
主観的自己感 124
主観的知覚 120
儒教的文化圏 5
熟達 37, 566
熟達化 64, 248
熟達性 564
熟達目標 467
熟年離婚 573
熟練 36
受験競争 648
手指運動発達 746
主題統覚検査（TAT） 462, 900
主題分析 799
手段刺激 34
出生前診断 306
種特有の行動パターン 185
樹木画テスト 901
手話 737
順位法・品等法 866
純音オージオグラム 733
馴化スイッチ法 815
馴化-脱馴化 392, 815
瞬間的サンプリング 879
瞬間的な記憶能力 195
準拠枠 300
瞬時の獲得 161
純粋失書 669
純粋失読 669

準備性と非準備性　186
ジョイント・アテンション（共同注意）　698,700
障害基礎年金　690
障害厚生年金　690
障害者雇用促進法　688
障害者雇用率　690
障害者就業・生活支援センター　689
障害者職業センター　688
障害者自立支援法　581,689
障害者手帳　689
障害受容　694
障害年金　690
生涯発達　140,194,242,311,500,571,799
生涯発達心理学　799
生涯発達理論　315
小学生の読み書きスクリーニング検査　908
状況　597
状況主義　495
状況的行為　103
状況的認知　103
状況的認知・行為理論　104
状況論　493
条件づけ振り向き法　816
少子化　579
「じょうずに」歳をとる　249
上側頭溝　334
象徴遊び　514
象徴化能力　125
象徴水準での悪魔化　649
象徴的エクスポージャー　531
象徴的脱感作　531
情緒応答性　124
情緒障害　137
情緒的虐待　586
情緒的相互依存関係　651
情緒的（な）利用可能性　144,150
情緒の障害　781
焦点化　61
情動　442,453
情動応答性　574
情動覚醒反応　528
情動から適応が生み出されるという発達のモデル　454

情動喚起　531
情動行動　453
情動コンピテンス　449
情動状態　453
衝動性　485,712
情動（の）制御　150,541,601
情動知能　377,385
情動調整　453,517,661,828
情動（の）調律　125,150,503
情動的自己概念　477
情動的体験　453
情動的中核自己　124
情動的特性　150
情動伝染　503,504,520
情動の機能化　454
情動の質　460
情動発達　448
情動表出　272,442,485,503,539
小児自閉症評定尺度　908
使用に準拠した理論　159
小児崩壊性障害　695
賞罰　530
情報格差　621
情報源の健忘　359
乗法構造　421
情報弱者　621
情報処理過程　699
情報処理能力　299,449
情報処理理論　59
情報処理論的知能理論　384
初期発達　10
初期理論　156
職業選択　305
職業的キャリア　304
食事　562
触法少年　774
初経　293
初語　342
書字　673
女児のエディプス・コンプレックス　115
助詞の獲得　346
叙述　700
叙述化　884
女性らしさの信念　635
所属と愛の欲求　463
初潮　288
初発型非行　775

初発年齢　775
ジョブコーチ　690
所有メタファー　102
処理速度　299,709
処理と貯蔵　356
処理の自動化　70
自律・安定型　147
自律型　146
自立活動　678,680
自律性支援　465
自律性を支援する態度　358
視力　326
事例研究　845
事例研究にもとづく記述研究　157
事例研究の書き方　848
事例研究法　799
進化　21,184,193,211,215
人格　76,492
人格的知能　385
進化系統樹　212
進化心理学　29,185,211,367,513
進化生物学　211,242
進化的説明　162
進化的に安定した戦略　189
進化論　8,20,442
シングルペアレント　579
神経栄養因子　224
神経回路　224
神経科学　222
神経行動学　189
神経細胞（ニューロン）　222
神経症　111,114
神経症傾向　320,483,497
神経症的登校拒否　761
神経心理学　668
神経心理学的アプローチ　674
神経性大食症　785
神経性無食欲症　785
神経生理学　190
神経生理学的調整　539
神経伝達物質　209,224,489
神経伝達物質種　222
神経内分泌学　190
神経発達症群／神経発達障害群　712
神経メカニズム　62
人口学的変化　647

信号機構 132
新行動主義 164
人工内耳 737
人工物（アーチファクト） 89,98
心身機能・構造 660
神人同型思想 5
人生観 296,301
心性史学派 4
新生児期 260
新生児行動評価尺度 266
新生自己感 124
新生児聴覚スクリーニング 736
新生児微笑 197
新生児模倣 197,198,332
新成熟論 368
新生得主義 367
人生の正午 642
人生の目的 501
人生目標 296
深層性ディスレキシア 670
身体運動 468
身体性 567
身体的虐待 586
身体的自己概念 477
身体発達 429
診断 377
心的外傷後ストレス障害（PTSD） 594
心電図（ECG） 875
新版S-M社会生活能力検査 914
新版K式発達検査 381
新版K式発達検査2001 381,833,892
新ピアジェ派 58
人物画テスト 901
シンボル使用 662
シンボルにみる物の概念の獲得 745
信頼性 822,831,859,867
信頼性係数 868
心理化 507
心理学的実在性 157
心理学的適応 48
心理学批判 87,93
心理化能力 151
心理・行動特性 720
心理システム 81
心理社会的発達論 116

心理・社会的モラトリアム 296
心理人類学 233
心理測定 377
心理的虐待 586
心理的緊張 597
心理的誕生 121
心理的道具 36,74,87
心理的離乳 294
心理-文化モデル 233
人類進化学 211

す
遂行 528
遂行行動 530
遂行目標 467
髄鞘化 223,254
随伴性探知能力 260
推理 368
水路づけ 242
推論 610
数概念 417
数学の論理 426
数唱 419
数量的記述研究 793
図解化 884
スキーマ 70,614,859
スキル 70
スキルの発達 60
スクリーニング 230,701,833
スクリプト 729
スクールカウンセラー 764,766
スクールソーシャルワーカー 766
スタイル・スイッチング 862
スタンフォード＝ビネー知能検査 379
ストリート・チルドレン 647
ストレス 175,290,456,531,572,603,772
ストレスコーピング 600
ストレス・パターン 341
ストレスマネジメント 173
ストレンジ・シチュエーション法 113,141,264,574,577,828
スピアマンのg 382
スピーチ・ストリーム 341
スポーツテスト 437
スマートフォン 289,628

刷り込み 179

せ
斉一性の複写 233
性格 492
性化行動 593
生活 560,613
生活技能訓練 532
生活言語能力 284
生活史戦略 219
生活誌の方法 239
生活的概念 78
生活年齢（CA） 378,723
生活の質（QOL） 433
性器愛 115
性器期 115
正義の道徳性 398
生起／非生起の一致指標 868
性虐待 359
制御体験 530
精研式文章完成法テスト（SCT） 901
『成功知能』 384
性差研究 549
誠実性 320,497
成熟 12
成熟する「内発圧」 454
成熟説 12,59,243
成熟優位説 4,12,368
正常加齢 315
成人愛着面接（AAI） 113
精神間カテゴリー 33
成人期 304
成人期の母娘関係 575
精神健康 603
成人後期（中年期） 304
精神作用物質使用による精神行動障害 782
精神障害 779
精神・性的発達論 115
成人前期 304
精神内カテゴリー 33
精神年齢（MA） 378,723
精神病 114
精神物理学 494
精神分析 11,111,166
精神分析学 129,179
精神分析的パーソナリティ理論

496
精神分析法　796
精神分析理論　538
生成アプローチ　347
生成的構造主義　237
生成文法　155
生成文法理論　347
生態学　28
生態学的アセスメント　731
生態学的環境　31, 34, 145
生態学的観察　860
生態学的視覚論　187
生態学的システム　566
生態学的心理学　31
生態学的妥当性　88, 196, 859
生態的自己　474
成長記録家　10
成長欲求　468
精通現象　293
性的虐待　586
性淘汰　215
正統的周辺参加　107
生得性　29
生得説　8
生得的解発機構　29, 185
生得的学習機能　29
生得的行動　132
生得的な基本　159
生得的な素因　787
生得的表象型制約　367
生得理論　159
制度水準での悪魔化　649
青年期　293, 598
青年期危機　776
成年後見制度　694
青年前期　603
生物学的性　550
生物学的成熟　11
生物学的制約　29
生物学的適応　48
生物学的適切信号説　158
生物学的要因　665, 720
生命倫理　306
制約　64, 367
制約・仮説アプローチ　343
性役割　548
性役割期待　554
性役割分業　307

性（別）役割分業意識　577, 637
生理型　717
生理的・感情的状態　531
生理的機能　871
生理的動機　462
生理的な行為　568
生理的欲求　463
世界保健機関（WHO）　130
セグメント問題　339
世代間伝達　148
設計された困難　518
摂食障害　594, 785
設定目標　134
説明的しつけ方略　277
セルフ・エフィカシー　530
セルフ・コントロール　169, 171, 528
セルフ・コントロールの出現とセルフ・レギュレーションへの進展　539
セルフ・レギュレーション　538
0/1サンプリング　879
セロトニン　266
セロトニン輸送体関連領域遺伝子（5-HTTLPR）　267
ゼロ・トレランス　773
世話型　143
遷移確率　341
線遠近　330
前期高齢者　314
専業主婦の憂うつ　554
線結合　330
前言語段階　346
全検査IQ　380
前顕在的記憶　354
全検査知能指数（FSIQ）　709
宣言的記憶　70, 353
選好注視法　326, 332, 813
選好聴取法　813
選好振り向き法　814
選好リーチング法　330
潜在成長曲線モデル　208
潜在的思考　370
潜在的認知　364
潜在的表象　365
全障害児教育法　705
漸成図式　244
前成説　21

前操作期　262, 285, 515
全体処理　334
選択　249
選択・最適化・代償モデル（SOCモデル）　540
選択した関係性　148
選択的コーディング　887
選択的最適化　636
選択的注意　299
選択的な友人関係　296
選択法　866
センター的機能　682
先端生殖医療　306
全知能指数（FIQ）　592
前統語段階　346
全般的支援　719
潜伏期　115
専門家間支援　662
専有　103
前読み書き段階　409
戦略的役割選択　636

そ

素因ストレス　267
躁うつ気質　483
相加的効果　205
相関関係　630
相関係数　868
早期完了ステイタス　297
早期診断　686, 696
早期徴候　696
想起的自己　474
早期発見　686, 773
早期療育　686, 701
相互依存的自己観　106
総合科学　98
相互協調的自己観　308, 311
相互決定主義　166, 531
相互行為　796
相互交渉過程　276
相互構成性　238
相互作用　132, 238, 274, 484, 567, 661, 713, 787, 796, 851
相互作用説　13, 57
相互作用的因果モデル　168
相互主観性説　391
相互調整　455, 662
相互的強化　601

相互独立的自己観　311
相互排他性　344
相乗的相互作用的モデル　488
双生児研究　485
双生児相互統制法　12
双生児法　205,496
想像　77
創造性　54
創造的知能　384
創造の病　294
相対的大きさ　330
相対的貧困率　290
装置　155
相同関係　186
創発性　568
創発連立モデル　345
相反する情動　521
相貌失認　334
贈与　95
促音　411
促進行為場　40,41
促進行為領域　41
ソシオメトリック・テスト　528
組織化されていない　141
組織化されている　141
組織的観察　819
ソーシャルスキル（社会的スキルも参照）　526,698,772
ソーシャルスキル・トレーニング（社会的スキル・トレーニングも参照）　173,740
ソーシャルセラピー　90,95
ソーシャル・ネットワーキング・サービス（SNS）　629
ソーシャルネットワーク　319
ソーシャルワーカー　779
粗大運動発達　747
育てにくさ　488
即興　94
ソニック・ガイド　743
素朴心理学　65
素朴生物学　65
素朴物理学　65
素朴理論　65
ソンディ・テスト　901

た

第一次循環反応　262
第一次心理的離乳　294
第一次相互主観性　389
第一の心理学　98,100,108
第1用法　423
体液　493
胎芽期　251
体格　430
怠学傾向　761
胎教　257
大恐慌　646
体系　80
体形（form）　431
体型（somatotype）　431
退行現象　272
第三次循環反応　262
第三次心理的離乳　294
第3用法　423
胎児　175
胎児期　251
胎児性アルコール症候群　177
対象操作　197
対象追跡システム　66
代償的二次的統制　540
対象表象システム　67
退職の信念　635
対人関係ゲーム　765
対人間支援　662
対人間問題解決スキル　527
対人技能　526
対人的自己　474
対人的知能　17
体制化　299
体積の保存　50
大単位方略　422
ダイナミック・システム・アプローチ　446
第二間主観性　447
第二次シェマの協応　262
第二次循環反応　262
第二次心理的離乳　294
第二次相互主観性　389
第2子の誕生　272
第二の心理学　99,100,108
第二の誕生　293
第二の発育のスパート　293
第二反抗期　294
第2用法　423
大脳半球の機能的優位性　226

ダイバーシティ　801
胎盤　254
代理強化　530
代理効果　530
代理体験　530
代理母実験　179
代理ミュンヒハウゼン症候群　587
体力　438
対話　101
対話性　88
多因子説　382
ダウンサイジング　642
「タカ・ハト」ゲーム　214
多元知能論　17
多元的な自己　296
多刺激法　866
多次元的アプローチ　718
他者意図の理解　344
他者制御　34
他者の意図　342,389
他者理解　698
他者理解のコスト　508
多重システムのマッピング　61
多重知能理論　385
多数性　88
多声性　89,101
正しい手続きの一部の削除または追加　425
脱ジェンダー化　555
脱制止　530
達成動機づけ　467
脱文脈化　102
脱文脈化された合理性の声　102
脱抑制型対人交流障害　594
脱落型　762
他動詞文　161
多動性　712
妥当性　822,831,859,867
田中式集団知能検査（田中Ａ式／新田中Ｂ式知能検査）　897
田中ビネー知能検査Ｖ　832
他の領域からの知識　425
タブレット　628
多様性の組織体　234
単一刺激法　866
単位方略　422
段階説　25

短期記憶　352
短期記憶貯蔵空間　59,60
単語の切り出し　342
男根期　114
探索行動　271,278,466,742
探索手法　816
単身赴任　308
単線型発達モデル　432
断続的支援　719
単独世帯数　571
談話　859

ち

「小さな大人」的児童観　4
小さな科学者　502
小さな心理学者　502
チェックシートの基本的デザイン　880
チェックリスト法　877
遅延　26
遅延非見本合わせ課題　353
遅延模倣　816
知覚　326
知覚過敏　686
知覚推理　709
知覚と知能との関係　52
知覚の刈り込み　195
知覚の方略　157
知覚標識　187
力と内的エネルギー　67
逐語記録　888
逐語録　837
知識の学　7
父親　576,651
父親の育児参加　578
知的機能　298
知的障害　377,381,697,716
知的能力　247,369,424,600
知能　13,320,377,495
知能研究　377
知能検査　37,38,246,300,549,718,832
知能指数（IQ）　379
知能テスト　13
知能の加齢変化　320
知能の固定観　8
『知能の誕生』　22,48
知能の2因子説　382

知能の鼎立理論　384
『知能を超えて』　384
チャイルド・ライフ・スペシャリスト　180
チャイルド・ライフ・プログラム　179
チャムグループ　288,527
中1ギャップ　770
注意　299
注意過程　279,530
注意欠如・多動性障害（多動症）（ADHD）　229,711,781
中核自己感　124
中核的概念　67
中核的原理　67
中核的信念　136
中間派（独立派）　113
抽象性　417
中心概念構造　59
中枢性統合　699
中枢性統合の脆弱性　699
中度知的障害　718
中年期（の）危機　310,642
中胚葉型　431
中立進化　213
長音　411
超音波断層法　251,256
聴覚　255,333
聴覚口話法　737
聴覚障害　733
聴覚−物関係　743
聴覚優位型　700
長期記憶　299,352
長期欠席者　760
長期縦断研究　146,656
長期的支援　719
超高齢者　314
調査的面接　836
超自我　114,538
調整（キャリブレーション）　58,85
調整点　456,460
調整不全　454
調節　261
懲罰型　143
聴力検査　733
調和性　320
直前の誘因　787

直立二足歩行　216
直感的な他者理解　506,510
チンパンジー期　26

つ

痛覚　256
通級指導教室　679
通電法　874
通様相再認課題　353
つきあい方　295
綴り　672
つぶやき　33
津守・稲毛式乳幼児精神発達診断検査　381

て

定位操作　198
定位反応　417
定型的活動（ルーティン）　568
定型発達と障害の連続体（スペクトラム）　665
定向進化　23,24
低出生体重　175,256,780
ディスクレパンシー　706
ディスクレパンシー・モデル　706
ディスコース　39
ディスコース分析　799,858
定性的評価　709
ディセプション　805
定量的な分析　709
適応　655
適応型検査　378
適応行動　719
適応行動スキル　720
適応指導教室　766
適応進化　214
適応・不適応　525
適合のよさ　487
出来事の記憶の精緻化　357
敵対・自己中心型　142
デジタルネイティブ　624
テスト法　831
データの歪み　868
データ分析　854
手続きの記憶　352
手続き的知識　70
手に負えない乱暴な子　522

テレビ 626
テレビゲーム 289
転位行動 185
電位法 874
伝音難聴 733
典型性の効果 340
天才児 14
電子掲示板 629
電子メール相談 765
伝統的心理学 16

と
同一化的調整 464
同一性 296
投影 118
投影同一化 118
投影法 796
同化 261
等価説 516
等環境仮説 206
動機 501
動機づけ 443, 462, 538, 597
動機づけ過程 530
動機づけの低下 466
動機づけの文化差 469
道具 36, 74, 92, 196, 749
道具使用 198
道具的参照 264
道具箱 101
道具利用 92
統計的学習 341, 345
統計的検定 794
統合 64
登校回避願望 763
統合失調症 494, 532, 783
統合的調整 464
投稿とレフェリーシステム 808
統語カテゴリー 347
統語段階 346
統語の指導 728
統語ルール 346
動作性IQ 380
動作性検査 380
動作性知能指数（PIQ） 592
闘士型 431, 483
動詞島仮説 348
同時生起指標 855
等質の集団 616

投射影 330
投資量 188
統制型 143
統制条件 813
統制の位置（ローカス・オブ・コントロール） 170
等全体 426
逃走距離 188
淘汰 214
東大A-S知能検査 897
東大脳研式記銘力検査（三宅式記銘力検査） 905
動的家族画法 902
道徳性 172, 397
道徳的自律 399
道徳的直観 400
動物行動学 28
動物心理学 24
等分割 426
倒立効果 334
特異的言語発達障害（SLI） 724
特殊音節 411
特殊化 24
読書 413
読書活動 413
特性論 476
特性を考慮した他者理解 507
特定不能の広汎性発達障害 695
特別支援学級 679
特別支援教育 50, 581, 617, 676, 687
特別支援教育コーディネーター 683
特別ニーズ教育 617
特別に構造化された社会環境 40
独立的自己観 106
独立的な情動 444
独立変数 796
読話 737
都市化 647
トータルコミュニケーション 738
特権化 102
突然変異説 23
トップヘビィ 332
徒弟制 88
ドーパミン 266
ドーパミンD4受容体遺伝子

（DRD4） 219, 266, 600
ドーパミン系の神経回路 713
ドメスティック・バイオレンス（DV） 307
友だちづくりスキル 527
共に織り込むものとしての文脈 35
トラウマ 686
ドラマ 76
とらわれ型 146
トランザクション 560, 601
トランスクリプト 865
取り入れ的調整 464

な
内観 11
内観法 164
内言 33, 73, 541
内向性 483
内在化（した）問題行動 141, 277
内省機能 150, 151
内省的な他者理解 506
内省能力 298
内的作業（ワーキング）モデル 143, 148
内的説得力のあることば 101
内的ワーキングモデル 135, 136, 278, 575
内胚葉型 431
内発的動機づけ 462
仲間過程 597
仲間関係 273, 286, 570
仲間指名法 529
仲間媒介法 533
仲間評定法 529
ナーチュランス（養護性） 273
ナラティブ 39, 357, 360, 476, 725, 729, 858
ナラティブ（語り，物語） 795
ナラティブ心理学 476
ナラティブ・セラピー 798
ナラティブ・ターン 795
ナラティブ・パターン 105
ナラティブ分析 799, 858
ナラティブ・モード 371
慣れ 37

に

握り圧測定システム 875
二元論 88, 91
二項関係 263, 743
二語発話 346
二次障害 686
二次（的）情動 458, 521
二次シンボル 410
二次性徴 283, 293, 776
二次的ことば 285
二次的（な）信念 390, 509
二次的動因説 129
二次的なコントロール 468
二重遺伝理論 219
二重乖離 668
二重過程理論 370
二重経路モデル 713
二成分仮説 355
日常生活基本動作（ADL） 721
日常生活動作 748
日常的認知研究 36
日誌的記録 821
ニッチェ構築 218
二分法 88, 91
日本語版GDS 315
日本語マッカーサー乳幼児言語発達質問紙 893
日本手話 738
日本版子ども用トラウマ症状チェックリスト 915
日本版自閉症・発達障害児教育診断検査（三訂版） 908
日本版デンバー式発達スクリーニング検査（増補版） 893
日本版ミラー幼児発達スクリーニング検査 893
入院児 179
乳児期 260
乳幼児観察 119
乳幼児期自閉症チェックリスト修正版（M-CHAT日本語版） 909
乳幼児社会的認知発達チェックリスト：社会のめばえと適応（DESC） 909
乳幼児精神医学 123
乳幼児精神発達診断法（津守式乳幼児精神発達質問紙） 893
乳幼児揺さぶられ症候群 587
ニューヨーク縦断研究 483
ニューロン 222, 253
二卵性双生児 150, 205, 485, 494
人間行動学（ヒューマン・エソロジー） 189
人間–状況論争 495
人間に組み込まれた認知と文化 107
認識論 7, 792, 882
認知 364
認知科学 97
認知過程 377
認知機能 6
認知構造の均衡化 54
認知行動学 188, 190
認知行動的スキル訓練プログラム 532
認知行動療法 173, 532
認知至上主義 107
認知症 208, 316, 377, 381
認知障害 668
認知神経科学 374
認知神経科学的研究手法 714
認知神経心理学 669
認知神経心理学的アプローチ 674
認知心理学 538
認知制御 541
認知地図 70
認知的・社会的な学習スキル 160
認知的道具 103
認知的特性 217
認知的発達理論 550
認知的バリア 424, 426
認知的評価理論 464
認知的歪み 466
認知と情動の二元論 92
認知と文化 106
認知能力 207, 298, 364, 468
認知発達 6, 525, 598, 602, 698, 753
認知発達研究 55, 563
認知発達理論 57, 172

ね

ネオ・デジタルネイティブ 624
ネグレクト 142, 148, 586
ネットいじめ 621, 771

ネットジェネレーション 624
ネット犯罪 621
粘着気質 483
年齢区分社会 634, 644
年齢統合社会 634, 644

の

ノーアンドイエス 123
脳 211, 222
脳科学 13, 222, 242, 513, 674
脳科学研究 517
脳科学的アプローチ 674
脳磁図（MEG） 874
脳システムの変容 562
脳神経科学 457
脳性まひ児 754
脳電図（EEG） 871
能動性 743
脳の可塑的発達変化 228
脳波 328, 871
脳部位の結合 228
能力心理学 6
ノエティック 353
ノベルワード・マッピング 728
呑み込まれ不安 122

は

バイアス理論 158
バイオフィードバック 531
媒介 36, 87, 99
媒介性 88
胚期 251
媒体 103
配分的注意 299
俳優のジレンマ 521
ハイリスク・サンプル 142
ハイリスク児 499, 780
配慮と責任の道徳性 398
白紙論 260
恥 403, 444, 448
パーシュート 874
パズル課題 42
派生と複雑度 157
長谷川式簡易知能評価スケール 381
長谷川式認知症スケール 898
パーソナリティ 492
パーソナリティ研究（力動心理

学） 16
パーソナリティ検査 833
パーソナリティの生涯発達理論 146
パーソナル・スタイル 501
パーソナル・ナラティブ 665
パターン認識 749
8カ月不安 123
発語中枢 14
発生 20
発生的心理学 46
発生的認識論 46
『発生的認識論研究紀要』 53
発想法 882
発達 2,500,560
発達科学的アプローチ 863
発達加速現象 283,430
発達課題 116,296,315
発達期待 469,552
発達曲線 160,429
発達検査 380,832
発達指数（DQ） 15,380
発達障害 229,592,617,686,782
発達障害者支援センター 688
発達障害者支援法 688
発達神経科学 224
発達心理学 12,20,799
発達性アグラフィア 673
発達制御 540
発達性ディスレキシア 671
発達性トラウマ障害 592
発達性読み書き障害 707
発達性読み障害 411
発達促進効果 516
発達段階 61,116,514,527,625,781
発達段階説 26,57,59,244
発達段階論 25
発達遅滞の背景要因 591
発達的意味の探求 239
発達的学習過程 90
発達的学習論 87
発達的可塑性 242
発達的経路 243
発達的なプログラム 560
発達テスト 14
発達の遅れ 591
発達の壁 745
発達の機構 564

発達の最近接領域 40,515,538
発達の先決観 8
発達の多方向性 799
発達の歪み 592
発達標準 13
発表における倫理問題 806
発話 859
発話プロトコル分析 859
話す・聞く 664
母親の過保護 573
母親のしつけ 433
母親の乳房 118
バーバリズム 747
ハビトゥス 35,237
パフォーマンス 92
場面の束縛 77
場面見本法 821
パラサイト・シングル 306
パラダイム 15
パラダイムとしての文脈主義 800
パラディグマティックモード 105
反映自己 473
反響言語（エコラリア） 725
反抗期 273
半構造化面接法 836
犯罪少年 774
反実仮想 519
反社会的行動 136,594
反社会的問題行動 602
反省的実践者 569
反省的抽象 53
汎生得説 29
判断過程 169,171
判断の偏り（バイアス） 369
ハンドテスト 902
反応性 486
反応性アタッチメント障害 594
反復説 21
反復説の誤謬 25
反復発生説 10

ひ

ピアグループ 527
ピアジェ課題 51
ピアジェの心理学研究 53
ピアジェの発生的認識論研究 53

被暗示性 359
比較言語学 7
比較行動学 184
比較心理学 24,186
比較認知科学 194
比較認知発達 195,199
比較文化研究 37
比較文化的アプローチ 106,610
比較文化的方法 13
非活性化 144
非器質性成長障害 142
非共有環境 205,495
非血縁家族 306
非言語的情報 835
非言語的手がかり 345
非行 603,774
非構成的／非志向的 265
非構造化面接法 836
非婚時代 306
皮質 328
皮質下 328
微視的分析（マイクロアナリシス） 459
ビジュアル・クリフ（視覚的断崖） 446
ビジュアル研究 799
微笑 257
ヒース・カーター法 431
非正規雇用 642
非相加的効果 205
非対称性緊張性頸反射様 754
ビックファイブ（研究） 320,497
ヒト科 193
ヒトの生活史段階 220
ヒトの適応進化環境 217
人見知り不安 122
ひとり親への支援 581
ビネー式検査 378
ビネー・シモンテスト 14
批判法 51
皮膚電気活動（EDA） 874
非保存反応 51
肥満型 431,483
百寿者 314
評価的次元 477
表記体系 407
表記知識 409
表現型多型 243

標準化　831
標準抽象語理解力検査　909
表象　744
表情　520,835
表象型制約　367
表情コーディングシステム　445
表象の書き換え理論（RRモデル）　365
表象の再記述モデル　159
表情表出　448
表情評定　257
表情分析システム　445
表層性アグラフィア　673
表層性ディスレキシア　669
表層性ならびに深層性の発達性読み書き障害　707
評定者間（観察者間）の信頼性　867
評定尺度　864
評定尺度法　864
評定尺度法・価値段階法　866
評定者内（観察者内）の信頼性　867
評定者（の）バイアス　489,868
評定法　864
病的加齢　315
標本調査　842
病理型　717,723
平仮名　407
品格教育　404
敏感性　149
敏感な対処か鈍感な対処　433
貧困　290,560,651
貧困への対処・介入　570
貧困率　652

ふ

不安　532
不安感　464
不安障害　782
不安全・回避群（A群）　264,265
不安全・両面価値群（C群）　264,265
不安定型（Cタイプ）　141,272
不安定群　480
フィクショナル・ストーリー　665
不一致ラベルづけ　344

フィードバック　280,533
フィールドノート（フィールドノーツ）　195,821,848,877
フィールドワーク　233,239,654,888
風変わりな行動　518
風景構成法　902
夫婦関係　572
不確実性へのトレーニング　518
不均一性　712
複合的思考　79
複雑型PTSD　594
副産物説　516
複線型発達モデル　432
輻輳　874
腹話術　101
符号化　62,70
不注意　712
物質量の保存　51
物理的推論システム　66
不登校　617,760,787
不登校の類型　760
普遍文法　160,347
プライバシーの保護　803,809
プライミングによる動機づけの活性化　469
ブラインディズム　745
ブラゼルトン新生児行動評価法　894
フラッシュバック　784
プラン還元モデル　104
プランニング　542
ふり　516
ふり遊び　516
プリコード回答形式　841
触れ合い恐怖　295
プレイ・エートス　513
『フレイムズ・オヴ・マインド』　385
ブレインストーミング　840
フロイト派　113
ブローカ中枢　14
フロスティッグ視知覚発達検査　894
プロテジェ　305
プロトコル　49
プロトコル分析　849,858
プロフィール　380

プロプリウム　474
分化　61,64
文化　3,41,74,98,105,194,232,391,489,562,613,654
文化化　106,232
文化化研究　233
文化化・社会化研究　238
文化差　469
文化資本　237
分化情動理論　443
文化心理学　36,97,862,864
文化人類学　97,232,442
文化的行為　98
文化的自己観　308,311
文化的実践　41
文化的実践理論　107
文化的道具　39,101,612
文化的な活動　568
文化的認知論　105,107
文化的発達の一般発生法則　32
文化的文脈　374
分化・統合説　24
文化とパーソナリティ　233
文化に組み込まれた認知　107
文化の社会的機能　235
文化-歴史性　74
文化・歴史的アプローチ　612
文化・歴史的な視点　609
文化-歴史的理論　74,99
文献　809,877
分子遺伝学　190
分数　421
分数の大小　421
分析　849
分析的知能　384
文法　155,346,734
文法カテゴリー　347
文脈　35,61,560,661,796
文脈理論　384
分離個体化期　122
分離個体化理論　112,121
分離情動　442
分離不安　121
分類学的カテゴリー　38
分類課題　37,610
分類法　866
分裂気質　483

へ

ペアレント・トレーニング　534
平均発話長　727
平衡回復　458
平衡回復機能　456
平衡状態　456
平衡点　460
ヘッドスタート計画　39
変異　23
偏差IQ　379
弁証法　53,92
ベンダー・ゲシュタルト・テスト　903
ベントン視覚記銘検査　906

ほ

保育士　273
保育場面　570
母音　339,407
包囲する全体としての文脈　35
防衛機制　117
防衛距離　188
防衛体力　438
包括適応度　185
包括的観点　660
包括的発達アセスメント　661
萌芽的読み書き活動　408
方向性淘汰　214
放射能　178
紡錘状回　334
方法論　792,882
法務省式文章完成法（MJ式SCT）　903
方略構成　70
方略選択　62
暴力といじめ防止プログラム　772
母語音声　227
保護的／管理的大人　597
保持過程　279,530
母子関係　271
母子間の相互作用　278
ポジショニング　755
母子相互交渉　433
母子相互作用　853
ポジティブな情動　319
ポジトロン断層法（PET）　382
母集団　842
補償　248
補償教育　245
補助・代替コミュニケーション（AAC）　729
ポストヴィゴツキー研究　87,93
ホスピタリズム　123,130
母性的養育の喪失　131
母性的養育の剥奪　140
母性剥奪　194,574
保存概念　49
保存反応　51
補聴器　734
ボランティア　181
本能　5
「本能か学習か」論争　186
本能行動　29

ま

マイクロアナリシス　851
マイクロシステム　31,567,598,661
マインドリーディング　387
前向き研究　268
マカトン　730
マクマーチン事件　359
マクロシステム　31,567,661
マザリーズ　157
マザリング　455
まじめな遊び　518
マターナル・アタッチメント　575
マターナル・ディプリベーション（母性的養育の喪失〔剥奪〕）　131,140
マッピング　70
マルティプル・マザーリング　131
マンガ　630
満足遅延　542

み

未解決型　142,146
見捨てられ不安　122
三つ山問題　51,504
水俣病　178
ミニマルペア　339
ミニ・メンタル・ステート検査（MMSE）　381
未分化期　121
ミーム　185
ミュンヘン機能的発達診断法　894
ミラーテスト　357
ミラーニューロン　392,699
民衆の心理学　654
民族誌　522
民族心理学　97,862
民族の心理学の貯蔵庫　649

む

無作為抽出　842
矛盾　53
夢想　118
無声化　340
無秩序・無方向型　141,146,592
ムード・サイン　519
ムービング・ルーム　448
無様式知覚　124
無力感　143
群れ志向　295

め

命題論理学　52
メゾシステム　31,567,661
メタ言語　410
メタ・コミュニケーション　520
メタ認知　70,286,299,538
メタ認知的活動　286
メタ認知的知識　286
メチル化　209,268
メディア　570,621,623
メディアと子ども　289
メディアの多様化　623
メディア・リテラシー　621
面接法　529,835
メンター　305
メンタライジング　387
メンタライゼーション　125
メンタライゼーションに焦点づけられた精神療法　113
メンタリング　305
メンタルフレンド　766
メンタルヘルス　290,310,525,779
メンタルモデル　70

も

妄想分裂ポジション　118, 121
目的生成　565
目的的な存在　563
目標　463
目標構造　468
目標修正的行動　134
目標修正的なパートナーシップの段階　144
模型　185
文字　407
モジュール　218
モジュール性　218
モジュール説　385, 391
モダリティ間選好注視法　814
モデリング　167, 168, 278, 398, 529, 533, 729
モニタリング　526, 542, 599
物語　797
物語的（ナラティブ）モード　105
物語の書き換え　798
物語モード　797
物語論　476
物の永続性　742
モバイル端末　628
模倣　332, 744
モーラ　411
モラトリアム　296
モラトリアム・ステイタス　297
モラトリアム人間　296
モルフィズム（射）とカテゴリー（圏）　54
問題解決　515
問題解決スキル訓練　533
問題行動　489, 777

や

野外科学　882
薬物乱用　532
役割　501
役割交代　274
役割実験　296

ゆ

有意水準　794
誘因　530
誘因価　187
有機体論　12, 24
遊戯療法　765
友人関係　288, 294
友人関係の希薄化　295
優性　206
優生学　15, 494
誘発電位（EP）　872
誘惑・抵抗場面　277
ユニバーサルデザイン　624
指さし　829
指さし行動　744
指文字　739
ユーモア　509

よ

よい乳房　118
養育態度　483
要求　700
幼形成熟　26, 27
養子　652
幼児期　271
幼児性欲　115
幼児性欲期　11
幼児用運動能力テスト　438
羊水　254
要素のマッピング　61
陽電子（放出）断層撮影（PET）　392, 873
要保護児童対策地域協議会　588, 776
用例ベース（あるいは使用基盤）アプローチ　348
よく生きる力　522
抑うつ　141, 466, 604, 763
抑うつポジション　118
抑制　542
抑制細胞　228
抑制制御　542
抑制性神経細胞　225
予測（プロレプシス）　85
よちよち歩き期　599
予備観察　877
予防教育　535
読み書き　611
読み書き能力　407
読み困難児　411
読み障害（ディスレキシア）　669
読みスピード　413

喜び　444
4変換群　52

ら

ライフイベント　449
ライフキャリア　309
ライフキャリアレインボー　305
ライフコース　31, 236, 307, 647
ライフサイクル　116, 634
ライフサイクル理論　116
ライフステージ　788
ライフストーリー　476
ライフストーリー研究　797
ラベルづくり　883
ラポール　361, 834, 839

り

リキャスト　729
『利口な人の愚行の理由』　384
リスク要因　488
リストラ　642
理性（知性）　5
理性論（合理主義）　5, 7
リソース　248
利他行動　402
利他性　402
離脱理論　317
利他的動機づけ　402
リーチング　742, 752
リッカート法　866
リテラシー　37, 88, 611, 618, 734
リハーサル　286, 533
リビドー　11, 114
流動性知能（Gf）　320, 383
領域一般　159
領域一般性　364
領域固有　66, 159
領域固有性　364
両眼視差　330
良心　399
量的　869
量的研究　846
量的データ　835, 869
量的発達　160
『量の発達心理学』　49
量の保存　49, 611
リラクセーション　531

理論　885
理論説　70, 390
理論的サンプリング　887
理論的飽和　888
臨界期　11, 222, 224
臨界距離　188
臨床心理士　765
臨床の面接　836
臨床発達心理学的アプローチ　845
臨床発達心理学的な実践や実践研究　676, 681
臨床法　49, 51
リンダ問題　371, 373
倫理委員会　805
倫理規程（綱領）　807
倫理的な配慮　822

る
類型論　494
類推　62
類推構成　70
ルーティン（定型的活動）　562, 568
ルール・ゲーム　515

れ
霊長目　9, 216
霊長類　193, 364, 387
霊長類学　193
レヴィンの公式　495
レヴィンの場の理論　187
レジリエンス　535, 787
レジリエント　520
レット障害　695
レトリック　518
レミニシングスタイル　357
連合競合　62
練習遊び　514
練習段階　122
連続的記録　879
連帯　644

ろ
老化　570
労働　570
老年的超越理論　318
ローカリティ　801

ロールシャッハ・テスト　903
ロールプレイ　533
ローレル指数　431
論理構造　57
論理実証（パラダイム）モード　797
論理数学的知能　17
論理的錯誤　373
論理的思考　298
論理モード　371
論理療法　173, 532

わ
分かったつもり　84
ワーキングメモリ　59, 288, 355, 542, 708, 709, 713
ワーキングモデル　135
枠組み（フレームワーク）理論　64
ワークバランス　578
ワーク・ライフ・バランス　309
割合　423
悪い乳房　118
ワルテッグ描画法　903

新・発達心理学ハンドブック

2016年7月1日　初版第1刷発行
2019年9月20日　　　第2刷発行

編　　集	田　島　信　元
	岩　立　志津夫
	長　崎　　　勤
編集協力	安　藤　典　明
発行者	宮　下　基　幸
発行所	福村出版 株式会社

〒113-0034　東京都文京区湯島2-14-11
電　話　03-5812-9702　ＦＡＸ　03-5812-9705
https://www.fukumura.co.jp
組版　　有限会社閏月社
印刷・製本　シナノ印刷株式会社

© Nobumoto Tajima, Shizuo Iwatate, Tsutomu Nagasaki　2016
Printed in Japan
ISBN 978-4-571-23054-7　C3511
落丁本・乱丁本はお取替え致します。

JCOPY 〈出版者著作権管理機構 委託出版物〉
本書の無断複写は著作権法上での例外を除き禁じられています。複写される場合は，そのつど事前に，出版者著作権管理機構（電話 03-5244-5088, FAX 03-5244-5089, e-mail: info@jcopy.or.jp）の許諾を得てください。

パーソナリティ心理学ハンドブック

日本パーソナリティ心理学会 企画

二宮克美　浮谷秀一　堀毛一也　安藤寿康
藤田主一　小塩真司　渡邊芳之　──── 編集

◎定価（本体 **26,000** 円＋税）　B5判／上製函入／780頁

- ▶ 歴史や諸理論など総論から各ライフステージの諸問題、障害や問題行動、健康やポジティブ感情・特性、社会と文化、測定法や統計的分析など多岐にわたる項目を網羅
- ▶ 6部構成全22章107節、ベテランから新進気鋭の研究者108人による執筆陣！
- ▶ 最新の研究動向がわかる充実の引用文献
- ▶ 利用者の利便性を考えた人名索引・事項索引
- ▶ 初学者から研究者、大学・短大図書館、各種研究機関必備の基本図書

新・青年心理学ハンドブック

日本青年心理学会 企画

後藤宗理　二宮克美　高木秀明　大野　久
白井利明　平石賢二　佐藤有耕　若松養亮　編集

◎定価（本体 **25,000** 円＋税）　B5判／上製函入／726頁

- ▶ 1988年刊行『青年心理学ハンドブック』から四半世紀の研究の動向と青年を取り巻く状況の変化を網羅した充実の内容
- ▶ 5部50章構成＋将来にその成果が重要な役割を果たすことが期待される今日的課題をとりあげたトピックを各部末に収録（全67項）！
- ▶ ベテランから新進気鋭の研究者116人の執筆陣による渾身の研究成果の集大成！
- ▶ 充実の引用文献リストと利便性の高い人名索引・事項索引
- ▶ 大学生・大学院生、心理学研究者のみならず、青年関係の研究者必携の基本図書